Révolution !
Pour en finir avec les illusions françaises, Louis Audibert, 2005.

Francoscopie
Larousse, éditions 2005, 2003, 2001, 1999, 1997, 1995, 1993, 1991, 1989, 1987 et 1985.

Tendances
Les Nouveaux Consommateurs, Larousse, éditions 1998 et 1996.

La Piste française
FIRST - Documents, 1994.

Euroscopie
Les Européens, qui sont-ils, comment vivent-ils ? Larousse, 1991.

Les Français en questions
Entretiens avec vingt et une personnalités françaises, RFI/ La Revue des Deux Mondes, 1989.

Monsieur le futur Président
Aubier, 1988.

Démocrature
Comment les médias transforment la démocratie, Aubier, 1987.

La Bataille des images
Avec Jean-Marie Cotteret, Larousse, 1986.

Vous et les Français
Avec Bernard Cathelat, Flammarion, 1985.

Marketing : les règles du jeu
Clet (France) et Agence d'Arc (Canada), 1982.

SOMMAIRE

FRANCOSCOPIE

Gérard Mermet

LAROUSSE

ISBN 978-2-03-582612-1

Photographie de couverture © Gérard Mermet

Imprimé en Italie par Canale (Turin) en juillet 2008
Dépôt légal : septembre 2006
N° projet : 11008048-300070/02

SOMMAIRE

Pour Alexandra et Sylvain.

Un millésime exceptionnel

Voici l'édition 2007 de *Francoscopie*, douzième du nom (le livre est publié tous les deux ans depuis 1985). Comme les précédentes, elle a pour ambition de décrire et d'analyser les attitudes, les comportements, les opinions et les valeurs des Français dans tous les domaines de la vie quotidienne : santé, famille, vie sociale, travail, revenus, consommation, loisirs... Mais elle s'inscrit dans un moment très particulier de l'histoire nationale, avec un climat intérieur dégradé, un « modèle » affaibli, une élection présidentielle aux enjeux inédits...

L'ouvrage met en évidence les évolutions dans le temps, fournit des comparaisons avec les autres pays, notamment de l'Union européenne. Il fait ainsi apparaître les singularités et les « exceptions » nationales, qui sont parfois des handicaps à l'adaptation de notre pays aux grands mouvements du monde. Il accorde une place particulière aux grandes transformations en cours : la nouvelle relation au corps, au temps, au travail, aux institutions, à la consommation ; l'évolution réelle du pouvoir d'achat et des inégalités ; la place croissante du foyer ; l'influence des médias sur la vie collective et individuelle ; l'incidence des nouveaux outils de communication et de loisir sur les modes de vie et de pensée...

Francoscopie dresse ainsi le portrait des « vraies gens », dans une société où le fantasme et l'émotion empêchent parfois d'appréhender la réalité. Il se veut aussi un vaste « cahier de tendances », proposant une vision non seulement descriptive mais aussi prospective, avec toute l'humilité que l'exercice implique. La priorité a été donnée aux informations et aux analyses. L'illustration publicitaire a ainsi été supprimée et la quantité d'informations accrue de 6 %, malgré une pagination réduite de 32 pages.

En espérant que cette lecture vous sera utile et agréable.

Gérard Mermet

P.-S. Vous pouvez me faire part de vos avis, commentaires, suggestions ou témoignages à l'adresse suivante :

Francoscopie-Gérard Mermet, 175 boulevard Malesherbes 75017 Paris
e-mail : francoscopie@free.fr

Merci de remplir et de retourner le questionnaire placé en fin d'ouvrage.

L'ÉTAT DE LA FRANCE ET DES FRANÇAIS

Dans un essai paru début 2006 (*Révolution ! Pour en finir avec les illusions françaises*, éditions Louis Audibert), j'avais abouti à un diagnostic plutôt sévère sur l'état du pays et de ses habitants. Il se résumait à dix constats principaux, issus d'une observation qui se voulait (et se veut toujours) débarrassée de tout a priori idéologique. Un an après la rédaction de ce livre, la réflexion menée dans le cadre de cette nouvelle édition de *Francoscopie* ne fait que confirmer le diagnostic, en le précisant et en l'actualisant. Les dix points évoqués peuvent ainsi être repris en synthèse, avec quelques modifications mineures. Ils montrent la nécessité et l'urgence d'une adaptation de la France aux grands mouvements de l'époque. Cette adaptation passe par une réconciliation des Français entre eux, avec les institutions, avec le monde.

1. La France souffre d'anémie et d'anomie.

S'il est sans doute excessif (ou prématuré) de parler de déclin, des signes « objectifs » existent d'un décrochage de la France par rapport aux autres pays développés, notamment en matière économique. De nombreux indicateurs en témoignent : chômage ; croissance ; endettement ; prélèvements sociaux... L'*anémie* économique s'accompagne d'une *anomie* sociale, au sens qui avait été défini par Durkheim, c'est-à-dire une difficulté des individus à vivre dans un cadre social changeant et flou, dans lequel les limites explicites ou implicites ne sont pas suffisamment apparentes et en tout cas mal acceptées. Au sens aussi qui avait été proposé par Merton, où les modèles de vie et de réussite collectivement suggérés sont de plus en plus difficiles à atteindre dans un environnement complexe et concurrentiel. La « société du casting », qui se caractérise par la multiplication des processus de sélection et d'élimination, est aussi celle de la frustration.

2. Le « vécu » diffère parfois sensiblement du réel.

Les sentiments, impressions et convictions éprouvés et exprimés par les Français au quotidien, à titre personnel ou collectif (les deux visions étant plus différenciées dans notre pays que dans la plupart des autres), diffèrent souvent de la « réalité », telle qu'on peut l'approcher avec des indicateurs objectifs, notamment statistiques. Mais il faut prendre en compte le fait que le vécu *est* la réalité pour le citoyen, surtout lorsqu'il est conforté dans ses perceptions par le discours ambiant délivré par les médias et repris dans son entourage. Plus que partout ailleurs, ces impressions sont entretenues et parfois forgées par cet environnement. Les acteurs politiques ou économiques ne sauraient cependant se retrancher derrière la « vraie » réalité pour convaincre les Français que tout va bien, ou en tout cas mieux qu'ils ne le pensent ou qu'on ne leur fait croire. D'autant qu'ils ne bénéficient pas d'une crédibilité suffisante et qu'ils sont suspectés de vouloir s'exonérer ainsi de leurs responsabilités dans la dégradation de la situation.

3. Les Français ont souvent plus peur que mal.

Les inégalités ou la « pauvreté » sont plutôt moins marquées qu'on ne l'affirme. Surtout, elles ne tendent pas systématiquement à s'accroître, contrairement à la conviction commune. Les Français souffrent davantage dans leur tête que dans leur chair, dans leur représentation de la réalité que dans leur vécu quotidien. Complétant celui du sociologue, le diagnostic d'un psychiatre pourrait mettre en évidence des formes collectives de *schizophrénie* (difficulté à appréhender le réel et tendance à s'en éloigner dans ses comportements), de *paranoïa* (peur d'être victime des autres et d'un complot global qui serait fomenté par les « élites ») et d'*hypocondrie* (crainte permanente de contracter des maladies et conviction d'en être déjà atteint).

4. Le malaise national n'est ni passager ni conjoncturel.

Il est la conséquence d'une accumulation de chocs et de bouleversements depuis le milieu des années 60. La société contemporaine est de plus en plus anxiogène. Elle engendre de la *précarité* (professionnelle, familiale, sociale), des *menaces* (économiques, écologiques, démographiques, terroristes, sanitaires...) et des formes diverses de *harcèle-*

ment (technologique, administratif, moral, médiatique, commercial, publicitaire...). La « vérité », autrefois accessible par la religion, puis par la science, apparaît aujourd'hui introuvable. La conséquence est une véritable inversion des fondements de la société : le collectif fait place à l'individuel, le travail au temps libre, le masculin au féminin, la continuité à la rupture, le simple au complexe, le sacré au profane. Ce qui est décrit comme un changement de société constitue en réalité un changement de civilisation.

5. L'interrogation fondamentale porte sur la notion de progrès.

La société contemporaine permet-elle vraiment à ses membres de vivre « mieux », individuellement et collectivement ? Cette question récente, inédite même, marque la fin d'un postulat vieux de plus de deux siècles : pour un nombre croissant de Français, le développement scientifique et technique n'entraîne plus de façon automatique la prospérité collective, pas plus que le bien-être ou le « bonheur » individuel. La montée (indéniable) du confort matériel est aussi à l'origine d'un inconfort mental et moral : ceux qui en bénéficient doutent de son utilité. On observera que la question ne peut se poser que dans une société riche, peuplée majoritairement de « nantis » relativement à la plupart des autres pays du monde.

6. Le défi principal pour le présent et l'avenir est celui du « vivre ensemble ».

Les attitudes et les comportements des individus sont de plus en plus souvent induits par la peur des autres. Elle met à mal le « modèle républicain », notamment dans sa fonction intégratrice. La mixité sociale est un vœu pieux dont il est difficile de trouver des exemples réussis. Il apparaît plus facile de vivre avec ses « semblables » que de cohabiter avec des personnes aux habitudes, aux cultures et aux religions différentes. Ce mouvement favorise le tribalisme et le communautarisme, en même temps qu'il nourrit l'exclusion et l'incompréhension.

7. La place de l'émotion est prépondérante dans le débat public.

Le « cœur » est devenu plus important que le cerveau et l'une des tendances lourdes de l'époque est de « résonner » avec les sens plutôt que de raisonner avec l'esprit. Cette propension sans doute naturelle est encouragée par le fonctionnement du système médiatique. Elle conduit parfois à des décisions contraires au bon sens ou à l'intérêt général. Les arguments objectifs sont ainsi souvent délaissés au profit de la démagogie ; ils jouent en tout cas un rôle de plus en plus limité dans la construction de l'opinion publique et dans la capacité de jugement des citoyens. La démocratie élective devient une démocratie émotive, avec les risques de dérive populiste que cela comporte.

8. Compte tenu de ses singularités, la France éprouve plus de difficulté d'adaptation que les autres pays.

Elle n'est certes pas la seule nation touchée par les bouleversements technologiques, démographiques, sociaux, économiques ou écologiques. Mais elle les vit plus mal que les autres du fait de ses caractères propres, souvent baptisés « exceptions ». La croyance tenace dans le « génie français » induit la conviction que le système national est meilleur que celui en vigueur dans d'autres pays et qu'il devrait donc servir de référence universelle. Elle explique aussi que la France ne cherche guère à s'inspirer de ce qui se fait ailleurs. Son histoire et sa culture la renforcent dans ce sentiment d'être unique et d'avoir raison contre le reste du monde. Elles l'incitent à demeurer hors de la réalité, donnant selon les cas une image d'arrogance ou d'impuissance.

9. Le « modèle français » est devenu une illusion.

Lorsqu'on examine ses différentes composantes (travail, éducation, santé, culture, sécurité...), on s'aperçoit qu'il a beaucoup vieilli et qu'il est devenu inefficace. Le paradoxe est qu'il conduit souvent à des résultats contraires aux objectifs (généralement louables) qu'il poursuit. Ainsi, le « modèle social » favorise ou pérennise depuis des décennies un haut niveau de chômage. Le « modèle éducatif » ne parvient plus à réduire les inégalités de la formation initiale. À qualité équivalente à celle que l'on trouve ailleurs, le « modèle sanitaire » est plus coûteux.

Au prétexte d'égalité, le système national maintient et même accroît les écarts entre les groupes sociaux ou les individus. Au prétexte de sécurité, il entretient les peurs et se prive de la créativité longtemps associée au « génie français ». Au prétexte de solidarité, il permet à certains groupes professionnels ou sociaux de cumuler les avantages au détriment des autres (qui doivent en outre contribuer à leur financement). Au prétexte d'hédonisme, il crée un sentiment général de frustration, lié à l'incapacité de satisfaire des désirs toujours renouvelés. Le système républicain n'apparaît plus comme un « modèle » ; il devra être rénové ou remplacé.

10. L'adaptation est possible et les Français sont prêts à y participer.

Malgré leur apparente résistance à la réalité et au changement, les Français sont conscients du décrochage de leur pays et de la nécessité de le réformer. On peut le constater par des études, mais aussi dans les conversations au quotidien, hors de tout contexte « institutionnel ». Cette conviction autorise un certain optimisme quant à la possibilité de réaction et de sursaut des Français. Mais elle ne sera confirmée que si des responsables crédibles expliquent de façon objective et pédagogique la situation réelle du pays et proposent un projet global pour l'avenir, précisant à la fois les enjeux et les solutions possibles, sans cacher que des efforts seront nécessaires, mais en montrant qu'ils seront équitablement répartis. En expliquant enfin qu'il y va du sort des générations futures, qui ne devrait laisser personne indifférent.

L'AVENIR À INVENTER

Le temps est venu pour la France de choisir son avenir. L'échéance électorale de 2007 constitue à cet égard un rendez-vous majeur avec l'histoire nationale. Peut-être la dernière chance avant le déclenchement d'une « révolution » qui ne serait ni pacifique ni maîtrisée, mais violente et incontrôlée. Quel programme proposer aux Français pour les convaincre ? Le propos de ce livre et de son auteur n'est pas de le décrire, mais de suggérer quelques pistes de réflexion sur les enjeux, les conditions préalables de son invention et celles de son application.

La première condition est de redonner vie et substance au « contrat de confiance » qui s'est rompu au fil des années entre les citoyens et les acteurs de la société, mais aussi entre les citoyens eux-mêmes. Au point que les Français sont devenus le peuple le plus méfiant de l'Union européenne. Les fractures sociales se sont diversifiées et aggravées entre les « vraies gens » et les institutions, entre les jeunes et les vieux, entre le secteur public et le privé, entre les Français « de souche » et les enfants d'immigrés, entre les nantis et les pauvres, entre les intégrés et les exclus. En même temps, les « factures » économiques se sont alourdies : déficit budgétaire, endettement, prélèvements obligatoires, etc. Ces mouvements alimentent un fort sentiment d'inégalité, d'injustice, de malaise. Les doutes se sont accumulés quant à la volonté et à la capacité des responsables politiques, des leaders syndicaux ou des chefs d'entreprise de conduire les changements nécessaires, ou même de les imaginer. Rien ne sera donc possible sans une *réconciliation nationale*.

Proposer une vision globale

Quelles que soient leurs préférences et leurs convictions intimes, les Français n'auront guère d'autre choix que de prendre en compte les phénomènes irréversibles de la mondialisation et de la globalisation. Le processus d'adaptation suppose deux conditions ou objectifs : *dépasser les frontières* et *déplacer les lignes*. Il s'agit d'abord de dépasser les frontières de la *géographie* en voyageant et en s'informant davantage sur ce qui se passe hors de l'Hexagone (seul un Français sur dix part à l'étranger chaque année, une proportion très faible par rapport aux autres grands pays européens), de porter un regard plus ouvert sur le monde. Celui-ci apparaît surtout aux Français comme le théâtre d'une mondialisation malheureuse contre laquelle il faut se battre. Il serait bon également de regarder l'Europe autrement que comme la cause des problèmes nationaux. L'Union ne constitue pas une menace, mais une formidable opportunité. Elle a permis d'amortir un certain nombre de chocs qui, sans elle, auraient été violents (on pense notamment à l'agriculture). Elle a obligé la France à mettre en œuvre des réformes nécessaires qu'elle n'avait pas le courage de décider seule. Surtout, elle a permis aux peuples qui la composent de vivre en paix pendant soixante ans, une trêve inédite qui justifie à elle seule une profonde gratitude envers l'Europe et ceux qui l'ont construite.

Il faudrait aussi dépasser les frontières *mentales*, en apparence moins délimitées mais en réalité tout aussi rigides. Cela implique de déplacer les lignes de partage entre les conceptions de gauche et de droite, entre le tout-économique et le tout-social, entre le local et le global, entre l'ouverture et le protectionnisme. L'Histoire nous a enseigné les méfaits du nationalisme. Il est urgent de mélanger les cartes sans les brouiller, de rassembler les volontés et les énergies. Au contraire de l'attitude de Baudelaire, il ne faut pas « haïr » le mouvement qui déplace les lignes, mais le favoriser et l'accueillir comme une chance. À condition, bien sûr, de le maîtriser et de faire en sorte que les nouvelles lignes suivent mieux les contours de la réalité. Afin, ensuite, d'autoriser la réalisation de nos objectifs, voire de nos *rêves*. Cela suppose que nous en ayons, qu'ils puissent être exprimés, expliqués, partagés.

Dans un climat social délétère, potentiellement explosif, il sera surtout nécessaire de « remettre les choses à plat » et d'aborder les grandes questions de façon *globale*. L'avenir de la France ne pourra être découpé en morceaux, chacun d'eux constituant un « problème » à résoudre, une plaie à soigner, une fuite à colmater : chômage ; impôts ; santé ; éducation ; banlieues... Le temps est venu de bâtir enfin un « grand projet » susceptible de donner du souffle et de provoquer le sursaut de la France, l'enthousiasme des Français.

Pour cela, il faudra d'abord reconnaître que le « modèle républicain » est dépassé. Ce serait d'ailleurs l'occasion, changeant de modèle, de changer de République. L'instauration d'une *VIe République* permettrait de frapper les esprits, de s'affranchir d'un passé lourd, de liquider le contentieux entre les citoyens et les institutions. Le projet attendu par les Français aurait ainsi un nom, porteur d'un fort pouvoir d'évocation, comme en leur temps le *New Deal* de Roosevelt, la *Nouvelle Société* de Jacques Chaban-Delmas (même si elle a fait long feu) ou la *perestroïka* de Gorbatchev (qui a fait basculer une partie du monde dans la direction de la démocratie, au prix d'un démantèlement de l'empire soviétique).

Trois conditions paraissent indispensables pour justifier cette « révolution » aux Français et les faire adhérer au projet. La première est de leur présenter un *état des lieux* sans concession, sans faux-semblant, en recourant systématiquement aux comparaisons et en faisant preuve de la plus grande honnêteté intellectuelle. Comparaisons dans le *temps*, d'abord, afin de montrer que la France a perdu dans certains cas de sa substance et de son dynamisme. Dans l'*espace* ensuite, en expliquant ce qui a été fait dans les autres pays développés, notamment ceux qui réussissent mieux et peuvent servir, au moins dans certains domaines, d'étalons ou d'exemples : Pays-Bas, Finlande, Suède, Grande-Bretagne, Espagne, Canada, États-Unis, Japon...

Il serait bon de prendre conscience que le pays se pose depuis des décennies les mêmes questions sans les résoudre, faute de consensus social, mais aussi de *courage*, tant de la part des responsables que des citoyens. Il faudra insister sur la nécessité d'abandonner une démarche collective qui est souvent égoïste, orientée sur le confort à court terme et lourde de conséquences pour les générations à venir. Il faudra, en résumé, sortir des *illusions françaises* qui servent d'alibi à une inadaptation chronique, coûteuse, éventuellement suicidaire.

Examiner de façon objective et apaisée les « avantages exquis »

La deuxième condition, qui n'est pas sans lien avec la première, sera de montrer que le décrochage de la France est dû pour une large part à des freins *structurels*. Le plus apparent est le système de *société à cliquet* qui fonctionne par empilage de décisions destinées à satisfaire des catégories de la population (celles qui disposent d'un pouvoir de résistance, de protestation et de nuisance), souvent au détriment de la collectivité. Il serait ainsi possible de passer en revue, dans le cadre de relations sociales apaisées, les fameux « avantages acquis », que l'on pourrait rebaptiser *avantages exquis*. Puis avoir le courage et l'intelligence de supprimer ceux qui de toute évidence ne sont plus justifiés ou acceptables. Il en est ainsi de certaines inégalités de revenus (en commençant par les privilèges les plus spectaculaires, tels les *stocks-options* accordés à des chefs d'entreprise), d'écarts de durée du travail, de pension de retraite, de « niches fiscales », d'inégalités d'accès aux soins, à l'éducation, au logement, aux allocations, etc. En préalable à ces discussions et décisions, les acteurs politiques, économiques, syndicaux de la société devront évidemment faire preuve d'*exemplarité*.

Tout le monde ne sera sans doute pas convaincu par la perspective de cette nouvelle abolition des privilèges. Ce sera le cas, en particulier, de ceux qui ont quelque chose à perdre dans le processus. Le cas aussi de ceux qui considèrent que leur rôle est de refuser, par principe, les changements qui ne leur profitent pas directement (à eux ou à leurs mandants). Tocqueville avait fourni il y a déjà un siècle une explication à cette attitude : « ce qui attache le plus vivement le cœur humain, ce n'est pas la possession paisible d'un objet précieux, c'est le désir imparfaitement satisfait de le garder et la peur incertaine de le perdre ».

Il faudra donc compter avec les réticences naturelles des individus à faire des efforts ou, pire encore, des sacrifices. Ou même à participer activement à des mouvements collectifs a priori indolores : selon le « principe d'action collective » (mis en évidence par le sociologue Olson), personne n'a en effet intérêt à agir pour soutenir une cause ou une organisation qui procurera des biens ou des services collectifs, puisqu'il en bénéficiera de toute façon. Sa motivation doit donc passer par des satisfactions personnelles qui s'ajouteront aux bénéfices collectifs. Cela signifie que les dirigeants politiques ou économiques ne pourront se contenter de faire appel à l'esprit de solidarité des Français pour obtenir leur soutien aux réformes nécessaires ; ils devront aussi les convaincre que chacun y trouvera son compte à titre individuel.

Il faudra enfin tenir compte d'une autre singularité française : le très faible niveau actuel de *civisme*. Il est apparent dans la multiplication récente des actes de désobéissance civique, dans le comportement de citoyens ou de salariés qui n'hésitent pas à commettre des actes illégaux. Cette tendance nationale aux accommodements avec la loi et avec la morale est probablement en partie la conséquence d'un manque de confiance dans des institutions qui ne donnent pas toujours l'exemple. Elle est aussi la résultante d'un certain laxisme dans la façon d'appliquer les réglementations, qui incite à ne pas les prendre en considération. La restauration préalable de la confiance apparaît ainsi d'autant plus nécessaire si l'on veut débattre calmement des avantages des uns et de la solidarité à l'égard des autres, dans un triple souci de justice, d'égalité et d'équité.

Prendre les citoyens à témoin

Si, comme beaucoup de Français l'affirment dans les conversations et dans les sondages, « ça ne peut plus durer », ils devront se donner collectivement les moyens de changer et accepter les inévitables conséquences individuelles que cela entraîne. À la condition, encore et toujours, que les efforts demandés soient *équitables*. Cela implique d'avoir le courage d'expliquer que, si les partis politiques, les institutions et les entreprises ont une responsabilité dans le décrochage actuel de la France, ils ne sont pas les seuls. Les *corps intermédiaires*, notamment certains syndicats, ont attisé les braises, en pratiquant la démagogie, en participant au gaspillage par des grèves qui coûtent très cher et en adoptant une attitude de refus du changement encore plus onéreuse à terme. Les médias ne sont pas non plus exonérés ; peu d'entre eux se sentent vraiment investis d'une mission « citoyenne », dans la mesure où elle n'est pas compatible avec la recherche de l'audience maximale. Dans la mesure aussi où leurs publics ne les poussent pas à se montrer plus « vertueux ».

Les citoyens, en effet, ne sont pas toujours à la hauteur. Lorsqu'ils refusent d'aller voter, renvoient les partis politiques dos à dos ou font des procès d'intention à leurs responsables. Lorsqu'ils condamnent le système tout en profitant de lui chaque fois qu'ils en ont la possibilité. Lorsqu'ils s'accomodent avec la morale, au détriment de l'intérêt collectif (p. 247). Lorsqu'ils se retranchent, par dépit mais aussi par commodité, derrière le « tous pourris » plutôt que de favoriser le « tous unis ». Lorsqu'ils se cramponnent à un modèle national qui ne fonctionne plus.

Personne ne devrait jouer seul le rôle de victime expiatoire et de bouc émissaire. Mais chacun devrait reconnaître sa part de responsabilité dans la situation présente et se demander ce qu'il peut faire aujourd'hui pour son pays, plutôt que d'attendre toujours davantage de lui. Les Français devront aussi comprendre et accepter, même si ce n'est pas dans leur culture et que cela paraît politiquement incorrect, que l'*État ne peut tout faire*, que ce soit en matière d'emploi, de logement ou de réduction des inégalités. Son rôle, capital mais non illimité, est de donner les impulsions, veiller à l'équité, assurer la paix sociale (sans pour autant l'« acheter » par des décisions démagogiques) et, plus difficile encore, éclairer l'avenir. Sa mission est de s'intéresser en priorité aux plus démunis, aux victimes (en identifiant les vraies et en se montrant intraitable avec les autres). C'est l'une des conditions de sa crédibilité, de sa capacité à redonner du sens à la vie et un sens à l'avenir.

Il ne s'agit pas de promettre aux Français, comme autrefois Churchill aux Anglais, « du sang et des larmes ». Au contraire, la perspective donnée devrait être celle de la croissance, de la résorption du chômage, du retour à l'union nationale, du renouveau de la France dans le monde. Les efforts demandés à chacun devront être justifiés par le sentiment de participer à un mouvement, global et clairement indiqué, vers plus de justice et d'efficacité. La « pilule » sera peut-être un peu dure à avaler par certains bénéficiaires d'un système de protection sociale qui fonctionne parfois sans discernement. Il ne faudrait pas cependant stigmatiser ceux qui en profitent. D'abord parce qu'ils ne sont pas toujours conscients de leurs avantages ou privilèges, et parce qu'ils ont l'impression que d'autres en ont encore plus. Ensuite, parce qu'il est dans la nature humaine de tirer profit du système dans lequel elle évolue. Surtout dans un contexte où la vertu n'est pas la qualité la mieux partagée, notamment parmi les responsables sociaux.

Cette acceptation de la responsabilité individuelle ne pourra se produire que dans le cadre d'un véritable *plan d'urgence*, d'une volonté de sursaut national, de rattrapage après des décennies de dérapage, de réveil après un long sommeil. Outre la capacité de pédagogie et de créativité des acteurs sociaux, la confiance dont ils bénéficieront sera évidemment déterminante. Aujourd'hui déficiente, elle ne pourra être restaurée que par un comportement exemplaire de celui ou celle qui sera porteur d'un tel projet, comme de tous ceux qui l'accompagneront. Outre sa *perestroïka*, la France devra inventer sa *glasnost* (transparence). Il s'agit là encore d'une *révolution culturelle* à mener au sein des appareils politiques, étatiques, institutionnels, pour lesquels cette attitude ne va pas toujours de soi.

INDIVIDU

L'APPARENCE

Corps

Le corps a été ignoré pendant une grande partie du XXe siècle...

L'histoire du corps a commencé avec celle des humains. La préoccupation fut d'abord essentiellement celle de la survie : il fallait nourrir le corps, le protéger des agressions de toutes sortes. Sa prise en compte change ensuite dans l'Antiquité, avec le culte affiché par les Grecs ou les Romains. Il est alors mis en scène dans le stade, dans l'arène ou sur le champ de bataille. Puis le sort fait au corps du Christ sera l'un des éléments fondateurs de la religion catholique.

La représentation du corps est omniprésente dans l'art occidental, tant dans la sculpture que dans la peinture. Elle prend une dimension particulière pendant la Renaissance ; le corps est alors « zodiacal » : chacune de ses composantes correspond à une planète. Avec les développements de la science et de la médecine à partir du XVIIe siècle, il devient une machine, un objet de recherche ; il est observé, disséqué, ausculté, soigné, autopsié. Au fur et à mesure de sa découverte par les savants, le corps irrationnel, lieu des « humeurs » et des interventions divines (voire de miracles), devient plus objectif.

Mais c'est le XIXe siècle qui apportera les plus grands bouleversements. La représentation du corps est transformée avec l'invention de la photographie et du cinéma. Sa compréhen-sion franchit une étape décisive avec la découverte par Freud de l'« inconscient » et sa théorie du développement de la sexualité comme fondement de l'identité. Tout cela sera pourtant provisoirement oublié pendant un temps. Avec l'industrialisation, le corps est assujetti (« aliéné ») dans les usines. Avec les deux guerres mondiales, il devient une simple « chair à canon ».

... avant d'être « redécouvert » au cours des années 60.

Les Français avaient oublié pendant des décennies l'existence de leur corps, se contentant de profiter des progrès de la médecine : l'arrivée de nouveaux médicaments comme les antibiotiques et les sulfamides après la Seconde Guerre mondiale permettait de guérir des maladies. Le sport et les activités corporelles étaient plutôt réservés aux catégories populaires. La « redécouverte » s'est produite vers le milieu des années 60. Elle fut la conséquence de la montée de l'individualisme, de la forte revendication libertaire et surtout de la possibilité donnée aux femmes de maîtriser leur fécondité grâce à la contraception. Chacun devint alors conscient que son corps lui appartenait et qu'il était responsable de son fonctionnement et de son usage. Le sport se développa dans les catégories aisées, qui l'avaient longtemps méprisé. Il s'installa dans les modes de vie au cours des années 80, avec la mode du jogging, de l'aérobic ou du body-building ; l'obsession était alors de « fabriquer son corps » à sa convenance, de le maintenir en forme et en bonne santé. La cure thermale, réservée au début du siècle aux personnes riches, se banalisait, au point d'être remboursée par la Sécurité sociale.

Le corps a aussi repris de l'importance avec l'éloignement des certitudes intellectuelles et spirituelles. Il est devenu le garant de l'autonomie physique, mais aussi mentale, en tant que lieu de résidence du cerveau et de l'« esprit ». Un narcissisme moderne s'est ainsi développé chez les Français. Beaucoup se sont mis à considérer leur corps comme leur principal, voire unique, capital. Encouragés par les progrès de l'espérance de vie, les progrès de la médecine, de la chirurgie et de la cosmétique, ainsi que par les promesses des chercheurs, ils le voudraient aujourd'hui beau, bien portant, immortel. C'est pourquoi ils s'efforcent de l'entretenir, de l'enjoliver, de le réparer lorsque c'est nécessaire. Afin de reprendre le pouvoir sur lui.

La société contemporaine favorise la paresse physique.

Les voitures, transports en commun et robots de toutes sortes effectuent une part croissante des tâches quotidiennes. Ils constituent autant de « prothèses » qui facilitent les déplacements, le travail manuel, la préparation de la cuisine ou l'entretien de la maison. Les fonctions physiques autrefois remplies par les membres, les muscles et autres organes sont aujourd'hui prises en charge par des machines. Leur usage ne mobilise guère le cerveau et les mains ; celles-ci servent surtout à appuyer sur des boutons, à

Le corps mis en scène

Si le corps a été redécouvert, on peut observer qu'il est aussi de moins en moins couvert. Il est exhibé avec fierté par un nombre croissant d'hommes et de femmes dans les salles de sport, les vestiaires ou sur les plages. Il est mis en scène par la publicité dans ses fonctions esthétique et érotique. Après les pin-up, ce sont les rugbymen puis les « vraies gens » (pompiers, commerçants, mères de famille...) qui ont décidé de poser nus sur des calendriers vendus au service de nobles causes. Dans la publicité comme dans les médias, la nudité se banalise et se démocratise. On estime à 1,5 million le nombre de personnes pratiquant le naturisme en France (60 % sont cependant des vacanciers étrangers).

On trouve dans cette évolution la traduction d'un mouvement général de régression, au sens de retour au stade primitif ou animal. Les humains se rappellent que la vérité est nue. Cela ne les empêche pas de chercher à l'embellir, en pratiquant le maquillage, le bronzage, le *body art* (peintures ou tatouages du corps), le piercing ou la chirurgie esthétique. L'intérêt pour son propre corps concerne aussi celui des autres, comme en témoignent les formes diverses d'exhibitionnisme et de voyeurisme : télévisuelle (sur lesquels est en partie fondée la téléréalité) ; cinématographique (films érotiques ou pornographiques) ; informatique (webcams, *blogs*, sites spécialisés...).

che, afin qu'il puisse remplir ces fonctions dans les meilleures conditions et le plus longtemps possible.

La réhabilitation du corps s'est accompagnée plus récemment de celle des sens, qui lui permettent d'être en relation avec son environnement. C'est le cas en particulier de ceux qui avaient été longtemps oubliés, comme le sens olfactif, aujourd'hui de plus en plus sollicité : aliments, produits d'entretien, intérieur des automobiles, des bureaux ou des lieux publics... Le toucher est stimulé par les nouveaux matériaux utilisés pour les vêtements, les objets ou les équipements. Le goût est excité par la consommation de produits du terroir ou exotiques qui procurent des sensations fortes ou nouvelles.

L'individu contemporain n'est donc plus un pur esprit. Il est conscient de son corps et réapprend à utiliser ses sens autant que son cerveau. Cette évolution participe du fort courant régressif que l'on observe depuis quelques années. Elle privilégie ainsi le retour à l'enfance, période où l'apprentissage du monde se fait en grande partie par les sens. La situation d'adulte responsable est difficile à vivre dans une société qui propose de moins en moins de repères et nécessite d'être autonome à tous les instants. Par contraste, la période de l'enfance apparaît comme celle de l'insouciance, de la sécurité. Elle est celle où tout est encore possible, avant que les choix de la vie ne restreignent l'espace personnel de liberté.

utiliser des claviers ou des télécommandes pour évoluer dans un univers de plus en plus virtuel et programmé. Le corps pourrait d'ailleurs subir des mutations ; les Français grandissent et grossissent ; la taille des femmes s'épaissit (p. 20) ; les muscles et la mobilité du pouce se développent chez les jeunes passionnés de jeux vidéo. On peut se demander si l'usage intensif du téléphone portable n'aura pas d'effet sur l'inclinaison de la tête.

Le corps est donc comme engourdi par les effets du progrès technique. La multiplication des écrans et la sédentarité ont rendu la position assise de plus en plus fréquente. Le confort des sièges et de la literie, la livraison à domicile ou l'avènement des « textiles intelligents » (tee-shirts hydratants, collants antistress, tissus antibactériens, vêtements « communicants »...) devraient encore plus favoriser la paresse et le ramollissement physique.

Si de nombreux Français s'efforcent de se maintenir en forme en veillant à leur équilibre alimentaire, en pratiquant une activité physique régulière et en se faisant suivre par des médecins, d'autres considèrent que l'entretien corporel est trop difficile et contraignant. Ils estiment que les efforts à fournir empêchent de profiter de la vie. Par choix ou par dépit, ils ont abandonné le combat. Cette attitude n'est évidemment pas étrangère au développement récent et spectaculaire de l'obésité (p. 22).

Le corps est d'abord une enveloppe, un outil et un capteur...

Le corps est d'abord perçu comme le contenant matériel et individuel de la vie. Il est aussi un outil au service de chacun, qui lui permet de se mouvoir, d'accomplir les tâches et les gestes de la vie quotidienne, dans ses dimensions personnelle, professionnelle ou sociale. Les Français s'efforcent donc de maintenir l'outil en état de mar-

... mais il est devenu une vitrine...

Le corps est depuis toujours un médium qui permet de communiquer avec les autres, par des gestes et des attitudes qui viennent renforcer (parfois démentir) les paroles. Il est aussi utilisé pour communiquer autour de soi une image de soi, que l'on cherche à rendre agréable, séduisante, aimable, enviable. Pour cela, il faut avoir l'air jeune, dynamique et efficace dans les différents compartiments de la vie. Cette fonction de vitrine du corps humain a certes toujours existé, mais son importance s'est accrue depuis les années 80. Car les pressions exercées par l'environnement personnel, professionnel ou social sont aujourd'hui très fortes, dans un contexte de concurrence croissante. La société actuelle est celle du casting (encadré).

Le corps est aussi utilisé pour montrer de façon visible (parfois ostensible) l'appartenance à un groupe social, à une communauté ou à une « tribu ». Outre les moyens traditionnels (vêtements, accessoires, coiffure), certains se font tatouer, de façon définitive ou provisoire, ou se teignent les cheveux pour enrichir leur image personnelle. Ces pratiques leur permettent de se dévoiler, de se différencier, parfois aussi de jouer avec leur identité et de s'en inventer d'autres. Les motivations ludiques ne sont pas absentes de ces comportements. Elles sont aussi de plus en plus souvent transgressives ; pour exister aux yeux des autres, se faire remarquer, il peut être utile de rompre les codes vestimentaires ou corporels.

... et, de plus en plus, un miroir.

Si le corps permet d'adresser aux autres un ensemble de signes, il exerce aussi une fonction narcissique, qui est plus récente. Il renvoie à celui qui le possède un ensemble d'indications sur sa propre identité. Cette fonction se développe en même temps que l'autonomie accordée (ou imposée) à l'individu. Elle explique en partie les efforts réalisés pour modeler le physique selon un idéal qui n'est plus alors collectif, mais individuel.

Chacun étant propriétaire de son corps, il l'« habite » comme s'il s'agissait d'une maison. Il le « meuble » avec des vêtements qui doivent traduire son identité autant que son appartenance à un groupe social. Il le « décore » avec des bijoux, des accessoires ou des produits de maquillage. Il le protège en étant attentif à son alimentation et à son hygiène, en pratiquant un sport, en recourant à la prévention ou en faisant des cures de thalassothérapie. Il le soigne avec l'aide de la médecine (traditionnelle ou « alternative ») et, de plus en plus, en recourant à l'automédication (p. 67). Il en améliore aussi l'apparence grâce à la chirurgie esthétique.

Il arrive que, malgré ces efforts, l'image renvoyée par le miroir ne soit pas satisfaisante ou conforme à celle que l'on voudrait avoir de soi. On cherche alors à la modifier, voire à la transformer, autant pour séduire les autres que pour se plaire à soi-même. À défaut de pouvoir changer de vie, on s'efforce de changer de corps.

Le corps est aussi une « marchandise ».

Dans un contexte social où chaque individu est responsable de sa vie et de son destin, le corps joue un rôle croissant. Il s'apparente en cela à une marchandise que l'on doit « vendre » à ceux qui sont en mesure de l'« acheter » et de la « consommer » : employeur ; conjoint ou concubin ; entourage familial et professionnel ; amis et relations.

Pour cela, le corps doit offrir à ceux qui « investissent » dans son entretien ou son embellissement une rentabilité satisfaisante. L'illustration extrême en est donnée par les sportifs de haut niveau, qui évoluent sur un marché planétaire et font la fortune des organisateurs de compétitions, des médias qui

les retransmettent, des sponsors qui les financent... sans oublier la leur.

Chaque individu est donc, souvent à son insu, un « produit » qui porte sa propre marque, éventuellement celle du groupe social ou professionnel auquel il appartient (tribu, communauté, club, réseau...). Devant la difficulté de maintenir ou d'accroître sa « valeur marchande », la tentation est forte de recourir à des artifices : maquillage, « relookage » ou chirurgie esthétique pour le commun des mortels ; dopage pour ceux qui ne peuvent se contenter de paraître, mais qui doivent en outre être « performants ».

Les contraintes corporelles sont moins explicites.

Dans un contexte social et familial plutôt tolérant, les normes traditionnelles concernant l'usage du corps tendent à disparaître. C'est le cas des obligations explicites, qui participent à la fois de la politesse commune et du souci individuel de donner une bonne image de soi : se tenir droit, ne pas mettre les pieds sur la table ; veiller à son « maintien ». L'appartenance à un groupe social et le rang qu'on y occupe sont indiqués par des attributs comme l'habillement, la coiffure ou les accessoires. La gestuelle est davantage influencée par ce qui est suggéré par le groupe que par ce qui est interdit par les normes collectives. On le constate par exemple dans la démarche adoptée par certains jeunes, leur façon de s'asseoir ou de bouger.

À l'inverse, les contraintes implicites sont de plus en plus prégnantes. Pour être conforme aux canons de l'époque, il faut être mince, avoir l'air sportif et « en forme ». Les modèles féminins et masculins diffusés par les médias constituent les nouvelles références auxquelles chacun s'efforce de ressembler en recourant aux régimes alimentaires, à la culture physique ou à la musculation, voire aux « retouches » esthétiques. Mais cette pression médiatique et sociale est difficile à supporter. Certains abandonnent devant la difficulté et, parfois, sombrent dans la dépression. D'autres décident, au nom du droit de l'individu à disposer de lui-même, de prendre le contre-pied des modèles proposés ; ils accordent à leur corps toutes les libertés.

La recherche de bien-être corporel répond à un besoin d'harmonie.

Si l'importance attachée à l'apparence physique est croissante, elle n'a plus aujourd'hui le même sens que pendant les années 80, marquées par la préoccupation à l'égard du look. Elle s'accompagne d'une recherche d'équilibre et d'épanouissement personnel. Le culte du corps n'est pas seulement destiné à améliorer l'image que l'on donne de soi, mais à participer au bien-être individuel.

Il s'agit moins de plaire aux autres que de se sentir en accord et en symbiose avec soi-même. Si les fonctions de communication du corps avec le monde extérieur (en tant que récepteur ou émetteur) ont pris ou repris de l'importance, le corps est aussi de plus en plus intériorisé ; la fonction « miroir » devient plus importante que celle de « vitrine ».

Dans un contexte général de réconciliation des contraires (homme-femme, bien-mal, jeune-vieux, travail-loisir, moi-nous, droite-gauche, nature-culture, rationnel-irrationnel...), les Français cherchent en fait l'harmonie entre le corps et l'esprit, entre le dedans et le dehors de l'être. Ils suivent sans le savoir le vieux précepte chinois : « Il faut prendre soin de ton corps, afin que ton âme ait envie de l'habiter. »

L'injustice corporelle

L'apparence physique est l'une des composantes principales de l'identité. Elle joue aussi un rôle clé dans la relation de chaque individu à son environnement familial, social ou professionnel. Il existe en effet une indéniable corrélation entre la « beauté » d'une personne (la régularité de ses traits, les proportions harmonieuses de son corps, qui varient selon les canons de l'époque) et l'attirance qu'elle exerce sur les autres. C'est-à-dire en fait sur l'envie qu'ils éprouvent de la connaître, de devenir son ami, de l'épouser, de l'aider... ou de l'embaucher.

L'inégalité est apparente dès la naissance. Même si elle n'est pas dite, la différence est faite entre les « beaux bébés » et les autres, tant par leurs parents que par l'ensemble de la société. L'inégalité de perception et de traitement se poursuit tout au long de la vie, dans la plupart des moments et des lieux. À l'école, des études montrent que les « beaux élèves » ont un peu plus de chances d'être de « bons élèves ». Par la suite, ils trouvent aussi plus facilement l'âme sœur, car personne ne rêve d'épouser quelqu'un de laid.

L'inégalité est flagrante dans la vie professionnelle, bien que le Code du travail interdise (depuis novembre 2001) toute discrimination fondée sur l'apparence physique. Il n'est pas anodin que l'on demande aux candidats à un poste de joindre leur photo à leur curriculum vitae (une pratique interdite par exemple aux États-Unis). Ce n'est pas non plus un hasard si les hôtesses d'accueil ou les employé(e)s en contact avec la clientèle ont souvent un physique agréable. Dans l'imagerie collective, les gentils sont supposés être beaux, et les méchants laids.

L'attitude socialement et politiquement correcte consiste à ne pas évoquer cette forme primaire d'inégalité. Il serait cependant naïf de ne pas reconnaître que la beauté confère un pouvoir, qu'elle est un atout pour se « vendre » dans toutes les circonstances de la vie.

La quête d'une identité incite parfois à en changer.

L'époque est marquée par une profonde recherche d'identité, tant sur le plan collectif (p. 238) que sur le plan individuel. Mais beaucoup d'efforts sont déployés afin de tricher avec elle. C'est souvent la nécessité professionnelle qui le justifie. De nombreux cadres cherchent ainsi à se donner une apparence conforme à l'idée qu'ils se font de la fonction qu'ils occupent, ou à celle que s'en font (dans leur esprit) leurs supérieurs hiérarchiques, leurs collaborateurs ou leurs clients. Ils modifient alors leur habillement, leur coiffure, leur apparence physique (régime, maquillage, chirurgie...). Quant aux dirigeants, certains recrutent des coachs chargés de transformer leur apparence physique et de faire d'eux des « leaders charismatiques », au minimum des « communicateurs » efficaces. Le dopage n'a pas seulement envahi le monde sportif, il a gagné l'entreprise et la vie courante. On estime qu'un Français sur sept et un cadre sur quatre s'administrent eux-mêmes des produits stimulants pour accroître leur dynamisme apparent et favoriser leur résistance au stress.

Ce transformisme contemporain s'explique d'abord par l'accroissement des contraintes sociales et des proces-

19

sus de sélection-élimination dans la vie professionnelle, familiale ou sociale engendrés par la *société du casting* (p. 194). L'obligation d'efficacité, la recherche de plaisir et le désir de trouver l'harmonie intérieure sont à l'origine de cette médicalisation croissante de l'existence. Elle est aussi la conséquence d'une volonté individuelle de changement, qui traduit une insatisfaction ou une frustration. Lorsqu'il est difficile de « réussir » sa vie en étant soi-même, la tentation est grande de chercher à devenir un autre.

Taille et poids

Les Français mesurent en moyenne 1,76 m, les Françaises 1,63 m.

La campagne de mensuration entreprise entre 2003 et 2005 par l'Union française des industries de l'habillement (UFIH) et l'Institut français du textile et de l'habillement (IFTH) présente l'avantage de reposer sur des prises de mesure réelles, pratiquées sur près de 12 000 personnes âgées de 5 à 70 ans dans des établissements publics ou des magasins. La dernière enquête de ce type datait de 1970. D'autres enquêtes ont été réalisées, fondées sur les déclarations des Français : Obépi (laboratoires Roche en 1997, 2000, 2003, 2006) et INSEE (1970, 1980 et 1991). La comparaison des résultats est délicate, du fait d'échantillons aux caractéristiques différentes ; surtout, elle est faussée par le fait que les plus petits ont tendance à déclarer des tailles supérieures, au contraire des très grands.

Les Françaises mesurent aujourd'hui en moyenne 162,5 cm, les Français

175,6 cm. L'écart entre les régions est assez peu marqué. Il n'est que de 1 cm pour les femmes : 163,1 cm dans le Nord-Est contre 162,5 en Île-de-France, 162,4 dans le Sud-Est et 162,1 dans l'Ouest. Il atteint 1,5 cm pour les hommes, avec une hiérarchie un peu différente : 176,4 cm dans le Nord-Est ;175,7 dans le Sud-Est, 175,1 pour l'Ouest et l'Île-de-France. Les écarts régionaux sont plus faibles que ceux existant entre les professions ; ils sont d'ailleurs peu significatifs pour les femmes. Les variations plus importantes constatées chez les hommes s'expliquent en partie par la structure de la pyramide des âges dans les régions : on est plus jeune, donc plus grand, dans les régions du Nord, principalement urbaines, que dans les régions de l'Ouest, plus rurales.

En trente ans, les hommes ont grandi de 5,5 cm, les femmes de 2,5 cm.

La dispersion, c'est-à-dire l'écart entre les tailles extrêmes, tend à s'ac-

Grandeur de la France

Évolution de la taille moyenne par sexe (en cm)

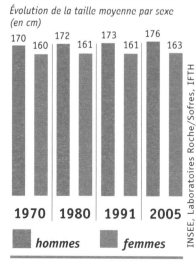

	1970	1980	1991	2005
hommes	170	172	173	176
femmes	160	161	161	163

■ hommes ■ femmes

INSEE, Laboratoires Roche/Sofres, IFTH

croître, du fait que les grands sont devenus plus grands. Ainsi, les 31 % d'hommes les plus grands mesurent en moyenne 1,81 m et 8 % mesurent 1,91 m (notamment parmi les jeunes de 15 à 25 ans). Les hommes se divisent ainsi en 19,5 % de petits (1,65 m en moyenne), 41,5 % de moyens (1,73 m), 30,8 % de grands (1,81 m) et 8,2 % de très grands. Chez les femmes, les 25 % les plus petites mesurent 1,54 m en moyenne et les 25 % les plus grandes 1,72 m. On observe que la taille des « petits » s'accroît moins vite que celle des « grands ».

Le phénomène de grandissement apparaît comme un phénomène continu : il a représenté 10 cm pour les hommes et 7 cm pour les femmes au cours du XXe siècle. Entre 2000 et 2005, la taille moyenne des Français a encore augmenté d'environ 3 mm. Parallèlement, la différence de taille entre les sexes tend à s'accroître. Elle était de 9,7 cm en 1970, 11 cm en 1980 et 11,6 cm en 1991 (enquêtes Santé, Bodier, 1995) ; elle a atteint 13,1 cm lors de la campagne de mensuration de 2005 sur les 5-70 ans. L'écart entre les générations s'est accru avec le vieillissement de la population et le tassement de taille qui en résulte ; celui-ci est estimé à 1,5 cm tous les dix ans à partir de 50 ans, ce qui représente une perte de taille importante pour les personnes âgées. L'accroissement de la taille moyenne minimise donc celui de la taille des jeunes, dont la part dans la population diminue.

Le grandissement concerne l'ensemble des pays développés, qui sont passés d'une civilisation rurale agricole à une civilisation urbaine industrielle, qui a apporté des conditions de développement physique plus favorables pour les enfants (meilleure hygiène, meilleure alimentation dès la naissance) et permis aux facteurs génétiques d'influer normalement sur la croissance.

Parmi les pays de l'Union européenne, les habitants du Nord sont plus grands que ceux du Sud. Chez les hommes, selon une enquête Eurostat de 1996, les Néerlandais mesuraient en moyenne 1,80 m en 1996, les Suédois 1,79 m, contre seulement 1,69 m pour les Portugais et 1,72 m pour les Espagnols ; avec 1,75 m (soit 1 cm de moins que dans l'enquête de 2005), les Français se situaient dans la moyenne. La hiérarchie était semblable chez les femmes, avec des écarts moins importants : 1,68 m pour les Néerlandaises, 1,61 m pour les Portugaises et les Espagnoles ; la taille des Françaises (1,63 m dans cette enquête, soit la même taille que celle mesurée en 2005) était inférieure de 1 cm à la moyenne européenne. Elles sont un peu plus petites que les Américaines et sensiblement plus grandes que les Japonaises. La hiérarchie est semblable chez les hommes.

Les femmes pèsent en moyenne 62 kg, les hommes 77 kg.

La campagne de mensuration des Français de 2004-2005 a permis de constater une prise de poids moyenne en trente ans de 5,4 kg pour les hommes (72 kg en 1970) et 1,8 kg pour les femmes (60,6 kg en 1970). Le supplément de poids des hommes représente donc le triple de celui des femmes, alors que leur augmentation de taille n'était que le double. Cependant, si l'on examine l'IMC (indice de masse corporelle : il est calculé en divisant le poids en kilos par le carré de la taille en mètres), les femmes ont un peu plus grossi que grandi par rapport aux hommes.

À l'inverse de la taille, qui est inférieure pour les générations anciennes, le poids moyen des hommes et des femmes augmente avec l'âge, de sorte que le rapport poids/taille s'accroît encore

Poids et mesures

Taille et poids moyens par sexe, selon l'âge et la profession (2003, en cm et en kg)

	Hommes		Femmes	
	Taille	Poids	Taille	Poids
Age				
15-24 ans	177,4	68,3	164,9	57,9
25-34 ans	176,9	76,9	164,2	63,0
35-44 ans	175,9	78,7	163,4	64,5
45-54 ans	174,2	80,0	162,0	65,2
55-64 ans	172,8	80,4	161,2	65,8
65 ans et +	171,1	78,1	159,6	65,2
Profession				
Artisan, commerçant	174,7	79,9	163,0	64,4
Agriculteur	175,2	80,0	163,2	66,9
Ouvrier	174,8	78,4	162,1	65,9
Employé	175,8	77,6	162,8	64,4
Profession intermédiaire	176,2	78,9	163,8	63,2
Cadre supérieur, profession libérale	176,7	78,7	164,5	61,2
Retraité	171,4	78,5	159,8	65,2
Inactif	177,0	68,6	163,1	61,9
Ensemble	174,7	77,1	162,4	63,6

Laboratoires Roche/Sofres

plus que le poids. Entre 20 et 50 ans, la prise de poids représente environ 8 kg pour les hommes et 6 kg pour les femmes, alors que la différence des poids moyens sur l'ensemble de la population (photographie instantanée et non évolution individuelle) n'est respectivement que de 3,1 kg et 2,8 kg. Ce grossissement généralisé au cours de la vie est lié notamment à la diminution de l'exercice physique et aux pratiques alimentaires moins équilibrées pour les personnes âgées. Il s'explique aussi par la moindre importance attachée à l'apparence physique au fur et à mesure du vieillissement.

Le poids est évidemment corrélé à la taille, ce qui explique qu'on soit moins lourd au sud qu'au nord de l'Union européenne. Ainsi, en 1996, le poids moyen le plus faible chez les hommes était celui des Portugais (72 kg), le plus élevé celui des Suédois (80 kg). Les femmes françaises, bien qu'elles ne fussent pas les plus petites, étaient les plus minces avec les Italiennes. Les plus lourdes étaient logiquement les Néerlandaises, puisqu'elles étaient les plus grandes.

● *Trois Français sur cent pèsent au moins 100 kg, un sur cent au moins 110 kg.*

Un avantage de taille

À âge égal, un homme cadre supérieur mesure en moyenne 4 cm de plus qu'un ouvrier ; l'écart n'est que de 2 cm pour les femmes. Avant la disparition du service militaire (1996), on avait mesuré parmi les appelés du contingent un écart de 4 cm entre un étudiant et un jeune agriculteur, au profit du premier. Les disparités se retrouvent aussi dans la répartition des tailles dans la population : plus d'un tiers des hommes cadres dépassent 1,80 m, contre un agriculteur sur six et un ouvrier sur cinq. Les différences entre les catégories socio-professionnelles sont moins marquées chez les femmes.

La taille joue donc un rôle indéniable dans les parcours individuels, surtout masculins, au contraire de la « beauté », dont l'influence est sans doute plus sensible sur les vies féminines (p. 19). Dès l'école, on observe que les personnes plus grandes que la moyenne réussissent mieux dans leurs études et sont plus diplômées, ce qui tendrait à prouver que les critères de réussite scolaire ne sont pas seulement intellectuels, mais en partie physiques (INSEE, Nicolas Herpin, 2003). Ces différences de scolarité expliquent l'écart de taille significatif entre les ouvriers et les cadres. Elles sont aussi entretenues par le lien héréditaire existant entre la taille des parents et celle des enfants et par le fait que les enfants d'ouvriers sont plus souvent ouvriers que ceux de cadres. À diplôme identique, les hommes de taille supérieure obtiennent aussi davantage de responsabilités que les autres (notamment d'encadrement), ce qui les conduit en moyenne à des revenus plus élevés.

Par ailleurs, on constate que les hommes de petite taille vivent moins fréquemment en couple que les plus grands. Cette situation n'est pas due à leur condition sociale, puisqu'on retrouve des effets comparables de la taille aux deux extrémités de la hiérarchie sociale. Le choix d'un conjoint semble influencé par une norme sociale implicite que l'on peut appeler « l'assortiment physique » des deux partenaires ; il apparaît que cette norme est plus difficile à respecter par les hommes de petite taille. De plus, dans leur choix d'un conjoint, les femmes attachent de l'importance au statut socio-économique du futur couple qu'elles vont former. La taille de l'homme est donc sans doute prise en compte (de manière consciente ou non) comme indice prédictif des ressources du foyer et de sa situation sociale.

nées, puisqu'elles pèsent 6 kg de plus que la moyenne, avec une taille inférieure. Ce sont les ouvrières qui présentent le rapport poids/taille le plus élevé parmi les femmes actives.

Un Français sur trois est en surpoids ou obèse.

Entre les campagnes de mensuration de 1970 et 2005 (portant sur les 5-70 ans), l'IMC a un peu augmenté pour les hommes (de 24,9 à 25,1) et il a très légèrement diminué pour les femmes (de 23,7 à 23,6). La faible variation de la moyenne cache cependant une plus grande dispersion entre les individus. La proportion de personnes en surcharge pondérale, indiquée par un IMC compris entre 25 et 29,9 kg/m² s'est accrue. L'obésité commence à partir d'un indice de 30. Au total, 44 % des hommes et 27 % des femmes sont concernés par l'une ou l'autre de ces situations. Si l'on considère seulement la population de 18 à 70 ans, 26 % des Français sont en surpoids et 8,3 % en situation d'obésité, soit 34,3 %. On constate par ailleurs que 3 % des adul-

Le poids de la France

Évolution du poids moyen par sexe (en kg)

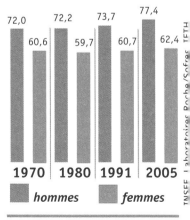

	1970	1980	1991	2005
hommes	72,0	72,2	73,7	77,4
femmes	60,6	59,7	60,7	62,4

INSEE Laboratoires Roche/Sofres TETH

Le lien entre profession et poids est inversé entre les sexes.

Chez les hommes, les agriculteurs et ceux qui exercent des professions indépendantes pèsent en moyenne davantage que les salariés, à taille et âge comparables. Les hommes cadres supérieurs pèsent 1 kg de moins que les agriculteurs. L'écart atteint 6 kg entre les agricultrices et les femmes cadres supérieurs.

Les femmes cadres ou appartenant aux professions intellectuelles supérieures sont à la fois les plus grandes et les plus minces (en proportion de leur taille). On peut imaginer que la recherche de postes élevés dans la hiérarchie professionnelle les incite à veiller plus que les autres à leur ligne. Les femmes cadres moyens ou techniciennes semblent les moins concer-

tes sont en situation d'anorexie ; la proportion atteint 8 % parmi les femmes de 15 à 25 ans.

L'enquête ObÉpi de 2003 (laboratoires Roche/Sofres) avait montré que 30 % des Français de 15 ans et plus étaient en surpoids simple et 11 % obèses, soit au total 41 % de la population. L'écart avec les chiffres de 2005 s'explique par le fait que cette enquête (basée sur les déclarations des personnes interrogées) concernait les 15 ans et plus ; elle intégrait donc les personnes de plus de 70 ans, qui n'étaient pas prises en compte dans la campagne de mensuration 2005.

L'étude décennale santé de l'INSEE de 2003 montrait quant à elle un taux d'obésité de 10,2 % de la population. Elle mettait en évidence l'accélération brutale de ces dernières années : la proportion d'hommes obèses, stable entre 1980 et 1991 (6,5 % contre 6,4 %) avait atteint 10,1 % en 2003. Pour les femmes, on observait déjà une progression entre 1980 et 1991 (7 % contre 6 %), et le taux était passé à 10,5 % en 2003.

Quelles que soient les sources, l'accroissement de la proportion de personnes en surcharge pondérale est donc un fait établi. La France n'est plus épargnée par le phénomène de l'obésité, même si le niveau atteint reste inférieur à celui des États-Unis (23 % selon l'OCDE en 2000), du Royaume-Uni (21 %), de la Hongrie (19 %), de l'Allemagne ou de l'Australie (18 %) ; il n'est que de 2 % au Japon. Mais le « rattrapage » français s'effectue rapidement : on ne comptait en France d'après la même source que 9,6 % d'obèses en 2000 et 8,2 % en 1997.

Il existe donc un paradoxe entre le niveau croissant de l'information disponible en matière nutritionnelle et les pratiques alimentaires des Français et, plus largement, des habitants des pays développés.

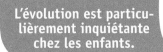

L'évolution est particulièrement inquiétante chez les enfants.

Près de 12 % des moins de 18 ans présentaient une obésité en 2003 (soit plus de 1,5 millions) contre 6 % en 1980 (enquête ObÉpi). La proportion était de 13 % parmi ceux de 4 à 16 ans. La proportion d'enfants de 5 ans en simple surpoids a été multipliée par six depuis la fin des années 80, passant de 2 % à 12 %. 18 % de ceux de 7 à 9 ans présentent un surpoids et 4 % sont obèses.

Le surpoids de l'enfant est souvent lié à celui de ses parents : plus de 61 % des enfants de plus de 2 ans considérés comme obèses de degré 2 (selon les courbes de référence d'évolution de l'IMC en fonction de l'âge) vivent dans un foyer avec un parent obèse ou en surcharge pondérale (enquête INSEE). La proportion n'était que de 44 % pour les enfants de poids normal selon les courbes utilisées.

Cependant, une part importante de l'obésité (environ 30 %) apparaît liée à l'hérédité. Le milieu social exerce aussi une forte influence. C'est dans les familles de manœuvres, ouvriers spécialisés ou employés de bureau que la proportion d'enfants présentant une obésité est la plus élevée (respectivement 17 % et 15 %). On y retrouve également la proportion d'obèses de degré 2 la plus importante : plus de 5 %, contre 1,5 % parmi les enfants d'ingénieurs, cadres ou enseignants.

L'une des conséquences de cette évolution est l'apparition chez des adolescents de pathologies pratiquement inconnues il y a dix ans comme le diabète ou l'apnée du sommeil. Le doublement de la fréquence de l'obésité chez les enfants concerne les deux sexes, mais la boulimie et l'anorexie, comportements jusqu'ici plutôt féminins, s'ac-

croissent davantage chez les garçons. Un autre motif d'inquiétude est que les enfants obèses deviendront souvent des adultes obèses et que leurs enfants auront à leur tour encore plus de risques que les autres. Cette évolution sur plusieurs générations pourrait avoir des conséquences à la fois sur les modes de vie et sur sa durée.

Les Français surchargés

Répartition des hommes et des femmes par poids* (2004, en %)

	H	F
Anorexie	1,2	4,3
Normal	54,8	68,8
Surpoids	35,6	18,5
Obésité	6,8	5,3
Obésité à haut risque	1,2	2,2
Morbidité	0,4	0,8

* Un IMC (indice de masse corporelle : rapport entre le poids et la taille au carré) est jugé normal entre 18,5 et 24,9 kg/m². L'obésité est qualifiée à partir de 30 kg/m². Au-delà de 39,9 kg/m², l'obésité relève de la morbidité.

IFTH

Les groupes sociaux sont inégalement concernés.

L'accroissement de l'obésité concerne les deux sexes et tous les âges, mais à des degrés variables. L'accroissement au cours des dernières décennies a été plus marqué chez les hommes à partir de 45 ans et chez les femmes de 15 à 45 ans. Chez les adultes, la proportion augmente régulièrement jusqu'à 65 ans.

Certains groupes sociaux sont plus touchés que d'autres. C'est le cas des artisans, parmi lesquels la proportion d'obèses est passée de 11 % en 1997 à 16 % en 2003 (enquête ObÉpi) ou des inactifs (15 % contre 12 %). Les cadres supérieurs et les professions libérales sont deux fois moins touchés, mais l'augmentation a été comparable à la moyenne en valeur relative. On observe une corrélation inverse entre le niveau d'instruction et l'obésité : elle concerne 20 % des personnes ayant un niveau d'études primaires, contre 6 % seulement de celles qui ont fait des études supérieures de troisième cycle. Ces deux éléments expliquent que l'obésité est aussi inversement corrélée au revenu.

Le surpoids et l'obésité concernent toutes les régions, avec des disparités marquées. Les départements du Nord mais aussi du Bassin parisien sont plus touchés que ceux de l'Ouest. Les régions les plus touchées vont du Nord-Pas-de-Calais au Limousin en passant par l'Île-de-France. Les régions bordant la Méditerranée sont également très concernées. Le clivage observable chez les adultes ne l'est pas pour les enfants, bien que les régions de l'Ouest (façade atlantique) restent assez préservées avec un taux d'obésité inférieur à la moyenne nationale.

Enfin, les conditions de vie sont d'autres critères favorables ou aggravants. Ainsi, seules 8 % des personnes qui n'ont pas la télévision (très minoritaires) sont obèses, contre 12 % des autres. La proportion atteint 14 % parmi les personnes qui disposent d'un ordinateur, contre 10 % parmi les autres. En revanche, elle est plus élevée chez celles qui n'ont pas de voiture (15 %) que parmi celles qui en ont (11 %).

Le grignotage et la sédentarité sont les causes principales

L'alimentation des Français est trop riche en matières grasses, en sucres

Plus de tailles fortes que de tailles fines

L'accroissement du poids moyen des Français (mais aussi de leur stature) explique celui de leur tour de taille. Il a augmenté d'environ 3 cm entre 1997 et 2003, passant à 87,2 cm contre 84,6 cm (enquêtes Obépi). En 2004, il atteignait 79,9 cm pour les femmes et 89,9 cm pour les hommes (campagne de mensuration nationale). Le tour de taille est fortement corrélé à l'âge : en 2003, il variait de 81 cm pour les hommes de 15-24 ans à 99 cm pour ceux de 65 ans et plus ; pour les femmes, l'éventail allait de 74 à 88 cm.

On considère qu'un tour de taille trop élevé (100 cm pour un homme et 90 cm pour une femme) est un indicateur de risques accrus sur le plan cardio-vasculaire, mais aussi de résistance à l'insuline et de déséquilibre métabolique. Plus d'un Français sur quatre est dans cette situation et devraient donc perdre du poids. C'est le cas notamment des personnes âgées : une personne sur deux à partir de 65 ans.

En outre, la norme actuelle pour la taille des vêtements n'est plus adaptée aux morphologies des Français. Pour une même taille, une personne peut être mince, normale ou forte. Cette dernière conformation représente une part plus importante que dans le passé : 39 % contre 47 % pour la conformation normale et 13 % pour la mince.

et en sel. Les repas sont consommés trop vite. Mais c'est surtout le grignotage généralisé (p. 170) qui est jugé responsable de l'accroissement spectaculaire de l'obésité. L'alimentation des enfants en surpoids est ainsi trop riche en graisses et en viande et elle n'est pas assez diversifiée. La moitié des enfants obèses ne prennent pas de petit déjeu-

ner, de sorte qu'ils mangent plus gras et plus sucré au cours de la journée. La méconnaissance en matière nutritionnelle est l'une des explications de ces comportements.

Un autre facteur clé est le manque d'activité physique, lié à la sédentarité propre à la vie urbaine. L'activité physique ne représente que 12 % des dépenses caloriques moyennes, alors qu'elle devrait atteindre 25 %. On considère que, au-delà de quatre heures passées devant la télévision chaque jour, un enfant grossit quelle que soit son alimentation. Les enfants des familles modestes ou défavorisées sont par ailleurs deux fois plus nombreux à avoir un téléviseur dans leur chambre, ce qui explique leur taux d'obésité plus élevé : 28 % contre 12 % en moyenne.

Les personnes appartenant aux ménages les plus aisés (plus de 3 500 € par mois) déclarent grignoter plus fréquemment que celles vivant dans les ménages les plus modestes (moins de 1 500 €) : 5 % des premiers déclarent le faire tous les matins, contre 12 % des seconds (Domoscope 2004). Les proportions sont respectivement de 7 % et 12 % dans l'après-midi, de 5 % et 10 % en rentrant à la maison, de 2 % et 6 % après le repas du soir. Comme on sait par ailleurs que c'est dans les ménages qui pratiquent le plus le grignotage que l'obésité est la plus fréquente, il existe donc une corrélation inverse entre le niveau de revenu et l'obésité.

... avec la situation psychologique.

L'obésité a aussi des causes d'ordre psychologique : solitude ; sentiment de ne pas être à sa place dans la société ou dans sa famille ; difficultés scolaires ou relationnelles ; stress... Elles se traduisent par une indifférence à sa propre apparence, une perte de la maîtrise de son corps, voire un désir inconscient d'autodestruction. L'alimentation est en effet souvent une compensation, le résultat d'un manque affectif, d'un mal-être, qui amène (consciemment ou non) certains adultes ou enfants à se protéger en créant une sorte de barrière corporelle avec le monde extérieur.

L'ambiance hédoniste de la société actuelle incite aussi à rechercher des satisfactions sensorielles immédiates et renouvelées ; l'alimentation est l'une des plus facilement accessibles. Les enfants qui évoluent dans un contexte familial de ce type sont naturellement prédisposés à grossir. On estime qu'un jeune de 20 ans a un risque multiplié par douze de devenir obèse si, vers l'âge de 10 ans, il s'est senti négligé par ses parents. Les autres subissent souvent la diminution de l'autorité parentale en matière alimentaire, qui leur permet de manger ce qu'ils veulent. Il s'ajoute dans certains cas une attitude fataliste, qui se traduit par la volonté affichée de ne pas « faire attention » à son poids, de s'accepter tel qu'on est et de vivre sans se priver.

L'environnement familial et social joue donc un rôle central dans le développement du fléau de l'obésité. Le risque est parfois aggravé par les difficultés psychologiques des enfants et des adultes ; elles commencent à être intégrées dans une prise en charge médicale moins moralisatrice et plus efficace.

L'obésité est un facteur de risque important.

Le développement spectaculaire de l'obésité pourrait avoir des incidences en matière de santé. Le surpoids ou l'obésité sont des facteurs aggravants de certaines maladies. Le risque d'hypertension artérielle est multiplié par trois chez les personnes en surpoids et par quatre chez les obèses par rapport

aux personnes ayant un IMC inférieur à 25 kg/m². La prévalence de l'hypercholestérolémie est doublée en cas de surpoids, triplée en cas d'obésité. Celle du diabète est multipliée par neuf chez les obèses, quatre chez les personnes en surpoids. Les facteurs de risques cardio-vasculaires sont aussi considérablement accrus. C'est le cas également en ce qui concerne les déficiences de l'appareil locomoteur (déplacements) avec des conséquences en matière de rhumatologie. Il existe en outre une relation étroite entre la corpulence et les problèmes liés au métabolisme. L'obésité à haut risque ou morbide (par exemple 130 kg pour un homme de 1,80 m ou 110 kg pour une femme de 1,65 m) est présente chez environ 100 000 personnes, particulièrement nombreuses entre 45 et 54 ans. Elle

Français moyens

Mensurations des Français par sexe (2005, en cm, sauf poids en kg)

	Femme	Homme
Stature	162,5	175,6
Poids	62,4	77,4
Tour de poitrine	93,7	102,2
Tour de taille	79,9	89,4
Tour de hanches	93,0	93,1
Tour de bassin	100,2	99,9
Tour de dessous de poitrine	80,1	–
Carrure devant	40,2	42,8
Carrure dos	35,2	39,7
Longueur devant fourchette sternale-taille	32,5	–
Longueur taille-milieu dos	39,3	43,7

est deux fois plus fréquente chez les femmes que chez les hommes.

Enfin, les conséquences de l'obésité sont apparentes dans la vie quotidienne. Les sièges des voitures, des trains, des avions ou des cinémas ne sont plus adaptés à la morphologie actuelle, ainsi que les meubles de rangement, les plans de travail des cuisines, les lits ou les bureaux. Il en est de même des tailles de vêtements proposées par les fabricants : une femme sur trois et un homme sur six déclarent trouver difficilement des vêtements à leur taille.

Hygiène et beauté

Le niveau d'hygiène national s'est considérablement accru au cours du XXᵉ siècle.

La « toilette » a longtemps désigné en France le changement de linge, puis les vêtements que l'on portait, avant de concerner essentiellement l'hygiène corporelle. Prendre un bain était jugé immoral jusqu'au XIXᵉ siècle ; on ne comptait que 500 baignoires publiques à Paris vers 1800, 5 000 vers 1850. Au début du XXᵉ siècle, la propreté n'était pas la préoccupation première des Français. En 1951, un sondage publié par le magazine *Elle* montrait qu'un peu plus d'une femme sur trois (37 %) ne faisait sa toilette « complète » qu'une fois par semaine ; 39 % ne se lavaient les cheveux qu'une fois par mois. La même année, le *Larousse médical* suggérait de « soigner sa façade » et précisait que la douche ou le bain pouvait être hebdomadaire.

Depuis, les habitudes de propreté des Français ont énormément progressé : 71 % des Français déclarent

IFTH

prendre une douche au moins une fois par jour ; 7 % disent même en prendre au moins deux (Domoscope 2005). Plus d'un homme sur quatre et une femme sur dix déclarent aujourd'hui se laver les cheveux tous les jours ou presque. L'hygiène dentaire s'est aussi sensiblement améliorée : une femme sur trois et un homme sur cinq disent se brosser les dents trois fois par jour ; ces chiffres semblent cependant un peu surestimés lorsqu'on les compare avec les achats de dentifrice et de brosses.

Les progrès de l'hygiène s'expliquent par la transformation de la relation au corps (p. 16). Ils sont aussi la conséquence de l'accroissement des pressions sociales, professionnelles ou médiatiques, qui influencent les comportements. Il en est de même de l'offre permanente de nouveaux produits. La propreté a été surtout favorisée par l'amélioration du confort sanitaire des logements ; la quasi-totalité disposent aujourd'hui d'une baignoire et/ou d'une douche (95 %), contre 70 % en 1975, 48 % en 1968 %, 29 % en 1962. On constate que les habitudes d'hygiène sont plus affirmées dans le sud que dans le nord du pays, du fait notamment de la température plus élevée et de ses effets sur la transpiration. Le souci d'être propre s'est accru avec celui de soigner son apparence. L'hygiène est en effet la face cachée de la beauté.

Chaque ménage dépense 330 € par an pour les produits d'hygiène-beauté...

La croissance des achats de produits cosmétiques au sens large a été très forte entre les années 60 et 80. Elle a été plus modérée au cours des années 90, tout en restant supérieure à celle de la consommation globale, avec plus de 2 % par an en volume. Entre 1980 et 2000, la dépense moyenne annuelle en

Le bidet, une spécialité du Sud-Ouest

Installations sanitaires des ménages selon la région et habitudes d'hygiène (en %)

	Île-de-France	Ouest	Nord et Est	Sud-Ouest	Sud-Est
Équipement					
– baignoire	83,7	78,6	84,5	85,7	78,1
– douche	56,7	67,1	59,7	70,1	60,3
– bidet	23,6	27,8	20,4	46,3	31,2
– W-C*	50,3	46,3	40,1	41,1	44,2
Habitudes**					
– douche	95,0	89,5	92,8	94,6	93,7
– bain	36,1	40,3	37,5	36,5	32,6

* Dans la salle de bains.
** Au moins une fois par semaine.

Domoscope Unilever 2004-2005

produits de parfumerie a ainsi été multipliée par plus de dix en francs courants. Les produits capillaires (shampooings, après-shampooings, produits coiffants) sont ceux qui ont connu la plus forte croissance, devant les produits de rasage, les déodorants et les produits de beauté.

Après une croissance ininterrompue, les dépenses d'hygiène-beauté des Français ont diminué depuis 2004. En 2005, elles se sont élevées à 8,3 milliards d'euros, soit environ 330 € par ménage (dépenses recalculées à partir des données fabricants de la FIP et de ACNielsen). Les produits cosmétiques représentent 40 % des achats, les produits capillaires 23 % et les parfums 18 %. Les Français (et surtout les Françaises) se maintiennent ainsi dans le peloton de tête mondial en matière de dépenses de parfumerie-cosmétique, devant les États-Unis, le Japon et le Royaume-Uni. Ils ont acheté envi-

ron 540 000 shampooings par jour en 2005, 530 000 produits pour la douche et le bain, 310 000 produits de soins pour le visage, 220 000 produits de coloration, 160 000 flacons de parfums par jour (dont 45 000 pour les hommes, hors rasage), 70 000 produits de maquillage des lèvres. Chaque personne a acheté 26 produits au cours de l'année.

... dont plus de la moitié dans les grande surfaces.

54 % des dépenses effectuées en 2005 l'ont été dans des supermarchés et hypermarchés (contre 52 % en 1995), pour un montant de 4,5 milliards d'euros (ACNielsen), en baisse de 0,9 %. 26 % provenaient des enseignes de distribution sélective (indépendants ou groupes tels que Sephora ou Marionnaud), contre 29 % en 1995, 12 % des les pharmacies et parapharmacies (17 % en 1995) et 8,5 % de la vente directe (12 % en 1995).

Dans les grandes et moyennes surfaces, les premières dépenses concernaient les produits de beauté-soin-maquillage (1,6 milliard d'euros, en hausse de 0,4 %), devant les produits

● *87 % des Français considèrent que la salle de bains est un lieu de détente. Pour 17 % des ménages, la salle de bains évoque au contraire « la bataille pour y accéder le matin ».*

capillaires (1,2 milliard, en baisse de 4 %), ceux d'hygiène (1,1 milliard, en baisse de 1 %), ceux de rasage (494 millions, en hausse de 2 %) et ceux de parapharmacie (273 millions, en hausse de 3 %). Les dépenses effectuées dans le circuit sélectif (parfumeries spécialisées) ont diminué en moyenne de 2 %, malgré des augmentations de prix de 3,5 % dans l'ensemble des rayons, ce qui traduit une baisse des quantités achetées de 5 %. Les achats dans les magasins de maxidiscompte ont en revanche progressé de 3 % et ceux concernant les

Plus d'éléPhANTs que d'hippopotames

79 % des ménages disposent chez eux d'une baignoire simple, 3 % d'une baignoire à remous ou de balnéothérapie ; 55 % ont au moins une douche, 8 % une douche avec jet massant. D'une manière générale, les « éléphants » (qui s'aspergent sous la douche) sont plus nombreux que les « hippopotames », qui préfèrent se baigner.

En semaine, 88 % des Français prennent plutôt des douches (une proportion semblable d'hommes et de femmes, 78 % des 18-24 ans contre 90 % des 25-49 ans). Le week-end, les hippopotames sont un peu plus nombreux : 28 %, avec des écarts peu marqués selon le sexe ou l'âge. Seuls 4 % des Français ne prennent jamais de douche, mais 7 % en prennent au moins deux fois par jour (10 % des 25-49 ans, 11 % des habitants d'Île-de-France, 14 % des employés, mais 2 % des retraités). Le nombre de réfractaires au bain est plus élevé : 39 % n'en prennent jamais (32 % en Île-de-France, 49 % des retraités).

Domoscope Unilever 2004-2005

produits à marque de distributeur de 6 %. Cette évolution traduit la préoccupation croissante des consommateurs pour les prix, dans une période d'arbitrage des dépenses (p. 354).

> Les produits masculins connaissent une forte croissance.

Au cours des années 90, les dépenses masculines en grandes surfaces avaient augmenté de moitié. La croissance s'est encore accélérée au cours des dernières années. En 2005, leur part dans les dépenses d'hygiène-beauté a représenté 11 % des dépenses totales en valeur : soit 675 millions d'euros contre 5,8 milliards pour les femmes. Le rasage et l'après-rasage comptent pour la moitié, l'hygiène corporelle pour un tiers et les eaux de toilette pour le reste. Mais la consommation masculine est en réalité très supérieure, car beaucoup d'hommes empruntent les produits des femmes : shampooings, produits pour la douche, déodorants, crèmes pour les mains, produits solaires... Plus d'un homme sur quatre utilise des produits de soins du visage. La proportion atteint quatre sur dix chez les 15-24 ans. Parmi les utilisateurs de ces produits, un sur quatre décide seul de son choix. 75 % des hommes utilisent une mousse à raser, et les deux tiers d'entre eux choisissent seuls la marque, contre la moitié en 2000.

La sensibilité à la beauté ou à la mode masculine avait été longtemps considérée comme l'apanage de la « culture gay ». La reconnaissance sociale de l'homosexualité a modifié les codes de la virilité. Les valeurs féminines ont en outre imprégné l'ensemble de la société, et les « métrosexuels », citadins soucieux de leur apparence, ont fait tomber les derniers tabous. Ainsi, le cliché du « mâle » qui se rase et qui, satisfait de l'image renvoyée par le miroir, se donne

des claques sur les joues, est devenu obsolète. Les hommes sont de plus en plus nombreux à se rendre dans des centres de soins corporels ou à recourir à la chirurgie esthétique. Les fabricants et les distributeurs ont créé des lignes de produits masculins, qui ne se limitent plus aux lotions après-rasage. Il s'y ajoute des crèmes pour la peau, des gels pour les cheveux, parfois des produits de maquillage léger (fond de teint, khôl anti cernes...).

> La première motivation est celle du bien-être.

La distinction entre les produits liés à l'hygiène et ceux concernant la beauté est de plus en plus ténue. Ainsi, plus d'un quart des dépenses de dentifrice concerne les produits promettant la blancheur et contenant du peroxyde d'hydrogène. Ils illustrent aussi le transfert vers le foyer d'opérations autrefois effectuées par des spécialistes, en l'occurrence les dentistes. C'est le cas également des équipements d'électro-soins, tels que la microdermabrasion, traditionnellement pratiqués dans les instituts de beauté. On assiste d'une manière générale à une « médicalisation » des produits, tant dans leur présentation que dans les promesses et la communication.

Le rapprochement est ainsi croissant dans l'esprit des consommateurs entre plusieurs univers autrefois très différenciés : beauté ; hygiène ; santé ; alimentation ; habillement. Les médicaments, les produits cosmétiques, les aliments ou les vêtements doivent aujourd'hui répondre à des préoccupations d'apparence, de confort, de séduction et de bien-être qui sont de plus en plus difficiles à séparer. D'autres pratiques comme le sport, les massages ou la thalassothérapie viennent répondre à cette demande globale de bien-être et d'harmonie.

L'hygiène, marque de respect

76 % des Français sont tout à fait d'accord avec l'idée que « se laver, c'est bon pour la santé, pour la forme physique » et 19 % assez d'accord. C'est la conviction de 80 % des femmes et de 72 % des hommes, de 64 % seulement des 18-24 ans. Ils sont encore plus nombreux (90 %) à être tout à fait d'accord avec l'idée que « se laver, c'est se respecter soi-même », ce qui montre que la dimension psychologique et symbolique de l'hygiène est au moins aussi importante que son utilité physique et matérielle.

Il est intéressant de constater que le taux d'adhésion (tout à fait d'accord) est pratiquement aussi élevé (87 %) sur l'idée que « se laver, c'est respecter les autres » : 90 % des femmes et 85 % des hommes (77 % seulement des 18-24 ans). La propreté n'est donc pas seulement une obligation individuelle mais une nécessité sociale. C'est la raison pour laquelle 31 % des Français sont tout à fait d'accord avec l'idée que les produits de beauté permettent de « se préparer, se mettre en scène vis-à-vis des autres » (35 % assez d'accord).

Mais l'hygiène est aussi porteuse de plaisir personnel, car elle permet de se sentir mieux dans son corps, donc dans sa tête (44 % tout à fait d'accord, 37 % assez). 71 % sont ainsi tout à fait d'accord avec l'idée que « se laver est un plaisir » et 23 % assez d'accord (80 % des femmes contre seulement 62 % des hommes). Pour séduire les autres, ou tout simplement pour vivre avec eux, il est important d'être en accord avec soi-même. Car l'image que l'on a de son corps est une composante importante de celle que l'on a de son identité.

Domoscope Unilever, 2004-2005

et le dehors. Le développement récent des patchs (contre le tabac, les points noirs, les douleurs musculaires, le mal des voyages…) témoigne de la reconnaissance de cette fonction médiatrice de l'épiderme. La peau est aussi le support de la perception par le toucher ; elle reçoit les caresses comme les agressions. Son état apparent est un indicateur de l'âge et de l'histoire individuelle. L'intérêt des Français pour les produits et les soins cosmétiques traduit leur volonté de « se sentir bien dans leur peau », mais aussi peut-être de « sauver leur peau », au sens de retarder l'instant ultime de la mort.

L'innovation influence fortement les achats.

La consommation de produits d'hygiène-beauté est associée à des motivations rationnelles, comme le souci d'être propre et de chasser les bactéries de son corps. Elle obéit aussi à des motivations plus irrationnelles. La volonté de séduire est sans doute la principale. Elle est particulièrement sensible chez les femmes et présente à divers âges : chez celles de 50 ans et plus et dont les enfants ont quitté la maison, on observe ainsi une volonté d'être à nouveau plus femme parce que moins mère. Elle s'inscrit dans une quête générale d'harmonie.

L'innovation apportée par les produits joue également un rôle déterminant dans l'évolution des achats. Ceux de déodorants se sont accrus avec l'apparition des produits à bille, qui succédaient aux atomiseurs ; leur usage est de moins en moins lié à la température extérieure. Les produits pour la douche ont profité de l'arrivée des gels et des produits plurifonctionnels comme le shampooing-démêlant-traitant. La consommation de savon a diminué parallèlement, mais elle a été relancée par les savons liquides. Les pro-

La peur de vieillir est une incitation croissante aux achats de cosmétiques.

La volonté de lutter contre les effets du temps est une motivation ancienne, mais son importance s'accroît, mais le souhait de rester jeune est de plus en plus apparent dans les attitudes et les comportements contemporains. Il ne concerne plus seulement les personnes âgées ; les pratiques préventives commencent de plus en plus tôt, en particulier chez les femmes. Cette préoccupation explique le fort développement de la consommation des produits de soins et d'entretien de la peau. Parmi eux, les antirides bénéficient depuis plusieurs années d'un véritable engouement, favorisé par l'apparition de nouveaux produits (liposomes, acide hyaluro-nique, acides de fruits, vitamines…). On observe aussi un intérêt pour les qualités hydratantes, adoucissantes, tonifiantes ou reminéralisantes des légumes (carottes, tomates, concombres, laitue…). L'usage des produits solaires s'inscrit dans le même souci de préserver la peau du vieillissement. La protection reste cependant insuffisante, car la fréquence des mélanomes a doublé en dix ans. Ce phénomène peut s'expliquer par le fait que les Françaises considèrent que le vieillissement de la peau vient de l'intérieur, au contraire par exemple des Américaines, qui estiment qu'il est le résultat des agressions de l'extérieur.

L'intérêt particulier porté à l'entretien de la peau est révélateur. Elle constitue pour chaque individu l'interface avec le monde, le lieu de rencontre et de séparation entre le dedans

duits pour incontinence sont apparus en réponse aux besoins des personnes âgées, de même que les couches pour ceux des bébés (et des parents).

La coiffure participe de plus en plus à l'apparence.

Des mousquetaires de Louis XIII aux skinheads, la coiffure a toujours été un révélateur de l'identité ou de l'appartenance à un groupe social. Elle peut être utilisée au service de la fantaisie, voire de la transgression pour ceux qui souhaitent afficher leur mépris des conventions et des modèles. Elle est aussi un moyen de « changer de tête », de paraître plus jeune, voire de devenir un autre.

Après avoir boudé les coiffeurs au milieu des années 70, les Français ont retrouvé le chemin des salons, qui sont de plus en plus nombreux (61 000 début 2006). Le développement d'enseignes franchisées (10 % des salons)

Miroir, mon beau miroir...

81 % des femmes et 74 % des hommes se regardent quotidiennement dans leur miroir. Mais, si 88 % des hommes se plaisent à cette vue, les femmes ne sont que 73 %. D'une manière générale, 13 % de ces dernières se disent très satisfaites de leur beauté, 58 % plutôt satisfaites, 10 % plutôt ou très insatisfaites. Les proportions sont semblables en ce qui concerne leur visage (respectivement 17 %, 58 % et 10 %). C'est par rapport à leur poids et à leurs formes que les femmes sont le moins satisfaites : 31 % se disent plutôt ou très insatisfaites.

Cependant, 82 % des femmes disent se sentir belles lorsqu'elles prennent

est à l'origine de ce retour d'affection, de même que le développement de la coiffure à domicile, qui s'adresse aux personnes âgées ou à l'emploi du temps surchargé. Les dépenses annuelles représentent 5 milliards d'euros (avec 800 000 clients par jour), soit 80 € par habitant, dont 5 % pour des achats de produits capillaires.

Huit femmes sur dix se rendent chez le coiffeur au moins deux fois par an, une sur deux au moins une fois par mois ; la fréquence tend cependant à diminuer, du fait des arbitrages de dépenses effectués (la facture moyenne est voisine de 40 €). Leur motivation principale est que le coiffeur mette en valeur leur personnalité, plutôt que de la modifier. Aller chez le coiffeur est une façon de s'occuper de soi et de se « redonner le moral ». Les deux tiers des femmes colorent leurs cheveux, et leurs dépenses de coloration à domicile ont augmenté, pour des raisons d'économie, mais aussi parce

soin d'elles. Les produits qui les aident le plus sont, par ordre décroissant, les déodorants (82 %), les soins capillaires (76 %), les parfums (74 %), les soins corporels (70 %), les soins du visage (70 %), le maquillage (68 %), la coloration (57 %), les soins des ongles (44 %), les produits de bronzage (21 %).

À l'adjectif *belle*, les femmes préfèrent en ce qui les concerne celui de *naturelle*. Il est vrai qu'elles doivent aujourd'hui se comparer aux « standards » mis en évidence (et en scène) par les médias, qui ne sont en rien « représentatifs » de la population. C'est sans doute la raison pour laquelle 77 % des Françaises souhaiteraient voir plus de diversité dans la représentation de la beauté par les médias. *Domoscope Unilever 2005*

que les produits d'autocoloration ont progressé. La principale préoccupation des hommes est la chute de leurs cheveux. Un tiers d'entre eux commence à les perdre après 35 ans, deux tiers après 50 ans. On estime qu'environ 10 millions d'hommes ont une calvitie.

Les tendances récentes (2005-2006) s'orientent autour du « néodesign » ou de la « néo-élégance » (coupes structurées et franges décalées), du « noir barock » (haut du crâne aplati et cheveux effilés), du « bourgeois décalé » (coiffures coiffées-décoiffées), du « mayerling » (cheveux longs, allure romantique) ou du « vintage » nostalgique. Les « extensions » et postiches, naturels ou synthétiques, sont aussi de plus en plus fréquents, de même que les coupes au laser.

Le recours à la chirurgie esthétique est plus fréquent.

Au-delà des produits de beauté qui agissent à la surface du corps sans le transformer, les Français s'intéressent de plus en plus à la chirurgie esthétique, qui permet d'agir de façon plus radicale et visible. Le nombre des opérations s'accroît chaque année (on estime celui-ci à 150 000-200 000), effectuées par 500 chirurgiens plasticiens référencés par le conseil national de l'ordre des médecins et 3 500 médecins en exercice, dont un peu moins de 1 000 possèdent le diplôme permettant d'opérer. Les opérations les plus courantes sont le lifting cervico-facial (retrait de l'excès de peau sur le visage), la liposuccion (retrait des graisses des cuisses et du ventre), la pose d'implants mammaires ou la réduction du volume mammaire, la rhinoplastie (remodelage du nez), la blépharoplastie (réduction des poches sous les yeux et dynamisation des paupières lourdes). L'injection de Botox permet de gommer les rides d'expression de façon temporaire. La pose d'implants fessiers ou pectoraux a pour but de redessiner les fesses et les pectoraux par la pose de silicone solide ou une injection de graisse.

Ces opérations concernent le plus souvent des femmes qui veulent effacer un défaut physique (réel ou supposé), embellir leur apparence et accroître leur pouvoir de séduction (69 % pour se plaire à elles-mêmes, contre 21 % à leur compagnon) ou ralentir le vieillissement apparent (15 % des cas). La part des hommes s'accroît (environ un quart des patients) ; la majorité sont concernés par la chute des cheveux, un quart par une surcharge graisseuse, un sur sept par un lifting et le retrait des rides. Les plus nombreux sont les cadres, pour qui l'apparence corporelle est un atout professionnel important. Le cap de la cinquantaine est souvent un élément déclencheur. La place croissante accordée par les médias à la chirurgie esthétique élargit aussi le nombre potentiel de ses utilisateurs. Selon les professionnels, le taux de satisfaction des femmes ayant fait appel à un chirurgien esthétique serait proche de 80 %, et le risque ne dépasserait pas aujourd'hui 1 sur 400 000 opérations. Les résultats obtenus ne sont cependant pas toujours à la hauteur des espérances ; certaines opérations manquées laissant des traces beaucoup plus disgracieuses que celles qu'elles étaient censées supprimer.

● 11 % des Français se pèsent au moins une fois par jour, 57 % une à quatre fois par mois, 22 % une à quatre fois par an, 7 % jamais.
● 24 % des Françaises se disent insatisfaites de leurs formes ou de leur poids, contre 59 % des Japonaises.
● 48 % des femmes de 18 à 24 ans ont déjà fait de un à quatre régimes alimentaires.

Habillement

La part de l'habillement dans les dépenses diminue depuis des décennies.

L'attachement au corps et à son apparence ne s'est pas traduit par un accroissement des dépenses d'habillement. Celles-ci ont au contraire diminué régulièrement depuis quarante ans. Les ménages lui consacraient 10 % de leurs dépenses en 1960, une part qui était passée à 6 % en 1980. La baisse s'est poursuivie depuis, à un rythme moins élevé ; l'habillement ne représentait plus que 3,7 % des dépenses des ménages en 2005, contre 4,1 % en 2000. Ce budget comprend les vêtements, les chaussures, la mercerie (tissus, laine), les accessoires (sauf maroquinerie), les dépenses d'entretien (nettoyage, blanchisserie, réparation) ; il inclut les vêtements offerts aux personnes extérieures au foyer. La part concernant les seuls vêtements est de 82 %.

Ce sont les catégories les plus modestes qui ont le plus réduit leurs dépenses. Celles-ci diminuent (en proportion du revenu disponible) avec l'âge et sont plus élevées dans les grandes villes que dans les zones rurales. Les célibataires de moins de 35 ans sont ceux qui dépensent le plus.

Il faut préciser que la diminution concerne la valeur relative (par rapport au budget disponible des ménages) ; les dépenses globales continuent en effet de s'accroître en valeur absolue. Mais les Français ont plutôt utilisé l'accroissement de leur pouvoir d'achat pour financer d'autres types de dépenses comme la santé, le logement ou les loisirs. La part du budget consacrée à l'habillement s'en est donc trouvée réduite. Entre 2000 et 2005, l'ensemble de la consommation des ménages fran-

çais a progressé de 10,5 % en valeur en euros constants (soit environ 2 % par an), contre seulement 0,6 % en valeur pour celle d'habillement (mais 2,3 % en volume). L'écart existant entre la croissance en volume (quantité de vêtements achetés) et en valeur s'explique par la baisse des prix payés par les acheteurs, du fait de l'importation de vêtements fabriqués notamment en Asie. Il est aussi la conséquence de l'évolution de la distribution, avec le développement des soldeurs, centres de magasins d'usines, discompteurs...

Moins d'argent pour s'habiller

Évolution de la part de l'habillement dans les dépenses de consommation effective* des ménages (en %)

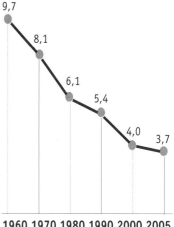

1960 1970 1980 1990 2000 2005
* voir définition p. 358.

Les ménages dépensent en moyenne 1 800 € par an.

Après six années de baisse consécutives (entre 1990 et 1996), les dépenses d'habillement avaient connu une légère reprise en valeur en 1997, confirmée jusqu'en 2000. Elles sont depuis en stagnation, et représentaient 46 milliards d'euros en 2005, dont 38 pour les articles d'habillement (hors chaussures), soit une somme de 1 500 € par ménage. Les Français occupent une position moyenne en Europe, derrière les Britanniques et les Italiens, devant les Allemands et les Espagnols.

Les femmes dépensent en moyenne la moitié du budget du ménage pour leurs achats d'habillement, les hommes un tiers ; le reste est réparti entre les enfants et les bébés. C'est la situation inverse qui prévalait au début des années 50 : les hommes consacraient un tiers de plus que les femmes à leur habillement, et les dépenses concernant les filles étaient nettement inférieures à celles faites pour les garçons. Elles restent aujourd'hui très inégales selon les catégories sociales : l'écart est de un à trois entre les ménages de cadres (environ 3 000 € par an) et ceux de retraités (un peu plus de 1 000 €) ; elles représentent la moitié (1 500 € pour les ouvriers et les employés).

Les prix des vêtements achetés connaissent une baisse régulière. Ils avaient chuté en moyenne de 40 % en monnaie constante entre 1985 et 1995, puis de 5 % entre 1996 et 2001. Le mouvement se poursuit depuis et concerne désormais tous les secteurs, y compris la lingerie, qui avait été moins touchée. Il s'explique par la délocalisation croissante de la production et par l'évolution de la structure de distribution, avec une crise des enseignes de moyenne gamme et un développement des chaînes de magasins qui vendent moins cher.

En 2005, les prix des vêtements ont diminué en moyenne de 2 % et les importations de produits fabriqués en Chine ont accéléré leur progression (à 3,2 milliards d'euros), à la suite de la suppression des quotas (dont certains ont dû être rétablis). La part des achats en solde et en promotion s'est fortement accrue : 28 % en 2005, contre 15 % en 1984 ; elle atteint 40 % dans la vente à distance, contre 21 % chez les détaillants indépendants.

La mode est éclatée et contradictoire.

La baisse ancienne et continue de la part des dépenses d'habillement s'explique d'abord par l'évolution des attitudes à l'égard de la mode. Dans un contexte d'individualisation, les Français ont fait preuve d'une résistance croissante à l'uniformité et aux diktats imposés par les créateurs. L'affirmation de soi se fait désormais davantage dans la façon de vivre que dans celle de s'habiller. Les pressions sociales sont moins fortes et les femmes ne se sentent plus obligées de renouveler leur garde-robe deux fois par an. Le vêtement a donc en partie perdu son statut de signe extérieur de richesse. Les Français ont par ailleurs privilégié les circuits courts et fait jouer la concurrence.

Les créateurs, fabricants et distributeurs s'efforcent de s'adapter à ces nouveaux comportements en espérant les modifier afin d'inciter davantage à l'achat. Les collections sont renouvelées plus souvent, les modèles sont davantage mis en valeur dans les magasins, l'accueil et les services ont progressé. Les prix ont baissé, du fait notamment de la délocalisation des usines et des importations. Les modes se succèdent, mais elles sont devenues multiples, éclatées, contradictoires. Les tendances récentes vont globalement dans le sens d'un retour à l'élégance, à la couleur, à une plus grande féminité, au romantisme. Elles suivent plus les mouvements de la rue qu'elles ne les précèdent, et les Français (comme les magazines féminins ou spécialisés) ne parviennent guère à les identifier, à moins de dire que la mode est multiple, foisonnante et contradic-

toire. Les *fashion victims* ne savent plus à quel style se vouer.

C'est surtout désormais des matériaux que vient l'innovation. Ceux utilisés sont plus confortables, plus agréables au toucher, plus faciles à entretenir. Ceux de demain offriront des propriétés nouvelles qui pourraient inciter les Français à renouveler leur garde-robe : antitranspirants, antibactériens, sans coutures, intachables, infroissables, indéchirables, bioactifs, massants, relaxants, odorants ou désodorisants, thermochromiques, thermoélastiques, chauffants, réfrigérants, oxygénants... Ils seront aussi communicants et interactifs grâce à l'intégration de puces électroniques.

Lorsqu'ils sont chez eux, 55 % des Français disent être habillés de façon décontractée (jean ou jogging). 34 % n'ont pas de tenue particulière, 7 % sont en robe de chambre, 3 % en sous-vêtements. 22 % se protègent du regard des autres en tirant les rideaux ou en fermant les volets, 77 % n'y prêtent pas attention (Domoscope Unilever 2005).

Un quart des dépenses sont effectuées dans les chaînes spécialisées.

Dans un contexte de stagnation des achats de vêtements en valeur, ceux effectués dans les magasins des chaînes spécialisées ont représenté 24 % des dépenses en 2005. Ils devancent de plus en plus nettement les indépendants (18 %), dont l'avance s'était réduite par rapport aux grandes surfaces (hypermarchés et supermarchés, 15 %) et les chaînes de grande diffusion (12 %). Cependant, les grandes surfaces ont subi dans les années passées la concurrence croissante du maxidiscompte alimentaire, qui a réduit la fréquence de visite et eu des répercussions sur les achats vestimentai-

Vintage et post modernité

Pendant longtemps, le « vintage » était réservé à un cercle restreint d'initiés, qui allaient chiner aux puces de vieux vêtements auxquels ils donnaient une seconde vie. Le phénomène est désormais omniprésent dans les pages mode de la presse, et de plus en plus apparent dans la rue. Il touche *aujourd'hui* les hommes comme les femmes, les jeunes mais aussi les personnes d'âge mûr. Cette mode est aussi une « contre-mode », une façon de ne pas se laisser « aliéner » par la création contemporaine et d'entrer dans la « post modernité ». Comme tous les mouvements qui naissent dans la société, celui-ci a été récupéré par les créateurs. Il s'est étendu à d'autres univers, comme la décoration ou l'ameublement, ou même la musique. En matière vestimentaire comme ailleurs, on assiste à un développement du sampling (échantillonnage, patchwork, métissage...), dernier avatar de la personnalisation. Il traduit un besoin d'inventer l'avenir en faisant à la fois référence et révérence au passé.

res. La vente à domicile (par catalogue, démarchage mais aussi de plus en plus Internet) et les magasins de sport représentent chacun 8 % des dépenses. Enfin, la part des grands magasins et magasins populaires est de 7 %. Le taux de concentration de la distribution a atteint 73 % en France ; il n'est que de 69 % en Allemagne, 48 % en Espagne, 35 % en Italie, mais 81 % au Royaume-Uni et 87 % aux États-Unis.

Il existe une relation entre le « moral » des consommateurs et leurs achats de vêtements ; elle semble être plus sensible encore chez les femmes (malgré le cliché de la femme dépressive qui court acheter des vêtements pour se consoler). Ce sont les femmes de 18 à 29 ans qui dépensent le plus : elles représentent 25 % des achats en valeur pour seulement 15 % de la population. Ce sont elles qui sont le plus sensibles à la mode, tout en recherchant des moyens économiques de la suivre. Leur poids tend cependant à diminuer au profit des femmes de 30 à 40 ans, qui doivent veiller à leur apparence dans la vie professionnelle. Le climat a aussi une forte influence ; la canicule de l'été 2003 avait eu des effets négatifs sur la consommation. Si les femmes plus âgées sont généralement moins concernées, on observe que les dépenses de vêtements augmentent chez celles de 50 ans et plus.

> **Les hommes s'intéressent davantage aux vêtements, mais leurs achats stagnent.**

De la même façon qu'ils sont plus sensibles aux produits d'hygiène-beauté (p. 27), les hommes sont plus concernés par la mode vestimentaire que par le passé. Pourtant, leurs dépenses ne progressent pas de façon spectaculaire. Elles ont même baissé de 2 % en valeur entre 2000 et 2005 (celles des femmes ont augmenté de seulement 0,5 %). Les chemises souffrent de la concurrence des tee-shirts et des polos, tandis les pantalons subissent celle des jeans. Surtout, les hommes sont aussi à la recherche des prix bas et ils ont pris l'habitude de renouveler leur garde-robe au moment des soldes. Ce sont les hommes de moins de 30 ans, plus sensibles à la mode que les plus âgés, qui accroissent le plus leurs dépenses.

L'homme devient en tout cas un client à part entière pour les marques et les enseignes. Les grands magasins comme le Printemps ou les Galeries Lafayette ont ouvert, agrandi ou transformé des espaces de vente qui leur sont destinés. Des magazines masculins sont apparus et consacrent de nombreuses pages à la mode. Les stylistes créent pour eux des vêtements « branchés ». Les produits mixtes (parfums, vêtements, magazines...) qui s'étaient développés dans une période intermédiaire parfois « androgyne » sont aujourd'hui plus sexués. Mais, entre Beckham et Eminem, il existe un grand nombre de façons d'être un homme aujourd'hui. Ce mouvement garde cependant ses limites. Si les hommes sont plus nombreux à acheter eux-mêmes les produits qu'ils consomment, le rôle d'influence et d'assistance des femmes reste important.

> **Les dépenses des enfants continuent de croître.**

Les dépenses d'habillement des 2-14 ans ont augmenté de 7 % en valeur entre 2000 et 2005, alors que celles des adultes diminuait (hommes) ou stagnait (femmes). Ces chiffres confirment une tendance générale à l'augmentation des dépenses des ménages pour les enfants et, notamment, pour les bébés. Pour les 15-24 ans, le développement du *streetwear* et du sportswear a renouvelé les tenues. Après quelques années de déclin, le jean est revenu dans les garde-robes. L'univers de la glisse continue d'exercer une forte influence. Il n'est plus le symbole de la rébellion, mais s'inscrit dans une démarche qui peut être selon les cas « sexy », moderniste ou trash.

Après avoir plébiscité les vêtements multifonctionnels, portables dans la plupart des circonstances de la vie, les jeunes manifestent aujourd'hui un plus grand besoin de fantaisie, parfois de rébellion. Ils recherchent l'authenticité et la créativité. Les codes vesti-

Garde-robes

Évolution des dépenses vestimentaires (en euros par ménage)

	2000	2005	Évolution* 2005/2000
Habillement femme	**567**	**528**	**0,5 %**
– prêt-à-porter	285	256	– 2,9 %
– petites pièces	159	147	0,1 %
– lingerie	123	125	8,9 %
Habillement homme	**353**	**320**	**– 2,1 %**
– prêt-à-porter	172	154	– 3,5 %
– petites pièces	147	135	– 0,5 %
– lingerie	34	31	– 2,1 %
Habillement enfant	**172**	**169**	**6,6 %**
Total habillement	1 092	1 017	0,6 %

IFM-CTCOE

* Variation annuelle moyenne de la dépense globale (tous ménages).

mentaires s'estompent au profit de la diversité et du mélange des genres.

Les jeunes filles sont les plus concernées. Importé des États-Unis au milieu des années 90, le phénomène *lolita* a d'abord concerné les 15-24 ans. Il s'est depuis étendu aux plus jeunes et il est souvent entretenu par les mères, atteintes du syndrome de régression infantile ; dès 5 ans, certaines d'entre elles tentent de déguiser leurs filles en top-modèles. Ce mouvement témoigne aussi d'une volonté de féminité qui fait contrepoids à la convergence des sexes que l'on observe depuis quelques années. Il explique aussi en partie la disparition des frontières intergénérationnelles entre les mères et les filles.

Les achats de sous-vêtements ont progressé.

La lingerie féminine est l'un des rares secteurs de l'habillement à avoir été épargné par la crise qui a touché le secteur depuis des années. La hausse des dépenses s'est interrompue en 2005, du fait de la baisse des prix ; elle a cependant atteint 9 % entre 2000 et

2005. Les lieux d'achat évoluent, avec un intérêt croissant pour les enseignes proposant des produits « mode » souvent renouvelés, à un prix abordable. Les achats sont portés par le courant de féminité et de séduction, dont le soutien-gorge ampliforme avait été le premier révélateur dans les années 90. Les Françaises dépensent en moyenne 100 € par an pour leurs sous-vêtements. Le montant diminue avec l'âge ; il est trois fois plus élevé pour les 15-34 ans que pour les 65 ans et plus (environ 150 € annuels contre 50 €). Il est supérieur dans les régions du Sud. Les jeunes femmes de 15 à 24 ans achètent 8 slips par an contre 5 pour les 25 ans et plus, 4 soutiens-gorge contre 2 et 1 vêtement de nuit (aucun pour les plus âgées). Le string arrive désormais à égalité avec la culotte.

Comme pour les vêtements, les hommes manifestent plus d'intérêt pour leurs achats de sous-vêtements, mais leurs dépenses tendent à stagner ; elles ont même diminué de 2 % entre 2000 et 2005. Un sur quatre porte des caleçons, les plus âgés restent fidèles au slip. Les Français achètent 4 slips ou caleçons par an, ce qui les situe dans

la moyenne européenne. Malgré leur autonomie vestimentaire croissante, un peu moins de la moitié des hommes confient toujours à leurs femmes leurs achats de sous-vêtements.

La tenue vestimentaire est de plus en plus « accessoirisée ».

Les Français cherchent de plus en plus à personnaliser leur apparence. Les femmes sont les plus concernées, et la diversité est infinie : sacs, ceintures, chapeaux, foulards, etc. Les jeunes apprécient notamment tout ce qui permet de se distinguer des autres et notamment des parents. Les accessoires, comme les tatouages ou les piercings sont pour eux des moyens d'affirmer leur identité ou leur appartenance à des groupes, tribus ou communautés. On observe aussi un retour des badges et des pin's, accrochés au revers des vestes, sur les sacs ou sur les jeans. Les tee-shirts sont individualisés avec des inscriptions ou photos. Une nouvelle génération d'accessoires se prépare avec l'introduction de systèmes informatiques miniaturisés dans des bracelets, ceintures, montres, lunettes et autres accessoires qui vont permettre d'échanger des informations entre les personnes présentes dans un même lieu ou avec le reste du monde.

Les lunettes jouent un rôle particulier dans l'apparence, même si la plupart sont portées par nécessité (six Français sur dix sont concernés). La monture est de plus en plus considérée comme un accessoire de mode, une façon de mettre en scène sa personnalité. Les « griffes » sont recherchées, à la fois comme signe extérieur et comme réassurance de bon goût. On observe d'ailleurs le développement du multi-équipement, qui permet de porter des modèles différents selon les usages, les moments de la journée et les tenues.

Identité
ET APPARTENANCE

Les fonctions des vêtements ont changé avec la relation au corps (p. 16). Leur rôle traditionnel de « vitrine » s'est accompagné de celui de « miroir ». Certes, le vêtement reste le support privilégié de l'image de soi que l'on donne aux autres. Mais il est aussi un moyen de trouver et d'affirmer sa propre identité, parfois aussi d'en changer. Dans leur environnement professionnel ou social, certains choisissent ainsi de se fondre en endossant une sorte d'uniforme qui leur permet d'être « transparents ». D'autres cherchent à signifier leur appartenance à un groupe social restreint (tribu, clan, groupe d'âge...) défini par un système de valeurs et des modes de vie spécifiques. D'autres, enfin, jouent avec leur apparence afin de brouiller les cartes ou de révéler des facettes différentes de leur identité en fonction des situations ou de leur humeur.

De plus en plus souvent, les Français ajoutent des touches personnelles à leur habillement, pour se différencier des autres ou se surprendre eux-mêmes. Dans ce contexte, la mode propose des idées et des thèmes qui sont souvent détournés et mélangés par les individus afin de créer leur propre style. Être ou paraître, imiter ou se différencier, tels sont les choix qui s'offrent à chacun dans toutes les circonstances et dans les différents moments de la vie.

Les dépenses d'horlogerie-bijouterie diminuent.

Les Français ont acheté pour 5,1 milliards d'euros d'horlogerie-bijouterie en 2005, un chiffre revenu au niveau de 2003 (CPDHBJO). Les dépenses avaient progressé entre 1997 et 2000, avec une hausse du prix d'achat moyen des bijoux. C'est la tendance inverse qui a prévalu depuis, avec un prix moyen de 59 € en 2005 contre 72 € en 2001. La part des bijoux en or a diminué de façon continue, mais reste majoritaire.

Les achats de bijoux en or 750 millièmes ont représenté 2,8 milliards d'euros en 2005, en baisse de 3 % en valeur et de 4 % en volume (16,6 millions d'unités). Ceux en argent bénéficient en revanche de l'engouement croissant pour la fantaisie et de la recherche de prix moins élevés (prix moyen d'environ 30 €) ; ils représentent une part croissante depuis huit ans (un quart), malgré la stabilité des prix. Au total, les quantités de bijoux achetées sont en baisse : 66 millions en 2005 contre 55 millions en 2001. Cette évolution s'est produite dans un contexte de hausse des matières premières précieuses, notamment pour l'or. Les distributeurs se sont adaptés en réduisant de 20 % en cinq ans le poids de certaines pièces comme les colliers.

En 2005, l'augmentation des achats de montres (1,6 %) n'a pas totalement compensé le recul de ceux de bijoux (2 %), d'autant que ces derniers représentent 78 % du total (58 % pour les bijoux en or 750 millièmes). On observe une progression continue des griffes, à côté des marques d'horlogerie réputées. Pour les montres comme pour les bijoux, la part des grandes surfaces dans les achats reste stable, alors que celle des centres commerciaux continue de progresser au détriment des boutiques de centre-ville. Il en est de même des bijoux fantaisie, qui profitent aussi de l'émergence de bijoux pour hommes.

● *Les pointures les plus répandues sont les 38 et 37 pour la femme et les 42 et 41 pour les hommes.*

Les Français achètent en moyenne 6 paires de chaussures par an...

Les achats de chaussures sont moins dépendants du climat économique et social que ceux de vêtements ou d'accessoires. En 2005, les Français ont dépensé 8 milliards d'euros pour acheter quelque 330 millions de paires de chaussures. La très grande majorité (près de neuf sur dix) sont fabriquées à l'étranger, principalement en Chine et au Viêt Nam, mais aussi en Italie ou en Espagne. La dépense moyenne se monte à 130 € par personne pour 5,5 paires (24 € par paire) et elle représente un cinquième des dépenses totales d'habillement des ménages. Les hommes achètent en moyenne 4 paires, les femmes 6 paires et les enfants un peu moins de 8 paires. La moitié des achats en valeur concernent les chaussures pour femmes, un peu moins d'un tiers celles pour hommes, le cinquième celles pour enfants.

Les femmes, qui achètent majoritairement des chaussures de ville (66 %, contre 40 % pour les hommes et 45 % pour les enfants), sont de plus en plus concernées par les chaussures de sport, aux usages diversifiés (ci-dessous). Les écarts sont moins sensibles en ce qui concerne les chaussures d'intérieur, qui représentent entre 13 % (enfants) et 18 % des achats (femmes).

La mode tend à se diversifier, ce qui favorise les achats d'impulsion. Après l'exubérance de la fin des années 90, le style est redevenu plus classique, plus chic. Chaque saison a ses best-sellers : au cours des années récentes, les bottes de cuir pour femmes ont connu un engouement en hiver ; le printemps a vu le succès des ballerines ; l'été a été marqué par celui des chaussures ouvertes. La clientèle masculine est de plus en plus sensible aux phénomènes de mode. On observe une polarisation croissante entre le haut de gamme et les premiers prix ; les prix moyens payés tendent cependant à baisser, sous l'effet des importations d'Asie du Sud-Est et des arbitrages de dépenses des ménages.

Les achats (en valeur) se font pour les deux tiers dans des magasins spécialisés (détaillants et succursalistes). Les grandes surfaces succursalistes en représentent un quart ; elles sont talonnées par les magasins de sport, qui devancent désormais les détaillants (20 %), dont la part diminue. Un achat sur sept est effectué chez les succursalistes en boutiques, un sur dix dans les hypermarchés et supermarchés, presque autant dans les grands magasins, magasins d'usines ou d'habillement ; le reste (environ 4 %) est acheté par correspondance. Les enseignes de prêt-à-porter intègrent de plus en plus de chaussures dans leur offre.

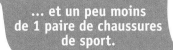

... et un peu moins de 1 paire de chaussures de sport.

Les chaussures de sport et de détente ont pris une place importante dans les achats de chaussures à partir des années 70. Elles sont plus souvent destinées au macadam des villes ou des banlieues (les deux tiers des usages) qu'aux terrains de sport. L'engouement des jeunes pour ce type de chaussures a été entretenu par les innovations technologiques des grands fabricants et leurs investissements considérables en marketing et en communication. Les exploits des champions, depuis Michael Jordan et Magic Johnson au début des années 90, ont aussi un effet d'entraînement considérable.

En 2005, les Français ont acheté 41 millions de paires pour une dépense de 1,7 milliard d'euros (hors chaussures de sports de neige). Les dépenses n'ont augmenté que de 2 % en valeur en 2005 et 1 % en volume, ce qui traduit un léger ralentissement par rapport aux années précédentes, malgré l'engouement de plus en plus marqué des femmes pour le secteur. Le phénomène sportswear, qui avait dynamisé la consommation, tend donc à s'essouffler. La concurrence des magasins spécialistes du sport et des enseignes de prêt-à-porter s'est accentuée.

L'intérêt pour les modèles multisports ne se dément pas, de même que celui pour les chaussures très spécialisées. Les créations de mode prennent aussi une place croissante. La notoriété et l'image de certaines marques leur permettent de pratiquer des prix très élevés qui en font des objets de luxe.

● *La taille commerciale la plus fréquente chez les femmes est le 40 (21 %), suivi du 42 (17 %).*
● *Le tour de tête des adultes varie entre 48,5 cm et 65 cm.*

LA SANTÉ

Situation sanitaire

L'état de santé des Français a beaucoup progressé.

Depuis plus d'un siècle, la situation sanitaire de la population s'est améliorée de façon continue. Cette évolution est due principalement au développement des antibiotiques, complété par la médecine périnatale, aux thérapies cardio-vasculaires, qui ont notamment protégé les personnes âgées, et à la diminution, moins apparente aujourd'hui, des cancers. Les progrès réalisés en matière de chirurgie de la cataracte, d'implantation de prothèses, de dépistage des maladies et de suivi médical ont également contribué à cette amélioration générale, y compris aux âges avancés.

La mortalité a ainsi connu une baisse spectaculaire et continue jusqu'en 2002, atteignant 8 décès pour 1 000 habitants en 2005 contre 13 en 1950. Le mouvement s'est ralenti depuis une quinzaine d'années, du fait du vieillissement de la population, malgré la poursuite de la baisse de la mortalité infantile. Celle-ci s'est réduite en France métropolitaine à 4 décès pour 1 000 naissances vivantes au cours de la première année (généralement dans les tout premiers jours) en 2005 contre 5 en 1995, malgré le coup d'arrêt de 2003 dû à la canicule meurtrière. En Europe, elle reste légèrement supérieure à celle de la Finlande et de la Suède (3 pour mille en 2005, mais très inférieure à celle de pays de l'Est comme la Lettonie (9) ou la Slovaquie (8). Des taux cependant très inférieurs à ceux constatés en Roumanie (17), en Asie (51) ou surtout en Afrique (88). Le taux moyen dans le monde est de 55.

Une perception un peu moins favorable

Bien que située à un niveau élevé, la proportion de Français se déclarant *« tout à fait »* bien portants et *« à peu près »* bien portants a diminué d'un point entre 2000 et 2005 : 89 % contre 90 % (Baromètre santé, enquête auprès des 12-75 ans). Le jugement décroît peu avec l'âge (87 % entre 65 ans et 75 ans). Ce sont les jeunes de 15 à 19 ans qui ont la perception la moins favorable, avec 85 %).

D'une manière générale, les hommes obtiennent un « score de qualité de vie » moyen (indice de santé générale regroupant ceux de santé physique, mentale et sociale) supérieur à celui des femmes : 74,1 sur 100 contre 68,5. Les différences les plus marquées concernent la santé physique ; le score moyen des hommes approche 77 sur 100, soit 9 points de plus que les femmes. De plus, mais de façon moins nette, les femmes perçoivent leur niveau d'anxiété, de dépression et de douleur plus négativement que les hommes.

L'effet de l'âge est différent selon les dimensions considérées. La perception de la santé physique, de l'estime de soi, de l'anxiété et de la douleur est moins favorable au fur et à mesure du vieillissement. Il en est de même de l'indice de santé générale. La différence la plus nette concerne la santé physique : les 12-14 ans obtiennent un score de 79,1, contre environ 70 entre 45 et 64 ans et 66 chez les plus âgés. La tendance est inversée pour le score de santé mentale : les 65-75 ans obtiennent le score moyen le plus élevé (77). Les 15-19 ans présentent sur plusieurs dimensions des scores moyens sensiblement plus bas que ceux de leurs cadets ou leurs aînés. L'écart est flagrant sur l'indice de santé générale, où les jeunes de 15 à 19 ans obtiennent un score moyen de 68 contre 73 parmi les 12-14 ans et les 20-25 ans. Il est encore accru chez les femmes, avec un score de 63 pour les adolescentes de 15 à 19 ans contre 69 pour les jeunes filles des classes d'âge immédiatement inférieure et supérieure.

Entre l'enquête de 2000 et celle de 2005, on ne constate que deux changements significatifs. Le score moyen des 15-19 ans des deux sexes a diminué, de 72 à 70. Celui des femmes de 55 à 75 ans a en revanche augmenté, passant de 65 à 67. Cette évolution traduit principalement une amélioration de la perception de leur santé mentale.

On dénombre plus de 500 000 décès par an.

Depuis le début des années 90, le nombre annuel des décès est inférieur à 550 000, à l'exception de l'année 2003

Cœur et cancer : un décès sur deux

Causes de mortalité par sexe (2002, en nombre et en %)

	Hommes		Femmes	
	Nombre	%	Nombre	%
Maladies de l'appareil circula-toire, dont :	73 251	26,8	84 844	32,4
– *infarctus*	*24 256*	*8,9*	*19 321*	*7,4*
– *maladies cérébro-vasculaires*	*15 405*	*5,6*	*21 297*	*8,1*
Tumeurs	90 989	33,3	61 749	23,6
Accidents et autres morts violentes	24 237	8,9	16 651	6,3
Maladies de l'appareil respi-ratoire	17 476	6,4	16 131	6,1
Maladies de l'appareil digestif	12 736	4,6	11 351	4,3
Autres causes	54 310	20,0	71 415	27,3
Total des décès	272 999	100,0	262 141	100,0

INSERM

(563 000), marquée par la surmortalité entraînée par la canicule de l'été, estimée à 15 000 personnes, la plupart âgées. Mais le nombre des décès avait été réduit presque d'autant en 2004 par rapport aux années précédentes (521 000). Il a retrouvé un niveau de 537 000 en 2005. Hors ces circonstances exceptionnelles, les variations annuelles sont principalement dues aux effets plus ou moins importants des épidémies de grippe au cours de l'hiver parmi les personnes âgées.

Les maladies de l'appareil circulatoire représentent un peu moins d'un décès sur trois : 32 % de ceux des femmes et 27 % de ceux des hommes en 2002. Les tumeurs comptent pour plus d'un quart : 33 % des décès masculins et 24 % des féminins. Les morts violentes (accidents, suicides, traumatismes) arrivent loin derrière (respectivement 9 % et 6 %), devant les maladies de l'appareil respiratoire (6 % pour les deux sexes). Ces quatre causes représentent à elles seules les trois quarts de la mortalité.

Depuis la fin des années 80, les tumeurs prédominent chez les hommes devant les maladies circulatoires, alors que ces dernières sont la première cause de décès des femmes, devant les tumeurs. Les causes des décès diffèrent aussi selon l'âge. Avant 25 ans, ce sont les causes extérieures (accidents de la route ou domestiques) qui arrivent au premier rang, puis les tumeurs prennent une importance croissante et représentent jusqu'à 65 ans la cause principale de mortalité (un décès sur trois chez les hommes, plus d'un sur quatre chez les femmes). Au-delà, les troubles de l'appareil respiratoire interviennent de façon croissante.

Les comportements individuels jouent un rôle considérable dans la mortalité. La consommation de tabac serait ainsi responsable d'environ 50 000 morts par an, l'alcool d'environ 30 000 (p. 50), le suicide de 11 000 (p. 62) et la circulation de 5 000 (p. 55). La moitié des décès ont lieu hors de la commune de résidence ; ce phénomène s'explique par le fait qu'ils surviennent dans la moitié des cas en établissement hospitalier. Mais seul un décès sur vingt a lieu hors de la région de résidence et un sur dix hors du département.

L'espérance de vie moyenne a atteint 80 ans...

La conséquence des progrès sanitaires est que l'espérance de vie à la naissance s'est allongée de façon spectaculaire au cours du XXe siècle : 33 ans pour les femmes, 30 ans pour les hommes. Avec une espérance de vie moyenne à la naissance de 84 ans en 2005, les Françaises occupent la première place au sein de l'Union européenne avec les Espagnoles ; elles ne sont devancées dans le monde que par les Japonaises (85 ans). Avec 77 ans, les hommes sont dépassés par les Suédois et les Japonais, à égalité avec les Espagnols et les Italiens.

L'allongement de la durée moyenne de vie a été longtemps dû à la baisse de la mortalité infantile. Il se poursuit désormais surtout par l'allongement de la durée de la vie aux âges élevés : à 65 ans, le gain moyen a été de 2,9 ans pour les hommes et de 2,7 ans pour les femmes entre 1980 et 1996. Comparés aux pays développés, les taux de mortalité aux âges élevés sont ainsi relativement faibles en France. Il faut ajouter que l'espérance de vie sans incapacité a encore plus progressé pendant les années 80 que l'espérance de vie à la naissance : 3 ans pour les hommes et 2,6 ans pour les femmes, contre 2,5 ans pour l'espérance de vie totale (entre 1981 et 1991). Cela signifie que les Français ont aussi gagné en « qualité de vie » dans la dernière partie. Le mouvement s'est poursuivi depuis, de sorte qu'en 2005 l'espérance de vie sans incapacité à 65 ans dépasse 11 ans pour les hommes et 13 ans pour les femmes, contre 9 ans et 10 ans en 1981. Les Français vivent donc de plus en plus longtemps et souffrent de plus en plus tardivement de maladies ou de handicaps liés au vieillissement.

... mais elle reste très inégale selon la catégorie sociale.

La spectaculaire augmentation de l'espérance de vie moyenne cache de fortes disparités. La première est celle qui sépare les hommes et les femmes (7,1 ans en 2005), même si les hommes sont en partie « responsables » de leur mortalité plus précoce du fait de modes de vie engendrant plus de risques (ci-après). Cet écart, qui a dépassé 8 ans au début des années 80, tend à diminuer, mais il reste l'un des plus élevés en Europe.

D'autres inégalités sont liées à l'identité sociale, encore largement conditionnée par la profession exercée (p. 90). Ainsi, un homme ouvrier âgé de 35 ans a aujourd'hui une espérance de vie de 39 ans (47 ans pour une ouvrière), soit 7 ans de moins qu'un cadre ou membre d'une profession dite « intellectuelle supérieure » (enseignant, profession libérale...) ; l'écart n'est que de 3 ans pour les femmes. Cette inégalité entre les professions s'est accrue pour les hommes au cours des vingt dernières années : elle ne représentait que 6 ans au début des années 80. Elle est en revanche restée stable pour les femmes.

Si les écarts entre les professions sont moins marqués et plus stables dans le temps pour les femmes, ils sont en revanche marqués entre les actives et les inactives (hors les retraitées), au détriment de ces dernières. Chez les hommes, l'inactivité en dehors de la période de la retraite et du chômage (qui touche 3 % d'entre eux) est très souvent liée à des problèmes de santé ou de handicap. Les personnes concernées n'ont gagné que 6 mois d'espérance de vie depuis le milieu des années 80, contre 3 ans pour l'ensemble des hommes.

D'une manière générale, il existe un lien entre la santé, l'activité professionnelle et le pouvoir d'achat. Ainsi, un tiers des personnes bénéficiant du RMI (revenu minimum d'insertion) déclarent souffrir parfois ou en permanence de problèmes de santé ou de handicaps les empêchant de travailler, soit deux fois plus que le reste de la population (15 %).

La mortalité masculine avant 65 ans est élevée.

L'écart d'espérance de vie à la naissance entre les hommes et les femmes s'explique en partie par le nombre important des décès masculins prématurés, survenant avant l'âge de 65 ans. Il est plus élevé que dans la plupart des pays de l'Union européenne à quinze (juste derrière le Portugal et la Finlande). Les Françaises sont au contraire dans une situation favorable. Cette spécificité française est d'autant plus apparente que, lorsque les hommes parviennent à 65 ans, il leur reste en moyenne 17 ans à vivre (les femmes 21 ans), ce qui les situe au-dessus de la moyenne de l'Union européenne.

Les causes les plus fréquentes de la surmortalité masculine sont les accidents de la circulation avant 25 ans, les suicides entre 25 et 44 ans et les cancers du poumon entre 45 et 64 ans. Certaines catégories professionnelles, notamment les ouvriers, subissent aussi des conditions de travail qui favorisent les accidents et maladies graves. Par ailleurs, ils consultent moins souvent et plus tardivement les médecins, sont moins attentifs à leur alimentation, moins concernés par le sport et les habitudes de prévention.

Une part importante de la mortalité prématurée, notamment masculine, pourrait être évitée, grâce à des modifications de comportements, qui peuvent être favorisées par la politique de santé publique. C'est le cas des décès par accidents de la circulation (qui ont déjà beaucoup diminué, p. 65), des chutes accidentelles au travail, des maladies infectieuses comme le sida ou même des suicides. Le nombre des décès liés aux comportements à risque est estimé à 40 000 par an, soit le tiers des décès prématurés (120 000) ; les trois quarts concernent des hommes.

La mentalité masculine française reste empreinte d'un modèle de virilité, qui incite les hommes à se montrer durs au mal et « courageux », ce qui les amène à prendre des risques. La maladie est pour eux porteuse d'une image de faiblesse. C'est pourquoi ils sont moins bien suivis sur le plan médical que les femmes, moins attentifs à leur corps et moins réceptifs à la notion de prévention. On estime par ailleurs que 20 000 autres vies pourraient être sauvées par une meilleure efficacité du système de soins. Au total, on pourrait donc réduire de moitié le nombre des décès prématurés. La réduction récente de l'écart d'espérance de vie entre les sexes, au profit des hommes, montre que la prise de conscience masculine est en marche.

L'état psychologique et mental s'est dégradé.

Si les Français vivent de plus en plus longtemps et en meilleure santé, il n'est pas certain qu'ils aient l'impression de vivre « mieux ». Le sentiment de mal-être est en effet de plus en plus répandu, comme en témoignent de nombreux sondages. Il se traduit

DE NOUVELLES PRATIQUES FUNÉRAIRES

Les pratiques rituelles au moment de la mort des proches se transforment. L'enterrement traditionnel religieux est en net recul, au profit de l'incinération. Elle concerne désormais un décès sur quatre (24 % en 2004, contre moins de 1 % en 1980. Ce choix est majoritaire chez les 25-49 ans et au sein des catégories sociales supérieures et intermédiaires. L'appartenance religieuse est déterminante : seuls 34 % des pratiquants souhaitent être incinérés, contre 51 % des non-pratiquants et 72 % des non-croyants (Crédoc, 2005). Dans ce domaine comme dans d'autres, la France se rapproche des pays protestants du nord de l'Europe : le taux de crémation est d'environ 70 % au Danemark, en Suède ou en Grande-Bretagne ; il est inférieur à 5 % en Italie, au Portugal, en Espagne ou en Irlande.

Cette évolution traduit une vision à la fois moins religieuse et plus « hygiéniste » de la mort. Elle est aussi dictée par des considérations pratiques : les concessions disponibles sont rares dans les cimetières surpeuplés et la décohabitation des familles ne permet guère aux survivants de se rendre sur la tombe des disparus. Elle s'accompa-

gne d'un souhait de « privatisation » de la cérémonie, liée notamment au fait que les décès ont lieu de plus en plus souvent à l'hôpital.

Les dépenses funéraires (un peu plus de 3 milliards d'euros en 2005, hors frais de monuments) tendent à diminuer, car la crémation est moins coûteuse que l'inhumation, qui représente avec le convoi presque la moitié du coût total. Si la religion et les traditions sont moins présentes dans les rites funéraires, 51 % des Français de plus de 40 ans disent se rendre au cimetière chaque année à la Toussaint ; un tiers des dépenses annuelles de fleurs et plantes se fait à cette occasion (Crédoc, 2005).

Enfin, le fait de penser à sa mort lorsqu'on est vivant n'est plus un tabou. Les souscriptions à des contrats de prévoyance obsèques sont ainsi de plus en plus nombreuses : en 2005, 10 % des Français de 40 ans et plus en avaient souscrit et 11 % songeaient à le faire (CSNAF/Crédoc). Ces conventions pourraient être présentes d'ici cinq ans dans la moitié des décès. La forte demande de liberté et le processus croissant d'autonomie conduisent à vouloir choisir sa mort comme sa vie, à en prévoir et en maîtriser les conséquences pour les autres.

tentielles. Elles se traduisent par une très forte consommation de médicaments psychotropes (hypnotiques, sédatifs, antidépresseurs, p. 54). On estime qu'un Français sur cinq souffre de troubles psychiques et comportementaux et qu'un quart des personnes qui consultent en médecine générale présentent des troubles mentaux. La dépression pourrait bien être la maladie du XXIe siècle.

Le stress est de plus en plus fréquent.

Le mot *stress* est sans doute l'un de ceux qui résument le mieux les difficultés de la vie contemporaine. Un Français sur trois se dit stressé, et les deux tiers des consultations médicales seraient motivées par cette cause. La société française devient de plus en plus anxiogène (p. 204).

C'est le cas notamment dans la vie professionnelle, où les contraintes de productivité et d'efficacité se sont accrues pour les salariés. Les femmes se disent plus stressées que les hommes. D'après certaines études, les ouvriers seraient moins stressés que les cadres, car ils disposent de moins d'autonomie dans leur travail et ils ont donc moins de décisions à prendre.

La vie dans un monde en transformation accélérée implique de percevoir les changements et de s'y adapter. Cela nécessite un état de veille permanent et un véritable travail sur soi. Pas question de baisser la garde dans la « société du casting » (p. 194) qui procède par sélection et élimination. Le stress est la conséquence d'un système social fondé sur une idée généreuse mais difficile à mettre en pratique : chacun a non seulement le droit, mais aussi la possibilité (et donc d'une certaine façon le devoir) de réussir sa vie individuelle, conjugale, familiale, professionnelle, sociale. Il est donc

par le nombre élevé des « maladies de société » (p. 48) et le recours croissant aux aides psychologiques de toutes sortes. Un Français sur cinq déclare ainsi éprouver des difficultés à dormir. Un sur deux se plaint de fatigue persistante au moins une fois dans l'année. Le nombre de dépressions déclarées a connu une forte progression depuis plusieurs décennies. Selon le Baromètre santé 2005, 8 % des Français avaient vécu un « épisode dépressif caractérisé » (au moins quatre des huit symptômes iden-

tifiés) au cours des douze derniers mois (10 % des femmes et 5 % des hommes de 15 à 75 ans).

Ces symptômes peuvent difficilement s'expliquer par une dégradation objective des conditions de vie matérielles ; le confort s'est accru dans la vie courante et l'activité professionnelle est moins pénible sur le plan physique, sauf pour certaines professions exposées (p. 47). Les causes paraissent plus liées à une somatisation liée à l'accumulation de difficultés exis-

censé progresser de façon continue au cours de sa vie dans ses activités, ses responsabilités, son pouvoir d'achat, son rôle social, ses loisirs. La pression est d'autant plus forte que l'imagerie collective (télévision, cinéma, publicité…) montre en permanence des personnages qui semblent y être parvenus et que l'on donne pour modèles.

Quatre Français sur dix souffrent de handicaps…

42 % des personnes vivant à leur domicile déclaraient rencontrer des « déficiences » (difficultés physiques dans la vie quotidienne) en 2001, soit plus de 20 millions (INSEE). La proportion de personnes concernées s'accroît sensiblement avec l'âge. Ainsi, 16 % des Français présentent des déficiences motrices, mais la proportion atteint 45 % à partir de 65 ans.

21 % des personnes vivant à domicile souffrent d'au moins une « incapacité », difficulté ou impossibilité de réaliser des actes élémentaires comme se tenir debout, s'habiller ou parler, résultant généralement d'une ou plusieurs déficiences. Près de 14 millions de personnes en âge de travailler déclaraient au moins une incapacité en 2002 (45 % des 20-59 ans), dont 3,4 millions une incapacité forte, mais seules 1,4 million d'entre elles sont considérées comme des travailleurs handicapés au sens de la loi de 1987.

10 % des Français habitant à domicile éprouvent une « limitation de leurs activités » : la proportion est un peu inférieure à 7 % avant 60 ans ; elle dépasse 20 % après 70 ans. 2,6 millions de personnes ont besoin d'une assistance régulière pour sortir de chez elles, 280 000 sont confinées au domicile, 1,6 million sont dans l'incapacité de se laver ou de s'habiller seules (11 % d'entre elles ont moins de 60 ans). 8 % des Français bénéficient de la recon-

État de veille

Chaque Français est soumis quotidiennement à un nombre élevé et croissant de stimuli. Beaucoup lui sont envoyés par les médias. Il écoute la radio en déjeunant, puis en se lavant. Au cours de la journée, le téléphone (fixe ou portable) lui permet d'être joint à tout moment. L'ordinateur tient une place croissante dans sa vie ; il peut grâce à lui émettre et recevoir des informations « multimédia » (textes, sons, images fixes ou animées). Les stimulations d'origine publicitaire sont omniprésentes ; on peut en recenser en moyenne 200 par jour et par personne via la télévision, la radio, les journaux et magazines, les affiches, les mails, les lettres commerciales, le marketing téléphonique ou les vitrines de magasins. Le nombre est même largement supérieur si l'on prend en compte les autres supports (marques présentes dans des films ou des reportages à la télévision).

Outre ces stimuli non sollicités mais difficilement évitables, les individus doivent aussi se tenir informés de l'état du monde, de celui de leur envi-

naissance administrative d'un handicap, 4 % d'une allocation, pension ou autre revenu en raison de problèmes de santé.

Les handicaps et déficiences de toute nature sont évidemment beaucoup plus fréquents en institution. En 2002, 660 000 personnes vivaient dans des institutions spécialisées, de type sociosanitaire ou psychiatrique. Les trois quarts étaient des personnes

● *Le taux d'emploi des personnes handicapées est de 40 % contre 64 % pour les personnes non handicapées.*

ronnement professionnel et familial. Il leur faut « maintenir le contact », ne pas être dépassés par les événements pour pouvoir actualiser leurs connaissances et adapter leur conduite. Chacun doit pouvoir être alerté en cas de « nécessité ». Cela implique de maintenir une connexion passive, mais activable et permanente avec le reste du monde. C'est-à-dire d'être en permanence en *état de veille.* Les individus ressemblent à cet égard aux machines électroniques qu'ils laissent allumées pour pouvoir les faire redémarrer instantanément : téléviseur ; téléphone portable ; ordinateur ; chaîne hi-fi… La différence est qu'il leur est de plus en plus difficile de se mettre en position « arrêt ».

Comme les instruments, les individus consomment de l'énergie lorsqu'ils sont en état de veille. Chacun « décharge » ainsi progressivement son énergie, même lorsqu'il croit ne rien faire. C'est sans doute l'une des causes de l'état général de fatigue des Français, d'autant que leur sommeil est souvent insuffisant pour recharger chaque nuit les batteries vidées au cours de la journée.

âgées de 60 ans et plus (480 000). Mais on y trouvait aussi 50 000 enfants et jeunes de moins de 20 ans.

… de natures très différentes.

La notion de handicap recouvre des situations très diverses et elle est en partie subjective. Les déficiences recensées sont diverses : 13 % souffrent de déficiences motrices, 10 % organiques, 11 % sensorielles, 7 % intellectuelles ou mentales. Quatre personnes sur dix souffrent d'une seule déficience. Jusqu'à 60 ans, celle-ci est le plus souvent intellectuelle ou mentale (24 %), puis d'autres types de déficiences apparaissent progressivement, notamment en matière de motricité. Leur gravité est également très variable ; les statistiques mélangent ainsi les personnes souffrant d'arthrose et celles qui sont tétraplégiques.

On peut regrouper les personnes concernées en sept catégories de handicaps, par ordre croissant d'importance. Les plus nombreuses, 5,3 millions, souffrent d'incapacités isolées et mineures, sans restriction d'activité ni reconnaissance administrative. 800 000 ont des incapacités diffuses non repérées (limitation d'activité sans incapacité ni reconnaissance administrative). 1,2 million déclarent un taux d'invalidité ou d'incapacité reconnu, sans incapacité ni limitation. 2,3 millions sont des personnes âgées dépendantes, avec une incapacité et une restriction de leurs activités, mais sans reconnaissance administrative. 1,2 million déclarent à la fois une ou plusieurs incapacités, une limitation des activités et une reconnaissance d'un taux d'incapacité ou d'invalidité. 650 000 personnes déclarent une ou plusieurs incapacités avec reconnaissance d'un taux d'invalidité, mais sans limitation. Enfin, 325 000 personnes déclarent une limitation avec reconnaissance d'un taux d'incapacité ou d'invalidité, mais sans incapacité.

Début 2005, 786 000 adultes étaient bénéficiaires de l'allocation aux adultes handicapés et 460 000 de pensions d'invalidité. En outre, 135 000 familles bénéficiaient de l'allocation d'éducation spéciale pour des enfants handicapés, 107 000 enfants étaient accueillis dans des établissements médico-éducatifs et 23 000 suivis dans des services d'éducation spéciale et de soins à domicile.

● 37 % des personnes en institution déclarent au moins une déficience auditive, 26 % au moins une déficience visuelle.

Deux Français sur trois ont un défaut de la vision...

64 % des Français ont au moins un défaut de la vision. La proportion varie de 35 % pour les moins de 15 ans à 95 % pour les plus de 65 ans. Les déficiences visuelles augmentent surtout à l'approche de la cinquantaine, avec l'arrivée de la presbytie, qui touche 70 % des personnes de 46 ans et plus (10 % entre 36 et 45 ans). Les troubles les plus fréquents sont ceux de la réfraction : 30 % de la population est myope, 18 % astigmate, 10 % hypermétrope. Un quart des moins de 25 ans portent des lunettes ou des lentilles, contre 60 % des 25-64 ans et 89 % des 65 ans et plus. Plus de 3 millions de personnes souffrent en outre d'atteintes plus graves, dont environ 60 000 de cécité complète (une personne sur mille) ; un peu plus de

Déficiences

Répartition des déficiences des personnes vivant à domicile selon l'âge (2001, en %)

	0-19 ans	20-39 ans	40-59 ans	60 ans et +	Ensemble
Mono-déficiences					
Déficiences intellectuelles/mentales exclusives	4	2	3	2	3
Déficiences motrices exclusives	1	5	8	13	6
Déficiences physiques autres que motrices	8	5	9	17	9
Pluri-déficiences					
Déficiences motrices et intellectuelles	0	1	2	6	2
Déficiences physiques (sauf motrices) et intellectuelles/mentales	1	1	2	3	2
Déficiences physiques et motrices	0	0	3	17	5
Pluri-déficiences physiques (autres que motrices)	0	0	1	5	1
Déficience non précisée	12	10	11	11	11
TOTAL	26	24	39	74	39

INSEE

LE hANdicAp dE LA NAissANCE

Les déficiences et handicaps sont inégalement répartis dans la société. Du fait de leur plus grande longévité, les femmes sont davantage concernées que les hommes, notamment par les déficiences motrices. À l'inverse, les hommes sont plus souvent sourds ou malentendants, surtout après 50 ans. Les conditions de vie et de travail ne sont pas étrangères aux écarts existant entre les catégories. La proportion d'ouvriers déclarant au moins une déficience est 1,6 fois plus élevée qu'en milieu cadre ; elle est double en ce qui concerne l'existence d'au moins deux déficiences. Les écarts sont moins sensibles pour les femmes que pour les hommes entre les catégories. Dans les institutions spécialisées, les inégalités sociales sont également marquées : un enfant d'ouvrier a sept fois plus de risque d'y entrer que celui de cadre ou de profession libérale. Cette différence s'explique en partie par la plus grande capacité des familles aisées à garder les enfants handicapés à domicile ; à gravité comparable, les enfants d'ouvriers sont trois fois plus nombreux que ceux de cadres ou de professions intermédiaires à entrer en institution.

L'origine des handicaps est variable. 12 % sont imputés à des accidents, 10 % à des causes « précoces » (complications de grossesse, malformations congénitales, maladies héréditaires). Mais c'est le vieillissement qui est évoqué le plus souvent (26 % des cas). Ainsi, seul un jeune enfant sur cent connaît des difficultés motrices, contre plus de la moitié des octogénaires et deux tiers des nonagénaires.

que aussi fréquente que la presbytie, celle-ci est moins bien acceptée et surtout moins fréquemment corrigée par un équipement d'audioprothèse. La conséquence est que de nombreuses personnes, notamment âgées, sont progressivement exclues de la vie sociale.

Les jeunes sont aussi de plus en plus nombreux à souffrir d'une diminution de l'audition, qui est la conséquence d'une exposition à des niveaux sonores élevés (baladeurs, discothèques,

4 % dE déficiENTS NON équipés

L'augmentation régulière du nombre de personnes atteintes de défauts de la vision est la conséquence du vieillissement de la population et d'une plus grande attention portée à ces questions. C'est le cas notamment pour les enfants, qui bénéficient d'un meilleur dépistage scolaire. 24 % des moins de 15 ans ont un défaut de vision et la quasi-totalité d'entre eux sont équipés.

Pourtant, parmi les plus jeunes (5 et 6 ans), 25 % sont concernés, mais seuls 13 % portent des lunettes. Plus généralement, 4 % des Français (plus de 1,5 million) déclarent un défaut visuel sans porter d'équipements correcteurs. Le principal frein est le coût des équipements et leur faible remboursement par la Sécurité sociale et les mutuelles. De même, 68 % des Français ne portent pas de lunettes de soleil à la mer ou sur la plage, et 52 % n'en font pas porter à leurs enfants. On estime que 8 millions de conducteurs ont un défaut visuel non (ou mal) corrigé. 34 % de la population déclare ne pas avoir passé de contrôle de vision depuis au moins deux ans.

3 % sont atteintes de cécité partielle (230 000 malvoyants). Les proportions sont beaucoup plus élevées en institution, où elles atteignent respectivement 2 % et 22 %.

Les femmes sont plus concernées que les hommes : 68 % ont des problèmes de vision contre 59 %. Cet écart s'explique en partie par le fait qu'elles sont plus nombreuses qu'eux aux âges avancés. Mais elles sont aussi 10 % plus nombreuses à avoir une correction entre 15 et 30 ans. Cela serait dû à leur plus petite taille (p. 20), qui autorise moins de recul des mains pour la lecture et accroît la fatigue oculaire. Un élément qui influe d'autant plus que les femmes lisent davantage que les hommes (p. 425).

60 % des Français portent des lunettes, 5 % des lentilles (surtout des myopes), 3 % ont des lunettes loupes sans prescription (10 % des presbytes).

Parmi les personnes équipées, 61 % déclarent porter leurs lunettes en permanence (Silmo/Ifop, 2004) ; 38 % les portent seulement pour certaines activités (lire, écrire, travailler, regarder la télévision, conduire). Le prix moyen payé pour des lunettes correctrices dépasse 300 € (dont les deux tiers pour les verres). Près de deux porteurs sur trois renouvellent leur équipement au moins une fois tous les trois ans. 40 % des porteurs de lunettes possèdent une paire de solaires correctrices.

... et près d'un sur dix, un défaut de l'audition.

Cinq millions de Français sont considérés comme malentendants et un million sont sourds. Parmi les personnes de plus de 65 ans, deux sur trois sont atteintes de presbyacousie, baisse de l'audition liée au vieillissement. Pres-

Âge, sexe et déficience

Personnes ne pouvant réaliser sans aide au moins une activité de chaque domaine selon l'âge, le sexe et le lieu de vie (2001, en %)

	DOMICILE					INSTITUTION				
	10-19 ans	20-39 ans	40-59 ans	60 ans et +	Ensemble	10-19 ans	20-39 ans	40-59 ans	60 ans et +	Ensemble
HOMMES										
Toilette, habillage, alimentation	1	1	2	7	2	18	31	34	58	45
Hygiène de l'élimination urinaire ou fécale	1	0	0	2	1	11	14	14	37	26
Mobilité, déplacements	3	2	6	16	6	40	71	73	82	73
Communication à distance, cohérence, orientation	7	1	1	4	1	23	33	26	31	30
Vue, ouïe, parole	4	0	1	5	1	14	19	16	21	19
Souplesse, manipulation	2	1	2	15	4	29	46	54	79	63
Tâches ménagères et gestion	2	2	5	17	5	–	–	–	–	–
FEMMES										
Toilette, habillage, alimentation	0	0	2	7	2	23	36	44	63	59
Hygiène de l'élimination urinaire ou fécale	0	0	0	2	1	14	21	21	44	41
Mobilité, déplacements	2	1	8	30	10	50	79	97	92	90
Communication à distance, cohérence, orientation	3	0	1	4	1	30	43	43	39	39
Vue, ouïe, parole	2	0	1	6	2	20	24	22	27	27
Souplesse, manipulation	4	1	4	23	7	38	56	69	87	82
Tâches ménagères et gestion	2	1	6	23	7	–	–	–	–	–

INSEE

chaînes hi-fi...). Ces difficultés pourraient s'aggraver au fur et à mesure de leur vieillissement. D'une manière générale, les agressions liées au bruit sont de plus en plus fréquentes ; elles constituent même le premier motif de plainte des Français en matière de logement et de vie urbaine. Elles semblent avoir des incidences sur la perception auditive dans toutes les classes d'âge.

Maladies

> **Les maladies cardio-vasculaires sont à l'origine d'un décès sur trois.**

Les « maladies de cœur » touchent chaque année plus d'un million de Français. Elles représentent la première cause de mortalité pour les femmes (85 000 décès en 2002), assez loin devant les cancers, et la deuxième pour les hommes (73 000), derrière les cancers. La moitié des décès sont dus à des arrêts cardiaques (43 000 ischémies) et à des maladies cérébro-vasculaires (36 000 décès).

Les progrès des techniques médicales ont divisé par deux la mortalité liée à ces maladies en dix ans. Cette réduction est due aussi aux progrès de la lutte contre l'hypertension, l'hypercholesté-rolémie et le tabagisme. Le « paradoxe français » souvent mis en avant (une consommation régulière et modérée de vin bénéfique) doit être relativisé, car, si la fréquence des maladies cardio-vasculaires est par exemple quatre fois plus faible pour les hommes qu'en Grande-Bretagne (deux fois et demie pour les femmes), elle est supérieure à celle mesurée en Italie, en Suisse, en Espagne et surtout en Chine. Elle est plus élevée au nord du pays qu'au sud.

L'hérédité et les modes de vie sont les principaux facteurs de risque. Entre 35 et 65 ans, les hommes meurent trois fois plus de ces maladies que les femmes (deux fois plus entre 15 et 34 ans). L'infarctus du myocarde est l'une des premières causes de mortalité précoce ; sur plus de 100 000 cas recensés chaque année, la moitié sont mortels. Une victime sur deux a moins de 65 ans.

Les cancers provoquent un décès sur quatre...

Le cancer est devenu depuis 1989 la première cause de mortalité chez les hommes (la deuxième chez les femmes), du fait notamment de la baisse de la mortalité liée aux maladies cardio-vasculaires. Le nombre de cas annuels est d'environ 280 000 et celui des décès de 150 000. Plus de 60 % des cancers surviennent entre 45 et 74 ans. Comme pour les maladies cardio-vasculaires, les régions du nord du pays sont beaucoup plus touchées que celles du sud.

Le nombre de mélanomes malins (maladies de la peau liées à l'exposition au soleil) a triplé en vingt ans ; plus de 7 000 cas par an contre 2 400 en 1980. Plus fréquent chez les femmes, il est plus mortel chez les hommes (725 décès contre 660 en 2002), car décelé plus tardivement du fait

d'un moindre suivi médical. La moitié des décès surviennent avant l'âge de 65 ans. La protection des Français reste très insuffisante en ce domaine.

L'influence de l'hérédité dans la survenance des cancers est l'objet d'un débat entre les experts. Celle des modes de vie fait l'objet d'un consensus : un sur quatre serait lié au tabac, un sur dix à l'alcool ; un sur trois aurait un lien avec l'alimentation. Les causes environnementales sont de plus en plus souvent évoquées ; on estime ainsi que de 50 000 à 100 000 personnes sont décédées de maladies liées à l'amiante (notamment de cancers) entre 1995 et 2005.

Entre 1980 et 2000, l'incidence des cancers a augmenté de 63 % (de 170 000 à 278 000 nouveaux cas), mais la mortalité n'a progressé que de 20 % (de 125 000 à 150 000 décès), sous l'effet de l'amélioration de l'efficacité des traitements et de la prévention. Ces progrès ont davantage profité aux femmes. La moitié des cancers sont aujourd'hui guéris, avec des taux de succès très différents selon les types. Depuis 1970, la mortalité par cancer chez les enfants a diminué des deux tiers.

... et leur nombre est en progression sensible.

Le nombre des cas diagnostiqués chez les adultes a progressé de 63 % entre 1980 et 2000. Il en est ainsi notamment des cancers de la prostate chez l'homme (2 000 cas annuels supplémentaires en moyenne) et du sein chez la femme (1 000 cas supplémentaires). Cette forte hausse s'explique pour près de la moitié par l'accroissement de la population et son vieillissement ; le solde serait lié à l'évolution des modes de vie et à l'environnement.

La mortalité par cancer a représenté en 2002 exactement un tiers (33 %)

Mort et tumeurs

Nombre de décès par cancer et par sexe (2002)

	H	F
Toutes tumeurs dont :	90 989	61 749
Poumons, larynx, trachée, bronches	22 326	5 051
Intestins	8 560	7 570
Lèvres, bouche, pharynx	3 759	785
Œsophage	3 429	743
Estomac	3 140	1 978
Pancréas	3 812	3 614
Vessie	3 278	1 002
Prostate	9 271	-
Sein	185	11 172
Utérus	–	2 850
Ovaires	–	3 302

TNSFRM

des décès masculins (dont 31 % avant l'âge de 65 ans) contre moins d'un quart (234 %) des décès féminins (dont 25 % avant 65 ans). Près de six nouveaux cas sur dix et plus de six nouveaux décès sur dix concernent des hommes. Les types les plus fréquents sont, par ordre décroissant d'importance : poumon, voies aérodigestives supérieures (bouche, pharynx, larynx, œsophage), côlon, prostate. La hiérarchie diffère pour les femmes : sein, côlon, poumon, ovaire, utérus.

La mortalité par cancer en France est environ 20 % plus élevée que dans le reste de l'Union européenne ; le taux de décès est supérieur de 50 % à celui constaté en Suède et de 20 % à celui du Royaume-Uni. Cette fréquence élevée est due à celle des cancers du poumon, des voies aérodigestives supérieures et

DES MALADIES ENVIRONNEMENTALES ?

En vingt ans, le nombre des cancers a augmenté de plus de 60 %. Celui des allergies a doublé chez les enfants (un sur sept est concerné). On observe une recrudescence d'autres maladies : comme l'asthme et les affections respiratoires, les bronchites chroniques, les bronchiolites des nourrissons, les malformations néonatales ou les troubles de la fécondité.

Certains chercheurs estiment que cette évolution ne peut s'expliquer par l'évolution démographique et un meilleur dépistage. Ils n'hésitent pas à établir un lien entre la santé et la dégradation de l'environnement. La pollution automobile et industrielle (notamment les microparticules) serait à l'origine de maladies respiratoires, de cancers du poumon. Les pesticides (100 000 tonnes déversées par an sur les terres agricoles) se retrouveraient dans l'eau et dans le corps. 3 millions de salariés sont exposés à des agents cancérogènes, parmi lesquels on compte 70 % d'ouvriers.

49 % des Français estiment qu'on ne leur dit pas la vérité sur la relation entre la santé et l'environnement (Institut de radioprotection et de sûreté nucléaire, 2005). 65 % des médecins se disent démunis face aux questions de leurs patients dans ce domaine et 49 % pensent que les risques sont sérieux. S'il est évidemment important de mesurer les effets de l'environnement, il faut rappeler que l'espérance de vie ne cesse de s'accroître.

du foie. Au sein de l'Union européenne, la France connaît une situation paradoxale à l'égard du cancer, avec le taux de prévalence le plus élevé chez les hommes et le plus faible chez les femmes. L'écart est sensible à tous les âges.

La baisse ralentie

Évolution du nombre de nouveaux cas de sida diagnostiqués, par année de diagnostic

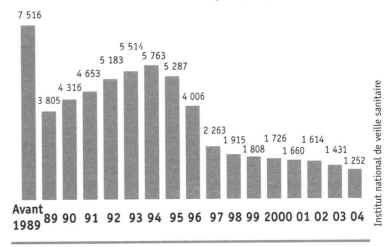

Institut national de veille sanitaire

Cette surmortalité masculine et française s'explique essentiellement par le poids des cancers des voies aérodigestives supérieures, du foie et du poumon. Ainsi, pour les cancers liés au tabac et à l'alcool, la France occupe la première place en termes de mortalité.

30 000 personnes vivent avec le sida.

On estime que près de 150 000 personnes sont porteuses du virus du sida en France métropolitaine. Les quatre cinquièmes sont des hommes. 7 000 ont découvert leur séropositivité en 2004 ; parmi elles, 25 % ont été contaminées dans les six mois précédant ce diagnostic. 1 361 personnes ont développé la maladie au cours de l'année (un chiffre stable depuis quelques années), ce qui porte le total de personnes atteintes à un peu moins de 30 000. Les régions les plus touchées sont les régions Antilles-Guyane et Île-de-France, avec respectivement 2,7 et 2,4 cas de sida cumulés pour 1 000 habitants, suivies par Provence-Alpes-Côte d'Azur (1,6). Ces

trois régions regroupent près des deux tiers des cas de sida diagnostiqués. L'incidence de la maladie (déclarée) est de 23 cas par million d'habitants en France, moins qu'en Espagne (33) ou en Italie (31), mais beaucoup plus qu'en Allemagne (4), en Suède (6) ou au Royaume-Uni (14).

Le taux de mortalité a considérablement chuté, grâce aux progrès des antirétroviraux et aux trithérapies. L'apparition et le développement de la maladie ont été ralentis, et l'espérance de vie a été allongée. 395 personnes sont mortes du sida en 2005, contre près de 5 800 en 1994. Elles ignoraient souvent leur séropositivité et l'ont traitée trop tard. 30 % des personnes touchées par le VIH sont également atteintes par une ou plusieurs hépatites (le plus souvent l'hépatite C, parfois l'hépatite B) : certaines décèdent de cirrhose, le virus du sida ayant un effet aggravant. Les échecs thérapeutiques (de 5 à 6 % des cas) concernent surtout des malades suivis depuis longtemps et ayant subi des traitements successifs toxiques. Depuis l'apparition

45

Institut national de veille sanitaire

26 000 sidéens

Nombre de décès par sida chaque année, et nombre de cas de sida vivants cumulés, chaque année (en France métropolitaine)

	Avant 1994	1994	1995	1996	1997	1998	1999	2000	2001	2002	2003	2004	Total
Nombre de décès annuels	17 666	4 208	4 001	2 916	1 120	769	708	621	585	664	474	412	34 336
Nombre de vivants cumulés	13 367	14 932	16 240	17 359	18 526	19 698	20 822	21 929	23 009	23 966	24 938	25 887	25 958

de la maladie, au début des années 80, le nombre cumulé de cas diagnostiqués a dépassé 60 000 et le nombre de décès 35 000. On estime que 40 000 personnes sont actuellement porteuses du virus sans le savoir. La moyenne d'âge des personnes atteintes du sida est de 41 ans : 38 ans pour les femmes, 43 ans pour les hommes.

La proportion d'hétérosexuels et d'étrangers contaminés continue de s'accroître...

56 % des nouvelles contaminations en 2005 (personnes porteuses du virus) ont eu lieu par rapport sexuel hétérosexuel, 22 % par un rapport homosexuel, 2 % par usage de drogue. La répartition des modes de transmission s'est profondément modifiée depuis le début des années 90. Parmi les cas de sida diagnostiqués (porteurs ayant développé la maladie), la part de la contamination hétérosexuelle a augmenté et représente aujourd'hui plus de la moitié. Parmi les personnes concernées dans ce groupe, plus de quatre sur dix sont originaires d'un pays d'Afrique subsaharienne. À l'inverse, les parts des personnes contaminées par usage de drogues injectables et par relations homosexuelles ont diminué : elles représentent respectivement 11 % et 27 % des cas de sida diagnostiqués.

En 2004, les étrangers en provenance d'Afrique subsaharienne ont représenté 32 % des personnes qui ont découvert leur séropositivité au cours de l'année ; la proportion a même atteint une sur deux en Île-de-France. Deux tiers de ces personnes étaient des femmes, et 21 % des Africaines dépistées positives l'ont été à l'occasion d'une grossesse. Les Français contaminés par des rapports hétérosexuels ont représenté 17 %. Les hommes homosexuels ont compté pour le quart (24 %), contre 19 % seulement au cours du premier semestre 2003 ; l'augmentation était particulièrement importante à Paris. 2 % étaient des usagers de drogues par voie intraveineuse. 12 % avaient entre 15 et 24 ans. L'âge moyen de diagnostic augmente régulièrement ; il était de 42 ans en 2004, contre 36,5 ans en 1990.

Entre 1998 et 2004, le nombre de cas de sida a augmenté de 44 % parmi les Africains, alors qu'il a diminué de 52 % chez les Français. On constate que le dépistage est tardif, de sorte que la plupart des personnes concernées n'ont pu bénéficier d'une prise en charge thérapeutique de leur séropositivité ou d'un traitement antirétroviral. En 2004, la moitié des personnes (47 %) ont découvert qu'elles avaient le sida lors de leur prise en charge à l'hôpital, elles ne savaient pas qu'elles étaient séropositives. La proportion était de deux sur trois pour les hétérosexuels. Elle était encore plus élevée pour les Maghrébins et les Africains subsahariens habitant en France.

... et les pratiques de protection diminuent.

La proportion de rapports sexuels non protégés a doublé en 10 ans. La diminution des pratiques préventives est particulièrement forte chez les célibataires, les multipartenaires et les jeunes de 18 à 24 ans. Les homosexuels sont aussi de plus en plus nombreux à avoir des pratiques à risque, notamment parmi ceux qui sont séropositifs (56 % contre 28 % pour les homosexuels séronégatifs) et qui fréquentent les lieux de rencontre. 21 % des Français avouent que « s'ils rencontraient une personne pour laquelle ils éprouvent beaucoup de désir mais que cette dernière refusait d'utiliser un préservatif lors de leur premier rapport sexuel, ils ne sauraient pas vraiment ce qu'ils feraient, cela dépendrait de la personne » (*TF6*/Ipsos, octobre 2005). 3 % reconnaissent même qu'ils accepteraient d'avoir des rapports sexuels non protégés.

Cette absence croissante de protection est liée à la banalisation de la maladie et à une moindre « stigmatisation » des malades. Les Français ont le sentiment que les trithérapies permettent de soigner efficacement la maladie, devenue chronique plutôt que mortelle à leurs yeux. D'autant que la majorité des jeunes de 18 à 24 ans ont commencé leur vie sexuelle après l'introduction de ces soins. Le relâchement est aussi la conséquence d'une baisse d'intérêt pour les campagnes de sensibilisation. Il correspond enfin à une recherche d'accroissement du plaisir par le risque. Beaucoup considèrent que le préservatif diminue le plaisir sexuel, qu'il est compliqué à utiliser ou trop cher et que « lorsqu'on aime, on n'a pas besoin de préservatif ». Des arguments qui ne sauraient évidemment justifier de risquer sa vie... et celle des autres. Si le sida n'est responsable que d'une faible part du nombre total des décès (deux pour mille), la proportion atteint 5 % parmi les hommes âgés de 35 à 39 ans et 3 % parmi les femmes de 25 à 34 ans.

7 000 à 20 000
MORTS « NOSOCOMIALES » PAR AN

Les infections contractées au cours d'une hospitalisation et liées aux soins ou imputables au séjour hospitalier, dites nosocomiales, seraient selon les estimations à l'origine de 7 000 à 20 000 décès par an et prolongeraient la durée d'hospitalisation des patients atteints de 6 à 20 jours. Lors d'une enquête menée en juin 2001 dans les établissements hospitaliers publics et privés sur 1 533 établissements (représentant 77 % des lits hospitaliers et plus de 300 000 personnes), 7 % des malades hospitalisés en moyenne étaient atteints d'une ou plusieurs infections nosocomiales. Les plus fréquentes étaient urinaires (40 %), cutanées (11 %), pulmonaires (10 %). La proportion était de 1 % parmi les patients en bonne santé, 4 % parmi

ceux souffrant d'atteintes viscérales organiques, 8 % parmi les patients ayant un système immunitaire affaibli. Le service le plus touché est celui de la réanimation, avec un taux de prévalence de 30 %, devant la chirurgie (de 7 à 9 % selon les types d'intervention). Les secteurs à moindre risque sont la pédiatrie et la psychiatrie.

Ces maladies peuvent avoir pour origine les propres germes de la peau du malade, mais aussi ceux transmis par d'autres malades ou contenus dans l'environnement hospitalier. L'âge moyen des malades contaminés est de 62 ans ; 55 % ont 65 ans et plus. Bien qu'élevée, la fréquence de ces maladies est comparable à celle mesurée dans d'autres pays développés en Europe ou aux États-Unis (entre 6 % et 9 %). Le coût par infection et par patient est estimé dans les pays européens entre 610 et 1 370 €.

D'autres maladies infectieuses progressent.

Grâce aux progrès des antibiotiques et des vaccinations, la lutte contre les maladies infectieuses avait beaucoup progressé pendant des décennies, mais elles sont encore présentes et la mortalité qui leur est attachée est non négligeable : 10 324 décès en 2002 hors sida, contre 6 855 en 1999. La tuberculose a causé 947 morts, et 6 322 cas ont été déclarés ; si elle continue de décroître dans la population de nationalité française, elle augmente pour les étrangers habitant en France. Le nombre de cas d'hépatites virales varie entre 30 000 et 100 000 par an ; il a provoqué 841 décès, dont 53 % d'hommes. Certaines maladies sexuellement transmissibles pratiquement éradiquées au début des années 90 connaissent une

certaine recrudescence : gonococcies, blennorragies et syphilis. Le chikungunya, maladie infectieuse tropicale transmise par des moustiques, s'est développé très rapidement dans le département de La Réunion. À la fin du premier trimestre 2006, il avait touché 230 000 personnes, soit près d'un tiers de la population, et fait 155 morts.

La campagne de vaccination scolaire engagée depuis juin 1994 a permis de vacciner plus de 10 millions de personnes, mais environ 1 000 nouveaux-nés sont contaminés chaque année. Un nombre croissant de maladies infectieuses semblent être dues au moins partiellement à la présence de bactéries ou de virus. C'est le cas notamment des ulcères de l'estomac, de l'artériosclérose, de l'angine de poitrine, de l'infarctus ou de certains cancers (foie ou utérus). Enfin, la progression

de la résistance aux antibiotiques est préoccupante.

Le nombre des maladies professionnelles s'accroît.

Longtemps, les maladies professionnelles ont été la conséquence de conditions de travail pénibles ou exposant les salariés à des substances toxiques. Les lois sociales ont progressivement permis d'améliorer ces conditions et de juguler certaines affections telles que le saturnisme. On constate depuis quelques années une inversion de tendance. 50 000 affections professionnelles ont été reconnues en 2005, contre 6 500 en 1990. La reconnaissance en 1999 des maladies du dos a probablement accru les chiffres enregistrés depuis. Ils seraient pourtant sous-estimés selon le rapport Diricq de juin 2005, qui indi-

LE SPECTRE DE LA GRIPPE AVIAIRE

L'apparition du sida au début des années 80 avait réactivé la peur des virus. Elle a été amplifiée avec le virus Ebola, le sras (syndrome respiratoire aigu sévère) et l'épizootie de grippe aviaire (poulets). Les virus sont d'autant plus craints qu'ils sont invisibles et que leurs conséquences sont difficiles à prévoir mais potentiellement dramatiques. Leur propension à se multiplier, favorisée par la mondialisation, permet d'imaginer les scénarios les plus sombres, voire apocalyptiques. Ils se réalisent d'ailleurs parfois : au milieu du XIVe siècle, la Grande Peste avait décimé plus du tiers des habitants de l'Europe. Certains voient dans ces catastrophes la main de Dieu (ce fut le cas au début de l'épidémie de sida), d'autres un complot terroriste à l'échelle planétaire.

Depuis plusieurs années, les chercheurs font part de leur inquiétude et annoncent la possibilité prochaine d'une épidémie planétaire. Le dogme de la « barrière des espèces » est tombé avec le sida, qui aurait été transmis par l'animal à l'homme. Le virus de la grippe du poulet, de la peste des oiseaux ou « influenza » (identifié pour la première fois en 1878 en Italie) a lui aussi été transmis de cette façon dans quelques pays. Il pourrait muter de nouveau et rendre possible la transmission humaine, avec des conséquences catastrophiques.

que que 100 000 accidents du travail ne sont pas pris en charge au titre des maladies professionnelles, de même que 99 % des cancers de la vessie, 90 % des leucémies, 80 % des cancers du poumon et la moitié de certaines catégories de troubles musculo-squelettiques. Le nombre des affections provoquées par le bruit est aussi en augmentation : environ 1 000 par an, contre 275 en 1975.

L'accroissement constaté serait ainsi la conséquence d'une dégradation des conditions de travail. Depuis une dizaine d'années, les cadences de production se sont accélérées (avec notamment les contraintes de productivité liées au passage aux 35 heures), l'exposition à des produits cancérogènes ou nocifs s'est accrue, les réglementations sont moins respectées. La fréquence des accidents du travail s'est réduite (divisée par deux depuis 1960), mais leur gravité a augmenté, avec un indice de 19,5 en 2004 contre 14 en 2001. Les ouvriers sont les plus exposés : 36 % se plaignent de douleurs lombaires depuis au moins six mois (43 % parmi ceux du secteur bâtiment et travaux publics), contre 25 % des cadres supérieurs et 28 % des employés. La France apparaît mal placée au sein de l'Union européenne (à quinze), juste devant le Portugal et l'Espagne, avec 47 accidents pour 1 000 salariés en 2004, contre 3 300 en moyenne.

Enfin, l'exposition à l'amiante (notamment dans le secteur du bâtiment) serait responsable d'un nombre de cancers professionnels élevé, se traduisant par près de 1 000 décès par an. Il devrait contribuer à un accroissement du nombre des cas de cancer jusqu'en 2020-2030.

Chaque année, la grippe touche plusieurs millions de Français.

Le nombre des décès liés à la grippe est en moyenne de 1 000 par an, mais il peut varier considérablement selon les années. On avait constaté 521 décès en 2002, mais 1 561 en 2000. Il est probablement très sous-évalué, car un nombre de décès cinq à dix fois plus élevé est enregistré sous d'autres cau-

ses, principalement des maladies respiratoires ou cardiaques. Les grippes des années 2001 à 2005 ont été plutôt moins meurtrières que celles des années précédentes. La maladie est à l'origine, selon les années, de 10 à 30 millions de journées d'arrêt de travail. Elle représente un coût considérable pour la collectivité et participe au déficit de l'assurance-maladie.

La grippe est plutôt banalisée dans l'opinion, et l'on n'en parle qu'au moment où apparaissent les vaccins destinés à la prévenir, notamment chez les personnes âgées. Elle a cependant été largement évoquée en 2003 à propos des nouvelles formes qu'elle pourrait prendre dans le cas de mutations des virus tels que celui de la grippe aviaire (encadré). Les ravages de la grippe peuvent être considérables. Celle de Hongkong avait fait 30 000 morts en France en 1968-1969 et 1 million dans le monde. La plus meurtrière avait été la « grippe espagnole » de 1918-1919. Transporté par les soldats américains venus aider les Alliés à terminer la guerre, le virus (de type aviaire) avait fait davantage de victimes qu'elle : de 20 à 40 millions de morts selon les estimations (dont 400 000 en France) contre 8,6 millions.

Les maladies psychologiques concernent une part croissante de la population.

Le recours aux soins pour des difficultés psychologiques et mentales ne cesse de s'accroître depuis une douzaine d'années. On a recensé en 2004 plus de 50 millions de consultations pour des troubles névrotiques et psychotiques, l'anxiété, la dépression, les troubles de l'enfance et du sommeil contre 44 millions en 2000. Celles des psychiatres sont passées de 13 millions en 1992 à 17 millions en 2004. 8 % des personnes de 12 à 75 ans ont vécu un « épisode dépressif caractérisé » au cours des douze derniers mois (Baromètre santé 2005). Ce sont les femmes (10 %) et les adultes quadragénaires qui apparaissent les plus fragiles. Les enfants ne sont cependant pas épargnés : au cours des années 90, le nombre de jeunes suivis en psychiatrie infanto-juvénile avait presque doublé : 432 000 en 2000 contre 255 000 en 1991.

Ces maladies, auxquelles on pourrait ajouter d'autres pathologies d'origine psychosomatique comme les ulcères ou les maux gastro-intestinaux, sont favorisées par certaines conditions de travail au bureau ou à l'usine. Elles sont souvent liées à des soucis d'ordre familial ou social. Véritable fléau de l'époque, le stress touche une proportion croissante de la population (p. 39).

Certains de ces facteurs existaient sans aucun doute dans le passé. Mais ils étaient jugés sans importance ou même ignorés, alors qu'on cherche aujourd'hui à leur donner un nom et à les soigner. Ainsi, les phobies sociales (timidité, agoraphobie, peur des autres en général...) sont identifiées et prises en compte. Elles ont généralement des origines psychologiques. L'assistance aux personnes victimes d'accidents ou de traumatismes (attentats, tremblements de terre, inondations...) tend à devenir systématique. Certaines études laissent penser qu'elle n'est pas toujours utile ni même souhaitable. Les séances de débriefing peuvent dans certains cas être nocives, car elles incitent les personnes concernées à penser qu'elles sont mentalement malades. On constate par ailleurs que le taux de récidive de la dépression, le plus souvent soignée par des médicaments destinés aux troubles psychologiques, est de 35 % sur deux ans et de 60 % sur douze ans. Des chiffres qui pourraient laisser penser que les thérapies sont moins efficaces que les médicaments classiques, qui soignent des affections « objectives ».

Alcool, tabac, drogue

La consommation d'alcool est en diminution régulière...

La consommation globale d'alcool a diminué de près de moitié depuis 1960, passant de 18 litres d'équivalent alcool pur par personne et par an à un peu moins de 11 litres en 2005 (13 litres en 1990). La réduction constatée concerne essentiellement la consommation de vin, qui a été divisée par deux en quarante ans : 58 litres en 2005, contre 127 litres en 1963 (103 en 1970 et 70 en 1980). Le vin ne représente plus désormais que 60 % de la consommation d'alcool pur, et la proportion de consommateurs quotidiens a diminué de 29 % entre 2000 et 2005. La consommation de bière s'est stabilisée dans les années 80 ; elle était de 34 litres par personne en 2004, contre 41 litres en 1970 et 37 litres en 1962 (elle avait atteint 45 litres entre les années 1975 et 1979). Celle de spiritueux se maintient à environ 2,5 litres par personne. On observe une baisse de la présence d'alcool dans les foyers.

Chez les hommes, la proportion de buveurs quotidiens est passée de 27,8 % en 2000 à 20,3 % en 2005 ; elle reste trois fois plus fréquente que celle des femmes, passée de 11,2 % à 7,3 %. En 2005, 85 % des Français de 12 à 75 ans déclaraient avoir consommé en moyenne 2,6 verres d'alcool par jour pour les hommes et 1,8 verre pour les femmes (lors de la dernière journée de consommation). Si la proportion de buveurs quotidiens diminue, celle des buveurs à risque de dépendance (9 %) n'a globalement pas évolué depuis 2000, pas plus que celle des personnes buvant parfois jusqu'à l'ivresse (14 % reconnaissent l'avoir été au moins une fois en 2005). Les hommes et les jeunes sont les plus concernés ; les campagnes semblent les stigmatiser sans les convaincre.

La France est le pays d'Europe où la consommation globale de boissons alcoolisées a le plus chuté au cours des quarante dernières années. Elle reste cependant élevée par rapport aux autres pays de l'Union européenne, même élargie à vingt-cinq.

Les Français plus sages

Évolution de la consommation annuelle de boissons alcoolisées dans certains pays d'Europe (en litres d'alcool pur par habitant)

	1960	1980	2001
Allemagne	7,4	11,4	10,4
Belgique	6,5	10,8	8,2
Danemark	4,5	9,1	9,5
Espagne	7,0	13,6	10,5
Finlande	2,0	6,0	7,4
FRANCE	17,7	14,9	10,7
Grèce	5,3	10,2	7,9
Irlande	5,3	7,3	10,8
Italie	3,4	13,0	7,6
Luxembourg (avec frontaliers)	8,6	10,9	12,4
Pays-Bas	2,8	8,9	8,1
Portugal	12,2	11,0	10,6
Roy.-Uni	4,5	7,3	8,5
Suède	4,2	5,7	4,9

CFES

Avec 11 litres d'alcool pur par personne, les Français se situaient encore dans le peloton de tête en 2001, derrière les Luxembourgeois (12,4 litres), les Tchèques (10,9) et les Irlandais (10,8). Ils devançaient les Portugais et les Roumains, les Espagnols (10,5) et les Allemands (10,4). La baisse constatée depuis devrait cependant les rapprocher de la moyenne.

... mais ses effets sur la santé restent sensibles.

Le taux de mortalité directement lié à l'imprégnation éthylique chronique a diminué d'environ 40 % en vingt ans. Toutefois, on recense encore plus de 20 000 décès directement liés à la consommation chronique excessive d'alcool (13 % par psychose alcoolique et alcoolisme en 2000, 38 % par cirrhose alcoolique et près de la moitié par cancer des voies aérodigestives supérieures). Huit sur dix concernent des hommes et plus d'un sur deux des personnes de moins de 65 ans. Les hommes veufs ou divorcés présentent un risque plus élevé que les hommes mariés. Les ouvriers et les employés sont dix fois plus touchés que les cadres supérieurs et les professions libérales.

L'alcool serait en outre présent dans un tiers des accidents de la route et dans 10 à 20 % des accidents du travail. Il jouerait un rôle dans de nombreux actes violents : agressions, vols, viols, bagarres...

L'alcool est à l'origine de 14 % des décès masculins (il tue donc un homme sur sept) et de 3 % des décès féminins. En Europe, la France connaît la plus forte surmortalité masculine liée à l'alcool (30 % supérieure à la moyenne). C'est surtout le week-end qu'a lieu l'alcoolisation puisque 28 % des buveurs de la semaine ont bu de l'alcool le dimanche contre 9 % le lundi. Globalement, chaque année, en France,

le nombre de décès attribués à la consommation excessive d'alcool se situe entre 35 000 et 45 000, soit près de 10 % de l'ensemble des décès. 42 % des hommes sont considérés comme ayant un risque de dépendance à l'égard de l'alcool (études INSEE et IRDES). 30 % présentent un risque ponctuel, 12 % un risque chronique. La proportion de femmes n'est que de 12 %.

L'image sociale de l'alcool est moins favorable.

Pendant très longtemps, l'alcool a eu en France une image très positive, notamment chez les hommes. Il était l'un des attributs de la culture gastronomique, nationale et régionale, et même de la culture au sens large. Il était associé à l'idée de gastronomie, de bien-vivre ; ceux qui buvaient bien et beaucoup étaient d'ailleurs des « bons vivants ». Il constituait l'un des ingrédients nécessaires de la fête et de la convivialité. Depuis quelques années, un processus de réflexion collective s'est mis en marche, qui a modifié l'image de l'alcool et réduit la consommation. À domicile, la proportion de consommateurs de boissons alcoolisées est ainsi passée de 72 % en 2001 à 68 % en 2003. Hors domicile, la baisse a été encore plus marquée : 49 % de consommateurs en

L'IVRESSE DE LA JEUNESSE

À partir de l'adolescence, la consommation d'alcool augmente sensiblement avec l'âge. 91 % des garçons et 88 % des filles de 17 ans ont déjà consommé de l'alcool (respectivement 70 % et 63 % à l'âge de 12 ans). À 18 ans, 56 % des jeunes ont consommé au moins une fois un « alcool fort » au cours des 30 derniers jours, 47 % de la bière. Entre 14 et 18 ans, la consommation « régulière » (au moins dix fois dans les 30 derniers jours) passe de 4 % à 22 % chez les garçons et de 1 % à 7 % chez les filles. Elle est restée relativement stable entre 1999 et 2003, chez les garçons comme chez les filles.

L'ivresse concerne plus souvent les garçons : 51 % de ceux de 16 à 17 ans déclarent avoir été ivres au moins une fois au cours de leur vie, contre 47 % des filles du même âge. L'ivresse régulière (au moins dix ivresses au cours de l'année) est plus rare. Elle est également plus masculine : 5 % des garçons de 16-17 ans sont concernés, contre 1 % des filles de cet âge. La proportion

est beaucoup plus élevée à 18 ans : 38 % des filles et 57 % des garçons déclarent au moins une ivresse dans l'année ; 3 % et 11 % en déclarent au moins dix. Les jeunes boivent assez peu en semaine, beaucoup plus le week-end.

L'adolescence est l'âge de l'expérimentation des « choses de la vie » ; l'ivresse en fait partie, comme les excès en général. Le rôle de l'entourage familial et amical est essentiel. Plus que l'origine socioculturelle, le fait que les parents consomment ou non de l'alcool est souvent déterminant. Les habitudes prises tendent à se garder : les adolescents sobres deviennent très rarement des buveurs immodérés à l'âge adulte. C'est vers 30 ans, au moment de la mise en couple et de l'arrivée des enfants, que leur attitude à l'égard de l'alcool change et se rapproche de celle de leurs parents. On observe enfin une corrélation entre la consommation d'alcool, celle de tabac et de produits psychotropes (cannabis...).

Enquête Espad, 2003

Vins : quantité en baisse, qualité en hausse

Évolution de la consommation annuelle de vin et de bière (en litres par personne)

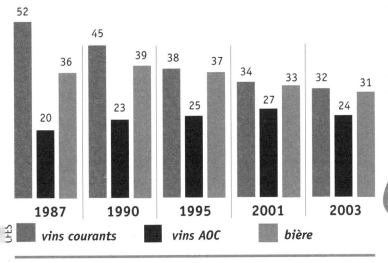

vins courants   vins AOC   bière

Cette évolution s'expliquait surtout par la hausse du prix du tabac au cours de l'année (de 8 % à 16 % début 2003, de 18 % à 20 % en octobre), suivie d'une autre hausse de 8 % à 10 % en janvier 2004. À cet argument économique s'est ajouté une prise de conscience des risques sur la santé, favorisée par les campagnes d'information et de sensibilisation institutionnelles. Cette forte évolution constatée en 2003 avait été confirmée en 2004, avec une nouvelle baisse du nombre de cigarettes vendues de 21 %.

... mais les chiffres de 2005 indiquent au mieux une stabilisation.

En première lecture, les chiffres de consommation de 2005 font apparaître une nouvelle diminution de la proportion de fumeurs, passée pour la première fois au-dessous de 30 % de la population de 15 ans et plus : 29,9 %, soit une baisse de 4 points depuis 2000. Le tabagisme masculin a reculé (33,6 % de fumeurs), mais il reste supérieur à celui des femmes (26,6 %). C'est d'ailleurs chez ces dernières que l'on observe la plus forte baisse (11 % de fumeuses en moins en cinq ans). La baisse est sensible également chez les 12-15 ans (41 %), après l'interdiction de la vente de tabac aux moins de 16 ans. Pour les petits budgets des jeunes, la cigarette est chère ; il semble aussi qu'elle soit moins valorisée. La part du tabac à rouler, moins cher, a doublé en cinq ans, passant de 4 % à 8 % en volume. Les fumeurs de pipe sont moins nombreux.

Pourtant, ces chiffres sont à nuancer. D'abord, la proportion de « gros fumeurs » (plus de 20 cigarettes par jour) est en augmentation : 16,5 % en 2005 contre 14,1 % en 2000. C'est ce qui explique que le nombre moyen de cigarettes fumées par jour est passé

2003, contre 41 % en 2001. En revanche, la consommation nocturne hors foyer tend à se développer, en particulier chez les jeunes.

Plusieurs éléments ont contribué à ce changement : les préoccupations croissantes en matière de santé ; le changement de statut de l'homme dans la société dans un sens moins « macho » ; le durcissement de la législation sur la consommation ; le changement de tonalité du discours des médias sur l'alcool. Les femmes sont plus concernées que les hommes par cette prise de conscience, les personnes âgées plus que les jeunes, celles qui sont peu instruites plus que les autres. Un certain nombre de jeunes rejettent le vin, parfois sous prétexte qu'il appartient à la culture de leurs parents et qu'il ne saurait donc être « moderne ». L'évolution des habitudes alimentaires (notamment la déstructuration des repas) a joué aussi un rôle dans cette évolution, de même que la concurrence des autres boissons (sodas, colas, eaux minérales,

bières...) et leur capacité de séduction par un marketing élaboré.

La consommation de tabac a diminué sensiblement jusqu'en 2004...

Dans la lutte contre le tabagisme, l'année 2003 avait marqué un véritable tournant. Le nombre de fumeurs déclarés avait diminué de 1,8 million entre 1999 et fin 2003, passant de 15,3 millions à 13,5 millions (Inpes/Ipsos). La proportion de fumeurs dans la population (15-75 ans) avait baissé de quatre points, de 34,5 % à 30,4 %. 14 % des fumeurs de 2002 avaient arrêté le tabac en 2003, ce qui constituait un record historique. C'est chez les femmes que le tabagisme avait le plus fortement chuté, avec une baisse de la proportion de fumeuses de 18 % en quatre ans, alors qu'elle était restée stable de 1995 à 1999, contrairement à celle des hommes, qui avait baissé depuis la fin des années 1970.

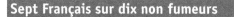

Sept Français sur dix non fumeurs

Évolution de la proportion de fumeurs quotidiens par sexe (en %)

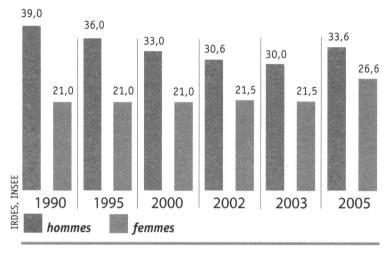

IRDES, INSEE

hommes **femmes**

Comme celle de l'alcool, l'image collective du tabac s'est dégradée. D'autant qu'à la différence de l'alcool, dont une consommation modérée est considérée comme sans conséquences (quelques études lui attribuaient même des vertus protectrices contre certaines maladies), la nocivité apparaît dès la première cigarette. Neuf Français sur dix se disent désormais bien informés sur les risques. Les non fumeurs, largement majoritaires, sont aussi de plus en plus conscients des dangers du tabagisme passif. C'est pourquoi on observe une montée de l'intolérance à la fumée : 40,4 % des Français se disaient « beaucoup » incommodés par la fumée en 2005 contre 37,6 % en 2000. Les fumeurs affirment dans leur grande majorité respecter les zones non-fumeurs (87 % sur leur lieu de travail, 89 % dans les restaurants). Ces déclarations ne sont toutefois pas totalement recoupées par celles des non-fumeurs. Six fumeurs sur dix disent avoir envie de s'arrêter, mais le passage à l'acte est souvent difficile, parfois à renouveler. Les campagnes de sensibilisation semblent avoir moins d'effet sur les personnes les plus dépendantes.

de 13,9 à 14,8. De plus, si le nombre de cigarettes achetées officiellement a légèrement diminué (0,2 %, soit 120 millions de moins qu'en 2004), le nombre réel est plus élevé. On estime en effet que les Français ont acheté à l'étranger 1,3 milliard de cigarettes de plus que l'année précédente, ce qui conduit à une consommation globale en hausse. Elle l'est encore plus si l'on ajoute les achats de contrebande, qui se sont accrus depuis 2004, après les fortes hausses de prix. Ceux-ci se sont stabilisés depuis, avec le moratoire obtenu par les buralistes jusqu'en 2008.

À âge égal, la proportion d'hommes fumeurs est plus élevée parmi les ouvriers, artisans, commerçants et chefs d'entreprise. Mais la situation matrimoniale a une importance : les hommes divorcés sont plus souvent fumeurs que ceux qui sont mariés. En Europe, la France se situe plutôt en queue de peloton en ce qui concerne la consommation moyenne, loin derrière la Grèce ou l'Espagne. La proportion de fumeurs a diminué dans la plupart des pays, notamment parmi les hommes.

Les évolutions sont plus contrastées en ce qui concerne les femmes. C'est en Espagne et en Grèce que les écarts entre les sexes sont les plus marqués. La Suède est le seul pays européen où la proportion de fumeuses est supérieure à celle des fumeurs.

Le tabac serait à l'origine d'au moins 60 000 morts par an.

Le tabac constitue un facteur de risque majeur dans le développement d'un grand nombre de maladies, en particulier les cancers (poumon, larynx, voies aérodigestives supérieures, œsophage, vessie...), les maladies cardiovasculaires ou les bronchites chroniques. On estime que sa consommation est responsable chaque année de plus de 60 000 décès, dont 90 % chez les hommes. Il représenterait ainsi un cinquième de la mortalité masculine et 3 % de la mortalité féminine. La part des décès qui lui est attribuable atteint 33 % entre 35 et 69 ans chez les hommes et 6 % chez les femmes.

Plus d'un Français sur quatre a déjà expérimenté des drogues illicites.

En 2005, on estimait que 13 millions de Français âgés de 12 à 75 ans, soit 28 % de la population métropolitaine de cet âge, avaient expérimenté une drogue illicite. Parmi eux, la très grande majorité avait essayé le cannabis (11 millions). 900 000 avaient consommé au moins une fois de la cocaïne au cours de leur vie, 400 000 de l'ecstasy et un peu plus de 300 000 de l'héroïne (OFDT). Un certain nombre d'entre eux avaient expérimenté plusieurs drogues. Les consommateurs occasionnels (au moins une fois dans l'année) sont beaucoup moins nombreux : 4,2 millions pour le cannabis, 400 000 pour les autres drogues citées. Seul le cannabis fait l'objet d'une consommation régulière (au moins dix fois par mois) pour au moins 900 000 personnes, et même d'une consommation quotidienne pour 500 000 d'entre eux.

D'autres produits sont expérimentés et consommés, généralement par des jeunes et dans des contextes festifs : champignons hallucinogènes ; drogues de synthèse ; amphétamines ; produits à inhaler… Parmi eux, le *poppers* (vasodilatateur provoquant une euphorie légère et peu durable) concerne environ 4 % des 15-64 ans. La consommation occasionnelle des autres drogues illicites ne dépasse jamais 1 %. Toutefois, entre 2000 et 2005, la consommation expérimentale ou occasionnelle d'ecstasy et de cocaïne a connu une hausse de l'ordre de 0,5 %.

La France moins enfumée

Consommation de cigarettes dans certains pays d'Europe (2003, par personne et par an)

Grèce	2 541
Espagne	2 464
Pays-Bas	2 402
Hongrie	2 151
Pologne	1 934
Irlande	1 815
Italie	1 741
Portugal	1 632
Allemagne	1 553
Belgique	1 533
Danemark	1 525
Rép. tchèque	1 491
FRANCE	1 303
Roy.-Uni	1 108
Finlande	920
Suède	902

Le taux d'expérimentation et la diversité des substances semblent en augmentation chez les adolescents scolarisés. En 2003, 7 % des garçons et 3 % des filles de 16 et 17 ans avaient expérimenté des champignons hallucinogènes, 4 % des garçons et 3 % des filles de l'ecstasy. La grande majorité de ceux qui ont essayé un de ces produits ne renouvellent pas l'expérience.

> **L'usage du cannabis se stabilise, mais la proportion d'utilisateurs réguliers augmente.**

La proportion des 15-64 ans déclarant avoir déjà consommé du cannabis au cours de leur vie est passée de 24,9 % en 2000 à 30,6 % en 2005. Cette progression est due en partie au fait que de nombreuses personnes ont expérimenté le cannabis durant leur jeunesse, alors que le taux d'expérimentation des jeunes se stabilise. En 2005, 48,5 % des 15-25 ans déclaraient en avoir déjà consommé, contre 49,6 % en 2000. La proportion de consommateurs réguliers (au moins dix fois par mois) est en revanche en hausse : elle est passée de 1,7 % en 2000 à 2,8 % en 2005 (elle atteint 4,3 % chez les hommes contre 1,3 % chez les femmes).

Si le cannabis est la drogue illicite le plus fréquemment expérimentée et consommée, c'est aussi parce que c'est la plus disponible. 58 % des 15-64 ans affirment ainsi qu'« il leur serait facile de s'en procurer dans les 24 heures ». L'usage du cannabis est surtout le fait des plus jeunes (encadré) ; il est rare au-delà de 45 ans. Il concerne davantage les hommes : 9 % au cours de l'année pour l'ensemble des tranches d'âge, contre 6 % des femmes. 59 % des usagers disent se faire offrir le produit, 36 % l'achètent et 5 % le cultivent. La consommation augmente avec le niveau d'études et elle suit la hié-

Tendances

S i l'usage du cannabis est de loin le plus répandu, c'est celui de l'ecstasy, sous-produit de la « culture techno », qui s'est le plus développé depuis le milieu des années 90. Il concerne environ 3 % des Français au moins occasionnellement, notamment parmi les adolescents. La consommation d'héroïne tend au contraire à diminuer : on compterait en France un peu plus de 100 000 héroïnomanes, mais le nombre annuel de surdoses mortelles est inférieur à 100, alors qu'il avait atteint 564 en 1994. Cette évolution s'explique par la mise en place de politiques de substitution et de réduction des risques, mais aussi par la désaffection des usagers de drogues à l'égard de l'héroïne. Cependant, le nombre réel des décès par surdose est sans doute sous-estimé, car seuls sont comptabilisés les cas où les services de police interviennent.

La consommation de ces substances illégales s'ajoute à celle des produits psychoactifs autorisés que sont le tabac et l'alcool (ci-dessus). Elle est aussi complétée par celle des médicaments psychotropes (p. 54). Les enquêtes montrent que les utilisateurs de substances illicites (cannabis, ecstasy…) sont aussi plus fréquemment consommateurs de tabac et d'alcool. D'une manière générale, l'écart se creuse entre les sexes, les hommes étant plus souvent de « gros fumeurs », de « gros buveurs » et dépendants des drogues illicites que les femmes.

rarchie socioprofessionnelle. Tous les milieux sociaux sont concernés et les frontières s'estompent entre les différentes catégories d'usagers.

Le cannabis est très présent dans les contextes festifs ; il s'accompagne souvent de prise de produits stimulants ou

Des millions de drogués

Estimation du nombre de consommateurs de drogues (2005, population de 12 à 75 ans, en millions)

	Expérimentateurs	Occasionnels	Réguliers	Quotidiens
Alcool	44,4	41,8	13,1	7,8
Tabac	36,6	16,0	13,0	13,0
Médicaments psychotropes	-	8,9	3,8	2,4
Drogues illicites :				
– cannabis	10,9	4,2	0,9	0,5
– héroïne, cocaïne, ecstasy	2,0	0,4	–	–

OFDT

hallucinogènes. Mais sa consommation n'est pas obligatoirement « sociale » ; la moitié des personnes concernées fument seules. Il est difficile de prédire si la consommation va s'interrompre au fur et à mesure que les jeunes concernés vieilliront. Les Français se disent mieux informés sur les risques liés au cannabis. Ils ont été mis en évidence par de nombreuses études, que ce soit au volant (perte de vigilance) ou pour la santé : un « joint » représente l'équivalent de sept cigarettes de tabac, ce qui multiplie donc les risques de cancers et autres maladies graves.

La polyconsommation est plus fréquente.

La consommation occasionnelle ou régulière de substances illicites concerne surtout les jeunes. À 18 ans, deux garçons sur trois (66 %) et plus d'une fille sur deux (52 %) ont expérimenté le cannabis. Les autres drogues sont beaucoup moins souvent expérimentées : moins de cinq jeunes sur cent ont déjà consommé de l'ecstasy. Exceptionnel avant 15 ans, l'usage de cannabis progresse nettement ensuite pour les garçons (de 1 % à 21 % entre 14 et 18 ans en 2003) et, dans une moindre mesure, pour les filles (de 1 % à 7 %). Dès l'âge de 16 ans, la consommation régulière de cannabis (au moins dix fois par mois) est aussi fréquente que celle d'alcool. 6 % des 18-25 ans en ont une consommation « régulière » (au moins dix usages au cours des 30 derniers jours).

On observe ainsi une forte corrélation entre l'usage de drogues illicites et celui du tabac ou de l'alcool. Un jeune sur trois est fumeur et la plupart consomment de l'alcool. Les trois quarts de ceux qui ont expérimenté le cannabis sont fumeurs, contre seulement un quart des autres. Ceux qui ont déjà essayé le cannabis et fumé ont aussi dans leur quasi-totalité consommé une ou plusieurs autres substances. Un sur deux déclare boire de l'alcool au moins une fois par semaine, contre un sur cinq parmi les non-consommateurs de cannabis. La polyconsommation est cependant moins importante chez les usagers réguliers que chez les occasionnels. L'association la plus fréquente est l'alcool et le cannabis (un polyconsommateur régulier sur trois). Elle est suivie par le tabac et le cannabis (un sur quatre). Un jeune consommateur sur six déclare l'usage régulier des trois substances.

Les Français sont les premiers utilisateurs de médicaments psychotropes au monde.

Les médicaments psychotropes se répartissent en plusieurs classes, en fonction de leurs indications thérapeutiques : hypnotiques (ou somnifères) et sédatifs pour le sommeil ; anxiolytiques (ou tranquillisants) ; antidépresseurs ; neuroleptiques et normothymiques (contre les psychoses). Les benzodiazépines, qui regroupent les hypnotiques et les anxiolytiques présentent des risques spécifiques : dépendance ; troubles de la mémoire ; diminution de la vigilance. Depuis le début des années 80, la consommation d'antidépresseurs (tels que le Prozac) n'a cessé d'augmenter, d'autant que leur champ de prescription a été élargi, au détriment des neuroleptiques, hypnotiques et anxiolytiques. Leur part dans les ventes pharmaceutiques a plus que doublé en valeur.

Les médicaments psychotropes se distinguent des autres produits psychoactifs par une consommation plus fréquente chez les femmes. 25 % des femmes et 14 % des hommes de 18 à 75 ans en ont consommé au moins une fois au cours de l'année 2002. Les anxiolytiques sont plus souvent prescrits par les généralistes (qui représentent 85 % des prescripteurs de médicaments psychotropes). Ainsi, chaque médecin prescrit en moyenne 82 produits anxiolytiques et hypnotiques pour 1 000 habitants, contre 63 en Suède, 53 au Danemark, 21 en Espagne, 6 en Allemagne, 0,3 en Italie. Les psychiatres sont davantage à l'origine des prescriptions de neuroleptiques et d'antidépresseurs. La consommation non prescrite d'anxiolytiques et d'hypnotiques à partir de la pharmacie familiale concernerait un peu plus de 15 % des adultes.

Chez les jeunes, l'expérimentation de ces produits sans prescription médicale s'est accrue au cours des années 90. 31 % des adolescentes qui avaient eu 17 ans en 2002 les avaient déjà expérimentés et 14 % en avaient pris au cours du mois précédent (contre respectivement 12 % et 4 % des garçons du même âge).

Les pratiques « dopantes » sont de plus en plus fréquentes.

Le recours au dopage pour améliorer ses performances physiques ou intellectuelles ne concerne pas seulement les sportifs professionnels, parfois pris en faute lors de contrôles réalisés après des compétitions. Selon diverses enquêtes, le dopage serait pratiqué par 3 % à 10 % des sportifs amateurs, et jusqu'à 18 % en cas de niveau élevé. Les produits utilisés sont selon les cas des stimulants (amphétamines, cocaïne, caféine à haut dosage...), des corticoïdes ou des anabolisants.

Outre les sportifs, les pratiques apparentées au dopage se sont développées dans diverses situations de la vie. Elles concernent des étudiants, ou même des lycéens, en période d'examen. C'est le cas aussi des cadres ou d'autres actifs éprouvant des difficultés à faire face à leurs responsabilités professionnelles. Parmi les 15-75 ans, 6 % des personnes interrogées en 1998 disaient avoir pris des produits de ce type. Le taux d'expérimentation atteignait 8 % chez les garçons de 17 à 19 ans et 4 % pour les filles du même âge.

Ces pratiques traduisent un mal-être individuel croissant, une perte de repères et des frustrations. Elles sont favorisées par la « société du casting » (p. 194), qui multiplie les processus de sélection-élimination et favorise la tentation d'accroître artificiellement ses capacités pour progresser dans le système ou simplement pour s'y maintenir. La demande générale de bien-être et d'harmonie ne se limite pas au corps ; elle concerne aussi le mental. Les Français s'intéressent de plus en plus aux produits et aux services susceptibles de l'entretenir ou de l'améliorer : aide psychologique ; coaching ; pratiques manuelles ou artistiques ; activités sociales... Dans une vision globale, holistique (et plutôt orientale) de la vie, le corps et l'esprit sont de moins en moins différenciés.

Accidents

La mortalité routière diminue depuis plus de trente ans...

Par rapport à 1972, année la plus noire avec 16 617 morts, le nombre de tués sur la route a diminué de plus des deux tiers, alors que celui des voitures a plus que doublé. Il était passé pour la première fois sous la barre des 10 000 en 1987 (9 855). Il est remonté au-dessus entre 1988 et 1990, marquant un palier avant de fléchir de nouveau à partir de 1991. Si l'on ramène le nombre de tués à l'indice de circulation, la diminution sur trois décennies est spectaculaire.

L'ensemble des mesures pédagogiques et répressives prises depuis 1973 explique l'amélioration constatée : amélioration du réseau routier ; obligation du port de la ceinture ; limitation de la vitesse en ville ; instauration du permis à points ; contrôles techniques obligatoires ; retrait immédiat de permis lors de certaines infractions ; installation de radars sur les routes. Les campagnes successives sur la sécurité routière et l'accroissement de la vigilance des policiers et des gendarmes ont également contribué à la modification des comportements, ainsi que l'abaissement de la puissance moyenne des véhicules (p. 181). Toutes ces mesures ont accéléré un processus de changement culturel majeur qui a transformé la relation des Français à la vitesse, à l'alcool, à la voiture et à la mort.

... et l'amélioration est spectaculaire depuis 2003...

La baisse de 21 % des tués enregistrée en 2003 était sans équivalent ; elle avait été confirmée en 2004, avec une nouvelle baisse de 9 % des tués (5 593, métropole). En 2005, leur nombre a été pour la première fois depuis des décennies au-dessous du seuil des 5 000 : 4 990 en prenant en compte la même méthode de comptabilisation (décès dans les 6 jours suivant l'accident), soit une nouvelle baisse de 4,6 %. En appliquant la définition européenne en vigueur depuis janvier 2005 (décès dans les 30 jours), le nombre de victimes s'est élevé à 5 318 (5 543 avec les départements d'outre-mer). À méthode de comptabilisation comparable (30 jours), la baisse sur 2005 était de 4,9 % en métropole.

Les progrès constatés depuis 2003 sont assez homogènes quels que soient les lieux de circulation, les types de véhicules ou les catégories de conducteurs. Le meilleur respect de la vitesse a été favorisé par la mise en place des radars automatiques ; un millier étaient en service fin 2005, contre une centaine fin 2003. Le port de la ceinture est également plus systématique, du fait de l'aggravation des sanctions. Des progrès ont été réalisés également en matière d'alcoolémie.

Depuis 1980, plus de 200 000 personnes ont trouvé la mort dans des accidents de la circulation et environ 5 millions ont été blessées. Avant l'âge

La route moins dangereuse

Évolution du nombre d'accidents, de blessés et de tués sur la route (en milliers)

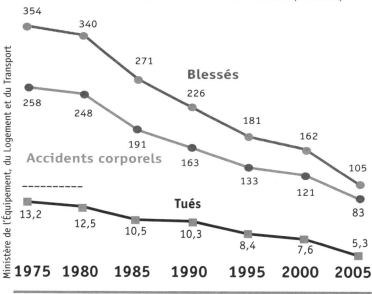

Ministère de l'Équipement, du Logement et du Transport

Blessés

354
340
271
226
181
162
105

258
248
191
163
133
121
83

Accidents corporels

Tués

13,2
12,5
10,5
10,3
8,4
7,6
5,3

1975 1980 1985 1990 1995 2000 2005

---

de 45 ans, les accidents constituent la première cause de décès. Le risque est particulièrement élevé dans la tranche des 15-24 ans où quatre décès sur dix sont dus à des accidents de la circulation (44 % pour les hommes, 34 % pour les femmes). Au drame humain représenté par ces accidents s'ajoute une dimension économique. Le coût annuel pour la collectivité est estimé à 25 milliards d'euros pour 2005, dont la moitié pour les accidents corporels et la moitié pour les accidents purement matériels.

La France se situe désormais dans la moyenne européenne.

Une comparaison européenne sur l'année 2004 montre que la France arrivait en septième position parmi les treize pays de l'Union européenne où existent des données comparables, avec 91 tués par million d'habitants (dans les 30 jours suivant les accidents). Ceux où la circulation est plus meurtrière sont la Belgique (129), le Portugal (122), l'Espagne (109), l'Autriche (107), l'Italie (96) et l'Irlande (92). Il faudrait y ajouter la Grèce, la Pologne et la République tchèque, d'après les données de 2003. Les plus faibles taux sont mesurés au nord de l'Europe : Pays-Bas (49 en 2004), Suède (53), Royaume-Uni (56), Danemark (68), Allemagne (71), Finlande (72). Les comparaisons devraient cependant prendre en compte l'état et la nature du réseau routier. Celui de la France est le plus important d'Europe, avec 994 000 km, dont 10 000 km d'autoroutes, 26 000 km de routes nationales, 360 000 km de routes départementales et 600 000 km de routes communales (y compris le réseau urbain).

Les bons résultats enregistrés en France depuis 2003 ont sensiblement amélioré son classement, mais des pro-grès ont également été réalisés un peu partout en Europe ; sept pays ont ainsi connu en 2004 une baisse du nombre de tués supérieure à 10 %. Les populations du Nord (Royaume-Uni, Pays-Bas, Suède, Danemark...) ont selon toute apparence une mentalité plus « citoyenne » et des comportements individuels plus « responsables » que celles du Sud (France, Espagne, Italie...). Ces écarts culturels se traduisent par des taux d'accidents et de décès sur la route beaucoup plus faibles. Des efforts restent nécessaires en France pour atteindre le niveau de sécurité routière des pays les plus sûrs.

Les jeunes sont les plus vulnérables.

Les 18-24 ans sont les plus concernés par les accidents de la circulation routière. En 2005, ils ont représenté 23 % des tués et un tiers des blessés gravement atteints, alors qu'ils ne regroupent que 13 % de la population. Le risque de mourir sur la route est 2,6 fois plus élevé dans cette tranche d'âge que dans l'ensemble de la population. Le nombre des tués (1 222) et des blessés gravement atteints (8 723) parmi les jeunes de 18 à 24 ans diminue cependant régulièrement depuis une vingtaine d'années. Un permis probatoire a été mis en place en mars 2004, afin d'inciter les conducteurs débutants à la prudence. Il ne donne droit qu'à 6 points, qui deviendront 12 au bout de trois ans sans accident responsable. Les accidents de la route restent la première cause de mortalité chez les 15-24 ans.

En 2005, le nombre de personnes tuées a diminué dans la plupart des classes d'âge, mais augmenté fortement parmi les 15-17 ans (13 %) et, dans une moindre mesure, les personnes âgées de 65 ans et plus (4 %). La baisse a été moins forte pour les 45-64 ans (1 %, contre 5 % pour l'ensemble de la population), mais plus forte que la moyenne pour les 18-24 ans (7 %), les 25-44 ans (11 %) et, surtout, les moins de 15 ans (25 %). Le nombre de blessés a diminué parmi les moins de 25 ans et les 65 ans et plus, mais augmenté de façon non homogène pour les 25-44 ans (1 %) et les 45-64 ans (5 %).

Les moins de 15 ans sont les moins concernés par les accidents mortels, avec un taux de tués de 13 par million de personnes de cet âge, contre 111 pour les 15-17 ans et 222 pour les 18-24 ans (pour une moyenne nationale de 87). La moitié des tués avec des cyclomoteurs étaient âgés de 15 à 19 ans (46 %, avec un parc en diminution). Les 45-64 ans représentaient 19 % du nombre des tués sur la route, mais 28 % de celui des cyclistes décédés. Enfin, les personnes âgées de 65 ans et plus comptaient pour 19 % des tués en général, mais 51 % des piétons.

Les autoroutes restent plus sûres.

La proportion de tués pour 100 millions de kilomètres parcourus est quatre fois moins élevée sur les autoroutes que sur les routes nationales (0,3 contre 1,3). En 2005, la situation s'est cependant dégradée sur les autoroutes de liaison (+ 17 % de tués), après la spectaculaire amélioration enregistrée en 2004 (baisse de 15 % des accidents corporels, de 35 % des tués et de 12 % des blessés). La dangerosité a également un peu augmenté sur les routes départementales, alors qu'elle a diminué partout ailleurs. C'est sur les routes nationales et départementales que l'amélioration a été la plus sensible. Sur les autoroutes de dégagement, si les nombres d'accidents corporels et de blessés ont fortement augmenté, le nombre de tués a nettement diminué. Le bilan a été plus contrasté sur

les voies communales, qui ont compté moins de tués et plus de blessés pour un nombre d'accidents corporels quasiment stable.

La gravité des accidents a diminué en 2005, à 6,29 tués (dans les trente jours) pour 100 accidents corporels, contre 6,55 en 2004. Elle a un peu augmenté sur les routes départementales (0,10 point, à 12,1), fortement sur les autoroutes de liaison (1,0 point, à 13,5). Elle a diminué partout ailleurs, de 0,10 point sur les voies communales (2,2) à 1,30 point sur les autoroutes de dégagement (2,84).

Les nombres d'accidents corporels et de victimes ont sensiblement baissé en rase campagne mais ils ont augmenté en milieu urbain. La gravité, exprimée en tués pour 100 accidents corporels, est cinq fois moins élevée en milieu urbain ; elle s'est réduite de 0,6 point en 2005 sur ce dernier réseau, mais elle s'est accrue de 0,16 point en milieu urbain. La quasi totalité des indicateurs sont en hausse dans les villes, notamment celles de 20 000 à 100 000 habitants. La gravité des accidents est restée à peu près stable dans les villes de plus de 100 000 habitants ; elle a augmenté partout ailleurs.

La moto est vingt fois plus dangereuse que la voiture par kilomètre parcouru.

On a recensé 748 tués par million de motocyclettes en 2005. Un taux très supérieur à celui des cyclomoteurs (273), des poids lourds (159), des voitures de tourisme (102), des camionnettes (10) et des vélos (9). Par rapport à la voiture, le nombre de tués par million de véhicules est donc 7,3 fois plus élevé pour les motos. À l'inverse, il est 10,2 fois moins élevé pour les camionnettes que pour les voitures. Si l'on intègre le nombre de tués dans et hors de chacun des types de véhicules, le

multiplicateur est ramené à 5,5 pour les motocyclettes. On mesure alors un sur-risque de 8,9 pour les poids lourds et le sous-risque des camionnettes n'est plus que de 3,9. Si l'on raisonne par kilomètre parcouru, le risque d'être tué est plus de vingt fois supérieur en moto qu'en voiture.

Les motocyclistes ne représentent que 1 % du trafic mais un peu plus de 10 % des conducteurs impliqués dans les accidents et 15 % des victimes. Le risque particulier lié aux motos et celui lié à l'âge s'ajoutent : les jeunes choisissent en effet souvent la moto par goût du risque (38 % des tués en deux roues à moteur en 2005 avaient entre 15 et 24 ans). Les 125 cm³ ont un taux de tués par km parcouru deux fois inférieur à celui des motos plus puissantes. Les accidents de motos sont concentrés dans un petit nombre de région : l'Ile-de-France et Provence-Alpes-Côte d'Azur représentent la moitié des accidents de motos, contre un tiers des accidents de voitures.

On observe des différences marquées en ce qui concerne les divers moyens de transport individuel. La baisse de la proportion de tués parmi les usagers de deux-roues à moteur est sans doute liée à l'apparition de scooters de moins de 80 cm³. L'usage des cyclomoteurs, auparavant plutôt réservé aux 15-17 ans, se développe actuellement chez les plus de 45 ans. Les personnes de 65 ans et plus représentent un peu plus de la moitié des piétons tués (51 %). La part des 18-24 ans dans le nombre des tués parmi les usagers de deux-roues à moteur est élevée (27 %), ainsi que celle des 25-44 ans (43 %, mais avec une population plus nombreuse). La forte représentation de ces deux classes d'âge se retrouve également dans la proportion de décès concernant les usagers de voitures (26 % et 30 %). Parmi les cyclistes tués, les personnes de plus de 45 ans sont sur-représentées. L'amélioration de la sécurité routière en voiture est très sensible dans la tranche 18-44 ans ; elle semble due à une réduction de la vitesse plus forte que parmi les personnes âgées de 45 ans et plus.

Globalement, le risque de décès dans les transports varie considérablement selon le moyen utilisé. Entre 2000 et 2004, il était en moyenne annuelle de 5,9 par milliard de passagers-kilomètres pour les transports routiers (véhicules particuliers), contre 0,21 pour l'avion (28 fois moins) et 0,17 pour le train (35 fois moins).

La vitesse reste la première cause d'accident...

La plupart des accidents sont dus à des fautes humaines et l'on estime que 2 % seulement ont une origine mécanique. La vitesse est en cause dans la moitié des accidents mortels. En 2005, la vitesse moyenne pratiquée de jour par les voitures, tous réseaux confondus, était de 83,1 km/h, en diminution de 8 km/h depuis le pic observé au début 2002. Le taux de dépassement de la vitesse limite autorisée variait de 16 % pour les voitures (20 % en 2004), à 40 % pour les motocyclettes et à 20 % pour les poids lourds. Le nombre de grands excès de vitesse (dépassements de plus de 30 km/h) a été divisé par cinq entre 2002 et 2005 pour les automobilistes. Il est plus élevé pour les motos que pour les voitures et diminue moins vite.

Les vitesses moyennes pratiquées de jour par les automobilistes ont diminué sur tous les réseaux et sont les plus faibles des cinq dernières années. Elles étaient en baisse de 2 à 5 km/h sur les réseaux de rase campagne et de 1 à 2 km/h en milieu urbain. La nuit, les vitesses moyennes sont restées assez stables en agglomération et sur les autoroutes de dégagement ; elles

ont diminué en rase campagne (de 2 à 3 km/h selon les réseaux). Elles restent supérieures aux vitesses pratiquées de jour. Les vitesses moyennes des poids lourds sont restées à peu près stables. C'est le cas également de celles des motocyclistes en agglomération ; elles ont augmenté sur les routes départementales et diminué partout ailleurs. Elles demeurent très supérieures aux vitesses moyennes de jour des voitures et sont plus souvent au-dessus des limites autorisées. On estime qu'une baisse de 10 % de la vitesse entraîne une diminution de 40 % des accidents mortels.

Sécurité et liberté

Il existe plusieurs explications à l'amélioration spectaculaire de la sécurité routière constatée depuis plusieurs années. La première est sans doute la mobilisation des pouvoirs publics, tant sur le plan de la prévention que sur celui de la répression. Les efforts de pédagogie déployés, en même temps que la « peur du gendarme », ont favorisé une prise de conscience de la part des automobilistes.

Celle-ci n'aurait pu cependant avoir lieu si elle ne s'était appuyée sur des changements sociaux récents et profonds. Le besoin de sécurité des Français s'est accru en même temps que leur sentiment de vivre dans une société dangereuse, alimenté par les catastrophes naturelles, la dégradation de l'environnement, la montée du chômage, la recrudescence de certaines maladies, les attentats, etc. Le goût du risque, et donc de la vitesse, qui caractérisait les comportements des hommes et des jeunes, a diminué. L'alcool est devenu moins « à la mode » que par le passé (p. 49). La relation à la voiture a changé. La conception masculine, aventurière et agressive qui

... avec la consommation excessive d'alcool.

L'alcoolisme est un comportement beaucoup moins fréquent que la vitesse, mais ses effets sur le risque d'accident sont beaucoup plus importants. Il favorise les défaillances liées à la fatigue, l'inattention et l'assoupissement, qui sont à l'origine de près d'un accident mortel sur trois. On estime la proportion de conducteurs dépassant la dose légale (0,5 g par litre de sang) à 2,5 % en circulation. Elle est

prévalait a laissé place à une conception plus féminine, sécuritaire et conviviale. La voiture n'est plus seulement un moyen de transport ; elle a évolué en lieu de vie, dans lequel chacun veut se sentir en sécurité. C'est donc à un véritable changement culturel que l'on a assisté.

En même temps, une réflexion individuelle et collective est en cours sur les notions de risque, de sécurité, mais aussi de liberté. Si 80 % des conducteurs estiment que les accidents vont diminuer sur les routes où sont installés les radars (Inrets/Ifop, 2005), 78 % considèrent qu'ils sont « un bon moyen de faire payer le conducteur ». Un conducteur sur quatre (24 %) pense même que les radars « constituent une atteinte à la vie privée » (76 % de l'avis contraire). Le risque existe ainsi d'une montée de la colère des « usagers », face à un système de plus en plus répressif, qui induit un stress supplémentaire pour les conducteurs. Dans les prochaines années, les pouvoirs publics devront trouver un équilibre acceptable entre prévention et répression, stigmatisation et responsabilisation, sécurité et liberté.

de 5,3 % pour les accidents corporels et de 16,5 % en moyenne lors des accidents mortels.

En 2004, 6 233 accidents corporels ont été identifiés comme étant liés à l'alcool, 827 étaient mortels, soit 10 % des accidents corporels et 31 % des mortels. Parmi ces derniers, presque la moitié de ceux survenus la nuit impliquaient un conducteur au-dessus du taux d'alcoolémie autorisé. La proportion dépassait la moitié au cours des nuits de week-end et de jours fériés. 66 % des accidents corporels avec alcool ont eu lieu de nuit, 55 % les week-ends et 39 % au cours des nuits de week-ends. En cas d'accident mortel, les nuits de week-ends engendrent à elles seules 45 % des accidents mortels avec alcool. Dans les cas mortels, la proportion d'accidents avec alcool est trois fois plus élevée que celle constatée dans les accidents corporels.

Il reste que, dans un quart des accidents corporels (23 %) et près de la moitié des accidents mortels (44 %), le taux d'alcool est indéterminé. Si l'on fait l'hypothèse que ces accidents se répartissent de façon identique à ceux où le taux d'alcoolémie est connu, les nombres d'accidents mortels et de tués auraient pu être réduits de 28 % en 2004, si aucun conducteur n'avait conduit avec un taux d'alcoolémie positif. Le nombre d'accidents mortels aurait ainsi pu être réduit d'environ 1 300, celui des tués de 1 500.

La proportion de tests de dépistage s'est accrue au cours des dernières années. Les opérations du type « capitaine de soirée » organisées depuis 2000 par la Prévention routière et soutenues par les fabricants de produits alcoolisés (Alcool et prévention) permettent de responsabiliser les jeunes et de valoriser ceux qui ne boivent pas pour pouvoir conduire et ramener leurs amis après la fête. Mais l'alcool n'est pas le seul risque lié à la fête ;

on estime qu'une nuit sans sommeil a des effets équivalents sur la conduite automobile à un taux d'alcoolémie de 0,5 g/l.

Un salarié sur dix a un accident du travail dans l'année...

Un peu moins de 1,5 million d'accidents du travail sont recensés et indemnisés chaque année (1,4 en 2004) et environ la moitié sont suivis d'un arrêt de travail. Le nombre de ces derniers avait augmenté régulièrement depuis le milieu des années 90 jusqu'en 2002, atteignant 760 000. Cet accroissement devait cependant être relativisé, en prenant en compte l'augmentation de la population active salariée pendant la période, de 14,5 à 17,2 millions. De sorte que la fréquence des accidents avec arrêt était restée stable, à 45 pour mille salariés. Calculée par heure travaillée, elle avait cependant augmenté, du fait de la baisse sensible de la durée du travail au cours de ces années. Le passage aux 35 heures s'était accompagné d'un accroissement de la productivité demandée aux actifs et des risques induits, notamment dans certaines professions manuelles. Cette évolution mettait en question les progrès réalisés entre 1955 et 1986, période au cours de laquelle le nombre d'accidents par million d'heures travaillées était passé de 53 à 29, soit une baisse de près de moitié.

On observe que la tendance s'est inversée depuis 2003, et l'on a dénombré 692 000 accidents du travail en 2004, soit le niveau de 1998, ce qui semblerait montrer que le surcroît de productivité a été intégré et compensé par une meilleure protection. À l'échelon national, on compte 40 accidents du travail avec arrêt pour 1000 salariés. Ce pourcentage, appelé indice de fréquence, est en baisse constante

depuis 1950. Le nombre des accidents mortels s'est stabilisé depuis 1996. Il avait très fortement régressé entre 1970 et 1986 (978 contre 2 268), puis augmenté entre 1987 et 1990. Il est de nouveau en baisse depuis le début des années 90 : 626 en 2004. Le bâtiment, les transports et la métallurgie sont, dans cet ordre, les secteurs où les taux de mortalité sont les plus élevés.

Le nombre d'accidents du travail ou de maladies professionnelles donnant lieu à une incapacité permanente a été ramené à environ 50 000 par an ; il a été divisé par deux depuis 1980 (110 000) et il a baissé d'un tiers depuis 1980 (74 000).

... et cinq pour mille un accident du trajet.

On a dénombré 78 000 accidents du trajet ayant entraîné un arrêt de travail en 2004 (sur un peu plus de 120 000 accidents au total). Ce chiffre inverse la tendance à la hausse observée entre 1996 et 2002 et confirme une tendance plus générale depuis une vingtaine d'années ; il avait atteint 154 000 en 1979 et occasionné la perte de 6,7 millions de journées de travail. La mise en place d'horaires flexibles dans les entreprises, qui a réduit la crainte d'arriver en retard au travail, expliquait en partie l'amélioration constatée. Globalement, le nombre d'accidents de trajet est en nette diminution depuis le début des années 60.

Les accidents du trajet sont beaucoup plus fréquemment mortels que ceux du travail : 473 en 2004, contre 666 en 1999, mais 528 en 1996. Les accidents de la circulation sur le trajet domicile-travail sont à l'origine de la grande majorité de ces décès (90 %). Les accidents du trajet sont à l'origine d'environ 5 millions de journées de travail perdues. Ceux du travail en font perdre six fois plus, soit plus de 30 millions de journées. Le coût pour la collectivité dépasse 2 milliards d'euros en prestations, auxquels s'ajoutent 1,5 milliard en rentes, capitaux et indemnités versés pour les accidents mortels.

Les accidents de la vie privée font chaque année environ 20 000 morts...

De la chute dans l'escalier à l'électrocution dans la baignoire, les accidents de la vie courante (à la maison, à l'école ou lors des activités de loisir) sont à l'origine d'environ 20 000 décès par an en France, nombre près de trente fois plus élevé que celui des accidents du travail et quatre fois plus que celui engendré par la circulation routière (enquêtes EPAC). Les chutes, à elles seules, en provoquent la moitié (9 500 en 2002), devant les suffocations (3 300), les noyades (600), les intoxications (550) et les brûlures (430).

Le nombre total des accidents donnant lieu à une consultation médicale ou à une hospitalisation est estimé à près de 5 millions par an, et le taux d'incidence est de 7,5 accidents pour 100 habitants, 9 pour les hommes et 6 pour les femmes. D'autres, très nombreux également, sont soignés en recourant à la pharmacie familiale. On recense chaque année quelque 300 000 hospitalisations pour chutes dans les escaliers, 50 000 pour des glissades d'échelle et d'escabeau, 2 000 pour des jets de vapeur par autocuiseur, 30 000 brûlures occasionnées par des liquides, etc. Il apparaît que les effets bénéfiques du développement des activités physiques sur la santé sont contrebalancés par l'accroissement des traumatismes liés aux accidents qu'elles engendrent. Près de 40 % des amputations de mains sont ainsi provoquées par des accidents de la vie

Des risques méconnus, des précautions insuffisantes

Malgré les campagnes d'information régulières, relayées par les médias, les Français ne semblent guère conscients des dangers domestiques. Seuls 25 % des Français classent les accidents de la vie courante au premier rang (en nombre de victimes), tandis que 67 % citent les accidents de la route, pourtant quatre fois moins meurtriers (Sofres, octobre 2005). Ils sont aussi très peu nombreux à mettre en place des moyens de prévention de ces accidents : 97 % déclarent ne pas avoir de système alarme-incendie à leur domicile et 76 % ne possèdent pas d'extincteur, 57 % n'ont pas placé leur four en hauteur dans leur cuisine, ni équipé ce dernier d'une porte froide. 25 % avouent ne pas ranger les produits dangereux en hauteur pour éviter que les enfants ne puissent y accéder.

Parmi les pays industrialisés, la France est l'un des plus touchés par les accidents de la vie privée. Elle représente à elle seule le quart des décès de toute l'Union européenne à quinze alors qu'elle ne compte que 16 % de la population. Cette situation est en partie liée à un trait de la mentalité collective, qui tendait jusqu'ici à valoriser le risque individuel. L'évolution en cours, sensible par exemple dans la consommation d'alcool (qui est d'ailleurs une des causes d'accidents de la vie courante) ou de tabac, devrait avoir des effets positifs sur les comportements dans les activités quotidiennes et réduire leurs effets sur la santé et l'intégrité physique.

quotidienne, en particulier le jardinage et le bricolage.

... et 2 millions de blessés.

La proportion d'accidents mortels est globalement faible : 0,3 %, contre 6 % dans le cas des accidents de la circulation. On constate une baisse de plus d'un tiers des décès depuis 1980. Les trois quarts des accidents sont sans réelle gravité (hématomes, contusions, plaies ou brûlures superficielles...), mais 2 millions de personnes sont blessées, dont la moitié doivent être soignées à l'hôpital.

Comme pour l'ensemble des types d'accidents, les hommes sont plus touchés que les femmes. La gravité des accidents est cependant plus grande pour les femmes ; elles représentent les deux tiers des décès dus aux chutes accidentelles (essentiellement des personnes âgées), un peu plus de la moitié des intoxications, mais moins d'un tiers des traumatismes et empoisonnements. Parmi les actifs, les cadres sont les plus vulnérables, suivis des professions intermédiaires et des ouvriers (une hiérarchie inversée par rapport à celle observée pour les accidents du travail).

La moitié des accidents domestiques sont dus à des chutes, un sur cinq à des chocs, un peu moins d'un sur trois à des brûlures ou à des coupures. Les autres causes sont, par ordre décroissant d'importance, les piqûres, les morsures de chien, la pénétration d'objets dans le corps, l'intoxication, l'électrocution, l'étouffement et l'explosion. Sur 100 personnes blessées et soignées à l'hôpital ou chez un méde-

● *76 % des consultations de médecins concernent des patients suivis régulièrement.*

cin, 70 ont été victimes d'un accident domestique.

Les enfants et les personnes âgées sont les plus vulnérables.

Entre 1 et 16 ans, 15 % des enfants sont victimes d'un accident de la vie privée au cours d'une année, ce qui représente 1,7 million d'accidents donnant lieu à des soins médicaux. Le taux d'incidence est moitié plus élevé chez les garçons que chez les filles : 17,8 contre 12,7. 370 jeunes de moins de 15 ans sont morts des suites de ce type d'accident en 2002. Le nombre de jeunes concernés est cependant en forte diminution par rapport aux années 80, en raison notamment de l'amélioration des normes de sécurité sur certains produits et équipements (portes de four, produits d'entretien...).

À l'adolescence, les risques liés aux loisirs ou à la scolarité sont prépondérants. Ils sont deux fois plus élevés chez les garçons : entre 11 et 16 ans, 30 % sont touchés contre 14 %. Les intoxications (médicaments, produits d'entretien...) sont responsables d'un sinistre sur quatre. La part des accidents de sport s'accroît avec l'âge. On en recense près de 400 000 par an chez les jeunes de 10 à 24 ans (en majorité des hommes). Ils entraînent 50 000 hospitalisations d'une durée moyenne de sept jours. Plus de la moitié sont liés à la pratique des sports collectifs (football, rugby, volley-ball, handball et basket), devant le ski, le cyclisme et la gymnastique sportive.

La fréquence des accidents de la vie courante diminue ensuite régulièrement avec l'âge jusqu'à environ 70 ans, puis elle augmente au-delà. Le taux d'incidence annuel est estimé à 5,6 pour 100 personnes de 65 ans et plus. Contrairement aux autres tranches d'âge, le risque est plus élevé pour les

femmes ; 6,6 contre 3,9. En 2002, on a dénombré 550 000 accidents chez les plus de 65 ans (dont 400 000 concernant des femmes) ; ils ont donné lieu à 11 500 décès.

Six accidents sur dix se produisent à l'extérieur de la maison.

39 % des accidents de la vie courante ont lieu à l'intérieur de la maison (la moitié pour les femmes à partir de 20 ans), 12 % à l'extérieur (jardin, garage, atelier...). Dans la maison, c'est la cuisine qui est la pièce la plus dangereuse (un accident sur quatre), devant la cour ou le jardin (un sur quatre au total), les escaliers et ascenseurs (un sur dix). Environ 8 % des accidents ont lieu dans la salle de séjour, 7 % dans les chambres. La salle de bains et le garage ne représentent chacun que 4 % des cas, l'atelier de bricolage 3 %, comme l'ensemble des autres pièces de la maison.

19 % des accidents se produisent sur les aires de sport et de jeux, 12 % sur la voie publique, 18 % dans d'autres endroits (EPAC, 2003). Les jeux et loisirs représentent plus de la moitié (53 %) des activités au moment où se produisent les accidents, devant la pratique sportive (20 %). Les hommes sont beaucoup plus concernés que les femmes lors des activités de bricolage (85 % des cas) et de sport (73 %). Les femmes sont en revanche plus concernées lors d'activités ménagères et pendant les courses ; elles représentent respectivement 64 % et 62 % des cas.

La cause d'accident la plus fréquente est la chute (53 %), devant le contact avec un corps étranger (dans l'œil, dans le nez..., 18 %) et les coups ou collisions (16 %). Les déformations au cours d'un effort (y compris les faux mouvements) sont à l'origine de 7 %

des accidents. La surreprésentation masculine est particulièrement élevée pour les coups et collisions (67). Les contusions constituent les principales lésions (38 %), suivies par les plaies (23 %), les fractures (16 %), les autres types de lésions (abrasion, luxation, brûlure, amputation, intoxication..., 13 %) et les entorses (10 %). La part des hommes est supérieure à celle des femmes dans tous les cas, notamment pour les plaies (66 % des cas). 31 % des accidents touchent le membre supérieur, 37 % le membre inférieur, 44 % la tête et 49 % le tronc. Près de la moitié (47 %) n'entraînent aucun traitement ou permettent le retour au domicile ; 42 % font l'objet d'un traitement avec suivi ultérieur, par un médecin de ville ou à l'hôpital ; 11 % nécessitent une hospitalisation. Les accidents nécessitant une consultation à l'hôpital sont plus nombreux au printemps (avec un maximum en mai) et en fin d'après-midi. Dans 80 % des cas, c'est la victime qui est responsable.

Plus de 10 000 personnes se suicident chaque année.

10 632 personnes ont mis fin à leurs jours en 2002. Entre 1950 et 1976, le décès par suicide concernait environ 15 habitants sur 100 000. La proportion est de l'ordre de 18 depuis le début des années 80, époque à laquelle s'est produite une forte augmentation. À partir de 1982, le nombre des suicides a dépassé celui des décès par accident de la route ; il en représente le double aujourd'hui. Il s'est stabilisé depuis quelques années à un niveau élevé. Le nombre des tentatives est lui aussi élevé : plus de 150 000 par an.

L'accroissement constaté en vingt ans est d'autant plus préoccupant que le nombre des suicides est sous-évalué. Certains sont camouflés en mort accidentelle ou en disparition par les familles. C'est ainsi que l'on recensait 13 933 décès dans la rubrique « autres accidents » en 2002 et 764 « événements avec intention indéterminée ». On estime que le nombre de suicides réel est supérieur d'au moins 20 % au nombre officiel, mais l'écart pourrait être très supérieur ; une enquête effectuée à Paris en 1990 a montré que trois suicides sur quatre n'avaient pas été recensés comme tels parmi les 15-44 ans.

Le taux de suicide mesuré en France est supérieur à la moyenne européenne : il était de 26 pour 100 000 habitants pour les hommes en 2003, contre 18 en moyenne dans les vingt-cinq pays de l'Union et de 8 pour les femmes contre 5. Il est un peu plus élevé que le taux américain (18 pour 100 000 habitants des deux sexes, contre 14), mais très inférieur à celui du Japon (24). La Grèce bénéficie du taux le plus bas de l'Union européenne (5 pour 100 000 hommes, 1 pour 100 000 femmes). Les taux les plus élevés concernent les pays de l'Est : le taux de suicide atteint 75 pour les hommes en Lituanie (12 pour les femmes) et dépasse 40 pour les hommes dans les autres pays baltes, en Hongrie et en Slovaquie.

Les hommes et les personnes âgées sont les plus concernés.

Le suicide est 2,6 fois plus fréquent chez les hommes que chez les femmes : 7 720 cas contre 2 912 en 2002. Le nombre de décès concernant les moins de 35 ans a triplé depuis les années 60 pour atteindre 1 969 en 2002 (dont 1 560 hommes). Il constitue la première cause de mortalité chez les 25-34 ans. Près de 40 000 jeunes de 15 à 24 ans font chaque année une ou plusieurs tentatives. 530 se sont donné la mort en 2002 (dont 469 garçons), de sorte que le suicide est dans ce groupe

Une pratique masculine, plus fréquente à l'Est

Taux de suicide par sexe dans des pays de l'Union européenne (en 2003, pour 100 000 habitants)

	H	F
Allemagne	17,6	5,4
Autriche	25,4	7,8
Espagne	11,3	3,3
Estonie	43,3	7,6
Finlande	30,3	9,1
FRANCE	26,0	8,0
Grèce	5,1	1,1
Hongrie	42,8	9,7
Irlande	17,5	4,9
Italie	9,8	2,6
Lettonie	43,9	8,2
Lituanie	74,8	12,5
Luxembourg	17,8	3,6
Malte	8,3	1,5
Pays-Bas	12,0	5,4
Pologne	26,0	4,2
Portugal	15,7	4,1
Rép. tchèque	26,2	5,8
Slovénie	41,9	10,0
Suède	16,1	6,8

Eurostat

la deuxième cause de décès, après les accidents de la circulation. Parmi les élèves du second degré, environ une jeune fille sur dix et un garçon sur vingt disent avoir déjà effectué une tentative de suicide.

La fréquence des suicides augmente régulièrement avec l'âge. Les personnes de 60 ans et plus représentaient 33 %

du nombre total en 2002 (3 536 décès) pour 21 % de la population, alors que les moins de 20 ans (25 % de la population) ne comptaient que pour 2 % (213 cas). Le passage à la retraite est parfois difficilement vécu par les hommes, comme le vieillissement et la maladie par les femmes, mais cet état d'esprit est aujourd'hui moins fréquent. Le décès de l'époux reste en revanche un traumatisme important ; c'est dans l'année qui le suit que le nombre des dépressions entraînant des tentatives de suicide est le plus élevé.

Le suicide est lié à l'environnement socio-économique...

La disparition des repères traditionnels apportés par les institutions (religion, État, école, justice...), les craintes à l'égard de l'avenir (menaces écologiques, démographiques...), les difficultés d'insertion dans la vie économique, l'angoisse du chômage, l'importance de la vie matérielle et la place centrale de l'argent engendrent des frustrations, parfois des problèmes d'ordre existentiel. C'est pourquoi le suicide est plus fréquent chez les chômeurs et les inactifs. Parmi les hommes de 25-49 ans qui ont un emploi, le taux est d'autant plus élevé que l'on descend dans l'échelle professionnelle : environ 60 pour 100 000 chez les employés (près de 90 dans le cas des postes administratifs), 35 chez les artisans et commerçants, 15 chez les professions libérales. Mais les cadres et les enseignants se suicident davantage que ne le laisserait supposer leur place dans la hiérarchie. Ces écarts ne se retrouvent pas chez les femmes, qui accordent sans doute moins d'importance exclusive à leur vie professionnelle.

Beaucoup de Français considèrent qu'il est de plus en plus difficile de trouver sa place et d'assumer son auto-

Une nouvelle image de la mort

L'image de la mort évolue en même temps que la vie. Plus que la mort elle-même, c'est la fin de la vie qui préoccupe surtout les Français, du fait du vieillissement démographique et des progrès de la médecine, qui permettent de la prolonger dans des conditions souvent difficiles, voire artificielles. La plupart sont d'abord confrontés à ces difficultés à travers des parents atteints de maladies ou de handicaps, et ils redoutent cette perspective pour eux-mêmes. C'est pourquoi ils dénoncent en majorité l'acharnement thérapeutique, actif ou passif. Ils sont à ce titre favorables au recours à l'euthanasie dans certaines situations : 86 % estimaient ainsi en octobre 2003 que, « dans le cas de malades atteints de maladies douloureuses et irréversibles, il faut laisser la liberté de mourir à ceux qui le désirent » *(Pro-*fession politique-Metro/BVA) ; c'était l'opinion de 56 % des catholiques pratiquants réguliers, mais de 91 % des non pratiquants. 11 % considéraient au contraire que « la vie est quelque chose de sacré et que la médecine a le devoir de maintenir le malade en vie ».

Le débat, récurrent depuis des décennies, a abouti en 2005 à une loi autorisant les médecins, en concertation avec le patient, sa famille et l'équipe hospitalière, à interrompre les soins prodigués à un malade en fin de vie. En Europe, la législation diffère selon les pays. Si l'euthanasie proprement dite n'est légale qu'aux Pays-Bas, l'aide au suicide par médicaments (administrés par le malade lui-même, mais préparés par des tiers) est tolérée en Allemagne et en Espagne. Le testament de vie, qui manifeste la volonté de ne pas subir d'acharnement thérapeutique, est reconnu dans les pays cités, ainsi qu'au Royaume-Uni et au Danemark.

plus élevé chez les adolescents dont la mère a des difficultés psychologiques ; il est bien sûr difficile de faire la part entre l'hérédité et les conditions de vie dans le milieu familial. On observe d'ailleurs, contrairement à une idée reçue, que les jeunes suicidants sont souvent bien intégrés dans la vie sociale. Souffrant de difficultés personnelles, ils sont demandeurs de soins et n'hésitent pas à faire part de leurs problèmes aux infirmiers, médecins ou assistantes sociales. Parmi ceux qui consultent les infirmières des écoles, une jeune fille sur cinq et un garçon sur dix ont déjà tenté de mettre fin à leurs jours. Ils sont trois fois plus nombreux que les autres à avoir fait une fugue ou à s'être volontairement blessés. Les trois quarts des garçons suicidants et les deux tiers des filles ont déjà fait une première tentative avant l'âge de 15 ans.

Dépenses et soins

La dépense nationale de santé (soins et biens médicaux, hors indemnités journalières, formation, prévention et recherche) représentait 10,1 % du PIB français en 2003. Parmi les pays de l'Union européenne, ce taux est seulement dépassé par l'Allemagne (11,1 %). Ailleurs, il est inférieur à 8 % (Royaume-Uni, Luxembourg, Portugal, Espagne, Irlande, Finlande) et entre 8 % et 9 % dans les autres pays. Il atteint 15 % aux États-Unis, où le système de santé est très différent, avec une participation plus importante des ménages. Le taux de remboursement

nomie dans un environnement concurrentiel, où les « gros » mangent les « petits », les puissants dirigent les faibles, les rapides précèdent les lents. Nombreux sont ceux qui, pour parvenir à s'imposer, sont obligés de jouer un personnage qui ne leur ressemble pas. Cette attitude finit par les user de l'intérieur et leur faire perdre l'estime d'eux-mêmes. Ils se retrouvent à un moment de leur vie en décalage (ou en désaccord) profond avec ce qu'ils sont fondamentalement et le supportent mal. C'est ce qui explique le désir de plus en plus fréquent de changer de personnage ou de vie. Parfois d'y mettre fin.

... mais aussi familial et personnel.

L'environnement familial joue un rôle essentiel dans la vision que chacun a de la vie en général et de la sienne en particulier. L'éclatement de la famille, ou son absence, prive d'un refuge affectif et matériel utile pour affronter les difficultés quotidiennes. Le suicide est ainsi deux fois plus fréquent chez les célibataires que dans l'ensemble de la population, trois fois plus chez les divorcés et près de quatre fois chez les veufs. Ces critères ont moins d'incidence sur les comportements des femmes que sur ceux des hommes dans ce domaine.

Certains facteurs héréditaires paraissent également jouer un rôle. Le risque de suicide est par exemple trente fois

● *Neuf adultes sur dix ont un médecin généraliste habituel.*

Le prix de la santé

Part des dépenses de santé dans le PIB de certains pays (2003, en %)

Allemagne	11,1
Australie	9,3
Autriche	7,6
Belgique	9,6
Danemark	9,0
Espagne	7,7
États-Unis	15,0
Finlande	7,4
FRANCE	10,1
Grèce	9,9
Hongrie	7,8
Irlande	7,3
Italie	8,4
Japon	7,9
Luxembourg	6,1
Norvège	10,3
Pays-Bas	9,8
Pologne	6,0
Portugal	8,6
Rép. tchèque	7,5
Royaume-Uni	7,7
Slovaquie	5,9
Suède	9,2
Suisse	11,5
Turquie	6,6

OCDE

français (76 %) est en outre le plus faible d'Europe.

La part des dépenses de santé dans le PIB a doublé depuis les années 60. La très forte croissance qui s'est produite jusqu'au début de la dernière décennie s'explique par la progression du niveau de vie, le vieillissement de la population, les préoccupations croissantes pour la santé, l'apparition de nouvelles techniques médicales coûteuses et la généralisation de la couverture sociale. Entre 1980 et 1995, les dépenses médicales avaient ainsi doublé en volume. Le déficit de la Sécurité sociale a connu dans le même temps une croissance continue et forte. Il était de 11,6 milliards d'euros en 2005, contre 6 milliards en 2002. Il s'est cependant stabilisé par rapport à 2004 (11,9 milliards), à la suite de la réforme engagée.

Depuis 1990, la part de la santé dans la consommation des ménages a doublé.

En 2004, les dépenses de consommation médicale ont représenté 2 374 € par habitant (y compris DOM), soit 198 € par mois. Pour un ménage, le montant s'établissait à 5 811 € sur l'année, soit 484 € par mois. Les ménages consacrent aujourd'hui 13 % de leur consommation effective aux dépenses de santé (y compris celles qui sont remboursées), contre 9,5 % en 1990, 8 % en 1980, 7 % en 1970, 5 % en 1960. Leur part a donc doublé en une trentaine d'années en valeur relative, alors que le pouvoir d'achat s'est accru de façon régulière et spectaculaire pendant cette période (p. 328).

Les ménages ne paient directement que 11 % des soins (une part en diminution d'un point depuis 1995), le reste étant pris en charge par la collectivité. Depuis une dizaine d'années, la part de la Sécurité sociale dans la couverture des dépenses est stable, à 76 %. Il en est de même de celle des mutuelles et des compagnies d'assurances (10 %). Celle des instituts de prévoyance a augmenté d'un point, à 2,5 %. La politique de prévention reste le parent pauvre (3 milliards d'euros), même si de nombreuses actions (sécurité routière...) ne sont pas comptabilisées dans ces sommes.

Avec un taux de remboursement des médicaments par la Sécurité sociale de 70 % contre 77 % en 1986 (hors mutuelles et compagnies d'assurances), la France se situe à la dernière place des pays de l'Union européenne ; le taux est supérieur à 90 % au Royaume-Uni ou en Allemagne, proche de 90 % en Espagne, au Luxembourg, en Irlande, en Grèce et en Suède, supérieur ou égal à 80 % en Belgique, en Autriche et en Finlande.

Plus de neuf Français sur dix ont une assurance complémentaire.

En 1960, seul un Français sur trois disposait d'une mutuelle ou d'une assurance complémentaire maladie. La proportion est aujourd'hui de 93 % parmi les salariés du secteur privé (dont 60 % sont couverts par un contrat collectif de leur entreprise). Elle n'est que de huit sur dix parmi les non-salariés. 17 % des Français n'avaient pas de couverture complémentaire en 1990. La mise en place de la CMU (couverture maladie universelle), en 2000, a réduit leur part à 10 %.

Cependant, un jeune de moins de 30 ans sur dix n'a pas d'assurance complémentaire, contre un sur vingt seulement à partir de 30 ans. Il s'agit le plus souvent de personnes qui n'exercent pas une activité professionnelle et ne sont plus couvertes par les assurances de leurs parents, de chômeurs et d'étrangers.

Les assurances complémentaires couvrent 10 % des dépenses totales de santé et s'ajoutent aux remboursements de la Sécurité sociale. On constate que la consommation médicale des personnes disposant de ces assurances est supérieure de 30 % à celle des personnes qui n'en ont pas. 30 % de ces dernières renoncent au moins une fois dans l'année à se rendre chez le médecin, contre 7 % des autres. D'une façon générale, la plupart des Français ignorent ou sous-estiment le montant de leurs dépenses de santé, ce qui favorise la dérive constatée. Cependant, 79 % estiment que le système de santé se détériore d'année en année (Sandoz/Ifop, février 2006).

Les dépenses hospitalières représentent près de la moitié de l'ensemble.

Du milieu des années 70 jusqu'au début des années 90, une quinzaine de plans de redressement se sont succédé sans venir à bout du déficit chronique des dépenses de santé. Le taux d'accroissement de la dépense courante (soins et biens médicaux, y compris indemnités journalières, subventions du système de santé, dépenses de recherche et de formation médicales, gestion de l'administration sanitaire) avait atteint 17,3 % par an entre 1970 et 1975, 7,6 % entre 1985 et 1990, 5,4 % entre 1990 et 1995. Depuis, les dépenses ont encore progressé de 50 % en monnaie courante, à 150 milliards d'euros.

Les dépenses hospitalières et en sections médicalisées représentent un peu moins de la moitié du total (44 % en 2004 contre 48 % en 1990), avec une part croissante des établissements publics : 77 % contre 75 % en 1990. Le poids des soins ambulatoires est en très légère baisse : 27 % contre 28 %. À l'inverse, la part des dépenses de médicaments s'est accrue, passant de 18 % à 21 %. Il en est de même des dépenses d'« autres biens médicaux » (optique, prothèses...), dont la part est de 5 % contre 4 %. Depuis 1997, ce sont les dépenses de médicaments qui ont le plus contribué à la hausse de la consommation de soins, devant

200 euros par personne et par mois

Évolution de la consommation médicale (en euros par habitant)

	1990	1995	2000	2004
Soins hospitaliers	671	850	941	1 033
dont publics				*802*
privés				*231*
Soins ambulatoires	390	477	543	637
Médecins	*181*	*229*	*261*	*297*
Auxiliaires médicaux	*70*	*92*	*110*	*136*
Dentistes	*86*	*101*	*110*	*138*
Analyses	*39*	*41*	*48*	*61*
Cures thermales	*13*	*14*	*15*	*5*
Transports de malades	19	25	32	42
Médicaments	255	336	427	487
Autres biens médicaux (prothèses, optique...)	52	76	112	129
Consommation de soins et de biens médicaux	**1 387**	**1 764**	**2 055**	**2 328**
Prévention individuelle	30	38	46	45
Consommation médicale totale	1 417	1 802	2 101	2 373

DREES

les soins ambulatoires et les dépenses d'hospitalisation. L'évolution démographique, qui entraîne un vieillissement continu de la population, rend d'autant plus nécessaire la maîtrise des dépenses de santé. L'enjeu est de réduire les déficits tout en maintenant un système de santé de qualité.

Les dépenses varient surtout avec l'âge...

On avait assisté pendant une trentaine d'années à une réduction des inégalités de consommation médicale entre les différents groupes sociaux. Ce mouvement s'était traduit par un resserrement des écarts entre les salariés et un rattrapage des indépendants (agriculteurs, commerçants, artisans). Mais la nécessité d'une protection complé-

mentaire et la diminution des taux de remboursement ont réduit l'égalité d'accès au système. Environ un Français sur dix (12 %) déclarait ainsi début 2006 s'imposer des restrictions sur les dépenses de soins médicaux (Crédoc). Les restrictions les plus fréquentes portent sur les problèmes dentaires, les visites chez les médecins spécialistes, les examens, les lunettes, la kinésithérapie et les analyses biologiques.

5 % des Français représentent aujourd'hui près de la moitié des dépenses totales de santé ; un quart compte pour 80 %. L'âge est le principal facteur : la moitié des dépenses concernent les personnes de 60 ans et plus, un tiers celles de 30 à 59 ans, un cinquième celles des moins de 30 ans. Les personnes âgées souffrent plus souvent de pathologies coûteuses et consultent

plus souvent des généralistes. L'écart est plus réduit en ce qui concerne la consultation des spécialistes : 60 % des 70 ans et plus en voient au moins un dans l'année, contre 50 % des 15-29 ans. Les personnes de plus de 70 ans représentent 9 % de la population et 28 % des consultations de médecins. Celles de 75 ans et plus dépensent trois fois plus que la moyenne pour se soigner. Mais, si la dernière année de vie est généralement la plus coûteuse, la première l'est aussi : un bébé est vu en moyenne neuf fois par un médecin avant son premier anniversaire.

... le sexe et la catégorie sociale.

Les femmes sont mieux suivies médicalement que les hommes. Elles consultent un peu plus fréquemment des spécialistes, sont plus souvent hospitalisées et consomment davantage de médicaments. L'écart entre les sexes s'est accru depuis 1980 ; il est maximal entre 20 et 45 ans. Les femmes ont une relation au corps différente de celle des hommes. Elles ont par ailleurs davantage d'occasions de se rendre chez le médecin : grossesses, contraception, ménopause...

Les dépenses médicales sont corrélées au revenu, mais les plus élevées se retrouvent aux deux extrémités de l'échelle sociale : les cadres consultent davantage des médecins spécialistes de ville ; les ouvriers sont plus fréquemment hospitalisés. Parmi les actifs, les cadres et les employés sont ceux qui se rendent le plus souvent chez les médecins, à l'inverse des membres des professions libérales, des agriculteurs et des chefs d'entreprises. Les cadres sont aussi les plus assidus chez les dentistes et les opticiens.

Outre ces facteurs d'âge, de sexe et de statut social, les écarts de dépenses et de recours au système de soins sont

EXCEPTIONS ET dérives

Dans 73 % des consultations de médecins, les patients repartent avec une ordonnance de médicaments.

☒ **Les médecins français prescrivent quinze fois plus de médicaments hypolipidémiants (prévention des maladies cardio-vasculaires) et deux fois plus de médicaments contre le cholestérol que les britanniques. Ils prescrivent trois fois plus d'antibiotiques qu'en Allemagne.**

☒ **70 % des veinotoniques consommés dans le monde le sont en France.**

☒ **On estime que, dans deux cas sur trois, le traitement du cholestérol ne serait pas nécessaire, car il ne tient pas compte des seuils scientifiquement définis.**

☒ **90 % des angines sont traitées par antibiotiques, alors que seules 20 % sont à streptocoque A et justifient ce traitement.**

☒ **6 % des arrêts de travail (et 17 % de leurs prolongations) ne seraient pas justifiés.**

☒ **Les actes de biologie sont 75 % plus coûteux en France que dans les autres pays de l'OCDE.**

☒ **La chirurgie ambulatoire pratiquée dans la journée ne représente que 30 % des actes chirurgicaux pratiqués en France, contre 90 % aux États-Unis, 80 % au Danemark, 70 % aux Pays-Bas.**

☒ **Les ventes d'antidépresseurs ont été multipliées par 6,7 en monnaie constante entre 1980 et 2001, alors que les ventes globales de médicaments étaient multipliées par 2,7.**

☒ **Le coût moyen de l'indemnisation d'une personne ayant une incapacité permanente à 90 % à la suite d'un accident a doublé entre 1998 et 2002.**

☒ **Le coût moyen des blessés graves a été multiplié par dix en vingt ans.**

☒ **Le suivi d'une grossesse coûte en moyenne 4 500 €, un séjour de cinq jours en réanimation 7 900 €, le traitement d'un cancer 24 000 €.**

☒ **L'hypertension, l'hyperlipidémie et le diabète représentent plus d'une consultation sur quatre. L'anxiété, la dépression, la fatigue et l'insomnie représentent près d'une sur cinq.**

liés aux comportements individuels et aux modes de vie. Les habitudes alimentaires, la consommation d'alcool et de tabac ou la pratique d'une activité physique influent sur l'état de santé. Il en est de même des pratiques de prévention, mais celles-ci sont encore assez peu développées au sein de la population.

Les Français se rendent en moyenne un peu plus de quatre fois par an chez un généraliste et un peu moins de trois fois chez un spécialiste. Les deux tiers des consultations ont lieu au cabinet du médecin, une sur cinq à domicile, une sur dix en milieu hospitalier. Sur une année, huit Français sur dix consultent un généraliste ; parmi eux, un peu

moins de la moitié le font plus de trois fois. Un assuré sur deux consulte un spécialiste (un sur cinq plus de trois fois).

Les Français sont les plus gros acheteurs de médicaments au monde.

En 2004, les dépenses de médicaments des Français ont représenté 30,3 milliards d'euros, soit 480 € par habitant. L'augmentation a été de 5,7 % en valeur, mais elle est supérieure en volume, compte tenu de la baisse générale des prix. Les dépenses avaient triplé entre 1975 et 1995, alors que le nombre de produits remboursés par personne ne faisait « que » doubler, passant de 18 à 33 boîtes par an. Il a atteint aujourd'hui 40 boîtes par an. La consommation nationale est ainsi largement supérieure à celle mesurée dans les autres pays développés. Le nombre moyen de médicaments prescrits sur une ordonnance est de 4,5 contre 0,8 dans les pays du nord de l'Europe. Chaque consultation de généraliste donne lieu à une prescription de 50 € de médicaments (sur un total de 80 €).

L'écart peut s'expliquer en partie par l'association, forte dans la culture nationale, entre le nombre de produits prescrits par le médecin et l'état de santé perçu. La densité élevée de médecins sur le territoire favorise aussi la surconsommation. Certains ne résistent pas aux demandes de leurs patients, d'autres sont sensibles aux sollicitations des visiteurs médicaux. Enfin, les prix des médicaments sont plutôt modérés par rapport à ceux des autres pays développés. Il faut noter cependant qu'une grande partie des produits sont stockés dans les armoires à pharmacie, conservés en cas de besoin jusqu'à la date de péremption, puis jetés.

La part des médicaments génériques (copies de ceux dont le brevet est tombé dans le domaine public et moins coûteux) ne représentait que 7 % des dépenses de médicaments en 2004 (13 % en volume), contre 4 % en 2002. Elle se compare à environ 40 % en Allemagne ou au Danemark. Mais leur part est en progression rapide. Les achats ont augmenté de 39 % dans l'année, soit une croissance près de sept fois supérieure à celle du marché global. L'écart de prix avec les médicaments auxquels ils se substituent (15 %) est en diminution sensible par rapport aux années précédentes. Le nombre de classes thérapeutiques comportant des génériques ne

cesse de s'accroître : 64 en 2002, 75 en 2004, sur un total de 345.

L'automédication est peu pratiquée.

La grande majorité des Français se soignent eux-mêmes à partir des produits stockés dans leur pharmacie en cas de pathologies simples : rhume, mal de gorge, mal de tête, toux, constipation, mal d'estomac... Les plus concernés sont les 18-45 ans et les foyers avec enfants. Mais ils sont peu nombreux à acheter des médicaments d'automédication, qui ne sont pas inscrits sur les listes du Code de la santé publique rendant obligatoire leur prescription et peuvent être achetés directement en pharmacie, sans être remboursés. Outre les produits disponibles en « automédication pure » (qui ne nécessitent pas de prescription, bien qu'ils puissent être prescrits, mais ne sont jamais remboursés), il existe des produits intermédiaires, dits « semi-éthiques » (par opposition aux produits éthiques délivrés sur ordonnance), qui peuvent être prescrits et sont alors remboursables.

Malgré les efforts déployés par les pouvoirs publics pour promouvoir ces pratiques, les Français se montrent hésitants. En 2004, les achats de médicaments « hors liste » ont représenté moins de 10 % des dépenses totales de médicaments remboursables. Ce faible engouement s'explique d'abord par des raisons économiques ; il est moins coûteux, et facile, de se faire prescrire et rembourser des médicaments. Une autre explication, plus psychologique, est le sentiment que les médicaments d'automédication sont moins efficaces que ceux qui sont prescrits. Une impression renforcée par le fait qu'ils doivent présenter moins de contre-indications ou de risques d'effets secondaires pour être mis en vente libre.

Il existe cependant une autre forme d'automédication qui échappe aux statistiques. Elle concerne les patients qui se font ordonner par leur médecin des produits qu'ils ont eux-mêmes choisis et qui sont remboursables. Certains demandent même à leur médecin de leur faire une ordonnance pour des médicaments qu'ils ont déjà achetés. Ces pratiques sont d'autant plus courantes que certains médecins craignent de voir disparaître des patients à qui ils refuseraient ce « service ».

L'attitude face au système de santé est de plus en plus « consumériste ».

Le rapport entre le corps médical et les « patients » ou « usagers » tend à se rééquilibrer au profit de ces derniers, qui, mieux informés, se montrent plus exigeants. Leur attitude s'apparente de plus en plus à celle de consommateurs qui considèrent les professionnels de la santé comme des prestataires de services. À ce titre, ils expriment des attentes de compétence, d'efficacité, de sécurité, de considération, d'information et de conseil. Ils sont d'ailleurs de mieux en mieux informés par les médias, les discussions avec l'entourage ou la consultation de sites spécialisés sur Internet.

Cette évolution tend à modifier le statut traditionnel du médecin ; s'il reste détenteur d'un savoir, et donc d'un pouvoir, sur celui qui le consulte, il doit de plus en plus le partager avec lui. En cas d'insatisfaction, le « client » hésite moins à le faire savoir, à changer de médecin, voire à engager une procédure juridique contre lui, comme en témoigne l'accroissement du nombre de litiges. Cette pratique devrait être moins fréquente avec la mise en place du système du « médecin référent », point de passage obligé pour obtenir une consultation de spécialiste (sous

Des Français conscients, mais peu actifs

Si la santé n'a pas de prix, les Français sont aujourd'hui conscients qu'elle a un coût. 79 % estiment que le système se détériore d'année en année (Institut du générique Sandoz/Ipsos, février 2006). Cette dérive implique à leurs yeux d'agir collectivement : 89 % considèrent que « les Français » doivent prendre des initiatives et faire des économies, quitte à changer leurs habitudes. Ils sont même 92 % à se dire prêts à y participer à titre personnel si cela permet de sauvegarder le système. 79 % reconnaissent ainsi qu'il faudra faire des concessions ou des efforts.

Dans ce contexte, la grande majorité des Français ont compris que l'usage des médicaments génériques était l'une des solutions : 87 % leur font confiance, 82 % acceptent qu'ils leur soient prescrits par les médecins et 75 % que les pharmaciens les substituent aux médicaments de base. Ce consensus est le résultat du travail d'information effectué par les différents intervenants (institutions, médecins, pharmaciens…), relayé par les médias. Mais cette acceptation de principe permet à chacun de se donner bonne conscience sans réel effort. Seuls 25 % déclarent demander de leur propre initiative ce type de médicament à leur médecin et 27 % à leur pharmacien.

D'une manière générale, le système de santé a fait peu d'efforts pour responsabiliser les « usagers », qui se reposent très largement sur lui tout en constatant qu'il engendre des coûts et des déficits considérables. Mais très peu connaissent les coûts réels de la surconsommation de médicaments, des consultations inutiles ou redondantes chez les médecins, des journées d'hospitalisation. Et ils sont moins nombreux encore, sans contraintes, à participer personnellement à l'effort nécessaire.

permanence. Le recours à la « médecine de l'âme » témoigne aussi du vide laissé par la diminution de l'influence religieuse (p. 253).

Le stress, l'usure, les phobies sociales, les accoutumances, les troubles du comportement, les pannes sexuelles et les formes multiples de la dépression sont les conséquences de ces difficultés d'être soi, d'être « à la hauteur » dans tous les domaines et sur la durée. Elles incitent un nombre croissant de Français à chercher une assistance psychologique. Un Français de 15 ans et plus sur vingt suit ou a suivi une psychothérapie. Le champ d'intervention des « médecins de l'âme » s'est désormais élargi aux écoles, aux entreprises, aux médias, aux victimes d'agressions, d'attentats ou même de catastrophes naturelles. Les thérapies proposées se sont diversifiées : psychanalyse ; thérapie familiale ; thérapie comportementale ; hypnose ; analyse transactionnelle ; rêve éveillé ; cri primal, etc.

oeine de payer plus cher et d'être moins bien remboursé).

L'une des conséquences de cette évolution est l'engouement pour les médecines dites parallèles, douces ou « alternatives ». Près de deux Français sur trois y ont déjà recouru. Parmi les utilisateurs, huit sur dix ont essayé l'homéopathie, un sur deux l'acupuncture, un sur cinq l'ostéopathie.

La « médecine de l'âme » compte de plus en plus de clients.

Depuis la découverte de l'inconscient par Freud, l'esprit a trouvé sa place, complémentaire de celle du corps. Le rôle des « psys » s'est fortement accru avec la montée d'un mal-être généralisé engendré par le stress familial, professionnel ou social. Le chômage, le divorce, le décès d'un proche, la maladie, la solitude ou le sentiment de ne pas être reconnu sont de plus en plus difficiles à supporter. L'autonomie est vécue par beaucoup de Français comme un cadeau empoisonné, qui oblige en contrepartie à être toujours performant et confiant en soi. Tous ceux qui ne disposent pas des atouts nécessaires pour se maintenir dans le système social (santé, intelligence, culture, connaissances professionnelles, expérience, relations…) risquent d'être marginalisés, voire exclus. Pour les autres, la vie est également éprouvante, car la progression dans la hiérarchie sociale implique d'être en pleine possession de ses moyens et de les accroître en

● *44,6 millions de personnes âgées de 16 à 64 ans, soit environ 16 % de la population totale de l'Union européenne en âge de travailler, considèrent avoir un problème de santé ou un handicap de longue durée.*
● *4,9 millions de tests de dépistage de la séropositivité ont été effectués en 2004.*
● *Les personnes sans domicile fixe sont aussi deux fois plus souvent atteintes de maladies graves ou chroniques que le reste de la population (65 % des utilisateurs de services d'aide contre 32 %). 20 % disent souffrir de migraines (contre 4 %), 14 % de maladies respiratoires (contre 6 %), 10 % d'affections du système digestif (contre 2 %).*
● *400 000 personnes seraient porteuses du virus de l'hépatite B ou C sans le savoir.*
● *80 % des Français sont incapables de citer une marque de vin, contre 68 % en 1995.*

L'INSTRUCTION

FORMATION

La scolarisation a progressé jusqu'au milieu des années 90...

À l'âge de 20 ans, la moitié des Français poursuivent aujourd'hui des études, alors que moins d'un jeune de 14 ans sur deux était scolarisé en 1946. En un demi-siècle, la proportion de titulaires d'un CAP ou BEP a triplé parmi les 25-34 ans, et la part des bacheliers est passée de 4 % en 1950 à 62 % en 2005. L'âge moyen de fin d'études de la population active s'est accru de 8 ans au cours du XXᵉ siècle ; il a atteint 22 ans. La progression a été forte, notamment dans les années 80 et jusqu'au milieu des années 90, avec un gain de deux ans de l'espérance de scolarisation pour un enfant entrant en maternelle : 19 ans contre 17 ans.

Les tests de raisonnement, de logique et d'intelligence passés par les conscrits lors des « trois jours » (avant leur suppression en 1996) faisaient également apparaître une élévation du niveau général de 24 % entre 1974 et 1995, avec une accélération à partir de 1981. Les disparités entre les élèves s'étaient en outre réduites.

Les jeunes générations sont ainsi beaucoup plus diplômées que les anciennes. Alors que les trois quarts des personnes nées entre 1916 et 1925 avaient arrêté leurs études au CEP, la proportion de bacheliers dépasse 50 % depuis la classe 1969. L'accès d'une génération au niveau du baccalauréat a connu une hausse spectaculaire ; elle a atteint 62 %. En 2005, seuls 3 % des 15-19 ans n'avaient aucun diplôme ou seulement le CEP (Certificat d'études primaires), contre 69 % des 65 ans et 40 % des 50-64 ans. Les trois quarts des 25-34 ans détiennent aujourd'hui au moins un diplôme secondaire et plus d'un tiers (37 %) un diplôme supérieur.

... mais le processus s'est interrompu depuis.

La hausse des niveaux de formation et de qualification connaît une stagnation depuis 1996. La durée moyenne des études a même connu une légère baisse : 18,9 ans pour un enfant entrant en maternelle en 2005, contre 19,2 ans en 1995. Elle n'est plus que de 6,6 ans après 14 ans, contre 6,7 ans en 1995. Cette inversion de tendance concerne principalement les classes d'âge de 18 à 24 ans. Les taux de scolarisation des jeunes de 18 à 20 ans ont continué à diminuer entre 2001 et 2003, mais moins fortement que les années précédentes, ce qui peut laisser présager une stabilisation. À l'inverse, la baisse des taux observée à 21 et 22 ans s'est confirmée très nettement, surtout chez les garçons. Enfin, la scolarisation des 23 et 24 ans a affiché un recul pour les garçons.

Cette baisse de la durée de la scolarité s'explique d'abord par les changements d'orientation des jeunes, au profit des seconds cycles professionnels qui conduisent à des études moins longues. Six ans après l'entrée en sixième, plus d'un élève sur deux dans ces filières quitte en effet le système éducatif alors que la quasi-totalité de ceux qui ont accédé à une seconde générale ou technologique poursuivent encore leurs études. On observe aussi une diminution des redoublements, ce qui réduit la durée des parcours scolaires. Au total, 8 % des jeunes quittent l'école sans le niveau minimal de qualification (CAP ou seconde). La forte amélioration constatée pendant des décennies (la proportion était de 15 % en 1980, 25 % en 1970) s'est interrompue depuis le début des années 90.

La France reste l'un des pays d'Europe où la durée moyenne des études à plein temps est la plus longue : 16,8 ans pour un enfant de 5 ans en 2004. Elle arrive derrière la Finlande (17,8), l'Allemagne (17,1) et la Suède (16,9), presque à égalité avec l'Italie, les Pays-Bas (16,7) et l'Espagne (16,7 ans). Le Royaume-Uni ferme la marche avec 14,9 ans (comme les États-Unis), mais la scolarité à temps partiel y est beaucoup plus développée (5,5 ans), comme en Suède (3,3) ou en Finlande (1,9), alors qu'elle n'existe pas en France. Elle est cependant très moyennement classée par rapport aux trente pays de l'OCDE : 15ᵉ en ce qui concerne la proportion des 25-34 ans ayant atteint une formation secondaire ; 19ᵉ en ce qui concerne le taux d'accès à l'enseignement supérieur.

Les femmes font des études plus longues que les hommes, mais obtiennent des diplômes moins élevés.

Lors du recensement de 1990, les hommes de 15 ans et plus étaient encore un peu plus diplômés que les femmes : 55 % avaient un niveau supérieur au

Ministère de l'Éducation nationale, INSEE

Inversion de tendance

Évolution de la durée de scolarisation (en années)

	1985-86	1990-91	1995-96	2000-01	2002-03	2003-04
Ensemble	17,1	18,1	19,0	18,9	18,9	18,9
Avant 6 ans	3,3	3,3	3,4	3,4	3,3	3,3
Après 14 ans	4,90	5,80	6,70	6,50	6,50	6,60
– filles	4,96	5,92	6,85	6,73	6,80	6,83
– garçons	4,78	5,69	6,47	6,35	6,29	6,32

certificat d'études, contre 48 % ; 23 % avaient au moins le baccalauréat, contre 21 %. L'écart s'est comblé très rapidement au cours des années 90. Il est même aujourd'hui inversé. La durée moyenne de scolarisation après 14 ans était de 6,8 ans pour les filles en 2005, contre 6,3 pour les garçons.

L'écart est également apparent dans les résultats scolaires. Dès le CE2, ceux des filles sont supérieurs de 7 points à ceux des garçons dans les évaluations de français ; ils sont comparables en mathématiques. La situation est semblable en sixième. Les filles sont majoritaires dans les rangs des bacheliers (54 % en 2005) et elles représentent 55 % des entrants dans l'enseignement supérieur. Cette situation n'est pas propre à la France. Dans la plupart des pays européens, le nombre de filles diplômées de l'enseignement supérieur dépasse d'au moins 20 % à 30 % celui des garçons.

Cette évolution est révélatrice de la volonté (et, bien sûr, de la capacité) des femmes de faire des études afin de pouvoir mener une carrière professionnelle. Elle signifie qu'elles prendront à terme dans les entreprises et dans la société une place croissante, en rapport avec leur formation et leur ambition. Cependant, les filles restent plus nombreuses dans les filières de formation littéraires et tertiaires, moins recherchées et valorisantes sur le plan professionnel que les filières scientifiques et industrielles choisies par les garçons. On ne comptait ainsi en 2004 que 39 % de filles dans la filière scientifique après le baccalauréat, 38 % dans les IUT (instituts universitaires de technologie), contre 75 % en lettres, 68 % dans la filière santé. Parmi les jeunes sortis de formation initiale, elles représentent 55 % des diplômés des premier et deuxième cycles, mais seulement 44 % des diplômés de troisième cycle ou de grandes écoles.

Le milieu familial joue un rôle essentiel dans la scolarité...

La transmission du « capital culturel » au sein des familles a une influence considérable sur la scolarité des enfants. Les modes de vie familiaux peuvent être plus ou moins propices à l'enrichissement culturel : activités, discussions, rencontres, voyages, usage des médias... C'est entre 6 et 10 ans que se créent ou s'accroissent les différences. Dans certaines familles, les enfants sont constamment stimulés intellectuellement. Dans d'autres, moins disponibles ou moins concernées, ils se retrouvent seuls face à leur travail scolaire. Les parents appartenant aux catégories aisées consacrent en général plus de temps et d'argent à la culture générale de leurs enfants et à l'aide scolaire : cours particuliers, stages linguistiques, livres, contrôle des devoirs et leçons, entretiens avec les professeurs, disposition d'un ordinateur... Le mérite personnel d'un enfant n'est pas toujours suffisant pour compenser ses handicaps de départ. L'accompagnement individuel n'est souvent pas disponible pour ceux qui en ont le plus besoin.

Dès les premières années d'école, les lacunes dans la maîtrise des savoirs fondamentaux sont ainsi plus fréquentes parmi les enfants issus de milieux modestes ou défavorisés. Ces difficultés précoces conduisent dans certains cas à l'exclusion scolaire, puis sociale. À l'entrée en sixième, les écarts de connaissances sont significatifs, notamment en français et en mathématiques. Pour un score moyen de 65 points sur 100, les scores des enfants de cadres dépassent respectivement de 16 et 19 points ceux des enfants d'ouvriers. L'écart est encore plus fort avec les élèves scolarisés en zone d'éducation prioritaire (ZEP).

Le système de reproduction sociale reste donc largement en vigueur. Il est accru par le « consumérisme scolaire », qui permet aux familles les plus aisées et les mieux informées d'inscrire leurs enfants dans les meilleurs établissements, en contournant la carte scolaire. Quelle que soit la génération, la probabilité pour qu'un fils d'ouvrier devienne ouvrier ou qu'un fils de non-salarié devienne lui-même non-salarié est toujours plus de quatre fois supérieure à celle d'une inversion des situa-

> ● *La proportion de personnes de 15 ans et plus ayant au moins le baccalauréat (ou équivalent) est passée de 16 % en 1980 à 39 % aujourd'hui.*

tions sociales (ouvrier devenant artisan, commerçant ou patron, fils d'artisan ou commerçant devenant ouvrier).

... et les inégalités ont cessé de se réduire.

Le prolongement de la scolarité et l'accroissement du niveau d'instruction ont profité pendant des décennies à l'ensemble de la population. La progression a été particulièrement spectaculaire entre les générations nées de 1964 à 1968 et celles nées de 1974 à 1978. Le fort développement des études en seconds cycles survenu dans l'enseignement secondaire de 1985 à 1993 avait aussi permis de réduire l'ampleur des inégalités scolaires et sociales. En une décennie, la proportion d'enfants d'ouvriers âgés de 20-21 ans qui poursuivent (ou ont poursuivi) des études supérieures était passée de 10 % à 30 %. La possibilité de poursuivre des études supérieures avait aussi beaucoup augmenté pour les enfants d'employés et d'indépendants (agriculteurs, artisans, commerçants). Elle avait plus que doublé du milieu des années 80 au milieu des années 90, mais elle stagne depuis aux environs de 50 %.

Comme pour ce qui concerne la durée des études, le mouvement de démocratisation s'est interrompu depuis une dizaine d'années, et les inégalités de parcours scolaires sont fortes. En 2004, seuls 40 % des enfants d'ouvriers poursuivaient des études supérieures (un peu plus pour les enfants d'ouvrières), contre près de 80 % des enfants de cadres (un peu plus lorsque c'est la mère qui appartient à cette catégorie socioprofessionnelle). Les enfants de cadres, qui bénéficient d'acquis scolaires supérieurs, sont en outre plus nombreux dans les filières générales, notamment scientifiques, qui conduisent vers des études longues. Leur surreprésentation est maximale dans les

2 000 € par habitant pour l'éducation

La part des dépenses d'éducation représentait 7,1 % du PIB en 2005. Elle avait même atteint 7,6 % entre 1990 et 1993, du fait de l'effort important des collectivités territoriales et de la revalorisation des salaires des personnels enseignants. Elle représente 1 900 € par habitant ou 6 800 € par élève ou étudiant. Depuis 1980, ces sommes ont plus que doublé en monnaie constante, et le coût unitaire par élève a augmenté des trois quarts. De 1980 à 2004, la dépense d'éducation a connu un taux de croissance annuel moyen de 2,6 %, supérieur à celui du PIB, en hausse de 2,2 % par an sur la période. Les dépenses moyennes par élève des premier et second degrés ont progressé dans des proportions importantes (respectivement 73 % et 65 %). La dépense par étudiant n'a augmenté en revanche que de 28 %, du fait de la forte hausse des effectifs jusqu'en 1996, puis de nouveau depuis 2000, qui a absorbé la plus grande part de l'augmentation des crédits consacrés à l'enseignement supérieur. L'État assure 63 % de la dépense totale d'éducation, les collectivités territoriales 20 % (leur part s'est accrue dans le second degré, le supérieur et la formation continue, à la suite des transferts de charge de l'État). Les ménages contribuent pour 8 %.

filières les plus sélectives comme les CPGE (classes préparatoires aux grandes écoles). À l'inverse, les orientations vers une filière professionnelle dans le second degré concernent avant tout les enfants d'ouvriers ; un sur quatre ne dépasse pas le niveau du CAP ou BEP. Ceux d'artisans, d'employés et d'agriculteurs sont plus nombreux à obtenir

un bac professionnel plutôt que général : près de 20 % contre moins d'un enfant de cadre supérieur ou d'enseignant sur dix. Ces inégalités sont maintenues ou renforcées par des stratégies d'orientation plus efficaces dans les milieux favorisés : filières, établissements, classes ou options.

Le parcours scolaire influe largement sur la suite de la vie.

Les différences individuelles liées au milieu familial ne concernent pas seulement le taux de réussite ou la durée de la scolarité. Elles sont également apparentes dans le type d'études suivies. Les enfants de cadres entrés en sixième sont massivement titulaires d'un baccalauréat général, alors que ceux d'employés ou de professions intermédiaires ont plus souvent un bac de série technologique, ceux d'agriculteurs et d'ouvriers un bac professionnel (ou équivalent). Ces différences d'orientation déterminent largement la poursuite et la réussite ultérieure des études dans l'enseignement supérieur.

Au total, sur dix enfants ayant des parents chefs d'entreprise, à professions libérales, ingénieurs, cadres ou enseignants, neuf obtiennent le baccalauréat, et près de huit un diplôme d'enseignement supérieur. Mais la moitié des enfants d'ouvriers ne réussissent pas le bac, et moins de quatre sur dix accèdent à l'enseignement supérieur. Une étude portant sur l'origine sociale des élèves ayant accédé aux grandes écoles entre les années 1940 et les années 1980 (Valérie Albouy et Thomas Wanecq, 2003) montre la permanence de la sélection sociale et culturelle. Après la relative démocratisation des années 80, la part des élèves issus de milieux modestes tend même à se réduire. On ne trouve que 3 % d'enfants d'ouvriers dans les écoles de commerce, 6 % dans celles d'ingénieurs, contre respectivement 68 % et 59 % d'enfants de cadres supérieurs et professions libérales alors que les parts de ces deux catégories dans l'ensemble des ménages sont de 20 % pour les premiers et 36 % pour les seconds.

Les échecs scolaires constituent des handicaps importants lors de l'entrée dans la vie professionnelle. D'autant que la demande des employeurs en matière d'instruction s'est accrue et que le taux de chômage reste élevé. Le début de carrière est donc difficile pour les non-diplômés, qui ne disposent pas le plus souvent de l'aide des réseaux familiaux de relations (à diplôme égal, les enfants de cadres sont favorisés par rapport à ceux des milieux modestes).

Les différences tendent ensuite à s'accroître tout au long de la vie. On constate que la relation entre l'origine sociale d'un individu et son statut professionnel est deux fois plus forte en fin de carrière qu'au début, alors que celle existant entre le diplôme et le statut n'est qu'une fois et demie plus grande. Cela signifie que le diplôme a une influence de moins en moins sensible sur le déroulement de la vie au fur et à mesure que l'on avance en âge, contrairement à l'influence de l'origine sociale.

L'école n'est plus en mesure de faire entrer les jeunes dans l'ascenseur social...

Chaque génération a bénéficié pendant des siècles (notamment depuis le début du XIXe) d'une sorte d'« assurance-progrès » par rapport à celle qui la précédait. Grâce à la formation scolaire et à la croissance économique, les enfants obtenaient dans leur très grande majorité un statut social plus élevé que celui de leurs parents et des revenus plus importants. Ils pouvaient profiter des

Deux Français sur trois diplômés

Niveau général de formation selon l'âge (2004, 15 ans et plus, en %)

	15-19 ans	20-24 ans	25-49 ans	50-64 ans	65 ans et +	Ensemble
Aucun diplôme ou CEP	3,4	10,5	20,9	40,2	69,0	32,6
BEPC seul	1,3	4,9	6,6	7,4	6,2	6,2
CAP, BEP ou diplôme équivalent	1,8	15,4	27,6	25,6	11,2	20,8
Bac, brevet professionnel ou équivalent	0,4	14,5	16,1	11,0	7,3	11,9
Baccalauréat + 2 ans	0,0	6,8	13,5	6,6	2,1	8,1
Diplôme supérieur	0,0	2,8	13,9	9,2	4,2	8,9
En cours d'études initiales	93,1	45,1	1,4	0,0	0,0	11,5
Total	100,0	100,0	100,0	100,0	100,0	100,0

bienfaits de l'évolution scientifique et technique, sous la forme notamment de biens d'équipement, qui leur rendaient la vie plus facile et agréable.

Cette progression systématique a été remise en cause depuis le milieu des années 70, avec l'arrivée de la « crise » et de ses conséquences : chômage, délinquance, précarité, incertitude... Les jeunes ont dû prendre conscience à leurs dépens que l'ascenseur social pouvait descendre ou rester bloqué entre les étages et que le diplôme ne constituait plus une garantie. Cette évolution a des conséquences importantes sur la vision de la vie des différentes générations. Elle explique en partie les mouvements de protestation des lycéens et étudiants lors de la promulgation du CPE (contrat première embauche) au début 2006. Les enfants sont frustrés, et les parents inquiets pour leur avenir se trouvent obligés de les aider, parfois sur une longue durée, ce qui modifie les conditions de leur propre vie et ampute leurs revenus. Les grands-parents participent aussi lorsqu'ils le

peuvent à cette solidarité intergénérationnelle inversée (p.140).

... et elle doit faire face à de nouveaux défis...

La situation inédite (au moins depuis un demi-siècle) d'un progrès qui n'est plus assuré d'une génération à l'autre rend les inégalités d'instruction à la fois plus apparentes et moins supportables. Les Français s'inquiètent de la difficulté d'insertion des jeunes dans la vie professionnelle et sociale et de la maîtrise insuffisante des savoirs de base (lecture, calcul, langues étrangères...). Élèves et parents se considèrent de plus en plus comme des « consommateurs » de services scolaires (comme ils le sont des services de santé, p. 67), même si c'est la collectivité dans son ensemble qui en paie le prix. Mais les difficultés des enseignants ne peuvent pas être ignorées. Beaucoup doivent faire face à l'absence de motivation de certains élèves, à leur manque de respect, parfois à celui de leurs parents.

Après avoir été un lieu de relation et de libération, l'école a subi les soubresauts de mai 68 et leurs effets sur les mentalités, puis la crise économique et sociale qui sévit depuis trente ans. Elle est aujourd'hui confrontée à de nombreux défis. Celui de la reprise du processus interrompu de démocratisation. Celui de la violence, qui s'exerce aussi bien envers les élèves que les maîtres. Celui de l'absentéisme des élèves et de la diminution de l'autorité des parents, voire de leur démission. Celui de la pertinence des contenus d'enseignement par rapport aux

besoins collectifs et individuels. Lire, écrire et compter ne suffit plus dans le monde d'aujourd'hui ; il faut aussi être en mesure de déchiffrer les images et d'utiliser les technologies.

Ces difficultés se traduisent par une image plutôt dégradée de l'école dans l'opinion, régulièrement alimentée par les mouvements de grève. Elles entraînent une « fuite » vers l'enseignement privé : alors que les lycées et collèges voient leurs effectifs diminuer, les « écoles libres » ont dû refuser plus de 20 000 demandes d'inscription en 2004.

Le principal défi est sans doute celui de l'intégration. Le débat sur le voile islamique avait mis en relief les difficultés de l'école à préserver le modèle républicain et laïc dont elle est peut-être le dernier rempart. Mais l'intégration concerne bien d'autres « minorités ». Celle des enfants de milieux défavorisés, dont l'échec scolaire est le prélude à d'autres difficultés tout au long de la vie. Celle aussi des enfants handicapés : 80 000 sont accueillis en primaire dans des classes spéciales, 20 000 dans le secondaire ; mais 40 000 sont exclus du système sco-

La fin du « modèle éducatif » français ?

À l'instar du « modèle français », dont il est l'un des piliers, le système éducatif national ne se porte pas bien, comme en témoignent de nombreux indicateurs. Ainsi, 15 % des élèves ne maîtrisent pas la lecture à leur entrée en sixième. L'autorité des enseignants n'est pas respectée, l'intégration des élèves d'origine étrangère se fait mal, l'absentéisme s'accroît, comme la violence au sein des établissements. La démocratisation de l'école s'est interrompue depuis le milieu des années 90. Chaque année, 160 000 jeunes sortent sans qualification du système scolaire et vont grossir les rangs des chômeurs. Le fort accroissement des dépenses (40 % entre 1990 et 2005) n'a pas permis d'enrayer le processus.

Les classements internationaux témoignent d'un recul de la France en matière d'éducation. Les élèves de CM2 sont à la 18e place sur 35 pays, derrière la Bulgarie, la Lituanie et la République tchèque (Boston College). En dépit de journées scolaires chargées, la France

figure au 13e rang pour l'enseignement des sciences, et au 17e pour celui de la lecture et des mathématiques (OCDE). L'école y est plutôt moins égalitaire qu'ailleurs, les écarts entre les établissements et entre les élèves étant marqués. La situation est particulièrement dégradée en ce qui concerne l'université. Sur les cent premières au monde (classement de l'université de Shangaï), quatre seulement sont françaises : Paris-VI (46e), Paris-IX (61e), Strasbourg-I (92e) et l'École normale supérieure de la rue d'Ulm (93e). Le rapport annuel sur l'éducation de l'OCDE situe globalement la France au 19e rang sur 26 en matière d'enseignement supérieur. Elle détient enfin le triste record du mal-être à l'école avec 45 % seulement des élèves se sentant à leur place en classe, contre 81 % en moyenne dans les pays de l'OCDE (2005).

Malgré des évolutions réelles et souvent plus fortes qu'on ne le dit, l'Éducation nationale n'a pu faire face à l'évolution démographique, notamment liée à l'immigration. Le développement des filières d'apprentissage et la mise en place de certaines formes de décentralisation n'ont pas permis de répondre

aux besoins de l'économie. Le développement de la formation permanente n'a pas suffi à compenser l'écart croissant entre les compétences existantes et celles qui sont nécessaires. Le choix politique de faire accéder 80 % d'une classe d'âge au baccalauréat (quitte à diminuer la difficulté de l'examen et surtout l'efficacité du diplôme) et le refus du principe de la sélection à l'université ont eu aussi des conséquences contraires au principe initial d'égalité. Enfin, les dysfonctionnements du « mammouth » éducatif sont nombreux : bureaucratie écrasante ; pédagogie déficiente ; recrutements et mutations mal gérés ; absentéisme élevé et remplacements non assurés ; rémunération médiocre et avancement de carrière indépendant de la qualité de l'enseignement... Des professeurs se retrouvent sans élèves, des élèves sont sans professeurs, des filières sont sans débouchés alors que d'autres, plus porteuses, sont délaissées. Des dysfonctionnements que la faible durée de vie des ministres et l'attitude souvent hostile des syndicats face aux projets de réforme n'ont pas permis de résoudre.

laire, faute d'enseignants spécialisés et de lieux adaptés.

... en engageant les réformes nécessaires.

La stagnation du processus de démocratisation de l'école depuis dix ans montre que l'accroissement des moyens matériels ne suffit pas. Le nombre des enseignants a progressé (notamment dans le second degré), tandis que le nombre des élèves diminuait, de sorte que le nombre d'élèves par enseignant a connu une baisse significative. Le raisonnement ne vaut pas cependant pour les universités, où les conditions matérielles sont souvent déplorables et les effectifs en augmentation sensible sur la dernière décennie (p. 76).

C'est sans doute bien davantage à la racine du « mal scolaire » qu'il faudra s'attaquer, en revalorisant le rôle de l'école dans la société et dans les familles. Des efforts ont été entrepris pour restaurer la notion de respect dans l'enceinte des établissements. Il faudra du temps, de la compréhension, de la pédagogie et de l'autorité pour que leurs effets se fassent sentir. La volonté de dialoguer et de réformer est une autre condition à remplir, de la part des diverses parties prenantes, notamment des syndicats. Car l'école, pas plus que les autres institutions ou les individus, ne peut demeurer un pôle immobile dans un monde en mouvement.

Pour assurer la sécurité dans ses murs, réduire encore les inégalités, donner confiance aux élèves en eux-mêmes et en l'avenir, l'école devra être plus en phase avec le monde extérieur et discuter de façon objective et apaisée de sujets souvent tabous : sélection ; autonomie ; absentéisme des enseignants (il représenterait une demi-année perdue par les élèves sur l'ensemble de la scolarité) ; prisme idéologique syndical ; clas-

ses du samedi et calendrier scolaire... Elle devra utiliser les outils de la « modernité » (ordinateur, multimédia, Internet...) et réconcilier des notions jusqu'ici considérées comme contradictoires : le collectif et l'individuel ; l'intérieur et l'extérieur ; l'écrit et l'écran ; la théorie et la pratique ; le sérieux et le ludique...

La formation continue est une seconde chance...

23 milliards d'euros ont été consacrés en 2005 à la formation professionnelle continue et à l'apprentissage, soit 1,5 % du PIB. 12 milliards d'euros sont allés à la formation continue, soit 10 % de la dépense d'éducation. De 1980 à 2004, cette dépense a augmenté de 82 %, en monnaie constante, mais sa part dans la dépense intérieure d'éducation est stable à environ 10 %. L'État en finance 41 %, pour assurer notamment la formation des fonctionnaires et celle des chômeurs, les entreprises 39 %. Le ministère de l'Éducation nationale représente une part importante des actions de formation continue, mais n'intervient que pour 12 % dans son financement. Le poids des collectivités territoriales est passé de 5 % en 1983 à 12 %.

L'instauration, en 1971, de la loi sur la formation continue (ou permanente) a permis à des millions d'actifs de progresser dans leurs connaissances et dans leur métier. Fixée au départ à 0,8 % de la masse salariale, la contribution légale minimale des entreprises a progressivement augmenté ; elle est aujourd'hui de 1,5 %. Mais elle dépasse dans la réalité 3 %, ce qui représente l'un des taux les plus élevés dans le

● *Seules quatre universités françaises figurent dans le palmarès des cent meilleures mondiales.*

monde. Elle a été complétée par le DIF (droit individuel à la formation, qui permet à tout salarié de bénéficier de vingt heures de formation par an, cumulables sur six ans, à son initiative mais avec l'accord de l'employeur).

Le système de la VAE (validation des acquis de l'expérience) permet à environ 20 000 candidats, généralement en activité, d'obtenir un diplôme national d'enseignement professionnel ou technologique. La VAE tend aussi à se développer dans l'enseignement supérieur (universités et CNAM). Plus de 3 100 validations ont été délivrées à ce titre en 2004. La VAP (validation des acquis professionnels) permet d'accéder à une formation par dispense du titre normalement requis (14 000 bénéficiaires en 2004). Les groupements d'établissements du second degré (GRETA) assurent en outre chaque année la formation de près de 500 000 stagiaires, dont plus de la moitié sont chômeurs ou inactifs.

... mais elle reste inégalement offerte.

Si la formation continue a pu être conçue comme « l'école de la deuxième chance », elle profite nettement plus aux salariés les plus diplômés. Le niveau de qualification et la taille de l'entreprise sont deux facteurs d'accès déterminants. Sur les quelque 4 millions de stagiaires concernés en 2005, la plupart appartenaient à des entreprises de 10 salariés et plus. Le taux d'accès à la formation varie de 3 % pour les ouvriers non qualifiés dans les entreprises de 10 à 19 salariés à près de 70 % pour les ingénieurs dans les entreprises de plus de 2 000 salariés. Le budget de formation consacré à un salarié du bas de l'échelle est quinze fois moins élevé que celui concernant les cadres supérieurs. Les travailleurs âgés de plus de 50 ans sont moins souvent concernés que les plus jeunes, mais l'accès à la formation augmente avec l'ancienneté des salariés, sur laquelle les entreprises comptent pour rentabiliser leurs investissements.

Les formations en langues sont surtout proposées aux cadres ; il en est de même, dans une moindre mesure, des formations commerciales et de communication. Les ouvriers sont concernés essentiellement par les aspects techniques, l'hygiène, la sécurité et les conditions de travail. Près des trois quarts des personnes au chômage n'ont pas suivi de formation durant les deux dernières années. Enfin, les hommes représentent près des deux tiers des effectifs (hors bilans de compétence, y compris formation en alternance). Mais les inégalités entre les sexes s'expliquent par les spécificités des emplois féminins (postes moins qualifiés, plus forte proportion d'actives à temps partiel) et tendent à se réduire.

ÉTUDES

À 3 ans, tous les enfants sont scolarisés.

Le système éducatif français se distingue par un taux de scolarisation élevé avant l'âge de 6 ans, qui correspond à l'entrée obligatoire au cours préparatoire. En maternelle, l'accueil des enfants de 5 ans, de 4 ans, puis de 3 ans s'est progressivement généralisé à partir du milieu des années 60, jusqu'à la fin des années 80. L'accueil des enfants de 2 ans dépend souvent des places disponibles et de l'évolution démographique. Le taux de scolarisation à cet âge fluctue depuis vingt ans autour d'un enfant sur trois, selon les villes et les quartiers ; il tend à diminuer depuis 2000, du fait du nombre

croissant des naissances. Entre 1960 et 1990, la proportion d'enfants de 2 à 5 ans scolarisés était passée de 50 % à 85 %, sans distinction d'origine sociale. Elle s'est stabilisée à partir de 1990. Un enfant de moins de 3 ans sur

L'ÉCOLE À TROIS TEMPS

Le système éducatif français est une pyramide à trois étages.

⊠ **Premier degré. L'enseignement préélémentaire et élémentaire comprend trois cycles : apprentissages premiers (petite, moyenne et grande sections de la maternelle) ; apprentissages fondamentaux (cours préparatoire et cours élémentaire 1re année de l'école primaire) ; approfondissements (cours élémentaire 2e année, cours moyen 1re année et cours moyen 2e année).**

⊠ **Enseignement secondaire. Il est divisé en deux cycles. Le premier cycle est dispensé dans les collèges et comprend lui-même trois cycles : observation et adaptation (sixième) ; approfondissements (cinquième et quatrième) ; orientation (troisième). Le deuxième cycle est dispensé dans les lycées et comprend le cycle de détermination (seconde) et le cycle terminal (première et terminale).**

⊠ **Enseignement supérieur. Il est dispensé dans les universités, IUT (instituts universitaires de technologie), STS (sections de techniciens supérieurs), écoles et instituts spécialisés ou grandes écoles.**

À chaque niveau, des dérivations sont proposées par rapport à la filière générale : classes d'initiation et d'adaptation du premier degré ; quatrième aménagée ou technologique, troisième d'insertion ou technologique du second degré (1er cycle) ; études professionnelles du 2e cycle, etc.

trois va aujourd'hui à l'école, contre un sur dix en 1965.

Les évolutions démographiques et l'amélioration de l'encadrement ont permis une forte réduction de la taille des classes, dans l'enseignement public autant que privé. En maternelle, elle est passée de 40 élèves en moyenne en 1960 à 26 élèves aujourd'hui. Dans le primaire, le phénomène est moins prononcé. Les effectifs diminuent depuis 1970, en raison de la baisse de la démographie et des retards scolaires. À partir de 2003, les effectifs scolarisés dans les écoles maternelles et élémentaires ont augmenté, du fait de la progression des naissances. Le maintien du nombre de classes jusqu'en 1983 puis leur diminution plus lente que celle des effectifs ont permis une réduction régulière de la taille moyenne, qui tend à se stabiliser autour de 23 élèves dans le public et de 24 dans le privé.

À 11 ans, 80 % des enfants sont entrés au collège.

La proportion n'était que de 46 % en 1960. Entre 1994 et 2004, le second degré a perdu plus de 200 000 élèves ou apprentis (dont 50 000 à la rentrée 2000). Cette diminution est plus liée au raccourcissement de la durée moyenne de scolarisation dans le secondaire qu'à l'évolution démographique. Elle est la conséquence de la forte baisse des redoublements à tous les niveaux. Les élèves commencent donc leurs études secondaires plus jeunes, et les terminent plus rapidement. L'espérance de scolarisation est ainsi revenue à 7,6 années contre 7,8 en 1995. Elle se traduit par une baisse de 8 à 10 points des taux de scolarisation des élèves les plus âgés (18 et 19 ans).

La quasi-totalité (99 %) des élèves atteignent désormais la classe de troisième, contre 96 % en 1996 et 97 %

en 2000. À l'issue de la troisième, six élèves sur dix continuent leurs études en second cycle général ou technologique, les autres en second cycle professionnel. Parmi les premiers, cinq sur six sont inscrits dans un lycée public. Parmi les seconds, la moitié fréquentent un lycée professionnel public, un quart un centre de formation d'apprentis et un quart un lycée agricole ou un lycée professionnel privé. L'orientation en fin de CAP-BEP a évolué. À la rentrée 2003, parmi les élèves finissant leur année terminale de CAP ou de BEP, seul un sur deux continue ses études après l'obtention d'un BEP et davantage en baccalauréat ou brevet professionnels qu'en première d'adaptation (second cycle général et technologique). Cette dernière voie a perdu 3 points en huit ans, au bénéfice de la filière professionnelle, sous statut scolaire ou d'apprenti.

Les filles ont moins de retard scolaire que les garçons et sont un peu plus jeunes : seules 17 % ont plus de 10 ans, contre 22 % des garçons. Les enfants de cadres et de membres des professions intermédiaires effectuent leur scolarité en cinq ans ; les enfants d'ouvriers mettent en moyenne 0,3 année supplémentaire.

La part de l'enseignement privé se maintient aux alentours de 24 % pour l'ensemble du second degré, depuis le début des années 70 (18 % seulement dans les départements d'outre-mer). Les taux de redoublement y sont inférieurs, mais ceux du public ont diminué plus vite et tendent à s'en rapprocher.

70 % des élèves d'une génération parviennent au niveau du baccalauréat.

Le taux d'accès d'une génération au niveau du baccalauréat était passé de 10 % à la fin des années 50 à 30 % au

Deux tiers de bacheliers

Taux d'accès aux niveaux V et IV de formation (toutes formations initiales comprises, en %)

	1980 -81	1990 -91	2000 -01	2002 -03	2003 -04	2004 -05
Taux d'accès au niveau V*						
Seconde générale et technologique	39,5	56,0	56,5	56,4	57,0	**56,9**
CAP-BEP	40,9	36,5	36,6	36,7	37,0	**35,9**
Ensemble	**80,4**	**92,5**	**93,1**	**93,1**	**94,0**	**92,8**
Taux d'accès au niveau IV**						
Baccalauréat général	22,1	33,4	34,2	33,9	34,1	**34,9**
Baccalauréat technologique	11,9	17,6	21,7	21,1	20,8	**20,5**
Baccalauréat professionnel	0,0	5,0	14,0	14,3	14,6	**14,5**
Ensemble	**34,0**	**56,0**	**69,9**	**69,3**	**69,5**	**69,9**

* Niveau V : sorties de l'année terminale des cycles courts professionnels et abandons de la scolarité du second cycle long avant la classe terminale.
** Niveau IV : sorties des classes terminales du second cycle long et abandons des scolarisations post-baccalauréat avant d'atteindre le niveau III.

début des années 70. Il s'est surtout accru à partir de 1985, avec la création du baccalauréat professionnel et l'afflux des lycéens dans les séries générales. Il avait atteint 62 % en 1992 et connu une forte hausse en 1994 (71 %), à la suite de la baisse massive des redoublements en fin de première, qui avait suivi la mise en place du cycle terminal dans les lycées. Depuis le milieu des années 1990, on observe une stagnation à 70 %, liée à une orientation moins fréquente vers la seconde générale et technologique à l'issue de la troisième, qui n'a été que partiellement compensée par l'augmentation de l'accès au bac professionnel et technologique. Les filles sont plus nombreuses que les garçons à accéder en terminale générale, avec un écart de 13 points. Il n'est que de 3 points dans les filières technologiques et s'inverse dans les filières professionnelles, avec 4 points en faveur des garçons.

La proportion de bacheliers a atteint 62,5 % en 2005, avec un taux de réussite élevé de 80,2 %. Parmi eux, 52 ont un baccalauréat général, 29 un baccalauréat technologique et 19 un baccalauréat professionnel. Elle atteint même 70 % si l'on tient compte des voies autres que celles offertes par l'Éducation nationale (écoles privées hors tutelle du ministère). On compte trois fois plus de bacheliers en proportion parmi les enfants de cadres supérieurs et professeurs que parmi ceux d'ouvriers, mais le rapport était de 4,5 il y a vingt ans. Les disparités sont d'autant plus fortes que les séries sont plus prestigieuses. La démocratisation

● *Le coût total d'un bachelier pour la nation s'élève à 100 000 €.*
● *La durée d'enseignement au lycée est de 1 120 heures par an, la plus élevée d'Europe.*

Réalités et idées reçues

La comparaison des systèmes scolaires en vigueur dans trente pays membres de l'OCDE (2005) met en question quelques idées reçues.

▫ Il n'existe pas de corrélation entre la dépense d'éducation et les résultats des élèves dans les différents savoirs. Ainsi, en mathématiques, la France occupe la 13e position avec des dépenses par élève (de 6 à 15 ans) 20 % supérieures à la moyenne, alors que la Finlande arrive en tête avec une dépense très inférieure.

▫ Si, en France, les dépenses ont augmenté plus vite que les effectifs, elles sont inférieures à la moyenne des pays de l'OCDE pour le primaire (4 100 € par élève contre 4 300) et dans le supérieur (7 600 € contre 10 900), mais supérieures dans le secondaire (6 900 € contre 5 700).

▫ Le niveau moyen des élèves de 15 ans est inférieur dans les pays qui imposent une orientation précoce (Allemagne, Autriche...).

▫ Le niveau des élèves ne dépend pas du nombre d'heures de cours : ainsi, la Finlande, qui se trouve en tête des évaluations internationales, impose 2 000 heures de moins aux élèves de 7 à 14 ans que la France, qui occupe une position moyenne. Il en est de même du temps consacré aux devoirs.

▫ Les établissements privés obtiennent de meilleurs résultats que ceux du public, mais l'écart s'explique principalement par la composition socio-économique.

▫ La rémunération moyenne des enseignants français (après quinze ans de carrière) les situe à la 21e place sur 30.

Regards sur l'éducation, 2005

du diplôme a entraîné une certaine dévalorisation. Elle explique aussi le taux très élevé d'échec constaté à l'ancien DEUG (diplôme d'études universitaires générales, supprimé en 2006 au profit de la licence) de l'université : plus de 50 % après deux ans d'études.

Huit bacheliers sur dix entrent dans l'enseignement supérieur.

La grande majorité des nouveaux bacheliers (79 % en 2005) s'inscrivent dès la rentrée suivante dans l'enseignement supérieur. La quasi-totalité des bacheliers généraux accèdent immédiatement à l'enseignement supérieur. C'est le cas de 78 % des bacheliers technologiques et de 23 % des bacheliers professionnels (ce taux ne tient compte ni des inscriptions en STS dans le cadre de l'apprentissage ni des pour-

suites d'études sous contrat de qualification). 40 % des bacheliers généraux et technologiques se sont orientés vers les filières sélectives (CPGE, IUT, STS). Les bacheliers scientifiques sont proportionnellement les plus nombreux à entrer dans les classes préparatoires aux grandes écoles : 21 %, contre 58 % à l'université (hors IUT), 14 % en IUT et 11 % dans les autres formations. Ils constituent l'essentiel des nouveaux inscrits dans les filières scientifiques, qui accueillent 37 % des nouveaux. Les bacheliers STI constituent en revanche près de la moitié des entrées en STS production et informatique. Au total, moins d'un nouveau bachelier sur deux entre à l'université. Les autres se dirigent vers les formations supérieures courtes.

Entre 1980 et 2000, le nombre des étudiants avait plus que doublé, passant de 1 à 2 millions. Après avoir connu un tassement entre 2000 et

2001, la hausse a repris ; on comptait 2,3 millions d'étudiants en 2005 (nouveau record), dont 1,4 million dans les universités. La hausse s'explique pour moitié par l'afflux d'étudiants étrangers, de nouveau sensible depuis 1998. Après avoir beaucoup progressé dans la seconde moitié des années 90, les effectifs des IUT (instituts universitaires de technologie) se sont stabilisés au-dessus de 100 000. On constate aussi une stabilisation de ceux des sections de techniciens supérieurs (STS) et des classes préparatoires aux grandes écoles. Ceux des écoles d'ingénieurs ont en revanche presque doublé depuis 1990, à près de 70 000.

Quelle que soit la filière considérée, à l'exception des STS (Sections de techniciens supérieurs), plus d'un nouvel étudiant sur quatre a des parents cadres supérieurs ou exerçant une profession libérale, une proportion nettement supérieure au poids de ces catégories dans la population. Leur présence est encore plus forte dans les CPGE (classes préparatoires aux grandes écoles) et les disciplines de santé : respectivement 52 % et 44 % des effectifs en 2005. En revanche, les enfants d'ouvriers et d'employés représentent 33 % des nouveaux inscrits en IUT et 40 % en STS, contre 13 % en CPGE.

60 % des étudiants parviennent en deuxième cycle.

Le taux de réussite au cours des premières années de l'enseignement supérieur universitaire varie assez largement selon la filière. Après un parcours de deux à cinq ans en premier cycle, les trois quarts des étudiants (76 % en 2004) ont obtenu le DEUG. Le taux atteint 83 % pour les bacheliers généraux, contre 40 % pour les bacheliers technologiques et seulement 15 % pour les bacheliers professionnels. Parmi les étudiants en IUT, plus de qua-

Un étudiant sur trois hors université

Répartition des effectifs de l'enseignement supérieur (France métropolitaine et départements d'oute-mer, en 2004-2005)

	Nombre	% femmes
Universités et assimilées (y compris IUT et ingénieurs)	1 424 536	56,5
– *dont disciplines générales de la santé*	*1 286 382*	*58,6*
– *dont IUT*	*112 395*	*39,3*
Écoles normales d'instituteurs CREPS et IUFM	83 622	69,0
Sections de techniciens supérieurs (STS) et assimilés	230 275	49,9
Écoles paramédicales et sociales, hors universités	122 546	83,5
Formations d'ingénieurs	107 450	24,2
– *universitaires*	*25 759*	*25,1*
– *non universitaires*	*81 691*	*23,9*
Écoles de commerce reconnues à diplôme visé	60 624	48,0
Classes préparatoires aux grandes écoles (CPGE) et préparations intégrées	76 456	40,9
Grands établissements	25 603	56,0
Écoles normales supérieures	3 122	37,7
Écoles vétérinaires	2 263	67,2
Autres écoles ou formations	157 513	-
ENSEMBLE	2 268 251	55,6
– *dont secteur public*	*1 948 140*	*56,0*
– *dont secteur privé*	*320 111*	*53,7*

Ministère de l'Éducation nationale

tre étudiants sur cinq obtiennent le DUT (diplôme universitaire de technologie) après trois années d'études, et deux sur trois y parviennent en deux ans.

Pour un bachelier s'inscrivant à l'université, la probabilité d'accéder en troisième année de l'enseignement supérieur universitaire (hors santé et IUT), après un parcours qui peut atteindre 5 ans, est stable, autour de 60 % depuis le début des années 90. L'accès en troisième année universitaire dépend fortement de la série du bac-calauréat. 71 % des bacheliers généraux y parviennent (76 % pour les seuls bacheliers scientifiques), contre 28 % pour les bacheliers des séries technologiques et 10 % pour les bacheliers professionnels.

Les taux d'accès diffèrent aussi selon les disciplines. Ils restent plus élevés en sciences (67 %) et plus faibles en droit (56 %). Parmi les étudiants inscrits pour la première fois en licence en 1999, 65 % pouvaient espérer obtenir leur diplôme en un an, et 77 % après trois ans. Pour les étudiants qui ont changé d'orientation, la probabilité de réussite est très faible. Plus de deux bacheliers généraux sur trois obtiennent la licence en un an, contre 53 % des bacheliers technologiques et 47 % des bacheliers professionnels. 30 % des étudiants qui s'inscrivent en licence viennent d'autres formations : 9 % des IUT, 8 % de STS, 4 % d'établissements étrangers. 10 % des inscrits sont des étudiants qui reprennent leurs études après les avoir interrompues. Le temps de scolarité moyen pour arriver en deuxième cycle est stable, à environ 2,7 années.

Dans le troisième cycle, le DESS attirait plus que le DEA.

En 2004, avant la réforme LMD (licence-master-doctorat), un peu moins de 30 000 étudiants avaient obtenu un DEA (diplôme d'études approfondies). Leur nombre a presque doublé entre 1986 et 1995, passant de 15 400 à 27 000, pour ensuite se stabiliser. De même, le nombre de DESS (diplômes d'études supérieures spécialisées) avait crû d'environ 10 % par an depuis une vingtaine d'années. On en comptait plus de 50 000 en 2004, contre 7 000 en 1983 ; la hausse concernait toutes les disciplines. Depuis 1997, les universités et les établissements assimilés avaient ainsi délivré plus de DESS que de DEA. La réforme LMD réalisée à la rentrée 2005 a regroupé les anciennes années de maîtrise et de DEA-DESS en un master et permis une harmonisation européenne par un système de crédits. Le doctorat sanctionne les études de 3e cycle, de bac + 6 à bac + 8 ; il est toujours délivré après la soutenance d'une thèse.

Par ailleurs, le nombre des diplômes d'ingénieur décernés est inférieur

Trois ans dans le supérieur

Espérance moyenne de scolarisation des étudiants dans quelques pays (2003, temps plein et temps partiel, en années)

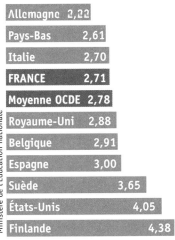

Allemagne	2,22
Pays-Bas	2,61
Italie	2,70
FRANCE	2,71
Moyenne OCDE	2,78
Royaume-Uni	2,88
Belgique	2,91
Espagne	3,00
Suède	3,65
États-Unis	4,05
Finlande	4,38

Ministère de l'éducation nationale

à 30 000 par an, contre la moitié en 1990 (16 000). Après une période de progression assez soutenue jusqu'en 2001 (26 000), il reste stable. Celui des diplômes d'écoles de commerce est plus de deux fois inférieur (12 000), mais il a plus que doublé depuis 1990 et poursuit sa progression. Alors que les DESS et les DEA se font de plus en plus après une école d'ingénieurs ou de commerce, 30 % de maîtrises se poursuivent en DEA et près de la moitié (46 %) en DESS sur l'ensemble des disciplines. Enfin, environ 8 000 diplômes de doctorat sont délivrés, soit près d'un tiers du nombre de DEA. Un quart des DEA en lettres et sciences humai-

● *Les États-Unis accueillent 28 % des étudiants étrangers, devant le Royaume-Uni (12 %), l'Allemagne (11 %), la France (10 %) et l'Australie (9 %).*

nes et près de la moitié des DEA scientifiques sont suivis, trois ans après, de l'obtention d'un doctorat.

Les diplômes restent un atout pour la vie professionnelle.

Deux ans après avoir terminé leurs études, 81 % des diplômés de l'enseignement supérieur occupaient un emploi au premier semestre 2004, contre 64 % des autres jeunes. Cependant, plus de quatre diplômés de l'enseignement supérieur sur dix ont connu le chômage au cours des trois années qui ont suivi leur sortie du système éducatif. Mais ces épisodes de chômage initial ont le plus souvent une durée réduite, notamment pour les diplômés des DUT et BTS. Elle est plus longue en moyenne (un an ou plus) pour les diplômés des troisièmes cycles de lettres, sciences humaines et sociales.

En début de carrière, le statut professionnel dépend assez largement du niveau de diplôme obtenu. Ainsi, les diplômés du supérieur exercent près de cinq fois plus souvent une profession intellectuelle supérieure (cadre, enseignant, chef d'entreprise) ou intermédiaire (technicien) que ceux du second cycle du secondaire (65 % contre 14 %). À l'inverse, les diplômés du second cycle du secondaire sont trois fois plus souvent ouvriers ou employés : 60 % contre 20 %. Peu après la fin des études, les hiérarchies professionnelles reproduisent encore celles des formations supérieures. La majorité des diplômés des grandes écoles et des troisièmes cycles universitaires sont cadres, chefs d'entreprise ou ont des professions libérales. Les diplômés de licences et maîtrises sont plus souvent enseignants, alors que les cycles technologiques courts de l'enseignement supérieur se destinent davantage aux professions intermédiaires.

Cinq ans après la fin de leurs études, près des deux tiers des diplômés de DUT exercent une profession intermédiaire ou supérieure, contre près de la moitié des titulaires de BTS (brevet de technicien supérieur). Les diplômés du secteur paramédical et social sont presque tous infirmiers ou éducateurs et n'ont pratiquement pas connu de chômage. Ceux des disciplines littéraires et orientées vers les services occupent un peu plus souvent des emplois « déclassés » d'employés, quelle que soit la durée de leurs études. Dans une conjoncture économique défavorable, cette situation tend à s'étendre aux diplômés de sciences et de technologie.

Grandes écoles : la voie royale

Les écoles d'ingénieurs (universitaires et non universitaires) accueillent environ 50 000 élèves par an, celles de commerce et de gestion (publiques et privées, à diplôme visé par le ministère) deux fois moins. Les femmes sont de plus en plus nombreuses, mais restent minoritaires dans les promotions, notamment dans les écoles d'ingénieurs. On observe une importance croissante des admissions parallèles (hors écoles préparatoires) et une tendance à la spécialisation de certains établissements. Les élèves ont davantage la possibilité de personnaliser leurs choix des matières suivies, y compris en proposant des cursus allégés. Enfin, le passage à l'étranger est encouragé, surtout lorsqu'il peut être sanctionné par un deuxième diplôme. Ces diplômes constituent le plus souvent un véritable sésame pour l'entrée dans la vie professionnelle ; ils le demeurent d'ailleurs pendant toute sa durée.

Culture

La notion de culture s'est élargie...

L'attachement national à la culture s'était traduit dans les années 60 par la création d'un ministère chargé de ces questions, dont André Malraux restera la figure emblématique. Cette inclination est toujours apparente à travers la politique active de subventions, la place faite à la culture dans les médias ou l'insistance de la France à revendiquer un traitement spécifique des biens culturels par rapport aux autres types de production. Il existe bien une « exception française » en matière culturelle, fondée sur l'histoire, la mentalité collective et la volonté institutionnelle.

Cependant, la conception que les Français ont de la culture s'est peu à peu transformée et élargie à des domaines plus populaires. C'est ainsi que s'est développée dans les années 80 l'idée (voire l'idéologie) du « tout culturel ». Des activités comme le rap, le tag, la cuisine, le cinéma et la télévision populaires, Internet ou même le sport sont entrées dans le champ culturel. L'ambition, louable, de cette conception élargie est de lutter contre l'exclusion culturelle. Elle est parfois assortie d'une dose de démagogie en laissant croire à chacun qu'il est un artiste en puissance et que la culture s'acquiert sans effort. Elle peut aussi introduire une confusion entre les œuvres, au prétexte que, tout étant culture, tout se vaut.

Par ailleurs, la culture populaire contemporaine s'apparente de plus en plus souvent à une « marchandise », fabriquée en fonction des attentes supposées de ses acheteurs potentiels par des professionnels du marketing. C'est ainsi que sont conçus nombre de disques, films, émissions de télévision ou livres destinés à des « cibles » bien identifiées. Mais beaucoup de Français sont conscients que « l'honnête homme du XXIe siècle » ne peut se contenter du « prêt-à-consommer culturel ». Il doit se doter des points de repère qui lui permettent d'analyser le présent à la lumière du passé, afin de mieux inventer (et accepter) son avenir. « Une culture ne meurt que de sa propre faiblesse », écrivait Malraux. Si, comme il l'affirmait encore, « la culture ne s'hérite pas, elle se conquiert », il est souhaitable aussi qu'elle se réinvente.

... mais elle reste une clé pour comprendre le monde et s'épanouir.

L'évolution en cours ne doit pas conduire à opposer une culture classique « majuscule » et élitiste à une culture contemporaine « minuscule » et populaire. Les jeunes n'ont pas aujourd'hui les mêmes connaissances ni les mêmes centres d'intérêt que leurs parents ou grands-parents. La plupart connaissent mieux les noms des chanteurs ou des sportifs que les dates des grandes batailles de l'histoire de France. Peu sont capables de réciter des vers de l'*École des femmes,* mais beaucoup savent converser avec un ordinateur et *surfer* sur Internet. Le souci d'élargir une culture classique jugée élitiste, empesée et parfois ennuyeuse a logiquement conduit à l'étendre à des domaines plus contemporains.

La culture est un outil au service de tous ceux qui souhaitent voir le monde et la société dans leur complexité et mieux saisir leur évolution. Elle permet de prendre un peu de recul (ou de hauteur) par rapport aux événements en fournissant des points d'appui et de référence. Avec l'éducation, elle contribue au libre arbitre individuel et distingue les simples témoins, qui portent sur le monde un regard indifférent et passif, des acteurs qui ont le désir de le comprendre et, peut-être, de le changer. Pour ces derniers, la culture générale, enrichie et actualisée par le quotidien, constitue un instrument privilégié. L'histoire, la géographie, les sciences (exactes, et aussi humaines) en sont les composantes classiques. La culture artistique, qui ne fait pas directement appel à la mémoire ou à l'intelligence, mais à la sensibilité, est un autre ingrédient majeur. C'est en effet par son intermédiaire que l'on peut se situer dans le monde, vibrer aux différentes formes de création (musique, peinture, littérature, sculpture, danse, architecture, cinéma...), et s'indigner de ses abus, des manifestations de sa laideur, de sa violence ou de son injustice. Beaucoup de Français recherchent dans la connaissance et dans l'art une compréhension et une émotion. Ils savent plus ou moins consciemment que la culture générale est un moyen de mieux vivre le présent et de moins redouter l'avenir.

Le manque de culture générale constitue un handicap majeur.

La démocratisation de l'enseignement, interrompue depuis une dizaine d'années (p. 69), a des conséquences importantes sur la capacité des jeunes à s'intégrer à la société et à y vivre au quotidien. 15 % des élèves du secondaire ne maîtrisent pas la lecture. Sur les 40 millions de personnes de plus de 18 ans vivant en France métropolitaine, on estime que plus de 2 millions sont illettrées, c'est-à-dire incapables de lire, écrire, éventuellement compter, mais aussi communiquer dans les situations de la vie sociale ou professionnelle. Près de la moitié d'entre elles n'ont pas eu le français comme langue maternelle.

L'illettrisme constitue un véritable handicap dans une société où l'écrit domine, malgré le développement de l'image ; Internet en est la spectaculaire illustration. Dans la vie personnelle, professionnelle, sociale, il est de plus en plus indispensable de pouvoir lire, comprendre, décoder des signes de plus en plus nombreux. Ceux qui ne possèdent pas la maîtrise de la langue ne peuvent participer pleinement à la communauté de parole et d'expression. Ils courent le risque d'être oubliés, voire manipulés par ceux qui disposent de ce pouvoir. Les insuffisances d'instruction et de vocabulaire empêchent certains jeunes de trouver leur place dans la société. Elles constituent un facteur de pauvreté, au sens à la fois matériel et culturel. « La médiocrité de notre univers ne dépend-elle pas essentiellement de notre faible pouvoir d'évocation ? » se demandait André Breton. Pour ressentir les choses, il est important d'être en mesure de les nommer. Cela implique de pouvoir parler, lire, écrire, compter.

La majorité des dépenses culturelles concernent l'audiovisuel.

Les dépenses des Français pour la culture ont représenté 1 250 € par ménage en 2004. Les trois plus importantes concernent les équipements pour l'image et le son (19 %), les journaux et magazines (19 %) et les services de télévision (redevances, abonnements, 18 %). Les dépenses de livres arrivent derrière celles de spectacles (10 % contre 13 %), mais égalent celles des achats ou locations de vidéos et sont deux fois supérieures à celles des achats de disques (5 %). Au total, la part de la culture audiovisuelle (son, vidéo, télé-

PERLES dE cUlTURE

Exemples de phrases relevées dans des copies d'élèves à divers examens, dont le baccalauréat 2004 :

⊠ **Les égyptiens transformaient les morts en momies pour les garder vivants.**

⊠ **Les empereurs romains organisaient des combats de radiateurs.**

⊠ **César poursuivit les Gaulois jusqu'à Alésia, car Vercingétorix avait toujours la Gaule.**

⊠ **Clovis mourut à la fin de sa vie.**

⊠ **Charlemagne se fit châtrer en l'an 800.**

⊠ **La mortalité infantile était très élevée, sauf chez les vieillards.**

⊠ **Les enfants naissaient souvent en bas âge.**

⊠ **Les Américains vont souvent à la messe car les protestants sont très catholiques.**

⊠ **L'armistice est une guerre qui se finit tous les ans le 11 novembre.**

⊠ **Les nuages les plus chargés de pluie sont les gros cunnilingus.**

⊠ **La Chine est le pays le plus peuplé avec un milliard d'habitants au kilomètre carré.**

⊠ **Pour mieux conserver la glace, il faut la geler.**

⊠ **Le passage de l'état solide à l'état liquide est la niquéfaction.**

⊠ **Un kilo de mercure pèse pratiquement une tonne.**

⊠ **Les fables de La Fontaine sont si anciennes qu'on ignore le nom de l'auteur.**

⊠ **Les Français sont de bons écrivains car ils gagnent souvent le prix Goncourt.**

⊠ **Pour faire des œufs, la poule doit être fermentée par un coq.**

⊠ **Le cerveau des femmes s'appelle la cervelle.**

vision, cinéma) est majoritaire et croissante (51 %), celle de l'écrit (presse, livres) ne représentant que 29 %. Les autres dépenses concernent les visites de musées et monuments historiques (2 %) et la pratique de la musique (1 %). Il faudrait ajouter à ces dépenses celles concernant les pratiques culturelles amateurs (peinture, sculpture, danse, théâtre, musique...), qui nécessitent l'achat de matériels, de produits consommables ou de cours.

Si l'on fait abstraction de la part des achats de biens d'équipement audiovisuel (dont les prix baissent d'ailleurs régulièrement et fortement), l'accès à la culture est globalement assez peu coûteux ; l'information, la musique, le cinéma et la lecture sont souvent disponibles gratuitement par la radio, la télévision, Internet, les bibliothèques municipales (plus de 3 000, dont

1 000 prêtent également des disques ou cassettes à des prix peu élevés) ou la presse gratuite. On observe cependant que les dépenses liées aux abonnements et services audiovisuels (télévision par câble ou satellite, connexion Internet sur ordinateur ou téléphone mobile, séances de cinéma...) représentent un poids croissant dans les dépenses (près d'un quart en 2005).

Les arts occupent des places inégales dans la société.

Beaucoup de Français éprouvent le besoin d'être entourés de choses esthétiques, afin de mieux vivre et se sentir mieux dans leur peau. Ils s'intéressent à la décoration de leur logement, attachent une importance croissante au design des objets et au mobilier de style moderne ou contemporain, choisissent de beaux paysages pour leurs vacances. Pourtant, les différentes formes d'art occupent une place inégale dans la société. Les artistes les plus connus et médiatisés sont plus des chanteurs ou des acteurs de cinéma que des peintres, des sculpteurs ou des compositeurs. On doit cependant faire une exception pour les écrivains et, dans une moindre mesure, les architectes, qui restent présents dans la vie collective.

La « démocratisation » de la culture (ci-dessus) a mis sur le même plan les différentes formes d'expression, et la création artistique apparaît aujourd'hui moins riche et foisonnante. Bien qu'il soit trop tôt pour en juger, il est manifeste que la peinture contemporaine n'a pas connu de rupture comparable à celles introduites en leur temps par Picasso, Matisse, Magritte, Klee ou Kandinsky. On constate en tout cas, sans s'en étonner, que l'art renvoie une image du monde plutôt critique et pessimiste. Pour évoquer la société de consommation, il utilise largement la dérision, le cynisme, la transgression (voir les œuvres d'Arman), parfois l'imposture. Peut-être parce qu'il est lui-même devenu objet de consommation.

On observe aussi que l'art contemporain français s'exporte de moins en moins. Les peintres ou sculpteurs nationaux sont peu présents dans les catalogues des expositions ou des ventes aux enchères à l'étranger. Sur les cent artistes les plus reconnus de la scène internationale en 2001, on trouvait 34 Américains, 24 Allemands, 7 Britanniques et seulement 4 Français (Boltanski, Buren, Huyghe, Calle). La génération des César, Tanguely, Soulages n'a pas trouvé ses successeurs. La cause ne réside peut-être pas dans le manque de talent ; elle tient aussi à la difficulté à faire parler de soi dans un microcosme artistique mondial souvent dominé par une quête de « moder-

nité », mais aussi de pouvoir et d'argent. Ce n'est plus Paris qui en est le centre, mais New York.

Les Français sont porteurs de deux cultures : française et américaine.

Bien qu'ils se soient éloignés des institutions et du « modèle républicain », les Français restent attachés à leur pays et à sa culture *nationale*. Elle leur a été inculquée par l'école et la famille ; elle se maintient tant bien que mal grâce aux efforts des pouvoirs publics et des créateurs, mais aussi à un attachement général à l'« exception culturelle », qui permet en même temps d'affirmer une certaine résistance à l'égard du reste du monde.

Le poids croissant des médias dans la diffusion de l'information et de la connaissance a eu pour conséquence la diffusion d'une autre culture, qui est *américaine*. Elle s'imprègne quotidiennement dans les esprits à travers la musique, les films, les livres, le langage, les objets et les outils technologiques venus d'outre-Atlantique. Ainsi, dans le cinéma américain, les situations, les conventions, les personnages et les rapports qu'ils entretiennent entre eux sont plus facilement compris par les spectateurs français que ceux des films émanant d'autres pays européens (Suède, Danemark, Grèce, mais aussi plus récemment Pologne, Roumanie ou Hongrie).

La construction de l'Union européenne, qui s'est traduite dans douze de ses pays membres par la mise en œuvre d'une monnaie commune, ne s'est pas véritablement accompagnée de celle d'une véritable culture commune. Elle a pourtant existé au Moyen Âge dans les domaines de la religion, de l'art, de l'enseignement universitaire ou du commerce. Si la politique est « le moyen de continuer la guerre par

d'autres moyens », la culture est l'arme la plus efficace de la guerre économique en cours. Monnet, l'un des pères fondateurs, ne s'y était pas trompé. Il affirmait à la fin de sa vie : « Si je devais refaire l'Europe, je recommencerais par la culture. » Les Américains ont compris depuis longtemps que la domination culturelle entraîne la domination économique et politique.

Les cultures régionales connaissent un renouveau...

Dans un contexte d'omniprésence de la culture américaine et de mondialisation (les deux phénomènes sont liés), les Français cherchent à redécouvrir leurs racines. Leur intérêt pour les recherches généalogiques en témoigne sur le plan individuel et familial. Surtout, le développement des cultures régionales et locales traduit une recherche de points de repère collectifs ancrés dans la proximité. Elle est particulièrement apparente en Bretagne, avec le succès croissant de manifestations comme le Festival interceltique de Lorient, celui de Cornouaille à Quimper ou des Vieilles Charrues de Carhaix. Cet intérêt pour la région est présent sur tout le territoire, du Nord à la Corse, en passant par l'Alsace ou le Pays basque. La musique, l'artisanat et toutes les formes d'expression artistique et culturelle participent à ce renouveau.

L'intérêt pour les régions est en partie la conséquence de la crainte ressentie par beaucoup de Français de perdre leur identité dans le processus de

● 56 % des Français estiment que l'État doit renforcer son aide dans le domaine de la culture, 4 % qu'il doit la réduire, 38 % qu'il doit la maintenir au même niveau qu'aujourd'hui.

mondialisation en marche, qui entraîne une indéniable convergence des modes de vie. Le poids économique croissant des entreprises mutinationales d'origine américaine, accru par les regroupements, fusions ou acquisitions, tend a leur conferer un pouvoir culturel, a travers les produits qu'elles diffusent. La diversité des offres est donc de moins en moins large, ce qui explique aussi que la demande des consommateurs soit moins différenciée. Ainsi, le système s'entretient de lui-même ; il porte en lui des risques d'uniformisation culturelle. La construction européenne est un autre facteur de crainte pour les Français, comme le développement d'Internet. C'est l'une des explications de l'audience croissante des mouvements hostiles à la mondialisation (p. 230). Au fur et à mesure que se dissout l'« exception culturelle » nationale, beaucoup s'efforcent de la maintenir ou de la réinventer à l'échelon régional.

... de même que les cultures « alternatives ».

On voit se développer dans la société française des « contre-cultures » qui manifestent un refus des pratiques existantes. Leur vocation est de fournir une identité à leurs adeptes, à travers l'appartenance à un groupe, à une tribu, à un clan, voire à une secte ou à un gang. Les « cultures jeunes » s'efforcent de casser les codes en usage dans les générations précédentes et d'en inventer de nouveaux. Elles peuvent être fondées sur des pratiques sportives (basket, foot, « glisse »...), musicales (rap, hip-hop, house...), vestimentaires (port de certaines marques), gestuelles ou linguistiques. La plupart jouent sur le cynisme et la transgression ; elles prennent pour cibles les usages et les institutions afin d'exprimer des frustrations. Le détournement

créatif de la langue (argot, verlan ou autre sabir) en est généralement une pièce maîtresse ; les mots et les expressions sont renouvelés en même temps qu'ils sont récupérés et tombent dans le domaine public. Il s'y ajoute certains comportements gestuels : façon de marcher, de s'asseoir, d'utiliser ses mains... Mais c'est l'apparence vestimentaire qui constitue le moyen de différenciation le plus apparent.

Dans un semblable esprit de lutte contre le modèle culturel nord-américain dominant, on observe depuis quelques années le développement en France d'autres cultures : musique « latino » d'Amérique du Sud ; gastronomie japonaise ou mexicaine ; décoration ou vêtements d'inspiration africaine ; philosophies orientales. Cet engouement illustre le besoin de trouver un contrepoint à un modèle anglo-saxon qui séduit moins et qui est jugé responsable des excès et des dangers de la mondialisation.

La transmission se fait moins par l'école et par la famille...

La mission de l'école est de fournir aux enfants les connaissances de base dont ils auront besoin au cours de leur vie. Cependant, le rôle qu'elle joue en matière culturelle est moins apparent aujourd'hui. Les enfants sont moins dépendants et « naïfs » à l'égard d'enseignants dont le statut dans la société a changé. L'école n'est plus aujourd'hui le creuset du « modèle républicain » qu'elle a longtemps été (p. 73). Les débats sur le port du voile, la violence au sein des établissements ou la paupérisation des universités témoignent de la moindre influence de l'école sur les esprits. Il en est de même de l'ensemble des institutions. L'Église, qui contribuait traditionnellement à l'éducation, notamment morale, a aussi

perdu de son influence sur les Français (p. 253).

Le rôle joué par le milieu familial demeure, lui, important. Il existe d'ailleurs un lien fort entre celui-ci et la réussite scolaire. L'idée que l'enfant se fait de la société dépend davantage des situations vécues en famille et à l'extérieur que de la présentation formelle qu'en font ses professeurs à l'école. Les différences de vocabulaire, de connaissances ou d'ouverture d'esprit jouent en défaveur des enfants des milieux modestes. À 7 ans, un enfant de cadre ou d'enseignant dispose d'un vocabulaire deux à trois fois plus riche qu'un enfant d'ouvrier. Enfin, si l'on accepte l'idée que l'hérédité joue un rôle important dans le caractère d'un enfant, il est évident que la famille est un facteur clé dans la création et le renforcement des inégalités culturelles.

Pourtant, le rôle du milieu familial apparaît moins déterminant qu'auparavant dans la transmission de la culture et d'un système de valeurs. L'autorité parentale s'est estompée, et les parents éprouvent des difficultés à expliquer le monde et à fournir des points de repère à leurs enfants. Ceux-ci sont plus autonomes dans leurs modes de vie, ils tendent à réagir contre les certitudes des générations précédentes et s'approprient les nouvelles techniques de diffusion de la culture (Internet, baladeurs multimédias...), qui leur permettent de se différencier d'elles.

... et de plus en plus par les médias.

Dans un contexte de moindre influence des institutions et de la famille, le poids des médias s'est accru dans la diffusion de la culture générale. D'autant que leur présence s'est généralisée. Tous n'ont pas profité également de cette évolution. La lecture des quotidiens et celle des livres ont diminué au profit de la télévision, des jeux vidéo, de l'ordinateur multimédia et, de plus en plus, du téléphone mobile. On a pu assister à la diffusion progressive d'une « culture de l'écran » qui complète celle de l'écrit mais lui substitue d'autres supports.

Le système très concurrentiel dans lequel évoluent les médias les amène à montrer plutôt qu'à expliquer, à « tordre » la réalité ou à la « dilater » pour lui donner plus de force. Les phénomènes de mode éphémères ou artificiels sont souvent confondus avec les vraies tendances. Le contenu des médias n'est donc pas « représentatif » de ce qui se passe dans la société, tant sur le plan qualitatif (thèmes abordés) que quantitatif (importance accordée à chacun d'eux). C'est sans doute pourquoi les Français jugent sévèrement leur influence et mettent en cause leur crédibilité (p. 398).

La publicité participe aussi largement à la diffusion des modèles culturels et des systèmes de valeurs. Elle diffuse des images et des textes qui ne sont pas anodins, propose des modèles. Les publiphiles lui attribuent le mérite de « réenchanter le monde », par ses efforts esthétiques et éthiques. Les publiphobes lui reprochent de favoriser le matérialisme, de travestir la réalité et la vérité, d'exclure certaines catégories sociales (Noirs, beurs, vieux, pauvres, laids, handicapés...) et de montrer une image dégradante de la femme. On observe que, pour la première fois, en octobre 2005 (*Stratégies*/Sofres), les Français étaient plus nombreux à se dire opposés à la publicité (43 %, contre 36 % en 2002) que favorables (37 %, contre 43 % en 2002). Mais la publicité n'a pas pour vocation de montrer la société telle qu'elle est ; elle choisit seulement certains aspects susceptibles de l'aider à faire connaître et désirer les produits et les marques qui font appel à elle. Si elle fait des efforts considérables pour

influencer les gens, son souci n'est pas la pédagogie du monde, mais l'efficacité commerciale.

> **La diversité des médias pourrait renforcer les inégalités culturelles.**

Avec la multiplication de l'accès aux informations sur tous les supports, notamment électroniques, les médias ne créent plus comme par le passé un « tronc commun culturel » d'informations et de connaissances diffusées au même moment à l'ensemble des individus. Elle incite à une sélection personnelle et au *zapping*. Cette diversité constitue évidemment une formidable occasion d'enrichissement. Mais les choix effectués dépendent en partie des écarts culturels préexistant entre les personnes ; ils sont donc plus susceptibles de les accroître que de les réduire.

Le développement d'Internet constitue ainsi en principe une occasion majeure de « démocratisation » de la culture. Mais il présente aussi un risque important d'accentuation des inégalités. La première est celle de l'*équipement* : un tiers des ménages seulement disposaient d'une connexion Internet à leur domicile fin 2005. Certes, il est probable que la grande majorité des foyers auront un accès d'ici quelques années, mais l'écart continuera de se creuser sur les *usages* qui en seront faits. Il y aura, d'un côté, ceux qui feront un effort (ou disposeront de l'instruction préalable nécessaire) pour choisir des sites à fort contenu culturel et, de l'autre, ceux qui céderont à la facilité et choisiront les sites de divertissement. La seconde catégorie semble être aujourd'hui la plus nombreuse, si l'on en juge par les mots-clés utilisés sur les moteurs de recherche ; les plus fréquents ont trait à la sexualité, au jeu, à la météo.

> **La langue française emprunte de plus en plus à l'anglais...**

La langue est sans aucun doute l'un des éléments fondamentaux du patrimoine culturel national. C'est pourquoi les Français lui restent attachés. Beaucoup souhaitent qu'elle soit défendue contre les tentatives d'« agression » des autres langues, en particulier l'anglais. Cette volonté n'est pas récente. L'ordonnance de Villers-Cotterêts de 1539 et la création de l'Académie française en 1635 ont été les premières mesures protectionnistes en matière linguistique, bien avant les combats contre le « franglais ». L'histoire de la langue, vieille de mille ans, est en réalité celle d'un long métissage, depuis le gaulois (celtique) jusqu'aux influences anglo-saxonnes, en passant par celles des langues indo-européennes.

On doit cependant constater que la place de l'anglais dans le français (parlé ou écrit) a pris des proportions inédites. De très nombreux mots et expressions d'origine américaine s'imposent dans la pratique quotidienne avant même que leurs équivalents français ne soient définis et proposés. Les emprunts ont d'abord légitimement correspondu à des notions nouvelles, souvent liées à la technologie ou au monde de l'entreprise : *marketing, merchandising, mailing, management, chat, mail,* etc. Mais certains mots américains ont remplacé des mots français. Les journalistes préfèrent ainsi parler du *crash* d'un avion plutôt que de son écrasement ; ils évoquent le *coming out* des personnes qui reconnaissent leur homosexualité plutôt qu'un aveu ou une révélation.

Le recours aux mots anglais s'explique sans doute en partie par leur plus grande concision que les mots français. Pour les amateurs de football (c'est-à-dire de « balle au pied »), le mot *corner* vient plus facilement à l'esprit que *coup de pied de coin, penalty* est plus facile à dire que *coup de pied de réparation*. Les amateurs de tennis parlent aussi plus facilement de *tie-break* que de « jeu décisif ». Les mots anglais confèrent en outre une sorte de brevet de modernité à ceux qui les utilisent. Surtout, ce phénomène montre qu'il n'y a aujourd'hui de concepts et d'innovations qu'américains, tant dans la vie courante que dans celle des entreprises. La capacité de création et d'invention française semble se limiter à la copie (on parle aujourd'hui de *benchmarking*) de ce qui est conçu outre-Atlantique. C'est le cas notamment dans les domaines où la France possède une expérience et une compétence reconnues : les restaurateurs ont imité le *fast food* (restauration rapide) ; les distributeurs ont reproduit les *convenience stores* (magasins de dépannage) ; ils vont créer bientôt des *retail parks* (que l'on pourrait baptiser « parcs commerciaux », ce qui permettrait en outre de les adapter à la culture de consommation nationale) ; les professionnels de la communication se lancent dans le *buzz marketing* (bouche-à-oreille)...

... et se transforme à l'écrit comme à l'oral.

Contrairement aux craintes souvent exprimées, la croissance spectaculaire de l'électronique, de l'informatique et des supports audiovisuels n'a pas fait disparaître l'écrit. Elle l'a au contraire rendu plus présent (p. 428). Mais, si l'écrit a été renforcé par sa confrontation avec l'écran, la langue française n'en est pas sortie indemne. D'abord, parce qu'elle est de plus en plus souvent remplacée par l'anglais dans la communication électronique, professionnelle, parfois publicitaire (ci-dessus).

Short thinking

Si, comme l'affirmait le philosophe Alain, « la pensée est enfermée dans le langage », on peut craindre d'assister à l'appauvrissement de la réflexion par le raccourcissement de l'expression. L'évolution récente de l'expression écrite est en effet marquée par un rétrécissement des textes et du vocabulaire. L'exemple le plus spectaculaire est l'usage croissant des SMS ou Texto (environ 12 milliards ont été échangés en 2005 sur les téléphones portables, via les trois opérateurs nationaux). La phonétique y remplace l'orthographe et la grammaire. Les textes des courriels échangés sur Internet ou ceux des forums de discussions sont tout aussi édifiants. Les nombreuses fautes d'orthographe présentes sont sans doute la conséquence de la rapidité de frappe des textes, mais aussi de la méconnaissance des règles. Ces « novlangues » et « volapüks » marquent une volonté de « casser les codes ». Ils favorisent le sentiment d'appartenance à un groupe et tendent à l'inverse à exclure les non-initiés, qui ne possèdent pas les clés de cet espéranto de la communication moderne.

Ensuite, parce que l'usage des nouveaux supports a engendré une nouvelle façon d'écrire, qui s'affranchit largement des règles de la rédaction, mais aussi de l'orthographe et de la grammaire (encadré).

Pourtant, la langue française ne cesse de s'enrichir de nouveaux mots et expressions, qui ne sont pas tous d'origine américaine. Mieux que de longues analyses, chacun traduit un aspect de l'évolution de la société et des modes de vie : *délocalisation* (1990) ; *mal-être* (1991) ; *multiconfessionnel* (1992) ;

Cette évolution est sensible également dans l'usage croissant de nouvelles expressions. Après le verlan *(chelou, foncedé, meuf...)*, qui inverse les syllabes, les mots utilisés par les jeunes des quartiers difficiles témoignent d'une démarche plus subversive, voire agressive : *nique ta mère ; ta race ; bouffon...* Elle est la conséquence d'une frustration et indique une volonté d'en découdre avec la société. En même temps qu'il s'enrichit de mots nouveaux, le langage en abandonne d'autres. Qui parle encore de badauderies (flâneries), de cagoteries (bigoteries mensongères), de brocards (moqueries), de marauds, de maroufles ou de faquins (aventuriers ou fanfarons) ? Au total, le vocabulaire utilisé à l'écrit comme à l'oral tend cependant à raccourcir. Il est le reflet d'une certaine paresse intellectuelle : pourquoi se « prendre la tête » avec des mots compliqués si l'on veut vivre simplement ? Cet appauvrissement du langage rend sans aucun doute plus difficile l'expression des nuances de la pensée. Au risque de raccourcir la pensée elle-même. Un phénomène qui ne sera « conceptualisé » que si on lui donne un nom anglais ; ce pourrait être *short thinking*.

minimalisme (1993) ; *biodiversité* (1994) ; *zapper* (1995) ; *vidéosurveillance* (1996) ; *internaute* (1997) ; *rapper* (1998) ; *cédérom* (1999) ; *alicament* (2000) ; *webcam* (2001) ; *néorural* (2002) ; *antimondialiste* (2003) ; *homoparental* (2004) ; *altermondialiste* (2005), *écocitoyen* (2006).

Certaines innovations linguistiques, cependant, n'ont a priori guère d'utilité : pourquoi devrait-on être « performant » plutôt qu'efficace ? De même, la créativité est discutable lorsqu'elle ne conduit pas à la simplification.

Nouvelle société,
NOUVEAUX MOTS

Sélection de mots entrés dans *le Petit Larousse* depuis 1980, les plus révélateurs du changement social.

1980
bande-vidéo, défonce, extraterrestre, gratifiant, micro-ordinateur, overdose, régionalisation, somatiser, squattériser, valorisant.

1981
après-vente, assurance-crédit, antihéros, antisyndical, bénévolat, bio-énergie, bisexualité, centrisme, chronobiologie, consumérisme, convivial, deltaplane, dénucléariser, doudoune.

1982
antitabac, biotechnologie, bureautique, charentaise, dealer, Dow Jones (indice), géostratégie, incontournable, IVG, jogging, sponsoriser, Walkman.

1983
assisté, baba cool, clonage, coke, disquette, hyperréalisme, multimédia, must, péritélévision, piratage, santiag, skinhead, soixante-huitard, tiers-mondiste.

1984
cibler, déprogrammer, déqualification, dévalorisant, fast-food, intoxiqué, mamy, méritocratie, papy, pub, réu-nionnite.

1985
aérobic, amincissant, automédication, crédibiliser, écolo, épanouissant, eurodevise, hypocalorique, look, monocoque, non-résident, recentrage, sida, surendettement, télétravail, vidéoclub.

1986
clip, déréglementation, désyndicalisation, médiatique, Minitel, monétique, pole position, postmodernisme, progiciel, provisionner, rééchelonnement, smurf, sureffectif, téléimpression, turbo, vidéo-clip, visioconférence.

1987
aromathérapie, bêtabloquant, bicross, bioéthique, capital-risque, démotivation, désindexer, fun, non-dit, présidentiable, repreneur, unipersonnel, vidéogramme.

1988
autodérision, bancarisation, Caméscope, cogniticien, dérégulation, domotique, franco-français, frilosité, handicapant, inconvertibilité, interactivité, micro-ondes, raider, séropositif, vidéothèque.

1989
aspartame, beauf, crasher (se), défiscaliser, désindexation, désinformer, eurocentrisme, euroterrorisme, feeling, fivete, franchouillard, high-tech, husky, ludologue, mercaticien, minitéliste, parapente, rurbain, sidatique, sidéen, technopole, top niveau, zapping.

1990
Audimat, CD-Rom, CFC, délocalisation, glasnost, ISF, médiaplanning, narcodollar, numérologie, perestroïka, profitabilité, RMI, sitcom, surimi, téléachat, titrisation, transfrontalier, zoner.

1991
AZT, bifidus, cliquer, concouriste, Déchetterie, démotivant, fax, dynamisant, lobbying, mal-être, multiracial, narcotrafiquant, ripou, VIH.

1992
CAC 40, confiscatoire, écologue, imprédictible, Jacuzzi, libanisation, multiconfessionnel, postcommunisme, postmoderne, rap, revisiter, tag, TVHD, vrai-faux.

1993
accréditation, biocarburant, coévolution, déremboursement, écoproduit, graffeur, hypertexte, interleukine, maximalisme, minimalisme, négationnisme, Péritel, pin's, redéfinition, saisonnalité, suicidant, transversalité.

1994
agritourisme, airbag, biodiversité, CD-I, cognitivisme, délocaliser, intracommunautaire, mal-vivre, monocorps, monospace, oligothérapie, prime time, rappeur, recadrer, SDF, subsidiarité, surinformation, télémarketing, télépéage, top model.

1995
biper, ecstasy, érémiste, hard, intégriste, parapentiste, réinscriptible, soft, télépaiement, zapper.

1996
beurette, canyoning, covoiturage, écobilan, karaoké, meuf, micro-trottoir, recapitaliser, refonder, speeder, vépéciste, vidéosurveillance.

1997
autopalpation, basmati, communautarisme, cybernaute, écorecharge, élasthanne, eurosceptique, fun, internaute, keuf, manga, morphing.

1998
antiprotéase, DVD, incivilité, instrumentaliser, prébiotique, rapper, taliban, wok.

1999
cédérom, hors-média, instrumentaliser, Mél, OGM, routeur.

2000
alicament, ampliforme, booster, couillu, externalisation, fun, guignolade, praticité, remix, tex mex.

2001
baby-boomer, best of, bibande, collector, écotaxe, harceleur, malbouffe, nazillon, pacs, start-up, tchatcheur, téléacteur, webcam, webmestre.

2002
ADSL, DHEA, feng shui, hébergeur, judiciarisation, MP3, néorural, netéconomie, UMTS, wap.

2003
antimondialiste ; bioterrorisme ; coparentalité ; mannequinat ; marchandisation ; perso.

2004
customiser ; désinstallation ; homoparental ; spa ; téléréalité ; unilatéralisme.

2005
altermondialiste ; biodesign ; bobo ; écotourisme ; hyperpuissance ; nanosciences ; supplémentation.

2006
blog ; cybercriminalité ; déremboursement ; écocitoyen ; minispace ; transgénérationnel ; victimisation.

C'est ainsi que la complexité est parfois baptisée « complexification ». Les questions qu'elle pose deviennent des « questionnements » ou des « problématiques ». La « décrédibilisation » tend à remplacer le simple discrédit... La contrepartie logique de cette évolution est que le rayonnement du français, malgré les réseaux implantés un peu partout dans le monde, est de plus en plus limité.

Les Français pratiquent encore peu les langues étrangères.

Chaque langue porte en elle une certaine vision du monde. Elle exerce donc une influence déterminante sur la culture, les valeurs, les attitudes et les comportements de ceux qui l'utilisent. C'est pourquoi l'apprentissage des langues étrangères est un enrichissement et une incitation à la tolérance, plus qu'une soumission à une forme insidieuse de colonisation. Les Français ont pris conscience de cette nécessité. Un sur trois se dit capable d'avoir une conversation en anglais. La proportion reste cependant très inférieure à celle

constatée au nord de l'Europe : environ huit sur dix aux Pays-Bas, au Danemark ou en Suède ; près d'un sur deux en Allemagne ou en Belgique. Elle est en revanche supérieure à celles des autres pays latins : un sur quatre en Italie et au Portugal, un sur cinq en Espagne. L'âge de début d'apprentissage d'une première langue étrangère obligatoire est aussi plus tardif en France que dans les autres pays de l'Union européenne : 11 ans, contre 6 ans au Luxembourg, en Finlande, en Suède, 8 ans en Espagne, en Italie, en Autriche, 10 ans dans les autres pays. Des enquêtes montrent que la pratique française de l'anglais reste assez pauvre.

L'ouverture aux langues étrangères est la poursuite d'un mouvement ancien qui concerne à la fois les langues régionales et celles liées à la présence de communautés étrangères. On estime que 75 langues différentes sont parlées sur l'ensemble du territoire français, catalan, breton, alsacien, auvergnat, occitan, basque, corse, auxquelles s'ajoutent 28 langues kanak (Nouvelle-Calédonie), le yiddish, le berbère ou l'arménien occidental. Un adulte sur quatre avait des parents

qui ne lui parlaient pas seulement en français pendant son enfance et, dans 8 % des cas, ne lui parlaient pas du tout français. 11 millions de personnes ont entendu chez elles une langue régionale ou étrangère. La transmission des langues régionales s'est cependant beaucoup affaiblie au cours du xxe siècle. Un adulte sur cinq utilise encore de temps en temps une autre langue que le français pour parler avec ses proches. Mais il s'agit une fois sur trois d'une langue qu'il n'a pas apprise de ses parents.

● *Les enfants d'enseignants ont sept fois plus de chances d'obtenir le bac scientifique que ceux des milieux les moins favorisés.*
● *Près de 100 000 enfants handicapés sont scolarisés dans les établissements de l'Éducation nationale.*
● *10 % des établissements scolaires concentrent la moitié des faits de violence constatés à l'école.*
● *65 % des Français estiment que la place qu'occupe la culture française dans le monde est aujourd'hui menacée.*

LE TEMPS

ESPÉRANCE DE VIE

L'espérance de vie s'accroît en moyenne de 2 mois et demi par an.

L'espérance de vie à la naissance a atteint 83,8 ans pour les femmes et 76,7 ans pour les hommes en 2005. Elle représente « la durée de vie moyenne ou âge moyen au décès d'une génération fictive qui aurait tout au long de son existence les conditions de mortalité par âge (nombre de décès par rapport à la population en début d'année) de l'année considérée ». Plus simplement, elle exprime la durée de vie potentielle qui devrait être atteinte en moyenne par la population actuelle si les conditions de mortalité restaient identiques à ce qu'elles sont aujourd'hui.

Après la relative baisse du rythme de croissance constatée entre 1998 et 2000 (moins de deux mois par an), le gain s'était de nouveau accru en 2001 et 2002, atteignant trois mois et demi, du fait de la baisse de mortalité des hommes entre 55 et 65 ans et des femmes entre 75 et 85 ans. L'espérance de vie a connu pour la première fois depuis le milieu du XXe siècle une stagnation en 2003 (encadré). Elle a ensuite repris sa croissance à un rythme accéléré en 2004 et de nouveau stagné en 2005. Depuis 1995, les hommes ont gagné 2,9 ans de vie et les femmes 1,9 an, soit une progression annuelle moyenne de 2,4 mois.

L'espérance de vie varie fortement entre les régions ; l'écart est de plus de 10 ans entre certaines zones du Nord et du Sud. Il existe ainsi des zones de sous-mortalité dans les Pays de la Loire (à l'exclusion du pays nantais) et à l'ouest de la région Centre, ainsi qu'au cœur du Sud-Ouest. Les principales zones de surmortalité se situent du littoral du Nord-Pas-de-Calais à l'Alsace, ainsi qu'en Bretagne, à l'ouest de la ligne Saint-Nazaire - Saint-Brieuc.

L'écart de mortalité entre les sexes est élevé...

Dans les premières années de la vie, il meurt environ 20 % de garçons de plus que de filles. Entre 20 et 30 ans, le rapport est de trois pour un. Entre 55 et 65 ans, les décès par cancer sont deux fois plus nombreux chez les hommes.

La longévité inférieure des hommes s'explique aussi par le fait qu'ils meurent plus souvent que les femmes à la suite d'accidents ou de maladies induits par des comportements à risque (alcool, tabac, sport...). 80 % des décès dus à des accidents de la route concernent des hommes, mais aussi 80 % de ceux liés au sida et 75 % des morts par suicide.

Les femmes seraient en outre plus résistantes aux agressions biologiques, du fait de la présence dans leur patrimoine génétique de deux chromosomes X, qui abritent plus fréquemment des gènes favorisant l'immunité. Enfin, elles consultent plus tôt et plus souvent les médecins, ce qui les aide à prévenir les risques de santé. Le sexe dit « faible » a donc pris dans ce domaine

2003, ANNÉE PARTICULIÈRE

Pour la première fois en un demi-siècle, l'espérance de vie avait globalement stagné en 2003, avec une faible progression de 0,1 an (un peu plus d'un mois) pour les hommes et une baisse de la même quantité pour les femmes. Cette situation s'explique par la mortalité exceptionnelle constatée au mois d'août, qui a été à l'origine d'environ 15 000 décès. La canicule a donc interrompu la hausse continue de la durée de vie depuis la fin de la Seconde Guerre mondiale.

C'est parce que les femmes vivent en moyenne plus longtemps que les hommes (un peu plus de 7 ans) qu'elles ont été les plus touchées. Les effets meurtriers de la canicule ont en effet essentiellement concerné les personnes âgées. L'écart entre les sexes, qui était particulièrement élevé en France du fait notamment de la surmortalité masculine par accident ou maladie, s'était déjà réduit au cours des dernières années. Il a connu un nouveau resserrement. Les conditions particulières de 2003 ont eu pour conséquence une mortalité supplémentaire « anticipée », mais un « rattrapage » s'est produit en 2004, avec pour la première fois un accroissement de l'espérance de vie de onze mois.

essentiel une revanche éclatante sur l'autre sexe.

● *Les femmes consacrent en moyenne 56 minutes chaque jour à se laver, les hommes 48 minutes.*

Le cap de bonne espérance

Évolution de l'espérance de vie à la naissance par sexe (en années)

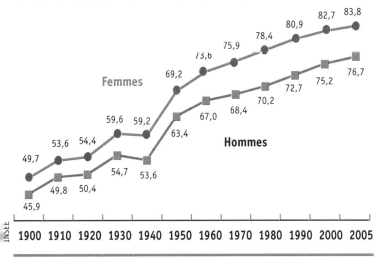

La vie durable

Éspérance de vie à la naissance par sexe dans les pays de l'Union européenne (2005, en années)

	H	F
Allemagne	76	81
Autriche	76	82
Belgique	76	82
Chypre	75	79
Danemark	75	79
Espagne	77	84
Estonie	66	77
Finlande	75	82
FRANCE	77	84
Grèce	76	81
Hongrie	68	77
Irlande	75	80
Italie	77	83
Lettonie	66	77
Lituanie	66	78
Luxembourg	75	82
Malte	76	80
Pays-Bas	76	81
Pologne	71	79
Portugal	74	81
Rép. tchèque	72	79
Royaume-Uni	76	81
Slovaquie	70	78
Slovénie	73	81
Suède	78	83

Eurostat

... mais il tend à se réduire.

La différence de longévité entre les femmes et les hommes n'était que de 6,7 ans en 1960 et seulement 3,6 ans en 1900. Elle s'est ensuite fortement accrue, jusqu'à atteindre 8,3 ans en 1990. On assiste depuis à un resserrement. Le gain a été supérieur pour les hommes au cours des années 90 : 28 mois, contre 18 mois pour les femmes. L'écart d'espérance de vie n'était plus que de 7,1 ans en 2005. On peut expliquer ce rapprochement par celui des modes de vie entre les hommes et les femmes, notamment en matière de comportements à risque (alcool, tabac, conduite automobile, vie professionnelle...). L'écart entre les sexes est soumis à l'effet des épidémies de grippe, qui touchent particulièrement les personnes âgées, parmi lesquelles les femmes sont majoritaires.

La France détenait jusqu'en 2000 le record de surmortalité masculine parmi les pays de l'Union européenne, avec 7,6 années d'écart entre les sexes. Malgré la diminution récente, il reste supérieur à la moyenne : 6,1 ans en 2004 dans l'Union à vingt-cinq. La durée de vie des hommes français se situe néanmoins un peu au-dessus de la moyenne (75,3 ans en 2004). Par ailleurs, le record de longévité des Françaises est désormais partagé par les Espagnoles (83,8 ans en 2004). Le record mondial reste détenu par les Japonaises, qui a atteint 85 ans.

L'espérance de vie à la naissance a progressé de 33 ans depuis le début du XXᵉ siècle.

La rupture de tendance récente ne doit pas faire oublier l'allongement considérable de la durée de vie. Entre 1900 et 2005, elle s'est accrue de 34,1 ans pour les femmes et de 30,8 ans pour les hommes, soit une progression de 69 %. Cette évolution spectaculaire s'explique d'abord par la très forte baisse de la mortalité infantile, passée de 162 décès pour mille naissances vivantes en 1900 à 4 en 2005, après une baisse régulière au cours des dernières décennies : 36,5 en 1955, 10 en 1980, 7,3 en 1990. L'incidence de cette baisse de la mortalité infantile est apparente lorsqu'on observe l'évolution de l'espérance de vie à divers âges : à l'âge de 20 ans, ce qui élimine les effets de la mortalité infantile, le gain constaté depuis 1950 est encore de 8 ans pour les hommes et 10 ans pour les femmes.

Depuis les années 60, l'accroissement de l'espérance de vie tient cependant moins à la baisse de la mortalité infantile qu'à celle de la mortalité aux autres âges, notamment élevés. Il est la conséquence des progrès réalisés dans la lutte contre les maladies infectieuses, cardio-vasculaires et bactériennes. Dans le même temps, les modes de vie ont changé, avec la généralisation des habitudes d'hygiène, un meilleur équilibre alimentaire, une amélioration des conditions de travail et du confort dans la vie quotidienne.

Au Moyen Âge, près d'un enfant sur deux mourait dans sa première année, et l'espérance de vie à la naissance est estimée par certains historiens à 14 ans (certaines famines ont tué les deux tiers ou les trois quarts des enfants de moins d'un an). Elle était de l'ordre de 26 ans au XVIIe siècle, de 35 ans en 1800, de 47 ans en 1900. Elle a donc été multipliée par trois en quatre siècles.

Le vieillissement est de moins en moins apparent.

Le progrès spectaculaire en matière d'espérance de vie constitue sans aucun doute le plus important de tous ceux accomplis au cours de l'histoire. Il en est aussi d'une certaine façon la synthèse. À une époque où beaucoup de Français s'interrogent sur la qualité de la vie, il est indéniable que la « quantité de vie » dont ils disposent a connu une formidable progression. Cette évolution est d'autant plus remar-

quable qu'elle s'est accompagnée que le vieillissement est moins visible sur les visages et sur les corps. Il suffit de comparer des photographies de personnes âgées aujourd'hui de 60, 70 ou 80 ans à celles de personnes du même âge en 1900 (qui étaient beaucoup moins nombreuses à y parvenir) pour se rendre compte qu'elles ont l'air plus jeunes. On peut faire le même constat en ce qui concerne leurs capacités physiques ou intellectuelles. Le vieillissement n'est plus perçu comme un phénomène inexorable et destructeur, mais comme une évolution que l'on peut en partie maîtriser, en prenant soin de son corps et de son esprit.

On constate en outre que l'espérance de vie sans incapacité a encore plus augmenté que l'espérance de vie simple (p. 37) : à 65 ans, elle est proche de 11 ans pour les hommes et de 13 ans pour les femmes, contre 8,8 et 9,8 ans en 1981. On vit donc aujourd'hui non seulement plus longtemps, mais dans de meilleures conditions de santé et de forme physique. Les moyens employés qui ont permis de parvenir à ce résultat sont divers et complémentaires : traitement des maladies et des pathologies chroniques (hypertension, hypercholestérolémie...) ; suivi médical régulier ; prévention par un contrôle continu des dosages sanguins, urinaires, hormonaux ; activité physique et mentale régulière ; entretien de la peau et de l'apparence ; équilibre alimentaire ; vie sociale riche permettant d'éviter la solitude.

L'espérance de vie est inégale selon les professions...

Les inégalités d'espérance de vie ne concernent pas seulement le sexe. Elles sont également très marquées entre les professions et reproduisent leur hiérarchie. Ainsi, un homme ouvrier âgé

Âges et espérances

Espérance de vie par sexe à divers âges (2005, en années)

	H	F
Naissance	76,7	83,8
1 an	76,0	83,1
20 ans	57,3	64,3
40 ans	38,4	44,7
60 ans	21,4	26,4

INSEE

de 35 ans à aujourd'hui une espérance de vie de 39 ans (47 ans pour une ouvrière), soit 7 ans de moins qu'un cadre ou un membre des professions dites « intellectuelles supérieures » (enseignant, professionnel libéral...). Un homme ouvrier sur quatre décédera entre 35 et 65 ans, contre un cadre sur dix. Les inégalités se retrouvent aussi à l'intérieur d'une même catégorie : à 35 ans, les ouvriers qualifiés ont une espérance de vie d'un an et demi supérieure à celle des ouvriers non qualifiés. Un écart de 2,5 ans sépare aussi les cadres de la fonction publique et ceux du secteur privé, au détriment de ces derniers. Les différences sont moins marquées chez les femmes : 3,5 ans entre les cadres et les ouvrières. Les agricultrices sont cependant moins avantagées que les agriculteurs, et leur espérance de vie est inférieure à celle des commerçantes.

L'inactivité est associée à une espérance de vie plus courte : à 35 ans, les inactifs ont une espérance de vie moyenne inférieure d'environ 7 ans à la moyenne nationale. Les chômeurs ont un risque de mortalité près de deux fois supérieur à celui des actifs occupés. Il est principalement lié à la perte des revenus, des réseaux sociaux et de

Demain, tous centenaires ?

Le rêve de longévité (voire d'immortalité) des Français est justifié par les progrès de l'espérance de vie constatés au cours des dernières décennies. Il est entretenu par les avancées constantes de la médecine et de la chirurgie (cancers, sida, maladies génétiques...) et par les perspectives scientifiques. On entrevoit aujourd'hui des possibilités nouvelles de retarder les effets du vieillissement à l'aide de traitements hormonaux ou d'interventions génétiques. Les nanotechnologies ouvrent notamment des perspectives d'actions thérapeutiques ciblées sur les cellules.

Par ailleurs, la mortalité prématurée liée aux comportements individuels peut encore être réduite. Un quart des décès annuels se produisent avant l'âge de 65 ans (p. 38) et la moitié d'entre eux, liés à la consommation d'alcool, de tabac et aux comportements individuels (accidents, suicides, sida, surmenage), pourraient être évités. D'autant qu'ils sont plus élevés en France que dans d'autres pays développés. Enfin, l'amélioration du système de soins et de dépistage des maladies devrait aussi participer à un nouvel allongement de l'espérance de vie. Selon l'INSEE, celle-ci pourrait atteindre 90 ans pour les femmes et 82 ans pour les hommes en 2050. À 60 ans, elle serait de 32 ans pour les femmes et de 26 ans pour les hommes.

L'espérance de vie pourrait ainsi se rapprocher de la durée de vie maximale constatée (environ 120 ans). Mais certains scientifiques imaginent que cette dernière sera largement dépassée à l'avenir. La France comptait 16 000 centenaires en 2005 (dont 13 000 femmes), contre seulement 200 en 1950 et 3 en 1900. On estime qu'une fille sur deux née aujourd'hui atteindra l'âge de cent ans, de sorte que l'on pourrait compter 150 000 femmes centenaires en 2100.

Certains chercheurs émettent cependant des réserves sur ces perspectives optimistes. La probabilité d'apparition de nouvelles maladies virales et d'épidémies est jugée forte, du fait de la multiplication des échanges entre les pays du monde. Au cours des dernières années, des catastrophes sanitaires ont été évitées de justesse lors de la crise de la « vache folle », de l'apparition du virus Ebola, du sras ou de la grippe aviaire. Enfin, la poursuite de la dégradation de l'environnement pourrait avoir des conséquences sanitaires importantes et freiner, voire arrêter, la progression de l'espérance de vie.

hommes ouvriers effectuent des tâches plus pénibles et plus dangereuses, qui les exposent davantage à des accidents et des maladies. Ils consultent moins souvent et plus tardivement les médecins, sont moins attentifs à leur alimentation, moins concernés par le sport et les habitudes de prévention. L'aggravation constatée peut s'expliquer par une certaine dégradation des conditions de travail, liée à l'accroissement des contraintes de productivité rendu nécessaire par la réduction du temps de travail (p. 298). Une autre explication proposée est que les contraintes liées au travail (p. 296) suscitent des « comportements de compensation » favorisant la consommation de tabac ou d'alcool.

Les écarts entre les professions sont moins marqués et plus stables dans le temps en ce qui concerne les femmes. Ils sont en revanche élevés entre les actives et les inactives (hors les retraitées) au détriment de ces dernières. Chez les hommes, l'inactivité en dehors de la période de la retraite et du chômage (qui touche 3 % d'entre eux) est très souvent liée à des problèmes de santé ou de handicap. Les personnes concernées n'ont gagné que 6 mois d'espérance de vie depuis le milieu des années 80, contre 3 ans pour l'ensemble des hommes.

Toutes choses égales par ailleurs (sexe, profession...), les écarts individuels sont considérables. On observe que la longévité a une forte dimension héréditaire. Mais, à génome comparable, les modes de vie ont aussi une influence déterminante sur la durée de vie. La consommation d'alcool ou de tabac, la qualité du sommeil, l'équilibre alimentaire, l'activité physique et mentale sont d'autres facteurs décisifs. Il s'y ajoute le hasard, avec la chance de ne pas subir les accidents de la vie, qui font que beaucoup ne parviennent pas au terme de leur vie potentielle.

la confiance en soi, ainsi qu'à une perception du temps perturbée par une activité quotidienne déstructurée. Les hommes chômeurs et les femmes inactives consomment par exemple plus de médicaments psychotropes que les actifs ; les femmes concernées sont également moins suivies sur le plan médical. Enfin, le statut familial joue un rôle important. Les hommes mariés de 30 à 64 ans ont un risque de décès réduit de 40 % par rapport aux célibataires. L'avantage n'est que de 25 % pour les femmes.

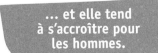

... et elle tend à s'accroître pour les hommes.

L'inégalité entre les professions s'est accrue d'environ un an pour les hommes au cours des vingt dernières années : elle ne représentait que 6 ans au début des années 80, contre 7 aujourd'hui. Les

La vie à quitte ou double

Espérance de vie à la naissance par sexe (en 2005, en années) et taux de mortalité infantile (pour 1 000 naissances) dans certains pays, hors Union européenne

	Espérance de vie		Mortalité infantile
	H	F	

Espérance de vie masculine inférieure à 40 ans :

Botswana	34	35	57
Swaziland	34	37	75
Lesotho	36	35	92
Zambie	38	37	95
Angola	39	42	139
Sierra Leone	39	42	165

Espérance de vie masculine maximale :

Islande	79	83	2,4
Japon	78	85	2,8
Australie	78	83	4,5
Suisse	78	83	4,3
Costa Rica	78	81	9,0
Israël	78	82	5,1
Saint-Marin	78	84	6,7
Canada	77	82	5,4
Koweït	77	79	10,0

ONU

Emploi du temps

L'utilisation du temps disponible a été bouleversée.

Le temps de la vie peut être découpé en quatre grands types d'usage : celui

ESPÉRANCE DE VIE ET EXPÉRIENCE DE VIE

L'espérance de vie est un indicateur fondamental, qui mesure les progrès accomplis par les sociétés pour prolonger la vie de leurs membres. Elle a considérablement augmenté au XXe siècle et s'est accrue de trois mois par an dans les années 90. Le double intérêt de cet indicateur est de mesurer l'évolution dans le temps et de comparer les pays entre eux. On constate ainsi que les habitants de l'Afrique orientale vivent en moyenne 29 années de moins que ceux d'Europe septentrionale (46 ans contre 75 ans). Mais la notion d'espérance de vie ne constitue qu'une approche très partielle du destin des gens. Elle ne prend en compte que la « quantité de vie », alors que la « qualité » est une donnée essentielle (mais difficile à mesurer). Cette distinction prend aujourd'hui une importance accrue avec le débat sur la notion de « progrès ».

Par ailleurs, le chiffre synthétique de l'espérance de vie donne l'impression que, à durée de vie égale, tous les individus ont eu une vie comparable. Cela n'est pas avéré quantitativement, puisque le temps de vie éveillée peut être très différent selon les personnes : celle qui dort en moyenne cinq heures par nuit aura disposé à sa mort d'une durée de vie effective (hors sommeil) supérieure de 19 % à celle qui a dormi huit heures. Surtout, les chiffres définissant le capital-temps dont chacun dispose cachent des disparités profondes sur la façon dont ce temps a été utilisé. Le temps est en effet une notion relative ; toutes les minutes et les heures n'ont pas la même durée subjective, telle qu'elle est perçue par l'utilisateur. Certains ont fait en quelques années ce que d'autres ne feront pas au cours de toute leur vie : rencontres ; activités professionnelles ; voyages ; loisirs ; accumulation de connaissances et d'expériences de toutes sortes. C'est la raison pour laquelle la notion d'espérance de vie est insuffisante pour rendre compte de la vie des gens. Elle devrait être complétée par celle d'« expérience de vie ».

consacré à un travail rémunéré ; celui nécessaire à la satisfaction des fonctions physiologiques (alimentation, sommeil, toilette et soins) ; celui de l'enfance et de la scolarité ; celui des déplacements (professionnels et personnels). Le solde entre le temps total disponible et celui représenté par l'ensemble de ces activités constitue le temps libre à l'âge adulte (après la fin de la scolarité, qui dure en moyenne 19 ans).

L'évolution sur un siècle, résumée par le graphique ci-après, a été établie à partir de travaux anciens pour l'année 1900 ; les chiffres concernant 2006 ont été calculés à partir des données les plus récentes. Ils concernent les *hommes*, du fait de l'absence de données de référence concernant les femmes au début du XXe siècle. Ils font apparaître un véritable bouleversement de la part de chacune de ces composantes dans la vie de nos contemporains.

N. B. Dans les estimations qui suivent, il faudrait idéalement prendre en compte l'espérance de vie estimée d'un homme qui naît aujourd'hui et anticiper l'évolution des différentes composantes de l'emploi du temps de sa vie. Cet exercice de prospective est évidemment impossible, car il porte sur environ 80 ans d'évolution sociale, technologique, juridique ou politique à venir. C'est pourquoi les hypothèses prises en compte sont celles de l'espérance de vie actuelle et des différents temps constitutifs, tels qu'ils peuvent être approchés aujourd'hui.

Les activités physiologiques occupent la moitié du temps disponible.

Les Français (hommes) consacrent en moyenne 11 h 56 par jour au sommeil et aux autres activités physiologiques (définition ci-dessus), selon la dernière enquête disponible sur l'emploi du temps (15 ans et plus, INSEE 1998-1999), soit la moitié du temps total disponible (49,7 %). Si on extrapole ce chiffre à l'ensemble de la vie depuis la naissance, ce sont au total 38,1 années qui sont consacrées à ces activités sur une durée de vie masculine de 76,7 ans au début 2006. Un chiffre que l'on peut arrondir à 39, compte tenu notamment de l'augmentation du temps consacré à l'hygiène corporelle.

Le temps de l'enfance et de la scolarité représente en moyenne 19 années (la scolarisation est générale à l'âge de 3 ans, mais on considère que la période préscolaire qui précède est, hors activités physiologiques et transports, du « temps libre »). Il faut retrancher de ces 19 ans le temps physiologique correspondant, soit 9,5 ans ; il reste alors 9,5 années pleines consacrées à l'étude. Si on ajoute les périodes de formation continue qui interviennent dans le cours de la vie adulte, on peut estimer le temps d'enfance et de scolarité total à 11 années.

Le temps de transport non professionnel est, quant à lui, de 40 minutes par jour auxquelles s'ajoutent 25 minutes de temps de trajet domicile-travail, soit au total un peu plus d'une heure par jour ou 3,2 années sur l'ensemble de la vie. La prise en compte des autres formes de déplacement, en particulier pendant les vacances (estimation :

La révolution du temps

Évolution de l'emploi du temps de la vie d'un homme entre 1900 et 2006

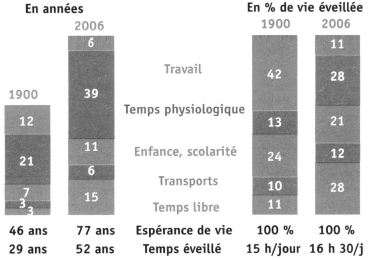

Gérard Mermet, Francoscopie

deux semaines par an en moyenne pour les seuls déplacements sur l'ensemble de la vie), implique d'ajouter 2,95 années. On aboutit à un temps total de transport de 6,1 ans, arrondi à 6 ans.

Le temps de travail a été divisé par deux en un siècle...

Le principal changement dans l'emploi du temps de la vie concerne le temps de travail. Sa durée légale est de 35 heures par semaine pour les salariés concernés par la loi sur la réduction du temps de travail (89 % de la population active), ce qui représente avec les heures supplémentaires effectuées 1 650 heures par an à plein-temps, après prise en compte des vacances et des jours fériés. Mais le temps de travail effectif ne dépasse pas 1 300 heures par an si l'on tient compte du temps partiel (6 % des hommes actifs), de l'absen-

téisme (6 %) et des périodes de chômage (10 %).

La période active se situe entre l'âge moyen d'entrée dans la vie professionnelle (22 ans) et celui de la retraite, encore fixé officiellement à 60 ans mais situé en moyenne à 58 ans (soit 36 ans de vie active). Cela représente au total 48 000 heures, soit 5,5 années pleines de travail (8 766 heures dans une année). Ce chiffre devrait être corrigé en tenant compte de plusieurs phénomènes : l'âge de cessation effective d'activité sera progressivement repoussé, à la suite de la réforme de 2003 ; impact du travail illégal ; prise en compte des non-salariés (11 %) qui travaillent davantage. On fait ici l'hypothèse que ces divers éléments (notamment l'allongement de l'âge de la retraite) vont au total accroître le temps de travail d'une vie d'environ 10 % (sur 40 années contre 36), soit une durée de 6,1 années pleines (arrondies à 6). Le résultat est que le temps de travail a diminué de moitié en un siècle, alors que l'espérance de vie s'accroissait des deux tiers (64 %) pour les hommes.

... et ne représente plus que 12 % du temps éveillé.

Une autre façon de mesurer l'évolution de l'emploi du temps de la vie est de ne tenir compte que du temps « éveillé », c'est-à-dire en enlevant le temps de sommeil. L'enquête INSEE (1998-1999) indique une moyenne de 8 h 55 par jour, mais elle concerne le temps passé au lit et non pas à dormir. D'autres enquêtes montrent que le temps de sommeil moyen des Français est d'environ 7 heures et demie (par exemple, Institut du sommeil et de la vigilance/Sofres, mars 2006) contre 9 heures au début du siècle. Cette diminution s'explique par la moindre fatigue physique liée au travail, la généralisation de la lumière et la présence des équipements de loisir (notamment la télévision), qui ont prolongé la durée de veille.

Le temps de sommeil représente donc aujourd'hui 31 % du temps total de vie. Le temps éveillé (69 %) sur une durée de vie totale de 76,7 ans est donc équivalent à 52,9 années. Dans cette hypothèse, les 6 années de travail représentent 11 % du temps de vie éveillé. À titre de comparaison, la proportion était de 42 % en 1900 et de 48 % en 1800. Elle a donc été divisée par presque quatre en un siècle.

Le temps libre a été multiplié par cinq depuis 1900...

Le temps libre d'une vie représente la différence entre l'espérance de vie moyenne à la naissance (77 ans pour un homme) et la durée cumulée des quatre activités détaillées précédemment (au total 62 années). Il représente

donc aujourd'hui 15 années de la vie moyenne d'un homme, contre 3 années en 1900 et 2 années en 1800.

Cette augmentation considérable du temps libre aura bien sûr de nombreuses conséquences sur les modes de vie individuels et sur le fonctionnement social. On constate que l'appropriation de la réduction du temps de travail hebdomadaire à 35 heures a nécessité une période d'apprentissage de la part de ceux qui en bénéficient. Il s'agissait pour certains de perdre l'habitude de travailler comme avant, pour d'autres de ne pas avoir peur d'être « en vacances » lorsque les autres étaient au travail. Surtout, chacun a dû faire des choix à partir des multiples façons d'utiliser les heures dégagées. Il faudra encore du temps pour apprendre à gérer ce temps libre, en tenant compte aussi de son coût individuel (dépenses de loisir et autres frais) élevé, alors que celui passé au travail rapporte au contraire.

... et représente 28 % du temps éveillé.

Ramenées au temps éveillé de la vie (52,9 ans), les 15 années de temps libre en représentent aujourd'hui 28 %, contre 11 % au début du siècle. Il faut noter que la majeure partie de ce temps correspond à la période de la retraite, dont la durée a doublé en un demi-siècle. L'allongement de la durée des vacances et la diminution du temps de travail hebdomadaire ayant eu lieu notamment depuis le début des années 80 ont été à l'origine de gains importants et perceptibles pendant la période d'activité.

Le temps d'enfance et de scolarité (11 années) compte pour 21 % du temps éveillé au lieu de 24 % en 1900, du fait d'un allongement de la vie supérieur à celui des études. Le temps de transport (un peu supérieur

Plus d'années inactives que d'années actives

L'emploi du temps des Français sur l'ensemble de leur vie traduit de façon spectaculaire l'évolution considérable qui s'est produite depuis plus d'un siècle. La durée hebdomadaire du travail a été réduite de façon continue, tandis que la durée de la vie active se raccourcissait aux deux extrémités : entrée de plus en plus tardive ; départ de plus en plus précoce (avec un retournement de tendance récent lié aux problèmes posés par cette évolution). Dans le même temps, la durée de vie s'allongeait fortement, de sorte que la période d'activité professionnelle (40 ans en théorie pour obtenir la retraite à taux plein, 36 ans en pratique actuellement) est devenue inférieure à celle d'inactivité (40,7 ans). Cette révolution de l'emploi du temps de la vie est le signe d'un basculement en cours vers ce qui apparaît être une nouvelle civilisation (p. 238).

à 6 années) représente 12 % au lieu de 10 %, car la mobilité s'est accrue, notamment avec l'accroissement du temps libre. Enfin, le temps physiologique (15 années, hors sommeil) pèse deux fois plus qu'au début du XXe siècle : 28 % contre 13 %.

Au cours du XXe siècle, le temps disponible s'est donc globalement « dilaté », mais les différentes parties qui le composent ont subi des déformations très différentes. La part consacrée au travail est beaucoup plus faible. La période de l'enfance s'est étirée, du fait de l'allongement de la scolarité. Le temps accordé au sommeil et aux divers besoins d'ordre physiologique a moins évolué ; on consacre en moyenne plus de temps à son hygiène, un peu moins à se nourrir et à dormir.

Surtout, le temps « libre » a connu une croissance spectaculaire.

L'emploi du temps de la journée diffère de celui de la vie.

La répartition des différentes formes de temps (physiologique, travail, transport, scolarité, libre) n'est pas du tout uniforme au long de la vie, compte tenu notamment de la concentration de la vie active entre 20 et 60 ans. La dernière enquête sur l'emploi du temps réalisée par l'INSEE (1998-1999) avait mis en évidence les changements survenus depuis la précédente enquête, qui datait de 1985-1986. Le temps physiologique n'a pratiquement pas varié, à 12 h 4 par jour, alors que le temps de sommeil a diminué de 10 minutes. La compensation s'est effectuée par le temps des repas, qui s'est allongé de 12 minutes (essentiellement ceux avec des parents ou amis).

Les différences entre les sexes restent marquées. Les hommes passent plus de temps que les femmes à table, mais moins pour se préparer. Si les femmes consacrent moins de temps aux tâches domestiques (une demi-heure de moins pour les inactives, 7 minutes pour les actives), les hommes n'ont guère augmenté celui qu'ils leur accordent : une heure pour les actifs, contre un peu plus de 3 heures pour les actives ; 1 h 35 pour les inactifs, contre 4 heures pour les inactives. Même lorsqu'ils sont seuls, les hommes consacrent beaucoup moins de temps aux tâches ménagères que les femmes. Soit parce qu'ils n'en ont pas l'habitude, soit parce qu'ils leur attachent moins d'importance.

● *Les Français passent en moyenne 32 minutes de plus hors de chez eux : 6 h 21 en 2005 contre 5 h 49 en 1999.*

Entre 1985 et 1999, le temps de travail quotidien avait augmenté pour les salariés à temps plein...

Pendant ces quinze années, le temps professionnel d'un actif occupé s'était réduit de 14 minutes par jour (8 %). Mais, pour les salariés à temps complet (hors enseignants), la durée de la journée de travail était passée de 8 h 21 à 8 h 29 entre 1986 et 1999, soit 8 minutes de plus. Ce paradoxe s'explique par la proportion croissante de salariés à temps partiel (p. 270) et la baisse du nombre des agriculteurs et des indépendants, deux catégories travaillant un nombre d'heures plus élevé que la moyenne.

Dans le secteur privé, la journée de travail des cadres s'était allongée d'une demi-heure (12 minutes dans le secteur public), celle des employés et des professions intermédiaires de 10 minutes. Elle avait au contraire baissé de 6 minutes pour les ouvriers. Le temps de trajet domicile-travail n'avait pas varié : 20 minutes.

Le temps dont on dispose varie de façon sensible en fonction des individus et des moments de la vie. Ainsi, près des deux tiers des Français n'exercent pas d'activité professionnelle (enfants, étudiants, inactifs, chômeurs, retraités...). Ils n'ont pas les mêmes contraintes ni la même perception du temps que les actifs. On observe enfin que les personnes ayant une activité professionnelle dorment en moyenne une heure de moins que les autres.

... mais il a fortement diminué avec la semaine de 35 heures.

Au contraire de la précédente, la prochaine enquête sur l'emploi du temps

des Français devrait montrer une forte diminution du temps de travail quotidien, liée à la généralisation de la semaine de 35 heures. Entre mars 1995 et mars 2001, la durée moyenne de travail des salariés à temps plein avait diminué de 1 h 20, avec 43 % de salariés concernés par la loi.

Fin 2005, la mise en application était quasi généralisée. Mais la réduction globale est appliquée différemment selon les branches, les entreprises et les fonctions exercées. Les ouvriers bénéficient le plus souvent d'une baisse de la durée quotidienne, tandis que beaucoup d'employés peuvent la cumuler sur une semaine ou sur un mois et prendre leur RTT sous la forme de demi-journées ou de journées. Les cadres, de leur côté, la récupèrent sous forme de congés supplémentaires, qui représentent environ deux semaines par an. D'une manière générale, les salariés ont tendance à contracter la journée de travail, avec des pauses réduites et un temps de déjeuner plus court (la fréquentation de la restauration rapide et les commandes de plats préparés ont augmenté).

Relation au temps

Le rapport au temps est paradoxal.

Les Français n'ont jamais disposé en moyenne d'un capital-temps aussi abondant depuis le début de l'ère industrielle. Les dernières années ont été sur ce plan décisives, avec le passage à la semaine de travail de 35 heures. Pourtant, ils sont très nombreux à avoir le sentiment d'en manquer, comme l'indiquent de nombreuses enquêtes. Les

95

Jours de France

Emploi du temps quotidien des Français, selon le sexe et le statut d'occupation (1999, en heures et minutes)

	HOMME		FEMME		TOTAL ACTIFS OCCUPÉS	EN-SEMBLE
	Actif occupé	Inactif	Active occupée	Inactive		
Temps physiologique	11 h 22	12 h 39	11 h 35	12 h 37	11 h 28	12 h 04
Sommeil	8 h 30	9 h 34	8 h 37	9 h 32	8 h 29	9 h 03
Toilette	42	46	49	53	45	48
Repas	2 h 16	2 h 18	2 h 09	2 h 12	2 h 13	2 h 14
dont repas avec amis, parents...	43	34	38	33	41	37
Temps professionnel et de formation*	6 h 22	1 h 32	5 h 01	59	5 h 46	3 h 23
Travail professionnel	5 h 42	13	4 h 28	5	5 h 09	2 h 32
Trajets domicile-travail	37	9	30	5	34	20
Études	1	1 h 07	0	47	1	29
Temps domestique	1 h 59	2 h 55	3 h 48	4 h 47	2 h 48	3 h 26
Ménage, cuisine, linge, courses...	1 h 04	1 h 35	3 h 06	3 h 58	1 h 58	2 h 30
Soins aux enfants et adultes	11	6	27	26	18	18
Bricolage	30	36	4	5	18	18
Jardinage, soins aux animaux	14	38	11	18	13	20
Temps de loisir	2 h 57	5 h 06	2 h 19	3 h 57	2 h 40	3 h 55
Télévision	1 h 47	2 h 44	1 h 24	2 h 28	1 h 37	2 h 07
Lecture	16	36	17	30	17	25
Promenade	15	32	14	22	14	20
Jeux	12	30	6	15	9	16
Sport	10	15	5	5	8	9
Temps de sociabilité (hors repas)	47	1 h 10	43	1 h 04	45	56
Conversations, téléphone, courrier	13	20	16	22	15	18
Visites, réceptions	26	36	22	33	24	29
Temps libre (loisirs et sociabilité)	3 h 44	6 h 15	3 h 02	5 h 01	3 h 25	4 h 31
Transport (hors trajets domicile-travail)	33	38	34	35	34	35
TOTAL	24 h 00	24 h 00	24 h 00	24 h 00	24 h 00	24 h 00

INSEE

* La prise en compte des samedis et dimanches rend étonnants les temps quotidiens de travail ou d'études.

plus concernées sont les femmes, qui doivent mener de front plusieurs existences et se comporter comme si chacune d'elles était unique. L'aisance financière ne donne pas apparemment plus de sentiment de liberté par rapport au temps et à ses contraintes : plus le revenu est aisé et plus on se plaint du manque de temps, avec un maximum chez les cadres supérieurs.

Ce paradoxe temporel, caractéristique de l'époque, s'explique par plusieurs raisons. Il est dû en partie par le fait que le supplément de temps libre n'est pas réparti uniformément au cours de la vie ; il est en effet surtout concentré pendant la période de retraite. De plus, une partie croissante de ce temps est utilisée pour se rendre des services à soi-même, dans un souci d'économie, de satisfaction personnelle ou d'indépendance. Mais l'explication principale tient à l'accroissement du nombre de sollicitations marchandes dont chacun est l'objet pour utiliser le temps (et l'argent) dont il dispose. Le désir d'essayer tous les produits vantés par la publicité, de pratiquer toutes les activités proposées, de vivre toutes les expériences possibles entraîne parfois une boulimie de consommation. Il engendre aussi une grande frustration ; il faudrait en effet disposer de nombreuses vies pour satisfaire toutes les envies et une insatiable curiosité. La disposition de nouvelles technologies de communication (téléphone portable, ordinateur connecté à Internet) ne change rien à l'affaire. D'une manière générale, l'usage des médias est au contraire de plus en plus *chronophage*. Les Français consacrent chaque jour plus de trois heures à la télévision, autant à la radio, et ils passent de plus en plus de temps au téléphone ou sur Internet (13 heures par semaine pour les internautes). Les « chronodépendants » sont plus nombreux que les « chrono-maîtres », capables de gérer leur temps sans en être les esclaves.

La mise en place des 35 heures a déclenché une réaction en chaîne.

Le passage de la semaine de 39 heures de travail à 35 heures a représenté une diminution de 10 %. Elle a eu un effet beaucoup plus important sur le temps de loisir. Il a par exemple augmenté de 25 % pour un salarié qui s'est vu attribuer une demi-journée de liberté supplémentaire par semaine, s'ajoutant aux deux journées de week-end

Plus de temps libre, moins de liberté ?

Dans sa définition habituelle, la notion de liberté s'oppose à celle de contrainte. Le temps de travail étant considéré comme subi, il est le contraire du temps libre. Pourtant, le travail est, au sens pascalien, un « divertissement », dans la mesure où il remplit la vie et empêche de penser à la mort. Il ne serait donc pas si différent du temps dit libre, dont une grande partie est précisément utilisée pour se divertir.

On peut aussi remarquer que le qualificatif *libre* est, dans le langage courant, opposé à *occupé.* Comme une chaise ou une place de parking, une personne peut être en effet libre (disponible) ou au contraire occupée (engagée dans une activité). Or, il est apparent que les Français cherchent de plus en plus à occuper leur temps libre, car la nature (humaine en particulier) a horreur du vide. La démonstration en est donnée par le nombre de leurs acti-

vités, à la fois domestiques et hors du foyer. À leur décharge, il faut préciser que la gestion (idéalement la maîtrise) de la vie individuelle requiert de plus en plus de temps. L'autonomie implique une activité de tous les instants, car il faut prendre de nombreuses et difficiles décisions concernant la vie professionnelle, familiale, sociale ou personnelle. Comme le téléphone portable, le téléviseur ou l'ordinateur, chaque individu reste en état de veille permanente ; comme eux, il dépense ainsi une partie de son énergie.

On peut alors se demander si l'augmentation du temps libre se traduit pour le bénéficiaire par une plus grande liberté ou par un asservissement accru. Cette réflexion d'ordre philosophique sur l'utilité personnelle du travail et sur l'apport du temps libre au bonheur de vivre devrait être au cœur des débats dans les années à venir. On observe en tout cas aujourd'hui une interpénétration croissante des notions de travail et de loisir.

dont il bénéficiait déjà. Cet effet de levier a entraîné une véritable réaction en chaîne, dont on n'a guère étudié encore les effets, alors qu'ils sont considérables.

Comme la nature en général, la nature humaine a horreur du vide. Le temps libre dégagé est donc un temps qu'il faut « occuper ». Mais il peut difficilement être occupé de façon totalement gratuite. Les tentations sont en effet très nombreuses, dans une société hédoniste, d'acheter des « satisfactions » de toute nature à travers les produits, services et biens d'équipement proposés par le système de la consommation. Mécaniquement, le fait de disposer de plus de temps pour profiter de

ces plaisirs entraîne une dépense plus importante ; les heures de « loisir marchand » coûtent de l'argent, alors que les heures de travail en rapportent.

C'est l'une des explications possibles de l'impression, si répandue depuis quelques années en France que le pouvoir d'achat diminue ; on a pu d'ailleurs observer un accroissement de ce sentiment avec la mise en place des 35 heures. Il est en effet impossible à qui que ce soit (y compris le plus aisé) de remplir toutes les heures disponibles en profitant de tous les bienfaits de la société de consommation. D'autant que celle-ci, dans le contexte délétère actuel, tend à devenir une société de consolation : « Je dépense, donc je suis. »

Les Français sont impatients...

L'homme et la femme modernes sont des individus pressés : 40 % estiment qu'ils « courent toujours » et que « le temps passe trop vite » (Secodip/TNS, janvier 2005). Le souci de la rapidité est présent dans tous les actes de leur vie courante. Chacun court pour aller prendre son train au dernier moment, réduit le temps de préparation de ses repas en réchauffant au four à micro-ondes des plats surgelés ou en se faisant livrer à domicile. Avec la télé-commande, on zappe d'une chaîne de télévision à l'autre et l'on « regarde » plusieurs émissions à la fois.

Le téléphone portable permet de marcher, de conduire (bien que ce soit interdit), voire de manger, tout en organisant sa vie professionnelle, familiale ou amicale. Internet est l'outil idéal pour rédiger et envoyer rapide-ment son courrier, effectuer ses achats, trouver des informations ou faire des rencontres virtuelles. Le haut débit s'impose pour réduire le temps d'af-fichage des pages ; sur les sites mar-chands, les acheteurs potentiels refu-sent de cliquer plus de trois fois pour accéder aux offres qui les intéressent. Le développement des services rapides (photos ou lunettes en une heure, jeux à gratter, livraisons...) s'inscrit dans la même logique.

Pour beaucoup, il est devenu insup-portable d'attendre aux caisses des magasins, aux guichets de l'Adminis-tration, chez le médecin (les malades ne sont plus des « patients »). Il en est de même dans les embouteillages, au téléphone, devant le four à micro-ondes ou même une page Web qui ne s'affiche pas instantanément. Dans les hypermarchés, le temps moyen passé pour faire ses courses était de 90 minu-tes en 1980 ; il a été depuis divisé par deux, alors que le nombre de produits référencés s'est largement accru.

Dans la vie professionnelle, les actifs se disent volontiers surchargés, et l'or-ganisation de réunions tient souvent du parcours du combattant. Dans la vie extraprofessionnelle, l'organisation d'un simple dîner entre amis est tout aussi difficile ; elle implique souvent des changements de date, des désiste-ments de dernière minute, des retards de la part des personnes conviées. On constate même dans les ascenseurs que le bouton le plus utilisé est celui de la fermeture rapide des portes, alors que c'était auparavant celui du rez-de-chaussée (étude Otis, 2003). Faire les choses rapidement donne l'impres-sion de vivre intensément. La contre-partie, démontrée par Einstein, est que « plus l'on va vite et plus le temps est court ».

... et veulent réduire les « temps morts » au profit des « temps forts ».

Ce temps qu'ils gagnent en utilisant les moyens qui leur sont proposés, les Français veulent le réinvestir dans les activités qui leur procurent le plus de satisfaction, c'est-à-dire généralement dans les loisirs. Tout l'art contemporain de la gestion du temps est orienté vers la réduction des « temps morts » ou ressentis de façon désagréable (atten-tes aux caisses des magasins, embou-teillages, recherche de places de sta-tionnement...) au profit des « temps forts », que l'on cherche à multiplier et à prolonger.

On observe ainsi un étalement des temps qui étaient autrefois concentrés et vécus comme des contraintes. C'est le cas notamment des courses, qui peu-vent être faites à d'autres moments de la semaine que le samedi après-midi. Les temps de loisir sont aussi mieux répartis tout au long de la semaine et de l'année. Les transports en commun sont utilisés de façon plus harmonieuse. Les Français souhaitent d'ailleurs un élar-gissement des heures d'ouverture des magasins et des services publics, afin de favoriser cet étalement. La libéra-tion du samedi facilite pour les caté-gories « populaires » le rapprochement avec les pratiques en vigueur dans les milieux aisés ou chez les retraités.

Cette course toujours renouvelée contre le temps est en fait une course contre la mort ; il s'agit de « tuer le temps » avant qu'il ne tue. Cette nou-velle relation au temps entraîne un nouveau rapport au corps (p. 16). L'objectif est de rester jeune long-temps sans laisser apparaître les mar-ques ou les stigmates du vieillissement. Le recours croissant aux crèmes anti-rides, aux antioxydants ou à la chirur-gie esthétique en témoigne. Mais cette lutte est épuisante, souvent vaine, et elle engendre beaucoup de stress. La volonté d'occupation de son temps engendre la suroccupation... puis la préoccupation. C'est pourquoi certai-nes personnes, lassées de cette fuite en avant, redécouvrent les vertus de la lenteur.

Les activités de la vie sont de plus en plus imbriquées...

Les différents temps de la journée sont de moins en moins exclusifs et uni-voques. Ils se mélangent les uns aux autres dans un *zapping* généralisé. On peut ainsi s'occuper de ses affaires personnelles sur son lieu de travail, mais aussi travailler chez soi le soir ou le week-end. On peut regarder la télévision en mangeant comme le font 58 % des ménages (Domoscope Unile-ver 2004) ou en faisant sa culture phy-sique, téléphoner en marchant ou en conduisant, etc. Pour la plupart des Français, le temps n'est plus découpé de façon linéaire, avec une succession de moments distincts (professionnels, familiaux ou personnels...).

La tendance est de faire plusieurs choses à la fois, de mélanger les composantes de la vie. Le téléphone portable est sans aucun doute l'objet emblématique de cette évolution. Il autorise cette confusion des genres et donne la possibilité de laisser ouvertes toutes les options, sans planification préalable. Grâce à lui, le temps n'est plus figé mais flexible, voire élastique. Les temps de la vie sont ainsi de plus en plus déstructurés. Les heures de repas

sont moins rigides et la pratique du grignotage a lieu à n'importe quel moment de la journée (p. 170). Les Français ne sont plus synchrones (avec une conception unique du temps) mais polychrones ; ils adoptent plusieurs temps, qui s'entremêlent tout au long de la journée, de la semaine et de la vie.

> ... de même que le temps et l'espace.

Les progrès considérables en matière de communication ont radicalement transformé la relation au temps et à

l'espace. Le vieux rêve de l'ubiquité a été réalisé grâce aux moyens de transport et surtout à l'électronique. Le téléphone portable permet d'être physiquement présent à un endroit et virtuellement à un autre (par le texte, le son ou l'image). Internet accroît cette faculté dans des proportions considérables, favorisant une confusion croissante entre le réel et le virtuel. Le « temps réel » n'est rien au fond d'autre qu'une nouvelle conception de l'espace.

Le temps est lui-même devenu de l'information, matière première essentielle de ce début de troisième millénaire. Le « travail du temps », caractéristique de la société de communication, devient plus important que le temps du travail. L'accroissement de la vitesse des échanges et le raccourcissement du temps qui en résulte offrent des occasions nouvelles, tant aux individus qu'aux nations. Mais ils posent aussi des problèmes nouveaux, en supprimant les repères temporels et spatiaux traditionnels. La « réalité virtuelle » est fondée sur une disparition de l'espace réel et sur la prise en compte d'un temps devenu virtuel. Face au malaise socio-temporel de l'homme « postmoderne » ou « hypermoderne », il sera nécessaire de l'aider à se réapproprier le temps (en distinguant notamment l'urgent) et se resituer dans l'espace en lui proposant de nouveaux repères dans le monde réel-virtuel.

La tentation de la lenteur

La difficulté qu'éprouvent les Français à gérer le temps dont ils disposent le rend d'autant plus rare et précieux à leurs yeux. La frustration qui en découle pourrait entraîner à l'avenir une résistance au système marchand (p. 345) et conduire à des modes de vie plus ascétiques. Elle pourrait favoriser l'apparition de contre-cultures et de formes nouvelles de marginalité. Ainsi, le concept de *slow food* est un contrepoint au *fast food* (et à son corollaire dans l'esprit de certains, la « malbouffe »). La *slow life* est une revendication croissante de la part des urbains stressés. Elle explique par exemple le mouvement de néoruralité, qui autorise un rythme de vie plus lent que celui des villes et une plus grande harmonie avec la nature (p. 156). L'image des produits biologiques est associée à celle d'une forme d'agriculture moins intensive, qui laisse le temps aux légumes et aux fruits de mûrir. On observe aussi un engouement pour des pratiques comme le yoga, la marche, le bouddhisme, la sophrologie, les gymnastiques douces

ou des thérapies destinées à désintoxiquer les « drogués » du temps. La sensation d'avoir le temps ou de le prendre sera sans doute le véritable luxe de demain.

Le succès de la guerre déclarée par les pouvoirs publics à la vitesse en voiture est une autre illustration de cette tendance. S'il s'explique évidemment par la peur du gendarme, il montre aussi que les Français sont conscients que la vitesse tue, non seulement en étant la cause d'accidents mortels, mais aussi de façon symbolique. La disparition du *Concorde* et le lancement presque simultané du paquebot *Queen Élizabeth II* ont constitué un raccourci particulièrement révélateur de cette recherche de lenteur ; le luxe n'est plus aujourd'hui de traverser l'Atlantique en trois heures, mais en quelques jours. Confrontés à l'accélération du temps, beaucoup de Français voudraient désormais réapprendre la lenteur. Et pouvoir « perdre » leur temps plutôt que se tuer à en gagner. Toutefois la solution sera sans doute d'alterner les deux attitudes en fonction des contraintes et des envies.

> Les Français ne parviennent plus à se projeter dans l'avenir...

En bons Gaulois, les Français craignent que « le ciel leur tombe sur la tête » et que l'avenir soit porteur de difficultés dans leur vie personnelle (santé, intégrité physique et mentale...), familiale (divorce, séparation...) ou professionnelle (licenciement, perte d'emploi...). Ce pessimisme concerne aussi la vie collective (p. 203). Il se nourrit des menaces écologiques, démographiques, nucléaires, climatiques, géopolitiques ou terroristes. S'il constitue une sorte de singularité nationale, il repose aussi sur une donnée objective : le temps qui passe rapproche chacun de sa mort. Il est moins un allié qu'un ennemi.

Dans ces conditions, il apparaît de plus en plus difficile de se projeter dans l'avenir, d'autant que la promesse religieuse d'un paradis « ailleurs et plus tard » paraît moins convaincante dans une société laïque. La tentation est alors de vivre dans l'instant et d'adopter la stratégie du *carpe diem*. Cette culture de l'immédiat est favorisée par l'accélération du temps et la contraction de l'espace, elles-mêmes liées au développement des réseaux de communication « en temps réel ». Internet et les nouveaux modes de communication multimédias et interactifs sont les symboles de l'ubiquité et de la transformation de l'espace-temps dans le monde contemporain (p. 444).

La difficulté à se projeter dans le futur, mais aussi à vivre dans le présent, explique la nostalgie de beaucoup de Français et leur tendance à idéaliser le passé (le « bon vieux temps »), à penser que « c'était mieux avant ». Ce grand mouvement de régression temporelle se traduit par un intérêt croissant pour les traditions, la mémoire, l'histoire, les origines de l'humanité, les commémorations. Il a aussi une dimension individuelle, avec un intérêt pour son propre passé, notamment

● *En moyenne, les Français dorment 7 heures 30 sur 24 : 7 heures en moyenne durant la nuit et 1 heure 10 pendant la sieste (effectuée en moyenne par un Français sur trois).*

Le temps, valeur suprême mais relative

La théorie de la relativité d'Einstein s'applique bien au temps tel qu'il est vécu par chaque individu. Il est d'abord appréhendé différemment selon l'âge ; on est paradoxalement plus pressé lorsqu'on est jeune que lorsqu'on est âgé. La perception varie aussi selon la profession ; les cadres apparaissent plus impatients que les employés ou les agriculteurs, pour des raisons objectives (emploi du temps surchargé) ou subjectives (volonté de se donner l'image de quelqu'un de débordé). Elle diffère enfin selon le système de valeurs : certains ont une vision positive du temps qui s'écoule et qui apporte un peu plus d'expérience et de sagesse ; d'autres acceptent mal la lutte permanente (et finalement vaine) contre le temps...

Le temps est aussi relatif dans la mesure où sa « valeur » diffère selon l'utilisation qu'on en fait. Ainsi, les « longues » minutes consacrées à faire la queue pour acheter un ticket de cinéma valent moins que celles que l'on passe dans la salle lorsque le film est passionnant. Il en est de même dans toutes les circonstances de la vie : le temps n'a pas la même durée perçue selon qu'on se trouve dans un aéroport ou dans l'avion, qu'on attend un appel téléphonique ou qu'on parle avec son interlocuteur, etc.

Enfin, le temps a été pendant des siècles indiqué de manière « relative » par les outils qui permettaient de le mesurer. Les aiguilles de la montre analogique ou de l'horloge (ou l'ombre sur le cadran scolaire) se positionnent sur un cercle et permettent de situer le temps écoulé ou à venir entre deux positions. Cette perception a changé avec l'arrivée des mesures digitales. L'écran fournit une heure « absolue » sous forme de chiffres ; on ne peut visuellement la relier à une autre heure et la notion de durée disparaît. Ce système a d'ailleurs été rejeté par la majorité des consommateurs. Il est mieux accepté par les jeunes, ce qui traduit leur attachement à l'instant présent plutôt qu'à la continuité entre présent, passé et futur.

sur l'enfance, d'où l'intérêt actuel pour la généalogie, les produits collectors ou les émissions de télévision fondées sur les images d'archives.

> ... et l'improvisation a pris le pas sur la planification.

La transformation de la relation au temps s'accompagne d'abord d'un transfert du collectif vers l'individuel. Elle explique aussi l'importance croissante du tribalisme, des identités régionales, des corporatismes et des communautarismes, qui sont autant de façons de ne pas vivre seul. Elle traduit l'hésitation des Français à s'impliquer dans la durée, leur préférence croissante pour

des expériences courtes et renouvelées. Elle marque le triomphe de l'improvisation permanente sur la planification. On peut par exemple l'observer dans le développement des VDM (ventes de dernière minute) en matière de tourisme ou de réservations de spectacles.

Le temps individuel est celui du présent et de l'instant. Il ne fait guère de place aux projets à long terme, encore moins aux utopies. Face aux enjeux de la modernité, les deux principales réponses sont le « principe de précaution » prôné par les *Mutins* et la fuite en avant choisie par les *Mutants* (p. 231). Les valeurs de fidélité, d'effort ou d'engagement personnel passent au second plan. Il s'agit d'être flexible, de s'adapter au changement pour « passer entre les gouttes » ou tirer avantage des occasions qui se présentent, dans une démarche opportuniste.

Dans la civilisation en préparation (p. 238), la notion de futur est de plus en plus occultée. L'homme contemporain ne croit plus vraiment au progrès (p. 249). S'il est conscient de l'avancée spectaculaire de la science, de la technologie et de leurs promesses, il sait combien leurs réussites sont ambivalentes et redoute qu'elles conduisent à la catastrophe finale dans un monde globalisé. C'est pourquoi il préfère se situer dans le temps présent. Il y recherche des satisfactions immédiates et renouvelées qui sont susceptibles de remplir le vide existentiel dans lequel il se trouve plongé.

Le temps qui passe n'est pas indifférent au temps qu'il fait.

La préoccupation croissante des Français pour le temps ne concerne pas seulement son écoulement et la volonté de le prolonger et de le maîtriser. Elle s'applique aussi au temps qu'il fait, comme en témoigne leur intérêt marqué pour la météorologie. Celle-ci constitue en effet la première demande en matière d'information et elle a pris une importance croissante dans les médias.

Les « conditions » météo conditionnent le moral de la journée, la circulation des week-ends, la fréquentation des lieux de vacances en été comme en hiver. Les différences de climat expliquent en grande partie les migrations de population entre les régions, dans lesquelles l'héliotropisme joue un rôle croissant. Le temps est au centre des conversations quotidiennes ; il représente le dernier lien entre l'homme urbain et la nature. C'est pourquoi les Français sont proches des saisons,

comme en témoigne leur attachement à l'heure d'été, introduite dans la plupart des États membres de l'Union européenne au cours des années 70 (elle l'avait été en 1916 au Royaume-Uni et en Irlande) et généralisée en 1996.

Les changements climatiques de ces dernières années et la perspective d'un réchauffement planétaire entretiennent le sentiment d'une dégradation de l'environnement. Ils illustrent le processus destructeur mis en œuvre par l'homme, qui, après avoir concerné les espèces végétales et animales, pourrait causer demain sa propre perte. La

---

● *En moyenne, les Français déclarent passer 9 minutes par semaine à attendre l'aide d'un vendeur dans un magasin, 17 minutes à faire la queue à la caisse pour payer.*

Les jours et les nuits

48 % des Français se disent plutôt « du soir » (Domoscope Unilever 2005). C'est le cas de 53 % des hommes et de 44 % des femmes, mais de 70 % des 18-24 ans. 46 % sont plutôt « du matin » (49 % des femmes, 42 % des hommes, 29 % des 18-24 ans). 85 % se disent plutôt de bonne humeur le matin en se levant (68 % des 18-24 ans, 92 % des 65 ans et plus), 14 % plutôt de mauvaise humeur (32 % des 18-24 ans, 5 % des 65 ans et plus). Pour 28 %, l'humeur dépend du temps qu'il fait, pour 22 % de la qualité de la nuit qu'ils ont passée, pour 19 % du programme de la journée, pour 16 % de l'humeur de l'entourage, pour 6 % du jour de la semaine.

On observe une importance croissante de la vie nocturne, notamment

canicule de l'été 2003 a constitué à cet égard un véritable coup de semonce. L'évolution du temps qu'il fait n'est pas sans lien avec le temps qui passe. Ni avec celui qui reste à chaque homme et à l'humanité tout entière.

Les rythmes collectifs ne sont plus synchrones avec les rythmes individuels.

La diminution de la semaine de travail à 35 heures a constitué une nouvelle rupture dans la relation au temps des actifs. Elle s'inscrit dans un mouvement de fond qui se développe depuis des décennies et qui concerne l'ensemble de la société. Le découpage traditionnel de la vie entre formation, travail et retraite apparaît ainsi de plus en plus artificiel. Il ne correspond pas plus à la demande sociale qu'aux nécessités économiques. Les Français souhaitent

chez les jeunes. Le chiffre d'affaires des établissements concernés a doublé entre 1990 et 2000. Les « bars à ambiance » et les boîtes de nuit connaissent une croissance régulière. Si beaucoup de Français sont fascinés par la nuit, c'est qu'elle comporte une dimension magique par rapport au jour et que celui-ci est de plus en plus marqué par l'incertitude et le stress. La nuit, les lieux, les activités et surtout les gens sont différents, plus ouverts, plus disposés à communiquer et à faire la fête.

Ce n'est pas par hasard que les marques de tabac, d'alcool, mais aussi de vêtements, d'accessoires de mode ou de parfum s'efforcent de conquérir le public noctambule, qui est à la fois plus disponible et plus influent que celui du jour.

pouvoir alterner au cours de leur vie des périodes d'apprentissage, de travail et de loisirs. La lutte contre le chômage et l'évolution des mentalités justifient la mise en place d'un travail à temps choisi. Celui-ci permettrait non seulement de mieux partager l'emploi, mais aussi d'accroître la motivation des travailleurs, qui seraient donc à la fois plus efficaces et plus heureux.

Il faudra demain être capable de répondre à la fois à un besoin de rapidité, voire d'urgence (notamment dans les actes de consommation), et à la quête de lenteur qui se manifeste. Les Français voudront pouvoir faire leurs courses tard le soir ou le dimanche, utiliser les services publics sept jours sur sept, choisir les dates de leurs vacances et, pour ceux qui ont des enfants, ne pas dépendre du calendrier scolaire. Les magasins et les centres commerciaux devront réconcilier des pratiques temporelles opposées en proposant aux personnes pressées des parcours rapides avec des circuits courts, et aux autres la possibilité de flâner et de « prendre son temps ». L'évolution en cours implique une révision complète des temps sociaux (horaires de travail, fins de semaine, congés payés, retraite...).

Les rythmes collectifs étaient autrefois imposés par la religion, les saisons et le travail agricole, les obligations physiologiques (repas et repos). Ils ont été modifiés par le travail industriel (et les congés annuels qui le ponctuaient), puis les médias de masse comme la télévision (avec les grands rendez-vous d'information et de divertissement). Ils fournissaient en même temps des rites sociaux (religieux ou laïques) et des points de repère. Mais ils sont de moins en moins compatibles avec les rythmes individuels, dans lesquels l'humeur et l'improvisation tiennent une place croissante. Le temps à soi (et pour soi) est désormais plus important que le temps des autres.

Une véritable révolution temporelle est en marche.

Le fonctionnement de la société française est encore centré sur la notion de travail. Le travail permet non seulement de gagner sa vie, mais de se construire une identité, de s'exprimer et d'appartenir à la collectivité. Il constitue encore un support privilégié des liens sociaux. C'est d'ailleurs le temps de travail qui justifie, par opposition, l'existence du temps libre et qui lui donne sa valeur. Beaucoup de chômeurs ressentent ainsi un sentiment d'inutilité. Le temps libre des retraités apparaît plus légitime, car « mérité » par une vie professionnelle antérieure.

La société en préparation ne sera plus organisée autour du travail, mais fondée sur le temps libre. Le loisir a pris une place croissante dans la vie des gens. Les pressions sociales se font moins fortes pour rendre l'activité (au sens de travail rémunéré) obligatoire. Il est aujourd'hui socialement moins difficile d'être chômeur ; il sera demain possible, voire valorisant, d'alterner des périodes de travail et d'inactivité, de s'épanouir par ses loisirs autant, sinon plus, que par son travail. Cette possibilité est déjà inscrite dans le système de valeurs des jeunes.

On assiste donc à la recherche d'une plus grande harmonie entre les nécessités collectives et les aspirations individuelles. La vie des individus et des familles en sera bouleversée, de même que l'ensemble du système social. Cette révolution du temps est en réalité porteuse d'un véritable changement de civilisation. Elle en est même sans doute le principe fondateur.

● 62 % des actifs interrogés déclarent profiter de l'heure du déjeuner pour faire des courses et effectuer des démarches administratives, 31 % pour naviguer sur Internet, 30 % pour partir en promenade et faire du lèche-vitrines, 19 % pour prendre rendez-vous chez le coiffeur, et 10 % pour faire du sport.

FAMILLE

LE COUPLE

Mᴀʀɪᴀɢᴇ

Après la baisse de 2001 à 2004, le nombre des mariages s'est stabilisé en 2005.

L'engouement pour le mariage constaté entre 1998 et 2000 avait laissé croire à un retournement de tendance. Il s'expliquait par des raisons à la fois conjoncturelles et fiscales. Les Français avaient eu le sentiment d'une embellie économique, dans un contexte exceptionnel de changement de siècle et de millénaire. L'envolée matrimoniale avait connu son aboutissement en l'an 2000 (305 385 contre 293 717 en 1999), un certain nombre de couples ayant symboliquement avancé (ou retardé) la date de leur mariage. Par ailleurs, l'amendement de Courson (voté en 1996) avait rendu le mariage plus favorable que l'union libre en matière d'impôts et de succession.

Le nombre des mariages était revenu dès 2001 au niveau de 1999, avec 286 320 unions. La baisse s'était poursuivie entre 2002 et 2004. Elle a été enrayée en 2005, avec un nombre d'unions de 278 000, semblable à celui de 2004. Cette stabilisation a été obtenue malgré une évolution défavorable de la pyramide des âges. La part des personnes en âge de se marier (notamment autour de 30 ans) est en effet en diminution, les générations de baby-boomers étant remplacées par des générations moins nombreuses, nées à une période de plus faible natalité. Le nombre des remariages s'est légère-

ment accru, mais il reste plus stable (un mariage sur cinq) que celui des mariages, ce qui s'explique aussi par l'évolution de la pyramide des âges, marquée par le poids important des baby-boomers dans les tranches plus élevées, davantage concernées par le divorce et donc par le remariage.

Le taux de nuptialité s'établissait à 4,4 mariages pour mille habitants en 2005, contre 5 en 2000. Il est inférieur à la moyenne européenne (4,8 en 2004 pour l'Union à vingt-cinq). Il atteint ou dépasse 7 au Danemark, à Chypre et à Malte. Il est également plus élevé aux États-Unis (7,5 en 2003) malgré une baisse régulière, ainsi qu'au Japon (5,8 en 2003).

Quatre mariages sur cinq concernent des célibataires ; leur part a diminué, tandis que celle des remariages s'est légèrement accrue.

La nuptialité a diminué fortement depuis le début des années 70.

Le nombre maximal des mariages avait été atteint avec 417 000 unions en 1972, et un taux de nuptialité proche de 8 pour mille habitants. La nuptialité a ensuite chuté dans des proportions spectaculaires, atteignant en 1993 son niveau le plus bas du siècle, à l'exception des périodes des deux guerres mondiales. La baisse avait touché l'ensemble des pays d'Europe. En France, elle avait été particulièrement forte en Île-de-France, en Limousin et surtout dans le Nord-Pas-de-Calais et en Lorraine.

Ce déclin doit cependant être relativisé. Le nombre des mariages avait augmenté anormalement entre 1968 et 1972, sous l'effet de l'arrivée à l'âge

Les mariages du siècle

Évolution du nombre annuel de mariages (en milliers)

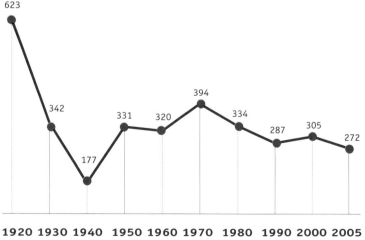

Le mariage homosexuel en débat

La législation de 1999 créant la possibilité pour des homosexuels d'officialiser leur vie commune en recourant au pacs a été adoptée en France au terme d'un débat assez court, compte tenu des enjeux. Il avait cependant été précédé d'une réflexion plus longue, qui avait abouti à la reconnaissance du fait homosexuel et à son acceptation par le plus grand nombre. La législation française a trouvé depuis des équivalents dans d'autres pays de l'Union européenne : Danemark, Suède, Finlande, Portugal, Luxembourg. Au Royaume-Uni, le *civil partnership* entré en application en décembre 2005 prévoit des droits comparables à ceux du mariage. Celui-ci est autorisé pour les homosexuels aux Pays-Bas, en Belgique et en Espagne. Aux États-Unis, il avait été l'un des éléments de la campagne présidentielle de 2004, avec l'initiative du maire de San Francisco de marier des centaines de couples homosexuels. Il a été légalisé au Massachusetts et il l'est depuis 2005 dans l'ensemble du Canada. En France, une initiative (illégale) avait été prise par Noël Mamère, maire de Bègles, en juin 2004.

Selon les partisans du mariage gay, le pacs a comblé des lacunes, mais n'a pas réglé l'ensemble des questions liées à la fiscalité, au droit au séjour et à la filiation. La réflexion à venir devrait porter sur trois aspects distincts mais complémentaires. Le premier (sans doute le plus simple) est juridique : la loi doit-elle traiter de façon différenciée les couples en fonction de leurs caractéristiques sexuelles ? Le deuxième est d'ordre scientifique, anthropologique ou psychanalytique : l'homosexualité est-elle un fait « normal » bien que minoritaire ? Les experts ne sont pas unanimes en ce qui concerne la distinction entre l'identité sexuelle (être homme ou femme) et les préférences ou pratiques sexuelles.

La troisième dimension est sociologique. À travers le problème du mariage des homosexuels, c'est la définition du couple et celle de la famille qui sont en question, d'autant que l'acceptation du mariage implique probablement celle de l'adoption d'enfants par les couples concernés. Les enquêtes d'opinion montrent que beaucoup de Français, qui souffrent déjà d'une perte des repères individuels et collectifs, ne sont pas prêts à accepter facilement et rapidement une révision si importante des fondements de la société. Il faut enfin noter que cette dimension est difficilement séparable de l'influence de la religion sur l'histoire, la culture et la civilisation, même dans une société laïque.

Interrogés en janvier 2006 (AACC-TF1/TNS), 81 % des Français estimaient « certaine ou probable » la généralisation du mariage homosexuel dans les dix ans à venir. Mais les sondages donnent des résultats très variables selon les sources, et les souhaits en la matière sont moins forts que les estimations.

---

du mariage des générations nombreuses de l'après-guerre. Il avait aussi été favorisé par l'accroissement des conceptions prénuptiales, à une époque où la liberté sexuelle ne s'accompagnait pas encore d'une large diffusion de la contraception et où les pressions sociales à l'encontre des naissances hors mariage étaient encore fortes. Enfin, l'âge moyen au mariage avait augmenté pendant cette période, alors qu'il avait diminué entre 1950 et le milieu des années 70. Pour toutes ces raisons, la période 1965-1972 constituait une transition entre deux types de comportements différents à l'égard du mariage.

L'autre explication de la baisse est de nature sociologique ; l'intégration des jeunes dans la vie professionnelle s'est faite de plus en plus difficilement avec la montée du chômage et celle de la précarité. Cette situation n'incite guère à la constitution officielle d'un couple et à la création d'un foyer. C'est la raison pour laquelle l'âge moyen au premier mariage continue de reculer (voir ci-après).

Il faut noter que, malgré l'accroissement spectaculaire de l'union libre (p. 109), le mariage reste de loin le mode de vie en couple le plus fréquent : 85 % des adultes vivant en couple sont mariés.

Le pacs connaît un succès grandissant.

Depuis novembre 1999, le pacs (pacte civil de solidarité) permet à deux personnes habitant ensemble de s'unir contractuellement en s'inscrivant au greffe du tribunal d'instance de leur domicile. Destiné à l'origine aux couples homosexuels, le texte a été élargi à l'ensemble des personnes majeures (hors ascendants et descendants en ligne directe, collatéraux tels que frères et sœurs, oncles et nièces jusqu'au troisième degré) souhaitant organiser leur vie commune. Il impose une aide matérielle mutuelle et une solidarité face aux dettes contractées pour les besoins de la vie courante (mais ne prévoit pas de devoir d'assistance ou de fidélité). Il ouvre la possibilité d'une couverture commune par la Sécurité sociale, une imposition unique et un allégement des droits de succession. Chaque partenaire garde son nom.

Le nombre de couples « pacsés » ne cesse de s'accroître depuis sa création. Il a atteint 59 876 en 2005, après

40 100 en 2004, 31 000 en 2003 et 25 000 en 2002. Il représente environ un cinquième du nombre des mariages. Le recours au pacs est plus fréquent dans les grandes villes.

Les données disponibles ne permettent pas de connaître la part des contrats concernant des couples homosexuels. Ce type d'union est aussi utilisé par des hétérosexuels comme un substitut au mariage, moins contraignant et plus facile à rompre. Il est un moyen de légitimer la vie commune de jeunes couples, comme autrefois les fiançailles. On observe aussi le développement de « pacs blancs » qui permettent par exemple à des fonctionnaires d'obtenir plus facilement les mutations qu'ils souhaitent.

Au total, le nombre de pacs est réduit par rapport au nombre de couples cohabitant sans être mariés (environ 2,5 millions, chiffre ne prenant pas en compte les couples homosexuels). 12 % des pacs conclus depuis 1999 avaient été rompus à fin 2004 (dont 7 000 en 2004).

L'âge moyen au mariage a augmenté de 6 ans depuis 1980.

Les femmes qui se sont mariées pour la première fois en 2004 avaient en moyenne 28,8 ans et leurs maris 30,9 ans, contre respectivement 23 et 25,1 en 1980 (29,5 et 27,4 en 1996). Les Français se marient ainsi six ans plus tard qu'il y a un quart de siècle, deux ans plus tard qu'en 1995. L'accroissement actuel est d'un peu moins d'un trimestre par an ; il avait atteint six mois en 1996, à la suite du changement de législation fiscale. Il faut cependant noter que l'âge moyen au premier mariage avait diminué de deux ans en deux siècles ; il lui a fallu beaucoup moins de temps pour augmenter d'autant. Le mariage n'est plus consi-

Des mariés trentenaires

Évolution de l'âge moyen au premier mariage par sexe (en années)

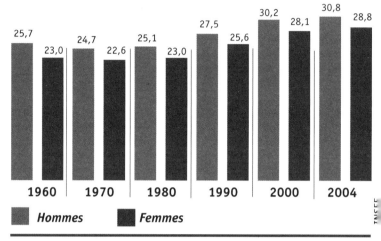

Hommes **Femmes**

déré comme le début de la vie de couple. Celle-ci commence dans la grande majorité des cas par l'union libre, et la transformation, lorsqu'elle a lieu, se produit de plus en plus tard. À 35 ans, plus d'une femme sur quatre ne s'est jamais mariée, une proportion qui a doublé en dix ans. Le report des mariages à des âges plus élevés ne compense pas le déficit enregistré chez les plus jeunes. Les remariages représentent chaque année environ 15 % du nombre total de mariages. L'âge moyen global au mariage (en tenant compte des remariages) a augmenté également de six ans depuis 1970, dépassant 30 ans pour les femmes et 33 ans pour les hommes.

Le paradoxe est que la grande majorité des hommes (70 %) épousent des femmes plus jeunes qu'eux, alors que leur espérance de vie est inférieure à celle de leurs épouses. Ce phénomène explique pour partie la proportion importante de femmes veuves (p. 143).

● **44 % des Français ont déjà connu une nuit de sexe sans lendemain.**

Trois mariages sur dix concernent des couples avec enfants.

Le recul de l'âge au mariage explique la très forte augmentation de la proportion de couples ayant déjà des enfants lorsqu'ils se marient. 32 % des couples étaient dans ce cas en 2004, contre seulement 7 % en 1980. Environ 150 000 enfants ont ainsi assisté au mariage de leurs parents (certains couples ayant plusieurs enfants au moment de leur union). Le phénomène avait été particulièrement marqué en 1996 : le nombre de mariages ayant légitimé un ou plusieurs enfants s'était accru de 37 %, alors que celui des mariages concernant des couples sans enfants n'avait augmenté que de 2 %. La part croissante des remariages et des familles recomposées est une autre explication à ce phénomène.

Cette évolution traduit l'allongement de la durée de cohabitation des couples. Elle se mesure aussi par le très fort accroissement de la proportion d'enfants nés en dehors du mariage :

48,3 % en 2005 contre 10 % en 1980 (43,6 % en 2000). Cette augmentation spectaculaire explique que, si la part des mariages avec légitimation a presque doublé depuis 1980, la proportion d'enfants légitimés par un mariage est stable. Elle est plus fréquente dans les mariages concernant des cadres et des Parisiens.

Un mariage sur cinq concerne au moins un étranger.

En 2004, on a célébré 51 000 mariages comportant au moins un époux étranger, dont 43 000 mixtes et 8 000 entre deux étrangers. Leur part dans l'ensemble des mariages était de 19 %, contre 11 % dix ans plus tôt ; 2004 marque cependant une pause dans la croissance ininterrompue depuis 1997. Elle avait diminué en 1993 et 1994, à la suite du renforcement des contrôles contre l'immigration irrégulière et des mesures modifiant les conditions de séjour et d'accès à la nationalité française. Depuis 1995, le nombre de ces unions a doublé. La proportion d'étrangers dans les mariages est très supérieure à leur

part dans la population, estimée à 6 % (p. 198).

Les nationalités africaines représentent encore plus de quatre mariages mixtes ou étrangers sur dix, un peu plus que ceux concernant des nationalités européennes (qui en représentaient les deux tiers il y a une vingtaine d'années). Bien qu'il soit impossible de les comptabiliser, les unions de complaisance (« mariages blancs ») semblent assez nombreuses. Elles permettent notamment à des étrangers d'obtenir rapidement des titres de séjour. Elles sont souvent organisées par des réseaux structurés.

Les origines géographiques et sociales des époux restent proches.

L'homogamie, qui désigne la propension des individus à se marier avec une personne issue d'un milieu social identique ou proche, reste élevée. Ainsi, la moitié des filles de cadres épousent des cadres. Plus de la moitié de celles d'ouvriers restent en milieu ouvrier ; moins de 6 % vivent avec un cadre. Statistiquement, les individus issus des

milieux modestes ont d'autant plus de chances d'épouser une personne issue d'un milieu plus élevé qu'ils sont plus diplômés et qu'ils ont moins de frères et sœurs. Le mariage constitue donc assez rarement un moyen d'ascension sociale. Les catégories les plus ouvertes sont les techniciens, les employés de bureau ou de commerce, dont les enfants épousent plus souvent des représentant(e)s d'autres catégories socioprofessionnelles. Les catégories sociales qui apparaissent les plus « fermées » aux autres sont celles des non-salariés : professions libérales, gros commerçants, industriels, artistes, agriculteurs.

L'endogamie, qui mesure la propension à se marier entre personnes géographiquement voisines, reste également répandue. Elle diminue si l'on s'élève dans la hiérarchie sociale : les cadres sont ainsi plus « exogames » que les agriculteurs. Les citadins le sont également davantage que les ruraux. Malgré l'accroissement général de la mobilité, l'endogamie a peu varié : en 1984, 86,5 % des couples étaient formés de conjoints résidant dans le même département avant leur rencontre, contre 88 % en 1959 ; dans la moitié des cas, l'homme et la femme étaient nés dans le même département (contre six sur dix en 1959). Aujourd'hui, sur 100 couples dont le mari est né dans une commune de moins de 5 000 habitants, environ la moitié des épouses sont nées dans la même catégorie de commune. Le taux d'endogamie augmente avec la taille de la commune, mais il n'est que d'un tiers dans celles de 5 000 à 50 000 habitants.

Les lieux de rencontre ont changé.

À la fin des années 80, une enquête réalisée par l'INED avait montré que 16 % des couples mariés s'étaient ren-

Doubles mixtes

Évolution du nombre de mariages impliquant au moins un étranger et part dans le nombre total de mariages (en %)

| | Couples mixtes | | 2 époux étrangers | Total | % du total des mariages |
	Épouse étrangère	Époux étranger			
1975	7 918	12 692	7 157	27 767	7,16
1980	8 323	12 292	5 696	26 311	7,86
1985	8 773	12 644	6 505	27 922	10,36
1990	12 606	17 937	8 703	39 246	13,66
1995	10 545	13 280	5 214	29 039	11,40
2000	15 387	19 198	6 550	41 135	13,80
2004	19 044	24 379	8 514	51 937	18,64

INSEE

Navigateurs solitaires

La société contemporaine est à la fois caractérisée par la communication et l'incommunication, parfois l'« excommunication » (en donnant au mot un sens laïque). La France compte ainsi quelque 14 millions de personnes vivant seules pour des raisons diverses : célibataires, séparées, divorcées, veuves... Pendant des années, on a célébré et souvent envié ces « célibattants », symboles d'une liberté individuelle totale car non entravée par l'existence et la présence d'un autre. La tonalité du discours ambiant s'est modifiée au fil des années. Des enquêtes ont montré que la solitude n'était pas toujours choisie et que le modèle de la vie en couple n'était pas aussi dépassé que certains l'avaient cru. D'autant qu'elle peut prendre des formes diversifiées : marié ou en union libre, pacsé homo ou hétéro, partenaires cohabitants ou non, fidèles ou non, couple monoactif ou biactif, avec ou sans enfant...

L'accroissement de la solitude est ainsi apparu au grand jour, sujet de réflexion pour les observateurs, thème de dossier pour les médias, marché pour les entreprises. Internet est vite apparu comme l'outil interactif idéal de tous ceux qui cherchent à briser cette solitude. Chacun peut accéder instantanément à des millions de fiches, les trier selon les critères d'apparence (à partir des photos), de proximité géographique, psychologique, d'activité professionnelle, de centres d'intérêt... Les choix peuvent aussi se faire en fonction de critères ethniques, raciaux, religieux ou culturels, ceux qui le souhaitent pouvant mentionner ces informations sensibles.

Les sites de rencontre sont ainsi des « catalogues » géants dans lesquels chaque membre peut se plonger pour rêver, fantasmer, sélectionner. Afin ensuite de communiquer virtuellement avec d'autres, puis de les rencontrer... et plus si affinité. Car le réel prend ensuite le relais du virtuel, et tout se passe comme dans les relations humaines traditionnelles. Avec quelques exceptions, pour ceux qui n'ont pas envie (ou qui ont peur) de ce passage à la réalité ; ils préfèrent ne pas se dévoiler, se construire une identité différente (parfois plusieurs) et devenir le temps d'un chat une autre personne. Le développement de ces sites témoigne de l'état et de l'évolution de la société. Aux millions de navigateurs solitaires présents sur l'océan Internet, ils offrent des possibilités de rencontrer l'autre qui sont sans commune mesure avec celles fournies par la vie quotidienne. En proposant une approche « objective », ils permettent en théorie de réduire leurs risques de se tromper : « qui se ressemble s'assemble », dit le bon sens populaire. Mais ils ne les suppriment pas.

Le fonctionnement des relations humaines n'obéit pas en effet à la statistique, mais à une alchimie beaucoup plus complexe. La présélection ne remplace pas la phase « humaine » ; elle ne fait que la préparer et lui donner un peu plus de chances de réussir. Internet permet de gagner du temps, d'élargir le champ d'investigation, en même temps que le terrain d'expérience. Il apporte ainsi un véritable service en donnant l'espoir à des millions de personnes de rompre leur solitude. À ceux qui lui reprochent de tuer le romantisme, on peut répondre qu'il en invente peut-être une forme nouvelle.

---

contrés dans un bal, 13 % dans un lieu public, 12 % au travail, 9 % chez des particuliers, 8 % dans des associations, 8 % pendant leurs études, 7 % au cours d'une fête entre amis, 5 % à l'occasion d'une sortie ou d'un spectacle, 5 % sur un lieu de vacances, 4 % dans une discothèque, 3 % par connaissance ancienne ou relation de voisinage, 3 % dans une fête publique, 1 % par l'intermédiaire d'une annonce ou d'une agence.

On constate depuis une nette diminution de l'importance des bals publics, des rencontres de voisinage et des fêtes familiales dans les rencontres des couples. Les clubs de vacances, les soirées entre amis, les discothèques, cafés et autres lieux publics jouent en revanche un rôle croissant, tandis que celui des lieux de travail et d'études reste stable, malgré l'allongement de la scolarité et la réduction du temps de travail. Le « rendement matrimonial » des divers moyens de rencontre est très variable : si les fêtes de famille sont des événements beaucoup plus rares que les bals ou les soirées entre amis, elles se traduisent plus souvent par une union.

La grande nouveauté de ces dernières années est liée au développement des moyens de communication électroniques, qui prennent une place croissante dans les rencontres. Internet devient ainsi une véritable agence matrimoniale à l'échelle planétaire (voir encadré). Les sites spécialisés (Meetic, Netclub...) font état de plusieurs millions d'adhérents payants. Le système leur permet de présélectionner des partenaires potentiels à partir de fiches descriptives et de photos, d'échanger des messages avec eux, de se cacher derrière des « pseudos », avant de se rencontrer éventuellement dans le monde réel. Ce phénomène témoigne à la fois de la solitude sociale, de l'exigence croissante à l'égard des partenaires et de l'entrée dans la « société du casting ».

Le mariage est devenu une fête laïque.

La proportion de mariages célébrés à l'église est de 40 %, contre 56 % en 1986 et 78 % en 1965. À l'instar des autres sacrements, le mariage religieux n'est plus considéré comme indispensable par les jeunes couples, ni par leurs parents. Si l'on se marie plus facilement devant les hommes que devant Dieu, c'est d'abord parce que le rôle de la religion dans la société s'est beaucoup réduit (p. 253) ; c'est peut-être aussi parce que l'on hésite à donner à cette union un caractère solennel et définitif. La contrepartie de cette évolution est que ceux qui se marient à l'église le font au terme d'une démarche plus réfléchie et plus personnelle que par le passé. La cérémonie religieuse prend pour eux un sens plus profond, qui les engage sur la durée.

Près d'un mariage sur deux (60 %) a lieu en été, avec deux fortes pointes en juin et septembre. Les dates sont plus étalées dans les villes que dans les campagnes, où les interdits et les coutumes d'origine religieuse suggèrent toujours d'éviter certaines périodes (carême, mai, novembre). Plus de 80 % ont lieu le samedi (dont 4 % pour le dernier de juin). Après une période pendant laquelle on se mariait dans la simplicité et dans l'intimité, on observe depuis quelques années un retour à un mariage plus traditionnel et festif. La cérémonie revêt souvent une grande importance, car elle est la première manifestation de l'identité du couple envers son entourage. Cela se traduit par une recherche de personnalisation et d'originalité, avec des mariages « à thème » en fonction des caractéristiques des mariés (origines géographiques, passions et centres d'intérêt...).

Les repas de mariage sont l'occasion de rencontres avec des membres souvent éparpillés de la famille. On estime que les mariés consacrent en moyenne 12 000 € à l'organisation de la réception. La robe blanche traditionnelle continue d'avoir les faveurs des femmes ; les Françaises restent rétives à sa location. Le nombre moyen d'invités est de 80, ce qui implique qu'un Français sur deux a assisté au moins à l'un des 278 000 mariages célébrés en 2005.

Le montant des listes de mariage est estimé à 5 000 € en moyenne. 60 % des cadeaux (en valeur) sont offerts sur les listes de mariage déposées dans les grands magasins. Les produits du quotidien voisinent avec les objets design et de luxe. Le voyage de noces prend une place croissante (10 000 par an pour Leclerc, d'un montant moyen de 2 000 €, soit près du double d'un voyage classique). Les listes « spécial pacs » sont très minoritaires. Certains couples constituent une épargne avec les sommes recueillies sur la liste.

Plus d'un couple sur six n'est pas marié.

Le mariage étant « la traduction en prose du poème de l'amour », un certain nombre de Français préfèrent la poésie et choisissent l'union libre. C'est le cas de 15 % des personnes vivant en couple, soit un peu moins de 5 millions de personnes en 2006. Leur nombre s'est beaucoup accru au cours des vingt

dernières années. Au sein de l'Union européenne, la proportion de couples non mariés varie très fortement ; elle atteint un quart au Danemark, mais elle est inférieure à 2 % en Grèce et en Irlande.

Jusqu'à l'âge de 26 ans pour les hommes et de 28 ans pour les femmes, les couples vivant en cohabitation sont plus nombreux que les couples mariés. On les rencontre plus souvent dans les grandes villes ; c'est à Paris que l'union libre est le plus fréquente et aussi le plus durable. Les non-croyants et les diplômés sont davantage concernés par ce mode de vie. Les femmes lui sont plus favorables que les hommes. On sait que, dans le cadre du mariage, elles sont plus nombreuses à demander le divorce (p. 121).

L'union libre est devenue un mode de vie à part entière. Aujourd'hui, neuf couples sur dix commencent leur vie commune sans se marier ; la proportion n'était que d'un sur dix en 1965. L'arrivée d'un enfant n'implique pas le mariage : une naissance sur deux se produit hors du mariage (48 % en 2005 contre 6 % en 1967), mais elle n'est plus qualifiée de « naturelle » ou d'« illégitime ». Parmi ceux qui se marient, près des deux tiers ont vécu ensemble avant le mariage, alors qu'ils étaient moins d'un sur dix pendant les années 60.

Un Français sur sept vit seul.

La proportion de monoménages (constitués d'une seule personne) s'est considérablement accrue depuis plus de vingt ans. Elle représente aujourd'hui un tiers des ménages, contre un quart (27 %) en 1990. 8,3 millions de Français étaient concernés en 2004 : personnes n'ayant jamais été mariées, veufs ou veuves non remariés et ne vivant pas en couple, divorcés ou séparés.

● **60 % des hommes estiment qu'il faut réaliser certains fantasmes pour avoir une vie sexuelle épanouie ; 26 % pensent qu'ils sont faits pour ne pas être réalisés.**
● **3 % des Français(es) disent avoir eu une aventure avec leur patron(ne), 8 % avec l'ami(e) de leur meilleur(e) ami(e).**

Le temps des solos

Évolution de la composition des ménages (en %)

	1968	1975	1982	1990	1999	2002	2003
Homme seul	6,4	7,4	8,5	10,1	12,5	12,6	11,4
Femme seule	13,8	14,8	16,0	17,1	18,5	18,8	17,6
Famille monoparentale	2,9	3,0	3,6	6,6	7,4	7,1	7,4
Couple sans enfant	21,1	22,3	23,3	23,7	24,8	27,6	27,9
Couple avec enfant	36,0	36,5	36,1	36,4	31,5	32,0	32,4
Ménage complexe	19,8	16,0	12,5	6,1	5,3	1,9	3,3
Nombre de ménages (en millions)	15,8	17,7	19,6	21,5	23,8	24,8	24,9

INSEE

La proportion est plus élevée en milieu urbain ; 25 % des personnes de 15 ans et plus habitant des villes de plus de 20 000 habitants sont célibataires et ne vivent pas en couple, 10 % sont séparées ou divorcées, 8 % veuves. Chez les hommes, les taux de célibat les plus élevés se rencontrent dans les catégories sociales modestes. On constate le phénomène inverse chez les femmes : 21 % des femmes cadres vivent seules, contre seulement 9 % des ouvrières.

Ainsi, 14 % des Français vivaient seuls en 2004, contre 6 % en 1962. Entre 20 et 30 ans, c'est le cas d'une personne sur six ; la proportion est globalement comparable pour les deux sexes, mais elle est maximale vers 23 ans pour les femmes, 27 ans pour les hommes, qui quittent plus tard le foyer parental et se marient plus tard. Entre 30 et 50 ans, la proportion est inférieure à un sur dix. À 40 ans, les hommes sont deux fois plus concernés que les femmes (14 % contre 7 %) du fait des divorces plus fréquents dans cette tranche d'âge (dans les couples avec enfants, ceux-ci sont le plus souvent confiés à la mère, et les hommes se retrouvent seuls). Après 50 ans, le déséquilibre

s'accroît, et les femmes, qui vivent plus longtemps que les hommes, sont de plus en plus souvent seules au fur et à mesure qu'elles vieillissent. L'augmentation du nombre de solitaires se vérifie dans l'ensemble des pays de l'Union européenne.

L'une des conséquences est que le nombre de ménages augmente plus vite que la population : 25 millions en France en 2005 contre 20 millions en 1982 et 16 millions en 1968. Un peu plus de la moitié sont des couples avec enfants (voir tableau). La vie en couple est moins fréquente jusqu'à l'âge de 60 ans environ, car les unions sont moins stables ; elle est au contraire plus courante au-delà de 60 ans.

Un enfant sur sept vit dans une famille monoparentale.

Le nombre des familles monoparentales (comprenant un parent isolé et un ou plusieurs enfants célibataires et n'ayant pas eux-mêmes d'enfant) ne cesse de s'accroître. On en comptait 1,7 million en 2005 avec des enfants de moins de 25 ans, contre 776 000 en 1975, soit une proportion de plus de 7 % de l'ensemble des familles contre

3 % il y a trente ans. Plus d'un enfant sur sept vit avec un seul de ses parents. Dans la très grande majorité des cas (près de 90 %), il s'agit de la mère, généralement divorcée ou séparée ; 12 % d'entre elles ont au moins trois enfants à charge. Une femme sur trois est amenée à connaître à un moment de sa vie la situation monoparentale, d'autant qu'elles refont généralement leur vie moins rapidement que les hommes.

Les trois quarts des familles concernées se sont constituées à la suite d'une séparation (49 % après un mariage, 25 % après une union libre), 15 % à la suite d'une naissance alors que les parents ne vivaient pas en couple, 11 % sont la conséquence de la disparition de l'un des conjoints. Alors que les veufs ou veuves comptaient pour la moitié des monoparents au début des années 60, le divorce est désormais la cause principale de la monoparentalité.

Les monoparents ont un niveau d'instruction moins élevé que la moyenne. Ils sont moins souvent actifs que les chefs de famille ayant des enfants à charge et beaucoup plus touchés par le chômage. Leurs revenus sont donc très inférieurs, ce qui explique leurs difficultés financières plus fréquentes. L'évolution est comparable dans la plupart des pays développés, et la France se situe dans la moyenne. Au sein de l'Union européenne, la part des enfants de moins de 15 ans concernés varie de 3 % en Espagne et en Grèce à 20 % au Royaume-Uni.

Vie de couple

La vie en couple a connu des transformations profondes.

Le mariage fut longtemps une simple alliance dans l'intérêt des familles, décidée par les parents des époux. Ce n'est qu'au XVIIIe siècle que le sentiment amoureux devient un facteur reconnu sinon déterminant. Le mariage civil et le divorce sont des acquis de la Révolution. À partir de la fin du XIXe, la liberté de choix du conjoint s'affirme ; le couple avec ses enfants devient peu à peu une entité distincte de celle de la famille globale. Mai 68 accélérera la mise en place d'une autre conception de la vie conjugale et familiale, avec trois conséquences majeures : baisse des mariages ; chute de la natalité ; hausse des divorces. L'autorisation du divorce par consentement mutuel en 1975 va aussi se traduire par un fort accroissement des demandes, qui dépassent 100 000 par an depuis le milieu des années 80. La « cohabitation juvénile », ou « concubinage », n'est plus un « mariage à l'essai ». Elle se transforme peu à peu en union libre, éventuellement durable. D'autant que la mise en couple se fait plus tardivement avec l'allongement de la durée des études et la difficulté de trouver un premier emploi. La sortie du foyer parental est aussi retardée, et

l'âge moyen au mariage augmente de cinq ans en vingt ans. Enfin, l'arrivée d'un enfant n'implique plus l'officialisation de l'union, dans une société qui a changé son regard sur la famille ; la moitié des enfants naissent aujourd'hui hors du cadre du mariage. La loi innove encore en 1999 avec le pacs (p. 105), qui permet à deux personnes majeures d'organiser contractuellement leur vie commune.

En quelques décennies, la vie de couple a donc connu une évolution sans précédent. La dimension affective n'a pas disparu, bien au contraire. De même, l'attachement à la notion de famille reste très fort. Mais celle-ci recouvre aujourd'hui des formes multiples. Par ailleurs, les exigences des partenaires se sont accrues ; il s'agit de réussir sa vie de couple sans sacrifier sa propre vie, une revendication plus récente pour les femmes. Mais le défi est difficile à relever, ce qui explique que des tentatives successives soient de plus en plus souvent nécessaires.

Les modèles de vie à deux sont diversifiés.

La libéralisation des mœurs en général et celle de la femme en particulier ont permis d'accroître la liberté individuelle et l'autonomie. Chacun peut aujourd'hui décider de ne pas se marier et choisir d'autres itinéraires de vie que celui qui était proposé (ou imposé) pendant longtemps par les mœurs sociales : rencontre de l'être de sexe opposé ; fiançailles ; mariage ; enfants et construction d'un foyer ; vieillissement conjoint jusqu'à la fin. Une distinction s'est établie entre la vie en couple et le mariage, deux notions autrefois indissociables. La montée du célibat s'est poursuivie au cours des années 80. Il était choisi notamment par la superwoman qui souhaitait s'épanouir d'abord dans sa vie profes-

sionnelle, sacrifiant parfois sa vie sentimentale et familiale.

Le nombre des célibataires et, plus largement, des personnes sans conjoint ou partenaire s'est donc accru dans de fortes proportions pour dépasser 10 millions (dont près de 2 millions de ménages monoparentaux). Dans le même temps, le nombre des couples non cohabitants a progressé sous l'effet des contraintes de mobilité professionnelle et des choix personnels : une enquête de 1997 montrait déjà que, chez 16 % des couples leurs membres n'habitaient pas l'un avec l'autre au début de leur vie commune ; 1 % des couples mariés et 8 % des non mariés déclaraient avoir des résidences distinctes (INED). Ces changements ont conduit à un accroissement du nombre de mises en couple successives au cours d'une vie (voir encadré).

La législation a commencé à prendre en compte ces changements. Dans l'ordre successoral, le conjoint survivant prime désormais sur les grands-parents, les frères et les sœurs du défunt. L'héritage des enfants adultérins est aligné sur celui des enfants légitimes. Le père bénéficie d'un congé de paternité lors de la naissance d'un enfant. Le divorce pour faute a été supprimé. Le pacs a marqué la reconnaissance de nouvelles formes de vie de couple, notamment entre homosexuels.

Le rôle de la femme au sein du couple s'est transformé...

La place croissante des femmes est l'une des données majeures de l'évolution sociale des dernières décennies. Elle se traduit notamment par leur participation massive à la vie économique : elles représentaient 46 % de la population active en 2005 contre 34 % en 1961. Les femmes jouent un rôle

Des trajectoires personnelles plus « accidentées »

La vie de couple est placée sous le signe de la liberté, devenue une revendication essentielle pour les couples. Dans un contexte de reconnaissance des droits individuels, on a vu se développer dans les années 70 l'« union libre », d'abord préalable puis substitut au modèle traditionnel du mariage. Plus les personnes concernées sont jeunes, moins la vie de couple implique le mariage. Parmi les Françaises de 25 à 34 ans, 38 % vivent en couple, 28 % en cohabitation ou union libre. Plus de la moitié des adultes vivant ou ayant vécu en couple ont formé leur première union à 20-24 ans (les femmes un peu avant les hommes). Au sein de l'Union européenne, ce taux de cohabitation n'est dépassé qu'au Danemark (30 %). Il est inférieur à 5 % en Grèce, Italie, Pologne, Slovaquie, Lettonie, République tchèque.

Les ruptures sont devenues aussi de plus en plus fréquentes, ce qui explique que les périodes de solitude sont plus nombreuses au cours de la vie et concernent un nombre important de personnes. Elles sont souvent suivies de la formation de nouveaux couples, qui sont à l'origine des familles recomposées (couples vivant avec au moins un enfant dont un seul des conjoints est le parent). Leur nombre a progressé de 10 % entre 1990 et 1999. 15 % des femmes vivant ou ayant vécu en couple et s'étant mariées avec leur premier conjoint ont divorcé. La moitié des hommes et un tiers des femmes ayant rompu leur première union se sont remis en couple.

majeur en matière de consommation (p. 334). Bien qu'elle soit encore très minoritaire, leur contribution à la vie politique est également en progres-

sion (un député sur dix à l'Assemblée nationale contre un sur cinquante en 1973) ; le principe de la parité lors des élections est désormais prévu par la loi. D'une manière générale, l'influence des « valeurs féminines » (pacifisme, modestie, capacité d'écoute, sens pratique, intuition, humanisme...) est de plus en plus perceptible dans la vie collective.

La principale conquête des femmes a bien sûr été celle de la contraception. Avant la disponibilité de la pilule et sa reconnaissance légale, en 1967, la vie de la femme était rythmée par la succession des grossesses. En devenant capable de maîtriser sa fécondité, elle a pu accéder à une vie professionnelle plus satisfaisante, à une vie sociale plus riche, à une vie de couple plus épanouie. Pour la première fois dans l'histoire, la femme n'était plus déterminée par sa fonction de procréation, ce qui lui permettait de ne pas se limiter à sa condition de mère et d'épouse. Cette évolution a entraîné un bouleversement de la vie de couple.

... entraînant une redéfinition de l'identité masculine...

Depuis les années 80, les magazines, la littérature et l'imagerie publicitaire ont accompagné et accéléré l'évolution du rôle de la femme. Le modèle de la superwoman, capable de réussir à la fois sa vie professionnelle, familiale et personnelle, a perturbé certains hommes, qui ont eu l'impression de perdre leur identité au travail, dans la société ou à l'intérieur du couple. Les qualités et les « valeurs » féminines ont été progressivement mises en avant, alors que les caractéristiques traditionnellement masculines (autorité, esprit de compétition, volonté de domination, agressivité) étaient jugées de plus en plus sévèrement.

Les certitudes des hommes ont donc été bousculées. Les modèles qui leur avaient été inculqués dès l'enfance n'étaient soudain plus valides. Les derniers bastions masculins ont été peu à peu occupés (à des degrés divers) par les femmes : stades ; gymnases ; institutions politiques ; hiérarchies des entreprises... Les hommes se sont trouvés en outre confrontés à des attentes nouvelles en matière de partage des responsabilités, des décisions, de la sexualité... Ces interrogations expliquent l'accroissement de la clientèle masculine des « psys », que des hommes viennent consulter pour se rassurer ou pour entreprendre le travail de remise en cause et d'adaptation personnelle nécessaire. Elles sont aussi à l'origine d'une plus grande mixité du fonctionnement social et d'une convergence des modes de vie et des systèmes de valeurs.

... et une convergence des sexes.

Comme l'écrivait Paul Valéry : « Tout homme contient une femme. » L'expérience sociale a montré que la réciproque est vraie, et l'on assiste depuis plusieurs décennies à un mouvement de chaque sexe en direction de l'autre. Les hommes se réapproprient des valeurs plutôt associées à l'autre sexe. Dans un contexte professionnel incertain, beaucoup sont moins exclusivement tournés vers leur carrière et plus désireux de s'occuper de leur famille, de leurs enfants, de leurs loisirs. Le phénomène des « métrosexuels », urbains à la recherche d'une harmonie personnelle entre la dimension masculine virile et

● *Bien qu'interdite en France, la polygamie concernerait quelque 30 000 familles installées dans le pays ; leur nombre aurait doublé en une dizaine d'années.*

l'acceptation de la part féminine, en témoigne.

De leur côté, les femmes se sentent moins contraintes de ressembler aux hommes pour accéder à ce qui leur était jusqu'ici réservé. L'émergence récente et rapide de femmes au pouvoir dans certains pays étrangers (Allemagne, Chili, Finlande...) ou en France (présidence du Medef, intérêt manifesté pour la candidature possible de Ségolène Royal à la présidentielle de 2007...) laisse augurer que les femmes prendront une place croissante dans les postes de pouvoir et de décision, malgré la résistance que l'on constate parfois de la part des hommes qu'elles vont remplacer.

Le partage des décisions est de plus en plus égalitaire.

L'évolution dans la vie de couple s'est faite dans le sens d'un accroissement de l'influence féminine dans des domaines qui étaient jusqu'ici mal partagés : décisions professionnelles ; choix du logement ; achats de biens d'équipement ; vacances... La grande majorité des femmes sont aujourd'hui financièrement autonomes au sein du ménage. Un peu moins de deux couples sur trois ont un compte commun et la plupart des décisions de dépense et de gestion sont prises en commun, qu'il s'agisse des gros achats d'équipement, des décisions de loisirs, des demandes de crédit, ou des choix d'éducation des enfants. Dans ce dernier domaine, les femmes sont plus souvent décisionnaires que les hommes, comme en ce qui concerne les courses et les achats de vêtements (pour elles ou pour leurs conjoints).

Après des siècles d'inégalité officielle (l'homme à l'usine ou au bureau, la femme au foyer), les rôles des deux partenaires se sont rapprochés, que ce soit pour faire la vaisselle... ou l'amour.

Il reste cependant du chemin à parcourir.

Le partage des tâches ménagères reste inégalitaire...

Les enquêtes réalisées par l'INSEE en 1986 et 1999 avaient permis d'observer une légère évolution dans le sens de l'égalité des tâches ménagères (ménage, cuisine, linge, courses) ; les hommes actifs (non-chômeurs) leur consacraient 4 minutes de plus par jour (et 3 minutes de plus aux soins des enfants). Pendant la même période, les femmes actives avaient réduit leur temps de ménage de 7 minutes par jour, et les inactives de près d'une demi-heure (27 minutes). Cette évolution confirmait un mouvement constaté entre 1975 et 1986 ; les hommes avaient augmenté de 11 minu-

JEUX DE RÔLES

Le ménage n'est pas considéré comme une tâche gratifiante, mais plutôt comme une corvée par 82 % des Français. Les tâches les mieux partagées sont la vaisselle (en particulier à la main) et le passage de l'aspirateur. Les obstacles à l'égalité sont parfois d'ordre pratique : alibi du manque de temps ou de compétence pour l'homme. Ils restent le plus souvent d'ordre culturel. La répartition des tâches reste marquée par les rôles traditionnellement dévolus à chacun des sexes. Même si cela ne les passionne pas, les femmes se sentent plus responsables de la tenue du foyer, conformément à l'image de la « bonne épouse » qui leur a été inculquée dans leur enfance.

C'est ainsi que l'homme ne touche guère à l'entretien du linge (lavage, repassage) ou à celui des sols ; il s'oc-

tes leur temps de travail domestique, tandis que les femmes l'avaient réduit de 4 minutes.

Aujourd'hui, les femmes consacrent en moyenne 16 heures par semaine aux tâches ménagères, les hommes 6 heures seulement (LG Électroménager/Ipsos, janvier 2005). Dans 68 % des ménages, ce sont les femmes qui les prennent en charge (Domoscope Unilever, 2005). Si 55 % des hommes déclarent participer, ils ne sont que 24 % selon les femmes. La répartition varie largement selon les tâches. La lessive en machine est faite à 88 % par les femmes, le repassage à 83 %. Le ménage proprement dit, le lavage des vitres et l'étendage du linge sont les autres tâches les plus fréquemment réalisées par les femmes seules. La « corvée de vaisselle » est mieux partagée : celle en machine est effectuée à 55 % par les femmes, à 38 %

cupera plus volontiers des réparations et du bricolage, qui font appel à des connaissances techniques appartenant traditionnellement au domaine masculin. Les périodes de célibat, prolongées ou renouvelées, donnent cependant aux hommes l'occasion d'accroître leurs compétences en matière de gestion domestique. Dans les couples, on observe que la situation change avec l'arrivée d'un enfant, alibi pour que l'homme participe davantage aux travaux ménagers, de même qu'il s'investit dans la relation avec son enfant.

On assiste cependant dans les jeunes générations à une désacralisation des tâches ménagères. Parfois à leur externalisation, avec le recours à des aides extérieures, au moins occasionnelles. Celui-ci ne concerne cependant que 7 % des ménages, pour des raisons le plus souvent économiques.

par l'un ou l'autre des conjoints ; celle à la main est à 50 % assurée par les femmes, à 32 % partagée.

... mais les couples semblent s'en satisfaire.

Les inégalités persistantes ne semblent pas être à l'origine de graves conflits au sein des couples. En 2005, 84 % des personnes vivant en couple se déclaraient satisfaites de la manière dont les tâches sont réparties dans le foyer (Domoscope Unilever). Il faut préciser que les hommes le sont plus encore que les femmes (94 % contre 74 %), ce qui ne surprend guère.

On peut se demander pourquoi les femmes acceptent dans leur grande majorité une répartition des tâches inégalitaire. Une explication pourrait être qu'elle est la conséquence d'un équilibre entre les « compétences » de chacun. Mais celles-ci sont en réalité le fruit de la très longue histoire des relations entre les sexes. Il est difficile, encore aujourd'hui, de tirer un trait sur des images sociales fortement ancrées dans les mentalités. La réserve des hommes à l'égard de l'égalité domestique ne paraît d'ailleurs pas, pour l'essentiel, liée à la mauvaise volonté, à l'égoïsme ou au machisme. Elle tient à la prégnance de ces images sociales et au fait que chaque conjoint (homme ou femme) reproduit inconsciemment le rôle que tenait son père ou sa mère, selon le principe de l'« inertie culturelle » (voir encadré).

La répartition des tâches au sein du couple et du foyer est donc le plus souvent spontanée. Elle n'est pas en général directement discutée ou négociée, mais elle est jugée globalement acceptable par chacun. Lorsque ce n'est pas le cas, le partenaire concerné en tire les conséquences et le couple se brise. C'est sans doute l'une des raisons pour lesquelles les femmes sont plus nombreuses que les hommes à demander le divorce (p. 121).

En matière de sexualité, l'égalité a fortement progressé.

La transformation de la condition féminine et celle des rapports au sein du couple ont eu de fortes incidences sur la vie sexuelle des Français. Comme dans les autres domaines, une redéfinition des rapports amoureux s'est opérée, dans un sens plus égalitaire. Qu'il s'agisse de l'acte sexuel ou des étapes qui le précèdent (rencontre, séduction), les femmes sont de plus en plus actives. À l'inverse, les hommes ne se sentent plus obligés d'adopter une attitude dominatrice dans l'acte sexuel. Ainsi, le plaisir doit être partagé, et Pierre Choderlos de Laclos ne pourrait plus écrire aujourd'hui : « L'homme jouit du bonheur qu'il ressent, la femme de celui qu'elle procure. »

Plus de vingt ans après le rapport Simon (1970), la grande enquête réalisée par l'INSERM en 1993 laissait penser que certaines déclarations féminines (concernant par exemple la masturbation) étaient probablement en deçà de la réalité. Les femmes déclaraient aussi trois fois moins de partenaires que les hommes au cours de leur vie : 3,4 contre 11,3, ce qui n'est guère explicable mathématiquement (l'écart était moins important en ce qui concernait le nombre de partenaires sur les cinq dernières années : 1,6 contre 2,9). Des études plus récentes (celle, notamment, de Janine Mossuz-Lavau, publiée en 2002) confirment le rapprochement des attitudes et des comportements entre les sexes. Les femmes sont plus nombreuses qu'auparavant à distinguer la sexualité de l'amour, alors que les hommes se montrent plus attachés aux sentiments pendant l'acte physique. La pression sociale qui ten-

dait à rendre l'association obligatoire s'est largement estompée. La recherche du plaisir sans amour est devenue plus acceptable, celle de l'amour sans plaisir moins supportable.

De nombreux tabous ont disparu.

La « révolution des mœurs » qui s'est produite dans les années 70 a d'abord transformé l'image de la sexualité. Elle a été favorisée par l'émergence de la littérature et du cinéma érotiques, ainsi que par la liberté croissante de l'imagerie publicitaire. L'exploration des diverses pratiques sexuelles (bisexualité, sadomasochisme, échangisme...) s'est développée tandis que le culte de la virginité disparaissait et que la nudité faisait son apparition sur les plages et dans les magazines.

La loi a progressivement supprimé les interdits, avec la légalisation des sex-shops et des clubs spécialisés, la dépénalisation de l'adultère, de l'homosexualité et de la prostitution. L'union libre est devenue un prélude ou même un substitut socialement acceptable au mariage. Les enfants pouvaient naître en dehors de cette institution sans être rejetés. Plus récemment, l'arrivée de médicaments comme le Viagra a permis de débattre de problèmes auparavant peu évoqués, comme celui des « pannes sexuelles » ou de l'impuissance masculine. Enfin, les multiples formes d'aide psychologique, à destination des individus ou des couples, se sont généralisées.

On parle donc aujourd'hui beaucoup plus facilement de la sexualité dans les médias, dans les discussions familiales et même à l'école. L'érotisme n'est plus clandestin. La recherche du plaisir sexuel est devenue socialement acceptable, voire nécessaire. La diminution de la pratique religieuse et des interdits qu'elle entretenait explique aussi

CHRONIQUE DE LA RÉVOLUTION SEXUELLE

En 1956. 22 femmes créent La Maternité heureuse, association destinée à favoriser l'idée de l'enfant désiré et à lutter contre l'avortement clandestin par un développement de la contraception.

1967. L'éducation sexuelle se vulgarise. On projette *Helga,* film allemand racontant la vie intime d'une jeune femme. Ménie Grégoire réalise sa première émission sur RTL. La loi Neuwirth légalise la contraception.

1970. Le MLF est créé. Les sex-shops commencent à se multiplier au grand jour.

1972. Procès de Bobigny, où Me Gisèle Halimi défend Marie-Claire Chevalier, jeune avortée de 17 ans. Avant son passage à l'Olympia, Michel Polnareff s'affiche nu et de dos sur les murs de Paris.

1973. Hachette publie l'*Encyclopédie de la vie sexuelle,* destiné aux enfants à partir de 7 ans aussi bien qu'aux adultes. Elle sera vendue à 1,5 million d'exemplaires et traduite en 16 langues. L'éducation sexuelle est officiellement introduite à l'école.

1974. La contraception est remboursée par la Sécurité sociale et possible pour les mineures sans autorisation parentale.

1975. La loi Veil légalise l'IVG (interruption volontaire de grossesse). La pilule contraceptive est remboursée par la Sécurité sociale. La réforme du divorce prévoit la séparation de fait et le consentement mutuel. Les prostituées revendiquent un statut, sous la conduite d'Ulla.

1976. Les films pornographiques ne sont plus interdits, mais présentés dans un réseau de salles spécialisées, avec la classification X.

1978. L'industrie de la pornographie s'essouffle. La fréquentation des salles chute, mais elle sera bientôt relayée par les cassettes vidéo. Louise Brown est le premier bébé-éprouvette (le premier en France sera Amandine, en 1982).

1980. La loi renforce la répression du viol ; les criminels, qui étaient auparavant passibles de la correctionnelle, sont jugés par un tribunal d'assises.

1983. L'IVG est remboursée par la Sécurité sociale. La majorité des femmes en âge de procréer utilisent un moyen contraceptif. Le virus du sida est identifié par le professeur Montagnier. Il va transformer la vie sexuelle des Français.

1984. Le Minitel rose s'impose.

1986. Les chaînes de télévision diffusent des émissions érotiques.

1987. Canal + programme son premier film X. La publicité pour les préservatifs est autorisée.

1990. Antenne 2 diffuse une série controversée : *l'Amour en France.*

1992. La loi réprime le harcèlement sexuel. L'INSERM effectue la première grande enquête sur la sexualité des Français.

1999. Le développement d'Internet facilite l'accès à des sites érotiques ou pornographiques.

2000. L'adoption du pacs (pacte civil de solidarité) autorise deux personnes majeures, de sexe différent ou de même sexe, à organiser leur vie commune.

2001. La « pilule du lendemain » est en vente libre et distribuée gratuitement aux mineures.

2002-2006. Des campagnes publicitaires jugées trop « suggestives » et dégradantes pour l'image de la femme sont interdites.

---

cette évolution. Mais c'est la généralisation de la contraception qui a joué le rôle essentiel dans la libération des esprits. Les femmes et les adolescents ont été les principaux bénéficiaires de cette transformation.

Les pratiques se sont diversifiées.

Les différentes enquêtes réalisées depuis plusieurs décennies révèlent un accroissement de l'ensemble des pratiques sexuelles. Elles traduisent sans doute surtout la moindre gêne des Français à parler de sujets autrefois tabous, comme la masturbation, les rapports bucco-génitaux ou la pénétration anale. Elles font apparaître en tout cas depuis les années 90 un accroissement des relations à plus de deux partenaires et une plus grande fréquence de la sodomie hétérosexuelle. Mais elles montrent une relative stabilité du nombre de partenaires ou de rapports sexuels.

Les pratiques se sont diversifiées dans un contexte de liberté individuelle croissante et de tolérance à l'égard des comportements différents d'une « norme » implicite ou explicite. Les expériences de toutes sortes sont devenues moins subversives, mais elles sont restées le fait de petites minorités. Les différences de comportements sont encore marquées par l'appartenance sociale, le niveau d'instruction et l'importance attachée à la religion.

● *La communauté homosexuelle est évaluée à environ 5 % de la population, soit environ 3 millions de personnes.*
● *Seuls 26 % des filles et 16 % des garçons ont parlé de leur première expérience avec leurs parents.*

L'apparition du sida a eu une incidence forte, mais tardive. Lors de l'enquête INSERM de 1993, près de dix ans après le début de l'épidémie, seuls 54 % des hommes et 42 % des femmes déclaraient avoir utilisé un préservatif au cours de leur vie sexuelle. Parmi les multipartenaires, 39 % des hommes et 58 % des femmes ne s'en étaient jamais servis. Moins de la moitié des 15-24 ans avaient utilisé un préservatif lors de leur premier rapport sexuel, et 65 % seulement de ceux ayant plusieurs partenaires disaient y recourir.

La prise de conscience a heureusement progressé au fil des années. Mais on constate depuis 2000 un relâchement des habitudes de protection et de dépistage (p. 46). Ce comportement s'explique par la banalisation de la maladie, les progrès des trithérapies, ainsi que par la recherche d'un accroissement du plaisir par le danger. Au-delà des risques qui sont apparus avec le virus, c'est l'idée même de la sexualité qui a été affectée. Un lien entre l'amour et la mort est apparu ; comme la vie, la mort était désormais sexuellement transmissible.

La notion de « normalité » s'est élargie.

Une autre évolution notable des attitudes envers la sexualité est la tolérance croissante à l'égard des diverses pratiques, à partir du moment où elles sont le fait d'adultes consentants. Homosexuels, bisexuels, transsexuels, travestis ou échangistes, bien que différents de la « norme » traditionnelle, sont considérés désormais comme des personnes ordinaires, ou simplement à la recherche de sensations nouvelles. Cette tolérance ne s'applique pas, en revanche, à des comportements perçus comme contraires à l'égale dignité des êtres. On observe notamment une

condamnation croissante de certaines pratiques à l'égard des femmes musulmanes comme l'excision, le port obligatoire du voile, la lapidation et, d'une façon générale, la soumission au désir et à l'autorité de l'homme.

C'est donc une mise en cause totale de l'image traditionnelle de la sexualité qui est en germe dans l'évolution des mentalités. Elle laisse entrevoir de nouvelles transformations de la vie des couples et, plus largement, du regard porté par la société sur les comportements individuels. Le plaisir sexuel échapperait aux contraintes morales et religieuses traditionnelles pour entrer (ou revenir) dans le champ de la consommation, en tant que simple besoin physique à satisfaire. La persistance apparente de quelques tabous sociaux ne doit en effet pas faire illusion : l'inceste reste pratiqué dans un nombre non négligeable de familles ; la pédophilie fait parfois l'objet de textes permissifs fondés sur la liberté de l'enfant face à ses désirs ; les cas de viol ne sont pas en régression.

C'est aujourd'hui davantage le consentement mutuel privé qu'un « ordre moral supérieur » qui permet de distinguer entre les comportements acceptables et ceux qui ne le seraient pas. Certes, la loi a interdit le harcèlement sexuel dans les entreprises, qui suppose un refus des personnes harcelées. Les agressions sexuelles font l'objet de condamnations alourdies. Mais l'égalité de droit, de désir et de pratiques entre les hommes et les femmes est de plus en plus reconnue et appliquée dans les couples.

L'homosexualité est largement acceptée.

La reconnaissance de l'homosexualité est l'une des conséquences de l'évolution profonde de la société à l'égard de l'idée de « normalité » (voir ci-dessus).

La recherche du semblable

La reconnaissance sociale et juridique de l'homosexualité s'inscrit dans un processus de reconnaissance et d'acceptation des différences entre les individus, favorisé par un contexte de disparition des modèles collectifs. Mais elle illustre en même temps une tendance à la recherche du semblable ou de l'identique. À l'inverse du couple hétérosexuel, fondé sur la différence et la complémentarité, seul capable d'assurer la continuité humaine, le couple homosexuel repose sur la similarité physique et psychologique.

On retrouve cette double tendance dans le développement actuel du tribalisme, qui permet à des individus d'exister en tant que tels et d'affirmer leur singularité, tout en se regroupant avec d'autres ayant des opinions, des modes de vie ou des centres d'intérêt similaires. Elle est aussi présente dans les perspectives ouvertes par le clonage humain et sa probable mise en œuvre. Le clone est l'aboutissement logique de la fascination exercée par le semblable. Elle s'explique au moins en partie par la primauté de plus en plus affirmée de l'individu sur la collectivité, ainsi que par son narcissisme originel.

Elle a profité du développement de nouveaux modes de vie familiaux (monoparentaux, éclatés, mononucléaires...) qui ont élargi la notion traditionnelle de couple et de famille. Elle a été favorisée par le militantisme multiforme des personnes concernées et de leurs sympathisants : pétitions d'intellectuels ; lobbying juridique ; Gay Pride à Paris (devenue Marche des Fiertés). L'apparition du sida, surnommé le « cancer gay » dans les années 80, n'a fait

Petit répertoire statistique du sexe

Les données qui suivent sont issues d'enquêtes et de sondages divers sur les attitudes et comportements en matière sexuelle en 2005 et 2006 (notamment : Bayer Health-Care/Ipsos, Durex Global Sex Survey, TF6-Télé Câble Satellite Hebdo/IPSOS). Compte tenu du caractère intime de ce thème, les chiffres sont à interpréter avec prudence. Par ailleurs, les échantillons et les méthodologies d'enquête ne sont pas uniformes. Les études concernent le plus souvent les personnes de 18 ans et plus ; elles ont été réalisées par la méthode des quotas et publiées depuis 2002.

Abstinence. 50 % des hommes considèrent difficilement supportable de ne pas faire l'amour durant plusieurs mois, contre seulement 34 % des femmes. 18 % des hommes et 26 % des femmes se passeraient sans difficulté de sexualité. Le motif principal invoqué par les hommes pour ne pas avoir de rapport sexuel est le manque de temps (22 %). Pour les femmes, c'est la fatigue (48 %). Parmi ceux qui considèrent comme indifférent de s'abstenir de toute sexualité pendant plusieurs mois, 23 % se disent soulagés de ne plus avoir à faire l'amour.

Débuts. Le premier rapport sexuel a lieu à 17,2 ans en moyenne. Dans le monde, les plus précoces sont les Islandais (15,6 ans), les plus attentistes sont les Indiens (19,8 ans). L'âge moyen au premier rapport sexuel est de 16,8 ans. L'âge média (qui partage la population en deux moitiés) est plus élevé : 17,2 ans pour les garçons, 17,5 ans pour les filles. 27 % des 18-24 ans ont commencé avant 16 ans. L'âge du premier baiser est de 14 ans. Les filles ont un premier rapport avec un garçon âgé en moyenne de trois ans de plus qu'elles, les garçons avec une fille à peine plus âgée qu'eux. 4 % disent avoir été déçus de leur première relation. 11 % déclarent avoir été agréablement surpris. 93 % des garçons et 65 % des filles disent avoir eu du plaisir.

Décision. La décision de faire l'amour se prend dans 56 % des cas quelques minutes avant le rapport, dans 27 % des cas quelques secondes avant.

Désir. 72 % des hommes et 56 % des femmes affirment ne pas conserver le même désir sexuel lorsqu'ils traversent une période professionnelle difficile. Parmi les Français ayant un(e) partenaire sexuel(le), 54 % reconnaissent éprouver parfois du désir pour une autre personne que leur conjoint : 71 % des hommes contre 36 % des femmes. 25 % des hommes et 46 % des femmes se disent sujets à des baisses de désir sexuel.

Discours. 61 % des hommes pensent souvent à la sexualité et en parlent assez facilement, contre 35 % des femmes. 79 % en parlent facilement avec le conjoint, 74 % avec les amis, 65 % avec les enfants, mais 19 % seulement avec les parents. Seule une personne sur trois ose parler d'un problème sexuel personnel à un médecin.

Fréquence. 65 % des Français disent faire l'amour au moins une fois par semaine. Parmi eux, 21 % le font une seule fois, 38 % deux à trois fois et 6 % tous les jours. Le nombre moyen de rapports déclarés diminue avec l'âge : de 2,3 par semaine entre 35 et 39 ans à 1,1 à partir de 65 ans. À 50 ans, les Français déclarent en moyenne 1,8 rapport par semaine (2 fois pour les hommes, 1,6 fois pour les femmes...). Avec 120 rapports annuels en moyenne, les Français se situent en sixième position dans le monde. Les plus actifs sont les Grecs (138 rapports). Les moins actifs sont les Japonais (45).

Importance. 32 % des Français considèrent que leur sexualité est très importante, 39 % assez importante, 29 % peu ou pas importante.

Lieux. 49 % des Français rêvent de faire l'amour en pleine nature. 27 % préfèrent le lit, 6 % la voiture, 5 % l'avion, 4 % les lieux publics, 4 % le lieu de travail.

Moment. Pour 36 % des Français, le moment le plus agréable pour faire l'amour est le soir, en se couchant. 8 % préfèrent la sieste (20 % des femmes). 20 % des Français estiment que tous les moments sont bons. 46 % aimeraient être plus libres de choisir.

Orgasme. 42 % des hommes et 30 % des femmes attachent une grande importance à avoir un orgasme en même temps que leur partenaire.

Pannes. 20 % des hommes se déclarent préoccupés par les problèmes d'érection. 42 % disent avoir connu des « pannes » dans ce domaine (54 % en Île-de-France, 35 % dans le sud de la France). La majorité des hommes connaissent l'existence de traitements efficaces contre ces pannes, mais seulement 3 % ont eu recours à un traitement médical.

Partenaires. Les Français déclarent en moyenne 8,1 partenaires (14,5 pour les Turcs, 13,3 pour les Australiens, 3 pour les Indiens. 7 % des hommes et 1 % des femmes ont déjà fait l'amour à plusieurs. 3 % des hommes et 1 % des femmes disent avoir déjà fait l'amour avec quelqu'un du même sexe. 20 % des hommes et 6 % des femmes ont déjà eu plusieurs partenaires pendant la même période.

Plaisir. L'émotion est jugée plus importante que le plaisir physique : 37 % contre 19 %. 50 % des Français affirment toujours chercher à donner le plus de plaisir possible à leur

Petit répertoire statistique du sexe (fin)

partenaire avant de chercher à en prendre eux-mêmes. 30 % affirment le contraire.

P réliminaires. 90 % estiment les préliminaires importants, 36 % les jugent indispensables.

Positions. La position la plus souvent pratiquée est l'homme au-dessus, la femme dessous (65 %), devant la position inverse (39 %).

Problèmes. 24 % des hommes connaissent des problèmes d'éjaculation trop rapide. 24 % des femmes se disent sujettes à des baisses de désir sexuel et 16 % à des problèmes d'orgasme.

Région. Les Franciliens et les Franciliennes jugent les habitants de leur région plus séduisants, plus beaux, plus sensuels que la moyenne nationale. Mais c'est en Île-de-France (et dans l'Est) qu'on trouve le plus de Français qui pensent qu'on y fait

moins l'amour qu'ailleurs. Les habitants des régions du Sud plébiscitent le sex-appeal des hommes et des femmes de leur région et estiment qu'ils font l'amour plus souvent que dans les autres régions. Au Nord, à l'Ouest et à l'Est, on vante davantage la plus grande fidélité des partenaires de la région.

Professions. La profession féminine qui attire le plus les hommes est celle d'infirmière (31 %), devant celle sde masseuse (28 %) et d'hôtesse de l'air (19 %). Les femmes sont attirées par les pompiers (47 %, et même 63 % chez les moins de 35 ans), devant les policiers (9 %), les animateurs télé (8 %) et les footballeurs (8 %).

Saison. 29 % estiment que l'été est la meilleure saison pour les ébats amoureux.

Satisfaction. 36 % des Français se disent très satisfaits de leur sexualité, 30 % moyennement satisfaits, 31 % peu ou pas satisfaits. Pour 25 % des hommes, les sujets d'insatisfaction sont une

baisse de désir sexuel et, pour 24 %, une éjaculation trop rapide. 67 % attribuent une note supérieure ou égale à 6/10 à la qualité de leur vie sexuelle, 10 % au moins 9/10 et 7 % 0/10.

Sens. Le sens le plus important mis en jeu pour favoriser l'acte sexuel est le toucher (93 %), devant la vue (50 %). 61 % des hommes sont sensibles à la vue, contre seulement 39 % des femmes.

Solitude. 25 % des femmes et 15 % des hommes de plus de 35 ans déclarent ne pas avoir de partenaire sexuel.

Tue-l'amour. 37 % des femmes citent l'absence de préliminaires comme principal défaut chez leur partenaire, devant l'utilisation de mots crus durant le rapport (26 %), les grands discours après l'acte (11 %) et la forte pilosité (35 %). Chez les hommes, c'est le manque d'enthousiasme et la passivité de la partenaire (49 %), devant la pilosité (20 %) et les sous-vêtements usés ou dépareillés (17 %).

---

que retarder le processus en cours. Il a abouti en octobre 1999 à la création du pacs (p. 105), qui permet notamment à des homosexuels d'organiser juridiquement leur vie commune.

Les médias ont aussi largement contribué au changement d'image de l'homosexualité. En 1995, le film *Gazon maudit* avait été vu par 4 millions de spectateurs. La présence et la représentation des homosexuels se sont beaucoup accrues depuis quelques années, notamment à la télévision. Plus de 200 émissions leur sont consacrées chaque année par les six chaînes généralistes. Bien que le nombre d'homosexuels ne soit pas recensé, l'estimation généralement retenue est de 2 millions. Près d'une personne concernée sur trois vit en couple, la très grande majorité

(environ 80 %) en cohabitation. La durée moyenne de vie commune serait de l'ordre de sept ans pour les homosexuels exclusifs. Les relations hétérosexuelles semblent cependant fréquentes, ce qui indiquerait l'existence d'une forte bisexualité.

Le désir sexuel serait en baisse.

La disparition des tabous et la médiatisation croissante de la sexualité ont libéré le discours et rendu plus facile l'expression des pulsions. Pourtant, de nombreux sexologues constatent une baisse de la libido auprès d'une fraction importante de la population (de 15 à 20 %). Des analyses biologiques montrent par ailleurs une baisse de la

qualité du sperme chez les hommes. Un homme de plus de 40 ans sur vingt et un de plus de 60 ans sur quatre souffriraient de problèmes d'impuissance ; le nombre de personnes qui consultent des spécialistes pour des problèmes sexuels aurait doublé en cinq ans, à environ 500 000. Selon certaines estimations, 1 % de la population serait même composé de personnes « asexuelles », n'ayant jamais désiré de partenaire homme ou femme. Le « régime sans sexe » serait ainsi plus courant que par le passé.

Le stress, la fatigue, la timidité, les peines sentimentales ou d'autres problèmes psychologiques peuvent être à l'origine de cette baisse de libido et des performances sexuelles ou de la chasteté volontaire ou temporaire.

Les spécialistes invoquent aussi de plus en plus des causes environnementales, telles que la pollution atmosphérique. Par ailleurs, l'omniprésence directe ou indirecte de la sexualité dans l'imagerie collective (publicité, émissions de télévision, cinéma, magazines...) peut avoir pour effet de réduire le désir en le banalisant. Certaines personnes transfèrent aussi leurs désirs sexuels sur d'autres activités, en particulier professionnelles, estimant la satisfaction liée à la réussite sociale supérieure à la jouissance physique.

On observe en tout cas une demande accrue pour les aphrodisiaques de toutes sortes. Il est probable qu'elle est en partie provoquée, ou au moins accrue, par l'offre, elle-même relayée, légitimée, voire conseillée par les médias. Il en est ainsi des accessoires érotiques (godemichés, lotions comestibles, huiles de massage et poudres aux parfums suggestifs, strings, ...), rebaptisés *sex toys*, qui trouvent désormais leur place dans les boutiques de mode ou les grands magasins.

La fidélité reste une valeur... et un idéal.

L'allongement de la vie et l'évolution des mœurs expliquent que les Français sont de plus en plus nombreux à connaître une succession de vies conjugales au cours de leur existence. Elles sont même parfois simultanées ; certaines personnes mènent ainsi une double vie sentimentale pour satisfaire un besoin de changement tout en conservant le confort et la stabilité du mariage ou de l'union libre.

Mais la polygamie clandestine semble moins fréquente que l'infidélité, équivalent sexuel d'un *zapping* contemporain généralisé. Un Français sur trois avoue avoir trompé son conjoint au moins une fois ; les hommes sont deux fois plus nombreux que les femmes.

La plupart des Français estiment nécessaire ou utile d'être fidèle pour réussir pleinement une relation amoureuse. Le modèle du couple constitué pour la vie reste présent dans les esprits. Malgré la convergence croissante dans la conception de la vie du couple, les pratiques des hommes et des femmes s'inscrivent encore dans des normes distinctes, explicites ou implicites. Les femmes restent ainsi plutôt moins tolérantes que les hommes à l'égard de l'infidélité conjugale. Mais le modèle du couple unique est de plus en plus ouvertement mis en doute par ceux qui pensent qu'il est une création artificielle de la société, alors qu'il serait contraire à la nature humaine. La mobilité ambiante le rend en outre de plus en plus difficile à vivre en pratique.

● **24 % des hommes et 18 % des femmes ont déjà fait l'amour avec une personne pour laquelle ils n'éprouvaient aucun sentiment.**

DIVORCE

Le défi du couple est de vivre heureux ensemble... et séparément.

Les couples sont à la recherche de la synthèse idéale, celle d'une harmonie conjugale qui ne serait pas contraire au désir d'autonomie de chacun. Il s'agit de réussir sa vie ensemble, mais aussi séparément. Cette schizophrénie conjugale est la conséquence d'une tendance générale à l'individualisation. Elle est aussi liée à l'évolution du statut de la femme ,qui n'accepte plus d'être le simple faire-valoir de son mari et de vivre sa vie par personne interposée, notamment sur le plan professionnel ou social. Le besoin de bien-être, le souci du développement personnel et celui de préserver une part intime, en même temps qu'établir une relation fusionnelle avec le partenaire, sont des exigences difficiles à concilier, surtout

Couples brisés

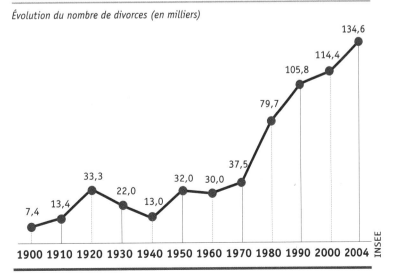

Évolution du nombre de divorces (en milliers)

7,4 — 13,4 — 33,3 — 22,0 — 13,0 — 32,0 — 30,0 — 37,5 — 79,7 — 105,8 — 114,4 — 134,6

1900 1910 1920 1930 1940 1950 1960 1970 1980 1990 2000 2004

INSEE

sur la durée. Elles sont l'une des explications de l'accroissement du nombre de ruptures, de séparations et de divorces parmi les couples. Si la ressemblance est la condition de la réussite de la vie commune, elle n'exclut pas le besoin de se différencier pour exister. 71 % des personnes concernées acceptent l'idée que vivre en couple suppose de tout partager, mais 75 % estiment que chacun des partenaires doit avoir une vie autonome (E. Leclerc/Sofres, octobre 2004).

Le nombre des divorces a été multiplié par quatre entre 1960 et 1995.

Le divorce est devenu plus fréquent à partir de la seconde moitié des années 60. Le nombre des ruptures enregistrées est ainsi passé de 39 000 en 1970 à près de 60 000 en 1975. La libéralisation mise en place en 1977 a favorisé cet accroissement, qui s'est poursuivi jusqu'au milieu des années 80 (106 000 en 1985). La stabilisation entre 1985 et 1990 a été suivie d'une baisse en 1987, la première depuis des décennies. La croissance a ensuite repris et le nombre des divorces avait atteint 120 000 en 1995. Il a doublé entre 1970 et 1980, presque triplé entre 1970 et 1985 et quadruplé entre 1960 et 1995. Le nombre annuel est supérieur à 100 000 depuis 1984. Il s'est stabilisé à 110 000-120 000 entre 1995 et 2002 et a dépassé 120 000 en 2003 (125 175). Il a connu une forte hausse en 2004, avec 134 601 cas.

Le divorce est particulièrement fréquent en Île-de-France et dans les grandes métropoles régionales. La France apparaît coupée en deux par une ligne allant de Caen à Marseille en passant par Lyon. Le divorce est plus rare à l'ouest de la ligne, notamment en Bretagne, en Auvergne et dans la région Midi-Pyrénées, qui sont des zones de forte tradition religieuse ou rurale. Mais les écarts régionaux tendent à se réduire.

Parmi les pays de l'Union européenne à quinze, la France se situe dans la moyenne, avec 2,2 divorces pour 1 000 habitants en 2004. Les taux les plus élevés se trouvent dans les pays de l'Est et du Nord : 3,2 en République tchèque, 3,1 en Lituanie, 3 en Belgique, 2,9 au Danemark. Le divorce est trois fois moins fréquent dans les pays du sud de l'Europe : environ un pour mille habitants en Italie, en Grèce et en Espagne.

Près d'un mariage sur deux se termine par une rupture.

En quarante ans, le ratio annuel entre le nombre des divorces et celui des mariages a été multiplié par quatre : 10 % en 1965, 20 % en 1980, 30 % en 1990, 40 % en 1995. Il a atteint 45 % en 2004. La proportion de divorces par rapport aux mariages est plus forte à Paris, où elle est proche de 50 %. Les fluctuations que l'on constate d'une année sur l'autre s'expliquent en partie par celles des mariages au cours des années qui précèdent ; une baisse de la nuptialité devrait en principe se traduire quelques années plus tard par celle des divorces, à comportement égal dans les couples.

Cependant, on constate que la baisse des mariages survenue depuis les années 70 (p. 104) n'a pas réduit le nombre des divorces. Cela signifie que le taux de divortialité s'est accru. L'accroissement du nombre des remariages a suivi celui des divorces. Parmi les nouveaux mariés en 2005, près d'un sur six était divorcé ; la proportion était inférieure à un sur dix en 1980.

La simplification des procédures juridiques a sans doute eu un effet sur les comportements des couples. La loi relative au divorce votée en 2004 a adapté celle de juillet 1975. Elle avait pour objectif de simplifier les procédures et de pacifier les relations conjugales pendant leur déroulement. Elle facilite en tout cas le divorce par consentement mutuel et favorise le règlement complet de toutes les conséquences du divorce lorsqu'il est prononcé. Enfin, elle a aménagé le dispositif de la prestation compensatoire sous forme de rente viagère et/ou de capital.

Le divorce survient surtout dans les dix ans de vie commune.

L'âge moyen des femmes au moment du divorce est de 37 ans, contre 40 ans pour les hommes, soit environ dix ans après l'âge au premier mariage. C'est vers la cinquième année de mariage que la fréquence des divorces est le plus élevée. 15 % se produisent avant 5 ans (2004). 23 % ont lieu entre 5 et 10 ans après le mariage. La fréquence diminue ensuite régulièrement, jusqu'à 1,6 % après 40 ans. Elle a cependant augmenté au fil des années à tous les âges, les époux hésitant moins que par le passé à constater leur désaccord après une longue durée. D'autant que l'environnement familial et social est plus tolérant et n'exerce plus guère de pressions pour que les couples poursuivent malgré tout la vie commune. Ainsi, quatre divorces sur dix se produisent après 15 ans de mariage ; les ruptures survenant après 30 ans sont trois fois plus fréquentes aujourd'hui qu'en 1980. Environ un millier de divorces sont prononcés

● *Dans 14 % des divorces, les hommes sont astreints au paiement d'une prestation compensatoire à leur ex-épouse. Le montant moyen de cette rente à vie atteint 150 000 € sur vingt ans.*

chaque année pour des époux mariés depuis 40 ans et plus.

Sur 100 divorces en 2004, 60 % sont le résultat d'un consentement mutuel. 37 % sont prononcés pour faute de l'un des conjoints, les autres pour rupture de la vie commune. Parmi eux, près de la moitié des époux concernés ne comparaissent pas. La part des jugements pour rupture de la vie commune est presque inexistante (1 %). Les procédures varient selon la durée du mariage. Le consentement mutuel est nettement majoritaire pour les divorces survenant dans les premières années. Il cède progressivement la place au divorce pour faute lorsque la durée augmente. Après 35 ans de mariage, la rupture de la vie conjugale représente plus d'un cas sur dix.

L'instabilité des couples est favorisée par celle de l'environnement.

L'évolution de l'environnement social, économique ou professionnel a sans aucun doute favorisé celle des individus et des époux. Beaucoup de couples ne parviennent pas à concilier leur souci d'autonomie personnelle avec les contraintes conjugales. La vie à deux limite en effet par principe la liberté individuelle, ce qui est moins bien accepté dans une société où elle constitue une revendication dominante. Par ailleurs, l'allongement considérable de l'espérance de vie se traduit par un accroissement de la durée potentielle des couples : elle est d'environ 45 ans pour ceux qui se marient aujourd'hui, contre 38 ans en 1940 (elle n'était que de 17 ans au milieu du XVIIIᵉ siècle). Cette longévité explique que les vies individuelles sont de plus en plus souvent constituées d'une succession de vies conjugales.

Contrairement à ce que l'on pourrait penser, la fréquence du divorce ne

La demande en divorce

Évolution de la répartition des divorces par type (en %)

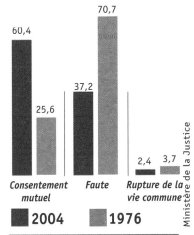

Consentement mutuel · Faute · Rupture de la vie commune

2004 **1976**

Ministère de la Justice

traduit pas un rejet de la vie de couple, mais au contraire un attachement plus grand à sa réussite et une exigence croissante quant à sa qualité. Le mariage n'est plus comme dans le passé une affaire de raison. Au XVIᵉ siècle, Montaigne écrivait : « un bon mariage, s'il en est, refuse la compagnie et condition de l'amour. » Le mariage contemporain est au contraire une affaire de cœur. Les Français recherchent aujourd'hui l'amour et l'harmonie. Au point de ne plus accepter de les vivre imparfaitement. Conscients de la difficulté de satisfaire pleinement leurs attentes, ils revendiquent le droit à l'erreur.

Les demandes de divorce sont le plus souvent faites par les femmes.

Si les hommes continuent le plus souvent de faire la demande en mariage, ce sont les femmes qui sont à l'origine de la demande de divorce. Cette situation s'explique par le fait qu'elles trouvent plus d'inconvénients que les

hommes au mariage. La répartition des tâches au sein du foyer ne leur est toujours pas favorable (p. 113). Durkheim remarquait déjà il y a un siècle que « la société conjugale, désastreuse pour la femme, est au contraire bénéfique pour l'homme ».

Il est en outre souvent plus difficile aux femmes de trouver leur identité, notamment professionnelle, dans le cadre du mariage. La quasi-parité des taux d'activité (p. 269) occulte le fait que les femmes ont souvent moins l'occasion de s'épanouir dans leur travail, du fait de leurs contraintes familiales, dans un monde professionnel où les postes de responsabilité sont encore accaparés par les hommes. Certaines considèrent que leur vie de mère et d'épouse les empêche de se réaliser dans les autres domaines et préfèrent envisager le divorce. C'est la raison pour laquelle les femmes cadres sont près de trois fois plus nombreuses à vivre seules que les ouvrières (21 % contre 9 %).

Les enfants sont présents dans deux divorces sur trois...

Parmi les couples qui mettent fin à leur union, un tiers a un enfant, un tiers en a au moins deux. Au cours des années 80, la proportion de couples divorcés sans enfants mineurs a augmenté ; elle est aujourd'hui proche de 40 %, contre 31 % en 1982. Le fait d'avoir un enfant mineur constitue un facteur retardateur du divorce ; certains couples attendent en effet que leurs enfants arrivent à la majorité pour se séparer. Toutes durées de mariage confondues, la proportion de couples sans enfant mineur est plus importante dans le cas d'une demande conjointe (près de 40 %) que dans celui d'un divorce pour faute ou sur demande acceptée (respectivement 33 % et 37 %).

SOS maris battus

Conséquence de l'égalité en marche entre les sexes : les femmes n'ont pas l'exclusivité des mauvais traitements au sein des couples (une femme sur dix se dit victime de violences physiques ou psychologiques, enquête Enveff, 2004). Le nombre d'hommes battus, bien que très minoritaire, semble s'accroître si l'on en croit les déclarations des psychothérapeutes qui les reçoivent de plus en plus souvent en consultation. Ce phénomène est corroboré par la montée de la violence et de la délinquance chez les jeunes femmes.

On constate également que la proportion de couples qui divorcent diminue avec le nombre d'enfants qu'ils ont. À 18 ans, un enfant sur cinq a aujourd'hui des parents séparés, contre 8 % de ceux nés vers 1960 et 17 % de ceux nés vers 1970. Des études montrent que leur réussite scolaire est en moyenne moindre que lorsque les parents vivent ensemble. La séparation du couple avant la majorité d'un enfant entraîne ainsi une réduction de près d'un an de la durée de sa scolarité.

... et la plupart sont confiés à leur mère.

Dans plus de huit cas sur dix, la garde des enfants est attribuée à la mère. Cette situation peut s'expliquer par le fait que les enfants, surtout lorsqu'ils sont jeunes, ont plus besoin de leur mère. Mais elle n'est sans doute pas étrangère au fait que neuf juges aux affaires familiales sur dix sont des femmes.

La situation évolue cependant depuis quelques années. Ainsi, lorsque les positions des parents sont opposées, l'autorité parentale est confiée à la mère seule dans un peu moins de la moitié des cas, au père seul dans un tiers des cas et aux deux parents dans les autres cas. 10 % des enfants sont en situation de résidence alternée (une semaine chez chacun des parents). Ce système leur permet de ne pas perdre le contact et de ne pas privilégier l'un des deux parents. En contrepartie, le risque est celui d'une déstabilisation liée au changement répété de cadre de vie. Au milieu des années 80, seul un enfant sur trois avait des contacts avec son père si celui-ci n'en avait pas la garde ; la proportion est aujourd'hui de un sur deux.

Le divorce reste souvent un traumatisme.

Socialement, le divorce est aujourd'hui considéré comme un recours normal lorsqu'il y a mésentente au sein d'un couple marié. Les enfants de divorcés ne sont plus mis à l'index, comme ce fut parfois le cas pour les générations précédentes. Par ailleurs, les procédures ont été facilitées à plusieurs reprises, notamment depuis 1975 avec la possibilité de divorcer par consentement mutuel. Pourtant, cette banalisation sociale et juridique n'implique pas l'absence de conflit, et l'expérience du divorce est encore souvent vécue douloureusement par les époux concernés, car il sanctionne un échec et laisse des cicatrices. D'autant que la procédure elle-même dure en moyenne plus d'un an : 10 mois dans les cas de consentement mutuel, 16 mois dans ceux de rupture, 17 mois dans ceux de faute.

Le traumatisme est encore plus grand pour les enfants concernés. La « chance » de recevoir plus de cadeaux à Noël et d'avoir plus d'occasions de partir en vacances ne compense pas l'absence d'un père ou (plus rarement) d'une mère. L'expérience du divorce est donc pour les enfants un choc important, qui peut avoir des séquelles sur leur vie scolaire et affective, avec des conséquences parfois durables.

Le recours à la procédure par faute (encore près de quatre cas sur dix) incite à rechercher des responsabilités et accentue les conflits, notamment en matière financière. La vie du couple, qui appartient à la sphère privée, tend alors à devenir publique. La loi de 2004 simplifie la procédure et tend à pacifier les relations pendant qu'elle se déroule. L'idée d'un divorce civil est parfois avancée à cette fin. Mais une trop grande facilité pourrait, dans certains cas, être contraire à ce que souhaitent les personnes concernées. Certaines ont en effet le désir, même inconscient, de voir les fautes commises à leur égard reconnues par la justice.

● *Les activités domestiques occupent au total 2 h 30 par jour : courses, cuisine, linge, ménage.*
● *Entre 1966 et 1998, la part des hommes impliqués dans les tâches ménagères est passée de 19 % à 31 % et de 8 % à 17 % si l'on fait abstraction du bricolage et du jardinage.*
● *Les tâches ménagères perçues comme les moins pénibles sont : la vaisselle en machine (9 % des personnes concernées la considèrent comme une corvée, 23 % répondent « j'aime bien ») ; la lessive en machine (respectivement 15 % et 16 %) ; le rangement (17 % et 20 %) ; étendre le linge (22 % contre 14 %) ; faire la vaisselle à la main (23 % et 17 %) ; balayer (24 % et 14,5 %) ; passer l'aspirateur (25 % et 15 %).*
● *En 2004, 820 personnes ont obtenu le droit de modifier leur identité. 30 % des demandes de changement sont liées à la difficulté du nom à porter, 30 % au souhait de le franciser, 20 % à des problèmes de famille, le reste concerne des rectifications..*
● *Avec un million de patronymes différents, la France détient le record mondial de diversité.*

LES JEUNES

Natalité

> **En 2005, le nombre des naissances a retrouvé le niveau atteint en 2000.**

Comme pour les mariages (p. 104), l'effet du changement de millénaire sur le nombre des naissances a été sensible. Il avait alors atteint 808 200, ce qui indiquait une inversion de tendance après le creux historique enregistré en 1993 et 1994 (711 000), le plus faible niveau mesuré depuis la Seconde Guerre mondiale. Pour la première fois en une décennie, le taux de natalité était repassé en 2000 au-dessus de 13 pour mille habitants.

Les trois premières années du XXIe siècle n'avaient pas confirmé le mini-baby-boom de 2000, mais la natalité est revenue en 2005 au niveau de 2000, avec 807 000 naissances.

Ce fait est d'autant plus remarquable que les femmes âgées de 20 à 40 ans, qui ont donné naissance à 96 % des bébés de 2005, sont de moins en moins nombreuses. Les générations nées au cours du baby-boom de l'après-guerre sont en effet progressivement remplacées par des générations moins abondantes. Cela signifie que les femmes continuent à avoir en moyenne plus d'enfants qu'au cours de la décennie 90, ce que confirme la hausse de l'indicateur de fécondité (voir ci-dessous).

La natalité reste plus forte dans le tiers Nord (à l'exception de l'Alsace et de la Lorraine), mais l'écart entre l'ancien « croissant fertile » et les autres régions se réduit. Elle est plus faible dans le quart Sud-Ouest, avec un minimum dans le Limousin. La fécondité des femmes habitant en zone rurale est redevenue supérieure à celle mesurée en zone urbaine. C'est dans les centres des grandes agglomérations que les naissances sont les moins fréquentes et les plus tardives. La proportion atteint 30 % à Paris. Les départements d'outre-mer conservent une fécondité plus élevée qu'en métropole, mais en diminution. Parmi les enfants nés en 2005, plus d'un sur dix avait au moins un parent étranger.

> **Le taux de fécondité augmente depuis une dizaine d'années.**

L'indicateur conjoncturel de fécondité représente la somme des taux de fécondité par âge pour une année donnée (rapport du nombre d'enfants nés de femmes d'une génération donnée à l'effectif de cette génération en début de période), c'est-à-dire le nombre moyen d'enfants que mettrait au monde chaque femme d'une génération fictive pendant sa vie féconde (entre 15 et 49 ans) avec des taux par âge identiques à ceux observés au cours de l'année considérée. L'indicateur a atteint 1,94 en 2005, ce qui représente une augmentation régulière depuis 1994 (1,66), après la forte baisse constatée depuis le milieu des années 60 (2,92 en 1964). Les femmes ont donc en moyenne plus d'enfants qu'au cours des années 90 ; la hausse de 2005 est due à celles de 30 à 34 ans, ce qui traduit une nouvelle progression de l'âge moyen à la maternité, à 29,5 ans contre 29,4 en 2002.

La reprise (limitée) de la fécondité ne peut s'expliquer par l'amélioration du climat économique et social dans le

Les enfants de la France

Évolution du nombre des naissances (en milliers) et de l'indice conjoncturel de fécondité

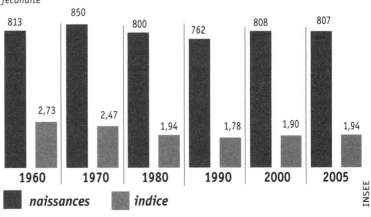

	1960	1970	1980	1990	2000	2005
naissances	813	850	800	762	808	807
indice	2,73	2,47	1,94	1,78	1,90	1,94

INSEE

La France féconde

Depuis 1999, la France est après l'Irlande (19,9 enfants pour 100 femmes en 2004) le pays d'Europe ayant la plus forte natalité. Les plus faibles indices de fécondité de l'Union européenne (moins de 13 enfants pour 100 femmes) sont ceux des pays de l'Est : Grèce, Hongrie, Lituanie, Slovaquie, Lettonie, République tchèque, Pologne et Slovénie. L'Espagne, l'Italie, l'Allemagne et Malte ont des indices compris entre 1,3 et 1,4. La baisse des naissances avant 30 ans n'est pas compensée dans ces pays par une fécondité prolongée dans le temps. En moyenne, l'indicateur conjoncturel de fécondité est de 1,5 dans l'ensemble de l'Union (2004), un niveau supérieur à celui du Japon (1,3), mais très inférieur à celui des États-Unis (2). Il est de 2,7 pour l'ensemble de la planète, avec un maximum de 8 au Niger.

Cette résistance de la natalité française ne doit pas faire oublier que les femmes ont aujourd'hui en moyenne un enfant de moins qu'il y a un demi-siècle. Pendant la période du baby-boom de l'après-guerre (1946-1949), l'indicateur conjoncturel de fécondité avait atteint 3 enfants par femme. Il était resté supérieur à 2,6 de 1946 à 1967, puis il avait chuté de façon spectaculaire, en France comme dans l'ensemble de l'Europe, avant de se stabiliser autour de 1,8. Pendant le XIXe siècle, la France avait à l'inverse connu la natalité la plus faible du monde.

---

pays. C'est peut-être paradoxalement le faible niveau du moral des Français qui est à l'origine de cette évolution. Il se traduit par un investissement croissant des individus sur la sphère familiale et domestique. Dans ce contexte, la présence d'enfants est une manière de donner du sens à la vie. De plus, la multiplication des familles recomposées est une incitation à avoir un ou plusieurs enfants avec chacun des partenaires successifs.

> **Les femmes ont leur premier et leur dernier enfant plus tard.**

Les maternités sont de plus en plus planifiées et le calendrier de la fécondité s'est transformé. L'âge moyen à la procréation est ainsi passé de 26,8 ans en 1980 à 29,7 ans en 2005 (28 ans en 1990). Il dépasse 31 ans en région parisienne. Il faut cependant observer que l'âge moyen à la première maternité avait diminué depuis la fin de la Seconde Guerre mondiale jusqu'en 1977, de sorte qu'il n'est aujourd'hui supérieur que d'un an à celui mesuré en 1946 (28,8 ans).

Les causes de l'évolution récente résident dans l'allongement de la durée des études, la difficulté de trouver un premier emploi ou un travail stable et la généralisation de l'activité féminine. La maîtrise de la fécondité a aussi permis aux femmes de faire coïncider l'arrivée des enfants avec les périodes jugées favorables au cours de leur vie personnelle, familiale et professionnelle. Ces comportements ont été renforcés par l'allongement de la durée de vie. Le résultat est que la fécondité des femmes de 20 à 24 ans a été divisée par trois entre 1964 et 1998. On note aussi que l'arrivée d'un premier enfant se produit en moyenne 3,5 ans après la mise en couple pour les femmes nées entre 1960 et 1965 (âgées de 40 à 45 ans en 2005), contre 2 ans pour celles qui étaient nées entre 1940 et 1945. Les femmes les plus diplômées ont plus que les autres retardé l'arrivée de leur premier enfant. Mais, pour les générations récentes, elles ont rapproché l'arrivée du deuxième.

Les dernières grossesses des femmes sont aussi plus tardives. La fécondité de celles âgées de 30 ans ou plus continue d'augmenter, alors que celle des moins de 30 ans diminue. La moitié des nouveau-nés de 2005 avaient ainsi une mère âgée de 30 ans ou plus, contre un quart en 1977 et 43 % en 1995. La part des naissances après 40 ans a doublé en dix ans, dépassant 3 %. De sorte que les maternités avant l'âge de 20 ans sont aujourd'hui moins nombreuses que celles qui ont lieu entre 40 et 45 ans. Certaines femmes privilégient leur activité professionnelle à des périodes de leur vie où elles pourraient être mères. D'autres subissent la pression implicite des entreprises qui acceptent mal l'absentéisme provoqué par les grossesses des salariées. Elles attendent donc la fin de leur période féconde pour avoir leur dernier enfant. Cette attitude est aussi parfois considérée comme un moyen de lutter contre le vieillissement. Les enfants concernés sont en tout cas généralement choyés, ils arrivent dans des foyers stables où ils prennent une place importante.

> **La proportion de couples avec enfants s'accroît.**

La proportion de femmes qui deviennent mères a augmenté. Seules 6 % des femmes nées en 1950 n'ont pas eu d'enfant, trois fois moins que celles qui étaient nées en 1900 (17 %). La limite biologique (femmes ne pouvant avoir d'enfant) étant d'environ 3 %, on constate que le modèle maternel s'est largement imposé. Le combat des femmes pour une maternité responsable n'était donc pas celui du refus de l'enfant, mais celui du choix du moment.

Cette évolution est aussi la conséquence des progrès de la lutte contre la stérilité. Les traitements contre la stérilité permettent à de nombreuses femmes qui le désirent d'avoir des enfants. L'une des conséquences est l'augmentation depuis 1973 des naissances multiples, qui se produisent aujourd'hui dans 15 accouchements sur 1 000. L'augmentation concerne essentiellement les faux jumeaux, issus de la fécondation de deux ovules, et moins les vrais jumeaux, issus de la division d'un même œuf. On estime qu'elle est due pour les deux tiers aux traitements de la stérilité, qui entraînent des ovulations multiples et, par suite, la naissance de faux jumeaux. Leur fréquence croît avec l'âge de la mère. Un ménage sur quatre ne compte pas ou plus d'enfant au foyer.

Les demandes d'adoption sont de plus en plus nombreuses.

Le nombre des demandes d'adoption a presque doublé en quinze ans, atteignant 10 000 par an, dont 8 000 obtiennent l'agrément (valable cinq ans) ; les autres se voient opposer un refus ou abandonnent la procédure. Les couples les plus aisés sont les plus nombreux à faire la demande, ce qui s'explique notamment par la difficulté de faire face aux frais importants représentés par l'adoption. La moitié environ des dossiers sont rejetés. Sur 4 500 enfants adoptés en 2003, la plupart (4 000, soit 90 %) sont nés à l'étranger, compte tenu de possibilités insuffisantes en France ; leur nombre était inférieur à 1 000 au début des années 80. La France est aujourd'hui le deuxième pays au monde en ce qui concerne le nombre d'enfants adoptés à l'étranger après les États-Unis (20 000). Les origines sont réparties de façon presque égale entre les continents : 27 % sont nés en Asie, 27 % en Afrique, 26 % en Amérique, 20 % en Europe. L'âge moyen des enfants adoptés est de 2 ans et 10 mois, avec une forte dispersion selon les pays

Au nom du père... ou de la mère

Depuis janvier 2005, les nouveau-nés peuvent porter le nom de leur père ou de leur mère, ou leurs deux noms accolés dans un sens ou dans un autre. Cette décision fait tomber l'un des tout derniers bastions de la suprématie paternelle dans les rôles familiaux. Elle fait disparaître la paternité de droit divin et va donner lieu dans certains couples et familles à d'âpres négociations. Elle n'a pas changé radicalement les habitudes selon lesquelles la mère donne la vie et le père son nom : un an après, un nouveau-né sur sept a pris le nom de sa mère. C'est le cas également dans les pays d'Europe où la loi le permet : en Allemagne, seuls 1 à 2 % des couples donnent le nom de la mère à l'enfant.

Le problème sera encore plus complexe à la génération suivante, lorsqu'il faudra supprimer l'un des noms pour éviter les noms à tiroir et accoler éventuellement celui qui reste à un autre. Quand il deviendra parent à son tour, l'enfant pourra donc modifier son propre nom, donc son identité. Ce choix ne sera sans doute pas indépendant de la relation qu'il a avec chacun de ses parents.

Ce changement met en jeu des notions essentielles comme l'identité des mères qui vont pouvoir transmettre des noms qui auraient disparu. Elle concerne aussi l'identité des pères, dont la place prépondérante dans la famille a été régulièrement amoindrie. En établissant l'égalité des droits, elle met en cause la définition à la fois sociale, morale et juridique de la parenté.

d'origine : moins de 6 mois en Corée du Sud ; près de 7 ans au Brésil.

L'adoption est un moyen de pallier un problème de stérilité ou de donner une famille à un enfant déshérité. La décision est mûrement pesée, puisque l'âge moyen des femmes concernées est de 38,5 ans, soit dix de plus que les mères biologiques. Dans un cas sur dix, l'enfant est recueilli par une femme seule. Le temps nécessaire à l'adoption est en moyenne de trois ans.

Une naissance sur deux se produit hors mariage.

La proportion de naissances survenant en dehors du mariage a beaucoup augmenté au cours des deux dernières décennies. Elle a atteint 48,3 % en 2005 contre 30 % en 1990, 11 % en 1980, 7 % en 1970 ; elle est même de 59 % si l'on ne prend en compte que le premier enfant des couples. Elle est

cependant inférieure à celle constatée dans les pays d'Europe du Nord (65 % en Islande, 55 % en Suède) mais très supérieure à celle des pays du Sud (4 % en Grèce, environ 10 % en Italie et en Espagne). La proportion est proche de 40 % au Royaume-Uni, de 30 % aux États-Unis ; elle est pratiquement nulle au Japon.

La fréquence de ces naissances varie selon le milieu social ; elle est élevée chez les parents ouvriers et faible chez les agriculteurs. Un peu plus des deux tiers des enfants nés hors mariage sont reconnus par le père lors de la déclaration à la mairie, une proportion en augmentation régulière. Mais ils sont de moins en moins légitimés par le mariage ultérieur des parents ; depuis 1990, moins d'un tiers du 1,5 million d'enfants nés en dehors du mariage l'ont été. Dans plus d'un cas sur dix, l'épouse est enceinte lors de son mariage. La fréquence est plus élevée parmi les femmes jeunes et chez les étrangères.

L'Europe stérile

Évolution du taux conjoncturel de fécondité dans les pays de l'Union européenne

	1994	2004
Allemagne	1,2	1,4
Autriche	1,5	1,4
Belgique	1,6	1,6
Chypre	2,2	1,5
Danemark	1,8	1,8
Espagne	1,2	1,3
Estonie	1,4	1,4
Finlande	1,8	1,8
FRANCE	1,7	1,9
Grèce	1,3	1,3
Hongrie	1,6	1,3
Irlande	1,8	2,0
Italie	1,2	1,3
Lettonie	1,4	1,2
Lituanie	1,6	1,3
Luxembourg	1,7	1,7
Malte	1,9	1,4
Pays-Bas	1,6	1,7
Pologne	1,8	1,2
Portugal	1,4	1,4
Rép. tchèque	1,4	1,2
Royaume-Uni	1,7	1,7
Slovaquie	1,7	1,2
Slovénie	1,3	1,2
Suède	1,9	1,7
Europe des 25	1,5	1,5

Eurostat

La norme implicite est la famille de deux enfants.

La proportion de couples ayant deux enfants s'accroît ; elle est passée d'un peu plus d'un tiers en 1975 (37 %) à la moitié aujourd'hui (48 % en 2005). La situation concerne 39 % des mères nées en 1940-1944, contre seulement 29 % de celles nées en 1925-1929. La part des familles avec un seul enfant est aussi en légère diminution : 22 % contre 25 % en 1975 et 23 % en 1990. La « norme » est donc devenue la famille avec deux enfants, dont la part est passée de 18 % en 1962 à 22 % en 2005. Elle se vérifie d'autant plus qu'une part importante des ménages ayant un premier enfant souhaite en avoir un second. Le nombre « idéal » d'enfants souhaité par les Françaises est de 2,6, soit 0,7 de plus que la réalité. Une femme sur deux souhaiterait avoir un enfant de plus, mais y renoncerait en raison de difficultés à concilier sa vie professionnelle et sa vie de mère.

La proportion des couples ayant au moins trois enfants est en revanche de plus en plus faible : moins de 3 %, contre 9 % en 1962, 8 % en 1975 et 4 % en 1990. Cette hésitation à avoir un troisième enfant s'explique en partie par le coût financier supplémentaire, qui représente environ un quart des revenus du couple. Il est encore plus élevé lorsque la mère doit cesser son activité professionnelle ; plus de la moitié des mères de famille de trois enfants et plus restent au foyer, contre un tiers de l'ensemble des mères de famille. Enfin, les ambitions des parents pour leurs enfants se sont accrues dans l'ensemble des catégories sociales. Beaucoup de couples préfèrent donc avoir moins d'enfants et leur consacrer le temps et l'argent nécessaires pour leur donner toutes les chances de réussir leur vie, dans un contexte jugé difficile.

On compte chaque année plus de 200 000 avortements.

Après la légalisation de l'interruption volontaire de grossesse en 1975 (l'adoption définitive date de 1979), le nombre d'interventions pratiquées avait peu varié jusqu'au début des années 90, malgré la diffusion de la pilule et l'usage plus répandu du préservatif. Il avait ensuite connu une baisse entre 1992 et 1994, puis une augmentation régulière pour atteindre 220 000 en 2001 et se maintenir depuis à ce niveau élevé (il représente un quart du nombre des naissances annuelles). Il faudrait encore y ajouter le nombre des interventions pratiquées à l'étranger lorsque le délai légal (dix

La fin des familles nombreuses

Moins de 3 % des femmes nées entre 1940 et 1949 ont eu six enfants et plus, contre plus de 7 % de celles nées entre 1892 et 1916. Même les familles de quatre enfants ou plus ne représentent plus que 12 % de l'ensemble pour les parents nés entre 1940 et 1949, contre 26 % pour ceux nés entre 1925 et 1929. Tous les groupes sociaux sont concernés, y compris le milieu ouvrier, où les familles nombreuses étaient autrefois fréquentes. Dans une catégorie sociale donnée (déterminée par la profession du conjoint), les femmes ont d'autant moins d'enfants qu'elles sont plus diplômées. Les couples où les maris sont cadres font cependant exception ; leurs femmes disposent d'une aisance financière qui leur permet de poursuivre une carrière tout en ayant plusieurs enfants.

Le paradoxe français

Trente ans après son autorisation, l'IVG est toujours aussi pratiquée. On observe même un accroissement chez les femmes de moins de 25 ans, malgré le développement de la contraception, ce qui illustre le « paradoxe contraceptif » français. Un tiers des grossesses sont non prévues aujourd'hui contre la moitié vers 1975. Mais six sur dix se terminent par un avortement contre une sur trois il y a trente ans. La France reste l'un des pays dans lesquels le taux d'IVG est le plus élevé, derrière la Suède et la Norvège. Sur 1 000 femmes en âge de procréer, 15 ont recours dans l'année à un avortement (contre 6 seulement aux Pays-Bas malgré un délai légal de 22 semaines de grossesse, 8 en Allemagne, 11 en Italie). 40 % y ont recours au cours de leur vie.

Cette fréquence française élevée étonne, compte tenu de la générali-sation de la pilule contraceptive, qui permet théoriquement de maîtriser la fécondité. On estime que la moitié des grossesses accidentelles sont dues à un échec de la contraception : oubli ; interruption ; négligence. Ce paradoxe s'explique d'abord par les échecs plus nombreux de la contraception liés notamment à l'oubli ; de nombreuses femmes (les jeunes en particulier) ne vivent plus l'usage de la pilule comme une libération, mais comme une contrainte. Il est aussi le résultat d'une volonté de maîtriser la fécondité et de « programmer les naissances », dans un contexte social où les vies sont moins stables et où l'enfant non désiré semble parfois « arriver au mauvais moment ». De sorte que l'IVG est souvent davantage un report de maternité qu'un refus. Le paradoxe français s'inscrit dans un mouvement plus large de refus du hasard ou de l'accident, de plus en plus apparent dans la mentalité individuelle et collective.

traites sont les 30-34 ans : 34 % l'ont oubliée plus de six fois, contre 10 % des 18-24 ans. 42 % des oublis surviennent la première semaine. Ils seraient à l'origine de 10 % des IVG pratiquées.

> **La fécondité des femmes étrangères reste supérieure à celle des françaises.**

Lors du dernier recensement global (1999), les femmes étrangères vivant en France avaient en moyenne 2,8 enfants (comme en 1990), soit un enfant de plus en moyenne que les Françaises. En 2004, 16 % des naissances concernaient au moins un parent étranger (mère ou père) ; une part très supérieure à celle des couples concernés dans la population (environ 6 %). Il faut cependant préciser que la proportion de femmes étrangères en âge d'avoir des enfants est supérieure à celle des françaises.

L'évolution de la fécondité est similaire dans les deux groupes : après avoir fortement baissé dans les années 80, elle s'est stabilisée dans les années 90. Plus l'immigration est ancienne, plus le comportement des étrangères tend à être proche de celui des Françaises. Comme elles, les étrangères deviennent mères plus tard qu'auparavant. Le calendrier des naissances des Algériennes et des Marocaines, qui était déjà voisin de celui des Françaises, évolue peu. Celui des Tunisiennes s'en rapproche.

Les données concernant la période 1990-1999 montrent cependant que l'écart reste important. La fécondité varie largement selon la nationalité. Les Espagnoles et les Italiennes ont moins d'enfants que les Françaises, les Africaines en ont davantage. La fécondité des femmes étrangères établies en France dépasse parfois celle de leurs pays d'origine, dans lesquels elle a souvent beaucoup chuté. C'est

semaines, portées à douze en 2001) est dépassé. Les opérations sont plus nombreuses dans le sud de la France, en Île-de-France et dans les départements d'outre-mer. Deux sur trois sont pratiquées en hôpital public, une sur trois est réalisée à partir de traitements médicamenteux.

Ce sont les femmes de 18 à 39 ans qui recourent le plus fréquemment à l'IVG (90 % des cas). Les différences entre les groupes sociaux se sont considérablement réduites. À 15 ans, 60 % des conceptions se terminent par un avortement. Le nombre total concernant des mineures est stable à environ 10 000 par an. La proportion n'est que de 10 % à 25 ans, mais elle atteint près de la moitié (45 %) à 40 ans. À partir de 23 ans, la fréquence est plus grande chez les femmes qui vivent seu-les que chez celles qui vivent en couple. Quel que soit leur âge, les femmes mariées avortent moins que celles qui ne le sont pas.

Le recours à l'avortement est parfois la conséquence d'un problème de contraception. Six femmes sur dix (parmi les 15-39 ans) disent avoir oublié au moins une fois de prendre leur pilule au cours des six derniers mois (INSERM-INED, 2003). Parmi celles vivant en couple, les plus dis-

● *Plus d'une personne sur quatre née dans les années 50 appartient à une famille de six enfants ou plus ; la proportion n'est plus que de une sur dix pour celles nées dans les années 70. Mais peu de personnes restent sans enfant.*

le cas des femmes maghrébines, avec 3,24 enfants par femme contre 2,7 dans leurs pays d'origine, ou des Turques, avec 3,35 enfants contre 2,5 en Turquie. Comme pour les Françaises, les naissances hors mariage sont de plus en plus nombreuses pour les étrangères, mais elles restent deux fois moins fréquentes : 25 % contre 48 %.

Le mal de mère

L'image de la mère dans la société a changé. D'abord, parce que de nombreuses mères avouent ne pas avoir trouvé dans la maternité l'épanouissement qu'elles avaient imaginé et que le statut de mère au foyer ne suffit plus à leur bonheur. Le baby-blues (traumatisme ou dépression postpartum) et la solitude maternelle sont parfois durables. Certaines femmes n'hésitent pas à mettre en doute le fameux « instinct maternel » et dénoncent le fossé entre les progrès des techniques médicales et l'absence de prise en compte des difficultés psychologiques des futures mères. Par ailleurs, des personnalités de plus en plus nombreuses avouent ne pas avoir eu avec leur mère des relations idylliques, ce qui participe à la levée du tabou.

Le rôle des femmes n'est plus aujourd'hui limité à la reproduction de l'espèce. Elles estiment avoir le droit à une vie complète, incluant une partie professionnelle et personnelle. Certains imaginent ainsi qu'elles seront de plus en plus nombreuses à l'avenir à utiliser la possibilité de faire porter son enfant par une autre femme, voire de le faire naître par ectogénèse (hors du corps féminin). La solution de remplacement est d'aider les femmes à devenir mères avant qu'elles ne donnent naissance à leurs enfants.

Le renouvellement des générations est jusqu'ici assuré...

Pour que le remplacement des générations s'effectue à l'identique (nombre d'enfants égal à celui des parents), il faut que chaque femme ait en moyenne 2,08 enfants au cours de sa vie (descendance finale). Ce chiffre est supérieur à 2 afin de compenser le fait que la proportion de filles est inférieure à celle des garçons dans chaque génération : pour des raisons non élucidées, il naît invariablement 95 filles pour 100 garçons. Le nombre de naissances doit aussi compenser la mortalité entre la naissance et l'âge de la maternité (en moyenne 28 ans). On aboutit ainsi à un seuil de remplacement de 2,08 enfants par femme (il était de 2,2 enfants en 1950, compte tenu de la plus grande mortalité infantile à cette époque).

La fin plus tardive de la fécondité compense au moins en partie le fait qu'elle commence plus tard. C'est pourquoi l'indicateur conjoncturel de fécondité, qui est calculé sur une année (p. 123), ne rend pas compte de la descendance finale des femmes. Celles qui ont aujourd'hui terminé leur période féconde (nées en 1955 et âgées de 50 ans en 2005) ont eu en moyenne 2,13 enfants, soit un nombre suffisant au renouvellement des générations. À 35 ans, ces femmes avaient déjà eu 1,96 enfant. Au même âge, celles nées en 1965 n'en avaient eu que 1,78 ; elles ont rattrapé ensuite une bonne partie de leur retard puisqu'à 40 ans elles

● *Le coût économique et médical d'une naissance unique est d'environ 5 000 €, contre 14 000 pour des jumeaux et 40 000 pour des triplés.*

ont eu 1,99 enfant, contre 2,10 pour la génération de 1955.

... mais il est plus hypothétique pour l'avenir.

Les femmes nées en 1970, qui étaient âgées de 35 ans en 2005, ont eu 1,71 enfant, ce qui laisse envisager une descendance finale vers 2020 très proche de 2 enfants (supérieure à 1,95). Ce chiffre serait ainsi un peu insuffisant pour assurer le renouvellement à l'identique des générations. Il est en outre acquis que, hors l'hypothèse d'une immigration massive, le nombre de femmes en âge de procréer va continuer de diminuer au cours des prochaines années. Par ailleurs, le recul continu de l'âge moyen à la maternité observé pendant près de deux décennies devrait être moins marqué. Enfin, malgré la légère tendance récente à la hausse de la fécondité, les causes de la baisse passée n'ont pas disparu : instabilité croissante des vies conjugales ; difficulté pour les couples de se projeter dans l'avenir ; coût des enfants et incertitudes sur les revenus ; travail et désir d'indépendance des femmes ; volonté de vivre une vie individuelle riche ; refus des contraintes... Le baby-boom qui avait suivi la Seconde Guerre mondiale apparaît ainsi de plus en plus comme une période atypique, qui n'a guère de probabilité de se reproduire dans un contexte social très différent.

L'avenir dépendra aussi des modèles familiaux qui prévaudront. Ainsi, le fait de connaître plusieurs unions successives au cours d'une vie pourrait conduire les couples à avoir chaque fois des enfants, ce qui augmenterait le nombre moyen. 15 % des familles de quatre enfants et 22 % de celles de cinq enfants ou plus sont aujourd'hui des familles recomposées. Par ailleurs, les politiques familiales mises en place par les gouvernements peuvent avoir une incidence au moins temporaire sur la fécondité. Il en est de même des efforts des entreprises pour faciliter la vie des mères salariées. On peut enfin imaginer que l'amélioration du moral des Français fera émerger de nouveaux systèmes de valeurs, plus favorables aux familles de trois enfants et plus. La famille reste en effet une valeur prioritaire pour les Français, car elle rassure et donne un sens à la vie.

Moins de 15 ans

Un Français sur cinq a moins de 15 ans.

La césure le plus souvent utilisée en matière statistique pour séparer les jeunes et les moins jeunes est l'âge de 20 ans. On pourrait considérer que la rupture la plus importante est celle de la majorité légale (18 ans pour la France), mais elle présente l'inconvénient de ne pas être uniforme dans le monde. Sur le plan sociologique, il est plus habituel et logique de placer la césure à 15 ans, car cet âge sépare des attitudes et des comportements assez distincts, même si sa pertinence n'est pas la même dans tous les domaines d'investigation.

Quelle que soit la limite retenue, on observe que la part des « jeunes » dans la population a diminué de façon sensible depuis le début des années 70, après avoir augmenté entre la fin de la Seconde Guerre mondiale et 1970, du fait du nombre important des naissances pendant la période du baby-boom. La chute spectaculaire de la natalité qui s'est produite jusqu'au milieu des années 90 a entraîné une forte réduction de la part des jeunes dans la popu-

L'Europe moins jeune

Évolution de la part des moins de 15 ans dans la population de l'Union européenne (en %)

	1994	2004
Allemagne	16,4	14,7
Autriche	17,8	16,3
Belgique	18,1	17,3
Chypre	25,2	20,0
Danemark	17,1	18,9
Espagne	17,5	14,5
Estonie	21,2	16,6
Finlande	19,1	17,6
FRANCE	19,8	18,6
Grèce	18,0	14,6
Hongrie	18,6	15,9
Irlande	25,2	20,9
Italie	14,9	14,2
Lettonie	21,1	15,4
Lituanie	22,2	17,7
Luxembourg	18,1	18,8
Malte	22,0	18,2
Pays-Bas	18,4	18,5
Pologne	23,7	17,2
Portugal	18,4	15,7
Rép. tchèque	19,4	15,2
Royaume-Uni	19,4	18,3
Slovaquie	23,5	17,6
Slovénie	19,1	14,6
Suède	18,7	17,8
Europe à 25	**18,5**	**16,4**

Eurostat

lation. Les moins de 15 ans n'en représentent plus que 19 % ; soit 11 millions de personnes, contre 22 % en 1980 et 26 % en 1960. Parmi les pays de l'Union européenne à quinze, seule l'Irlande comptait proportionnellement plus de jeunes que la France en 2004 (21 %). La moyenne de l'Union était de 17 %, l'Italie et l'Espagne arrivant en dernière position avec 14 % (15 % pour l'Allemagne et la Grèce). L'entrée de dix pays à plus forte proportion de jeunes (liée notamment à une espérance de vie plus courte) a pour effet de réduire l'âge moyen dans l'ensemble de l'Union européenne.

La scolarisation est générale à partir de 3 ans.

La vie des enfants ne commence pas à leur naissance. Les travaux et publications des pédiatres et psychanalystes (notamment ceux de Françoise Dolto) ont montré que la vie intra-utérine n'était pas seulement végétative. Elle revêt même une importance pour l'évolution future de l'enfant et de l'individu. Les mères et les pères sont de plus en plus conscients de cette réalité, de sorte qu'ils s'efforcent de rendre la vie avant la naissance de leurs enfants plus riche et plus confortable.

Entre 0 et 3 ans, la majorité des enfants (six sur dix) passent leurs journées au foyer parental ; les autres sont confiés à une crèche ou à une nourrice. À 2 ans, plus d'un enfant sur trois (37 %) est scolarisé, ce qui est une singularité française (p. 75). Tous sont concernés à partir de 3 ans.

Entre 3 et 5 ans, la découverte du monde se fait par l'éveil des sens et par le jeu. Celui-ci est pratiqué seul ou en groupe. Le toucher joue un rôle particulier dans la perception de l'environnement. À cet âge, plus de la moitié des enfants ont des mères actives. La vie se déroule alors pour eux hors de la maison, et les journées ont souvent une durée de 12 ou 13 heures.

La socialisation se développe vers 6 ans.

C'est à partir de 6 ans que l'intérêt de l'enfant passe progressivement des objets aux personnes, des perceptions concrètes à la pensée conceptuelle. Cela se traduit notamment par la place importante des copains, rencontrés à l'école ou reçus à la maison. La socialisation prend à cette période des formes nouvelles. Les anniversaires jouent par exemple un rôle non négligeable. Les enfants choisissent leurs invités et donnent à ces événements un caractère assez formel, imitant les pratiques des adultes (invitations écrites ou téléphoniques, préparation de la réception, respect de certaines règles, etc.). Ces pratiques, bien que plus répandues en milieu urbain et aisé, se sont étendues à de nombreux groupes sociaux.

Entre 8 et 10 ans, plus de 70 % des jeunes pratiquent un sport, plus souvent individuel (vélo, judo...) que collectif (football, rugby...). Mais ce sont les activités audiovisuelles qui sont les plus fréquentes : télévision, jeux vidéo, cinéma... La sociabilité occupe alors une place centrale ; elle conduit parfois à l'abandon des activités culturelles antérieures (inscription à une bibliothèque, pratiques artistiques amateurs...). La télévision constitue l'un des outils importants de la connaissance du monde. Elle intervient aussi en tant que sujet de conversation (avec les amis ou les camarades

● Entre 11 et 18 ans, les jeunes possèdent plus de 800 € sur leur compte en banque ou leur livret d'épargne.
● Entre 18 et 20 ans, ils ont 62 € d'argent de poche mensuel.

de classe) ou lorsqu'elle est regardée à plusieurs. Les enfants de 4 à 7 ans passent d'ailleurs plus de temps devant la télévision qu'à l'école (1 000 heures contre 800).

L'adolescence est de plus en plus précoce.

Les enfants mûrissent plus vite et entrent plus tôt dans l'adolescence. Ce mouvement est favorisé par un environnement familial plus ouvert, qui autorise une plus grande autonomie. L'éducation des enfants est en effet généralement plus libérale que celle qu'ont reçue leurs parents ; mais la tendance « laxiste » semble être aujourd'hui moins répandue. Cette précocité est largement liée à l'environnement, avec notamment l'accès aux médias et l'usage des équipements électroniques de loisir (téléphone portable, baladeur, Internet...), qui rend les enfants plus conscients des mouvements du monde. Elle est aussi encouragée par la mobilité des vies et la diversité des expériences proposées par les médias et la publicité, ce qui participe au développement et accélère la maturité. À la maison, le téléviseur et le réfrigérateur sont en libre-service, d'autant que la majorité des enfants vivent dans un foyer où les deux parents travaillent. C'est ainsi que les 6-14 ans ont été surnommés aux États-Unis les *Kgoys (Kids getting older younger)*.

La préadolescence se situe aujourd'hui entre 9 et 11 ans. Elle marque le début du processus d'autonomie au sein du foyer et à l'extérieur. À cet âge, les enfants s'intéressent au sport, au cinéma, à la musique et cherchent à s'initier au monde des adultes. Ils se rendent seuls à l'école, reçoivent et dépensent de l'argent, participent aux décisions quotidiennes du ménage. À partir de 11 ans, l'entrée dans le secondaire marque un tournant. La période

de l'adolescence est placée sous le double signe du développement de la personnalité et de l'intégration au groupe. On observe un transfert continu des modes de vie et des aspirations vers ceux de la tranche d'âge située au-dessus. Les 8-12 ans ont ainsi des comportements qui ressemblent à ceux des 12-15 ans de la précédente génération. Les jeunes filles veulent s'habiller comme des femmes, ce qui explique l'apparition du phénomène lolita (p. 33). Ce désir de vieillir ne dure pas. Si l'adolescence est devenue plus précoce, l'entrée dans la vie adulte est au contraire plus tardive.

L'environnement plus influent que les parents

Le modèle classique de transmission des valeurs aux enfants se transforme. Leurs pratiques culturelles dans la vie courante sont moins influencées par les parents que par les autres composantes de l'environnement. Sous couvert de liberté et de modernité ou, souvent, de façon involontaire, les médias imposent à une majorité de jeunes des manières de penser et de vivre simplement en les montrant. C'est le cas en particulier avec la musique, le cinéma, les personnages et héros présents et mis en scène de façon spectaculaire dans les médias. Cette évolution a été soulignée dans les attitudes et les comportements des enfants à l'école (notamment par le socio-logue Dominique Pasquier). Le système de reproduction des clivages sociaux lié au milieu familial et au fonctionnement de l'école républicaine décrit et dénoncé par Pierre Bourdieu tend ainsi à être remplacé par une « tyrannie invisible » sur laquelle il convient de s'interroger.

Les différences entre garçons et filles s'atténuent.

On observe une convergence croissante dans les modes de vie et d'éducation des garçons et des filles. Les équipements possédés, les activités pratiquées ou les produits consommés sont moins différenciés. Si les filles continuent de recevoir un peu moins d'argent de poche que les garçons, les écarts diminuent. Le souci de la tenue vestimentaire apparaît cependant plus tôt chez les filles (vers le CM1), mais les garçons attachent plus d'importance à leur habillement que dans le passé.

Ce rapprochement est la conséquence des changements qui se sont produits dans l'éducation dispensée par les parents. L'évolution est elle-même liée à la moindre différenciation des rôles masculin et féminin dans la vie sociale, professionnelle et familiale. On observe aussi une homogénéisation des attitudes et des comportements par rapport aux enfants dans les diverses catégories socioprofessionnelles. Les modes de consommation ou la pratique des médias sont moins dépendants des revenus des familles.

Certaines différences restent cependant sensibles dans la vie quotidienne. Les filles s'intéressent davantage aux activités culturelles (dessin, peinture, lecture). Les garçons préfèrent les jeux vidéo ou mécaniques ; c'est le cas notamment des 13-15 ans. En matière sportive, les filles sont plus attirées par les disciplines individuelles (notamment la natation) que par les collectives (basket, handball...). L'usage des équipements électroniques est également différencié. Les garçons de 8 à 10 ans passent plus de 17 heures par semaine devant un écran (télévision, console vidéo ou ordinateur) ; les filles du même âge leur consacrent moins de 15 heures. Elles préfèrent les séries télévisées, alors que les garçons apprécient les dessins animés et les émissions de sport.

Les loisirs technologiques occupent une place croissante ...

Les enfants d'aujourd'hui se distinguent de leurs aînés par des activités de loisir plus nombreuses et plus précoces. L'audiovisuel occupe une place centrale dans leurs loisirs : 58 % des 11-20 ans sont équipés d'une chaîne hi-fi, 53 % d'un lecteur de CD portable, 50 % d'une console de jeux vidéo branchée sur le téléviseur à titre personnel, 45 % d'une console de poche ; 38 % écoutent tous les jours de la musique sur leur baladeur, 15 % ont un lecteur de DVD (TNS, 2005). Le téléphone portable fait partie de leur vie quotidienne : 74 % en possédaient un début 2005 (contre 67 % début 2004, Médiamétrie). 80 % d'entre eux émettent ou reçoivent des SMS tous les jours.

On constate un intérêt croissant pour l'ordinateur, au détriment de la télévision. 20 % des 6-10 ans disposaient d'un ordinateur personnel début 2005, le plus souvent installé dans leur chambre, alors qu'ils ne sont plus que 39 % à avoir un téléviseur (40 % en 2002). 31 % utilisent les messageries instantanées. 20 % ont déjà créé leur blog ou envisagent de le faire. L'empreinte des médias est forte. L'ambition d'être « riche et célèbre », qui concernait jusqu'ici plutôt les adolescents, est de plus en plus apparente chez les plus jeunes.

Les 8-12 ans lisent aussi davantage, qu'il s'agisse des livres (comme l'atteste le phénomène Harry Potter), des bandes dessinées (voir le succès des mangas) ou des magazines. 88 % d'entre eux sont lecteurs de la presse destinée aux jeunes ; chacun d'eux lit au moins cinq titres différents sur une année. L'évolution technologique explique que certains équipements de loisir sont moins répandus : 59 % des 6-10 ans ont une radio (contre 69 % en 2002), 45 % un Walkman (contre 63 %), 32 % un appareil photo classique (contre 38 %), 1 % un graveur de CD (contre 7 %).

... de même que le sport.

Les jeunes manifestent aussi un intérêt pour les activités sportives, qui s'accroît avec l'âge. Les sports les plus pratiqués des moins de 15 ans sont, par ordre décroissant, la natation, le basket, le VTT et le roller. Les sorties et les relations amicales jouent un rôle essentiel. Les visites culturelles sont souvent déclenchées par la famille ou l'école. D'une manière générale, les garçons sont plus tournés vers les nouvelles technologies et les activités extérieures ; les filles, vers les loisirs d'intérieur et la culture scolaire.

À partir de 11 ans, les centres d'intérêt évoluent : la musique arrive au premier rang des centres d'intérêt, devant la discussion avec les amis, la télévision et le cinéma (90 % des 11-19 ans y vont au moins une fois par an). Si les enfants sont d'abord en quête de plaisir et de distraction, ils s'efforcent aussi de construire leur identité en la confrontant à celle des autres. Ainsi, le sport est autant un moyen d'expression et d'appartenance qu'un effort physique et de dépassement de soi.

Le jeu est un loisir et un mode d'apprentissage.

Le jeu tient une grande place dans la vie des moins de 15 ans. Malgré le rapprochement entre les filles et les garçons dans les modes d'éducation, les premières restent plus sensibles à l'imaginaire et la vie intime, les seconds plus attirés par l'action et la technologie. Il se pratique souvent en famille ; 82 % des parents disent jouer avec leurs enfants. Mais ceux-ci jouent surtout avec leurs amis ou leurs frères et sœurs : à 8 ans, 21 % disent d'ailleurs préférer jouer avec les amis ; ils sont 50 % à 12 ans. Les jeux vidéo, présents dans les deux tiers des foyers avec enfants, sont l'objet d'un intérêt particulier, renouvelé par l'évolution des matériels et des jeux disponibles.

Les jeux sont aussi très présents à l'école, dans les cours de récréation. Certains reposent en partie sur le besoin d'accumulation des enfants, qui leur permet de se valoriser et sert de prétexte à l'échange verbal et au troc. Mais les modes s'essoufflent vite : celle des Pokémon a disparu, comme celles des billes, des images Panini, des peluches ou des trottinettes. On observe aujourd'hui un fort intérêt pour l'univers fantastique, illustré par le triomphe de la série Harry Potter. Mais certains jouets traditionnels conservent leur attrait : Barbie, Playmobil, Meccano...

D'autres tentent de réconcilier tradition et modernité, comme les peluches parlantes, les animaux de compagnie robots ou les jeux de société électroniques, voire le karaoké. Les jeux et produits dérivés inspirés des héros de la télévision et des médias (Star Academy, Pop Star, mangas et dessins animés...) sont une source inépuisable d'innovation... et de profit. On assiste depuis deux ans au retour des Tamagotchi, qui étaient apparus dans les années 90, ces « personnages » en forme d'œuf composés d'un écran, que les enfants « éduquent » et font vivre, de leur naissance à leur mort. Ceux de la nouvelle génération peuvent communiquer entre eux par infrarouge, tomber amoureux, se marier et même faire des bébés. 70 % des enfants concernés sont des filles. La dimension purement

pédagogique du jouet est moins importante qu'elle ne l'était dans les années 90. Les parents souhaitent avant tout que leurs enfants soient heureux en jouant, même s'ils n'apprennent rien de directement « utile ».

L'appartenance à un groupe est un élément de structuration.

L'univers des adolescents est complexe, segmenté en fonction de leur appartenance à des « tribus ». Ces groupes se fondent sur quatre centres d'intérêt principaux : mode ; musique ; sport ; cinéma-vidéo. Leurs membres s'identifient et se reconnaissent dans les activités qu'ils pratiquent et dans les personnages qu'ils choisissent comme modèles ou héros. Ils ont leurs médias et supports favoris (magazines, radios, chaînes et émissions de télévision). L'appartenance au groupe implique l'usage de certains objets, genres musicaux, vêtements, accessoires et marques. Elle est souvent associée à une gestuelle, à un vocabulaire et une façon de parler spécifiques.

La plupart des adolescents ont une approche très pragmatique de la vie ; ils piochent dans les différents courants de la « modernité » ce qui les intéresse, ce qui est susceptible de leur permettre d'affirmer leur identité ou leur différence. Ils mélangent le tout pour se l'approprier et dérouter les observateurs ou imitateurs éventuels. En attendant de se lasser et de renouveler leurs propres références. On observe ainsi une évolution des tribus « réelles » (des personnes avec lesquelles on a des activités communes dans la « vraie vie ») vers des réseaux virtuels, groupes de personnes avec lesquelles on est relié de façon souvent éphémère par les moyens de communication électroniques (téléphone portable, connexion Internet...).

La consommation participe à la construction de l'identité.

Le pouvoir d'achat dont disposent les enfants est élevé. 78 % des 8-12 ans reçoivent de l'argent de poche, en moyenne 10 € par mois (CSA, décembre 2004). Les 12-17 ans disposent en moyenne de 28 € (18 € pour les 12-13 ans, 47 € pour les 16-17 ans). Cela leur permet d'être très tôt des consommateurs à part entière. Les dépenses les plus courantes concernent les vêtements et chaussures (62 € en moyenne pour les 12-17 ans), devant les livres, journaux, magazines (12 €) et les sorties (cinéma, piscine, patinoire..., 11 €). 19 % dépensent tout ce qu'on leur donne, 47 % mettent un peu d'argent de côté, 12 % gardent la totalité. Les plus favorisés sont les enfants uniques, ayant une mère diplômée ou des parents divorcés (hors familles monoparentales). Le pouvoir d'achat direct des moins de 12 ans représente environ 2,5 milliards d'euros.

La consommation constitue pour les enfants un moyen d'accès au monde réel et un mode d'apprentissage de la vie. La précocité générale du développement est particulièrement apparente dans ce domaine. À six mois, un bébé est capable de reconnaître le logo d'une marque qui appartient à son univers. À 3 ans, il connaît le nom de certaines marques. À 10 ans, il les distingue par les valeurs qui s'y rattachent. Il peut ainsi effectuer des choix personnels ou dictés par ses appartenances à des groupes. Les marques commerciales ne sont pas seulement des identifiants pour les entreprises et les produits qu'elles commercialisent. Elles servent aussi de « marqueurs » pour ceux qui les achètent et les arborent. Elles ont une double fonction d'identification et de différenciation, voire de discrimination entre les groupes et entre les individus.

Les enfants disposent d'un fort pouvoir de prescription.

Les enfants exercent une très grande influence sur la plupart des achats familiaux. Leur avis, qui concerne aussi bien l'alimentation que l'informatique ou la voiture, serait décisif dans près de la moitié des dépenses des ménages. Lorsqu'ils font les courses avec leurs parents, 71 % des 7-12 ans placent dans le chariot leurs glaces préférées, 65 % leurs produits laitiers, 45 % leurs gels douche et 41 % leurs boissons chaudes. 80 % participent au choix de leurs vêtements. 76 % influent sur les achats de confiserie ou de céréales.

Ce pouvoir de prescription s'explique sans doute par le désir des parents de faire plaisir à leurs enfants. Il est aussi justifié par le fait que ces derniers sont souvent les mieux informés en matière de consommation. La publicité joue en effet un rôle important dans leur culture et dans leur pratique des médias. C'est pourquoi ils sont souvent en position d'« éduquer » et d'initier leurs parents, notamment dans les domaines technologiques, où ils sont plus compétents qu'eux : informatique ; téléphonie portable ; musique ; cinéma ; télévision ; photo numérique… Il serait cependant excessif de considérer que les parents cèdent systématiquement aux injonctions de leurs enfants. Ce sont eux qui décident le plus souvent des achats qu'ils jugent importants et « implicants » (liés à l'éducation des enfants) ou de ceux qui concernent l'ensemble de la famille (aménagement du logement, équipement du foyer, voiture…). Les autres font l'objet de « négociations » avec les enfants. Les couples cherchent aussi à sortir de la dépendance

à l'égard des enfants en se préservant des moments de liberté et d'intimité. La famille est le royaume du compromis. S'il est parfois la source de tensions ou de conflits à l'intérieur des familles, ce type de rapport entre les générations concourt à leur rapprochement.

15-24 ANS

Les 15-24 ans sont les enfants de la crise et de la mondialisation.

Les 7,8 millions de jeunes de 15 à 24 ans représentent 13 % de la population française. Les plus âgés d'entre eux sont nés au début des années 80 ; leur vie et leur vision du monde ont été influencées par la « crise » qui a sévi en France au cours des trois dernières décennies. Les plus jeunes sont nés au début des années 90, après que le monde bipolaire se fut écroulé avec le mur de Berlin. Tous ont grandi dans une période de transition sociale marquée par la toute-puissance de la technologie et le développement de la mondialisation.

Contrairement aux plus jeunes, les 15-24 ans forment une population hétérogène, aux statuts personnels très diversifiés. Si la majorité d'entre eux sont scolarisés (5,5 millions), certains sont encore dans l'enseignement secondaire, d'autres dans le supérieur. La proportion d'actifs était de 8 % seulement parmi les 15-19 ans en 2005, contre 50 % pour les 20-24 ans. Parmi les 2,3 millions théoriquement présents dans la vie professionnelle en 2005, un peu plus de 500 000 étaient au chômage.

Les trois quarts des 15-24 ans vivent chez leurs parents : 3,2 millions de garçons et 2,7 millions de filles. La proportion est encore de un sur deux à

24 ans (51 %) pour les premiers et de une sur trois pour les secondes (30 %). Un peu moins d'un sur dix (9 %) vit en couple (marié ou non marié). Enfin, 14 % vivent seuls à l'extérieur du foyer parental.

Les jeunes constituent la génération zapping.

La difficulté de leur trouver un point commun explique qu'on a affublé les 15-24 ans de plusieurs noms. Aux États-Unis, ils ont été baptisés « génération X » ou, plus récemment, *net generation*. En France, on les a successivement appelés : bof génération, boss génération, génération sacrifiée, génération morale, génération conformiste, génération consensus ou génération galère.

Les 15-24 ans constituent surtout une génération de transition. Entre deux appartenances géographiques, d'abord. Nés Français, ils vivront leur vie d'adulte en tant qu'Européens, peut-être même (vers la fin…) comme citoyens du monde. Ce changement d'échelle a des incidences sur leurs attitudes, leurs valeurs et leurs modes de vie. Transition, aussi, entre deux systèmes de valeurs. La vision collective de la vie et de la société s'est effacée au profit d'une vision plus individuelle. L'« égologie » se combine aujourd'hui à l'écologie pour exprimer la volonté de préserver non seulement l'environnement naturel mais aussi l'espèce humaine (p. 242). Transition, enfin, entre deux civilisations. Celle du temps libre et des loisirs est en passe de remplacer celle du travail (p. 392). Une mutation à la fois quantitative et qualitative dont les jeunes de cette génération seront bien davantage les acteurs que les témoins.

Cette importance des facteurs de transition dans leur environnement explique que les 15-24 ans sont des êtres hybrides et éclectiques. L'observation de leurs modes de vie et de leurs systèmes de valeurs suggère plutôt de les baptiser « génération zapping ».

Le confort matériel va de pair avec l'inconfort moral.

Les jeunes subissent les conséquences des changements économiques, culturels et sociaux qui ont agité et transformé le monde depuis leur naissance. Leurs parents, aujourd'hui quinquagénaires, avaient entre 6 et 15 ans en 1968 ; ils ont donc vécu la « révolution de Mai », même s'ils ne sont qu'une minorité à y avoir participé. Et les enfants ne comprennent guère comment ils ont pu s'offrir le luxe de refuser la société à une époque où il était beaucoup plus facile d'y entrer.

Leur conception de la vie est influencée par les contradictions contemporaines. La première oppose le confort matériel indéniable et inédit dont la plupart disposent (logements, équipements, argent disponible...) et l'inconfort moral lié aux difficultés de l'insertion professionnelle et de la vie en société. Ils vivent une contradiction permanente entre la protection dont ils bénéficient au sein de la famille (notamment lorsqu'ils habitent encore au foyer parental) et les menaces d'un monde extérieur où la compétition et l'instabilité règnent. Enfin, ils ont le sentiment que le pouvoir d'achat a diminué et que les inégalités se sont accrues. Cette impression, généralisée dans le pays, est plus justifiée pour les jeunes que pour les autres catégories, car ils ont moins profité que leurs aînés de la redistribution des fruits d'une croissance économique qui s'est réduite au fil des années.

● *Environ 3 % des parents sont victimes de violences de la part de leurs enfants.*

Génération techno

Les 15-24 ans sont les enfants de la technologie. Nés pendant la période de diversification accélérée des outils audiovisuels (explosion des radios, puis des télévisions), ils ont grandi avec l'ordinateur et les outils de communication interactifs. Leurs taux d'équipement témoignent de l'avance qu'ils ont dans ce domaine sur les autres générations. 77 % disposaient ainsi d'un ordinateur à domicile début 2006 (contre 59 % de l'ensemble de la population). Ils représentaient 26 % des internautes et 47 % des « blogueurs » (créateurs de sites personnels diffusés sur Internet) alors qu'ils ne comptent que pour 16 % de la population.

Leur usage de ces nouvelles technologies est également plus intense : 86 % sont connectés au moins une fois par mois, contre 50 % de la population). Leur durée de connexion est plus longue et leurs usages plus diversifiés. Ils utilisent davantage les ressources de l'interactivité et sont plus que les autres à la recherche de convivialité sur les sites, forums et autres plate-formes d'échange et de partage (y compris ceux de fichiers musicaux ou de vidéo). Plus de neuf sur dix sont équipés d'un téléphone portable, un sur deux d'un baladeur. Ils font enfin preuve d'une plus grande maîtrise de ces outils, ce qui leur permet de se les approprier, parfois de les détourner.

L'âge de la majorité ne constitue pas une césure sociologique.

Entre 15 et 19 ans, l'entrée dans le monde des adultes est amorcée, avec une stabilisation des pratiques et des préférences. L'âge adulte commence officiellement à 18 ans (majorité), mais celui de l'enfance n'est pas terminé ; beaucoup de jeunes ne sont en effet pas pressés d'assumer la responsabilité de leur destin. La vie amicale est primordiale et sert de contrepoint aux relations avec les parents. Les loisirs sont nombreux et l'autonomie est désormais acquise dans le choix des activités et des sorties ; elle est favorisée par un pouvoir d'achat souvent fort. Les 15-19 ans privilégient l'audiovisuel, avec une forte écoute de la radio, motivée surtout par la musique, mais aussi par un souci d'ouverture sur le monde. L'arrivée à l'âge de 20 ans paraît plus importante que l'accession à la majorité, tant sur le plan symbolique qu'en matière de comportements.

Entre 20 et 24 ans, les activités sont beaucoup plus diversifiées. Les étudiants n'ont pas les mêmes préoccupations ni les mêmes modes de vie que ceux qui sont entrés dans la vie active ou qui cherchent un emploi. Parmi les premiers, l'école et la filière choisies ont des incidences sur le temps disponible pour les loisirs et les centres d'intérêt. Le fait d'habiter chez ses parents ou de vivre dans un logement indépendant influence aussi largement les modes de vie. Chez les plus âgés, on observe que les choix en matière professionnelle sont de plus en plus tardifs et que les recherches d'emploi sont moins ciblées sur une fonction ou un secteur d'activité que par le passé.

Les modes de vie sont déterminés par l'hédonisme.

Les attentes des jeunes par rapport à la vie sont plus diverses et complexes que celles de leurs parents. Ainsi, l'activité professionnelle est pour eux un moyen nécessaire de gagner sa vie, une façon pour les plus chanceux de s'épanouir. Mais elle ne saurait occuper la totalité

Identité et sexualité

La sexualité joue un rôle essentiel dans la construction de l'identité des jeunes. Elle est un moyen de satisfaction des désirs personnels mais aussi d'apprentissage de l'affectivité et du partage. Sur le plan social, son rôle ne se limite pas à fournir d'inépuisables sujets de conversation entre amis. Elle est un prétexte à la rencontre, à l'échange, parfois à la rivalité. Elle a une vocation à la fois fondatrice et thérapeutique. Alors que leurs parents ont vécu la « libération sexuelle », les 15-24 ans ont grandi à l'époque de la banalisation du sexe, mais aussi à celle du sida. Informés des choses de la vie, et des dangers qu'elle présente, ils ne connaissent pas les inhibitions, mais ne se livrent pas pour autant à une sexualité débridée. S'ils tiennent sur elle un discours libéré, ils attachent une grande importance aux sentiments.

L'âge moyen de la puberté féminine est aujourd'hui de 12 ans ; il a diminué d'un an en trente ans. Il est plus élevé pour les garçons et se situe en moyenne un peu avant 15 ans. Contrairement à une idée reçue, l'âge au premier rapport sexuel n'a pas connu de modification sensible. Les générations âgées d'environ 50 ans en 2000 (nées entre 1944 et 1953) avaient eu leur premier rapport sexuel en moyenne à 17,9 ans pour les hommes et 18,9 ans pour les femmes. Pour les générations nées vers 1980, l'âge moyen a un peu baissé et il est devenu pratiquement identique pour les deux sexes : 17,4 ans pour les garçons et 17,6 ans pour les filles. La France, autrefois proche dans ce domaine des pays latins, s'est rapprochée des pays d'Europe du Nord.

du temps et empêcher de s'adonner à ses loisirs favoris, d'arrêter de travailler pendant des périodes que l'on consacrera au voyage ou à d'autres activités. C'est pourquoi leur fidélité professionnelle est réduite, contrepartie de la précarité générale qui s'est installée dans le monde des entreprises. Le plaisir est pour eux un programme de vie ; ce n'est pas le cas du travail.

Pourtant, contrairement à ce que l'on imagine ou craint, les jeunes ne vivent pas enfermés dans les loisirs et dans la virtualité permise par le téléphone portable ou Internet. Ils utilisent ces moyens pour renforcer les liens, diversifier les réseaux et leurs appartenances, satisfaire des besoins de partage sur les sujets et les centres d'intérêt qui leur tiennent à cœur, et ne refusent pas le monde « réel ». Ils ont en commun d'être « autocentrés », de vouloir organiser et réussir leur propre vie, conscients de la difficulté de transformer la vie et le monde en général. Ils sont moins idéalistes et, peut-être, plus pragmatiques ou lucides que leurs parents.

Les centres d'intérêt sont multiples et éphémères.

Contrairement aux plus jeunes, les 15-24 ans se caractérisent davantage par leur diversité que par leurs points communs. Cette diversité n'est pas étonnante sur le plan psychologique ou sociologique. C'est à cette période de la vie qu'il faut se construire individuellement, développer son identité et commencer à trouver sa place dans la société. Cela implique de chercher ses propres repères, à la fois pour se distinguer et pour exister. Il est donc difficile de décrire cette génération en termes précis. Tous les jeunes n'écoutent pas la même musique, ne pratiquent pas le même sport, n'apprécient pas les mêmes films, ne plébiscitent pas les mêmes marques. Les goûts musicaux constituent souvent les principaux critères d'appartenance : techno ; dance ; rock *gothic*, reggae, etc. C'est ainsi que l'on voit se développer des « cultures urbaines » : clubbers branchés préférant les loisirs nocturnes aux activités de la rue, hip-hop amateurs de rap et de R'n'b...

Le seul dénominateur commun que l'on peut leur trouver est sans doute l'éclectisme. Les 15-24 ans mélangent les goûts, les activités, multiplient les contradictions apparentes. Une même personne peut aimer les films fantastiques et les films comiques, écouter du rap et de la techno, apprécier les sorties entre amis et les longues soirées solitaires devant le téléviseur ou l'ordinateur. Le « zapping » est l'arme favorite de ces jeunes, qui veulent faire toutes les expériences, tout essayer avant de choisir ou de changer encore. Les études montrent d'ailleurs qu'ils n'aiment pas qu'on les enferme dans des cases toutes prêtes et qu'on les « segmente », notamment pour essayer de leur vendre des produits. Le mixage, le métissage, l'emprunt à des cultures différentes sont des caractéristiques essentielles de cette population. Elles sont constitutives à la fois de leurs modes de vie et de leurs systèmes de valeurs.

La consommation occupe une place centrale...

Le budget des 15-24 ans varie très fortement en fonction de l'âge. Il représente en moyenne 130 € par mois pour les 15-17 ans, en tenant compte de l'argent de poche (62 € entre 18 et 20 ans) et de toutes les autres rentrées familiales ou extrafamiliales. Les 18-20 ans disposent de 500 € et les 21-24 ans de 600 €, mais cette moyenne est faussée par les rémunérations de ceux qui ont

Le goût de la fête

La plupart des jeunes manifestent un intérêt croissant pour la teuf (fête). Moment privilégié de transgression des règles sociales et d'oubli du quotidien, celle-ci leur permet de se retrouver dans des lieux qui leur appartiennent, ou qu'ils s'approprient. C'est pourquoi ils fréquentent de plus en plus le monde de la nuit et répondent à toutes les invitations qui leur sont lancées : Fête de la musique, fête du cinéma, Gay Pride (Marche des Fiertés), Technoparade, festivals de toutes sortes. Ils transforment les salles de concerts, stades et autres endroits de rassemblement en lieux de happenings. Ils organisent aussi leurs propres manifestations, telles les raves ou les free parties, versions modernes du vieux rêve communautaire et autogestionnaire qui avait donné naissance à Woodstock. La musique techno y remplace celle de Bob Dylan, l'ecstasy s'est substituée à la marijuana. On peut d'ailleurs remarquer dans leur vocabulaire l'usage de mots comme *halluciner* ou *délirer*, qui renvoient de façon symbolique aux effets des drogues dures. Ce langage peut être interprété comme un refus du monde « normal » et une volonté d'entrer dans un autre, moins réel mais plus satisfaisant. La fête est pour les jeunes une façon de résister, d'exprimer leur différence, voire leur marginalité. L'objectif est de briser les tabous sociaux et d'inventer des modes de vie différents, associés à de nouveaux codes.

---

un emploi. Le premier poste de dépenses concerne l'apparence (habillement, hygiène-beauté), devant les sorties et loisirs, puis les frais de téléphone. Les dépenses des étudiants sont surtout consacrées aux loisirs (environ 100 € par mois). Plus encore que les plus jeu-

nes, les 15-24 ans ont en outre une influence sur les achats familiaux.

Comme les enfants qu'ils sont encore, les consommateurs de 18 à 25 ans veulent tout, tout de suite. C'est à ces âges que se forgent les habitudes de consommation, mais les produits et les marques préférées ont un caractère souvent éphémère. L'influence des marques, des médias et des modèles qu'ils proposent est importante. Les attitudes et les comportements des jeunes se ressemblent dans la plupart des pays développés. Beaucoup sont des consommateurs plutôt boulimiques, mais ils font preuve en même temps d'une attitude critique à l'égard de la société de consommation. Ils balancent entre la volonté de marquer leur différence et celle d'appartenir à un groupe.

... mais elle est plutôt maîtrisée.

Les 18-25 ans sont conscients d'être l'objet de toutes les attentions de la part des entreprises et des publicitaires. Curieux d'expérimenter les plaisirs liés à la consommation, ils ont une attitude hédoniste. Mais leur envie de consommer et d'expérimenter les pousse à l'éclectisme et à l'opportunisme, c'est-à-dire souvent à l'infidélité. Ils sont aussi attentifs au prix des choses et sont attirés par la gratuité et l'échange non marchand, auquel ils se sont habitués dans certains domaines (presse, échanges de fichiers sur Internet...). Cette attitude est aussi pour eux un moyen de montrer leurs réserves face à la société de consommation et aux pratiques de marketing des entreprises et des marques.

Plus pragmatiques que révoltés, plus réalistes qu'idéalistes, ils sont attachés à leur liberté de mouvement et cherchent des émotions renouvelées. Adeptes des produits nouveaux et des

marques branchées, ils « craquent » facilement devant les innovations et sont sensibles au design, à l'esthétique et aux matériaux. Mais ils prennent un malin plaisir à dérouter ceux qui veulent les récupérer (créateurs de mode, professionnels du marketing, publicitaires...) ; ils changent alors d'attitude ou détournent les produits.

Les jeunes portent un jugement sévère et cynique sur la société...

Pris entre le confort de la vie au foyer parental et les difficultés d'en sortir pour entrer dans la « vraie vie », les 15-24 ans ne se sentent pas très à l'aise dans la société, dont ils jugent sévèrement les responsables. Ils reprochent notamment aux institutions de ne pas avoir fait leur travail. S'ils gardent une certaine confiance dans l'école, beaucoup ont le sentiment qu'elle ne les prépare pas suffisamment à leur vie professionnelle future. L'Église catholique ne représente pas à leurs yeux un repère, ni même souvent une référence morale. Pourtant, leur besoin de spiritualité est réel, comme on avait pu le constater en 1997, avec le succès des Journées mondiales de la jeunesse. La justice leur paraît trop déséquilibrée entre les différentes catégories de citoyens et trop lente. Ils considèrent que les syndicats sont déconnectés de la réalité.

En matière politique, les jeunes font preuve d'un esprit critique aiguisé par les scandales et les « affaires » qui ont baigné toute leur enfance. Ils ne se reconnaissent guère dans le clivage gauche-droite, déplorent que les politiques et les partis soient éloignés des citoyens. L'électrochoc du premier tour de l'élection présidentielle de 2002 n'a pas eu d'effet durable sur leur comportement de citoyens, si l'on en juge par leur taux d'abstention élevé aux élections de 2004 et au référendum de 2005 et leur comportement électoral souvent volatil (p. 222). Pourtant, de nombreux jeunes se sont inscrits sur les listes électorales fin 2005, après les émeutes des banlieues.

S'ils se montrent peu motivés par le militantisme au sein des partis, les jeunes sont capables d'engagement. Ils se mobilisent volontiers pour défendre les libertés, combattre le racisme ou exprimer leurs craintes quant à la mondialisation. Beaucoup seraient sans doute prêts à se battre pour améliorer la vie en société, à la condition que des personnes ou des institutions crédibles leur proposent des projets caritatifs, culturels, civiques, sportifs ou économiques crédibles à leurs yeux.

... mais ils sont réalistes et pragmatiques.

Désorientés, pessimistes, individualistes, blasés mais solidaires et tolérants, c'est ainsi que l'on peut définir les jeunes aujourd'hui. On peut ajouter qu'ils sont pour la plupart pragmatiques, éclectiques, hédonistes, nomades, amateurs de dérision et de transgression. Ils ont aussi peur de la solitude, du vide et de l'avenir. C'est pourquoi la communication, la consommation, l'agitation et la fête sont pour eux des façons d'oublier et de vivre.

La « génération zapping » est celle de l'ouverture, de la tolérance aux autres, sans doute aussi du désenchantement, au sens à la fois religieux et laïque du terme. Elle n'entend pas changer le monde, car la tâche lui paraît trop difficile. Elle souhaite au contraire s'y intégrer et elle se montre même parfois conformiste. Mais elle est également réaliste, débrouillarde et capable de s'adapter à toutes les situations. Sa désapprobation à l'égard de la société ne signifie pas qu'elle ne pourra pas assumer les responsabilités qui

Génération alter ego

Les 15-25 ans sont divers, multidimensionnels, zappeurs. Leur instabilité apparente est liée à l'hétérogénéité de cette tranche d'âge, qui rassemble des situations personnelles très différentes. Elle est aussi une réponse à la complexité du monde et de la société. Surtout, elle constitue un mode d'apprentissage, de structuration personnelle et d'appropriation de l'environnement.

Au-delà de tous les qualificatifs partiels que l'on peut lui donner, cette génération pourrait être baptisée « alter ego ». *Ego*, d'abord, dans la mesure où la recherche identitaire et le développement personnel sont déterminants, prioritaires et nécessaires à ces âges. Mais aussi *alter*, avec le fort besoin d'appartenances multiples

l'attendent. Son pragmatisme et sa volonté de s'en sortir devraient constituer des leviers pour « soulever » le monde, en tout cas pour le faire évoluer.

Loin d'être les membres passifs de la « bof génération », les jeunes seront capables d'imposer progressivement leurs valeurs. Mais il leur faudra préalablement les définir. On peut imaginer qu'elles seront fondatrices d'un monde dans lequel la technologie, l'image, la musique, le virtuel, les rapports humains (sélectifs) et les appartenances (renouvelées) joueront un rôle essentiel.

● *Environ 30 000 enfants fuguent chaque année, dont un tiers a moins de 15 ans. La plupart ont fui un foyer de placement. Un sur quatre est retrouvé dans les 24 heures, la grande majorité au bout de quelques jours.*

et éphémères de ces jeunes, qui leur permet de s'inscrire dans la société, à travers des groupes d'abord restreints. *Alter*, ensuite, dans la mesure où les 15-24 ans sont « altermondialistes » par nature et aujourd'hui par nécessité ; c'est à eux que revient de construire un « autre monde », plus enthousiasmant, plus juste, plus durable que celui-ci. Ils sont aussi porteurs d'une « alterconsommation » ; équilibre à trouver entre le matériel et l'immatériel, le rationnel et l'irrationnel, le temporel et le spirituel. Enfin, ils sont altruistes, au sens où ils se sentent concernés par les autres, qu'ils font preuve à leur égard de tolérance, de curiosité et de solidarité. Il ne faut donc pas désespérer de ces jeunes qui s'efforcent de réconcilier l'individuel et le collectif, le local et le global, l'accessoire et l'essentiel, le présent et l'avenir.

Relations familiales

La famille s'est profondément transformée...

Si l'on examine l'évolution de la famille à partir des statistiques, on ne peut que constater qu'elle a beaucoup changé. Le nombre de mariages a diminué de plus d'un tiers depuis 1975 (p. 104). L'union libre concerne aujourd'hui environ un couple sur six et constitue un mode de vie durable. Lorsqu'il a lieu, le mariage se produit de plus en plus tard ; l'âge moyen a augmenté de cinq ans depuis 1980. Dans le même temps, le nombre de divorces a doublé, de sorte que quatre mariages sur dix se terminent par une rupture (p. 119).

137

De son côté, la natalité a fortement chuté. Malgré la reprise récente, les femmes ont aujourd'hui en moyenne un enfant de moins qu'au milieu des années 60 (p. 123). Les familles comptant au moins trois enfants sont de plus en plus rares. Un enfant sur deux naît de parents non mariés. Les familles monoparentales (enfants vivant avec un seul de leurs parents) se sont multipliées, pour représenter aujourd'hui 7 % des foyers, et un enfant de moins de 15 ans sur dix est concerné. On estime enfin que plus d'un enfant sur dix (11 %) vit dans une famille « recomposée » à la suite de remariages d'un au moins de ses parents.

On brosse ainsi le portrait d'une famille devenue instable, éclatée, fortement éloignée du modèle traditionnel constitué par un couple marié à vie, dans lequel de nombreux enfants cohabitent avec les générations précédentes avant de perpétuer à leur tour un nom, des valeurs et des biens.

... mais elle reste une valeur centrale.

Si l'on examine la famille d'un point de vue plus qualitatif, on en a une image fort différente. Dans une société sans repères, elle constitue un point d'ancrage, un lieu d'affection, un creuset dans lequel se transmettent certaines valeurs du passé (adaptées aux réalités de l'époque) et se forgent celles de l'avenir. Elle constitue pour beaucoup de Français le pôle de la vie personnelle, celui qui permet d'exister, de s'épanouir, de se protéger. Elle est aussi un lieu privilégié (parfois unique) de partage, de convivialité, d'affection.

Les Français se définissent en effet d'abord par leur famille. 91 % estiment ainsi que c'est elle « qui permet le mieux la transmission des valeurs » (*Pèlerin*/Sofres, novembre 2005), loin devant l'école (60 %) et le monde du

travail (12 %). Mais, si la famille est au centre des préoccupations des Français, les conceptions et les pratiques de la vie de famille ont changé. Elles se sont diversifiées, afin de s'adapter au changement social et aux attentes individuelles. Chacun des membres revendique aujourd'hui son autonomie. C'est ce qui explique le libéralisme croissant dans la façon d'élever les enfants. La notion de famille tend aussi à la fois à se restreindre (les relations entre les membres sont plus électives et sélectives) et à s'élargir, en y associant d'autres personnes avec lesquelles on partage des centres d'intérêt. La famille n'est plus un univers fermé, défini par des liens formels, mais un groupe ouvert qui recrute à l'extérieur. La contrepartie de cette ouverture est que les liens sont parfois plus éphémères. Ils disparaissent à l'occasion de déménagements, de changements de centre d'intérêt ou de nouvelles rencontres. La tribu est un groupe à géométrie variable et à durée limitée.

La famille d'un adulte compte en moyenne près de 30 personnes en vie, en incluant les ascendants, descendants et collatéraux. Celles-ci sont réparties pour moitié entre le premier cercle (parents, grands-parents, arrière-grands-parents, frères et sœurs) et le second : oncles et neveux, tantes et nièces. Mais, parmi elles, seules cinq personnes sont considérées comme très proches.

Les relations familiales sont plus ouvertes.

La vie de famille est aujourd'hui moins subie que par le passé. Elle ne doit pas étouffer le besoin d'autonomie de chacun de ses membres. On hésite donc moins à sélectionner les membres que

Sept générations au cours d'une vie

L'accroissement spectaculaire de l'espérance de vie (6 ans entre 1980 et 2005) a des incidences considérables sur la vie de famille. La famille « verticale » (ascendants et descendants) s'est étendue, tandis que la famille « horizontale » ou collatérale (frères et sœurs, oncles et tantes) s'est réduite. La cohabitation de quatre, voire cinq, générations au sein d'une famille est devenue très fréquente. On compte aujourd'hui 2 millions d'arrière-grands-parents. Parmi les femmes nées en 1950 et qui ont eu 50 ans en l'an 2000, on estime que près de la moitié (44 %) connaîtront leurs petits-enfants et leurs arrière-petits-enfants et vivront dans une lignée de quatre générations. La proportion n'était que

d'une sur quatre (26 %) parmi celles nées en 1920. L'évolution sera encore plus spectaculaire pour les enfants qui naissent aujourd'hui. Ils auront une probabilité élevée de connaître leurs parents, grands-parents et arrière-grands-parents. Ils auront donc connu au cours de leur vie sept générations.

Cette situation inédite a de nombreuses conséquences. Elle transforme d'abord les relations au sein de la famille, dans laquelle les ascendants occupent une place croissante. Elle a aussi des implications financières pour les familles et pour la collectivité, en termes de financement des retraites ou de dépenses médicales. Ces charges seront d'autant plus lourdes à l'avenir qu'elles seront réparties sur un faible nombre d'enfants et d'actifs ; elles représentent donc une source possible de conflits entre les générations.

l'on fréquente, parfois à exclure de ses fréquentations certains proches parents avec lesquels on n'a pas d'affinité. Le drame de la canicule de l'été 2003 a mis en évidence la solitude de certaines personnes âgées qui ne reçoivent guère de visites des membres de leur famille. Mais cette situation apparaît plutôt exceptionnelle. Elle se produit essentiellement lorsque les liens entre parents se sont distendus et ont abouti à une rupture.

Les rapports au sein de la famille sont aussi moins hiérarchisés. Ils ne sont plus organisés autour de l'autorité du père ou du « patriarche », qui connaît une baisse sensible. Le contenu des discussions entre les générations a changé. Les tabous ont disparu et les enfants ont le droit d'exprimer un avis différent de celui de leurs parents. 59 % des 15-25 ans parlent ainsi avec leurs parents de sexualité, de drogue ou de tabac (Crédoc, 2003).

Les relations entre grands-parents et petits-enfants sont les plus affectées par ces changements ; elles sont devenues plus fréquentes et plus libres. Mais les grands-parents les plus âgés ont parfois des difficultés à comprendre leurs enfants et, a fortiori, leurs petits-enfants. Les jeunes grands-parents ont un système de valeurs différent de celui de leurs propres parents ; leur relation avec leurs petits-enfants est donc plus libérale et « moderne » Il faut noter qu'à l'âge de 56 ans 13 millions de Français sont grands-parents.

La sélectivité croissante dans la vie familiale et l'évolution de la forme des relations n'empêchent pas celle-ci de se perpétuer. 75 % des parents âgés de plus de 65 ans voient un de leurs enfants au moins une fois par semaine ; neuf sur dix rencontrent régulièrement des membres de leur famille. Malgré les migrations et la décohabitation, les générations successives restent géographiquement proches ; plus d'un adulte sur quatre habite la même commune que sa mère, un sur deux le même département.

Les modèles familiaux se sont diversifiés.

Le modèle traditionnel de la famille comportant un couple marié et des enfants issus de ce mariage coexiste de plus en plus avec des modèles nouveaux : cohabitation (union libre) ; couples non cohabitants ; familles monoparentales ; familles éclatées ou recomposées. On compte ainsi aujourd'hui plus de 700 000 familles dans lesquelles près de 1,5 million d'enfants vivent avec un beau-père, une belle-mère, un ou plusieurs demi-frères et demi-sœurs. Il faut y ajouter les cas de cohabitation de personnes du même sexe (homosexuels), d'amis ou de communautés. Enfin, le nombre de monoménages (ménages d'une seule personne) s'est accru sous l'effet de l'allongement de la durée de vie (et du veuvage qu'il entraîne) ainsi que de la proportion de célibataires ; il représente aujourd'hui un tiers des ménages français, soit 8 millions de personnes. Ces situations autrefois marginales se sont multipliées au cours des vingt dernières années. Elles sont à l'origine de nouveaux modes de vie familiaux.

La loi s'efforce de prendre en compte ces évolutions. L'instauration du pacs a traduit la reconnaissance de l'homosexualité (p. 116). Les demandes de divorce ont été simplifiées afin de rendre les séparations moins douloureuses pour les couples et les enfants concernés. Le congé paternel de naissance ou la transmission possible du nom par les femmes favorisent l'égalité entre les parents. L'accélération des procédures d'adoption et la législation favorisant le conjoint survivant dans la répartition de l'héritage sont d'autres ajustements de la loi par rapport à la réalité sociale. Mais tous les modèles « alternatifs » ne sont pas précisément définis, notamment en ce qui concerne la responsabilité et l'autorité parentale (dans le cas par exemple de pluriparentalité).

L'autorité parentale s'est affaiblie.

Le libéralisme de l'éducation conduit parfois à la diminution de l'autorité parentale. Dans certaines familles, les parents ne servent plus de modèles à leurs enfants. Le phénomène est particulièrement apparent dans des milieux défavorisés où les parents sont au chômage et connaissent des difficultés psychologiques et financières. Beaucoup ne disposent pas de l'instruction suffisante pour comprendre le monde et fournir des repères à leurs enfants. Ceux-ci font alors la loi chez eux et ignorent celle de la société. Certains se livrent à la délinquance et vont jusqu'à frapper leurs parents, comme ils agressent leurs enseignants. C'est souvent l'incapacité du père (ou son absence) qui est la cause de ces difficultés. Les récentes évolutions ont fait éclater la fonction paternelle en trois fonctions (le géniteur, le père affectif et l'éducateur), qui sont de moins en moins souvent remplies par une seule et même personne.

De façon plus générale, beaucoup de parents s'inquiètent de leur capacité à être de bons parents. Ils se sentent investis d'une responsabilité, celle d'avoir choisi de mettre au monde des enfants, et d'une mission, qui est de bien les élever dans un contexte difficile. La multiplication des ruptures et des divorces renforce leur sentiment de culpabilité, particulièrement sensible lorsque des problèmes apparaissent pendant l'adolescence. Les parents concernés ont peur d'avoir mal élevé leurs enfants, d'autant que les psycho-

139

L'éducation libérale
EN QUESTION

On assiste à un retournement de tendance dans le discours sur le rôle des parents à l'égard des enfants. Le libéralisme prôné depuis les années 60, qui a conduit au statut de l'enfant roi (qui succédait à la reconnaissance de l'enfant en tant que personne) est moins de mise aujourd'hui. Beaucoup de pédiatres, mais aussi de parents, estiment qu'il n'a pas facilité le travail de construction et d'intégration des enfants dans la société. Il n'a pas non plus facilité la tâche des parents, qui ont pour certains abdiqué une part de leur vie personnelle ou de couple pour ne pas se sentir coupables d'abandon. La tendance est donc plutôt à un retour de l'autorité, au détriment éventuel de l'égalité au sein de la

famille. Elle apparaît comme un moyen de fournir à l'enfant un cadre de référence et de lui indiquer les limites à ne pas dépasser. Après l'autoritarisme du modèle patriarcal qui a longtemps prévalu, la tentative d'instauration d'une « démocratie familiale » à forte dimension libérale n'a pas donné les résultats escomptés ; elle a parfois engendré la « tyrannie » de l'enfant. Un nouveau mode opératoire devra sans doute être trouvé dans la famille moderne, entre liberté et autorité, entre égalité et différence. La fonction principale de l'enfant est en effet de grandir. Il doit donc être « élevé » afin de pouvoir s'élever lui-même. Malgré la tentation de la régression infantile, le mythe de Peter Pan (l'enfant qui ne veut pas grandir) a peut-être fait son temps. Celui des conseils péremptoires sur « la » façon d'élever les enfants aussi.

ou conjugaux. La famille joue ainsi un rôle important de filet protecteur : un Français sur cinq a été aidé pour trouver un emploi, un sur trois parmi les moins de 35 ans.

Les réseaux de solidarité familiale sont cependant perturbés par l'éloignement de leurs membres, l'accroissement du nombre des familles recomposées ou monoparentales ou le manque de temps à consacrer aux autres. Les nouvelles pratiques de solidarité en vigueur entre les générations risquent en outre d'accroître les inégalités entre les familles, en fonction de leurs moyens financiers et des réseaux de relations qu'elles peuvent mobiliser. Elles ne pourront peut-être pas se poursuivre dans les mêmes conditions à l'avenir, si le montant des retraites diminue.

Le fossé entre les générations se creuse de nouveau...

La décennie 80 avait marqué le début d'une sorte de trêve dans le conflit traditionnel entre les générations. Dans un contexte de crise économique et de difficulté pour les jeunes à entrer dans la vie professionnelle, la famille jouait un rôle de cocon protecteur. Pour accroître leurs chances et parfois gagner du temps en attendant la « reprise », les enfants allongeaient la durée de leurs études ; ils restaient ainsi de plus en plus longtemps au foyer.

Les enfants ont aujourd'hui davantage tendance à se démarquer de leurs parents. Ils cultivent la différence dans leur manière de vivre et dans leurs systèmes de valeurs, comme en témoignent leur façon de s'habiller, leurs choix musicaux, leurs pratiques de loisirs ou même leur vocabulaire. La technologie, qu'ils s'approprient plus rapidement qu'eux, leur permet d'accéder à un monde virtuel dans lequel ils

logues et les pédiatres n'ont cessé d'affirmer que « tout se joue avant 3 ans » (voire 6 ans). Mais le libéralisme et l'affection ne sont pas antinomiques avec l'autorité. Il est révélateur que, dans une enquête effectuée en 2002 (*Vivre plus*/BVA), 38 % des personnes de 15 à 34 ans reprochaient à leurs parents de ne pas avoir été assez sévères avec eux, alors que seuls 26 % estimaient qu'ils ont été trop sévères (33 % ni trop ni pas assez sévères). C'est sans doute pourquoi on assiste aujourd'hui à une remise en question du modèle libéral d'éducation qui prévalait depuis des décennies (encadré).

Les solidarités intergénérationnelles se sont inversées.

Traditionnellement, l'aide intergénérationnelle était exercée par les parents, à la fois vers leurs enfants et vers leurs propres parents âgés. On a vu au cours des années passées s'accroître l'aide

apportée par les grands-parents à leurs enfants et à leurs petits-enfants. Cette inversion des solidarités a été provoquée par les difficultés rencontrées par les jeunes pour s'insérer dans la vie professionnelle ou créer un foyer, mais aussi par celles de leurs parents, dont beaucoup ont connu des incidents de parcours ou des ruptures dans leur vie professionnelle ou familiale. Elle a été rendue possible par l'augmentation du pouvoir d'achat des retraités.

L'aide fournie par les grands-parents peut prendre la forme de cadeaux en espèces : donations, argent donné aux petits-enfants à l'occasion de fêtes ou d'anniversaires... Elle peut aussi être en nature : fourniture de légumes du jardin, entretien du linge, bricolage, prêt d'une voiture, aide aux démarches administratives, courses, cuisine, accueil des petits-enfants et autres services... Elle est également affective, dans le cas par exemple où un enfant connaît des problèmes sentimentaux

ont leurs propres codes : jeux vidéo ; forums Internet ; DVD ; Texto...

De leur côté, certains parents éprouvent des difficultés à comprendre leurs enfants et les « jeunes » en général. Ils leur reprochent pêle mêle un manque de convictions et d'engagement, l'absence de politesse, le cynisme, la phobie de l'effort, la revendication de droits toujours plus étendus mais le refus des devoirs, le goût de l'argent facile et la passion de la fête... Ils voient dans la drogue, le rap, les rave parties et les incivilités les signes d'une dissolution des mœurs et d'une décadence sociale. Ils trouvent parfois que l'incrustation dans le cocon familial se prolonge un peu trop : près de deux jeunes de 20 à 24 ans sur trois vivent encore chez leurs parents. Les grands-parents sont encore plus étonnés de ces évolutions des mœurs, qu'ils acceptent tout en les regrettant.

... et les générations se recomposent.

Si l'âge reste un critère discriminant en termes d'attitudes, de comportements, de vision de la vie, il est moins explicatif que dans le passé. Car les générations, comme la société tout entière, se recomposent. Les jeunes enfants ne sont plus considérés comme des êtres à part ; ils deviennent très tôt des adolescents ; les jeunes garçons se voient en Zidane, les filles en Lorie. Mais ils sont plus tardivement des adultes au sens de l'intégration (notamment professionnelle) dans la vie sociale. Ils sont cependant dans d'autres domaines (notamment liés à la technologie) plus expérimentés que leurs parents.

Parmi les Français d'âge mûr, les trentenaires tendent à développer une tendance régressive (encadré). Les baby-boomers font aussi de nombreux efforts

pour rester jeunes ; ils entretiennent leur corps et s'accrochent à leur pouvoir économique. Les pères ne peuvent plus avoir de relation d'autorité sur des enfants qui en savent plus qu'eux dans bien des domaines de la vie courante et qui leur servent souvent d'initiateurs. Les mères jouent les lolitas pour se rapprocher de leurs filles et ne pas « faire leur âge ». Le recours à la chirurgie esthétique brouille encore un peu plus les cartes. Quant aux retraités, ils refusent aussi de vieillir, et ils y parviennent assez bien. Ils sont aujourd'hui plus proches de leurs enfants que de leurs parents, qui sont eux souvent passés à côté de la révolution morale, numérique et mondiale de ces dernières décennies. L'allongement de l'espérance de vie, la complexité du monde et les accidents de parcours individuels ont bouleversé les âges apparents.

Les différences entre les générations sont donc de plus en plus floues. Du point de vue sociologique, la « ménagère de moins de 50 ans » n'a pas plus de sens que le « senior de plus de 50 ans ». Les vieux ne craignent plus de montrer leur part d'enfance ; les jeunes tiennent parfois des discours réactionnaires. Les différences individuelles sont plus importantes au sein d'une même tranche d'âge que celles qui existent entre les diverses générations. Les rites de passage ou d'initiation disparaissent (la première communion, le service militaire, le premier verre de vin...) ou se déplacent : le premier baiser et la première cigarette arrivent plus tôt, au contraire du premier emploi, du mariage ou du premier enfant. Certains attendent l'âge de 40 ans avant de trouver la stabilité professionnelle ou familiale ; d'autres connaissent plusieurs vies professionnelles ou conjugales successives. Les relations entre les généra-

Le blues des « trentas »

Les jeunes trentenaires sont mal dans leur peau. En témoignent de nombreux articles et débats dans les médias, ainsi que des ouvrages écrits par certains d'entre eux (Laurent Guimier et Nicolas Charbonneau, Natacha Polony, Jacques de Guillebon, Mara Goyet...). Beaucoup en veulent à leurs parents d'avoir monopolisé les rênes des pouvoirs, d'avoir rendu impossible la réalisation des rêves qu'ils avaient eux-mêmes fait naître en mai 68. Ils leur reprochent d'avoir voulu être des copains plutôt que des pères ou des mères, d'avoir fait preuve à leur égard d'une tolérance sans limite qui les a empêchés de trouver leurs repères. Sans parler de la situation économique et sociale qu'ils leur laissent. Ils les accusent aussi d'avoir trop facilement accepté qu'ils délaissent la culture, le travail ou l'engagement ci-vique au profit du plaisir, du loisir et de l'individualisme.

Le procès des baby-boomers arrive au moment où ils commencent à quitter la scène économique, sociale, culturelle (pas encore politique). Il témoigne plus d'un besoin de trouver ou de retrouver des valeurs perdues, comme le sens de la République, l'humanisme, peut-être la spiritualité, que d'en inventer de nouvelles. Plus que le prélude à une guerre des générations, on peut plutôt voir dans ce débat l'amorce d'un changement de pouvoir. Reste à savoir sur quel type de société il va déboucher.

tions tendent ainsi à être remplacées par des relations entre des personnes, l'âge ayant moins d'importance que la façon d'être, de penser, d'agir. La vie de famille en est transformée.

LES PERSONNES ÂGÉES

Démographie

Un Français sur cinq a au moins 60 ans.

13 millions de Français étaient âgés d'au moins 60 ans au 1er janvier 2006 (y compris DOM), contre 9,5 millions en 1982. Leur part dans la population était de 20,8 %, contre 18 % en 1970 et 12,7 % au début du XXe siècle. Les 65 ans et plus représentent quant à eux 16,2 % de la population, soit 10,2 millions de personnes. Un Français sur cinq est donc âgé d'au moins 60 ans, un sur six d'au moins 65 ans.

La pyramide des âges s'est beaucoup transformée. On comptait cinq jeunes de moins de 20 ans pour une personne de plus de 65 ans à la fin du XVIIIe siècle ; il y en a moins de deux aujourd'hui. Le vieillissement continu de la population s'explique par les progrès de l'espérance de vie, ajoutés à la diminution du nombre des naissances entre 1965 et 1995 dans un contexte d'immigration réduite. La structure de la pyramide des âges est de plus en plus déséquilibrée. La proportion de personnes dépassant 60 ans s'est beaucoup accrue depuis les années 80, les classes creuses de 1914-1918 ayant eu 60 ans entre 1974 et 1978. Le vieillissement connaît une nouvelle accélération à partir de 2006, avec l'arrivée à 60 ans des premiers enfants du baby-boom, nés en 1946. Cette transformation démographique ne sera pas sans incidence sur l'économie, avec la diminution du nombre d'actifs, ni sur le fonctionnement de la société, avec une part toujours croissante de personnes âgées.

Un Européen sur six a au moins 65 ans.

Si la césure sociologique est placée à 60 ans en France, elle est plutôt fixée à 65 ans en Europe, compte tenu notamment d'un âge de départ à la retraite souvent plus tardif. 16 % des habitants de l'Union européenne ont au moins 65 ans (2004), ce qui en fait la région du monde la plus âgée, derrière le Japon (20 %), mais largement devant les États-Unis (12 %), l'Australie (13 %) et surtout les pays ou régions émergents comme la Chine (8 %), l'Amérique latine (6 %), l'Amérique centrale (5 %), l'Inde (4 %) ou l'Afrique (3 %).

L'âge moyen de la population des pays de l'Union européenne augmente de deux mois et demi chaque année ; il a atteint 40 ans fin 2003 (39,5 ans en France métropolitaine en 2005). La part des personnes de 65 ans et plus dépasse 19 % en Allemagne et en Italie, contre 16 % en France ; le taux minimal est de 11 % en Irlande.

L'arrivée en 2004 de dix nouveaux pays dans l'Union européenne a eu pour conséquence une diminution de la part globale des personnes âgées. Mais celle-ci n'est pas due à une forte fécondité dans les pays concernés ; la plupart ont au contraire connu une chute assez sensible dans les années 90. Elle tient surtout à une espérance de vie moins élevée.

Le vieillissement devrait se poursuivre en Europe dans les vingt ans à

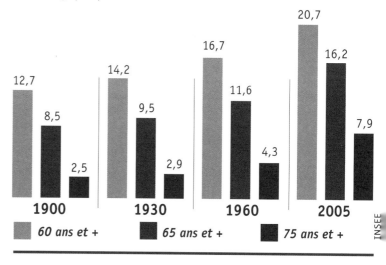

Vieille France

Évolution de la part des personnes de 60 ans et plus dans la population française, par tranche d'âge (en %)

1900 : 12,7 / 8,5 / 2,5
1930 : 14,2 / 9,5 / 2,9
1960 : 16,7 / 11,6 / 4,3
2005 : 20,7 / 16,2 / 7,9

60 ans et +   65 ans et +   75 ans et +

INSEE

Vieille Europe

Évolution de la part des 65-79 ans et 80 ans et plus dans les pays de l'Union européenne (en %)

	65-79 ans		80 ans et plus	
	1994	**2004**	**1994**	**2004**
Allemagne	11,2	13,8	4,0	4,2
Autriche	11,1	11,4	3,8	4,1
Belgique	11,8	13,0	3,7	4,1
Chypre	8,5	9,3	2,6	2,6
Danemark	11,5	10,9	3,9	4,0
Espagne	11,5	12,7	3,3	4,1
Estonie	10,2	13,0	2,8	2,8
Finlande	10,8	11,8	3,1	3,7
FRANCE	10,7	12,0	4,1	4,4
Grèce	11,6	14,3	3,1	3,2
Hongrie	11,1	12,3	2,8	3,2
Irlande	9,0	8,5	2,4	2,6
Italie	12,3	14,4	3,8	4,8
Lettonie	10,3	13,3	2,9	2,9
Lituanie	9,2	12,3	2,7	2,8
Luxembourg	10,5	11,0	3,3	3,1
Malte	8,9	10,3	2,1	2,7
Pays-Bas	10,1	10,4	3,0	3,4
Pologne	8,6	10,6	2,1	2,4
Portugal	11,6	13,1	2,9	3,7
Rép. tchèque	10,3	11,1	2,7	2,9
Royaume-Uni	11,8	11,7	3,9	4,3
Slovaquie	8,6	9,3	2,1	2,3
Slovénie	9,2	12,2	2,5	2,9
Suède	13,0	11,9	4,5	5,3
Europe à 25	**11,1**	**12,5**	**3,5**	**4,0**

venir. Parmi les quinze pays de l'Union avant l'élargissement, la proportion des moins de 20 ans devrait diminuer, passant de 23 % à 19 %, tandis que celle des plus de 60 ans passerait de 21 % à 34 %. Le phénomène serait particulièrement sensible en Allemagne, ou la fécondité est très basse (1,3 enfant par femme).

Les femmes de 75 ans et plus sont deux fois plus nombreuses que les hommes...

Si les femmes sont minoritaires à la naissance (il naît 105 garçons pour 100 filles), elles représentent 55 % de la population âgée de 60 à 74 ans. Parmi les 13 millions de Français de 60 ans et plus en 2005, on comptait 7,3 millions de femmes et 5,4 millions d'hommes. À partir de 75 ans, la part des femmes atteint les deux tiers (65 %), et elle dépasse les trois quarts parmi les plus de 85 ans. Au fur et à mesure du vieillissement, celles-ci sont donc de plus en plus majoritaires. C'est ce qui explique qu'elles sont beaucoup plus fréquemment veuves que les hommes.

Cette surreprésentation des femmes parmi les personnes âgées tient à la différence des espérances de vie entre les sexes, qui reste élevée en France (7,1 ans en 2005). Mais l'écart s'est atténué au cours des dernières années : entre 1994 et 2005, l'espérance de vie féminine à la naissance n'a augmenté que de 2 ans, alors que celle des hommes progressait de 3,1 ans. Ce rapprochement pourrait se poursuivre avec la convergence croissante des modes de vie masculin et féminin, tant

● *Le nombre des personnes de 55 ans et plus devrait augmenter de 650 000 par an dans les prochaines années (contre 480 000 avant 2006). On en compterait 22 millions en 2020.*

143

en ce qui concerne la consommation d'alcool ou de tabac que la conduite automobile.

... et les veuves sont quatre fois plus nombreuses que les veufs.

Près de 4 millions de Français sont veufs et 84 % d'entre eux sont des femmes. Parmi les personnes âgées de 60 ans et plus, quatre femmes sur dix sont veuves, contre seulement un homme sur dix. Cet écart important entre les sexes s'explique d'abord par celui des espérances de vie (p. 88). Il est aussi accru par la différence d'âge entre les époux : les hommes se marient en moyenne environ 3 ans plus tard que les femmes (p. 106).

Le veuvage frappe beaucoup plus les femmes au bas de la hiérarchie sociale : un peu plus d'un tiers des anciennes ouvrières sont veuves, contre un peu moins d'un quart des anciennes femmes cadres. On constate par ailleurs que les hommes d'un milieu social élevé refont plus facilement leur vie : quatre anciens cadres de 65 à 74 ans sur dix fondent une nouvelle union, contre seulement un ancien ouvrier sur quatre dans la même tranche d'âge. Les écarts sont moins marqués chez les femmes. Après la perte d'un conjoint, la tendance est de vivre seul plutôt qu'avec d'autres membres de la famille : 18 % des veuves de 80 à 89 ans partageaient un logement avec un proche lors du recensement de 1999, contre 25 % en 1980. La surmortalité des hommes à la suite du veuvage est beaucoup plus élevée que celle des femmes, mais ceux qui survivent s'adaptent mieux à la perte de leur conjoint que les veuves. La quasi-totalité des couples de 60 ans ou plus n'ont connu qu'un seul mariage.

La fin de vie des personnes âgées connaît des changements importants. La baisse de la mortalité retarde le veu-

vage. À l'inverse, la montée du taux de divorce rend l'isolement plus fréquent. Les couples âgés de plus de 60 ans hésitent moins à se séparer ; au cours des dix dernières années, entre 1994 et 2004, leur taux de divorce a augmenté de 28 % chez les femmes et de 39 % chez les hommes. Mais ce taux de croissance est très inférieur à celui constaté chez les couples quinquagénaires, pour qui il a doublé. Contrairement à une idée reçue, le passage à la retraite n'est pas associé à une augmentation du taux de divorce.

La perception de la vieillesse s'est transformée.

Les Français estiment en moyenne qu'une personne est âgée lorsqu'elle a au moins 70 ans. Pour les entreprises et les publicitaires, l'entrée dans la catégorie des « seniors » a lieu beaucoup plus tôt, à 50 ans. Ce seuil n'a pas de justification véritable sur le plan physique, mental ou comportemental, bien qu'il permette d'établir une continuité avec la notion traditionnelle de « ménagère de moins de 50 ans ». Ainsi, l'appellation de « senior » ne convient pas du tout aux 11 millions de femmes de plus de 50 ans, qui se voient en moyenne dix ans plus jeunes et qui ont une vie familiale et professionnelle active. La césure s'opère plus tard, lorsqu'elles deviennent grand-mères et prennent leur retraite, ce qui implique de nouveaux modes de vie, de nouvelles relations sociales.

Sur le plan social et individuel, c'est incontestablement la cessation de l'activité professionnelle qui marque la véritable transition. La France détient encore en ce domaine le record du monde, avec un âge moyen de départ à la retraite de 58 ans ; il sera retardé au cours des prochaines années avec les effets de la réforme de 2003. Par comparaison, l'âge de cessation était

de 61 ans à la fin des années 80 et de 64,5 ans en 1970 (avec un âge légal de la retraite de 65 ans). 60 % des actifs qui demandent aujourd'hui la liquidation de leur retraite au régime général de la Sécurité sociale sont en fait déjà sortis de la vie active. Les deux tiers d'entre eux sont au chômage ou en préretraite. Les autres se sont volontairement retirés du monde du travail ou bénéficient d'une convention spéciale.

L'évolution de l'image de la vieillesse s'est traduite par des changements dans le vocabulaire utilisé. Le substantif *vieux* est devenu socialement, politiquement et commercialement incorrect. Le terme *ancien* présente l'inconvénient d'être opposé dans l'inconscient collectif à *moderne*. L'expression *troisième âge* est tout aussi confuse. C'est pourquoi le terme *senior* s'est popularisé, mais il est davantage utilisé par les médias, les entreprises et les publicitaires que par les Français, qui préfèrent parler de « personne âgée », de « troisième âge », de « retraité », voire de « mamy » ou « papy ». Le mot *aîné* pourrait constituer une solution de remplacement, à la fois respectueuse des individus, non liée au statut professionnel et non connotée sur le plan économique et commercial.

L'état de santé des aînés a beaucoup progressé...

L'espérance de vie à la naissance a progressé des deux tiers au cours du xxe siècle. À 60 ans, les femmes ont aujourd'hui en moyenne 26,4 années à vivre et les hommes 21,4 (2005). Surtout, on constate que l'espérance de vie sans incapacité a plus augmenté que l'espérance de vie à la naissance au cours des dernières décennies. À 60 ans, la première est proche de 20 ans pour les femmes et 18 ans

LES TROIS ÂGES

L'âge officiel d'un individu est l'âge *civil*, déterminé par sa date de naissance. Il est différent de son âge *biologique*, mesuré par l'état d'usure physique ou cérébrale. Celui-ci peut varier sensiblement entre des individus nés la même année. Il change aussi selon les époques. Vers 1930, le mot *vieillard* désignait souvent une personne de plus de 50 ans. On estime aujourd'hui que les personnes de 75 ans ont des caractéristiques biologiques comparables à celles des personnes de 50 ans au début du xxe siècle. Les photographies anciennes témoignent d'ailleurs de cette évolution. Elle est apparente aussi à des âges plus avancés ; les personnes de 80 ans sont dans un état de santé comparable à celui des personnes de 70 ans il y a vingt ans. Le niveau socio-économique est un facteur important. On constate, à âge égal, que les personnes ayant arrêté leurs études à l'école primaire présentent en moyenne un vieillissement avancé de 3 ans par rapport à celles qui ont fait des études supérieures.

Une troisième approche de l'âge est celle de sa perception par chaque individu en fonction de son caractère, de son humeur, de son état de santé et de l'image que lui renvoie son entourage.

Cet âge *psychologique* est le plus souvent inférieur à celui indiqué par la date de naissance et l'état biologique réel. Ainsi, les deux tiers des personnes de plus de 50 ans se sentent moins âgées que leur état civil ; le décalage représente en moyenne environ 15 ans vers l'âge de 70 ans. Cette rémanence de la jeunesse dans les esprits s'explique notamment par la comparaison avec les générations antérieures. Elle est surtout liée au fait que les capacités mentales des personnes âgées sont de mieux en mieux préservées. L'esprit vieillit moins vite que le corps, et le vieillissement s'accompagne moins qu'avant d'opinions, d'attitudes et de comportements conservateurs ou « réactionnaires ». Les nouveaux retraités ont forgé leur système de valeurs à une époque de profonde transformation de la société, à laquelle ils ont d'ailleurs largement participé. Ils restent donc plus « modernes » dans leurs idées, leur perception du monde et leurs activités.

Au XVIIIe siècle, Montesquieu écrivait : « C'est un malheur qu'il y a trop peu d'intervalle entre le temps où l'on est trop jeune et le temps où l'on est trop vieux. » La situation actuelle est fort différente, du fait que l'on n'est jamais trop jeune et que l'on est vieux de plus en plus tard.

listes. La moitié des dépenses de santé sont le fait des personnes de 60 ans et plus, contre un tiers pour celles de 30 à 59 ans et un cinquième pour celles des moins de 30 ans. Les personnes de 75 ans et plus dépensent trois fois plus que la moyenne pour se soigner (p. 65).

... mais il varie fortement en fonction de l'âge.

Parmi les personnes de 60 à 75 ans, près d'une sur deux déclare une maladie chronique (47 % des hommes et 46 % des femmes en 2004) contre moins d'une sur trois parmi les 45-59 ans. Les personnes âgées souffrent aussi davantage de handicaps physiques (22 % contre 16 %). Les difficultés motrices sont plus fréquentes avec l'âge ; elles s'accentuent à partir de 70 ans. La proportion de femmes de 70 à 75 ans déclarant de telles difficultés est presque deux fois plus élevée que parmi les sexagénaires ; pour les hommes, elle est trois fois plus élevée que pour les 60-64 ans et plus du double de celle des 65-69 ans. Les femmes de 60 à 75 ans déclarent aussi plus fréquemment que celles de 45-59 ans souffrir d'une douleur physique difficile à supporter. Cependant, parmi les hommes, aucune différence significative entre les deux tranches d'âge n'apparaît.

À partir de 75 ans, les difficultés sont encore plus fréquentes. Un quart des cancers surviennent après cet âge. La déficience mentale s'accroît ; la première cause est la maladie d'Alzheimer, qui touche environ 450 000 personnes, mais dont le diagnostic est encore largement ignoré. Les handicaps physiques se développent aussi ; un tiers des personnes seules âgées de 75 ans et plus éprouvent des difficultés pour sortir de chez elles, la moitié pour monter un escalier. Le taux d'hospitalisation croît rapidement avec les

pour les hommes, contre respectivement 15 ans et 14 ans en 1981, soit des gains de 5 ans et 4 ans. À 65 ans, elle est encore de 12 ans pour les hommes et de 14 ans pour les femmes, contre 9 et 10 ans en 1981. L'une des conséquences est une moindre dépendance des personnes âgées. On observe par ailleurs que les écarts d'espérance de vie sans incapacité entre hommes et femmes sont moins importants que

ceux concernant l'espérance de vie classique.

Cette évolution favorable ne doit pas occulter le fait que les personnes âgées sont plus concernées que les autres par la maladie et le handicap. Elles souffrent plus fréquemment de pathologies de toutes sortes. Elles consultent des généralistes plus souvent que les plus jeunes ; l'écart est plus réduit en ce qui concerne la consultation des spécia-

années, de même que la durée des séjours. La dépendance est souvent la conséquence de ces maladies et handicaps. Elle concerne plus de 1 million de personnes parmi celles de 60 ans et plus, à des niveaux divers. On observe cependant une diminution du nombre des personnes les plus dépendantes (confinées dans un lit depuis des années) malgré le vieillissement spectaculaire de la population.

Les familles comptent souvent quatre générations vivantes.

Jusqu'au début du XXe siècle, on ne comptait le plus souvent que deux générations dans les familles (parents et enfants). La présence d'une troisième, celle des grands-parents, s'est ensuite progressivement accrue. Dans les familles actuelles, l'existence d'une quatrième génération (arrière-grands-parents) est de plus en plus fréquente. Cette situation devrait se généraliser au cours des prochaines décennies, et il ne sera pas rare que cinq générations cohabitent. En 2010, un Français sur quatre aura au moins 60 ans (voir ci-dessous) et l'on comptera davantage de grands-parents que de petits-enfants.

Pour la première fois dans l'histoire sociale, il est fréquent que quatre générations puissent se rencontrer en même temps. Cela implique pour chacune d'accepter les différences avec les autres. Les plus anciens ont connu les guerres, les privations, la nécessité de l'effort et se trouvent parfois un peu mal à l'aise dans un monde où les modes de vie et les valeurs ont beaucoup changé. Leurs enfants sont, pour la plupart, eux aussi à la retraite ; ils ont bénéficié d'un accroissement continu de leur pouvoir d'achat et s'efforcent de profiter pleinement des années qu'ils ont devant eux. La troisième génération a « fait » mai 68 ; elle a provoqué la révolution des

Les maux de la fin

Les craintes principales des Français concernant les problèmes liés au grand âge sont les maladies neurologiques (Alzheimer, Parkinson…) pour 80 %, devant l'incapacité motrice (64 %), le cancer (60 %), la perte de vision (40 %), les rhumatismes (8 %), la surdité (8 %), l'incontinence urinaire (7 %).

31 % ont dans leur entourage une personne âgée dépendante, en perte d'autonomie physique ou psychique : il s'agit pour 7 % de leur père et/ou de leur mère, pour 10 % d'un grand-parent, pour 2 % d'un arrière-grand-parent, pour 12 % de quelqu'un d'autre. 87 % se disent prêts à consacrer du temps à une personne âgée de leur entourage, 79 % à payer une aide à domicile pour lui permettre de rester chez elle, 61 % à payer une place dans une maison de retraite, 56 % à prendre en charge un parent âgé à leur domicile, 48 % à donner de l'argent à des associations d'aide aux personnes âgées, 39 % à payer davantage de cotisations de Sécurité sociale.

63 % des Français estiment que l'on ne parle pas assez des problèmes de la prise en charge des personnes âgées, 6 % qu'on en parle trop, 29 % comme il faut. Si la prise en charge médicale est jugée plutôt meilleure par rapport à celle des générations précédentes (67 %), de même que l'aide apportée par la solidarité nationale (52 %) ou les structures d'accueil (51 %), leur niveau de vie est jugé plutôt moins bon (45 %), de même que les liens avec l'entourage (50 %).

Fédération hospitalière de France/Sofres, février 2005

mœurs, traversé la crise économique, connu le confort matériel et l'inconfort moral. Enfin, la quatrième, née depuis

le début des années 80, a grandi avec la technologie, la mondialisation, la peur du sida et le chômage ; elle porte un regard distancié, réaliste et pragmatique sur la société (p. 136).

Le vieillissement de la population devrait se poursuivre.

L'accroissement prévisible de la part des personnes âgées est d'abord la conséquence de la structure de la pyramide des âges. Les générations issues du baby-boom (nées entre 1945 et 1975) vont accéder aux âges élevés ; celles nées juste après la guerre atteindront 60 ans en 2005 et 65 ans en 2010, ce qui devrait représenter un nouveau choc démographique.

Le vieillissement sera aussi induit par la poursuite de l'allongement de l'espérance de vie. À raison d'une augmentation un peu supérieure à trois mois par an (moyenne de la dernière décennie), elle passerait de 84 ans pour les femmes en 2005 à 90 ans en 2050. Celle des hommes se situerait à 85 ans, contre 77 ans aujourd'hui. On pourrait ainsi compter 150 000 centenaires en 2050, dix fois plus qu'en 2005 (il n'y en avait que 200 en 1950). Les gains pourraient être encore plus marqués en cas d'amélioration des habitudes alimentaires et des modes de vie en général et de progrès décisifs de la médecine.

Des études réalisées sur des centenaires montrent que l'intérêt que l'on porte à sa santé et à sa personne ne suffit pas à retarder le vieillissement et à assurer une fin de vie plus longue et agréable. Il est important aussi de s'intéresser aux autres et de ne pas être en retrait du monde. À ces conditions, l'espérance de vie pourrait approcher 100 ans à la fin du XXIe siècle. Elle pourrait même être supérieure si la science réalisait de nouvelles avancées. La lutte contre les cancers ou les

Plus de « vieux » que de « jeunes » en 2012

Outre l'évolution de la pyramide des âges et de l'espérance de vie, le vieillissement est lié à l'évolution de la fécondité, de la mortalité et des flux migratoires. Si l'on fait l'hypothèse d'une stabilité par rapport aux évolutions des dernières années, les personnes de 60 ans et plus pourraient représenter le quart de la population totale vers 2012 (contre 21 % aujourd'hui) ; elles seraient alors pour la première fois plus nombreuses que les moins de 20 ans.

Un accroissement de la natalité aurait un effet limité sur le vieillissement global : le renouvellement à l'identique des générations (2,1 enfants par femme au lieu de 1,95 aujourd'hui) ferait seulement passer la part des plus de 60 ans de 35 % à 32 % en 2050. La part des personnes de 65 ans et plus (retraités des prochaines années) rejoindrait celle des moins de 20 ans quelques années plus tard, vers 2020. Les 65 ans et plus seraient à leur tour plus nombreux que les moins de 20 ans. Aux âges élevés, la proportion de femmes resterait largement majoritaire : 58 % à partir de 60 ans en 2050, 65 % à partir de 85 ans, mais l'écart d'espérance de vie continuerait de se réduire (6 ans au lieu de 7,1 ans).

La poursuite du vieillissement devrait affecter l'ensemble de la France au cours de la prochaine décennie, mais elle serait plus marquée dans la moitié nord, avec une exception notable pour l'Île-de-France, qui deviendrait la région la plus jeune du fait de l'afflux d'étudiants, de nouveaux actifs et d'immigrants, alors que les retraités quitteraient la région pour d'autres offrant un cadre de vie plus agréable. Tous cependant n'iraient pas habiter au sud. Le vieillissement serait au contraire moins prononcé sur le pourtour méditerranéen et en région Rhône-Alpes, autres zones d'attraction de jeunes actifs. Il serait en revanche plus accentué dans les départements peu urbanisés du Centre, de l'Ouest, du Massif central et du Nord-Est.

Les pays de l'Union européenne à quinze devraient être les plus touchés par le vieillissement à venir, malgré le léger rajeunissement apporté par les dix pays entrés en 2004 et ceux qui pourraient les suivre ultérieurement. Aux États-Unis, la population de jeunes adultes devrait ainsi vers 2020 être supérieure de moitié à celle des quatre principaux pays européens (Allemagne, France, Royaume-Uni, Italie).

---

maladies génétiques devrait en effet progresser, de même que la mise à disposition de traitements préventifs contre le vieillissement. D'autres facteurs pourraient au contraire inverser la tendance : catastrophes écologiques ou climatiques, apparition de nouvelles maladies, guerres, etc. La longévité de la population n'est donc que partiellement entre ses mains.

Des tensions entre les générations pourraient apparaître.

Les relations entre les quatre ou cinq générations qui cohabitent dans la société détermineront le climat social des prochaines décennies. Des risques de tension existent entre la vision plus collective des anciens et celle, plus individualiste, des jeunes. La sédentarité des uns pourrait s'opposer au nomadisme des autres, le conserva-

tisme à la flexibilité. La question se posera aussi du recours à l'immigration pour lutter contre le vieillissement de la population et renforcer le nombre des actifs ; elle pourrait donner lieu à des appréciations différentes entre les générations. Par ailleurs, les jeunes devront supporter par leur travail la charge croissante du financement des retraites, malgré les réformes engagées.

Pourtant, la perspective d'une guerre des âges opposant des « jeunes pauvres » et des « vieux riches » n'apparaît pas probable. D'abord, parce que la situation des retraités devrait être moins favorable qu'aujourd'hui, au fur et à mesure de la mise en place de la réforme des retraites, si l'on s'en tient au montant individuel des pensions (p. 148). Ensuite, il ne faut pas sous-estimer les efforts de solidarité et de compréhension entre les générations, que l'on a pu voir à l'œuvre au cours des années passées (p. 140). Enfin, il faut compter avec la capacité d'adaptation de la société, même si elle est en France souvent tardive.

Modes de vie

La durée moyenne de la retraite a plus que doublé depuis 1950.

Au milieu du XXe siècle, la retraite était prise officiellement à 65 ans. À cet âge et à cette époque, l'espérance de vie moyenne était de 13,4 ans pour les femmes et 10,4 ans pour les hommes. Aujourd'hui, l'âge officiel de la retraite est de 60 ans, mais la cessation d'activité a lieu en moyenne vers 58 ans. À cet âge, les femmes ont encore 28,4 ans à vivre et les hommes 23,4 ans.

La durée moyenne de la retraite a donc plus que doublé en un demi-siècle. Elle est aujourd'hui plus longue que celle de la scolarité, bien que cette dernière se soit beaucoup allongée (19 ans aujourd'hui contre 11 ans au début du XXᵉ siècle). Cette évolution a entraîné des perspectives totalement différentes pour les personnes concernées. Celles-ci disposent du temps nécessaire pour faire des projets, s'intéresser à des activités de plus en plus variées et continuer de participer à la vie collective après être sorties du système productif. On devrait cependant assister dans les années qui viennent à une évolution, avec un âge effectif de la retraite retardé progressivement jusque vers 65 ans. Aujourd'hui, plus de deux salariés âgés de 54 à 59 ans sur trois attendent leur retraite « avec impatience » (COR/Ipsos, janvier 2006). 59 % des salariés et 54 % des fonctionnaires estiment avoir exercé un métier psychologiquement usant.

Les aînés bénéficient d'un meilleur état de santé.

L'état de santé des personnes âgées a beaucoup progressé en quelques décennies, comme en témoigne l'allongement de l'espérance de vie (p. 88). Cette évolution s'est accompagnée d'un accroissement encore plus sensible de l'espérance de vie sans incapacité. Les Français vivent donc à la fois plus vieux et en meilleure santé. Pour lutter contre les effets du vieillissement et se maintenir en bonne forme physique, beaucoup d'aînés pratiquent les mêmes activités que les plus jeunes. Ils sont de plus en plus nombreux à faire du sport : marche, gymnastique, natation, mais aussi tennis ou golf. Ils surveillent leur santé en se rendant régulièrement chez le médecin. Ils pratiquent la préven-

tion, notamment en matière alimentaire ou en consommant des produits diététiques. Beaucoup s'efforcent aussi de modifier leurs habitudes de vie, en excluant par exemple le tabac et l'alcool (p. 49).

Cette volonté de bien vieillir s'accompagne d'un souci croissant de l'apparence. Les personnes âgées attachent davantage d'importance à leur habillement, sont plus sensibles à la mode et renouvellent plus souvent leur garderobe. Elles utilisent aussi les produits cosmétiques destinés à lutter contre le vieillissement ou à en cacher certains effets (rides, peau sèche...). Enfin, elles hésitent de moins en moins à recourir à la chirurgie esthétique pour rajeunir leur apparence.

Le pouvoir d'achat des retraités est comparable à celui des actifs...

Au cours des Trente Glorieuses (1945-1975), le revenu des inactifs avait profité de la très forte augmentation du minimum vieillesse. Il s'est encore accru sensiblement jusqu'au début des années 90, de sorte qu'entre 1970 et 1990 il avait augmenté deux fois plus vite que celui des actifs. L'évolution a été depuis moins spectaculaire, mais l'évolution des prestations sociales a permis de réduire la proportion de ménages pauvres parmi les retraités, plus encore que chez les actifs. Par ailleurs, les couples de retraités disposent plus souvent de deux pensions, du fait de l'activité professionnelle antérieure des femmes, plus fréquente que dans le passé.

Le revenu disponible annuel des ménages dont la personne de référence est âgée d'au moins 60 ans dépassait ainsi 24 000 € en 2005 (INSEE) ; il inclut les pensions, revenus du patrimoine, prestations et charges sociales, après impôts. Les retraites de base

(Sécurité sociale et retraite complémentaire) représentent plus de 90 % du montant des pensions. Calculé par individu (les ménages de retraités comptent moins de personnes que les ménages plus jeunes), le revenu disponible était proche de 18 000 € en 2005, un chiffre quasi identique au revenu disponible moyen de l'ensemble de la population. Les résultats sont comparables si l'on raisonne en « unités de consommation », en tenant compte du fait que les dépenses de logement ou d'équipements (électroménager, automobile, loisirs...) ne sont pas directement proportionnelles à la taille du ménage.

Parmi les pays de l'Union européenne, la France est, derrière l'Italie et les Pays-Bas, celui dans lequel le niveau de vie des retraités est le plus élevé par rapport à l'ensemble de la population. Le Royaume-Uni, l'Irlande et le Danemark occupent les trois dernières places.

... mais les disparités restent fortes...

Le montant moyen des seules pensions de retraite était proche de 1 200 € par mois en 2005. Mais il variait considérablement selon le sexe : les hommes percevaient en moyenne 40% de plus que les femmes. Cet écart important s'explique par les carrières féminines plus courtes et moins bien rémunérées : quatre femmes sur dix seulement ont pu faire une carrière complète (37 ans et demi de cotisation) contre près de neuf hommes sur dix. La différence de revenu entre les générations de retraités s'est estompée au fil des décennies ; ceux âgés de 60 à 64 ans percevaient en moyenne 1 200 € en 2005, contre 900 € pour ceux âgés de 85 ans et plus.

Les écarts sont également importants entre salariés et non-salariés : les premiers percevaient en moyenne

1 800 € en 2005, les seconds 650 € (parmi ceux qui n'ont qu'une seule pension). Les anciens commerçants étaient le moins bien lotis, avec 500 € (850 € pour ceux ayant exercé aussi un autre emploi), devant les agriculteurs (600 €) et les artisans (700 € et 950 € dans le cas de double pension).

À revenu antérieur égal, les fins de vie sont donc financièrement très inégales selon le type de carrière, avec un avantage considérable aux anciens salariés et, surtout, aux ex fonctionnaires. Les écarts sont cependant moins marqués pour les professions non salariées qui ont constitué un capital professionnel négociable (commerçants, certaines professions libérales...). Globalement, la part des revenus du patrimoine représente en moyenne un cinquième des revenus globaux des retraités (ci-après).

... notamment entre secteur public et privé.

Parmi les salariés, les revenus des retraités du secteur public sont largement supérieurs à ceux du secteur privé. Les anciens fonctionnaires civils de l'État percevaient de 1 800 € à 2 100 € en 2005 selon qu'ils étaient unipensionnés ou pluripensionnés, les ex-militaires de 2 000 € à 2 200 €. Les anciens salariés du secteur privé se contentaient de 1 400 € à 1 650 € selon le déroulement de leur vie professionnelle. Mais ces montants ne sont pas directement comparables, du fait des structures différentes des professions ; le niveau de qualification moyen est en effet un peu plus élevé dans le secteur public, du fait du poids des enseignants.

Les disparités sont liées aux avantages dont ont bénéficié les fonctionnaires en matière de taux de cotisation et de durée de cotisation. Les retraités perçoivent aujourd'hui des pensions

Avantage aux anciens fonctionnaires

Effectifs et montant des pensions de retraite des anciens salariés par caisse et par sexe (au 1er janvier 2005)

	Effectifs	Avantage principal de droit direct (en euros)		
		Hommes	Femmes	Ensemble
CNAV métropole	9 791 183	568	397	480
ARRCO	8 666 120	n.d.	n.d.	242
AGIRC	1 524 246	824	334	719
MSA salariés	1 819 203	175	129	160
Fonction publique civile	1 142 218	1 826	1 552	1 678
Fonction publique militaire	388 407	1 390	1 119	1 377
CNRACL	545 882	1201	1 048	1 095
IRCANTEC	1 272 560	93	59	74
MSA exploitants	1 792 004	355	257	302
ORGANIC	756 822	n.d.	n.d.	257
CANCAVA	532 676	n.d.	n.d.	224
CNIEG	103 447	2 187	1 506	2 035
SNCF	191 288	n.d.	n.d.	1 505
RATP	27 522	1 798	1 420	1 730

DREES

représentant souvent plus de 80 % de leur dernier salaire (lequel est parfois majoré par le « coup de chapeau » de fin de carrière). Les salariés du privé voient au contraire leurs pensions calculées sur les vingt-cinq meilleures années de salaire depuis la réforme de 1993, ce qui représente un écart très important, compte tenu des évolutions de carrière.

Sur l'ensemble de la durée de la retraite (20 ans en moyenne), l'écart entre les pensions au profit des anciens fonctionnaires peut être estimé à un peu plus de 6 000 € par an (pour des carrières complètes), soit 120 000 € par fonctionnaire en monnaie cou-

rante. Il s'y ajoute le déficit du financement de leurs retraites futures, qui devrait coûter près de 26 milliards d'euros par an à la collectivité d'ici à 2015. La réforme de 2003, en alignant progressivement la durée de cotisation des fonctionnaires sur celle du secteur privé, n'a réduit que partiellement l'écart existant.

67 % des salariés du privé et 73 % des fonctionnaires âgés de 54 à 59 ans considèrent qu'ils ont suffisamment d'argent pour vivre (COR/Ipsos, janvier 2006). Mais 43 % des premiers et 39 % des seconds craignent de ne plus en avoir assez lorsqu'ils seront à la retraite.

Les écarts de revenu sont amplifiés par ceux des patrimoines.

15 % des ménages de retraités perçoivent les deux tiers de la masse des retraites. Un million de personnes âgées ne disposent que du minimum vieillesse (7 323 € pour une personne seule et 13 138 € pour un couple au 1er janvier 2006). Plus de 500 000 veufs (et surtout veuves, voir encadré) ne disposent que d'une retraite de réversion (54 % de celle de leur mari). Le rapport entre les 10 % de revenus les plus hauts (pensions et autres revenus, ceux du capital notamment) et les 10 % les plus faibles est ainsi plus élevé parmi les retraités que dans l'ensemble des actifs : 3,5 contre 3,1.

Les 13,4 millions de retraités de 2005 représentent 21 % de la population, possèdent plus de 40 % du patrimoine total des Français et près de la moitié (46 %) du patrimoine de rapport. Plus du quart des 60-70 ans (27 %) détiennent un portefeuille de valeurs mobilières, contre 14 % des moins de 30 ans. Plus de la moitié des contribuables payant l'impôt sur les grosses fortunes sont des ménages de plus de 60 ans. Ces patrimoines ont été constitués grâce à l'épargne accumulée pendant la vie active, à raison d'environ 15 % des revenus disponibles perçus chaque année (p. 370). Ils ont bénéficié de la hausse des prix de l'immobilier dans les années 70, 80 (et au cours des sept dernières années), de celle des valeurs mobilières dans les années 90 ainsi que des héritages. Les ménages âgés continuent d'ailleurs d'épargner davantage que la moyenne nationale.

Pour les retraités plus encore que pour les actifs, les écarts entre les patrimoines sont ainsi très supérieurs à ceux existant entre les revenus. Ils risquent de s'accroître au cours des prochaines années, du fait des meilleurs rendements des patrimoines élevés. La part des compléments de revenu apportés par le patrimoine est d'ailleurs d'autant plus grande que les pensions de retraite sont élevées. Dans un contexte où les pensions pourraient stagner ou diminuer, ils auront des incidences importantes sur le pouvoir d'achat des retraités et sur leurs modes de vie.

Le pouvoir d'achat n'apparaît pas menacé à moyen terme.

45 % des Français et 71 % des retraités ont le sentiment que le pouvoir d'achat des retraités a augmenté moins vite que celui des autres Français (*Notre temps*/Sofres, décembre 2005). Après avoir augmenté de façon continue et forte, le pouvoir d'achat des pensions de retraite a été amputé au cours des dernières années par les cotisations de CSG (contribution sociale généralisée) et de CRDS (contribution au remboursement de la dette sociale), qui n'étaient auparavant payées que par les actifs. Les difficultés de financement des retraites futures rendront difficile le maintien de ce pouvoir d'achat ; à l'horizon 2030, il impliquerait une augmentation de 15 points des cotisations ou un recul de neuf ans de l'âge de cessation d'activité (ce que ne prévoit pas la réforme de 2003, qui repousse de cinq ans l'âge de la retraite et de façon progressive).

68 % des Français et 75 % des retraités considèrent ainsi que le pouvoir d'achat des retraités va plutôt se détériorer au cours des cinq prochaines années. 81 % des actifs pensent qu'ils vivront moins bien que les retraités d'aujourd'hui lorsqu'ils seront à la retraite. Cependant, le pouvoir d'achat du revenu global disponible ne paraît pas menacé à moyen terme pour les nouveaux retraités, car la plupart étaient des couples biactifs, qui ont bénéficié d'une augmentation de leur pouvoir d'achat des revenus, mais aussi des patrimoines et, enfin, d'héritages de montants plus élevés.

La Sécurité sociale a été construite au milieu du xxe siècle en France, et les conditions démographiques ont été depuis totalement bouleversées, avec une durée moyenne de la retraite qui a plus que doublé et un ratio actifs/inactifs en constante diminution. Il faudra réinventer le fonctionnement de la société à partir de ces nouvelles données. Ainsi, les temps de la vie ne pourront plus être figés comme ils le sont aujourd'hui. Pourquoi ne pas donner aux actifs la possibilité de prendre une partie de leur temps de retraite à d'autres moments de leur vie, lorsqu'ils sont accaparés par la constitution d'une famille, ou lorsqu'ils veulent se préparer à un changement d'orientation ? Pourquoi ne pas permettre aux aînés de travailler aussi longtemps qu'ils le souhaitent et qu'on leur propose ?

Le troisième âge est une seconde vie.

La cessation d'activité professionnelle n'est plus synonyme aujourd'hui de mort sociale ou économique. L'accroissement des ressources financières des retraités au cours des dernières décennies a été sans équivalent dans l'histoire. L'image des retraités a aussi beaucoup changé, dans un contexte où l'attachement au travail est moins fort et où la vie personnelle occupe une place centrale. Au point que les propositions de préretraite faites dans certains secteurs d'activité comme l'automobile ou par des entreprises en difficulté ont séduit de nombreux salariés.

Plus de la moitié des Français (56 %) préféreraient épargner pour pouvoir partir plus tôt en retraite, et 21 %

LES ACTIFS PRÊTS À FAIRE FACE

D'après le Baromètre de la retraite Axa/GFK, le montant moyen des revenus des retraités s'élevait à 1 764 € par mois en 2005, toutes sources confondues (2 100 € pour les hommes et 1 400 € pour les femmes). Dans les autres pays étudiés, les montants variaient de 800 € à Hong-Kong à 3 500 € aux États-Unis. Les Français évaluent leurs besoins à 2 000 € par mois (86 % des femmes et 78 % des hommes). 81 % des actifs s'attendent à une retraite moins élevée que leur dernier salaire d'activité ; ils ne sont cependant que 12 % à déclarer connaître le montant de leur future retraite (35 % parmi les actifs de plus de 55 ans). 58 % se disent cependant optimistes en ce qui concerne leur qualité de vie à la retraite. 92 % d'entre eux estiment qu'ils « auront déjà presque tout ce dont ils ont besoin » et 75 % qu'ils auront fini de payer leurs crédits immobiliers.

80 % des actifs et 61 % des retraités s'attendent à de nouvelles réformes concernant l'allongement de la durée de cotisations et les conditions financières de la retraite. Confrontés au problème de financement de la retraite, les actifs épargnent en moyenne 370 € par mois (contre 170 € en Espagne et 1 040 € euros aux États-Unis). Pour compenser la baisse de revenu anticipée, presque un tiers des actifs (32 %) envisagent d'exercer une activité professionnelle après la retraite. 50 % prévoient aussi d'aider financièrement leurs parents retraités. Pour 79 % des actifs, l'État doit rester l'acteur majeur du financement de la retraite. 63 % des Français rejettent l'idée d'une responsabilité individuelle entière dans le financement de leur retraite. Ils estiment que l'employeur et le salarié doivent y contribuer à parts égales. Le financement complémentaire de la retraite est moins largement admis par les Français qu'ailleurs dans le monde.

AXA/GFK

plus nombreuses à connaître la cinquième génération. Le veuvage va souvent de pair avec une augmentation de la fréquence des contacts.

Plusieurs études suggèrent que les solidarités intergénérationnelles (contacts, échanges de services, soutien affectif, aides diverses) ne sont pas en déclin, malgré la généralisation de la décohabitation et l'accroissement du nombre de personnes vivant seules. Les relations familiales sont également fréquentes. 23 % des inactifs reçoivent au moins une fois par semaine des membres de leur famille pour des repas, contre 17 % des actifs (Domoscope Unilever 2004). Il faut cependant noter que 9 % n'en reçoivent jamais, contre 6 % des actifs. Les grands-parents et arrière-grands-parents jouent des rôles importants dans les familles sur le plan éducatif. Ce sont eux qui transmettent l'histoire familiale. Ils interviennent aussi sur le plan économique, en aidant financièrement les enfants et les petits-enfants dans les périodes difficiles (chômage, rupture de couple...).

---

préféreraient s'arrêter de travailler plus tôt, quitte à ne pas avoir de retraite à taux plein ; seuls 20 % préféreraient travailler plus longtemps pour bénéficier d'une retraite le plus élevée possible (*le Monde initiatives*/BVA, juin 2004). Pour beaucoup d'actifs, la fin du travail est perçue comme un soulagement, un terme aux menaces de chômage et au stress inhérent à la vie dans les entreprises. De sorte que cette période est une occasion de bien vivre, souvent mieux que pendant les années qui l'ont précédée. Les retraités bénéficient pour la majorité d'entre eux d'un revenu très supérieur à celui des générations précédentes (voir ci-dessus). Ils disposent aussi de plus de temps. Le troisième âge apparaît ainsi comme une seconde vie.

Les relations familiales restent fréquentes...

Les personnes âgées sont généralement très attachées à leur famille. Celle-ci tend d'ailleurs à s'accroître, avec la présence de plus en plus fréquente de quatre générations vivantes (p. 138). La grande majorité des personnes de 60 ans et plus ont des enfants, et 13 millions de Français ont des petits-enfants (en moyenne quatre). 2 millions sont également arrière-grands-parents et près de 50 000 ont au moins un arrière-arrière-petit enfant. Les hommes deviennent pour la première fois grands-pères à 53 ans en moyenne, les femmes à 50 ans. Ces dernières sont beaucoup

... et la sociabilité des personnes âgées s'est accrue.

Un tiers des Français de 60 ans et plus (32 %) déclaraient recevoir des amis ou relations chez eux au moins une fois par semaine en 2004, contre un sur cinq (19 %) en 1980 ; ils étaient plus nombreux que les 40-59 ans (27 %). 40 % fréquentaient des associations en 2005, contre 24 % en 1980. La proportion a doublé, alors qu'elle n'a augmenté que d'un tiers pour les 40-59 ans. Les retraités privilégient les associations liées à des activités de loisir. Bien qu'en augmentation, la sociabilité des retraités reste inférieure à celle des actifs : 25 % des inactifs reçoivent moins d'une fois par mois des amis pour des repas, contre seulement 17 % des actifs ; 16 % n'en reçoivent jamais, contre 5 %. Le bénévolat concerne un peu moins d'un tiers des 60-69 ans, une proportion identique à celle de l'ensemble de la population, mais elle n'est plus que d'une personne sur cinq chez les 70 ans et plus.

Au fur et à mesure du vieillissement, la sociabilité se transforme. La perte des contacts professionnels est compensée par les relations entretenues avec les enfants et petits-enfants, ainsi qu'avec le voisinage. Entre 55 et 59 ans, un homme a en moyenne 8,2 interlocuteurs au cours d'une semaine, une femme 9,7. À partir de la soixantaine, ces nombres diminuent régulièrement ; après 80 ans, ils ne sont plus que de 5,3 et 5,1. Cette réduction progressive des contacts est davantage liée aux décès des interlocuteurs et à la dégradation de l'état de santé qu'à une moindre ouverture à l'extérieur.

La cohabitation dans un même logement entre des jeunes et des personnes âgées (hors du contexte familial) est cependant peu répandue en France, à l'inverse d'un pays comme l'Espagne où il est culturellement mal vu de vivre seul. L'âge reste en France un facteur de cloisonnement, parfois de discrimination. Les personnes qui vivent seules gardent cependant des liens avec l'extérieur ; elles développent même davantage les relations avec leur entourage que les couples. L'isolement relationnel concerne surtout les catégories sociales défavorisées. Après 70 ans, les personnes qui n'ont pas de descendance sont beaucoup plus isolées que les autres. Bien qu'ayant plus de contacts que les hommes, les femmes apparaissent plus touchées par le sentiment de solitude.

● 84 % des Français n'ont jamais effectué le calcul du montant probable de leur retraite.

Sexygénaires

L'activité sexuelle se poursuit de plus en plus tard dans la vie. En 2002, 41 % des 60 ans et plus disaient avoir eu des rapports sexuels au cours des douze derniers mois (56 % des 60-69 ans, 36 % des 70 ans et plus) ; parmi eux, 42 % en avaient eu au moins une fois par semaine. À 80 ans, 20 % des hommes déclarent encore des relations sexuelles. Entre 60 et 69 ans, la fréquence des rapports est de quatre à cinq par mois. L'allongement de la durée de la vie, la meilleure condition physique et le regard différent porté par la société sur les personnes âgées expliquent ces changements.

Cette évolution est aussi en partie liée à l'attitude des femmes, aujourd'hui plus conscientes que le maintien de la vie sexuelle est possible et constitue un gage de longévité. Elle a été favorisée par l'apport des traitements hormonaux substitutifs, qui concernent aujourd'hui environ un quart des femmes à la ménopause. Pour certains hommes, l'apparition du Viagra et de ses dérivés a été aussi un élément rassurant. L'âge n'entraîne pas de déclin inéluctable du désir, et celui-ci n'est pas seulement lié à une capacité de séduction qui serait propre à la jeunesse. À toutes les époques de la vie, l'amour, la tendresse, la complicité et la sexualité sont les ingrédients d'une relation forte au sein du couple.

Les activités des aînés sont de plus en plus diversifiées.

Les personnes âgées passent la plus grande partie de leur temps à leur domicile, qui demeure au centre de leur vie. Leurs activités sont donc d'abord domestiques : bricolage, jardinage, travaux ménagers, couture, entretien, répara-

tions... Mais cet attachement au logement n'empêche pas une mobilité croissante. On mesure ainsi un engouement des retraités pour les voyages, seuls ou en groupe, en France ou à l'étranger. Ces déplacements s'effectuent tout au long de l'année ; ils permettent notamment à ceux qui le peuvent de moins subir l'hiver, saison difficile sur le plan physique et mental.

Les aînés sont aussi de plus en plus nombreux à faire du sport, avec le double objectif d'entretenir leur condition physique et de se divertir. Leur taux de pratique a ainsi été multiplié par sept en quinze ans, alors qu'il doublait seulement chez les 40-59 ans. La pratique diminue de façon significative avec l'âge. Cette baisse s'explique à la fois par des raisons d'incapacité physique et par l'existence de mentalités différentes selon les générations.

Les pratiques culturelles restent en revanche plus limitées. Les retraités ne vont guère au cinéma ou au théâtre, écoutent moins de musique que les plus jeunes. Pourtant, les écarts sont moins apparents en ce qui concerne la nouvelle génération de retraités.

Les retraités sont des consommateurs à part entière.

Les retraités n'ont le plus souvent aucune dette (notamment immobilière). L'essentiel de leur revenu est donc disponible pour la consommation, d'autant qu'il est régulier, prévisible et n'est pas soumis comme pour les actifs aux aléas de la vie professionnelle. Entre 1980 et 2000, les foyers de plus de 65 ans ont multiplié par plus de trois leurs dépenses de consommation en monnaie constante, contre deux et demi pour les moins de 65 ans. Plus de la moitié d'entre eux partent en vacances (presque autant que les autres) contre 36 % en 1975. Ils dépensent de plus

LES « QUINQUAS » VONT TRANSFORMER LA RETRAITE

La génération des quinquagénaires actuels va arriver à la retraite avec des habitudes et des modes de vie très distincts de ceux des générations plus âgées. Ils n'accepteront pas de ne plus jouer un rôle économique, social et culturel. Ils vont sans doute transformer jusqu'à la notion de retraite, même s'ils y parviennent un peu plus tard, du fait de la réforme du système.

L'arrivée à la cinquantaine est de plus en plus souvent l'occasion d'une réflexion sur soi-même, sur le temps passé, sur celui qui reste. Elle est le prétexte pour changer de vie, au moins en partie. On peut ainsi commencer une autre activité professionnelle ou décider de ne plus en avoir (lorsqu'on peut se le permettre), déménager, s'investir dans un nouveau loisir, changer de partenaire ou s'impliquer davantage dans la vie collective (en adhérant à des associations). Les hommes et les femmes vivent différemment cette période charnière de l'existence ; les secondes redoutent davantage les effets à venir de la vieillesse et s'efforcent (souvent avec succès) de la repousser. Beaucoup de motivations sont communes aux deux sexes : maîtriser davantage sa vie, aller au bout de ses envies ou de ses rêves avant qu'il soit trop tard pour les réaliser. La forme physique et mentale est généralement bonne, les enfants sont élevés, les dettes (notamment immobilières) remboursées. Cela permet de consacrer un peu plus de temps à soi-même, à son couple, de faire des projets et de les mener à bien.

La cinquantaine est à la fois la fin d'une période et le début d'une autre. Avec la perspective d'une trentaine d'années devant soi et la conviction qu'il ne faut pas les gaspiller. Enfants du baby-boom, les quinquas ont toujours pesé dans le mouvement de la société ; ils entendent continuer, mais en profitant de la vie, en adoptant une attitude plus hédoniste. S'ils ont encore envie d'apprendre, c'est dans une optique ludique : découvrir un nouveau sport, prendre des cours de cuisine, faire de la peinture, voyager, commencer une collection... Certains entament une psychanalyse, renouent avec des amis, classent les photos accumulées depuis leur mariage, lisent les livres qui se sont empilés dans leur bibliothèque, achètent une résidence secondaire, sortent davantage. Parmi les actifs, ceux qui estiment ne plus rien avoir à prouver se disent que c'est le moment de passer à des choses différentes ; les autres savent que leur situation professionnelle est précaire et en tirent la même conclusion. Ces comportements ne constituent pas pour eux un baroud d'honneur avant la retraite, mais plutôt une façon de la préparer. En cela, la cinquantaine est un peu l'adolescence, joyeuse mais légèrement inquiète, de la vieillesse.

---

en plus pour l'alimentation, la santé ou les voyages (60 % des acheteurs de croisières ont plus de 60 ans). Leur surconsommation est sensible dans des domaines comme les produits frais ou d'hygiène-beauté et dans les produits haut de gamme en général. C'est pourquoi ils sont l'objet d'attentions particulières de la part des entreprises, de plus en plus attirées par le « marché des seniors ».

Les aînés privilégient plus que les autres la qualité, la durabilité, le confort, la sécurité (physique, psychologique, financière...), l'information, la considération. Ils font preuve d'un moindre attachement au prix, mais d'une plus grande fidélité aux marques et aux enseignes. Ils sont aussi davantage concernés par les produits qui préservent l'environnement et cherchent à concilier technologie et écologie. S'ils sont moins sensibles que les plus jeunes aux effets de mode, ils sont de plus en plus réceptifs aux innovations. Ainsi, leur attitude à l'égard de l'informatique est de plus en plus ouverte. Le nombre des internautes augmente plus rapidement parmi les aînés que parmi les jeunes, même s'ils sont encore sous-représentés : début 2006, les 50 ans et plus représentaient ainsi un quart (24 %) de l'ensemble des foyers disposant d'une connexion. Leur durée de navigation est en outre supérieure à la moyenne. Ils apprécient la possibilité de s'informer, d'échanger des messages, de trouver des promotions sur les biens d'équipement ou les voyages. Cependant, les 65 ans et plus ne comptent que pour 22 % des « seniors » connectés ; les « cyberpapys » et « cybermamies » sont très peu nombreux au-delà de 75 ans, car ils n'ont pas eu l'occasion d'utiliser un ordinateur au cours de leur vie active.

Les retraités sont de plus en plus « modernes ».

En vingt ans, les attitudes et les comportements des personnes de plus de 60 ans se sont beaucoup modifiés. Outre les aspects matériels (revenus plus élevés, disposition d'un patrimoine plus important, confort et équipement du logement), leur état d'esprit s'est transformé, dans le sens d'une plus grande autonomie, d'un moindre conformisme, d'une ouverture croissante au monde extérieur. Les retraités se sentent davantage concernés par la conjoncture économique et sociale. Ils s'informent et agissent dans leur environnement personnel pour aider à rétablir certains équilibres menacés ou lutter contre les inégalités.

Les retraités récents (60-69 ans) ont des attitudes, des systèmes de valeurs et des comportements de plus en plus éloignés de ceux de la génération des septuagénaires et proches de la génération des quinquagénaires (voir encadré). Les changements survenus depuis vingt ans les ont davantage concernés que les plus âgés. Aussi, sur de nombreux sujets, leurs opinions sont comparables à celles des plus jeunes : vision du monde et de la société, place des femmes, intérêt pour les nouvelles technologies...

La césure véritable entre les âges s'est déplacée ; elle se situe aujourd'hui vers 75 ans. On constate à partir de cet âge des problèmes de santé plus fréquents, davantage de solitude, une vie sociale plus réduite, des opinions plus conservatrices. Les logements des plus de 75 ans sont aussi moins confortables et moins bien équipés, leurs revenus moins élevés. Ils manifestent une plus grande inquiétude quant à l'avenir de la société et sont plus souvent dépassés par l'évolution technologique. Le chômage, les menaces qui pèsent sur l'environnement ou la transformation des mœurs les amènent à s'interroger plus que les autres sur le monde qui sera laissé aux générations futures.

D'une manière générale, les aînés contribuent largement à l'équilibre social. Ils ne sauraient être considérés comme un facteur d'appauvrissement de la collectivité et de perte de dynamisme. Ils sont au contraire les témoins du changement social et une source de réflexion irremplaçable dans le débat permanent entre le passé et l'avenir. Ils sont souvent des acteurs importants de la vie locale et ils participent largement à la solidarité nationale en donnant de leur savoir et de leur temps. Ils assurent l'équilibre territorial par l'animation des campagnes et favorisent la conservation du patrimoine national. Ils constituent la mémoire vivante d'un XXe siècle qui a été particulièrement riche en événements et en mutations de toutes sortes. Ils sont détenteurs d'une expérience de la vie qui peut être transmise avec profit aux nouvelles générations. « Un vieillard qui meurt, c'est une bibliothèque qui brûle. »

● *18 % des Français pensent être un jour centenaires, 74 % non (Fédération hospitalière de France/Sofres, février 2005).*
● *76 % des 50-64 ans partent en voyage au moins une fois par an, contre 78 % des 35-49 ans et 79 % des 25-34 ans. Ils ne sont plus que 67 % au-delà de 65 ans.*
● *En 2050, la France devrait consacrer 19 % de son PIB pour financer les retraites, contre 5 % au Royaume-Uni, 7 % aux États-Unis, 13 % au Canada, 18 % en Italie et au Japon, 19 % en Allemagne.*

LA VIE QUOTIDIENNE

Habitat

Les trois quarts des Français vivent en zone urbaine...

Entre les recensements de 1936 et 1999, la population des villes avait doublé, alors que la population n'augmentait que de 40 %. Près de 50 millions de Français métropolitains (plus de trois sur quatre habitent aujourd'hui dans les aires urbaines (au moins 2 000 habitants) qui n'occupent que 18 % du territoire, contre un sur deux en 1936.

Entre 1999 et 2005, la croissance démographique la plus forte a concerné les régions du Sud et de l'Ouest, du fait de leur attractivité : Languedoc-Roussillon, Midi-Pyrénées, Corse, Aquitaine. Le solde migratoire a été négatif dans les régions du Nord et de l'Est (Nord-Pas-de-Calais, Lorraine, Picardie, Haute-Normandie), la croissance globale étant due à l'excédent des naissances sur les décès. C'est le cas aussi de l'Île-de-France, qui a connu un important déficit migratoire, mais dont la population a progressé au même rythme que l'ensemble du pays : 0,62 %.

L'aire urbaine de Paris compte un peu moins de 12 millions d'habitants, soit un cinquième de la population métropolitaine, contre 7 % au milieu du XIXe siècle et 12 % au début du XXe. Paris reste le centre de la plus grande agglomération européenne avec 9,9 millions d'habitants, devant Londres (9,3), Madrid (4,9), Bruxelles (4,5) et Barcelone (4,6). Mais Paris intra-muros (2,1 millions d'habitants) n'arrive qu'à la cinquième place, der-rière Berlin (3,4), Londres (2,9), Madrid (2,9), Rome (2,5).

Dans les départements d'outre-mer, la population s'est accrue au rythme des régions métropolitaines les plus dynamiques : 3,4 % en Guyane (record national) ; 1,6 % à La Réunion ; 1,2 % à la Guadeloupe, 0,8 % à la Marti-nique. Le taux de croissance des com-munes de moins de 10 000 habitants a presque doublé entre 1999 et 2005 : 0,9 % contre 0,5 % entre 1990 et 1999. Cette évolution est encore plus sensible dans les petites communes (moins de 500 habitants) : 1 % contre 0,3 %.

... mais la mobilité résidentielle a diminué depuis trente ans.

Les recensements de la population effectués entre 1975 et 1999 indi-quaient une baisse de la proportion de ménages ayant déménagé : 81 % entre 1990, et 1999 (date du dernier recense-ment global), contre 88 % entre 1982 et 1990 et 94 % entre 1975 et 1982. L'enquête réalisée en 2004 semble confirmer cette tendance : 34 % des Français ont changé de logement entre 1999 et 2004, soit une moyenne de 7 % par an contre 9 % entre 1990 et 1999 (un chiffre à interpréter avec pru-dence, car il ne prend pas en compte la part éventuellement changeante des ménages ayant déménagé plusieurs fois). 31 % sont restés dans la même commune ; 35 % se sont installés dans une autre commune du département ; les autres ont changé de département ou de région. C'est entre 20 et 30 ans que les mouvements sont le plus fré-quents : 76 % des 25-29 ans ont démé-nagé. Seuls 14 % des 60-75 ans ont déménagé. Après 75 ans, la mobilité progresse légèrement, du fait notam-ment des départs en institution.

Cette baisse de mobilité s'explique par le vieillissement de la population, l'amélioration du confort de l'habitat et la plus forte proportion de proprié-taires, éléments favorisant l'attache-ment au logement. Elle est liée aussi à l'hésitation à changer d'emploi en période de chômage. Cette baisse se traduit par un allongement de la durée moyenne de résidence dans le même logement, passée de 12 ans en 1984 à 14 ans en 1999.

Les événements familiaux (mariage, naissance, rupture...) ont plus d'in-cidence sur la mobilité résidentielle que ceux liés à l'emploi ; ils sont plus fréquents au cours des dix ou quinze premières années de la vie adulte. La mobilité de courte distance (à l'in-térieur du même département), bien qu'en recul, reste majoritaire. Celle de longue distance augmente avec le niveau d'éducation et le revenu ; elle est plus souvent induite par des contraintes professionnelles, surtout parmi les moins de 45 ans. La mobi-lité globale reste fortement motivée par la situation économique générale, celle de l'emploi en particulier, notam-ment pour les locataires. Ceux du sec-teur privé sont plus mobiles que ceux des HLM, alors que la situation inverse prévalait dans les années 80.

Les communes rurales connaissent la plus forte croissance démographique...

L'espace urbain est composé de 354 aires urbaines (contre 361 en 1990) qui constituent des « ensembles de communes d'un seul tenant et sans enclave constitués d'un pôle urbain (unité offrant au moins 5 000 emplois et n'appartenant pas à une couronne d'un autre pôle urbain) et d'une couronne périurbaine composée de communes rurales ou d'unités urbaines dont au moins 40 % de la population résidente active travaille dans le reste de l'aire urbaine ». Depuis 1999, la croissance s'accélère et s'étend de plus en plus loin des villes. Elle a ainsi été plus forte dans les communes rurales que dans celles appartenant à des unités urbaines. L'écart de croissance entre les communes à dominante rurale et celles qui font partie d'une aire urbaine s'est fortement réduit.

C'est au sein des communes rurales de l'espace à dominante urbaine que la croissance démographique est aujourd'hui la plus forte (communes ayant un cadre rural mais situées dans la zone d'attraction d'un ou plusieurs pôles urbains). L'accélération de l'étalement urbain s'accompagne de celle de la croissance dans l'ensemble de l'espace à dominante rurale. Pour l'ensemble des communes de moins de 10 000 habitants, c'est à 25 km du centre des aires urbaines que la croissance de la population est la plus forte depuis 1999, contre 15 km entre 1990 et 1999. La périurbanisation représente toujours la composante principale de la croissance démographique. Mais c'est dans l'espace rural, dans les zones attractives les moins denses et les plus éloignées de l'influence des villes que l'accélération est la plus sensible.

... et le mouvement de néoruralité se confirme.

L'exode rural connaît une inversion depuis plusieurs décennies. Ce sont aujourd'hui les campagnes qui se peuplent (ou se repeuplent) au détriment

Les 11 métropoles

Population des villes de plus de 200 000 habitants (en 2004) :

Paris	2 144 700
Marseille	808 700
Lyon	465 300
Toulouse	431 500
Nice	347 100
Nantes	280 600
Strasbourg	272 800
Montpellier	244 100
Bordeaux	229 800
Lille	226 800
Rennes	210 200

INSEE

de certaines grandes villes. Un peu plus de 23 millions de Français vivent aujourd'hui hors des agglomérations. Entre 1999 et 2004, plus de 2 millions ont quitté les villes pour s'installer dans des communes de moins de 2 000 habitants. Depuis 1990, le « rural isolé » attire aussi de nouveaux habitants.

Les raisons de ce mouvement sont à chercher dans la désaffection à l'égard de certaines grandes villes, dans lesquelles la vie est jugée trop stressante. Les Français cherchent à retrouver des conditions plus favorables, à l'abri du bruit, de la délinquance, de l'indifférence, de la pollution, des embouteillages, de préférence dans un habitat individuel pourvu d'un jardin. Les nouveaux retraités hésitent moins à déménager, tandis que les ménages plus jeunes cherchent à « changer de vie ». L'augmentation des prix de l'immobilier a renforcé ce phénomène : les prix de vente ont presque doublé entre 1999

et 2005. L'augmentation constatée en 2005 (10,3 %, après 15,5 % en 2004) a été différente selon les villes : 10 % environ à Biarritz, Nice ou Marseille, 16 % à Nantes et Strasbourg, 24 % à Brest. Le mouvement vers les zones rurales est également favorisé par la généralisation des outils de communication (téléphonie portable, informatique, Internet...) et les efforts réalisés par les communes pour améliorer les conditions de vie (équipements, transports...) des nouveaux arrivants. On compte parmi eux de plus en plus d'étrangers (notamment des Britanniques).

Le phénomène de néoruralité devrait se poursuivre, accéléré par le développement des infrastructures régionales, dans le cadre de la décentralisation. Il profitera de l'amélioration des moyens de transport collectif, de la possibilité de télétravailler depuis le foyer (au moins à temps partiel). On estime que 2,5 millions de Français pourraient être concernés entre 2005 et 2008. Il pourrait entraîner une hausse de la mobilité résidentielle, après plusieurs décennies de baisse.

L'environnement joue un rôle croissant dans le choix de l'habitat.

Les Français rêvent d'« éco-logis ». Ils cherchent à se rapprocher des équipements collectifs nécessaires à leur confort et à leur qualité de vie (écoles, commerces, lieux de culture, équipements sportifs, transports, administrations, services publics...) mais aussi à s'éloigner des sources de nuisances potentielles : routes à grande circulation ; usines ; activités agricoles polluantes ; lieux publics très (ou mal) fréquentés ; zones commerciales défigurant le paysage, etc.

Dans leurs décisions d'implantation, les actifs attribuent une importance à

Les néoruraux, nouveaux modernes

Comme Alphonse Allais, les Français rêvent d'habiter dans des villes construites à la campagne. C'est précisément ce que s'efforcent de réaliser les « néoruraux ». Leurs prédécesseurs, que l'on avait baptisés « rurbains », avaient envahi les banlieues des villes. Lorsque les conditions de vie dans la première couronne s'étaient dégradées par capillarité urbaine, ils s'étaient éloignés pour habiter la deuxième.

Aujourd'hui, les néoruraux ont abandonné le bruit, le stress, la pollution et l'insécurité des grandes villes pour s'installer dans des lieux plus accueillants : périphéries des petites villes de province ou zones rurales redynamisées. Mais ils ont transporté avec eux leurs habitudes urbaines et leurs exigences en termes de confort intérieur, d'équipements collectifs (transport, culture, sport...) ou de commerces. Contrairement aux soixante-huitards, qui partaient élever des moutons dans le Larzac, les néoruraux travaillent dans des entreprises, surfent sur Internet, jouent au tennis ou au golf. Ils sont un peu les « bobos des champs » (bourgeois bohèmes).

Pourtant, tous n'ont pas le sentiment d'avoir trouvé le Graal. Les nuisances comme le bruit ou la pollution, attribuées à la ville, ne sont en effet pas absentes de la campagne. Les relations de voisinage ne sont pas toujours idylliques et l'intégration s'avère parfois difficile. Il s'y ajoute les problèmes liés aux distances à parcourir, à des équipements sportifs ou culturels moins nombreux.

sons non mitoyennes, 20 % dans des maisons jumelées.

On avait construit 2 millions de logements individuels au cours des années 80, contre un peu moins de 500 000 logements collectifs, mais le mouvement s'était fortement ralenti dans les années 90, du fait de la crise immobilière entre 1993 et 1998. La construction de logements individuels est redevenue prépondérante depuis 1996. Les maisons construites récemment sont de plus en plus spacieuses ; près de 60 % de celles réalisées entre 1999 et 2005 dépassent 100 m², contre 40 % avant 1999.

41 % des ménages habitent dans des immeubles collectifs (comptant au moins deux logements). 5 % sont logés gratuitement (4 % en moyenne européenne) dans des logements de fonction ou mis à leur disposition par

---

la disponibilité d'un emploi. Mais ils sont prêts, de plus en plus souvent, à arbitrer au profit d'éléments environnementaux comme l'agrément de la région ou de la ville, la situation géographique et les équipements collectifs. La proximité de la nature, grande oubliée des villes et des banlieues bâties à la hâte au fil des décennies, est un critère d'importance croissante. Le « phytotropisme », attirance pour les plantes et les végétaux, témoigne d'une tendance plus générale au « naturotropisme ». Dans ce contexte, les centres de certaines villes sont délaissés par des ménages en quête d'un cadre de vie plus authentique, moins stressant, et accessoirement moins coûteux. Certaines catégories cherchent cependant à occuper au contraire les quartiers centraux et animés des grandes villes. Ce sont notamment des jeunes à la recherche d'une vie conviviale, voire communautaire, et d'équipements de loisir. Le phénomène des « bobos »

s'est construit sur cette revendication. La recherche de sécurité prend aussi une place croissante. Enfin, l'héliotropisme, propension à rechercher des régions ensoleillées et chaudes, reste une motivation importante.

56 % des ménages habitent une maison individuelle.

S'ils sont à la recherche de l'« écologis » (voir ci-dessus), les Français ont aussi une préférence pour l'« égologis », rêve de maison individuelle. 56 % l'avaient réalisé début 2005, contre seulement 48 % en 1992. Les ménages habitant une maison sont en moyenne plus âgés et plus aisés que ceux qui vivent en appartement. Ils ont plus fréquemment des enfants et disposent de revenus plus élevés. On trouve parmi eux davantage de retraités et moins d'employés. 37 % des ménages habitent dans des mai-

L'individuel avant le collectif

Répartition des résidences principales (2004, en %) :

Type d'habitat	
– individuel	56,0
– collectif	44,0

Taille d'agglomération	
– communes rurales éloignées	11,3
– communes rurales périurbaines	12,3
– agglomérations de moins de 100 000 habitants	30,0
– agglomérations de 100 000 habitants ou plus	29,8
– agglomération parisienne	16,6

Nombre de résidences principales (en milliers)	**25 552**

INSEE

Littoral attitude

Les mouvements de population récents se sont produits en direction d'un grand arc littoral allant de la Bretagne à la région de Marseille. Des villes comme La Rochelle, Nantes, Niort, Lorient ou Montpellier ont vu leur population s'accroître sensiblement depuis une quinzaine d'années. L'attrait de ces villes moyennes tient à la fois à leur situation géographique, aux efforts qu'elles ont réalisés en matière d'équipements culturels ou sportifs, de transports en commun, d'urbanisme et de rénovation des quartiers historiques, de formation, de création d'emplois dans l'industrie ou les services dans des pôles de compétitivité.

Si de nombreux jeunes viennent en région parisienne pour y faire leurs études ou exercer un premier emploi, beaucoup repartent ensuite en province pour y trouver de meilleures conditions de vie. La densité moyenne de population tout au long du littoral est de 256 hab./km², contre 108 au niveau national.

leur famille. Au sein de l'Union européenne, l'Irlande est le pays où la proportion de maisons est de loin la plus élevée (95 %), devant le Royaume-Uni et la Belgique (80 %). Les plus faibles se situent en Italie, en Espagne et en Allemagne (environ 40 %).

57 % des ménages sont propriétaires.

L'acquisition de la résidence principale avait été la grande ambition des Français entre les années 60 et 80. La proportion de propriétaires était ainsi passée de 45 % en 1973 à 53 % en 1988. Elle avait ensuite connu une

stagnation pendant les années 90. Le montant des acquisitions représente en moyenne 3,1 années de revenu des ménages (3,5 dans le neuf, 3,1 dans l'ancien). On observe une diminution de la part de l'apport personnel : 33 % en 2004 contre 39 % en 1996. Le remboursement des emprunts ne dépasse pas en moyenne un quart des revenus (26 % pour les ménages ayant un revenu inférieur au niveau médian, 18 % pour ceux qui sont au-dessus). 35 % des ménages propriétaires n'ont pas (ou plus) de charge de remboursement. Les achats de logements neufs sont moins fréquents ; ils ne concernent qu'un quart des acquéreurs récents (depuis 1998), contre 40 % en 1988 et 56 % en 1973.

L'intérêt pour la propriété se manifeste de nouveau depuis le début des années 2000. La proportion de ménages possédant leur logement (y compris les accédants, qui ont un crédit immobilier en cours) est ainsi passée à 57 % début 2005. La baisse des taux d'intérêt n'y est pas étrangère, de même que l'institution des PTZ (prêts à taux zéro), dont bénéficient un quart des ménages accédants récents (moins de quatre ans). Ce sont surtout les maisons individuelles qui ont profité de ce regain d'intérêt pour la propriété. Le taux de possession de la résidence principale est très variable selon la profession et l'âge. Plus de deux propriétaires sur trois (70 %) ont plus de 40 ans, contre moins d'un locataire sur deux. La proportion de propriétaires est maximale entre 60 et 74 ans (75 %) ; elle n'est plus que de 65 % après 75 ans.

La proportion de propriétaires est inférieure en France à la moyenne européenne, qui s'établit à 64 % : elle dépasse 80 % en Espagne, en Grèce et en Irlande ; elle se situe au-dessous de 50 % en Allemagne. En France, 81 % des ménages habitant une maison individuelle sont propriétaires, contre

un quart de ceux habitant un appartement. Le rêve de propriété repose aujourd'hui davantage sur la volonté de ne pas payer des loyers à fonds perdus que sur celle de constituer un patrimoine à long terme et de le transmettre aux générations futures.

10 % des ménages possèdent une résidence secondaire.

La proportion de ménages disposant d'une résidence secondaire ou d'un logement occasionnel (pièce ou pied-à-terre utilisé pour des raisons pro-

Lyon, capitale du bien vivre

Le classement des « villes où l'on vit le mieux » établi par *Le Point* en janvier 2005 est fondé sur 86 indicateurs : démographie, dynamisme économique, travail, patrimoine, culture, logement, délinquance, éducation, environnement, qualité de vie, loisirs... Sur 100 villes étudiées, il place en tête Lyon, devant Toulouse, Bordeaux, Nantes, Tours, Grenoble, Rennes, Metz, Orléans et Chambéry. Paris arrive en quinzième position. Les dix villes les moins bien classées sont Béziers, Alençon, Ajaccio, Tarbes, Boulogne, Bastia, Agen, Calais, Charleville-Mézières, Nevers et Sète.

Une autre enquête, réalisée auprès des habitants de 23 villes sur « les villes où l'on se sent le plus heureux » (*Stratégies*/Agicom, novembre 2005), produit un classement différent : Besançon arrive en tête devant Limoges, Rennes, Nantes, Dijon, Poitiers, Amiens, Metz, Strasbourg. Paris, Lyon, Bordeaux et Toulouse arrivent à égalité en quinzième position. Lille, Ajaccio, Montpellier, Marseille et Rouen ferment la marche.

fessionnelles) était de 10 % en 2004, contre 6 % en 1960. Après s'être accrue régulièrement entre les années 60 et le début des années 90, elle avait connu une période de stagnation comme l'ensemble de l'immobilier (taux d'intérêt élevés, difficulté d'emprunter, précarité des situations professionnelles...). Cette stabilisation s'expliquait aussi par la proportion croissante de maisons avec jardin comme résidences principales. Un certain nombre de nouveaux ménages (notamment des jeunes et des étudiants) s'étaient aussi installés dans des résidences secondaires familiales, devenues ainsi leurs résidences principales. Des ménages de retraités avaient aussi quitté leur logement pour aller habiter dans leur résidence secondaire.

Les achats ont de nouveau progressé à partir de 1996. Il s'agit dans deux cas sur trois de maisons, presque toujours pourvues d'un jardin. Un peu plus de la moitié sont situées à la campagne, un tiers près de la mer et le reste à la montagne. On observe un développement de la bi-résidentialité : actifs partageant leur temps entre deux logements ; retraités effectuant des séjours prolongés dans leurs résidences secondaires ; couples n'habitant pas ensemble pour des raisons professionnelles ou personnelles.

On n'a recensé que 1,9 million de logements vacants en 2005, soit 6,1 % du parc de résidences. Il s'agit du taux le plus bas depuis quarante ans. La hausse des prix des loyers peut expliquer cette évolution, de même que les incitations des pouvoirs publics et les mesures envisagées à l'égard des propriétaires refusant de mettre en location leurs logements vides, dans un contexte de marché immobilier déséquilibré. La proportion de logements vacants en France est comparable à celle que l'on observe dans l'ensemble de l'Union européenne.

Les ménages modestes éprouvent des difficultés à se loger.

18 % des ménages louaient un logement social en 2004. La proportion varie fortement selon les régions : moins d'un ménage sur quatre en Midi-Pyrénées, plus d'un sur deux en Champagne-Ardenne ou en Haute-Normandie. La plupart de ces logements (92 %) sont des HLM (habitations à loyer modéré), et la grande majorité sont situés dans des immeubles collectifs (un quart de ceux construits depuis le début des années 80 l'ont été dans le secteur individuel). La mobilité des occupants de ces logements est nettement moindre que celle observée dans le parc privé ; leur ancienneté moyenne est supérieure à huit ans, contre moins de cinq ans dans le parc locatif privé. La proportion de familles immigrées est forte, ainsi que celle de ménages avec enfants. Les ménages concernés sont plus jeunes que par le passé, et la part des femmes s'est accrue (familles monoparentales).

La « pauvreté urbaine » constitue un problème majeur. 28 % des ménages urbains à bas revenu (inférieur à la demi-médiane du revenu global net par unité de consommation, soit environ 850 € par mois) vivent dans une cité ou un grand ensemble, une proportion deux fois supérieure à la moyenne nationale. On trouve le même ratio dans les quartiers classés en ZUS (zone urbaine sensible) : plus de 20 % des ménages à bas niveau de vie y habitent, contre 9 % des autres ménages. Le taux de surpeuplement est de 20 % pour ces ménages, contre 7 % en moyenne nationale. Seul un sur quatre est propriétaire de son logement ou accédant à la propriété, contre un peu plus d'un sur deux en moyenne. Les ménages à bas revenu perçoivent des aides au logement qui

leur ont permis d'amortir les fortes hausses de loyers enregistrées depuis 1988, surtout dans le parc privé. Mais elles n'ont pas empêché la charge financière nette représentée par le loyer de passer de 13 % de leur revenu en 1988 à 16 % en 2002 (19 % à 26 % dans le parc privé).

La loi solidarité et renouvellement urbain (SRU) votée en 2000 impose aux communes de plus de 1 500 habitants appartenant à une agglomération de plus de 50 000 personnes une proportion d'au moins 20 % de logements sociaux dans leur parc immobilier d'ici à 2020. Un tiers des villes concernées préfèrent payer des amendes plutôt que de se plier à cette règle. Une attitude qui rappelle celle des entreprises à l'égard de l'obligation d'employer au moins 6 % de personnes handicapées. Cela implique de passer de 50 000 logements locatifs sociaux construits en moyenne au cours des dix dernières années à 120 000 en 2009. 75 000 ont été financés en 2004 (contre 58 000 en 2003). Dans l'habitat privé, la production de logements locatifs à loyers maîtrisés a progressé de près de 50 % en 2004, passant de 17 000 à plus de 25 000.

Le déficit de logements sera long à résorber.

Après le creux atteint en 1993 (250 000 mises en chantier), la tendance de la construction est globalement à la hausse depuis une dizaine d'années. Le nombre de logements commencés (individuels et collectifs) a connu une croissance sensible en 2004, atteignant 363 000, un record depuis vingt ans. Il devrait être battu en 2005, avec plus de 400 000 mises en chantier. Le cumul des besoins de logements non satisfaits depuis vingt ans est cependant estimé à 1,5 million. Pour le résorber, il faudrait accroître le

100 000 SANS-LOGIS

On estime qu'au moins 90 000 personnes n'ont pas de domicile, dont près de 20 000 enfants mineurs. La plupart dorment au moins occasionnellement dans des lieux non prévus pour l'habitation : rues, centres commerciaux, voitures, cages d'escalier... Il faut y ajouter environ 7 000 personnes logées dans des centres d'accueil de demandeurs d'asile, des centres provisoires d'hébergement ou de transit. Au total, ce sont donc quelque 100 000 personnes qui ne disposent pas d'un toit, c'est-à-dire du minimum pour vivre.

Les deux tiers des SDF (sans domicile fixe) sont des hommes, près d'un tiers sont étrangers. Les trois quarts ont eu un logement personnel, 40 % l'ont perdu au cours des douze derniers mois. La moitié ont un revenu mensuel inférieur à 400 € et un sur dix ne dispose d'aucune ressource.

---

parc de logements d'un quart à l'horizon 2030, avec un rythme annuel de constructions de 320 000, en faisant l'hypothèse que la part des résidences principales et des logements vacants restera inchangée, de même que le rythme de transformation du parc existant (destructions, transformations de logements en locaux à usage professionnel et vice versa, fusions et éclatements de logements). La seule augmentation du nombre des ménages est estimée par l'INSEE à 230 000 par an en moyenne jusqu'en 2010.

Il faudra répondre notamment à une forte demande de logements sociaux (voir ci-dessous), ainsi qu'à des attentes spécifiques à certaines catégories. C'est le cas par exemple des étudiants, à qui il faudra proposer des logements mieux répartis dans les diverses zones académiques et accessibles financièrement. La demande émanera aussi de femmes seules (divorcées élevant des enfants ou veuves). Le problème sera encore plus complexe en ce qui concerne les personnes âgées, pour qui il faudra faciliter le maintien à domicile. Cette situation implique aussi une réflexion sur la création de résidences comprenant des services adaptés.

CONFORT

Les Français passent en moyenne près de 18 heures par jour dans leur logement...

Si les Français sont de plus en plus mobiles, c'est dans leur domicile qu'ils passent la plus grande partie de leur temps : 17 h 50 par jour en moyenne sur l'ensemble de la semaine (hors périodes de déplacements pour des vacances ou d'autres motifs). Ce chiffre très élevé (près de 10 heures hors sommeil) s'explique en partie par l'accroissement du temps libre des actifs avec le passage aux 35 heures et l'augmentation de la proportion de retraités et de chômeurs.

On assiste en outre au transfert vers le foyer d'activités autrefois pratiquées à l'extérieur. Il est favorisé par la diffusion des équipements électroniques de loisir et de communication (lecteur de DVD, téléviseur à grand écran, ordinateur connecté à Internet...). Les Français sont aussi amenés à travailler chez eux le soir ou le week-end, voire la journée, grâce au télétravail. Les équipements de gymnastique et de sport pénètrent dans les chambres ou les salles de bains, les machines à café dans les cuisines.

Convaincus que c'est « dur dehors », les Français cherchent à faire en sorte que ce soit « doux dedans ». C'est pourquoi leur attachement au foyer est de plus en plus apparent. Il témoigne d'une volonté de réoccuper la sphère privée, en réaction à l'appauvrissement ressenti dans la vie collective. C'est ce qu'indique par exemple le niveau élevé de la natalité (p. 123).

... et lui consacrent un quart de leur budget.

Si l'on passe plus de temps chez soi, on consacre aussi plus d'argent à son logement. Celui-ci est depuis plus de vingt ans le premier poste de dépense des ménages, largement devant l'alimentation. En 2005, il représentait 18,9 % des dépenses effectives de consommation des ménages (voir définition p. 161), contre 16,8 % en 1980 et 10,7 % en 1960. Sa part a donc presque doublé en quarante ans. En incluant les dépenses d'entretien et d'équipement (hors équipements de loisir), les Français lui consacrent près du quart de leurs dépenses de consommation effective (23 %), soit un peu plus de 10 000 € dans l'année.

Le logement représente à la fois le centre de la vie familiale et un refuge contre les risques extérieurs (réels ou fantasmés). Il est le lieu de l'autonomie, mais aussi du partage et de l'harmonie. C'est parce que le monde leur apparaît complexe, dangereux et l'avenir incertain que les Français entretiennent un lien aussi fort avec leur maison. Ils y recherchent la tranquillité et la sérénité qu'ils ne trouvent guère ailleurs. D'où la tentation, parfois, de refuser le monde extérieur et de se replier sur un foyer en forme de bulle protectrice, de refuge, voire d'ermitage. C'est ainsi que le domicile tend à devenir le lieu privilégié, parfois unique, de l'accomplissement de soi. Il autorise le repos du corps et le répit de l'esprit.

Le premier poste de dépenses

Évolution des dépenses consacrées au logement et à son équipement (en % de la consommation effective* des ménages)

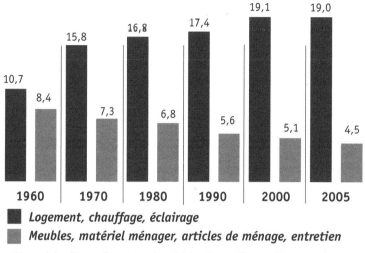

■ Logement, chauffage, éclairage
■ Meubles, matériel ménager, articles de ménage, entretien

* Y compris les dépenses financées par les administrations publiques en biens et services individualisables et celles des institutions sans but lucratif au service des ménages.

Plus de neuf logements sur dix disposent de tout le confort.

Les conditions de confort des logements ont longtemps été inférieures en France à celles des autres grands pays d'Europe, en particulier au Nord. En 1973, on ne comptait que 44 % de résidences principales dotées de « tout le confort » : W-C intérieurs ; au moins une salle de bains ou douche ; chauffage central (définition INSEE). Mais le rattrapage s'est effectué au cours des décennies qui ont suivi : 75 % en étaient pourvus en 1988 et ils étaient 91 % en 2004. Les progrès ont été plus rapides dans les zones rurales que dans les zones urbaines, de sorte que les écarts se sont réduits. Les logements à loyer modéré (le plus souvent en location) sont en moyenne plus comforta-bles que ceux des ménages propriétaires (85 % ont tout le confort, contre 83 %) et surtout ceux des locataires du secteur libre (76 %).

Plus d'un logement sur dix dispose d'au moins deux salles de bains, un sur cinq de deux W-C. La part des logements inconfortables (sans W-C ni installation sanitaire) n'est plus que de 4 %, contre 27 % en 1978. Il s'agit surtout de petits logements construits avant 1949, situés le plus souvent à la campagne, occupés par des ménages âgés ou étrangers. Une résidence principale sur trois a été construite avant 1949. Le niveau de confort est plus élevé dans l'habitat collectif que dans l'individuel, souvent plus ancien. Le parc tend à rajeunir, et les habitations anciennes sont rénovées et mises aux normes de confort actuelles. La France se situe aujourd'hui dans la bonne moyenne par rapport aux autres pays d'Europe : seuls 2 % des ménages de l'Union (à quinze) ne disposent ni d'une douche ni d'une baignoire. 1,5 % n'ont pas de W-C intérieurs (2 % en France) et 16 % n'ont pas de chauffage central (8 % en France).

80 % des maisons et 44 % des appartements disposent d'un emplacement de parking réservé. Les habitants des grandes métropoles sont moins bien pourvus que ceux des villes moyennes ou petites, ce qui est à la fois la cause et la conséquence de leur plus faible taux d'équipement automobile : 46 % à Paris intra-muros, 90 % dans les communes rurales. 18 % des ménages possèdent une voiture, mais ne disposent pas d'un emplacement pour la garer. À l'inverse, 6 % des ménages ont un emplacement, mais pas de voiture. 54 % des ménages habitant en milieu rural périurbain ont au moins deux voitures, contre 32 % en moyenne nationale ; 9 % en ont au moins trois (contre 5 %).

La superficie par personne s'est fortement accrue.

La surface moyenne des logements a connu une progression aussi régulière que spectaculaire : 72 m² en 1973 ; 82 m² en 1984 ; 86 m² en 1992 ; 91 m² en 2004. Mais on constate que la part des petits logements (moins de 40 m²) a récemment augmenté en même temps que celle des plus grands (plus de 100 m²). 11 % des logements individuels comptent plus de 150 m², contre 1 % dans le collectif.

Dans le même temps, la taille moyenne des ménages a diminué : 2,3 personnes en 2005, contre 2,7 en 1982 et 2,9 en 1975. Ce phénomène est induit par le vieillissement de la population, qui accroît la proportion de foyers sans enfants, ainsi que celle de veufs (qui sont généralement des veuves, compte tenu de la surmortalité masculine). Il s'explique aussi par l'accroissement du nombre de foyers unipersonnels (personnes célibataires, séparées, divorcées, veuves) et de foyers monoparentaux. En 2005, 65 % des ménages n'étaient composés que d'une ou deux personnes contre 62 % en 1999, et le nombre de ménages d'une seule personne est désormais supérieur à celui des ménages de deux personnes : 8,3 millions contre 8,2. Les parts des ménages de 3, 4 ou 5 personnes ont baissé chacune d'un point en six ans. La conséquence est que la surface disponible par personne a progressé de façon encore plus sensible que la superficie totale : 25 m² en 1973 ; 32 m² en 1988 ; 37 m² en 2004.

Le nombre moyen de pièces par logement est de 4. Il est plus élevé dans l'habitat individuel, avec 4,8 pièces contre 3 dans le collectif. La proportion de logements surpeuplés est en diminution : elle est estimée par l'INSEE à 10 %, contre 12 % en 1988 et 22 % en 1973. La superficie des logements français se situe dans la moyenne européenne (à quinze) ; les plus élevées se trouvent au Luxembourg (118 m²) et au Danemark (108 m²), les plus faibles au Royaume-Uni et en Finlande (76 m²).

Les Français sont majoritairement satisfaits de leur logement.

75 % des ménages français jugeaient leurs conditions de logement satisfaisantes en 2002, contre 69 % en 1988 et 53 % en 1973 (INSEE). Seuls 7 % déclaraient habiter dans des conditions insatisfaisantes ; ils étaient 9 % en 1988 et 15 % en 1973. L'agrément concernant le logement proprement dit s'étend globalement à son environnement : 89 % des citadins de 15 ans et plus trouvent leur quartier agréable à

La conquête de l'espace

Superficie des logements par type d'habitat (2004, en % des résidences principales)

	Habitat individuel	Habitat collectif	Ensemble
Nombre moyen de pièces	4,8	3,0	4,0
Surface des logements (en %)			
– moins de 25 m²	0,4	6,1	2,9
– de 25 à moins de 40 m²	2,1	16,7	8,6
– de 40 à moins de 70 m²	13,6	41,2	25,7
– de 70 à moins de 100 m²	40,4	28,8	35,3
– de 100 à moins de 150 m²	32,9	6,2	21,2
– 150 m² ou plus	10,6	1,0	6,3
Total	**100,0**	**100,0**	**100,0**

habiter. Le taux de satisfaction atteint 86 % chez les propriétaires (76 % en 1988 et 57 % en 1973). Il n'est que de 59 % chez les locataires, contre 55 % en 1988 et 42 % en 1973. Ce taux globalement élevé ne doit pas faire oublier l'existence de nombreux mal-logés (encadré).

Un certain nombre de nuisances sont ressenties et dénoncées. Le bruit est la plus fréquente : le bruit diurne est évoqué par un ménage sur trois et le bruit nocturne par un sur cinq. Environ 100 000 plaintes sont déposées chaque année ; elles concernent des voisins, des commerces ou des véhicules. On n'est guère surpris de constater que les ménages les plus modestes (premier décile de revenu) sont les plus concernés par les nuisances. Un sur quatre (26 %) estime que les actes de vandalisme sont fréquents dans leur environnement, contre 17 % en

moyenne nationale. Un sur trois (32 %) se dit gêné par le bruit, contre un sur cinq (25 %) en moyenne nationale. Des progrès importants peuvent encore être réalisés en matière de qualité de vie dans le logement.

La cuisine tend à devenir le centre du foyer.

L'usage des différentes pièces du foyer tend à se diversifier. La chambre ne sert plus seulement à dormir ; on y lit, travaille, regarde la télévision, mange... L'élément principal du séjour n'est plus le buffet ou la table, mais le téléviseur. C'est lui qui conditionne l'achat de canapés et de fauteuils plus confortables. La cuisine est sans doute le lieu qui s'est le plus transformé. Les attentes des Français dans ce domaine ne sont plus seulement utilitaires et fonctionnelles, elles sont aussi esthétiques et relationnelles. La pièce doit être belle, rangée, et pouvoir ainsi être montrée aux visiteurs. Elle est devenue un lieu privilégié de convivialité dans lequel on se retrouve en famille, de plus en plus souvent entre amis, mais aussi parfois seul pour grignoter ou se désaltérer. Sa surface moyenne

● *Chaque année, 200 000 nouveaux ménages cherchent à se loger.*
● *36 % des meubles pour ordinateurs sont installés dans la salle de séjour.*

Le logement social en crise

Près de 6 millions de Français vivent dans des logements surpeuplés ou dépourvus du confort de base. Des familles vivent dans des conditions insalubres, des squats, des hôtels meublés, des caravanes ou des abris de fortune. Il s'y ajoute environ 100 000 SDF (p. 160). De plus en plus de ménages ne sont pas en mesure de payer leur loyer ; le nombre d'impayés a fortement augmenté, en même temps que le montant des loyers. Mais de nombreux propriétaires hésitent à mettre en location des logements vacants à cause de la difficulté d'expulser les mauvais payeurs.

L'effort de construction à réaliser est donc important (p. 159). D'autant qu'il a été jusqu'ici peu adapté à la demande : ainsi, les deux tiers des ménages répondent aux critères d'attribution des HLM alors que seuls 15 % des logements construits chaque année leur sont destinés. Ce déséquilibre accroît les mécanismes d'exclusion existants. Ils ont été aggravés par la sous-estimation de l'immigration depuis vingt ans et par la hausse des prix des dernières années. La durée des procédures administratives pour la construction ou la rénovation (cinq ans en moyenne) ne facilite guère le rattrapage. Ainsi, près de 20 000 chambres d'hôtel sont louées chaque année par l'État pour loger des populations précaires et des demandeurs d'asile, à des coûts très élevés. Le déficit de logements est aussi lié au manque de terrains constructibles et à la flambée des prix du foncier qu'il a entraînée (environ 50 % entre 1999 et 2005). Il est aggravé par la faible mobilité des familles disposant d'un logement social, lorsque leur revenu est supérieur au plafond prévu.

Des réflexions devront être menées dans les prochaines années sur les thèmes de la mixité sociale, de la fiscalité locale et de sa répartition entre les entreprises et les ménages, de l'éclatement de l'habitat (qui implique des coûts élevés en termes d'équipements et d'infrastructures), sur l'attitude des banques face aux demandes de crédit des ménages n'offrant pas le maximum de garanties. Elles devront porter aussi sur le nombre et les caractéristiques des logements à construire, sur l'utilité des aides à la personne (instrument principal de la politique du logement depuis la fin des années 70), plutôt qu'à la construction.

La salle de bains est dédiée au bien-être individuel.

Comme la cuisine, la salle de bains a connu dans les années 90 un fort engouement, d'intérêt, qui s'est traduit par des dépenses croissantes de la

Les outils ménagers

Évolution du taux d'équipement des ménages en électroménager (en %)

	1970	2004
Réfrigérateurs	80	98
Congélateurs	6	58
Lave-linge	57	93
Sèche-linge	–	29
Lave-vaisselle	3	48
Fours à encastrer		38
Fours à micro-ondes	–	78
Aspirateurs	64	86
Nettoyeurs vapeur	–	12
Fers à repasser vapeur	93	71
Centrales vapeur	–	19
Friteuses électriques	10	36
Grille-pain	15	70
Cafetières filtres	6	69
Cafetières expressos	–	18
Bouilloires électriques	–	33
Mixeurs plongeants	–	50
Mixeurs batteurs	–	52
Robots multi-fonctions	–	53
Sèche-cheveux	43	72

GIFAM

est de 9 m^2 ; 80 % des ménages y prennent leurs repas quotidiens. Les dépenses d'ameublement sont en croissance forte depuis 1997, avec une seule baisse en 2002. La moitié des ménages français possèdent une cuisine intégrée contre plus de 80 % des Italiens, plus de 60 % des Allemands et des Britanniques, mais seulement 30 % des Espagnols. Une sur deux a été achetée en kit.

Les taux d'équipement des ménages en réfrigérateur, cuisinière, lave-linge ou aspirateur approchent ou dépassent 90 %. Le lave-vaisselle n'est présent que dans 48 % des foyers (2005) et il progresse lentement depuis le début des années 70. Contrairement aux autres équipements, les disparités sont marquées entre les catégories sociales. On le trouve beaucoup plus fréquemment chez les ménages aisés et surtout dans les familles avec enfants, où il est le plus utile. Le sèche-linge n'est encore présent que dans 28 % des foyers, à cause de la place supplémentaire qu'il nécessite et de sa forte consommation d'électricité.

163

Lᴀ ᴄᴜɪsɪɴᴇ
sᴇ ᴘʀᴏfᴇssɪᴏɴɴᴀʟɪsᴇ

La préparation de la cuisine ne saurait être une corvée ; elle doit être idéalement un loisir créatif, ce qui explique l'engouement actuel pour les cours de cuisine. Les ménages peuvent dessiner la pièce de leurs rêves avec l'aide des cuisinistes et des logiciels de simulation en 3 D.

L'équipement électroménager se diversifie. On voit apparaître des îlots centraux, des appareils semi-professionnels, proches de ceux des restaurants, des réfrigérateurs traitant les bactéries, des compartiments sous vide accroissant la durée de conservation, des fours vapeur conservant les saveurs et les vitamines des légumes, des poubelles pour le tri sélectif. Les poignées sont cachées, la couleur est plus présente, tant sur les éléments que sur les appareils électroménagers.

Les machines à café individuelles à dosettes constituent l'un des grands succès de ces dernières années (900 000 achats en 2005, en croissance de 18 %). La nouvelle génération d'aspirateurs sans sac s'impose progressivement. Parmi les appareils de cuisson, les encastrables jouent toujours un rôle moteur, de même que les tables de cuisson et les hottes aspirantes. Au contraire, les achats d'appareils de repassage stagnent, qu'il s'agisse des fers à repasser traditionnels ou des centrales à vapeur.

part des ménages ; elles ont cependant diminué en 2002 et 2003, et sont depuis en stagnation. Longtemps réduite au minimum, sa taille s'est accrue dans les logements neufs ou rénovés, mais elle n'est en moyenne que de 4 m². À l'inverse de la cuisine, lieu de rencontre, la salle de bains est un lieu indivi-

duel. Mieux équipée, éclairée, meublée et décorée, elle répond à des motivations liées à la forme physique et au bien-être. 8 % des ménages disposent d'une douche avec jet massant, 3 % d'une baignoire balnéo ou à remous (Domoscope Unilever 2004). 45 % ont un W-C dans la salle de bains.

La salle de bains peut donc être rebaptisée « salle de bien ». Cette évolution traduit celle des mentalités. Les Français sont moins tournés vers l'image d'eux-mêmes qu'ils donnent aux autres que vers la recherche de leur propre identité. Le rapport qu'ils entretiennent avec leur corps a changé (p. 16). Il implique une nouvelle approche de l'hygiène, moins contrainte et socialisée, plus harmonieuse et individuelle. Une conception à la fois physique, sensuelle et psychologique qui fait que l'on veut être propre extérieurement et intérieurement. Le lavage du corps est aussi un lavage de cerveau.

On observe un intérêt croissant pour les aspects pratiques et écologiques (matériaux, consommation d'eau...). La tendance est à des formes plutôt arrondies (biodesign), des lignes pures et modernes. La fonte et l'acier sont de nouveau présents, complétés par l'acrylique (receveurs de douche et baignoires), ainsi que par les matériaux composites, le verre et le grès. Enfin, les Français s'équipent de plus en plus d'appareils de soins de la personne, comme les tondeuses à barbe pour les hommes, les tondeuses bikinis pour les femmes ou les brosses coiffantes.

La chambre est plus ouverte et multifonctionnelle.

Les Français dorment en moyenne 7 h 6 ; les jeunes plus que les personnes âgées, les femmes plus que les hommes. 83 % ont leur propre chambre (partagée dans le cas des couples) ; les autres (17 %)

dorment dans un lieu ayant d'autres fonctions durant la journée (cas typique du studio). Comme la cuisine, la chambre est moins cachée ou secrète, plus ouverte aux autres, même si elle doit protéger une part d'intimité. Elle est utilisée pour des usages multiples : lecture et étude (50 %) ; relations sexuelles (47 %) ; repos au cours de la journée (43 %) ; télévision et musique (40 %). 72 % des Français ont un réveille-matin dans leur chambre (Ikea, 2005).

Les achats de literie représentent 10 % des dépenses d'ameublement. Après avoir connu une progression régulière dans les années 90 jusqu'en 2001, la chute avait été forte en 2002 et 2003. Mais la reprise ne l'a pas été moins en 2004 et 2005. Les lits deviennent plus larges et plus longs pour tenir compte de l'évolution morphologique. Les sommiers à lattes fixes représentent 63 % des achats, les tapissiers 26 % (11 % pour les autres types). 63 % des matelas sont en mousse ou latex, 28 % à ressorts, 9 % en autres matériaux. La France s'est rapprochée des pays du nord de l'Europe, qui privilégient les lits individuels alors que ceux du sud préfèrent les lits doubles. L'usage de la couette a aussi beaucoup progressé depuis quelques années ; il concerne aujourd'hui plus de la moitié des ménages. Mais on constate un retour en grâce récent du drap plat, plus facile à changer que la housse de couette.

Les ménages investissent peu dans le mobilier.

Si les Français consacrent à leur logement près d'un tiers de leur budget (30 %), leurs dépenses d'ameublement (y compris les achats de tapis) ne pèsent que pour 1,5 % (contre 1,7 % en 1994), soit 350 € par ménage en 2004 (Cetelem). Après la forte baisse de 2003 (5 % en volume et une faible hausse de 1,5 % en prix), 2004 et 2005 ont été plus favorables avec une croissance faible en valeur (environ 1 % en monnaie constante). Mais la dépense française reste cependant sensiblement inférieure à celle constatée dans les autres grands pays de l'Union européenne : 730 € par ménage en Allemagne, 640 en Grande-Bretagne, 630 en Italie, 520 en Belgique, 450 en Espagne. La dépense moyenne par acheteur a été en France de 1 265 € en 2005.

Il existe donc un décalage entre l'attachement des Français à leur foyer, leur boulimie d'informations sur la décoration (voir l'engouement national pour les magazines spécialisés) et leur faible investissement financier. Ce paradoxe peut en partie s'expliquer par une adaptation insuffisante de l'offre aux évolutions de la demande. Il est lié au sentiment très répandu d'une baisse du pouvoir d'achat (en partie erroné, p. 329), qui se traduit par des arbitrages permanents entre les différents postes de dépenses. Ils ne profitent pas aux acquisitions de biens d'équipement traditionnels comme l'ameublement, plus facilement repoussées dans le temps (notamment en cas de renouvellement) que d'autres ayant une forte valeur ajoutée de plaisir immédiat, comme les équipements de loisir.

Le style contemporain poursuit sa progression.

Les seuls secteurs connaissant une hausse sensible sont les meubles de cuisine, les sièges rembourrés et les meubles de jardin (après la baisse de 2003). Après des décennies de domination sans partage du traditionnel, le meuble contemporain a connu un accroissement spectaculaire de sa part dans les achats des ménages. Il représente aujourd'hui les trois quarts des sommes dépensées, contre seulement un dixième il y a vingt ans.

Le mobilier est plus modulable (tables), mobile (meubles à roulettes), flexible (sièges ou lits inclinables), c'est-à-dire confortable et surtout personnalisable selon les moments et les humeurs. Si le style moderne-classique en bois domine encore largement les achats, on voit évoluer les goûts vers des produits multifonctionnels, des formes arrondies et novatrices. Les meubles d'angle composables et modulables sont de plus en plus recherchés. Il en est de même des fauteuils de relaxation avec repose-pieds, voire massants. Les matières, les revêtements et les couleurs sont plus diversifiés : cuirs souples ; microfibres épaisses, tissus techniques (antitaches, antitranspiration...) ; piétements métalliques ; coussins permettant de personnaliser la décoration et l'assise... Les couleurs plus vives et gaies se substituent peu à peu aux teintes ternes, y compris sur des meubles classiques.

La décoration est personnalisée et métissée.

En matière de maison comme d'habillement, les tendances sont difficiles à déchiffrer, car les comportements apparaissent souvent contradictoires ou paradoxaux : goût du luxe et recherche de la simplicité ; attachement à la proximité et fascination pour le lointain ; complexité et minimalisme ; ouverture (on n'hésite plus à montrer la cuisine, la salle de bains ou même la chambre à coucher) et repli sur soi... La seule tendance majeure est celle de l'individualisation, qui incite à la personnalisation du logement.

Les modes de vie à l'intérieur du foyer sont marqués par une volonté de mélange de contemporain, de modernité et de tradition. La maison est un lieu dans lequel on veut exprimer son identité, par le choix des meubles et de la décoration, par la pratique d'activités artistiques amateurs (peinture, dessin, bricolage, jardinage...). L'es-

LA MAISON ACCESSOIRISÉE

Pour décorer et personnaliser leur logement, les Français recourent de plus en plus aux accessoires. La combinaison d'éléments ayant des usages, des formes et des couleurs divers permet de fabriquer un intérieur sur mesure. Les luminaires jouent dans ce domaine un rôle croissant, tant en matière de décoration que de création d'une ambiance particulière. C'est le cas aussi des tapis, des bougies et autres objets permettant de donner de la vie et de la personnalité au foyer, dans le contexte d'une société hédoniste, à la recherche de plaisirs renouvelés, de moments forts solitaires ou partagés. Les matériaux nobles (or, argent) sont plus utilisés, mais le cuivre est aussi très présent.

L'inspiration actuelle est multiple. Elle emprunte à l'Art déco. Elle est orientale avec des couleurs chatoyantes et riches, mais s'intéresse aussi à l'Amérique du Sud ou à l'Afrique. On observe des clins d'œil au style mauresque. Les tissus « ethniques » sont de plus en plus présents. Le thème de la nature est largement décliné, avec des dessins d'animaux et de fleurs. L'éclectisme est le point commun des créateurs qui mélangent les genres, jouant ainsi la carte incontournable de la mondialisation.

L'ambiance du logement est de plus en plus « polysensorielle », c'est-à-dire stimulante pour l'œil, l'ouïe, l'odorat, le toucher et le goût. Elle fera sans doute aussi place au « sixième sens », afin de satisfaire une quête de bien-être mental et spirituel.

165

thétique joue aussi un rôle croissant, par le design, la mise en scène. Le logement doit révéler l'identité de ses habitants, mais aussi leur permettre d'en changer. C'est pourquoi le mobilier a moins une valeur patrimoniale que décorative ; on en change selon les phases de la vie familiale et personnelle. Les problèmes de rangement sont accrus par la multiplication des objets au foyer : souvenirs ; appareils domestiques ou de loisir ; vêtements… Le multi-équipement est devenu la règle ou l'objectif pour la radio, le téléviseur, l'ordinateur, la chaîne hi-fi, le téléphone, le lecteur de DVD…

Le logement doit s'adapter aux nouveaux modes de vie…

La famille traditionnelle (un couple de parents, un ou plusieurs enfants et un ou deux ascendants) laisse place à une diversité de modèles familiaux : célibataires ; monoménages ; familles décomposées, recomposées, monoparentales ou multigénérationnelles ; groupes tribaux, claniques ou communautaires ; couples homosexuels, non cohabitants… Les individus sont par ailleurs « multidimensionnels » ; ils cherchent à varier les plaisirs, avec l'intention (consciente ou non) de lutter contre l'ennui, parfois de combler un vide existentiel. Le logement doit donc satisfaire des besoins très différents selon le type de famille qui l'habite, mais aussi en fonction des moments de la journée, de la semaine ou de l'année. Sa superficie et l'aménagement de l'espace doivent permettre l'alternance entre intimité et convivialité.

Cela implique un nouvel aménagement de l'espace, avec davantage de modularité, des pièces susceptibles de changer de fonction et, idéalement, de taille. La transformation du décor et de l'ambiance peut être favorisée par des cloisons et séparations mobiles, un mobilier « nomade », des lumières changeantes. La superficie doit être assez grande pour que chacun puisse disposer de son territoire et que la cohabitation avec les autres soit harmonieuse. L'autonomie est en effet une revendication croissante, notamment de la part des enfants. On remarque ainsi que les chambres des enfants et des parents tendent à s'éloigner et que la seconde salle de bains est de plus en plus fréquente. L'évolution des modes de vie justifie enfin l'existence de nouvelles pièces : bureau pour travailler ou gérer les affaires domestiques ; pièce multimédia ; cave ; chambre destinée aux amis des parents ou des enfants.

… et remplir de nouvelles fonctions.

Les fonctions traditionnelles du foyer ne changent guère dans leur intitulé : repos ; alimentation ; hygiène ; réception ; rangement, stockage… Mais les attentes dans ces domaines évoluent en même temps que les modes de vie. Elles font une place croissante au confort, à la « praticité », à la sécurité et à l'esthétique. Le souci d'hygiène s'étend à l'ensemble du logement : élimination des déchets ménagers, pureté de l'eau et de l'air, éradication des bactéries… La fonction de réception doit être adaptée à la géométrie variable de la « tribu » ou du « clan ». Les espaces de stockage et de rangement doivent non seulement contenir les multiples objets accumulés au fil du temps et de la consommation, mais les rendre facilement accessibles.

De nouveaux besoins apparaissent. Ils concernent en particulier l'information et la communication, les loisirs, le développement personnel, le travail, la gestion du foyer, celle des flux matériels (approvisionnement, déchets), l'automatisation de certaines tâches

domestiques, la sécurité. Le logement doit être en permanence relié au reste du monde, grâce aux équipements de réception (radio, télévision…) et de communication (téléphone, Internet). On observe que ces appareils sont en fait des objets de « distanciation », permettant un contact sans risque apparent (ce n'est pas le cas des ordinateurs connectés à Internet), que l'on peut interrompre à tout moment.

La fonction « relationnelle » ainsi prend une importance croissante. La cuisine est devenue un lieu essentiel, dans lequel on peut se retrouver à plusieurs ou au contraire rester seul ; elle est une pièce de réception et de socialisation avec les personnes extérieures, dans laquelle on peut préparer ensemble un repas et le consommer. La maison doit enfin faciliter le contact avec l'extérieur et la nature (air, lumière…). C'est la raison pour laquelle les Français sont de plus en plus attachés à la disposition d'un jardin, ou au moins d'un espace intérieur destiné aux plantes.

Les ménages sont de plus en plus demandeurs de services.

Les évolutions en matière démographique et sociologique entraînent une forte croissance de la demande de services, qui prend des formes multiples. Les services de proximité aux personnes sont de plus en plus recherchés. Ils impliquent la présence de commerces classiques (alimentation, biens d'équipement…), mais aussi des offres de substitution aux tâches réalisées par les ménages : restauration ; entretien du linge ; soins corporels et esthétiques ; garde des enfants ; aide scolaire ; achats et transport des marchandises ; décoration ; bricolage-installation-réparation… Ces services seront de plus en plus souvent rendus

Techno-logis, éco-logis, égo-logis

Les outils technologiques (ordinateur, connexion Internet, centres multimédias, lecteur de DVD) seront de plus en plus présents dans la maison. Ils seront installés dans toutes les pièces, disponibles à tout moment et pour chacun, intégrés dans des réseaux interne et externe. Ils ne seront pas câblés, mais sans fil, grâce au développement des technologies du type Wi-Fi. Ils favoriseront l'information et la communication interactive, les loisirs individuels et familiaux. Ils satisferont aussi des besoins de développement personnel : apprentissage ; perfectionnement ; culture générale ; expression artistique... Ils rendront possible le télétravail des actifs et faciliteront l'administration de plus en plus complexe du foyer : entretien ; approvisionnement ; formalités administratives ; gestion des comptes bancaires et du patrimoine ; organisation des activités personnelles et des rencontres ; communication avec la famille, les amis et relations...

Après un tâtonnement qui aura duré plus de vingt ans, les usages de la domotique se précisent. Au-delà de certaines fonctions d'automatisation classiques (ouverture des volets, arrosage des plantes, allumage automatique des lumières ou alerte téléphonique en cas de problème), de nouveaux services vont être proposés par la « maison intelligente » : surveillance à distance de chaque pièce grâce à des webcams ; accès aux contenus multimédias (musique, photo, vidéo, radio, télévision, Internet) dans toutes les pièces grâce à des écrans à plasma ; modification des ambiances sensorielles (lumières, odeurs, sons, décors...). Ces systèmes permettront aussi aux personnes handicapées de mieux vivre en retrouvant une autonomie accrue.

L'habitat de demain devrait être non seulement plus confortable, mais aussi plus économe en énergie, plus respectueux de l'environnement, plus écologique. Le chauffage pourra être automatiquement régulé en fonction de la température extérieure, des prévisions météo des jours suivants ; les fenêtres pourront être fermées en cas de pic de pollution ou de nuisances sonores. La gestion des flux matériels jouera aussi un rôle croissant. Elle concernera aussi bien les objets de toute nature qui entrent dans le foyer (produits alimentaires et non alimentaires) que ceux qui en sortent : chaque ménage rejette tous les ans près de 800 kg de déchets. L'intérêt pourrait en revanche être moindre que celui imaginé en ce qui concerne la gestion automatique des stocks alimentaires depuis les réfrigérateurs ou les placards, l'intervention humaine restant pour quelques années dominante dans ce domaine.

Les Français ne rêvent pas d'un logement en forme de laboratoire ou de vaisseau spatial. Leurs préoccupations ou « revendications » sont essentiellement pratiques ; elles concernent en priorité la lutte contre le bruit et l'amélioration de la sécurité. Elles vont aussi dans le sens d'une amélioration du niveau de confort, dans ses dimensions psychologiques, presque philosophiques. La maison de demain devra apporter de nouvelles réponses à la quête croissante de mieux-vivre, de bien-être et d'harmonie. À défaut de pouvoir être totalement conçu par eux, le logement devra être « co-produit » par les personnes qui vont l'habiter. Il devra être sur mesure, polysensoriel et antistress. Il sera aussi translucide (transparent ou opaque) et entrouvert (ouvert ou fermé) selon les moments et les humeurs de ses habitants. Il sera à la fois « techno-logis », « éco-logis » et « égo-logis ».

directement au foyer, sous la forme de livraisons, de déplacements des professionnels à domicile.

La présence « physique » de certains services publics et administrations près du domicile (guichets de poste, agences bancaires ou d'assurances, bureaux de caisses d'épargne...) reste souhaitée par les ménages, mais elle sera difficile à satisfaire compte tenu des contraintes économiques, accrues par la libéralisation des marchés au sein de l'Union européenne. Une substitution partielle et progressive va sans doute s'opérer entre ces points d'accueil et leurs équivalents virtuels, disponibles sur Internet et/ou par téléphone. D'autres services concerneront le logement lui-même : ménage ; entretien du jardin ; maintenance et réparation des équipements ; gardiennage ; surveillance en l'absence des occupants ; débarras d'objets encombrants... De nombreux ménages auront recours à différents types de services pour des raisons diverses : impossibilité d'accomplir soi-même certaines tâches (ménages âgés, personnes handicapées) ; incompétence ou désintérêt pour les tâches d'entretien ; souhait de gagner du temps (ménages actifs).

● *Entre 1962 et 2004, la proportion de personnes vivant seules dans leur logement est passée de 6 % à 14 %. Elle pourrait atteindre 17 % en 2030.*
● *29 % des logements sont équipés d'un bidet (53 % chez les 65 ans et plus).*

Alimentation

Les ménages ne consacrent plus que 13 % de leur budget à l'alimentation.

Le budget alimentation, tel qu'il est mesuré par la comptabilité nationale, comprend les dépenses alimentaires de nourriture et boissons (non alcoolisées et alcoolisées) au domicile, ainsi que celles de tabac. Il inclut la production « autoconsommée » par les ménages d'agriculteurs et par ceux qui possèdent des jardins. La dépense moyenne consacrée à l'alimentation consommée au foyer représentait 13 % de la consommation effective des ménages en 2005 (définition en fin de graphique), soit 6 300 € par ménage (525 € par mois). Il faudrait lui ajouter les dépenses effectuées hors domicile (cantines, restaurants...), qui représentent une part croissante : environ 20 % du budget total alimentaire en 2005, contre 16 % en 1980 et 10 % en 1965.

La part des dépenses alimentaires a été divisée par deux depuis le début des années 60. Mais il ne s'agit que de sa valeur relative. Les achats de nourriture ont en effet continué d'augmenter en valeur absolue, et même en volume (un peu plus de 2 % par an depuis 1960), mais à un rythme inférieur à celui de l'ensemble des dépenses (3,2 %). L'accroissement du pouvoir d'achat pendant cette période a cependant été en priorité consacré à d'autres postes, plus extensibles que l'alimentation : loisirs, logement, transports... Le nombre de calories susceptibles d'être ingérées par une personne n'augmente pas en effet avec son pouvoir d'achat, même si elle peut acheter des produits plus coûteux. Avec la réduction des métiers manuels et l'amélio-

ration des conditions de travail, les besoins énergétiques ont en outre fortement diminué ; la ration moyenne est passée de 3 000-3 500 calories par jour au début du siècle à 1 700-2 000 aujourd'hui.

On constate une baisse relative de même nature dans la plupart des pays de l'Union européenne, mais le budget alimentaire représente une part plus importante dans les pays les moins riches. Il atteignait environ 20 % en Pologne, Estonie, Slovaquie en 2003, contre seulement 10 % au Royaume-Uni, en Irlande ou au Luxembourg (16 % en France sur les mêmes bases de calcul).

La durée des repas est stable, celle de la préparation diminue.

Après avoir augmenté de 12 minutes entre 1986 et 1999, la durée moyenne des repas quotidiens est restée plutôt stable : les Français leur consacrent environ 2 heures par jour. Les repas pris à la maison (le plus souvent le dîner) durent en moyenne 33 minutes en semaine en 2003, 45 minutes le week-end (Crédoc). La durée des repas pris hors domicile a en revanche beaucoup diminué : 32 minutes en 2005 contre 1 h 38 en 1975 (Gira). Celle du déjeuner à l'extérieur en semaine est de 38 minutes (29 minutes en restaurant d'entreprise). La durée du dîner à la maison est stable, à un peu plus d'une heure. Le temps consacré au petit déjeuner a en revanche beaucoup augmenté : 18 minutes par jour en semaine contre 10 minutes en 1980 et 5 minutes en 1965 (Crédoc) ; il en est de même le week-end (34 minutes, contre 21 en 1998).

Le temps de préparation des repas au foyer s'est réduit, avec la généralisation du travail féminin, l'accroissement du taux d'équipement en congéla-

La portion congrue

Évolution de la part des dépenses d'alimentation dans le budget des ménages (en % de la consommation effective*)

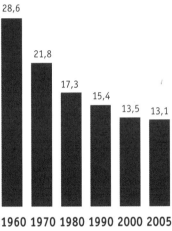

1960 1970 1980 1990 2000 2005

* Y compris les dépenses financées par les administrations publiques en biens et services individualisables et celles des institutions sans but lucratif au service des ménages.

TNS-FF

teurs et en fours à micro-ondes, l'offre croissante de plats cuisinés ou préparés. Il était en moyenne de 35 minutes en semaine en 2003 (contre 42 en 1998) et de 44 minutes le week-end contre 60 en 1988. Un Français sur deux concerné consacre moins de 20 minutes à la préparation des repas en semaine. 8 % des ménages avaient recouru à la livraison à domicile en 2004 (Domoscope Unilever) ; la proportion augmente avec le revenu des ménages, mais elle est plus importante chez les jeunes couples. 12 % avaient déjà utilisé Internet pour faire leurs courses : 20 % des moins de 35 ans, contre 5 % des 65 ans et plus. Ce sont les femmes qui, dans la très grande majorité des cas (91 %), font la cuisine : dans les ménages, 72 % déclarent être seules à cuisiner, mais 44 % des hommes disent y participer...

Les habitudes diffèrent selon les repas.

La quasi-totalité des Français (98 % les jours de semaine, 97 % le week-end) déclarent prendre un petit déjeuner (Domoscope Unilever 2004). 7 % le prennent debout en semaine, 4 % le prennent au lit le week-end. Il est souvent pris en famille et constitue un moment de convivialité, malgré les contraintes de temps en semaine. 59 % boivent plutôt du café au petit déjeuner (une habitude plus fréquente dans le Nord et l'Est, avec 67 % des habitants), 18 % préfèrent le thé ; c'est le cas surtout des ménages aisés (26 % de ceux qui gagnent plus de 3 000 € par mois). 14 % boivent du chocolat (surtout des jeunes), 2 % du café au lait. 5 % ne prennent pas de boisson chaude le matin.

68 % des Français déjeunent généralement chez eux en semaine (mais 62 % des actifs déjeunent à l'extérieur). 31 % le font seuls, 6 % seuls avec leurs enfants, 23 % en couple, 11 % en famille (4 % dans d'autres situations). 25 % ne déjeunent pas chez eux, une proportion qui double chez les actifs. Les déjeuners à la maison se déroulent le plus souvent à la cuisine (57 %), dans 31 % des cas dans la salle à manger. 4 % se nourrissent d'un plateau-repas dans un canapé ; une tendance qui concerne davantage les personnes qui vivent seules (8 %).

Le dîner est un moment à la fois plus domestique (90 % des Français dînent habituellement chez eux en semaine) et plus familial que le déjeuner : 34 % dînent en famille, 33 % en couple, 24 % seuls, 6 % seuls avec leurs enfants. La dimension familiale explique que la salle à manger est plus utilisée au dîner qu'au déjeuner (49 %). Mais le plateau repas du soir dans un canapé concerne près d'un

Le quotidien et le festif

Les Français établissent une distinction croissante entre les repas quotidiens, vite préparés et consommés, à des heures variables, et les repas à caractère festif. 19 % des ménages déclarent recevoir des membres de leur famille pour des repas au moins une fois par semaine, 27 % plusieurs fois par mois, 24 % une fois par mois, 22 % moins souvent, 7 % jamais. 15 % reçoivent des amis au moins une fois par semaine, 28 % plusieurs fois par mois, 29 % une fois par mois, 20 % moins souvent, 8 % jamais. La réception de relations professionnelles est moins fréquente : 71 % des Français n'en reçoivent jamais ; 18 % moins d'une fois par semaine, 2 % au moins une fois par semaine (Domoscope Unilever 2004).

Les réceptions familiales se font plus souvent au cours des week-ends,

celles d'amis et de relations plutôt pendant la semaine. Les produits utilisés sont généralement de meilleure qualité, plus traditionnels ou parfois plus exotiques. Le repas est alors davantage « mis en scène » par la vaisselle utilisée, le linge de table, la décoration des plats, l'ambiance visuelle (éclairages, décoration) ou sonore (musique), dans une intention de plaisir sensoriel et de convivialité. On observe un développement de l'« apéritif dînatoire », qui traduit de nouvelles formes de convivialité, autour de la table basse et des canapés du salon, plutôt que dans la salle à manger ou la cuisine. Il est aussi la conséquence d'une volonté de simplification ; tout est mis à disposition sur la table (la seule séparation est faite entre le chaud et le froid, entre le salé et le sucré) ; on mange avec les doigts, sans couverts ni vaisselle. On peut en même temps regarder un DVD ou écouter de la musique sur la chaîne hi-fi.

Français sur dix (8 %). En règle générale, 69 % des Français disent prendre les repas de midi à la maison toujours à la même heure, 30 % non (8 % ne sont pas concernés). La proportion est semblable le soir : 68 % à la même heure, 32 % non. On observe une moindre différence entre les repas de semaine et ceux du week-end. Un Français sur cinq regarde la télévision en petit-déjeunant, un sur trois en déjeunant, un sur deux en dînant.

Les menus sont simplifiés.

La composition traditionnelle des repas avec au moins trois plats successifs est de moins en moins courante. Le soir, un repas sur trois (32 %) est constitué d'un plat et d'un dessert, 15 % d'une grosse entrée et d'un dessert, 11 %

d'un plat unique, 6 % d'une entrée et d'un plat garni, 10 % d'autres formules « allégées », dont 3 % un sandwich (Ocha, 2003). Au total, 74 % des repas ont une structure simplifiée en deux plats. Seuls 17 % ont des menus « complets » avec entrée, plat garni et dessert ; ils concernent surtout les hommes et les personnes de plus de 55 ans.

Les aliments de base ne varient guère : de la viande, du poisson ou des œufs sont présents dans 72 % des repas (déjeuners et dîners), du pain dans 64 %, du fromage dans 33 %, un yaourt dans 28 %, des fruits dans 24 %. La moindre fréquence des hors-d'œuvre réduit la consommation de légumes crus. On observe un timide retour de la soupe. La cuisine contemporaine fait une large place aux plats préparés et à l'assemblage, à partir d'ingrédients de base comme les pâtes, la viande ou la volaille. Les sauces et assaisonnements de toutes sortes sont de plus en plus utilisés pour donner du goût et personnaliser les menus.

Le goûter, qui est plutôt en régression chez les jeunes, concerne de plus en plus d'adultes : 20 % disent en prendre au moins occasionnellement. Après le brunch (qui fait office de petit déjeuner et de déjeuner), le *slunch* remplacera-t-il le lunch et le souper ? La collation de l'après-midi est relativement récente ; elle s'inscrit dans le développement du grignotage tout au long de la journée (voir ci-dessous). Elle est favorisée sur les lieux professionnels par les réunions en milieu d'après-midi autour des machines à café et des distributeurs automatiques.

Le grignotage et le nomadisme se généralisent.

Les repas ne représentent qu'une partie de l'activité alimentaire. Le grignotage (prises alimentaires hors des repas) est une pratique de plus en plus répandue. 75 % des Français reconnaissent s'y adonner au moins une fois par semaine à leur domicile sans être devant la télévision, 63 % lorsqu'ils la regardent, 43 % chez des amis ou de la famille, 39 % sur leur lieu de travail, 26 % dans la rue, 12 % dans les transports, 18 % dans d'autres lieux (Ipsos, 2004). Au total, 92 % des Français sont concernés. Les produits impliqués représentent désormais un quart des dépenses alimentaires et un cinquième des apports énergétiques.

Ce mouvement est favorisé par l'évolution des modes de vie, marqués par une individualisation des comportements et le refus des contraintes à la fois temporaires (on mange lorsqu'on a faim, lorsqu'on a le temps ou l'envie) et spatiales (on mange par-

tout où l'on se trouve et l'alimentation est devenue nomade). Les repas ne sont plus des rendez-vous quotidiens fixes et rituels. Les membres d'une même famille ne mangent pas obligatoirement ensemble, et le menu peut être différent pour chacun. Le besoin de rester en forme et de faire face aux efforts de la vie quotidienne ou de la pratique sportive explique aussi le besoin de consommer en cours de journée des produits « énergisants » tels que les barres de céréales ou certaines boissons.

L'offre de « snacks » destinée à la consommation nomade s'est enrichie. Elle développe une communication fondée sur la tentation et la gourmandise, ainsi que sur l'apport énergétique complémentaire. Les produits sont souvent présentés en portions individuelles, destinées à une consommation solitaire. Ils ont aussi un aspect ludique qui plaît aux enfants. Les fabricants de produits alimentaires, mis en cause dans le développement de l'obésité infantile, développent des produits de grignotage allégés. Au total, le nombre quotidien de prises alimentaires des Français (hors liquides) est aujourd'hui de 6,2 (Gira, 2005). Il reste encore inférieur de moitié à celui mesuré aux États-Unis : 12,8.

L'information nutritionnelle progresse...

La montée de l'individualisme a favorisé une attitude générale d'autonomie, de sorte que chacun se sent aujourd'hui davantage responsable de son corps et de sa santé. Un nombre croissant de Français possèdent en outre des rudiments de diététique et sont en mesure de mieux équilibrer leur alimentation. Plus d'un sur deux atteint ainsi en un seul jour le niveau maximal de diversité alimentaire (présence de toutes les catégories répertoriées), contre

seulement un Américain sur trois. La consommation de lipides (graisses) diminue, mais celle de glucides (sucres et alcool) augmente.

Les industriels et les distributeurs, qui ont longtemps négligé l'information nutritionnelle concernant leurs produits, ont commencé à changer, sous l'effet conjugué des contraintes légales et des attentes des consommateurs. Mais ces informations restent souvent insuffisantes, illisibles et incompréhensibles. Elles sont ajoutées à des emballages déjà surchargés, plutôt que véritablement intégrées à la communication.

Les Français sont aujourd'hui conscients de l'influence déterminante de leur alimentation sur leur santé, sur l'apparition de certaines maladies comme le cancer ou les problèmes cardio-vasculaires. Ils écoutent les conseils multiples et parfois contradictoires qui leur parviennent et réagissent de plusieurs façons, privilégiant les produits biologiques, les allégés, recherchant des labels de qualité, lisant les étiquettes. Mais ils ne disposent pas encore de toutes les informations et des garanties qui leur permettraient de mieux « gérer » leur façon de se nourrir.

... de même que l'équilibre alimentaire.

Mieux informés des questions nutritionnelles, les Français consomment moins de viande rouge, d'alcool, de tabac et de graisses animales et davantage de jus de fruits et légumes, de produits laitiers et de corps gras d'origine végétale. La place du végétal tend à s'accroître. Entre 1997 et 2004, ils ont réduit leur apport calorique moyen de 100 Kcal par jour pour les femmes et de 60 pour les hommes. La volonté de ne pas grossir est de plus en plus apparente dans les enquêtes d'opinion. Elle est renforcée par les pressions sociales, notamment sur le plan professionnel, qui tendent à privilégier les personnes minces et en bonne condition physique. Paradoxalement, le taux d'obésité s'est accru en même temps que l'information nutritionnelle dont disposent les Français. Il concerne l'ensemble des catégories sociales (p. 22), et constitue aujourd'hui une véritable menace sanitaire, notamment pour les plus jeunes.

Face à l'obésité infantile, on observe une plus grande directivité de la part des parents. Entre 2002 et 2004, la proportion d'enfants disant que ce sont leurs parents qui choisissent les produits alimentaires sans leur demander leur avis est passée de 76 % à 88 %. La conséquence est une baisse des achats de produits sucrés (confiseries, boissons…) et gras (chips, barres…). Accessoirement, cette évolution a provoqué une baisse de la part des grandes marques au profit des marques de distributeurs et des produits « premier prix », dans un souci de réduire les dépenses alimentaires. La prise de conscience des risques de déséquilibre nutritionnel et d'obésité progresse également chez les enfants eux-mêmes, qui sont par ailleurs de plus en plus attachés à leur apparence physique.

L'anqoisse alimentaire

Manger est censé être à la fois une façon de satisfaire une nécessité vitale et d'éprouver du plaisir. La satisfaction de ces deux promesses ne semble plus aussi assurée aux Français, qui ont connu depuis vingt ans une succession de crises alimentaires : veau aux hormones (1980) ; premier épisode de la « vache folle » (1985) ; catastrophe de Tchernobyl (1986) ; culture du maïs transgénique autorisée, puis suspendue (1997) ; poulets à la dioxine (1999) ; fièvre aphteuse (2000). Bien que n'ayant pas vraiment fait de victimes, elles ont été largement médiatisées et ont réveillé des peurs parfois irrationnelles. Il s'est ensuivi une mise en doute de la qualité des aliments proposés par les industriels, qui s'inscrit dans un contexte général de méfiance. Ces craintes ont été renforcées par la menace de la grippe aviaire (agitée depuis 2003) et d'autres maladies portées par la « mondialisation » (même si celle des oiseaux migrateurs est très ancienne…).

L'anxiété alimentaire se développe partout dans les pays développés. Elle est l'une des causes de l'accroissement du nombre des végétariens, qui ne mangent pas de produits animaux mais consomment, à la différence des végétaliens, des sous-produits comme les œufs, le lait ou le miel. Ils représenteraient 2 % de la population (contre près de 10 % au Royaume-Uni et en Allemagne). Pourtant, l'angoisse concerne aussi les produits végétaux, avec notamment les OGM (organismes génétiquement modifiés), qui font depuis 2004 l'objet d'une obligation d'information sur les produits qui en comportent.

Les réactions parfois irrationnelles des Français s'expliquent par le fait que l'alimentation n'est pas une activité comme les autres. Elle remplit une triple fonction : nutritionnelle (énergie, éléments vitaux), hédoniste (plaisir gustatif) et symbolique. Cette dernière est liée au fait que les aliments sont ingérés, ce qui leur confère une intimité particulière avec le corps, que l'on ne saurait distinguer de l'esprit et de la conscience, peut-être de l'âme. L'alimentation se rapproche en cela de la médication, mais aussi de la sexualité. Dans l'inconscient individuel et collectif, la nourriture est associée à la vie, à la santé, à la force.

Les Français achètent de plus en plus de produits allégés.

Apparus dans les années 80, ils avaient d'abord été boudés. La vague plus récente s'est efforcée de concilier les avantages nutritionnels et le plaisir gustatif, sans augmentation de prix ; elle connaît un succès croissant. Les achats de boissons non alcoolisées « light » (sodas, colas…) ont plus que triplé entre 1994 et 2004, à 350 millions de litres. L'offre tend à se généraliser à l'ensemble des secteurs. Les

allégés représentaient plus de 10 % des nouveaux produits apparus sur le marché en 2005 contre 7 % en 2002. Toutes les tranches d'âge sont concernées, avec cependant un intérêt plus grand de la part des jeunes, des femmes et des urbains. On observe toutefois un recul des achats de produits ultrafrais et de fromages allégés. Le régime *low carb* (à faible teneur en glucides), très en vogue aux États-Unis, est encore peu pratiqué en France, mais la part des produits allégés en sucre est croissante.

On assiste au développement d'une conception naturaliste et philosophique de l'alimentation. Celle-ci doit nourrir et soigner le corps, mais aussi l'esprit. C'est ainsi que s'accroît la consommation de compléments alimentaires ou d'alicaments (compromis entre aliments et médicaments), qui ont des vertus préventives, sinon thérapeutiques. La mode des oméga-3 s'inscrit dans cette tendance. Dans un contexte général d'hédonisme alimentaire, les comportements alimentaires sont complexes et contradictoires. La boulimie et l'anorexie (qui touche particulièrement les adolescentes) sont des formes de maladies psychologiques. Mais c'est l'*orthorexie*, souci obsessionnel de bien s'alimenter, qui est en train de prendre de l'importance.

L'hédonisme alimentaire induit de nouvelles préférences.

On trouve en matière alimentaire la traduction d'une recherche plus générale de plaisir. Même s'il faut pour cela transgresser les interdits (une attitude qui peut être en elle-même source de satisfaction) ou commettre quelques excès. La gourmandise n'est plus considérée comme un défaut. C'est ce qui explique par exemple l'accroissement du grignotage à tout moment de la journée. Les Français apprécient de plus en plus les saveurs rassurantes, qui les replongent dans le monde de l'enfance. L'onctueux, le mou, le sucré et le « tartinable » ont ainsi leurs faveurs. On retrouve ces caractéristiques dans la confiserie, le chocolat, les produits laitiers, les jus de fruits ou les glaces, mais aussi dans de nombreux produits qui incorporent du sucre (conserves de légumes, plats cuisinés...).

Les saveurs « sauvages » (gibier, viande rouge, aliments amers ou acides...), associées à la dimension animale de l'homme, sont en revanche moins bien acceptées. La viande rouge évoque le sang et elle est plutôt consommée hachée ou en tranches fines ; c'est pourquoi les Français tendent à lui préférer la viande blanche. Pour des raisons semblables, les poissons et les volailles sont souvent vendus en morceaux non reconnaissables. Les jeunes trouvent aussi le café trop amer ; en matière de fromages, ils préfèrent les pâtes molles au pâtes plus fermes. Cependant, cer-

Question de goût

Pour 26 % des Français, la première motivation de l'acte de manger est d'abord le goût. 23 % sont motivés par l'équilibre des repas, 18 % par le plaisir, 18 % par la satiété (Crédoc, septembre 2005). Les Français estiment d'ailleurs que certains aliments ont de plus en plus de goût. C'est le cas par exemple, par ordre décroissant d'amélioration, des boissons sans alcool, des biscuits et de la confiserie, des surgelés, des fromages, des boissons alcoolisées, du pain, des conserves, des produits laitiers et des œufs (Saveurs de l'année 2005/ Louis Harris). Mais ils ont le sentiment inverse en ce qui concerne les poissons et les produits de la mer, les viandes, volailles et charcuteries et les fruits

taines textures craquantes, mousseuses, les mélanges sucré-salé et les produits exotiques (le plus souvent adoucis) sont appréciés, car ils apportent de nouvelles sensations. La plupart des Français mangent en tout cas trop de sel, le plus souvent sans le savoir. La consommation moyenne est de 9 à 10 g par jour, alors que la dose recommandée est de 6 à 8 g. Elle a augmenté de 70 % en dix ans, du fait de la place croissante des plats préparés dans l'alimentation.

Les produits consommés sont de plus en plus élaborés.

Conscients des risques liés à l'obésité et au déséquilibre nutritionnel, les consommateurs ne veulent pas pour autant sacrifier le plaisir gustatif. La tendance générale, sensible dans la plupart des pays développés, est de passer d'une alimentation qui serait essentiellement fonctionnelle à une alimenta-

et légumes frais. Le goût et la qualité nutritionnelle apparaissent comme les deux revendications majeures des consommateurs, loin devant la « praticité ». On observe un intérêt croissant pour les produits naturels, biologiques et du terroir, particulièrement marquée chez les femmes et les personnes de 50 ans et plus. L'utilisation croissante de la cuisson à la vapeur et celle des légumes surgelés montrent l'intérêt pour le végétal, psychologiquement plus facile à consommer que l'animal et moins suspect aux yeux des consommateurs de présenter un risque sanitaire. Le soja connaît en particulier un engouement croissant, du fait des vertus thérapeutiques qu'on lui prête (maladies cardio-vasculaires, ménopause...).

tion axée sur le plaisir et sur la santé, comme en témoigne le succès des produits exotiques et biologiques. Les exigences se sont donc accrues. Les Français veulent concilier non seulement le plaisir et la santé, mais aussi l'image de naturel et les avantages de l'industriel, le prix et la qualité, la rapidité de préparation et la possibilité d'ajouter une touche personnelle. Les choix des ménages se portent donc sur des produits moins basiques, plus sophistiqués et coûteux. Les achats de sucre, d'abats ou de triperie se sont effondrés au profit de produits plus élaborés. Les achats de pommes de terre ont diminué d'un tiers depuis 1970 (68 kg par personne contre 96 kg), mais les produits transformés représentaient 26 kg en 2000 contre 8 kg en 1980. Les produits laitiers élaborés ont connu une croissance spectaculaire : triplement en trente ans pour les yaourts aromatisés, les desserts lactés et les fromages frais. Les plats cuisinés frais sont aussi l'objet d'une forte demande.

De la même façon, la consommation de vins AOC a fortement progressé alors que celle de vin de table s'est effondrée (p. 174). La consommation de pain a subi une forte baisse au cours des années 50 à 70 : 155 g par jour et par personne en 2003, contre 175 g en 1980, 325 g en 1950. Mais elle se maintient aujourd'hui grâce à la croissance des spécialités (pain complet, aux raisins, aux noix...). Les hommes consomment deux fois plus de pain que les femmes, les cadres supérieurs deux fois moins que les agriculteurs. La baguette représente encore 80 % des achats. Au total, un tiers des achats alimentaires des ménages concernent des produits qui n'existaient pas il y a cinq ans.

La consommation de fruits et légumes est insuffisante.

Si 85 % des Français admettent, selon les recommandations des instances sanitaires, qu'il faudrait manger cinq fruits et légumes par jour pour rester en bonne santé, seuls 10 % suivent cette règle. Les jeunes s'y intéressent plus tardivement. Le grignotage et la consommation de produits préparés et transformés prennent une place croissante au détriment notamment des légumes, qui nécessitent par ailleurs une préparation et sont moins faciles à consommer dans les situations nomades. Ainsi, le nombre de foyers consommateurs de riz a diminué de 800 000 en quelques années : un tiers s'explique par la consommation d'autres légumes, un tiers par celle de plats préparés, un tiers se répartit sur d'autres types de produits. Entre 1999 et 2003, la consommation de fruits frais avait diminué de 16 %, passant de 134 g par jour et par personne à 113 g. Seule la tomate fraîche a connu une croissance importante (13 kg contre 8 kg en 1970), grâce à la désaisonnalisation de l'offre. Mais la consom-

Un an de nourriture

Évolution des quantités consommées de certains aliments (en kg ou litres par an)

	1970	2003
Pain	80,6	54,1
Pommes de terre	95,6	69,0
Légumes frais	70,4	86,3
Bœuf	15,6	14,7
Volailles	14,2	21,4
Œufs	11,5	14,3
Poissons, coquillages, crustacés	9,9	13,0
Lait frais	95,2	60,2
Fromage	13,8	17,8
Yaourts	8,6	21,4
Huile alimentaire	8,1	9,7
Sucre	20,4	6,9
Vins courants	95,6	32,2
Vins AOC	8,0	24,2
Bière	41,4	31,0
Eaux minérales et de source	39,9	160,0

INSEE

mation de jus de fruits et de légumes a été multipliée par trois en quinze ans. Celle de compotes est également à la hausse.

La France reste cependant l'un des pays d'Europe où l'on mange le plus de légumes frais. Néanmoins les produits achetés tendent à être de plus en plus souvent préparés. Ainsi, les quantités de pommes de terre transformées (surgelés, chips...) sont aujourd'hui pratiquement égales à celles de pommes de terre fraîches. Cet exemple vient à l'encontre de l'explication souvent avancée à la consommation insuffi-

santes de fruits et légumes : l'accroissement de leurs prix dans les rayons des magasins. Mais il illustre aussi le fait que les Français sont prêts à payer plus cher certains produits lorsque cela leur permet de gagner du temps de préparation.

La tradition culinaire recule.

Les Français passent moins de temps à préparer leurs repas, et les générations se transmettent de moins en moins le savoir-faire culinaire du « bon petit plat mijoté ». 71 % ont appris à cuisiner avec leurs parents et grands-parents (Seb/BVA, 2003). Mais 45 % des plus de 50 ans déclarent ne pas avoir appris à cuisiner à leurs enfants, ce qui pourrait être à l'origine d'une rupture de la transmission culinaire apparente chez les 25-34 ans. L'intérêt pour l'alimentation est plus fort dans les ménages nombreux que dans ceux comptant une ou deux personnes

Pour la préparation des repas, 57 % des Français disent s'inspirer des recettes trouvées dans les magazines, les livres ou sur Internet (43 % non). 35 % suivent les conseils nutritionnels des magazines (41 % des femmes), 45 % prennent l'avis de la famille pour faire les menus (55 % non). Ils sont encore plus nombreux (63 %) à suivre les conseils des amis (23 % non) ou des médecins (58 % de la population, 67 % des 65 ans et plus). 88 % disent « faire à leur idée » et 79 % aiment innover. La tradition culinaire apparaît donc peu présente dans la cuisine contemporaine.

Après le « tout prêt » des années 80, c'est la « cuisine d'assemblage » qui s'est développée, réalisée à partir de produits pratiques et de recettes élaborées. Les Français veulent apporter leur touche personnelle à la réalisation des recettes, mais en étant sûrs de les réussir. La cuisine ressemble

173

Le froid et le chaud

Les Français sont assez peu équipés en congélateurs indépendants (58 % des foyers) ; mais près des deux tiers des réfrigérateurs achetés ont un compartiment de congélation. 72 % des ménages disposent en revanche d'un four à micro-ondes, complément indispensable du congélateur. Le gain de temps n'est pas la seule motivation de l'utilisation des produits surgelés. Ceux-ci permettent aux personnes peu compétentes en matière de cuisine ou peu intéressées de se nourrir convenablement à partir de plats préparés à réchauffer et de disposer d'une grande diversité. Les enfants peuvent aussi s'en servir lorsque les parents sont absents. La déstructuration des repas familiaux (menu différent pour chacun au cours d'un repas et tendance à ne pas toujours prendre les repas en famille) favorise aussi le recours aux surgelés. La congélation est aussi utilisée par des ménages qui confectionnent eux-mêmes leurs plats et en congèlent une partie pour une consommation ultérieure, notamment en vue de réceptions, ce qui permet une plus grande disponibilité.

Après plusieurs décennies de forte croissance, la consommation de surgelés et de glaces se stabilise. 95 % des ménages en consomment, en moyenne, 30 kg par personne et par an, ce qui situe la France dans la moyenne européenne, devant l'Allemagne (35 kg), mais loin derrière le Royaume-Uni (64 kg). 80 % des ménages achètent des glaces surgelées ; leur consommation moyenne annuelle est de 9 litres. 19 % des dépenses de produits surgelés sont réalisées sur des produits en promotion.

Le *world food* tend à laisser la place au *fusion food*, qui permet le mélange des goûts, des ingrédients et des origines culinaires ; il s'inscrit dans la tendance générale à la cuisine d'assemblage ; lorsque le plat principal est d'origine étrangère (chinois, maghrébin, tex-mex, indien, japonais...), le reste du menu (entrée, dessert) est généralement plus traditionnel.

Enfin, on a vu plus récemment émerger le *slow food*, nouvelle attitude alimentaire venue d'Italie en contrepoint à celle du *fast food,* importée des États-Unis. Elle consiste à prendre son temps pour manger, à redécouvrir les vertus de la convivialité et à maintenir des traditions culinaires nationales ou régionales.

La consommation de vin continue de chuter...

Les Français de 15 ans et plus ont consommé en moyenne 58 litres de vin en 2005, contre 70 litres en 1980 et 103 litres en 1970. Entre 1980 et 2005, la proportion de consommateurs réguliers est passée de 51 % de la population à 21 %, tandis que celle des consommateurs occasionnels passait de 37 % à 67 % ; celle des non-buveurs a doublé, passant de 19 % à 38 % (Onivins-INRA). 1 million de Français ont cessé de boire du vin entre 2000 et 2005. La proportion de consommateurs réguliers parmi les hommes est passée de 36 % à 30 % entre 2000 et 2005, chez les femmes de 13 % à 12 %. Les comportements sont fortement corrélés à l'âge : 43 % de réguliers chez les 65 ans et plus, 2 % chez les 14-24 ans, 3,5 % chez les 25-34 ans. Le vin n'est plus un aliment mais un produit de plaisir, ce qui explique sa consommation de plus en plus occasionnelle, voire exceptionnelle. La lutte contre l'alcoolisme a aussi des effets sur l'image et la consommation.

donc de plus en plus à un kit dont les composants sont les aides culinaires (épices, croûtons, herbes aromatiques, mélanges divers...), les légumes mélangés, les préparations pour salades composées, les desserts à préparer ou aides à la pâtisserie, les sauces de nappage ou à cuisiner. La tendance est aussi à moins cuisiner les produits, afin qu'ils restent plus proches de leur goût naturel.

Le goût de l'exotisme n'exclut pas celui du terroir.

Le mouvement général de mondialisation a touché les pratiques alimentaires, avec l'apparition du *world food* et l'intérêt pour les produits « venus d'ailleurs ». Plus des trois quarts des Français ont consommé au moins occasionnellement des produits exotiques en 2003, contre moins de la moitié en 2000. Les plus concernés sont des personnes de moins de 40 ans ayant des enfants et appartenant aux catégories aisées. Les produits exotiques répondent au désir de nouvelles expériences sensorielles, tant en ce qui concerne le goût (épices, saveurs) que l'apparence ou la texture. Les lieux d'initiation privilégiés sont les restaurants.

L'ouverture aux nouvelles saveurs se heurte à la crainte d'une perte de l'identité culinaire, alimentée par les discours sur la « malbouffe ». C'est pourquoi on constate parallèlement un regain d'intérêt pour les produits du terroir. Mais il n'y a pas contradiction entre ces deux mouvements ; il s'agit dans les deux cas de trouver ou de retrouver des points de référence, proches dans le premier, éloignés dans le second. Pour un Alsacien, la gastronomie provençale peut d'ailleurs être perçue comme « exotique », et réciproquement.

Ce sont désormais les vins de qualité (AOC) qui connaissent une désaffection, au profit des vins de pays et de cépage, d'identification plus facile et moins coûteux. La part du maxidiscompte dans les achats des ménages a atteint 35 %, traduisant à la fois leur sensibilité au prix et le manque d'adaptation des produits à la demande. Les producteurs font cependant des efforts en matière de produits (vins aromatisés ou à faible taux d'alcool...), d'étiquettes (plus modernes et explicites), de contenants (petits formats, sacs à vin permettant de se servir au verre...), de bouchage (capsules, bouchons synthétiques). La consommation de rosé est en revanche croissante ; il n'est plus seulement un produit associé à l'été et séduit des femmes globalement peu consommatrices de vin.

... de même que celle de bière.

La consommation de bière a été beaucoup plus stable depuis vingt ans que celle de vin, avec laquelle elle est en concurrence, notamment dans le nord du pays. Elle est passée de 41 litres par personne en 1970 à 34 litres en 2004 (elle atteint 117 litres en Irlande). 23 millions de Français n'en boivent jamais. On observe depuis plusieurs années une baisse sensible dans les bars (un quart des volumes consommés), où le passage à l'euro a parfois conduit à des hausses de prix jugées abusives et non justifiées par le niveau de service.

Plus proches culturellement du vin, les Français sont moins sensibles au goût amer de ce produit, qui souffre d'un certain déficit d'image. Ils la jugent d'abord rafraîchissante (58 %), conviviale (42 %), populaire (35 %), calorique (25 %) ; seuls 23 % citent son bon goût, 14 % la trouvent bon marché et 3 % la considèrent comme

moderne (Kronenbourg/Sofres, septembre 2005). Cependant, certains produits artisanaux ou au goût original connaissent un engouement. Les femmes sont peu consommatrices : plus de la moitié n'en boivent jamais ; seules 3 % en boivent une au moins une fois par semaine.

La consommation de spiritueux diminue...

Dans un contexte de lutte généralisée contre l'alcoolisme, la consommation de spiritueux est globalement en baisse sensible depuis 2002, et ne dépasse guère 2 litres par personne et par an. La désaffection pour les produits traditionnels (apéritifs à base de vin, portos, gentianes) se confirme. La baisse touche depuis 2003 les apéritifs anisés, qui représentent 26 % des achats en valeur et concernent peu les jeunes, plus attirés par les goûts sucrés et fruités. Celle concernant le whisky (37 % des achats) semble être enrayée. À l'inverse, la consommation de vodka poursuit sa progression, de même que celle des liqueurs dites « modernes » (à base de Manzana verde, citron, pastèque...), plus faiblement alcoolisées et aux goûts exotiques. Les cocktails et produits à mélanger connaissent aussi un engouement, ce qui explique la croissance des achats de rhum.

À domicile (80 % des occasions), la proportion de consommateurs est inférieure à 70 % depuis 2003. Hors foyer, la baisse est encore plus marquée. À partir de 20 ans, sept hommes sur dix et quatre femmes sur dix boivent de l'alcool au moins une fois par semaine. Bien qu'elle se situe toujours dans le peloton de tête, la France est le pays d'Europe où la consommation globale de boissons alcoolisées a le plus chuté au cours des quarante dernières années.

... au contraire de celle de boissons non alcoolisées.

La consommation des boissons non alcoolisées (sodas, colas, jus de fruits...) augmente depuis plusieurs décennies : + 6 % par an entre 1980 et 2000, avec un ralentissement de la croissance depuis 1990. Elle est soumise à un effet de génération plus que d'âge et varie selon les conditions météorologiques. Les personnes nées après 1945 en consomment aujourd'hui moitié plus que celles de la génération précédente au même âge. L'eau minérale bénéficie d'un effet semblable (encadré) ; sa consommation a connu une très forte croissance depuis des décennies.

Les Français ont par ailleurs doublé leur consommation de boissons rafraîchissantes sans alcool (sodas, colas, limonade, tonics, boissons aux fruits, aromatisées...) depuis 1980. Elle dépasse 50 litres par personne en 2004, contre 39 en 1992 et 25 en 1980. Elle se caractérise par une forte saisonnalité, avec des pics en été. Les colas représentent 60 % des volumes, et la croissance est surtout due aux produits allégés (environ 15 % des volumes). La consommation annuelle de jus de fruits et de légumes par habitant était de 22 litres en 2004 contre 40 en Allemagne, 21 au Royaume-Uni et 36 aux États-Unis. La moyenne communautaire est de 24,2 litres. En dix ans, le volume des jus de fruits commercialisés a triplé, celui des nectars a été

• *Seuls 20 % des Français sont capables de citer une marque de vin (32 % en 1995). 58 % connaissent la signification du sigle AOC (appellation d'origine contrôlée).*
• *2 000 à 3 000 cafés ferment chaque année ; il en reste environ 45 000.*

L'eau minérale pétille

Chaque Français consomme en moyenne 160 litres d'eau minérale par an, contre seulement 49 litres en 1980 et 40 litres en 1970. La consommation nationale est ainsi la première au monde, devant celle de l'Italie (154 litres), de la Belgique (128) et de l'Allemagne (104). Elle n'est que de 17 litres aux Pays-Bas, 23 au Royaume-Uni (6 au Japon, 50 aux États-Unis). Depuis la guerre, chaque nouvelle génération en boit davantage que celle qui la précède. Il s'y ajoute une augmentation liée à l'âge, car les ménages les plus âgés en boivent 2,5 fois plus que les plus jeunes. Les eaux plates représentent environ 80 % des volumes, mais la consommation des eaux gazeuses progresse. Celle d'eau de source s'accroît régulièrement depuis 25 ans et représente environ 35 % de la consommation d'eaux embouteillées (11,5 % en 1979).

Bien que cent fois moins chère que l'eau en bouteille, l'eau du robinet est peu consommée : sur les 137 litres par jour et par personne, seuls 7 % sont consacrés à la cuisine et 1 % à la boisson. 51 % des Français déclaraient ne pas boire d'eau du robinet en 2005, contre 37 % en 1996. Plus qu'à un risque réel pour la santé, ce comportement est lié à un manque d'information : beaucoup de Français craignent le calcaire de l'eau du robinet (que certains enlèvent à l'aide d'adoucisseurs), mais n'hésitent pas à acheter des eaux minérales enrichies en calcium. Certaines eaux minérales sont ainsi hors des normes de « potabilité » définies pour l'eau du robinet.

Les dépenses efectuées en restauration collective étaient au contraire en diminution de 2 % en 2005. Le temps moyen consacré aux repas se réduit : il n'était plus que de 31 minutes en 2005 contre 1 h 38 en 1985.

La restauration rapide est en progression.

Le fast-food anglo-saxon a connu en 2005 une forte croissance (9 % en valeur) et représentait 47 % des dépenses de restauration rapide effectuées dans des chaînes. L'accroissement du nombre de ces restaurants se poursuit : on en comptait 1 412 au début 2006, dont 1 060 McDonald's et 315 Quick. La part des hamburgers reste cependant limitée ; les Français consomment environ huit fois plus de sandwichs.

La restauration rapide « à la française » connaît aussi une croissance soutenue : 7 % en valeur en 2005. Les chaînes comptent au total 1 508 unités (dont 281 Paul et 256 Brioche dorée) et représentent 14 % des dépenses. Les cafétérias des grandes surfaces sont en revanche moins fréquentées (214 Casino, 191 Flunch...) ; elles ne représentent plus que 12 % des dépenses. Le chiffre d'affaires des chaînes de pizzerias rapides (81 Pizza del Arte, 46 Pizza Paï...) est en stagnation. L'activité des restaurants de viande a retrouvé la croissance : 7 % en valeur en 2005. Sur les 571 restaurants, on en trouve 272 à l'enseigne Buffalo Grill, 173 Courtepaille, 80 Hippopotamus. Enfin, la restauration à thème (culinaire, géographique, culturel...) est stable, avec des enseignes comme la Taverne de Maître Kanter ou Au Bureau.

La restauration rapide a globalement perdu le caractère innovant et « branché » qu'elle a eu pendant des années. Elle est de plus en plus concur-

---

multiplié par cinq. Les jus d'agrumes (orange, pamplemousse, etc.) et les jus exotiques (goyave, mangue, fruits de la Passion) représentent plus des trois quarts des ventes.

Un repas sur cinq est pris à l'extérieur.

Les Français prennent en moyenne un repas sur sept à l'extérieur de leur domicile, les Britanniques un sur trois et les Américains un sur deux. Quatre Français sur dix mangent au moins une fois par jour hors de chez eux. La dépense moyenne des ménages pour les repas pris hors du domicile représente un cinquième du budget alimentaire total (y compris les boissons alcoolisées). La part est plus élevée dans les grandes villes ; elle atteint un tiers à Paris. Selon l'enquête annuelle du Gira, la restauration collective (entreprises, écoles, hôpitaux) compte pour un quart des dépenses d'alimentation hors foyer, avec 16,1 milliards d'euros en 2005, avec 4,2 milliards de repas servis. La restauration commerciale a représenté la moitié des dépenses (37,2 milliards d'euros) et 2,5 milliards de repas. Les cafés et bistrots arrivent loin derrière (655 millions de repas servis), ainsi que les restaurants d'hôtels (200 millions). 1,3 milliard de repas ont été pris en 2005 dans les autres formes de restauration (boulangeries, traiteurs, stations-service, cinémas...).

Les Français ont dépensé au total 73 milliards d'euros dans l'année. Deux repas sur trois (67 %) reviennent à moins de 10 €, trois sur quatre (78 %) à moins de 15 € et seulement 2 % à plus de 30 €. On observe une baisse de fréquentation des restaurants (4 % en 2005), mais une augmentation des dépenses, liée à un accroissement des prix (jugé trop élevé par un nombre grandissant de Français).

rencée par le développement du grignotage et du nomadisme (p. 170), qui favorise le recours à la distribution automatique et aux solutions de dépannage sur les lieux de transport, de transit (gares, aéroports...) ou dans la rue. 2 milliards de repas « sur le pouce » sont ainsi pris chaque année, avec une tendance à un grignotage plus sain.

TRANSPORTS

Les ménages consacrent 15 % de leur budget aux transports.

La part des transports dans les dépenses de consommation des ménages était passée de 10,6 % en 1960 à 15,6 % en 1990. Elle s'est un peu réduite depuis, du fait notamment de la baisse du prix relatif des véhicules et du vieillissement du parc ; elle représentait 14,9 % en 2005. Elle constitue cependant le deuxième poste du budget, derrière le logement et avant l'alimentation (hors boissons alcoolisées et tabac), alors que l'alimentation pesait deux fois et demie plus que les transports en 1960. Chaque ménage dépense ainsi plus de 5 000 € dans l'année pour ses déplacements (5 500 en 2005, hors prise en compte du coût des assurances automobiles).

La voiture absorbe l'essentiel (83 %) des dépenses de transport des ménages. Les moyens de transport collectifs terrestres (train, car, autobus) représentent quant à eux seulement 11 %. Certaines municipalités ont cependant développé les transports urbains et périurbains. Disparu pendant des décennies, le tramway est revenu en force dans les grandes villes : Lyon, Nantes, Montpellier, Orléans, Nancy, Rouen, Bordeaux... Les transports publics sont plus souvent utilisés par

Le prix de la mobilité

Dépenses des ménages en transports (en euros courants)

	1960	1980	2004
Automobiles	**145**	**1 588**	**4 273**
– voitures neuves	36	464	891
– voitures d'occasion	5	82	390
– pièces détachées et accessoires	22	256	917
– carburants, lubrifiants	56	520	1 146
– entretien-réparation	23	204	629
– autres	3	63	300
Motos, bicyclettes	**12**	**82**	**180**
Services de transport	36	231	692
– transport ferroviaire interurbain	14	57	145
– transport aérien	4	56	220
– autobus, cars et taxis	9	63	163
– transport urbain	7	32	125
– transport maritime	2	8	14
– autres services de transport	1	15	25
Transports	**193**	**1 901**	**5 144**
Assurances automobiles	**7**	**64**	**204**

INSEE

les femmes que par les hommes, plus souvent par les jeunes et les personnes âgées que par celles d'âge moyen. Les deux-roues ne comptent que pour 3 % des dépenses, une part en diminution depuis vingt ans.

La mobilité s'accroît, mais le temps de transport est stable.

Les déplacements effectués par les Français, mesurés par le nombre de voyageurs multiplié par les distances effectuées, ont progressé de 26 % entre 1990 et 2004 (897 milliards de voyageurs-kilomètres contre 712), soit beaucoup plus que la population. La France arrive en deuxième position en Europe, derrière l'Allemagne, devant l'Italie et la Grande-Bretagne.

Le temps de transport quotidien est en revanche stable, proche d'une heure en moyenne. Les trajets domicile-travail en représentent moins de la moitié : 20 minutes (35 minutes pour les actifs non-chômeurs), les autres déplacements 35 minutes. Le temps total consacré aux déplacements est inchangé depuis 1986 en ce qui concerne les trajets professionnels. Le nombre moyen de déplacements quotidiens par personne a lui aussi peu varié depuis vingt-cinq ans ; il est un peu supérieur à trois (3,2), dont 2 en voiture, 0,75 à pied, 0,1 en deux-roues.

C'est donc le fort accroissement de la distance moyenne parcourue par déplacement qui explique celui de la mobilité. Elle a presque doublé au cours des deux dernières décennies, dépassant aujourd'hui 15 km. La stabilité du temps de transport total est due au fait que la vitesse moyenne s'est accrue, malgré les difficultés de circulation : 35 km/h contre 29 en 1982. Cette évolution est la conséquence de l'usage croissant de la voiture, qui reste plus rapide malgré les embouteillages. La durée moyenne du trajet domicile-travail est en effet de 20 minutes en voiture contre le double par les transports en commun (mais ces derniers sont utilisés pour des distances supérieures) ; la moyenne est de 27 minutes.

L'utilisation du train est plus fréquente...

Le trafic ferroviaire avait diminué jusqu'en 1995, année marquée par les grèves de décembre. Il avait augmenté de 10 % sur l'ensemble des années 90, grâce à l'expansion du TGV sur les anciennes lignes sud-est et atlantique et à la montée en puissance de Thalys et d'Eurostar au nord du pays, à Londres et Bruxelles. Après les ouvertures de Paris-Tours (1990), Paris-Londres (1994), Paris-Bruxelles (1996) et Paris-Marseille (2001), celles vers l'Espagne (2005) et vers l'Est (2006) devraient encore accroître la part du TGV au cours des prochaines années. Elle représente aujourd'hui un peu plus de la moitié du trafic (56 % en 2004).

L'usage des trains express régionaux a également augmenté (40 % depuis 1992), profitant notamment de la décentralisation. Les Français effectuent en moyenne 15 trajets en train par an ; le nombre est proche de 70 au Japon, qui devance la Suisse (40). 40 000 personnes, appelées « navetteurs », prennent chaque jour le train (hors trains de banlieue) pour se rendre de leur domicile à leur lieu de travail. L'augmentation du trafic ferroviaire a cependant été inférieure à celle de la mobilité, de sorte que le train représente aujourd'hui 10 % du trafic de voyageurs, contre 12 % en 1985. Les autobus et autocars représentent 6 %

du trafic, une part inchangée par rapport à 1985. En Île-de-France, le métro parisien (RATP) a transporté 3,6 millions de voyageurs par jour en 2004, le RER (Réseau express régional) 1,2 million, les autobus de banlieue 1,6 million, ceux de Paris 1 million. Entre 2000 et 2004, la circulation à Paris intra-muros a diminué de 14 % alors que la fréquentation du métro augmentait de 8 %, celle des pistes cyclables de 47 %.

... ainsi que celle de l'avion...

Les années 90 avaient été celles de la démocratisation de l'avion. Le taux de croissance du trafic aérien intérieur a été de 60 % entre 1988 et 2000, contre 25 % pour le train et 10 % pour les autres transports terrestres (urbains, routiers, taxis). L'ouverture du ciel à la concurrence a multiplié les offres, fait baisser les prix (avec l'apparition des compagnies *low cost*) et permis aux compagnies de recruter de nouveaux passagers. Le trafic a cependant connu une forte baisse entre 2001 et 2003, liée notamment à la concurrence du TGV, la disparition de plusieurs compagnies intérieures (Air Lib, puis Aéris et Air Littoral). 2004 et 2005 ont été des années de reprise, mais le transport aérien ne représente que 2 % du trafic voyageur. Les vols intérieurs souffrent de la désaffection pour les lignes transversales, les vols internationaux progressent.

La France reste le premier pays européen en ce qui concerne la densité de fréquentation des vols domestiques. 23 millions de voyageurs ont été transportés en avion en 2004 à l'intérieur de la métropole, dont 17,5 millions entre Paris et les régions et 5 millions entre les régions. Le trafic entre la métropole et l'outre-mer est en recul, à 3,3 millions de voyageurs. Celui à destination

de l'international a connu en revanche une forte progression : 76 millions de voyageurs. Paris occupe la deuxième place européenne, derrière Londres. Depuis septembre 2001, les craintes d'attentats, les catastrophes naturelles et les menaces de crises sanitaires (sras, grippe aviaire) repoussent les perspectives de forte croissance attendues pour les prochaines années. Le transport maritime de passagers connaît, lui, une progression globale,

Lᴇ ᴍᴀʟ ᴅᴇs ᴛʀᴀɴsᴘᴏʀᴛs

Les Français ne sont pas toujours conscients des risques véritables inhérents aux différents moyens de transport. Le train est le mode le plus sûr, avec 0,04 tué pour 100 millions de voyageurs par kilomètre parcouru, devant l'avion (0,08) et le bateau (0,33). La voiture, qui est bien plus fréquemment utilisée que l'avion, est dix fois plus dangereuse que lui (0,8) ; elle est vingt fois plus meurtrière que le train. Mais elle l'est huit fois moins que le vélo (6,3) et, surtout, vingt fois moins que la moto (16), qui reste le moyen de transport le plus dangereux.

Les rares accidents de train ou d'avion font cependant l'objet d'une forte médiatisation qui frappe les esprits et modifie les comportements, comme ce fut le cas au cours de l'été 2005, avec la série d'accidents de charters. Il est vrai que ces avions représentent environ un dixième du trafic aérien (11 % en 2004), mais la moitié des tués, contre respectivement 14 % et 30 % en 1996. Toutefois, le nombre de morts dans des accidents d'avion est passé pendant la même période de 1 611 à 410, de sorte qu'il est de moins en moins dangereux de prendre un avion, même s'il s'agit d'un charter.

malgré la longue grève qui a affecté la SNCM en 2005.

... mais la plupart des déplacements ont lieu en voiture.

La place de la voiture ne cesse de s'accroître dans les déplacements des Français. Plus de 80 % disent utiliser leur voiture pour leurs déplacements (trajets quotidiens et loisirs), ce qui confirme son caractère dominant parmi les modes de transport. Mais seule une personne sur quatre déclare n'utiliser que ce moyen, ce qui signifie que les trois autres sont occasionnellement piétonnes, cyclistes ou usagers des transports en commun. Parmi les Français qui disposent d'un arrêt de transport en commun à moins de 10 minutes à pied de chez eux, plus de la moitié (57 %) utilisent quand même leur véhicule personnel pour aller travailler. Dans Paris, seuls 3 % des déplacements sont effectués en voiture, 29 % en transport en commun, 54 % par la marche.

Le second mode de déplacement des Français est la marche. Elle est le plus souvent associée à un autre mode : transports en commun ou vélo. Les transports publics sont utilisés par 24 %, le vélo par 14 %, les deux-roues à moteur par 5 %. Les habitants d'Île-de-France consacrent en moyenne 14 minutes par jour à la marche, les Parisiens 19 minutes ; des chiffres stables mais inférieurs à la durée recommandée pour entretenir sa forme (30 minutes).

L'usage de la voiture est à la fois choisi et subi ; la moitié seulement de ses utilisateurs (45 %) la citent comme leur mode de transport préféré. Parmi ceux qui l'utilisent comme mode de transport unique, seuls 57 % déclarent préférer la voiture ; les autres pourraient ainsi utiliser d'autres modes de transport s'ils étaient plus facilement

La voiture d'abord

Évolution de la part des modes de transport (en %)

	1985	1990	2004
Véhicules particuliers	80,9	82,2	84,0
Transports en commun ferroviaires	11,8	10,4	9,6
Autobus, autocars	6,1	5,8	5,0
Transports aériens	1,2	1,6	1,4
Milliards de voyageurs-km	**605,1**	**712,2**	**897,1**

INSEE

disponibles. À l'inverse, 28 % des usagers des transports en commun, 37 % des cyclistes et 43 % des motocyclistes préféreraient se déplacer en voiture.

81 % des ménages possèdent une voiture, 35 % en ont au moins deux.

Le taux de possession d'une voiture a beaucoup augmenté depuis les années 60 ; il n'était que de 30 % en 1960, 58 % en 1970, 71 % en 1980. Mais il n'a progressé que de quatre points depuis 1990 (77 %). Les ménages qui ne possèdent pas de voiture ont en effet pour la plupart choisi pour diverses raisons de ne pas en avoir : citadins utilisant les transports en commun, handicapés, personnes âgées, personnes n'ayant pas le permis... Le taux de multiéquipement (ménages disposant d'au moins deux voitures) s'accroît en revanche de façon continue ; il était de 35 % en 2004, contre 26 % en 1990 et 16 % en 1980. 49 % des ménages ont une voiture et une seule. 27 % en ont deux, contre 15 % en 1980. 5 % en ont au moins trois, contre 2 % en 1980.

Le taux d'équipement varie notamment selon le lieu d'habitation : il dépasse à peine deux sur trois dans les centres-villes, contre plus de neuf sur dix en milieu rural. Il dépend assez peu

de la profession et du pouvoir d'achat pour la plupart des actifs ; il est de 77 % chez les employés, mais atteint 91 % parmi les ouvriers. Il n'est que de 71 % pour les inactifs. L'âge est un critère important : 69 % des 65 ans et plus sont équipés, contre 88 % des 35-64 ans. Il en est de même de la situation familiale : 97 % des couples avec deux enfants ont une voiture, contre seulement 55 % des personnes qui vivent seules.

Avec 590 voitures pour 1 000 habitants, la France se situe au deuxième rang au sein de l'Union européenne, derrière l'Italie (660). La densité automobile atteint 780 aux États-Unis ; elle est proche de 580 au Canada, en Allemagne et au Japon, de 560 au Royaume-Uni et en Espagne.

Les immatriculations neuves ont progressé en 2005.

La forte chute des immatriculations de voitures particulières neuves constatée entre 1990 (année record avec 2,3 millions) et 1996 (1,6 million) avait été enrayée à partir de 1998. La hausse s'était poursuivie jusqu'en 2002 (2 255 000 véhicules), favorisée par l'accroissement du multiéquipement et par la fréquence accrue des renouvellements. Elle était aussi la conséquence d'une évolution de l'offre,

Le palmarès 2005

Les dix modèles les plus achetés en 2005 (toutes énergies)

1 – Renault Mégane	188 873
2 – Renault Clio	132 982
3 – Peugeot 206	119 907
4 – Peugeot 307	113 484
5 – Citroën C3	79 253
6 – Peugeot 407	68 130
7 – Citroën C4	63 798
8 – Renault Modus	61 877
9 – Ford Focus	48 930
10 – Renault Twingo	45 594

CCFA

mieux adaptée à des attentes nouvelles. Mais la chute avait été brutale en 2003 (7 %). Après une année 2004 quasi stable, l'année 2005 s'est terminée avec une hausse de 3,1 % des immatriculations, à 2,0 millions.

Le groupe PSA (Peugeot-Citroën) a représenté 30,6 % des achats de véhicules particuliers en 2005 ; Peugeot a maintenu sa part à 17,5 % tandis que celle de Citroën diminuait. Celle de Renault est restée stable à 25,8 %. Les marques étrangères ont gagné un point, à 43,8 %. Volkswagen est la plus présente, avec 11 % du marché, devant General Motors Europe (5,7), Ford (6,0), Toyota (4,2), Daimler-Chrysler (3,7), Fiat (3,1), BMW (2,6), Nissan (2,0), Hyundai (1,3) ; les autres marques ont représenté 4,4 % des immatriculations neuves. Sur les dix modèles les plus achetés en 2005, neuf étaient français, avec en tête la Renault Mégane (9,1 %) et la Clio (6,4), la Peugeot 206 (5,8) et la 307 (5,5). Le parc automobile français comprend un tiers de voitures étrangères. La pénétration des

constructeurs étrangers avait atteint le niveau record de 44 % en 1997, contre 23 % en 1980. Elle avait gagné dix points entre 1983 et 1986, avant de se stabiliser. Les marques allemandes sont celles qui se sont le mieux implantées, devant les américaines.

Les Français achètent deux fois et demie plus de voitures d'occasion que de neuves.

Les immatriculations de voitures d'occasion ont atteint 5,5 millions en 2005. Leur nombre varie plus fortement que celui des voitures neuves ; ainsi, le ratio voitures d'occasion/voitures neuves était de 2,7 en 1984, et seulement de 1,9 en 1996. Le nombre croissant des achats effectués par les loueurs de voitures explique celui des véhicules de moins d'un an sur le marché. Mais près de six véhicules d'occasion sur dix ont plus de cinq ans (contre un sur deux en 1990), du fait de l'importance croissante de la multimotorisation.

La moitié des achats d'occasion se font par l'intermédiaire d'un professionnel. Les ventes entre particuliers représentent 40 %, et les 10 % restants sont des achats à des loueurs ou ceux de véhicules de démonstration. L'achat

d'une deuxième ou troisième voiture dans un ménage se fait plus souvent sur le marché de l'occasion, pour des raisons de coût mais aussi parce que son utilisation est moins fréquente et qu'elle n'a pas le même rôle statutaire. La conséquence est un vieillissement continu du parc automobile. L'âge moyen des véhicules a atteint 7,6 ans, contre 6 ans en 1985. La durée moyenne de détention par un même propriétaire est passée de 3,7 ans en 1990 à 4,6 ans en 2005.

Le parc automobile global continue de s'accroître ; il comprend 30 millions de véhicules, y compris les utilitaires légers (5 % de l'ensemble). Il se divise presque en trois tiers entre Peugeot Citroën (36 %), Renault (31 %) et les marques étrangères (33 %).

La forte augmentation du prix des carburants a entraîné une baisse du kilométrage.

Le budget automobile des ménages a connu en 2005 une hausse liée à celle du prix de l'essence. Pour une Renault Clio à essence achetée neuve, il représentait 4 591 €, dont 43 % de frais d'acquisition (incluant des frais finan-

L'occasion, une idée neuve

Évolution du nombre de voitures achetées, neuves et d'occasion (en milliers) et part des voitures d'occasion (en %)

	1980	1985	1990	1995	2000	2004
Voitures neuves	1 873	1 776	2 309	1 931	2 134	2 014
Voitures d'occasion	4 441	4 803	4 759	4 129	5 082	5 444
Voitures d'occasion de moins de 5 ans	-	-	52	43	40	41
– dont moins de 1 an	-	-	12	12	12	10
Voitures d'occasion de plus de 5 ans	-	-	48	57	60	59

CCFA

ciers de 4,9 %), 19 % pour le carburant, 14 % pour l'entretien, 11 % pour l'assurance, 10 % pour les frais de garage, 3 % pour les péages (FFAC). Le prix de revient varie selon les régions, avec un maximum de 4 844 € en Île-de-France et un minimum de 4 185 € en Bourgogne.

Le kilométrage annuel moyen est estimé à 11 000, contre près de 14 000 en 2002. Cette forte baisse est une façon pour les ménages de compenser en partie les effets de la hausse des carburants. Les distances sont 18 % plus élevées pour les hommes, l'utilisation urbaine étant plus fréquente chez les femmes. Les 25-34 ans sont ceux qui circulent le plus : 17 000 km en moyenne, contre moins de 11 000 km pour les plus de 65 ans. Le kilométrage varie selon la profession, de 18 000 km pour les cadres supérieurs et professions libérales à 12 000 km pour les inactifs. Près de la moitié des distances sont effectuées sur les routes, un cinquième sur les autoroutes, le reste en zone urbaine. Les possesseurs de modèles diesel roulent environ un tiers de plus que ceux qui ont des voitures à essence. Le covoiturage, qui permet de partager les coûts entre plusieurs personnes (notamment pour se rendre au travail, mais aussi pour de longs trajets) reste peu pratiqué en France, hors quelques étudiants et jeunes actifs.

Le kilométrage moyen au compteur pour l'ensemble du parc a en revanche augmenté de façon spectaculaire : il est désormais proche de 100 000 km, contre 65 000 km en 1990. Cette évolution a débuté vers 1992 ; elle s'explique par l'amélioration de la qualité et de la durabilité des véhicules et la part croissante des modèles diesel (voir ci-après).

● 39 % des enfants se rendaient à l'école en voiture en 2004, contre 22 % en 1985.

Vue sur le parc

Caractéristiques principales du parc automobile des ménages (en %, sauf indication contraire)

	1990	2004
Parc total (en millions)	**23,0**	**30,0**
Âge moyen du parc (en années)	**5,8**	**7,6**
Répartition du parc par groupe automobile (en %)		
– Renault	33,3	31,0
– PSA Peugeot Citroën (y compris Talbot)	38,3	36,3
– marques étrangères	28,4	32,6
Répartition du parc par puissance fiscale (en %)		
– 2 et 3 CV	3,4	-
– 4 et 5 CV	38,4	43,6
– 6 et 7 CV	47,1	47,2
– 8 CV et plus	12,8	9,3
Répartition du parc par gamme (en %)		
– petites voitures	39,4	44,5
– moyenne inférieure	20,8	31,2
– moyenne supérieure	26,0	16,8
– haut de gamme	8,7	6,4
– divers	5,1	1,1
Part de voitures achetées neuves (en %)	50,4	40,3
Répartition du parc par carburant utilisé (en %)		
– super sans plomb	15,5	47,6
– super plombé - ARS	62,9	5,0
– essence ordinaire	4,1	-
– GPL - GNV	0,1	0,5
– gazole	17,4	46,9
Kilométrage au compteur (en km)	69 500	99 530
Part des véhicules utilisés tous les jours ou presque tous les jours (en %)	75,1	76,9
Part des véhicules utilisés pour le trajet domicile-travail (en %)	55,4	56,0

CCFA

La puissance moyenne des voitures diminue.

Les achats de voitures de très grosse cylindrée (plus de 10 CV) avaient été multipliés par près de six entre 1984 et 1989. On assiste au contraire depuis 1990 à une inversion de tendance. Les voitures de 8 CV et plus ne représentaient plus que 9 % du parc en 2004, contre 18 % en 1980. La part des moyennes cylindrées (6 et 7 CV) est restée stable à 47 %. Mais c'est celle des 4 et 5 CV qui a le plus progressé, de 23 % en 1980 à 44 %. Enfin, la part des

181

plus petites cylindrées (2 et 3 CV) est devenue insignifiante : moins de 1 % contre 12 % en 1980. Le poids croissant des voitures diesel, dont la puissance fiscale est inférieure, explique en partie cette évolution.

Près de la moitié du parc automobile français est ainsi concentrée dans les « petites voitures » selon la nomenclature adoptée par les constructeurs (44 % contre 38 % en 1985). La gamme moyenne inférieure regroupe 31 % de l'ensemble (20 % en 1985), contre 17 % pour la gamme moyenne supérieure (24 % en 1985, mais 26 % en 1990). Le « haut de gamme » ne compte plus que pour 6 %, contre 17 % en 1985. La cylindrée moyenne des voitures achetées en 2004 était de 1 724 cm^3 en France contre un maximum de 1 988 en Suède et un minimum de 1 526 au Portugal (au sein de l'Union européenne à quinze). La baisse de la puissance moyenne et la diésélisation sont illustrées par la consommation de carburant en France : 5,9 litres aux 100 km en 2005 (comme en Espagne et en Italie), contre 6,4 en moyenne dans l'Union européenne. Elle atteint un maximum de 8,1 en Suède et un minimum de 5,7 au Portugal.

Les Français recherchent des voitures compactes, maniables, pas trop chères et peu gourmandes en carburant. C'est pourquoi ils achètent de plus en plus de petits modèles (moins de 4 mètres), plutôt urbains, qui consomment quelque 5 litres aux 100 km et coûtent environ 10 000 €. Ce type de voiture représente plus d'un tiers (37 %) des achats. Après l'engouement pour les monospaces, ces voitures d'entrée de gamme sont de nouveau proposées par les constructeurs, avec des équipements que l'on ne trouvait auparavant que sur les grandes : vitres électriques, verrouillage centralisé, direction assistée, airbags, freinage ABS...

Un diesel, sinon rien

Évolution de la part du diesel dans les immatriculations de voitures neuves (en %)

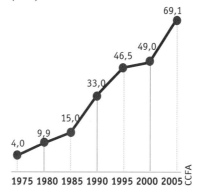

Une voiture sur deux est un modèle Diesel.

Longtemps réservé aux camions et aux taxis, le moteur Diesel a conquis les particuliers, du fait de sa moindre consommation, de sa durée de vie plus longue et de l'écart de prix entre le supercarburant et le gazole. Les modèles diesel représentaient 47 % du parc automobile en 2004, contre 49 % en 2000 (16 % en 1990, 4 % en 1980 et 1 % en 1970), ce qui constitue le taux le plus élevé en Europe. En 2005, 69 % des immatriculations de voitures neuves étaient des diesels, contre 49 % en 2000. La France était cependant dépassée par le Luxembourg (75 %) et la Belgique (73 %).

Afin de réduire la pollution due aux particules rejetées dans l'atmosphère, les constructeurs ont mis au point des moteurs plus propres, et les pots catalytiques sont devenus obligatoires. Mais les voitures françaises restent parmi les moins équipées d'Europe dans ce domaine. La moitié des voitures roulent à l'essence sans plomb (48 %),

5 % au super plombé, les autres au gazole ; l'essence ordinaire n'est plus utilisée. Les achats de véhicules roulant au GPL (gaz de pétrole liquéfié) représentent moins de 1 % des immatriculations annuelles.

La part des berlines diminue.

Les berlines n'ont représenté que 58 % des achats de voitures en 2005, contre 81 % en 1987. Elles sont de plus en plus concurrencées par des voitures à vocation plus familiale, notamment les monospaces. Ceux-ci constituent en France une catégorie récente, inaugurée par Renault dans les années 80 avec l'Espace. En rupture avec les modèles traditionnels, ils se caractérisent par leur modularité et leur convivialité. Ils ont représenté (tous types confondus) 26 % des achats en 2005, un niveau plus élevé que la moyenne européenne (19 %).

Une nouvelle génération de monospaces est apparue en 2000, celle des compacts, avec des dimensions horizontales (largeur et longueur) réduites, mais une hauteur maintenue, ce qui donne une impression d'espace et une meilleure accessibilité. Plus urbains, plus ludiques et moins chers, ils sont adaptés aussi bien à de jeunes couples modernes qu'à des retraités soucieux de leur confort. On a vu plus récemment arriver les minispaces et même les microspaces (Modus de Renault, Wagon R Suzuki, Colt de Mitsubishi, Matrix de Hyundai), dérivées des monospaces compacts et offrant une solution de rechange aux petites voitures ; leur part dans les immatriculations est passée de 7,6 % en 2004 à 9,4 % en 2005. Cette évolution s'est faite au détriment des monospaces haut de gamme (2,3 %) et des compacts (13,7 %).

D'abord concurrencés par le développement du monospace, les modèles

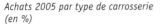

Monos, minis et combis

Achats 2005 par type de carrosserie (en %)

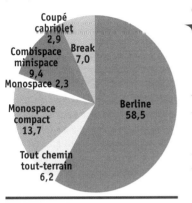

4 x 4 (tout chemin, tout-terrain) ont retrouvé depuis quelques années une forte croissance, qui se produit aussi au détriment de la berline. Leur part était en moyenne de 6,2 % des voitures neuves achetées en 2005 dans les pays de l'Union européenne, avec un maximum de 9 % en Suède et un minimum de 0,3 % en Espagne ; les conditions de circulation, de climat et de relief expliquent en grande partie ces écarts. Les breaks bénéficient aussi d'une esthétique beaucoup plus affinée que par le passé, d'une motorisation performante et d'un niveau d'équipement élevé, avec des prix souvent comparables aux berlines. Leur pénétration en France est en croissance, mais ils représentent 7 % des immatriculations, contre plus d'un tiers en Suède, un cinquième en Allemagne ou au Danemark.

Les berlines sont aussi en concurrence croissante avec des modèles plus ludiques comme les coupés, les cabriolets ou les roadsters. Enfin, les voitures « récréatives » comme les « ludospaces » (véhicules à mi-chemin des utilitaires et des monospaces redessinés pour les particuliers, type Kangoo

de Renault ou Berlingo de Citroën) représentaient près de 4 % des immatriculations en 2005. Le plaisir et la « praticité » sont deux attentes fortes en matière automobile.

La relation a l'automobile est un révélateur social.

Dans les années 50, Roland Barthes voyait en elle un objet magique « consommé dans son image, sinon dans son usage » ; à la fin des années 60, Jean Baudrillard la décrivait comme « une sphère close d'intimité mais d'une intense liberté formelle ». Elle est devenue pour Régis Debray le symbole de « l'idéologie libérale de la privatisation du bonheur, de la concurrence et du libre choix individuel », alors que le train serait « social-démocrate », le vélo « libertaire protestant alternatif » (et la péniche « écolo girondine »)…

Dans son usage quotidien (trajets pour se rendre au travail ou utilisation personnelle), l'automobile est certes au service de l'individualité. Comme son nom l'indique, elle est le résultat du compromis entre la volonté d'autonomie et le besoin de mobilité. Grâce à la technologie, elle est de plus en plus « communicante » et permet d'être relié au monde tout en lui étant extérieur. Elle constitue aussi un moyen de défoulement de l'agressivité accumulée à l'égard de la société, favorisé par la protection de l'habitacle. Mais la fonction de convivialité est très présente dans les usages de loisir, comme en témoigne le succès des monospaces.

Le rapport des Français à la voiture est ambigu et schizophrène. Lorsqu'ils sont au volant, ils jugent l'automobile nécessaire et fustigent tout ce qui entrave son usage : embouteillages ; travaux ; couloirs de bus ; limitations de vitesse ; difficultés de stationnement ; comportements insupportables

des autres conducteurs. Lorsqu'ils ne sont plus à bord, ils dénoncent les conséquences du « tout automobile » sur la vie quotidienne : bruit ; pollution ; insécurité ; accidents… Si l'automobiliste est un « piéton remonté dans sa voiture » (Pierre Daninos), il est aussi doué d'une grande capacité d'oubli dès qu'il a mis le contact.

La voiture reste un attribut du standing, mais elle est de plus en plus considérée comme un moyen de se transporter et de se faire plaisir. Le rapport que les Français entretiennent avec elle est donc en train de se transformer, dans un sens à la fois plus utilitaire et plus personnel. Dans ce contexte, la jouissance devient plus importante que la possession.

L'univers automobile s'est féminisé.

L'apparition du monospace à la fin des années 80 avait été un révélateur du « changement de sexe » qui s'opérait dans la société, avec la prise en compte de l'émergence des valeurs féminines. Contrastant avec le 4 x 4 carré, agressif et très masculin, le monospace se caractérisait par sa forme de cocon, sa convivialité, son confort et son habitabilité. La facilité de conduite et les aspects pratiques (espace pour les enfants, volume du coffre pour les courses, bacs et tablettes de rangement…) sont ainsi devenus des critères de choix aussi importants que la puissance du moteur. Sur un total de 26 millions d'automobilistes, on compte aujourd'hui 11 millions de conductrices. La part des permis de conduire délivrés aux femmes est de 45 %. Leur avis sur l'achat du véhicule principal ne se limite plus au choix de la couleur ; elles représentent entre 30 et 40 % des achats de véhicules neufs, selon les marques. Sous leur impulsion, les constructeurs ont dû au fil

183

des années modifier leurs conceptions, en donnant aux nouveaux modèles des formes plus arrondies et en développant de nouveaux arguments de vente dans la publicité.

Les femmes ont depuis brouillé les cartes. On en voit de plus en plus au volant de grosses 4 x 4, alors que les hommes sont de plus en plus nombreux à conduire de petites cylindrées. C'est peut-être pourquoi la boîte de vitesses automatique, qui induit une autre relation à la voiture, n'a pas encore été vraiment adoptée en France. La voiture reste un outil d'affirmation de soi.

La sécurité et le confort sont prioritaires.

L'émergence des « valeurs féminines » (sécurité, convivialité, sens pratique, pacifisme, modestie…), associée aux difficultés de circulation et aux nouvelles réglementations, a relégué l'idée de vitesse au second plan dans le choix d'une voiture. D'autant que les performances mécaniques des modèles se sont banalisées et qu'elles sont rarement utilisables dans les conditions normales (et légales) de circulation. Le confort et la sécurité sont donc devenus des motivations croissantes.

Les constructeurs ont fait des efforts pour répondre à ces nouvelles demandes. La surface vitrée s'est accrue, l'habitacle a été repensé, la climatisation a fait son apparition et la canicule de l'été 2003 a montré son utilité. Les progrès de l'électronique ont permis de développer la sécurité active, qui assiste le conducteur en cas de problème (freins ABS, tenue de route…). La « technologie embarquée » participe aussi au confort et au plaisir. Elle permet de connecter la voiture au monde extérieur : autoradio, téléphone, système de guidage électronique, jeux vidéo, lecteur DVD, ordinateur, téléviseur. Le GPS, qui permet

L'automobile de demain

Comme elle l'a fait tout au long de son histoire, la voiture continuera d'intégrer les progrès de la technologie, avec notamment une place croissante pour l'« électronique embarquée ». Mais la *technomobile* imaginée par les ingénieurs ne sera adoptée que si elle est adaptée, tant à l'évolution de ses utilisateurs qu'à celle de son environnement. Les attentes de mobilité vont changer en même temps que les modes de vie urbains et néoruraux (p. 57), les effets induits des 35 heures (p. 384), l'élargissement de la famille (p. 137), la multidimensionnalité des individus (p. 192). L'avenir est donc surtout à l'*égomobile*, qui offrira des solutions personnalisées à ses utilisateurs et qui sera modulable en fonction de besoins ou d'envies différents selon les moments de la journée, les jours de la semaine ou les périodes de l'année.

On peut établir un parallèle entre la voiture et le corps (p. 17). Comme lui, elle est à la fois une enveloppe (de protection), un outil (de mobilité), une vitrine (du statut social) et un miroir

(de l'identité de l'utilisateur). Elle est un prolongement du corps, une prothèse qui en améliorera de plus en plus les capacités. On pourrait parler à son propos de *biomobile*. Il existe aussi un parallèle entre la voiture et le logement. Les nouvelles fonctions de l'une et de l'autre sont en effet semblables : information ; communication (interactive) ; divertissement ; convivialité ; travail ; refuge (p. 166). C'est pourquoi d'ailleurs la voiture sera de plus en plus une résidence secondaire, une *domobile.*

Enfin, la voiture devra être en harmonie avec son environnement. Pour ses utilisateurs, elle ne devra pas constituer un danger. Elle ne devra pas non plus en être un pour la qualité de la vie dans les villes, pour le climat ou pour la survie de la planète. L'automobile de demain sera donc aussi *écomobile.* Elle devra réconcilier des demandes apparemment contradictoires entre rapidité et sécurité, fonctionnalité et esthétique, masculin et féminin, propriété et usage. L'hybridation, dont on parle aujourd'hui à propos des moteurs, est un concept plus général et porteur d'avenir.

un guidage automatisé vers la destination, est de plus en plus apprécié. Les modes de communication et les loisirs pratiqués à domicile sont désormais disponibles en déplacement, ce qui fait de la voiture un prolongement naturel du logement.

Les achats de motos ont connu une reprise de leur croissance…

L'intérêt pour la moto avait beaucoup diminué pendant la première moitié des années 80. Cette désaffection s'était traduite par une division par deux des achats entre 1981 et 1985. Elle avait

été suivie d'un redressement jusqu'en 1990, puis d'une rechute rapide jusqu'en 1995. La création de nouveaux permis correspondant à de nouvelles classifications administratives avait notamment porté un coup très dur à la catégorie des 125 cm^3 ; les achats étaient passés de 75 000 en 1980 à 18 000 en 1995. Le changement de législation ayant eu lieu en juillet 1996 a autorisé la conduite de ces motos à tous ceux qui détenaient le permis A. Il s'est traduit par une très forte hausse des achats, qui ont plus que doublé depuis 1996, pour approcher 200 000 en 1999. Trois années de baisse avaient suivi, de 2000 à 2002.

La reprise de 2003 a été confirmée en 2004. Les Français ont acheté 184 000 motos neuves. La quasi-totalité (95 %) sont importées. Yamaha, Honda, Suzuki et le nouveau venu Piaggio comptent pour les deux tiers des achats. Peugeot et MBK sont les deux seules marques françaises ; leurs ventes représentent au total 4 % des achats. La part des motos dites « légères » (moins de 125 cm^3) dans le parc était de 39 % en 2004 contre 47 % en 1990.

Les nouveaux motards tendent à être plus âgés. On trouve parmi eux des quadragénaires urbains en quête de gain de temps, qui sont souvent des « repentis » de la voiture. La mythologie attachée à la moto n'a cependant pas disparu, comme l'atteste l'intérêt pour les motos anciennes. Mais les motivations actuelles sont moins liées à la volonté de rébellion qu'au désir d'être plus efficace dans ses déplacements. La recherche de la sécurité et du confort domine celle de la vitesse. Les femmes représentent plus de 10 % des nouveaux titulaires de permis moto.

En Europe, les Italiens sont de très loin les plus gros acheteurs de motos, avec environ 400 000 par an, devant les Allemands (plus de 200 000). Les Français arrivent en troisième position, un peu avant les Britanniques (120 000).

... et ceux de cyclomoteurs se sont écroulés au profit des scooters.

Comme ceux de motos, les achats de cyclomoteurs ont diminué au cours des cinq dernières années : 166 000 en 2004 contre 196 000 en 1999. Ils avaient même atteint 220 000 en 1996. Le parc de cyclomoteurs traditionnels a été divisé par cinq depuis 1990 : seulement 417 000 en 2004 contre 2 millions il y a quinze ans.

La moto redémarre

Évolution des immatriculations et du parc de deux-roues motorisés

	1990	1995	2002	2005
Total immatriculations neuves	342 340	302 447	334 878	350 224
– cyclomoteurs	219 164	218 198	166 124	153 606
– motocyclettes	123 176	84 249	168 754	196 618
Parc en circulation	2 933 000	2 289 000	2 441 000	2 480 000
– cyclomoteurs	2 186 000	1 562 000	1 387 000	1 303 000
dont scooters	*151 000*	*441 000*	*696 000*	*743 000*
– motocyclettes	747 000	727 000	1 054 000	1 177 000
dont plus de 125 cm^3	*393 000*	*460 000*	*645 000*	*710 000*

Chambre nationale syndicale des motocycles

La mob ne séduit plus les jeunes, qui la trouvent sans doute « ringarde », trop lente et peu valorisante. Mais l'apparition des cyclomoteurs à boîte mécanique au milieu des années 90 a entraîné un transfert des achats ; près de 200 000 sont aujourd'hui en circulation ; ils représentent 14 % du parc de cyclomoteurs.

Cependant, ce sont les scooters qui connaissent depuis une quinzaine d'années le plus de succès dans la catégorie. Ses adeptes sont souvent des urbains à la recherche d'un moyen de transport rapide, pratique, confortable et assurant une meilleure protection contre les intempéries que la moto. En 2004, ils représentaient plus de la moitié du parc de cyclomoteurs (54 %).

Comme pour la moto, 1996 avait été l'année de la reprise pour le scooter, avec 16 000 immatriculations, essentiellement des modèles de 125 cm^3. Mais on était encore loin des ventes des années 70. Les modèles de 100 cm^3 apparus en 1997, en remplacement des 80 cm^3 boudés par les acheteurs, ont contribué à la relance du marché. Les maxi-scooters, modèles récents de plus grosse cylindrée, connaissent aussi un engouement croissant. Leur succès (qui reste très en deçà de celui que l'on peut observer en Italie) s'explique par le confort, la facilité de conduite et l'équipement. Ils concernent notamment les professions libérales et les urbains nomades, qui voient là un compromis entre voiture et moto.

Le vélo devient un mode de déplacement.

14 % des Français disent se servir d'un vélo pour se déplacer, au moins occasionnellement, 4 % de façon régulière. C'est le cas notamment d'au moins 2 millions de citadins. Certaines grandes villes ont fait des efforts pour leur faciliter la vie : pistes cyclables ; garages, etc. À Lyon, des bicyclettes sont en accès libre, par un système de prêt-location ; 7 000 personnes se rendent ainsi à leur travail, à des rendez-vous ou vont faire leurs courses, pour une durée moyenne d'utilisation de 20 minutes et sur une distance de 2,8 km. À Paris, le nombre de cyclistes a augmenté de 40 % depuis 2001. En milieu rural, le vélo est le deuxième mode de déplacement, après la voiture mais devant la marche et les transports en commun.

Ce moyen de transport individuel est rapide, peu coûteux et présente un

185

intérêt indéniable pour la santé (une demi-heure de vélo diviserait par deux les risques de maladies cardio-vasculaires). Il offre d'autres avantages pour la collectivité : zéro pollution ; zéro bruit ; zéro énergie consommée (hors celle dépensée par le cycliste) ; zéro agressivité. Dans une vision psychanalytique des moyens de transport, on pourrait opposer le « vélo écolo maso » à l'« auto macho sado ».

L'usage du vélo concerne entre 13 % et 19 % des catégories d'âge jusqu'à 65 ans. Il diminue ensuite, mais sans disparaître : 9 % entre 65 et 74 ans, 8 % au-delà de 75 ans. Il constitue un mode de transport plutôt masculin (17 % contre 12 %), sauf parmi les jeunes : entre 18 et 25 ans, les femmes sont presque deux fois plus nombreuses que les hommes (16 % contre 9 %).

En 2004, les Français ont acheté 3,5 millions de vélos, dont 40 % pour enfants, 37 % de VTT, 20 % de vélos urbains ou tout chemin. La France est en deuxième position en Europe, derrière l'Allemagne pour le nombre de vélos. Elle occupe la troisième en ce qui concerne le taux de possession, avec 5 vélos pour 100 habitants, derrière les Pays-Bas (8) et l'Allemagne (6). L'engouement actuel devrait se poursuivre, si l'on en juge par la proportion croissante de Français qui souhaiteraient se déplacer à vélo : environ un sur cinq. Le risque d'accident, plus élevé qu'en voiture (mais moins qu'à moto) se réduit au fur et à mesure que la part des vélos s'accroît. Quant au

● À Paris, on a compté 31 % de cyclistes supplémentaires en 2003, une augmentation favorisée par les grèves des transports en commun, un temps favorable et la mise en service de 27 km de voies cyclables.

risque de vol, réel (400 000 par an), il peut être réduit par l'usage d'antivols solides et la présence d'arceaux de parking dans les rues.

Animaux familiers

Un ménage sur deux possède un animal familier.

26 % des ménages ont au moins un chien, 26 % au moins un chat (FACCO/Sofres, 2004). Aux 18 millions de chiens et chats s'ajoutent quelque 35 millions de poissons (présents dans 12 % des foyers), 7 millions d'oiseaux (5 % des foyers), 4 millions de lapins nains, hamsters ou cochons d'Inde (6 % des foyers). Parmi les NCA (nouveaux animaux de compagnie), on compte en outre environ 1 million de serpents et autres reptiles. La présence d'animaux familiers, qui s'était surtout accrue pendant les années 70, a peu varié depuis une dizaine d'années. Mais la multipossession est de plus en plus fréquente : 21 % des foyers ont au moins deux chiens, contre 19 % en 2000.

Le nombre d'animaux continue d'augmenter avec la population et le nombre de ménages : on compte aujourd'hui un peu plus de 18 millions de chiens et chats, contre 16 millions en 1997. La France occupe la première position en Europe, devant le Royaume-Uni (14 millions de chiens et chats) et l'Italie (12 millions). En proportion d'animaux par rapport à la population, elle se situe cependant derrière la Belgique, à égalité avec l'Irlande.

Si les chiens et chats restent les animaux préférés des Français, d'autres

animaux familiers ont trouvé leur place. Le nombre des poissons est notamment en forte hausse (il n'était que de 28 millions en 2002). C'est le cas aussi des rongeurs et lagomorphes ; leur présence est plus fréquente dans le Nord et l'Est, mais 24 % des foyers possesseurs habitent le Bassin parisien. On constate une augmentation chez les moins de 35 ans, qui représentent désormais 29 % des possesseurs. Les oiseaux sont en revanche moins nombreux (1 million en deux ans). En moyenne, chaque foyer possesseur compte 5,2 oiseaux. Les couples de moins de 35 ans représentent 16 % des possesseurs. La pénétration est plus élevée dans les zones rurales et les villes de moins de 100 000 habitants (7 %) et, surtout, dans le Nord (11 %). Les oiseaux sont présents dans 7 % des foyers de 3 ou 4 personnes et dans 12 % des foyers de 5 personnes et plus.

Les chiens sont surtout présents en milieu rural.

Le nombre de personnes au foyer est déterminant : 29 % des foyers possesseurs de chiens comptent 4 personnes et plus, c'est-à-dire à la fois des adultes et des enfants. La possession d'un jardin est également importante : 73 % des maîtres vivent en maison individuelle avec un jardin, 13 % en appartement avec un balcon ou une terrasse. On trouve donc logiquement plus de chiens à la campagne qu'en ville : 39 % dans les foyers ruraux contre 20 % dans des agglomérations de 2 000 à 20 000 habitants (13 % en agglomération parisienne). Le taux de possession en Île-de-France est en baisse de 2 points, en particulier dans l'Est et l'Ouest. Cette baisse, également visible sur le pourtour méditerranéen, pourrait s'expliquer par une évolution des structures des foyers vivant dans

Des animaux et des hommes

Taux de possession d'animaux familiers (2004, en % des ménages et en millions)

Ménages possédant des animaux domestiques (2004, en %)	**51,1**
– au moins un chien	26,3
– au moins un chat	25,9
– au moins un poisson	11,6
– au moins un rongeur	6,1
– au moins un oiseau	5,2
– au moins un chat ou un chien	3,6
– au moins un chat et un chien	8,7
Nombre d'animaux familiers en France (2004, en millions)	**63,7**
– poissons	35,9
– chats	9,4
– chiens	8,5
– oiseaux	6,6
– lapins et rongeurs	3,3

ces zones. On constate une stabilisation, voir une légère hausse dans le Sud-Est après le fléchissement des dernières années.

L'âge du chef de ménage est aussi un facteur déterminant pour la possession d'un chien. Le taux de possession de chiens est de 15,3 % parmi les 65 ans et plus, de 33,8 % chez les 45-54 ans. Il a augmenté jusqu'à 32 % chez les 35-44 ans. Il est de 28,5 % chez les 55-64 ans. Seuls 22 % des moins de 35 ans ont un chien, et la tendance est à la baisse.

Parmi les races canines les plus répandues arrivent en tête le caniche, le labrador et le yorkshire-terrier. le berger allemand, longtemps premier dans le cœur des Français, est aujourd'hui au 5e rang juste après l'épagneul breton. Dans un cas sur deux, le chien a été acheté.

Les chats sont plus nombreux que les chiens...

Pendant longtemps, les chiens ont été majoritaires dans les foyers français. Une inversion s'est produite au début des années 90. On comptait près de 10 millions de chats en 2004 (contre un peu moins de 9 millions en 2002) pour 8,5 millions de chiens. Cette évolution concerne la majorité des pays du nord de l'Europe. La présence croissante des chats s'explique d'abord par la concentration urbaine ; l'absence d'un jardin rend plus difficile la possession d'un chien. De plus, le rythme de vie des citadins ne leur permet guère de consacrer du temps à la promenade d'un chien, d'autant que la pollution canine est de plus en plus mal perçue dans les villes. Une autre cause importante est l'augmentation du nombre de foyers de personnes seules (p. 109) ; le chat, plus indépendant, est bien souvent pour elles le compagnon idéal. Elle est aussi liée à la multipossession (1,6 chat par foyer possesseur, contre 1,3 chien). Enfin, le coût d'entretien d'un chat est inférieur à celui d'un chien. La découverte de chats morts de la grippe aviaire depuis le début 2006 a amené certaines personnes à se séparer de leur animal.

Le choix du chat ou du chien comme animal de compagnie n'est pas seulement lié à des considérations de place ou de coût. Le chat est le symbole de la liberté et de l'indépendance, valeurs auxquelles sont particulièrement attachés les enseignants, les fonctionnaires et les membres des professions intellectuelles. L'image du chien est plutôt associée à la défense des biens et des personnes ainsi qu'à l'ordre, valeurs souvent jugées importantes par les commerçants, artisans, policiers, militaires, contremaîtres...

... et plus présents dans les villes.

On retrouve chez les possesseurs de chats les mêmes critères d'âge et de composition familiale que pour les chiens. La répartition géographique est en revanche sensiblement différente : ils sont de plus en plus nombreux en région parisienne (20 % contre 16 % en zone rurale). Plus globalement, on constate une présence croissante dans toutes les tailles d'agglomérations, y compris les plus grandes villes, alors que le chien y est en légère régression. Les chats sont plus nombreux dans les régions situées à l'est (environ 25 %) alors que la population canine y est stable. Le taux de possession augmente chez les 35-44 ans.

67 % des Français déclarent aimer les chats. Ils sont en grande majorité trouvés ou reçus gratuitement (93 % des cas) alors que les chiens sont davantage achetés (50 %). Il faut dire qu'aujourd'hui le chat de race ne représente en France que 5 % de la population féline. La très grande majorité des chats sont des animaux « de gouttière ». Un sur trois ne sort jamais de l'appartement ou de la maison ; cette sédentarité explique l'apparition de certaines pathologies : pertes de poils ; régurgitations ; obésité ; difficultés digestives...

Les animaux jouent un rôle affectif et social...

Les fonctions traditionnellement dévolues aux animaux telles que la garde de la maison et la protection de ses occupants (pour les chiens) ou la dératisation (pour les chats) n'ont pas disparu. Mais les motivations des foyers possesseurs sont bien davantage d'ordre affectif. Elles peuvent être liées à la présence d'enfants pour certaines familles… ou à leur absence, pour les personnes âgées vivant seules ou en couple. Il existe souvent par ailleurs une justification écologique, car le contact avec les animaux permet de se sentir plus proche de la nature et des autres espèces vivantes.

Les chiens, chats, hamsters ou tortues sont un moyen de faire éclore chez les enfants des sentiments de tendresse qui pourraient être autrement refoulés. Les animaux familiers aident à la socialisation et participent au développement de la personnalité. L'attirance des enfants pour les animaux se traduit traditionnellement par leur intérêt pour les animaux en peluche. Cet intérêt est d'ailleurs de plus en plus partagé par les adultes, qui manifestent ainsi un besoin d'affection et de compagnie et cherchent inconsciemment des moyens de retourner en enfance. De nombreux adultes considèrent aussi les animaux comme des compagnons avec lesquels ils peuvent communiquer et, le cas échéant, partager leur solitude.

L'animal familier joue également un rôle dans les relations sociales, dans la mesure où il est un prétexte à la rencontre, à l'échange, à la convivialité. Dans la rue, des personnes se parlent plus facilement si elles promènent leur chien que si elles sont seules. L'animal est aussi un prétexte pour se parler entre voisins, se rendre des services. Il peut être aussi un motif de conflit.

… voire thérapeutique.

Des études montrent que la présence d'animaux familiers peut améliorer la qualité de la vie humaine et avoir dans certains cas des effets thérapeutiques ou socio-éducatifs (TFA, ou thérapie facilitée par l'animal). C'est le cas notamment pour des enfants autistes, des malades mentaux, des personnes âgées, des marginaux ou des délinquants en cours de réhabilitation.

D'une façon générale, les possesseurs d'animaux feraient plus d'exercice physique que les autres et bénéficieraient d'un meilleur équilibre psychologique. On constate aussi une moindre fréquence des fractures du col du fémur chez les personnes âgées concernées.

Les liens qui se tissent entre l'homme et l'animal entraînent souvent une véritable osmose. La présence d'un chien ou d'un chat peut aider certaines familles ayant des rapports conflictuels à retrouver des relations plus équilibrées. On observe d'ailleurs que l'existence de ces difficultés familiales rejaillit parfois sur l'animal. Elle peut être à l'origine d'une obésité ou de maladies dermatologiques ; les pathologies disparaissent lorsqu'on a soigné les maîtres. D'une façon générale, l'animal familier est une source de bien-être. Il sert souvent de médiateur et apporte une relation apaisante dans un contexte social générateur d'angoisse et de stress. Il est aussi un révélateur des émotions et des personnalités dans un processus de « double empreinte » qui permet la communication et l'interaction entre les deux espèces en présence.

Les comportements des maîtres sont souvent anthropomorphiques.

Beaucoup de possesseurs d'animaux leur prêtent des comportements semblables à ceux des humains. Ils leur parlent de la même façon, interprètent leurs comportements comme s'ils étaient doués de la même logique et de la même appréhension du monde. Les évolutions dans les modes de vie des personnes se retrouvent donc souvent chez les animaux.

C'est le cas par exemple en matière d'alimentation. Le rayon hygiène-beauté pour animaux se développe parallèlement à ceux destinés aux

La peur du loup

Les fantasmes à l'égard des animaux sont ancrés dans la mentalité collective et resurgissent en certaines occasions. Les quelques loups réimplantés dans des régions françaises égorgent parfois un mouton ; ils alimentent les peurs ancestrales et la chronique des faits divers. C'est sans doute pour retrouver ces frissons que certains importent illégalement des boas, singes, iguanes ou lionceaux. Il ne se passe pas d'année sans qu'un animal sauvage soit aperçu quelque part par quelqu'un : une panthère prétendument échappée d'un cirque ; un orang-outan dans la Drôme, un lion dans les Corbières, un kangourou ailleurs… Les recherches effectuées sont le plus souvent vaines, ces animaux n'existant que dans l'imagination de ceux qui prétendent les avoir vus.

Malgré les progrès de la science, le statut de l'animal dans la société fait toujours l'objet des mêmes questions ; on se demande s'il a une conscience, une âme, des sentiments, une sensibilité à la douleur, s'il est acceptable de l'enfermer. Proche et différent, l'animal reste une énigme pour l'homme.

femmes et aux hommes : produits contre le tartre dentaire ou la mauvaise haleine, shampooings, parfums, lingettes ; antioxydants pour la longévité… Il existe aujourd'hui des bijoux pour chiens et chats, des restaurants spécialisés, des psychanalystes et même des offices religieux. Les téléphones portables pour chien (proposés aux États-Unis) arriveront peut-être en France : accrochés à leur cou et en forme d'os, ils se déclenchent automatiquement et un haut-parleur permet à l'animal d'entendre la voix rassurante de son maître.

Cet anthropomorphisme s'explique par le fait que les progrès de la civilisation n'ont pas fait perdre à l'homme sa dimension animale ; on la voit au contraire resurgir dans les comportements contemporains. Les sens, voire l'instinct, sont aujourd'hui valorisés dans une société qui a peur de l'intelligence humaine et des problèmes qu'elle engendre (pollution, menaces nucléaires, guerres, terrorisme...). Dans ce contexte, l'animal apparaît comme un être plus « pur » que l'homme, car incapable de cruauté. Il est paré de toutes les qualités et occupe une place croissante dans les familles. Pour les adultes et les enfants, il constitue un pôle de sérénité, de stabilité et de fiabilité. Lorsqu'un couple se brise, la question de la garde d'un animal est parfois presque aussi délicate que celle d'un enfant. La garde alternée n'est pas encore proposée.

Les animaux sont à l'origine de quelques nuisances.

Contrepartie de leur apport affectif ou sécuritaire, les animaux peuvent être à l'origine de quelques problèmes pour leurs possesseurs et pour leur entourage, ainsi parfois que pour l'ensemble de la collectivité. Les zoonoses, affections animales transmissibles à l'homme, tendent à se développer : teignes, gale, toxoplasmose, allergies... L'une des principales nuisances est sans doute celle liée aux excréments de chien qui polluent les villes et rendent la marche sur les trottoirs délicate. C'est le cas notamment à Paris, où quelque 200 000 chiens déposent plus de 10 tonnes d'excréments par an sur les 2 700 km de trottoirs et sont à l'origine de plusieurs centaines d'hospitalisations. Par ailleurs, le nombre des morsures de chien est estimé à plus de 500 000 par an ; près de la moitié concernent des enfants de

moins de 15 ans et une sur dix nécessite une hospitalisation. La plupart des morsures de chiens sont faites sur les enfants de la famille dans laquelle ils vivent. Les nuisances amenées par les chats étaient jusqu'ici limitées à des problèmes dermatologiques concernant des personnes allergiques aux poils. Il s'est ajouté en 2006 la crainte (infondée selon les spécialistes) d'une transmission de la grippe aviaire par des chats ayant été contaminés par des oiseaux sauvages ou domestiques porteurs du virus H5N1.

Les dépenses annuelles pour les animaux dépassent 4,5 milliards.

Les ménages consacrent chaque année un peu plus de 1,5 milliard d'euros en achats d'animaux. Ils consacrent près de 3 milliards d'euros à leur alimentation, aux accessoires et aux soins.

ALICAMENTS POUR ANIMAUX

Les progrès de l'alimentation animale ont suivi, parfois peut-être anticipé, ceux de l'alimentation humaine. L'amélioration de l'équilibre alimentaire a permis de combler certaines carences nutritionnelles (manque de zinc ou d'acides gras essentiels) et de lutter contre le rachitisme ou les dermatoses. Des produits spécifiques sont apparus pour la croissance, la gestation, la lactation, les animaux âgés ou les chiens de sport. Des aliments diététiques sont proposés pour les animaux obèses, atteints d'insuffisance rénale, de calculs vésicaux, d'insuffisance cardiaque, de diarrhée... Pour les plus fragiles, on trouve des laits antiallergiques, des ingrédients facili-

Les aliments industriels représentent 60 % des dépenses de nourriture. Le reste est réparti entre les achats de produits frais (viande, poisson...), qui comptent pour 25 %, et les restes de table accommodés (15 %). Plus de 90 % des familles ayant des animaux achètent des produits industriels au moins une fois par mois. Les dépenses annuelles se montent en moyenne à 140 € pour les chiens, 100 € pour les chats. Elles ont été multipliées par quinze depuis 1975 et 1995, mais restent inférieures à celles de la Grande-Bretagne, qui détient le record européen. On note un rééquilibrage entre les aliments humides (pâtées...) et les aliments secs (croquettes, flocons...) au profit de ces derniers : apparus sur le marché depuis le début des années 80, ils sont moins lourds et plus faciles à stocker. Il existe souvent un panachage entre ces deux types d'alimentation. Les achats de boîtes diminuent au

tant la digestion ou des fortifiants. Des aliments « physiologiques » incorporent des acides gras oméga-3, connus pour réduire les réactions inflammatoires et optimiser le fonctionnement cérébral. Des aliments spécifiques pour animaux sédentaires, comme les chats d'appartement, ont été mis au point afin de diminuer le risque d'embonpoint et de formation de calculs urinaires. L'évolution en matière de nutrition a par ailleurs permis d'améliorer la qualité du poil et sa couleur ainsi que la vivacité des animaux, même à un âge avancé. Comme celle des humains, la longévité des animaux familiers s'est accrue : 75 % des chiens et 46 % des chats morts en 2004 avaient plus de 9 ans : près de 60 % des chiens ont plus de 12 ans, contre 50 % en 1996.

profit des pochons, qui contiennent des portions repas et permettent une plus grande variété de l'alimentation.

Le souci de faire plaisir aux animaux, mais aussi de se faire plaisir, explique que les maîtres dépensent de plus en plus pour les compléments alimentaires (minéraux, vitamines...), les friandises, les produits d'hygiène-beauté (voir encadré), les accessoires et les jouets. Un chien sur trois et un chat sur deux reçoivent un cadeau pour Noël ou leur anniversaire.

On observe ainsi une montée en gamme des aliments, favorisée ou induite par l'offre des industriels. Les maîtres achètent à leurs chiens et chats des produits de plus en plus élaborés, voire « mitonnés ». Près de 90 % leur donnent des en-cas en cours de journée, contre 18 % en 1996. Comme chez les humains, ce grignotage peut entraîner un accroissement de l'obésité ; un quart des chats seraient ainsi en surpoids.

● *3 % des Français, possesseurs ou non d'un animal domestique, ont l'intention d'adopter un chien ou un chat.*

SOCIÉTÉ

LA VIE SOCIALE

GROUPES SOCIAUX

Les catégories sociales sont moins fondées sur la profession.

Les transformations de la société au cours des dernières décennies ont d'abord eu pour conséquence une décomposition des catégories sociales traditionnelles. La classe ouvrière a disparu, comme celle des agriculteurs. À l'intérieur de chacun de ces groupes, les modes de vie et les systèmes de valeurs se sont en effet diversifiés ; elles n'obéissent plus à des règles comportementales explicites ou implicites. La même remarque s'applique, à des degrés divers, aux commerçants et artisans ou aux membres des professions libérales. Avec l'apparition d'une vaste « classe moyenne » dans les années 60, issue de la période de croissance économique ininterrompue des « Trente Glorieuses » (1945-1975), le sentiment d'appartenance de classe est devenu moins fort.

Les groupes sociaux sont ainsi de moins en moins organisés autour de la profession, au sens des CSP (catégories socioprofessionnelles, définies par l'INSEE en 1954 et remaniées en 1982). Celles-ci ne font pas en effet la distinction importante entre les jeunes et les moins jeunes, entre les fonctionnaires et les salariés du secteur privé, entre les secteurs d'activité. Elles intègrent mal les nouveaux métiers et fonctions apparus depuis une vingtaine d'an-

nées, notamment dans le secteur des services. Elles sont en outre fondées sur la vie professionnelle, alors que le temps libre tient aujourd'hui une place prépondérante dans les vies individuelles (p. 94). Les 24 millions d'actifs occupés (hors chômeurs) ne représentent d'ailleurs que la moitié de la population française adulte (18 ans et plus) ; les autres figurent dans le groupe hétérogène des « inactifs ».

L'âge et le niveau d'éducation sont plus discriminants.

Parmi les critères sociodémographiques traditionnels, l'âge constitue encore souvent un facteur explicatif des opinions, des modes de vie et des appartenances. Il détermine assez largement la vision de la société et du monde, l'attitude plus ou moins favorable à l'égard des divers éléments constitutifs de la « modernité » : construction européenne ; mondialisation ; libéralisme économique ; nouvelles technologies... Ainsi, les plus jeunes se caractérisent globalement par un système de valeurs qui fait une large place à la reconnaissance de l'individu, au refus de la norme et à la tolérance à l'égard des comportements « différents » (p. 137). Ils ont une vision à la fois hédoniste et pragmatique de la vie ; leur rapport au temps est fondé sur le court terme et l'improvisation. À l'inverse, les personnes âgées sont plus hostiles au changement, à l'innovation technologique, la globalisation de l'économie ou la disparition des frontières. Elles continuent de planifier leur temps et sont préoccupées par l'avenir des générations. C'est pourquoi les cli-

vages en matière de vie familiale, de consommation, de pratiques de loisir ou même de comportement électoral s'expliquent souvent davantage par les différences d'âge que par celles de profession, de pouvoir d'achat, de statut matrimonial ou d'habitat.

Le niveau d'instruction est aussi un facteur de clivage entre les groupes sociaux d'importance croissante. La culture générale conditionne en effet largement la capacité à appréhender le monde et à se situer par rapport à lui. La possession de diplômes permet de trouver plus facilement sa place dans la société et de disposer d'un pouvoir d'achat plus élevé. On observe ainsi de forts écarts d'opinions et de valeurs selon le niveau d'éducation. Les personnes peu diplômées ont souvent une vision plus radicale et négative de la société. Elles font preuve d'une plus grande sympathie à l'égard de partis situés aux extrémités de la palette politique, à droite comme à gauche. Les personnes plus diplômées sont en moyenne plus favorables à la mondialisation, à l'ouverture européenne aux nouvelles technologies. Elles raisonnent davantage en termes d'occasions que de menaces, dans la mesure où elles profitent plus souvent des changements.

Les individus s'affirment multidimensionnels.

Toute personne est constituée de plusieurs dimensions et facettes qui se complètent ou s'opposent selon les phases de sa vie, mais aussi selon les moments de la journée, de la semaine ou de l'année. Tour à tour adulte et enfant, actif et oisif, observateur et acteur, exécutant et décideur, moderne et conservateur, élève et professeur, responsable et assisté, acheteur et vendeur, chacun change d'identité apparente en fonction de son humeur et de son environnement (professionnel, familial, social, médiatique...). Si l'on adhère à un système de valeurs cohérent (bien qu'évoluant tout au long de sa vie), on n'a pas les mêmes réactions ni les mêmes attentes selon que l'on se trouve sur son lieu de travail, chez soi ou en vacances.

Ces rôles multiples sont parfois difficiles à assumer. Ils peuvent même s'avérer épuisants lorsqu'ils s'écartent trop de l'identité réelle de celui qui les pratique. Les postures prises dans les différentes situations peuvent alors être ressenties par celui même qui les prend comme des impostures. Cette sensation peut être dans certains cas à l'origine d'une prise de conscience salutaire qui lui permettra d'être enfin « lui-même » et de s'accepter comme tel. Mais elle fait aussi parfois apparaître une trop grande distance entre le modèle et la réalité. Elle peut alors conduire à la dévalorisation de soi, parfois même au refus de soi. Ainsi, les pressions exercées par l'environnement sont souvent à l'origine de dépressions et de maladies psychologiques.

La multidimensionnalité est de plus en plus apparente dans les comportements des citoyens (p. 225) ou des consommateurs (p. 335). Elle est l'une des conséquences de la reconnaissance de l'individu, de la liberté croissante qui lui est accordée, de son éclectisme, parfois de son opportunisme, mais aussi de la disparition de ses certitudes.

Une recomposition de la société est en cours.

Les « classes moyennes », dont les membres avaient des comportements relativement homogènes, sont en train

d'exploser avec les bouleversements économiques, sociologiques et technologiques. On peut déceler dans la nébuleuse sociale actuelle la formation de quatre groupes principaux, qui tendent à se substituer aux anciennes classes.

Au-dessus de la société plane toujours ce qu'il est convenu d'appeler les « élites » de la nation. Mais le pouvoir économique, politique, social, culturel, intellectuel ou médiatique se déplace ; il est aujourd'hui aux mains d'une nouvelle aristocratie du savoir que l'on pourrait baptiser *cognitariat*. Ses membres sont patrons, cadres supérieurs, professions libérales, gros commerçants, mais aussi hommes politiques, responsables d'associations, syndicalistes, experts, journalistes, artistes, etc.

Au-dessous de ce groupe, une sorte de *protectorat* s'est constitué au cours des années de crise. Il est composé de l'ensemble des fonctionnaires, de certaines professions libérales peu menacées (pharmaciens, opticiens, huissiers, notaires...), d'employés et cadres d'entreprises du secteur privé non concurrentiel ou protégé (certaines spécialités médicales ou para-médicales, banque, assurance...). Il faut y ajouter la plupart des retraités et préretraités, dont la situation financière est le plus souvent correcte, en tout cas plus sûre et prévisible que celle de la plupart des actifs.

La classe moyenne a engendré vers le bas un *néoprolétariat* aux conditions de vie précaires. Car la société française n'est plus intégratrice ; elle tend aujourd'hui à marginaliser ses membres les plus vulnérables, membres de la « France d'en bas ». La partie la plus vulnérable de ce groupe est constituée des « nouveaux pauvres », exclus de la vie professionnelle, culturelle, sociale. On compte aussi parmi eux des actifs, souvent à temps partiel ou occasion-

nels, qui ne parviennent pas à joindre les deux bouts.

Les autres Français appartiennent à une *néobourgeoisie* composée de commerçants, petits patrons, employés ou même ouvriers qualifiés, ainsi que de représentants de professions libérales en difficulté (médecins, architectes, avocats...). Ils disposent d'un pouvoir d'achat acceptable ou confortable, mais restent vulnérables à l'évolution de la conjoncture économique et au bouleversement de la hiérarchie professionnelle.

La mobilité sociale est moins assurée.

L'un des aspects principaux du progrès social au XXe siècle est d'avoir donné à chaque citoyen la possibilité théorique d'accéder à toutes les positions sociales, tous les statuts. Un enfant né dans un milieu modeste peut avoir l'ambition légitime, s'il en a les capacités, de se hisser dans les catégories plus élevées de la hiérarchie. Ce principe égalitaire généreux se heurte dans la réalité aux différences initiales entre les individus et au système de reproduction des inégalités, apparent dès le plus jeune âge. Il est donc une source de frustration pour ceux qui ne parviennent pas à monter dans l'ascenseur social.

Ceux qui ont la chance de le prendre en tirent une fierté légitime, mais souvent de courte durée. Il reste en effet toujours des étages plus élevés à atteindre. Or la pyramide sociale est plus large en bas qu'au sommet, et le nombre de places diminue au fur et à mesure que l'on monte. Ceux qui restent bloqués à un étage intermédiaire en éprouvent souvent une forte déception. De plus, pour éviter que les étages élevés ne soient trop encombrés, l'ascenseur fonctionne aussi dans l'autre sens, celui de la descente. C'est

193

La « société du casting »

Au nom des principes d'égalité et de progrès, la société promet à chacun de ses membres qu'il a non seulement le droit mais la possibilité pratique de satisfaire ses désirs, de réaliser ses rêves, d'accéder à ce que le monde offre de meilleur dans tous les domaines. Chaque individu, chaque citoyen pourrait ainsi monter dans un « ascenseur social » ouvert à tous et accéder à tous les étages.

Cette promesse, généreuse, n'est pas tenue. Le nombre de places disponibles est de plus en plus limité au fur et à mesure que l'on s'élève. Ceux qui gravissent les étages doivent en principe présenter certaines caractéristiques personnelles, dont on constate qu'elles ne sont pas uniformément réparties : instruction ; compétence ; talent ; ambition ; volonté… Ils doivent disposer d'autres atouts : santé ; apparence physique ; réseau de relations. Enfin, il n'est pas inutile qu'ils puissent avoir de la « chance ». On peut d'ailleurs penser que c'est la chance (le hasard, la naissance…) qui est à l'origine de la plupart de ces atouts. La thèse est peu discutable en ce qui concerne les caractéristiques innées, notamment physiques et corporelles.

Elle est sans doute en partie vraie pour celles qui sont acquises, qui le sont souvent grâce à la chance, celle d'évoluer dans un milieu favorable ou d'avoir dans ses gènes les qualités permettant d'acquérir de nouvelles « qualités » (y compris physiques et corporelles).

À la promesse républicaine, socialement et moralement correcte et partiellement applicable dans les années fastes a succédé une prise de conscience moins agréable : les places sont chères et il faut pour les obtenir passer par des processus de *sélection*. Elle commence à l'école, se poursuit au travail, dans la vie affective et sociale. Si elle est moins apparente jusqu'au niveau du baccalauréat, elle se fait sentir dans l'enseignement supérieur, où les écoles et les universités choisissent (sans le dire pour ces dernières) les étudiants et laissent chaque année les autres au bord de la route. La sélection est encore plus brutale lors de l'entrée dans la vie active. Les différences individuelles s'accentuent ensuite tout au long des carrières, selon des critères qui ne sont pas seulement objectifs.

Le système global est donc fondé sur la compétition, et la société contemporaine est celle du *casting.* Comme à la télévision dans les émissions de télé-

réalité, elle établit en permanence des classements, choisit et élimine en permanence. Le principe est omniprésent dans la vie conjugale, affective, familiale, professionnelle, sociale. Chacun est à tout moment jaugé, jugé, comparé aux autres afin d'être retenu ou au contraire exclu. Jusqu'au prochain casting.

Avant la téléréalité, le mot *nomination* revêtait un sens plutôt positif. Il est aujourd'hui une façon socialement correcte de signifier « élimination ». Ceux qui ont la chance de franchir les étapes successives, voire de parvenir au sommet, en ressentent un bonheur extrême, lié au sentiment d'appartenir à une élite, dans le domaine qu'ils ont choisi. Le plaisir est d'ailleurs souvent de courte durée, car il faut ensuite franchir d'autres étapes ou simplement se maintenir au niveau atteint, ce qui requiert de l'énergie. Ceux qui sont rejetés de la sélection (généralement les plus nombreux) en éprouvent toujours de la déception, souvent de la frustration, parfois de l'humiliation. Rares sont ceux qui ont la sagesse de se réjouir du bonheur des autres et qui savent se contenter de ce qu'ils ont. Car il est aujourd'hui plus difficile que dans le passé d'accepter la place où l'on se trouve.

---

là d'ailleurs un aspect spécifique de l'époque que, pour la première fois sans doute dans l'histoire sociale, les jeunes ne sont pas assurés de connaître un « meilleur » destin que leurs parents.

La possibilité d'une ascension sociale constitue dans l'absolu un progrès indéniable. Elle implique que les Français ne se satisfont plus de la position qui leur a été attribuée par la naissance, les caractéristiques personnelles ou le sort. Mais elle ne constitue en rien une certitude, et elle est assortie de grandes frustrations ou déceptions. C'est pour-

quoi elle ne conduit pas dans la réalité à une satisfaction plus grande que l'obligation implicite de « rester à sa place » dans les générations précédentes. Cela ne justifie évidemment pas la situation antérieure, mais montre la limite de promesses égalitaires qui ne peuvent être tenues.

Les « tribus » sont des substituts aux classes sociales…

L'apparition de nouveaux groupes sociaux s'accompagne d'autres formes

d'appartenances. Comme les classes sociales, le « tribalisme » moderne est fondé sur le partage de valeurs ou d'opinions, mais surtout de modes de vie et de centres d'intérêt. Le regroupement peut ainsi s'effectuer à partir d'un goût commun pour un type de musique, un genre de cinéma, une discipline sportive ou toute autre activité de loisir spécifique. Il se manifeste de façon concrète par les lieux fréquentés, les modes d'habillement (vêtements et accessoires), la gestuelle, le langage spécifique, les héros et autres signes de reconnaissance. À la différence des tribus anciennes, celles d'aujourd'hui ne sont guère nomades, même si le mot est souvent utilisé pour décrire la mobilité contemporaine caractéristique d'*Homo zappens*. Elles se reconnaissent au contraire souvent par le lieu qu'elles occupent, qui est partie prenante de leur identité. Ainsi, les bobos se caractérisent par leurs quartiers d'habitation, les arrondissements chics et décontractés des grandes villes. Dans les banlieues, chaque tribu a aussi son propre territoire de vie, de jeu et d'action, qu'elle cherche à protéger. La mobilité est limitée aux déplacements permettant de se rendre dans les différents lieux d'activité et de rassemblement ; les tribus modernes sont en ce sens très sédentaires.

Le tribalisme peut aussi se produire dans le monde « virtuel » ; Internet est ainsi en train de devenir l'outil de rapprochement de tous ceux qui ont des caractéristiques personnelles ou des passions communes, quelles qu'elles soient. Ces tribus ne se définissent plus alors par les lieux d'habitation, puisque la proximité géographique n'est plus une condition pour communiquer et se réunir. Elles constituent en ce sens plutôt des *diasporas*, dont les membres peuvent être disséminés un peu partout dans le pays ou, plus largement, dans le monde.

Qu'elle soit urbaine ou périurbaine, la tribu représente avant tout un moyen d'intégration et d'appartenance. Elle est en contrepartie, et par construction, un facteur d'exclusion pour les autres. Sauf s'ils sont cooptés par les membres, au terme d'une procédure qui peut être longue et difficile.

... de même que les communautés, ...

La tribu regroupe généralement un nombre peu élevé de membres et elle

est souvent fondée sur plusieurs critères d'appartenance. La communauté est au contraire définie par un critère principal, souvent « socialement sensible », tel que la religion, l'ethnie, la couleur de la peau ou la préférence sexuelle. On parle ainsi des communautés juive, musulmane, immigrée, beur, noire, homosexuelle, etc. Le terme est utilisé à la fois pour évoquer les caractères qui les fondent et le respect auquel elles ont droit. Dans leur principe même, ces communautés partielles apparaissent peu compatibles avec le « modèle républicain », qui repose sur l'idée d'une « communauté nationale » qui ne se divise pas.

Le développement du communautarisme répond à la volonté de lutter contre les discriminations. Ses partisans défendent l'idée d'un multiculturalisme fondé sur la reconnaissance et sur l'acceptation des différences. L'émergence progressive d'une communauté homosexuelle est par exemple significative de cette évolution. Le communautarisme est également encouragé par certaines entreprises, qui pratiquent un marketing ethnique ou sexuel. L'approche n'est évidemment pas désintéressée, chaque communauté étant un marché potentiel, à la fois acheteur et prescripteur. On peut d'ailleurs penser que ce n'est pas le rôle des entreprises de s'engager ainsi sur le terrain idéologique, de participer à la recomposition sociale et d'expliquer aux Français comment ils vont devoir vivre ensemble. Le risque existe aussi d'exacerber les tensions entre les diverses communautés, dans une conjoncture sociale et politique difficile.

... les clubs et les réseaux.

À côté des tribus et des communautés, les clubs et les réseaux représentent d'autres modes d'appartenance, complémentaires ou concurrents. Leur

raison d'être est souvent pragmatique : permettre à leurs membres de progresser dans la vie, notamment professionnelle, et d'exercer une influence dans la société. On attribue ainsi aux francs-maçons un rôle important dans les instances de décision politique ou économique. Leur goût du secret fait qu'on les assimile parfois à une secte. L'image dégradée de ces réseaux s'explique par leur manque de transparence, le poids du « copinage » et de la cooptation ; c'est le cas par exemple des nominations aux conseils d'administration des grandes entreprises.

Dans cette évolution récente des niveaux d'appartenance, on note que le seul qui perde de l'importance est celui de la nation. Trop vaste pour que chacun puisse aujourd'hui y reconnaître ses propres valeurs, ses penchants, ses modes de vie. Trop restreint pour certains, du fait d'un transfert de souveraineté vers l'Europe. Trop éloigné de l'individu moderne pour qu'il puisse s'y épanouir. Trop difficile à définir dans le contexte actuel de fragmentation de la société. Pour toutes ces raisons, le modèle républicain apparaît assez mal en point. Concurrencé par d'autres formes possibles d'appartenance, il ne correspond plus à l'époque, à la diversité des composantes de la nation, aux motivations individuelles et à l'esprit du temps. Il n'aura guère d'autre choix que de se renouveler ou de disparaître.

La société ne parvient plus à intégrer tous ses membres.

Le « modèle républicain » de la France s'est pendant longtemps caractérisé par sa volonté et son aptitude à intégrer chaque citoyen. Il utilisait pour cela les institutions républicaines : école, armée, système de protection sociale. Mais l'école peine aujourd'hui à remplir cette mission (p. 73), l'armée de conscription a disparu et le système de protection croule sous les dettes. Après avoir été soumise à des forces de type centripète, qui tendaient à maintenir ou ramener l'ensemble des citoyens à l'intérieur de la machine, la société française est aujourd'hui soumise à des forces centrifuges. Elles projettent un nombre croissant de personnes vers les marges et tendent à exclure certaines d'entre elles. Les individus concernés sont ceux qui ne disposent pas des atouts nécessaires pour assumer leur autonomie, prendre les bonnes décisions, maîtriser leur destin. Ces « maillons faibles » de la chaîne sociale souffrent d'un manque d'éducation ou de culture générale, de problèmes de santé, de handicaps physiques ou mentaux, d'une absence de réseaux relationnels, qui leur rend difficile de se mouvoir dans la société et de s'y développer. Comme dans les jeux de la « téléréalité » (p. 403), ils sont progressivement écartés par leur entourage et leur environnement, au terme d'une sélection qui est plus artificielle que naturelle. Comme la télévision, la société est devenue un gigantesque casting, dans lequel les processus de sélection se multiplient sur fond de discours égalitariste et de promesses non tenues.

La recomposition sociale s'accompagne d'une quête identitaire.

La difficulté actuelle d'appartenir à une catégorie sociale bien définie se double d'un questionnement sur l'identité nationale. Qu'est-ce qu'être français aujourd'hui ? Quels sont les fondements de l'appartenance à la communauté globale et en principe « supérieure » qu'est la France ? N'ayant pas de réponse précise et satisfaisante à apporter, de nombreux

L'enfer des autres

La « révolte des banlieues » qui s'est produite en novembre 2005 est une illustration de l'incapacité actuelle du modèle républicain à intégrer tous ses membres. Elle est d'abord la conséquence de la « peur de l'autre », celui qui est « différent » par sa religion, sa culture, son origine ethnique, sa couleur de peau, son degré d'éducation ou son pouvoir d'achat. Elle incite à l'éloigner dans des quartiers isolés, loin des villes. Elle renforce la tendance à rechercher son *semblable* plutôt que son complément et à se regrouper avec lui dans les mêmes lieux de vie. Les actifs se sont ainsi éloignés des chômeurs, les cadres des employés, les professions libérales des salariés, les travailleurs du secteur privé des fonctionnaires. La volonté croissante de choisir son environnement humain favorise un fort mouvement de cooptation que l'on peut voir à l'œuvre partout en France. Le communautarisme, dénoncé par la plupart des discours politiques et institutionnels, est ainsi une réalité dans la géographie sociale. Les villes et les banlieues se recomposent avec leurs quartiers musulmans, juifs, noirs, asiatiques ou homosexuels.

Le souci de sécurité physique est assorti d'un besoin de sécurité culturelle. Il est sensible par exemple dans

l'importance attachée par les parents à la présence de « bonnes » écoles (souvent privées) pour y envoyer leurs enfants. Leur fréquentation est en effet fortement corrélée au niveau de réussite scolaire, puis professionnelle et sociale, par un effet d'enchaînement et de reproduction qui n'a guère changé depuis sa mise en évidence par Bourdieu. L'hésitation ou le refus de nombreuses communes à construire les 20 % de logements sociaux que leur impose la loi (p. 163) s'explique par les craintes de leurs habitants de se mélanger. Elles préfèrent s'en exonérer en payant une amende, comme les entreprises qui ne veulent pas employer de personnes handicapées.

La mixité sociale n'est-elle alors qu'un rêve généreux mais impossible ? Elle constitue en tout cas un objectif difficile à atteindre dans une société où ceux qui se ressemblent cherchent de plus en plus à se rassembler, que ce soit en matière d'habitat, de modes de consommation ou de loisirs. Ces pratiques renforcent encore les ressemblances et différencient davantage les groupes les uns des autres. D'autant que ceux qui se sentent exclus cherchent à leur tour à se distinguer. Comme l'univers, la société est en expansion ; les planètes qui la composent (individus) tendent à se regrouper en galaxies (groupes sociaux) qui s'éloignent les unes des autres.

Français développent des identités multiples. Au gré de leurs envies et des circonstances, ils adhèrent à des tribus, des communautés, des réseaux ou des associations constitués à partir de centres d'intérêt divers. Ces appartenances n'ont pas vocation à durer. Elles ne sont donc pas véritablement parties prenantes de l'identité des personnes concernées, mais plutôt révéla-

trices d'un engouement correspondant à un aspect de leur personnalité ou à un moment de leur vie, en même temps que d'un vide à combler. C'est pourquoi elles évoluent au fil du temps, des fréquentations, des occasions ou des modes, lorsque les envies changent ou quand la lassitude apparaît. Ces multiappartenances éphémères tendent à se substituer à la monoappartenance quasi définitive à la nation qui a longtemps prévalu.

La quête identitaire revêt une importance croissante dans une société qui ne fournit plus de repères collectifs et vit en *anomie* (encadré). Elle traduit la volonté des personnes et des groupes d'exister, d'être reconnus socialement, de se différencier des autres, voire de s'opposer à eux. Elle entraîne parfois des réactions à des évolutions vécues comme des menaces. Ainsi, c'est à partir du moment où les femmes ont accru leur poids dans la société que l'on a vu apparaître la notion d'identité masculine. La demande d'identité au travail a suivi la disparition des classes sociales fondées sur le statut professionnel (ouvriers, paysans, cadres, commerçants...). Le développement récent de certaines identités régionales répond à l'effacement de l'État et à la peur de la mondialisation. Pris dans un monde mouvant, partagé entre des sentiments multiples et souvent contradictoires, contraint à une autonomie difficile ou impossible, chaque individu s'efforce de construire ou de reconstruire son identité afin de survivre et de maîtriser son destin.

Anomie Française

Pour Durkheim, l'anomie est la négation par l'individu de la morale commune, c'est-à-dire des règles qui en sont issues ; individualisme et anomie sont dans son raisonnement des termes quasi équivalents. Cette définition sera élargie par Thomas et Znaniecki à la notion de « démoralisation » de l'individu par l'absence de cadre de référence compréhensible. Mais c'est l'apport d'un autre sociologue, Merton, à ce concept d'anomie qui est décisif si l'on veut comprendre la situation actuelle de la France. Il la décrit comme l'état d'impossibilité dans lequel se trouvent la plupart des individus d'atteindre des objectifs définis ou même prescrits par la société, dans la position qu'ils y occupent. En d'autres termes, la société propose et diffuse une représentation du « bonheur » individuel sans fournir les clés permettant d'y parvenir. C'est bien la situation dans laquelle se trouvent aujourd'hui beaucoup de Français.

L'anomie est ainsi un facteur explicatif important de la consommation de drogues, notamment chez les jeunes. Elle se trouve à l'origine de nombreux comportements de délinquance, dont certains peuvent sembler « gratuits » mais témoignent en réalité d'un mal-être qui a besoin de s'exprimer par la violence. Elle est à l'origine d'une partie des journées d'absence ou de grève dans les entreprises. L'anomie entraîne enfin une « difficulté d'être soi », qui peut aboutir au suicide. La disparition ou la moindre prégnance des normes et des valeurs collectives qui fondaient jusqu'ici la société aboutit à un état de *non-société*, puisque la société n'est plus structurée par des certitudes, des croyances et des attitudes communes. Ses membres ne peuvent « survivre » qu'en développant des stratégies d'adaptation individuelles. Au détriment de la cohésion sociale et de la solidarité.

La relation des Français à la société et à l'État est à l'image de celle qu'ont les enfants avec leurs parents. La disparition de l'autorité et l'absence de « bornage » (limites) indiquant précisément ce qui est permis (et, par voie de conséquence, ce qui ne l'est pas) ne sont pas vécues comme un accroissement de la liberté individuelle. Elles sont à l'origine des difficultés de chacun de développer son identité et de se situer dans la collectivité. L'une des fonctions de la société est traditionnellement de créer une sorte de « normalisation du désir », à travers les valeurs qu'elle met en avant et un ensemble de règles morales. Chaque individu sait alors sans en être totalement conscient ce après quoi il peut courir pour accéder au « bonheur » tel qu'il est défini par les canons de l'époque. Or l'une des difficultés actuelles est qu'il existe de moins en moins de limites au « bonheur » promis et légitimé par la société. Le système économique constitué par les entreprises, les médias et la publicité (avec l'aide objective des acteurs sociaux) repousse en effet sans cesse ces limites, jusqu'à les supprimer. Chacun a par principe le droit de tout obtenir de la vie, car « il le vaut bien ». Cette attitude a été renforcée par la mise en majesté de l'individu au cours des dernières décennies.

Il en résulte une confusion dans les esprits. L'idée, généreuse, selon laquelle chacun a le droit d'accéder à tout ce que la société peut offrir de meilleur exacerbe les envies. Mais elle engendre de ce fait beaucoup de frustrations et d'insatisfactions. Car la promesse n'est pas tenue et elle ne peut sans doute pas l'être. Toutes les sociétés sont en effet constituées en pyramide ; le nombre d'individus se réduit donc au fur et à mesure que l'on se rapproche du sommet, de sorte que le désir d'accéder aux niveaux supérieurs ne peut être assouvi que par une minorité. On peut en outre observer que le fonctionnement de la société contemporaine est plus « exhausteur » de désir qu'exauceur. Faut-il, pour remédier à cette situation d'anomie, une régulation sociale du désir ou, comme le suggérait Durkheim, un « guidage social » des individus ?

ÉTRANGERS ET MINORITÉS

La France compte environ 3,3 millions d'étrangers...

Les statistiques les plus récentes sur le nombre des étrangers sont issues du dernier recensement global de la population, effectuée en 1999. Il en dénombrait 3,3 millions, soit 5,6 % de la population totale. Parmi eux, 510 000 étaient nés en France de parents étrangers. La population étrangère est essentiellement urbaine, installée à proximité immédiate des principaux bassins d'emplois. Ainsi, la région parisienne rassemble 40 % des étrangers, alors qu'elle ne représente que 19 % de la population totale. La plus forte proportion de ménages étrangers se trouve en Seine-Saint-Denis (26 %) ; elle est de 17 % à Paris. De fortes concentrations existent dans certaines communes (45 % à Clichy-sous-Bois). Les nouveaux immigrants arrivent surtout en Île-de-France et se répartissent ensuite sur l'ensemble du territoire. L'Île-de-France, la Corse, l'Alsace, Rhône-Alpes et Provence-Alpes-Côte d'Azur sont les quatre régions rassemblant le plus d'étrangers. La proportion est faible dans l'ouest du pays (moins de 1 % en Bretagne) et dans les communes rurales (2 %).

Certains experts estiment qu'aucun changement important ne s'est produit depuis 1999, comme cela avait été le cas entre les recensements de 1990 et 1999. L'INSEE a même constaté une baisse des entrées de travailleurs étrangers en 2002 et 2003, sans toutefois la chiffrer. Les premières données du recensement continu pourraient même faire apparaître une diminution de la population étrangère, en raison notamment des naturalisations et des retours.

Avec un peu moins de 6 % d'étrangers, la France se situe au-dessus de la moyenne de l'Union européenne à quinze. Elle arrive en cinquième position derrière le Luxembourg, qui se trouve dans une situation atypique (38 % d'étrangers, en grande majorité européens), l'Autriche, la Belgique et l'Allemagne (entre 8 et 9 %). Les plus faibles proportions sont celles de la Finlande, de l'Espagne, du Portugal et de l'Italie, inférieures à 2 %. La France est le pays d'Europe où la croissance démographique est la moins liée à l'immigration.

... et 4,5 millions d'immigrés.

Tout immigré n'est pas nécessairement un étranger, et réciproquement. Les étrangers sont d'une autre nationalité que française, alors que les immigrés sont nés non français à l'étranger, mais peut-être devenus français par acquisition de la nationalité. À l'inverse, les enfants nés en France de parents étrangers ne sont pas immigrés, mais peuvent être étrangers. Le nombre des immigrés est plus élevé que celui des étrangers. Le recensement de 1999 dénombrait 4,3 millions d'immigrés. Il comprenait 1,6 million de Français par acquisition nés à l'étranger de parents étrangers et 2,7 millions d'étrangers nés à l'étranger.

Les premières estimations du recensement continu pour 2004 font apparaître une hausse de ce nombre, à 4,5 millions de personnes âgées de 18 ans ou plus résidant en France métropolitaine, soit 9,6 % de la population majeure, contre 8,9 % en 1999. Les deux sexes sont également répartis (50,3 % de femmes). La diversification des origines géographiques se poursuit : la part des immigrés venus des pays d'Europe est en baisse (41 % en 2004 contre 46 % en 1999) ; un sur trois vient des pays de l'Union européenne, avec une forte croissance des Britanniques, qui sont désormais 100 000, soit une augmentation de moitié en cinq ans. 73 % des étrangers admis pour au moins un an en France en 2004 sont arrivés au titre du regroupement familial, soit 103 000 personnes, contre 100 000 en 2003. Une relative stabilisation après les fortes croissances de 2003 (13 %) et 2002 (22 %).

Les demandes d'asile connaissent une forte croissance depuis 1999 ; 65 000 en 2004 (hors mineurs accompagnants) contre 22 000 en 1998. Les pays d'origine les plus représentés sont par ordre décroissant : Haïti ; Turquie ; Chine ; Congo ; Serbie-et-Monténégro ; Russie. La grande majorité des demandes (85 %) ne sont pas acceptées ; il s'avère cependant difficile d'organiser le retour au pays d'origine d'étrangers ayant des membres de leur famille installés en France, avec des enfants scolarisés. Les personnes concernées viennent alors grossir les rangs des sans-papiers (encadré).

Le nombre des naturalisations s'est fortement accru.

La proportion d'étrangers dans l'ensemble de la population était de 5,6 % en 1999, contre 6,3 % en 1990. Elle était revenue à un niveau proche de celui constaté lors du recensement de 1968 (5,3 %). Le taux maximal avait été atteint en 1982 (6,8 %), le minimal entre les deux guerres mondiales : 3,9 % en 1921. La baisse constatée s'explique moins par l'évolution des flux migratoires que par les phénomènes d'acquisition de la nationalité française (naturalisation) à la suite de mariages, de demandes exprimées par des étrangers nés en France,

L'impossible
RECENSEMENT

La grande difficulté de connaître précisément les chiffres de l'immigration alimente des débats récurrents dans lesquels l'angélisme se confronte à la xénophobie. Les chiffres des recensements sont en partie faussés par les déclarations erronées des étrangers ou immigrés. Ainsi, une fraction croissante des personnes âgées ayant migré en France dans leur jeune âge tend, avec le temps, à se déclarer française de naissance, plutôt qu'ayant acquis la nationalité. Certaines familles ne savent pas si leurs enfants nés en France sont « français de naissance » et déclarent ainsi une nationalité qui ne sera effective que plus tard. Le sous-enregistrement des étrangers lors des recensements pourrait avoir atteint 10 % en 1999.

Par ailleurs, l'immigration clandestine est par nature impossible à mesurer, et elle alimente tous les fantasmes. On peut cependant tenter d'évaluer à partir des statistiques de l'aide médicale d'État (AME) accordée aux migrants illégaux à faible revenu. Le nombre de bénéficiaires est passé de 75 000 en 1999 à 200 000 en 2002. Beaucoup d'étrangers en situation irrégulière ne bénéficiant pas de

l'AME, il est probable que le nombre total des sans-papiers est largement plus élevé que celui de 300 000 parfois évoqué. Un rapport de l'Inspection générale des affaires sociales indiquait par ailleurs que 250 000 demandeurs d'asile déboutés entre 1998 et 2005 vivraient en France sans papiers. Le solde migratoire est donc lui aussi sous-estimé. Enfin, le nombre des retours est également inconnu, hors celui des expulsions et reconduites à la frontières exécutées, soit moins de 20 % des décisions.

D'une manière générale, les données statistiques ne permettent pas de connaître la composition véritable de la population, en termes d'origine ethnique, de couleur de peau, de religion ou de préférence sexuelle. À l'inverse des États-Unis par exemple, les enquêtes sur ces indicateurs ne sont en effet pas autorisées, que ce soit lors des recensements ou auprès des salariés ; seule la nationalité des étrangers et celle de leurs parents sont connues (dans les limites indiquées ci-dessus). Ces chiffres permettraient pourtant d'en savoir plus sur la population du pays, de répondre aux fantasmes par des éléments objectifs, de mesurer et favoriser l'évolution de la « diversité sociale », de lutter contre les discriminations.

idée largement répandue, les étrangers qui postulent à la nationalité française sont plus jeunes, plus actifs et plus éduqués que la moyenne des Français. Parmi les personnes naturalisées au cours des années 90 (dont près de la moitié sont originaires du Maghreb et une part croissante de Turquie et d'Asie), un sur trois avait suivi des études supérieures, 37 % seulement n'avaient aucun diplôme, contre 45 % de la population française (Crédoc). 80 % vivaient en France depuis plus de dix ans. 62 % étaient des citadins (contre 32 % des Français), et 78 % disposaient d'un emploi (contre 75 %). Mais seul un sur quatre disposait d'un revenu supérieur à 1 800 € par mois, contre 45 % des Français

> **Quatre immigrés sur dix sont originaires d'Afrique.**

La part des différentes nationalités dans la population immigrée s'est largement modifiée depuis les années 50. Ce sont les Maghrébins qui ont fourni l'essentiel des nouveaux arrivants, alors que le nombre d'étrangers en provenance des pays d'Europe diminuait. La France compte aujourd'hui sans doute plus de 1 million de beurs, Français nés de parents maghrébins. La part des immigrés adultes en provenance d'Afrique s'est accrue de 20 % entre 1999 et 2004 ; elle représente 42 % des effectifs contre 39 %. 1,4 million de personnes viennent des pays du Maghreb, 500 000 personnes sont originaires de l'Afrique subsaharienne. Le nombre d'immigrés majeurs en provenance des pays de l'Union européenne à vingt-cinq est quasi stable (1,7 million), mais sa part diminue : 37 % en 2004 contre 42 % en 1999. L'immigration en provenance d'Asie (notamment de Turquie et de Chine) s'est accrue de 27 % en cinq ans, pour atteindre 630 000 personnes.

ou de décrets. Le nombre des naturalisations a ainsi atteint 134 000 en 2004, contre 90 000 en 2002. 41 % des personnes nées étrangères dans un pays étranger et vivant en France avaient acquis la nationalité française en 2004, contre 37 % en 1999. L'évolution constatée entre les deux derniers recensements globaux se poursuit donc ; entre 1990 et 1999, le nombre d'étrangers nés en France avait diminué de 190 000 (510 000 contre 700 000), tandis que le nombre des Français par

acquisition nés à l'étranger avait augmenté de 260 000.

La proportion d'immigrés ayant demandé et obtenu la nationalité française varie fortement selon le pays d'origine, en fonction de l'ancienneté de la présence et du motif de l'immigration. Parmi les hommes de 35 à 59 ans, elle est comprise entre 40 % et 60 % pour les Polonais, les Espagnols et les Italiens, mais entre 10 et 15 % seulement pour les Turcs, les Marocains et les Portugais. Contrairement à une

199

La nationalité acquise

Évolution de la population non française de naissance (en % de la population totale)

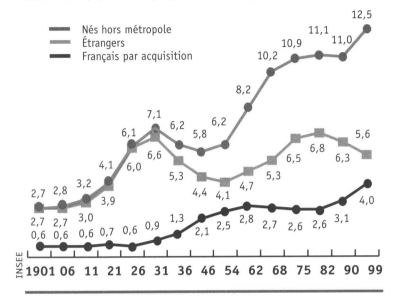

En 1999, 37 % seulement des immigrés étaient originaires des autres pays de l'Union européenne, contre 54 % en 1975 et 43 % en 1982. Le nombre de personnes venues d'Espagne, d'Italie ou du Portugal avait diminué de 210 000 entre les recensements de 1990 et 1999. En revanche, celui des immigrés originaires d'autres pays européens avait augmenté de 300 000. Celui des immigrés natifs du Maghreb avait atteint 1,3 million, en hausse de 6 % ; cette évolution était due pour les trois quarts à l'arrivée de Marocains. Entre 1999 et 2004, le nombre des personnes originaires d'autres pays du monde s'est accru de 250 000 ; 16 % d'entre elles sont nées en Turquie, 35 % dans d'autres pays d'Asie, 37 % dans des pays d'Afrique subsaharienne. La proportion de femmes a fortement augmenté parmi la population étrangère non européenne vivant en France, du fait du regroupement familial ; elle est aujourd'hui égale à celle des hommes et même supérieure parmi les immigrés français par acquisition (55 %).

Le solde migratoire de la France est l'un des plus faibles d'Europe.

Les grandes périodes d'immigration ont eu lieu pendant les années de prospérité économique. La décolonisation a provoqué l'entrée de près d'un million et demi de rapatriés à partir de 1956, dont 650 000 d'Algérie en 1962. La politique d'immigration officielle a été interrompue en 1974 à cause du ralentissement de l'activité économique. Entre 1975 et 1990, le nombre d'étrangers avait progressé de 66 000, soit seulement un peu plus de 4 000 par an (un chiffre qui ne tient évidemment pas compte de l'immigration clandestine). Au cours des années 90, l'accroissement des mesures de contrôle aux frontières s'est traduit par une baisse des entrées. Les mesures et projets de ces dernières années traduisent une volonté de « maîtriser » l'immigration, au besoin en instaurant des « quotas », en fonction des besoins en main-d'œuvre et des capacités d'accueil et d'intégration de la société.

Le solde migratoire de la France (excédent des entrées sur les sorties du territoire métropolitain) est l'un des plus faibles des pays de l'Union européenne : 98 000 personnes en 2005 (60 000 en 2001). Il faut noter qu'il ne tient pas compte des sans-papiers, et le nombre réel est donc probablement sous-évalué (p. 199). Les entrées de travailleurs permanents sont les plus nombreuses, suivies de celles de réfugiés et de leurs familles. Les entrées de familles françaises et celles effectuées au titre du regroupement familial augmentent dans une moindre mesure. Les flux migratoires représentaient en 2005 un quart de l'accroissement de la population, contre les quatre cinquièmes dans les vingt-cinq pays de l'Union européenne.

La peur de l'immigration est très présente...

Pendant les années de crise économique, l'attitude des Français envers les étrangers (mais aussi envers les immigrés) s'est progressivement durcie. Certains les ont accusés d'être responsables de la montée du chômage ou de celle de la délinquance. La reprise économique et la baisse du chômage constatées à partir de 1998 avaient donné le sentiment d'une modification de l'attitude des « Français d'origine » à l'égard des immigrés. La victoire de la France lors de la Coupe du monde de football et l'implosion du Front national avaient aussi contribué à pacifier les relations.

Origines

Immigrés selon leur pays d'origine, en 1999 et en 2004 (en milliers)

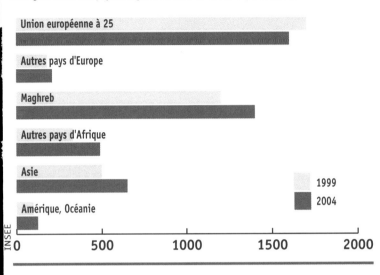

Union européenne à 25

Autres pays d'Europe

Maghreb

Autres pays d'Afrique

Asie

Amérique, Océanie

■ 1999
■ 2004

INSEE

0   500   1000   1500   2000

un déficit de main-d'œuvre. Il s'accompagne aussi d'une difficulté de financement des retraites, même si le « choc » prévu est en partie amorti par l'allongement progressif de la durée d'activité au-delà de 60 ans. Un rapport de l'Ônu indiquait en 2000 que l'Europe aurait besoin de 700 millions de nouveaux immigrants d'ici 2050, soit 1,7 million par an pour la France. Seuls trois pays de l'Union européenne ont un solde migratoire inférieur à l'accroissement naturel de la population : France, Pays-Bas, Finlande. Sans ces flux migratoires positifs, les populations de l'Allemagne, de l'Italie, de la Suède et de la Grèce auraient déjà diminué.

Le nombre d'immigrés et d'étrangers présents sur le territoire au cours des

Mais la reprise du chômage à partir de 2001 a de nouveau relancé le débat. Les attentats de New York ont par ailleurs accru les craintes face à un islam intégriste dont la France serait l'une des bases européennes. L'élection présidentielle de 2002 a montré que l'immigration et la place des étrangers dans la société constituaient des enjeux importants pour une proportion croissante de Français, qui ont amené le Front national au second tour. Le thème était encore très présent lors des élections régionales de 2004, comme lors du référendum sur la Constitution européenne de 2005 (marqué par la peur du « plombier polonais »...).

Le principal reproche adressé par un certain nombre de Français à des catégories spécifiques d'étrangers et d'immigrés est de ne pas s'adapter aux modes de vie et aux valeurs de leur pays d'accueil. Leur attitude n'est pas toujours xénophobe ; elle est la conséquence d'une crainte de voir se développer un communautarisme fondé sur l'appartenance ethnique ou religieuse (p. 195). Elle est aussi induite par des peurs précises ou diffuses : chômage ; insécurité ; difficulté de cohabitation. Ces reproches s'adressent surtout aux personnes d'origine maghrébine ou aux musulmans, dont la culture et les habitudes sont les plus différentes des pratiques nationales. Le débat sur le port du voile islamique (qui a donné lieu en 2004 à une loi l'interdisant dans l'enceinte des écoles) fut à cet égard révélateur des agacements et des peurs.

... mais un recours à l'immigration pourrait être nécessaire à l'avenir.

Le débat sur l'immigration ne peut être séparé des aspects démographiques. Comme tous les pays de l'Union européenne, la France vieillit (p. 142). Le départ à la retraite des enfants du baby-boom, à partir de 2006, crée en outre une baisse de la population active potentielle, qui pourrait se traduire par

Étrangers ailleurs

Évolution de la part des étrangers dans la population de certains pays européens (en %)

	1993	2003
Allemagne	8,5	8,9
Autriche	8,6	9,4
Belgique	9,1	8,3
Danemark	3,6	5,0
Espagne	1,1	3,9
Finlande	1,1	2,0
Irlande	2,7	5,6
Italie	1,7	3,8
Pays-Bas	5,1	4,3
Portugal	1,3	4,2
Rép. tchèque	0,8	2,4
Royaume-Uni	3,5	4,8
Slovaquie	0,2	0,5
Suède	5,8	5,1

OCDE

prochaines décennies ne sera pas seulement lié aux flux entrants. Il dépendra aussi des départs d'immigrés (naturalisés ou non) vers leurs pays d'origine. En moyenne, un sur quatre repart de France dans les dix ans qui suivent son arrivée. 24 % de ceux d'Algérie arrivés entre 1962 et 1968 sont ainsi rentrés dans leur pays de naissance entre 1968 et 1975. Entre 1975 et 1982, 14 % des personnes habitant Paris et nées hors de France sont retournées dans leur pays natal. Les personnes originaires d'Italie et d'Espagne comme celles (moins nombreuses) venant de Pologne ou d'Asie du Sud-Est semblent davantage adopter leur pays d'accueil que celles natives des pays du Maghreb.

Les modes de vie familiaux se rapprochent...

Au recensement de 1999, 2,9 millions d'immigrés vivaient en couple ou étaient à la tête d'une famille monoparentale. Les 2 millions de familles auxquelles ils appartenaient comptaient 6,9 millions de personnes dont moins de la moitié étaient immigrées. Plus du tiers des couples d'immigrés sont mixtes (immigré/non immigré). L'endogamie est très forte : lorsque les deux conjoints sont immigrés, ils sont originaires du même pays dans neuf cas sur dix. Plus du tiers des immigrés étaient en couple à leur arrivée en France.

Au cours des dernières décennies, la vie familiale des immigrés a connu les mêmes évolutions que celle de l'ensemble de la population, avec notamment un accroissement du nombre de personnes seules et de familles monoparentales, des ruptures et remises en couple plus fréquentes. Si les femmes immigrées se mettent en couple au même âge que les autres, les hommes immigrés le font nettement plus tard que les autres hommes. Le retard est particulièrement marqué pour ceux

DÉSINTÉGRATION SOCIALE

Les interrogations sur l'identité de la France et sur l'aptitude des Français à vivre ensemble sont inséparables de celles concernant la place faite aux « minorités », quelle que soit la définition qu'on en donne. Le « modèle républicain » a longtemps intégré en assimilant. Il demandait aux étrangers arrivant dans le pays de se conformer non seulement aux lois de la République, mais aux usages en vigueur dans les relations entre les individus. Cela implique d'adhérer au système de valeurs et à la culture du pays d'accueil. Mais ces exigences sont aujourd'hui parfois jugées contradictoires avec les principes de liberté individuelle, de reconnaissance et d'acceptation des « différences » (habitudes, religion, culture).

Force est de constater que la machine à intégrer est en panne et que la cohabitation entre les « Français » et les « étrangers » (dont beaucoup sont français par naissance ou par acquisition) est souvent conflictuelle. La capacité d'incorporation de la société a manifestement diminué depuis quelques années, comme l'ont montré les émeutes dans les banlieues en novembre 2005. On observe un raidissement, parfois une radicalisation des comportements à l'égard de certaines communautés. Entre assimilation autoritaire et intégration laxiste, il reste à inventer un modèle, qui devra préciser les limites de la tolérance, les droits et les devoirs des « hôtes ». Il est d'ailleurs significatif que ce mot qualifie dans la langue française à la fois ceux qui reçoivent et ceux qui sont reçus, ce qui tendrait à montrer qu'ils ont vocation à être un jour confondus. Et qu'en tout cas chacun d'eux est soumis à des obligations nécessaires en contrepartie de ses attentes légitimes.

venant d'Algérie ou d'Afrique subsaharienne. Comme l'ensemble de la population, les immigrés commencent de plus en plus souvent leur vie de couple sans être mariés, mais ce mode d'entrée en union reste encore peu fréquent pour ceux venus du Maghreb ou de Turquie.

Le mariage intervenant plus vite après la mise en couple pour les immigrés, ils se marient désormais plus jeunes que le reste de la population. Malgré un âge au premier enfant relativement proche de l'ensemble, les femmes immigrées ont, en fin de vie féconde, davantage d'enfants. Ces écarts de descendance finale ne tiennent pas seulement à des différences de composition sociale. Les adultes immigrés vivent plus souvent en famille et sont plus souvent mariés. Les cohabitations hors mariage sont

moins fréquentes chez les immigrés. Le recul de l'âge au premier mariage est moins marqué, et les âges au premier enfant sont désormais proches. Malgré cela, les immigrées ont eu, à la fin de leur vie féconde 3,2 enfants en moyenne, soit 0,8 de plus que les Françaises.

... mais l'intégration économique et sociale des immigrés est difficile.

Compte tenu d'une structure d'âge différente, 78 % des hommes immigrés avaient un emploi ou en cherchaient un en 2004, contre 75 % des non-immigrés. Le taux d'activité des hommes est supérieur de 21 points à celui des femmes, contre 10 points pour les non-immigrés. La répartition professionnelle des actifs étrangers et, dans une moindre mesure, des immigrés ayant obtenu la nationalité française est très différente de celle de la population française d'origine. On compte parmi eux beaucoup plus d'ouvriers (50 % parmi les hommes, contre 36 %), d'artisans et de commerçants. Ils sont au contraire sous-représentés parmi les employés, les cadres et les professions intellectuelles supérieures, ainsi que dans les professions intermédiaires.

Ces écarts peuvent s'expliquer en partie par ceux concernant la formation initiale : parmi les 15-65 ans non-étudiants, seul un immigré sur quatre (21 %) a effectué des études supérieures, contre un peu moins de 30 % des non-immigrés. Mais, si les étrangers font en moyenne de moins bonnes études que les Français, c'est souvent parce qu'ils sont issus de milieux familiaux moins favorisés. On constate aussi qu'à diplôme égal un étranger ou un immigré trouve moins facilement un emploi et bénéficie de promotions moins importantes, notamment si les différences d'origine (ethnique, culturelle ou religieuse) sont apparentes.

Les écarts dans les parcours professionnels en induisent d'autres. Le pouvoir d'achat moyen des étrangers est largement inférieur à celui du reste de la population. Leurs conditions de logement et de confort sont également moins favorables, d'autant que leurs familles sont souvent plus nombreuses, même si la fécondité des étrangères tend à se rapprocher de la moyenne nationale au fur et à mesure de l'ancienneté du séjour (p. 127). À ces différences économiques s'ajoute la difficulté de vivre entre deux identités. Elle est apparente chez les beurs, nés en France dans des familles maghrébines (pour la plupart immigrées pendant les Trente Glorieuses). Si certains réussissent leur intégration (ils sont parfois qualifiés de « beurgeois »), la

plupart souffrent d'une image doublement stéréotypée : « sauvageons » de banlieue pour les uns, victimes d'un système social raciste et xénophobe pour les autres.

Climat social

Le moral des Français s'est largement dégradé.

Tous les indicateurs d'opinion témoignent d'un fort pessimisme quant à la situation nationale, dans son évolution récente comme dans ses perspectives à court ou moyen terme. En février 2006, les trois quarts des Français (76 %) estimaient que « le pays est plutôt en déclin », contre 16 % seulement « en expansion », 4 % « ni en déclin ni en expansion » (CGPME/Ipsos). Depuis, les enquêtes se suivent et se ressemblent pour témoigner du malaise national ; c'est le cas par exemple du baromètre mensuel sur le « moral des ménages » réalisé par l'INSEE : la proportion de personnes considérant que la situation économique ou sociale s'est détériorée au cours des derniers mois ou qu'elle va se dégrader au cours des prochains est toujours largement supérieure à celle des personnes estimant qu'elle s'est améliorée ou qu'elle va le faire. Aujourd'hui est toujours perçu comme moins favorable qu'hier, mais plus que demain. On peut cependant se rassurer en observant l'écart entre la perception de la situation collective (désastreuse) et celle de la situation individuelle, qui l'est beaucoup moins. Cet écart est traditionnellement plus élevé en France qu'ailleurs, ce qui traduit le pessimisme national mais donne aussi quelques raisons de le relativiser.

La Défrance

Dans les conversations comme dans les médias, il est frappant de constater l'usage de plus en plus fréquent de mots commençant par le préfixe *dé-*. On évoque régulièrement les *déficits* inquiétants de l'assurance-maladie ou des caisses de chômage, la *déprime* collective et les *dépressions* individuelles, la *désillusion* des jeunes, le *déclin* de la France ou au moins son *décrochage* par rapport aux pays comparables. À chaque élection, il est question de *défaite*, voire de *déroute*, pour les partis au pouvoir. Les Français sont *déçus, démobilisés, dépités, désenchantés.*

Le préfixe privatif commun à tous ces mots exprime un sentiment profond dans l'opinion : celui de la *fin du progrès* (p. 249). Il traduit la nostalgie à l'égard d'un monde en voie de disparition (et souvent idéalisé). Il entretient l'impression douloureuse d'une *dérive* du continent national ou, plus grave encore, d'une décadence de la civilisation dont la France est l'une des fondatrices. L'abstention aux élections, le faible enthousiasme à l'égard du travail, la fascination de certains jeunes pour l'islam (dont les dirigeants les moins modérés dénoncent précisément la *décadence* occidentale), le rejet des élites ou le succès des livres de Michel Houellebecq témoignent pêle-mêle de ce mal-être et du processus en cours de *Défrance.*

Les « Trente Heureuses » ont été suivies des « Trente Peureuses ».

Le moral des Français s'est détérioré au fil des années. Après les Trente Glorieuses (1945-1975), qui apparaissent aussi rétrospectivement comme

2005-2006 : socio-drame EN QUATRE ACTES

Lors du référendum du 29 mai 2005, les Français rejetaient le projet de Constitution européenne. Cette décision témoignait d'une scission du pays entre les « ouistes » et les « nonistes », hors des contours traditionnels de la politique. Elle inaugurait en outre une nouvelle crise de l'Union et se traduisait par une large incompréhension à l'étranger. La France ne pouvait plus, désormais, prétendre incarner ou lancer le mouvement européen. Fin (provisoire) du premier acte du sociodrame national qui s'est joué en 2005.

Le deuxième se déroulait quelques semaines plus tard. Le 6 juillet, l'échec de la candidature de Paris aux jeux Olympiques de 2012 fut vécu comme un nouveau traumatisme par un pays qui se sentait mal aimé et entraîné dans la spirale du déclin. Cet événement somme toute anecdotique au regard du précédent est révélateur de la dégradation de l'image de la France dans le monde. Il témoigne aussi de son mal-être, de sa désespérance. Les Français avaient en effet beaucoup investi, financièrement et surtout moralement, dans cette perspective, comme si elle avait pu être le « grand projet » qui manque tragiquement au pays.

Le troisième acte s'est produit en novembre, avec l'embrasement des banlieues. Pendant plusieurs semaines, des milliers de voitures ont été brûlées, mais aussi des écoles. Des membres des forces de l'ordre et des pompiers ont été agressés. Le couvre-feu a été décrété, décision révélatrice d'un constat de faillite du modèle républicain d'intégration. Les Français, eux, étaient partagés : colère envers les « voyous », la « racaille », les casseurs et les saboteurs ; compréhension envers les jeunes frustrés par la ségrégation et la discrimination dont ils sont les victimes en tant que membres de « minorités » visibles ou invisibles.

Ce sociodrame s'est poursuivi en 2006, avec l'épisode du CPE et la paralysie des lycées et des universités qu'il a engendrée. Conçue à la hâte, sans information et discussion préalables avec les partenaires sociaux, et surtout mal expliquée aux Français et aux jeunes, cette tentative de « flexsécurité » s'est heurtée une fois de plus à un front du refus. Elle a donné des arguments aux Mutins, qui préfèrent l'immobilisme et se moquent de l'isolement de la France ; elle a déçu les Mutants, qui attendent des réformes courageuses et nécessaires (p. 231). Elle a en tout cas détérioré un peu plus l'image de la France dans le monde et réduit ses chances de résoudre ses problèmes à court terme.

les « Trente Heureuses », est arrivée la crise économique, avec le premier choc pétrolier de 1974. Elle a entraîné une montée du chômage dans un climat de torpeur générale et de refus de la réalité. La France est depuis engagée dans une période douloureuse, que l'on pourrait baptiser les « Trente Peureuses ». Elle coïncide avec la montée d'un fort sentiment d'insécurité, la résurgence de comportements xénophobes ou racistes, en même temps qu'un accroissement de la consommation de drogues et de médicaments hypnotiques et l'augmentation du taux de suicide, notamment chez les jeunes.

La dégradation du climat social a été particulièrement sensible dans les grandes villes, dont les habitants ont subi à la fois le stress urbain, la délinquance et les difficultés de cohabitation avec les minorités ethniques ou religieuses. Cette période trouble a cependant connu une courte parenthèse, avec l'embellie économique et sociale de 1998 à mi-2001. Elle a été provoquée par le retour passager de la croissance, accompagné d'une baisse éphémère du chômage, exacerbée par la victoire de la France à la Coupe du monde de football de 1998, puis à l'Euro 2000, ainsi que par la perspective du changement de siècle. L'euphorie a cependant été de courte durée. Les promesses de la nouvelle économie et d'Internet n'ont pas été tenues. Les attentats de septembre 2001 à New York ont porté un coup décisif au moral des démocraties. Les Français y ont puisé de nouvelles raisons d'avoir peur, de se sentir mal dans leur peau, mal dans le nouveau siècle. L'élection présidentielle de 2002 a constitué un choc national avec la présence au second tour du candidat du Front national. L'histoire sociale s'est ensuite accélérée, avec une année 2005 particulièrement difficile (encadré).

La société est de plus en plus anxiogène.

La peur et le stress sont omniprésents dans la vie quotidienne des Français. Les médias mettent en exergue la misère du monde et les dysfonctionnements de la société. La grande majorité des informations diffusées et commentées sont des « mauvaises nouvelles » : guerres ; attentats ; catastrophes naturelles ; délinquance ; plans sociaux ; scandales en tout genre ; incertitudes économiques... Certains partis politiques, syndicats, associations ou intellectuels se font d'ailleurs une spécialité d'alimenter les peurs des citoyens.

L'usage des équipements issus des nouvelles technologies est un autre facteur d'anxiété, du fait de leur complexité et des risques qu'ils engendrent. L'utilisation d'Internet s'accompagne d'une phobie permanente des virus, des intrusions de hackers, des *cookies* et des *spywares* qui surveillent l'utilisateur à son insu. Les risques concernant l'environnement sont avérés : réchauffement climatique ; pollution de l'air ; disparition des espèces animales ou végétales ; accidents industriels. L'hypothèque terroriste est patente. L'avenir de l'épargne est incertain, car soumis aux fluctuations croissantes des marchés. Il s'ajoute à ce stress les formes multiples de « harcèlement » : commercial, publicitaire, médiatique, sexuel ou moral (dans l'entreprise), administratif, technologique ; sanitaire...

Ces éléments créent et entretiennent les peurs. Peur de l'avenir individuel, avec la menace du chômage, de la maladie (nosocomiale ou virale), de l'accident. Peur de l'avenir familial, avec le divorce, la rupture, les difficultés d'intégration des enfants dans la vie professionnelle, le vieillissement des parents et des grands-parents menacés par la dépendance, la maladie d'Alzheimer ou la prochaine canicule. Peur du devenir collectif alimentée par les risques liés à la surpopulation, la pauvreté, l'immigration...

Ces craintes produisent une impression générale de déclin (p. 203), de régression ou de décadence, et favorisent l'impression diffuse que « c'était mieux avant ». La conséquence est une méfiance croissante à l'égard des « autres » : individus, institutions ou entreprises, jugés responsables de la violence, de l'insécurité, des incivilités, des malheurs et des dangers. Elle favorise les mauvais sentiments : colère, jalousie, envie... Elle encourage le repli, parfois la violence. Chez certains, l'anxiété tend à se transformer en véritable paranoïa. Car beaucoup de Français ont peur de perdre ce qu'ils ont. C'est ce qui explique leur propension à le préserver coûte que coûte, à refuser les changements, adaptations et réformes.

Le climat social se caractérise par un manque de confiance.

L'attitude générale des Français est celle de la méfiance à l'égard de leur environnement, qu'il s'agisse des institutions, des entreprises, des médias ou des voisins de palier. Elle est favorisée par la difficulté croissante de connaître la « vérité » dans de nombreux domaines. L'information disponible apparaît tronquée, voire truquée, par ceux qui sont à sa source ou qui la diffusent (p. 398). Chacun a le sentiment d'être manipulé à coups de discours lénifiants, de promesses non tenues, d'informations orientées et invérifiables, de publicités exagérées ou mensongères.

Le rejet des élites et le refus des règles sociales sont apparus à partir du milieu des années 60 et se trouvait au centre des revendications de mai 68. Il s'est traduit au fil des années par la multiplication des comportements de transgression (sexe, violence, incivilités...) dans la publicité, le cinéma ou la télévision. Les affiches de Benetton, les tags, le rap, l'humour des Nuls, des Inconnus ou des *Guignols*, puis les émissions comme *Loft Story*, *On ne peut pas plaire à tout le monde* (France 3) ou *Tout le monde en parle* (France 2) ont témoigné de cette volonté de tout dire et de choquer.

Pourtant, aux yeux de nombreux Français, le balancier de la transgression est allé trop loin. C'est pourquoi ils réclament depuis quelques années davantage d'ordre et de sécurité, moins de laxisme et d'individualisme. Ils ne font pas preuve de la même compréhension pour les agresseurs que pour les victimes. Plus que la négation des différences, qu'ils jugent hypocrite, beaucoup demandent leur reconnaissance et leur acceptation. Le refus de dire les choses comme elles sont entretient l'idée qu'elles ne sont pas avouables. Il réduit à la fois l'intensité des débats et leur pertinence. Il prive enfin de la créativité nécessaire pour imaginer des solutions aux problèmes contemporains.

La sociabilité change de forme.

De nombreux Français constatent et déplorent une dégradation du « lien social ». Il est vrai que les points de repère collectifs qui en constituaient traditionnellement le fondement connaissent une forte érosion. C'est le cas par exemple de la pratique religieuse (p. 253), de l'engagement idéologique (p. 240), syndical (p. 302) ou politique (p. 224). Les liens familiaux apparaissent moins forts et surtout moins durables avec la multiplication des divorces et des familles recomposées. Des études montrent que les Français se parlent moins dans leur vie professionnelle, les échanges tendant à se limiter aux sujets directement liés au travail. Le manque de temps, l'individualisme, le manque d'attrait du discours institutionnel, la disparition des lieux de convivialité (petits commerces, cafés...), la solitude urbaine ou la télévision sont quelques-unes des causes de cette évolution.

Les Français n'ont cependant pas perdu le goût de la convivialité, voire de la communion. En témoignent les rassemblements spontanés qui ont eu lieu lors de la Coupe du monde de football de 1998, de celle de rugby en 1999, de l'éclipse de soleil de la même année ou

La société sans contact

La « société de communication » est parfois celle de l'incommunication. Hors de la sphère familiale, amicale ou « tribale », les relations entre les individus apparaissent plus limitées. Au point que l'on pourrait parler parfois de « société d'excommunication », dans un sens qui n'est plus religieux mais laïque. Consciemment ou non, beaucoup de Français imaginent que « les autres » sont potentiellement porteurs de maux (microbes, virus, bactéries), qu'ils représentent en tout cas un danger ou un risque. En référence au système social indien des castes, chacun est pour ses voisins (occasionnels ou durables) un « intouchable ». Il l'est aussi au sens propre du terme ; il faut éviter à tout prix d'être en contact avec lui, de le toucher, voire de l'effleurer. L'utilisation de « préservatifs » n'est pas aujourd'hui limitée à l'acte sexuel ; elle concerne (au sens figuré cette fois) la plupart des situations de la vie. On assiste ainsi au développement d'une société sans contact.

Paradoxalement, cette évolution est favorisée par l'évolution technologique, alors que celle-ci prétend au contraire favoriser les relations au moyen des multiples instruments de communication qu'elle propose. Mais il s'agit le plus souvent d'outils permettant une relation virtuelle, aseptisée. L'étude des usages du téléphone portable montre que beaucoup de Français, sans en être conscients, préfèrent se parler à distance plutôt que se rencontrer dans le « monde réel ». Certains s'envoient des SMS ou des mails pour éviter de se parler. La plupart des équipements modernes de communication sont en fait des outils de « distanciation ». La télévision, la radio, le téléphone ou Internet sont des moyens de se tenir informé en restant hors du monde. Même les objets nomades (téléphone portable, baladeur radio ou lecteur MP3…) constituent des prétextes pour s'isoler de son environnement immédiat, être présent sans être là.

On peut observer cette tendance lourde dans de nombreux usages quotidiens de la technologie, y compris les plus triviaux : dans les toilettes publiques, les chasses d'eau se vident automatiquement sans intervention manuelle, l'eau coule des robinets, les sèche-mains se déclenchent. Dans les halls, les portes s'ouvrent sans qu'on ait à les pousser et donc à les toucher. Ces technologies « sans contact » constituent une métaphore de la vie sociale.

ternet et prend des formes multiples : forums d'entraide informatique ; informations « consuméristes » ; échanges de « bons plans » ; mise à disposition de fichiers personnels ; diffusion de « scoops », rumeurs, canulars ; signature de pétitions ; relais de messages humanitaires ; dons virtuels aux associations ; jeux caritatifs ; clics humanitaires.

La moitié des Français ont une activité associative…

45 % de Français de 15 ans et plus, soit 22 millions, adhèrent à des associations (Crédoc, 2006). Beaucoup sont inscrits dans plusieurs associations, ce qui explique que le nombre total d'adhésions s'élève à 36 millions (1,5 million de Français sont adhérents d'au moins quatre associations). On compte plus d'un million d'associations actives, et le nombre des créations s'est accéléré au cours des dernières années (70 000 en 2004, contre 20 000 en 1975). C'est dans le domaine culturel qu'elles sont les plus nombreuses (21 %), devant le secteur « social » (16 %) et le sport (13 %). Les femmes y sont très présentes, de même que les retraités. La participation est souvent occasionnelle ; la plus assidue concerne les associations sportives. Ce besoin d'« adhésion » est révélateur d'une société à la recherche de *liens* après avoir centré ses efforts sur les *biens*. D'autant que le lien a été pendant longtemps apporté par la religion (peut-être de *religere,* « relier ») et qu'il a disparu avec la laïcité. Le sentiment douloureux de solitude incite à chercher des moyens de rencontrer les autres.

Des formes nouvelles de solidarité sont apparues. On a assisté notamment à un développement des formes de parrainage à destination des enfants du tiers-monde, des chômeurs, des sans-

des fêtes du changement de millénaire en 2000-2001. Le succès des « repas de quartier » ou des opérations Immeubles en fête est un autre exemple de réponse à cette volonté d'être ensemble. La rue n'est pas seulement un espace de violence et d'insécurité ; elle peut être celui de l'échange.

Le temps consacré à la communication interpersonnelle est aussi en augmentation sensible, comme le montre l'usage du téléphone mobile ou celui d'Internet, avec l'explosion des SMS,

courriers électroniques, forums ou blogs. Les médias offrent des espaces croissants d'expression et d'échange à leurs lecteurs, auditeurs ou téléspectateurs (émissions « interactives »). Les solidarités se sont accrues à l'intérieur des familles ou des « tribus » (p. 194). La « mise en réseaux » de la société entraîne une évolution sensible du lien social, dans le sens de relations plus sélectives, plus virtuelles et aussi plus éphémères. L'*e-solidarité* est apparue avec le développement d'In-

papiers, des SDF, des apprentis, mais aussi des créateurs d'entreprises ou des étudiants. Les entreprises participent au mouvement en parrainant des événements de toutes sortes : culturels, sportifs, humanitaires... Les actions de proximité comme le bénévolat et le parrainage constituent des moyens de se montrer solidaire, de partager des expériences et d'assurer la continuité entre les générations. La motivation des personnes concernées n'est pas seulement désintéressée. Elle s'accompagne souvent d'une recherche de lien social et d'épanouissement personnel. On observe ainsi que les causes les plus valorisées (aide aux personnes en difficulté, prévention de la toxicomanie, défense des droits de l'homme, assistance aux personnes âgées) sont aussi celles qui suscitent le plus faible engagement : 7 % des Français membres d'une association s'investissent dans l'aide aux plus démunis, 8 % dans l'humanitaire, 9 % dans la défense de l'environnement. Mais 43 % des associations sont engagées dans le domaine sportif, 27 % dans la culture, 21 % dans les autres loisirs.

... et un sur quatre est concerné par le bénévolat.

13 millions de Français sont engagés de façon bénévole dans des activités, le plus souvent associatives, soit 28 % de la population de 15 ans et plus (INSEE, 2005). Parmi eux, 6 millions le sont de façon régulière. La culture et les loisirs, puis le sport, attirent à eux seuls 60 % des bénévoles, devant la défense des droits, l'action sociale caritative et humanitaire, l'éducation et le domaine religieux. 17 % agissent dans des organismes non associatifs, le plus souvent à l'échelon local (action municipale, école...).

Les bénévoles sont un peu plus souvent des hommes (55 %) et des

diplômés (40 % ont au moins le baccalauréat contre 30 % de la population de 15 ans et plus ; seuls 9 % n'ont aucun diplôme, contre 18 %). Ils se recrutent à tout âge, mais moins fréquemment après 70 ans. Contrairement à une idée reçue, les retraités ne sont pas plus souvent bénévoles que les actifs, mais leur participation est plus régulière. Le temps consacré est en moyenne de 2 h 30. Il équivaut à près de 800 000 emplois à temps plein et représente pour les associations une contribution comparable à celle des salariés ; plus de huit sur dix ne reposent d'ailleurs que sur le travail bénévole.

Longtemps considéré comme une activité à connotation religieuse, le

bénévolat s'est développé depuis les années 80. Il constitue une réponse à l'exclusion et à la perte de lien social. Il permet aussi d'occuper le temps libéré par l'augmentation de l'espérance de vie et la diminution du temps de travail, mais aussi l'accroissement du chômage et des emplois précaires. Il représente un moyen de s'épanouir soi-même tout en aidant les autres, c'est-à-dire de réconcilier le collectif et l'individuel. Les nouveaux bénévoles sont plus souvent areligieux, apolitiques et asyndiqués, mais l'engagement militant prend d'autres formes : mobilisation contre le sida, défense des intérêts des usagers ou des riverains, altermondialisme, protection de l'environnement, respect des droits de l'homme...

Les Français associés

Taux d'adhésion à des associations selon l'âge et le sexe aux principaux types d'associations (2004, en % des 15 ans et plus)

	Femmes	Hommes	Ensemble
Associations ou clubs sportifs	15	22	18
Syndicats ou groupements professionnels	4	7	5
Associations culturelles ou musicales	9	6	8
Locataires, propriétaires et copropriétaires	4	5	4
Clubs du 3e âge	5	3	4
Associations à but humanitaire	5	4	4
Associations de quartier ou locale	2	3	3
Associations de protection de l'environnement	1	2	2
Groupes religieux ou paroissiaux	4	2	3
Associations de parents d'élèves	4	2	3
ENSEMBLE	**39**	**47**	**43**

INSEE

Les liens sont aussi importants que les biens.

Même s'ils ne le reconnaissent pas toujours, la grande majorité des Français se sont enrichis au fil des années, malgré la « crise ». L'accroissement du revenu disponible des ménages s'est traduit par une amélioration spectaculaire du confort des foyers (p. 161). Les taux d'équipement en électroménager (réfrigérateur, lave-linge, four à micro-ondes...) se sont approchés de la saturation, comme ceux des biens de loisir (téléviseur, magnétoscope, chaîne hi-fi, ordinateur, voiture...). Les équipements issus des nouvelles technologies pénètrent rapidement dans les foyers : appareil photo numérique ; lecteur de DVD ; écran à plasma ; ordinateur connecté à Internet ; téléphone 3 G...

Mais l'accumulation des biens semble lasser certaines catégories de Français. Est-on plus heureux avec trois téléviseurs qu'avec deux, avec deux voitures qu'avec une seule, avec un lecteur de DVD plutôt qu'un magnétoscope ? Beaucoup ont le sentiment que la contrepartie de cet enrichissement matériel est un appauvrissement des relations au sein de la famille ou à l'intérieur de la société. La course à la nouveauté technologique engendre une frustration, liée à la certitude que l'objet acheté aujourd'hui sera obsolète demain et qu'il faudra recommencer à s'informer, à comparer, à dépenser, à jeter pour renouveler.

Cette omniprésence du bien (matériel) semble parfois se faire au détriment du lien (immatériel) entre les personnes. C'est l'un des thèmes principaux du débat actuel sur la modernité. De nombreux Français voudraient aujourd'hui privilégier le lien, qui permet d'exister par rapport aux autres, de se situer, de partager des idées et des émotions, de faire preuve de solidarité. Le « système marchand » devra prendre en compte cette revendication croissante, sous peine de se heurter à la résistance des altermondialistes ou des « alterconsommateurs » (p. 335).

DÉLINQUANCE

La délinquance globale a diminué entre 2003 et 2005...

La diminution de la criminalité enregistrée au milieu des années 90 (6,5 % en 1995) avait laissé espérer la fin du processus d'accroissement continu de l'insécurité engagé depuis la fin des années 50 (ci-après). Mais celui-ci avait repris son cours entre 1998 et 2002, avec des augmentations spectaculaires en 2000 (6 %) et 2001 (9 %). La hausse s'était poursuivie en 2002 à un rythme moins élevé (1 %), aboutissant à un record absolu : 4,1 millions de crimes et délits constatés par les services de police et de gendarmerie, soit un toutes les sept secondes.

La tendance s'est inversée depuis 2003, avec une baisse de 8,3 % en trois ans. 3 775 838 faits ont été constatés en 2005, soit une diminution de 1,3 %. Elle ramène le taux de criminalité à 62 pour mille habitants, contre 69 en 2002. Un peu plus des deux tiers des infractions sont constatées par la Police nationale, les autres par la Gendarmerie nationale.

Généreux donateurs ?

55 **% des Français déclarent donner de l'argent à des associations : 11 % souvent, 44 % de temps en temps (TBWA/CSA, novembre 2005). Les sollicitations par courrier sont diversement appréciées : 46 % estiment en recevoir trop souvent (54 % non) ; seuls 38 % disent faire confiance aux associations qui les contactent de cette façon (59 % non). 50 % trouvent choquant que 15 % des dons servent à couvrir les frais de communication des associations (49 % non). 10 % estiment que les nouveaux moyens de communiquer comme les SMS les incitent davantage à donner (88 % non).**

Une autre enquête (Fondation de France/ Sofres, janvier 2004) donne des résultats différents. Deux Français sur trois (64 % des 15 ans et plus) déclaraient effectuer des dons matériels (vêtements, jouets, produits alimentaires, sang...) au cours d'une année.

Mais les dons financiers apparaissaient deux fois moins fréquents ; ils concernaient 35 % des 15 ans et plus. Ces dons sont principalement destinés à des associations de recherche médicale (cancer, myopathie...) ou caritatives. La collecte effectuée par l'Église pour son financement a rapporté 195 millions d'euros en 2004 auprès d'un million et demi de donateurs (100 000 de plus qu'en 2003), avec un don moyen de 130 €. Seuls 10 % des catholiques donnent au denier de l'Église, mais 70 % à d'autres causes caritatives.

Parmi les donateurs, les bénévoles sont plus nombreux que dans l'ensemble de la population. La fréquence des dons est proportionnelle au revenu des ménages. La moitié des donateurs français sont réguliers (au moins une fois dans l'année) et un sur quatre donne plusieurs fois par an. Les proportions sont plus élevées au Royaume-Uni : deux tiers et la moitié. Elles sont de la moitié et un tiers en Allemagne.

La décrue

Évolution du nombre de crimes et délits (en milliers)

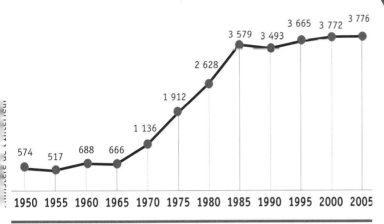

sentiment d'insécurité reste très présent dans l'opinion des Français.

... après avoir été multipliée par sept entre 1950 et 2002...

Le développement de la société de consommation a favorisé celui de la délinquance. À partir du milieu des années 70, la crise économique et le chômage qu'elle a induit ont aggravé les problèmes d'insertion et entraîné une forte hausse des délits. Mais l'évolution n'a pas été uniforme ; la décroissance régulière entre 1950 et 1955 a été suivie d'une remontée constante jusqu'en 1962. Entre 1963 et 1971, le nombre de délits a plus que doublé (+ 127 %, soit 11 % de croissance moyenne par an). Il a encore plus que doublé entre 1972 et 2001, malgré un retournement de tendance entre 1984 et 1988 (diminution de 15 %), puis une stabilisation entre 1995 et 1999. La barre des 4 millions de délits a été dépassée pour la première fois en 2001, contre 574 000 en 1950, alors que la population n'avait augmenté que de 41 % pendant cette période. Le nombre

Quatre régions enregistrent à elles seules plus de la moitié des actes de délinquance en France métropolitaine (54 %), alors qu'elles ne représentent que 43 % de la population : Île-de-France, Provence-Alpes-Côte d'Azur, Rhône-Alpes et Nord-Pas-de-Calais. L'Île-de-France en concentre le quart (25,4 %), pour un cinquième de la population totale. La baisse a cependant été plus forte dans Paris intra-muros qu'en moyenne nationale : 3,4 %. La plus spectaculaire est celle annoncée pour la Haute-Corse : 18 %. Six départements ont connu une baisse de 8 à 9 % : Indre-et-Loire ; Calvados ; Yonne ; Loiret ; Aveyron ; Doubs. Les trois départements qui ont connu la plus forte hausse sont ceux de Loir-et-Cher (8,3 %), de la Dordogne (5,2 %) et de Lot-et-Garonne (4,3 %). Mais le

Crimes et délits

Évolution du nombre des délits par catégorie (en milliers)

	1950	1960	1970	1980	1990	2000	2005
Vols (y compris recels)	187 496	345 945	690 899	1 624 547	2 305 600	2 334 692	2 138 506
Infractions économiques et financières	43 335	71 893	250 990	532 588	551 810	352 164	318 680
Crimes et délits contre les personnes	58 356	53 272	77 192	102 195	134 352	254 514	354 836
Autres infractions (dont stupéfiants)	285 102	216 656	116 540	369 178	500 950	830 479	963 816
TOTAL	**574 289**	**687 766**	**1 135 621**	**2 628 508**	**3 492 712**	**3 771 849**	**3 775 838**
Taux pour 1 000 habitants	13,7	15,1	22,4	48,9	61,4	64,2	62,4

Ministère de l'Intérieur

209

Une comptabilité évolutive

Le chiffre global des « crimes et délits » représente l'addition d'éléments de nature et de gravité très différentes, aux évolutions contrastées. Il cumule des faits qui sont l'objet de plaintes ou de déclarations et d'autres que seuls les services concernés peuvent enregistrer (usage de stupéfiants, étrangers en situation irrégulière, infractions diverses). Leur nombre dépend parfois essentiellement de l'activité déployée par la police et la gendarmerie pour les identifier ou les élucider. C'est le cas en particulier en matière de stupéfiants.

Par ailleurs, les chiffres ne comprennent pas les faits mentionnés en « main courante » des commissariats et non transmis à la justice, ni les infractions à la circulation routière, les fraudes fiscales ou douanières, celles du travail ou des services vétérinaires. Les faits qui n'ont pas de suite pénale et ceux qui ne sont pas signalés par les victimes échappent aussi à la comptabilisation. À l'inverse, certains délits ont pu être plus fréquemment déclarés par les victimes, du fait de l'accroissement des effectifs de la police de proximité et d'un meilleur accueil dans les commissariats. Enfin, les comparaisons dans le temps ne sont pas toujours fiables, car les méthodes utilisées pour mesurer la délinquance évoluent. La nomenclature mise en place en 1972 a été actualisée en 1988 et 1995 pour prendre en compte les modifications de la loi pénale. Chaque ministre de l'Intérieur apporte ses propres « retouches » au système de comptabilisation. Depuis 2003, c'est l'OND (Office national de la délinquance) qui est chargé de publier et de commenter mensuellement l'évolution de la délinquance constatée par les services de police et les unités de gendarmerie. En 2005, un « indicateur national des violences urbaines » comprenant neuf indices a par ailleurs été créé, afin d'avoir une vision précise et exhaustive des actes de violence ; il ne permet aucune comparaison avec les années passées. Trois indicateurs regroupent désormais des faits de même nature et complètent le chiffre global des faits constatés : atteintes aux biens ; atteintes aux personnes ; infractions économiques et financières. Les changements de législation peuvent aussi avoir des incidences sur le nombre des délits enregistrés ; c'est le cas des chèques sans provision, dont l'émission a été dépénalisée en décembre 1991. Pour toutes ces raisons, l'interprétation des chiffres globaux de la délinquance reste délicate.

6 000 vols par jour

Nombre de vols en 2005

Vols à main armée (armes à feu)	5 744
Autres vols avec violence sans arme à feu	118 856
Vols avec entrée par ruse	12 038
Cambriolages	343 305
Vols liés à l'automobile et aux deux-roues à moteur	783 055
Autres vols simples	835 057
Recels	40 451
Total des vols	2 138 506

Ministère de l'Intérieur

de délits pour mille habitants est ainsi passé de 14,1 en 1949 à 20,3 en 1969, 43,5 en 1979, 58,3 en 1989 et 69,3 en 2002, soit une multiplication par cinq en un demi-siècle.

Cette forte hausse ne constitue pas un phénomène propre à la France. On la retrouve dans l'ensemble des pays de l'Union européenne depuis le milieu des années 50. La France occupe aujourd'hui une position moyenne, mais meilleure que celle de l'Allemagne, du Royaume-Uni et des pays scandinaves (environ 100 délits pour mille habitants). Les comparaisons internationales doivent cependant être considérées avec prudence, les méthodes de comptabilisation n'étant pas identiques d'un pays à l'autre.

... du fait de l'explosion de la petite délinquance.

Entre 1950 et 2002, le nombre des vols avait été multiplié par 15. Dans la même période, celui des infractions économiques et financières était multiplié « seulement » par 10, celui des crimes et délits contre les personnes par 5. La criminalité liée aux stupéfiants a également connu une très forte hausse ; les faits constatés sont passés de quelques centaines jusqu'en 1968 à plus de 100 000 à la fin du XXe siècle. Il faut d'ailleurs noter que cette forme de délinquance en induit d'autres ; les utilisateurs sont souvent contraints de voler pour se procurer les sommes d'argent dont ils ont besoin pour s'approvisionner. En revanche, le taux d'homicides a baissé au cours des dernières années : moins de 2 pour 100 000 habitants aujourd'hui contre 4,5 en 1990.

Les délits les plus graves ne sont donc pas ceux qui augmentent le plus. C'est la petite délinquance qui est la principale responsable de l'accroissement de l'insécurité pendant des décennies.

D'autant qu'elle s'accompagne de plus en plus fréquemment d'actes de violence ; depuis le début des années 70, le nombre des infractions pour coups et blessures volontaires a été multiplié par 5. Elle est souvent le fait de jeunes qui n'hésitent pas à sortir un couteau pour s'attaquer à un autre jeune, à un professeur, voire à un policier. Les armes sont de plus en plus présentes dans les quartiers sensibles où règne la terreur.

La violence est ainsi devenue un mode d'expression. Elle s'exerce à l'école, dans la rue ou dans les stades, imitant parfois des scènes, réelles ou fictives, vues à la télévision ou au cinéma. Elle traduit la marginalisation d'une partie croissante de la population qui refuse les règles de la société et préfère vivre selon ses propres lois. Elle est une cause et un révélateur de la crise sociale.

Moins d'escrocs en col blanc

Nombre d'infractions économiques et financières et autres infractions en 2005

INFRACTIONS ÉCONOMIQUES ET FINANCIÈRES	**318 680**
Escroqueries, faux et contrefaçons	291 076
Délinquance économique et financière	19 039
Infractions à la législation sur les chèques (sauf usage de chèques volés)	8 565
AUTRES INFRACTIONS (DONT STUPÉFIANTS)	**963 816**
Infractions à la législation sur les stupéfiants, dont :	144 561
– usage-revente	*15 386*
– usage	*107 035*
Délits à la police des étrangers	76 903
Destructions et dégradations de biens, dont :	535 516
– incendies volontaires contre les biens privés	*43 231*
– destructions et dégradations de véhicules privés	*263 243*
– autres destructions et dégradations de biens privés	*175 415*
Délits divers	206 836

Ministère de l'Intérieur

La délinquance sur la voie publique et les atteintes aux biens ont globalement diminué...

La baisse des actes de délinquance sur la voie publique constatée depuis plusieurs années (1 % en 2002, 9 % en 2003, 8 % en 2004) a été confirmée en 2005 (5 %). En trois ans, leur nombre est ainsi passé de 2 315 565 à 1 838 061, soit une diminution de 21 %. En 2005, la décrue concernait d'abord les vols avec arme à feu (14 %), devant les cambriolages (9 %) et les vols à la roulotte (8 %). On a au contraire observé une hausse des vols avec violence sur les personnes de 5 %, avec 116 505 faits contre 110 614 en 2004. Or c'est évidemment la forme de délinquance la plus redoutée par la population et la plus traumatisante pour ceux qui en sont victimes.

Les atteintes aux biens sont elles aussi en baisse : 2 % en 2005. Cependant, à l'intérieur de cette catégorie, les destructions et dégradations (hors incendies et attentats) se sont accrues de 7 % au cours de l'année, à 484 850 faits contre 472 305 en 2004. On a recensé en outre 45 588 incendies de véhicules et 6 996 incendies de biens publics au cours de l'année ; les émeutes des banlieues ont évidemment pesé lourd dans ces chiffres : trois fois plus en novembre que pendant les onze autres mois de l'année.

... comme celle des infractions économiques...

L'indicateur du nombre des escroqueries et infractions économiques et financières connaît une diminution ininterrompue depuis avril 2003. La criminalité organisée et la délinquance spécialisée ont baissé de 8 % en 2005, avec une réduction du nombre de règlements de comptes (3 %), des homicides à l'occasion de vols (5 %), des vols à main armée contre des établissements financiers (16 %), des attentats par explosifs contre des biens publics ou privés (11 %), de la fausse monnaie (18 %).

La baisse a atteint 14 % pour les falsifications et usages de chèques volés et 3 % pour les infractions en matière de cartes de crédit. L'usage croissant de ces cartes pour régler les achats effectués sur Internet ne semble donc pas avoir l'incidence redoutée, la sécurité des transactions ayant été améliorée. Les délits concernant les chèques sans provision ont été réduits par le fait que la plupart entrent dans le cadre de la dépénalisation des chèques lancée en 1991. À l'inverse, les tentatives d'homicide pour vols ont augmenté de 22 % (83 contre 68 en 2004), les fraudes fiscales de 4 %, les faits de proxénétisme de 2 %. Il faut noter enfin que la délinquance sur les machines à sous clandestines est en forte augmentation, mais elle échappe très largement aux inspections. Le taux d'élucidation de l'ensemble des infractions économiques a progressé : 85 % contre 82 % en 2004.

... alors que la violence contre les personnes a augmenté.

Le nombre des crimes et délits contre les personnes a connu une hausse quasi continue depuis 1972. Il avait plus que doublé entre 1995 et 2001 (280 000 contre 134 000). En 2005, le nombre de faits constatés de violences contre les personnes a encore progressé de 7 %, un taux inconnu depuis 2002. Ce sont les violences « non crapuleuses », dites « gratuites », qui ont été les plus nombreuses (188 514 faits, soit 42 % de l'ensemble) et ont connu la plus forte progression (9 %). Comme les vols avec violence, cette évolution renforce le sentiment général d'insécurité.

Cette recrudescence s'explique par l'évolution sociale, mais aussi par l'amélioration de la protection des biens matériels (serrures renforcées, alarmes, digicodes...). Les délinquants sont amenés à s'attaquer aujourd'hui aux personnes, devenues plus vulnérables que leurs biens. Les principales victimes sont d'ailleurs les personnes âgées, les mineurs et les femmes.

Au total, la violence contre les personnes a représenté 11 % du total des faits constatés en 2005, contre 10 % en 2004. Le nombre d'actes enregistrés a augmenté de 5 %. L'évolution a été cependant différente selon les catégories qui constituent cet indicateur : les violences physiques non crapuleuses ont augmenté de 8 %, les violences physiques crapuleuses de 4 %, les menaces de violence de 5 %.

Les violences sexuelles ont en revanche diminué de 9 %. Le taux d'élucidation global était de 57 %, comme en 2004. Parmi les actes de violence

Trois meurtres par jour

Nombre de crimes et délits contre les personnes en 2005

Homicides	976
Tentatives d'homicide	1 131
Coups et blessures volontaires	148 855
Autres atteintes volontaires contre les personnes	108 933
Atteintes aux mœurs *dont viols*	41 284 *9 993*
Infractions contre la famille et l'enfant	53 657
Total	**354 836**

Ministère de l'Intérieur

urbaine recensés en 2005 concernant les personnes, on déplorait aussi 5 143 actes à l'encontre des services de sécurité, de secours et de santé et 435 affrontements entre bandes.

Près d'un demi-million de personnes sont en garde à vue chaque année...

Un million de personnes sont mises en cause chaque année en tant qu'auteurs ou complices d'un crime ou d'un délit (1 017 000 en 2004). 80 % d'entre elles sont françaises, 20 % étrangères (la population étrangère ne représente que 5 % de la population totale). Les hommes sont largement majoritaires (85 %) ; celle des femmes tend à s'accroître, notamment parmi les jeunes.

Le nombre des mineurs (194 000 en 2005 contre 185 000 en 2004) représente un cinquième de l'ensemble, mais il atteint un tiers en ce qui concerne la délinquance sur la voie publique. Les jeunes sont cependant en première ligne pour les infractions concernant

les stupéfiants, qui représentent un quart de l'ensemble des délits. La proportion d'étrangers parmi les mineurs est moitié moins élevée que dans l'ensemble de la délinquance : une sur dix contre une sur cinq.

Au total, 472 000 personnes ont été mises en garde à vue en 2004, contre 427 000 en 2003 et 336 000 en 2001. Le taux d'élucidation a progressé de 8 points entre 2002 et 2005, à 33 %. Mais ce chiffre doit être interprété avec prudence : pour certaines infractions comme celles à la législation sur les stupéfiants, les vols à l'étalage ou le proxénétisme, il est proche de 100 %, car elles sont élucidées en même temps qu'elles sont constatées. Le taux peut varier de 4 % pour les vols à la tire (qui font l'objet de plaintes contre X) à 80 % pour les meurtres. Il est d'environ trois sur quatre pour les coups et blessures volontaires, mais de seulement un sur dix pour les cambriolages.

... et 60 000 sont incarcérées.

La population carcérale française était de 59 241 détenus en janvier 2006. Le nombre de condamnés était de 39 000 et celui des prévenus (en attente d'être jugés) de 20 000. Le nombre de mineurs détenus a fortement augmenté à la suite des interpellations qui ont suivi les violences urbaines d'octobre-novembre (808 contre 637 au 1er novembre). Leur nombre représente 1,4 % des personnes incarcérées. Le nombre de personnes écrouées et non hébergées est de 1 400. Parmi elles, 1 100 bénéficient d'un placement sous bracelet électronique, et 300 font l'objet d'une mesure de placement à l'extérieur.

Compte tenu de la capacité d'hébergement de 51 000 places dans les 188 établissements pénitentiaires, la densité de la population incarcérée est

Jeunes de banlieues : victimes ou sauvageons ?

Même si elles sont parfois exagérées par les médias, la délinquance et la violence sont plus répandues dans les quartiers dits « sensibles », comme l'ont montré les émeutes de novembre 2005. Elles ne sont pas aussi « gratuites » qu'on le dit. Les jeunes habitant ces quartiers y sont généralement attachés ; ils cherchent à préserver des territoires qui leur servent de terrain de jeu et de lieu de vie. L'affrontement physique ou verbal est pour eux le moyen d'exprimer une révolte contre une société qu'ils perçoivent comme injuste, puisqu'elle ne leur permet guère de s'insérer. Le manque de vocabulaire de certains limite en outre leur capacité à communiquer, il leur interdit le sens de la nuance et radicalise les rapports sociaux. De sorte que la question de l'éducation est sans doute centrale dans les solutions à mettre en place.

Cette violence contemporaine se nourrit d'un refus de toutes les formes d'autorité, à l'école, en famille, dans l'entreprise ou dans les rapports avec les institutions. Certains responsables ont tenté de la canaliser dans des mouvements à vocation culturelle : la fin des années 80 a vu apparaître le hip-hop, le rap, le break et les tags. Mais ces activités n'ont pas empêché la montée d'un sentiment de « rage » ou de « haine » envers les autres, conséquence d'une ségrégation croissante à l'égard des « populations à risque » ou des « minorités visibles », matérialisée par la création de ghettos en périphérie des villes. Le principe de l'égalité des chances et de traitement leur est apparu comme une hypocrisie dans un contexte de chômage, de contrôles au faciès, de montée du racisme et de l'extrême droite.

Face à ces jeunes en difficulté et souvent violents, les Français sont partagés. Certains les considèrent comme des « sauvageons » ou des barbares ; d'autres estiment qu'ils sont plutôt des victimes d'un modèle républicain devenu incapable d'intégrer. Les deux attitudes sont sans doute excessives ; elles sont souvent davantage dictées par des arrière-pensées politiques ou idéologiques que par une réelle volonté de comprendre et de résoudre un problème qui est posé à l'ensemble de la collectivité.

publics ou privés : cours de récréation, classes, routes, stades, magasins, centres commerciaux, entreprises, maisons et appartements. Le nombre des vols s'est accru parallèlement à l'augmentation des objets susceptibles d'être volés. Le vol avec violence s'exerce contre les biens ; il a été favorisé par le développement de la société de consommation et l'évolution technologique, qui ont engendré des envies et des frustrations. Le vol de portable a ainsi remplacé celui de la mobylette. La violence s'exerce aussi contre les personnes : enfants, élèves, professeurs, personnes âgées, femmes... Elle est parfois présente dans un regard, un geste ou un simple mot.

Les fêtes et les rassemblements populaires sont souvent l'occasion d'actes d'agression. Ils sont fréquents dans les stades ; certains supporters de football ne s'y rendent plus pour assister à un spectacle sportif, mais pour voir gagner leur équipe à tout prix. Il est ainsi devenu courant d'insulter les équipes adverses ou de jeter des objets sur des joueurs. La professionnalisation du sport, l'importance croissante de l'argent et les pressions exercées par l'environnement (entraîneurs, sponsors, médias, public) expliquent que le résultat obtenu est devenu plus important que la manière, le plaisir de jouer, voire le respect des règles. Il s'ajoute à cela les attitudes racistes de plus en plus fréquentes de la part de « supporters ». Cette évolution est d'autant plus préoccupante que les sportifs sont les héros de l'époque et qu'ils exercent sur les jeunes une influence croissante (p. 454).

---

de 116 % ; elle peut atteindre 200 % dans certaines maisons d'arrêt. C'est ce qui explique notamment des conditions de détention de plus en plus difficiles, parfois indignes ; elles sont dénoncées depuis plusieurs années par des rapports nationaux et, en 2006, par un rapport européen mettant en évidence le non-respect de la dignité humaine des condamnés. La forte densité des prisons françaises est aussi la conséquence de l'accroissement de la durée moyenne des détentions. Elle répond enfin à une demande sécuritaire croissante et à l'idée que les délinquants doivent être punis et mis hors d'état de nuire.

Le changement social s'est accompagné d'une montée de la violence.

La baisse de la délinquance depuis 2003 ne saurait faire oublier l'accroissement spectaculaire des formes diverses de la violence depuis des décennies. Celle-ci est présente au quotidien dans le vocabulaire, les attitudes et les comportements, les informations, les images. Elle s'exprime dans tous les lieux

La délinquance électronique prend une place croissante.

La délinquance n'est pas seulement présente dans le monde « réel ». Elle pénètre le monde virtuel en même temps que celui-ci s'installe dans la vie quotidienne des individus et des institutions. La contrefaçon des logiciels, la copie privée des fichiers électroniques, le piratage des appareils (téléphones, décodeurs numériques de télévision...) représentent pour les entreprises concernées des pertes considérables. Mais tous les secteurs sont menacés par le piratage de données et le chantage opéré par les hackers qui pénètrent dans leurs systèmes informatiques. Il est difficile d'estimer ces pertes, car les entreprises n'ont pas intérêt à révéler leur vulnérabilité ;

néanmoins, les préjudices se chiffrent probablement chaque année en milliards d'euros pour la France.

Les particuliers sont également concernés. Ils subissent les dégâts occasionnés par les virus informatiques qui circulent sur Internet. Ils sont harcelés par les *spams* (courriels indésirables) et les propositions de toute nature non sollicitées. Certains hésitent à utiliser leur carte de crédit pour effectuer des cyberachats. D'autres se font escroquer par le *phishing*, courriels demandant sous des prétextes fallacieux (souvent en se faisant passer

pour une banque) des informations confidentielles comme le numéro de Carte bleue.

Le développement spectaculaire d'Internet a donné une nouvelle dimension au « vandalisme en col blanc ». Pour les délinquants, le risque est plus réduit que le vol à l'étalage, et les réseaux comme Internet sont impossibles à sécuriser. L'utilisation des outils de la modernité est de plus en plus anxiogène. Elle rappelle à tout instant que l'intelligence et la volonté de nuire cohabitent sans cesse dans la société.

INSTITUTIONS

La France est en situation de « décrochage » économique...

Le mot « déclin », utilisé par trois Français sur quatre pour qualifier la situation de la France (p. 203), est sans doute excessif pour un pays riche, qui dispose de réels atouts. Cependant, un certain nombre d'indicateurs objectifs traduisent un « décrochage » indéniable par rapport aux autres pays développés en matière économique. Sans être nulle, la croissance du PIB est faible : 1,4 % en 2005, après 2,3 % en 2004, 0,6 % en 2003 et 1,2 % en 2002. Elle a été inférieure sur le moyen terme à la moyenne européenne ou à celle des pays de l'OCDE. Surtout, elle est insuffisante pour permettre une réduction du taux de chômage, qui reste préoccupant à près de 10 % de la population, avec une durée élevée de recherche d'emploi (au moins un an, dans 43 % des cas, au moins deux ans dans 22 %).

Les prélèvements fiscaux représentent près de la moitié des revenus (44 %) et diminuent d'autant le pouvoir d'achat des ménages. Le déficit budgétaire a été supérieur à l'engagement européen (3 % du PIB) en 2004 et 2005 (malgré une amélioration). La dette publique a atteint les deux tiers du PIB (66 % en 2005), soit près de 45 000 € par ménage, près de deux années de revenu moyen ou vingt années d'impôt sur le revenu. Le paiement de ses seuls intérêts représente chaque année un peu plus que le montant de l'impôt sur le revenu. Les investissements étrangers en France sont en baisse. La productivité du travail a progressé sensiblement moins vite que dans les autres pays de l'OCDE depuis (trois à quatre fois moins vite qu'aux États-Unis), du fait notamment d'un nombre d'heures travaillées qui est le plus faible du monde (p. 298). Le niveau de la recherche et de l'innovation est insuffisant pour préparer l'avenir, comme en témoigne la grogne des chercheurs ou le déséquilibre de la balance des brevets. Si le « déclinisme » n'est pas souhaitable, on ne saurait sous-estimer la réalité du décrochage économique de la France.

... et se classe moins bien parmi les pays développés.

Phénomène révélateur et inquiétant, la France perd du terrain par rapport aux autres grands pays de l'Union européenne. Quel que soit l'indicateur retenu, elle ne se situe plus dans le peloton de tête. Ainsi, le PIB par habitant, exprimé en unités standards de pouvoir d'achat, ne la situait plus qu'au dixième rang de l'Union européenne en 2005, alors qu'elle occupait le cinquième en 1990 (Eurostat). La France est au contraire au 4e rang sur 27 pays en matière de taux d'endettement. Elle occupe le 26e rang mondial de la compétitivité selon le World Economic Forum, le 30e selon l'institut suisse IMD. Si l'on se réfère à des indicateurs plus « qualitatifs » approchant l'idée de « bien-être » par des notions de développement humain, de progrès social, d'égalité des chances, de sécurité personnelle ou de qualité de l'environnement, la France n'est pas mieux placée ; sa réticence à intégrer ces nouveaux indicateurs peut d'ailleurs apparaître comme un signe de cette faible performance.

Le manque d'adaptation remonte aux années 70. Contrairement à d'autres pays, la France ne s'est pas donné pour objectif principal de résoudre le problème du chômage, notamment dans ses causes structurelles. Dans sa tradition jacobine et un contexte social de résistance au changement, elle a préféré continuer d'accroître le pouvoir d'achat de ceux qui avaient un emploi et placer un filet de protection sociale autour des chômeurs. La plupart des pays développés ont fait des choix différents et mis en place des réformes que la France a préféré retarder. Une autre cause du décrochage tient à la prise en compte insuffisante de l'environnement international dans les décisions françaises. Ce fut le cas par exemple lors du plan de relance de 1981, durant les années de politique du franc fort, ou, plus récemment, avec la loi sur les 35 heures.

Les piliers du « modèle républicain » sont ébranlés...

Au nom de l'égalité et de la fraternité, au prix peut-être d'une limitation du degré de liberté individuelle, le « modèle républicain » s'était donné la mission de réduire les différences, au moins initiales, entre les individus. Il repose donc sur un principe uniformisateur qui consiste à les faire entrer dans un même « moule ». Celui-ci était jusqu'ici défini par l'école, l'armée et l'ensemble des institutions et pratiques collectives porteuses des fameuses « valeurs républicaines » :

santé, culture, redistribution des revenus, intégration, assistance aux démunis...

Mais la société a considérablement évolué depuis l'avènement de la République, et les principes qui la fondaient ne paraissent plus aussi indiscutables aujourd'hui. La liberté et, en tout cas, la tranquillité des citoyens sont entravées par les comportements d'incivilité, mais aussi par des contraintes réglementaires sans cesse accrues. L'égalité apparaît théorique à beaucoup de Français ; ils déplorent au contraire une montée des inégalités, parfois des injustices. Enfin, la fraternité est peu apparente dans sa dimension globale, dans un environnement où le lien social s'est défait, où le communautarisme, le tribalisme et le « réseautage » se développent, où il apparaît de plus en plus difficile de vivre ensemble.

Premier pilier du modèle républicain, l'école éprouve aujourd'hui des difficultés à reconnaître les différences entre les élèves qui lui sont confiés ; elle ne parvient plus en tout cas à les gommer. Le service militaire a été supprimé en 2002 avec l'approbation de tous. Quant aux autres institutions, elles font l'objet de critiques croissantes de la part des citoyens-usagers-administrés-assujettis, qui se considèrent de plus en plus comme des clients ou des consommateurs. Ainsi, les partis politiques ne mobilisent plus les électeurs, lassés par leurs promesses non tenues lorsqu'ils sont au pouvoir et la démagogie dont ils font preuve lorsqu'ils sont dans l'opposition. Les syndicats ne fascinent guère ; leur négativisme finit par lasser même des militants. La justice croule sous les dossiers en attente ; pressée par les *lobbies* et les médias, elle n'est plus rendue dans la sérénité et se trompe parfois de façon spectaculaire. Les grandes administrations et les entreprises publiques, auxquelles les Français restent malgré tout attachés

(Sécurité sociale, Poste, énergie, transport...), peinent à se réformer dans un contexte de dérégulation au niveau.

L'Église, qui joua longtemps le rôle d'une « institution », a aussi beaucoup perdu de son influence sur les modes de pensée et les modes de vie. D'autres, qui ont acquis plus récemment ce statut dans l'esprit des gens, comme les entreprises ou les médias, ont perdu leur crédibilité et leur image s'est détériorée, même si leur poids sur l'opinion reste fort. Les premières sont accusées de porter une responsabilité dans le chômage, les délocalisations ou la mondialisation. Les seconds apparaissent plus motivés par la recherche de l'audience que par celle de la vérité.

... et les citoyens se sont éloignés des institutions.

Depuis le milieu des années 60, la relation des Français à l'État s'est transformée, avec un point culminant en Mai 68. Le fossé s'est creusé entre les citoyens et les institutions, comme entre le « peuple » et les « élites ». Il suffit pour s'en convaincre d'examiner l'image des hommes politiques dans les sondages ou les chiffres de l'abstention aux élections. Le score des partis protestataires (extrême droite et extrême gauche) à la présidentielle de 2002 a été l'un des signes forts de l'hostilité envers le système technocratique issu des grandes écoles. Les élections de 2004 ont confirmé cet éloignement, comme le référendum européen de mai 2005.

Même s'il a commencé à se désengager de certaines activités qui ne sont pas directement stratégiques (transport aérien, chemins de fer, télécommunications, énergie...), l'État est encore présent dans la quasi-totalité des services d'intérêt général. C'est ce qui explique que les citoyens le rendent souvent responsable des difficultés qu'ils vivent au

quotidien. Au fil des années de crise, la plaie du chômage et le sentiment d'un accroissement des inégalités ont entamé le crédit des institutions. L'absence d'un « grand projet » collectif a aussi pesé dans cette désaffection.

Aujourd'hui, beaucoup de Français considèrent que l'État est déconnecté de la réalité et peu efficace dans la lutte contre les grands fléaux de l'époque. Ils lui reprochent d'être trop lointain, de ne pas être assez pédagogue et de ne pas proposer de projet global. Mais ils mettent davantage en cause le fonctionnement des institutions que leur existence, à laquelle ils restent attachés.

L'État n'a pas engagé l'adaptation nécessaire.

L'État français occupe depuis longtemps une place essentielle dans le fonctionnement de l'économie et de la société. Depuis sa création par Bonaparte en 1800, la fonction publique a connu une croissance impressionnante. Quelque 6 millions de personnes travaillent aujourd'hui à son service, soit un quart de la population active. Leur part a doublé depuis 1970 (12 %), elle a quadruplé depuis 1936 (6 %), quintuplé depuis 1870 (5 %). Parmi les pays développés, la France est l'un de ceux qui emploient le plus de fonctionnaires en proportion de la population, juste derrière les pays scandinaves et la Belgique (contrainte de doubler les effectifs, du fait de l'existence de deux administrations, wallonne et flamande).

L'État providence est né au début de la IIIᵉ République, avec la restructuration des mesures d'assistance sociale jusqu'ici confiées au secteur privé. Mais son développement le plus spectaculaire s'est produit après la Seconde Guerre mondiale, avec la nécessité de reconstruire le pays. Il s'est poursuivi pendant les Trente Glorieuses ; la croissance économique et le progrès social ont alors accru le nombre des tâches improductives laissées à sa charge. Le poids de l'État repose sur une culture jacobine qui confère aux administrations un rôle déterminant sur la vie économique et sur celle des citoyens. La loi sur la réduction du temps de travail est l'une des récentes illustrations d'une tendance nationale ancienne qui donne la primauté au politique sur l'économique, afin de peser sur le social. Pendant des décennies, l'État a joué un rôle indéniablement positif dans le développement de l'économie et de la protection sociale. Mais, tourné essentiellement vers l'intérieur, il n'a pas pris la mesure des changements intervenus dans le monde. Il ne les a pas non plus suffisamment expliqués aux Français, ce qui a empêché de pouvoir mettre en œuvre les adaptations nécessaires. Des pans entiers de l'État sont aujourd'hui dans une situation critique ; c'est le cas notamment de la justice (comme l'a montré le scandale du procès d'Outreau), de l'administration pénitentiaire ou des universités. D'autres, comme le système hospitalier, sont menacés.

Le système social devra être rénové ou refondé.

68 % des Français estiment que le modèle social français fonctionne mal (*Metro-Acteurs publics/LCP-Assemblée nationale/Ifop, janvier 2006*). Le décalage s'est indéniablement accru entre le modèle républicain traditionnel et l'évolution du monde, entre les valeurs qui le portent et les aspirations nouvelles des Français. La plupart d'entre eux souhaitent aujourd'hui être reconnus autant comme individus que comme membres de la collectivité nationale. Ils attendent de l'État qu'il prenne en compte les singularités, plutôt que les ressemblances. Le plu-

Le prestige de l'« uniforme »

Le désir d'uniformité, partie prenante de la culture nationale, a conduit notamment à une intégration a la française par l'assimilation. Mais celle-ci est aujourd'hui refusée par de nombreux étrangers, qui souhaitent conserver leur culture d'origine ou au moins être acceptés dans leurs différences. Celles-ci ne sont de toute façon solubles qu'au bout de plusieurs générations. C'est ce même principe d'uniformité qui a présidé en 1999 à la création de la semaine de 35 heures, censée s'appliquer à tous les salariés sans distinction (même si l'on a commencé par le secteur privé, beaucoup plus malléable que le public). Il était encore à l'œuvre lors de la réforme de la retraite en 2003, imposant à chacun de quitter la vie active au même âge. Il était toujours présent dans la réforme de l'assurance-maladie de 2004, qui impose à tous de payer les abus d'une minorité, notamment en obligeant à choisir un médecin traitant qui jouera le rôle (coûteux) d'intermédiaire entre

le patient et les spécialistes qu'il pourrait souvent consulter directement. Le « patient » ou l'« usager » est considéré comme un être indifférencié, alors qu'il se comporte de plus en plus comme un client ou un consommateur, soucieux de garder un pouvoir de décision sur son corps et les soins qu'il requiert.

Or, le principe d'uniformité est en décalage complet avec l'évolution sociale. Il est devenu obsolète à une époque où chacun cherche à faire reconnaître son caractère unique, qui justifie des besoins et des attentes singulières. Cette singularité est renforcée par le fait qu'un même individu peut éprouver des besoins différents selon le moment de sa vie et les circonstances. Il souhaitera par exemple travailler beaucoup à certaines périodes parce qu'il a besoin de gagner plus ou parce que son activité le passionne. Il voudra au contraire ralentir le rythme au cours d'autres phases de sa vie. À cette quête de diversité et d'individualité s'ajoutent les différences culturelles croissantes, liées au mélange des populations.

ralisme apparaît comme l'un des principes fondateurs de la civilisation en préparation, comme on peut le voir par exemple en matière politique, culturelle, ethnique ou religieuse.

En amont de la question du modèle républicain se pose donc celle de l'« identité française ». La tendance lourde de l'individualisation fait qu'elle se décline désormais au pluriel, chaque individu étant désireux de s'affirmer d'abord en tant que tel. L'unité nationale, qui faisait la force de la France face à des pays qui ne peuvent guère s'en prévaloir (Belgique, Grande-Bretagne, Espagne, Allemagne, Italie...), est de moins en moins apparente. On

ne la retrouve guère qu'à l'occasion des grandes compétitions sportives... à la condition que la France gagne.

C'est pourquoi les Français privilégient aujourd'hui les relations de « proximité » au détriment de l'appartenance nationale (p. 243). Ils se reconnaissent et se définissent davantage par la région, la commune, voire le quartier où ils habitent que par la nation à laquelle ils appartiennent. L'Europe ne constitue pas pour eux un niveau d'appartenance prioritaire. Le processus de mondialisation en cours est vécu par beaucoup comme une menace plutôt que comme une opportunité.

Les Français apprécient diversement les services publics.

Dans leur majorité, les citoyens ne remettent pas en cause le rôle des services publics, Les notes de satisfaction concernant l'action de l'État varient selon les domaines. En novembre 2005 (*France Inter-La Tribune*/BVA), la police était d'assez loin le service le plus apprécié (72 % de personnes satisfaites), devant la santé publique (61 %). L'action en matière d'éducation nationale était jugée de façon très contradictoire : 49 % de satisfaits contre 49 % de mécontents, comme celle de la Sécurité sociale (48 % contre 51 %). Les services fiscaux ne satisfaisaient que 36 % des Français contre 62 % de mécontents. Enfin, les services de l'emploi n'étaient plébiscités que par 19 % de la population, contre 80 % de mécontents.

Si les attentes des Français sont grandes en matière de services publics, le souci d'économie est lui aussi présent pour les contribuables qu'ils sont. Ainsi, une écrasante majorité (90 %) estime qu'il devrait être possible d'améliorer la qualité des prestations sans augmenter les impôts, voire même en les baissant (39 %). Par ailleurs, s'ils devaient choisir entre la baisse des impôts et la qualité des prestations, une majorité absolue (55 % contre 40 %) privilégierait la première option.

Les Français dénoncent volontiers les défauts des administrations et services publics : lenteur, lourdeur, qualité d'accueil insuffisante, horaires peu pratiques, incapacité à régler les problèmes des « usagers », un terme d'ailleurs condamné par ceux à qui il s'applique, qui se considèrent comme des clients ou des consommateurs. Cette attitude consumériste explique qu'ils attendent davantage de considération et d'efficacité. Surtout, les Français supportent de moins en moins d'être pris en otages par les grévistes des services publics. Ils sont largement majoritaires (environ 80 % selon les enquêtes) à se dire favorables à un service minimum dans les transports publics en cas de grève.

Ces critiques n'incitent cependant pas les Français à souhaiter des privatisations. 54 % estiment que la délégation de certains services publics à des entreprises privées est plutôt une mauvaise chose, car elle risque de faire passer le profit avant l'intérêt général (*Acteurs Publics-LCP*/BVA, juin 2005) ; c'est le cas de 69 % des sympathisants de gauche et 34 % de ceux de droite. 43 % pensent au contraire que c'est plutôt une bonne chose car la concurrence entre les entreprises incite à une meilleure gestion (63 % des sympathisants de droite et 30 % de ceux de gauche).

L'État se montre souvent mauvais gestionnaire.

Les dépenses des administrations publiques ont représenté 54 % du PIB en 2004, contre moins de 50 % en Allemagne, 35 à 40 % au Royaume-Uni, en Espagne, aux États-Unis ou au Japon. La part des dépenses de protection sociale (30 % du PIB) est la plus élevée du monde développé après la Suède ; leur poids a doublé depuis 1970. Le coût de la santé s'est considérablement accru (p. 63), comme celui de l'éducation. La conséquence est que la fiscalité qui pèse sur les citoyens est très lourde : 44 % de prélèvements obligatoires (impôts et cotisations sociales) en 2004, contre 41 % en 1980 (mais 45 % en 2000).

L'État français se caractérise par le nombre particulièrement élevé des textes réglementaires (lois, décrets, arrêtés...) ; il est estimé à plus de 500 000, celui des textes législatifs à 8 000. Les Français éprouvent donc un sentiment de « harcèlement textuel », tant juridique qu'administratif. Beaucoup estiment d'ailleurs que l'État n'est pas en mesure de faire appliquer les lois qu'il produit, comme en témoigne la délinquance ordinaire ou l'existence de zones de non-droit (banlieues sensibles, Corse...). Ils lui reprochent aussi de ne pas toujours les respecter lui-même et d'avoir parfois des comportements discutables sur le plan de la morale et de l'équité. Jusqu'en 2002, il n'hésitait pas à payer de façon occulte et en liquide les primes de certains fonctionnaires. Jusqu'en 2004, les fonds de pension étaient proposés aux fonctionnaires (Préfon) ou aux élus locaux (Fonpel), mais interdits aux salariés du privé. Régulièrement, des constructions publiques sont entachées d'irrégularités (ponts, routes, bâtiments publics). Mauvais gestionnaire, l'État est aussi mauvais payeur, que ce soit à l'égard des entreprises prestataires ou des simples citoyens. Contrairement à eux, il est d'ailleurs insaisissable.

Certaines « exceptions françaises» sont devenues des handicaps.

L'image de la France, telle qu'on peut la saisir à travers la presse étrangère et les études réalisées au niveau international, est celle d'un pays difficile à appréhender, qui se complaît dans ses singularités et exceptions. La première est sans doute la mentalité *jacobine*, avec un État providence souvent décrit comme dépensier, frileux, incapable de se réformer, voire archaïque. Elle est à l'origine du « modèle républicain », caractérisé par le goût de l'uniformité au détriment de l'individualité, qui explique aujourd'hui la panne du système d'intégration, celui de l'assimilation ne fonctionnant plus.

L'*exception sociale* est une autre particularité, dont la France (tous gouvernements confondus) se fait régulièrement le champion en Europe. Partant du principe que l'économie doit être au service de la société, elle incite à voir dans la première une ennemie de la seconde. Or, les observateurs de pays à la sensibilité plus « libérale » font remarquer que c'est jusqu'ici la croissance économique qui a permis de produire des richesses collectives et de les redistribuer aux individus et aux ménages. Force est de constater que la France produit plutôt moins de croissance que ses principaux partenaires et qu'elle profite moins de celle induite par l'environnement international. La France est en effet également le pays des exceptions dans la vie professionnelle. Elle cumule en particulier la plus courte durée de travail du monde développé et le taux d'adhésion syndicale le plus faible. La première spécificité est considérée comme un frein à la compétitivité ; la seconde, un handicap à la discussion sociale. Celle-ci apparaît d'ailleurs largement handicapée par une culture de l'affrontement dont les exemples sont nombreux : chaque projet de réforme, chaque tentative d'adaptation aux changements de l'environnement est systématiquement rejeté par une partie de la population, qui manifeste immédiatement sa désapprobation. La logique d'opposition qui prévaut est la conséquence de la passion nationale pour la polémique. Pour exister, il faut se confronter, parfois s'affronter. Le débat est difficile, parfois impossible, car les acteurs ne s'écoutent pas, radicalisent souvent leurs opinions et leurs arguments.

On pourrait citer bien d'autres singularités nationales. L'*irréalisme* est sans doute l'une des plus dommageables : entre le principe de réalité et celui de

La peur des mots

La disparition générale des tabous n'est pas apparente dans le vocabulaire ; c'est même à la tendance inverse que l'on a assisté depuis quelques années. La vague du « *politiquement correct* » avait commencé avec le « *professionnellement correct* » : on ne parlait plus d'instituteur mais de professeur des écoles, de femme de ménage mais de technicienne de surface, de serveuse mais d'hôtesse, d'employé mais de collaborateur, etc. Toutes les catégories sociales se sont ainsi vues revalorisées dans leur appellation, à défaut parfois de l'être par d'autres moyens : reconnaissance ; rémunération…

Le phénomène s'est poursuivi avec le « *socialement correct* ». On a alors remplacé les aveugles par des non-voyants, les sourds par des malentendants, les malades par des consultants, les Noirs (qui n'étaient déjà plus des « Nègres ») par des personnes de couleur ou plus largement les immigrés de certaines origines ethniques (en particulier africaines) par des minorités visibles (une façon implicite de reconnaître que le fait d'avoir la peau noire peut être un handicap, au même titre qu'une déficience physique). Le résultat est donc contraire au but recherché, qui est de valoriser les gens quels que soient leur statut social ou leur apparence. On s'étonne aussi que l'on continue de

parler de *longue maladie* pour éviter de prononcer le mot « cancer ».

Puis a déferlé la vague de l'« *idéologiquement correct* », qui a renforcé la tendance nationale à la « langue de bois ». Le vocabulaire des responsables s'est peu à peu débarrassé de tout ce qui n'était pas a priori consensuel, quitte parfois à se laisser entraîner dans des circonlocutions. Ainsi, le mot « libéralisme » est devenu progressivement tabou dans le langage politique, sauf lorsqu'il s'agit de le dénoncer. Dans le même esprit (et dans le même sac des mots interdits ou à forte connotation négative), on trouve des termes qui sont corrélés dans l'esprit des Français au libéralisme. C'est le cas de mondialisation, globalisation ou multinationale. Pour des raisons semblables, le mot « marketing » n'a pas bonne presse, car il induit l'idée d'une manipulation des consommateurs par les entreprises (surtout les multinationales).

Cette évolution est révélatrice du « modèle français » égalitaire, qui rêve de gommer les différences et de résoudre les problèmes, mais qui préfère changer la façon de les nommer que d'engager les actions nécessaires. C'est pourquoi le mot « réformer » est un autre terme difficile à employer (préserver est plus « tendance »), comme le mot « devoir » (le droit est plus sympathique). « Il faut se fier aux mots, car ils en savent plus que nous sur les choses », écrivait à juste titre Jules Roy.

plaisir, la France a fait son choix. Mais la vocation hédoniste de la société contemporaine engendre plus de frustration que de satisfaction ; le pays du bien-vivre donne de nombreux signes de mal-être. L'attachement à la *proximité* est une autre caractéristique de plus en plus apparente. Réaction à la mondialisation, elle favorise parfois la

myopie ; elle oppose le « petisme » au gigantisme et le local au global, renonçant ainsi à la vocation longtemps universaliste de la France. Les étrangers s'étonnent aussi de l'« *exception culturelle* », souvent mise en avant. Elle se manifeste dans le système de protection et de financement des œuvres françaises (notamment dans le cinéma),

La prime au social

« Pour chacun des termes suivants, pourriez-vous me dire s'il évoque pour vous quelque chose de très positif, de plutôt positif, de plutôt négatif ou de très négatif ? » (en juin 2005)*

	Très positif	Plutôt positif	Plutôt négatif	Très négatif
Sécurité sociale	34	46	15	3
Service public	18	54	19	4
Entreprise	17	54	19	4
Syndicat	13	45	25	8
Libre-échange	11	53	21	3
Compétitivité	10	50	25	7
Réformes	8	48	27	4
Protectionnisme	6	34	37	8
Mondialisation	4	24	43	18
Monopole	3	16	48	23

Eurobaromètre

* Le total des réponses n'est pas égal à 100, la différence étant les non-réponses.

dans les discussions sur le commerce mondial, avec le refus de traiter les biens et les services concernés comme des marchandises banales. Beaucoup y voient un signe de l'« arrogance française ».

Les Français sont globalement plutôt fiers de leurs exceptions. Mais cette autosatisfaction les empêche de voir le monde tel qu'il est et de s'y adapter, de sorte que certains atouts d'hier sont devenus des handicaps. C'est sans doute là l'une des raisons principales du « déclin de la France » souvent évoqué à l'intérieur comme à l'extérieur du pays, en tout cas de son « décrochage » par rapport aux autres pays développés.

Les réformes se heurtent à de fortes résistances.

Au fil des années, les « bombes à retardement » se sont accumulées. Le déficit prévu des régimes de retraite n'a été que partiellement pris en compte par la réforme de 2003 et les régimes spéciaux n'ont pas été harmonisés. La réforme de la santé entreprise en 2005 n'a pas permis de combler le « trou » de la Sécurité sociale. L'assurance chômage (Unedic) est quasiment en faillite depuis le début 2004. Les projets de réforme avortés ou vidés de leur substance se sont multipliés depuis quelques années : Sécurité sociale en 1995 ; Éducation nationale et ministère de l'Économie en 2000 ; financement de la recherche et régime des intermittents du spectacle en 2003 ; contrats de nouvelle ou de première embauche en 2005 et 2006...

La majorité des Français sont pourtant convaincus de la nécessité de transformer un État devenu trop gros, trop dépensier, trop peu efficace. Ils savent que les effectifs du secteur public sont pléthoriques dans certains domaines, en tout cas mal répartis. Mais les solutions proposées se heurtent à de nombreuses résistances. La plus forte est sans doute celle des agents de la Fonction publique eux-mêmes, qui se montrent peu enthousiastes chaque fois qu'il est question de modifier leurs habitudes ou leur statut. Ils disposent au sein des administrations d'un pouvoir de blocage considérable et n'hésitent pas à le mettre en œuvre. La France reste ainsi l'un des seuls pays à ignorer le salaire au mérite des fonctionnaires, la décentralisation des responsabilités, la professionnalisation du service public, le respect des clients-citoyens lors des grèves.

L'autre résistance au changement vient des citoyens eux-mêmes. S'ils sont volontiers critiques à l'égard de l'État, beaucoup ont encore l'habitude de se tourner vers lui lorsqu'ils connaissent des difficultés : agriculteurs touchés par de mauvaises récoltes ; particuliers subissant des catastrophes naturelles ; salariés menacés par des plans de licenciement... Louis XIV déclarait déjà il y a plus de trois siècles : « En matière d'administration, toutes les réformes sont odieuses. »

La France dispose cependant de nombreux atouts...

Dans leur désarroi collectif, les Français ne réalisent pas combien leur situation reste privilégiée en comparaison de celle de la grande majorité de l'Humanité. Ce n'est sans doute pas par hasard que des millions d'étrangers rêvent d'habiter en France, pensant à juste titre que l'on y vit mieux que chez eux. La liste des atouts nationaux est en effet longue et connue. Les infrastructures et les services publics sont de qualité ; ils sont à porter au crédit d'un État fort qui a construit des routes, des ponts, des lignes de chemin de fer, des écoles, des crèches, des stades, des

Les avantages exquis

Malgré son goût apparent pour la transgression, la France reste un pays fortement attaché à ses habitudes et à ses acquis. Dans la culture nationale, ceux-ci ne peuvent être mis en cause, réexaminés et il s'agit là de l'un des derniers tabous. Il est donc quasiment impossible de s'interroger sur la légitimité actuelle des avantages concernés, sur les injustices qu'ils induisent parfois, sur les entorses à la solidarité nationale qu'ils peuvent entraîner. Ainsi, les conducteurs de TGV perçoivent des primes qui n'ont plus toujours de raison d'être. Le comité d'entreprise d'EDF continue de percevoir 1 % de la masse salariale, soit un montant annuel d'un demi-milliard d'euros, géré par 4 000 personnes. Les salariés des entreprises privatisées, comme France Télécom ou EDF, ont conservé leur statut de fonctionnaires. Les retraités du secteur public concernés par les « régimes spéciaux » continuent d'en bénéficier, alors que les autres ont été touchés par la réforme de 2003 ; les déficits annuels de leurs caisses sont toujours financés par les salariés dépendant du régime général du secteur privé. Leur coût sera de plus en plus élevé pour la communauté dans les prochaines années. On pourrait donner beaucoup d'autres exemples de ces « avantages exquis », dont certains sont sans conteste des privilèges, en complet décalage avec les pratiques en vigueur dans le reste du monde.

Leur existence et leur maintien sont révélateurs du fonctionnement passé de la société française, marqué par le corporatisme, le clientélisme et le jacobinisme. Ils sont significatifs de la difficulté actuelle à se remettre en question, à s'adapter au contexte de l'époque. Ils témoignent parfois d'un niveau insuffisant de morale collective et montrent combien la solidarité a parfois un sens restrictif, catégoriel ou corporatiste (p. 195). Pourtant, la société française ne pourra être indéfiniment « réduite aux acquis ». Il faudra bien discuter de façon objective et apaisée de leur légitimité, de leur utilité, des inégalités qu'ils peuvent engendrer, de leur caractère parfois obsolète. Dans le but, évidemment, de permettre à l'ensemble des citoyens d'acquérir de nouveaux avantages (c'est le sens du progrès), plus justement répartis.

tant par sa situation que par son climat ou la diversité de ses paysages. L'histoire a été aussi très généreuse avec lui. La France a ainsi accumulé un patrimoine culturel exceptionnel, enrichi par un cinéma qui demeure l'un des plus vivants, tout comme la création musicale populaire. La France obtient aussi des succès en matière sportive (football, handball, judo, escrime, voile, athlétisme...).

Les Français ne manquent pas non plus de qualités pour réussir individuellement et collectivement. Leur niveau d'instruction est globalement élevé et il a beaucoup progressé pendant les décennies précédentes. Il est complété par un système de formation continue auquel les entreprises consacrent environ 3 % de leur masse salariale, l'un des taux les plus élevés au monde. La démographie est plus dynamique que dans les autres grands pays de l'Union européenne, avec un taux de fécondité plus élevé. Enfin, la longévité de ses habitants (84 ans en moyenne pour les femmes, 77 ans pour les hommes) témoigne de progrès sanitaires spectaculaires.

> ## ... mais elle va devoir les entretenir.

théâtres... L'État-providence a permis aussi aux citoyens de disposer d'une protection sociale enviée. Les niveaux de revenus restent comparativement élevés, comme ceux des retraites, et les inégalités sont moins fortes que dans bien d'autres pays.

La France est la cinquième puissance industrielle mondiale, la troisième exportatrice (deuxième en matière agricole) et la première destination touristique mondiale. Sa dépendance énergétique est réduite grâce au nucléaire et elle figure parmi les rares puissances dotées de l'arme atomique.

Son pouvoir d'attraction industriel est indéniable et elle reste une terre d'accueil des investissements étrangers. On compte une quarantaine d'entreprises françaises parmi les 500 premières mondiales, avec des fleurons telles que L'Oréal, Danone, Vinci, Air France, Areva, Bic, Essilor ou Axa. La France est « incontournable » dans les secteurs du luxe, des cosmétiques ou de la gastronomie, mais aussi de l'agriculture, des transports (automobile, ferroviaire, aérien) ou du nucléaire.

La liste ne s'arrête pas là. Le pays bénéficie d'une géographie privilégiée,

Si les atouts de la France sont nombreux, certains connaissent une évolution préoccupante. Ainsi, les infrastructures nationales sont souvent plus coûteuses qu'ailleurs ; l'endettement de la SNCF est considérable, comme celui de France Telecom ou d'EDF, malgré le montant des subventions publiques (souvent dénoncées au niveau européen). Le montant des recettes touristiques, plus important pour l'économie du pays que le nombre des étrangers de passage, ne la situe qu'en troisième position dans le monde et cette place est menacée. Des études montrent que l'image de la France auprès des investisseurs étrangers est ternie par l'instabilité sociale, les risques de grève et les lourdeurs administratives.

Par ailleurs, l'augmentation récente des créations d'entreprises ne doit pas faire oublier qu'elles concernent moins d'actifs que dans d'autres pays développés (p. 290). Les multinationales françaises sont l'arbre qui cache une forêt de PME moins armées pour un développement hors des frontières. Certains domaines d'excellence de la France ont quasiment disparu, comme la haute couture, d'autres sont en difficulté comme la viticulture ou le textile. Quant à la productivité du travail par heure travaillée, l'avantage français tend à se réduire, tant avec les États-Unis qu'avec l'Allemagne.

Surtout, la France ne brille plus depuis des années dans les domaines porteurs d'avenir que sont l'éducation et la recherche. 150 000 jeunes sortent chaque année du système éducatif sans diplôme et les universités sont pauvres. La balance des brevets est de moins en moins favorable. Dans un climat de trop faible croissance et d'inefficacité économique, le déficit commercial s'est accru de façon spectaculaire. Il en est de même de l'endettement public ; il faudrait un taux de croissance du PIB de 1,7 % pour seulement le stabiliser. Les dépenses de santé connaissent une dérive continue. Les retraites futures ne sont pas financées. Les investissements des entreprises sont atones, dans un climat qui ne l'est pas moins et dans un contexte de charges sociales élevées. La consommation est aboulique et l'accroissement du pouvoir d'achat insuffisant pour la relancer. Des millions de personnes vivent des minima sociaux, sans réel espoir, opportunité ou parfois volonté d'en sortir. Dans un monde en mouvement perpétuel où la compétition est de plus en plus implacable, la France ne pourra se contenter de ses atouts. Elle devra les actualiser.

Politique

Depuis 1958, l'histoire électorale a connu de nombreuses péripéties...

Les relations entre les Français et la politique depuis la fin de la Seconde Guerre mondiale ne sont pas un long fleuve tranquille. L'un des actes fondateurs fut la création en 1958 de la Ve République par le général de Gaulle. Celui-ci sera désavoué en 1969, un an après la « révolution de Mai » qui témoignait d'une transformation en profondeur de la société (p. 239). Les revendications exprimées furent un peu oubliées pendant les années Pompidou au profit de la modernisation industrielle du pays. Valéry Giscard d'Estaing entendait la poursuivre à partir de 1974 dans la lignée d'une politique de centre droite. Mais ses efforts furent perturbés par les effets progressifs d'une crise économique que les Français refusèrent longtemps de voir.

Déçus de constater que la France n'avait pas réussi à maintenir cette crise hors de ses frontières, les Français choisirent l'alternance en 1981, offrant à la gauche sa première chance depuis vingt-trois ans. Commença alors l'ère Mitterrand.

En 1986, une nouvelle déception des électeurs les amena à provoquer une situation jusqu'alors inconnue : la cohabitation. Elle ne profita guère au nouveau Premier ministre, Jacques Chirac. En 1988, les Français reconduisirent le président sortant, pour la première fois dans l'histoire de la Ve République. La réélection de François Mitterrand s'effectua dans un contexte d'inversion idéologique, entre une droite jugée trop moderniste et aventureuse et une gauche qui se pré-

senta opportunément comme conservatrice. Pas plus que les précédents, le gouvernement d'ouverture qui suivit ne trouva grâce aux yeux des Français. Ce fut donc de nouveau l'alternance et la cohabitation entre 1993 et 1995, avec la nomination d'Édouard Balladur comme Premier ministre.

... qui se sont poursuivies depuis 1995.

L'élection présidentielle de 1995 fut l'occasion d'une nouvelle inversion apparente des rôles entre la droite et la gauche. Abandonnant le terrain économique traditionnel de la droite, Jacques Chirac l'emporta sur la promesse de réduire la « fracture sociale ». Mais les Français eurent très vite le sentiment que les actes du gouvernement dirigé par Alain Juppé n'étaient pas en accord avec les promesses du président. Le projet de réforme de la Sécurité sociale, en décembre 1995, fut le prétexte à une explosion de mécontentement. Pendant un mois, la France paralysée retrouva des airs de Mai 68.

Les élections législatives anticipées de 1997 mirent en évidence une nouvelle déception des électeurs ; la gauche, emmenée par Lionel Jospin, obtint une nette majorité. Une troisième période de cohabitation s'engagea, inversée par rapport à celles de 1986 et 1993. Les élections régionales (et cantonales) de mars 1998 confirmèrent le déclin de la droite modérée, en même temps que la croissance de l'extrême droite (15 % des voix), portée par le sentiment d'insécurité de nombreux Français, mais aussi d'agacement face à la multiplication des affaires de corruption.

La consultation pour les élections européennes de 1999 mobilise peu les citoyens (53 % d'abstentions), davantage concernés par les problèmes nationaux. La gauche plurielle

Le yoyo présidentiel

Résultats des élections présidentielles depuis 1974 par grande famille politique (en % des suffrages exprimés)

	1974	1981	1988	1995	2002
Extrême gauche	– 1er tour 2,7	– 1er tour 3,4	– 1er tour 4,5	– 1er tour 5,3	– 1er tour 10,4
Gauche	– 1er tour 43,9 – 2e tour : Mitterrand 49,2	– 1er tour 43,4 – 2e tour : **élu** **Mitterrand 51,8**	– 1er tour 40,9 – 2e tour : **élu** **Mitterrand 54,0**	– 1er tour 31,9 – 2e tour : Jospin 47,4	– 1er tour 27,2
Écologistes	– 1er tour 1,3	– 1er tour 3,9	– 1er tour 3,8	– 1er tour 3,3	– 1er tour 7,1
Droite	– 1er tour 50,9 – 2e tour : **élu** **Giscard 50,8**	– 1er tour 49,3 – 2e tour : Giscard 48,2	– 1er tour 36,5 – 2e tour : Chirac 46,0	– 1er tour 44,2 – 2e tour : **élu** **Chirac 52,6**	– 1er tour 34,2 – 2e tour : **élu** **Chirac 82,2**
Extrême droite	– 1er tour 0,7	– Pas de candidat	– 1er tour 14,4	– 1er tour 15,0	– 1er tour 19,2 – 2e tour : Le Pen 17,8

en sortit confirmée par rapport à une droite de plus en plus désunie. Deux ans après, celle-ci redoutait un raz-de-marée socialiste aux élections municipales de 2001. Mais elle résista beaucoup mieux que prévu ; ses divisions lui firent cependant perdre deux grandes villes symboles : Paris et Lyon.

La présidentielle de 2002 a été un électrochoc...

L'élection présidentielle de 2002 provoqua un véritable séisme, avec l'élimination au premier tour de Lionel Jospin, Premier ministre en exercice. Contre toute attente, le second tour vit s'affronter la droite (Jacques Chirac) et l'extrême droite (Jean-Marie Le Pen). Les explications a posteriori ne manquent pas : lassitude des électeurs à l'égard de la politique traditionnelle ; pouvoir d'attraction des candidatures de protestation ; confusion des offres de la droite et de la gauche modérées ; éparpillement des voix sur un nombre élevé de candidats (16) ; certitude induite par les instituts de sondage et les médias d'un premier tour

joué d'avance qui verrait s'opposer les deux candidats « naturels ». Ces causes ne doivent cependant pas faire oublier la principale : le mécontentement et la frustration ressentis par un grand nombre de Français face à un monde en mutation accélérée, qui leur paraît plus porteur de menaces que d'opportunités.

Le sociodrame qui s'est joué entre les deux tours a apporté plusieurs révélations sur la société française. Il a montré que les Français, les jeunes en particulier, étaient encore capables de se mobiliser pour défendre des valeurs qui leur paraissaient menacées : liberté, solidarité, ouverture... Le résultat fut un « vote républicain » en forme de plébiscite pour Jacques Chirac, élu avec 82,2 % des voix. Un autre enseignement du scrutin du 21 avril est que la gauche fut jugée moins crédible que la droite sur les questions de sécurité. Elle s'était aussi éloignée de ses électeurs traditionnels, notamment parmi les catégories les plus modestes et vulnérables au changement social. Ceux-ci avaient été en revanche sensibles aux promesses des trois can-

didats représentant l'extrême gauche (Laguiller, Besancenot, Glückstein) et par les deux d'extrême droite (Le Pen, Maigret). Enfin, on a pu constater une nouvelle fois l'absence de fibre libérale des Français, avec le faible score obtenu par Alain Madelin, candidat de Démocratie libérale (4 %).

... confirmé par les élections de 2004 et 2005.

Lors des élections législatives qui suivirent la présidentielle de 2002, les Français donnèrent à la droite une très large majorité (399 sièges) avec la mission d'engager les actions d'urgence annoncées et de mettre en place les réformes promises. Une mission non remplie, selon eux, puisqu'ils votèrent massivement pour la gauche aux élections régionales (et cantonales) de mars 2004. Dépassant largement les prévisions des instituts de sondage, elle obtenait la présidence de 20 des 22 régions françaises (seules l'Alsace et la Corse restaient à droite, malgré une majorité de gauche dans cette dernière). Le regain d'intérêt pour

223

La démocratie émotive

Le débat qui avait précédé le référendum de mai 2005 sur la Constitution européenne fut presque unanimement salué, à droite comme à gauche, comme exemplaire. Les différents avis se seraient exprimés de la façon la plus démocratique ; les Français auraient écouté, lu, réfléchi, évalué les arguments des uns et les autres. Ce débat a surtout permis de voir à l'œuvre le poids croissant de l'émotion dans le fonctionnement de la société et de la démocratie. Si l'on tente ainsi d'analyser objectivement les arguments des « ouistes » ou des « nonistes », on peut s'interroger sur leur rationalité. Les premiers se sont souvent contentés de demander qu'on leur fasse confiance. Les seconds ont fait croire sans pouvoir le démontrer que le traité constitutionnel était d'inspiration libérale ou que l'adhésion de la Turquie était déjà inscrite dans le texte.

Le système social et médiatique est tel que ceux qui parlent « la main sur le cœur » sont généralement plus convaincants que ceux qui font appel à une argumentation « froide ». Il est plus facile, en se situant sur le registre de l'émotion et de l'empathie, de séduire ceux qui pensent que le monde va mal, ceux qui se sentent victimes des inégalités ou laissés pour compte du progrès, et de faire basculer les indécis. La colère d'un ouvrier licencié parce que son entreprise a délocalisé sa production paraît toujours plus convaincante que les explications de son patron sur la concurrence planétaire croissante. La démocratie élective est, de plus en plus, une démocratie émotive.

Beaucoup de Français n'ont pas, en tout cas, répondu à la question posée, comme cela s'est d'ailleurs produit lors de chaque référendum depuis 1969. Certains ont profité de l'occasion qui leur était offerte d'exprimer leur détresse personnelle, qui avait peu de rapport direct avec la situation de l'Europe. D'autres ont répondu à une question qu'ils auraient souhaité qu'on leur posât en 2004, sur l'élargissement de l'Union à dix nouveaux pays. Mis devant le fait accompli, ils craignaient de l'être de nouveau dans quelques années lorsqu'on leur annoncerait l'entrée de la Turquie. D'autres, enfin, ont voulu manifester leur opposition ou leur hostilité à la politique menée par les dirigeants au pouvoir. Dans un contexte de mécontentement général, il est plus tentant de sanctionner par un refus celui qui pose la question que d'acquiescer à sa demande. Le « non » confère à celui qui l'exprime un sentiment de pouvoir, une jouissive impression de reprendre l'initiative, d'évacuer une partie des frustrations accumulées. Il a un effet cathartique et libérateur. L'analyse des scrutins de ces trente dernières années montre que le vote joue souvent le rôle de thérapie de groupe.

la gauche et la volonté d'opposition étaient confirmés lors des élections européennes de juin 2004 : les listes de la gauche modérée recueillaient 43 % des suffrages exprimés, celles de la droite républicaine 37 %. Le taux d'abstention atteignait 56 %.

La dernière démonstration de la mauvaise humeur des Français et de la difficulté à prévoir leurs comportements s'est produite en mai 2005, à l'occasion du référendum sur le projet de constitution européenne. Le « non » l'a emporté largement, avec 56 % des voix et un taux de participation en progression (70 %) sur les consultations précédentes, mais identique à celui du référendum sur le traité de Maastricht, en 1992. L'étonnement fut d'autant plus grand que les intentions de voter oui représentaient 69 % en décembre 2004 ; elles sont passées en quelques mois en dessous de 50 %. Autant que leur doute à l'égard de l'Europe, ce vote a traduit le fort mécontentement des Français à l'égard de la situation nationale. Il a été confirmé fin 2005 par les émeutes dans les banlieues, puis en 2006 par l'ampleur de l'opposition au CPE (contrat nouvelle embauche) et l'irritation provoquée par l'affaire Clearstream.

La désaffection à l'égard de la politique s'est généralisée.

Les Français ont longtemps éprouvé un intérêt réel pour la vie politique et fait preuve d'un respect certain envers ceux qui en avaient la charge. Mais l'aggravation des difficultés sociales, l'absence d'un « grand projet » collectif, la succession des « affaires », la généralisation de la « langue de bois » et les critiques systématiques des partis d'opposition ont fini par les en détourner. Beaucoup votent depuis des années avec le sentiment (parfois excessif ou erroné) d'un déclin de la France (p. 224) et d'une détérioration de leur vie quotidienne : baisse du pouvoir d'achat ; montée de la pauvreté ; accroissement des inégalités ; augmentation des risques. Même s'ils sont conscients de la nécessité des réformes, la plupart craignent d'en être les victimes.

Les différents scrutins qui se sont succédé témoignent du mécontentement de nombreuses catégories sociales : enseignants ; agriculteurs ; chercheurs ; intermittents du spectacle... Ils traduisent davantage une

Le baromètre de l'abstention

L e taux d'abstention s'est accru de façon pratiquement continue depuis les débuts de la Vᵉ République. Le record avait été atteint en 2000, lors du référendum sur le quinquennat, avec 70 % de non-votants (il était de 63 % en novembre 1988 pour le référendum sur le statut de la Nouvelle-Calédonie). Une pause avait été constatée lors du second tour de la présidentielle de 2002 (20,3 %), dans un contexte de mobilisation républicaine contre le Front national.

Le taux élevé d'abstention est à la fois le signe du désintérêt des électeurs pour la politique et de leur mécontentement quant aux résultats des gouvernements. Cette attitude de rejet a favorisé l'émergence des partis de protestation comme l'extrême gauche, l'extrême droite ou les écologistes. En témoigne le bon score des Verts aux élections européennes de 1999 (9,7 %) ou celui d'Arlette Laguiller (Lutte Ouvrière) au premier tour de la présidentielle de 2002 (5,8 %).

La propension à l'abstention est plus forte chez les chômeurs, les salariés précaires et les personnes peu diplômées. Les jeunes et les plus de 75 ans sont les moins concernés, de même que les habitants des grandes villes. Elle peut être la conséquence d'un désaccord à l'égard du parti dont on se sent le plus proche et que l'on ne veut pas « trahir » en votant pour un autre. Le résultat est que la plupart des élus de la République le sont par une minorité de la population.

volonté de protestation par rapport à la politique pratiquée qu'une adhésion à une solution alternative qui serait proposée par l'opposition. En sanctionnant presque systématiquement les pouvoirs en place (entre 1981 et 2002, aucune majorité n'a été reconduite lors des six élections législatives qui ont eu lieu), les électeurs dénoncent leur manque de pédagogie, leur incapacité à proposer un « projet global » et en tout cas à le mettre en œuvre. La mobilisation observée entre les deux tours de la présidentielle de 2002 n'a guère eu de suite ; l'accroissement du taux de participation en 2004 et 2005 peut s'expliquer par la volonté de sanctionner encore le gouvernement.

De nombreux citoyens ont le sentiment que les partis politiques se sont sclérosés et ne sont plus en mesure de comprendre le monde et ses enjeux, de les expliquer et de proposer des solutions. L'ambiance de corruption entretenue par les scandales (mairie de Paris, Elf, MNEF, sang contaminé...) a accru le malaise. La désaffection n'a pas seulement touché les partis politiques. Elle s'est étendue à l'ensemble des institutions : administrations, syndicats, Église, entreprises, médias. La perte de confiance s'applique à l'ensemble des « élites ». À cet égard, la date du 6 mai 1986 marque sans aucun doute un tournant. Dix jours après la catastrophe de Tchernobyl, un communiqué officiel indiquait en effet que « le territoire français, en raison de son éloignement, a été totalement épargné par les retombées de radio-nucléides consécutives à l'accident de Tchernobyl ».

Le rapport des forces politiques est instable.

L'augmentation du taux d'abstention au fil des consultations électorales s'est accompagnée d'une instabilité croissante dans le rapport des forces entre la gauche et la droite (hors extrême droite et extrême gauche). Il était favorable à la droite aux élections présidentielles de 1995 (44 % au premier tour contre 37 % à la gauche), puis bascula aux législatives de 1997 en faveur de la gauche. Celle-ci obtenait 36 % aux régionales de 1998 (36 % également

Absentéisme électoral

Évolution du taux d'abstention aux élections présidentielles, législatives et européennes (en % des inscrits)

	1er tour	2e tour
1974 Présidentielles	15,8	12,7
1978 Législatives	16,8	15,1
1979 Européennes	39,3	
1981 Présidentielles	18,9	14,1
Législatives	29,1	25,0
1984 Européennes	43,3	
1986 Législatives	21,5	30,0
1988 Présidentielles	18,6	15,9
Législatives	34,3	30,1
1989 Européennes	51,3	
1993 Législatives	30,8	32,4
1994 Européennes	47,3	
1995 Présidentielles	21,6	23,0
1997 Législatives	32,0	28,9
1999 Européennes	53,0	
2002 Présidentielles	28,4	20,3
Législatives	35,6	38,5
2004 Européennes	57,2	

Ministère de l'Intérieur

225

à la droite) et 38 % (contre 35 %) aux européennes de 1999. Le rapport s'inversait de nouveau aux législatives de 2002, où l'Union pour la majorité présidentielle obtenait 47 % des voix. Aux régionales de 2004, la gauche retrouvait une forte majorité : 40 % au premier tour, contre 34 % à la droite.

Les mouvements de l'électorat ouvrier sont révélateurs de ce zapping électoral. Dans les années 60, leur vote se partageait entre droite et gauche. Il s'est massivement déplacé à gauche dans les années 70 et 80 (75 % aux législatives de 1978). Il était de nouveau plus partagé dans les années 90, mais il a récemment évolué en faveur de l'extrême gauche et, surtout, de l'extrême droite, traduisant une forte exaspération à l'égard du système politique.

On assiste en politique à une évolution semblable à celle qui prévaut en matière de consommation ; les programmes et les hommes sont considérés comme des « produits » que les citoyens expérimentent et dont ils changent lorsqu'ils ne sont pas satisfaits.

Quelles que soient leurs tribulations électorales, les Français gardent une « fibre sociale » plus forte que leur « fibre libérale » : le mot socialisme évoque quelque chose de positif pour 51 % d'entre eux (négatif pour 42 %), contre 38 % pour l'expression libéralisme économique (négatif pour 51 %) et 33 % seulement pour le mot capitalisme (négatif pour 61 %) selon un sondage *Libération*/LH2 de novembre 2005.

Le clivage idéologique droite-gauche s'est récemment renforcé.

L'opposition traditionnelle des conceptions propres à la droite et à la gauche avait perdu de sa pertinence au fil des années, du fait de la difficulté de distinguer le social de l'économique dans le monde contemporain. Les principaux partis (PS et RPR devenu UMP) avaient ajouté à la confusion en abandonnant en partie leurs fonds de commerce traditionnels. Ainsi, l'élection présidentielle de 1988 avait été gagnée par François Mitterrand sur le terrain du conservatisme, tandis que celle de 1995 l'avait été par Jacques Chirac sur celui de la solidarité. Les autres partis (écologistes, extrémistes) avaient fini de brouiller les cartes en cherchant à élargir leurs territoires naturels. Cette difficulté de décoder la vie politique explique la stratégie apparente d'alternance et de cohabitation mise en œuvre par le corps électoral.

Les clivages traditionnels sont réapparus, mais de façon estompée, avec l'élection présidentielle de 2002, qui a fait resurgir l'image d'une gauche spécialisée dans la protection sociale et celle d'une droite fascinée par l'ordre. Les régionales de 2004 ont redonné de la vigueur au clivage entre une droite réformatrice et une gauche protectrice, au profit de cette dernière. On a ainsi vu le PS reconquérir au moins partiellement sa base électorale et redevenir (avec ses alliés) le premier parti des ouvriers (33 % des votes au second tour) et des employés (38 %). Les régionales avaient même élargi cette base, puisque 35 % des cadres supérieurs ont voté pour les partis de gauche (ainsi que 39 % des professions intermédiaires).

Les élections à caractère européen de 2004 et 2005 avaient de nouveau embrouillé le paysage politique et idéologique. Le référendum sur le projet de constitution avait même fait éclater le PS entre les partisans de l'acceptation et ceux du rejet. Il a laissé des traces dans les états-majors comme dans l'opinion. On observe depuis une radicalisation croissante des partis politiques et des citoyens. Elle était notamment apparente dans les débats sur le CPE, entre les tenants d'une opposition de principe à la « précarisation » des actifs en général et des jeunes en particulier, et ceux de la « flexibilité », seule solution à leurs yeux au chômage endémique. Au point que la possibilité d'une réconciliation entre ces conceptions, telle qu'elle est pratiquée notamment dans les pays du nord de l'Union, apparaît difficile, voire impossible dans le climat national ambiant.

L'extrême gauche accroît son audience et le parti communiste résiste.

Pendant quelques années, on a pu croire que les idéologies politiques ne s'étalaient plus le long d'un axe, mais plutôt à l'intérieur d'un cercle où les extrêmes pouvaient se toucher. C'est ainsi qu'une partie des électeurs du parti communiste, déçus de son ancrage dans une « majorité plurielle » recentrée, s'étaient portés à la présidentielle de 2002 sur le Front national. De même, on avait pu observer des transferts entre l'extrême gauche et l'extrême droite de la part d'électeurs plus sensibles à leur volonté commune de changement radical qu'à leurs idéologies respectives, au demeurant fort éloignées.

Le score de l'extrême gauche au premier tour de l'élection présidentielle de 2002 (10,4 % pour les trois candidats qui la représentaient) traduisait une volonté d'en découdre avec le système politique et social. Les régionales de 2004 ont marqué une importante baisse d'audience pour l'extrême gauche unie de Lutte ouvrière et de la Ligue communiste révolutionnaire. Avec 5 % des suffrages exprimés au premier tour, elle obtenait un score deux fois moins élevé que celui de la présidentielle de 2002, mais supérieur à celui des régionales de 1998 (4,2 %) et surtout à celui des

Le phénomène Royal

L'émergence de Ségolène Royal (députée du PS, présidente de la Région Poitou-Charentes, ancienne secrétaire d'État à la famille) dans l'opinion à partir du début 2006 est un bon révélateur de la situation nationale. Elle témoigne d'abord de l'extrême lassitude des citoyens à l'égard de la politique traditionnelle, incarnée au parti socialiste par les « éléphants » : Hollande ; Lang ; Fabius ; Strauss-Kahn ; Emmanuelli... Dans une société devenue fragile comme de la porcelaine, leurs « barrissements » et leurs maladresses avaient occasionné de nombreux dégâts, notamment lors de la campagne du référendum sur la Constitution européenne. Ils avaient été aggravés par leur concurrence interne, dans la perspective de la présidentielle de 2007, chacun d'eux donnant l'impression que l'avenir de la France était moins important que le sien. L'hypothèse était alors évoquée d'un recours

et d'un retour : celui de Lionel Jospin. Mais une autre était bientôt avancée, celle de Ségolène Royal.

Son succès quasi immédiat dans les sondages a une première explication : placer une femme à la tête de l'État pouvait apparaître, dans l'inconscient collectif, à la fois comme une « rupture » avec le passé et comme une « avancée ». À maints égards, la société française, déçue par l'incapacité des hommes à résoudre ses problèmes et à imaginer l'avenir, est en train de « changer de sexe », faisant émerger les « valeurs féminines » : sens pratique ; respect de la vie ; capacité d'écoute ; intuition ; modestie ; pacifisme ; générosité... Une autre explication à cet engouement soudain tient au fonctionnement du système médiatique. Toujours à l'affût du moindre mouvement de l'opinion, il lui donne une résonance qui l'amplifie considérablement ; les journaux font des « unes » au simple prétexte que les autres en font. Le phénomène se

trouve renforcé lorsqu'ils ont affaire à un « bon client » ou cliente : souriant, à l'aise avec les caméras, moins « langue de bois » que les autres.

La troisième explication du phénomène tient à la méthode proposée pour bâtir un programme (par sens politique, par flair sociologique... ou par manque d'idée ?), que l'on pourrait baptiser « marketing politique participatif ». Elle consiste à montrer aux Français qu'on les considère et qu'on leur donne une place centrale dans la démocratie, au point de leur demander de créer eux-mêmes la plateforme du candidat, en tout cas à y participer activement, notamment par mail. Cette approche, nouvelle en politique, ressemble à celle mise en œuvre par les professionnels du marketing des entreprises, qui « placent le client au centre de leur stratégie ». Une autre question est de savoir si elle constitue un progrès de la démocratie ou une étape supplémentaire dans la démission du politique.

---

législatives de 2002 (2,8 %). C'est le PS qui, cette fois, avait cristallisé les votes protestataires à gauche. Le référendum de mai 2005 a montré en revanche une influence accrue dans l'opinion des arguments antimondialistes et antilibéraux exprimés par l'extrême gauche ainsi que l'audience croissante de ses leaders (Besancenot, Arlette Laguiller, mais aussi José Bové).

Le parti communiste a, quant à lui, repris un peu de couleur après son effondrement dans les années 90. Présent dans sept régions en 2004, il a partout amélioré les scores obtenus par Robert Hue lors de la présidentielle de 2002, parfois ceux des candidats aux législatives qui avaient suivi. Il a trouvé avec Marie-Georges Buffet un porte-parole médiatique, qui

confirme la place croissante (bien que très minoritaire) des femmes dans la vie politique.

L'extrême droite n'a plus le monopole de ses idées.

Avec 19,2 % des voix à la présidentielle de 2002 pour ses deux candidats (Le Pen et Maigret), l'extrême droite avait encore plus largement bénéficié que l'extrême gauche de la désaffection des Français pour les partis traditionnels. Elle avait notamment profité de l'« embourgeoisement » du parti socialiste et de l'incapacité de la droite à mobiliser. Jean-Marie Le Pen avait habilement utilisé les frustrations des citoyens, comprenant en particulier que l'insécurité ne concernait pas

seulement la délinquance dans les banlieues, mais la peur plus générale et diffuse de la « modernité ».

Au premier tour des régionales de 2004, l'extrême droite avait recueilli 14,8 %, un résultat très voisin de celui de celles de 1998 (15,3 %), surtout si l'on tient compte de la déroute du MNR de Bruno Mégret (récurrente depuis la scission de 1999). Si le score du Front national était inférieur à celui de son leader à l'élection présidentielle de 2002 (17,2 %), il indiquait un enracinement du parti et de son idéologie dans la société. Le seul échec s'est produit en Île-de-France (12,2 % des voix contre 16,7 % en 1998). Pourtant, le FN stagnait ou reculait dans ses fiefs traditionnels : Alsace, Languedoc-Roussillon, Provence-Alpes-

Côte d'Azur ou Rhône-Alpes. Il se renforçait au contraire en Bourgogne, en Picardie et gagnait du terrain dans le Sud-Ouest (Aquitaine et Midi-Pyrénées) ou l'Ouest (Basse-Normandie et Pays de la Loire).

Depuis quelques années, le FN recrute des électeurs parmi les travailleurs indépendants (les agriculteurs notamment). Mais, en même temps qu'il s'est construit sur son image de parti xénophobe, il est gêné dans son développement par son incapacité à évoquer de façon crédible les sujets autres que l'immigration. Il est en outre de plus en plus concurrencé par le Mouvement des citoyens de Philippe de Villiers, qui a été l'un des artisans du non au référendum européen de 2005. Il l'est aussi par l'UMP de Nicolas Sarkozy, qui n'hésite plus à évoquer des thèmes qui sont au centre des préoccupations des électeurs.

Le centre cherche à se démarquer de la droite.

Si, selon la conviction longtemps exprimée par Valéry Giscard d'Estaing, les Français veulent être gouvernés au centre, il apparaît que c'est davantage en demandant aux partis modérés de gauche ou de droite d'élargir leur champ de vision et d'action ou en organisant des cohabitations plutôt qu'en élisant des centristes à la tête du pays. Depuis des décennies, le candidat de centre droit à l'élection présidentielle a toujours été largement battu : Lecanuet en 1965, Chaban-Delmas en 1974, Barre en 1988, Balladur en 1995, Bayrou en 2002 (7 %).

Les résultats obtenus par l'UDF au premier tour des régionales de 2004 ont cependant fait apparaître un léger rééquilibrage du rapport de forces avec l'UMP. On observe cependant que les deux électorats restent proches en termes sociologiques et idéologiques.

Une partie est donc susceptible de se déplacer entre les deux ; une part non négligeable des électeurs de l'UDF a d'ailleurs voulu exprimer sa désapprobation envers l'UMP lors des régionales de 2004. Dans une période politiquement agitée et dans la perspective de l'élection de 2007, François Bayrou tentait de se repositionner vers le centre gauche, n'hésitant pas à voter en mai 2006 une motion de censure contre le gouvernement de Dominique de Villepin embourbé dans l'affaire Clearstream.

Pascal disait de l'infini que c'est un cercle où la circonférence est partout et le centre nulle part ; il en est de même de la vie politique française. Le centre n'apparaît guère comme un lieu idéologique distinct, mais comme le point de rencontre du socialisme et du libéralisme, tous deux portés (à parts inégales) par la gauche et la droite. L'avenir dira s'il peut être le point Oméga de la politique auquel tout aboutit, le lieu de la réconciliation nationale.

L'écologie est davantage une attitude qu'une idéologie.

L'écologie était apparue en France au début des années 70 comme une suite logique de l'esprit de Mai 68. Mais la crise économique allait mettre au premier plan des préoccupations plus immédiates comme le chômage ; l'écologie était alors considérée comme un luxe hors de saison. Il aura fallu l'accident de Tchernobyl (1986), les craintes liées à la destruction de la couche d'ozone, l'effet de serre ou la disparition de la forêt amazonienne pour qu'elle fasse un retour remarqué dans les médias, les conversations privées et les débats politiques.

Ce mouvement de prise de conscience se traduisait aux élections européennes de 1999 par le score de 9,7 % réalisé par les Verts. Celui de Noël Mamère

au premier tour de l'élection présidentielle de 2002 était nettement en retrait, mais restait honorable (5,3 %). Il était dépassé lors des régionales de 2004, avec 6 % dans les sept régions où les Verts présentaient des candidats : Auvergne, Bretagne, Champagne-Ardenne, Limousin, Midi-Pyrénées, Nord-Pas-de-Calais et Rhône-Alpes.

La plupart des Français ont aujourd'hui le sentiment que l'écologie ne doit pas être monopolisée par un parti politique. Plutôt qu'une idéologie débouchant sur un système de gouvernement, elle leur apparaît comme une préoccupation transversale, devant être intégrée par tout parti au pouvoir. Elle constitue un garde-fou nécessaire contre les dérives de la modernité, qui mettent en danger la planète et l'Humanité. S'ils accusent volontiers les politiques et les industriels de ne pas protéger suffisamment la nature, les Français n'ont cependant pas tous acquis le réflexe, à l'échelon individuel, de participer à cet effort. Mais la sensibilité environnementaliste se développe au fur et à mesure que les menaces se précisent. Elle ne peut être ignorée par les partis politiques.

Les comportements électoraux sont moins liés aux facteurs socio-démographiques.

La profession, le revenu, l'âge, le sexe ou la croyance religieuse n'exercent plus une influence aussi déterminante qu'autrefois sur les comportements électoraux. Les cartes ont été brouillées depuis 1981. Le vote des cadres supérieurs, autrefois marqué à droite, est par exemple devenu plus équilibré. Les facteurs personnels liés aux opinions, à la vision du monde et de la vie interviennent de façon croissante. L'attitude à l'égard du rôle de l'État est un indicateur important :

ceux qui sont favorables à son intervention votent plutôt à gauche. Les préoccupations sociales dominent dans les choix des électeurs et l'économie joue un rôle plus indirect. On observe en outre une influence croissante sur les votes de l'entourage non seulement familial mais « tribal », professionnel ou géographique. On peut disposer d'un emploi et d'un revenu confortable mais se sentir menacé par l'environnement et craindre pour son avenir et celui de ses enfants. C'est ainsi que l'implantation du Front national ne coïncide plus seulement avec celle des ouvriers, des chômeurs ou des étrangers. Le vote des chasseurs est aussi révélateur de ce type de « contagion » par le milieu. Celui des écologistes est largement influencé par les modes de vie et de communication urbains. L'évolution est en revanche moins nette pour le vote communiste, encore marqué par des références et des réflexes anciens, l'appartenance à une classe ouvrière défavorisée.

L'élection présidentielle de 2007 représente une échéance majeure.

Dans un contexte social et économique délétère, l'élection de 2007 apparaît comme un rendez-vous majeur avec l'histoire nationale, peut-être la dernière avant le déclenchement d'une forme de « révolution ». La première condition à remplir par les candidats et les candidates est de redonner vie et substance au « contrat de confiance » qui s'est rompu au fil des années entre les citoyens et les acteurs de la société, mais aussi entre les Français. Les fractures sociales se sont en effet diversifiées et aggravées entre les « vraies gens » et les institutions, entre les jeunes et les vieux, entre le secteur public et le privé, entre les Français « de souche » et les enfants d'immi-

grés, entre les nantis et les pauvres. En même temps, les déséquilibres économiques se sont alourdis : déficits, endettement, charges, etc. Les doutes se sont accumulés quant à la volonté et à la capacité des responsables politiques, et, plus largement, des acteurs sociaux, de conduire les changements nécessaires ou même de les imaginer. Tout cela alimente un fort sentiment d'inégalité, d'injustice, de malaise. Rien ne sera donc possible sans une réconciliation nationale.

Il faudra d'abord reconnaître que le « modèle républicain » a vieilli, afin de le rénover ou de le refonder. Quelles que soient les préférences et les convictions intimes, les Français n'auront guère d'autre choix que d'intégrer le phénomène irréversible de la globalisation. Cela implique notamment de considérer l'Europe autrement que comme la cause des problèmes nationaux, en rappelant notamment qu'elle a permis aux peuples qui la composent de vivre en paix pendant soixante ans. Beaucoup de Français sont aussi conscients que la séparation idéologique entre d'un côté le tout-économique et, de l'autre, le tout-social n'a guère de sens. Ils attendent à la fois plus de prospérité collective et un meilleur partage individuel.

Il paraît donc urgent de mélanger les cartes sans les brouiller, de rassembler les volontés et les énergies. Dans un climat social potentiellement explosif, il sera sans doute nécessaire de « remettre les choses à plat », d'aborder les grandes questions de façon globale et apaisée. L'avenir de la France ne pourra être découpé en morceaux, chacun d'eux constituant un « problème » à résoudre, une plaie à soigner, une fuite à colmater : chômage ; impôts ; santé ; éducation ; banlieues… Le temps est venu de bâtir enfin un « grand projet » susceptible de donner du souffle et de provoquer

le sursaut de la France, l'enthousiasme des Français.

Le scénario du *statu quo* apparaît le plus risqué.

L'absence de changement et le refus des réformes nécessaires auraient pour conséquences inéluctables un accroissement des écarts, des inégalités et des injustices, un appauvrissement de la collectivité. Ce scénario de préservation et d'impuissance entraînerait, à terme plus ou moins rapproché, la mise en place d'un autre, celui de la « révolution ». Il pourrait prendre deux formes très différentes. Dans la première, on assisterait à de véritables affrontements entre des groupes sociaux antagonistes, radicalisés, qui s'accuseraient mutuellement de la responsabilité de la situation et du retard accumulé (encadré). La France serait alors véritablement coupée en deux. D'un côté, les tenants du « social », du refus de la mondialisation et du repli sur l'identité et la souveraineté nationale. De l'autre, ceux qui estiment l'ouverture indispensable, prônent le réalisme économique et souhaitent que l'on joue avec les mêmes règles et les mêmes moyens que les autres. Les conflits seraient inévitables entre les Mutants et les Mutins (p. 231). Les dégâts sociaux seraient considérables et le décrochage économique par rapport au reste du monde s'en trouverait fortement accru.

On peut heureusement envisager une forme non violente du scénario révolutionnaire. Elle implique que la France cherche sans attendre davantage à rattraper le temps perdu, à relancer une machine nationale qui tourne au ralenti et à redonner au pays sa place dans le monde. Cela impliquerait de réformer sans plus tarder l'État, l'école, la santé, la fiscalité, d'optimiser le fonctionnement, de préciser les conditions de

229

Le scénario révolutionnaire

La thèse d'une situation pré-révolutionnaire de la France peut paraître excessive dans un contexte de « chacun pour soi », de défense des acquis, de mobilisation collective limitée. Elle n'est cependant pas improbable si l'on se souvient de Mai 68. La France était alors en pleine croissance économique, la classe moyenne enrichie s'équipait de réfrigérateurs, de téléviseurs et de voitures ; cela ne l'a pas empêchée de faire sa « révolution ». En comparaison, la situation actuelle paraît bien plus propice à une explosion sociale. Le sociologue américain Crane Brinton a mis en évidence dès 1938 six principaux critères préalables aux situations révolutionnaires dans différents pays *(Anatomy of Revolution,* Vintage Books, New York) : un climat de relative prospérité économique ; des antagonismes forts entre les classes sociales ; des intellectuels devenus des adversaires virulents de l'autorité dirigeante ; des dirigeants

ayant perdu confiance en leur autorité et en ses fondements ; un gouvernement confronté à des difficultés financières graves ; une utilisation maladroite de la force devant les premiers mouvements de mécontentement. La plupart de ces ingrédients sont présents dans la France contemporaine. La croissance est faible, mais pas nulle. Une forme de « lutte des classes » se développe avec la montée du communautarisme et celle de la discrimination à l'égard des minorités. Les intellectuels et les médias ne cessent de fustiger l'incapacité des politiciens et des acteurs sociaux, lesquels se montrent de plus en plus désemparés face à des crises et des conflits qui se multiplient. La marge de manœuvre financière de l'État est très réduite, du fait de l'endettement accumulé et des contraintes européennes en matière d'équilibre budgétaire. Quant à l'utilisation de la force, le risque existe que le souhait de maintenir (ou rétablir dans certains cas) l'ordre et l'autorité de l'État ne débouche sur des affrontements qui dégénéreraient.

maritimes des XVe et XVIe siècles ont engendré la colonisation d'une partie du monde par les pays découvreurs. Le mouvement s'est amplifié au fur et à mesure des progrès de la connaissance scientifique, qui ont unifié la vision du monde, favorisé les transports et la communication, donc les échanges économiques et culturels.

Les risques engendrés par la mondialisation ont débouché récemment sur un autre concept, complémentaire : celui de « développement durable ». Il a donné un nouvel élan au débat engagé au début des années 70 par le Club de Rome *(Halte à la croissance)*. Il avait été au centre du rapport Brundtland de l'ONU en 1987 *(Notre futur commun)*. Il était présent au Sommet de la Terre de Rio en 1992 *(Agenda 21),* à la Conférence de Kyoto en 1997 (réchauffement climatique) et au Sommet de Johannesburg en 2002 (développement durable). L'ambition aujourd'hui affichée est de favoriser la croissance économique, l'équité sociale et la protection de l'environnement. Le moyen proposé est de penser globalement et d'agir localement. Comme l'indiquait déjà Saint-Exupéry, « on n'hérite pas de la terre de ses parents, on emprunte celle de ses enfants. »

l'immigration, d'accroître le temps de travail et, d'une façon générale, de réduire les freins structurels et culturels à l'origine du décrochage actuel. Il faudrait également réexaminer la longue liste des « avantages acquis » dans une perspective à la fois réaliste et solidaire. Par son ampleur et par ses conséquences, cette série d'évolutions fortes et rapides constituerait bien une révolution.

● *L'administration fiscale a publié 34 000 pages de notes pour expliquer le Code général des impôts.*
● *En juin 2005, 24 % des Français pensaient que l'Union européenne comptait 15 pays membres.*

Monde

Le mouvement de globalisation est en marche...

Le concept (anglo-saxon) de globalisation, ou celui, plus européen, de mondialisation, est apparu il y a quelques années. Il a pris une importance particulière après l'effondrement du bloc soviétique, à la fin des années 80, mais il avait été engagé depuis des siècles. La mondialisation fut en effet partie prenante de la construction des empires (grec, romain, ottoman, britannique, français...). Les grandes découvertes

... mais les Français y sont peu favorables.

Les mouvements de convergence entre les pays développés sont plus importants que ceux qui vont dans le sens d'un renforcement des singularités nationales. Ils sont favorisés par le rapprochement des modes de consommation (produits, marques, enseignes, attitudes et comportements). L'accroissement de la mobilité personnelle et professionnelle a accéléré la convergence. Les médias fournissent aussi de plus en plus d'éléments d'information et de comparaison avec ce qui se passe ailleurs. L'ouverture aux autres tend à s'accroître et le monde occidental, à s'unifier.

Cependant, les Français ne sont pas tous satisfaits de ce processus. Les sondages montrent qu'ils sont en majorité hostiles à la mondialisation. Pour 54 % d'entre eux, le mot évoque plutôt quelque chose de positif, pour 39 % plutôt quelque chose de négatif (Fondation Gabriel Péri/Ipsos, avril 2005). 47 % estiment que la mondialisation est plutôt une mauvaise chose pour la France (45 % plutôt une bonne chose), et 48 % une mauvaise chose pour eux-mêmes (contre 38 %). Ils sont même 63 % à penser qu'elle est un handicap pour les petites et moyennes entreprises (contre 28 % de l'avis contraire),

alors que 78 % considèrent qu'elle sert les multinationales (14 % non).

La mondialisation est rendue responsable d'une bonne part des maux de la planète, de la « mal-bouffe » au « mal-être ». Elle constitue un repoussoir pour la majorité des citoyens, parfois un défouloir pour tous ceux qui veulent exprimer leurs craintes et leurs frustrations face à un monde complexe et dangereux. La globalisation est pour eux synonyme d'une concurrence accrue, inégale et féroce entre les pays, de contraintes nouvelles pour les salariés, d'inégalités accrues entre les pays et entre les groupes sociaux. Ils dénoncent aussi l'impact des nouvelles technologies et leur diffusion trop rapide : produits alimentaires trans-

géniques, clonage... Ils craignent une uniformisation des modes de vie et une disparition des cultures nationales ou régionales au profit d'une *world culture* d'obédience américaine.

> **L'altermondialisme n'est pas considéré comme une solution crédible.**

Les antimondialistes, devenus altermondialistes, refusent un système de libre-échange aux mains d'entreprises multinationales qu'ils jugent sans morale. Ils leur reprochent d'encourager les spéculations sur les monnaies et sur les prix des matières premières, de ne s'intéresser aux régions du monde qu'en fonction de leur impor-

MUTINS CONTRE MUTANTS

À tout moment de son histoire, l'état de la société française et la vision de l'avenir ont fait l'objet de débats entre les « Anciens » et les « Modernes ». Il a pris au cours des dernières années une importance particulière, dans un contexte de transformation économique, technologique et scientifique sans équivalent depuis la fin du XVIIIᵉ siècle. Au point que l'on peut parler d'un véritable changement de civilisation (p. 249). Face au présent et, surtout, à l'avenir, on peut observer chez les Français deux attitudes contradictoires, incarnées par deux groupes que nous avons baptisés Mutants et Mutins (voir descriptions détaillées dans les éditions 2001, 2003 et 2005 de l'ouvrage). Les Mutants sont les tenants du principe de modernité, voire de « postmodernité » si ce mot a un sens. Ils considèrent que la mondialisation et la technologie sont des chances pour l'humanité, car elles

vont faire disparaître les frontières, la misère et les inégalités en introduisant plus d'efficacité et de solidarité. L'État est à leurs yeux une contrainte qui limite la liberté des citoyens et les empêche d'être totalement autonomes.

Les Mutins ont une vision du monde beaucoup plus pessimiste. Inquiets des conséquences et des menaces de la mondialisation et du « tout technologique », ils souhaitent une pause, un moratoire et en tout cas l'application du « principe de précaution ». Leur volonté est plus de préserver que d'innover. Ils craignent le métissage culturel et le communautarisme, ne souhaitent pas l'ouverture des frontières et préfèrent la « proximité ».

Le troisième groupe est celui des *Moutons*, baptisé ainsi (sans aucune intention péjorative) car il est composé de personnes qui ont plus vocation à suivre les autres qu'à les précéder. Leur difficulté, largement compréhensible, est qu'ils ne savent pas aujourd'hui

qui suivre, des Mutants ou des Mutins, dans un environnement national et international complexe et changeant. Ils préfèrent en attendant se replier sur la sphère domestique, faire le gros dos jusqu'à ce que la situation leur apparaisse plus claire et les perspectives plus favorables.

Cette typologie des Français est volontairement simplificatrice. Elle n'a pas vocation à être quantifiée. Il est en revanche utile d'estimer l'évolution du poids de ces trois mentalités. L'observation et l'analyse des modes de vie et des relations sociales laissent à penser que la part des Mutins s'accroît, tandis que celle des Mutants diminue. Quant aux Moutons, ils sont sans doute un peu moins nombreux aussi, dans un contexte de radicalisation des opinions qui laisse peu de place à la neutralité, parfois à la nuance. C'est en tout cas du débat entre ces trois composantes que dépendront en partie les choix pour l'avenir de la France.

tance stratégique et de leurs ressources naturelles (Irak, Afghanistan...), d'accroître la dépendance des pays pauvres et de nourrir chez eux un sentiment d'humiliation. Un sentiment qui va parfois jusqu'à la haine, comme dans certains pays musulmans à forte présence intégriste où prévaut une tout autre conception du monde.

Si de nombreux Français partagent cette analyse, ils s'interrogent sur leur capacité à proposer de vraies solutions alternatives. 47 % leur font plutôt confiance pour corriger certains effets négatifs de la mondialisation, 45 % non. Ils se tournent plus volontiers vers l'Union européenne (60 % contre 37 %), ou à un moindre degré vers les organisations syndicales (52 % contre 45 %). Mais ils se montrent très méfiants sur l'action des grandes entreprises (34 % contre 62 %) et surtout celle des États-Unis (14 % contre 82 %).

L'altermondialisme apparaît ainsi à beaucoup de Français comme une utopie utile mais peu efficace. Plus que jamais, le débat se poursuit entre les Mutants et les Mutins (p. 231). Il tend même à se radicaliser, dans un contexte où les seconds sont convaincus d'un accroissement des inégalités sociales et de la nécessité de résister au processus engagé, tant pour eux que pour les générations futures.

La montée du terrorisme a transformé la vision du monde en Occident...

Les attentats du 11 septembre 2001 aux États-Unis ont eu des répercussions considérables sur la marche du monde. L'effondrement des tours du World Trade Center symbolisait celui d'un système fondé sur le commerce, le capitalisme et la mondialisation. Cette tragédie historique a d'abord laissé de profondes cicatrices dans la population américaine,

traumatisée par sa confrontation brutale à un hyperterrorisme qui pouvait agir sur son territoire et ne connaissait plus de limites. Elle eut aussi de nombreuses répercussions dans les autres pays du « monde libre » et démocratique, sur lesquels pèsent désormais des menaces terroristes d'un genre nouveau et d'une ampleur inédite : bactériologique, nucléaire, électronique... L'existence de réseaux et de kamikazes prêts à mourir au nom d'une idéologie religieuse dont l'ambition annoncée est de détruire tous les « infidèles » rend le risque permanent et impossible à juguler.

Les attentats islamistes perpétrés à Madrid en avril 2004 et ceux de Londres en juillet 2005 ont renforcé les craintes de la population européenne. Elles sont alimentées quotidiennement par les nouvelles menaces et les tentatives déjouées par les services de renseignement et la police. Mais chacun sait bien qu'elles ne le seront pas toutes et que les démocraties ne seront plus tranquilles. Elles viennent s'ajouter à celles qui pèsent déjà sur l'avenir du monde : croissance démographique, pollution, manque d'eau, réchauffement climatique, etc. Elles renforcent dans les pays développés le climat d'inquiétude et d'angoisse existant. Les modes de vie, les mentalités et les systèmes de valeurs en sont affectés, dans le sens d'un plus grand attachement à la vie et au moment présent. Dans le sens aussi d'un raidissement par rapport aux institutions, tant dans la vie nationale qu'internationale. On pourrait demain voir se développer en Occident un fatalisme que l'on observait jusqu'ici plutôt dans le monde oriental. La tragédie du 11 Septembre

● **L'âge moyen des députés est de 55 ans.**

a sans doute ébranlé les fondements de la civilisation occidentale.

... et favorisé l'anti-américanisme.

Comme l'ensemble des habitants des pays occidentaux, les Français ont d'abord manifesté leur compassion et leur solidarité à l'égard des Américains touchés par les attentats. Le temps de l'émotion passé, ils ont engagé une réflexion sur les causes de ces actes barbares. Ils ont cherché à comprendre ce qui, dans les valeurs et dans les comportements des États-Unis à l'égard des autres pays du monde, avait pu déclencher une telle haine et produire une tragédie de cette ampleur. Dans une société française qui se posait déjà des questions sur sa relation avec l'Amérique, ce drame a balayé des certitudes, introduit le doute dans les esprits.

Les attentats de septembre 2001 ont jeté une lumière nouvelle sur la nature du système social et politique américain. Ils ont mis en évidence la schizophrénie française à l'égard des États-Unis. D'un côté, le « rêve américain », synonyme de réussite individuelle, de modernité technologique et de multiculturalisme. De l'autre, le regret teinté de jalousie d'une France qui a perdu sa grandeur passée, qui ne propose plus un avenir au monde et se contente d'observer le laboratoire américain afin d'imiter ses innovations et ses recettes, sans d'ailleurs se demander si elles sont transposables.

La réflexion engagée a connu une accélération soudaine avec la décision américaine de « libérer » l'Irak, en 2003. Dans leur très grande majorité, les Français se sont montrés hostiles à cette nouvelle manifestation de l'impérialisme américain ; ils ont approuvé sans réserve l'initiative diplomatique conduite par la France pour éviter la guerre. Comme à bon nombre d'Irakiens, l'oncle Sam ne leur est pas apparu comme un sauveur, mais comme un envahisseur. L'anti-américanisme latent de la France, mais aussi d'une grande partie de l'opinion européenne, a ainsi retrouvé de la vigueur.

Les différences culturelles entre la France et les États-Unis sont plus apparentes.

On ne compte plus les emprunts de la France au « modèle américain » depuis des décennies. Ils sont apparents dans le langage, les modes de vie ou les références culturelles, notamment en matière de musique, de cinéma ou de sport. Les médias en général, et la télévision en particulier, sont les vecteurs les plus efficaces de cette omniprésence américaine (p. 82). Les produits et les biens d'équipement sont très souvent importés d'outre-Atlantique, comme les pratiques des entreprises dans le domaine du *marketing* ou du *management*. Au point que l'on peut dire que chaque Français est détenteur, parfois à son insu, de deux cultures, l'une nationale, l'autre américaine.

Pourtant, la France ressemble de moins en moins à l'Amérique. Sa vision du monde est différente, comme l'a montré son opposition lors du conflit irakien ou sa « détestation » du président Bush, avant que celle-ci ne gagne une partie de l'opinion américaine. Il n'est pas anodin que la France ait réaffirmé avec force sa laïcité (avec notamment la loi sur le port du voile islamique à l'école) au moment où l'Amérique mettait en avant ses fondements religieux et lançait sa « croisade » contre « l'axe du mal ». De même, le système social multiculturel et communautaire choisi par les États-Unis apparaît peu compatible avec la tradition culturelle et républicaine française.

Comme l'avait déjà observé Alexis de Tocqueville en 1835, la démocratie américaine reste fondée sur l'accroissement continu de sa richesse, le poids des associations et des organisations intermédiaires, mais aussi sur l'existence d'un fort sentiment national et le rôle central de la religion. Les Français ont, quant à eux, une relation ambiguë avec l'argent, ils sont plutôt individualistes et pratiquent depuis un siècle la séparation de l'Église et de l'État. Les événements tragiques de ces dernières années les ont donc amenés à prendre conscience de l'écart culturel existant entre l'Amérique et la « vieille Europe » (dont la France est aux yeux de nombreux Américains le symbole). Mais ce rappel ne doit pas faire oublier que les deux pays appartiennent à la même communauté occidentale, partagent un certain nombre de valeurs et ont une histoire largement commune.

Les Français portent un jugement plutôt favorable sur leur appartenance à l'Union européenne...

46 % des Français pensent que l'appartenance à l'Union européenne est une bonne chose (50 % en moyenne pour les 25 pays membres) ; ils ne sont que 15 % à penser que c'est une mauvaise chose, les autres estimant qu'elle n'est ni bonne ni mauvaise (Eurobaromètre, décembre 2005). Si certains s'interrogent sur les avantages et les inconvénients de cette appartenance, la plupart sont conscients que la construction de l'Union est un gage de sécurité, ce dont témoigne la période de paix ininterrompue depuis 1945 entre les pays qui la composent. Pour la grande majorité, l'Union apparaît aujourd'hui comme une réalité en marche, dotée d'une dynamique propre et irréversible. Mais beaucoup mesurent encore mal les conséquences de ce mouvement sur leur vie et sur celle des générations futures.

L'« européanité » ne se substitue pas en Europe aux appartenances nationales, régionales ou locales. Elle varie largement selon les pays : 82 % des Luxembourgeois et 73 % des Irlandais estiment que l'appartenance européenne est une bonne chose pour leur pays, contre seulement 32 % des Autrichiens. Elle diffère aussi selon certaines caractéristiques socio-démographiques. Les femmes, les personnes âgées et celles qui ont le plus faible niveau d'instruction sont les moins concernées par l'idée européenne.

... mais ils sont partagés sur les bénéfices que la France en retire.

51 % des Français estiment que leur pays a bénéficié de son appartenance à l'Union, une proportion proche de la moyenne des vingt-cinq pays (50 %). Elle atteint cependant 86 % en Irlande, 75 % au Luxembourg, contre seulement 32 % en Suède et 35 % en Autriche. Au total, l'Union évoque quelque chose de positif pour 45 % des Français (44 % en moyenne), avec un écart maximum entre l'Irlande (70 %) et l'Autriche (24 %).

Depuis ses débuts en 1957, la construction européenne a été jalonnée de crises. Elles ont été résolues par les ministres ou les fonctionnaires des pays concernés au terme de négociations souvent laborieuses. Les plus récentes, notamment depuis 1993 et la création du Marché unique européen, sont d'une autre nature : elles concernent les citoyens. Le traité de Maastricht et la perspective de la monnaie unique n'avaient pas provoqué leur enthousiasme, mais au contraire avivé leurs craintes quant à l'avenir des identités nationale ou régionale.

Le soutien à la cause européenne n'est donc pas unanime, encore moins inconditionnel. Les Français restent sceptiques sur les conséquences en matière de création d'emplois, de contrôle de l'immigration clandestine ou de protection sociale. Ils reprochent à l'Union d'être trop technocratique et regrettent que l'État ait progressivement abandonné une partie de sa souveraineté. Si les résistances idéologiques se concentrent aux extrêmes de l'appartenance politique (à droite comme à gauche), au parti communiste ou à l'extrême droite, elles traversent aussi la droite et la gauche modérées, comme on a pu le voir lors du référendum de mai 2005.

L'élargissement et le projet de constitution ont renforcé les inquiétudes.

L'entrée, en 2004, de dix nouveaux pays très différents sur les plans politique, économique, culturel ou religieux est apparue à beaucoup de Français prématurée, à un moment où l'Europe à quinze n'avait pas réalisé toutes ses promesses, résolu ses principaux problèmes. Les Français étaient d'ailleurs les moins favorables parmi les quinze à cet élargissement, qui leur apparaissait d'une autre nature que les précédents : Europe à neuf en 1973, à dix en 1981, à douze en 1986, à quinze en 1995. Fin 2005, ils étaient encore les plus opposés à un nouvel élargissement : seuls 31 % y sont favorables (49 % en moyenne dans les vingt-cinq pays, 74 % en Grèce, et en Slovénie, 72 % en Pologne, mais 29 % en Autriche et 31 % au Luxembourg).

Le vote sur le projet de constitution en 2005 a servi également de révélateur des craintes jusqu'ici non exprimées : perte de souveraineté nationale ; harmonisation par le bas ; dérive libérale... L'épouvantail de la « directive Bolkenstein », illustré par le fantasme du « plombier polonais » était le symbole de cette peur d'une libérali-sation des services et de la victoire du « moins-disant » social dans un pays attaché à son modèle dans ce domaine. De nombreux électeurs ont sans doute voulu marquer leur opposition à l'élargissement en votant contre la constitution.

Les Français ne sont cependant pas hostiles aux institutions européennes. 50 % se disent confiants dans le Parlement (52 % en moyenne dans les vingt-cinq pays), 45 % dans la Commission (46 % en moyenne), 38 % dans le Conseil (42 % en moyenne). La majorité des autres n'y sont pas hostiles, mais ne portent pas de jugement. Le principe d'une constitution européenne obtient même 67 % de soutien (63 % en moyenne) ; les Français figurent d'ailleurs parmi les plus favorables, derrière les Belges (77 %) et les Hongrois (76 %), loin devant les Suédois (44 %) et les Danois (45 %).

Malgré les crises, la convergence européenne est en marche.

La convergence des modes de vie n'exclut pas les différences nationales ou régionales. L'alimentation, l'habitat, les rapports au sein de la famille, la vie professionnelle ou les pratiques de loisirs se rapprochent entre les pays de l'Union. Les différences de structure des budgets des ménages se réduisent (p. 366). Des valeurs communes réunissent les Européens, comme la justice, le travail et la liberté. Cette convergence est l'une des manifestations du mouvement plus général de globalisation.

Pourtant, les différences nationales n'ont pas disparu. Elles restent sensibles en matière d'alimentation, d'habillement, d'équipement du logement ou de loisirs. Elles reposent sur l'histoire, la culture, le climat ou les habitudes. On observe aussi une résurgence des différences régionales. Les divers pays de l'Union européenne sont en effet de plus en plus constitués de régions ou d'entités administratives culturellement et souvent politiquement autonomes. C'est le cas de l'Espagne, de l'Italie, du Royaume-Uni, de la Belgique ou de l'Allemagne. La région tend à devenir le lieu le plus fort de l'enracinement.

Au total, la convergence l'emporte. Elle est apparente en matière d'opinions, de valeurs ou de consommation. Les différences sont aujourd'hui plus marquées entre les groupes sociaux d'un même pays qu'entre les différents pays pour un même groupe. C'est ainsi que les jeunes ont des attitudes et des comportements de plus en plus proches dans l'ensemble des pays développés, ce qui devrait favoriser la poursuite de la construction européenne.

Les Français utilisent l'euro, mais un sur deux regrette le franc.

La mise en place en janvier 2002 de la monnaie commune dans douze des quinze pays de l'Union a représenté une première dans le monde et dans l'histoire. Les avantages annoncés étaient importants : croissance supérieure dans la zone concernée ; disparition des frais de change ; impossibilité de dévaluation ; moindre dépendance par rapport aux États-Unis ; comparaison immédiate des prix entre les pays ; intégration culturelle favorisée... Si ces promesses n'ont pas toutes été tenues, force est de constater que les catastrophes annoncées par les Cassandre ne se sont pas produites.

Pourtant, quatre ans après son introduction, les Français ne se sont pas encore approprié leur nouvelle monnaie. Ils ont vu leurs revenus exprimés en euros divisés par plus de six, ce qui leur a donné un sentiment d'appauvrissement. Dans les

L'état de l'Union

Principales caractéristiques des vingt-cinq pays de l'Union européenne

	Popula-tion [1] 2004	Espé-rance de vie H [2]	Espé-rance de vie F [2]	- 15 ans (%)	65 ans et + (%)	Nuptia-lité [3] 2003	Fécon-dité [4] 2004	Di-vorces [3] 2003	Édu-cation jeunes [5]	Taux in-flation 2005	Chô-mage % 2005	PIB hab. SPA [6] 2006
Allemagne	82,5	76	81	14,7	18,0	4,6	1,4	2,5	72,8	1,9	9,4	25 400
Autriche	8,1	76	82	16,3	15,5	5,1	1,4	2,3	85,9	2,1	5,2	29 000
Belgique	10,4	76	82	17,3	17,1	4,0	1,6	3,0	80,3	2,5	8,4	28 400
Chypre	0,7	75	79	20,0	11,9	14,5	1,5	1,9	80,7	2,0	6,1	19 900
Danemark	5,4	75	79	18,9	14,9	6,5	1,8	2,9	76,0	1,7	4,9	29 400
Espagne	42,3	77	84	14,5	16,8	4,8	1,3	1,0	61,3	3,4	9,2	23 500
Estonie	1,6	66	77	16,6	15,9	4,2	1,4	3,0	80,9	4,1	7,5	13 200
Finlande	5,2	75	82	17,6	15,6	4,9	1,8	2,6	84,6	0,8	8,3	28 100
FRANCE	59,9	77	84	18,6	16,4	4,6	1,9	2,1	82,8	1,9	9,5	26 600
Grèce	11,0	76	81	14,6	17,5	5,1	1,3	1,0	84,0	3,8	10,5	20 100
Hongrie	10,1	68	77	15,9	15,5	4,5	1,3	2,5	83,3	3,5	7,1	15 500
Irlande	4,0	75	80	20,9	11,1	5,1	2,0	0,7	86,1	2,2	4,3	33 300
Italie	57,9	77	83	14,2	19,2	4,5	1,3	0,7	72,9	2,2	8,0	24 900
Lettonie	2,3	66	77	15,4	16,2	4,3	1,2	2,1	81,8	6,9	9,0	11 600
Lituanie	3,4	66	78	17,7	15,0	4,9	1,3	3,1	85,2	2,7	8,2	12 600
Luxembourg	0,5	75	82	18,8	14,1	4,4	1,7	2,3	71,1	3,8	5,3	53 200
Malte	0,4	76	80	18,2	13,0	5,9	1,4	-	45,0	2,5	8,0	17 100
Pays-Bas	16,3	76	81	18,5	13,8	4,6	1,7	2,0	74,7	1,5	4,7	28 400
Pologne	38,2	71	79	17,2	13,0	5,1	1,2	1,3	90,0	2,2	17,9	12 000
Portugal	10,5	74	81	15,7	16,8	5,1	1,4	2,1	48,4	2,1	7,5	17 300
Rép. tchèque	10,2	72	79	15,2	13,9	4,8	1,2	3,2	90,3	1,6	8,0	17 800
Royaume-Uni	60,0	76	81	18,3	16,0	5,1	1,7	2,7	77,1	2,1	4,6	29 200
Slovaquie	5,4	70	78	17,6	11,5	4,8	1,2	2,0	91,5	2,8	16,5	13 800
Slovénie	2,0	73	81	14,6	15,0	3,4	1,2	1,1	90,6	2,5	5,8	19 600
Suède	9,0	78	83	17,8	17,2	4,4	1,7	2,4	87,8	0,8	6,3	28 200
Europe à 25	451	75,1	81,2	16,4	16,5	4,8	1,5	2,0	77,3	2,2	8,7	24 100

[1] La population est en millions d'habitants. [2] L'espérance de vie est en années. [3] Les taux de nuptialité et de divorces sont pour 1 000 habitants. [4] Le taux de fécondité est par femme. [5] L'éducation des jeunes est le pourcentage de 20-24 ans ayant atteint un niveau d'éducation secondaire supérieur (en 2005). [6] Le PIB est en SPA (standard de pouvoir d'achat) par habitant.

Eurostat

Valeurs d'Europe

Valeurs exprimées dans huit pays de l'Union européenne (% des réponses positives aux affirmations proposées) en avril 2005

	Allemagne	Espagne	FRANCE	Italie	Pays-Bas	Pologne	Portugal	Royaume-Uni
La religion occupe une place importante dans ma vie	56	60	46	74	46	86	72	40
L'homosexualité est une manière acceptable de vivre sa sexualité	67	80	68	63	89	36	51	60
Je suis opposé à la peine de mort dans tous les cas	63	80	58	72	55	39	59	48
Quand une femme a des enfants, elle ne devrait pas travailler	44	47	33	35	29	38	58	33
Si une femme ne désire pas un enfant, elle doit pouvoir avorter	64	59	78	53	59	47	52	66
Je pense qu'il ne faut pas accueillir de nouveaux immigrés	70	57	45	39	53	36	56	56
Pour protéger l'environnement, on peut accepter des mesures qui freinent la croissance et l'emploi	71	67	57	59	62	63	50	64
On devrait attacher plus d'importance au travail qu'au temps libre	68	55	65	55	44	71	67	45
Dans le monde actuel, les entreprises devraient pouvoir embaucher et licencier avec très peu de contraintes	61	28	41	23	27	15	25	32
Le progrès technologique et scientifique apporte plus de choses négatives que de choses positives	52	41	46	37	37	45	34	33

Euro-RSCG/Sofres

magasins, les écarts de prix ont été réduits dans la même proportion, et certaines marques en ont profité pour augmenter leurs prix, renforçant l'idée d'une inflation accrue et d'une baisse du pouvoir d'achat. S'ils dépensent en euros, beaucoup de Français continuent de penser en francs. Il leur faudra encore quelques temps pour que les nouveaux repères remplacent les anciens. En attendant, les sondages font apparaître une nostalgie par rapport au franc, auquel un Français sur deux retournerait volontiers.

> **Le modèle européen devra réconcilier libéralisme et humanisme.**

La longue histoire de l'Europe, par ses origines chrétiennes et l'héritage des civilisations grecque et romaine, lui a conféré une identité commune, bien plus qu'elle n'a accentué les différences nationales ou régionales. La vocation de l'Union est aujourd'hui de créer une synergie entre une croissance économique durable, la réalisation du plein-emploi et l'amélioration de la cohésion sociale. Il s'agit en fait de définir et d'approfondir un « modèle européen ».

Au cours des siècles, l'Europe a connu deux mouvements contradictoires. Celui du morcellement s'est traduit par l'émergence des États-nations, la diversification des cultures, des religions et des langues. Celui de l'unification s'est produit d'abord par la religion, puis par la conquête, enfin par la paix, la coopération et le traité de Rome de 1957. L'Union européenne s'est construite sur l'utopie d'un modèle social issu

Le rêve européen

Les premières tentatives de création d'une Europe unifiée remontent à la diffusion du christianisme. Au Moyen Âge, le flambeau fut repris par Charlemagne puis par le Saint Empire germanique. Les grandes croisades contre l'Islam, dès la fin du XIe siècle, favorisèrent aussi l'unité entre les Francs, les Anglais, les Italiens et les Allemands sous l'égide de l'Église. C'est Charles Quint qui poussa l'idée le plus loin, sans cependant la mener à son terme.

La réalisation de l'unité européenne fut évoquée à de nombreuses reprises au cours de son histoire tourmentée. Elle était l'objet du « grand dessein » d'Henri IV et Sully, du programme de confédération européenne de Leibniz sous la double direction du pape et de l'empereur, du projet de William Penn et des quakers (finalement mis en œuvre en Amérique).

Artistes, philosophes, humanistes et marchands furent aussi les acteurs d'une unification silencieuse et pacifique : Philippe de Commynes (historien de Louis XI) ; Rousseau et la « République européenne » proposée en écho au projet de Charles-Irénée Castel, l'abbé de Saint-Pierre... Montesquieu considérait l'Europe comme l'entité intermédiaire entre la patrie et l'ensemble de l'humanité : « Si je savais quelque chose d'utile à ma patrie et qui fût préjudiciable à l'Europe, ou bien qui fût utile à l'Europe et préjudiciable au genre humain, je la regarderais comme un crime. » Il exprimait ainsi la vocation universaliste de l'Europe. Le rêve européen fut chanté par Victor Hugo avec un lyrisme inégalé, avant d'être réalisé par Monnet et Schumann.

de valeurs humanistes, éthiques et esthétiques, qui la distinguent du reste du monde.

Le mouvement d'unification devrait se poursuivre à l'avenir jusqu'à ce que l'Europe devienne ce que Nietzsche appelait une « communauté de destins ». L'objectif poursuivi est au fond de réconcilier les deux grandes idées européennes : le libéralisme et le socialisme. La mise en place de la « troisième voie » entre l'économique et le social sera la tâche principale des acteurs qui feront l'Europe : politiciens, chefs d'entreprise, syndicats, artistes, mais elle ne devra pas oublier les citoyens. La forme qui sera choisie (juxtaposition d'États indépendants, fédération ou autre structure supranationale) devra permettre de réaliser cette ambition. L'avenir de l'Europe n'est pas à découvrir, mais à inventer.

LES VALEURS

Attitudes et opinions

Une mutation sociale s'est amorcée au milieu des années 60.

Comme l'ensemble des sociétés développées, la France est engagée depuis plusieurs décennies dans un processus de transformation de ses valeurs et de son fonctionnement. Les mouvements de la société ont été autant de tentatives d'adaptation et d'ajustement aux changements profonds qui se sont produits en matière technologique, démographique, idéologique, politique, économique, spirituelle ou culturelle.

Dès le milieu des années 60, certains phénomènes, passés presque inaperçus, annonçaient déjà la « révolution des mœurs ». La natalité commençait à chuter, le chômage à s'accroître. La pratique religieuse régressait, en particulier chez les jeunes. Le nu faisait son apparition dans les magazines, dans les films et sur les plages. La délinquance connaissait une très forte croissance, avec un triplement du nombre de crimes et délits entre 1965 et 1975 (1 912 000 contre 666 000).

Dans l'ensemble des pays occidentaux, la productivité des entreprises diminuait, pour la première fois depuis vingt ans. Les coûts de la santé et de l'éducation amorçaient leur ascension, préparant le terrain de la crise économique des années 70. Les rapports des Français avec les institutions commençaient aussi à se détériorer. L'Église, l'armée, l'école, l'entreprise, l'État connaissaient tour à tour la contestation. Sans qu'ils en soient conscients, les Français entraient peu à peu dans une nouvelle société.

Les points de repère se sont estompés.

Dans un monde caractérisé par la complexité et l'incertitude, les Français cherchent des explications, des points de repère et d'ancrage. Ils ne sont plus apportés par la religion. La séparation de l'Église et de l'État, décidée en 1905, s'est accompagnée au cours des dernières décennies d'une érosion de la foi et des pratiques. L'influence du catholicisme sur les modes de vie et sur les valeurs a beaucoup diminué, notamment auprès des jeunes (p. 253). L'appartenance religieuse est devenue à la fois individuellement plus rare et socialement plus « sensible ». La France a en outre réaffirmé sa laïcité, avec notamment la loi interdisant le voile islamique à l'école. Dans ce contexte, la perspective religieuse d'un paradis après la mort s'est éloignée, de sorte que les Français sont à la recherche de satisfactions « ici et maintenant ».

De leur côté, les institutions de la République laïque ne sont plus en mesure de fournir les réponses attendues par ses membres. L'école peine à remplir son rôle de formateur des individus-citoyens. L'armée de conscription a été supprimée. Le crédit des partis politiques et des institutions s'est considérablement réduit. D'une manière générale, les figures de l'autorité sont ébranlées : parents, professeurs, patrons, cadres, prêtres, policiers, médias… Tous ceux qui incarnent le pouvoir, la morale et la foi sont aujourd'hui l'objet de critiques et leur influence est remise en cause.

L'évolution du système social et celle des mentalités se sont accélérées au cours des trente dernières années. Elles ont abouti à ce que beaucoup de Français ont ressenti comme un effondrement des valeurs. Il s'agissait en réalité d'une transformation spectaculaire et inédite des fondements sur lesquels reposait jusqu'ici la société.

Certains principes fondateurs se sont inversés.

L'histoire de ces dernières décennies est celle d'une inversion spectaculaire des grands principes qui déterminaient la conception et le fonctionnement de la société française. Ainsi, l'importance du lignage s'est affaiblie avec le développement de la famille éclatée (p. 137). La transcendance, issue d'une conception spirituelle et éternelle du monde, a été remplacée par une vision matérialiste limitée au court terme (p. 100). La solidarité, vertu des sociétés traditionnelles, a fait place à l'individualisme. Le décalage entre le discours de l'Église et la réalité de la vie quotidienne a éloigné le sacré, peu à peu remplacé par le profane.

Le principe de continuité a été mis en question par la généralisation des ruptures, des chocs (encadré), des inversions de tendances et des « accidents de parcours », qui rendent la vie plus difficile et les perspectives plus incertaines. L'*Homo sapiens* des origines a laissé place à un *Homo zappens* dont la caractéristique essentielle est la

Chocs en stock

Depuis le milieu des années 60, les Français ont vécu de nombreux événements de toute nature. Certains ont représenté de véritables chocs et provoqué une transformation des modes de vie et des systèmes de valeurs. Chacun de ces chocs, en même temps qu'il annonçait une rupture avec le passé, a marqué le début d'une nouvelle ère.

☒ **1968.** Le choc provoqué par la « révolution de Mai » a été d'abord culturel. Les Français sont descendus dans la rue pour dénoncer la civilisation industrielle et ses dangers. Leur goût de plus en plus affirmé pour la liberté allait provoquer la levée progressive des tabous qui pesaient depuis des siècles. Avec, en contrepoint, la remise en cause des institutions républicaines. La « révolution introuvable » de Mai 68 aura été un moment essentiel de l'histoire contemporaine. Elle reste inachevée, mais elle annonçait la fin (provisoire ?) des utopies.

☒ **1973.** Le premier choc pétrolier a sonné le glas de la période d'abondance, annonçant la montée brutale du chômage. Mais il a fallu dix ans aux Français pour s'en convaincre. Cette période a coïncidé avec la fin de la croissance forte et de l'idée qu'elle était nécessairement durable.

☒ **1981.** Le retour de la gauche au pouvoir après vingt-trois ans de monopole de la droite a été pour les Français un choc politique. Le plan de relance économique à contre-courant de l'année suivante fut l'occasion pour la gauche et pour l'ensemble des Français de découvrir l'interdépendance économique planétaire. Fin d'une vision binaire de la politique et de la prépondérance de l'économique sur le politique.

☒ **1987.** Le choc financier d'octobre a mis en évidence les déséquilibres entre les zones économiques, les limites de la coopération internationale, l'insuffisance des protections mises en place depuis 1929, l'impuissance des experts à prévoir et à enrayer les crises. Il a coïncidé avec la fin de la confiance des citoyens envers les institutions.

1989. La chute du mur de Berlin a créé un choc idéologique, marquant la fin du communisme (en tout cas d'obédience soviétique), à défaut de celle de l'Histoire. Il a été suivi d'une période d'angélisme qui a laissé penser que la démocratie allait s'étendre sur le reste du monde.

☒ **1991.** Le choc psychologique provoqué par la guerre du Golfe a mis fin à cette illusion. La preuve était une nouvelle fois donnée que le monde est dangereux et la coexistence avec les autres pays, précaire. Cette alerte a sonné la fin d'une vision du monde, centrée sur l'idée du progrès universel.

☒ **1993.** Ce choc européen est resté largement ignoré. Pour la première fois depuis la fondation de l'Europe en 1957, la crise ne concernait pas les institutions européennes mais les citoyens. Ceux-ci se demandaient si leurs identités nationales n'allaient pas se dissoudre dans celle, encore peu apparente, de l'Union. Cette réaction annonçait la fin d'une vision d'abord technocratique de l'Europe. 1993 fut aussi marquée par un retournement de l'opinion ; une majorité de Français se disaient prêts à partager le travail et les revenus pour lutter contre le chômage.

☒ **1995.** Le choc social de décembre, suite au plan de réforme de la Sécurité sociale proposé par le gouvernement, s'est traduit par des grèves du secteur public qui ont paralysé le pays, comme en Mai 1968. Mais les deux mouvements étaient de nature très différente. Dans le premier cas, les jeunes et les travailleurs, solidaires, refusaient la société industrielle et revendiquaient davantage de liberté individuelle. Dans le second, les grévistes s'efforçaient au contraire de préserver les acquis du passé. Ce mouvement de colère annonçait peut-être la fin de la période de transition commencée au milieu des années 60.

☒ **2000.** Le choc calendaire de la fin du XXe siècle a été vécu par beaucoup de Français comme une période de grâce. Conscients du privilège de connaître un changement de siècle et de millénaire, ils se sont efforcés de solder les comptes du passé et de penser à l'avenir. Mais les lendemains de fête allaient être difficiles.

☒ **2001.** En même temps qu'il détruisait les tours de Manhattan, le choc terroriste du 11 septembre a ébranlé l'ensemble du monde occidental. Si les nouvelles formes du terrorisme ne mettent pas en cause l'existence même des démocraties (elles confirment au contraire leur supériorité sur les systèmes totalitaires), elles éclairent d'un jour nouveau leurs responsabilités à l'égard du reste du monde.

☒ **2002.** L'élimination du candidat socialiste par celui du Front national au premier tour de l'élection présidentielle a constitué un choc sociétal pour les Français. Il a révélé le fossé existant entre les groupes sociaux du sommet et de la base de la pyramide.

☒ **2005.** Le rejet de la Constitution européenne par les Français a peut-être constitué le plus important choc européen depuis sa fondation. Le rejet de la candidature de Paris aux JO de 2012 a renforcé le malaise national. Les émeutes de novembre dans les banlieues ont confirmé la difficulté des Français à vivre ensemble.

☒ **2006.** Le choc politique du CPE (contrat première embauche), aggravé par le scandale Clearstream, a accru la fragilité du système politique à la veille de l'élection présidentielle de 2007, et la nécessité de le refonder.

Ces différents chocs ont été d'autant plus forts qu'ils se sont produits sur fond de mutation technologique : informatique, téléphonie mobile, Internet, biotechnologies... Ils ont provoqué des décalages et des inégalités entre les catégories sociales, préludes à la recomposition sociale en cours.

mobilité, à la fois physique et mentale. Le principe d'autorité, sur lequel reposaient les sociétés antérieures, a été bousculé par l'idéologie libertaire. La primauté du masculin s'est érodée au profit de la célébration des valeurs féminines.

D'autres inversions se sont produites dans les mœurs contemporaines, liées à l'émergence de la « société du spectacle ». Le paraître a remplacé l'être, la forme a pris le pas sur le fond, les sens sur le sens. Le prestige et l'argent ne viennent plus du travail accompli mais de la notoriété, de la capacité à se donner en spectacle dans les médias. Les hiérarchies ne sont plus fondées sur la connaissance, mais sur la reconnaissance. Les dernières décennies du deuxième millénaire auront donc défait ce que les siècles précédents avaient patiemment construit, entretenu et préservé. Plus qu'une nouvelle société, c'est une nouvelle civilisation qui se prépare sur les décombres de la précédente.

L'anxiété sociale est le résultat de la précarité...

L'un des mots qui permettent le mieux de qualifier la vie actuelle des Français est sans doute celui de précarité. Il s'applique souvent à la vie professionnelle, faite d'une succession de métiers, de fonctions, de responsabilités pratiqués dans des entreprises, des secteurs d'activité, des régions ou même des pays différents ; la multiplication des contrats à durée déterminée est le symbole de cette précarité (p. 271), comme en témoignent les réactions provoquées par la création en août 2005 du CNE (contrat nouvelle embauche) puis en mars 2006 du CPE (contrat première embauche). Le mot s'applique aussi à la vie familiale, marquée par des changements plus fréquents : séparations, divorces, ren-

contres, remariages, familles décomposées-recomposées... Il concerne la vie sociale, faite d'appartenances éphémères et renouvelées à des groupes, tribus ou communautés diverses, au gré des envies, des opportunités, des lieux et des outils de communication utilisés. La précarité qualifie enfin la vie personnelle et intérieure : idées, certitudes, opinions ou croyances changent plus fréquemment, de sorte que chaque individu est en perpétuelle transformation. Dans un tel contexte, la sécurité, la continuité, la durée ou la stabilité tendent à disparaître au profit du risque et de la mobilité.

Les jeunes sont les plus nombreux à subir et ressentir cette précarité. Avant l'âge de 30 ans, rares sont ceux qui ont une vie stable sur le plan professionnel, sentimental, financier, géographique ou domestique. Beaucoup vont de petit boulot en petit boulot, de petit(e) ami(e) en petit(e) ami(e), d'appartement en appartement, avant de fonder un foyer qui sera soumis aux aléas de la vie contemporaine. Pas de plan de carrière ou de programme de vie possible dans ces conditions.

Si elle est parfois choisie comme un moyen de renouveler les pratiques et les sensations, cette précarité est le plus souvent subie. Elle engendre bien moins la satisfaction du changement et de l'expérimentation que le stress, l'anxiété et l'inquiétude. Surtout, elle s'accompagne d'une impossibilité de se projeter dans l'avenir. Elle favorise le *carpe diem,* qui consiste à rechercher les satisfactions ici et maintenant plutôt que de les repousser dans un futur trop incertain.

... et de la difficulté de trouver la « vérité ».

L'une des causes principales du malaise français contemporain est la difficulté croissante d'accéder à la « vérité » et à

la certitude. Tout d'abord parce qu'elle est cachée dans un monde de plus en plus complexe. Ensuite, parce que les acteurs sociaux et les experts de toutes sortes (politiciens, économistes, sociologues...) expriment des points de vue différents et souvent opposés sur la plupart des sujets. Enfin, parce que certains d'entre eux ont intérêt à mentir, à faire circuler des rumeurs pour dévaloriser leurs concurrents. Le développement d'Internet constitue à cet égard un danger croissant.

De façon générale, les médias entretiennent le doute, en faisant souvent la part égale entre des thèses contradictoires, au prétexte de l'objectivité. Ils ont aussi tendance à favoriser les conceptions différentes de celles communément admises ; la chasse aux idées reçues fait vendre, de même que les « révélations ». L'exercice est salutaire lorsqu'il permet de faire évoluer l'opinion à partir d'éléments factuels, mais il induit de la confusion lorsque son principal objectif est de surprendre. Certaines émissions de débats à la télévision montrent ainsi que tout point de vue peut et doit être écouté. Les attitudes et comportements minoritaires y sont généralement présentés et défendus avec force et talent. Ils peuvent contribuer à faire basculer une partie de l'opinion ou à la faire douter de ses propres convictions. L'impression qui en ressort est que tout est acceptable au nom du principe de tolérance et que tout se vaut.

Contrairement à ce que l'on aurait pu croire, l'explosion des moyens de communication et d'information au cours des dernières décennies n'a pas permis d'accéder plus facilement à la réalité ou à la vérité. Comment savoir aujourd'hui si le clonage des embryons humains est à proscrire ou à encourager ? La culture des céréales génétiquement modifiées est-elle une chance ou une menace pour l'humanité ? La DHEA réduit-elle le vieillissement ou favorise-t-elle certains cancers ? Dans ces domaines comme dans bien d'autres, les vérités du jour sont souvent mises en question le lendemain. La conséquence est une incertitude généralisée et inconfortable. Elle concourt à la perte de crédit de l'ensemble des institutions. Elle explique aussi la montée d'un certain fatalisme. Dans une société où le risque est partout, il est vain de vouloir se protéger ; alors on vit au jour le jour en s'efforçant de ne pas penser au lendemain.

Les peurs se sont diversifiées.

Le maître mot pour qualifier la mentalité, les attitudes, les comportements et les valeurs des Français est celui de peur. Elle est plus psychologique que physique, plus diffuse qu'identifiée, plus collective qu'individuelle. Le mot doit cependant être utilisé au pluriel, car il recouvre des domaines très divers. Peur des autres et de leur pouvoir de nuisance à travers la délinquance, l'incivilité ou la concurrence. Peur du vide existentiel produit par la société matérielle. Peur de la science et de ses perspectives étonnantes ou effrayantes. Peur de la technologie, des objets complexes qu'elle produit, des frustrations qu'ils engendrent. Peur de ne pas savoir, de ne pas comprendre, de prendre les mauvaises décisions. Peur de ne pas trouver sa place dans la vie sociale, de ne pouvoir la maintenir ou l'améliorer. Peur d'être seul. Peur de la maladie, de l'accident, de la catastrophe. Peur, évidemment, de la mort.

Il n'est donc pas étonnant que les « psys » soient de plus en plus présents dans la vie des Français, tant professionnelle que personnelle ou familiale (p. 68). Leurs cabinets ont remplacé les confessionnaux des églises. Certains

LA SOCIÉTÉ DE L'ÉMOTION

Dans une société démocratique, la « vérité » est censée naître du débat entre tous les citoyens. Pour être objectif, celui-ci doit en principe être nourri par une argumentation basée sur des faits, des preuves, au moins des présomptions. Il devrait donc s'inscrire dans le registre du rationnel, en proposant des éléments que l'esprit humain peut peser, évaluer, comparer avant de décider s'ils sont convaincants.

Les débats contemporains s'écartent souvent de cette conception rationaliste. La plupart se situent sur le registre de l'émotion. Les exemples ne manquent pas de ces échanges tronqués, voire truqués, dans lesquels la rhétorique chaude des « humanistes » se heurte aux démonstrations froides des « technocrates ». On a pu le constater lors des discussions sur la réforme des retraites : les courbes de l'espérance de vie et du vieillissement ne pesaient guère face aux défenseurs de la retraite à 60 ans (voire plus précoce pour certaines professions) mettant en avant la fatigue accumulée par les travailleurs exploités par les entreprises. Les opposants à la réforme pré-

féraient ignorer les données objectives et les comparaisons internationales ; ils jouaient sur les cordes plus sensibles des avantages acquis, des inégalités et des injustices, pour reporter à plus tard ou transférer à d'autres des efforts qui sont pourtant inéluctables. Lors des discussions sur la réforme de l'assurance-maladie, l'argument émotionnel était aussi le plus fort : la santé n'a pas de prix ; dès lors, les chiffres sur le « trou » de la Sécu, les abus des « usagers » (zappeurs ou hypocondriaques) ou ceux des médecins ne pouvaient pas convaincre. Le référendum sur la Constitution européenne a aussi mis en évidence le pouvoir de l'émotion, avec le spectre du « plombier polonais » sous-rémunéré venant prendre le travail des Français.

La confrontation de la raison et de l'émotion dans les médias se termine presque invariablement par la victoire de la seconde. Le déséquilibre est particulièrement apparent à la télévision, dont la force repose précisément sur celle-ci. La raison est en outre plus difficile à affirmer, car la vérité est de moins en moins accessible et les protagonistes du débat public sont jugés de moins en moins crédibles.

sont devenus des « gourous » (Boris Cyrulnik, Marcel Rufo, Aldo Naouri, Gérard Miller...). Le magazine *Psychologies* a connu la plus forte progression des ventes de ces dernières années. Dans un pays riche et en bonne santé, la souffrance mentale est en effet plus répandue que la souffrance physique. Dans le baromètre 2005 de la santé (INPES), 8 % des Français déclaraient avoir connu un épisode dépressif au cours des douze derniers mois.

Comme l'affirmait Sénèque : « Il y a plus de choses qui nous font peur que de choses qui nous font mal » (*Let-

tres à Lucilius)*. Cette vérité probablement universelle et éternelle a une valeur d'explication particulière dans la France contemporaine, où la crainte d'avoir mal est si forte qu'elle provoque souvent par elle-même une véritable souffrance.

Les valeurs actuelles sont plus individuelles.

Selon les connaissances scientifiques et sociologiques actuelles, les valeurs ne sont pas innées. Elles sont acquises dans le milieu familial

Schizophrénie, paranoïa, hypocondrie

On sait depuis Freud qu'il existe dans chaque individu un inconscient, qui détermine ou en tout cas explique des comportements souvent complexes, parfois surprenants. Tout se passe comme s'il existait aussi un inconscient collectif, forgé par l'histoire nationale et la culture commune, transmis au fil du temps par les institutions, les structures sociales et les personnes. Si elle était possible, une psychanalyse de la France serait sans doute très édifiante. Le psychanalyste social pourrait ainsi diagnostiquer une schizophrénie nationale. Le sens qu'on lui donne dans le vocabulaire familier (dédoublement de la personnalité) ne correspond pas tout à fait à celui des hommes de l'art, qui indique une difficulté à appréhender la réalité. Certains comportements des Français en sont des symptômes évidents. Le citoyen applaudit à l'existence du commerce équitable, mais le consommateur ne s'en préoccupe guère. Le piéton souhaite que l'on supprime la voiture en ville, mais il change d'avis lorsqu'il est au volant de la sienne. Le salarié n'a pas une haute opinion des entreprises en général, mais il trouve des qualités à celle dans laquelle il travaille. Les Français fustigent les délocalisations, mais n'hésitent pas à acheter des vêtements fabriqués en Chine. Ils se plaignent à titre collectif, mais reconnaissent que cela ne va pas si mal au plan personnel.

Le psychanalyste pourrait aussi diagnostiquer une forte tendance nationale à la paranoïa. La peur des autres est en effet omniprésente. Elle est parfois obsessionnelle, lorsqu'il s'agit de suspecter la volonté manipulatrice des hommes politiques envers les citoyens, le complot des entreprises contre leurs clients ou celui des médias à l'encontre de leurs publics. La peur contemporaine est l'une des causes principales des changements récents dans les attitudes et les comportements des Français. Elle est la résurgence de celle des Gaulois qui, selon la légende entretenue par Astérix, avaient « peur que le ciel ne leur tombe sur la tête ».

Enfin, les Français semblent souffrir aussi d'hypocondrie. Cette maladie psychologique se traduit par la crainte permanente des maladies ou la conviction que l'on en est déjà atteint. Elle est sans doute l'une des causes de la montée du sentiment d'appauvrissement dans le pays, de la conviction des Français que les inégalités se creusent dans tous les domaines, de leur impression que tout va de mal en pis, alors que ces craintes sont souvent exagérées. Au point que nombre d'observateurs étrangers considèrent que le pays de Molière est peuplé de « malades imaginaires » ; la consommation record de médicaments dans notre pays en témoigne.

tions régionales de 2004, soulèvement dans les banlieues, menace de grippe aviaire...

Tous ces chocs ont eu des conséquences sur la relation des Français aux institutions, au travail, aux autres mais aussi à eux-mêmes. Le contexte dans lequel se définissent les valeurs collectives a été transformé, bouleversé. L'analyse sur plusieurs années des multiples enquêtes sur les opinions et les valeurs des Français montre qu'elles deviennent de plus en plus individuelles, au fur et à mesure que les repères sont devenus plus flous, les « modèles » plus rares et les « normes sociales » moins bien acceptées.

Chacun cherche aujourd'hui à se « bricoler » un système de valeurs personnelles, dans lequel le pragmatisme joue un rôle croissant. Les visions théoriques, idéologiques, globalisantes ou même idéalistes sont donc rejetées, comme la mondialisation (p. 230). Le matérialisme domine dans une société qui se demande où il conduit. La méfiance, l'indifférence et le scepticisme sont des attitudes de plus en plus fréquentes, qui se traduisent par des comportements de distanciation, de protestation ou de refus à l'égard de tous les acteurs sociaux : institutions, partis politiques, syndicats, entreprises, médias... Le système de valeurs est donc centré sur la personne, dans une posture de repli et parfois de cynisme à l'égard de la collectivité et des différentes formes de pouvoir et d'autorité.

L'« égologie » tente de réconcilier le moi et le nous.

et social, expérimentées et intériorisées jusqu'à devenir constitutives de l'identité de chacun (ce qui n'implique pas qu'elles soient immuables). Elles sont donc influencées, parfois façonnées par les événements et le contexte de l'époque à laquelle elles se rattachent. Aux chocs subis dans les dernières décennies du XXe siècle se sont ajoutés depuis le début du XXIe des événements forts, survenus à un rythme accéléré : 35 heures, mise en place de l'euro, guerre en Irak, émergence d'Internet et des nouvelles technologies, attentats de Madrid et de Londres, basculement politique aux élec-

Conscients de l'incapacité des institutions (partis politiques, administrations, syndicats, école, Église...) à résoudre les grands problèmes, les Français prennent peu à peu conscience

La préoccupation de soi

On peut faire remonter l'histoire de l'individualisme à la Révolution française, qui définit les droits de la personne au sein de la collectivité. Mais son origine est beaucoup plus ancienne. On en trouve de nombreux signes chez les philosophes antiques, de Sénèque à Platon. Au XVIᵉ siècle, Montaigne écrivait : « Je n'ai affaire qu'à moi. » Au XVIIᵉ, Descartes exprimait la singularité humaine avec son fameux : « Je pense, donc je suis. »

La montée de l'individualisme est la contrepartie de l'éloignement de la religion et de l'État. Abandonné par les puissances qui le guidaient auparavant, chaque individu est désormais « propriétaire de lui-même », comme l'exprimait John Locke. Il dispose à ce titre du droit de faire ce qu'il veut de son corps, de son travail et des revenus qu'il perçoit. Il a la liberté de s'opposer aux modèles qui lui sont proposés, notamment en matière de morale et de valeurs, afin d'être son propre modèle et l'acteur unique de sa vie.

Cette révolution morale explique la difficulté actuelle de mobiliser les individus (citoyens, consommateurs ou salariés) au service d'une cause commune. Elle justifie aussi la place croissante de l'introspection dans la vie quotidienne et ses conséquences parfois douloureuses. Rares sont ceux qui se jugent conformes à l'idéal qu'ils se sont fixé, ou même simplement capables de définir cet idéal. C'est pourquoi les Français rêvent de disposer dans tous les domaines de leur vie (spirituel, sportif, mental…) d'un coach qui les aiderait à devenir meilleurs, plus efficaces, mieux dans leur peau. Cette mode illustre le difficile mais nécessaire cheminement vers l'autonomie, la volonté de retrouver la confiance en soi et de lutter contre le stress dans une société anxiogène et un contexte de compétition croissante entre les individus.

La difficulté d'être et la dépression sont ainsi les sous-produits d'un processus d'individuation qui se poursuit depuis plusieurs siècles. Le confort des rôles sociaux établis à l'avance par la famille, la religion, le travail ou l'État a laissé place à la possibilité, jubilatoire mais inconfortable, de la construction de soi.

Écologie et égologie pourraient être deux mouvements majeurs de ce début de XXIᵉ siècle. La ressemblance entre ces deux attitudes ne se limite pas à celle des mots qui les qualifient. Toutes deux se caractérisent par une volonté de retour à la nature. Mais c'est à la nature humaine que l'égologie s'intéresse. L'expression de soi est particulièrement importante dans une société où chacun pense avoir quelque chose à dire. En témoignent l'engouement pour les forums Internet, les échanges de mails et de SMS, la floraison des sites personnels et des blogs sur Internet. Mais elle n'est pas incompatible avec l'écoute des autres. L'interactivité est le maître mot de la vie collective contemporaine, en tout cas des aspirations individuelles.

> **Les Français sont de plus en plus attachés à la proximité.**

La quête de la « proximité » est devenue la notion et la potion magiques au cours de ces dernières années. Les politiciens tentent ainsi légitimement de se rapprocher de leurs électeurs, dont ils se sentent éloignés. Mais ils en oublient souvent qu'on attend d'eux une vision plus large dans l'espace, plus éloignée dans le temps, plus ambitieuse et plus responsable à l'égard des générations futures. Les entreprises cherchent aussi à être proches de leurs clients, au point parfois d'entrer dans leur intimité au moyen des outils modernes du marketing (constitution de fichiers, envois de mailings personnalisés par courrier ou par mail…). De leur côté, les grandes surfaces réinventent les méthodes du « commerce de proximité » en apportant de nouveaux services (échange gratuit, livraison à domicile, ouverture de magasins dans les centres-villes, personnel dédié au conseil…). Les médias s'efforcent de réduire la

de la nécessité d'être autonome. Cette reconnaissance de la personne représente l'aboutissement d'une évolution inscrite dans les motivations de la Révolution française. Pour la première fois, chaque citoyen a la possibilité d'affirmer son identité, de « gérer » sa vie, de maîtriser dans une certaine mesure son destin.

Cette évolution en cours vers l'autonomie, que l'on peut baptiser « égologie », n'entraîne pas obligatoirement l'égoïsme ou l'égocentrisme. Le souci de soi n'exclut pas le sens de la responsabilité envers les autres. L'« égologie » est l'aboutissement, le concept fédérateur des valeurs « postmatérialistes » : liberté individuelle, tolérance, qualité de vie, paix, convivialité… Elle constitue une tentative pour faire cohabiter le « moi » et le « nous », le « je » et le « eux ». Ainsi, les valeurs comme l'humanisme, l'altruisme ou la solidarité n'ont pas disparu avec l'individualisation de la société. Au contraire, on assiste depuis des années à une multiplication des initiatives destinées à restaurer le lien social, comme en témoigne le nombre des créations d'associations (p. 206). Enfin, les valeurs éternelles comme l'amour ou l'amitié restent très présentes.

Valeurs d'hier, aujourd'hui, demain

Parmi les valeurs suivantes qui vous ont été transmises, quelles sont celles qui comptent le plus aujourd'hui, pour vous ? Quelles sont celles qu'il faut transmettre en priorité aux jeunes générations ? Quelles sont celles qui vous semblent aujourd'hui le plus manquer aux jeunes générations ? (*)

	Valeurs reçues		Valeurs à transmettre aux jeunes générations		Valeurs manquantes chez les jeunes générations	
	%	Rang	%	Rang	%	Rang
L'honnêteté	74	1	63	1	23	6
Le respect d'autrui	58	2	63	1	62	1
Le sens de la famille	58	2	40	5	22	7
Le goût du travail	53	4	59	3	54	2
La tolérance	46	5	45	4	19	5
Le courage	31	6	29	7	31	4
Le sens de la justice	30	7	22	8	14	9
Le respect de l'autorité	28	8	35	6	51	3
La générosité	28	8	21	9	9	11
Le goût du bonheur	13	10	12	11	8	12
Le sens de l'intérêt général	13	10	16	10	22	7
Le souci de l'épanouissement personnel	10	12	8	12	5	13
La foi en Dieu	10	12	4	14	5	13
Le patriotisme	5	14	6	13	10	10
Autres valeurs	0	-	0	-	1	-
Sans opinion	0	-	0	-	1	-

Le Pèlerin Magazine/Sofres, octobre 2005

* Totaux supérieurs à 100, les personnes interrogées ayant pu donner jusqu'à cinq réponses.

distance qui les sépare de leurs lecteurs ou auditeurs (en généralisant les émissions interactives dans lesquelles les auditeurs peuvent s'exprimer ou voter...), parfois en sous-estimant leur niveau d'instruction et leur capacité de réflexion et de compréhension. De la même façon, les publicitaires s'adressent avec un certain mépris à la « ménagère de moins de 50 ans », qu'ils ont depuis longtemps baptisée « madame Michu ». Mais ils ont découvert récemment l'existence et le pouvoir d'achat des « seniors de plus de 50 ans ».

La France développe ainsi un culte de la proximité ; elle préfère le « local » au « global ». Beaucoup de Français se concentrent sur la sphère domestique, font des enfants, investissent dans leur logement et cherchent à recréer des relations de voisinage. Ils recherchent le bonheur « dans le pré » ou dans les choses simples. Cette attitude est le contre-point sans doute nécessaire au gigantisme contemporain, mais elle représente souvent une solution de repli. Le désir de proximité témoigne surtout de la peur collective et du besoin qu'elle engendre d'être rassuré. Il révèle un défaut de vision des Français, atteints de myopie collective. Une incapacité qui se traduit trivialement par la difficulté de « voir plus loin que le bout de son nez », c'est-à-dire d'appréhender la réalité globale.

PETISME ET BOUGISME

Après avoir longtemps fasciné, le gigantisme effraie. Le débat sur la mondialisation est l'expression la plus apparente de cette crainte d'un monde global dans lequel l'être humain serait oublié (p. 245). Dans l'esprit de ses opposants, le risque est celui de la disparition des États (remplacés par des entreprises multinationales sans morale) et de la perte des identités nationales, voire même individuelles, dans un contexte d'uniformisation et de standardisation. La réaction au gigantisme est ce qu'on pourrait appeler le petisme. Elle est perceptible dans la recherche de proximité, de structures « à taille humaine », de « plaisirs minuscules ».

Une autre peur contemporaine est celle de l'immobilité, qui évoque la maladie, le temps perdu, la mort. C'est pourquoi les Français cherchent à tirer le meilleur parti du temps dont ils disposent et s'efforcent de « collectionner » les expériences et les souvenirs. Leur devise pourrait être : « je bouge, donc je suis ». Les enfants courent pour concilier leurs contraintes scolaires et leur besoin de loisirs. Les adultes se hâtent pour mener de front leurs vies professionnelle, familiale et sociale. Les personnes âgées s'efforcent de ne pas rester inactives.

Le « bougisme » traduit l'importance de la mobilité, à l'ère de l'« *Homo zappens* ». Il est encouragé par les sollicitations de toutes sortes et par les modèles diffusés dans les médias. Les héros contemporains sont des personnages efficaces, qui mènent une vie riche et trépidante. Cette attitude à l'égard de la vie cache à la fois la peur de mal vivre et celle de mourir. Elle traduit aussi la difficulté de se retrouver seul face à soi-même. Mais certains commencent à se lasser de cette course épuisante et sans fin. L'accélération du temps et le sentiment d'en manquer entraînent chez eux une frustration croissante. En réaction à la vitesse et à l'accélération, certains redécouvrent avec délice la lenteur.

début du XXIe siècle apparaît déterminé par une recherche d'harmonie, dans un contexte où chacun est de plus en plus responsable de son propre destin.

Des valeurs de liberté et de tolérance sont affichées.

Des trois composantes de la devise républicaine, c'est la liberté qui apparaît aujourd'hui comme la plus importante aux yeux des Français. Les valeurs d'égalité et de fraternité passent un peu au second plan, même si elles sont reconnues dans leur principe. La reconnaissance de la liberté individuelle a favorisé la tolérance. Elle implique la reconnaissance et l'acceptation des différences entre les personnes, quels que soient leur origine géographique ou ethnique, leur milieu social, leur caractère, leurs aptitudes, leurs croyances... Tout individu a de bonnes raisons d'être ce qu'il est et de faire ce qu'il fait, si l'on tient compte de son histoire, de sa culture, de ses caractéristiques personnelles ou de sa conception du monde. De plus, l'incapacité à trier le vrai du faux, le bien du mal incite à une tolérance croissante, parfois aussi à l'indifférence. On observe d'ailleurs que l'écart se réduit entre les générations dans ce domaine : les jeunes ont une vision un peu moins permissive de la société et moins hostile aux formes diverses de l'autorité, alors que les plus âgés sont moins intransigeants qu'auparavant avec les codes sociaux.

La double revendication de liberté et de tolérance est très présente dans le discours ambiant ; elle est relayée par les médias et l'ensemble des acteurs sociaux. Elle a donné lieu à un allongement continu de la liste des droits de l'individu : droits des travailleurs, des femmes, des enfants, des minorités ; droit au logement, à l'expression, à la différence ; droit au loisir

Les valeurs traditionnelles n'ont plus le même sens.

L'ampleur et la rapidité des transformations survenues depuis plus de trente ans expliquent l'interrogation actuelle de la société française sur les valeurs qui la fondent. Les mots qui les désignent sont inchangés, mais ils n'ont plus la même signification. Ainsi, la famille n'est plus le centre de la transmission d'un héritage culturel et financier placé sous l'autorité exclusive du père ; elle est un lieu égalitaire où chacun doit pouvoir trouver son autonomie. La patrie n'est plus l'objet d'un attachement aussi fort dans un contexte de construction européenne et de mondialisation, même si le sentiment se réveille en certaines occasions comme lors des grandes compétitions sportives (Coupe du monde de football en 1998 et en 2006, Coupe Davis de tennis en 2001...). Le travail est devenu pendant les années de crise un bien rare, en même temps qu'il perdait de son importance sociale avec la mise en place des 35 heures.

La revendication majeure des années 70 fut celle de la liberté individuelle. Les années 80 furent marquées par une demande de bien-être matériel ; l'argent occupait une place croissante dans la société pour devenir l'étalon de la réussite et la condition du bonheur. La décennie 90 fut placée sous le signe d'une demande d'identité et de sens. Le

L'ATAVISME GAULOIS

La période gauloise marque le début de l'histoire de France. Elle tient sans doute une place importante dans l'origine de nos comportements. C'est à cette époque qu'a pris véritablement naissance le « génie français » ; il regroupe un ensemble de caractères particuliers qui se sont probablement transmis jusqu'à nous. Car les Français ressemblent étrangement à ces Gaulois tels qu'ils sont décrits non seulement par Goscinny et Uderzo, mais par des historiens tels que Jullian, Thévenot, Lejeune ou Dottin. Les Gaulois étaient selon eux impulsifs, coléreux, conservateurs, mais aussi hospitaliers, bons vivants, courageux. On n'est guère étonné qu'ils aient inventé le tonneau, poussés par un besoin légendaire de boire et de faire la fête. On l'est davantage qu'ils soient à l'origine du savon, tant l'hygiène n'a pas semblé pendant longtemps consti-

tutive du caractère national. L'esprit de résistance contre les « envahisseurs » est en tout cas demeuré, même s'il a tardé à se manifester lors de la Seconde Guerre mondiale. Il s'est exercé dans les années récentes à l'encontre de l'Amérique (Disneyland Paris, puis Bush), de la Grande-Bretagne (avec le bœuf), de l'Espagne (avec les fraises), de l'Afrique (avec les immigrés)... Il s'est exprimé contre le « plombier polonais ». Il est apparu aussi à l'intérieur, avec la désaffection croissante de la population envers les politiciens, les étrangers, les chefs d'entreprise ou les médias. Mais le génie gaulois, devenu français, a montré ses limites. Il n'a pas suffi hier à renvoyer les Romains, à éloigner les Arabes, à bouter les Anglais, à vaincre les Allemands. Il ne suffit pas aujourd'hui à empêcher l'invasion plus pacifique des films américains, des mangas japonaises ou du textile chinois.

ou en avion. La preuve en est d'ailleurs que l'espérance de vie ne cesse de s'accroître (p. 88). Mais la peur domine et la recherche éperdue de la sécurité s'accompagne d'une attitude « consumériste ». Chaque individu se sent désormais autorisé à exprimer sa déception ou à manifester son mécontentement lorsqu'il n'est pas satisfait des services qu'il achète, y compris en engageant une procédure judiciaire.

Soucieux de répondre à la demande des citoyens, les pouvoirs publics se sont lancés dans la bataille. L'arsenal du « tout sécuritaire » comporte de nombreux volets. Il est à l'origine d'un durcissement des contraintes et des sanctions contre l'alcoolisme et le tabagisme. La lutte contre l'insécurité routière a été aussi considérablement renforcée. Celle contre l'obésité s'est imposée comme une autre grande cause nationale. Le « principe de précaution » a été inscrit dans le préambule de la Constitution française. La volonté sécuritaire imprègne l'ensemble du modèle national, dans toutes les circonstances de la vie : emploi ; santé ; éducation... La revendication sécuritaire apparaît donc diverse, transversale et croissante, à un moment où tous les changements qui affectent notre environnement (technologique, économique, politique, social, écologique, démographique...) sont vécus comme porteurs de nouveaux risques.

et au plaisir... Dans le même temps, la liste des devoirs tendait, elle, à raccourcir. Mais la demande de tolérance à l'égard de soi n'est pas allée de pair avec celle dont chacun fait preuve à l'égard des autres, comme en témoigne la difficulté actuelle des Français à vivre ensemble (p. 196).

Le besoin de sécurité est de plus en plus apparent.

Une proportion croissante de Français est habitée par la peur (p. 204). Beaucoup craignent de se faire agresser dans la rue, de voir leur logement ou leur voiture cambriolés, d'être victimes d'un accident de la circulation, d'une catastrophe naturelle ou artificielle, voire d'un attentat. Ils appréhendent de manger un aliment qui ne serait pas

sain, de boire une eau du robinet qui ne serait pas propre. Ils s'interrogent sur les effets des changements climatiques, tant sur leur vie quotidienne que pour le choix de leur lieu de vacances. Ils redoutent de tomber malades, de souffrir et, bien sûr, de mourir. La quête sécuritaire est de plus en plus palpable. Les Français refusent le risque et rejettent le poids du hasard.

Cet état d'esprit est sans doute alimenté par des événements objectifs, comme en témoigne le nombre des agressions, des accidents et des catastrophes. Mais ces craintes sont souvent excessives ; elles sont amplifiées par les médias qui leur donnent une place prépondérante. Il est pourtant facile de démontrer que la qualité sanitaire des aliments n'a jamais été aussi bonne, comme la sécurité en voiture

L'hédonisme est une valeur montante.

Entre le principe de réalité et le principe de plaisir, les Français ont sans hésité choisi le second. Dans la société du temps libre, l'hédonisme est devenu une valeur sûre. On peut le résumer en disant qu'il est fondé sur l'envie de résonner, au sens d'entrer en résonance avec l'environnement, plutôt que de raisonner. À défaut de pouvoir facile-

Petits accommodements avec la morale

Le chevalier de Méré expliquait que « la vertu est un flambeau qui illumine d'abord celui qui le porte ». Les Français ne semblent pas en être convaincus, si l'on en juge par le faible niveau de morale individuelle apparent dans une étude internationale réalisée en 2005 par deux économistes (Algan et Cahuc). À la question « Est-il toujours injustifié de tricher pour obtenir des avantages sociaux ? », seuls 39 % des Français ont répondu par l'affirmative. Ils arrivaient ainsi en 23e position sur les 25 pays ayant fait l'objet de l'enquête dans le classement du civisme. Ils étaient seulement suivis par les Slovaques et les Grecs et se situaient très loin derrière les Danois (85 %), les Suédois (78 %) ou les Néerlandais (77 %). Ils étaient devancés par tous les grands pays développés, qu'ils soient de culture anglo-saxonne, latine ou même asiatique : États-Unis (70 %) ; Royaume-Uni (69 %) ; Allemagne (69 %), Japon (67 %) ; Italie (65 %) ;

Espagne (59 %) ; Belgique (55 %). Les taux mesurés au Chili (44 %) et au Mexique (40 %) sont également supérieurs à celui de la France.

Les chercheurs ont par ailleurs montré que, lorsque le niveau de « morale » est élevé dans un pays, les allocations chômage sont fortes, les obstacles au licenciement faibles et le taux de chômage réduit, car les citoyens n'ont pas envie de profiter indûment des allocations. À l'inverse, la tendance française à un « accommodement » avec la morale pourrait expliquer un usage beaucoup moins scrupuleux des allocations et, partant, un chômage récurrent.

On peut tenter d'expliquer le faible taux de civisme des Français par leur frustration à l'égard du fonctionnement de la société. Le doute quant à l'équité sociale incite à utiliser le système à son profit afin de ne pas en être la victime. On peut alors imaginer que le taux de moralité remontera lorsque les acteurs de la société se montreront exemplaires et que l'on en aura fini avec les passe-droits.

cessus traditionnel de l'analyse, qui s'étale en principe sur des années, est devenu moins facile à accepter à une époque où l'on n'a plus le temps d'attendre et de construire (ou de se construire) dans la durée. D'où l'émergence de techniques plus rapides comme l'hypnose ou les thérapies de groupe, parfois disponibles en automédication. La vague New Age, que l'on avait vu déferler dans les années 80, a perdu son nom mais pas ses adeptes. Elle n'a pas perdu non plus, dans certains domaines, ses charlatans.

La plupart des Français sont heureux individuellement...

De nombreuses enquêtes d'opinion montrent que les Français ont le sentiment que la France se porte mal (p. 203) et que leurs compatriotes sont malheureux ; 26 % seulement estimaient leurs compatriotes heureux en décembre 2005, 72 % « pas heureux » *(Challenges/*CSA). Ils sont beaucoup plus satisfaits de leur propre sort : 84 % se disaient heureux en décembre 2005, 15 % « pas heureux ». La proportion varie selon les groupes sociaux et la corrélation avec le revenu disponible reste forte, ce qui tendrait à prouver que l'argent fait (au moins en partie) le bonheur, en tout cas dans le discours que l'on tient à son propos. Par ailleurs, les personnes aisées ou riches pourraient trouver indécent de se déclarer malheureuses.

L'écart récurrent entre la vision collective et la vision personnelle s'explique en grande partie par l'information mise à la disposition des Français pour juger du bonheur des autres. Il est indéniable qu'elle fait une part beaucoup plus grande aux problèmes (faits divers, catastrophes naturelles, corruption, violence...) qu'aux motifs de satisfaction. Il faut dire à la décharge des médias que l'actualité est riche

ment trouver un sens à leur vie ou au monde en général, les Français s'efforcent en effet de faire vibrer les sens. Le pluriel fait ici toute la différence. Les entreprises l'ont compris ; elles pratiquent depuis quelques années un « marketing sensoriel », qui promet des satisfactions visuelles, tactiles, auditives, olfactives ou gustatives. Les médias ont fait de la quête du plaisir et du bonheur un inépuisable sujet de dossiers, de reportages, de conseils. Des émissions, des magazines, des films, des collections entières de livres lui sont consacrés.

Les « marchands de félicité » sont partout. Certains se concentrent sur sa dimension spirituelle ; les sectes sont en première ligne dans la conquête de

ce fabuleux marché. D'autres se sont spécialisés dans le bonheur corporel. Ils vantent les mérites d'un corps sculpté aux normes contemporaines (mince, musclé, bronzé, en forme, séduisant, résistant) et vendent les méthodes censées permettre d'atteindre cet idéal : régimes ; cures ; exercices de culture physique ; gadgets... Le bonheur est aussi le fonds de commerce des coachs, qui aident leurs clients à découvrir leur identité ou, éventuellement, à en changer. Au moins en apparence, puisqu'il s'agit d'abord de modifier la coiffure, les vêtements, la gestuelle ou la façon de s'exprimer.

Les conseils les plus nombreux concernent le bonheur mental et sont prodigués par des « psys ». Le pro-

LE DEVOIR DE BONHEUR

Saint-Simon affirmait il y a deux siècles que le bonheur était « une idée neuve en Europe » ; elle ne l'est plus aujourd'hui, en particulier en France où elle est omniprésente, banalisée. On y observe même une sorte de « devoir de bonheur », de plus en plus apparent dans les motivations collectives et individuelles. Cette quête prend des formes et surtout des appellations différentes : bien-être, sérénité, équilibre, harmonie, développement personnel... La plupart des Français sont persuadés que la recherche du bonheur est inscrite dans la nature humaine. Il n'en est rien. Cette notion est en réalité peu présente dans les autres civilisations. Elle n'a pas grand sens par exemple dans les pays d'Asie. Ainsi, les Chinois, dans la tradition confucéenne, ne rêvent pas de bonheur, mais d'ordre social, ce qui implique la mise en place et le respect d'une hiérarchie et le primat de la collectivité sur l'individu. En Inde, le nirvana n'est pas comme on l'imagine l'accès au paradis, mais la fin des désirs, le détachement absolu.

En France, l'obligation implicite d'être heureux implique que l'on fasse beaucoup d'efforts pour le devenir, parfois que l'on fasse semblant de l'être. Car, si la société plaint en appa-

rence les malheureux, les handicapés ou les pauvres, elle préfère les voir à la télévision que dans la rue ; elle cherche souvent dans les deux cas à « zapper ». Elle célèbre en tout cas les gens qui réussissent, ceux qui se portent bien et les riches. Ainsi, les pressions sociales, professionnelles ou médiatiques sont fortes pour que chacun s'efforce d'appartenir à la catégorie des « gens heureux », capables de mener une carrière, de séduire un compagnon, de fonder une famille (avec des enfants à l'image de leurs parents), de bien gagner leur vie, d'accumuler un patrimoine, de vivre intensément en multipliant les activités de loisir ou les voyages.

C'est notamment la fonction de la publicité que de mettre en scène ce bonheur possible et nécessaire. Selon elle, il ne peut être induit que par la satisfaction des désirs et leur renouvellement permanent. Il passe donc par la consommation. L'expérience montre cependant que le plaisir peut être producteur de frustration. Alors qu'elles ont pour but de réduire le stress, les pratiques de consommation tendent au contraire à en ajouter. Le bonheur n'est plus aujourd'hui simplement un objectif ; il est devenu un souci. Il n'est plus un droit, mais un devoir.

pétences, impression d'être en harmonie avec soi-même, avec le monde et le cosmos (ce qui suppose que la vie ait un sens). Mais le simple fait de se demander si on est heureux, habituel dans la société française, n'est peut-être pas une attitude propice à une réponse favorable. En tout cas, le fait (encore plus courant) de se demander ce qui manque à son bonheur est une incitation à commencer une liste qui va s'allonger au fil du temps. Au fond, le bonheur est plus facile à décrire a posteriori et en « creux » : « Bonheur, je ne t'ai reconnu qu'au bruit que tu fis en t'enfuyant. »

... mais l'avenir collectif leur inspire de l'inquiétude.

Personne ne se réjouit du malheur d'autrui et le sentiment individuel d'être épargné s'accompagne d'une vision plutôt sombre de l'avenir. Pour de nombreux Français nostalgiques, aujourd'hui est moins bien qu'hier et beaucoup pensent aussi que ce sera moins bien demain (encadré). Ce pessimisme peut s'expliquer par des raisons objectives dont la liste est longue et connue. Il est sans doute aussi lié à la façon dont la civilisation répond aux différents besoins humains. Dans la pyramide popularisée par Maslow, la base est constituée par les besoins de survie : se nourrir (alimentation), avoir chaud (vêtements), disposer d'un abri (maison). Juste après viennent les besoins de sécurité physique : être à l'abri des dangers qui menacent l'intégrité du corps, en provenance de la nature (accidents, catastrophes) ou des autres hommes (guerres, agressions de toutes sortes).

On imaginait ces besoins primaires de sécurité satisfaits par les progrès de la science et de l'économie, de sorte que l'on s'était concentré depuis des décennies sur les étages plus élevés

de « dysfonctionnements » de toutes sortes. Mais cette accumulation de mauvaises nouvelles a fini par installer dans l'esprit des Français l'image d'un monde qui va mal et d'une société à la dérive. En contrepartie, tous ceux qui ne connaissent pas de difficultés importantes dans leur vie personnelle, familiale ou professionnelle (ils sont heureusement majoritaires) se sentent plutôt privilégiés. Le malheur des autres (réel ou perçu) fait ainsi par différence le bonheur de chacun.

Cette notion est évidemment très subjective. Elle ne se mesure pas et l'on voit bien que la croissance du PIB (produit intérieur brut) n'est pas tout à fait corrélée avec celle d'un hypothétique BNB (bonheur national brut), encore moins avec celle du BIB (bonheur individuel brut). Des enquêtes et des réflexions sur ce thème inépuisable, il ressort que le bonheur est plutôt une combinaison d'éléments : petites satisfactions quotidiennes, sensation d'utiliser ses propres com-

de la pyramide : besoins d'appartenance, puis de reconnaissance, enfin de réalisation de soi. Or, les événements de ces dernières années ont montré que la survie physique n'était pas aussi assurée qu'on l'imaginait. Les menaces pesant sur l'environnement, les crises alimentaires et, plus récemment, le danger terroriste ont fait resurgir une angoisse primaire oubliée. Les Français, dans leur immense majorité, n'ont plus faim, froid ou soif ; mais beaucoup d'entre eux ont peur. Leurs craintes sont renforcées par les informations peu rassurantes qui leur parviennent quotidiennement sur l'état du monde. Comme l'a écrit Paul Valéry, les Français ont pris conscience que la civilisation occidentale (comme toutes les autres) est mortelle. Les sondages et l'observation quotidienne montrent que beaucoup sont convaincus que son déclin a déjà commencé, ce qui ne les incite guère à l'insouciance.

Le postulat de la « modernité » est en débat.

Depuis la fin du XVIIIe siècle et la révolution industrielle, la notion de « modernité » est fondée sur un postulat selon lequel l'accroissement de la connaissance (en particulier scientifique) entraîne le développement des techniques, qui apportent de nouveaux services à l'humanité. L'innovation assure ainsi l'accroissement continu de la richesse collective et individuelle. Vecteur du bonheur matériel, elle permet aussi à chacun de s'accomplir dans une société à la fois plus riche et plus juste, mais également d'en profiter plus longtemps, grâce à l'allongement de la durée de la vie.

Beaucoup de Français contestent aujourd'hui cette conception jusqu'ici implicite de la modernité. Ils sont de plus en plus conscients des risques liés aux applications possibles de la science et de la technologie : dégradation de l'environnement, clonage humain, énergie nucléaire, armes chimiques, biologiques ou électroniques, atteintes à la vie privée, etc. Leur perception de l'avenir s'est assombrie avec la prise de conscience des menaces qui pèsent sur le monde. Le confort matériel s'est accompagné d'un inconfort moral. La croyance scientifique, qui avait succédé à la foi religieuse, a fait place au doute et à l'anxiété.

Ce qu'on a pris pour la « fin de l'histoire » n'était en fait que la fin d'une certaine vision de la modernité. Celle en tout cas avec laquelle la France vit depuis l'avènement, il y a deux siècles, de la civilisation industrielle. La contestation a d'abord pris la forme de l'écologie, plus récemment celle de l'anti- ou altermondialisme (p. 231). Dans le débat qui s'est engagé sur le sens de la modernité et du progrès, les Mutins s'opposent aujourd'hui aux Mutants (p. 231).

Une nouvelle civilisation est en préparation.

Les transformations technologiques, économiques et sociales qui se sont produites depuis plusieurs décennies ne peuvent être assimilées à un simple changement de société. Elles s'apparentent davantage à un changement de civilisation. Leurs incidences sur l'état de la société française (et, plus largement, sur l'ensemble des pays développés) sont en effet au moins aussi grandes que celles qui avaient provoqué à la fin du XVIIIe siècle la Révolution française, sur fond de révolution industrielle.

Cette nouvelle civilisation pourrait reposer sur trois principes fondateurs. Le premier est la place prépondérante prise par le loisir, au détriment du travail (p. 94). Le deuxième est la reconnaissance de l'individu, qui devient parfois plus important que la collectivité. Le troisième est le remplacement à terme du système actuel d'assistance par celui de la responsabilité et surtout de l'autonomie.

Ce changement de civilisation est la conséquence d'autres « tendances lourdes » de la société. La famille traditionnelle s'élargit à un groupe plus électif, qui ressemble plutôt à une tribu ou à un clan (p. 137). Les valeurs féminines imprègnent une société jusqu'ici dominée par les valeurs masculines (p. 111). Enfin, la mondialisation et les outils de la technologie tendent à faire converger les modes de vie et les valeurs dans les pays développés (p. 230).

Les conséquences de ces transformations sont évidemment nombreuses. La société française traditionnellement verticale, hiérarchisée, devient horizontale, avec des citoyens qui appartiennent de plus en plus à des réseaux. Longtemps soumise à des forces centripètes, qui tendaient à ramener en permanence les membres de la société vers le milieu, la machine sociale est de plus en plus le jouet de forces centrifuges, qui tendent à marginaliser et à exclure ceux qui ne disposent pas des atouts nécessaires pour se maintenir (santé, instruction, relations...).

CROYANCES

Trois Français sur quatre se déclarent religieux...

Les attitudes à l'égard de la religion sont difficiles à mesurer car difficiles à exprimer, du fait de leur caractère intime, des incertitudes personnelles en ce domaine, de l'incidence de la formulation des questions sur les réponses dans les enquêtes. C'est pourquoi les chiffres obtenus dans diffé-

249

rentes études peuvent varier, en fonction notamment de la formulation des questions. Dans l'enquête complète réalisée par *Le Monde-La Vie*/CSA en mars 2003 auprès des 18 ans et plus (non actualisée depuis), 73 % des Français disaient avoir une religion (contre 75 % en 1994), 26 % n'en avaient pas (contre 23 %) et 1 % ne se prononçaient pas. L'appartenance était plus forte chez les femmes que chez les hommes (77 % contre 69 %) et elles n'étaient que 22 % à se dire sans religion, contre 31 % des hommes. La proportion des personnes ayant une religion variait en fonction des catégories sociales : elle était identique parmi les ouvriers et les cadres (68 %), supérieure chez les inactifs (78 %). L'âge était un facteur plus important de différenciation : 64 % des 18-24 ans disaient avoir une religion ; la proportion restait stable jusqu'à 50 ans. Elle augmentait ensuite très fortement, pour atteindre 84 % parmi les personnes de 50 ans et plus, sans changement pour les 50-64 ans et les 65 ans et plus.

Une enquête plus récente *(Le Monde des religions*/CSA, juin 2005) permet d'appréhender l'image de la religion dans la population. Seuls 41 % des Français estimaient que la dimension spirituelle ou religieuse est importante pour réussir sa vie personnelle ; 57 % étaient de l'avis contraire. Mais 56 % avaient le sentiment que les religions occupent dans le monde une place plus importante qu'il y a dix ans (19 % moins importante, 36 % ni plus ni moins importante). 59 % jugeaient d'ailleurs cette place trop importante, 16 % pas assez (22 % ni trop, ni pas assez). En ce qui concerne la France, ils n'étaient que 45 % à juger la place de la religion plus importante qu'il y a dix ans (26 % moins importante, 27 % ni plus ni moins importante. Mais 47 % la jugeaient trop importante, 18 % pas assez (31 % ni trop, ni pas assez).

... six sur dix croyants...

Le fait d'appartenir à une religion, induit le plus souvent par la naissance et le milieu familial, n'implique pas nécessairement la croyance en cette religion. 60 % des Français de 18 ans et plus déclaraient croire en Dieu en décembre 2004 *(Sélection du Reader's Digest*/CSA). Comme pour l'appartenance religieuse, les femmes sont plus concernées que les hommes : 64 % contre 54 %. Les jeunes le sont moins que les personnes âgées : 54 % entre 18 et 24 ans, contre 70 % à partir de 65 ans. La profession joue un rôle beaucoup plus discriminant pour l'appartenance religieuse : 44 % des professions intermédiaires, 52 % des employés, 59 % des ouvriers, 60 % des cadres et professions libérales, 68 % des retraités et inactifs. Il en est de même de l'appartenance politique : les sympathisants de droite sont plus fréquemment croyants que ceux de gauche.

43 % croient en une vie après la mort (53 % non). Le clivage est identique à celui concernant la croyance en Dieu entre les hommes (37 %) et les femmes (48 %). Il est en revanche beaucoup moins marqué selon l'âge. Il est même inversé entre les 18-24 ans, dont 54 % croient qu'il y a une vie après la mort, et les 65 ans et plus, qui ne sont que 42 %. La moitié des cadres (51 %) et des employés (50 %) sont dans cette situation, contre 37 % des inactifs et retraités, 42 % des professions intermédiaires et 44 % des employés.

Les adeptes d'autres religions que le catholicisme sont de plus en plus nombreux ; leur part atteint 11 %, contre 8 % en 1994. C'est l'islam qui a connu de très loin la plus forte progression : 6 % contre 2 %. Les deux seules autres religions représentées par au moins 1 % de la population sont

le protestantisme et le judaïsme. Les chrétiens orthodoxes sont peu nombreux, environ 200 000 ; la majorité d'entre eux est constituée de Russes blancs émigrés après la révolution de 1917 ; beaucoup sont installés dans l'Ouest parisien. Les autres religions présentes sont très minoritaires. Le bouddhisme doit cependant être mis à part ; il représenterait 700 000 personnes en France, soit autant que de juifs.

... et deux sur trois catholiques.

Comme celle des croyants, la proportion de catholiques dans la population a diminué régulièrement, avec une accélération depuis le milieu des années 80. L'érosion s'est poursuivie au cours des dix dernières années : 62 % des adultes en 2003 contre 67 % en 1994 *(Le Monde-La Vie*/CSA) ; une enquête de 2004 indique cependant une proportion de 64 % *(La Croix*/CSA). Cette érosion est plus faible si l'on considère l'ensemble de la population, du fait de la forte proportion de mineurs se disant sans religion. Elle l'est davantage encore si l'on inclut les étrangers (un peu moins de 6 %), dont une part importante est de confession musulmane (ci-après).

Les femmes sont un peu plus nombreuses que les hommes (65 % contre 60 %). Surtout, on observe une diminution régulière et très marquée chez les jeunes : 40 % seulement des 18-24 ans se disent catholiques, contre 79 % des personnes de 65 ans et plus. L'écart est aussi très prononcé selon la proximité politique : 76 % des électeurs de droite contre 55 % de ceux de gauche. À l'inverse de la croyance, l'appartenance à la religion catholique est plus forte en milieu rural (67 % dans les communes de moins de 2 000 habitants) qu'en agglomération parisienne (52 %).

Individus et religions

Appartenance religieuse déclarée selon le sexe, l'âge, la profession et le diplôme (mars 2003, en %)

	Catho-lique	Musul-mane	Protes-tante	Juive	Ortho-doxe	Boud-histe	Autre religion	Sans religion
Sexe								
– Homme	60	6	1	1	0	0	1	31
– Femme	65	5	3	1	0	1	2	22
Âge								
– 18 à 24 ans	40	14	4	2	1	0	3	36
– 25 à 34 ans	45	11	3	0	0	0	2	37
– 35 à 49 ans	59	4	1	1	0	1	1	32
– 50 à 64 ans	77	4	1	1	0	0	1	15
– 65 ans et plus	79	1	2	1	0	0	1	15
Profession								
– Cadres	63	1	0	2	0	0	2	29
– Professions intermé-diaires/employés	61	3	2	1	1	0	1	31
– Ouvriers	51	13	2	0	0	0	2	32
– Retraités, inactifs	67	5	3	1	0	1	1	21
Niveau de diplôme								
– Sans diplôme/primaire	72	6	2	0	0	0	1	19
– BEPC/CAP/BEP	61	4	3	1	0	0	2	28
– Bac	57	7	2	2	1	1	2	27
– Bac + 2	52	7	2	2	1	0	2	34
– Supérieur à bac + 2	58	5	2	1	0	0	2	31
ENSEMBLE	62	6	2	1	0	0	2	26

Le Monde-La Vie/CSA

La France compte environ 5 millions de musulmans.

L'islam est la deuxième religion de France, loin derrière le catholicisme, mais largement devant les autres confessions. 6 % des Français s'en réclament, une proportion qui a triplé en une décennie, mais elle semble en réalité plus grande encore. Leur répartition dans la population est très différente de celle des catholiques. L'âge est un facteur déterminant : 14 % des 18-24 ans se disent musulmans, contre 1 % des personnes de 65 ans et plus. La proportion varie aussi avec la profession : elle atteint 13 % chez les ouvriers, contre 1 % chez les cadres ; elle est de 16 % parmi les chômeurs. Les musulmans sont concentrés dans l'agglomération parisienne (12 %) alors qu'ils ne représentent que 1 % de la population des communes rurales.

On estime que la moitié des quelque 5 millions de musulmans présents en France n'ont pas la nationalité française. La plupart (environ 3 millions) sont des immigrés non naturalisés en provenance du Maghreb, de Turquie, d'Afrique noire et d'Asie (par ordre décroissant). Parmi ceux qui sont originaires d'Algérie, environ 600 000 sont français ; ce sont principalement les familles de harkis et leurs enfants nés depuis 1962. Un tiers des musulmans habitent en Île-de-France (35 %), 20 % en Provence-Alpes-Côte-d'Azur, 15 % en Rhône-Alpes, 10 % dans le Nord-Pas-de-Calais. On estime que plus de 60 000 personnes se sont converties à l'islam, notamment parmi les jeunes des cités en mal de reconnaissance ; parmi elles, 2 000 seraient proches des mouvements.

La très grande majorité des musulmans français sont sunnites (plus de 90 %) ; ils se réclament du courant majoritaire de l'islam qui s'appuie sur la sunna, ensemble des paroles et actions de Mahomet et de la Tradition qui s'y rapporte. Les autres sont pour la plupart chiites. La plupart des 900 imams (90 %) sont étrangers et

UNE COHABITATION DIFFICILE

L'image de l'islam reste en France influencée par des différences de conception religieuse et philosophique. Elles concernent en particulier la place de la femme dans la famille et dans la société, la relation au travail et les principes d'une société laïque et républicaine. L'intervention en Afghanistan, la guerre en Irak, le conflit israélo-palestinien et les attentats commis par les intégristes musulmans ont exacerbé les tensions au sein de la population. Le débat sur le port du voile islamiste à l'école a été le révélateur de certaines difficultés de cohabitation, même si elles sont en réalité plus limitées que leur médiatisation ne le laisse parfois supposer. La France a réaffirmé à cette occasion par la loi son attachement à la laïcité et au modèle républicain, qui doit être respecté par chaque citoyen (et notamment par chaque enfant présent à l'école).

La crise économique et la montée de l'extrême droite pendant les années 80 ont rendu plus difficile la vie commune dans certains quartiers ou banlieues (p. 195). Les musulmans sont progressivement devenus des boucs émissaires, rendus responsables d'une partie du chômage ou de l'insécurité. L'élection présidentielle de 2002 a notamment mis en lumière les craintes à l'égard des étrangers et la tentation xénophobe d'une frange des électeurs. Mais ces attitudes masquent une tolérance plutôt croissante à l'égard de la communauté musulmane. Les Français sont ainsi plus favorables à la construction de mosquées dans les villes ou à l'élection d'un maire d'origine musulmane dans leur commune. 79 % considéraient en mai 2005 qu'un « Français musulman est aussi français qu'un autre Français », 21 % étaient de l'avis contraire (Association française des Amis de l'Université de Tel-Aviv/ Sofres).

lique. Il s'y ajoute environ 200 000 pentecôtistes, méthodistes, adventistes et jéhovistes. On compte au total un peu plus de 1 000 paroisses et près de 2 000 pasteurs (dont 200 femmes), mais des enquêtes montrent que la majorité des protestants (environ 60 %) ne se rendent jamais au temple.

Si le protestantisme est numériquement très minoritaire, les valeurs qu'il représente imprègnent depuis quelques années la société française. C'est le cas de l'individualisme, du libéralisme, de l'éthique ou de la décentralisation, qui appartiennent davantage à la culture protestante qu'à la culture catholique, à l'exception d'une tradition de la gauche protestante française peu favorable au modèle libéral anglo-saxon. Seul face à Dieu, le protestant doit se prendre en charge, être responsable de sa vie. Les désaccords avec les catholiques restent profonds quant à la morale personnelle (avortement, contraception...) et à la discipline des Églises. Le mariage des prêtres et l'ordination des femmes, pratiqués par les protestants, sont refusés par le Vatican.

ont été formés dans les universités coraniques d'Égypte, de Turquie ou du Maghreb. Les principes du Coran sont interprétés différemment dans les communautés concernées, dont les principales et les plus modérées sont aujourd'hui regroupées dans le Conseil national du culte musulman.

Le nombre de protestants dépasse un million.

2,2 % de la population française de 18 ans et plus se déclaraient protestants en 2004 (enquête *Réforme*/IFOP), ce qui représente 1,3 million de personnes. La Fédération protestante de France en comptabilise pour sa part 1,1 million. Alors que la proportion de Français se déclarant catholiques

est plutôt en baisse, celle de protestants reste stable. Ils sont plus présents dans l'est du pays et dans les agglomérations urbaines, moins dans l'Ouest. Leur profil socioprofessionnel tend à se rapprocher de celui de la population, avec une légère sur-représentation des cadres et une sous-représentation des employés et ouvriers. 48 % se disent proches de la gauche ou de l'extrême gauche, contre 39 % des catholiques ; 10 % se disent proches de l'extrême droite.

Les protestants français sont rassemblés dans seize Églises ou Unions d'Églises qui rassemblent par ordre décroissant les calvinistes, les luthériens, les représentants de la Mission évangélique tsigane ; plus du tiers appartiennent à la mouvance évangé-

La France compte un peu moins d'un million de juifs.

La France est le pays de l'Union européenne qui compte proportionnellement le plus de juifs, avec une proportion estimée entre 1 et 2 % de la population, soit de 600 000 à 1,2 million de personnes. Elle est suivie par le Royaume-Uni (400 000), puis loin derrière par l'Allemagne (100 000). On estime que la moitié des juifs français vivent en Île-de-France, plus de 70 000 à Marseille, entre 15 000 et 25 000 à Lyon, autant à Strasbourg, à Nice et à Toulouse. Les ashkénazes (de culture et de langue yiddish) sont arrivés d'Europe centrale entre les deux guerres et représentent environ 40 % de la population juive. Ils ont été suivis par les

UN ANTISÉMITISME VARIABLE

En mai 2005, 70 % des Français estimaient que l'antisémitisme était répandu en France, 22 % qu'il était rare (Association française des Amis de l'Université de Tel-Aviv/Sofres). 76 % estimaient qu'il avait augmenté au cours des dernières années, 8 % qu'il avait diminué. La plupart (92 %) considéraient en tout cas à titre personnel qu'un « Français juif est aussi français qu'un autre Français » ; ils n'étaient que 60 % en 1966 et 37 % en 1946. 16 % des Français considéraient cependant que « les juifs ont trop de pouvoir en France » (67 % non) et 6 % qu'ils sont « trop nombreux » (83 % non). 3 % déclaraient qu'ils « éviteraient d'avoir un médecin juif » ; la proportion était de 6 % pour un patron juif, 9 % pour un gendre ou une belle-fille juif ou juive, 17 % pour un président de la République juif.

Après avoir fortement progressé dans les années précédentes, l'antisémitisme a reculé de moitié en 2005 : on a recensé 504 actes de violences de tous ordres contre 974 en 2004 (mais 9 en 1999 et 1 en 1998). La fréquence et la gravité de ces actes apparaissent fortement corrélées à l'évolution de la situation au Proche-Orient. Elles avaient diminué régulièrement après la fin de la guerre du Golfe (1991), puis fortement augmenté à la fin septembre 2000 lors de la deuxième Intifada (al-Aqsa) ainsi qu'après les attentats du 11 septembre 2001.

séfarades (juifs des pays méditerranéens) venus d'Afrique du Nord après la décolonisation, qui sont aujourd'hui majoritaires (60 %).

15 % seulement des juifs sont des pratiquants réguliers (ce sont en particulier des séfarades), 4 % sont des pratiquants occasionnels, lors des grandes fêtes. 40 % se considèrent comme laïcs, voire athées, la condition juive étant fondée sur l'appartenance à un peuple autant qu'à une religion. Comme la plupart des membres des religions minoritaires en France, les juifs vivent souvent en communauté, afin de perpétuer leurs traditions et leurs modes de vie.

> **La pratique catholique est de plus en plus occasionnelle.**

La proportion de pratiquants et la fréquence du culte ont chuté de façon sensible depuis le milieu des années 60. La part des mariages religieux ne dépasse pas 40 %, contre 56 % en 1986 et 95 % en 1970. Celle des baptêmes est inférieure à 50 %, contre 62 % en 1990. Cependant, de plus en plus d'enfants sont baptisés après leur première année (environ 3 000 chaque année sont des adultes). 80 % des enterrements se font encore à l'église.

En février 2005, 24 % des catholiques déclaraient avoir été à la messe au cours des dernières semaines (*Pèlerin*/Sofres) ; 14 % s'y rendent « régulièrement » (au moins une fois par mois) le samedi ou le dimanche et 11 % la suivent à la télévision. La proportion varie de 6 % pour les non-pratiquants à 87 % pour les pratiquants réguliers. On observe en revanche une tendance à l'augmentation des pratiques occasionnelles (mariages, enterrements, grandes fêtes religieuses...). Un catholique sur deux se rend à la messe uniquement pour les grandes fêtes et les cérémonies, mais un sur dix ne s'y rend jamais. Les femmes sont deux fois plus fréquemment pratiquantes que les hommes, du fait notamment de leur poids dans les classes âgées. La pratique régulière n'est guère influencée par la catégorie sociale, à l'exception des agriculteurs, traditionnellement plus concernés. Elle apparaît en revanche très liée au degré de pratique des parents. L'érosion a été particulièrement sensible chez les jeunes, mais on observe que la césure se fait à 50 ans. Avant cet âge, seuls 5 % des Français déclarent une pratique religieuse, contre 11 % entre 50 et 64 ans et 16 % à partir de 65 ans.

24 % des catholiques déclarent prier au moins occasionnellement. La proportion varie fortement selon le degré de pratique : de 11 % pour ceux qui se disent non pratiquants à 70 % pour les pratiquants réguliers. Les autres formes de pratique sont peu fréquentes : 8 % des catholiques déclaraient avoir lu des livres ou des revues d'inspiration religieuse. 5 % disent lire la Bible, 4 % réciter le chapelet, 3 % participer à des réunions de catéchisme ou d'animation de jeunes, 2 % adorer le saint-sacrement, 2 % participer à un groupe de prière.

> **L'influence de la religion catholique sur les modes de vie a beaucoup diminué.**

Le pouvoir et l'influence de la religion catholique ont régulièrement diminué depuis la fin du XIXe siècle, avec la séparation progressive du temporel et du spirituel. La fonction d'assistance aux plus défavorisés, traditionnellement assumée par l'Église, a été peu à peu transférée à l'État. L'Église a donc perdu deux de ses missions essentielles : proposer un système de valeurs servant de référence commune ; contribuer à l'égalisation de la société. Dès lors, son utilité est apparue moins nettement à l'ensemble des catholiques.

Au cours de ces trente dernières années, la société s'est efforcée de s'affranchir de la vieille morale chrétienne qui mettait en avant la famille, le travail et la nation et qui considérait

253

La religion en pratique

Pratique de la prière et assistance à des offices religieux (décembre 2004, en %)

	Pratique de la prière		Assistance à un office religieux	
	Ensemble des Français	Ensemble des croyants	Ensemble des Français	Ensemble des croyants
Souvent	23	36	12	20
– au moins une fois par jour	15	24	-	-
– au moins une fois par semaine	6	9	9	15
– au moins une fois par mois	2	3	3	5
Rarement	35	49	59	65
– de temps en temps, quelques fois dans l'année	21	32	20	28
– seulement pour les cérémonies et les grandes fêtes	14	17	39	37
Jamais	40	13	28	14
Ne se prononcent pas	2	2	1	1
Total	100	100	100	100

Sélection du Reader's Digest/CSA,

l'argent, la sexualité ou parfois les loisirs comme des sujets tabous. Pour la plupart des Français, la religion n'est plus la référence ultime en matière de valeurs applicables dans la vie quotidienne. Les discours de l'Église exercent une influence de plus en plus faible sur leurs attitudes et sur leurs comportements. Seul un Français sur trois affirme que la foi tient une place importante dans la vie de tous les jours (62 % non). La proportion était de 42 % en 1994.

L'influence de la religion reste cependant sensible en matière politique. Au premier tour de l'élection présidentielle de 2002, 31 % des catholiques pratiquants réguliers avaient voté pour Jacques Chirac et 13 % pour François Bayrou, contre respectivement 10 % et 3 % de ceux qui se disaient sans religion. À l'inverse, seuls 9 % d'entre eux avaient voté pour Lionel Jospin, contre 21 % des sans religion. On notera aussi que, au terme d'un débat entre les différentes parties prenantes, la Constitution de l'Union européenne ne fait pas explicitement référence à l'identité chrétienne.

Le besoin de spiritualité reste fort...

Les individus ne sont plus « reliés » comme auparavant par la religion (c'est le sens étymologique du mot latin *religare*). Le lien social s'est appauvri dans les lieux où il s'exerçait autrefois. Au travail, l'obligation d'efficacité a réduit les temps improductifs et les discussions à caractère personnel entre les salariés. Dans les actes de consommation, les relations se réduisent à quelques mots échangés à la caisse des hypermarchés. Dans la vie familiale, la télévision occupe une part croissante du temps passé ensemble. Enfin, la science n'a pas réussi à fournir les réponses aux questions essentielles (p. 256).

Les Français ne constituent donc plus une communauté soudée par des valeurs religieuses communes et par un lien social fort. Cette évolution entraîne souvent une frustration, car le besoin d'échange et de transcendance n'a pas disparu. Beaucoup s'efforcent donc de restaurer les pratiques de sociabilité par le mouvement associatif (p. 206), la pratique sportive, le tribalisme ou l'appartenance à des réseaux, notamment virtuels (Internet). Ils tentent aussi de retrouver un lien spirituel en se tournant vers d'autres sources : ésotérisme, religions « exotiques », voyance, astrologie... Après avoir connu une progression inquiétante, les sectes semblent aujourd'hui moins influentes, du fait peut-être des mises en garde répétées des médias et du travail de fond effectué par certaines associations. Des mouvements sectaires tendent cependant à se développer au sein des religions officielles.

Certains Français à la recherche de valeurs fortes se tournent aussi vers la franc-maçonnerie. Leur nombre serait d'environ 120 000, pour 7 millions dans le monde. La principale obédience est le Grand Orient, devant la Grande loge de France et la Grande loge nationale française. Née à l'époque des Lumières, la franc-maçonnerie a toujours été entourée d'ombre et de mystère. On lui reproche aujourd'hui encore un manque de transparence qui alimente les craintes et les fantasmes quant à son rôle et son influence dans la société.

... mais il s'exprime de plus en plus individuellement.

Si Dieu est mort, comme l'affirmait Nietzsche, c'est davantage en tant que notion collective que comme certitude individuelle. La sphère privée prend aujourd'hui en effet une importance croissante. La foi n'est plus une tradition familiale et sociale, elle est devenue une question personnelle. Beaucoup de Français s'efforcent ainsi de « bricoler » des croyances et des comportements sur mesure, sans lien réel avec les structures de l'Église catholique. Ils piochent dans des croyances diverses ce qui leur apparaît conforme à leur mode de vie et de pensée. Les pratiques sont adaptées, éclatées, modifiées en fonction des circonstances de la vie. À côté, ou peut-être à la place des religions classiques, se profile l'invention d'un monde aux formes de spiritualité multiples.

Ces aménagements individuels sont parfois à l'origine de la création de communautés nouvelles, en marge des structures traditionnelles. Les réformateurs y réclament avec insistance la prise en compte de la réalité sociale contemporaine et une adaptation des dogmes et des pratiques. L'ordination des femmes, le célibat des pretres, la pédophilie, le secret de la confession dans les cas graves ou l'attitude face à la sexualité sont quelques-unes des questions qui sont aujourd'hui posées. Les jeunes ont un point de vue plus distant que les plus âgés. Ainsi, 60 % des 11-15 ans d'origine catholique estiment que la religion relève plutôt d'un choix personnel, 40 % d'un héritage familial (Okapi/Ifop, décembre 2005). À l'inverse, 61 % de ceux d'origine musulmane situent la religion dans un héritage familial. D'une façon générale,

51 % des adolescents voient dans les religions plutôt des questions, 46 % plutôt des réponses à leurs interrogations sur la vie. 57 % pensent qu'elles apportent plus de libertés que de contraintes (40 %), 78 % considèrent qu'elles constituent une ouverture sur les autres, 20 % y voient un repli sur soi.

La spiritualité et les religions ont un bel avenir devant elles. 78 % des Français estiment qu'elles resteront un besoin essentiel de l'homme au cours du XXIe siècle et qu'elles vont perdurer même si elles se transforment (*Le Monde des religions*/CSA, juin 2005). Mais 20 % pensent au contraire qu'elles correspondent à une mentalité ancienne et vont progressivement disparaître avec la modernité. Leur point de vue sur l'influence des religions est plutôt pessimiste : pour 38 %, elles seront un facteur de recul dans le monde, pour 14 % seulement un facteur de progrès (autant l'un que l'autre pour 40 %). Mais, pour 57 %, la dimension spirituelle ou religieuse n'est pas importante pour réussir sa vie (41 % sont de l'avis contraire). Pour 75 %, on n'a pas besoin de la religion pour faire la différence entre le bien et le mal. 54 % considèrent d'ailleurs que les grandes religions n'œuvrent pas pour le bien dans le monde (40 % oui).

LA LAÏCITÉ MENACÉE ?

Cent ans après l'adoption de la loi de séparation des Églises et de l'État (1905), les Français définissent davantage la laïcité comme un droit ou une liberté que comme une contrainte. 51 % considèrent qu'elle a donné avant tout la possibilité à chacun de pratiquer la religion de son choix. Seuls 30 % estiment qu'elle interdit surtout de manifester son appartenance religieuse dans la vie publique. Les jeunes (59 % des 25-34 ans), les ouvriers (59 %) et les personnes sans préférence politique (61 %) apparaissent les plus attachés à la liberté religieuse. Les professions libérales et les cadres supérieurs ainsi que les sympathisants de l'UMP (38 %) mettent davantage en exergue l'interdiction. 11 % des Français associent la laïcité au refus de toute forme de communautarisme, 8 % à l'absence de participation de l'État à l'édification de lieux de culte. Près de deux Français sur trois

(64 %) considèrent cependant que la laïcité, pan essentiel du modèle républicain, est menacée, contre 56 % en 2003. Plutôt que d'apaiser ce sentiment, la loi de mars 2004 sur l'interdiction du port de signes religieux ostensibles dans les établissements scolaires l'a peut-être renforcé. Il est présent dans l'ensemble des catégories sociales et il est également partagé par les sympathisants de droite et de gauche, mais après avoir progressé de 15 points en deux ans chez les premiers (et baissé d'un point chez les seconds).

74 % des Français estiment qu'il faut conserver la loi de 1905 telle qu'elle est (80 % des hommes et 68 % pour les femmes). Seuls 18 % souhaiteraient que certains aspects en soient modifiés. Seuls 7 % demandent sa suppression. L'attitude des catholiques pratiquants et des musulmans est quasiment identique : respectivement 83 % et 84 % sont favorables au maintien.

Acteurs Publics/Ifop, décembre 2005

● *55 % des Français déclarent croire en Jésus, 7 % en Bouddha, 3 % en Luther, 3 % en Mahomet, 3 % en Moïse, 27 % en aucun de ces personnages.*
● *5 % des Français se disant musulmans disent croire en Jésus.*
● *53 % des musulmans français sont opposés à ce que la loi interdise dans les écoles, collèges et lycées publics les signes et tenues qui manifestent ostensiblement l'appartenance religieuse des élèves, 42 % sont favorables.*

Science et technologie

La technologie a permis jusqu'ici l'amélioration des conditions de vie...

Les applications de la recherche scientifique et technique ont eu une incidence déterminante sur la façon de vivre des Français. C'est le cas en particulier en matière de communication. La diffusion du téléphone portable, l'accès à Internet et au multimédia ont transformé le rapport au temps, en imposant le « temps réel », qui est celui de l'immédiateté. Ils ont modifié aussi le rapport à l'espace en satisfaisant le vieux rêve d'ubiquité, en faisant éclater les frontières géographiques, politiques, linguistiques ou culturelles dans un contexte de mondialisation.

Surtout, les outils technologiques sont en train de bouleverser la relation aux autres. Pour la première fois dans l'histoire du monde, tout habitant d'un pays développé peut être connecté par le son et par l'image à tous les autres. Il peut appartenir à des groupes ou à des « tribus » dont les membres n'ont pas besoin d'appartenir à une même communauté, qu'elle soit nationale, ethnique, religieuse, intellectuelle, ni d'être présents physiquement dans un même lieu pour se rassembler. Des formes nouvelles de diasporas, communautés virtuelles dont les membres sont disséminés, sont ainsi en train de se créer (p. 195) ; elles peuvent être durables ou éphémères. Ces transformations ne seront pas sans effet sur la façon de vivre, de penser et de concevoir le monde.

La science a permis depuis des siècles de lutter contre l'ignorance, de soigner les maladies, d'allonger la durée de vie. Elle a fourni aux humains les moyens de se nourrir, de se déplacer, de travailler, de communiquer, de se divertir. Les Français sont conscients de ces avancées. Ils savent que les soins et traitements médicaux ont connu des progrès considérables. Il en est de même des possibilités offertes en matière d'information, de communication, de transport, de travail ou de loisir.

... mais les Français considèrent que son rôle est ambivalent.

En même temps qu'elles apportent d'indéniables progrès matériels, la science et la technologie font peser sur l'avenir de l'humanité de lourdes menaces : pollution de l'environnement, risques climatiques, utilisation « sauvage » du clonage humain, généralisation des aliments transgéniques, risques nucléaires, développement des armes bactériologiques... Contrairement à ce que l'on a longtemps cru, science ne rime pas toujours avec conscience et les « apprentis sorciers » sont d'autant plus nombreux que les enjeux économiques sont trop importants. Les chercheurs sont soumis à des pressions croissantes de la part des entreprises, des gouvernements ou des organisations qui peuvent tirer profit de leurs travaux. On peut lire dans l'Ecclésiaste, écrit il y a plus de 2 000 ans : « Celui qui accroît sa science accroît sa douleur. »

L'interrogation est d'autant plus forte que la science d'aujourd'hui dépasse souvent la science-fiction d'hier. Alors que la révolution de la communication se poursuit, une autre se prépare, celle des biotechnologies. On peut dès aujourd'hui modifier les cellules germinales d'un individu. Cette possibilité ouvre la voie à des progrès considérables dans la lutte contre certaines maladies, notamment génétiques. Elle permet d'envisager un accroissement de la longévité, grâce à la production de tissus et d'organes à partir d'embryons. Mais elle offre aussi la possibilité de créer des espèces et de modifier l'espèce humaine. On pourra demain cloner n'importe quel individu, à sa demande ou à son insu, à partir d'un morceau d'ADN pris dans un de ses cheveux. L'idée resurgit alors d'une « sélection » et d'une « amélioration » de l'espèce. Le risque est accru par la tentation d'appropriation du vivant par des laboratoires et des entreprises qui pourront en faire une marchandise. L'utilisation incontrôlée du décryptage du génome humain pourrait ainsi rendre floue la différence entre l'homme, l'animal et la machine. Avec les nouvelles avancées de la science, ce sont les lois fondamentales de la vie qui pourraient être remises en question, puisqu'il est pour la première fois possible de les changer.

Le mythe du progrès est aujourd'hui mis en question...

La notion de progrès entretenue depuis des siècles (Bacon, Condorcet, Comte...) reposait sur trois idées-forces : la croyance absolue dans la science et dans la technique ; le primat de la raison sur la passion ; la réalisation de soi-même par le travail. Le bien-fondé de ces idées est aujourd'hui mis en doute par une partie croissante de la population. La science est à double face ; ses perspectives sont aussi fascinantes qu'effrayantes. La passion apparaît comme une caractéristique incontournable de la nature humaine et comme le moteur de la vie, tant individuelle que collective ; l'émotion est plus forte que la raison (p.241). Dans une société devenue hédoniste, la raison semble au contraire privative

Technoparade

*Parmi les dix objets suivants, créés ou développés au cours des 25 dernières années, quels sont les deux qui ont le plus d'importance dans votre vie quotidienne ? ***

	%	Rang
Le téléphone mobile	53	1
L'ordinateur personnel à la maison	38	2
Le four à micro-ondes	35	3
Les D.A.B. (distributeurs automatiques de billets)	30	4
Les nouveaux supports numériques (CD, DVD, MP3...)	11	5
La photo numérique	5	6
Les produits jetables (appareils photos, rasoirs, lingettes...)	5	6
Les machines à café dans les lieux de travail	4	8
Le Post-it	2	9
Les jeux vidéo	2	9
Sans opinion	3	-

*Parmi les dix services suivants, quels sont les deux qui ont le plus d'importance dans votre vie quotidienne ?***

	%	Rang
La carte bleue	54	1
La télévision par câble, satellite ou ADSL	29	2
Internet, pour surfer ou acheter sur le réseau	24	3
Le hard discount (supermarchés à très bas prix)	24	3
Les produits surgelés	15	5
La messagerie électronique pour échanger des mails	13	6
Les produits bio	8	6
Les aliments allégés	4	8
Les quotidiens gratuits	3	9
La livraison de plats (pizzas, etc.) à domicile	2	10
Sans opinion	5	-

* Totaux supérieurs à 100, les personnes interrogées ayant pu donner deux réponses.

de plaisir et de liberté. Quant à la place du travail dans la société et dans la vie de chacun, elle s'est beaucoup réduite, avec la diminution régulière et spectaculaire du temps consacré à la vie professionnelle (p. 93) et l'importance croissante des loisirs (p. 94).

La confiance dans la science est donc moins forte et les peurs refont leur apparition. Elles sont nourries par le terrorisme, les fanatismes, les extrémismes, la pollution, l'industrialisation, le nucléaire, les manipulations génétiques, les virus, le chômage, la précarité, la violence, la mondialisation... Les peurs et phobies contemporaines ne sont pas sans rappeler celles, eschatologiques ou apocalyptiques, du Moyen Âge : fin du monde, colère divine, diable, sorciers, démons, guerre, famine, épidémie...

... de même que les avancées sociales.

De nombreux Français ont aujourd'hui le sentiment que la qualité de la vie s'est détériorée au cours des dernières décennies. Ils sont en effet plus nombreux à penser que la société est en déclin qu'à être convaincus qu'elle est en progrès (p. 203). Ce changement de perception remet brutalement en cause le postulat, né à la fin du XVIIIe siècle, sur lequel est fondée la civilisation occidentale : le progrès technique engendre la croissance économique et le bien-être à la fois collectif et individuel.

L'idée d'un découplage entre les progrès scientifiques et la qualité de la vie est très récente. Elle était déjà perceptible à travers quelques signes annonciateurs : le succès au cinéma des *Visiteurs* (1993, 14 millions de spectateurs en salles) ou d'*Amélie Poulain* (2001), celui du livre de Philippe Delerm sur « les plaisirs minuscules... » (1997), celui des émissions de télévision basées sur la nostalgie ou la régression. La réflexion amorcée remet en cause le rêve matérialiste qui était jusqu'ici inséparable de la conception du « progrès ». Beaucoup de Français sont désormais convaincus que des inégalités nouvelles sont engendrées par l'abondance économique, non seulement entre les pays mais aussi à l'intérieur de chacun d'eux. Certaines catastrophes écologiques leur suggèrent que le progrès scientifique et ses applications techniques constituent une menace pour la survie de la planète. Le rationalisme du XVIIIᵉ siècle et le scientisme du XIXᵉ, qui plaçaient dans la science tous les espoirs de l'humanité, font place aujourd'hui à un doute croissant.

L'inquiétude s'est accrue en matière sanitaire.

La crise de la « vache folle » a été le révélateur des risques liés à l'industrialisation de l'alimentation. Le fait de transformer des bovins herbivores en carnivores était apparu aux Français comme une transgression dangereuse des lois de la nature. D'autres dangers surgissent régulièrement : poulet à la dioxine ; bœuf aux hormones ; fromage à la listériose ; grippe aviaire... Ils renforcent le sentiment commun que le rapport bénéfices/risques de l'innovation est de moins en moins favorable. C'est le cas, pour une majorité de Français, des OGM (organismes génétiquement modifiés) ou des perspectives du clonage.

Outre les risques alimentaires, les Français craignent ceux liés à la dégradation de l'environnement : pollution de l'eau, de l'air, destruction des forêts, disparition des espèces végétales et animales ; réchauffement de l'atmosphère... On assiste donc à une diabolisation de la science, qui s'appuie sur l'impossibilité pour les indi-

Les plus et les moins

À la question fondamentale sur la réalité du progrès, on peut apporter deux types de réponse, qui fournissent des conclusions contradictoires. Le premier est de nature quantitative. On peut ainsi mesurer de façon objective que l'évolution sociale de ces dernières décennies se caractérise dans de nombreux domaines par le signe « plus ». Les Français disposent d'abord de plus de temps, avec l'accroissement spectaculaire de l'espérance de vie et du temps libre. Leur niveau d'instruction s'est accru, avec un allongement de la scolarité de quatre ans en moyenne depuis le début des années 50. Ils ont aussi plus d'argent, du fait d'un accroissement continu du pouvoir d'achat, même si celui-ci est très contesté (p. 329). Il est notamment perceptible dans l'accroissement du confort des ménages, dont témoignent les taux d'équipement en électroménager, automobile, appareils

vidus-citoyens-consommateurs d'apprécier les risques et de connaître la vérité, celle-ci étant devenue introuvable (p. 240). Une crainte renforcée par le fait que la logique de marché et la compétition qu'elle engendre entre les grandes entreprises mondiales favorisent une vision à court terme, peu compatible avec le doute scientifique et le principe de précaution. C'est ainsi que certains se tournent aujourd'hui vers les aliments biologiques, supposés moins dangereux, bien qu'une démonstration irréfutable reste à établir. La prise de conscience environnementale progresse ; les Français sont de plus en plus nombreux à affirmer leurs intentions, à s'engager, à agir, voire à militer.

de communication ou de loisirs. Enfin, les Français ont à leur disposition plus d'information, du fait de la multiplication des sources (radios, télévisions, journaux et magazines, Internet...), qui sont d'ailleurs de plus en plus souvent accessibles gratuitement.

L'autre façon d'approcher le changement social est essentiellement qualitative. C'est alors le signe « moins » qui s'impose. L'époque est ainsi caractérisée par une diminution, voire une disparition des certitudes. Les Français ont le sentiment qu'ils sont moins en sécurité dans leur vie quotidienne. Ils font de moins en moins confiance aux institutions, aux médias, aux « autres ». Ils sont persuadés que l'égalité est partout en diminution. Il n'est pas étonnant que ces sentiments se traduisent par moins d'optimisme dans la perception du monde, moins de sérénité dans les attitudes et les comportements. Chacun se demande ainsi si les cadeaux de la « modernité » ne sont pas empoisonnés.

Le respect de la vie privée apparaît menacé.

Si l'ambition ultime de l'homme est de décoder la vie, force est de constater qu'il ne cesse de coder la sienne. La vie individuelle se résume aujourd'hui à un ensemble de plus en plus complexe de codes et de mots de passe : Sécurité sociale, interphones et digicodes, cartes et comptes bancaires, téléphones (fixe et mobile), identifiants Internet, immatriculations diverses... Outre son génome, chaque individu est désormais associé à une longue suite de combinaisons de chiffres et de lettres sans lesquelles il ne peut vivre au quotidien. Ces codes et mots de passe censés protéger les personnes constituent une source de stress. Ils sont en effet des moyens de contrôler leurs faits et gestes, car leur utilisation laisse des « empreintes électroniques ». Le système de surveillance est rendu encore plus efficace à l'égard de ceux qui sont connectés à des réseaux : ordinateurs, téléphones portables. Il s'y ajoute les multiples caméras placées dans les lieux publics. Ces traces peuvent être interprétées en temps réel, archivées dans des bases de données et utilisées par des entreprises commerciales, des administrations ou des particuliers, à l'insu des personnes concernées.

Les Français ont donc le sentiment que leur liberté de mouvement se res-

treint et que le respect de leur vie privée est de moins en moins assuré. Les développements de l'électronique et de l'informatique leur laissent craindre l'avènement d'un *big brother* capable de surveiller chaque individu. Cette peur est renforcée par des exemples nombreux et objectifs : repérage des téléphones portables, écoute des communications, utilisation de cookies placés dans les ordinateurs pour enregistrer les sites visités par les internautes, etc.

Des instruments de contrôle et de régulation sont évidemment nécessaires pour lutter contre ces dérives. Pour éviter aussi que la peur ne se transforme en paranoïa. Car elle pourrait

favoriser une forme nouvelle d'obscurantisme, qui paralyserait la recherche et ses applications, dont la plupart sont utiles pour la société.

> **La protection de l'environnement ne semble plus assurée.**

Les accidents et les risques liés au développement technologique ont provoqué en France, comme dans d'autres pays industrialisés, une montée des inquiétudes. Au début de la décennie 90, les Français ont pris conscience de la pollution et de la nécessité de préserver l'environnement. La moitié des Français

DE L'ÉGOLOGIE À L'ÉCOLOGIE

La longue phase d'incertitude, mais aussi de passivité, dans la relation des Français à l'environnement, semble terminée. Le consensus scientifique sur le changement climatique et l'information accumulée sur les menaces écologiques ont entraîné une prise de conscience véritable. Au point qu'ils étaient un demi-million à s'être engagés en faveur du Défi pour la Terre lancé par la Fondation Nicolas Hulot et l'ADEME (Agence de l'environnement et de la maîtrise de l'énergie) entre mai 2005 et mai 2006, qui consiste à adopter des gestes écocitoyens dans sa vie quotidienne (éteindre les appareils électriques plutôt que de les laisser en veille, trier les déchets, préférer les produits respectueux de l'environnement, prendre des douches plutôt que des bains, conduire plus souplement et moins vite...).

Le degré de conscience et d'engagement varie selon les groupes sociaux et, surtout, avec les systèmes de

valeurs individuels, qui déterminent une perception du monde. L'avenir de ce mouvement dépendra de l'évolution de plusieurs facteurs, qui constituent encore des freins. La méfiance des Français envers les « élites » et l'« autorité » (politique, institutionnelle, scientifique, médiatique...) ne prédispose pas à écouter les discours ni à suivre les injonctions. La culture du confort incite à repousser à plus tard des actions qui changent les habitudes et nécessitent des efforts, voire des sacrifices. D'autant que les Français, hédonistes, vivent dans le principe de plaisir plutôt que dans celui de réalité.

Le combat contre la dégradation de l'environnement constitue en tout cas une formidable opportunité pour la France engourdie de ce début de XXIe siècle. La cause à défendre est en effet « transversale », non partisane, ce qui devrait permettre à chacun d'y adhérer sans craindre de se faire « récupérer ». Elle a une dimension à la fois émotionnelle (celle de la compassion pour les congénères et de la responsabi-

lité à l'égard des générations à venir) et rationnelle (les preuves tangibles du problème environnemental sont désormais établies et irréfutables). Le front commun contre la « fin du monde » peut aussi constituer un motif de réconciliation nationale, être l'un des fondements du « grand projet » qui fait défaut à la France et qui se trouve à l'origine de la société « mécontemporaine ».

Les principales conditions à la réussite de cette mobilisation sont la pédagogie, la cohérence et la vertu, de la part des diverses parties prenantes. Il faudra aussi donner aux citoyens la possibilité de participer à la réflexion, d'être les « co-créateurs » des actions mises en place et des solutions inventées, afin d'exercer leur pleine responsabilité d'individu-citoyen-consommateur-parent. C'est à ces conditions que l'on pourra passer de l'« égologie » (individualisme contemporain) à l'écologie au sens « transpolitique » du terme. Comme l'écrivait Saint-Exupéry : « Nul ne peut être à la fois responsable et désespéré. » Mais cela implique d'abord d'être responsable.

259

(51 %) déclaraient ne pas boire d'eau du robinet en 2005, contre un tiers en 1996 (37 %). La qualité de l'air est aussi en cause, si l'on en juge par l'accroissement des cas d'asthme dans les villes, notamment chez les enfants.

L'inquiétude des Français s'est également accrue en matière climatique. Ils assistent depuis quelques années à une augmentation sensible des situations extrêmes, avec une alternance de pluviométrie exceptionnelle (inondations plus fréquentes) et de sécheresse, voire de canicule meurtrière comme ce fut le cas pendant l'été 2003. Cette évolution confirme la perspective de réchauffement annoncée par les spécialistes, qui aurait des conséquences désastreuses dans certaines zones côtières (avec l'élévation du niveau de la mer) ou en montagne (avec l'absence de neige dans les stations de basse et moyenne altitude, des risques d'avalanche en haute altitude).

Les changements de climat, associés à d'autres modifications environnementales, pourraient ainsi mettre en danger la survie des espèces animales et végétales. À l'échelle de la planète, 20 % des espèces connues de mammifères seraient menacées de disparition, 14 % de celles d'oiseaux, 7 % de celles de poissons. L'épuisement de certaines ressources comme le pétrole est programmé, comme le manque d'eau pour une partie croissante de la population mondiale. En France comme ailleurs, ces transformations auront des incidences sur les modes de vie en matière de consommation, de déplacements et de rythmes sociaux. C'est pourquoi les attentes de prévention, de protection, de prévoyance et de précaution sont croissantes.

● *La France se situe au quatrième rang mondial pour les espèces animales menacées et au neuvième pour les plantes.*

Des risques « mesurés »

Tous les risques ne se valent pas. On pourrait, pour mesurer leur gravité perçue, utiliser une gradation selon six axes distincts et complémentaires. Le premier serait celui de la visibilité ; un risque invisible est jugé plus inquiétant qu'un risque apparent. Un deuxième axe concernerait la prévisibilité ; le risque imprévisible est plus redouté que celui qui peut être évalué à l'avance. On pourrait établir une échelle de temporalité, avec à une extrémité les risques temporaires ou ponctuels et à l'autre les risques durables, avec lesquels on n'en a jamais fini.

Un quatrième axe indiquerait la naturalité, séparant les risques naturels, que l'on accepte par fatalisme, et ceux qui sont artificiels, pour lesquels il est possible de rechercher les responsabilités. Bien sûr, l'échelle distinguerait aussi la gravité potentielle des risques, qui permettrait d'établir les priorités dans la lutte et la prévention. Enfin, une indication importante concernerait le degré de connaissance des risques ; les risques connus sont évidemment plus faciles à réduire que les inconnus. L'utilisation de cette classification, par exemple en matière de terrorisme, permet de constater que ce risque se situe au maximum de chacune des six échelles ; il est en effet invisible, imprévisible, durable, artificiel, grave et inconnu.

Le risque individuel est de plus en plus mal accepté...

La phobie du risque propre aux sociétés développées s'est construite sur l'idée (scientiste) que l'homme est capable de maîtriser son environnement. C'est pourquoi l'opinion publique juge aujourd'hui inacceptables les risques liés à la présence d'usines chimiques ou de centrales nucléaires, les maladies causées par des produits alimentaires, les accidents dus à l'utilisation d'équipements collectifs ou même les « dommages collatéraux » inhérents aux guerres. Même les catastrophes naturelles (inondations, avalanches, tornades, tempêtes...) devraient dans leur esprit être au moins annoncées, si possible évitées, en tout cas remboursées dans leurs conséquences.

Si le risque est ainsi refusé par les Français, c'est parce qu'il a changé de nature. Il n'est plus aujourd'hui perçu comme collectif mais dans ses conséquences individuelles. Celles-ci ne sont plus limitées dans le temps ni dans l'espace ; elles peuvent être planétaires et définitives. L'idée que l'on ne puisse se prémunir contre les événements aléatoires est de plus en plus mal acceptée dans une société qui connaît l'étendue de ses capacités scientifiques, au point que l'on cherche systématiquement des responsables ou des boucs émissaires lorsque se produit un accident. Les élus locaux tremblent à la perspective d'un panneau de basket mal fixé tombant sur un de leurs administrés et entraînant ainsi leur responsabilité juridique. Dès le lendemain de la survenance d'un drame, la « polémique » surgit dans les médias, une enquête est ouverte, des négligences possibles sont évoquées, des noms cités, des mesures revendiquées. Comme s'il fallait exorciser la catastrophe, afin qu'elle ne se reproduise plus.

... et le hasard tend à être rejeté.

Comme la plupart des citoyens riches de la planète, les Français ont oublié l'existence du hasard. Ils attendent des institutions une protection totale, le « risque zéro ». Mais le hasard est indis-

LE FUTUR N'EST PLUS CE QU'IL ÉTAIT

Face aux dix prochaines années, la moitié des Français se disent inquiets (41 %), voire résignés (6 %). Un sur quatre (23 %) est « prudent », un sur quatre curieux ou confiant (respectivement 14 % et 10 %). Au total, l'attrait pour le futur apparaît peu présent, même si on ajoute les 3 % d'enthousiastes. À l'horizon de la prochaine décennie, l'inquiétude pour soi-même et pour ses proches concerne les deux tiers des Français (67 %). Une proportion presque identique (65 %) estime que c'était mieux avant (il y a vingt ou trente ans)... et que ce sera encore moins bien demain (dans vingt ou trente ans) ; la nostalgie du passé et l'appréhension de l'avenir se nourrissent l'une l'autre.

Le pessimisme ambiant n'est pas également réparti dans la population. Les femmes, plus intimement concernées par la vie, son amélioration et sa perpétuation, apparaissent davantage inquiètes que les hommes, ces derniers se considérant plus fréquemment comme curieux ou confiants (une attitude sans doute considérée comme plus « virile »). Les personnes âgées sont plus inquiètes que les jeunes : les premières ont connu les Trente Glorieuses (1945-1975) ; les seconds sont nés avec la « crise » et ont vécu tout ou partie des « Trente Peureuses » (1975-2005). Les personnes au revenu modeste sont plus pessimistes que les plus aisées, le pouvoir d'achat apparaissant légitimement comme une protection face aux aléas de la vie.

S'ils hésitent à déléguer leur futur aux acteurs sociaux (politiciens, chefs d'entreprise, scientifiques...), les Français ne se sentent pas pour autant en mesure de l'inventer seuls. Un sur deux (50 %) estime ne pas pouvoir agir sur le monde qui se construit, un sur quatre (28 %) voudrait bien, mais déclare manquer de repères pour savoir comment agir. Seul un sur cinq (20 %) se sent véritablement en position de changer le monde. Les hommes, les personnes aisées et les plus éduquées sont les moins démunis face à l'avenir. Les jeunes (15-25 ans) ne sont pas plus nombreux à se considérer comme « acteurs » (21 %), mais ils sont heureusement plus nombreux que les autres (36 % contre 28 % de la population globale) à vouloir participer, pour peu qu'on leur fournisse les repères qui leur manquent.

Futuroscope/CSA, février 2006

---

sociable de la vie ; la science a même démontré qu'il est responsable de son apparition. La philosophie et l'art de la Grèce antique auraient sans doute été changés si l'empereur Alexandre, menacé par un Perse sur un champ de bataille, n'avait été sauvé par son garde du corps. De simples aléas météorologiques ont à plusieurs reprises modifié le cours du monde. Si l'été de 1529 n'avait été si humide, les Turcs auraient pu prendre Venise et (peut-être) s'installer plus facilement et durablement en Occident. Si le temps n'avait pas été clément le 6 juin 1944, le débarquement n'aurait pu avoir lieu et l'issue de la Seconde Guerre mondiale en aurait peut-être été modifiée.

Le refus du risque et du hasard implique la disparition de la notion de probabilité. Pourtant, un simple calcul montrerait souvent que le danger est plus faible qu'on ne le croit et son acceptation permettrait d'économiser des sommes considérables qui, de toute façon, ne suffisent pas pour l'éradiquer. Pour beaucoup de Français, le seul hasard acceptable est celui qui leur est favorable. C'est celui qu'ils invoquent lorsqu'ils jouent, adressant une sorte de prière à la Providence dans l'attente d'une sorte de miracle (p. 457). Du hasard, les Français ne veulent connaître que la face positive, c'est-à-dire la chance.

> **La nostalgie du passé est plus forte que le goût de l'avenir.**

De nombreux sondages montrent que les Français ont une vision pessimiste de leur époque et de leur avenir (encadré ci-dessus). Beaucoup imaginent que demain sera moins bien qu'hier ou aujourd'hui, avec une économie moins prospère, des revenus moins élevés, des catastrophes plus nombreuses, un climat social plus tendu. Si l'avenir fait peur, c'est peut-être, d'abord, parce que c'est la mort qui attend chacun au bout du chemin. C'est ensuite parce que la liste des risques et des menaces ne cesse de s'allonger. C'est enfin parce que le rythme du changement s'accélère et qu'il est de plus en plus difficile d'imaginer les évolutions et les ruptures qu'il va entraîner.

Cette crainte du futur explique la tentation du repli sur le passé, que les psychanalystes appellent régression. Le temps de l'enfance apparaît souvent paradisiaque, car plein de promesses dont le nombre ne fait ensuite que se réduire. D'autant que la mémoire est sélective et chasse les mauvais souvenirs ; elle les transforme en « expériences enrichissantes » ou en bifurcations involontaires mais finalement salutaires. Les médias entretiennent cette nostalgie à coups de commémorations, d'anniversaires de personnalités disparues. Des artistes des décennies précédentes reviennent sur le devant de la scène. Forte de cet engouement pour le passé (et de ses stocks), la télévision multiplie les émissions réalisées à partir des images d'archives. Autant de madeleines proustiennes qui rappellent à chacun des souvenirs heureux, mais qui lui font craindre un avenir moins radieux.

La résistance à la « modernité » s'organise.

On assiste depuis le début des années 90 à une transformation profonde des comportements des citoyens et des consommateurs, dans le sens d'une méfiance croissante. Les valeurs matérielles sont devenues moins prioritaires, les besoins plus intériorisés, les comportements d'achat plus rationnels, les acheteurs moins fidèles. Le succès des produits est moins lié à la mode. Dans toutes les couches de la société, la « néophilie » caractéristique des années 80 a fait place à une certaine suspicion à l'égard de la nouveauté, dans certains cas même à la « néophobie ».

Le contrôle social de l'activité scientifique apparaît de plus en plus nécessaire aux Français. Beaucoup considèrent que la science est une chose trop importante pour être laissée aux seuls scientifiques. Ils mettent en cause la bonne foi de ceux-ci (du fait des pressions exis-

tantes et des intérêts en jeu) mais aussi leur conscience, qui leur paraît parfois empreinte de naïveté, voire dictée par l'intérêt. Ils regrettent aussi parfois une certaine arrogance de la part de ceux qui « savent » (ou croient savoir) et leur manque de pédagogie envers ceux qui « ne savent pas ». Mais les hommes politiques et les chefs d'entreprise ne sont pas considérés comme plus crédibles par les citoyens et il paraît donc difficile de leur confier le contrôle de la science et de son usage. C'est pourquoi les Français estiment aujourd'hui nécessaire d'être consultés ou représentés dans les débats sur les applications des recherches, voire sur la nature même de ces recherches. Face au pouvoir de la science contemporaine et à ses relations avec les autres pouvoirs, le peuple se pose de plus en plus en contre-pouvoir.

La démocratie devra concilier sécurité et liberté.

Sous l'effet de l'interrogation sur le développement scientifique et technique, la question centrale de la démocratie, qui était jusqu'ici la difficulté de concilier égalité et liberté, tend à se déplacer. Elle devrait faire place à un débat entre sécurité et liberté. Le « modèle national » est en effet centré sur une recherche croissante de sécurité, dans un contexte social de phobie du risque, qui conduit à la mise en place

d'un « modèle sécuritaire » implicite ou explicite. Le « principe de précaution », désormais constitutionnel, se veut une réponse à ces inquiétudes.

La quête sécuritaire ne pourra cependant être satisfaite qu'en réduisant les libertés individuelles et collectives. En témoigne la place croissante des mesures d'information, de prévention mais aussi de répression mises en place contre l'alcoolisme, le tabagisme, la vitesse au volant, la commercialisation de produits alimentaires susceptibles de favoriser l'obésité ou l'apparition de certaines maladies. L'évolution du modèle démocratique devra prendre en compte les attentes exprimées par les citoyens. Mais elle devra en même temps préserver la recherche et l'innovation, qui sont sans doute des facteurs de risques mais aussi les conditions du progrès et de l'adaptation des sociétés, comme leur histoire en témoigne depuis des millénaires.

La démocratie française ne pourra, dans ce nouveau contexte, faire l'économie d'une réflexion, peut-être d'une refondation. Elle devra instaurer de nouvelles règles sociales. Celles-ci ne devront pas être trop contraignantes, au risque d'être privatives de liberté individuelle et contraires au processus d'autonomie engagé. Elles ne sauraient à l'inverse être trop libérales ou laxistes, car elles entraîneraient alors une nouvelle montée des risques et des peurs.

TRAVAIL

LA POPULATION ACTIVE

IMAGE DU TRAVAIL

La conception du travail a été longtemps « religieuse »...

Le travail constitue l'un des principes fondateurs de la civilisation judéo-chrétienne : « Tu gagneras ta vie à la sueur de ton front... ». Il a longtemps été placé au centre de la société, déterminant à la fois son fonctionnement et ses structures. De ce fait, il était aussi au cœur de la vie de chaque individu, indiquant sa « situation », c'est-à-dire son appartenance à une classe sociale, laquelle était en principe fortement indicative de son niveau de revenu, de son mode de vie et de son système de valeurs.

Selon cette conception, le travail est considéré comme une part essentielle et inéluctable du destin individuel, mais aussi comme un devoir à l'égard de la collectivité, de la famille et de soi-même. Ce n'est qu'après avoir effectué son labeur quotidien que l'on peut s'accorder un repos mérité, éventuellement un peu de loisirs. Dans sa dimension « religieuse », le rôle du travail est au fond, pour chaque chrétien, d'assumer le péché originel et de racheter les fautes de ses lointains ancêtres. L'intérêt qu'il lui porte est donc relativement secondaire ; il suffit à chacun d'effectuer avec application les tâches qui lui sont confiées, sans chercher à sortir de sa condition : « Fais énergiquement ta longue et lourde tâche dans laquelle le sort a voulu t'appeler... » (Vigny).

Cette conception du travail est peu présente aujourd'hui. Elle concerne encore des actifs âgés et des catholiques pratiquants ; mais les premiers s'éloignent peu à peu de la vie professionnelle et le nombre des seconds est en forte diminution (p. 253). Elle est en tout cas de moins en moins présente chez les plus jeunes, qui considèrent que l'existence ne peut être seulement fondée sur le travail.

LA TORTURE DU TRAVAIL

Le travail a été longtemps considéré comme une punition, voire une malédiction. Le paradis terrestre, d'où Adam et Ève furent chassés, se caractérisait notamment par le fait qu'on n'était pas obligé d'y travailler. L'origine latine du verbe travailler, *tripaliare*, signifie « torturer avec un *trepalium* », instrument à trois pieux utilisé pour ferrer les bœufs. Condition de la « richesse des nations » selon l'économiste Adam Smith, mais aussi de celle des individus, le travail symbolisait pour Marx l'exploitation de l'homme par l'homme et constituait la cause de son aliénation. Cette vision a été renforcée par la division du travail qui s'est opérée tout au long du XXe siècle, afin de le rendre plus productif.

Pourtant, le rapport au travail a longtemps eu un caractère affectif, lié au partage de valeurs et de pratiques (culture d'entreprise), au sentiment de participer à une œuvre collective. Il reste l'un des lieux principaux

... puis « sécuritaire » avec l'arrivée de la crise...

La transformation du rapport au travail s'est amorcée vers le milieu des années 60, avec la mise en cause explicite du travail-obligation et la revendication d'une liberté individuelle qui s'accommode mal des contraintes liées à la vie professionnelle. Mais cette évolution des mentalités a été mise entre parenthèses pendant les années de de la sociabilité, en complément de la famille, et demeure le « grand intégrateur » décrit par Durkheim. Mais la crise économique, la contrainte d'efficacité qui en est résultée, les fusions-absorptions d'entreprises et la mondialisation ont mis en évidence la précarité de l'emploi.

Il apparaît aujourd'hui plus difficile de construire son identité et de se réaliser par le travail. Cette évolution est aussi la conséquence des mutations de l'emploi du temps de la vie, qui ont donné une place prépondérante au loisir (temps choisi) par rapport au travail (temps subi). Il reste donc à inventer ou réinventer des formes d'épanouissement personnel et d'implication sociale susceptibles de remplacer ou de compléter le travail. Elles passent sans doute par une redéfinition du statut de salarié et une remise à plat du traitement de la « ressource humaine » dans les entreprises, dans le sens du développement personnel. En attendant peut-être la déclaration d'un droit au non-travail, qui annoncerait la fin de la malédiction.

crise économique. On a vu alors se développer une attitude de crainte, notamment dans les catégories sociales les plus vulnérables au chômage pour des raisons diverses : manque de formation ; charges de famille ; emploi situé dans une région sinistrée ; entreprise ou secteur d'activité menacés.

La crainte croissante de perdre son emploi a ainsi donné lieu pendant les années 80 à une conception « sécuritaire » du travail. Les personnes concernées s'accrochaient à leur poste pour éviter de le perdre et d'en subir les conséquences sur leur vie personnelle, familiale et sociale. Le travail était alors essentiellement un moyen de gagner sa vie et de ne pas entrer dans la spirale du malheur. Cette conception n'a pas disparu avec les années 90. Elle concerne encore de nombreux actifs pour qui l'argent ne fait sans doute pas le bonheur, mais fournit au moins la possibilité de consommer et d'exister socialement en se procurant des biens matériels. Les motivations spirituelles du travail ont disparu, essentiellement au profit des attentes pratiques.

... et « aventurière » lors de la parenthèse de la « nouvelle économie ».

Les idées de Mai 68 ne se sont pas évanouies avec la crise économique. Elles sont restées présentes dans les mentalités, même si elles s'exprimaient moins fortement dans un contexte social devenu incertain. Cette rémanence explique la frustration ressentie par beaucoup d'actifs obligés d'effectuer un travail dans des conditions qui ne les satisfaisaient pas, en acceptant des contraintes qui leur paraissaient incompatibles avec la liberté individuelle qu'ils revendiquaient.

La sensation collective d'une sortie de crise, à partir de fin 1998, a incité les Français à se montrer plus exigeants dans leur vie professionnelle. Cette évolution a été particulièrement apparente chez les jeunes, qui n'entretiennent pas aujourd'hui la même relation au travail et à l'entreprise que leurs parents. S'ils attachent une grande importance au montant de leur salaire, la nature des tâches qu'ils effectuent et la satisfaction qu'ils en retirent jouent un rôle croissant. Ainsi, le cadre professionnel et l'ambiance de travail avec les collègues et la hiérarchie sont des éléments auxquels ils sont de plus en plus sensibles.

La création des *start-up*, entreprises basées sur les nouvelles technologies, a fait croire pendant une courte période (1998 à 2001) que le monde était entré dans une « nouvelle économie » dont les règles n'avaient plus rien à voir avec celles de l'ancienne. Cette idée a aussi donné naissance à une conception originale du travail, fondée sur l'aventure personnelle. Les fondateurs et les salariés des entreprises concernées ont eu le sentiment exaltant de participer à la construction d'un nouveau monde, de défricher des terres inconnues.

Pour ces mutants de l'économie, il devenait possible de créer et de réaliser quelque chose par soi-même, tout en s'enrichissant très rapidement. La contrepartie était une disponibilité et une mobilité accrues, peu compatibles avec les contraintes administratives et les réglementations du travail, notamment la contrainte des 35 heures hebdomadaires. Mais la nouvelle économie (dans cette version initiale) a fait long feu, et le retour aux règles de l'ancienne a remis en vigueur d'autres conceptions du travail.

La relation au travail est devenue « schizophrène ».

Le taux de satisfaction des Français au travail apparaît globalement élevé. En décembre 2005 (*Challenges*/CSA), 81 % des actifs occupés se déclaraient heureux dans leur travail, 16 % seulement « pas heureux » (11 % en 2003). Interrogés dans une autre étude sur les mots qu'ils associaient spontanément à leur travail, 49 % évoquaient d'abord l'intérêt, 42 % le plaisir, 39 % le dynamisme ; seuls 8 % citaient le mot corvée, 5 % l'ennui, 4 % la souffrance (Enjeux du quotidien/Sofres, mai 2005).

La relation au travail des Français est cependant complexe et ambiguë. D'abord, le taux de satisfaction tend à diminuer ; il était de 89 % dans l'enquête de juillet 2003 (avec la même formulation de la question). La diminution concerne en particulier la fonction publique et les cadres. Les jeunes apparaissent moins motivés ; beaucoup d'actifs d'âge mûr disent attendre la retraite avec impatience. On note également que, pour qualifier leur travail, 32 % des Français choisissent le mot stress, ce qui est révélateur de difficultés dans la vie professionnelle. Surtout, beaucoup considèrent que le travail a perdu de sa valeur. 65 % estiment que l'on devrait lui donner plus d'importance qu'au temps libre (contre 59 % des Européens, Euro-RSCG/Sofres, 2005). Si 28 % estiment que l'on travaille trop aujourd'hui dans la société française, 56 % pensent au contraire que l'on ne travaille pas assez.

L'évolution de l'environnement social, économique et technologique et le niveau élevé du chômage ont donc modifié l'image du travail dans la société, dans le sens d'un renforcement des inquiétudes pour l'avenir. Malgré les difficultés dans l'obtention d'un emploi, ou plus probablement à cause d'elles, le travail reste une valeur importante pour les Français. Il est la clé de l'indépendance financière et familiale, et contribue largement à l'existence sociale. Les femmes se montrent souvent les plus exigeantes, car l'activité est pour elles un moyen plus récent de satisfaire des ambitions personnelles.

Les Français rêvent d'harmonie entre vie professionnelle et personnelle.

Le désir de s'épanouir dans sa vie professionnelle est fort, mais la majorité des Français considèrent qu'il ne doit pas venir en contradiction avec la réussite de la vie familiale, amicale, personnelle. 49 % déclarent s'impliquer dans leur vie professionnelle mais avouent donner la priorité à leur vie personnelle (pour 41 %, les deux comptent autant) ; seuls 8 % disent faire passer leur travail avant tout ou presque (Enjeux du quotidien/Sofres, mai 2005). Parmi les éléments les plus importants lorsqu'on a un travail, 45 % citent d'abord la sécurité de l'emploi, devant l'intérêt du métier (42 %), l'ambiance (37 %) et même le niveau de rémunération (27 %).

Les attentes de type qualitatif tendent à s'accroître. La compétition et le stress sont plus mal acceptés. Le secteur d'activité et l'engagement de l'employeur dans son environnement prennent aussi une place croissante. La grande entreprise, lieu de prédilection des « jeunes loups » des années 60, n'est plus le terrain d'expression favori de leurs ambitions professionnelles. Les petites structures dynamiques, qui autorisent une plus grande autonomie, ont les faveurs des jeunes, diplômés ou sortis prématurément du système scolaire. Il en est de même de la fonction publique, qui attire beaucoup de jeunes (avec l'assentiment de leurs parents) par la sécurité qu'elle offre à ses titulaires.

Il ne faudrait pas en conclure que les Français rêvent d'une activité professionnelle en forme de loisir. Si le travail reste pour eux un moyen de gagner

Conflit du travail

« Est-ce que votre vie de travail vient en conflit avec votre vie personnelle ? » *(2005, en % des actifs occupés)*

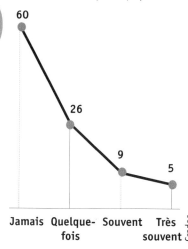

Jamais Quelque- Souvent Très
        fois   souvent

Credoc

sa vie, il est aussi un moyen important de se réaliser, pour 9 % seulement un plaisir. Mais ces chiffres cachent des attentes profondes et personnelles qui sont difficiles à exprimer, donc à satisfaire par les entreprises : ambiance ; dépassement de soi ; sentiment d'appartenance à un groupe, etc.

La loi sur les 35 heures a modifié la relation au travail...

La mise en place de la RTT (réduction du temps de travail) a été l'occasion d'un débat sur la place du travail dans la vie individuelle et la vie collective. En même temps qu'elle se proposait d'apporter une réponse au chômage en « partageant » le travail, elle a mis en lumière la demande d'un meilleur équilibre entre métier, famille et loisirs. Elle a accéléré un processus engagé depuis plus d'un siècle de réduction de la durée du travail, de sorte que celui-

ci ne représente plus qu'une faible fraction du temps de vie disponible (p. 93). Mais elle a renforcé dans l'opinion l'idée que le progrès social va de pair avec la diminution de la place accordée à la vie professionnelle. Il est révélateur que, malgré les avantages objectifs importants qu'elle a représentés pour ceux qui en bénéficient (travailler moins pour un salaire de base égal), une part non négligeable des Français restent réservés sur l'opportunité de cette mesure (voir ci-après).

Le principal reproche qu'ils lui adressent est de ne pas avoir tenu sa promesse de lutter contre le chômage en partageant l'emploi. Les études réalisées montrent en effet que la création d'emplois a été plus réduite que prévue et souhaitée : 350 000 selon l'INSEE entre 1998 et 2002, beaucoup moins selon d'autres sources. On peut en tout cas regretter que la loi n'ait pas pris en compte un mouvement majeur de la société : l'individualisation des modes de vie (p. 241). En imposant à chaque salarié la même durée de travail, elle a ignoré les souhaits très différenciés entre les actifs qui ont envie (ou besoin) de travailler plus et ceux qui considèrent le travail comme une malédiction (voir encadré). Ils varient en effet selon les personnes, mais aussi pour une même personne selon les moments de sa vie.

... et accru les inégalités entre les actifs.

Le passage aux 35 heures a engendré ou accru des inégalités entre les actifs. Certains bénéficient de la réduction de façon quotidienne, d'autres sur une base hebdomadaire, mensuelle ou annuelle. Certains salariés peuvent compter leurs heures, d'autres ne le peuvent pas, tels les commerciaux. Les salariés des petites entreprises, qu'une application stricte de la loi mettrait en grande dif-

Satisfactions, inquiétudes et Frustrations

59 % des salariés du secteur privé ou public estiment que leur travail a évolué au cours des dernières années et qu'ils n'ont pas eu de difficultés d'adaptation, 15 % qu'ils ont eu quelques difficultés d'adaptation ; 29 % considèrent que leur travail n'a pas évolué. 74 % affirment que leurs compétences sont bien utilisées (mais 26 % non) et 66 % que leur entreprise leur permet de se perfectionner et de progresser (34 % non) ; seuls 50 % pensent qu'ils ont de réelles perspectives d'évolution (50 % non).

S'ils perdaient leur emploi actuel, 10 % considèrent qu'en retrouver un au moins équivalent serait pour eux impossible, 42 % plutôt difficile, 37 % plutôt facile, 9 % très facile. Les obstacles principaux cités à titre personnel pour la recherche d'emploi sont le manque de connaissance d'une langue étrangère (43 %), l'âge (41 %) et le manque d'opportunités dans la région (37 %), le manque de connaissance de l'informatique (24 %). Dans les prochaines années, 24 % envisagent de changer d'employeur, 20 % de métier, 15 % de créer une entreprise, 10 % seront retraités ; 49 % n'envisagent pas de changer.

L'Express/BVA, mars 2005

ficulté, n'ont pas eu les mêmes avantages que ceux des grandes. L'inégalité s'est enfin accrue entre les « salariés à la petite semaine » et les non-salariés (agriculteurs, commerçants, professions libérales), qui continuent de travailler beaucoup plus de 35 heures par semaine.

C'est sans doute en partie pour toutes ces raisons que 56 % des Français estiment que l'on ne travaille pas

Travailler pour s'enrichir...

« D'une manière générale, diriez-vous que votre motivation dans le travail est avant tout...? » (question posée aux actifs occupés et aux demandeurs d'emploi et inactifs) plusieurs réponses possibles, en %

	Actifs occupés	Demandeurs d'emploi et inactifs
... de gagner de l'argent	61	80
... de vous épanouir	55	32
... d'acquérir des connaissances et des savoir-faire	33	27
... de rencontrer d'autres personnes	31	19
- rien de cela (réponse spontanée)	1	4
- ne se prononcent pas	1	1

Le Parisien-Aujourd'hui en France/CSA, février 2006

assez dans la société française, contre 28 % « trop » et 10 % « juste comme il faut » (Les enjeux du quotidien/Sofres, avril 2005). Les plus convaincus de cette insuffisance de travail sont les personnes dont les revenus annuels du foyer sont supérieurs à 60 000 € (69 %), les plus de 60 ans (68 %), les hommes (59 %), les cadres (59 %), les habitants des régions Franche-Comté, Basse-Normandie, Centre et PACA (plus de 60 %), les salariés du privé (59 %). Les plus nombreux à penser que l'on travaille trop, bien que toujours minoritaires, sont les étudiants (41 %), les 15-34 ans (37 %), les salariés du secteur public (33 %), les habitants de la région parisienne (32 %) et les femmes (30 %). On n'est pas surpris de constater que si on leur demande de choisir entre une amélioration de leurs conditions de rémunération et une réduction de leur temps de travail, sous forme par exemple de jours de congés supplémentaires, les Français se prononcent massivement en faveur de la première solution : 63 % contre 35 % pour une nouvelle réduction de travail.

Activité

Seuls quatre Français sur dix travaillent.

La population active occupée (salariés et non-salariés, hors chômeurs) comprenait 24,9 millions de personnes en 2005, soit 41 % de la population nationale. Cela signifie que six Français sur dix (59 %) ne travaillent pas, dans le sens où ils n'ont pas d'activité professionnelle effective rémunérée. Ils sont enfants, étudiants, chômeurs, inactifs, retraités ou préretraités. Ils ne contribuent pas à l'accroissement de la richesse nationale, mais vivent au contraire des revenus qui leur sont versés par la collectivité sous des formes diverses (même s'ils ne font pour certains que « récupérer leur mise » comme c'est le cas des retraités).

La proportion d'inactifs s'est beaucoup accrue au cours des dernières décennies. Le travail commence en effet plus tard, du fait de l'allongement de la scolarité : seuls 24 % des 15-24 ans occupaient un emploi en 2005 contre 32 % en 1993. La période active se termine aussi plus tôt : l'âge légal de départ à la retraite est fixé à 60 ans depuis 1981, mais l'âge moyen de cessation d'activité se situe vers 58 ans. Il sera de fait repoussé au cours des prochaines années par les dispositions de la réforme de 2003. En attendant, la proportion d'actifs parmi la population de 15 ans et plus n'est que de 49,8 %.

Cette faible proportion de personnes en activité est l'une des caractéristiques de la France par rapport aux autres pays développés. Le taux d'emploi des personnes de 15 à 64 ans est de 63 % alors qu'il atteint 76 % au Danemark, 73 % aux Pays-Bas, 72 % en Suède et au Royaume-Uni. Les taux les plus faibles sont ceux de la Pologne (52 %), de Malte (54 %) et de la Hongrie (57 %). Il est particulièrement peu élevé en France en ce qui concerne les 55-64 ans : 37 % contre 42 % en moyenne dans l'Union européenne (69 % en Suède, 51 % en Finlande). Il est de 65 % au Japon.

La durée de la vie active a diminué de onze ans depuis les années 60.

Entre 1911 et 1968, la proportion d'actifs dans l'ensemble de la population avait diminué d'un cinquième. Cette évolution était liée au vieillissement de la population, à l'allongement de la scolarité, à l'avancement de l'âge moyen de départ à la retraite et à la réduction de l'activité féminine. Le taux d'activité est ensuite remonté à cause de la chute de la fécondité, de l'arrivée sur le marché du travail des générations nombreuses du baby-boom et des flux d'immigration importants jusqu'en 1974, en provenance principalement des pays du Maghreb. Mais c'est la montée de l'acti-

Entrée tardive, sortie précoce

Évolution des taux d'activité selon l'âge et le sexe (en % de la population concernée)

	2002	2003	2004	2005
Hommes	62,7	62,5	62,0	61,7
– 15-24 ans	37,2	38,3	37,8	37,3
– 25-29 ans	91,1	90,2	90,8	90,9
– 30-54 ans	94,7	94,4	94,3	94,3
– 55-64 ans	46,8	48,2	47,9	47,1
– 15-64 ans	75,3	75,3	74,9	74,5
– 65 ans et plus	2,0	1,9	1,8	1,7
Femmes	48,6	49,0	49,2	49,3
– 15-24 ans	29,7	30,4	30,3	29,9
– 25-29 ans	78,4	78,8	77,9	78,0
– 30-54 ans	79,1	79,9	80,7	81,2
– 55-64 ans	37,4	38,6	39,8	40,2
– 15-64 ans	62,9	63,4	63,8	63,8
– 65 ans et plus	0,9	0,9	0,9	0,9
Ensemble	55,3	55,5	55,4	55,2
dont 15-64 ans	69,1	69,3	69,3	69,1

vité féminine qui explique le mieux l'accroissement du taux d'activité global. En 2005, 49 % des femmes de 15 ans et plus étaient actives. Il faut cependant noter que ce taux reste inférieur au maximum de 52 % observé en 1921, dans d'autres conditions (le début de l'activité était beaucoup plus précoce et un grand nombre de femmes étaient agricultrices).

Les jeunes entrent aujourd'hui dans la vie active en moyenne à plus de 22 ans, contre 18 ans en 1969. La sortie se fait environ sept ans plus tôt qu'à la fin des années 60. Cela signifie que la durée moyenne de la vie active a diminué de onze ans en un peu plus de trois décennies. Entre 55 et 59 ans, moins de deux Français sur trois (65 %) exercent une activité professionnelle, contre 83 % en 1970. Entre 1990 et 2002, 500 000 personnes ont en outre bénéficié de mesures de retraite anticipée. Entre 60 et 64 ans, seuls 17 %

des hommes et 15 % des femmes sont occupés.

Au prétexte de rechercher le « sang neuf » et la créativité des jeunes, mais aussi parce qu'elles pouvaient leur offrir des salaires inférieurs, les entreprises françaises ont donc un peu oublié les « anciens ». Si leur souci de proposer des « plans de carrière » et d'identifier au plus tôt les « collaborateurs à fort potentiel » est légitime, la compétence et l'expérience des « quinquas » méritent d'être utilisées. D'autant que l'allongement de la vie s'est accompagné d'une amélioration de l'état physique et mental à ces âges (p. 36). L'apport des quinquagénaires est aussi utile pour assurer l'intégration des jeunes dans l'entreprise et maintenir le lien entre les générations de salariés.

● **Le taux d'activité des femmes de 50 ans et plus est de 53 %.**

2006 marque le début de la diminution de la population active.

À partir de 2006, 630 000 baby-boomers (nés après la Seconde Guerre mondiale) arriveront à l'âge de la retraite chaque année et devraient quitter le marché du travail, soit 100 000 de plus que les années précédentes. Sans autre changement démographique majeur, le nombre d'actifs (près de 28 millions début 2006) devrait donc diminuer. Le mouvement devrait être particulièrement fort dans la fonction publique : entre 2006 et 2015, 1,3 million de fonctionnaires de l'État, des collectivités locales et du secteur hospitalier vont cesser leur activité, en tenant compte de la réforme de 2003 et de la décentralisation publique. Les conséquences prévisibles sont à la fois une baisse mécanique du chômage et une difficulté à pourvoir les postes vacants dans certains domaines : ouvriers qualifiés, techniciens administratifs, assistantes maternelles, aides aux personnes âgées, informaticiens...

Cependant, le choc démographique ne sera sans doute pas aussi apparent qu'annoncé. Du fait de l'allongement de la vie active prévue dans la réforme des retraites de 2003, le nombre d'actifs devrait continuer d'augmenter jusqu'en 2015 pour diminuer ensuite progressivement. Par ailleurs, cette évolution pourrait faire revenir sur le marché de l'emploi des personnes qui s'en étaient retirées. Par ailleurs, des entreprises pourraient profiter de la baisse des demandes pour réaliser des efforts de productivité et maintenir leurs effectifs plutôt que de les augmenter. Les effets de l'évolution démographique sur la courbe du chômage seraient alors limités, au moins jusqu'en 2015. L'effet de l'augmentation récente de la natalité (p. 123) ne devrait se faire sentir qu'à partir de 2015. Une évolution de l'immigration aurait en revanche des incidences immédiates. La généralisation de la scolarité à bac + 2 ferait diminuer encore plus sensiblement la population active. À l'inverse, le recul de cinq ans de l'âge effectif de départ à la retraite (de 58 à 63 ans) la fera augmenter.

Les perspectives d'évolution diffèrent en Europe selon les pays. La population active de l'Italie diminue depuis 1999, celle de l'Allemagne depuis 2001, celle du Danemark depuis 2003, celle de l'Autriche depuis 2004. La Finlande est concernée à partir de 2006, l'Espagne devrait l'être dès 2007, la Grèce en 2009, le Portugal en 2010, la Belgique, le Royaume-Uni et les Pays-Bas en 2011, l'Irlande en 2014, la Suède en 2015, le Luxembourg en 2023.

Les femmes représentent près de la moitié de la population active...

L'accroissement du travail féminin est l'une des données majeures de l'évolution sociale de ces quarante dernières années. Entre 1960 et 1990, le nombre des femmes actives avait augmenté de 4,3 millions, contre seulement 900 000 pour les hommes. L'écart a continué de se combler au cours des années 90, de sorte que les femmes représentaient 46 % de la population active en 2005, contre 35 % en 1968. Il continue de le faire à tous les âges, sauf entre 25 et 30 ans. Le taux d'activité des hommes a dans le même temps diminué, de sorte que les situations des deux sexes se rapprochent. Seules 20 % des femmes de 30 à 54 ans n'ont pas d'activité professionnelle et n'en cherchent pas.

Le taux d'activité des femmes de 15 ans et plus est cependant comparable à ce qu'il était au début du siècle. Il avait fortement baissé jusqu'à la fin des années 60 (39 % en 1970) sous l'effet de l'évolution démographique. Neuf femmes sur dix âgées de 25 à 49 ans sont aujourd'hui actives, contre quatre en 1962. La France est l'un des pays de l'Union européenne où l'écart entre les taux d'emploi masculin et féminin est le plus faible : 11,5 points contre 15,1 en moyenne dans les vingt-cinq pays membres (2004).

Le travail rémunéré a permis aux femmes d'accéder à l'autonomie, de s'épanouir et de participer à la vie économique. La diminution du nombre des mariages, l'accroissement du nombre des femmes seules (avec ou sans enfants), la sécurité ou la nécessité pour un couple de disposer de deux salaires sont d'autres causes de cette évolution. Le couple biactif est ainsi devenu la norme ; on le trouve aujourd'hui dans les deux tiers des ménages. Par ailleurs, les changements apparus dans la nature des emplois, notamment de services, ont été favorables à l'insertion des femmes. Il en est de même du développement du travail à temps partiel.

... mais elles n'ont pas les mêmes carrières que les hommes.

Les femmes n'ont la possibilité de pratiquer une activité professionnelle sans le consentement de leur mari que depuis 1965. Le congé de maternité indemnisé date de 1971 et la première loi sur l'égalité professionnelle, de 1983. Elle a été suivie en 1986 de la féminisation des noms de métiers, en 1992 de la loi sur le harcèlement sexuel. Malgré l'arsenal juridique mis en place, les écarts restent importants. Les femmes sont très largement majoritaires parmi les employés (77 % en 2005), mais ne représentent que 36 % des cadres et professions intellectuelles supérieures (24 % en 1982).

269

Elles n'occupent que 17 % des postes de direction (7 % dans les entreprises de plus de 500 personnes), 6 % de ceux des comités de direction. Seule une entreprise de plus de 10 salariés sur cinq est dirigée par une femme, et la proportion diminue avec la taille. L'écart est un peu moins spectaculaire dans la fonction publique : celle d'État compte 13 % de femmes dans des postes de directeur, sous-directeur ou chef de service. À l'Université, elles ne représentent que 34 % des effectifs des enseignants et chercheurs, et 12 % de ceux de professeurs de première classe. Bien que l'écart se réduise, leur taux de chômage reste également supérieur à celui des hommes : 10,8 % contre 9,0 % en 2005.

La France reste moins égalitaire en matière professionnelle que de nombreux pays développés. On trouve ainsi seulement 6 % de femmes dans les conseils d'administration des 200 plus grandes entreprises nationales, contre 8 % en moyenne dans les pays de l'Union (et 14 % dans les 500 plus grandes américaines). Dans les fonctions politiques, la proportion de femmes est également réduite : 11 % parmi les maires des communes de moins de 3 500 habitants, 7 % dans les autres. Les femmes représentent 5 % des préfets, 7 % des trésoriers-payeurs généraux, 10 % des ambassadeurs.

Enfin, l'écart de salaire entre les sexes est de l'ordre d'un quart, au détriment des femmes. Il s'explique en partie par les différences dans les fonctions et les responsabilités exercées, ainsi que dans l'ancienneté dans un poste. Il devrait continuer de se réduire, du fait notamment d'un niveau d'éducation féminin de plus en plus élevé et supérieur en moyenne à celui des hommes. Les femmes représentent 54 % des bacheliers et 56 % des étudiants entrant dans l'enseignement supérieur.

4,3 millions d'actifs travaillent à temps partiel, dont 82 % de femmes.

D'après la définition retenue par l'INSEE, le temps partiel concerne les salariés dont la durée de travail mensuelle est inférieure d'au moins un cinquième à la durée légale, soit au maximum 31 heures hebdomadaires. La durée moyenne effective était d'environ 23 heures par semaine en 2005. La proportion de salariés travaillant à temps partiel s'était accrue dans les années 80. Elle a continué en 2005, avec une augmentation de 167 000 postes de ce type. 17,2 % des actifs ayant un emploi travaillaient à temps partiel contre 16,6 % en 2004. Parmi les 4 285 000 personnes concernées, 1,3 million (30 %) souhaiteraient travailler davantage, soit 40 000 de plus qu'en 2004. La part du sous-emploi au sein de l'emploi à temps partiel (personnes souhaitant travailler davantage et personnes ayant involontairement travaillé moins que d'habitude, pour cause de chômage partiel par exemple, qu'elles soient employées à temps plein ou à temps partiel) a diminué légèrement : 28,7 % contre 29,1 %.

La proportion de femmes est près de six fois supérieure à celle des hommes : 30 % contre 5,5 %. Elles représentent ainsi 82 % des salariés à temps partiel. La France reste en retrait par rapport aux pays du nord de l'Europe ; plus de deux femmes sur trois travaillent à temps partiel aux Pays-Bas, près d'une sur deux au Royaume-Uni, mais environ une sur dix en Grèce, en Italie et au Portugal. Un tiers des salariés des petites entreprises (moins de 10 employés) sont dans cette situation, soit davantage que dans les plus grandes. Près de 30 % des agents des collectivités territoriales travaillent à temps partiel, mais seulement 11 % dans la fonction

Les femmes et le Nord à temps partiel

Proportions de salariés travaillant à temps partiel dans l'Union européenne, par sexe (2004, en %)

	H	F
Allemagne	6,1	40,8
Autriche	4,8	38,0
Belgique	6,9	40,5
Chypre	4,7	13,4
Danemark	12,4	33,3
Espagne	2,9	17,7
Estonie	6,1	9,4
Finlande	9,4	19,7
FRANCE	5,5	30,3
Grèce	2,2	8,5
Hongrie	3,3	6,4
Irlande	5,9	31,4
Italie	4,8	25,2
Lettonie	8,2	14,1
Lituanie	6,0	10,1
Luxembourg	2,4	40,2
Malte	3,8	20,6
Pays-Bas	22,7	74,6
Pologne	8,4	14,5
Portugal	7,3	16,5
Rép. tchèque	2,2	8,3
Royaume-Uni	10,2	43,0
Slovaquie	1,3	4,2
Slovénie	7,6	10,3
Suède	12,4	36,9

publique d'État. Il faut noter cependant que plus des deux tiers des salariés concernés (70 %) ne souhaitent pas travailler davantage.

7 millions d'actifs sont en situation de précarité.

Depuis le début des années 80, le modèle traditionnel de l'activité professionnelle (un emploi stable à plein-temps) a laissé place à des formes plus complexes, plus souples et moins stables, qui concernent aujourd'hui plus de 3 millions de salariés. Un tiers des nouvelles embauches dans les entreprises de plus de 50 salariés fait l'objet de contrats à durée déterminée, un tiers concerne un emploi à temps partiel.

Parmi les 22,2 millions de salariés occupés en 2005, 1,7 million occupaient des emplois à durée limitée, 430 000 bénéficiaient de contrats aidés par l'État (contrats emploi solidarité, stages de formation professionnelle...). 550 000 étaient intérimaires et 340 000 apprentis. Les femmes, les jeunes et les personnes peu qualifiées sont les plus concernés. Un jeune de 15 à 29 ans sur trois occupe un emploi temporaire, et un sur quatre travaille dans un secteur à forte mobilité comme le commerce, les industries agricoles et agroalimentaires ou les services aux entreprises (notamment l'intérim). On estime que seul un emploi précaire sur cinq se transforme en contrat à durée indéterminée.

On pourrait ajouter à ces 3 millions les quelque 1,3 million d'emplois à temps partiel concernant des personnes qui souhaiteraient travailler davantage ou à temps plein, ou qui ont (involontairement) travaillé moins que d'habitude ; cette situation concerne deux fois plus fréquemment des hommes que des femmes. En incluant les 2,7 millions de chômeurs, ce sont donc au total 7 millions de salariés qui sont soit sans emploi, soit en situation de travail précaire. Seuls 25 % d'entre eux retrouvent un emploi stable, contre 55 % aux Pays-Bas et en Irlande, 45 % au Royaume-Uni, 40 % en Allemagne, 35 % en Italie (25 % en Espagne et 10 % au Portugal).

Le recours à l'intérim s'est de nouveau accru.

On comptait 548 000 actifs intérimaires en 2005 contre 492 000 en 2004 et 477 000 en 2003. La part de l'intérim avait dépassé 1 % de la population active en 1995, puis atteint 2,5 % en 2001 (605 000 personnes), ce qui situait la France au troisième rang mondial. La courte période de croissance économique avait incité beaucoup d'entreprises à faire appel à ce type de main-d'œuvre, pour des raisons de flexibilité ou parfois pour éviter d'embaucher de nouveaux salariés. La part de l'intérim est repassée à 2,2 % en 2005.

La moitié des personnes concernées travaillent dans l'industrie, un tiers dans le secteur tertiaire, les autres dans la construction (environ 4 000 seulement dans l'agriculture). Les trois quarts occupent des postes d'ouvriers. 12 % des salariés de l'industrie de l'automobile sont intérimaires, 8 % de ceux du bâtiment, moins de 1 % seulement de ceux de l'Administration. Si environ la moitié des intérimaires effectuent plus de dix missions dans l'année, d'autres n'en obtiennent qu'une à trois, ce qui fait d'eux des travailleurs au statut très précaire. La durée moyenne des contrats est d'environ trois mois.

On observe une évolution de l'image et de l'utilisation de l'intérim chez les actifs. Ce type d'activité est moins considéré comme une voie de recours lorsqu'on ne parvient pas à trouver un travail fixe et davantage comme un mode de vie qui autorise plus de liberté et permet d'éviter la routine. Les jeunes sont les plus concernés par cet usage de l'intérim, certains d'entre eux refusant même les postes fixes qui leur sont proposés.

1,5 million de travailleurs sont étrangers.

Beaucoup d'étrangers sont arrivés en France pendant les années 60, période de prospérité économique, pour occuper des postes généralement délaissés par les Français (p. 202). Leur nombre a continué d'augmenter sous l'effet des nouvelles vagues d'immigration, mais il s'est stabilisé depuis une vingtaine d'années. Il était de 1 540 000 en 2004, soit 5,4 % de la population active totale. Six femmes immigrées sur dix (étrangères et françaises par acquisition de la nationalité) sont actives, contre quatre au début des années 80. Mais les hommes restent plus représentés que les femmes parmi les actifs : 6,5 % contre 4,6 %. Bien que leur nombre ait diminué depuis 1990, les travailleurs portugais sont les plus nombreux (près d'un quart des effectifs). Trois actifs étrangers sur dix sont des ressortissants des pays du Maghreb. Le nombre de ceux en provenance d'Afrique noire a beaucoup augmenté ; ils représentent 12 % de l'ensemble, contre 3 % en 1985. Outre les Portugais, les ressortissants de pays de l'Union européenne les mieux représentés sont les Espagnols et les Italiens (environ 160 000 au total).

En une dizaine d'années, la répartition des étrangers dans les diverses catégories professionnelles a changé : 42 % d'entre eux occupent aujourd'hui des postes d'ouvriers contre 57 % en 1990 ; 27 % des postes d'employés (contre 19 %). Mais seuls 9 % sont cadres, contre 16 % des actifs français. Les deux tiers des travailleurs étrangers sont employés dans les services. Ils sont proportionnellement les plus nombreux dans les secteurs de la

Deux millions d'« expats »

Ce sont 1,8 million de Français qui habitent à l'étranger, par décision personnelle ou envoyés par leurs employeurs. 941 000 sont installés dans les pays d'Europe occidentale, dont 216 000 au Royaume-Uni, 153 000 en Allemagne, 143 000 en Belgique, 132 000 en Suisse. 387 000 sont en Amérique du Nord, dont 271 000 aux États-Unis et 116 000 au Canada. 106 000 sont au Proche- et au Moyen-Orient, dont 70 000 en Israël et à Jérusalem, 15 000 au Liban. 104 000 sont en Asie et Océanie, dont 49 000 en Australie et 12 000 en Chine. 96 000 sont en Afrique du Nord, dont 42 000 en Algérie, 30 000 au Maroc, 23 000 en Tunisie. 90 000 sont en Amérique centrale et du Sud, dont 22 000 au Brésil, 16 000 en Argentine, 14 000 au Mexique. 87 000 sont en Afrique francophone, dont 23 000 au Sénégal, 18 000 en Côte d'Ivoire. 26 000 sont en Europe de l'Est, dont 7 000 en Pologne.

Les difficultés à trouver un premier emploi ou à créer une entreprise en France ont incité un nombre croissant de jeunes (parfois de moins jeunes) à s'installer dans d'autres pays. L'Angleterre fait ainsi depuis quelques années figure d'eldorado pour des jeunes qui y sont facilement embauchés, souvent pour des « petits boulots » qui leur permettent de vivre une expérience enrichissante et de maîtriser la langue anglaise ; on compte plus de 100 000 Français à Londres.

contexte économique défavorable. Le taux de chômage avait retrouvé au début 2004 le niveau symbolique de 10 % de la population active. Il a un peu diminué en 2005.

Les comparaisons internationales montrent que, depuis le début des

Discours sur la méthode

Les chiffres du chômage et leur comparaison dans le temps doivent être examinés avec prudence, du fait des changements qui ont eu lieu dans les modes de comptabilisation au fil des années. La baisse enregistrée au milieu des années 90 ne concernait ainsi qu'une partie de la population sans emploi, celle des demandeurs « immédiatement disponibles, à la recherche d'un emploi à durée indéterminée à temps plein ». Elle ne prenait pas en compte plusieurs catégories : personnes inscrites à l'ANPE à la recherche d'un emploi à temps partiel ou à durée déterminée ; demandeurs exerçant une activité réduite dans l'attente d'un emploi durable ; chômeurs âgés de plus de 55 ans dispensés de recherche ou chômeurs de longue durée sortis des statistiques ; jeunes n'ayant jamais travaillé et ne percevant aucune indemnité.

Le « vrai » nombre des demandeurs d'emploi (inscrits à l'ANPE) est donc supérieur à celui annoncé, probablement au-delà de 4 millions. En outre, le nombre de personnes en situation précaire atteint 7 millions (p. 271). Enfin, l'évolution du nombre des chômeurs indemnisés ne reflète pas celle du chômage, en raison des changements apparus lors de la réforme de l'Unedic (remise en cause en 2004). Plus d'un million de chômeurs ont été rayés des listes depuis 2003.

---

construction et des services aux entreprises et aux particuliers. On observe une concentration en Île-de-France, en Corse, dans la vallée du Rhône et dans la Région Provence-Alpes-Côte d'Azur. 73 % sont salariés, contre 89 % de la population active globale.

Chômage

Le chômage touche un actif sur dix.

En 2005, le taux de chômage était de 9,8 %, soit officiellement 2,7 millions de personnes concernées. Leur nombre a diminué de 150 000, mais ce chiffre s'explique moins par le nombre des créations (50 000) que par celui des emplois aidés par l'État dans le secteur public, qui a repris de la vigueur après avoir été délaissé. On observe aussi que de nombreuses radiations ont été effec-tuées sur les listes de l'ANPE, au profit souvent de celles des RMistes qui totalisent 1,2 million de personnes. Les CNE (contrats nouvelle embauche) se sont surtout substitués aux emplois à durée indéterminée et ont produit peu d'emplois nouveaux.

L'histoire du chômage est longue et douloureuse. Il a commencé à progresser à partir du milieu des années 60. Le cap des 500 000 chômeurs, atteint au début des années 70, fut considéré à l'époque comme alarmant. Le seuil symbolique du million était dépassé en 1976. Le mal gagnait encore pour toucher 1,5 million de travailleurs au début de 1981, puis 2 millions en 1983. Entre 1960 et 1985, le nombre de chômeurs était multiplié par dix. Entre 1985 et 1990, il se stabilisait avant de reprendre sa croissance. Le cap des 3 millions était officiellement franchi en 1993. La hausse s'est poursuivie au cours des années 90 jusqu'à l'embellie économique de 1998. Une rechute s'est produite depuis 2001, dans un

années 90, la France a moins bien réussi à préserver l'emploi que ses partenaires de l'Union européenne (à quinze). En 2005, son taux de chômage (9,5 % standardisé) la situait au deuxième rang, derrière la Grèce (11 %). Parmi les dix pays entrés dans l'Union en mai 2004, deux seulement ont des taux plus élevés : Pologne (18 %) et République slovaque (16 %).

Une légère inflexion

Évolution du nombre de chômeurs (en milliers) et du taux de chômage (en % de la population active)

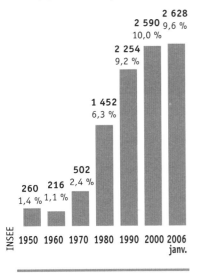

INSEE

sont concernés. Le taux de chômage est deux fois plus élevé chez les couples biactifs (16 %) que parmi les monoactifs (8 %) ; il touche encore davantage les familles monoparentales (18 %). Dans les couples monoactifs où la personne active a perdu son emploi, il est de plus en plus fréquent que l'autre se mette à en chercher un. Ce comportement fait baisser mécaniquement la proportion de couples avec un seul actif au chômage. Près de la moitié des ménages dont un membre est au chômage sont dans cette situation depuis au moins un an, soit près d'un million de ménages.

Au cours des dix dernières années, plus d'un actif sur trois a connu le chômage, un sur quatre pendant les trois dernières, un sur dix au cours des douze derniers mois. La proportion est encore plus élevée (environ une personne sur six sur un an) si l'on exclut du nombre total d'actifs les 6 millions de fonctionnaires ou assimilés qui bénéficient de la garantie de l'emploi.

Les jeunes sont plus touchés.

Le taux de chômage des 15-29 ans était de 17 % en 2005 : 16,6 % pour les hommes et 18,1 % pour les femmes. Mais ces chiffres ne sont pas représentatifs de la situation de l'ensemble des jeunes de cet âge, compte tenu du fait que la grande majorité ne sont pas à la recherche d'un emploi. Une part importante des jeunes chômeurs ont eu une scolarité courte et une qualification faible, ce qui explique leur difficulté à trouver un emploi (voir ci-après).

Le taux de chômage diminue sensiblement à partir de 30 ans ; il est de 8,3 % entre 30 et 49 ans et il est de 6,7 % pour les actifs de 50 ans et plus. Mais le taux mesuré dans cette dernière tranche est faussé par le nombre important des préretraites et le fait qu'un

Un ménage sur sept compte au moins un chômeur.

Si la proportion officielle de chômeurs dans la population active est d'environ un actif sur dix, celle des ménages touchés par le chômage de l'un au moins de ses membres est supérieure, à plus de 15 %. Dans plus de 100 000 cas, les deux membres du couple sont au chômage. Dans 110 000 ménages, un adulte et un enfant en âge de travailler

Le mal français

Taux de chômage dans les pays de l'Union européenne, aux États-Unis et au Japon (2005, en % de la population active)

Allemagne	9,4
Autriche	5,2
Belgique	8,4
Chypre	6,1
Danemark	4,9
Espagne	9,2
Estonie	7,5
Finlande	8,3
FRANCE	9,5
Grèce	10,5
Hongrie	7,1
Irlande	4,3
Italie	8,0
Lettonie	9,0
Lituanie	8,2
Luxembourg	5,3
Malte	8,0
Pays-Bas	4,7
Pologne	17,9
Portugal	7,5
Rép. tchèque	8,0
Royaume-Uni	4,6
Slovaquie	16,5
Slovénie	5,8
Suède	6,3
Europe des 25	8,7
États-Unis	5,1
Japon	4,7

OCDE

Le miroir du CPE

Le sociodrame qui s'est produit au premier trimestre 2006 à l'occasion de la création du CPE (contrat nouvelle embauche) par le gouvernement a été l'illustration éclatante d'un certain nombre de difficultés nationales. La première est l'inquiétante incapacité, malheureusement fréquente, à observer la réalité à travers les faits disponibles. Les présupposés à l'origine du nouveau contrat étaient en effet erronés. Le taux de chômage des 15-24 ans n'est pas comme beaucoup l'ont indiqué de 24 %, car près des trois quarts des jeunes de cette tranche d'âge sont scolarisés et ne cherchent pas un emploi. 600 000 jeunes étaient réellement au chômage début 2006, sur 7,8 millions de personnes, ce qui représente un taux de 7,8 %, un peu inférieur à la moyenne de l'Union européenne (8,2 %). L'autre argument avancé pour le CPE était la durée nécessaire pour obtenir un contrat en CDI après la sortie de l'école. Le chiffre indiqué, environ dix ans, n'est pas non plus conforme à la réalité : trois ans après leur sortie,

71 % des jeunes sont en CDI. Mais très peu, tant parmi les partisans que parmi les opposants au CPE, semblent avoir été informés de ces erreurs d'analyse fondamentales.

Un autre élément mis en lumière par cet épisode est le manque d'information, de dialogue, de concertation, mais aussi de considération du gouvernement à l'égard des « partenaires sociaux », sans doute lié à la difficulté de s'accorder avec eux sur des réformes. Au point que cette étape préalable n'avait pas été jugée utile par un Premier ministre soucieux d'aller vite. À cela se sont ajoutées des erreurs grossières de communication : insuffisance de pédagogie auprès des Français ; utilisation de mots pour le moins maladroits : « les employeurs pourront licencier sans motif » ; « la précarité est normale dans un monde précaire » ; etc.

Enfin, les manifestations anti-CPE ont montré, tant de la part des étudiants, des responsables d'université, des syndicats, des salariés en grève que des leaders politiques de l'opposition (sans parler évidemment des

« casseurs »), que la démocratie parlementaire était menacée par celle de l'opinion, que l'image de la France à l'étranger ne comptait pas et que la volonté d'exprimer un mécontentement individuel pesait bien davantage que les risques d'une accentuation du décrochage économique, d'un arrêt des réformes et des adaptations à la réalité du monde. On pourrait ajouter que les médias n'ont sans doute pas donné une vision totalement représentative de la situation ; comme souvent, ils ont pesé sans le vouloir sur une opinion toujours prête à entendre des arguments sur l'incapacité des politiques et la « méchanceté » foncière des patrons. Un bilan au total bien lourd pour une mesure certes mal construite et mal expliquée, mais qui partait d'une volonté plutôt louable, celle de réduire le chômage des jeunes, en particulier des moins qualifiés. Il est au fond moins important de s'interroger sur les noms des responsables de cette affaire que sur la capacité des acteurs sociaux, des citoyens et des médias à se montrer vraiment responsables.

---

certain nombre d'autres chômeurs ont été « dispensés de recherche d'emploi » pour des motifs divers. En réalité, les plus de 50 ans au chômage éprouvent toujours des difficultés à retrouver un emploi. La France s'avère dans ce domaine très en retard par rapport aux autres pays européens. Le taux d'emploi des 55-64 ans reste l'un des plus faibles d'Europe. Les entreprises considèrent davantage les « seniors » comme un marché que comme une source de travail, de connaissance, d'expérience et de création. Le recul de l'âge de cessation d'activité induit par la réforme de la retraite adoptée en 2003 devrait modifier en partie cette situation.

Le diplôme constitue une protection relative...

Le taux de chômage des personnes n'ayant aucun diplôme ou seulement le certificat d'études a atteint 15 % en 2005. Les diplômés de l'enseignement supérieur ont un risque un peu plus de deux fois moins élevé. Entre 2004 et 2005, le taux de chômage des titulaires d'un diplôme supérieur à bac + 2 est passé de 7,5 % à 7,0 %, tandis que celui des titulaires d'un DUT ou d'un BTS progressait de 7,1 % à 7,4 %. Cependant, plus de la moitié des jeunes diplômés au niveau bac + 4 sont encore au chômage un an après leur sortie

de l'école ; la proportion est même des deux tiers chez ceux qui ont une formation scientifique. Le plus faible taux concerne l'ensemble des bac + 2 (6,6 %), malgré une progression régulière. Il s'explique en partie par leur assez bonne adaptation au marché de l'emploi, ainsi que par le nombre de titulaires d'un diplôme d'école paramédicale et sociale qui travaillent principalement dans le secteur public et ne sont pas touchés par le chômage. La proportion de chômeurs parmi les détenteurs d'un BEPC est de près de trois points supérieure à celle des titulaires de CAP (certificat d'aptitude professionnelle) ou BEP (brevet d'études professionnelles), moins généralistes.

Les écarts restent importants entre les catégories professionnelles : 12 % des ouvriers et 10 % des employés sont au chômage, contre seulement 5 % des cadres et des professions intellectuelles supérieures. La disparité se retrouve aussi au sein de chaque catégorie : ainsi, 16 % des ouvriers non qualifiés étaient sans emploi, contre 7 % des ouvriers qualifiés. On constate cependant une tendance à la réduction de ces écarts.

La recherche d'un premier emploi reste de loin la plus difficile. Le taux de chômage des personnes sorties du système éducatif dépend très largement du diplôme obtenu en fin de scolarité. Dans les trois ans qui suivent leur sortie de l'école ou de l'université, quatre jeunes sur dix occupent au moins pour quelques mois un emploi non qualifié. Après trois ans, les deux tiers des diplômés du supérieur concernés occupent un emploi qualifié, contre un quart des diplômés d'un CAP/BEP et 40 % des bacheliers. La probabilité d'accès à une profession supérieure (cadre, profession libérale, enseignant, chef d'entreprise...) ou intermédiaire (technicien...) est cinq fois plus élevée pour les diplômés du supérieur que pour ceux du second degré : 65 % contre 13 %. L'obtention des diplômes les plus élevés ne constitue plus cependant une protection absolue. On observe par ailleurs qu'un salarié sur deux exerce une activité sans rapport avec sa formation initiale.

... et la formation initiale est souvent mal adaptée.

Les plans de lutte contre le chômage se sont succédé à un rythme élevé depuis le début des années 80. Plus de 80 dispositifs ont été mis en œuvre : contrats de qualification, contrats jeunes, travaux d'utilité collective, semaine de 35 heures, contrat nouvelle embauche

Le diplôme moins protecteur, le sexe moins discriminant

Évolution du taux de chômage par sexe, âge, catégorie sociale et diplôme (en % de la population active)

	2002	2003	2004	2005
Taux de chômage selon le sexe et l'âge				
Ensemble	**8,8**	**9,8**	**9,9**	**9,8**
– 15-29 ans	14,7	16,7	17,4	17,3
– 30-49 ans	7,5	8,2	8,3	8,3
– 50 ans et plus	6,5	7,2	7,1	6,7
Hommes	**7,8**	**8,8**	**9,0**	**9,0**
– 15-29 ans	13,9	15,9	16,6	16,6
– 30-49 ans	6,1	6,8	7,0	7,0
– 50 ans et plus	6,1	6,8	6,6	6,5
Femmes	**10,1**	**11,0**	**11,0**	**10,8**
– 15-29 ans	15,5	17,6	18,4	18,1
– 30-49 ans	9,2	9,8	9,8	9,8
– 50 ans et plus	7,0	7,8	7,6	7,0
Taux de chômage selon le diplôme				
– Sans diplôme ou CEP	13,6	14,8	14,8	15,0
– BEPC, CAP ou BEP	8,4	9,1	9,3	9,3
– Baccalauréat	8,3	8,7	9,6	9,2
– Bac + 2	5,6	6,1	6,3	6,6
– Diplôme supérieur	6,4	7,6	7,5	7,0
Taux de chômage de certaines catégories socioprofessionnelles				
– Cadre	3,6	4,1	4,8	4,9
– Profession intermédiaire	4,3	5,0	5,9	5,5
– Employé	8,8	9,1	10,2	10,3
– Ouvrier	9,9	10,9	12,3	12,5

INSEE

(2005). Les efforts entrepris n'ont quasiment pas donné de résultat, alors que la plupart des autres grands pays développés parvenaient à endiguer le fléau. Les améliorations constatées en 2005 apparaissent surtout liées à l'évolution démographique et au « nettoyage » des listes, car la création nette d'emplois a été plutôt faible : 130 000, essentiellement à temps partiel.

On peut évoquer plusieurs causes à cet échec patent et durable. Les universités surchargées sont dans l'incapacité de former les jeunes aux demandes du marché du travail. L'ANPE apparaît peu efficace et incapable d'offrir un suivi personnalisé. Le dialogue social entre patrons et syndicats est peu constructif. Les entreprises embauchent peu, du fait des contraintes de la compétition internationale du poids des charges sociales et de la difficulté à ajuster les effectifs en fonction de l'activité. Enfin, certains actifs préfèrent le non-emploi et l'assistance.

Une autre explication possible tient dans la « politique de l'excellence » en matière d'éducation, associée à un refus du principe de sélection. Ainsi, les filières professionnelles, jugées moins valorisantes, ont-elles été délaissées. Le résultat est que l'entrée dans la vie active se fait aujourd'hui en moyenne à 22 ans, contre 19 ans en 1985, 17 ans en 1960 et 15 ans et demi en 1940. Cet allongement des cursus, renforcé par la mise en place du système LMD (licence-maîtrise-doctorat), n'a pas facilité l'accès au premier emploi. Les stages en entreprise se sont multipliés, mais ils participent à la précarisation des jeunes et constituent parfois pour les entreprises un moyen d'ajuster les effectifs en évitant les contraintes imposées par le Code du travail.

L'écart entre les sexes diminue.

10,8 % des femmes actives étaient au chômage en 2005, contre 9,0 % des hommes. Dans toutes les tranches d'âge, les femmes sont un peu plus souvent sans emploi : 18,1 % contre 17,3 % parmi les 15-29 ans ; 9,8 contre 8,3 % parmi les 30-49 ans. L'écart n'est plus que d'un demi point à partir de 50 ans : 7,0 % contre 6,5 %. Les femmes ont davantage profité que les hommes de la baisse intervenue en 2005.

La durée moyenne de recherche est aujourd'hui pratiquement identique pour les femmes à environ 15 mois, alors qu'elle était supérieure d'environ un mois jusqu'en 2000. En 2005, 43,2 % d'entre elles étaient sans emploi depuis plus d'un an, contre 41,8 % pour les hommes. La tendance à l'égalisation se vérifie à tous les âges. L'Ile-de-France est la seule région où les femmes au chômage sont moins nombreuses que les hommes, du fait de leur moindre part dans la demande d'emplois.

Les étrangers sont deux fois plus touchés que les Français.

18 % des étrangers actifs étaient au chômage en 2005, soit deux fois plus

que les Français (9 %). 55 % étaient des hommes (contre 48 % parmi les Français), du fait d'un taux d'activité masculin parmi les étrangers encore très supérieur à celui des femmes (67 % contre 45 %). Le taux de chômage des Français par adoption est également plus élevé : 11 % contre 8 % pour les Français de naissance.

La situation diffère largement selon la nationalité. Les personnes originaires des pays de l'Union européenne connaissent un taux de chômage faible (7 % en 2004, 5 % seulement pour les Portugais). Celui des étrangers venant d'autres pays est de 10 %. Les Africains sont les plus touchés, avec 28 % de chômeurs (une proportion semblable pour les Maghrébins). Les beurs (Français nés de parents immigrés maghrébins) éprouvent également plus de difficultés que les autres à trouver un emploi. Aux écarts constatés s'ajoutent ceux concernant la qualification et le secteur d'activité. Un travailleur étranger sur six est salarié du bâtiment, alors que celui-ci ne représente que 6 % de l'ensemble des salariés. Ils y occupent en outre des postes plus vulnérables au chômage (manœuvres, ouvriers non qualifiés...).

On observe dans presque tous les pays de l'Union européenne que la part des étrangers dans le nombre des chômeurs est nettement plus élevée que dans la population. Une étude de l'OCDE montre en revanche qu'il n'existe aucune corrélation entre la proportion d'étrangers dans un pays et son taux de chômage.

Les personnes handicapées sont souvent oubliées par les employeurs.

Le taux de chômage des actifs handicapés est supérieur au double de la moyenne nationale : il est proche de 20 %. Cet écart provient en partie de leur plus faible qualification : quatre

sur dix ont un niveau d'études inférieur au BEPC contre un sur cinq dans l'ensemble de la population, 23 % un niveau supérieur au bac (contre 45 %). Les personnes handicapées représentent 4 % des effectifs des entreprises publiques ou privées, au lieu des 6 % prévus par la loi de 1987. On peut estimer que la proportion réelle est sans doute plus proche de 3 %, compte tenu des dissimulations existantes.

Un grand nombre d'employeurs assujettis (plus de 20 salariés) préfèrent ainsi verser une contribution à l'Agefiph, comme le prévoit la loi (environ 2 000 € par an et par « unité manquante »). 37 % n'emploient aucune personne handicapée. La conséquence est que, sur les 850 000 handicapés en mesure de travailler, seuls 500 000 ont trouvé un emploi en « milieu ordinaire », le plus souvent précaire et peu qualifié, et 100 000 en « milieu protégé ». La durée moyenne de chômage des personnes concernées est double de celle des non-handicapés.

Cette situation est d'autant plus paradoxale et choquante que de nombreux handicapés le sont devenus à la suite d'accidents du travail. C'est le cas de 70 % de ceux qui travaillent dans le secteur privé. Par ailleurs, il existe un nombre important de postes et de tâches qui peuvent être remplis par des handicapés. On observe enfin que la motivation et les résultats des personnes concernées sont généralement élevés. C'est ainsi que 70 % des entreprises créées par des personnes handicapées sont pérennes trois ans après leur création, contre 60 % en moyenne pour l'ensemble des créations.

Les pays du nord de l'Europe, le Royaume-Uni et le Portugal ont choisi le concept de non-discrimination entre les travailleurs, assorti de mesures d'accompagnement. Les autres pays, dont la France, ont donné la préférence au système des quotas.

Handicaps et discriminations

La difficulté générale de trouver un premier emploi est accrue pour certains par la discrimination exercée à l'embauche. Les blacks ou les beurs se heurtent ainsi aux mêmes difficultés que les personnes handicapées. Outre leur « différence visible », certains souffrent de ne pas avoir pu fréquenter les « bonnes écoles », de ne pas avoir bénéficié d'un milieu familial qui leur a appris les « bonnes manières » et leur a permis d'intégrer les codes sociaux en vigueur : expression orale ; habillement ; gestuelle ; culture générale ; pratique de loisirs ; respect des contraintes...

Les sélections ou discriminations portent sur de nombreux critères : âge ; nationalité ou origine ethnique ; lieu d'habitation ; apparence physique... Dans une enquête réalisée par l'agence de travail temporaire Adis, sur l'envoi de 1 800 faux CV de candidature à 258 offres d'emploi de commerciaux, les candidats indiquant un âge de 50 ans ont ainsi reçu quatre fois moins de réponses positives que le candidat « standard » : 7 % contre 29 %. Le candidat « maghrébin » n'en a obtenu que 5 %. Celui habitant dans une cité (Mantes-la-Jolie) en a reçu deux fois moins (17 %). Le candidat au visage « disgracieux » en a reçu 13 %. La personne la plus discriminée était le « handicapé », avec 2 % seulement de réponses positives, quinze fois moins que le candidat référent.

La mise en place du CV anonyme, si elle peut en principe permettre de supprimer la barrière du nom, de la couleur de peau ou de l'origine ethnique, ne pourra empêcher la sélection lors des entretiens en face à face dans les entreprises sur des critères (diffus) d'intégration à la culture nationale.

Le chômage frappe inégalement les régions et les communes.

Fin 2005, le taux de chômage dépassait 10 % dans cinq régions : Nord-Pas-de-Calais (13,2 %), Languedoc-Roussillon (13,0 %), Provence-Alpes-Côte d'Azur (11,4 %), Corse (10,2 %) et Champagne-Ardenne (10,1 %). Les régions les plus épargnées étaient le Limousin (7,5 %), la Bretagne (7,9 %), les Pays de la Loire (8,0 %) et Rhône-Alpes (8,3 %). L'Ile-de-France se situait un peu en dessous de la moyenne nationale : 9,2 %. On constate cependant de fortes disparités à l'intérieur d'une même région entre les départements qui la composent. Ceux d'outre-mer ont des taux nettement plus élevés qu'en métropole : le double aux Antilles et en Guyane, le triple à La Réunion. Le chômage de longue durée, le travail à temps partiel et les emplois intérimaires y sont en outre plus fréquents.

Depuis 1999 (date du dernier recensement), l'évolution du marché du travail a été très différente selon les zones d'emploi. En périphérie de la région parisienne, en Rhône-Alpes, en Alsace et le long du littoral atlantique, l'emploi a progressé plus fortement qu'ailleurs. La demande de travail a été satisfaite par une importante augmentation de la population en âge de travailler et un excédent migratoire. De l'intérieur des Pays de la Loire jusqu'à la Normandie, du Nord à la Lorraine, on trouve des zones très touchées par les mutations économiques. Le fort déséquilibre entre la baisse de l'emploi et l'arrivée massive des générations du baby-boom sur le marché du travail s'est accompagné d'un important déficit migratoire. Du Morvan aux Pyrénées en passant par le Massif central, dans les zones peu ou moyennement urbanisées, l'entrée sur le marché du travail des générations d'après-guerre a moins pesé, et l'emploi a augmenté faiblement. À l'inverse, dans de nombreuses zones du Sud méditerranéen et de la couronne parisienne, le marché du travail a été caractérisé sur la période par une forte augmentation et une importante attractivité, qui ont parfois entraîné un surcroît de chômage.

La taille de la commune est un autre facteur discriminant ; le taux de chômage tend à augmenter avec elle : de 7 % dans les communes rurales à 12 % dans celles de plus de 200 000 habitants (2005). Le chômage n'est ainsi que de 6 % dans les communes rurales et il atteint 11 % dans les unités urbaines de plus de 200 000 habitants. Celui de l'agglomération parisienne est légèrement inférieur : 10,5 %.

La durée moyenne de la recherche d'emploi est de 15 mois.

L'ancienneté moyenne de la recherche d'emploi avait plus que doublé entre 1975 et 1985, quel que soit l'âge considéré. Elle avait ensuite diminué jusqu'en 1992, puis augmenté de nouveau entre 1993 et 1998. En 2001, elle avait fortement diminué, à 13 mois contre 16 en 2000. Elle s'est de nouveau accrue depuis 2002, dépassant 15 mois. L'écart entre les hommes et les femmes s'est en même temps résorbé. Le chômage de longue durée a lui aussi progressé : 43 % des chômeurs recherchaient un emploi depuis plus d'un an en 2005. Les plus âgés sont les plus touchés. Le chômage de très longue durée (plus de deux ans) s'est accru un peu moins vite, mais il concerne plus d'un chômeur sur cinq (22 %), soit près de 600 000 personnes. Les cadres et les employés retrouvent un emploi plus rapidement. Les demandeurs d'emploi ayant subi un licenciement économique et les ouvriers spécialisés mettent plus de temps.

Recherche emploi désespérément

Évolution du chômage de longue durée par sexe et par âge (en % des chômeurs)

	2002	2003	2004	2005
Personnes au chômage depuis un an ou plus				
Ensemble	**41,3**	**42,9**	**41,6**	**42,5**
Hommes	**40,6**	**43,0**	**41,5**	**41,8**
– 15-29 ans	26,0	28,2	28,1	29,5
– 30-49 ans	43,9	47,1	44,9	44,6
– 50 ans et plus	63,9	64,5	63,1	63,2
Femmes	**42,0**	**42,8**	**41,8**	**43,2**
– 15-29 ans	26,5	28,4	27,4	29,3
– 30-49 ans	45,7	46,5	45,6	47,1
– 50 ans et plus	61,8	60,0	60,7	60,9
Personnes au chômage depuis 2 ans ou plus				
Ensemble	**22,5**	**22,3**	**20,3**	**21,6**
Hommes	**22,6**	**22,3**	**20,7**	**21,7**
– 15-29 ans	11,2	10,7	9,2	11,1
– 30-49 ans	23,2	23,9	23,1	23,3
– 50 ans et plus	45,1	42,8	41,1	42,2
Femmes	**22,4**	**22,2**	**19,9**	**21,5**
– 15-29 ans	10,0	11,0	8,2	9,6
– 30-49 ans	24,7	24,1	22,1	23,7
– 50 ans et plus	40,5	38,4	37,4	40,4

INSEE

La cessation d'un emploi à durée déterminée est la principale cause de recherche (42 % des cas en 2005). La part des licenciements est en baisse régulière (24 % contre 30 % en 1997). Celle des démissions s'est accrue, et représente 11 % des cas. Les causes diffèrent selon le sexe : les démissions sont beaucoup plus fréquentes chez les femmes que chez les hommes (13 % des cas contre 7 %), à l'inverse des licenciements (20 % contre 28 %).

Le retour au plein-emploi se heurte à de nombreux facteurs.

La France dépense chaque année un peu plus de 0,6 % de son PIB pour l'emploi, soit près du double de la moyenne européenne pour des résultats inférieurs. Les sommes sont dispersées dans un système très complexe : l'ANPE recueille les offres d'emploi, l'UNEDIC paie les indemnités de chômage, les directions départementales du travail contrôlent les chômeurs, les conseils généraux financent les formations, l'APEC s'occupe spécifiquement des cadres (comme l'ANPE cadres), des Maisons de l'emploi sont ouvertes pour coordonner ces organismes. La conséquence de cette dispersion est que l'on ne compte qu'un agent de l'ANPE pour 95 chômeurs, contre un conseiller pour 27 en Suède, un pour 50 au Royaume-Uni. Dans une enquête de 2002, seuls 8 % des chômeurs déclaraient que l'action de l'ANPE avait été pour eux déterminante. 92 % avaient retrouvé un emploi par d'autres moyens (64 % par des démarches personnelles).

Le maintien du taux de chômage à un niveau élevé (malgré la légère amélioration de 2005) s'explique par au moins trois éléments : un retard entre les dispositions prises et leurs effets sur les embauches ; une difficulté structurelle qui fait qu'il faudrait désormais un seuil de croissance de 2 à 2,5 % du PIB pour que l'économie crée des emplois (contre 1,5 à 2 % à la fin des années 90) ; la baisse du nombre des emplois publics aidés. On peut ajouter que le coût du travail non qualifié pour les entreprises est plus élevé en France que dans d'autres pays développés. Les gains de productivité doivent donc se poursuivre, ce qui limite les embauches et entraîne des licenciements dans des secteurs où existent encore des sureffectifs. Par ailleurs, le nombre des fonctionnaires est également plus élevé qu'ailleurs (un quart de la population active). Malgré le nombre important d'agents qui devraient partir à la retraite dans les prochaines années, il est donc peu probable que des embauches massives s'y produisent, sauf dans des secteurs spécifiques.

Les Français souhaitent un durcissement des conditions d'indemnisation.

L'existence d'allocations de chômage et de minima sociaux peut constituer dans certains cas une incitation à ne pas chercher de travail et à rester plus longtemps au chômage. Si 58 % des Français considèrent que le système français d'assurance-chômage assure une bonne protection en cas de perte d'emploi (38 % non), ils sont 82 % à penser qu'il doit être réformé pour inciter davantage à retrouver un emploi (*L'Express*/BVA, octobre 2005). 74 % sont par ailleurs favorables à un ren-

COMMENT FONT LES AUTRES ?

Malgré son « modèle social » (ou peut-être à cause de lui), la France reste l'un des plus mauvais élèves de l'Europe en matière d'emploi. La lutte contre le chômage a été incontestablement plus efficace dans de nombreux autres pays développés. Le Danemark a ainsi fait passer son taux de chômage de 9,6 % de la population active en 1993 à 4,9 % en 2005, loin du taux français (9,5 % en taux standardisé). La méthode danoise repose sur la « flex-sécurité », mélange de souplesse pour les entreprises (facilité de licenciement, cadre législatif simplifié) et de sécurité pour les salariés : forte indemnisation et aide au reclassement. La loi ne fixe ni salaire minimal ni durée légale du travail. Elle ne sécurise pas le droit de grève et n'impose pas de modèle de contrat de travail.

Le système finlandais s'est révélé aussi très efficace au cours des dernières années, avec un taux ramené à 8 % contre 15 % en 1996. Il consiste en un *« policy-mix* réaliste » qui mélange un soutien actif aux entreprises, un effort particulier sur la formation et la recherche ainsi qu'une politique de l'emploi très active, au service du développement régional.

Souvent considérée dans l'Hexagone comme dépourvue de protection sociale, la Grande-Bretagne a elle aussi réussi à atteindre le quasi-plein-emploi (4,6 % de chômage en 2005). Sa méthode repose aussi sur la flexibilité et le suivi des chômeurs. L'une des conséquences est le rattrapage, puis le dépassement de la France : en 1980, le PIB par habitant britannique représentait 75 % de celui de la France ; il en représente aujourd'hui plus de 110 %.

Hors de l'Europe, le Canada est aussi un exemple à méditer. Le chômage y est tombé à son plus bas niveau depuis trente ans. Surtout, les chômeurs restent en moyenne seulement quatre mois sans travail, la plus faible durée de tous les pays de l'OCDE. Ce succès s'explique en partie par le dynamisme de l'économie, favorisé par la proximité des États-Unis, mais aussi par un système éducatif performant et un marché du travail très flexible, qui incite les employeurs à embaucher.

Ces exemples réussis ont en commun de mélanger l'approche « keynésienne », qui met l'accent sur un accroissement de la demande par la hausse du pouvoir d'achat des ménages, et l'approche « libérale », qui cherche à accroître la flexibilité du marché de l'emploi et à réduire les charges des entreprises afin de favoriser les gains de productivité et permettre ainsi une hausse des salaires.

---

forcement du contrôle des chômeurs (le refus non motivé d'une offre d'emploi « valable » devant être sanctionné) ; 26 % y sont défavorables.

On assiste donc à une évolution très sensible de l'opinion face à l'indemnisation du chômage : 50 % seulement des Français estimaient fin 2005 que trous les chômeurs doivent être indemnisés, contre 62 % en 2000 et 77 % en 1990 (Crédoc). 49 % étaient de l'avis contraire, contre 36 % en 2000 et 23 % en 1990. Cette évolution doit être mise en relation avec le fait que seuls 35 % des actifs se sentent personnellement exposés au risque de perte d'emploi (ou de statut) dans les deux ou trois années à venir, 64 % non. 60 % estiment qu'il leur serait difficile de retrouver un emploi au moins équivalent à leur emploi actuel, 39 % de l'avis contraire. S'ils perdaient leur emploi et qu'on leur propose un poste aux mêmes conditions que le précédent, 68 % le prendraient sans hésiter, 24 % le prendraient après quelques semaines de réflexion, 4 % ne le prendraient pas en espérant trouver mieux, et 3 % ne le prendraient pas tout se suite pour pouvoir « souffler un peu ».

● *Le nombre de cotisants pour un retraité au régime de base de la Sécurité sociale était de 1,7 en 2005, contre 2 en 1986 et 3,5 en 1973. Il ne sera plus que de 1,3 en 2015 et de 1 en 2040.*
● *On compte en France 2,1 millions de femmes cadres (30 % de l'ensemble).*
● *Le taux d'activité des femmes de 50 ans et plus est de 53 %.*
● *40 % des journalistes sont des femmes et 1 % occupent des postes de direction.*
● *Seuls 15 % des personnes de plus de 60 ans souhaiteraient partir à la retraite après l'âge légal.*

LES MÉTIERS

Professions

La répartition de la population active entre les différentes catégories socio-professionnelles a connu au cours des dernières décennies un véritable bouleversement. Le nombre des agriculteurs (exploitants et ouvriers agricoles) s'est considérablement réduit depuis les années 50. Celui des ouvriers a diminué à partir du début des années 70. Les « cols bleus », manœuvres et ouvriers de toutes qualifications dont le nombre s'était accru à la faveur des deux premières révolutions industrielles (machine à vapeur et électricité), ont été touchés par la troisième, celle de l'électronique.

Les professions intermédiaires (techniciens, contremaîtres, chefs d'équipe, instituteurs...) ont connu dans le même temps une forte progression de leurs effectifs. Il en est de même des cadres et des professions intellectuelles supérieures (professeurs, professionnels de l'information, de l'art et des spectacles...). Artisans et commerçants ont vu au contraire leur nombre se réduire au fur et à mesure du développement des grandes surfaces.

On a assisté globalement à une « tertiarisation » des emplois : 73 % concernent aujourd'hui les services, marchands ou administrés. La féminisation de la société a eu aussi des incidences sensibles ; les femmes représentaient 46 % de la population active occupée en 2005 (p. 269). Enfin, le salariat s'est développé et regroupe aujourd'hui 89 % des actifs.

L'agriculture ne représente plus que 3 % des emplois.

En 1800, les trois quarts des actifs travaillaient dans l'agriculture. Une diminution régulière de la part de l'agriculture dans la production nationale s'est amorcée dès 1815, mais les effectifs se sont maintenus pendant toute la période 1870-1940. Dès la fin de la Seconde Guerre mondiale, la mécanisation a accéléré l'exode rural. Le déclin s'est poursuivi depuis, et les effectifs ont encore diminué de moitié entre 1980 et 1995. On ne comptait plus en 2005 que 670 000 emplois agricoles (exploitants et ouvriers, à temps plein ou partiel), soit 2,7 % de la population active ; ils étaient 7,5 millions en 1946. Le nombre des exploitations (moins de 600 000) a été divisé par deux depuis 1980, par trois depuis 1960, sous l'effet de la concentration des terres.

Au-delà des difficultés de reconversion, c'est un drame plus profond qui s'est joué au cours de la seconde moitié du XXe siècle : la perte progressive des racines de tout un peuple. Les trois quarts des paysans qui partent aujourd'hui à la retraite n'ont pas de successeurs, du fait des perspectives limitées offertes par la profession en général. Ceux qui restent sont de moins en moins ruraux, au sens traditionnel du terme. Leur travail s'est transformé avec la mécanisation et la course à la productivité. Un quart habitent aujourd'hui dans des communes urbaines (contre 14 % en 1968), la moitié en périphérie des villes. Cette proximité explique que les conjoints travaillent le plus souvent à l'extérieur ainsi, parfois, que le chef d'exploitation lui-même. Elle est à l'origine d'un rapprochement sensible du mode de vie des paysans de celui du reste de la population. Cette convergence est favorisée par le rajeunissement progressif ; l'âge moyen des chefs d'exploitation est de 50 ans, contre 53 ans en 1955.

Les exploitants actuels sont devenus de véritables chefs d'entreprise. Le nombre d'exploitations en société a augmenté de moitié en dix ans pour atteindre 100 000, mais l'essentiel du travail agricole est toujours effectué par la famille. Le nombre des agricultrices exploitantes représente même aujourd'hui un tiers de l'ensemble, contre 8 % en 1970. 36 % des exploitations ont une surface inférieure à 10 hectares et représentent seulement 3 % de la superficie agricole totale ; 15 % s'étendent au moins sur 100 hectares et comptent pour la moitié de la superficie totale utilisée.

Les ouvriers sont moins nombreux que les employés...

Les « cols blancs » (employés, cadres et techniciens) ont pris la relève des « cols bleus ». On ne comptait plus que 6,1 millions d'ouvriers en 2005, soit un million de moins qu'en 1975, contre 7,1 millions d'employés. La crise économique a contraint les entreprises industrielles à mettre en place des programmes d'accroissement de la productivité, qui se sont traduits par des réductions massives d'effectifs dès la fin des années 70. Entre 1982 et 1990,

L'ère tertiaire

Évolution de la structure de la population active occupée par grands secteurs (en %)

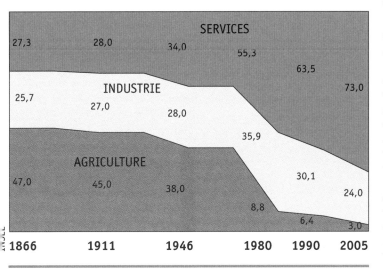

On ne comptait que 653 000 commerçants en 2004, contre un million en 1960. Les femmes représentent 37 % des effectifs, mais elles occupent plus fréquemment des postes d'exécution que les hommes. Le secteur a connu en France un véritable bouleversement avec le développement des grandes surfaces, d'abord alimentaires puis généralistes et plus récemment spécialisées (bricolage, jardinage, équipement de sport, ameublement...). Cette évolution de l'offre a accompagné celle de la demande. Les consommateurs ont plébiscité le libre-service, la possibilité de faire l'ensemble de leurs courses dans un même lieu, les prix inférieurs permis par la puissance d'achat des grandes centrales de la distribution.

La conséquence est que les deux tiers des dépenses alimentaires des ménages sont aujourd'hui effectués dans les 1 350 hypermarchés et les 8 500 surpermarchés (dont la moitié environ sont des maxidiscomptes). Au cours des années 90, l'érosion du petit commerce a été spectaculaire : 54 % des magasins de bricolage ont disparu, 41 % des épiceries, 39 % des boutiques d'habillement, 35 % des magasins d'ameublement, 25 % des boucheries, soit au total près de 100 000 commerces. Le secteur emploie encore 3,2 millions de personnes, dont 650 000 commerçants et assimilés et 2,2 millions de salariés.

Les artisans ne font guère parler d'eux du fait de leur faible représentation syndicale. En 1960, leur nombre était semblable à celui des commerçants (un

plus de 400 000 postes d'ouvriers non qualifiés avaient ainsi disparu du fait de l'automatisation de certains secteurs (sidérurgie, automobile...) et de la restructuration qui s'est opérée dans d'autres (textile, mines, cuir...).

La part des ouvriers dans la population active représente aujourd'hui 24 % ; elle était de 40 % au début des années 60. Le nombre d'ouvriers qualifiés et de contremaîtres continue de s'accroître, alors que celui des manœuvres et des ouvriers spécialisés diminue. Huit ouvriers sur dix sont des hommes (81 % en 2005 contre 77 % en 1962) ; la proportion est encore plus élevée parmi les ouvriers qualifiés (88 %). À l'inverse, les femmes représentent 77 % des employés.

La nature du travail ouvrier a changé. Les tâches de production sont moins nombreuses et les deux tiers des ouvriers sont employés dans le tertiaire, la majorité dans des entreprises de moins de 500 salariés. Par ailleurs, beaucoup de postes d'ouvriers

se sont transformés en postes d'employés, avec des conditions de travail diversifiées. La « classe ouvrière », dont l'identité s'était forgée autour du travail dans la grande industrie, a donc disparu en partie. De même, la « conscience de classe » s'est beaucoup atténuée ; le déclin des effectifs syndicaux en est l'une des manifestations (p. 302). Les modes de vie des ouvriers se sont rapprochés de ceux des autres catégories sociales, de la façon de manger à celle de s'habiller, en passant par les achats de biens d'équipement. Certains comportements restent cependant distincts, notamment en matière de loisirs. Les ouvriers sont ainsi moins nombreux à partir en vacances que les autres catégories (p. 471). Surtout, le rattrapage culturel se fait de façon assez lente ; on compte encore trois fois moins de bacheliers parmi les enfants d'ouvriers que parmi ceux des cadres supérieurs et des professeurs, mais le rapport était de 4,5 il y a vingt ans.

Métiers d'hier et d'aujourd'hui

Évolution de la structure de la population active totale (effectifs en milliers) et part des femmes (en %)

	1975	2001	2005	Part des femmes (2005)
Agriculteurs exploitants	1 691	618	651	30,1
Artisans, commerçants, chefs d'entreprise	1 767	1 500	1 505	28,8
Cadres et professions intellectuelles supérieures, dont :	1 552	3 493	3 660	36,0
– *professions libérales*	*186*	*329*	*346*	*38,1*
Professions intermédiaires, dont :	3 480	5 293	5 745	48,4
– *clergé, religieux*	*115*	*14*	*9*	*8,7*
– *contremaîtres, agents de maîtrise*	*532*	*531*	*563*	*10,5*
Employés, dont :	5 362	7 737	7 232	76,6
– *policiers et militaires*	*637*	*523*	*495*	*10,9*
Ouvriers, dont :	8 118	7 139	5 972	18,1
– *ouvriers qualifiés*	*2 947*	*3 334*	*2 799*	*11,4*
– *chauffeurs, magasinage-transport*	*960*	*1 104*	*1 092*	*9,0*
– *ouvriers non qualifiés*	*3 840*	*2 414*	*1 851*	*32,3*
– *ouvriers agricoles*	*371*	*287*	*230*	*27,7*
Catégorie socioprofessionnelle indéterminée	72	237	156	48,2
Population active	22 042	26 044	24 921	45,8

INSEE

individuelles, mais elles tendent à être remplacées par des sociétés : 319 000 sont des SARL. On observe une forte densité d'implantation dans la moitié sud du pays. La part des femmes dans l'artisanat n'est que de 23 %. Un million de personnes devraient partir à la retraite dans le secteur artisanal au cours des dix prochaines années (dont 400 000 patrons et 600 000 salariés), ce qui risque de poser des problèmes de recrutement et de remplacement.

Trois actifs sur quatre travaillent dans le secteur tertiaire.

73 % des actifs travaillaient dans les activités tertiaires en 2005 : commerce ; transport ; finance ; immobilier ; services aux entreprises ou aux particuliers ; éducation ; santé et action sociale ; administration. Le secteur tertiaire n'est cependant pas une invention récente. La société française a eu très tôt besoin de tailleurs, barbiers, commerçants, scribes, cantonniers et allumeurs de réverbères. En 1800, à l'aube de la révolution industrielle, les travailleurs impliqués dans les activités de services représentaient un quart de la population active et près d'un tiers de la production nationale. Le développement de l'industrie a largement contribué à celui des services connexes (négoce, banques, ingénierie...). Mais c'est l'émergence de la société de consommation dans les années 50 et 60 qui lui a donné son importance actuelle.

La place des services marchands n'a cessé de se développer depuis, avec un doublement des effectifs en trente ans et une production multipliée par cinq. Depuis 1980, les effectifs du tertiaire ont augmenté de près d'un tiers, alors que ceux de l'agriculture diminuaient de plus de moitié, ceux de l'industrie de l'automobile de plus d'un quart. Le

million). Mais ils ont souffert de l'industrialisation des objets et des services, qui a permis une baisse des prix et un renouvellement plus rapide des équipements, donc un recours moins fréquent à des spécialistes. Le nombre d'entreprises artisanales a diminué de 16 % au cours des années 90. La baisse a été de 21 % pour les entreprises de peinture, 19 % pour celles de menuiserie, 17 % pour celles de maçonnerie.

Mais de nombreux regroupements se sont opérés, et, contrairement au petit commerce, le nombre d'emplois a progressé. On compte aujourd'hui 860 000 entreprises, soit un tiers (34 %) des entreprises françaises. Elles représentent 250 corps de métiers différents et emploient chacune moins de dix salariés (non compris le patron et, le cas échéant, son conjoint), soit au total 2,3 millions de personnes, dont 1,7 million de salariés. Le bâtiment reste le principal domaine d'activité (38 % des entreprises), devant la réparation, les transports et services divers (31 %) et l'alimentation (13 %). La majorité (59 %, contre 91 % en 1980) sont encore des entreprises

PETIT COMMERCE :
LE RETOUR

On constate aujourd'hui un regain d'intérêt pour le commerce de centre-ville, sous l'impulsion des municipalités et des pouvoirs publics. La banalisation des grandes surfaces, notamment les hypermarchés, leur a fait perdre une partie de leur pouvoir d'attraction (p. 360). Les attentes des consommateurs se sont modifiées (p. 334) dans un sens favorable au commerce de « proximité », dans sa signification à la fois géographique et relationnelle. Celui-ci offre en outre souvent des services que ne peuvent rendre les géants de la distribution : heures d'ouverture plus larges ; spécialisation ; conseils ; personnalisation de l'accueil... Le nombre des magasins d'alimentation spécialisés (boucheries, poissonneries...) avait ainsi augmenté de 7 % entre 1995 et 2000, celui des boulangeries-pâtisseries de 12 %. Le nombre des petits

commerces non spécialisés avait cependant baissé dans le même temps de 21 %. On a assisté à l'explosion de nouveaux services, comme la location de cassettes vidéo ou les salons de soins pour le corps. En 2005, plus d'une création d'entreprise sur quatre l'a été dans le secteur du commerce, dont 68 % dans celui de détail (alimentation, habillement, bricolage...).

De leur côté, les artisans les plus dynamiques ont su adapter leurs services, leur structure et leur façon de travailler aux nouvelles attentes de la clientèle, notamment en matière de rapidité d'intervention. La revalorisation du travail manuel, le goût de l'indépendance, mais aussi l'accroissement du chômage ont incité des Français à s'installer à leur compte. Certains se sont associés au sein de coopératives ou de franchises qui leur ont permis de disposer d'une force d'achat commune, d'une marque, d'une capacité de réflexion, de réaction et d'anticipation des changements.

STATUTS

Neuf actifs sur dix sont salariés...

L'une des conséquences de la révolution industrielle a été l'accroissement régulier de la proportion de salariés. On en comptait 22,2 millions en 2005, parmi les 24,9 millions d'actifs occupés, soit neuf sur dix. Les non-salariés sont principalement des agriculteurs, des commerçants ou des artisans, dont le nombre a diminué. Les aides familiaux (femmes de ménage, domestiques...) sont aussi beaucoup moins nombreux ; leur nombre a baissé d'un million en vingt ans.

Beaucoup de femmes sont venues rejoindre les rangs des salariés des entreprises depuis une vingtaine d'années ; 92 % des actives occupées ont le statut de salariées. Mais ce sont les postes créés dans la fonction publique qui ont le plus contribué à l'accroissement de ces emplois au cours des dernières décennies (ci-après).

... mais un sur dix a un statut particulier.

13,5 % des salariés, soit 3,0 millions de personnes, occupaient des emplois à durée limitée en 2005 : intérim ; CDD (contrat à durée déterminée) ; apprentissage, contrats aidés. Leur nombre a été multiplié par cinq en vingt ans, alors que l'effectif des emplois classiques restait stable. Le nombre de CDD (contrats à durée déterminée) est passé de 550 000 en 1991 à 2,1 millions en 2005, dont 430 000 aidés. Celui des emplois d'apprentis a également progressé, mais de façon moins spectaculaire ; il était de 335 000 en 2005. Le nombre des contrats de travail tempo-

---

salariat a fortement progressé dans le tertiaire, et la qualification des salariés concernés est sensiblement supérieure à celle des autres branches. La part de l'emploi féminin est restée stable, à 45 %.

En trente ans, le nombre d'emplois industriels est passé de 6 millions à 4 millions. Mais une partie d'entre eux ont été transformés en emplois de service, du fait du recours à l'intérim, à l'externalisation des activités de restauration collective, de comptabilité, d'entretien... Le secteur des services aux entreprises (activités informatiques, intérim, télécommunications...) a été le plus créateur, devant celui des transports et de l'immobilier. Cette hausse a profité à toutes les catégories de salariés, mais plus particulièrement

aux cadres et aux professions intellectuelles supérieures. Elle a concerné les femmes plus que les hommes.

La majorité des nouveaux emplois sont créés dans le secteur des services, notamment ceux du commerce. Malgré le niveau encore élevé du chômage, on estime qu'environ un million d'emplois ne trouvent pas preneurs, dans des secteurs comme le bâtiment, l'alimentation, les transports, l'informatique, les télécommunications. La situation est particulièrement délicate dans l'hôtellerie et la restauration.

● **25 % des salariés du privé et 10 % des fonctionnaires âgés de 54 à 59 ans ont des craintes pour leur emploi actuel.**

Services compris

Population salariée selon le secteur d'activité (2005, en milliers et en % de la population active) et le sexe (en %)

	Total (milliers)	Part des femmes (%)	En % des actifs
Agriculture, sylviculture et pêche	950	29,1	3,8
Industries agricoles	678	38,7	2,7
Industries des biens de consommation	691	46,3	2,8
Industrie automobile	333	15,6	1,3
Industrie des biens d'équipement	820	19,9	3,3
Industrie des biens intermédiaires	1 390	24,0	5,6
Énergie	234	18,9	0,9
Construction	1 597	8,9	6,4
Commerce et réparations	3 292	46,9	13,2
Transports	1 076	23,3	4,3
Activités financières	734	55,7	2,9
Activités immobilières	347	56,1	1,4
Services aux entreprises	3 215	40,2	12,9
Services aux particuliers	2 127	61,0	8,5
Éducation, santé, action sociale	4 702	73,9	18,9
Administrations	2 663	50,1	10,8
Activité indéterminée	71	46,5	0,3
Total	24 921	45,8	100,0

INSEE

UN GISEMENT À EXPLOITER

Dans tous les pays développés, la société « information-nelle » va de pair avec le développement d'une « société relationnelle » dans laquelle les métiers de service de proximité prennent une place croissante : dépannage ; entretien de la maison ; baby-sitting ; aide aux personnes âgées ou handicapées ; jardinage. Ils sont favorisés notamment par le vieillissement de la population (3,3 millions de personnes âgées bénéficient aujourd'hui d'une aide régulière à domicile) et ils ont permis de créer 80 000 emplois par an depuis dix ans.

La demande augmente plus rapidement que l'offre, ce qui explique qu'elle soit considérée comme le principal gisement d'emplois pour l'avenir. D'autant que les gains de productivité potentiels de ces métiers de service sont moins élevés que dans les autres secteurs de l'économie. Ils ne sont en outre pas « délocalisables ». On estime qu'il est possible de créer 500 000 emplois de ce type en France dans les trois prochaines années.

Les employeurs concernés bénéficient désormais de l'existence du chèque-emploi service universel, développement d'une formule conçue en 1992. Il leur permet de rémunérer les personnes employées (le plus souvent à temps très partiel) dans des conditions financières avantageuses, en subventionnant une partie de sa dépense ou en l'allégeant sous forme d'avantage fiscal. Il autorise aussi une gestion administrative très simplifiée. Il devrait enfin constituer un moyen de lutter contre le travail au noir, qui représente une part non négligeable dans ce domaine.

raire est passé de 164 000 à 550 000, avec un fort accroissement au cours des deux dernières années.

Ces statuts précaires plus fréquents ont en outre une durée de plus en plus longue. Après un an, près de la moitié des personnes concernées continuent d'occuper un emploi de ce type et un quart d'entre elles sont au chômage ; seules trois sur dix obtiennent un emploi stable. La probabilité de faire partie de cette dernière catégorie augmente avec le niveau d'instruction.

Celle d'être au chômage est inversement proportionnelle ; elle est notamment plus forte chez les jeunes.

Le secteur public emploie 6 millions d'actifs, ...

Les effectifs du secteur public comprennent d'abord ceux de la fonction publique, elle-même subdivisée en trois composantes :

– 2,6 millions d'agents de la fonction publique d'État (ensemble des

LA dérive contractuelle

Les types de contrat de travail destinés aux salariés se sont diversifiés au fil des années ; on en compte aujourd'hui 38, ainsi que 27 régimes dérogatoires. Afin de faciliter l'embauche des jeunes, les gouvernements successifs ont créé des contrats spécifiques : contrat-jeune ; contrat d'avenir ; contrat d'accompagnement dans l'emploi, etc. Le dernier en date est le CNE (contrat nouvelle embauche) lancé en août 2005. Le CPE (contrat de première embauche), qui prévoyait une période d'essai prolongée au cours de laquelle l'employeur pouvait se séparer de l'employé sans motif a été fortement contesté et a dû être supprimé en mars 2006.

L'incidence de ces contrats sur la création d'emplois a été globalement faible. Si 90 % des actifs bénéficient d'un CDI (contrat à durée indéterminée), 70 % des embauches sont effectuées en CDD (contrat à durée déterminée), alors que ces derniers devraient être réservés aux accroissements temporaires d'activité dans les entreprises ou le remplacement de salariés. On recense d'ailleurs 12 CDD différents selon leur objet (surcroît d'activité, remplacement, vendanges…). Beaucoup sont reconduits pendant des années, alors qu'ils auraient dû être transformés en CDI ; c'est le cas notamment dans la fonction publique. Le CDI lui-même connaît de nombreuses variantes selon le secteur d'activité. Ainsi, les « expatriés » n'ont pas le même statut que les « détachés ». C'est le cas aussi des « télétravailleurs » par rapport aux « travailleurs à domicile ».

Cette complexité entraîne donc des dérives nombreuses et un contournement du Code du travail : travail au noir ; abus des indemnités de l'assurance-chômage (employeurs d'intermittents du spectacle, par exemple) ; salaires payés en droits d'auteur ; notes de frais excessives… Le débat sur la création d'un contrat unique a été lancé. Son adoption nécessite un accord des partenaires sociaux sur le niveau des garanties attendues par les salariés et sur la flexibilité souhaitée par les employeurs.

… soit un salarié sur quatre.

En un siècle, le secteur public n'a jamais cessé de se développer. Sa part dans la population active occupée est passée de 6 % en 1936 à 24 % aujourd'hui. Les effectifs s'étaient accrus avec le processus de nationalisation d'entreprises privées engagé après la Seconde Guerre mondiale et repris en 1982. Le mouvement s'est poursuivi depuis (un million de plus entre 1980 et 2000) malgré les privatisations réalisées en 1987-1988, puis à partir de 1993.

Entre 1990 et 2001, les effectifs de la fonction publique d'État avaient encore augmenté de 10 %. Cette hausse avait concerné essentiellement les domaines de l'éducation et de la sécurité. Le nombre des agents de l'État s'est stabilisé depuis 2002, mais celui des collectivités locales s'est accru, de même que celui de la fonction hospitalière. Avec 1,6 million de salariés, l'Éducation nationale est le plus gros employeur du monde. Le nombre des militaires a en revanche diminué à la suite du processus de professionnalisation et, depuis 1996, de la suppression de la conscription. L'armée de terre a perdu en dix ans près de la moitié de ses effectifs (137 000 en 2003), l'armée de l'air un tiers (64 000), la marine un quart (44 000). De même, le rôle de l'État dans l'économie marchande tend à se réduire depuis quelques années.

Entre 2006 et 2015, 1,3 million de fonctionnaires de l'État, des collectivités locales et du secteur hospitalier devraient cesser leur activité, en tenant compte de la réforme de 2003 et de la décentralisation publique. 51 % des Français souhaiteraient qu'on les remplace tous ou presque (72 % parmi les fonctionnaires) et 45 % qu'on n'en

agents employés dans les ministères civils, celui de la Défense et les établissements publics administratifs nationaux ou d'enseignement), titulaires et non titulaires, ouvriers d'État et militaires (début 2004). Il faut y ajouter les employés de La Poste, des établissements publics industriels et commerciaux, les groupements nationaux d'intérêt publics inclus ou apparentés à la fonction publique d'État (CNRS, CEA, ANPE, CROUS, Caisse des dépôts et consignations…) et l'enseignement privé sous contrat. On arrive au total à 3,1 millions de personnes.

– 1,8 million d'agents de la fonction publique territoriale (communale, intercommunale, départementale et régionale).

– 950 000 agents de la fonction publique hospitalière (hôpitaux et maisons de retraite publics).

Enfin, le secteur public comprend les entreprises à statut d'établissement public (comme la SNCF, la RATP, EDF-GDF…) et les sociétés nationales, nationalisées ou d'économie mixte contrôlées majoritairement par l'État ou par les collectivités locales. L'État contrôle encore 1 600 entreprises (contre plus de 3 000 en 1985), qui comptent environ deux millions de salariés. Au total, il emploie environ 5,9 millions de Français.

285

remplace qu'une partie seulement (*La Gazette des communes*/Ipsos, février 2006).

L'État-mammouth

Évolution de la part de la fonction publique dans la population active (en %)

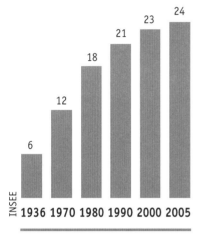

INSEE

| 1936 | 1970 | 1980 | 1990 | 2000 | 2005 |

6 12 18 21 23 24

15 % des actifs ont le statut de cadre ou profession intellectuelle supérieure.

Dans le processus de recomposition de la population active, la disparition des paysans et la réduction du nombre des ouvriers ont surtout profité aux cadres. Le nombre des cadres avait doublé entre 1970 et 1990. On comptait 3,6 millions de cadres et de professions intellectuelles supérieures en 2005, soit quatre fois plus qu'en 1962 (900 000).

La création de la fonction est issue de l'armée du XIXᵉ siècle, où les cadres étaient ceux qui exerçaient le commandement. Elle répondait à un besoin croissant de compétences techniques et scientifiques, à la nécessité de superviser des tâches administratives complexes et d'avoir des commerciaux performants. Le rôle des cadres a pris de

L'État, premier créateur d'emplois précaires

Le maintien du statut des fonctionnaires (et des garanties et avantages afférents en matière notamment de salaires et de retraite) a un double coût. D'abord, pour la collectivité, sous la forme de dépenses de fonctionnement élevées : elles sont supérieures de six points à celles de la moyenne des pays de l'Union européenne, de douze par rapport à l'ensemble des pays de l'OCDE. Les prélèvements obligatoires représentent ainsi près de la moitié du PIB.

Le système a aussi un coût pour les salariés les plus récents de la fonction publique qui n'ont pas la chance de bénéficier du statut. Beaucoup sont en effet embauchés avec des contrats renouvelables et des salaires souvent très inférieurs à ceux des « anciens ». L'État est ainsi le plus grand pourvoyeur d'emplois précaires de France, avec un quart de non-statutaires parmi les 2,5 millions de personnes qu'il emploie directement (surtout dans les collectivités locales). Cette disparité incite à s'interroger sur la nature réelle de la solidarité entre les actifs, notamment chez les fonctionnaires. En 2003, 160 000 cadres de la fonction publique avaient ainsi un statut de contractuel (un sur trois dans les collectivités territoriales).

S'ils devaient recommencer leur vie professionnelle, 54 % des Français préféreraient travailler dans la fonction publique que dans le privé (41 %). 82 % encourageraient leurs enfants s'ils désiraient devenir fonctionnaires, contre 77 % en 1997 (*Le Monde-La Gazette des communes*/Ipsos, février 2006). Mais c'est évidemment en supposant qu'ils seraient embauchés avec le statut de fonctionnaire.

l'importance au fur et à mesure du développement des activités de services, fortes consommatrices de matière grise. La part des cadres supérieurs a plus augmenté que celle des cadres moyens. Mais le statut qui leur est associé est une spécificité française, qui introduit une discontinuité dans la hiérarchie professionnelle. Il représentait à l'origine une sorte de récompense pour services rendus à l'entreprise, un bâton de maréchal assorti d'une sécurité de l'emploi et de privilèges divers. Son élargissement a fini par constituer un groupe très hétérogène dans lequel les formations, les fonctions, les responsabilités et les salaires sont diversifiés. La proportion de femmes s'accroît régulièrement, mais elle n'est que de 35 % ; elle est d'autant moins élevée que l'on s'élève dans la hiérarchie. Un peu plus d'un cadre sur quatre a moins de 35 ans, un sur quatre a au moins 50 ans.

Le statut des cadres s'est transformé.

Le modèle du cadre a fait rêver les salariés pendant des décennies. Il a contribué à l'unification des classes moyennes et supérieures de la société. S'il conserve une image symbolique assez forte, il a connu un certain nombre de transformations liées à l'évolution économique. Un nombre croissant de cadres n'exercent pas de fonction d'encadrement véritable. Leur autorité est aujourd'hui plus liée à des compétences, à un savoir-faire, à des qualités relationnelles et à des résultats qu'à leurs diplômes et leurs titres (même si les premiers les ont largement aidés pour obtenir les seconds). La loi sur les 35 heures hebdomadaires a distingué les cadres de direction, qui en sont exemptés, les cadres au forfait jour (dits autonomes) et ceux intégrés à l'entreprise.

UN MORAL EN HAUSSE

Les enquêtes sur les cadres montrent que la grande majorité considèrent leur charge de travail comme lourde et ont le sentiment d'avoir subi une accélération de leur rythme de travail. La moitié environ estiment que leurs efforts ne sont pas suffisamment reconnus, près des deux tiers qu'ils ne sont pas rétribués à leur juste valeur. Ce désenchantement s'explique par le sentiment d'une perte progressive de statut.

On observe cependant depuis 2004 une amélioration de leur « moral ». Ainsi, en janvier 2006, l'indice synthétique (différence des pourcentages de réponses positives et négatives) était de – 9 points, son meilleur niveau depuis plus de deux ans, alors que celui des ménages était stationnaire à – 30 (*Le Figaro*-France Inter-HEC/LH2). 22 % estimaient que leur situation financière allait s'améliorer (16 % se dégrader, 60 % rester stationnaire) contre 16 % en septembre 2005. Mais seuls 16 % pensaient que les opportunités pour faire progresser leur carrière dans les mois à venir seraient importantes (79 % faibles ou inexistantes) ; une proportion assez stable dans le temps.

Le « malaise des cadres » a fait la une des médias depuis des années. Les privilèges dont ils bénéficiaient se sont estompés (salaires, notes de frais, avantages en nature...) en même temps que la considération dont ils bénéficiaient. La crise économique leur a imposé une obligation de résultats à laquelle tous n'étaient pas préparés. Ils ont dû apprendre à animer, convaincre, décider, utiliser les nouveaux outils technologiques et atteindre des objectifs. Le stress a fait des ravages dans leurs rangs, et beau-

coup sont aujourd'hui à la recherche de sérénité et d'harmonie. La fin des « plans de carrière » a en outre modifié leur relation à l'entreprise, dans le sens d'un moindre engagement.

Les membres des professions libérales sont inquiets.

Les difficultés des cadres concernent aussi les membres des professions libérales, qui en sont proches par la formation, les responsabilités et les revenus. À la pression fiscale s'est ajoutée pour eux l'augmentation des charges sociales. Même si leurs revenus restent en moyenne élevés (p. 318), les disparités au sein de chaque catégorie se sont accrues. Seuls les pharmaciens, les notaires ou les huissiers, qui bénéficient du *numerus clausus,* sont encore à l'abri de la concurrence. Certains médecins, avocats ou architectes connaissent aujourd'hui des difficultés financières, du fait d'une concurrence plus vive ou d'une clientèle plus rare. La liberté d'installation au sein de l'Union européenne a peu influé, car elle a été jusqu'ici peu utilisée.

Le temps de l'adaptation est donc venu pour les professions libérales. Elle passe notamment par le regroupement, à l'exemple des avocats, des notaires, des agents d'assurances ou des conseillers financiers, qui s'efforcent ainsi d'offrir de meilleurs services à leur clientèle. Elle passe aussi, comme pour l'ensemble des professions indépendantes, par une meilleure prise en compte des évolutions de l'environnement économique et social.

Une nouvelle hiérarchie professionnelle s'est substituée à l'ancienne.

La restructuration en cours dans la vie professionnelle a entraîné une transfor-

mation de la nature et de la hiérarchie des métiers. Beaucoup de « notables » d'hier ne bénéficient plus d'un statut social aussi valorisant. C'est le cas de certaines professions libérales, de commerçants ou d'artisans qui jouissaient d'une position sociale et financière enviable et qui sont soumis aujourd'hui à une concurrence croissante et à une clientèle plus exigeante. Les détenteurs de l'information (journalistes, professions intellectuelles...) et ceux qui sont en mesure de l'analyser (experts, consultants...) détiennent au contraire une part de plus en plus grande du pouvoir économique et social, formant une sorte de « cognitariat » (p. 193).

Dans le même temps, certains métiers manuels ou de service ont été revalorisés : plombier, restaurateur, viticulteur, garagiste, kinésithérapeute... Ils ont profité de l'accroissement général du pouvoir d'achat, de la volonté d'être dépanné rapidement en cas de problème, du vieillissement de la population ou de l'attachement à la santé.

La notion d'activité s'est transformée.

La conception du travail a été remise en cause par les contraintes liées à la crise et à la mondialisation de l'économie. Le statut traditionnel de salarié à plein-temps et à durée indéterminée est de plus en plus rare. Environ 7 millions d'actifs occupent aujourd'hui un emploi précaire (contrat à durée déterminée, intérim, stages... p. 271) ; 17 % travaillent à temps partiel (p. 270). Certains ont été « externalisés » dans une structure indépendante. D'autres partagent un même emploi dans une entreprise.

Les frontières entre l'emploi et le chômage, entre la période d'activité et la retraite, entre le statut de salarié et celui d'indépendant tendent ainsi à devenir plus floues. Les horaires et les lieux de travail sont diversifiés afin de satisfaire les exigences de flexibilité des entreprises. Par ailleurs, l'appartenance à des réseaux de travailleurs prend de l'importance, ainsi que le télétravail (voir ci-après), les délocalisations ou le travail en mission. Plutôt que de chercher des emplois, les actifs devront de plus en plus se mettre en quête de clients à qui ils vendront leurs compétences, leur expérience, leurs idées et leur temps. C'est un véritable bouleversement de la conception du travail et des relations entre employeurs et employés qui est ainsi en préparation.

La technologie joue un rôle déterminant...

L'invention de la machine à vapeur, à la fin du XVIIIe siècle, est à l'origine de la première révolution industrielle. Elle a permis à l'homme de disposer pour la première fois d'énergie en quantité importante. On lui doit le développement considérable de l'industrie. La deuxième révolution industrielle fut la conséquence de la généralisation de l'électricité, à la fin du XIXe siècle. Elle reposait notamment sur le transport de l'énergie et son utilisation par les industries et les particuliers.

La troisième révolution industrielle est celle de l'électronique. Elle a commencé à la fin de la Seconde Guerre mondiale et a connu trois phases successives. Le transistor, inventé en 1948, annonçait le véritable début des produits audiovisuels de masse (radio, téléviseur, électrophone...) et des calculateurs électroniques. Le microprocesseur, qui date des années 60, est à l'origine du développement de l'industrie électronique. La télématique, qui marie le microprocesseur et les télécommunications, a donné naissance au

La troisième révolution

Cycle de vie des trois révolutions industrielles successives

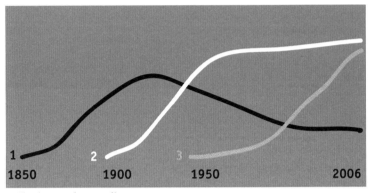

1 Charbon, acier, textile
2 Mécanique, automobile, avion, pétrole, chimie, électricité
3 Électronique, télématique, robotique, biotechnologie, biomasse, atome

multimédia et à ses innombrables perspectives, dont Internet et le téléphone portable sont aujourd'hui les plus spectaculaires.

Les mutations technologiques, celle de l'informatique en particulier, ont détruit des emplois en permettant des gains de productivité. Mais elles en ont créé davantage, notamment sous la forme de nouveaux métiers. La difficulté est que ces nouveaux emplois ne sont pas créés en même temps que d'autres sont supprimés. Ils ne se situent pas non plus dans les mêmes secteurs d'activité que les anciens. Enfin, ils requièrent d'autres compétences, généralement d'un niveau plus élevé, que ceux qui disparaissent. Ces décalages expliquent en partie la hausse du chômage pendant la période d'adaptation.

... et engendre de nouvelles façons de travailler.

L'usage des outils de communication électroniques bouleverse les modes de travail. L'ordinateur s'est généralisé sur

les postes de travail. Il permet une amélioration de la productivité en facilitant l'accès aux informations et à leur manipulation. Il remplace notamment de nombreuses tâches autrefois effectuées sur support papier (même si celui-ci n'a pas disparu) et accroît la vitesse de réalisation de la plupart d'entre elles. Surtout, il favorise le travail en réseau et l'interactivité au sein de l'entreprise. Par ailleurs, la portabilité des outils de travail et de communication (téléphone ou ordinateur connecté à Internet) a modifié les usages professionnels, avec une réduction des temps morts pour les salariés « nomades ».

● **83 % des cadres considèrent que leur charge de travail s'est alourdie. 41 % estiment que les objectifs qui leur sont assignés ne sont pas réalistes. 35 % pensent quitter leur poste en raison du stress.**
● **La moitié des cadres exercent leur métier dans la même entreprise depuis au moins dix ans.**

D'une manière générale, la distinction entre la vie professionnelle, familiale, personnelle a été transformée, dans le sens d'un mélange des genres qui est censé profiter à chacun d'eux, avec les réserves liées à la confusion et au stress qui peuvent en résulter.

L'un des usages logiques de cette évolution est le développement du télétravail, pratiqué à l'extérieur de l'entreprise et notamment au domicile. Ce dernier est le plus souvent partiel, et concerne déjà près de 10 % des actifs (contre le double au Danemark, mais moins de 5 % en Espagne ou en Italie). Il touche en majorité les femmes et s'applique en particulier à des secteurs comme la banque, l'assurance, la traduction, le secrétariat, le journalisme ou l'architecture, sans oublier les métiers de la communication et Internet. Il donne au salarié une meilleure maîtrise de la gestion de son temps et constitue pour l'entreprise un moyen de lutter contre l'absentéisme. Il autorise aussi le choix d'un lieu d'habitation plus éloigné de l'employeur et

éventuellement plus agréable et moins cher, et constitue l'un des facteurs de développement du mouvement de néo-ruralité (p. 156).

La formation est la condition de l'adaptation individuelle.

L'instruction et la formation permanente sont les clés de l'adaptation aux évolutions en cours (p. 69). Le niveau d'études initial, sanctionné par un diplôme, constitue un atout essentiel pour accéder aux activités les plus motivantes et rémunératrices. Les emplois non qualifiés ne représentent plus que 20 % des emplois salariés, contre 27 % en 1980. Le niveau d'instruction des personnes concernées a progressé. Si les connaissances sont nécessaires, c'est surtout la capacité à les relier entre elles et à en faire une synthèse intelligente qui est devenue déterminante. Les employés et les cadres sont ainsi appelés à chercher des informations pertinentes, à les

actualiser et à les appliquer dans un contexte particulier.

Dans cette optique, la culture générale redevient essentielle (p. 80). L'histoire, la géographie, la sociologie, la géopolitique, la philosophie et l'art sont des outils de plus en plus utiles aux cadres et aux dirigeants dont le métier est d'analyser le présent afin d'inventer l'avenir. Enfin, certaines qualités personnelles comme la capacité à communiquer, l'ouverture d'esprit, le dynamisme, l'humilité et, surtout, la créativité prennent une importance accrue. Les entreprises ne peuvent plus reposer sur une division du travail, mais sur une addition des compétences et une synergie entre les personnes.

● *Les 50 ans et plus représentent 42 % des demandeurs d'emploi inscrits à l'Anpe depuis plus de deux ans.*
● *82 % des cadres de plus de 50 ans se disent pessimistes sur leur évolution de carrière.*

LA VIE PROFESSIONNELLE

Entreprises

Le nombre des créations d'entreprises s'est accru depuis 2003...

Après la croissance des années 1983 à 1989, le nombre des créations pures d'entreprises (hors reprises et réactivations) avait fortement chuté jusqu'en 1993. La croissance enregistrée en 1994 avait été suivie d'une nouvelle baisse entre 1995 et 1998, puis d'une croissance liée à l'avènement de la « nouvelle économie » et aux créations de *start-up*, jusqu'en 2000 (177 000 entreprises nouvelles). Leur nombre s'était ensuite stabilisé jusqu'en 2002, avant de retrouver en 2003 le niveau de 1990 (199 000).

Après une nouvelle hausse en 2004, on a observé une légère diminution en 2005, avec 225 000 créations. Elles ont représenté 71 % de l'ensemble des créations (317 000 avec les reprises et les réactivations). Trois secteurs sont particulièrement dynamiques : l'immobilier et la construction (dans une conjoncture très favorable) et les services aux entreprises. Plus d'une entreprise sur quatre a été créée dans le commerce, dont 68 % dans celui de détail (alimentation, habillement, bricolage...), 23 % dans le commerce de gros, 9 % dans celui de l'automobile. Les créations dans l'hôtellerie–restauration ont fortement baissé en 2005, après une augmentation continue depuis l'an 2000. Celles d'entreprises « innovantes » (notamment les services informatiques) ne

représentaient que 5 % de l'ensemble. Depuis 2003, les créations dans les régions du Nord progressent plus vite que la moyenne nationale, au contraire de celles du Sud.

La hausse observée depuis 2003 n'a concerné que les entreprises n'ayant aucun salarié au démarrage, qui représentent 86 % des cas. Elles permettent à l'entrepreneur de créer son propre emploi ; depuis 2002, le nombre des bénéficiaires de l'aide aux chômeurs créateurs ou repreneurs d'entreprises a plus que doublé. La proportion de nouvelles entreprises ayant un ou plusieurs salariés est restée stable ; le nombre total d'emplois générés est estimé à 405 000. 54 % des créations pures se font sous la forme d'entreprises individuelles, 46 % en société (dont plus de la moitié en SARL).

... mais le taux national reste inférieur à celui des autres pays développés.

Malgré l'augmentation récente, la France apparaît mal placée par rapport aux autres pays de l'Union européenne en ce qui concerne la création d'entreprises (créations pures, reprises ou réactivations). Seuls 2 % des actifs de 18 à 64 ans sont impliqués dans le démarrage de nouvelles entreprises, contre 8 % en Irlande, 7 % en Espagne, 6 % en Grande-Bretagne et au Danemark, 5 % en Allemagne, 4 % en Suède, en Belgique et aux Pays-Bas, 3 % en Italie ou en Finlande (*Global entrepreneur monitor*, 2003). Le taux serait de 9 % aux États-Unis et 7 % au Canada (mais 2 % seulement au Japon). Si la France avait eu le même taux de création que la

Grande-Bretagne, le nombre d'entreprises serait de l'ordre de 3,7 millions au lieu de 2,6 millions (4,7 millions avec le taux des États-Unis). Or l'incidence du dynamisme entrepreneurial sur l'économie n'est plus à démontrer. La France se distingue aussi par le plus faible taux d'implication des femmes dans la création.

Le problème principal est en fait moins la création que le développement. Ainsi, la France crée davantage d'entreprises ayant un à vingt salariés que les États-Unis : 247 pour 10 000 habitants en 2004, contre 230. Mais ces entreprises éprouvent beaucoup plus de difficultés à atteindre une taille intermédiaire (20 à 500 salariés), lorsque les aides publiques initiales disparaissent : 16 pour 10 000 habitants contre 25 aux États-Unis. Celles qui parviennent à se développer sont souvent rachetées par des grosses entreprises, ce qui ne contribue pas autant à la création d'emplois qu'une croissance indépendante. On observe le même phénomène pour les grandes entreprises (plus de 500 salariés) dont la proportion est moindre en France.

Le nombre des reprises s'est stabilisé après une baisse régulière...

Comme celui des créations d'entreprises, le nombre des reprises avait diminué à partir du début des années 90. Il a atteint en 2003 son plus faible niveau : 39 983. Le mouvement a été interrompu en 2004 et le nombre des reprises était de 40 832 en 2005. On avait constaté également depuis 1997 une baisse du nombre des réactivations. Après la remontée de 2004,

La fibre créatrice

Les difficultés administratives longtemps invoquées pour expliquer le faible taux de création d'entreprises en France ont beaucoup diminué, avec notamment le regroupement des formalités prévu par la loi pour l'initiative économique de 2003. Celles liées au financement demeurent en partie, les banques françaises se montrant souvent frileuses à l'égard des créateurs ; les difficultés de montage financier sont d'ailleurs à l'origine de près de la moitié des abandons. Dans les enquêtes internationales, la France reste cependant le pays de l'Union européenne où la création d'entreprises est perçue comme le plus difficile. C'est pourquoi un certain nombre d'entrepreneurs préfèrent tenter leur chance à l'étranger, dans un environnement qu'ils jugent plus favorable. Il existe par ailleurs des freins culturels. Les programmes scolaires nationaux sont davantage orientés vers la réflexion que vers l'action. Les Français manifestent traditionnellement un faible intérêt pour la création d'entreprises (un jeune sur quatre se dit cependant attiré) ; ils se montrent surtout hésitants dans le passage à l'acte.

Dans un pays où le libéralisme et le statut de patron ne sont pas particulièrement valorisés, le créateur n'est pas perçu comme un héros. La peur de l'autonomie et celle de l'échec sont d'autres facteurs explicatifs de cette faible prédisposition nationale à la création d'entreprises. On sait par ailleurs que plus de 70 % des jeunes de 15 à 24 ans souhaiteraient plutôt travailler dans la fonction publique.

... mais celui des défaillances progresse.

On a dénombré un peu plus de 50 000 défaillances d'entreprises en 2005. Après avoir fortement augmenté entre 1980 et 1993 (notamment après la loi de 1985 relative au redressement et à la liquidation judiciaires), atteignant 61 000, le nombre des faillites avait diminué progressivement jusqu'en 2001 (37 000). Il s'était ensuite stabilisé vers 40 000. Le taux de défaillance (nombre de dépôts de bilan de l'année divisé par le nombre d'entreprises existantes en début d'année) est de l'ordre de 10 %. On constate qu'une proportion croissante des dépôts de bilan (neuf sur dix) aboutit à une liquidation.

Seules 11 % des cessations d'activité concernent le secteur de l'industrie (notamment dans les biens intermédiaires et les biens d'équipement), mais elles ont des conséquences importantes sur l'emploi. Une fermeture sur quatre (23 %) concerne le secteur de la construction-bâtiment. Les secteurs les plus touchés sont les industries agroalimentaires, le secteur des

leur nombre était de nouveau en diminution en 2005, à 51 167.

La moitié des reprises sont liées au départ à la retraite du dirigeant. Deux fois sur trois, il s'agit d'un fonds de commerce de très petite taille. Seules 4 % concernent des PME (entre 10 et 499 salariés), mais celles-ci représentent la moitié des emplois. Un repreneur sur trois reprend l'entreprise dans laquelle il travaillait. Entre 1986 et 1995, environ 400 000 entreprises ont changé au moins une fois de propriétaire.

La reprise requiert en général une plus grande préparation que la création, et la mise de fonds est plus importante. Mais le taux de survie après trois ans est plus élevé ; il est proche de 80 % (ci-après). Les reprises effectuées dans le secteur de l'industrie ont les meilleures chances de succès (près de neuf sur dix existent encore après trois ans), celles de l'hôtellerie les

plus faibles (trois sur quatre, une proportion qui reste élevée). En 2005, le nombre d'entreprises nouvelles (créations pures, reprises, réactivations) s'est élevé au total à 316 829, en baisse de 1 % sur 2004.

Démographie des entreprises

Évolution du nombre d'entreprises créées, reprises, réactivées et des cessations

	1985	1990	1995	2003	2005
Créations nouvelles	192 200	216 620	179 049	199 000	224 830
Reprises	52 320	56 800	46 540	41 000	40 832
Réactivations	–	–	59 390	54 000	51 167
Total	**244 520**	**273 420**	**284 979**	**294 000**	**316 829**
Cessations	26 425	46 170	52 595	41 635	41 744
Solde : créations moins cessations	+ 165 775	+ 170 450	+ 126 454	+ 252 365	+ 275 085

INSEE

services aux particuliers et celui du commerce.

Les entreprises les plus fragiles ont entre deux et cinq ans d'existence ; les plus anciennes sont les moins affectées. Celles qui emploient plus de 50 personnes sont beaucoup plus pérennes, de même que les artisans et les commerçants. Le taux de disparition est maximal pour celles qui comptent de 10 à 20 salariés.

Le solde entre créations et disparitions donne une idée erronée de la situation de l'emploi. Les entreprises nouvelles ont en effet une taille moyenne très inférieure à celle des entreprises qui disparaissent. Le taux de création (rapport du nombre de créations dans l'année au nombre d'entreprises existantes en début d'année) est de 11 %. Le nombre des faillites en France est voisin de celui des États-Unis, qui ont pourtant une économie environ dix fois plus importante.

Une entreprise sur deux survit après cinq ans.

Un peu moins de 300 000 entreprises sont créées, reprises ou réactivées chaque année, sur un nombre total de 2,6 millions au début 2004, ce qui signifie que plus d'une sur dix a moins d'un an d'existence. Sept sur dix n'ont aucun salarié au moment de leur création (le nombre moyen est de 0,7 salarié par création) et leur taux de mortalité est beaucoup plus élevé. Neuf sur dix ont moins de 5 salariés et leurs chances de se développer sont plus fortes. Après cinq années d'activité, la moitié des entreprises qui ont survécu comptent au moins un salarié ; le nombre moyen est de 3,5.

Parmi les entreprises créées en 1998, sept avaient fêté leur troisième anniversaire en 2001, une sur deux (51 %) son cinquième en 2003. Les entreprises créées par reprise résistent mieux

(60 %) que les créations pures (51 %). La première année est la plus difficile, avec environ un échec sur cinq créations. Le taux de réussite est d'autant plus élevé que les projets et les moyens mis en œuvre lors du lancement sont importants. La survie est particulièrement faible dans le secteur de l'industrie textile et du commerce de détail : 40 % à cinq ans dans le commerce et la réparation ; 42 % pour les hôtels-cafés-restaurants. Les sociétés résistent mieux que les entreprises individuelles : 54 % contre 40 %. L'existence de relations avec d'autres entreprises et la possibilité de recevoir des conseils limitent le risque d'échec dans les premières années.

Le profil des créateurs a une influence sur la pérennité des entreprises. Les chances de succès augmentent avec l'expérience, donc avec l'âge : les nouveaux entrepreneurs de 30 à 40 ans réussissent une fois et demie mieux que les moins de 30 ans. Le diplôme a un impact positif la première année, mais il n'est plus déterminant par la suite. À cinq ans, le taux de survie des entreprises créées par des jeunes diplômés (8 % des créateurs) n'est que de 44 % contre 51 % pour l'ensemble et 48 % pour les anciens chômeurs représentent (38 % des créateurs). Il est de 67 % pour les anciens artisans, commerçants ou professions libérales. Le taux de succès des hommes est supérieur à celui des femmes (26 % des créateurs) : 53 % contre 47 %.

L'image des entreprises s'est dégradée depuis quelques années...

Outre le faible taux d'implication des Français dans la création d'entreprises par rapport à d'autres pays développés (ci-dessus), on observe une dégradation de leur image depuis le milieu des années 90. Les plans sociaux affectant

des entreprises connues et leur médiatisation ont sans doute contribué à cette évolution. Elle a été amplifiée par les craintes liées à la mondialisation, dont les grandes entreprises sont le symbole (p. 230). Beaucoup de Français ont le sentiment qu'elles accroissent leurs profits à coups de délocalisations et de licenciements et qu'elles s'intéressent davantage à leurs actionnaires et aux marchés financiers qu'à leurs salariés. Voire à leurs clients, certaines pratiques de « marketing » étant jugées peu vertueuses par les Français.

Comme le monde ou la société, l'entreprise est considérée comme un univers aux repères flous. Dans un contexte de compétition internationale croissante, elle ne prend pas toujours le temps d'expliquer aux collaborateurs où elle va et avec quels objectifs. Elle apparaît aussi paradoxale, avec des licenciements lorsque les profits augmentent, des accroissements des revenus des dirigeants lorsque les profits baissent. Les Français reprochent aussi aux entreprises d'avoir réduit l'« employabilité » des salariés. Celle-ci commence en effet de plus en plus tard, compte tenu de la difficulté de trouver un premier emploi, le plus souvent précaire. La vie professionnelle ne se stabilise guère avant 30 ans ; elle diminue à partir de 40 ans, de sorte que la durée des carrières est très courte.

La relation à l'entreprise a changé de nature ; elle est devenue plus contractuelle qu'affective (p. 265). Le fossé s'est creusé avec la montée de la précarisation. La publication des revenus de certains patrons, celle de leurs *stock-options* (actions gratuites) ou de leurs indemnités de départ garanties (« parachutes dorés ») n'a pas amélioré une image déjà ternie. La désaffection générale à l'égard des institutions s'est ainsi étendue aux entreprises.

Les multinationales mal-aimées

Le jugement global des Français sur les entreprises diffère sensiblement selon leur taille. En février 2006, ils étaient 76 % à avoir plutôt une bonne image des PME (moins de 250 salariés), 17 % seulement une mauvaise. Ils ne sont plus que 49 % (contre 45 %) à apprécier les entreprises plus grandes. L'image des multinationales (implantées dans plusieurs pays) est encore bien plus défavorable : 62 % en ont une mauvaise, 31 % une bonne. L'écart d'appréciation entre elles et les PME, qui était de 37 points en avril 2004, est passé à 45 en février 2006.

On retrouve la même distinction, accrue, en ce qui concerne la perception des chefs d'entreprise. Si 73 % des Français ont une bonne image des patrons de PME (21 % une mauvaise image), ils ne sont plus que 41 % à propos des dirigeants de grandes entreprises (52 % de l'avis contraire) et 25 % pour ceux des multinationales (contre 67 %).

CGPME/Ipsos, février 2006.

Les entreprises doivent répondre à de nombreuses attentes...

La désaffection relative dont souffre aujourd'hui l'entreprise de la part des salariés, des consommateurs ou des citoyens n'empêche pas ceux-ci d'exprimer des attentes à son égard. Car ils sont conscients de l'importance et du poids que les entreprises représentent dans la marche de l'économie et, par voie de conséquence, de la société. D'autant que beaucoup sont convaincus de l'incapacité des institutions à accomplir le travail de régulation collective et d'accompagnement individuel qu'elles ont longtemps assumé.

Les entreprises doivent d'abord répondre à des attentes traditionnelles. La première est sans aucun doute la création d'emplois. Elle est inséparable (notamment dans le secteur privé concurrentiel) de la création de richesse, sous la forme d'un accroissement du PIB et d'une hausse du pouvoir d'achat des salariés. Elle passe aussi par le développement et l'offre de nouveaux produits et services. Il s'y ajoute une attente de considération, tant envers les employés que les clients, avec notamment un attachement au respect de la vie privée des uns et des autres. Les souhaits concernent aussi la participation de l'entreprise à la réduction des inégalités de toute nature (revenus, éducation...), auxquelles les Français sont de plus en plus sensibles.

... dont certaines sont inédites.

D'autres attentes, exprimées ou non, apparaissent aujourd'hui à l'égard des entreprises. Certaines sont parfois éloignées de leur vocation initiale. On exige ainsi d'elles qu'elles préservent l'environnement, non seulement par leur comportement industriel, mais aussi par leur implication dans des actions plus globales. On souhaite qu'elles participent à la restauration d'un lien social qui s'est peu à peu distendu en fournissant aux individus des occasions de se parler, de mieux vivre ensemble. Leur dimension souvent internationale, leurs importants moyens d'investigation et de communication expliquent également que l'on attend d'elles des efforts de didactisme pour expliquer le monde et son évolution.

Enfin, devant ce qui leur apparaît comme une incapacité des politiques et des intellectuels à proposer un monde nouveau et meilleur, les citoyens commencent à se tourner vers les entreprises pour qu'elles participent aux grands débats, voire qu'elles proposent des solutions aux problèmes de l'époque. Pour retrouver la confiance, assurer leur pérennité et satisfaire aux attentes de la population, les entreprises devront donc demain faire émerger des idées, des projets. Le risque est que certaines aillent jusqu'à échafauder des théories et même des idéologies, ce qui n'est pas a priori leur vocation. On peut par exemple s'interroger sur l'utilisation du communautarisme dans l'approche commerciale de certaines entreprises. Cependant, la « refondation sociale » ne peut ignorer l'importance croissante de l'économie, dans un contexte où la politique a montré les limites de son pouvoir.

De nouveaux modes de gouvernance apparaissent...

Les économistes, chefs d'entreprise et observateurs étrangers sont souvent critiques à l'égard de la conception française de la gestion des entreprises, longtemps appelée *management* et aujourd'hui baptisée gouvernance. Elle leur paraît marquée par certaines spécificités : culte des diplômes ; absence de représentativité syndicale ; centralisation des décisions ; faible transparence ; mobilité réduite ; attachement des cadres à la fonction plus qu'à la mission qu'elle recouvre. Pour eux, ces « exceptions françaises » ne permettent guère l'expression des individualités. Elles nuisent au contraire à l'épanouissement personnel des salariés et à leur créativité.

Des progrès ont cependant été accomplis, notamment pour impliquer davantage les salariés et les cadres dans les processus de décision. Ils ont permis en particulier aux entreprises françaises de se développer à l'international. Mais ils apparaissent encore insuffisants. L'élitisme reste très présent dans le choix des dirigeants des grandes firmes françaises ; les grandes écoles, l'État et les familles possédantes jouent un rôle central dans la « méritocratie » nationale. Beaucoup sont encore gérées selon des principes de hiérarchie et d'autorité qui n'ont plus cours dans d'autres pays. L'initiative individuelle et la remise en question n'y sont pas toujours valorisées. Vue de l'étranger, la semaine de 35 heures est apparue comme une mesure à contre-courant dans un environnement très concurrentiel. Elle impose des contraintes supplémentaires sur les entreprises françaises et, par contrecoup, sur les salariés.

... ainsi que de nouveaux profils de dirigeants.

Au cours des prochaines années, les entreprises devront être capables de réconcilier des notions qui peuvent paraître contradictoires : autonomie des salariés et travail en équipe ; rationalité et affectivité ; court terme et long terme ; vision globale et action locale. C'est ainsi qu'elles seront en mesure de répondre aux attentes et aux contraintes de leur environnement à la fois externe (clients, concurrents, fournisseurs, pouvoirs publics...) et interne (salariés, actionnaires).

Pour y parvenir, de nouveaux profils de dirigeants sont nécessaires. En plus de la connaissance, de l'intelligence et de l'expérience, ils doivent posséder des capacités d'ouverture et de clairvoyance dans une économie mondialisée. On attend d'eux des qualités de communicateur et d'animateur. De sang-froid, aussi, pour gérer les crises de toutes sortes qui jalonneront la vie des entreprises. Ils doivent être capa-

Les Français hostiles au « marché »

Les notions de marché, de libéralisme, de profit ou de marketing ont en France une connotation globalement négative. Cette attitude s'appuie sur une culture ancienne et un rapport compliqué à l'argent (p. 309). Dans l'opinion publique, l'idée de marché est associée de façon plus ou moins consciente à celle d'un ultralibéralisme économique dont les abus et les dérives induisent un « déficit social ». Les techniques de séduction et de segmentation utilisées par les entreprises (marketing, publicité...) sont souvent vécues par les Français comme des formes de harcèlement (p. 353). Ces craintes ont été provoquées ou nourries par des pratiques qui n'étaient pas toujours vertueuses et qui ont jeté le doute sur l'ensemble des entreprises. Elles se sont traduites par une prise de distance à l'égard des marques *(no logo)*.

Pour beaucoup de Français, le « marché » est inquiétant par sa dimension, devenue planétaire. L'image des entreprises s'est ainsi détériorée en même temps qu'elles sortaient de leurs frontières d'origine. De nationales, elles sont devenues multinationales, et leur terrain d'action (leur théâtre d'opérations pour celles qui ont une vision guerrière de l'économie) est devenu « global ». Certaines sont aujourd'hui plus puissantes et plus riches que des États ; c'est pourquoi elles apparaissent potentiellement dangereuses. C'est de ces peurs qu'est né le mouvement antimondialiste, devenu plus récemment altermondialiste, qui affirme qu'« un autre monde est possible ». Mais il reste à préciser ce qu'il peut être et démontrer qu'il sera plus attrayant que celui qu'il est supposé remplacer. Enfin, il faudra proposer des façons concrètes de le mettre en place.

bles d'anticiper les changements et de faire émerger de nouvelles réponses à des questions inédites. La mobilité et, surtout, la moralité (ci-dessous) sont deux autres qualités essentielles des nouveaux dirigeants.

Ces nouveaux dirigeants vont devoir par ailleurs favoriser le multiculturalisme, facteur d'intégration sociale, mais aussi d'ouverture d'esprit, d'innovation et de développement. Les entreprises ne pourront en effet continuer de pratiquer des discriminations illégales et immorales en fonction de l'origine ethnique, de la couleur de peau, de l'âge ou du sexe. La réalisation de la parité hommes-femmes, jusque dans les plus hautes fonctions de direction, constitue notamment un élément nécessaire de l'adaptation des entreprises.

L'entreprise est sommée d'adopter une démarche « vertueuse »...

Il est courant d'affirmer que l'entreprise doit être responsable, citoyenne, morale ou éthique. On peut préférer à ces qualificatifs celui de « vertueuse », moins galvaudé et plus riche de sens. Il n'évoque pas les mêmes souvenirs de pratiques douteuses, parfois de scandales qui ont largement contribué à la détérioration de l'image globale des entreprises. Surtout, son origine latine *(virtus)* signifie à la fois « moralité » et « courage ». Or, les entreprises devront faire preuve de ces deux qualités pour répondre aux attentes diverses et complexes dont elles seront de plus en plus l'objet.

La demande de vertu ne saurait être un simple effet de mode. Les pressions seront de plus en plus fortes de la part des différents interlocuteurs de l'entreprise : pouvoirs publics ; médias ; citoyens ; salariés ; clients ; actionnaires ; concurrents ; fournisseurs ; distributeurs ; analystes financiers ; agences de notation... Le moindre manquement à la morale sera de plus en plus vite repéré, dénoncé et sanctionné. Il s'agira donc d'être irréprochable ou, en tout cas, de chercher sincèrement à l'être, de reconnaître les inévitables erreurs et de les réparer.

Ce besoin de vertu au sein de l'entreprise explique le succès des entreprises à forme coopérative ou mutualiste, qui disposent d'atouts spécifiques : une vocation sociale affirmée depuis l'origine ; une culture de solidarité ; une pratique de la proximité, avec de fortes implantations locales et régionales ; une implication dans leur environnement, souvent au-delà de leur domaine d'activité. Enfin, elles ne s'adressent pas à des clients, mais à des adhérents ou des sociétaires. Elles constituent une réponse possible au besoin de réconcilier l'individu et la collectivité, le local et le global, l'économique et le social, le bien et le lien, l'efficacité et la vertu. Dans un environnement éminemment concurrentiel où les offres de produits tendent à se banaliser, ce sont les « valeurs ajoutées immatérielles » qui permettront aux entreprises de se différencier positivement : état d'esprit ; services ; pratiques ; image ; qualité relationnelle, etc.

... et de s'inscrire dans un processus de « développement durable ».

Pour jouer leur rôle, survivre et progresser, les entreprises devront s'inscrire dans un mouvement planétaire au

Discriminations

« Pour évoluer et progresser dans votre entreprise, quels sont parmi les critères suivants les trois principaux handicaps ? » *(principal handicap cité, en % des salariés d'établissements d'au moins 10 personnes)*

	Ensemble	18-24 ans	50-64 ans	Nom à consonance*
Avoir plus de 55 ans	26	16	29	20
Présenter un handicap physique	16	24	16	9
Avoir moins de 25 ans	9	15	7	8
Avoir une peau de couleur ou un nom à consonance maghrébine ou africaine	8	12	6	18
Être une femme	7	5	10	7
Avoir un physique désagréable	4	9	3	2
Être issu d'un milieu défavorisé	3	5	3	3
Être un homme	1	3	2	-
Aucun de ceux-là	24	11	20	30
Ne se prononcent pas	2	-	4	3

* Personnes ayant un nom ou un prénom à consonance maghrébine ou africaine

L'Express-Bernard Brunhes/BVA, janvier 2006

sein duquel elles auront un rôle majeur à jouer : le « développement durable ». Il est à la fois la condition de la survie de la planète et de leur propre pérennité. La nécessité de la vertu n'est en effet pas antinomique avec la recherche de l'efficacité économique. On observe au contraire que les deux notions se renforcent. Les entreprises qui réussissent sont aussi celles qui sont les plus conscientes de leurs responsabilités sociales. Le comportement vertueux présente ainsi quelques avantages indéniables : motivation plus forte des salariés ; qualité accrue des relations avec les partenaires sociaux au sein de l'entreprise ; pouvoir d'attraction augmenté auprès des jeunes

à la recherche d'un emploi ; confiance des pouvoirs publics et des instances de régulation qui se sentent moins obligés de contraindre par des réglementations tatillonnes ; indulgence des médias en cas de problème ; « présomption d'innocence » de la part des clients soumis à un problème ponctuel ; meilleure crédibilité de la communication publicitaire ; jugement plus favorable de la part des analystes financiers et des agences de notation...

Face aux nouveaux défis, les entreprises qui s'appuieront de façon sincère sur la vertu y trouveront un levier pour remplir leurs missions sociales et satisfaire à leurs contraintes d'efficacité et de profitabilité. Elles pourront

Mondialisation et délocalisation

Les délocalisations ou « externa-lisations internationales » sont souvent accusées de porter une lourde responsabilité dans le taux de chômage. Elles ne seraient cependant à l'origine que de 4 % des emplois détruits entre début 2002 et mi 2004. La plupart des autres (63 %) étaient dus à des restructurations internes, 23 % à des faillites d'entreprises, 9 % à des fusions-acquisitions. Si les emplois délocalisés ont des retombées positives pour les pays de destination, ils en ont aussi pour ceux d'origine : un dollar délocalisé en Inde dans le secteur des services rapporte 1,15 dollar aux États-Unis et 0,86 pour la France (0,74 pour l'Allemagne). Elles permettent en outre des baisses de prix pour les consommateurs. Après la délocalisation des emplois de production, celle des services pourrait s'intensifier au cours des prochaines années. Les délocalisations pourraient causer la perte d'environ 200 000 emplois entre 2006 et 2010.

aider leurs collaborateurs à s'épanouir, rétablir la confiance de la communauté, fournir à leurs clients des motifs de satisfaction et d'adhésion. Pour y parvenir, elles devront faire preuve d'humilité plus que d'arrogance, d'imagination plus que d'imitation, de pragmatisme plus que de certitudes. Elles en seront logiquement récompensées dans leur image, dans

• La France est le pays d'Europe dans lequel les licenciements donnent le plus lieu à des recours juridiques : 25 % contre 23 % en Allemagne, 7 % au Royaume-Uni, 5 % en Finlande, 3 % en Irlande, 2 % en Italie, 0,03 % aux États-Unis.

leurs résultats comptables et leur développement. Comme le suggérait Lamartine : « La gloire ne peut être où la vertu n'est pas. »

Conditions de travail

Les contraintes de production se sont accrues...

Depuis quelques années, les entreprises sont soumises à une concurrence de plus en plus forte sur le plan national et international. La réduction du temps de travail à 35 heures avec un maintien des salaires les a aussi contraintes à des efforts de productivité. Le coût du travail en France, qui était considéré comme plutôt favorable par rapport à d'autres pays développés, s'est accru, diminuant ainsi leur compétitivité. Or, celle-ci conditionne leur niveau d'activité, donc leur capacité de créer ou de maintenir les emplois et d'accroître le pouvoir d'achat des salariés.

Ces contraintes se traduisent par une demande croissante d'efficacité et de flexibilité à l'égard des salariés. Beaucoup d'entreprises ont mis en place des systèmes de gestion par objectifs et appliqué la « rémunération au mérite ». Les méthodes permettant d'accroître la productivité ne concernent plus seulement les chaînes de fabrication ; elles se sont étendues au secteur des services, tant pour les tâches administratives que commerciales, dans un mouvement néotaylo-riste qui a pour objectif la « qualité totale » (encadré page suivante).

Les progrès de la technologie permettent par ailleurs de contrôler plus facilement le travail des salariés et même

de les surveiller : conversations téléphoniques ; utilisation des ordinateurs ; déplacements dans l'entreprise... La vie professionnelle est davantage codifiée, qu'il s'agisse de la tenue vestimentaire ou des comportements vis-à-vis des supérieurs et des clients. La « culture d'entreprise » (ensemble de ses valeurs, objectifs, attitudes et comportements) est présentée comme un modèle auquel chacun doit adhérer et se conformer, au risque parfois d'abandonner une partie de son identité et de sa créativité.

... de même que certaines formes de pénibilité du travail.

Une ambiance de compétition, mais aussi d'inquiétude, s'est installée dans de nombreuses entreprises. Elle a des incidences parfois néfastes sur les conditions de travail. Le stress est ainsi devenu un véritable fléau, qui concerne au moins un salarié sur trois ; il est à l'origine des deux tiers des consultations médicales (p. 39). Des enquêtes montrent un accroissement de la pénibilité ressentie ; elle se traduit notamment par une augmentation des troubles musculosquelettiques. Un salarié sur dix a déjà eu au moins un arrêt de maladie lié au stress professionnel. Pourtant, la pénibilité réelle semble en diminution : en 2003, 8 % des salariés étaient soumis au moins à une contrainte (position debout, gestes répétitifs...) contre 12 % en 1994 (étude Sumer). La proportion atteignait 70 % pour les ouvriers qualifiés, un chiffre stable depuis dix ans. Les cadres sont aussi de plus en plus concernés. 83 % considéraient en 2005 que leur charge de travail s'était alourdie, contre un sur deux en 1995. L'obligation de résultat conduit un certain nombre d'entre eux à se « doper », comme certains spor-

Productivité et néotaylorisme

Pour faire face aux pressions compétitives, les entreprises ont développé de nouveaux modes de fonctionnement. La production en « flux tendu » ou en « juste à temps » a pour but de limiter au minimum le niveau des stocks immobilisés. Ce sont alors les employés et non plus les stocks qui assurent la régulation de la production en fonction des commandes. Ce système implique des contrôles plus stricts et il est générateur de stress.

La recherche de la productivité a aussi des incidences sur les sous-traitants et les prestataires d'activités « externalisées » par les entreprises, car jugées moins rentables (entretien, comptabilité…). Elle est associée à des contraintes croissantes sur la qualité, les délais de livraison et les prix, qui rejaillissent sur les salariés concernés. D'une manière générale, les entreprises demandent de plus en plus de flexibilité à l'ensemble de leurs personnels, à tous les niveaux, dans le but de limiter les effectifs et les coûts. Les embauches se font ainsi avec des contrats à durée déterminée ou en recourant à l'intérim, de sorte que la part des emplois à statut précaire ne cesse de s'accroître (p. 271) depuis le début des années 80. Les systèmes de productivité de type tayloriste, inventés par l'industrie de l'automobile au début du siècle dernier, ne sont donc pas abandonnés. Contrairement à une idée reçue, la proportion d'ouvriers travaillant à la chaîne progresse : 15 % chez les ouvriers qualifiés (contre la moitié en 1984), 30 % chez les non-qualifiés (contre 20 %). Ce mode de travail, longtemps réservé à l'industrie, se développe aussi dans les services, qui sont confrontés aux mêmes contraintes de productivité.

tifs de haut niveau ; on estime qu'un sur cinq a recours à des produits destinés à accroître l'énergie ou à faciliter le sommeil.

Les employés et les ouvriers sont en tout cas soumis à des pressions croissantes. En contrepartie de la mise en place de la semaine de 35 heures, les entreprises leur ont demandé de travailler plus efficacement sur un nombre d'heures inférieur. Ils subissent aussi les contraintes liées à la production « juste à temps » et aux activités « externalisées ». La reprise du chômage et la multiplication des statuts de précarité sont d'autres facteurs anxiogènes. Dans un contexte de faible croissance économique et de « décrochage » de la France par rapport aux autres pays développés (p. 203), chacun doit à son niveau être plus « performant ».

> ## C'est le client qui est désormais au centre de l'entreprise.

Dans un contexte de compétition exacerbée, les entreprises ont pris conscience que le client, qui les fait vivre, avait été un peu oublié. Elles ont donc depuis quelques années dirigé vers lui l'essentiel de leurs efforts, afin de le séduire, de le conquérir et de le fidéliser. D'autant que celui-ci se montrait de plus en plus méfiant et volatile (p. 335). Le marketing a ainsi pris une importance croissante, et beaucoup d'entreprises ont décidé de placer le client au centre de leur réflexion, de leur stratégie et de leurs actions. Dans certains cas, celui-ci est devenu plus important, en tout cas plus indispensable que le salarié. Cette nouvelle attitude a bouleversé les relations au travail, de même que les modes d'organisation. Les entreprises ont demandé à leurs salariés de satisfaire des attentes devenues plus complexes, de garantir le « zéro

défaut » et le « zéro délai ». Les itinéraires professionnels et les rémunérations sont davantage liés aux efforts personnels et aux résultats obtenus, dans le cadre d'une gestion par objectifs.

Plus sans doute que dans d'autres pays à la culture professionnelle différente, les Français ont éprouvé des difficultés à accepter ce nouveau système. L'habitude des « plans de carrière » dans le secteur privé et celle de l'avancement à l'ancienneté dans la fonction publique apportaient un certain confort, qui disparaissait tout à coup. D'autant que les entreprises n'ont pas toujours bien expliqué les enjeux et les règles. Leurs discours sur l'importance de la « ressource humaine » n'ont pas toujours été crédibles lorsqu'elles étaient amenées à licencier. Beaucoup de salariés ont souffert par ailleurs d'être moins reconnus par leurs supérieurs, leurs collègues ou leurs clients. Les priorités de l'entreprise devront donc sans doute être rediscutées et redéfinies entre les salariés, les clients, les fournisseurs et les actionnaires.

> ## Le climat social dans les entreprises s'est détérioré…

Les préoccupations qualitatives en matière de conditions de travail, présentes dans les revendications de Mai 68, avaient donné naissance en 1973 à l'Agence nationale pour l'amélioration des conditions de travail (ANACT). Elles ont permis des progrès sensibles jusqu'au milieu des années 80. L'enquête sur les conditions de travail réalisée en 1991 par le ministère du Travail avait fait apparaître une inversion de tendance ; les salariés avaient le sentiment de subir plus fréquemment des contraintes qu'en 1984, date de la précédente enquête.

297

Cette évolution a été confirmée depuis. Elle se traduit par l'impression ressentie par les salariés d'une plus grande difficulté à accomplir leur travail. Une crainte qui ne semble pas infondée, car le nombre des accidents du travail est en augmentation depuis quelques années (p. 59), de même que celui des maladies professionnelles (p. 47). L'amélioration des processus de production, l'importance croissante de la gestion des ressources humaines et la plus grande autonomie accordée aux travailleurs auraient pourtant dû améliorer le climat social dans les entreprises. On observe au contraire une tendance à sa dégradation. Les nombreuses opérations de fusion, absorption, restructuration ont entraîné des changements d'organisation. C'est le cas aussi de l'introduction des nouvelles technologies, qui ont remis en cause les habitudes de travail.

Autrefois fondée sur l'affectivité et sur l'identification à l'entreprise, la relation au travail a changé ; elle est aujourd'hui devenue plus « contractuelle » (p. 266). C'est ce qui explique que les actifs sont moins disponibles, moins motivés, moins présents et moins fidèles. « Être fidèle, c'est enchaîner l'autre », écrivait Sacha Guitry ; les salariés ne veulent plus aujourd'hui être enchaînés à leur entreprise. Même si, comme l'indiquait Sénèque, « la prospérité demande la fidélité et l'adversité l'exige ». Les Français ne sont plus aujourd'hui « mariés » à l'entreprise ; ils vivent avec elle en union libre.

... mais la France est le pays du monde développé où l'on travaille le moins.

Il existe un paradoxe apparent entre le malaise croissant des salariés et la baisse continue de leur temps de travail. En 2004, les salariés à temps plein (hors enseignants) ont travaillé en moyenne 1 650 heures, contre 1 800 en 1988. Ramenée à la semaine, la durée est de 35 heures 52 minutes en tenant compte d'une moyenne de cinq semaines de congés et de cinq jours fériés non travaillés dans l'année. Entre mars 1995 et mars 2001, elle a diminué de 1 h 20 avec le passage aux 35 heures.

La semaine légale de travail française est la plus courte de tous les pays de l'Union européenne à quinze comme à vingt-cinq (les nouveaux pays ayant une durée hebdomadaire le plus souvent supérieure à 41 heures) mais aussi de tous les autres pays développés. La durée annuelle (travailleurs à temps plein) est également la plus faible. Elle est comprise entre 1 700 et 1 800 heures dans la plupart des pays de l'Union européenne ; elle dépasse 2 000 en Chine, en Inde, mais aussi aux États-Unis. Les comparaisons internationales sont cependant délicates, compte tenu des méthodes de calcul qui peuvent différer. De plus, les chiffres et les hiérarchies sont différents selon que l'on intègre l'ensemble des actifs ou seulement les salariés ; ils varient aussi selon que l'on considère ces derniers dans leur globalité ou seulement ceux qui travaillent à temps plein. Ainsi, la durée moyenne annuelle par personne ayant un emploi (quel qu'il soit) de l'Allemagne (notamment dans sa partie occidentale), des Pays-Bas et de la Grèce se situent quasiment au même niveau que la France à environ 1 450 heures par an.

Quel que soit le mode de calcul retenu, il apparaît cependant qu'un salarié français travaille en moyenne 300 à 400 heures de moins par an qu'un Américain. L'écart était dans les années 80 compensé en partie par le fait que la productivité par actif s'accroissait plus vite en France qu'aux États-Unis : 2,5 % par an en moyenne entre 1983 et 1990 contre 1,2 %. Mais c'est la situation

Le monde du travail

Évolution de la durée annuelle du travail dans quelques pays pour les personnes ayant un emploi (temps plein ou partiel, en heures)

	1990	2004
Allemagne	1 541	1 443
Autriche	-	1 550
Belgique	1 601	1 522
Danemark	1 452	1 454
Espagne	1 824	1 799
Finlande	1 763	1 688
FRANCE	1 610	1 441
Grèce	1 919	1 925
Irlande	1 911	1 642
Italie	1 656	1 585
Pays-Bas	1 456	1 357
Pologne	-	1 983
Portugal	1 858	1 694
Rép. tchèque	-	1 986
Royaume-Uni	1 767	1 660
Slovaquie	_	1 958
Suède	1 561	1 585
Australie	1 866	1 816
Canada	1 757	1 751
États-Unis	1 861	1 824
Japon	2 031	1 789

N.B. Ces données permettent des comparaisons dans le temps pour un même pays. En revanche, du fait de la disparité des sources, elles ne permettent pas des comparaisons entre les pays pour une année donnée.

OCDE

inverse qui prévaut depuis : 1,0 % par an contre 1,6 % entre 1990 et 1995 ; 0,6 % contre 2,0 % entre 1995 et 2001 (INSEE). L'écart est encore plus considérable sur l'ensemble de la vie active : un Américain produit près de la moitié de plus qu'un Français.

> ## La durée annuelle varie presque du simple au double selon les professions.

Parmi les catégories socioprofessionnelles, les cadres ont la durée de travail annuelle la plus longue : 1 870 heures, contre 1 610 heures pour les employés et les ouvriers et 1 640 pour les professions intermédiaires (actifs ayant un emploi et travaillant à temps plein). La durée de travail des femmes est nettement moindre que celle des hommes. L'écart le plus élevé entre les sexes concerne les cadres : 230 heures de moins pour les femmes contre 110 heures pour les ouvrières et 100 heures pour les employées. Les salariés des petites entreprises (moins de 10 salariés) travaillent en moyenne 131 heures de plus par an que ceux des entreprises de plus de 500 salariés. Ceux qui sont employés dans le secteur privé travaillent 70 heures de plus que dans le public (52 heures de plus pour les femmes). L'écart s'explique en partie par le nombre de jours de congé plus élevé dans le public.

Parmi les 200 professions recensées (hors enseignants), les cadres de l'hôtellerie et de la restauration sont ceux qui ont la durée la plus longue (2 190 heures), devant les médecins hospitaliers sans activité libérale (2 180). D'autres professions salariées effectuent en moyenne un peu plus de 2 000 heures par an : cadres d'état-major administratifs, financiers et commerciaux des grandes entreprises ; cadres de l'exploitation des magasins de détail ; gendarmes (de grade inférieur à adjudant) ; assistantes maternelles, gardiennes d'enfants ; pompiers ; ingénieurs et cadres technico-commerciaux ou de fabrication (dans certains sec-

La longue marche de la RTT

Le processus de réduction du temps de travail n'est pas récent. Il a commencé dès 1814 avec la législation sur le chômage des dimanches et jours de fêtes catholiques. Pendant la révolution de 1848, le décret de Louis Blanc limitait la journée de travail à 10 heures à Paris et 11 heures en province ; il fallut cependant attendre 1912 pour que ces dispositions entrent dans les faits. La journée fut réduite à 8 heures en 1919, répondant ainsi à une demande apparue dès 1880. Le repos hebdomadaire était obligatoire depuis 1892.

Les pressions sociales pour réduire le temps de travail s'exprimèrent ensuite à l'échelle de la semaine, avec une durée maximale de 48 heures en 1919, de 40 heures en 1936. Puis elles concernèrent l'année, avec la mise en place des congés payés : 12 jours ouvrables en 1936, portés à 18 en

1956, 24 en 1969, 30 en 1982 (cinq semaines), davantage aujourd'hui avec les journées de congés de récupération ou de compensation liés à la RTT.

À l'échelle de la vie, le temps de travail a en outre été réduit par l'avancement de l'âge de la retraite, fixé pour l'ensemble du régime général à 65 ans vers 1950, puis à 60 ans en 1982. Les mesures prises en 1993, qui ont augmenté le nombre de trimestres de cotisation nécessaires pour le secteur privé, ont considérablement restreint le nombre d'actifs qui pourront en bénéficier à cet âge (l'harmonisation avec le secteur public a été engagée avec la réforme de 2003).

L'histoire de la réduction du temps de travail a connu une accélération avec la loi sur les 35 heures votée en 1998, entrée en application en 2000. Le début du XXIe siècle marque ainsi le passage d'une civilisation centrée sur le travail à une autre, dans laquelle le temps libre est quantitativement et qualitativement prépondérant.

teurs) ; cadres et commerciaux des PME. À l'inverse, une centaine de professions ont une durée de travail inférieure à 35 heures par semaine. Parmi elles, deux effectuent moins de 1 400 heures de travail par an : agents de service des établissements primaires 1 340) ; employés des services techniques de la Sécurité sociale (1 380). La plupart de ces professions bénéficient de nombreux jours de congés.

> ## La réduction de la durée du travail a des conséquences économiques...

Le mouvement de baisse de la durée du travail est général dans les pays développés, à l'exception des États-Unis, où elle s'est accrue. En France, il

se poursuit depuis plus d'un siècle et demi, sous l'effet des lois successives (encadré) : l'année professionnelle comptait en moyenne 3 015 heures en 1830 ; elle est passée à 2 500 heures vers 1915, à 2 000 vers 1936. La tendance s'est accélérée de façon inédite depuis 1999 avec la mise en place de la loi sur les 35 heures. Depuis la fin des années 60, la durée annuelle du travail dans l'Hexagone a diminué de plus de 400 heures.

Le nombre d'années de travail a lui aussi été réduit, compte tenu de l'allongement de la durée des études et d'un âge précoce de départ à la retraite (58 ans en moyenne, avant la réforme de 2003). Compte tenu des difficultés d'intégration des jeunes dans la vie active et des difficultés des plus de

50 ans à s'y maintenir, la durée de la vie professionnelle tend aujourd'hui à se limiter à une période de vingt ans, entre 30 et 50 ans. Cette faible durée est paradoxale compte tenu de l'allongement de la durée de vie (la durée moyenne de la retraite effective a plus que doublé depuis 1950). Elle est difficilement supportable sur le plan économique, compte tenu du handicap de compétitivité qu'elle entraîne pour la France et des problèmes de financement des retraites qu'elle induit.

... et sociales.

D'autres reproches sont adressés à la loi sur les 35 heures. Certains pensent notamment qu'elle a dévalorisé la notion de travail, en diffusant un message « subliminal » selon lequel le travail est une malédiction ; on serait ainsi d'autant plus heureux que l'on travaille moins. La loi aurait ainsi contribué à faire perdre aux Français un de leurs derniers repères, sans proposer une alternative pour donner du sens à la vie. Le malaise de la société et le sentiment d'un déclin de la France partagé par 77 % des Français (CGPME/Ipsos, février 2006) ne sont sans doute pas étrangers à la mise en place de cette loi.

Il en est de même de la conviction des Français que leur pouvoir d'achat diminue, qui coïncide étrangement avec la mise en place de la loi ; elle a en tout cas connu une forte accélération depuis plusieurs années. Il s'explique sans doute par la diminution du nombre d'heures supplémentaires de nombreux employés. On peut cependant proposer d'autres hypothèses. La première, évidente, est que les heures de loisirs plus nombreuses induisent des dépenses de consommation plus élevées, alors que celles passées à travailler rapportent. Le nombre infini des sollicitations marchandes (et des

Les leçons des 35 heures

L'histoire dira si la loi sur les 35 heures a été une erreur majeure, dont la France devra longtemps encore payer les conséquences, ou une avancée dont les bienfaits apparaîtront ultérieurement. Si les Français se disent en majorité satisfaits à titre personnel de travailler moins (ce qui n'est guère étonnant, à salaire égal), beaucoup s'interrogent sur les conséquences collectives, tant sur le plan économique que social.

On peut en tout cas tirer de cette expérience plusieurs enseignements. Le premier est sans doute que la volonté de « partager le travail », intention évidemment généreuse et louable, n'a pas permis de lutter efficacement contre le chômage. Le deuxième est qu'il existe un risque de légiférer sur le travail au niveau national sans prendre en compte la situation des autres pays développés (mais aussi des pays émergents, devenus de redoutables concurrents) ; la remarque peut d'ailleurs s'appliquer à de nombreux secteurs. Le troisième est que l'accroissement des charges des entreprises, donc du coût de la main-d'œuvre, favorise mécaniquement la recherche d'une compensation au moins partielle sous la forme d'une amélioration de la productivité, laquelle se traduit par une pénibilité supplémentaire. La tentation de la délocalisation (et ses effets sur l'emploi) ne peut être que renforcée par les deuxième et troisième arguments. La quatrième leçon est sans doute la plus importante : il est difficile d'imposer des réglementations collectives à une époque où les Français attendent des solutions individuelles, adaptées à leurs besoins et à leurs modes de vie. Ceux-ci diffèrent en effet selon les individus, en fonction de leur situation professionnelle et financière. Ils varient aussi pour chacun selon les moments de la vie.

On pourrait enfin ajouter que les responsables politiques ont le droit, et même le devoir d'expérimenter de nouvelles dispositions, de nouveaux outils pour venir à bout de problèmes nouveaux et complexes. Mais ils ont aussi le droit, et même le devoir de revoir, aménager, voire supprimer des dispositions qui apparaîtraient à l'usage inutiles ou nuisibles à l'efficacité de l'économie nationale. Le citoyen ne devrait pas s'étonner, mais au contraire se réjouir d'une plus grande souplesse et d'une meilleure réactivité de ses dirigeants.

envies qu'elles induisent) entraîne une frustration et un sentiment de pouvoir d'achat insuffisant, quel que soit d'ailleurs son niveau.

C'est pourquoi les Français sont aujourd'hui nombreux à considérer, pour des raisons aussi bien pratiques que philosophiques qu'il est nécessaire de « réhabiliter » la notion de travail ; 56 % estiment que l'on ne travaille pas assez en France (Enjeux du quotidien/Sofres, avril 2005).

Le nombre des conflits du travail varie sensiblement selon les années.

Après le record de 1968 (150 millions de journées de grève), les conflits du travail n'avaient cessé de diminuer et leur durée moyenne s'était raccourcie. La moyenne annuelle était de 684 000 journées non travaillées entre 1990 et 1997, en faisant abstraction

Plus de vie, moins de travail

Évolution de la part du travail dans la vie éveillée* en deux siècles (en %)

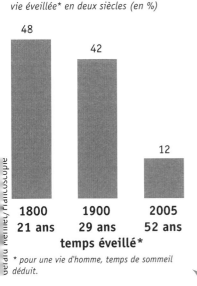

1800	1900	2005
48	42	12
21 ans	**29 ans**	**52 ans**

temps éveillé*

* *pour une vie d'homme, temps de sommeil déduit.*

Gérard Mermet/Francoscopie

de 1995 (les manifestations du mois de décembre contre le plan Juppé avaient été à l'origine de 784 000 journées perdues), contre 1 338 000 entre 1980 et 1989 et 3 556 000 entre 1970 et 1979. En 1998, on avait comptabilisé 353 000 jours de grève, le plus bas niveau depuis plus de vingt ans, pour environ un million de journées de travail perdues.

On a assisté depuis à une remontée des conflits, avec une progression du nombre de jours de grève de 28 % en 1999, puis de 41 % en 2000. La baisse de 2001 (26 %) a été suivie d'une hausse en 2002, à la suite des manifestations dans la fonction publique lors de son passage aux 35 heures. L'augmentation a été particulièrement forte en 2003, du fait des 3,7 millions de journées non travaillées dans la fonction publique, cette fois dirigées contre le projet de réforme des retraites. En 2004 et 2005 le nombre de jours de grève a diminué dans de fortes proportions dans tous les secteurs par rapport aux années précédentes.

Il faut cependant préciser que les chiffres des conflits du travail sont très largement sous-estimés. Leur signalement n'est pas, en effet, un acte administratif obligatoire. Ainsi, sur un échantillon de près de 1 000 établissements ayant déclaré des arrêts de travail pour fait de grève sur la période 1996-1998 et/ou 1990-1993, 84 % n'avaient fait l'objet d'aucun signalement (DARES). On constate que les conflits sont moins systématiquement déclarés dans les entreprises de moins de 50 salariés. Il en est de même dans les régions où le tissu d'entreprises est dense, et lorsque les conflits se produisent sous la forme de débrayages.

La grande majorité des journées de grève concernent le secteur public.

Alors qu'elle regroupe un quart des salariés, la fonction publique a une part beaucoup plus élevée dans les conflits du travail. Entre 1998 et 2003, elle avait été en moyenne à l'origine d'environ 70 % des jours de grève. Un quart des journées nationales concernent le secteur des transports. La SNCF, qui emploie 1 % de la population active, est responsable d'une part importante des journées de travail perdues (elle avait atteint 40 % en 1998). Le modèle de concertation sociale qui a été mis en place à la RATP depuis 1996 a permis de réduire le nombre de jours de grève par agent. 2004 avait cependant vu une réduction importante de la part du secteur public dans les journées non travaillées : elle n'était « que » le double de celle du secteur privé, contre un facteur de seize en 2003.

Le poids du secteur public dans les conflits du travail constitue l'une des nombreuses « exceptions françaises » en matière de travail. Il s'explique en partie par les difficultés qui lui sont propres et par l'inquiétude de ses agents face à l'avenir. Il est aussi la conséquence d'une « culture de la grève » particulière à la France. Elle est favorisée par l'impact de tout arrêt de travail dans les services publics sur l'ensemble de l'économie et sur la vie des citoyens-usagers. Il faut ajouter que, contrairement au secteur privé, il est rare que les fonctionnaires se voient déduire le temps de grève de leur feuille de paie (à l'exception notable des grèves des enseignants en 2003).

L'accroissement du nombre des conflits et de leur durée concerne surtout les grandes entreprises. Les trois quarts des mouvements de grève sont déclenchés par les syndicats, environ un dixième par des coordinations de salariés ; les autres (près d'un sur cinq) se produisent de façon spontanée. Les revendications salariales constituent le principal motif de grève, devant l'emploi : près des deux tiers de l'ensemble des conflits portent sur ces deux thèmes. Malgré une légère baisse dans l'industrie, la conflictualité reste beaucoup plus élevée que dans le secteur de la construction ou des services. Trois conflits sur quatre se soldent par une satisfaction partielle ou totale des revendications. On observe que c'est dans les entreprises qui ont des politiques de personnel plutôt favorables, avec des syndicats relativement puissants, qu'ils sont le plus fréquents et que les négociations sont le plus favorables aux salariés.

La France est le pays du monde le moins syndiqué.

Le taux de syndicalisation national est estimé selon les sources à 6-8 % de

Le travail, source de conflit

Évolution du nombre de journées non travaillées à la suite de conflits du travail (en milliers)

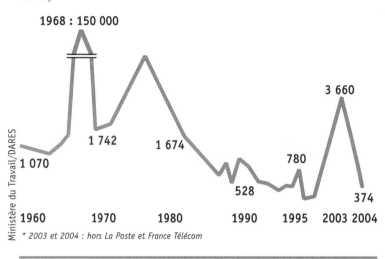

1968 : 150 000

3 660

1 742

1 674

780

1 070

528

374

Ministère du Travail/DARES

1960   1970   1980   1990   1995   2003 2004

* 2003 et 2004 : hors La Poste et France Télécom

Jusqu'à la fin des années 70, l'audience des grandes centrales syndicales s'était globalement maintenue, l'important recul de la CGT ayant profité aux autres organisations confédérées. Les grandes centrales ont vu ensuite leur « fonds de commerce » s'éroder avec la disparition progressive de la classe ouvrière (p. 280). La conception traditionnelle de la lutte des classes, censée opposer patrons exploiteurs et salariés exploités, avait volé en éclats avec le

la population active, contre 10 % en 1990, 17 % en 1980, 22 % en 1970 et 42 % en 1950. La proportion est plus élevée dans le secteur public, où elle avoisine 15 %, contre environ 5 % dans le privé. Les estimations les plus fiables indiquent un nombre de syndiqués inférieur à deux millions, très en deçà des effectifs déclarés par les grandes centrales. On constate aussi un vieillissement des adhérents : près de quatre sur cinq ont plus de 40 ans.

Le taux de syndicalisation français est le plus faible de tous les pays industrialisés. Il se compare à des chiffres qui atteignent ou dépassent 80 % dans les pays de l'Europe du Nord (Suède, Danemark, Finlande), 70 % en Italie, 30 % au Royaume-Uni. La proportion est encore plus du double de celle de la France en Espagne. Les centrales syndicales françaises sont donc peu représentatives du monde du travail, ce qui n'est pas sans poser des problèmes pour l'évolution des relations professionnelles.

On observe dans la plupart des pays industrialisés une tendance à la diminution de l'adhésion syndicale. Elle est estimée à 15 % sur l'ensemble des 68 syndicats européens diffusant des données sur la période 1993-2003 (EIRO).

Dans les anciens États membres de l'Union, la baisse est d'environ 5 %, alors que dans les nouveaux États membres et dans les pays candidats, elle avoisine 50 %. Les adhésions et les niveaux généraux de syndicalisation nationale seraient en baisse en Autriche, Bulgarie, Estonie, Grèce, Lettonie, Pologne et Royaume-Uni. En Allemagne, en Slovaquie et en Suède, les adhésions syndicales globales sont en chute, mais certaines organisations (généralement les plus petites) résistent à cette tendance. Enfin, à Chypre, au Danemark, en Finlande et aux Pays-Bas, la syndicalisation globale est en hausse, mais certaines organisations perdent des membres.

L'exception syndicale française

Taux de syndicalisation dans les pays de l'Union européenne (vers 2003, en % des actifs)*

Belgique, Danemark, Finlande, Suède	80 à 90
Italie	70 à 80
Chypre, Malte	60 à 70
Luxembourg	50 à 60
Autriche, Slovénie	40 à 50
Irlande, Portugal, Hongrie	30 à 40
Allemagne, Royaume-Uni, Pays-Bas, Grèce, Slovaquie	20 à 30
Espagne, Pologne, Estonie, Lettonie	10 à 20
France	- de 10

* Chiffres moyens estimés à partir de sources diverses et des données EIRO concernant le nombre d'adhésions syndicales fournies par les grandes centrales (European Industrial Relations Observatory). Les données ne sont pas disponibles pour la Lituanie et la République tchèque.

développement des classes moyennes. On a assisté au début des années 80 à une progression des candidats non syndiqués aux élections de comités d'entreprise. Entre 1985 et 1995, la proportion de salariés syndiqués avait ainsi diminué de 37 %. La baisse a concerné toutes les catégories professionnelles et tous les âges, indépendamment de l'appartenance politique. La désaffection à l'égard de l'action syndicale s'est poursuivie au cours des années suivantes. Elle s'est traduite par exemple par le fort taux d'abstention aux dernières élections prud'homales de 2002 (65 %).

Le taux de syndicalisation semble se stabiliser. Seuls 2,5 % des salariés en CDD ou intérim sont syndiqués ; 6 % de ceux travaillant à temps partiel, contre 9,5 % de ceux ayant un CDI à temps complet. Le taux de syndicalisation n'est que de 3,5 % dans les entreprises de moins de 50 salariés, contre 8,7 % dans celles de 500 et plus.

Les Français restent cependant attachés au principe de la représentation des salariés. Mais ils s'interrogent sur les motivations des centrales et sur leur capacité à apparaître comme de véritables « partenaires sociaux ». Les moins convaincus sont les femmes, les jeunes, les travailleurs précaires et les personnes les plus qualifiées. Depuis 1986, beaucoup de conflits du travail se sont déroulés en dehors du cadre syndical ; les infirmières, les chefs de clinique, les cheminots, les étudiants, les routiers ou les salariés de la fonction publique en grève se sont tour à tour regroupés en coordinations nationales indépendantes. De nouveaux syndicats sont apparus. Ainsi, SUD (Solidaire unitaire démocratique), créé en 1989, représente aujourd'hui près d'un quart du personnel de France Télécom et plus de 10 % de celui de La Poste. L'UNSA (Union nationale des syndicats autonomes), créée en 1993, compte-

Le hit-parade syndical

Résultats des dernières élections prud'homales (2002, en % des votants)

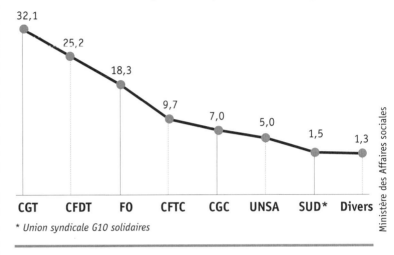

* Union syndicale G10 solidaires

Ministère des Affaires sociales

rait environ 300 000 adhérents (dont 90 % dans le secteur public), ce qui la placerait en quatrième position ; elle avait obtenu 5 % des voix aux élections prud'homales de 2002.

L'image du syndicalisme est plutôt défavorable...

Les Français sont très partagés sur le rôle joué par les syndicats. En janvier 2006, seuls 26 % des actifs salariés estimaient que les syndicats étaient les plus efficaces pour défendre leurs intérêts (Dialogues/Sofres). 45 % disaient préférer discuter individuellement avec leur hiérarchie, 24 % se coordonner avec d'autres salariés. Le recours à la solution syndicale est beaucoup plus fort dans le secteur public (41 % d'intentions) que dans le privé (18 %). Si 70 % des Français estiment que les syndicats sont attentifs à défendre les intérêts des salariés du secteur public, 66 %, ceux des grands groupes, 57 %, ceux qui ont un emploi stable, ils ne sont que 44 % en ce qui concerne les

intérêts des salariés du secteur privé, 30 % pour ceux qui ont un emploi précaire, 30 % pour ceux des petites entreprises, 28 % pour les chômeurs et 21 % pour les retraités.

Au total, 67 % des Français estiment que les syndicats ont « une approche trop idéologique », une opinion largement majoritaire dans tous les groupes sociaux (sauf les sympathisants du parti communiste). 36 % les trouvent inefficaces et 58 % sont de l'avis contraire. 58 % estiment qu'un accord d'entreprise ne devrait être valide que s'il est signé par des syndicats représentant la majorité des salariés (28 % non), mais 75 % ne sont pas d'accord avec l'idée que « les salariés syndiqués devraient bénéficier des avantages obtenus par les syndicats, mais pas les non-syndiqués » (16 % favorables).

Enfin, si les salariés français ne se syndiquent pas davantage, c'est d'abord pour 38 % des salariés actifs « parce qu'ils n'ont pas le sentiment que les syndicats comprennent bien leurs préoccupations », pour 36 % « par peur des représailles », pour 25 % « parce que les syndicats ne sont pas efficaces » et pour 16 % seulement « parce ce que les cotisations sont chères ».

... de même que celle des centrales.

Parmi les centrales syndicales regroupant les salariés, c'est la CFDT qui a la meilleure image auprès des Français : 49 % d'opinions favorables contre 35 % de défavorables (CGPME/Ipsos, février 2006). Beaucoup semblent ainsi apprécier la vocation « réformiste » qu'elle affiche depuis quelques années (qui lui a valu d'ailleurs quelques défections dans ses propres rangs, notamment lors du débat sur la réforme des retraites). FO arrive juste derrière, avec 48 %, mais 40 % d'opinions défavorables. Elle devance la CGT, dont l'image est très partagée : 47 % d'opinions favorables ; 44 % d'opinions défavorables. La CGC (Confédération générale des cadres) recueille respectivement 45 % et 35 %, alors que la CFTC (Confédération française des travailleurs chrétiens) obtient 42 % et 33 %.

Les deux centrales les plus récentes sont moins connues des Français et ne faisaient pas partie de l'enquête 2006. SUD (Solidaire unitaire démocratique) recueillait en 2003 15 % de bonnes opinions contre 23 % de mauvaises, mais 61 % n'avaient pas d'opinion. Les proportions étaient de 14 %, 16 % et 69 % pour l'UNSA (Union nationale des syndicats autonomes). L'image des syndicats ne coïncide pas avec leur poids dans les entreprises (voir graphique), ce qui n'est guère étonnant compte tenu de leur faible poids par rapport à la population active et, plus encore, à la population en général.

En ce qui concerne les organisations syndicales patronales, la CGPME (Confédération générale des petites et moyennes entreprises) a une meilleure

La culture de l'affrontement

L a logique d'opposition qui prévaut en France est sans doute la conséquence d'une passion nationale pour la polémique. Pour exister, il faut se confronter, voire s'affronter. On retrouve dans la société le principe psychanalytique de la relation père-fils. C'est l'État qui joue le rôle de père et de protecteur, le citoyen étant le fils dépendant qui cherche à s'émanciper tout en appréciant la protection dont il bénéficie. Les Français trouvent dans l'affrontement un mode de relation et d'expression qui convient à leur nature et à leur culture. Le système médiatique tend par ailleurs à privilégier la confrontation plutôt que le consensus. Ce mode de fonctionnement est apparent dans les relations sociales entre les syndicats et les entreprises. Le poids particulièrement faible des centrales les empêche d'être, au moins statistiquement, représentatives du monde du travail. C'est probablement pourquoi elles se montrent souvent plus rigides et intransigeantes que dans d'autres pays. La conséquence est que les positions se radicalisent et que l'objectif n'est pas toujours d'aboutir à un accord, mais de montrer sa capacité de refus. Les « partenaires sociaux » se comportent ainsi souvent en adversaires sociaux. Ils se livrent alors à un dialogue de sourds qui ne profite à personne.

image que celle des syndicats de salariés : 54 % d'opinions favorables en 2006 contre 19 % de défavorables. Le MEDEF, quant à lui, ferme la marche, avec seulement 29 % d'avis favorables contre 53 %.

La discussion entre les « partenaires sociaux » est souvent difficile.

Le « modèle social » français montre de plus en plus de difficulté à remplir ses objectifs de protection et d'harmonisation des salariés, comme en témoignent le niveau élevé du chômage et la précarisation croissante du travail. L'une des causes de son dysfonctionnement est sans doute la diversité des secteurs d'activité et des conventions, des habitudes et des pratiques. Les métiers, branches et corporations constituent autant de groupes d'intérêt aux caractéristiques distinctes, parfois contradictoires. La séparation est également marquée entre un secteur public très protégé et un secteur privé de plus en plus soumis aux impératifs de productivité, dans un contexte de mondialisation de l'économie et d'émergence de nouveaux pays à faible coût de main-d'œuvre.

Une autre cause des dysfonctionnements tient à la faible représentativité des syndicats, à leur absence d'unité et à leur tendance à oublier parfois leur vocation globale pour défendre des revendications catégorielles. Une illustration spectaculaire en a été donnée par la SNCM (Société nationale des chantiers maritimes) en 2005. Ainsi, l'une des conséquences paradoxales d'un système social fondé sur le principe de la solidarité est qu'il peut contribuer à accroître les inégalités.

On retrouve ce principe de « solidarité sélective » dans certaines revendications des fonctionnaires, groupe mieux structuré (près d'un salarié sur cinq est syndiqué, contre un sur vingt dans le privé), plus nombreux et puissant que tout autre. L'accroissement ou le maintien de leurs avantages, notam-

Singularités et exceptions

La liste est longue des singularités et exceptions nationales en matière de relation au travail. La France est détentrice de plusieurs records du monde. Sa durée de travail est la plus courte à la fois sur la semaine, sur l'année et sur la vie active. Le taux de syndicalisation est le plus faible. Pourtant, le nombre et la durée des conflits y sont particulièrement élevés. Il s'ajoute à ces records d'autres singularités notables. La première est la part considérable de la fonction publique dans la population active (p. 284). Les inégalités de traitement entre secteur public et secteur privé y sont aussi très marquées. Cette situation entraîne une dépense publique plus élevée qu'ailleurs et un endettement croissant. On pourrait aussi mentionner la spécificité du statut de cadre (p. 286) ou celle du profil des dirigeants passés par les grandes écoles à la française.

Il existe plusieurs explications à ces « différences » : héritage jacobin ; culture de l'affrontement ; politisation des syndicats ; manque de pédagogie des responsables politiques ; incapacité des entreprises à expliquer, discuter, négocier, etc. Quelles que soient ces raisons, il est difficile d'imaginer que la France détiendrait seule la vérité, sur le travail comme dans les autres domaines où elle se distingue. Cela impliquerait que tous les autres pays ont tort et que la France a le monopole de l'intelligence, de la clairvoyance et de l'imagination. Une analyse objective de l'évolution économique et sociale permet d'en douter (p. 215).

La conséquence la plus apparente et la plus regrettable de ces exceptions françaises est la dégradation croissante des relations sociales. Elle se traduit par une difficulté particulière d'adaptation aux changements du monde. Le risque de paralysie que l'on a pu mesurer en de multiples occasions (décembre 1995, printemps 2003 ou, à un moindre degré, mars 2006) est tel que les gouvernements ne peuvent mener à bien les réformes nécessaires. Celles qui sont engagées sont souvent des compromis qui ne résolvent que partiellement les problèmes (retraite, éducation nationale, santé...). D'autres sont remaniées, dénaturées, voire annulées, à la suite des manifestations de mécontentement qu'elles engendrent chez les personnes concernées ; les problèmes restent alors entiers jusqu'à la prochaine tentative, qui se heurtera aux mêmes difficultés. Le statu quo prévaut ainsi le plus souvent sur le changement, alors que la plupart des Français sont conscients de la nécessité et de l'urgence de l'adaptation.

Les grands acteurs de la société devront à l'avenir faire preuve d'humilité et s'inspirer davantage de ce qui se fait ailleurs, notamment dans les pays qui réussissent mieux que la France. Les considérations politiques ou idéologiques ne devraient pas empêcher de voir le monde tel qu'il est. La solidarité nécessaire devrait être envisagée de façon globale, en tout cas à l'échelle de la nation. La priorité ne devrait pas être le maintien des avantages de certains au détriment de tous les autres. Le regard que les interlocuteurs sociaux portent sur le monde, qu'il soit approbateur ou critique, ne saurait les exonérer de la nécessité de le voir tel qu'il est et de s'y adapter, ce qui n'interdit pas de tenter de l'améliorer.

---

ment en matière de retraite, se traduit par des dépenses considérables financées pour partie par les salariés du secteur privé. Le déficit récurrent de certains régimes de retraite incombe ainsi à des actifs qui ne disposeront jamais, loin s'en faut, des mêmes avantages lorsqu'ils cesseront leur activité.

Les syndicats ont un rôle essentiel à jouer.

Beaucoup de Français reprochent aux syndicats d'avoir des arrière-pensées politiques et de ne pas voir le monde tel qu'il est. Certaines centrales ont été prises de court par les mutations sociales et économiques. La rigidité de leurs positions a eu parfois des conséquences négatives pour des entreprises ou des secteurs entiers de l'économie (chantiers navals, presse, transports...). L'épisode de la SNCM en 2005 a fait apparaître les dangers d'une radicalisation des attitudes sur la capacité d'adaptation des entreprises aux réalités incontournables de la vie économique. En se focalisant sur la lutte pour le pouvoir d'achat depuis le début de la crise économique, les grandes centrales ont sans doute aussi favorisé la montée du chômage ou en tout cas empêché de l'endiguer. Pour des raisons liées au profil de leurs adhérents, certaines n'ont pas toujours accordé la même attention aux chômeurs qu'aux actifs occupés ou même qu'aux retraités.

Les syndicats sont cependant l'un des instruments privilégiés du dialogue partenarial et du progrès social. Leurs moyens d'action sont considérables, de même que leur pouvoir de blocage de l'économie et de la société, notamment dans le service public. Il est essentiel pour l'avenir de la France que ces moyens soient mis au service de l'adaptation nécessaire au changement pour tous, plutôt qu'à la préservation des « avantages acquis » par quelques-uns. À l'exemple de ce qui a été fait dans la plupart des autres pays développés.

ARGENT

L'ARGENT DES FRANÇAIS

La structure des chapitres consacrés à l'argent correspond au schéma ci-dessous
(numéros de pages entre parenthèses)

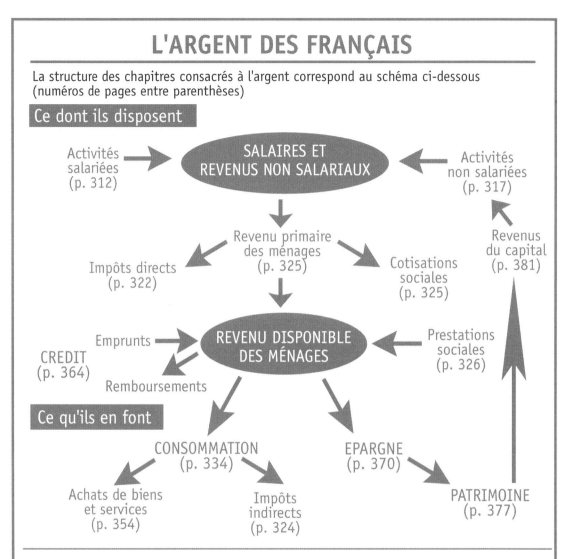

Pour déterminer le revenu réellement disponible des ménages, il faut ajouter aux revenus bruts du travail
ceux du capital (placements), puis déduire les cotisations sociales (Sécurité sociale, chômage, vieillesse...)
et les impôts directs prélevés sur ces revenus (impôt sur le revenu, taxe d'habitation, taxe foncière, impôts sur
les revenus des placements). Le résultat de ces opérations, effectuées pour les différents membres du ménage,
constitue le revenu primaire du ménage.
La prise en compte des prestations sociales reçues pour les différents membres du ménage (allocations familiales,
remboursements de maladie, indemnités de chômage, pensions de retraite...) permet ensuite de déterminer le
revenu disponible du ménage. Cette dernière notion est la plus significative. C'est en effet celle qui reflète le
mieux la situation financière réelle des Français, car la consommation, l'épargne ou l'investissement sont
généralement mesurés à l'échelle du ménage dans son ensemble plutôt qu'à celle des personnes qui le composent.
Ces différentes étapes illustrent la complexité des transferts sociaux et leur incidence considérable sur le
pouvoir d'achat des Français. Il faut enfin préciser que les chiffres figurant dans ces chapitres correspondent
à des moyennes. Par définition, chacune d'elles gomme les disparités existant entre les individus du groupe
social qu'elle concerne. Mais cette simplification, nécessaire, présente aussi l'avantage de la clarté...

LES REVENUS

Image de l'argent

Le rapport des Français à l'argent est ambivalent.

La mentalité française a longtemps été hostile à l'argent, comme en témoigne la tradition littéraire et intellectuelle, de La Bruyère à Péguy en passant par Balzac ou Zola. Les proverbes, qui sont souvent l'expression de la culture populaire, traduisent un certain mépris à son égard : « l'argent ne fait pas le bonheur », « plaie d'argent n'est pas mortelle », « l'argent est un bon serviteur et un mauvais maître »…

Depuis le début des années 50, l'émergence progressive de la société de consommation a modifié les mentalités. Gagner de l'argent et rêver d'en avoir beaucoup est devenu peu à peu une ambition commune et acceptable. Les loisirs ont pris dans les vies personnelles et dans la société une place aussi grande et légitime que le travail. L'individualisation des modes de vie et la nécessité pour chacun de maîtriser son propre destin ont modifié la relation à l'argent, en apparence dans le sens d'une plus grande décontraction. Mais elle s'accompagne souvent de voyeurisme et de frustration.

En rendant l'argent plus rare, la crise économique des années 70 et 80 l'a rendu plus « cher », c'est-à-dire plus désirable par tous ceux qui craignent que leur pouvoir d'achat ne soit réduit ou menacé. La gauche, idéologiquement hostile au « mur de l'argent », avait reconnu au début des années 80 la notion de profit, conséquence de l'existence de « marchés ». On a pu croire que les Français étaient enfin réconciliés avec l'argent. Selon eux, il est avant tout synonyme de sécurité (52 %) et de liberté (24 %) ; il n'est un symbole de réussite sociale que pour 9 % et un attribut du pouvoir pour 6 % (*Sélection du Reader's Digest*/CSA, décembre 2004). Mais le rapport qu'ils entretiennent avec lui est en réalité plus complexe. L'argent reste en France un marqueur social fort, un indicateur d'inégalité et d'injustice, un facteur de frustration, un témoin des dysfonctionnements de la société et de la mondialisation.

L'argent a été successivement solide, liquide, gazeux…

L'argent a connu les trois états de la matière. Longtemps solide, il était constitué d'« espèces sonnantes et trébuchantes » ; Zola parlait en son temps de la « toute-puissante pièce de cent sous ». Puis on a parlé d'argent *liquide* : constitué en fait de pièces et de billets bien matériels. Mais sa liquidité tenait à ce qu'il pouvait être « versé » sur un compte ou à un prestataire, et qu'il « coulait » facilement si l'on avait les poches percées ou la dépense facile. Une approche plus psycho physiologique montre que l'argent est encore assimilé aux liquides corporels ; il est le « sang » du corps social, il peut s'écouler et s'infiltrer comme l'eau. Il s'apparente même au sperme pour les hommes, à qui il confère un pouvoir et apporte un plaisir qui peuvent être rapprochés de ceux liés à la sexualité. Mais l'argent liquide n'est plus aujourd'hui représentatif de la richesse, sauf dans certains groupes sociaux qui exhibent encore volontiers des liasses de billets pour affirmer leur réussite et leur « pouvoir » d'achat.

L'essentiel de l'argent utilisé est en effet devenu invisible. Après le solide et le liquide, il s'est dématérialisé et s'apparente à un *gaz*. Un gaz inodore si l'on se réfère à la sagesse populaire : « l'argent n'a pas d'odeur ». Mais, contrairement à la plupart des gaz, il n'est pas *incolore* ; on parle de la « couleur de l'argent » en référence à son passé matériel (le billet *vert* est devenu la référence planétaire, après le métal *jaune*). Il est en revanche *indolore* depuis la généralisation de la carte bancaire. L'acte de dépense est en effet devenu virtuel, puisqu'il n'y a plus d'échange au sens strict. Lorsqu'elle est récupérée après l'achat, la carte n'a pas changé d'apparence. Son usage n'est d'ailleurs plus nécessaire avec les paiements électroniques. La dimension ludique de l'argent en est renforcée, comme le sentiment de puissance qu'il procure. Le passage à l'euro, même s'il n'est pas encore intégré dans les esprits (p. 357), a montré que l'argent était au fond assez peu lié au support utilisé.

… et ses fonctions se sont diversifiées.

L'argent est d'abord un moyen de *transaction* entre les individus ; il permet de substituer aux objets leur valeur marchande, résultat d'une négociation ou d'une confrontation entre l'offre et la demande. Mais il a beaucoup d'autres fonctions, à la fois collectives et individuelles. Il constitue probablement le principal *marqueur* social, attribut du statut personnel et de la place occupée dans la hiérarchie. Il est ainsi au service de l'identité et participe à l'estime de soi, qui n'est évidemment pas indépendante du regard des autres. L'argent est aussi un vecteur de *lien social* ; il permet de faire des cadeaux à ceux que l'on aime, d'inviter des amis ou des relations, de montrer sa richesse et sa compassion (à travers les dons). Dans une vision qui reste imprégnée de la culture religieuse, il permet d'acheter, mais aussi de se *racheter*.

L'argent reste chargé de symboles et porteur d'imaginaire. Il est à la fois un instrument rationnel (gestion) et irrationnel (compulsion, obsession). Il permet d'assouvir les désirs et il est en lui-même objet de désir. Au point de devenir parfois une drogue ou d'engendrer la violence. Si l'argent n'apporte pas à lui seul le bonheur, chacun se comporte comme s'il en était la condition nécessaire, jusqu'à ce qu'il s'aperçoive qu'elle n'est pas suffisante. Mais cette constatation ne peut guère être faite que par les sages et par les riches.

L'argent, est d'abord un outil de *liberté* individuelle, mais aussi de *domination* sur les autres. Dans la société de consommation, il permet aussi de s'inscrire dans la *mode* et dans la *modernité*, en donnant l'accès à ses attributs les plus visibles. Il pose par ailleurs la question de la *morale*, car il est considéré comme corrupteur et inégalitaire. L'argent est en résumé un ingrédient inséparable de la *vie*.

La transparence a favorisé le voyeurisme...

Le changement d'attitude à l'égard de l'argent n'a pas provoqué la disparition totale et définitive des tabous qui lui sont liés. La décontraction affichée est en effet superficielle, et les traditions culturelles et religieuses continuent de peser sur les attitudes. Il reste difficile en France d'interroger un citoyen sur ses revenus, plus peut-être que sur sa vie amoureuse. Les stars du show-business ou les champions sportifs ont compris qu'il n'est pas dans leur intérêt d'afficher des revenus qui donnent le vertige ; c'est pourquoi ils se montrent généralement très évasifs sur le sujet. Certains grands patrons sont aujourd'hui contraints de lever le voile ; on apprend ainsi que les dirigeants des entreprises du CAC 40 gagnent tous plus de 1 million d'euros

Désir et Frustration

L'une des caractéristiques de la société moderne, dite « de consommation », est de mettre en avant le désir individuel et de l'exacerber par sa représentation permanente, au travers des médias et de la publicité, mais aussi des individus eux-mêmes qui s'en font souvent les propagateurs. L'environnement socio-économique incite fortement à se laisser aller à ses désirs (au besoin en les créant de toutes pièces), en promettant des satisfactions intenses à ceux qui vont les réaliser. Mais le plaisir réellement ressenti est, lui, forcément limité. Il l'est d'abord par les moyens financiers nécessaires pour accéder aux biens et aux services proposés ; le plaisir mis en scène par la société est en effet essentiellement le résultat d'un acte marchand. L'autre limite est celle du temps dont on dispose pour profiter des plaisirs. On trouve là l'illustration de l'un des paradoxes les plus forts de la société contemporaine : le temps disponible n'a jamais été aussi abondant, mais jamais le sentiment d'en manquer n'a été aussi fort (p. 95). Malgré son augmentation spectaculaire, le temps disponible à chacun est en effet toujours insuffisant pour qu'il puisse expérimenter l'ensemble des sources de plaisir qui lui sont proposées en nombre croissant.

Il existe une autre raison à la frustration née de la réalisation des désirs : on n'est jamais seul à éprouver le plaisir qui est censé en résulter. Le phénomène de mimétisme théorisé par René Girard est en effet l'un des déterminants de la vie en société. Le plaisir des uns crée le désir des autres ; les premiers éprouvent une certaine frustration en constatant qu'ils sont imités par les seconds. Ceux-ci, à leur tour, sont déçus lorsqu'ils n'y parviennent pas. Mais ils le sont aussi lorsqu'ils y parviennent, en découvrant que leur vie n'est pas autant transformée qu'ils l'imaginaient. Ils se tournent alors vers la perspective de nouveaux plaisirs, espérant qu'ils seront encore plus forts. Et c'est ainsi que tourne la roue de la consommation.

par an, certains plus de 20 millions en comptant les stock-options (actions de l'entreprise offertes ou achetées à un cours privilégié). Des sommes très largement supérieures à ce que les Français considèrent comme le seuil de la richesse (environ 300 000 € par an).

À l'inverse du protestantisme, la tradition catholique a toujours été circonspecte à l'égard de l'argent. De plus, le rôle central de l'État et la nationalisation des outils économiques (notamment des banques) ont été en France un frein à la reconnaissance et à l'acceptation de l'économie de marché, au libéralisme et au capitalisme. C'est pourquoi la culture économique y est plutôt moins développée que dans les pays anglo-saxons. L'État reste très présent dans l'épargne, à travers les livrets, plans et autres produits à fiscalité dérogatoire. L'hostilité envers les fonds de pension est une autre illustration de la singularité française.

... et l'étalage des inégalités a entraîné un rejet.

En révélant les revenus très élevés des personnalités, les médias répondent à une demande de transparence légitime. Mais beaucoup de Français sont choqués par les chiffres annoncés. Ils trouvent indécent qu'un animateur de télévision puisse gagner trente fois plus qu'un ouvrier, et bien davantage s'il est producteur de ses émissions. Ils se demandent s'il est normal qu'un grand patron gagne à lui seul autant que plusieurs centaines de ses salariés payés au SMIC ; la pilule est particu-

lièrement amère lorsque l'entreprise ne dégage pas beaucoup de profits, lorsqu'elle procède à des licenciements... ou lorsque son président, « remercié » par le conseil d'administration, part avec un « parachute doré » (indemnités pouvant représenter plusieurs dizaines de millions d'euros). Ils s'étonnent que certains acteurs de cinéma perçoivent plusieurs millions d'euros pour un film dont le tournage va représenter quelques semaines de travail, dont ils diront ensuite à la télévision qu'elles furent de véritables vacances. Ils s'interrogent sur la justification des revenus de certains sportifs et d'autres personnages très médiatisés. Les inégalités leur apparaissent alors comme des injustices.

Lorsqu'ils comparent ces sommes gigantesques à leurs propres revenus, beaucoup de Français se sentent évidemment frustrés. Ils le sont plus encore en comparant leur patrimoine

avec celui des plus riches, qui dépasse le milliard d'euros.

Les inégalités en matière d'argent créent souvent un sentiment d'injustice chez tous ceux qui ne peuvent espérer s'enrichir qu'en gagnant au Loto, ce qui limite la probabilité. Elles expliquent que les valeurs matérialistes sont aujourd'hui contestées. Certains citoyens prônent un « retour à la morale » en la matière ; d'autres prennent au contraire des libertés avec elle (p. 247), sous prétexte de faire comme les autres ou de manifester ainsi leur mécontentement à l'égard d'un système qui autorise ou favorise ces inégalités.

Les Français ont à la fois plus de temps et d'argent.

70 % des Français affichent une préférence pour l'accroissement de leur pou-

L'argent avant le temps

Évolution de la préférence entre une augmentation de pouvoir d'achat et un accroissement du temps libre (en % des actifs occupés)

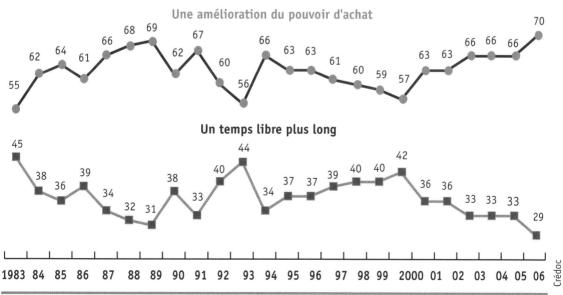

311

voir d'achat plutôt que de leur temps libre (tableau) ; ceux qui disent préférer le temps sont plus nombreux parmi ceux qui disposent de revenus élevés. Le choix de l'argent est cependant faussé par le fait que le temps libre s'est accru dans des proportions considérables depuis un siècle (p. 384). L'évolution récente de la durée du travail, avec la réduction à 35 heures hebdomadaires, n'a fait qu'amplifier une tendance très ancienne.

Les deux notions de temps et d'argent ne peuvent cependant être opposées. L'accroissement spectaculaire du temps libre n'a pas empêché les Français de voir leurs revenus augmenter (p. 328), même si tous les groupes sociaux n'en ont pas également profité. Par ailleurs, la volonté de gagner plus d'argent est souvent une façon de chercher à s'offrir plus de temps (en achetant des produits et services qui en font gagner) ou de se procurer du « bon temps » (vacances, loisirs...).

Le temps pourrait bien devenir le luxe du XXIᵉ siècle. Mais cela implique d'abord de disposer de « suffisamment » d'argent, et ce seuil est sans cesse repoussé vers le haut. La nature humaine est ainsi faite que l'argent dont on pense avoir « besoin » ne dépend pas seulement de ce qu'il permet d'acheter, mais aussi de ce dont les autres disposent, dans un mouvement général de mimétisme. Comme le temps (p. 100), il n'est pas une notion absolue, mais essentiellement relative.

Salaires

Les salariés du privé gagnent en moyenne 1 850 € net par mois...

Le salaire moyen à temps plein dans les entreprises du secteur privé (et

Salaires privés

Salaires annuels nets de prélèvements par grande catégorie socioprofessionnelle (2004, en euros)

Ensemble	22 193
Cadres	43 653
Prof. intermédiaires	22 504
Employés	15 576
Ouvriers	16 337
SMIC (169 h)	11 826

INSEE

semi-public) s'est élevé à 29 279 € brut en 2004, y compris la participation et l'intéressement éventuels. Le salaire moyen net de tous prélèvements (cotisations sociales, contribution sociale généralisée, contribution au remboursement de la dette sociale) était de 22 193 € (hors participation), soit 1 849 € par mois sur douze mois. La part des prélèvements sociaux à la source a légèrement augmenté, du fait notamment du taux de cotisation de retraite complémentaire. Ces chiffres concernent l'ensemble des salariés travaillant à temps complet (et pendant toute l'année), hors agents de l'État et des collectivités territoriales, salariés agricoles, personnels des services domestiques, salariés de l'éducation, de la santé et de l'action sociale, apprentis et stagiaires. Ils comprennent les primes et indemnités. Le salaire net moyen avait dépassé pour la première fois 1 500 € en 1993. Le taux de prélèvements sur le salaire brut s'élevait à 21 %.

Les revenus évoluent à la fois avec les prélèvements à la source (cotisations sociales, CSG, CRDS), les révisions des salaires de base et des primes, ainsi que le nombre d'heures de travail effectuées (heures supplémentaires, chômage

partiel). Le pouvoir d'achat global des salaires nets après inflation (1,8 % en 2004) est resté stable par rapport à 2003. L'évolution a été plus favorable à structure constante, c'est-à-dire sans tenir compte des évolutions personnelles liées à l'ancienneté et aux changements de poste ; le pouvoir d'achat des salaires nets a augmenté de 0,2 %, après une baisse de 0,2 % en 2003 et une hausse de 0,1 % en 2002.

... et ceux du secteur public 2 100 €.

Le salaire brut moyen des agents de la fonction publique d'État s'est élevé à 29 988 € en 2004, soit 2 500 € par mois sur douze mois. Les personnes concernées sont les agents des ministères civils de l'État, titulaires et non titulaires, travaillant en métropole, soit 1,9 million de salariés, ainsi que les enseignants des établissements privés sous contrat, les emplois-jeunes de la police nationale et de la justice. Les agents en congé de fin d'activité ne sont pas inclus, de même que les salariés des établissements publics (notamment les emplois jeunes dans les établissements d'enseignement) et les fonctionnaires de La Poste et de France Télécom devenus exploitants publics depuis 1991.

Le salaire moyen net de prélèvements sociaux se montait à 25 290 €, soit 2 100 € par mois. Il était de 26 751 € pour les seuls enseignants (essentiellement les professeurs certifiés et agrégés), soit 2 214 € par mois. La part des prélèvements dans le salaire brut était de 15,7 %, soit 5,3 points de moins que pour les salariés du secteur public. L'évolution du salaire moyen est sensible aux promotions des personnes en place, aux départs (notamment en retraite) et aux recrutements.

Le pouvoir d'achat des salaires bruts a diminué de 0,5 % en monnaie constante en 2004 pour l'ensemble des agents et de 0,4 % pour le salaire net. Il a en revanche progressé de 1,5 % à structure constante, c'est-à-dire à corps, grade et échelon identiques. La moitié des agents titulaires ont gagné plus de 1 927 € net par mois.

Salaires publics

Salaires annuels nets de prélèvements selon la catégorie socioprofessionnelle ou le statut (2004, en euros)

Ensemble	25 290
dont enseignants	26 571
Cadres	29 654
dont personnels administratifs et techniques	41 858
dont enseignants	27 977
Professions intermédiaires	21 502
dont enseignants	18 371
dont personnels de l'administration	24 388
dont personnels de la police et des prisons	30 763
dont techniciens	22 351
Employés et ouvriers	18 937
dont employés administratifs	18 762
dont personnels de la police et des prisons	23 820
dont ouvriers, agents de service	15 665
Titulaires	26 188
Catégorie A	30 469
Catégorie B	23 696
Catégorie C	19 345

Les primes comptent pour un septième du salaire brut.

Les « compléments de rémunérations » (primes, participation et intéressement) perçus par les salariés du secteur public représentent en moyenne 15 % du salaire brut. La proportion est similaire dans le secteur privé : 14 %. Mais les primes ou les compléments de salaire ne concernent que huit salariés du privé sur dix, alors qu'ils sont perçus par la totalité de ceux du public. La moitié environ de ces compléments sont perçus mensuellement ; dans deux cas sur trois, ils ont une périodicité fixe, comme le treizième mois, les primes de vacances ou de rentrée. Ceux liées à l'ancienneté ou à la situation familiale sont perçus par 40 % des salariés.

Les ouvriers et les membres des professions intermédiaires sont plus concernés que les autres catégories, et leurs primes comptent pour une part plus importante de leur rémunération. Un sur quatre perçoit des primes de compensation pour des contraintes liées au poste de travail, et près de quatre sur dix des primes de performance (individuelle, d'équipe, ou de l'entreprise). Les femmes reçoivent moins de compléments salariaux que les hommes, mais l'écart diminue lorsqu'on s'élève dans la hiérarchie. Parmi les ouvriers, les hommes effectuent deux fois plus d'heures supplémentaires que les femmes, et leurs primes mensuelles représentent une part plus importante de leur salaire (environ 9 % contre 6 %).

Si elle est fréquente dans le secteur privé, la « rémunération au mérite » ne concerne qu'un très petit nombre de fonctionnaires. Elle se heurte à la fois à la difficulté de définir les moyens de mesure de la performance des agents de l'État et à la résistance syndicale.

Elle est cependant pratiquée dans de nombreux pays étrangers.

Le salaire moyen est plus élevé dans le secteur public...

Le salaire net moyen des agents de l'État est supérieur d'environ 12 % à celui des salariés du secteur privé (secteur privé et semi-public). Mais cette comparaison directe des revenus n'est pas pertinente, car la structure des emplois diffère. La qualification moyenne est en effet supérieure dans le secteur public, du fait de la forte proportion d'enseignants (plus d'un million). Les ouvriers y sont en outre proportionnellement moins nombreux que dans le secteur privé.

À sexe, âge, diplôme et poste identiques, on constate que le secteur public verse des salaires supérieurs à ceux du privé aux femmes, aux personnes peu diplômées et en province. Pour les hommes, les salaires du secteur public sont plus élevés jusqu'au niveau du bac inclus ; la situation est inversée pour les diplômes supérieurs, l'écart se creusant avec l'âge. Le SMIC (salaire minimum interprofessionnel de croissance) brut est comparable au minimum mensuel garanti dans la fonction publique, soit environ 1 200 € par mois pour 35 heures de travail hebdomadaire fin 2005. Mais il reste inférieur en net, puisqu'il ne représente que 79 % du brut dans le privé contre 85 % dans le public, du fait des cotisations sociales plus élevées dans ce dernier.

Les agents du secteur public ont un pouvoir d'achat moyen supérieur à celui du secteur privé depuis 1992, du fait des revalorisations catégorielles du début des années 90. Exprimé en monnaie constante, le revenu des fonctionnaires d'État avait augmenté de 10 % entre 1990 et 2000, alors que

La grande échelle

Revenus bruts de certaines professions du secteur privé et de la fonction publique (2005, en euros)

FINANCE/JURIDIQUE

Comptable	27 000
Aide-comptable	22 000
Assistant juridique	26 600

RESSOURCES HUMAINES

Technicien de paie et administr. du personnel	29 600
Assistant ressources humaines	27 500

INFORMATIQUE

Technicien de maintenance	28 400
Analyste-programmeur	27 500
Technicien réseau	28 400

MARKETING/COMMUNICATION

Assistant marketing	25 800
Assistant communication	25 400

INDUSTRIEL

Chef d'équipe fabrication	34 000
Agent de fabrication	20 400

ACHAT/LOGISTIQUE

Magasinier	19 000
Chef d'équipe de magasin	32 900

VENTES

Conseiller de clientèle	22 100

SERVICES GÉNÉRAUX ET ADMINISTRATIFS

Hôtesse réceptionniste	23 100
Agent de sécurité	25 000
Secrétaire	27 000
Secrétaire de direction	42 500
Employé qualifié	26 200
Employé hautement qualifié	31 300
Technicien administratif	37 000
Chef de groupe d'employés	37 700
Téléopérateur	21 700

HAUTS FONCTIONNAIRES

Conseiller d'État en fin de carrière	70 281
Inspecteur général des finances	67 618
Préfet	61 970
Commissaire divisionnaire de police	56 322
Magistrat fin de carrière	56 322
Juge d'instruction	39 963
Ingénieur des Ponts et Chaussées	30 958
Commissaire de police	29 733

FONCTION PUBLIQUE HOSPITALIÈRE

Directeur de CHU	70 695
Praticien hospitalier	61 923
Directeur d'hôpital	51 130
Chef de clinique	35 955
Infirmière	30 960
Aide-soignant	23 378
Interne	23 218

FONCTIONNAIRES

Professeur d'université en fin de carrière	70 283
Professeur agrégé en fin de carrière	51 260
Attaché principal 1re classe	48 756
Directeur d'établissement médico-social	46 490
Commandant de police	36 313
Professeur d'université en début de carrière	35 008
Maître de conférences	34 195
Capitaine de police	29 200
Instituteur	26 136
Greffier	25 577
Lieutenant de police	23 978
Professeur agrégé débutant	22 726
Surveillant de prison	18 463
Gardien de la paix	18 250

Towers Perrin/l'Expansion

celui des salariés du privé n'augmentait que de 3 %. L'écart a cependant cessé de se creuser au cours des dernières années.

... et la dispersion est plus grande dans le privé.

On peut mesurer l'éventail des salaires en examinant le rapport entre ceux du neuvième et dernier décile (montant au-dessus duquel se trouvent les 10 % de salariés les mieux rémunérés) et ceux du premier décile (montant au-dessous duquel se trouvent les 10 % les moins bien rémunérés). Ce rapport avait diminué jusqu'en 1984. Il avait remonté entre 1985 et 1993. Tous secteurs confondus (public et privé), il s'établissait à 2,9 en 1989 contre 2,6 en 1983. Au cours des dernières années, l'écart a retrouvé le niveau antérieur, et la hiérarchie des salaires est restée stable.

Dans le secteur privé, le salaire net des cadres a augmenté un peu moins vite que celui des employés ou des ouvriers. La forte hausse du salaire horaire ouvrier, conjuguée à une montée de l'inflation, a entraîné celle du SMIC. Le salaire net moyen des cadres du secteur privé, y compris les chefs d'entreprise salariés, s'est élevé à 43 683 € en 2002 (3 640 € par mois) contre 16 337 € pour les ouvriers (1 361 € par mois), soit un rapport de 2,7. Le rapport entre déciles était de 2,9 en 2004 dans le privé, en diminution par rapport à celui de 2 000 (3,1). Il était inférieur dans le secteur public : 2,4 en 2004, comme en 2000.

Les femmes gagnent moins que les hommes.

Le salaire annuel (brut ou net) des hommes est supérieur de 24 % à celui des femmes dans les entreprises privées et semi-publiques et de 16 % dans

le secteur public. Mesurés dans l'autre sens, les écarts sont un peu moins spectaculaires : les femmes gagnent en moyenne 20 % de moins que les hommes dans le privé et 14 % dans le public. En 2004, les écarts dans le privé (en salaire net) variaient de 7 % pour les employés à 30 % pour les cadres en faveur des hommes. Ils sont plus importants en valeur relative pour les revenus les plus élevés ; le maximum est atteint chez les dirigeants. Ils s'accroissent avec l'âge, ce qui tend à prouver que les évolutions de carrière sont moins favorables aux femmes.

Mais la comparaison n'est vraiment pertinente qu'à poste, responsabilité et ancienneté comparables, ce qui est assez rarement le cas. Les femmes occupent encore de façon générale des postes de qualification inférieure à ceux des hommes, même à fonction égale. Ainsi, en 2004, 19 % des hommes salariés étaient cadres, contre 13 % des femmes ; en revanche, 44 % des femmes étaient employées, contre 11 % des hommes. La durée moyenne du travail féminin est également plus courte et comporte moins d'heures supplémentaires que celle des hommes (l'écart s'est cependant réduit avec le passage aux 35 heures). Enfin, les femmes bénéficient en moyenne d'une ancienneté inférieure. Si l'on prend en compte ces différences, l'écart est divisé par deux.

L'écart entre les sexes diminue lentement et de façon irrégulière depuis le début des années 50. Chez les ouvrières, il s'était creusé entre 1950 et 1967, puis il avait diminué de 1968 à 1975 pour retrouver le niveau de 1950. Chez les cadres supérieurs, la tendance au redressement était apparue plus tôt (vers 1957), mais elle avait été enrayée à partir de 1964. Le resserrement général qui s'est produit à partir de 1968 est dû principalement au fort relèvement du SMIG (puis du SMIC),

qui a profité davantage aux femmes, plus nombreuses à percevoir des bas salaires.

Les salaires varient selon le profil des salariés...

Le principal facteur influant sur le niveau de salaire est la profession : les cadres du privé gagnent en moyenne 2,7 fois plus que les ouvriers ou les employés (salaire net) et 1,9 fois plus que les professions intermédiaires (techniciens, agents de maîtrise...), des ratios stables depuis des années. Le salaire mensuel médian (tel que la moitié des salariés gagne moins, l'autre moitié plus) était de 17 802 € dans le privé en 2004. La différence importante avec le salaire net moyen (22 193 €) s'explique par la dispersion plus forte existant pour les hauts revenus. L'âge intervient de façon non linéaire dans le déroulement de la vie professionnelle. En début de carrière, un homme cadre gagne près de moitié plus qu'un employé ou un ouvrier. Les écarts s'accentuent par la suite, car la progression des salaires est moins importante pour les professions les moins qualifiées ; à 50 ans, le salaire d'un homme cadre est environ le double de celui d'un cadre débutant, alors que le ratio n'est que de 1,2 pour les ouvriers. L'ancienneté dans l'entreprise apparaît comme un facteur plus important que l'âge pour les professions les moins qualifiées, qui en bénéficient davantage que les cadres ou les professions intermédiaires.

Mais c'est le niveau d'instruction qui est le plus déterminant dans le montant initial et l'évolution du salaire. Les salariés possédant un diplôme d'enseignement supérieur perçoivent en moyenne des revenus moitié plus élevés que ceux qui se sont arrêtés aux études secondaires. La différence est inférieure (comprise entre 30 % et 40 %) dans des pays comme le Royaume-Uni, la Suède ou l'Espagne.

Les femmes « maltraitées »

Salaires annuels nets par sexe et par grande catégorie dans le secteur privé (2004, en euros)

Hommes	23 778
Cadres	46 514
Prof. intermédiaires	23 693
Employés	16 259
Ouvriers	16 730
Femmes	19 182
Cadres	35 647
Prof. intermédiaires	20 712
Employés	15 254
Ouvriers	13 982

INSEE

... le domaine d'activité et l'entreprise.

Le secteur d'activité est un facteur prépondérant dans les écarts existants entre les revenus. Les salaires moyens varient du simple au double selon le domaine, avec un maximum dans l'industrie pétrolière ou chimique, et un minimum dans l'habillement et le commerce. La comparaison de ces moyennes est cependant faussée par les poids respectifs des catégories socioprofessionnelles, très différents selon les secteurs. À type de fonction égal ou comparable, les écarts sont cependant significatifs. Ainsi, les salaires moyens des ouvriers sont deux fois plus élevés dans l'aéronautique que dans l'habillement.

La taille de l'entreprise est un autre facteur déterminant. Les salariés de celles qui comptent plus de 500 salariés gagnent environ 20 % de plus que dans celles qui ont 10 à 49 employés. Dans un même secteur et à taille égale, on constate aussi que le dynamisme de l'entreprise joue un rôle croissant dans le niveau des salaires qu'elle propose.

Enfin, les salaires varient selon la région. Celui d'un Francilien est en moyenne supérieur d'environ un tiers à celui des habitants des autres régions. La différence est moins spectaculaire si on compare à fonction égale, la part de celles dites « supérieures » étant plus élevée à Paris et en Île-de-France qu'ailleurs.

Plus d'un salarié sur dix perçoit le salaire minimum.

Plus de 2,5 millions de personnes (17 % des salariés) étaient rémunérés sur la base du SMIC en 2005 (hors agriculture et intérim), le plus haut niveau enregistré au cours des vingt dernières années. Le chiffre atteint 3,3 millions si on ajoute les 120 000 intérimaires concernés, les 100 000 salariés agricoles, les 260 000 salariés du secteur domestique et les 450 000 employés de l'État et des collectivités locales (y compris les contrats aidés). De fortes revalorisations ont eu lieu entre 2003 et 2005 ; elles ont porté le SMIC à 1 218 € brut pour 35 heures hebdomadaires en juillet 2005, et 1 221 € pour le minimum garanti de la fonction publique.

Les smicards sont très présents dans les entreprises de moins de 10 salariés (34 %). Ils ne sont que 12 % dans les entreprises de 10 salariés ou plus et 8 % dans celles de plus de 500 salariés. Ils sont fortement représentés dans certains secteurs d'activité comme les services aux particuliers (40 %), les services opérationnels aux entreprises (31 %), le commerce (24 %) ou l'industrie agroalimentaire (24 %). Sur dix salariés concernés, quatre sont employés à temps partiel.

Les femmes sont deux fois plus concernées que les hommes ; près d'une sur dix contre moins d'un sur dix. La proportion varie avec l'âge : un jeune de moins de 26 ans sur trois perçoit le SMIC (contre 43 % en 1987). Les écarts entre les tranches d'âge et les sexes tendent cependant à se réduire. Les personnes rémunérées au SMIC sont aussi celles qui subissent les conditions d'emploi les plus précaires ; 20 % ont

Minima plus élevés au Nord

Salaires mensuels minimaux dans quelques pays d'Europe (2006, en euros)

Belgique	1 234
Bulgarie	82
Espagne	631
Estonie	192
États-Unis	753
FRANCE	1 218
Grèce	668
Hongrie	247
Irlande	1 293
Lettonie	129
Lituanie	159
Luxembourg	1 467
Malte	580
Pays-Bas	1 273
Pologne	233
Portugal	437
Rép.tchèque	239
Royaume-Uni	1 269
Slovaquie	183
Slovénie	512

des contrats à durée limitée, contre 5 % pour les autres salariés. Elles sont deux fois plus nombreuses à travailler le samedi (une sur trois).

La proportion de bas salaires (au-dessous des deux tiers d'un salaire médian, tel que la moitié des salariés gagnent plus, l'autre moitié moins) était passée de 13 % en 1976 à 10 % en 1987. Elle a peu évolué depuis, mais continue de s'accroître pour les ouvriers non qualifiés, les employés du commerce et les hommes jeunes.

Un actif sur dix a un statut de non-salarié.

Les 2,7 millions de non-salariés représentaient 11 % de la population active occupée en 2005 ; parmi eux, environ 300 000 travaillaient à temps partiel. Près de la moitié (1,3 million) sont des indépendants, un peu plus de 1 million des employeurs, et 270 000 des aides familiales. Les plus nombreux travaillent dans l'artisanat (730 000), l'agriculture (650 000), le commerce (650 000), les professions libérales (350 000). Les deux tiers sont des hommes : 1,6 million, contre 1,1 million de femmes. Le nombre des non-salariés est en diminution régulière depuis une quarantaine d'années ; il était de 6,5 millions en 1954 et de 4 millions en 1972.

De nombreux facteurs influent sur l'évolution de leurs revenus, et on constate une forte disparité à l'intérieur de chaque catégorie. Par principe, les revenus des professions concernées sont des bénéfices, qui dépendent d'abord du chiffre d'affaires réalisé. Celui-ci est lié à l'évolution de la consommation ou de la demande pour un produit ou un service. Les bénéfices sont aussi très liés aux charges supportées. Les principales sont la masse des salaires versés aux employés, le coût des matières premières éventuel-

lement utilisées et les investissements en matériel nécessaires pour maintenir ou accroître le volume d'activité et la productivité (amortissements).

Par ailleurs, la variation (locale ou nationale) du nombre d'entreprises dans une profession modifie les données de la concurrence, donc l'activité et les prix. Les changements qui ont lieu dans les différents circuits de distribution modifient la part de marché qui revient aux professions concernées. Enfin, l'évolution des prix relatifs a une incidence considérable à la fois sur l'activité et sur la marge bénéficiaire des non-salariés.

Les revenus de l'agriculture diminuent.

Par nature (au propre et au figuré), les revenus des agriculteurs varient d'une année à l'autre, en fonction des conditions d'exploitation et des marchés. Mais la réforme de la PAC (politique agricole commune européenne) a fortement modifié le système, avec le contingentement de la production par un gel des terres, le soutien des prix et les compensations sous forme d'aides directes. En 2005, le repli des récoltes (céréales) et l'abondance des stocks (notamment pour les viticulteurs) n'ont pas été compensés par une augmentation des prix. La situation des éleveurs a été globalement plus favorable, notamment pour la production de bétail et de lait.

Le revenu net de charges sociales d'un foyer était de 26 000 € en 2005, dont seulement 15 000 € pour le seul revenu agricole. Les revenus extérieurs représentent donc près de 40 % de l'ensemble. Ces chiffres ne peuvent être comparés à des salaires (encadré). Ils cachent en outre de fortes disparités selon la taille de l'exploitation : de un à sept entre une exploitation de moins de 25 hectares (en équivalent blé) et une

REVENUS, AIDES ET SUBVENTIONS

Le revenu des non-salariés (agriculteurs, commerçants, professions libérales) ne peut être comparé à celui des salariés. D'abord, il ne prend pas en compte les mêmes cotisations sociales et n'ouvre pas droit aux mêmes prestations. Par ailleurs, il n'intègre pas le capital constitué grâce à l'activité non salariée (agriculteurs, commerçants, artisans, professions libérales…), qui pourra être valorisé dans le cas d'une vente de l'exploitation.

Les foyers dont la personne de référence est non salariée sont aussi plus nombreux à recevoir d'autres formes de revenus. C'est le cas en particulier de ceux d'agriculteurs : 90 % perçoivent, outre les recettes tirées de leur exploitation, des traitements et salaires des conjoints, des revenus de la propriété, etc. Cet apport représente près du quart du revenu global moyen.

L'existence de ces revenus d'appoint atténue les écarts entre les diverses catégories d'agriculteurs. Il s'y ajoute un système complexe d'aides, qui fausse les comparaisons. Un jeune agriculteur qui s'installe peut par exemple toucher une prime qui va de 8 000 € en plaine à 36 000 € en montagne, assortie d'un prêt bonifié d'un montant équivalent, à taux d'intérêt très bas.

de plus de 150 hectares. Le revenu varie aussi largement selon la spécialité, de un à trois entre un éleveur de bovins et un viticulteur. La palme de la rentabilité revient aux vignobles d'appellation d'origine, et le plus faible revenu aux élevages de chèvres et de moutons.

La diminution du nombre d'exploitations (p. 280), accentuée par les mesures de préretraite instituées à partir de 1992, s'était traduite par l'accroissement de leur superficie moyenne, de sorte que le résultat agricole net par actif avait augmenté de 5 % par an entre 1991 et 1998 en monnaie constante. Depuis 1999, la baisse a été continue. Le résultat net d'entreprise agricole a ainsi chuté de 20 % en 2005 ; celui par actif non salarié a diminué de 18 %.

Les revenus des commerçants et artisans sont très variables selon les secteurs d'activité.

Entre 1986 et 1997, les commerces (hors pharmacies) avaient pour la plupart enregistré une baisse de leurs résultats en monnaie constante, à l'exception de ceux d'alimentation spécialisée, de produits d'hygiène-beauté et de culture-loisirs qui avaient connu une faible progression. Un redressement avait eu lieu entre 1998 et 2000, conséquence de la reprise économique, mais le niveau de 1993 n'avait pas été retrouvé (la baisse a été de 0,4 % par an entre 1993 et 2000). Depuis, les recettes des commerçants marquent globalement le pas, tandis que les charges s'alourdissent (notamment les cotisations de retraite).

Après une année 2004 favorable (3,1 % de croissance moyenne des recettes), 2005 a été plus terne, avec 1,34 % seulement (Fédération des centres de gestion agréés). Les activités les plus performantes (environ 5 % de croissance) ont été le bâtiment, les transports de personnes (taxis, ambulances), le nettoyage (+ 5,5 %, après 10,6 % en 2004), les instituts de beauté. Les moins dynamiques ont été les agences immobilières (- 7,3 %, mais après une année 2004 exceptionnelle avec + 19,7 %), l'automobile (- 0,6 % après + 4,7 % en 2004), les parfumeries (- 3,7 %),

Le palmarès du commerce

Résultat courant moyen* de certaines professions du commerce et de l'artisanat (2004, en euros)

Pharmacie	122 294
Optique, lunetterie	71 032
Tabac, journaux, jeux	40 963
Boulangerie-pâtisserie	35 942
Boucherie-charcuterie	33 410
Horlogerie-bijouterie	33 339
Bâtiment	33 205
Garage	30 219
Librairie, papeterie, presse	30 089
Hôtel-restaurant	28 793
Poissonnerie	28 283
Restaurant	28 202
Électroménager, radio, TV - hi-fi	26 785
Prêt-à-porter	25 302
Chaussures	25 025
Animalerie, graineterie	25 009
Fruits et légumes	24 204
Restauration rapide	24 076
Fleurs	23 721
Alimentation générale (moins de 120 m^2)	22 487
Café	22 069
Lingerie féminine	21 288
Salon de coiffure	18 596
Mercerie	15 496

* Résultat courant avant impôts.

Fédération des centres de gestion agréés

l'équipement de la maison (- 1,2 %), l'équipement de la personne (- 0,3 %). Au cours des dernières années, les commerces d'alimentation générale, ceux

d'équipement de la personne (notamment d'habillement) et d'équipement du foyer ont connu une stagnation. La situation a été plus favorable dans les services. La hausse a été limitée dans le secteur de l'artisanat, alors que le bâtiment profitait de la hausse de l'immobilier. Le revenu net moyen (avant impôts) de l'ensemble des petits entrepreneurs individuels de l'artisanat, du commerce et des services était de l'ordre de 36 000 €.

Le revenu des professionnels libéraux varie de un à vingt...

Comme celui des commerçants et des artisans, le revenu des professions libérales dépend du volume d'activité (nombre de clients) et de la part des charges à payer. Il s'y ajoute le montant des honoraires pratiqués, généralement plus variable que la marge des commerçants. Certaines professions juridiques sont favorisées. C'est le cas des notaires, qui bénéficient d'une véritable rente de situation, améliorée par la hausse des prix de l'immobilier au cours des dernières années ; leur revenu moyen a ainsi dépassé 250 000 € en 2005. Les mandataires de justice, avoués, greffiers et huissiers sont dans une situation comparable, avec un revenu compris entre 140 000 et 230 000 € par an. Celui des avocats dépend en partie de la santé financière de leurs clients et de leur propre statut : il variait de 25 000 € pour un collaborateur débutant à 140 000 € pour un associé.

Parmi les professions non juridiques, la dispersion est grande entre les géomètres et les agents d'assurances (entre 80 000 et 100 000 € annuels) et les professeurs de musique, de danse ou de ski, dont le revenu déclaré est inférieur à 20 000 €. Entre ces extrêmes, on trouve les métiers de conseil, qui rap-

Le grand écart libéral

Revenu annuel moyen net de certaines professions libérales (2003 pour les médecins, 2004 pour les autres, en euros)

MÉDECINS		PROFESSIONS JURIDIQUES	
Oncologie-radiothérapie	153 223	Notaire	240 900
Médecin biologiste	145 816	Mandataire de justice	220 500
Chirurgie plastique	145 108	Greffier	184 900
Radiothérapie	143 744	Avocat associé	134 607
Radiologie imagerie médicale	127 057	Huissier	134 600
Chirurgie générale	110 054	Expert-comptable	65 800
Ophtalmologie	103 983	Commissaire-priseur	56 100
Obstétrique	95 143	Commissaire aux comptes	37 800
Pneumologie	67 426	Avocat collaborateur	33 430
Rhumatologie	67 307	**AUTRES**	
Médecin généraliste	66 279	Géomètre expert	93 900
Neurologie	64 348	Agent d'assurances	82 800
Dermato-vénérologie	64 037	Auteur, éditeur	60 000
Pédiatrie	63 458	Architecte agréé	52 600
Médecine interne	59 359	Conseil informatique	43 300
Psychiatrie générale	58 624	Conseil financier	43 100
Gynécologie médicale	51 068	Bureau d'études	41 600
Neuropsychiatrie	50 166	Consultant	40 700
Chirurgie infantile	39 287	Conseil en entreprise	36 400
AUTRES PROFESSIONS MÉDICALES ET PARAMÉDICALES		Artiste	35 100
Laboratoire d'analyses médicales	215 000	Photographe	33 200
Orthodontiste	162 700	Architecte d'intérieur	32 400
Pharmacien	116 873	Agent commercial	32 400
Dentiste	81 700	Dessinateur	31 600
Vétérinaire	68 400	Graphiste	28 800
Kinésithérapeute	41 900	Traducteur	26 200
Infirmière	41 400	Illustrateur	25 700
Sage-femme	29 000	Moniteur d'auto-école	21 800
Pédicure, podologue	22 600	Négociant immobilier	21 800
Psychologue	18 400	Professeur de danse	18 200
Psychanalyste	17 300	Sculpteur	17 300

Divers

portent entre 40 000 et 50 000 €, les artistes, graphistes, photographes ou décorateurs (30 000 à 35 000).

... et celui des professions médicales ou paramédicales de un à douze.

Les revenus des professions libérales de santé varient également dans de fortes proportions. Celui des quelque 200 000 médecins en activité (répartis pour moitié entre généralistes et spécialistes) était proche de 80 000 € en 2005 (net de charges professionnelles, qui représentent 45 % des revenus bruts). Ce chiffre ne prend en compte que les revenus issus de l'activité libérale ; il s'y ajoute parfois ceux d'activités salariées ou annexes. Ils sont nets de charges professionnelles.

L'écart est important entre les médecins généralistes et les spécialistes. Les premiers ont perçu en moyenne près de 69 000 € en 2005. La progression est sensible sur les dernières années, à la suite des augmentations des tarifs et d'une réorganisation du temps des médecins, qui effectuent moins de visites à domicile et plus de consultations, beaucoup plus rémunératrices. Le revenu moyen des spécialistes atteint 90 000 €, avec une forte dispersion. Les biologistes, radiologues et chirurgiens dépassent 150 000 €, tandis que le revenu des pédiatres, psychiatres et gynécologues est environ trois fois inférieur.

Parmi les autres catégories médicales exerçant en libéral, les laboratoires d'analyses crèvent le plafond, avec un revenu supérieur à 220 000 €, devant les orthodontistes (170 000) et les pharmaciens (125 000, dont une part croissante provient des ventes de produits d'hygiène-beauté). Les kinésithérapeutes et les infirmières libérales occupent une position moyenne (environ 43 000 €).

Le revenu moyen des retraités est comparable à celui des actifs...

13,5 millions de personnes perçoivent une pension de retraite (dont 9,5 millions de la Caisse nationale d'assurance vieillesse), soit un Français sur cinq. Près des trois quarts sont multipensionnés, ayant cotisé à plusieurs régimes de base. Environ 550 000 personnes ne disposent que d'une pension de réversion, et 700 000 du minimum vieillesse. Le montant moyen brut des retraites était d'environ 1 200 € par mois en 2005. Les retraites de base de la Sécurité sociale et les retraites complémentaires représentent l'essentiel du montant des pensions (plus de 90 %).

En incluant les revenus du patrimoine, qui représentent environ 20 %, le revenu disponible des ménages dont la personne de référence est âgée d'au moins 60 ans se montait à 24 000 € en 2005 (2 000 € par mois), soit environ 18 000 € par individu (1 250 € par mois). Les ménages d'inactifs ont ainsi aujourd'hui un revenu par personne ou par unité de consommation (p. 331) comparable à celui des actifs, alors qu'il était inférieur de 20 % en 1970.

Les « jeunes retraités » (65 à 70 ans) ont un niveau de vie supérieur à celui de leurs aînés, qui ont eu des carrières globalement moins bien rémunérées, ont moins profité de la forte revalorisation réalisée au cours des années 70, et ne disposent pas d'un patrimoine aussi élevé. Il sera sans doute difficile à l'avenir de maintenir la parité actuelle. En 1950, dix actifs cotisaient pour un retraité, contre 1,6 actif en 2005. Entre-temps, l'espérance de vie s'est allongée de 15 ans pour les femmes et de 13 ans pour les hommes, et l'âge légal de la retraite a été avancé à 60 ans.

... mais il tend à stagner.

Les difficultés de financement des retraites sont déjà apparues depuis quelques années. Les pensions ont été soumises à partir de 1991 à la CSG (contribution sociale généralisée), et celle-ci a été majorée en 1993 et 1997. Il s'y est ajouté en 1996 la CRDS (Contribution au remboursement de la dette sociale), de sorte que les prélèvements obligatoires sur les pensions des régimes de base étaient passés de 1,4 % en 1990 à 6,7 % en 1998. Ceux concernant les pensions des régimes complémentaires étaient passés dans le même temps de 2,4 % à 7,7 %. Les taux de prélèvement n'ont pas changé depuis 1998, mais les revalorisations réalisées depuis dans les principaux régimes ont conduit à une baisse des montants des pensions en monnaie constante (après prise en compte de l'inflation).

Seuls 12 % des actifs disent connaître le montant de leur future retraite (Axa, 2005) ; 81 % s'attendent à ce qu'il soit moins élevé que leur dernier salaire d'activité, mais 92 % d'entre eux estiment qu'ils auront « presque tout ce dont ils auront besoin » et 75 % qu'ils n'auront pas de crédit immobilier à rembourser.

Plus de 6 millions de personnes vivent des minima sociaux...

Début 2006, 3,3 millions de ménages bénéficiaient d'au moins un des minima sociaux accordés à ceux qui disposent de ressources jugées insuffisantes pour vivre. Ces minima couvrent au total une population de 6 millions de personnes, dont 400 000 dans les DOM-TOM. Au 1er janvier 2006, les montants des minima existants (mensuels, sauf indication contraire) étaient les suivants :

La retraite inégale

10 % des retraités perçoivent moins de 350 € par mois, tandis que 10 % disposent de plus de 2 000 €. La pension moyenne des femmes est inférieure d'environ 40 % à celle des hommes. Cet écart (moins marqué dans le secteur public que dans le privé) s'explique par celui existant entre les revenus professionnels antérieurs et par les durées de carrière (et donc de cotisation) inférieures pour les femmes. L'allongement et l'amélioration des carrières féminines au cours des dernières décennies ont accru le montant moyen des pensions perçues par les plus jeunes retraitées. Celui des plus âgées, souvent veuves, est accru par le montant des pensions de réversion.

Les inégalités sont très fortes entre les anciens fonctionnaires et les ex-salariés du secteur privé. Les sommes perçues par les fonctionnaires à la retraite représentent en moyenne 75 % de leur dernier salaire (calculé sur les six derniers mois de traitement et bénéficiant souvent d'une augmentation baptisée « coup de chapeau »), contre 47 % dans le privé (calculé sur les 25 meilleures années).

Les écarts sont aussi très marqués entre salariés et non-salariés : les premiers percevaient en moyenne 1 700 € en 2005, les seconds 650 € (parmi les unipensionnés). Les anciens commerçants sont les plus désavantagés (environ 500 €), devant les agriculteurs (600 €) et les artisans (700 €).

Enfin, près de 10 % des personnes de 65 ans et plus relèvent du Fonds national de solidarité et reçoivent plus de 50 % du salaire minimum (SMIC). Ce sont principalement des femmes âgées et veuves qui ont très peu ou pas du tout cotisé à un régime de retraite. Le minimum vieillesse annuel était fixé à 7 323 € pour une personne seule et 13 138 € pour un couple au 1er janvier 2006.

enfant. Dans les autres foyers bénéficiaires, on compte environ 1,5 million d'enfants. Le nombre des allocataires a augmenté de moitié depuis 1975. La part de ceux âgés de plus de 50 ans a sensiblement progressé au cours des dernières années pour des raisons démographiques, mais aussi liées à la difficulté de sortir du chômage.

... dont plus de 2 millions du RMI.

Le RMI, créé par le gouvernement de Michel Rocard fin 1988, était perçu par 1,1 million de ménages au début 2006 (en progression de 5 % en un an), contre 336 000 en 1989 et 841 000 en 1995. Si l'on inclut les conjoints et les enfants des allocataires, il concerne 2,5 millions de personnes, soit 4 % de la population métropolitaine ; la proportion atteint 15 % dans les départements d'outre-mer. L'âge moyen est de 38 ans et un allocataire sur trois a moins de 30 ans. Un quart de ceux âgés de 25 à 29 ans ont un niveau supérieur au bac. La plupart des allocataires (85 %) vivent seuls ou dans une famille monoparentale, moins d'un sur cinq en couple. Quatre sur dix étaient auparavant ouvriers (dont les deux tiers non qualifiés), un peu moins d'un sur dix occupait un poste de technicien ou de cadre. Un sur cinq bénéficie d'un emploi.

Le RMI a permis à beaucoup de ménages de survivre pendant les périodes de chômage. Mais il a moins bien rempli sa mission d'insertion dans la vie professionnelle. Un tiers des bénéficiaires du RMI sortent du système dans les 6 mois, la moitié dans les 18 mois. Pour ceux qui sont sans emploi depuis plus de 18 mois, la perspective de retour sur le marché du travail est limitée ; la moitié seulement déclarent rechercher effectivement un travail.

- RMI (revenu minimum d'insertion) : 433 € pour une personne seule, 650 € pour un couple, 780 € avec un enfant à charge, 173 € de plus par enfant supplémentaire. L'allocation est différentielle, les ressources du ménage étant déduites du montant du RMI (seuls ceux qui n'ont aucun revenu peuvent bénéficier du montant maximal) ;
- minimum vieillesse : 7 308 € par an pour une personne seule, 12 905 € pour un couple ;
- allocation d'adulte handicapé : 599 € (à laquelle s'ajoute une garantie de ressource d'un montant de 166 € par mois) ;
- allocation spécifique de solidarité : 980 € pour une personne seule, 1 540 pour un couple ;
- allocation de parent isolé : 635 € pour un parent isolé avec un enfant,

795 € avec deux enfants, 979 € avec trois... ;
- allocation d'insertion : 10,04 € par jour.

Les ménages concernés par ces minima représentent près du tiers de la population dans les DOM-TOM et en Corse du Sud. Plus de la moitié des bénéficiaires sont des personnes isolées, un ménage sur cinq est un couple sans

● *1,8 million de foyers contribuables bénéficient d'une déduction pour une aide à domicile, 5,2 millions pour un don à des associations.*
● *10 % des salariés ont gagné moins de 1 005 € par mois en 2004 (+ 0,5 %), tandis que les 10 % les plus riches gagnaient plus de 2 959 € (– 0,2 %).*

Impôts

Les prélèvements obligatoires représentent près de la moitié du PIB.

Le niveau des prélèvements obligatoires mesure la pression fiscale globale (impôts, cotisations sociales) sur les particuliers et les entreprises pour financer les dépenses de l'État et les régimes de protection sociale. Il s'est élevé à 44,1 % du PIB en 2005. Il a augmenté de près de 1 point par rapport à 2004 en raison de mesures nouvelles concernant les retraites (rattachement du régime des industries électriques et gazières aux régimes de droit commun, régime additionnel de la fonction publique) et de la hausse de la CSG. Il avait atteint le niveau maximal de 45 % en 1999. La France reste l'un des pays du monde où le taux de prélèvement est le plus élevé.

Les Français reversent ainsi près de la moitié de leurs revenus, sous des formes multiples (par ordre décroissant d'importance) : cotisations sociales ; taxe sur la valeur ajoutée ; contribution sociale généralisée ; impôt sur les revenus des personnes physiques (travail et patrimoine) ; impôt sur les sociétés ; taxe sur les produits pétroliers ; taxe professionnelle ; taxes foncières (propriétés bâties et non bâties) ; taxe d'habitation ; droits d'enregistrement et de timbre ; droits sur les tabacs, etc. La part des cotisations sociales dans les recettes des administrations publiques s'est accrue, de sorte qu'elles représentent aujourd'hui près de trois fois le montant des impôts.

Le taux a augmenté de 10 points entre 1970 et 1984, avant de se stabiliser.

Le taux de prélèvements obligatoires était de 34 % du PIB en 1970 ; il a progressé de façon continue jusqu'en 1984, atteignant 44,6 %. Il est depuis vingt ans situé entre 44 et 46 %, malgré la volonté affichée par les gouvernements successifs d'engager une politique de réduction. Les années 90 ont vu au contraire la création de prélèvements en principe exceptionnels, qui ont été régulièrement reconduits. Il en est ainsi de la CSG, créée en 1991, qui rapporte aujourd'hui davantage que l'impôt sur le revenu des ménages (encadré). La CRDS est venu s'ajouter en 1996, pour une durée théorique de 13 ans. Elle est destinée à faire face aux déficits publics, tel celui de la Sécurité sociale (qui a fait l'objet d'une nouvelle réforme en 2003).

Le taux de TVA est passé quant à lui pour les produits courants de 18,6 % à 20,6 % en 1995, mais il a été ramené à 19,6 % en avril 2000. Enfin, l'impôt sur la fortune a été surtaxé de 10 %, et les tranches n'ont pas été relevées jusqu'en 2005, ce qui a renchéri son coût et élargi son assiette. Le produit de la fiscalité locale (taxe d'habitation, taxe professionnelle, taxe sur le foncier bâti,

À mi-temps pour l'État

Évolution du taux des prélèvements obligatoires (total des recettes fiscales, en % du PIB)

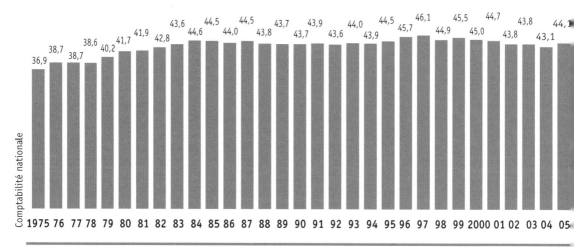

Comptabilité nationale

impôt foncier) a également augmenté ; il représentait 4,3 % du PIB en 2005, contre 2,6 % en 1979.

Le niveau global d'imposition est l'un des plus élevés au monde.

Le poids des recettes fiscales perçues par les administrations publiques est plus élevé en France que dans la plupart des autres grands pays développés de l'Union européenne : il était de 45,7 % en 2003, soit 14 points de plus qu'en Italie, 9 de plus qu'en Espagne et au Royaume-Uni, 4 de plus qu'en Allemagne. Il n'était dépassé que par les pays scandinaves (51 % en Suède, 50 % au Danemark) et la Belgique (48 %). Il était supérieur de 14 points à celui des États-Unis (30 %) et de 17 à celui du Japon (27 %). La France est aussi l'un des pays développés qui cumulent le plus de types d'impôts différents : épargne, patrimoine, plus-values, transmission, cession...

Le ratio entre le coût de gestion de l'administration fiscale et les recettes encaissées est en outre particulièrement élevé en France : 1,6 %, contre 0,5 % aux États-Unis ou en Suède, 0,8 % à 1 % en Irlande, en Espagne ou au Canada, 1,2 % au Royaume-Uni et aux Pays-Bas, 1,5 % en Italie.

La France se distingue enfin en détenant à la fois le record européen du taux de cotisations sociales le plus élevé (20 % du PIB) et celui de la plus faible part des impôts sur le revenu et le patrimoine (10 %), alors que ces deux types de prélèvements sont à peu près égaux dans les autres pays de l'Union européenne.

La dette publique représente 44 000 € par ménage, soit une année de revenu.

Bien que très élevé, le taux des prélèvements obligatoires est trop faible pour

Le Nord prélève davantage

Évolution des taux de prélèvements obligatoires en Europe (en % du PIB)

	1995	2000	2002	2004
Allemagne	41,3	43,3	40,9	40,0
Autriche	43,6	44,8	45,5	44,3
Belgique	45,9	47,3	47,5	47,4
Chypre	26,7	30,0	31,2	33,7
Danemark	49,8	50,2	49,1	49,9
Espagne	33,6	34,8	34,7	35,4
Estonie	37,9	32,6	32,5	32,7
Finlande	46,2	47,9	45,7	44,5
FRANCE	44,5	45,9	44,9	45,3
Grèce	34,7	40,9	39,9	37,7
Hongrie	41,7	39,6	39,1	39,2
Irlande	34,9	32,9	29,7	31,7
Italie	42,9	43,0	42,4	42,1
Lettonie	33,7	30,1	28,7	29,1
Lituanie	28,6	30,1	28,4	28,7
Luxembourg	43,7	41,3	42,0	41,1
Malte	31,3	30,1	34,8	36,7
Pays-Bas	40,5	41,5	38,7	38,8
Pologne	39,4	35,2	35,5	34,3
Portugal	32,7	35,2	35,7	35,6
Rép. tchèque	36,2	34,5	35,5	36,6
Royaume-Uni	36,7	38,7	37,0	37,7
Slovaquie	40,6	33,2	32,5	30,6
Slovénie	40,5	38,8	39,4	39,9
Suède	49,7	54,1	50,5	51,2
Europe à 25	41,2	42,2	40,8	40,7

Eurostat

financer les dépenses publiques, qui ont connu une croissance régulière. En 2005, le déficit s'est élevé à 48,9 milliards d'euros, soit 2,9 % du PIB. L'État doit donc émettre et garantir des emprunts, qui accroissent son endettement. Celui-ci avait dépassé en 2004 le chiffre symbolique de 1 000 milliards d'euros (1 069). Il a connu une nouvelle progression de 6,5 % en 2005, atteignant 1 138 milliards, soit 67 % du PIB, contre 45 % en 1993 et 21 % en 1980. Cependant, le niveau d'endettement public de la France reste comparable à celui des autres pays de l'Union européenne (71 % au sein de la zone euro en 2004). Il est un peu supérieur à celui des États-Unis (63 %), mais très inférieur au taux record du Japon (158 %).

Ramenée au nombre de ménages, la dette publique se monte à 44 000 €, soit 18 000 € par Français (contre 12 000 en 2001). Elle représente pour chaque ménage l'équivalent de 1 année de revenus disponible, ou de 21 années d'impôt sur le revenu. Elle fait peser sur les générations futures une charge importante, qui sera aggravée par les besoins de financement à venir des retraites et des autres systèmes de protection sociale.

Cette forte croissance de l'endettement public s'explique par le cumul des déficits budgétaires annuels et les taux d'intérêt réels élevés, dans un contexte de faible inflation. De sorte que les seuls intérêts annuels de la dette représentaient 15 % des dépenses de l'État en 2005, soit environ 1 600 € par ménage. Elle dépasse le plafond défini par le traité de Maastricht et applicable à tous les pays de l'Union européenne : 60 % du PIB. Le taux du déficit public français est en revanche passé au-dessous du plafond fixé à 3 %.

Les impôts indirects sont parmi les plus élevés d'Europe...

Les principaux types d'impôts indirects sont la taxe sur la valeur ajoutée, la taxe sur les importations, les produits pétroliers, les droits sur les tabacs, ceux d'enregistrement, de timbre ou de douane. En 2005, les ménages et les entreprises ont acquitté 175 milliards d'euros d'impôts sur l'ensemble de ces biens et ser-vices, dont 127 milliards d'euros de TVA (net de remboursements et dégrèvements d'impôts) et 20 milliards de taxe intérieure sur les produits pétroliers. Au total, les impôts indirects représentent 60 % des recettes fiscales brutes de l'État (ménages et entreprises). Leur part dans les recettes fiscales (brutes) du budget général de l'État a cependant diminué depuis une dizaine d'années ; elle était de 62 % en 1995. La baisse a porté notamment sur les droits d'enregistrement (4,1 % contre 5,6 %). Par ailleurs, les droits sur les tabacs (qui représentaient 2,7 % en 1995) ont été transférés depuis 2000 au budget des administrations de sécurité sociale.

Contrairement aux impôts directs, ces impôts ne sont pas progressifs en fonction du revenu. Ils pèsent donc beaucoup plus, en proportion, sur les ménages ayant de faibles revenus que sur les ménages aisés. Ils représentent ainsi moins de 10 % du revenu d'un cadre et près du tiers de celui d'un chômeur en fin de droits. Leur part est supérieure en France à celle de la plupart des pays développés.

... alors que l'impôt sur les revenus est l'un des plus faibles.

La part des impôts sur le revenu dans les recettes fiscales brutes de l'État s'est accrue jusqu'en 1980, avant de se stabiliser vers 18 %. La France reste un pays de faible imposition directe sur les revenus par rapport à ses voisins : elle représente 26 % en moyenne dans les pays de l'Union européenne. En vingt ans, on a assisté à une inversion de la part des impôts et de celle des cotisations sociales dans les recettes de l'État. Les montants d'impôts payés sur les revenus des dernières années ont cependant connu une hausse, liée à celle du pouvoir d'achat des ménages. Le plafonnement du quotient familial (1999) qui a touché les revenus élevés a été compensé par les baisses ayant eu lieu depuis.

La fiscalité des revenus de l'épargne est globalement plus favorable que celle des revenus d'activité. Entre 1985 et 1995, le taux de taxation du travail était passé de 38 % à 45 %. Dans le même temps, celui du capital avait diminué, de 26 % à 19 %. Mais les dispositions prises depuis 1997 ont renforcé la taxation des capitaux, avec la généralisation de la CSG sur l'ensemble des revenus et les accroissements successifs des taux de prélèvement.

La CSG rapporte davantage à l'État que l'IRPP.

L'une des singularités françaises en matière de fiscalité est que près de la moitié des ménages fiscaux ne paient pas d'impôt sur le revenu des personnes physiques, contre par exemple 15 % seulement des Britanniques. Pour une famille avec deux enfants, le seuil de non-imposition est ainsi deux fois et demie supérieur à celui des autres pays de l'Union européenne. Mais d'autres prélèvements sociaux complètent les recettes fiscales de l'État. La contribution sociale généralisée, créée en 1991, est destinée à financer les régimes de protection sociale. Depuis 1998, elle rapporte plus que l'impôt sur le revenu : 67 milliards d'euros en 2004, contre 47. Initialement fixée à 1,1 %, elle a été portée à 2,4 % en 1993, à 3,4 % en 1997 et à 7,5 % en 1998. Elle se substitue en partie aux cotisations salariales de maladie, qui sont passées de 5,5 % à 0,75 %. Contrairement aux impôts sur le revenu, payés seulement par la moitié des ménages, la CSG est acquittée par tous ceux qui perçoivent un revenu. Environ 80 % du montant total provient des salaires et des autres revenus d'activité ; le reste est réparti entre les revenus de remplacement (retraites, allocations de chômage...) et les revenus financiers et de l'épargne.

REVENUS disponibles

Le revenu primaire brut moyen des ménages s'est élevé à 48 000 € en 2004.

Le calcul du revenu primaire brut des ménages est la première étape de la détermination de leur revenu disponible (schéma en début de chapitre). Il est obtenu en ajoutant aux revenus professionnels perçus par les différents membres du ménage (salaires et revenus non salariaux) ceux du capital (placements mobiliers et immobiliers, voir Le Patrimoine). Il ne tient pas compte à ce niveau des transferts sociaux, c'est-à-dire des cotisations sociales et des impôts directs payés par les ménages, ni des prestations sociales reçues.

Entre 1960 et 1980, le poids des salaires dans les revenus primaires avait augmenté de 12 points, passant de 61 % à 73 %. Il a ensuite légèrement régressé, pour se stabiliser à 70 % - 72 % depuis le début des années 90. La croissance des revenus du patrimoine avait été supérieure à celle des revenus du travail entre 1982 et la fin des années 90. Elle s'est ralentie depuis le début des années 2000, de sorte qu'ils ne représentaient que 7,9 % du revenu primaire brut en 2004, contre 8,7 % en 2000. Dans les revenus déclarés au fisc, les salaires représentent en moyenne les deux tiers. Les pensions et retraites comptent pour un quart, et les revenus non salariaux (agricoles, industriels, commerciaux ou non commerciaux) pour un peu moins d'un dixième. Les autres revenus sont essentiellement issus du patrimoine, mais seule une partie de ces revenus figure sur les déclarations fiscales.

Les cotisations sociales payées par les ménages représentent plus du quart de leur revenu primaire...

Les cotisations sociales sont destinées au financement de la Sécurité sociale (maladie, infirmité, accidents du travail, maternité, famille, vieillesse, veuvage...), des caisses de chômage et de retraite complémentaire. Elles concernent l'ensemble des revenus du travail (y compris les pensions de retraite) et sont réparties entre employés et employeurs, à raison d'un tiers pour les premiers et de deux tiers pour les seconds.

Le poids des cotisations sociales a augmenté dans des proportions considérables à partir des années 60 : elles représentaient 16 % du revenu primaire brut en 1960, puis 21 % en 1970, 27 % en 1980 et 31 % en 1990. Leur part a diminué dans les années 90 pour se stabiliser légèrement au-dessous de 28 % (27,9 % en 2004). Celle des cotisations salariales (Sécurité sociale, ARRCO, AGIRC, chômage, ASF, AGS, CSG et CRDS) varie fortement avec le montant du salaire, s'accroissant avec lui. La part payée par les salariés a été multipliée par quatre en un quart de siècle pour les salaires dépassant deux fois le plafond de la Sécurité sociale. Dans le

Du revenu primaire au revenu disponible

Évolution de la structure du revenu disponible des ménages (en % du revenu primaire*)

	1978	1990	2000	2004
Revenu primaire brut				
– rémunération des salariés	73,9	72,1	71,2	71,6
– excédent brut d'exploitation et revenu mixte	23,0	23,4	19,8	20,5
– revenus du patrimoine	3,1	4,5	9,0	7,9
MOINS **Transferts nets de distribution**	– 11,3	– 13,0	– 12,9	– 11,9
– impôts courants sur le revenu et le patrimoine	– 6,6	– 7,7	– 12,6	– 11,9
– cotisations sociales versées	– 26,2	– 31,0	– 27,3	– 27,9
– prestations sociales reçues	22,3	25,9	25,8	26,8
– autres transferts nets	– 0,8	– 0,2	– 1,2	– 1,1
ÉGAL **Revenu disponible brut**	88,7	87,0	87,1	88,1

* *Voir définitions dans le texte ci-dessus.*

INSEE

même temps, celle de l'employeur n'a été que doublée, mais elle est deux fois plus élevée que celle des salariés à partir d'un salaire d'environ 1 500 € par mois. En moyenne, un salarié perçoit en salaire net moins de 60 % du coût de son travail tel qu'il ressort pour l'entreprise, alors que la part perçue atteignait 70 % en 1970.

... de même que les prestations sociales qu'ils reçoivent.

Depuis la création de la Sécurité sociale, en 1945, les dépenses de protection sociale ont augmenté deux fois et demie plus vite que la richesse nationale ; elles représentent aujourd'hui un tiers du PIB contre 12 % en 1949. D'une manière générale, leur part dans les revenus des ménages est inversement proportionnelle au montant de ces revenus, en raison de l'effet redistributif recherché et de leur plafonnement. Elle varie ainsi de moins de 5 % pour les cadres supérieurs à 75 % pour les inactifs.

La forme principale de prestation concerne celles liées à la vieillesse : retraites, pensions de réversion, minimum vieillesse. Ce sont celles qui ont connu la plus forte progression ; elles absorbent près de la moitié des dépenses (44 % en 2004). Elles ont suivi l'augmentation du nombre des retraités liée à l'évolution démographique et à l'instauration de la retraite à 60 ans (1983), de même que la revalorisation importante des pensions et le développement des régimes complémentaires.

Les prestations liées au logement diminuent très légèrement ; elles représentaient 3,0 % de l'ensemble en 2004, contre 3,2 % en 1995. On observe le phénomène inverse en ce qui concerne les prestations destinées à lutter contre l'exclusion sociale (RMI

1 600 euros par mois par ménage

Prestations sociales reçues par les ménages en 2004 (en euros par ménage)

SANTÉ	**6 570**
– Maladie	5 520
– Invalidité	724
– Accidents du travail	326
VIEILLESSE-SURVIE	**8 235**
– Vieillesse	6 967
– Survie	1 268
MATERNITÉ-FAMILLE	**1 780**
– Maternité	225
– Famille	1 555
EMPLOI	**1 483**
– Chômage	1 395
– Insertion et réinsertion professionnelle	88
LOGEMENT	**548**
PAUVRETÉ-EXCLUSION SOCIALE	**299**
TOTAL DES PRESTATIONS	**18 915**

et aides diverses en nature) : 1,4 % en 2004 contre 1,3 % en 1995.

Les dépenses de santé et de chômage ont fortement augmenté.

Les dépenses de santé arrivent en deuxième position des prestations versées aux ménages et en représentent un tiers (35 % en 2004). Elles ont aussi fortement progressé avec l'allongement de l'espérance de vie, la généralisation de la couverture sociale et l'inflation des dépenses médicales. Leur croissance s'était provisoirement ralentie à partir de 1993, sous l'effet des plans successifs de redressement de la Sécurité sociale, qui avaient mis fin au déficit en 1999. Mais la dérive a ensuite repris (p. 64), de sorte que le déficit de la Sécurité sociale a atteint 11,6 milliards d'euros en 2005, contre

11,9 milliards en 2004, mais 6 milliards en 2002.

Les prestations d'allocations familiales et de maternité comptent pour 9 % de l'ensemble. Elles sont les seules à avoir régressé en proportion du PIB, du fait du recul de la natalité jusqu'en 1998 et du déclin des familles nombreuses, malgré la forte revalorisation de 1982, l'augmentation des allocations de rentrée scolaire, l'élargissement des prestations logement aux étudiants et la création du RMI en décembre 1988.

Les allocations liées à l'emploi comprennent les indemnités de chômage, de formation et d'inadaptation professionnelle (elles incluaient également celles de préretraite jusqu'en 1992). Ce sont celles qui ont le plus augmenté dans les années 80 et 90, à cause de la détérioration de l'emploi. Elles se sont stabilisées depuis quelques années à

8 % de l'ensemble des prestations, contre 2 % en 1970.

> **Les impôts directs sur le revenu et le patrimoine représentent 12 % du revenu primaire brut.**

Les impôts prélevés directement sur les revenus des ménages complètent le dispositif de redistribution. Ils sont progressifs, c'est-à-dire que leur taux augmente avec le montant des revenus. Les impôts indirects (notamment la TVA payée par les ménages sur les achats de biens et services) n'interviennent pas dans le calcul du revenu disponible total, car ils concernent son utilisation dans le cadre de la consommation, et non sa constitution.

Au fil des années, la fiscalité directe a évolué dans deux directions. Le poids de l'impôt (revenus et patrimoines) a augmenté pour les ménages qui le paient : il représentait 12 % du revenu primaire brut des ménages en 2004 contre 6 % en 1970. Son rôle redistributif s'est également accentué. C'est ainsi que les deux tiers des foyers (64 %) étaient imposés en 1980, contre seulement la moitié aujourd'hui.

> **En 2005, le revenu disponible brut moyen par ménage était de 43 000 €, soit 3 600 € par mois.**

Le revenu disponible brut d'un ménage comprend les revenus d'activité, ceux du patrimoine, les transferts en provenance d'autres ménages et les prestations sociales (y compris les pensions de retraite et les indemnités de chômage), nets des impôts directs. Quatre impôts directs sont généralement pris en compte : l'impôt sur le revenu, la taxe d'habitation, la contribution sociale généralisée (CSG) et la contribution à la réduction de la dette sociale (CRDS). Le revenu disponible brut prend en compte les transferts sociaux (cotisations et prestations sociales, impôts directs), dont l'incidence sur les revenus est croissante. En 2005, il s'élevait au total à 1 120 milliards d'euros pour l'ensemble des 25,4 millions de ménages, soit 43 400 € par ménage. Il faut noter que ce chiffre est supérieur de près de la moitié à celui qui ressort des enquêtes INSEE sur les revenus (encadré).

L'algèbre des transferts sociaux traduit l'importance du financement de l'économie nationale par le biais des impôts et des cotisations. Ce financement est en partie déterminé par la politique sociale mise en place par le gouvernement, sous la forme de prestations. En dehors des professions indépendantes et des cadres, les ménages perçoivent plus de prestations sociales qu'ils ne paient d'impôts directs et de cotisations. C'est ce qui explique que le revenu disponible des ménages les plus modestes est supérieur à leur revenu primaire brut. Le caractère fortement redistributif de la fiscalité est en effet conçu pour que les prestations diminuent lorsque le revenu augmente, tandis que les impôts s'accroissent proportionnellement plus vite que le revenu.

> **L'éventail des revenus disponibles est plus resserré que celui des revenus primaires.**

Le rapport entre les salaires nets moyens d'un cadre supérieur et d'un manœuvre est d'environ quatre. Il n'est plus que de deux lorsqu'on compare les revenus disponibles moyens d'un ménage où la personne de référence est cadre supérieur et ceux d'un ménage où elle est manœuvre. La différence est due pour partie aux mécanismes de redistribution sociale et fiscale, qui

Quel revenu disponible ?

L'écart entre le revenu disponible brut des ménages calculé à partir des données de la comptabilité nationale (plus de 43 000 € pour 2005) et celui issu de l'enquête sur les revenus fiscaux de l'INSEE (environ 30 000 €) est proche de 50 %. Il s'explique d'abord par des différences d'approche : comptable et globale (agrégats) dans le premier cas, déclarations fiscales puis imputation de prestations sociales dans le second. Il est aussi la conséquence de différences de champ : la comptabilité nationale prend en compte tous les résidants (métropole, DOM et personnes en institution), alors que l'enquête fiscale est limitée aux ménages ayant un logement ordinaire en France métropolitaine.

Par ailleurs, l'enquête fiscale exclut du revenu disponible les revenus du patrimoine, lorsqu'ils ne sont pas imposables (ils sont en outre mal appréhendés lorsqu'ils donnent lieu à un prélèvement libératoire), ainsi que les loyers imputés des propriétaires. Enfin, les revenus des indépendants ne sont pas estimés de la même façon : comptes d'entreprises pour la comptabilité nationale, revenus déclarés dans l'enquête fiscale. En résumé, il apparaît que c'est la comptabilité nationale qui approche le plus précisément les revenus disponibles et le pouvoir d'achat des ménages. L'enquête sur les revenus fiscaux fournit en revanche des informations sur la distribution des revenus dans l'ensemble de la population.

avantagent les faibles revenus. Mais le resserrement des écarts s'explique aussi par la présence croissante d'autres revenus salariaux dans les ménages (généralement celui du conjoint dans les couples biactifs). Cette situation est plus fréquente dans les ménages modestes, où la femme est plus souvent active et perçoit un salaire plus proche de celui de son mari que dans les ménages plus aisés. Ainsi, de nombreux ménages biactifs occupant des fonctions modestes ont des revenus supérieurs à ceux perçus par des ménages monoactifs dans lesquels la seule personne active dispose d'un salaire relativement élevé.

Globalement, les écarts entre les revenus disponibles se sont réduits depuis le début des années 80. Le changement qui s'est opéré est surtout notable entre l'Île-de-France et les autres régions : l'écart au profit de la première n'est plus aujourd'hui que d'environ 20 %, alors qu'il atteignait 33 % au début des années 80.

Pouvoir d'achat

La croissance du pouvoir d'achat a été très forte depuis plus d'un siècle...

L'évolution du pouvoir d'achat des ménages dépend à la fois du montant de leurs revenus et de l'évolution des prix à la consommation (inflation), qui lamine la valeur d'échange des revenus. Sa croissance est un phénomène plus que séculaire. Ainsi, entre 1856 et 1906, le salaire annuel net des ouvriers avait doublé, passant de 11 000 francs à 22 000 francs de 1995 (1 680 € à 3 350 €). Pendant les Trente Glorieuses (1946-1975), il avait plus que triplé (+ 230 %), alors que la durée annuelle moyenne de travail avait diminué de près de 200 heures.

Pendant cette période, la grande majorité des Français se sont plus enrichis que pendant tout le siècle précédent ; entre 1950 et 1970, le pouvoir d'achat du salaire moyen a doublé. Une proportion croissante de ménages ont ainsi pu progressivement acquérir une résidence principale et s'équiper des produits phares de la société de consommation : voiture, réfrigérateur, téléviseur, machine à laver, etc.

Au cours de l'ensemble du XXe siècle, le salaire moyen d'un ouvrier a été multiplié par quatre en monnaie constante. La durée annuelle de son travail a été divisée par deux, de sorte que son salaire horaire a été multiplié par huit. Dans le même temps, le coût de son travail pour l'entreprise a été multiplié par sept. Mais la productivité par heure travaillée a aussi considérablement progressé, ce qui a permis de trouver un équilibre.

... et elle s'est poursuivie pendant les années de crise économique...

Contrairement au sentiment général, le pouvoir d'achat des ménages a continué d'augmenter pendant les années de crise économique. Entre 1974 et 1985, les salaires ont poursuivi leur progression, et les écarts entre les catégories socioprofessionnelles se sont réduits, malgré les nuages qui s'accumulaient sur l'économie et la forte poussée de l'inflation (14,7 % en 1973). Les revenus des cadres ont augmenté moins vite que ceux des ouvriers ou des employés. La forte revalorisation du salaire minimum qui a été mise en œuvre depuis 1968 (année de remplacement du SMIG, salaire minimum interprofessionnel garanti, par le SMIC, salaire minimum interprofessionnel de croissance) a entraîné celle de l'ensemble des bas salaires. Un phénomène

inverse de celui constaté au cours des vingt années précédentes.

La croissance du pouvoir d'achat s'est accélérée au cours de la seconde moitié des années 80, favorisée par celle de l'économie. Elle a bénéficié de la maîtrise progressive de l'inflation et de la meilleure santé des entreprises. Elle a aussi profité de mesures spécifiques comme la stabilisation du taux des prélèvements obligatoires (à un haut niveau, p. 322) ou l'instauration du RMI (revenu minimum d'insertion) en 1988. Enfin, elle s'est nourrie de la forte augmentation des revenus du capital, avec des taux d'intérêt réels élevés.

Les données de la comptabilité nationale montrent que le pouvoir d'achat du revenu des ménages s'est accru en moyenne de 2,4 % par an entre 1970 et 1990. La croissance a été cependant beaucoup plus forte au cours des années 70 (4 % par an) que pendant les années 80 (1 %). Cette évolution concerne le revenu fiscal, avant impôts et hors prestations sociales. D'autre part, afin de gommer les écarts dus à la composition démographique différente des ménages, elle est calculée par « unité de consommation » avec une pondération de 1 attribuée à la personne de référence du ménage, 0,5 pour les autres personnes de 14 ans ou plus, 0,3 pour les enfants de moins de 14 ans. Un couple sans enfant compte donc pour 1,5 unité, un couple avec un enfant (moins de 14 ans) pour 1,8, un couple avec deux enfants pour 2,1 (2,3 si l'un des deux a plus de 14 ans), etc.

La prise en compte des transferts sociaux ne modifie pas les résultats qualitatifs de cette évolution ; ils restent également valables si l'on s'intéresse au revenu disponible des ménages. Ce mode de calcul réduit en revanche sensiblement les inégalités, notamment au profit des familles avec enfants.

Pouvoir d'achat, toujours plus

Évolution du pouvoir d'achat du revenu disponible brut des ménages* (en % et en monnaie constante**)

Année	Pouvoir d'achat	Année	Pouvoir d'achat
1960	7,9	1983	– 0,8
1961	4,8	1984	– 0,7
1962	10,1	1985	1,7
1963	6,8	1986	2,4
1964	5,1	1987	0,4
1965	5,0	1988	3,2
1966	4,6	1989	3,7
1967	5,6	1990	3,4
1968	4,0	1991	1,9
1969	4,3	1992	1,0
1970	7,3	1993	0,4
1971	4,5	1994	0,3
1972	6,2	1995	2,7
1973	5,8	1996	0,0
1974	3,0	1997	1,5
1975	3,8	1998	2,8
1976	2,5	1999	2,8
1977	3,4	2000	3,0
1978	6,0	2001	3,2
1979	1,2	2002	2,3
1980	– 0,1	2003	0,9
1981	2,6	2004	1,4
1982	2,5	2005	1,1

* Revenus d'activité et du patrimoine, transferts sociaux et prestations sociales (y compris les pensions de retraite et les indemnités de chômage), nets des impôts directs (impôt sur le revenu, taxe d'habitation, CSG, CRDS).
** Après prise en compte de la hausse des prix.

... avec un ralentissement depuis le début des années 90.

À partir de 1991, la croissance du pouvoir d'achat du revenu disponible brut des ménages s'est poursuivie à un rythme moins soutenu, jusqu'en 1997. Les forts taux de croissance de ce revenu enregistrés à la fin des années 80 (3,5 % en moyenne entre 1988 et 1990) n'ont pas été retrouvés au début des années 2000. La reprise

RUMEURS ET RÉALITÉS

La grande majorité des Français sont convaincus d'une baisse continue de leur pouvoir d'achat. Pour approcher la réalité, complexe, il convient d'abord de définir l'indicateur de revenu considéré. Si les Français observent surtout l'évolution de leurs salaires (ou de leurs pensions de retraite), l'approche la plus pertinente est sans doute celle du revenu disponible global des ménages. Elle rassemble toutes les sources de revenus, salariales et non salariales, de tous les membres du foyer, après charges et prestations sociales et après impôts. Elle représente donc ce dont le ménage dispose in fine pour vivre (consommation et épargne).

Selon cette définition, le pouvoir d'achat des Français n'a cessé d'augmenter au fil des années de « crise ». Il a environ doublé en monnaie constante (après prise en compte de l'inflation) entre 1970 et 2005 (voir texte). Il faut ajouter que le pouvoir d'achat des actifs salariés a encore plus progressé que ces chiffres ne le montrent si l'on tient compte de l'évolution de leur temps de travail. Le passage aux 35 heures payées 39 à partir de 2001

constatée entre 1998 et 2001 avait permis une progression du pouvoir d'achat d'environ 3 %, dans un contexte de faible inflation. Il n'a augmenté que de 0,9 % en 2003, année de faible croissance économique, puis 1,4 % en 2004 et 1,1 % en 2005.

Au total, le pouvoir d'achat du revenu disponible des ménages a donc pratiquement doublé en monnaie constante depuis 1970, malgré les années de « crise ».

Cette évolution largement positive doit cependant être nuancée. D'abord,

a en effet entraîné une forte hausse du revenu par heure travaillée.

Il faut cependant préciser que cet accroissement moyen des revenus réels cache de fortes disparités. Entre les sexes, par exemple : les salaires des femmes sont en moyenne inférieurs de 20 % à ceux des hommes dans le secteur privé, et les ménages monoparentaux (le plus souvent constitués d'une femme élevant seule un ou plusieurs enfants) sont moins aisés que la moyenne. Les différences d'évolution du pouvoir d'achat sont aussi apparentes entre les âges ; les jeunes ont moins profité de la hausse que les retraités pendant les années 80 et 90. Mais ces derniers ont connu récemment une baisse réelle de leur pouvoir d'achat lorsqu'ils ont été soumis à la CSG, à laquelle les pensions avaient jusqu'alors échappé. Des inégalités existent aussi entre les métiers, entre les secteurs d'activité ou les tailles d'entreprises. Enfin, chacun a évidemment le droit de penser, au nom du progrès social, que la hausse survenue est insuffisante. Mais cela ne permet pas pour autant d'affirmer que le pouvoir d'achat des Français ne cesse de diminuer.

les dépenses des ménages ont augmenté plus vite dans certains domaines que leurs revenus, en particulier le logement (cependant, l'inflation globale tient compte de cette augmentation). Il faut également préciser que les taux de croissance du pouvoir d'achat ont été plus faibles à partir de 1974, début de la crise économique, que pendant les Trente Glorieuses. Par ailleurs, les jeunes ont moins profité de la croissance que les plus âgés, notamment les retraités. Enfin, cette progression dans l'absolu doit être comparée à celle des autres pays développés, de façon à mesurer l'évolution de la place de la France dans la hiérarchie mondiale ou, au moins, européenne (ci-après).

La France a perdu des places dans le classement de la richesse.

Dans toutes les enquêtes, les Français sont plus nombreux à se dire convaincus que le pouvoir d'achat a diminué (et que le mouvement va se poursuivre) qu'à penser le contraire. Le débat sur ce thème, qui est d'ailleurs récurrent, est nourri avec plus ou moins d'objectivité par les diverses parties prenantes : politiques, syndicalistes, chercheurs, médias, entreprises (encadré).

Les chiffres de la comptabilité nationale montrent que le sentiment d'un appauvrissement est globalement erroné, puisque le pouvoir d'achat du revenu disponible brut (qui, il faut le rappeler, comprend l'ensemble des revenus du foyer) a presque doublé depuis 1970 en monnaie constante (ci-dessus). Mais cette progression quasi continue (à l'exception des années 1983 et 1984) a été inférieure à celle mesurée dans de nombreux autres pays développés, de sorte que la France a perdu des places dans le classement des nations les plus riches.

Le décrochage de la France

Produit intérieur brut par habitant dans les pays de l'OCDE (en dollars 2004, aux prix et taux de change courants)

Allemagne	33 200
Australie	30 500
Autriche	35 800
Belgique	33 800
Canada	30 700
Corée	14 100
Danemark	44 700
Espagne	24 400
États-Unis	39 700
Finlande	35 600
FRANCE	32 900
Grèce	18 600
Hongrie	9 900
Irlande	44 700
Islande	41 800
Italie	26 800
Japon	36 500
Luxembourg	70 200
Mexique	6 500
Norvège	54 500
Nouvelle-Zélande	23 700
Pays-Bas	35 500
Pologne	6 300
Portugal	16 000
Rép. tchèque	10 500
Royaume-Uni	35 500
Slovaquie	7 600
Suède	38 500
Suisse	47 900
Turquie	4 200
Total OCDE	28 400

OCDE

Si l'on utilise comme indicateur le PIB par habitant en dollars américains aux taux de change courants, elle n'arrivait en 2004 qu'au 11e rang des pays de l'Union européenne (à vingt-cinq comme à quinze), alors qu'elle occupait le 7e en 1985 (OCDE). Si l'on utilise comme indicateur les parités de pouvoir d'achat (taux de conversion monétaire éliminant les différences de niveaux de prix et les écarts de change entre les pays), elle arrivait au 9e rang des pays de l'Union. Elle se situait à la 16e place parmi les trente pays membres de l'OCDE avec la première approche et à la 18e avec la seconde, alors qu'elle a longtemps figuré dans les dix premières.

Ce recul sensible de la France par rapport aux autres pays s'explique par une croissance nationale plus faible au cours des dix dernières années ; le taux moyen dans les années 90 la situait au vingt-cinquième rang des pays de l'OCDE. Il est aussi la conséquence d'une augmentation plus forte de la population. Le PIB par habitant de l'Irlande est ainsi supérieur de 36 % à celui de la France (avec la méthode des taux de change constants) ou de 21 % avec la méthode des parités de pouvoir d'achat, alors qu'il était largement inférieur au cours des années 80. Cette comparaison peu favorable alimente évidemment le discours sur le « déclin » national (p. 203).

Les revenus du capital représentent moins de 10 % du revenu disponible.

Près des trois quarts du revenu disponible brut des ménages (72 % en 2004) proviennent des salaires reçus. 21 % sont des bénéfices (excédents bruts d'exploitation) issus des activités non salariées et des pensions de retraite. Le reste (8 %) provient des revenus du patrimoine, dont l'incidence est donc globalement faible, mais très variable selon les ménages (p. 381).

Au cours des années 90, les revenus du travail avaient été moins favorisés que ceux du capital. Ces derniers avaient sensiblement augmenté grâce aux bonnes performances des placements (p. 377), tandis que le revenu fiscal des salariés (hors revenus du patrimoine) avait diminué en monnaie constante, revenant au niveau de 1984. Cet écart de rémunération entre capital et travail avait engendré un accroissement des inégalités entre ceux qui disposaient d'une épargne, notamment placée en valeurs mobilières, et les autres. Entre 2001 et 2003, les revenus et plus-values des valeurs mobilières ont été moins favorables, mais ceux des actifs immobiliers ont connu une progression spectaculaire (p. 374).

Les inégalités liées aux revenus du capital risquent de se renforcer dans les prochaines années, en particulier au moment de la retraite. Ceux qui auront constitué un patrimoine au cours de leur vie active et l'auront fait fructifier pourront obtenir des revenus de complément qui représenteront dans certains cas une part significative de leur revenu global. Les plus modestes ne disposeront que de leur pension, avec le risque qu'elle diminue en monnaie constante, à cause du déséquilibre entre actifs et inactifs.

Le niveau de vie individuel a augmenté régulièrement, à près de 18 000 € par an.

Le niveau de vie moyen de chaque Français est égal au revenu disponible moyen des ménages divisé par le nombre d'unités de consommation (1 unité pour le premier adulte, 0,5 pour les autres personnes de 14 ans ou plus et 0,3 aux enfants de moins de 14 ans). Un niveau de vie de 1 000 € par unité de consommation correspond

Âge et niveau de vie

Évolution du niveau de vie individuel selon l'âge (en euros 2003 par an)

	1996	1998	2000	2003
Moins de 18 ans	14 533	14 834	15 531	16 280
18 à 59 ans	16 051	16 550	17 485	18 336
18 à 29 ans	14 211	16 678	15 562	16 606
30 à 39 ans	15 708	16 175	16 913	17 585
40 à 49 ans	16 789	17 059	17 766	18 459
50 à 59 ans	18 275	19 013	20 250	20 925
60 ans et plus	15 698	15 812	16 300	17 298
60 à 69 ans	16 113	16 425	17 038	18 318
70 ans et plus	15 313	15 281	15 697	16 522
Ensemble de la population	15 614	15 999	16 789	17 654

INSEE-DGI

ainsi à un revenu disponible de 1 000 € pour une personne vivant seule et de 2 100 € dans le cas d'un ménage de deux adultes et deux enfants.

Le niveau de vie a connu une augmentation sensible et quasi ininterrompue depuis des décennies, en même temps que le pouvoir d'achat du revenu disponible des ménages. En 2003, il était en moyenne de 17 650 €, soit une progression de 12 % hors inflation depuis 1996. Toutes les catégories ont profité de cette amélioration, mais c'est aux deux extrémités de la pyramide sociale qu'elle a été la plus sensible, au détriment des catégories moyennes. Ainsi, le niveau de vie moyen des 10 % de personnes les plus modestes (si on assimile les individus aux « unités de consommation ») et celui des 10 % les plus aisées ont davantage augmenté que la moyenne. De sorte que l'on observe une stabilité globale des inégalités entre le sommet et la base. En revanche, la réduction des écarts est plus apparente lorsqu'on s'intéresse à l'évolution du taux de pauvreté, qui a

régulièrement diminué depuis trente ans (ci-après). On observe enfin que la moyenne (valeur calculée en faisant la somme des revenus et en divisant par le nombre de personnes concernées) est plus élevée de 14 % que la médiane (valeur partageant la population en deux moitiés). Ce phénomène vient de ce que la dispersion des bas revenus est limitée par l'existence de minima (SMIC, RMI...), alors qu'elle ne l'est pas vers le haut. La moyenne est donc accrue par les valeurs élevées, alors que la médiane se situe dans la partie basse de la distribution.

6 % des Français peuvent être considérés comme « pauvres »...

Les études sur la pauvreté se réfèrent souvent à un « seuil de pauvreté » défini comme la moitié (parfois 60 %) du revenu disponible médian (qui divise la population en deux moitiés) par unité de consommation (voir définition ci-dessus). Le seuil (à 50 %) était ainsi de 645 € par mois en 2003 (date de la dernière étude de l'INSEE), 968 € pour un couple sans enfant, 1 355 € pour un couple avec deux enfants de moins de 14 ans, 1 613 € avec deux enfants de plus de 14 ans. Selon cette définition, 6,3 % des Français, soit 3,9 millions de personnes, pouvaient être considérés comme pauvres. Cette proportion a été divisée par deux depuis 1970 (12 %). Elle a connu une baisse régulière jusqu'en 2002 (5,9 %), mais enregistré une hausse sur l'année 2003.

Ce sont les ménages retraités qui ont le plus profité de l'amélioration au cours des trois dernières décennies :

La pauvreté en recul

Évolution du taux de pauvreté (en % de la population) et du nombre de personnes concernées (en milliers)

Année	Taux de pauvreté	Nombre
1970	12,0	5 785
1975	10,2	5 194
1979	8,3	4 359
1984	7,7	4 154
1990	6,6	3 751
1996	7,2	4 089
1997	6,9	3 925
1998	6,7	3 806
1999	6,4	3 641
2000	6,5	3 742
2001	6,1	3 557
2002	6,0	3 493
2003	6,3	3 694

* Proportion de personnes ayant un revenu inférieur à 50 % du revenu médian.

INSEE

à partir de 60 ans, le taux de pauvreté n'est que de 2,5 % contre plus de 6 % pour l'ensemble de la population. En revanche, le taux de pauvreté des ménages de salariés ou de chômeurs (notamment les plus jeunes), stable entre 1970 et 1990, s'est accru au cours des années 90.

Les étudiants constituent un groupe particulier. Une proportion importante des ménages étudiants de 18 à 24 ans a des revenus inférieurs au seuil de pauvreté. Mais la plupart bénéficient d'une aide régulière de leur famille, sous la forme de dons d'argent, de logement gratuit ou de participation aux dépenses alimentaires. Ce sont les jeunes ménages dont les membres sont au chômage ou inactifs (et non étudiants) qui sont dans la situation la plus précaire ; la moitié se trouvent au-dessous du seuil de pauvreté après prise en compte des aides familiales.

... dont la moitié ont un emploi.

Les « travailleurs pauvres » actifs représentent la moitié du nombre des pauvres, soit 1,9 million. Beaucoup travaillent à temps partiel, doivent faire face à des charges familiales importantes (conjoint inactif et enfants) et reçoivent peu de prestations. Les non-salariés comptent pour un tiers : ce sont principalement de petits agriculteurs, artisans ou commerçants. D'autres alternent des périodes de chômage et d'activité salariée ; leur nombre a augmenté au cours des années 90, du fait de la montée du sous-emploi et de la progression du travail temporaire. Le nombre de chômeurs pauvres est estimé à environ 400 000. Il s'agit de personnes sans emploi depuis au moins six mois, n'ayant pas travaillé au cours de l'année. Dans un certain nombre de cas, le fait de trouver un emploi ne suffit pas pour sortir de la pauvreté ;

un chômeur pauvre peut alors devenir un travailleur pauvre.

Parmi les inactifs, on comptait en 2003 un peu plus de 40 000 retraités pauvres. Cette évolution est la conséquence de l'augmentation générale du nombre de retraités, mais aussi du fait que le seuil de pauvreté (demi-médiane du revenu disponible) est passé au-dessus du minimum vieillesse pour une personne seule depuis 1998. La proportion de retraités pauvres reste cependant faible : moins de 3 %. C'est entre 15 et 20 ans que le taux de pauvreté est le plus élevé. Il décroît ensuite jusqu'à 35 ans, puis augmente avant de se stabiliser vers 6,5 % pour les personnes de 40 à 60 ans. Il est minimal entre 70 et 80 ans.

La pauvreté est souvent liée à des difficultés familiales...

L'absence d'entraide familiale est l'un des éléments déterminants de la pauvreté, de l'exclusion et de la marginalisation. Les enquêtes réalisées auprès des allocataires du RMI montrent que les personnes les plus vulnérables sont celles qui sont coupées des réseaux familiaux. Les familles monoparentales sont aussi particulièrement exposées à la pauvreté. Bien qu'elles représentent l'une des catégories les plus aidées (avec les familles nombreuses), leur situation financière s'est plutôt dégradée au cours des dernières années, de sorte qu'elles représentaient 15 % des ménages pauvres en 2003 (580 000 personnes). Les causes de cette situation tiennent à l'existence d'un seul revenu dans le ménage (le plus souvent féminin) et à l'importance relative prise par les dépenses de logement, d'éducation et de transport.

La répartition géographique de la pauvreté s'est modifiée au fil du

LA PAUVRETÉ, UNE NOTION RELATIVE

Le seuil utilisé dans la mesure de la pauvreté (généralement la moitié du revenu médian) est *subjectif* ; le nombre de personnes « pauvres » est évidemment différent selon le seuil que l'on retient. Mais l'approche utilisée est surtout *relative*, puisque la mesure dépend de la situation de l'ensemble de la population. De ce fait, le taux de pauvreté reste mécaniquement stable lorsque les augmentations de pouvoir d'achat sont également réparties sur l'ensemble des ménages. La proportion de pauvres peut ainsi être identique dans deux pays ayant un niveau de richesse très différent. Mais le pauvre du pays pauvre le sera évidemment beaucoup plus que celui du pays riche.

On peut cependant avoir une approche « absolue » et non « relative » de la pauvreté, en conservant le même seuil dans le temps, et en l'actualisant seulement en fonction du niveau d'inflation, afin de lui garder le même pouvoir d'achat. Dans ces conditions, et en partant du seuil de 1996 (545 € par mois et par unité de consommation), la proportion de pauvres n'était que de 4,5 % en 2003 contre 7,2 % six ans auparavant. Cela signifie que le niveau de vie moyen des pauvres (au sens relatif) a augmenté.

Lorsqu'on analyse l'évolution qui s'est produite au cours du XXe siècle, les inégalités salariales apparaissent ainsi sensiblement les mêmes à la fin qu'au début *(les Hauts Revenus en France au XXe siècle, Thomas Piketty)*. Mais on constate que les détenteurs des revenus les plus élevés ont changé. Ils se trouvent plus souvent dans le secteur privé, tandis que la haute fonction publique est moins privilégiée. Les revenus non salariaux se sont par ailleurs effondrés, et les rentiers ont pratiquement disparu du paysage social et financier.

Les personnes concernées sont fragilisées par des difficultés psychologiques innées ou acquises dès l'enfance. Les accidents de la vie, qui en sont souvent la conséquence, ont contribué à les éloigner de la « normalité ». Malgré les filets largement tendus de la protection sociale (Samu, assistances et aides de toutes sortes), la plupart de ces personnes ne pourront être réintégrées dans le système social. D'abord, parce qu'elles refusent de se faire soigner ou de loger dans un foyer. Ensuite, parce que certaines relèvent de soins psychiatriques trop aigus pour espérer un jour être vraiment guéries. C'est le cas notamment des « clochards », dont beaucoup sont alcooliques.

La bonne volonté collective et les efforts méritoires des institutions ou des associations à vocation humanitaire ne pourront pas facilement venir à bout de cette réalité, souvent ignorée parce que dérangeante. Sa reconnaissance est cependant un préalable à la mise en place des moyens mieux adaptés. Victimes de la « crise » et des « dysfonctionnements » de la société, les pauvres témoignent de la difficulté d'entrer ou de se maintenir dans un système social de plus en plus dur à l'égard des personnes vulnérables.

temps. Elle s'est notamment déplacée des campagnes vers les villes, des personnes âgées vers les jeunes, des retraités vers les actifs. Pour y remédier et améliorer aussi la cohésion sociale, il apparaît essentiel de commencer par l'éducation, en réduisant le nombre de personnes qui sortent du système scolaire sans qualification (environ 160 000 personnes par an). L'aide au logement, la lutte contre le chômage de longue durée et l'accompagnement psychologique (parfois aussi administratif) sont également à privilégier. Sans oublier la prise de conscience individuelle, complément indispensable de la solidarité collective.

... et aggravée par les difficultés sociales.

Au-delà des critères de revenus évoqués ci-dessus, le nombre des « vrais pauvres », qui ne peuvent s'insérer dans la société, est très difficile à définir. Celui des SDF est estimé à 200 000 - 300 000, dont la plupart sont concentrés dans les grandes villes, notamment à Paris. Certaines enquêtes (celle par exemple de Patrick Declerck, *les Naufragés*) laissent à penser qu'un sur dix ne pourra pas être « récupéré », car la clochardisation est parfois un voyage sans retour.

● **61 % des Français citent la rémunération comme une de leurs motivations dans le travail, devant l'épanouissement personnel (55 %) et le fait d'acquérir des connaissances et des savoir-faire (33 %).**
● **Le SMIC mensuel brut était de 2 563 francs en 1980 (soit l'équivalent de 937 € de 2005) pour 169 heures de travail. Il était de 1 357 € en 2005 (recalculé sur la même durée), soit une augmentation de 49 %.**

LA CONSOMMATION

Attitudes

La consommation est un miroir du changement social.

Les consommateurs n'ont pas d'existence propre, indépendante de celle des *individus* qui se cachent derrière eux. Il serait donc vain de vouloir analyser les attitudes et les comportements en matière de consommation sans prendre en compte les transformations qui s'opèrent dans les systèmes de valeurs, les mentalités, les aspirations et les opinions des hommes et des femmes.

Cette « veille sociologique » est d'autant plus nécessaire que les Français ont vécu de véritables bouleversements au cours des dernières décennies. La scolarité s'est prolongée et le niveau d'éducation s'est élevé (p. 69). Les enfants sont adolescents plus tôt, mais adultes plus tard (p. 130). La condition féminine s'est transformée et les femmes sont pour la plupart professionnellement actives et financièrement autonomes (p. 269). Le temps libre des actifs s'est considérablement accru au fur et à mesure de la diminution du temps de travail (p. 298) et de l'allongement de l'espérance de vie (p. 88).

L'évolution démographique a été tout aussi spectaculaire. Le nombre de couples (notamment mariés) a diminué. Les ménages sont plus nombreux mais de taille plus réduite. La proportion de personnes âgées s'est fortement accrue, comme celle des divorces,

des familles monoparentales ou recomposées... La perception de la France et du monde a également changé ; elle est marquée par la montée d'un sentiment de déclin national et par la peur de l'avenir (p. 241). L'attachement à la sécurité s'est généralisé. La confiance dans les institutions s'est érodée (p. 205). La vision collective de la société a fait place à une vision individuelle (p. 241). La relation au corps a changé (p. 16) et l'attachement à la santé est devenu prépondérant (p. 36).

Tous ces changements ont eu des incidences très sensibles sur les modes de consommation. Ils ont modifié les relations des Français avec les différents fournisseurs et prestataires, c'est-à-dire avec les produits, marques, distributeurs, médias. L'histoire de la consommation depuis la fin de la Seconde Guerre mondiale a ainsi connu plusieurs phases distinctes, synthétisées ci-après.

La « crise » économique a peu affecté la consommation...

Entre 1945 et 1974, les Français avaient bénéficié des Trente Glorieuses, trois décennies de croissance forte et ininterrompue au cours desquelles ils ont découvert les délices de la société de consommation. L'automobile leur a permis de se déplacer de façon autonome et de découvrir la France et les pays limitrophes. L'équipement électroménager (réfrigérateur, machine à laver, aspirateur...) a « libéré » la femme. Les équipements de loisir comme le téléviseur ou la chaîne hi-fi ont donné une nouvelle dimension

à la culture et favorisé l'ouverture sur le monde.

Les mouvements de mai 68 firent cependant émerger de façon spectaculaire des interrogations sur le bien-fondé de ce type de société, qui étaient apparues dès le milieu des années 60 (p. 239). Mais ces questions furent mises entre parenthèses pendant la crise économique qui débutait avec le premier choc pétrolier de 1973. Entre 1974 et le début des années 80, les Trente Glorieuses ont fait place aux Trente Peureuses. Les Français refusèrent implicitement l'idée d'une crise économique, revendiquant la poursuite de l'accroissement du pouvoir d'achat, au détriment d'adaptation aux changements profonds qui apparaissaient. Le réveil allait être brutal ; il se traduisit à partir de 1983 par l'explosion du chômage et le début d'une période de dépression à la fois collective et individuelle, qui n'allait connaître que de courts répits.

... jusqu'à la guerre du Golfe de 1991.

Le choc psychosociologique lié à la première guerre du Golfe, en 1991, fut le révélateur d'un changement des mentalités déjà sensible à la fin des années 80. Après environ un quart de siècle d'une transition à la fois économique, culturelle, psychologique et idéologique, les Français éprouvaient le besoin de souffler. D'autant qu'ils avaient été pendant ces années les témoins et les acteurs d'une véritable mutation sociale. Ils avaient vu aussi se multiplier les menaces sur l'environnement et l'avenir de l'espèce humaine. Le tout sur fond d'innovation technologique accélérée et de mondialisation-globalisation.

La crise économique et la guerre du Golfe ont eu des effets pédagogiques sur la consommation. Elles ont servi de révélateur et d'accélérateur à des attitudes nouvelles, caractérisées par une plus grande rationalité, une méfiance croissante à l'égard de l'offre, une volonté croissante d'autonomie. La société de consommation n'a pas disparu pendant ces années, mais elle s'est transformée. L'accumulation des biens matériels et la dépense sont devenues moins valorisantes. La recherche identitaire, existentielle et philosophique a représenté une motivation croissante des actes d'achat. Un certain nombre de Français ont commencé à résister au système marchand ; ils ont découvert qu'ils avaient le pouvoir de dire non.

La période 1998-2000 a été une parenthèse euphorique et éphémère...

1998 constitue une autre date clé dans l'évolution des modes de consommation. La reprise économique tant attendue fut alors intégrée par les Français, et l'on assista à une transformation spectaculaire du climat social. Le début de la baisse du chômage et la perspective de l'an 2000 entretinrent un climat d'euphorie collective qui contrastait avec le pessimisme antérieur, plus marqué en France que dans les autres pays de l'Union européenne.

Ces changements d'attitude se produisirent dans un contexte de rupture technologique, avec l'arrivée du téléphone portable et d'Internet, les promesses de la recherche génétique et l'émergence de la « nouvelle économie ». Ils furent favorisés par les mutations sociologiques. La coïncidence entre les changements calen-

daires et ceux des mentalités n'était d'ailleurs pas fortuite ; la perspective (statistiquement exceptionnelle) de vivre un passage de siècle et de millénaire constituait un très fort prétexte à s'interroger sur l'avenir. Une raison aussi pour l'envisager avec optimisme, dans une situation économique à la fois nouvelle et favorable.

C'est pourquoi les Français ont vécu ce grand passage dans un état d'esprit délibérément optimiste. Galvanisés par la victoire des Bleus à la Coupe du monde de football, puis à l'Euro 2000, ils virent dans ces événements un présage à la fin des difficultés et au retour de la France sur la scène internationale. Avec en contrepartie la fierté retrouvée (et un peu oubliée) d'être français.

... mais la déprime du début du XXIᵉ siècle ne s'est pas accompagnée d'une baisse de la consommation.

L'euphorie de la période de transition entre deux siècles et, occurrence exceptionnelle, entre deux millénaires, fut de courte durée. Dès le printemps 2000, la « nouvelle économie » donnait des signes de faiblesse et les start-ups se montraient moins triomphantes que ne l'avaient laissé supposer le discours de leurs fondateurs ou leurs cours de Bourse. Internet ne tenait pas ses promesses et les biotechnologies paraissaient en panne, après le décodage du génome humain. La croissance s'essoufflait au cours du premier semestre 2001 et le chômage augmentait de nouveau. Les attentats du 11 septembre allaient porter un coup décisif au moral des Français. Le moment d'émotion passé, ils relançaient les débats sur la mondialisation (p.230), mais aussi plus largement sur l'avenir des démocraties, le sens de la vie et la place de la consommation.

La propension des Français à consommer ne dépend pas seulement de la conjoncture économique. Elle est liée à la conjoncture pyschosociologique. Le sentiment diffus d'insécurité lié à un événement national ou international peut entraîner une baisse de consommation, en attendant que l'actualité devienne plus favorable. Celle-ci n'a pas été clémente au cours des dernières années pour les Français, qui apparaissent comme les plus pessimistes des Européens, dans un climat national de plus en plus délétère (p. 203). Pourtant, la consommation nationale s'est maintenue, parce qu'elle répond désormais à de nouvelles motivations : la société de consommation est devenue une « société de consolation » (p. 344).

Les consommateurs se montrent plus méfiants...

Tout au long des années « de crise », beaucoup de Français ont eu le sentiment d'avoir été manipulés, parfois trompés par des fabricants ou des distributeurs qui augmentaient artificiellement leurs prix, lançaient sur le marché de fausses innovations ou ne tenaient pas leurs promesses. Ils regardent donc avec plus de circonspection les produits, les marques et la publicité. Certaines pratiques commerciales discutables (vente forcée, faux rabais, publicités trompeuses...) ont éveillé ou aiguisé leur esprit critique.

Les dernières années ont été celles d'une hypersegmentation de l'offre : prix variables selon les caractéristiques d'un individu, le moment d'achat, l'état de la concurrence, le délai de décision, etc. Ces pratiques anxiogènes donnent l'impression (fondée) au consommateur qu'on cherche à tirer le plus de profit de ses actes d'achat. La logique des prix appliqués n'est plus compréhensible par lui, mais seulement par

Soixante ans de consommation

Phases successives de l'évolution de la consommation depuis 1945 (croissance moyenne annuelle en volume, en %)

Périodes	Croissance moyenne (volume) en %	Synthèse de la période
1945-1960	+ 4,1	Équipement des ménages en électroménager et biens durables.
1961-1973	+ 5,4	Consommation de masse, recherche de « standing ». Contestation de la « société de consommation » (1968)
1974-1975	+ 2,7	Début de la crise pétrolière. Forte poussée de l'inflation (14 % en 1974) et des salaires. Endettement favorisé par des taux de crédit réels négatifs.
1976-1979	+ 3,7	Reprise soutenue, malgré le 2e choc pétrolier (1976).
1980-1985	+ 1,8	Ralentissement progressif. Blocage des prix pour contenir l'inflation.
1986-1990	+ 2,8	Retour de l'optimisme et boulimie de consommation (gadgets et produits porteurs d'image).
1991-1992	+ 1,2	Consommation atone, apparition des produits « premier prix ». La guerre du Golfe sert de révélateur.
1993	– 0,6	Hausse de l'épargne, au détriment de la consommation.
1994-1996	+ 1,2	Attentisme et rationalité des consommateurs. Début d'une prise de conscience environnementale, sans réel passage à l'acte.
1997	+ 0,1	Nouvelle hausse de l'épargne au détriment de la consommation.
1998-2000	+ 3	Reprise économique dans un contexte social optimiste.
2001-2006	+ 1,5	« Lendemains de fête » et impact du 11 septembre 2001. Stagnation du pouvoir d'achat et reprise du chômage dans un climat social assombri.

Gérard Mermet (à partir de données INSEE et FCD)

ceux qui les définissaient en fonction de critères internes de rentabilité de chaque segment (p. 343).

On observe ainsi une méfiance croissante de la part des consommateurs dans leurs actes d'achat et dans leur perception des offres. Elle s'exprime dans tous les domaines de la vie quotidienne, tant à l'égard des produits que des marques, des enseignes de distribution, mais aussi des institutions, des partis politiques, des syndicats ou des médias. Cette attitude est aussi la conséquence de la capacité croissante des Français à décrypter les propositions de toute nature qui leur sont faites et à choisir parmi elles celles qui

sont a priori le mieux susceptibles de leur convenir. Elle traduit enfin le rééquilibrage qui s'est amorcé dans le rapport de forces traditionnel entre l'offre et la demande, au profit de cette dernière.

... et exigeants à l'égard des produits et des prestataires.

Dans ce contexte de méfiance à l'égard de l'offre, les Français attendent toujours plus et mieux. Ils acceptent mal les attentes aux caisses, les ruptures de stock, les produits non conformes, les différences de prix injustifiées. Ils sont aussi de plus en plus demandeurs

de services (informations, livraison à domicile, facilités de paiement...) et de garanties en cas de problème (reprise, réparation, échange...). En cas d'insatisfaction, ils n'hésitent pas à manifester leur mécontentement ; ils peuvent aller jusqu'à boycotter des produits (et inciter les autres à le faire), et même à engager des procédures à l'encontre des prestataires jugés défaillants.

Les consommateurs refusent de choisir entre des demandes autrefois jugées contradictoires : plaisir et santé ; esthétique et praticité ; qualité et prix... La *logique d'alliance* (ou de fusion) tend à remplacer la *logique d'opposition* qui a longtemps prévalu. Ils sortent ainsi d'une vision binaire, dichotomique de la consommation (et de la vie en général) en espérant pouvoir satisfaire des demandes, voire des exigences multiples.

Dans cet esprit, les consommateurs plébiscitent les produits *plurifonctionnels* comme les vêtements tous usages, les « deux-en-un » (shampooing-démêlant, éponge absorbante et essuyante, produits d'entretien lavants et désinfectants...) ou même plus récemment les produits d'hygiène-beauté « trois-en-un » ou le *triple play* proposé par les fournisseurs d'accès à Internet : connexion ADSL ; téléphonie ; télévision. L'idée est d'en avoir plus pour son argent, mais aussi d'éviter de multiplier des produits et des équipements de plus en plus spécialisés, qui sont au total plus coûteux, nécessitent plus d'espace de stockage et de temps d'utilisation.

Le plaisir et le bien-être sont deux revendications majeures...

Les progrès techniques, l'évolution du pouvoir d'achat et les systèmes de redistribution sociale ont permis depuis des années de satisfaire les besoins primaires des individus. Dans de nombreux domaines, la société moderne est celle de la satiété. L'immense majorité des Français peut depuis longtemps se nourrir et s'habiller ; la question du logement est en revanche plus problématique. Les produits alimentaires ou vestimentaires ne remplissent donc plus seulement leurs fonctions de base (nourrir, protéger du froid). Ils se sont largement diversifiés et apportent des satisfactions d'autres natures : mode ; statut social ; originalité ; diversité ; régression ; transgression...

Dans une société résolument hédoniste, la recherche du plaisir remplace

aujourd'hui la simple satisfaction de besoins basiques. La consommation a pour fonction de participer à la recherche d'un équilibre, d'une satisfaction intérieure, d'une harmonie avec soi-même, avec les autres et avec l'univers tout entier. Consommer, ce n'est donc plus aujourd'hui seulement vivre et *avoir* ; c'est *être* et se sentir bien dans sa peau. Les produits, les services mais aussi les lieux de vente et la publicité doivent être les vecteurs d'un bien-être physique (en offrant notamment des produits liés à la santé) mais aussi mental. Les consommateurs attendent d'eux un moyen de lutter contre le stress, d'éprouver des sensations, de créer des ambiances ludiques, de favoriser la convivialité. C'est-à-dire au fond de donner du sens à la vie. Certaines marques tentent de répondre à ce besoin en proposant des « produits zen », inspirés de l'Orient : tisanes ; yaourts au bifidus ; eaux minérales enrichies ; produits d'aromathérapie ; diffuseurs d'huiles essentielles ; tissus relaxants et massants...

On assiste depuis quelque temps au grand retour de la *valeur d'usage* des produits par rapport à leur valeur de possession. Mais l'usage doit être porteur de plaisir. Celui-ci doit être à la fois immédiat, fort et renouvelé. Les consommateurs recherchent de plus en plus une « expérience », un moment fort qui les fera vibrer et leur permettra de s'échapper du quotidien.

... qui entraînent une attente de sensorialité.

L'hédonisme ambiant et la recherche de plaisir expliquent l'importance retrouvée des différents sens. Les Français veulent voir, entendre, toucher, sentir, goûter. L'émotion devient un moteur essentiel de la consommation, et les offres *polysensorielles* se multiplient. C'est le cas notamment dans le

domaine alimentaire, avec les produits « de fête » (saumon, foie gras, champagne...), le grignotage en cours de journée, les bonbons qui pétillent ou les produits exotiques.

La vue est sans doute le sens le plus sollicité. Le design prend depuis quelques années une importance croissante dans la consommation et dans la vie, en proposant des objets esthétiques mais aussi porteurs d'identité, que l'on a envie de s'approprier. L'odorat, qui avait été jusqu'ici un peu délaissé, est l'objet d'efforts particuliers de la part des industriels et des distributeurs (marketing olfactif). Certains magasins diffusent ainsi des odeurs dans les rayons ou devant leur vitrine. Les parfums d'ambiance, les bougies odorantes ou les produits d'aromathérapie ont largement pénétré dans les foyers. Le toucher constitue un autre axe d'innovation pour les fabricants de matières synthétiques, avec des produits comme les microfibres, le Lycra ou les tissus relaxants. L'ouïe est de plus en plus sollicitée, avec la présence de musique et d'ambiance sonore dans les magasins ou certains lieux publics. Les constructeurs automobiles travaillent ainsi sur le bruit des moteurs et celui des claquements de portières.

Les magasins, boutiques, agences, centres commerciaux ou lieux de transit (et de commerce) proposent des sensations à leurs visiteurs afin de les faire venir, rester et revenir. Cela implique de créer des espaces esthétiques, ludiques, conviviaux, originaux. Les produits à vendre sont mis en scène, « animés » au sens étymologique (dotés d'une âme). Ils ont pour vocation de « réenchanter » la vie de ceux qui les visitent. Ce n'est pas par hasard que l'on retrouve ici des termes à connotation religieuse ; dans une société laïque, les « choses » de la vie sont investies d'un pouvoir sacré.

Les consommateurs attendent de la consommation qu'elle leur propose une *expérience*, un moment fort qui les fera vibrer et leur permettra de s'échapper du quotidien. Il s'agit plus de « résonner » (au sens d'entrer en résonance avec son environnement) que de raisonner. L'expérience doit être plus sensorielle qu'intellectuelle.

La sécurité est devenue prioritaire...

Conscients des menaces qui pèsent sur l'avenir, les Français sont plutôt pessimistes. Beaucoup craignent pour leur emploi, leur logement, leur retraite, leur santé, leurs biens, l'avenir de leurs enfants ou celui de la planète. Ce sentiment d'inquiétude permanente et multiforme est renforcé par la persistance du chômage, la montée de la délinquance, les problèmes écologiques, les risques technologiques, les déséquilibres démographiques ou économiques. Il est à l'origine d'un très fort besoin de sécurité.

Les produits et services permettant d'éloigner ou de supprimer les risques perçus sont donc de plus en plus recherchés. C'est le cas en particulier dans le domaine alimentaire, où les menaces apparaissent les plus fortes (p. 171). Le succès du label « bio » témoigne de ce besoin d'être rassuré. Le pouvoir de réassurance des grandes marques est en revanche moins acquis que dans le passé, du fait de la suspicion croissante qui pèse sur elles (p. 351).

La revendication sécuritaire déborde largement de l'univers alimentaire ; elle concerne l'ensemble des produits et des biens d'équipement. Ainsi, dans les critères de choix d'une voiture, la possibilité de rouler vite est devenue moins importante que celle de s'arrêter rapidement ou d'être protégé en cas d'accident (p. 184). La peur du risque

explique également l'intérêt pour les services d'assistance et d'assurance, qui concerne aussi bien les personnes que les biens. La sécurité est devenue un critère d'achat essentiel.

... et se traduit par un besoin d'information et de réassurance.

Plus d'un tiers des Français se disent insuffisamment informés sur les produits qu'ils achètent : provenance, ingrédients, fabrication, usage, incidences sur l'environnement... L'attente est particulièrement apparente en matière alimentaire ; elle est renforcée par les interrogations sur les qualités nutritionnelles des différents produits et la mise en cause de certains d'entre eux (notamment les « premiers prix ») qui ne présenteraient pas un équilibre satisfaisant et pourraient avoir des effets négatifs sur la santé, l'équilibre pondéral ou physiologique.

La quête sécuritaire n'est pas la seule cause de l'inquiétude des consommateurs, qui tourne parfois à l'angoisse, voire à la paranoïa. Chacun veut pouvoir choisir en toute connaissance de cause et souhaite disposer des éléments nécessaires à sa décision, dans le cadre d'une offre multiple, parfois surabondante. Même si les Français n'utilisent pas toujours les informations disponibles (un acheteur sur cinq avoue lire rarement ou jamais les étiquettes), ils sont rassurés de constater leur existence sur les emballages.

La demande d'information et l'exigence des consommateurs s'expliquent par la difficulté de décider, dans un monde où l'offre est complexe et où les prestataires cherchent en permanence à séduire et à retenir les consommateurs, avec des arguments qui ne peuvent être totalement objectifs. Elle traduit aussi la plus grande auto-

nomie de ces derniers dans les décisions d'achat.

La « praticité » est une attente forte...

Les Français n'ont jamais disposé d'un capital temps aussi abondant (p. 88), mais ils n'ont jamais eu autant le sentiment d'en manquer. Ce paradoxe s'explique par la diversité des offres de produits, de services et d'activités, dont l'achat et l'expérimentation pourraient très facilement utiliser le temps (et l'argent) de plusieurs vies. C'est pourquoi les consommateurs sont de plus en plus attentifs à ne pas perdre leur temps à des activités inutiles et peu agréables : recherche et comparaison des produits ; attente aux caisses des magasins ; ouverture des emballages ; déchiffrage des modes d'emploi...

L'impatience devient donc une caractéristique croissante des consommateurs. Elle se traduit par une demande de facilité et de « praticité ». Ce souci est depuis longtemps sensible en matière alimentaire ; c'est pour y répondre que les entreprises ont développé des produits plus faciles à acheter, à ouvrir, à préparer, à consommer ou à conserver. Dans le même esprit, les livraisons à domicile se développent : un ménage sur dix déclare y recourir au moins occasionnellement. Ils sont aussi de plus en plus nombreux à acheter sur Internet (9 milliards d'euros dépensés en 2005).

... de plus en plus associée à la simplicité.

Pendant des décennies, l'offre des industriels s'est élargie sans discontinuer, de sorte que les produits se sont multipliés, sans qu'il soit toujours possible d'identifier facilement les différences existant à l'intérieur des

LES CONSOMMATEURS PARLENT AUX CONSOMMATEURS

La dégradation de l'image globale des entreprises et la désaffection à l'égard des marques font qu'elles apparaissent moins crédibles lorsqu'elles s'adressent aux consommateurs. En revanche, ceux-ci sont de plus en plus nombreux à échanger entre eux des avis, des opinions, des expériences sur les marques et sur les produits. À côté de ce que les spécialistes de marketing appellent le *B to C (business to consumer)* se développe donc le *C to C (consumer to consumer)*, échange d'informations entre consommateurs.

Internet a largement favorisé et amplifié ce phénomène, jusqu'ici limité au « bouche-à-oreille » à portée réduite. Les avis, mises en garde et « bons plans » se sont donc multipliés sur les forums, les sites comparatifs ou sur les blogs personnels. Étant en principe plus objectifs que la communication émanant des fabricants ou des distributeurs (lorsqu'ils ne sont pas « infiltrés » par les marques), ils bénéficient a priori d'une forte crédibilité et sont souvent consultés avant de réaliser des achats.

On observe aussi le développement d'une autre forme de *C to C*. Elle consiste à vendre, acheter, échanger des produits entre particuliers à titre gratuit (échanges de fichiers, légaux ou illégaux) ou payant (sites de vente entre particuliers, neuf ou occasion, prix fixe ou enchères). Les vide-greniers (environ 50 000 par an) ou les ventes de voitures d'occasion par petites annonces ou supports de presse spécialisés (payants ou gratuits) avaient ouvert la voie, bien avant Internet. Ces modes d'échange commercial entre particuliers ont pris une telle ampleur que certains en font même aujourd'hui leur métier ; on estime que des milliers vivent au moins partiellement de cyber-transactions en France (ils seraient près d'un million aux États-Unis).

les méninges et qui leur montrent les limites de leurs connaissances et compétences. Ils veulent au contraire transformer les « temps morts » en « temps forts ». Pour cela, ils attendent une offre simple et « lisible ». L'une des raisons du succès des magasins de maxidiscompte réside précisément dans cet effort de simplification, avec des gammes réduites et des choix facilités. Cette attente traduit un besoin plus général de vie simple, seule susceptible de conduire au bonheur dans un monde jugé trop complexe.

Les clients attendent de la considération...

L'angélisme n'a pas cours en matière de consommation, et les « lois du marché » ne le permettent guère. Même si elle prend souvent la forme d'un jeu de séduction et d'une négociation « gagnant-gagnant », la relation entre l'offre et la demande a toujours été un rapport de force, compte tenu des enjeux économiques considérables qu'elle représente. Pendant une longue période, les consommateurs ont été plutôt dépendants des prestataires, du fait de la domination de certaines marques, de l'influence de la publicité, du poids de la grande distribution et des pratiques de vente forcée en vigueur dans certains secteurs d'activité (ameublement, automobile, assurance...).

Le rapport est aujourd'hui plus favorable à l'acheteur, dans un contexte de concurrence croissante entre les vendeurs. Il peut donc user de sa compétence accrue et des nouveaux moyens mis à sa disposition pour enrichir et faciliter les choix : moteurs de comparaison sur Internet ; tests comparatifs réalisés par les organisations de consommateurs ; diversité des produits et des circuits de distribution.

gammes. Dans le même temps, l'offre des distributeurs est devenue plus complexe, avec une augmentation du nombre de références (environ 75 000 dans un hypermarché) et des écarts de moins en moins perceptibles entre les produits d'un même rayon.

Du côté de la demande, le mouvement a été inverse. Le temps passé dans les magasins pour effectuer les achats a régulièrement diminué : moins de 45 minutes en moyenne dans une grande surface contre 50 minutes en 2000 (encadré p. 340). Celui passé devant un rayon n'est plus que de 1 minute et 11 secondes ; les trois quarts des achats sont effectués en moins de 10 secondes. Les marques disposent donc de très peu de temps sur les points de vente pour convaincre les clients.

Si le désir de simplicité est fort au moment de l'achat, il ne l'est pas moins lors de l'utilisation des produits. Les consommateurs supportent de plus en plus mal les textes illisibles des étiquettes et des emballages, les modes d'emploi incompréhensibles, les appareils que l'on ne parvient pas à faire fonctionner immédiatement sans recourir à une aide ou, pire, à une hot line. De nombreux équipements technologiques (ordinateurs, téléphones mobiles, lecteurs de DVD...) semblent ainsi avoir été créés par des ingénieurs qui n'ont aucune idée des besoins et des capacités des utilisateurs.

Les consommateurs n'ont pas envie de perdre leur temps dans des tâches qui ne leur procurent aucune satisfaction, qui les obligent à se creuser

339

Temps et consommation

Les modes de consommation dépendent du temps disponible pour consommer. Celui-ci a augmenté dans des proportions considérables (p. 94), mais le sentiment d'en manquer a paradoxalement progressé. De sorte que les revendications de rapidité et d'efficacité sont croissantes de la part de consommateurs soucieux de ne pas perdre leur temps. Le temps moyen passé dans une grande surface est en diminution : il était de 45 minutes en 2005 (49 dans les grands hypermarchés, 46 dans les hypermarchés, 37 dans les supermarchés), soit 5 minutes de moins qu'en 2000. Le temps moyen passé devant un rayon de grande surface n'est plus que de 1 minute et 11 secondes ; 76 % des achats sont effectués en moins de 10 secondes, contre 72 % en 2000 (MCA). La part des courses de « dépannage » tend à diminuer. La volonté de gagner du temps (ou de ne pas en perdre) s'accompagne d'une revendication de « qualité » du temps : les « temps morts » doivent être supprimés ou réduits, au profit des « temps forts » (p. 98).

Le temps exerce une autre influence sur les achats ; il ne s'agit plus du temps qui passe, mais du temps qu'il fait. Le climat joue en effet un rôle essentiel sur certains types de dépenses : vêtements ; aliments ; boissons ; sorties au spectacle ou au restaurant ; tourisme ; médicaments... Un été pluvieux se traduit par une baisse des dépenses de vêtements ; un hiver sans neige en montagne est une année perdue pour les stations. La canicule de l'été 2003 a ainsi entraîné une très forte hausse des achats d'eau minérale et de boissons, de ventilateurs ou de climatiseurs, mais aussi des dépenses de santé ; les vacanciers ont davantage fréquenté la côte ouest et moins le Sud-Est. Les effets probables du réchauffement climatique en cours sur la consommation sont peu étudiés, mais ils seront certainement importants dans de nombreux secteurs.

nateurs sont fabriqués à la demande, selon la configuration souhaitée par le client (processeur, mémoire, disque dur, écran, carte son, accessoires, logiciels...). La démarche est aussi mise en place par des constructeurs automobiles, qui ne lancent la fabrication qu'à partir d'un bon de commande comprenant des centaines d'options possibles. Dans le domaine alimentaire, on peut choisir dans certains restaurants les ingrédients de son sandwich ou de sa salade composée. Les téléphones portables ont des fonctions, des façades et des sonneries personnalisées. Des fabricants de cosmétiques proposent de réaliser des vernis à ongles, des fonds de teint ou des parfums sur mesure.

La limite de la personnalisation est le prix additionnel à payer par le client et l'intrusion dans son intimité qu'elle implique : prise de mesures pour réaliser un vêtement ; questions posées sur l'usage qu'il fera du produit... Elle tend aussi à réduire la fonction de conseil jouée par la marque ou par le vendeur et oblige le client à prendre des décisions parfois difficiles. Mais la tendance au sur-mesure est appelée à se développer. Elle touche ainsi le tourisme, avec la vente de forfaits personnalisés (packages dynamiques) sur Internet (p. 94).

Les typologies de consommateurs sont plus complexes...

Les caractéristiques sociodémographiques individuelles comme le sexe, la situation de famille ou le revenu sont de moins en moins explicatives des modes de consommation ; elles sont encore moins prédictives. Les acheteurs de voitures, les utilisateurs de téléphone portable ou les téléspectateurs ne peuvent plus être décrits précisément à l'aide de ces critères traditionnels. On

---

Conscients de leur pouvoir de dire oui ou non, les clients attendent aujourd'hui plus de considération de la part des marques et des distributeurs. Ceux-ci déploient d'ailleurs des efforts croissants pour les placer au centre de leur réflexion et de leur action. Beaucoup s'efforcent de dérouler devant eux le « tapis rouge » et à les « fidéliser » par tous les moyens (promotions, offres spéciales, cartes de magasins, utilisation des bases de données...), sachant que cela coûte moins cher que de conquérir de nouveaux clients.

... et des offres personnalisées.

Chaque consommateur a le sentiment, justifié sur le plan biologique et psychologique, d'être unique et d'avoir des besoins uniques. Il attend donc un traitement personnalisé et des produits conçus pour lui seul. Cette évolution s'explique par l'individualisation croissante des vies et par la volonté de s'épanouir sur le plan personnel. Elle est aussi pour les fournisseurs un moyen de répondre au besoin de considération et de personnalisation des clients et à celui de se différencier de leurs concurrents.

On assiste ainsi depuis quelques années au développement du « sur-mesure de masse ». Il a d'abord logiquement concerné l'habillement (chemises, costumes, jeans, chaussures...), puis s'est étendu progressivement à bien d'autres univers. Certains ordi-

observe ainsi que la consommation est moins « sexuée », avec un rapprochement sensible des comportements des hommes et des femmes : automobile, bricolage, alimentation, soins corporels, informatique. Un cadre et un employé peuvent avoir des modes de vie beaucoup plus proches dans certains domaines que deux cadres ou deux employés pris au hasard.

Les modes de vie et les systèmes de valeurs exercent au contraire une influence croissante. Ainsi, on trouve des représentants de tous les groupes sociaux dans les magasins de maxidiscompte. La corrélation traditionnelle entre le prix d'achat des voitures et le pouvoir d'achat de leurs propriétaires est moins apparente qu'auparavant. L'analyse des modes de consommation montre aussi que les statuts et « profils d'emploi » (salariés ou indépendants, catégories dirigeantes ou dirigées, actifs du secteur tertiaire ou industriel) ont une incidence plus forte que la catégorie socioprofessionnelle ou même le milieu social.

... et de nouvelles « segmentations » apparaissent.

Les typologies basées sur les *critères sociodémographiques* (sexe, âge, statut familial, revenu...) sont moins pertinentes pour comprendre les comportements de consommation, et surtout pour les prévoir. Si l'âge reste un indicateur utile (encadré), il n'est pas suffisant. Après la « ménagère de moins de 50 ans, on a assisté à la naissance du « senior de plus de 50 ans ». Ce concept est né avec la prise de conscience du vieillissement de la population de la part des publicitaires et des professionnels du marketing. Sa faiblesse est qu'il recouvre une réalité très hétérogène : quoi de commun entre l'actif de 55 ans, le préretraité du même âge, le

« jeune » retraité de 65 ans et celui de 75 (sans parler du vieillard de 85 ans, dont la culture et le système de valeurs sont d'un autre temps) ? Les publicitaires utilisent aujourd'hui un nouveau concept (américain, comme il se doit) : les *masters*. Ce terme est censé désigner la « cible » des 50-75 ans, dont l'hétérogénéité reste grande.

On peut également « segmenter » les individus-consommateurs par rapport aux *phases* de leur vie : les jeunes célibataires dépensent plus en loisirs

Seniors, solos, NÉORURAUX

De tous les critères sociodémographiques habituellement utilisés pour distinguer les individus dans leurs façons de consommer, l'âge reste le plus explicatif et prédictif. Si les jeunes représentent un poids important dans la consommation, autant par leurs dépenses personnelles que par le rôle de prescripteurs qu'ils jouent le plus souvent à l'égard de leurs parents (p. 133), la « cible » la plus riche est celle des « seniors ». Conscientes de leur pouvoir d'achat élevé, de leur disponibilité et de leur envie de consommer, les entreprises font de plus en plus d'efforts pour les attirer, en prenant en compte leurs spécificités : perception sensorielle atténuée (vision, ouïe...) ; mobilité plus réduite ; besoin de confort ; recherche de sécurité et de convivialité ; résistance à l'innovation (bien qu'elle se réduise avec l'arrivée de nouvelles générations de retraités).

Les modes de consommation changent aussi en fonction de la forme et de la taille des ménages. La famille traditionnelle (un couple dont le mari est actif et la femme reste au foyer

extérieurs et en habillement que les ménages qui fondent un foyer (ces derniers sont plus concernés par les achats de mobilier et de premier équipement), tandis que les jeunes retraités sont plus attirés par les services, les voyages ou les produits d'assurance. Mais il est utile de recourir en complément à des critères d'*attitude* par rapport à la société, à la consommation, aux produits, aux marques ou aux circuits de distribution. On peut enfin s'intéresser aux *motivations* des consommateurs.

pour élever ses enfants) est largement minoritaire. Le modèle le plus fréquent est le couple biactif avec deux enfants (p. 126), mais on observe une diversité croissante de situations familiales : célibataires ; veufs ou divorcés remariés ou non ; familles monoparentales ; couples non cohabitants ; familles « recomposées »... Les *solos* représentent un « marché » d'importance croissante : un tiers des ménages, soit près de 8 millions de personnes. Le poids économique de ces ménages unipersonnels est important. Ils constituent autant de foyers à fort taux d'équipement et sont souvent de gros acheteurs. C'est la raison pour laquelle une offre spécifique se développe à leur destination : plats préparés ; clubs de vacances ; séries télévisées ; services divers.

Enfin, on observe la montée d'un nouveau groupe social, constitué de ménages qui s'éloignent des grandes villes pour trouver des conditions de vie plus agréables. Ces néoruraux transportent avec eux leurs habitudes et leurs attentes d'anciens urbains (p. 157). Ils constituent une « cible » d'importance croissante en matière de consommation.

Elles peuvent concerner les occasions subjectives de consommer : envies, désirs, besoins... Elles peuvent être déterminées par les occasions objectives : lieux et moments de consommation.

La consommation s'accompagne souvent de frustration.

La possibilité pour le plus grand nombre de se doter des attributs de la modernité ne va pas sans expérience désagréable, sans déception ou frustration. Il est en effet impossible de trouver le temps et l'argent pour acquérir tous les nouveaux biens et services disponibles. C'est pourquoi une proportion importante de Français (61 %) a le sentiment de s'imposer des restrictions (Crédoc, 2006). C'est le cas de 81 % en ce qui concerne les vacances et les loisirs, 71 % pour l'habillement, 70 % pour les équipements ménagers, 61 % pour les soins de beauté, 60 % pour les dépenses de téléphone, 56 % pour celles de voiture, 39 % pour celles d'alimentation et pour celles de logement, 38 % pour celles de tabac-boissons, 29 % pour celles concernant les enfants, 12 % pour celles de soins médicaux. On constate que ces proportions se sont un peu accrues récemment, confirmant le sentiment d'une baisse du pouvoir d'achat (p. 329), ainsi que la hausse des prix du logement.

L'insatisfaction apparaît ainsi inséparable de la consommation. Mais la frustration est aussi induite par la complexité des produits et le stress qu'engendre leur utilisation. C'est le cas en particulier des équipements technologiques (p. 438). Les consommateurs sont aussi irrités par les boîtes de conserve difficiles à ouvrir, les bouchons impossibles à enlever, les télécommandes trop complexes, les notices d'utilisation illisibles ou incompré-

L'ENVIRONNEMENT, « EXHAUSTEUR » PLUTÔT QU'EXAUCEUR

Toute société a une fonction de « normalisation du désir », à travers les valeurs qu'elle met en avant et les règles de morale qu'elle leur associe. Chaque individu sait alors sans en être vraiment conscient ce après quoi il peut courir pour accéder au « bonheur » tel qu'il est défini par les canons de l'époque. Des règles implicites ou explicites laissent voir ou entrevoir ce qui est souhaitable, parce que valorisé par la collectivité. C'est ainsi que se définit et se met à jour la liste des biens d'équipement à posséder, des activités à pratiquer, des lieux de vacances à découvrir, ou même des opinions à exprimer. Outre les tendances « lourdes », les phénomènes de mode constituent d'autres normes, plus éphémères.

hensibles. Leur temps est précieux et ils ne veulent pas le consacrer à des tâches qui devraient être faites selon eux par les fabricants, les distributeurs et autres prestataires de services. D'où la demande très forte de simplification et de facilité d'utilisation (ci-dessus). D'où aussi un vent de nostalgie et de régression infantile, qui souffle sur la France depuis quelques années. Il est apparent à la télévision, avec la multiplication des émissions de commémoration et d'hommages à des artistes disparus, le recours croissant aux images d'archives.

Les Français s'interrogent sur le sens de la consommation...

Étymologiquement, consommer signifie « détruire ». Le destin des biens de

L'une des caractéristiques de la société actuelle est qu'elle n'indique pas de limites au plaisir (ou au « bonheur ») qu'elle promet. Le système économique constitué par les entreprises, les médias et la publicité en repousse en effet sans cesse les bornes, jusqu'à les supprimer. Chacun a donc l'ambition légitime de « tout » obtenir de la vie, car « il le vaut bien ». Cette attitude a été renforcée par la mise en majesté de l'individu au cours des dernières décennies. Mais cette forte promesse n'est pas tenue, car la « société du casting » se charge en permanence de rétablir des distinctions, des hiérarchies entre les individus. Il en résulte une confusion dans les esprits. L'idée, généreuse, selon laquelle chacun peut accéder de droit à tout ce que la société a de meilleur à offrir exacerbe les envies. Mais elle engendre beaucoup de frustrations chez ceux qui ne parviennent pas à l'obtenir.

consommation, à commencer par ceux qui sont périssables et « consommables » (piles, pellicules photo, recharges de toutes sortes...) est donc de disparaître, généralement sous la forme de déchets qu'il faut ensuite éliminer, ce qui pose un problème important pour l'avenir de la planète. Les biens « durables » (équipements) connaissent un sort identique, même si leur durée de vie est plus longue. On observe d'ailleurs qu'elle tend à diminuer au fur et à mesure que le rythme d'innovation s'accélère. Elle est aussi raccourcie par le fait qu'on ne les répare plus lorsqu'ils cessent de fonctionner.

De façon plus anecdotique mais également révélatrice, les périodes de soldes constituent une double illustration de la finalité destructrice de la consommation. D'abord, parce qu'elles marquent la fin des productions de la saison précédente. Ensuite, parce qu'elles ont pour objet de « liquider » (le terme n'est pas innocent) les invendus. Dans une société qui a peur de mourir, la consommation est une façon de s'assurer que l'on est en vie. Tout en sachant qu'un jour ou l'autre tout disparaîtra.

Confronté au harcèlement commercial et à une overdose publicitaire (p. 353), le consommateur ne retient qu'un seul message véritable, commun à la plupart de ceux qu'il reçoit : « votre argent m'intéresse ». Il préférerait entendre, lire ou comprendre « votre vie et vos projets m'intéressent », prélude à une relation plus détendue et utile entre la demande et l'offre.

... et développent un sentiment de culpabilité.

89 % des Français considèrent que l'on consomme trop de choses inutiles (*Libération*/Louis Harris, novembre 2005). La plupart savent qu'en consommant ils favorisent la pollution et les atteintes à l'environnement, qui menacent la survie du monde et de l'espèce humaine. Beaucoup sont par ailleurs conscients que la consommation est une fuite en avant, qu'elle apporte une illusion de bonheur très fugitive, qu'elle crée aussi une accoutumance ou une dépendance qui incite à renouveler l'expérience afin de maintenir le niveau d'occupation (du temps, de l'argent, de l'esprit) et de satisfaction. Ils en veulent donc de façon consciente ou non à ceux qui les tentent. C'est ce qui explique la désaffection à l'égard des marques et de la publicité (p. 351), mais aussi des médias (p. 398).

Pourtant, certains consommateurs développent aussi un sentiment confus de culpabilité personnelle. Dans le mot *consommation,* ils sentent confusément qu'il y a *sommation* et ils s'en veulent de céder aux sollicitations

Profusion, diffusion, fusion, confusion

Le développement de la société de consommation s'est traduit par une multiplication des offres de produits, objets, biens d'équipement et services. L'évolution technologique a aussi engendré des biens de plus en plus complexes, qui sont censés créer de nouvelles fonctions, de nouveaux usages et de nouveaux bénéfices pour les consommateurs. Cette profusion a été favorisée par la diffusion de plus en plus large des biens par des canaux multiples, notamment avec l'émergence d'Internet, qui permet d'accéder à une offre planétaire.

On a assisté parallèlement à une moindre séparation des offres, avec une tendance générale à la fusion, au regroupement, au métissage, au

et aux tentations, de penser que l'on vit mieux lorsque l'on consomme. Ils savent que le « système marchand » ne tient que parce qu'il y a des acheteurs en face des vendeurs et que ces derniers ne sauraient porter seuls la responsabilité des dérives. Cette prise de conscience, minoritaire et progressive, pourrait transformer les modes de consommation dans les prochaines années.

Le capitalisme et la mondialisation sont jugés en partie responsables.

Les entreprises du CAC 40 ont réalisé 80 milliards d'euros de profits en 2005, en hausse de 20 % en un an, alors que la croissance intérieure n'a été que de 1,4 %. Ce triomphe du capitalisme nourrit un débat d'importance croissante sur sa pérennité et sur ses dérives. Il pose notamment la ques-

mélange. Elle se traduit par exemple par les regroupements d'entreprises et d'enseignes de distribution ou par le phénomène de la « convergence » technologique apportée par la révolution numérique (p. 433). De même, les temps de la vie sont de moins en moins séparés et « spécialisés » (p. 98).

Ce double phénomène de profusion et de fusion entraîne parfois une certaine confusion chez les acheteurs et les utilisateurs. Il est à l'origine d'une difficulté d'appropriation des objets, parfois d'une anxiété, voire d'une accoutumance. Il entretient en tout cas le sentiment d'un monde complexe, impossible à décoder et à maîtriser. Il explique en partie la résistance de certains groupes de consommateurs, qui souhaitent une clarification et une simplification.

tion du rôle des actionnaires qui exigent une rentabilité élevée à court terme des entreprises, sans se préoccuper des investissements qui seraient nécessaires pour assurer la croissance et la pérennité à long terme, bien qu'ils affirment souvent s'inscrire dans une logique de développement durable. Ils se comportent souvent comme des prédateurs, et les patrons sont à leurs ordres, d'autant qu'ils profitent aussi largement de cette « création de valeur », sous la forme de salaires, d'actions gratuites ou à prix privilégié.

Les profits et les gains de productivité sont moins généreusement distribués aux salariés, ce qui alimente la détérioration de l'image des entreprises depuis quelques années. Elle l'a été aussi au travers d'affaires de corruption, de comptabilités truquées, d'opérations illégales, de stratégies douteuses, de délocalisations ou de regroupements entraînant des licenciements. Le capitalisme est aujourd'hui confronté à un défi essentiel, celui de la responsabilité, non pas envers ses actionnaires, mais à l'égard de ses clients, de ses salariés, de ses fournisseurs et de la planète. S'il ne montre pas clairement qu'il est responsable, il sera considéré comme coupable.

La consommation change de nature.

Les Français disposent pour la grande majorité d'un *pouvoir* d'achat relativement élevé, en tout cas par comparaison avec le reste du monde, même s'ils s'interrogent sur son évolution récente et à venir (p. 329). Ils ont aussi développé un *savoir* d'achat au fil des années de crise qui leur permet d'être plus rationnels dans leurs dépenses (p. 346). Ils font preuve enfin dans leur vie quotidienne d'un *vouloir* d'achat qui explique que la consommation a augmenté sans faiblir pendant des décennies (p. 335). Mais on voit apparaître aujourd'hui de nouvelles motivations dans les actes de consommation. Le vouloir d'achat s'apparente parfois à un *devoir* d'achat par rapport à soi-même. Comme si l'on cherchait à remplir par la consommation une sorte de vide existentiel, sans doute en partie accru par l'augmentation du temps libre.

« Je consomme, donc je suis », telle semble être la devise de ces personnes pour qui la dépense tient parfois lieu d'activité, voire de projet personnel. Faute de penser à un futur dont les contours sont flous et peu engageants, elles préfèrent se réfugier dans le présent, souvent même dans l'instant. L'achat et l'utilisation des produits, services et biens d'équipement deviennent alors des prétextes pour occuper son temps, sans penser au lendemain. La « distraction » a pour vocation de permettre l'évasion par rapport à la réalité.

La société de consolation

Depuis quelques années, on observe que la consommation ne varie pas toujours dans le même sens que ce qu'il est convenu d'appeler le « moral des ménages » ; elle évolue même parfois en sens inverse. Si l'optimisme constitue un prétexte à dépenser, le pessimisme peut entraîner des achats de « compensation ». Le réflexe d'aller faire du shopping pour oublier les soucis quotidiens n'est pas l'apanage des femmes déprimées. Il concerne aujourd'hui une partie croissante des Français des deux sexes et de tout âge. La société de consommation tend ainsi à devenir une société de *consolation.*

S'ils sont en tout état de cause favorables à la croissance de l'économie, ces achats de compensation s'accompagnent souvent de mauvaise conscience et de frustration. Ils sont en effet vécus comme une incapacité à trouver des raisons de vivre plus « élevées » et moins dépendantes des dimensions matérielles. On retrouve cet état d'esprit dans la consommation des médias ; il explique par exemple l'écart important entre l'image des chaînes de télévision et leur audience (p. 400).

Dans sa vie quotidienne (familiale, professionnelle, sociale), chaque individu est amené à jouer un rôle, à se conformer à ce que l'on attend de lui ou à l'image qu'il entend donner de sa personne. Les « postures » (attitudes et comportements) adoptées en matière de consommation sont souvent guidées par ce souci. Elles sont alors plutôt des « impostures », conscientes ou inconscientes, qui sont peut-être

le fruit d'un malentendu. En 1965, Georges Perec faisait déjà remarquer dans *les Choses :* « Ceux qui ne veulent que vivre, et qui appellent vie la liberté plus grande, la seule poursuite du bonheur, l'exclusif assouvissement de leurs désirs ou de leurs instincts, l'usage immédiat des richesses illimitées du monde [...], ceux-là seront toujours malheureux. » Shakespeare ne disait pas autre chose dans *le Marchand de Venise :* « Il est des gens qui n'embrassent que des ombres ; ceux-là n'ont que l'ombre du bonheur. »

Si la nature a horreur du vide, la nature humaine en est encore plus effrayée. C'est sans doute pourquoi les hommes ont inventé le travail, les tâches ménagères (qu'ils ont cependant plutôt réservées aux femmes) et, plus récemment, le téléphone portable. Pour éviter le sentiment de vide et la chute inexorable qu'il amorce vers la mort, la tentation est de « faire le plein ». Les Français cherchent à remplir leur vie comme ils remplissent leur caddie au supermarché ou le réservoir de leur voiture. Mais les activités professionnelles, familiales, personnelles, sociales ne suffisent pas, apparemment, à « meubler » le temps dont ils disposent, qui a augmenté de plus de moitié au cours du XXe siècle (p. 88). Il existe donc encore beaucoup de « temps morts » (le qualificatif n'est évidemment pas anodin) à remplir. Cela n'empêche pas tous ceux qui cherchent inconsciemment à « tuer le temps » de se plaindre d'en manquer (p. 95). Être « libre » ou « occupé », telle est donc la question. Il est intéressant de noter que les deux termes, dans la langue française comme dans la plupart des langues, ont des sens opposés.

L'un des ressorts importants de la consommation est aujourd'hui de

fournir au consommateur la preuve permanente qu'il est en vie. Le « système des objets », longuement décrit par Jean Baudrillard dans les années 60, donne à l'existence un contenu matériel, palpable, mesurable à l'aune de l'argent et comparable entre les êtres. La consommation est encore considérée comme un chemin d'accès privilégié à la réussite et au « bonheur ». Avec le risque d'engendrer des déceptions chez ceux qui ne seraient pas capables de trouver du sens à leur vie, hors de ces stimuli quotidiens.

De nombreux consommateurs sont « entrés en résistance ».

L'analyse des attitudes et des comportements de consommation fait apparaître une tendance lourde à la *résistance* à ce qu'il est convenu d'appeler le « système marchand ». Elle est induite par les interrogations en cours sur le sens du progrès, les principes fondateurs d'une nouvelle modernité, la recherche de nouvelles voies d'accès au bien-être, l'attente d'éthique et de responsabilité à l'égard des institutions et des entreprises. Elle est parfois encouragée par des pratiques d'entreprises peu vertueuses : fausses innovations ; promesses non tenues ; écarts de prix injustifiés... Par ailleurs, les médias ont fait pénétrer les Français dans les coulisses des entreprises et du « marketing » et leur ont montré les efforts qui sont faits pour les séduire. De sorte que les consommateurs expriment un souci de ne pas être « manipulés ».

Les manifestations de cette résistance sont déjà visibles, à travers les mouvements anti- ou altermondialistes ou les actions des « commandos antipub », qui s'attaquent notamment aux affiches présentes dans l'espace public. La résistance à l'égard des marques, ou parfois leur rejet, est l'un des moyens mis en œuvre par ceux qui s'inquiètent des perspectives de

la marchandisation de la société, de la globalisation et de l'uniformisation qu'elle pourrait entraîner. Elle exprime la volonté de ces *Mutins* (p. 231) de ne pas dépendre d'entreprises toutes-puissantes qui décideraient à leur place de ce qui est bon pour eux et organiseraient le monde selon leurs seuls intérêts économiques.

Ce changement d'attitude et de comportement dans les modes de consommation ne saurait être confondu avec un simple mouvement d'ajustement provoqué par les variations de la conjoncture économique ou sociale. Le passage du matériel à l'immatériel, de l'usage à l'identité, du signe au sens, de l'amoralité à l'éthique, de l'indifférence à l'environnementalisme traduit une évolution générale qui s'inscrit dans la mise en place progressive d'une nouvelle société, et plus encore d'une nouvelle civilisation (p. 249).

Compor-TEMENTS

Les consommateurs sont éclectiques et opportunistes...

Il est courant d'affirmer que les acheteurs sont devenus infidèles, volages, insaisissables et imprévisibles. S'il est vrai qu'ils changent plus souvent de produits et de marques, qu'ils fréquentent des circuits de distribution diversifiés, c'est parce qu'ils sont plus autonomes par rapport aux fournisseurs et plus rationnels dans leur processus de décision. C'est aussi parce qu'ils sont plus éclectiques dans leurs besoins et dans leurs choix. Dans une société hédoniste, ils cherchent à enrichir leur vie quotidienne en s'entou-

rant de nouveaux objets, en faisant de nouvelles expériences, en profitant le plus possible du moment présent *(carpe diem)*.

Par ailleurs, beaucoup de Français ont le sentiment qu'il est devenu difficile, voire impossible, de changer *la* vie. Aussi, chacun s'efforce plus modestement de changer *sa* vie. Cet objectif implique de modifier ses habitudes, de casser la routine. Les plus courageux (ou les plus malheureux) changent de métier, de logement, de région, de centres d'intérêt, d'apparence vestimentaire ou physique, d'amis ou de partenaire amoureux. Les autres se contentent de changer de marque ou d'enseigne lorsqu'ils font leurs courses.

En même temps, les consommateurs sont devenus *opportunistes*. Ils cèdent plus facilement aux offres qui leur paraissent alléchantes et réévaluent plus souvent leurs produits et leurs fournisseurs, les mettant en concurrence avec d'autres afin de mieux acheter.

... nomades et multidimensionnels.

La mobilité est une donnée majeure de l'époque. Même si les Français passent la majeure partie de leur temps à leur domicile (près de 18 heures par jour en moyenne), ils consomment dans des lieux de plus en plus diversifiés : au travail ; dans la rue ; dans les transports en commun ; en voiture ; dans les lieux publics ; dans les lieux de transit... C'est le cas notamment pour les produits alimentaires, qui sont de plus en plus adaptés à ces comportements nomades (p. 170). Les équipements portables et mobiles sont aussi de plus en plus nombreux : téléphone ; ordinateur ; baladeur audio ou multimédia ; lecteur de DVD ; navigateur GPS ; clé USB ; oreillette Bluetooth ;

345

appareil photo numérique, etc. Ils permettent de ne pas perdre de temps dans les déplacements et de supprimer les temps morts, de se donner le sentiment de vivre chaque minute intensément, en étant relié à son environnement distant.

Les consommateurs, comme les individus, sont également devenus *multidimensionnels*. Leurs désirs, leurs attitudes et leurs comportements sont plus diversifiés. Une même personne peut avoir des goûts et des besoins différents selon le moment, son humeur et les circonstances extérieures. Elle peut ainsi déjeuner dans un fast-food et dîner dans un restaurant chic, passer une semaine de vacances en camping et une autre en croisière, faire ses courses alimentaires dans un maxidiscompte et des commerces spécialisés, acheter des vêtements par correspondance et dans des boutiques de luxe. Il ne s'agit plus seulement aujourd'hui d'être soi (recherche identitaire), mais de satisfaire la demande d'un « soi multiple », qui implique parfois de changer d'identité pour surprendre ou se surprendre, ou de jouer avec elle pour renouveler l'intérêt de la vie.

Le niveau de compétence s'est accru.

La méfiance affichée par les consommateurs est au moins en partie justifiée par un accroissement de leur niveau de compétence par rapport aux offres qui leur sont faites. Ils y ont été aidés par les médias, qui, tout au long de la crise économique, ont accompli un effort d'information et affiché une attitude « consumériste ». Les ménages s'apparentent aujourd'hui à des microentreprises qui s'efforcent de réduire ou d'optimiser leurs dépenses (à défaut de pouvoir facilement accroître leurs recettes). Les produits les plus « impliquants » font l'objet de véritables

« études de marché » qui permettent aux acheteurs potentiels de connaître et de comparer les différentes offres. La place croissante d'Internet favorise la réflexion préalable, grâce aux sites des marques ou enseignes et à ceux spécialisés dans la comparaison des prix.

Le bouche-à-oreille fonctionne aussi de plus en plus couramment entre les consommateurs, qui s'échangent leurs impressions, leurs expériences et leurs « bons tuyaux ». Il agit aussi bien dans le sens positif (recommandation en faveur d'un produit dont on est très satisfait) que dans le sens négatif (dévalorisation d'un produit décevant auprès des membres de l'entourage). Les consommateurs sont de plus en plus vigilants et désireux de rester maîtres du jeu dans l'acte de consommation.

Le consommateur est ainsi de plus en plus autonome. Dans tous les domaines, il apprécie de choisir lui-même ses produits dans les rayons. Le développement d'Internet a transformé sa vie : il compare les caractéristiques des produits et les prix sur les sites spécialisés, gère en ligne ses comptes bancaires, réserve ses billets de train, d'avion ou de spectacles, s'efforçant chaque fois de bénéficier des meilleurs tarifs.

Les achats sont plus rationnels, mais moins planifiés.

On observe une diminution de la part des achats d'impulsion dans les grandes surfaces : 43 % des consommateurs qui entrent dans un hypermarché ont une liste de courses à laquelle ils se réfèrent pour gagner du temps (MCA, 2003). Dans le même esprit d'efficacité, la part des achats de « dépannage » tend à diminuer.

Mais les achats sont plutôt moins planifiés dans certains domaines, ce qui n'exclut pas la rationalité. Ainsi,

les VDM (ventes de dernière minute) sont de plus en plus fréquentes dans le secteur du tourisme (p. 478). Cette tendance s'explique par la difficulté à se projeter dans le futur, dans un contexte où celui-ci apparaît imprévisible et menaçant. On attend donc le dernier moment pour se décider, ce qui est une façon de réduire le risque. D'une manière générale, la relation au temps des Français a changé, et la planification laisse place à l'improvisation (p. 100). Le phénomène est particulièrement sensible chez les jeunes, qui souhaitent que tous les « possibles » restent ouverts jusqu'au moment ultime où il faut décider. Cette évolution a été largement favorisée par le développement des outils de communication comme le téléphone portable et Internet.

L'autre motivation de ce comportement est économique. Attendre, c'est espérer bénéficier de prix inférieurs, car il faut bien que les compagnies aériennes remplissent leurs avions et que les magasins liquident leurs stocks. Les soldes, les braderies ou les magasins d'usines sont des formes déjà anciennes de ces ventes de dernière minute. Leur importance tend aujourd'hui à s'accroître dans les dépenses des ménages ; elles représentent ainsi plus du tiers de celles d'habillement.

Les modes et les tendances sont multiples et éphémères.

Le décryptage et surtout l'anticipation des tendances sont des exercices de plus en plus difficiles. Elles apparaissent en effet contradictoires et sont souvent de courte durée ; c'est le cas en particulier en matière vestimentaire. Les modes se propagent lorsqu'elles sont en phase avec les grands mouvements de la société, parfois aussi

LE luxe de masse ou le désir de « surclassement »

L'individualisation en marche et la promesse d'une égalité de tous devant la vie et la consommation ont entraîné un refus des statuts sociaux figés. Il explique l'aspiration d'une partie croissante de la population à des produits traditionnellement réservés à une élite opulente. Beaucoup de consommateurs éprouvent un besoin de considération (p. 339). Ils ont aussi le désir de bénéficier d'un « surclassement » dans leurs actes de consommation et dans leur relation à l'offre. Le plaisir n'est plus seulement dans la capacité d'acquérir un bien ou un service, mais d'obtenir des privilèges par rapport à ses semblables.

Pour répondre à ces besoins, certaines marques proposent un « luxe de masse » (*masstige* aux États-Unis), à l'instar de ce qu'avait fait Cartier avec ses Must dans les années 80. Jean-Paul Gaultier a ainsi créé des vêtements pour La Redoute, Paul Smith pour Habitat, Karl Lagerlfeld et Stella McCartney pour H&M. Ce nouveau luxe propose des produits abordables pour le plus grand nombre, mais sans leur enlever leur dimension onirique. Comme les prix, les lieux de vente sont plus proches du grand public, qui hésite toujours à franchir les portes des boutiques de luxe traditionnelles.

Les motivations d'achat des produits de luxe, même abordables, sont moins liées à l'utilité qu'à la « futilité ». Elles correspondent moins à une demande de fonctionnalité qu'à un besoin esthétique ou, plus généralement, sensoriel et émotionnel (p. 337). On peut y voir aussi un comportement mimétique, qui rassure les acheteurs sur leur capacité à entrer, au moins provisoirement, dans le cercle étroit des « people » et de la « modernité ». Celle-ci passe généralement par la mode, laquelle s'appuie sur les marques qui en sont porteuses, et qui se renouvellent en partie. La notion de luxe devient ainsi de plus en plus complexe et concerne un nombre croissant de consommateurs.

Outre ses attributs classiques (qualité, beauté, rareté, cherté, intemporalité, universalité), le luxe est aujourd'hui associé à d'autres notions comme l'esthétique (une notion plus large et plus ambiguë que la beauté), la modernité, l'exotisme. Il répond à la fois à un besoin de régression (nostalgie, kitsch...) et de transgression (refus des codes traditionnels). Dans cette nouvelle acception du luxe, le futile devient utile, l'accessoire essentiel, le superflu nécessaire. Comme l'affirmait Coco Chanel, « le luxe n'est pas le contraire de la pauvreté, mais celui de la vulgarité ». Il a pour vocation de « réenchanter » la vie quotidienne des consommateurs.

---

lorsqu'elles s'inscrivent en opposition. Elles sont alors relayées par les médias et s'appuient sur le désir mimétique, conscient ou inconscient, des individus.

Les « victimes de la mode » et les « faiseurs de tendances » sont souvent des jeunes urbains. Actifs et sans enfants, ils disposent d'un pouvoir d'achat élevé, ont une vie culturelle et sociale intense, une vision de la vie un peu cynique et le goût de la fête. On les trouve typiquement le soir et la nuit dans certains lieux « branchés » des grandes villes : cafés, restaurants, galeries d'art... Ils lisent des magazines « hypermodernes », naviguent sur les sites *underground* d'Internet et sont ouverts à toutes les formes de nouveauté. Leur plaisir, parfois leur raison d'être, est de consommer avec un temps d'avance, de décider quels produits et quelles marques méritent de devenir à la mode. Leurs choix sont pour eux des façons de montrer leur appartenance (groupe, tribu, clan, communauté) et, souvent, leur impertinence.

Tous servent d'inspirateurs aux marques, qui font des efforts croissants pour les repérer, les séduire et les « enrôler » comme ambassadeurs, relais et promoteurs. Certaines pratiquent une « stratégie de la demande » ; elles cherchent à identifier et à anticiper les tendances, afin de répondre à des « besoins » potentiels. D'autres cherchent plutôt à les créer (« stratégie de l'offre »), en proposant des produits nouveaux et en les diffusant par l'intermédiaire des individus et des groupes susceptibles d'influencer l'opinion.

La consommation se polarise entre la « montée en gamme »...

La forte attente individuelle de plaisir, dans une société hédoniste, s'accompagne logiquement d'une recherche de produits plus élaborés. La principale motivation est d'obtenir le plus de satisfaction possible dans l'usage. Elle a une dimension objective : un bénéfice promis est réel ou il ne l'est pas ; une innovation apporte un avantage perceptible ou non, qui peut être éventuellement mesuré en temps gagné, efficacité accrue. Mais cette motivation est aussi très souvent subjective ; certains produits ou objets sont porteurs d'agréments non quantifiables et néanmoins forts, notamment lorsqu'ils sont d'ordre sensoriel. Le design est en particulier un facteur croissant de différenciation entre des produits aux fonctions parfois identiques, en tout cas de plus en plus souvent banalisées.

À côté de ces motivations identitaires, tournées vers le consommateur et souvent prépondérantes, on peut identifier des motivations *statutaires*, qui ont un rapport avec l'image que l'on donne de soi. Le fait d'être considéré comme un « précurseur », un « dénicheur de nouveautés » ou, mieux, un « faiseur de tendances » est ainsi une satisfaction forte, qui permet de s'affirmer par rapport à son entourage et, plus largement, dans la société (encadré).

Ces motivations diversifiées sont à l'origine d'une montée en gamme générale des achats. Elle est apparente en matière alimentaire ou vestimentaire, mais elle concerne aussi les biens d'équipement du logement ou les pratiques de loisir. L'achat d'un téléviseur à écran plasma, d'une machine à expresso ou d'un téléphone-assistant personnel est un moyen de combiner les besoins identitaires et statutaires. Comme le corps (p. 17), la consommation a une double fonction de vitrine et de miroir.

... et la recherche des « premiers prix ».

À côté de la montée en gamme, la tentation des prix bas est de plus en plus apparente. Elle a été accentuée par le double sentiment général d'une baisse du pouvoir d'achat (p. 329) et d'une hausse des prix, au-delà de l'inflation officiellement mesurée. Elle est prise en compte par des marques et des enseignes de distribution qui connaissent depuis quelques années un succès croissant. C'est le cas dans le domaine alimentaire des magasins de maxidiscompte, qui repré-

L'identitaire et le statutaire

Les freins à la consommation ont été longtemps induits par la religion ou par une conception morale et philosophique de la vie : il fallait *être* plus qu'*avoir* ou *paraître*. Ces deux dernières motivations ont été mises en exergue dans les années 80 et 90. Chacun rêvait de s'enrichir, de s'entourer des objets de la modernité, d'afficher un *standing*, de montrer aux autres qu'il avait « réussi » et occupait une place enviable dans la société. La fonction *statutaire* de la consommation était déterminante.

Au cours des années récentes, la réflexion collective et individuelle a convaincu de nombreux Français que cela ne suffisait pas pour être heureux, pour donner du sens à sa vie. La consommation ne leur apparaît plus comme une finalité mais comme un moyen de bien-vivre et de mieux-être. Leurs actes d'achat sont plus réfléchis, plus intériorisés, plus préparés, plus réfléchis. Ils ont une forte dimension *identitaire.* Chaque produit ou service doit aider son utilisateur à mieux se connaître, à développer l'estime qu'il a de lui-même. Il peut dans certains cas l'aider à transformer son identité (même pour un moment), à

devenir quelqu'un d'autre ou plusieurs autres selon les circonstances, avec la volonté de cultiver un « soi multiple » (p. 192).

Cette nouvelle attitude n'implique pas le puritanisme, l'ascétisme ou la frugalité, mais elle incite à des arbitrages entre les offres, dans l'optique de garder la maîtrise de ce que l'on achète et de ce que l'on dépense. On la retrouve, même si elle n'est pas toujours clairement exprimée, dans les motivations des mouvements altermondialistes. Elle explique notamment le succès des magasins de maxidiscompte, des produits *low cost* ou de la presse gratuite.

La logique de distinction et de différenciation n'est plus aujourd'hui liée à la recherche ou à l'affirmation d'un statut social. Elle est de plus en plus intériorisée. Il s'agit d'être soi pour soi, davantage que pour les autres. Un niveau intermédiaire d'appartenance s'est cependant ajouté entre l'individu et la société : la tribu, le clan ou la communauté. Il tend à se substituer à l'appartenance de classe traditionnelle, qui a perdu beaucoup de sa force, avec la disparition de la classe ouvrière, de la classe paysanne, de celle des cadres ou des notables traditionnels (professions libérales, commerçants).

sente 13 % des dépenses alimentaires, malgré le ralentissement constaté en 2005 (p. 362). Les marques de distributeur, moins chères à qualité comparable que les marques nationales, comptaient pour 24 % des achats en volume des ménages en grandes surfaces en 2005. L'offre de prix bas s'est élargie à tous les domaines. Elle est présente dans le transport aérien avec les compagnies *low cost* comme Ryanair ou EasyJet. Elle concerne aussi les vête-

ments, le tourisme, les biens d'équipement technologiques, etc. On trouve même aujourd'hui des produits et services *gratuits*, financés uniquement par la publicité : après les radios et les chaînes de télévision (hertziennes), on a vu apparaître la presse quotidienne gratuite (*Metro, 20 Minutes...*) ou le prêt de voitures citadines transformées en médias publicitaires...

On assiste donc à une polarisation des achats, entre le haut de gamme pour tous et les « premiers prix », au détriment des gammes moyennes. Mais cette évolution ne s'explique pas par l'existence de deux catégories de consommateurs aux comportements opposés ; ce sont souvent les mêmes qui arbitrent entre le haut et le bas de l'échelle des produits et des prix. Leur choix va vers le bas pour les achats peu implicants, pour lesquels les marques chères n'apportent pas à leurs yeux de bénéfice justifiant le surcoût à payer ; il va au contraire vers le haut de gamme pour des produits qui apportent des valeurs ajoutées fortes. C'est l'économie réalisée sur la première catégorie qui permet souvent de financer les achats dans la seconde.

La différence se fait de plus en plus sur des valeurs ajoutées immatérielles.

Dans un contexte général où le monde virtuel tend à compléter ou parfois remplacer le monde réel, les produits et les biens d'équipement deviennent plus abstraits. Cette évolution est déjà apparente en ce qui concerne les transactions monétaires. L'argent a été d'abord solide, puis « liquide », avant de se dématérialiser (p. 309). On observe que les valeurs ajoutées immatérielles, intangibles, impalpables jouent un rôle croissant dans les attentes des consommateurs : image de la marque imposée par la communication et/ou l'usage de ses produits ; ambiance des points de vente ; qualité de l'accueil ; diversité des services proposés ; garanties et labels ; service après-vente, etc.

Ces aspects deviennent de plus en plus déterminants dans la différenciation par le consommateur d'offres qui lui apparaissent de plus en plus semblables, parfois identiques. Elles tendent en tout cas à se banaliser. Les entreprises réalisent en effet les mêmes

DU RAPPORT QUALITÉ/PRIX AU RAPPORT VALEUR/COÛT

La qualité d'une offre, telle qu'elle est perçue par le consommateur, ne peut être réduite à celle du produit qu'elle contient (valeurs d'usage). Il s'y ajoute des valeurs immatérielles, qui pèsent de plus en plus dans les décisions d'achat et dans le niveau de satisfaction final : notoriété de la marque ; attributs de son image ; facilité d'accès aux produits ; information disponible ; relation avec les interlocuteurs ; services associés ; garanties...

Au dénominateur de la fraction, le prix n'est plus que l'un des éléments du coût global pour l'acheteur. Il s'y ajoute une estimation de la dépense énergétique nécessaire pour se procurer le produit (fatigue, essence, frais de parking...). Le coût intègre également la notion de temps, souvent traduisible, on le sait, en argent et en tout cas ayant un « prix psychologique » de plus en plus élevé. Ainsi, le temps consacré à la démarche viendra en concurrence avec d'autres activités possibles et sera considéré comme un « coût d'op-

portunité » au sens financier du terme. Le coût globalement perçu inclut aussi le temps de la réflexion nécessaire à la prise de décision, qui implique de réunir des informations, de les comparer et de choisir entre elles. Si les Français sont attentifs aux prix, ils ne recherchent pas systématiquement le prix le plus bas et recherchent ce que l'on pourrait appeler la « légitime dépense ».

Le modèle de décision d'achat s'est donc transformé, afin d'intégrer les nouvelles attitudes et les nouveaux comportements en matière de consommation. C'est en fonction de l'estimation d'un coût global (financier et non financier) attaché à une valeur globale que chaque offre est évaluée. Au terme de cette procédure en partie inconsciente, l'acheteur détermine celle qui lui paraît la plus conforme à ses souhaits. Comparée à la notion de rapport qualité/prix, celle du rapport valeur/coût permet d'intégrer des éléments nouveaux et de plus en plus déterminants dans les actes de consommation.

études avec les mêmes méthodes qui conduisent aux mêmes résultats. En outre, elles se copient souvent les unes les autres, une pratique pudiquement baptisée *benchmarking*. L'offre est donc de moins en moins différenciée, au risque de lasser les consommateurs et de les inciter à privilégier le prix comme critère principal de choix entre des produits semblables.

Les produits sont ainsi perçus comme une addition de services. Des services qui sont d'ailleurs moins associés aux produits eux-mêmes qu'à leurs acheteurs et utilisateurs. Dans cet esprit, les marques devront véhiculer des valeurs de réassurance : authenticité, natu-

ralité, transparence, morale, vérité, éthique, responsabilité, citoyenneté. L'entreprise de demain sera *vertueuse* ou ne sera pas (p. 353).

Les ménages arbitrent leurs dépenses.

Les freins à la consommation ont été longtemps induits par la religion ou par une conception morale et philosophique de la vie : il fallait être plutôt qu'avoir ou paraître. Mais ces deux dernières motivations avaient pris le pas sur la première au cours des années 80 et 90. Chacun rêvait de s'enrichir, de s'entourer des objets de la modernité, de montrer aux autres qu'il avait « réussi » et qu'il occupait une place enviable dans la société. La réflexion collective et individuelle des années récentes a montré à certains que ces ressorts n'étaient pas suffisants pour être heureux, pour donner du sens à sa vie. La consommation ne leur apparaît plus aujourd'hui comme une finalité mais comme un moyen de bien vivre et de mieux être (p. 400). C'est pourquoi leurs actes d'achat sont plus intériorisés, mieux préparés, plus réfléchis.

Ce comportement peut amener dans certains cas à l'ascétisme ou à la frugalité. Le plus souvent, il conduit à des choix plus mûris entre les offres, afin de garder la maîtrise de ce que l'on achète et des sommes que l'on dépense. Ces arbitrages ne s'effectuent plus seulement entre des produits appartenant à un même univers, un même marché. Les Français ont une approche « transversale » de la consommation ; ils prennent en compte l'ensemble des postes, et chaque dépense potentielle est en concurrence avec toutes les autres possibles. Un individu pourra ainsi choisir de s'offrir un voyage plutôt qu'un lave-vaisselle, un lecteur de DVD plutôt qu'un abonnement à un journal, une soirée au restaurant plutôt qu'un vêtement, etc. La notion de concurrence se transforme et s'élargit ; une même somme peut être utilisée à des fins qui n'ont en apparence rien de commun. Si ce n'est qu'elles concernent toutes la même personne, dans la diversité et la complexité de ses motivations et de ses envies.

L'usage et la jouissance sont plus importants que la possession.

L'acquisition n'est plus le seul mode d'accès à la consommation. Ses avan-

tages s'émoussent au fur et à mesure qu'apparaissent ses inconvénients : entretien ; réparation ; assurance ; revente ; remplacement... La possession apporte ainsi moins de jouissance et de plaisir que l'utilisation des biens et services. Les consommateurs veulent aujourd'hui l'usage sans l'usure. Dans cette optique, il est parfois peu rationnel d'acheter. De leur côté, les entreprises commencent à se rendre compte que leur vocation n'est pas tant de produire des biens matériels et de les vendre que de proposer à leurs clients la satisfaction de leurs besoins ou de leurs désirs.

L'accès aux biens et aux services ne passe donc plus seulement par leur achat et leur possession. Il peut s'effectuer par le biais de la location, de l'abonnement ou de toute autre formule qui ne transfère pas la propriété mais la jouissance. La location fait gagner du temps ; elle évite de s'engager dans la durée à une époque où l'on recherche une satisfaction immédiate, même si elle est éphémère. L'intérêt des Français pour les formules de location (de la voiture au DVD, en passant par la robe de mariée) montre qu'ils recherchent davantage l'usage des objets et le plaisir qu'il peut procurer que leur possession, laquelle est souvent synonyme de soucis ou d'ennuis. Cette attitude est particulièrement apparente chez les jeunes, qui ne veulent pas s'attacher aux objets et qui préfèrent pouvoir en changer au gré des modes et des envies.

Le système du forfait connaît ainsi un succès croissant. Il est utilisé pour la téléphonie mobile, la télévision, Internet, l'automobile, les vacances, la restauration, le crédit, etc. Dans des domaines, nombreux, où règne la complexité des prix (p. 343), le consommateur a besoin de se rassurer en sachant à l'avance ce qu'il va payer et les services auxquels il aura droit,

plutôt que de prévoir ou calculer en temps réel ses dépenses. Ce qui n'interdit pas de dépasser le forfait souscrit (les entreprises s'efforcent évidemment d'y pousser leurs clients en leur proposant des services complémentaires) ou d'en choisir un autre, mieux adapté à ses besoins. Ces comportements s'expliquent par la mobilité croissante des modes de vie, le besoin de renouvellement des émotions et la rapidité de l'évolution technique, qui rend plus vite obsolètes les biens et les équipements.

Les lieux et les moments de consommation se diversifient.

Si la mobilité résidentielle des ménages est plutôt en baisse (p. 155), celle qui concerne les déplacements quotidiens est en augmentation régulière (p. 177). Elle est liée aux obligations professionnelles et aux raisons familiales ou personnelles. Cette mobilité amène les Français à consommer dans des endroits de plus en plus diversifiés : bureau, voiture, espaces publics, transports en commun, rue...

Le logement n'est plus en effet le seul lieu de vie et de consommation. Ceux consacrés au transit (gares, stations-service, aéroports...) prennent en particulier une place croissante ; les offres se sont multipliées pour aider les voyageurs à y passer plus agréablement leur temps et, surtout, à ne pas avoir le sentiment de le perdre. D'une manière générale, le nomadisme se développe dans les modes de vie. Il concerne aussi bien l'alimentation (bouteille d'eau minérale transportable, barres de céréales, sandwichs ou autres produits de grignotage...) que les loisirs (téléphone portable, rollers...).

La mobilité ne s'exerce pas seulement dans le monde réel ; elle est aussi virtuelle. Elle est encouragée par la possibilité de se déplacer mentalement, sans quitter son fauteuil, au moyen d'instruments électroniques et informatiques. Internet supprime la notion de distance et de frontière, et confère le don d'ubiquité. La consommation de produits exotiques (alimentation, habillement, décoration, musique...) est une autre façon de se « transporter » sans quitter son environnement. Enfin, la mobilité est souvent potentielle ; beaucoup de ménages achètent des meubles à roulettes qu'ils ne déplacent pas ou rêvent de voyages qu'ils n'entreprennent jamais. Même si elle n'est pas utilisée, la mobilité est l'un des attributs nécessaires de la liberté.

L'image des marques s'est globalement dégradée...

12 % seulement des Français se disaient convaincus de la supériorité globale des grandes marques en 2005, contre 18 % en 1997 et 15 % en 2002 (Megabrand/Sofres). 51 % estimaient qu'elles sont de meilleure qualité, contre 58 % en 2002. 22 % déclaraient leur être le plus souvent fidèles, contre 27 % en 2002. 83 % estimaient que payer un produit plus cher avec une marque connue n'a pas de sens si un produit équivalent existe par ailleurs. Les produits de marques nationales ou internationales ne représentaient plus que 42 % des dépenses de produits de grande consommation (65 % en valeur), contre 24 % pour les marques d'enseignes, 20 % pour les marques de discompte et 14 % pour les marques régionales (IBC-IRI France, 2005). D'une manière générale, les enseignes de distribution ont un statut différent de celui des marques des fabricants. Elles caractérisent des lieux, des ambiances plutôt que des produits. Hors certaines exceptions (Darty dans l'électroménager, Ikea dans le meuble...), elles

sont plus fonctionnelles que les marques, et leur pouvoir d'évocation est moins fort.

La prise de distance des Français par rapport aux marques est l'une des multiples traductions d'un refus plus général de l'*autorité*, que l'on voit à l'œuvre vis-à-vis de l'école, des partis politiques, des syndicats ou au sein des familles. Les Français refusent aux entreprises et à leurs marques l'autorité économique qu'elles revendiquent et ils affirment leur autonomie par rapport à elles. Ils sont de moins en moins prêts à « payer le prix » de la marque, lorsqu'il n'est pas justifié par des avantages (matériels ou immatériels) perceptibles. La confiance dans les marques s'effrite, de même que la fierté des acheteurs à les choisir et à les posséder.

... au profit des marques de distributeurs.

La désaffection à l'égard des grandes marques est parallèle à celle qui concerne les grandes entreprises (p. 292). Un nombre croissant d'individus-citoyens-salariés-consommateurs les jugent prétentieuses, voire « impérialistes ». Ils jugent certaines pratiques commerciales « racoleuses » et peu éthiques. Ils s'émeuvent de certaines pratiques industrielles comme la délocalisation ou le recours au travail des enfants dans des pays pauvres. Ils condamnent certaines pratiques sociales comme les licenciements, notamment dans des entreprises en bonne santé financière. La perception des marques déborde de plus en plus largement de l'univers commercial. C'est leur dimension symbolique, idéologique, voire politique, qui est mise en question. Les plus déterminés des « résistants » au système de la consommation voient en elles l'expression d'un capitalisme dur et d'un libéralisme générateur d'inégalités. C'est

pourquoi ils s'en prennent à elles de plus en plus fréquemment.

Cette évolution profite aux marques de distributeurs, qui donnent l'impression (parfois erronée) de ne pas être supportées par un marketing intense. 76 % des ménages en mettent dans leurs chariots lorsqu'ils font leurs courses (82 % en Grande-Bretagne, mais 55 % en Allemagne et en Espagne, 26 % en Italie) ; seuls 31 % y sont réfractaires dans le cas de produits « implicants » (hygiène-beauté, spiritueux, aliments infantiles ou de luxe...). 68 % des Français estiment que les produits correspondants ont une qualité équivalente à celle des grandes marques. Surtout, elles sont perçues comme moins chères. L'écart de prix moyen entre les grandes marques et les marques de distributeur était ainsi de 35 % en 2005.

Les marques de distributeur représentent ainsi 24 % des achats en volume de produits de grande consommation (alimentation, hygiène, entretien) en 2005, contre 42 % pour les marques nationales (IBC-IRI France). L'offre tend à s'élargir : ainsi, 28 % des dépenses de couches-culottes concernent aujourd'hui des produits à marque de distributeur, alors qu'elles n'existaient pas il y a quinze ans. Outre la motivation économique, le recours aux marques traduit de plus en plus une volonté contestataire des consommateurs à l'égard des grandes marques et du « système marchand » ; 10 % des chariots des grandes surfaces ne contiennent aujourd'hui plus aucun produit de grande marque.

La publicité connaît aussi une désaffection.

En 2005, la proportion de « publiphobes » (personnes se disant opposées à la publicité) a dépassé pour la première fois celle des « publiphiles » : 43 % contre 37 % (*Straté-*

DU MARKETING
AU « MARQUETING »

Pour réagir à la « démarque », détérioration de leur image, les marques disposent d'un certain nombre d'atouts, liés à la diversité de leurs fonctions. Elles représentent pour le consommateur des points de repère. En identifiant les objets, elles offrent à ceux qui les utilisent des signes d'appartenance à un groupe social, une tribu ou une communauté ; chacun peut ainsi exprimer de façon visible ou « ostensible » ses centres d'intérêt, ses modes de vie, parfois ses valeurs. Les marques informent et rassurent sur les produits qui les portent. Elles permettent aux acheteurs de gagner du temps et de réduire les risques de déception, ce qui justifie qu'ils payent un peu plus cher pour en bénéficier. En période d'inquiétude économique et sociale, elles servent de cautions, de garanties et de labels. Elles confèrent aussi une plus-value immatérielle aux objets, car elles contiennent une part de rêve ; on n'achète pas des produits, mais un peu de plaisir, de statut social, parfois de bonheur.

Le « marqueting » des entreprises leur permet de s'inscrire dans un univers, d'évoquer un concept, de préempter un « territoire », de se différencier par rapport à ses concurrents, de s'engager auprès de leurs clients, réels ou potentiels. Elles peuvent créer une connivence avec les utilisateurs et, de plus en plus, entre eux. Les jeunes sont particulièrement sensibles à cette double forme de convivialité, voire de complicité. Elles leur fournissent des identifiants, des codes, des signes d'appartenance et de reconnaissance. C'est le cas notamment des marques de vêtements ou de chaussures de sport, qui misent sur ces dimensions relationnelles. Elles réussissent ainsi à transformer leurs clients en ambassadeurs et en relais publicitaires en leur faisant porter leurs couleurs, logos et slogans.

Certaines marques mettent en avant des valeurs humanitaires (Benetton), solidaires (Maif, Adia), voire consuméristes (Leclerc). D'autres prennent le contre-pied de la communication traditionnelle (Dove met en scène des femmes rondes, L'Oréal des femmes d'âge mûr...). Le risque est que les consommateurs visés (cibles) se sentent « récupérés » et délaissent des marques qu'ils jugent trop opportunistes.

publicitaire, notamment à la télévision, et ils se montrent critiques lorsqu'on tente trop ouvertement de les inciter à l'achat. L'impact de la publicité à la télévision doit être relativisé. Un téléspectateur sur dix seulement déclare continuer à regarder la chaîne pendant les écrans publicitaires. Un sur deux « zappe » sur une chaîne différente et les autres se livrent à des activités multiples : feuilleter un journal ou un programme TV ; aller aux toilettes ; débarrasser la table ; se désaltérer ; faire la vaisselle ; téléphoner... D'une manière générale, les Français ont le sentiment que la publicité influence largement les autres, mais qu'ils sont capables à titre personnel de lui résister.

L'exigence en matière environnementale s'accroît fortement...

Les Français sont de plus en plus conscients des risques liés à la consommation. Les préoccupations environnementalistes se développent, ainsi que les exigences dans ce domaine à l'égard des fabricants et des distributeurs. 42 % se disent inquiets du réchauffement de la planète et des changements climatiques, 38 % de la pollution de l'eau, 32 % de la pollution de l'air, 25 % de la disparition des forêts, 23 % de l'apparition de nouvelles maladies graves, 19 % de la disparition des espèces, 15 % des catastrophes naturelles (Enjeux du quotidien/Sofres, mars 2006).

Beaucoup déclarent déjà participer personnellement et de façon systématique à la protection de l'environnement ; 66 % trient leurs déchets ; 52 % ne gaspillent pas l'eau du robinet ; 51 % rapportent les piles usagées chez les commerçants, 47 % économisent l'électricité ; 45 % ramassent un sac en plastique ou un carton qui traîne ; 18 % utilisent moins leur voiture, 7 %

gies/Sofres, octobre 2005). L'adhésion la plus forte se trouve parmi les 25-34 ans (24 points d'écart positif entre ceux qui aiment et ceux qui n'aiment pas) ; elle décroît ensuite régulièrement : – 5 points parmi les 25-49 ans, – 17 chez les 50-64 ans, – 36 chez les 65 ans et plus. La publiphobie est plus répandue à l'égard des supports audiovisuels classiques : 69 % à la télévision (contre 28 %), 66 % à la radio (contre 28 %), 62 % au cinéma (contre 25 %). Elle l'est moins dans la presse (48 % contre 47 %), dans la

rue (61 % contre 32 %) et sur Internet 59 % contre 32 %.

Plusieurs causes apparaissent à cette désaffection : 93 % des Français trouvent la publicité omniprésente, 84 % mensongère (*Libération*/Louis Harris, novembre 2005). Ils sont aussi de plus en plus nombreux à ne pas la trouver intéressante, amusante ou créative. Par ailleurs, l'acceptation de la publicité dans la vie quotidienne ne garantit pas son influence sur les comportements de consommation. Les jeunes sont ainsi de plus en plus habiles dans le décryptage

consomment plus de produits « bio », même plus chers.

Il faut, certes, prendre avec prudence les déclarations dans ce domaine, qui sont en décalage avec les comportements réels. Le premier frein est le prix à payer, dans un contexte économique défavorable, d'autant que les consommateurs sont convaincus de la diminution de leur pouvoir d'achat (p. 329).

HARCÈLEMENT publicitaire

Chaque Français est soumis chaque jour en moyenne à 60 expositions à des publicités à la télévision, soit un peu plus de 20 minutes (10 % de son écoute totale). Il entend également 60 messages publicitaires à la radio et est confronté à une trentaine de messages dans la presse (TNS Media Intelligence). Il est donc soumis quotidiennement à quelque 150 stimuli émanant des grands médias.

Il faut ajouter à cela les messages véhiculés par les affiches publicitaires placées dans les lieux publics, sans parler de ceux présents dans les vitrines et à l'intérieur des magasins. Une estimation de 50 par jour est un minimum pour un actif urbain. L'exposition continue dans le cadre de la vie professionnelle, avec la lecture de journaux et, surtout, l'utilisation d'Internet (qui peut amener environ une centaine de messages supplémentaires au cours de la journée).

Une fois rentré chez lui, le Français moyen a donc déjà été en présence de 200 à 300 messages publicitaires « complets » (hors exposition à de simples logos et évocations de marques ou de produits, qui peuvent se chiffrer en centaines). Il est alors confronté au courrier publicitaire (adressé ou ano-

Une autre cause du décalage est la difficulté d'identifier clairement les offres sérieuses. La fidélité aux « marques équitables » apparaît aujourd'hui plus forte que celle manifestée envers les autres marques, qui tend à diminuer. Il apparaît en tout cas que les Français sont de plus en plus concernés par le respect de l'environnement. Ils savent qu'il est menacé par le progrès

nyme) reçu dans sa boîte à lettres, aux appels téléphoniques à vocation commerciale. S'il est connecté à Internet à son domicile (la moitié de la population de 11 ans et plus début 2006), il est soumis au *spamming* (courriels indésirables à vocation commerciale), aux *pop-ups* et aux bandeaux publicitaires qui s'affichent spontanément sur l'écran, ainsi qu'aux sollicitations commerciales des sites sur lesquels il se rend, en commençant par le portail de son fournisseur d'accès. Sur une durée de connexion quotidienne d'environ 1 heure par internaute (30 heures par mois en moyenne au domicile), le nombre de contacts peut varier d'une dizaine pour les moins exposés à plusieurs centaines pour les « surfeurs ».

Au total, on peut donc estimer qu'un Français est confronté au minimum à 300 messages commerciaux par jour, beaucoup plus (plusieurs milliers) si l'on comptabilise l'ensemble des stimuli qu'il croise sur son chemin, le plus souvent sans en être conscient. Ce harcèlement explique en partie le niveau de stress atteint, lié à la vigilance nécessaire et à un état de veille permanent. Il explique aussi la méfiance et la résistance croissantes des individus-citoyens-consommateurs à l'égard de l'« offre » en général.

technologique et la société de consommation.

> **... et les entreprises jugées non responsables sont sanctionnées.**

10 % des Français disent boycotter systématiquement les entreprises qui polluent et ne respectent pas les réglementations en matière de protection de l'environnement ; 14 % le font régulièrement, 12 % rarement et 47 % sont en outre prêts à le faire (Enjeux du quotidien/Sofres, mars 2006). Cette intention est d'autant moins à prendre à la légère que les entreprises arrivent en dernière position parmi les acteurs à qui les Français font confiance dans ce domaine. Avec seulement 5 %, elles se situent loin derrière les associations de défense de l'environnement (54 %), les mouvements et associations de citoyens et de consommateurs (32 %), les Français eux-mêmes (24 %), les organisations internationales (21 %), les municipalités (17 %), les partis écologistes (13 %) et l'État (12 %). 85 % des Français estiment que la préservation de l'environnement doit faire partie du processus d'innovation des produits à l'avenir (Procter & Gamble/Ipsos, novembre 2004) devant l'hygiène et la santé (72 %), l'efficacité et la performance (38 %), le plaisir et le bien-être (36 %), la rapidité et le gain de temps (30 %).

Le besoin de donner du sens à sa vie, donc à la consommation qui en constitue une part importante, devrait inciter les Français à privilégier les produits « engagés » au cours des prochaines années. Il devrait ainsi favoriser les entreprises et les marques ayant une attitude éthique et responsable, qui s'inscrivent dans une logique de développement durable. Le consommateur deviendra ainsi acteur plus que témoin. Il pourra manifester son point

353

de vue sur le monde, influer sur les stratégies des entreprises. Il deviendra ainsi un « consommacteur ».

Dépenses

La consommation a plus que triplé en monnaie constante depuis 1945.

Le taux de croissance de la consommation en volume (après prise en compte de l'inflation) a été positif chaque année depuis la fin de la Seconde Guerre mondiale. Il a globalement suivi l'évolution du pouvoir d'achat, avec parfois un léger décalage dans le temps. Le rythme d'accroissement, très élevé au cours des années 60 (le maximum a été obtenu en 1962, avec 7,6 %), s'est ralenti depuis le premier choc pétrolier (1974).

La modulation par les ménages de leur taux d'épargne ou le report de certaines dépenses, notamment de biens d'équipement, leur ont permis de continuer d'accroître leur consommation dans les périodes de plus faible croissance du pouvoir d'achat. Mais, sur l'ensemble de la période 1945-2005, la croissance annuelle moyenne de la consommation et celle du pouvoir d'achat ont été pratiquement identiques : 3,6 %. La première a été particulièrement élevée entre 1949 et la fin des années 60 (5 %). Elle s'est ralentie ensuite, sous l'effet des crises pétrolières, mais les Français ont puisé

● **38 % des consommateurs fréquentent au moins 24 enseignes pour l'ensemble de leurs achats, contre 33 % en 1999.**
● **41 % des biens et services consommés en 2005 étaient importés, contre 37 % en 2003.**

dans leur épargne pour maintenir leur niveau de consommation. Il a profité de la courte embellie entre 1998 et 2001, avant de reprendre un rythme plus modéré entre 2002 et 2005.

Les arbitrages de dépenses reflètent le changement social.

Les changements ayant eu lieu dans la répartition des dépenses des ménages sont d'abord liés à l'accroissement du budget disponible ; certaines dépenses de loisir, de transports ou de santé ne se développent qu'à partir du moment où les besoins primaires (alimentation, habillement, logement) sont satisfaits.

Mais ces changements reflètent surtout ceux qui se sont produits dans les modes de vie et dans l'attitude des Français face à la consommation. Ils apparaissent très clairement dans l'évolution de la part de chaque poste de consommation dans le budget des ménages, conséquence des arbitrages effectués.

On ne peut établir de lien absolu entre le moral des ménages et leur consommation, même s'il existe une certaine corrélation. On observe en revanche une augmentation des dépenses lorsque les consommateurs ont le sentiment qu'il existe des occasions d'achat. On a pu le constater dans le passé avec les primes d'État destinées à l'acquisition de voitures neuves ; on le vérifie chaque année pendant les périodes de soldes.

Les ménages s'efforcent de maintenir un certain niveau de consommation en puisant dans leur épargne lorsqu'ils ont le sentiment que leur pouvoir d'achat se réduit. À l'inverse, ils reconstituent leur épargne dans les périodes de hausse sensible des revenus. Cependant, au cours des dernières années, les comportements sont

Consommation de crise

Les grandes crises internationales sont souvent révélatrices et amplificatrices de changements latents dans les comportements de consommation ; ce fut le cas notamment lors de la guerre du Golfe, en 1991, qui a accéléré le processus de réflexion déjà amorcé sur le « sens » de la consommation. On observe généralement une désaffection des consommateurs pour les achats de produits et services « à risque » (transport aérien, voyages, sorties dans des lieux publics) ainsi que pour les produits de luxe jugés ostentatoires dans une période où le moral des ménages n'est pas bon et où le sentiment d'inégalité s'accroît, notamment en matière de revenus. À l'inverse, les produits de « distanciation » (téléviseur, lecteur de DVD...) sont plébiscités, comme ceux qui permettent un repli sur le foyer : appareils ménagers ; alimentation festive ; bricolage ; jardinage ; ameublement et décoration. D'une manière générale, les produits et services porteurs de « bien-être », de plaisir immédiat mais aussi, pour certains, de « sens » sont plus recherchés. C'est le cas notamment de l'aménagement de la maison, de la santé et des loisirs.

devenus plus complexes. Entre 1998 et 2001, lorsque l'environnement économique était apparu plus favorable (croissance, baisse du chômage), les ménages avaient accru simultanément leur consommation, leurs placements financiers (notamment à long terme) et leurs investissements immobiliers. La constitution d'une épargne de précaution n'a donc pas nui à la hausse de la consommation, du fait de la hausse du pouvoir d'achat et du recours plus fréquent au crédit.

Pouvoir d'achat, consommation, épargne

Évolution du pouvoir d'achat, de la consommation, des prix et du taux d'épargne des ménages (en % de variation annuelle)

	1990	91	92	93	94	95	96	97	98	99	2000	01	02	03	04	05
Pouvoir d'achat du revenu disponible brut	3,4	1,9	1,0	0,4	0,1	2,7	0,1	1,4	2,8	2,8	2,8	3,3	1,9	0,9	2,2	1,1
Consommation en volume*	2,4	1,2	0,9	0,6	1,2	1,2	1,3	0,1	3,4	3,2	2,5	2,6	2,3	2,2	2,3	1,9
Prix à la consommation	3,1	3,4	2,5	2,4	2,2	2,0	1,9	1,4	0,7	0,4	1,4	1,6	2,3	2,2	2,1	1,5
Taux d'épargne (en % du revenu disponible brut)	12,5	13,2	14,7	15,7	14,8	16,0	15,1	16,1	15,6	15,3	15,5	16,1	16,8	15,8	15,8	14,9

* Après déduction de l'augmentation des prix en monnaie courante.

INSEE

L'inflation sur les produits courants est surestimée par les Français...

La conviction largement partagée que le pouvoir d'achat diminue repose d'abord sur le sentiment que les revenus ont baissé, ce qui n'est pas tout à fait conforme à la réalité (p. 329). Elle tient aussi à l'impression que les prix augmentent plus vite qu'on ne le dit. Celle-ci s'explique en partie par la propension de tout consommateur à penser qu'il paie « trop cher » ses achats, notamment dans un contexte de méfiance à l'égard des entreprises, des marques ou des enseignes de distribution. La « valse des étiquettes » est surtout dénoncée sur les achats les plus courants : alimentation, produits d'entretien...

Pour voir clair dans l'évolution des prix, il faut aller au-delà des chiffres d'évolution mesurés par l'INSEE, qui concernent un « panier de biens et services constant », mis à jour tous les ans en remplaçant les produits disparus par ceux qui sont les plus proches en qualité et en prix. Il faut également prendre en compte les « effets d'offre » (modification des gammes de produits proposés dans les magasins d'une année sur l'autre, soit 15 % à 20 % des références) et ceux liés à l'évolution de la demande, qui va globalement vers une « montée en gamme » (p. 347). Le taux d'inflation dû au seul renouvellement de l'offre (dans les grandes et moyennes surfaces) était ainsi de 2,7 % entre juin 2004 et juin 2005 (Panel international/LSA). Mais l'inflation « mixte », qui intègre l'impact de cette « inflation masquée » sur la hausse des prix mesurée par l'INSEE, était négative en 2005, avec une baisse moyenne de 1 % des prix de l'ensemble des produits et des marques vendus en grandes surfaces (liée aux accords de modération entre le gouvernement, les fabricants et les distributeurs). Ce résultat contredit ainsi la conviction des Français selon laquelle les prix des produits de consommation courante augmentent dans de fortes proportions. Même s'ils ne donnent pas une vision exhaustive de la hausse des prix, les chiffres officiels montrent que l'inflation est maîtrisée depuis des années : entre 1993 et 2005, elle a varié entre un minimum de 0,5 % et un maximum de 2,1 % (elle avait atteint un maximum de 13,6 % en 1980).

... mais certains postes de dépenses ont connu de fortes hausses.

Le raisonnement précédent ne s'applique pas à tous les domaines, et l'inflation des prix varie largement selon les postes du budget. Ainsi, les dépenses liées au logement ont connu depuis 1996 une croissance spectaculaire (p. 160). C'est aussi le cas des dépenses de santé et, plus récemment, de transport (carburants). On peut distinguer les dépenses « contraintes » et celles qui seraient « maîtrisables ».

Cette approche comporte cependant une part de subjectivité. Il est en effet difficile de définir une frontière objective entre les dépenses « libres » des ménages et celles qui seraient « imposées ». S'il faut évidemment se loger, se transporter et s'assurer, on peut le faire dans des conditions très différentes selon ses moyens et selon ses envies ; quelle est alors la partie contrainte et celle librement choisie dans le logement, dans le modèle de voiture acheté, dans le type d'assurance contractée ?

LA MOITIÉ DES DÉPENSES SONT « CONTRACTUELLES »

La part des dépenses des ménages à caractère contractuel (abonnements, contrats divers) comprend quatre postes : loyer et charges (eau, gaz, électricité...) ; téléphone (fixe et mobile) ; assurances et services bancaires (dont crédits à court terme) ; remboursement des emprunts immobiliers. L'ensemble représentait 51 % des dépenses en 2005, contre 46 % en 1993, du fait de l'augmentation des loyers, des usages du téléphone et du taux d'endettement. Cette part est plus élevée pour les ménages modestes : elle compte pour 39 % des revenus inférieurs à 455 € par mois et seulement 27 % pour ceux de 2 500 €.

On peut par ailleurs observer que la part des dépenses affectées à la *sécurité* de la vie (assurances-maladie, accident, chômage, vieillesse...) s'est accrue. De sorte qu'il reste moins d'argent disponible pour les dépenses entraînant une jouissance immédiate, les autres ayant pour objet essentiel d'éviter la « non-jouissance » liée aux accidents de la vie. Ces charges individuelles sont en réalité collectives, puisque le plus souvent mutualisées. Comme d'autres, elles ont aux yeux des Français un caractère contraint et sont ressenties comme des prélèvements sur le pouvoir d'achat disponible pour la consommation.

Le pouvoir d'achat du temps de travail

Évolution du nombre d'heures de travail nécessaires à un salarié moyen pour acheter certains produits et services entre 1980* et 2005** (en heures de travail)

	1980	2005
Réfrigérateur	100	50
Lave-vaisselle	170	45
Téléviseur	250	40
Ensemble salon, canapé et fauteuil (tissu)	200	100
1 litre de super	0 h 30	0 h 08
1 place de cinéma	2 h 17	0 h 54

* Salaire moyen net en 1980 : 5 200 € (soit l'équivalent de 433 € par mois en 2005, calculé sur 12 mois) pour 169 heures de travail (2,56 € de l'heure).
** Salaire moyen net en 2005 : 19 000 €, soit 1 580 € par mois pour 169 heures (soit 9,35 € de l'heure).

Gérard Mermet, à partir de données INSEE et diverses

Par ailleurs, il faut bien aussi se nourrir, s'habiller, se soigner, se distraire ou communiquer : les achats correspondants sont-ils plus « libres » que les précédents ? Ainsi, dans une société moderne et hédoniste, les dépenses croissantes de communication (téléphonie, informatique, connexion Internet...) ont pour beaucoup de Français un caractère quasi « obligatoire ». Il en est de même pour celles consacrées aux équipements électroniques de loisir (appareil photo numérique, lecteur DVD ou MP3...).

La confusion des prix entraîne celle des esprits.

Les consommateurs éprouvent des difficultés croissantes à appréhender les prix. D'abord, parce qu'ils diffèrent pour un même objet ou un même service selon de nombreux critères : âge, ancienneté ; capacité de négociation du client ; période de l'année ; montant de l'achat ; circuit de distribution... Le prix d'un billet d'avion peut ainsi varier de un à six sur une même compagnie pour un même parcours ; l'écart peut être aussi très important sur une chambre d'hôtel ou un séjour touristique. Les tarifs sont en outre souvent difficiles à comparer, les caractéristiques et les références étant différentes d'un magasin ou d'un circuit à l'autre.

Surtout, les prix échappent de plus en plus à la logique commune, qui voudrait qu'ils soient associés à des produits ou services à forte valeur ajoutée. Ainsi, en matière par exemple d'équipements technologiques, le matériel est parfois vendu moins cher que le consommable : les piles sont plus coûteuses que les montres ; certains logiciels sont plus chers que les ordinateurs ; les cartouches d'encre coûtent vite plus cher que l'imprimante... La téléphonie portable est également coutumière de ces pratiques : les téléphones, miracles de technologie, peuvent être gratuits si on souscrit certains types de forfait chez un opérateur. La notion de gratuité s'est d'ailleurs installée dans de nombreux domaines : presse quotidienne, télévision, musique...

Il existe aussi des prix cachés, liés par exemple à l'obligation d'appeler un serveur vocal ou un numéro payant pour obtenir une information, effectuer une réservation ou une opération bancaire. Cette pratique courante est d'autant plus mal acceptée que les entreprises qui l'imposent réduisent en même temps leurs charges de personnel, donc leurs coûts. Le malaise est accru lorsque le temps de communication est artificiellement prolongé par des attentes interminables et par l'impossibilité d'obtenir un interlocuteur ou une réponse. On peut citer enfin l'obligation d'acheter des éléments nécessaires au bon fonctionnement d'un appareil, mais non compris dans le prix affiché : batteries ; câbles ; logiciels ; garanties… Toutes ces « subtilités » finissent par décourager et frustrer le

DÉPENSER EN EUROS, PENSER EN FRANCS

Le passage à l'euro, en janvier 2002, a fait disparaître de nombreux repères, et il a donné lieu dans certains domaines à quelques hausses sensibles. La comparaison sur les rayons est rendue difficile par le fait que les quantités de produits ne sont pas les mêmes. Les « prix psychologiques » ont changé. Ils sont rares, notamment en alimentaire, plus fréquents pour les biens d'équipement de la personne (20 € pour un vêtement) ou du foyer (1 000 € pour un ordinateur ou un téléviseur). De nouveaux seuils ont permis dans certains cas à des marques ou des distributeurs d'accroître leurs prix, par exemple en lingerie, avec le soutien-gorge à 30 € qui remplace celui à 179 Francs (27,3 €).

Le double étiquetage reste la règle, car les Français n'ont pas encore trouvé tous leurs repères. 41 % déclarent compter dans les deux monnaies pour leurs dépenses, 34 % plutôt en euros, 25 % plutôt en francs (*Économie Matin/ Téléperformance*, décembre 2005). Si le retour au franc était possible, 47 % des Français y seraient d'ailleurs favorables, 46 % opposés. Cependant, 57 % des Français considèrent que l'adoption de l'euro a été pour la France une opération globalement avantageuse (33 % désavantageuse) contre 51 % en moyenne dans les pays de la zone euro (39 % désavantageuse).

consommateur le mieux disposé. Elles contribuent à entretenir et accroître la méfiance envers l'offre.

La part de l'alimentation a diminué de moitié depuis les années 60…

Le poste alimentation, tel qu'il est décrit par la comptabilité nationale, comprend les produits alimentaires, les boissons (alcoolisées et non alcoolisées) et le tabac. Il représentait 13,1 % des dépenses de consommation effective des ménages en 2005 (voir définition au bas du tableau page suivante) contre 28,6 % en 1960. Sa part a été divisée par deux en quarante ans. Il faut préciser que cette baisse du budget alimentaire s'est produite en valeur relative, c'est-à-dire en proportion de l'ensemble des dépenses, et non en valeur absolue.

Après avoir subi les effets de la crise de l'ESB en 2000 et 2001, la consommation de viande a retrouvé un peu de croissance, favorisée par un ralentissement des prix et un engouement pour le porc. Elle était de 0,8 % en volume en 2005, concentrée sur le veau, le mouton et la volaille (malgré les menaces de grippe aviaire apparues en Europe en fin d'année). Le bœuf n'a pas profité de cette augmentation.

La consommation de boissons alcoolisées a reculé pour la troisième année consécutive, dans un contexte de lutte contre l'alcoolisme (p. 50) et de contrôles plus fréquents sur les routes. Les boissons non alcoolisées (hors café, thé, cacao) en ont au contraire bénéficié, ainsi que de la sécheresse et de la baisse des prix. La consommation de tabac a poursuivi sa régression (p. 51), avec une baisse de 0,6 % en 2005, après 18,2 % en 2004 et 13,2 % en 2003. Mais les dépenses des ménages continuent d'augmenter (0,5 % en 2005, après 24,5 % en 2004 et 14,4 % en

2003) du fait de la forte hausse des prix.

… et celle de l'habillement a presque été divisée par trois.

Les ménages consacrent une part régulièrement décroissante de leur consommation effective (voir définition dans le tableau page suivante) à l'habillement : 3,7 % en 2005, contre 10 % en 1960. La baisse relative de ce poste a été encore plus marquée que celle de l'alimentation. Elle est la conséquence de la moindre importance des modes (p. 31), mais aussi de comportements d'achat orientés vers la recherche du meilleur prix : part croissante des achats en solde ; recours aux circuits courts de distribution. On constate d'ailleurs que les prix des vêtements achetés baissent en monnaie constante depuis une vingtaine d'années.

Après six années consécutives de baisse (entre 1990 et 1996), les dépenses d'habillement avaient connu une légère reprise en valeur en 1997, confirmée jusqu'en 2000. En 2005, elles ont enregistré une légère hausse de 0,1 % en volume (contre 1,3 % en 2004 et 3,4 % en 2003), dans un climat de morosité économique et sociale qui n'incitait guère aux achats d'impulsion. Le démantèlement des quotas au niveau européen, en début d'année, a entraîné par ailleurs une augmentation massive des importations en provenance de Chine, aux dépens de la production nationale et des importations d'autres pays (Espagne, Italie, pays du Maghreb). L'effet sur les prix a été au total modéré : + 0,2 %. Les femmes dépensent en moyenne la moitié du budget habillement des ménages (1 800 € au total en 2005, dont 300 € pour les chaussures), les hommes un tiers ; le reste (16 %) est réparti entre les enfants et les bébés.

Transferts et arbitrages

Évolution de la structure des dépenses de consommation effective des ménages[1]
(en %, aux prix courants)

	1960	1970	1980	1990	2000	2005
Produits alimentaires, boissons non alcoolisées	23,2	18,0	14,5	13,1	11,4	10,7
Boissons alcoolisées, tabac	5,4	3,8	2,8	2,4	2,7	2,4
Articles d'habillement et chaussures	9,7	8,1	6,1	5,4	4,0	3,7
Logement, chauffage, éclairage, dont :	10,7	15,8	16,8	17,4	19,1	19,0
– *location de logement*	*5,6*	*10,5*	*10,0*	*12,0*	*13,6*	*13,9*
– *chauffage, éclairage*	*3,6*	*3,3*	*4,7*	*3,3*	*3,0*	*2,9*
Équipement du logement	8,4	7,3	6,8	5,6	5,1	4,5
Santé	1,5	2,1	2,0	2,7	2,9	2,7
Transports, dont :	9,3	10,4	12,1	12,6	12,2	11,4
– *achats de véhicules*	*2,2*	*2,6*	*3,6*	*4,1*	*3,2*	*3,0*
– *carburants, lubrifiants*	*2,6*	*2,7*	*3,2*	*2,7*	*2,9*	*2,7*
– *entretien*	*2,3*	*3,0*	*3,1*	*3,5*	*3,5*	*nd*
– *transports collectifs*	*2,1*	*1,7*	*1,7*	*1,7*	*1,8*	*1,6*
Communications	0,5	0,6	1,3	1,5	1,7	2,1
Loisirs et culture	6,2	6,8	7,1	7,0	7,1	7,1
Éducation	0,5	0,5	0,4	0,5	0,5	0,5
Hôtels, cafés, restaurants	6,5	5,4	5,5	6,0	6,0	4,7
Autres biens et services	5,7	6,0	6,2	6,1	6,0	8,6
Total dépenses de consommation des ménages	87,6	84,9	81,5	80,4	78,7	76,9[4]
Dépenses de consommation des ISBLSM[2]	1,1	0,8	0,7	0,7	0,9	1,8
Dépenses de consommation des APU[3], dont :	11,3	14,3	17,8	18,9	20,4	21,3
– *santé*	*4,1*	*5,9*	*7,7*	*9,0*	*9,7*	*9,5*
– *éducation*	*5,3*	*5,9*	*6,2*	*5,8*	*6,4*	*6,4*
Consommation effective des ménages	100,0	100,0	100,0	100,0	100,0	100,0

(1) Les dépenses effectives sont celles directement supportées par les ménages, auxquelles on ajoute celles supportées par l'État mais dont les bénéficiaires peuvent être précisément définis (remboursements de Sécurité sociale, coûts d'hospitalisation publique, frais d'éducation). (2) Dépenses de consommation des institutions sans but lucratif au service des ménages en biens et services individualisés. (3) Dépenses de consommation des administrations publiques en biens et services individualisables. (4) Après correction territoriale.

INSEE

La part des dépenses de santé a doublé depuis 1970.

Les ménages ont consacré directement 2,7 % de leur consommation effective (voir définition dans le tableau ci-contre) à la santé en 2005, contre 1,5 % en 1970. La hausse en volume a été encore très élevée : 6,6 %, après 7,1 % en 2004 et 2,6 % en 2003. Elle a atteint 7,8 % pour les médicaments, alors que leur prix a baissé de 0,4 %.

Ces dépenses de santé sont celles restant à la charge des ménages. Les remboursements de la Sécurité sociale ont représenté 9,5 % de la consommation effective en 2005. Au total, les dépenses de santé comptent donc pour un peu plus de 12 % du budget total. Une part en très forte augmentation depuis une vingtaine d'années (en volume plus encore qu'en valeur), la seule année de baisse a été 1987, à la suite du plan de rationalisation des dépenses mis en place par les pouvoirs publics. Depuis 1990, la part de la Sécurité sociale dans la couverture des dépenses a diminué d'un demi-point, passant de 76,1 % à 75,6 %. De nouvelles mesures prises dans le cadre de la réforme de l'assurance maladie ont accru la part du financement à la charge des assurés, telle la participation forfaitaire d'un euro par consultation de médecin et par analyse médicale en laboratoire. La part financée par les mutuelles et les instituts de prévoyance a également augenté.

Le logement compte pour un quart du budget des ménages.

Depuis la fin des années 60, les ménages consacrent plus d'argent à leur logement qu'à leur alimentation. La part était de 19 % de la consommation effective en 2005 (voir définition dans le tableau page précédente) contre 10,7 % en 1960 et 17,4 % en 1980. Elle recouvre les loyers réels payés par les ménages locataires, ou fictifs pour les propriétaires (ceux qu'ils paieraient s'ils étaient locataires de leur logement) ainsi que les dépenses de chauffage et d'éclairage. L'accroissement sur longue durée s'explique par l'augmentation du nombre de maisons individuelles, plus coûteuses que les appartements, et par celle de la surface moyenne des habitations (p. 161).

Les dépenses liées au logement se sont accrues de 2,3 % en volume en 2005 et de 4,3 % en prix, du fait notamment de la hausse des loyers (2,3 % en volume, 4 % en prix) et des charges de chauffage et d'éclairage (1,5 % et 6,4 %). Il faut remonter à 1992 pour retrouver une augmentation aussi forte. Elle s'explique par l'accroissement du parc de logements, l'amélioration de sa qualité et les relocations à la suite d'un changement de locataire. La hausse de l'indice du coût de la construction a ainsi été forte. On observe enfin une diminution de la part des aides dans les loyers versés.

A ces dépenses concernant l'occupation du logement s'ajoutent celles de son équipement (meubles, tapis, appareils ménagers...) qui représentaient 4,5 % des dépenses effectives des ménages en 2005. Les dépenses d'ameublement ont progressé de 1,9 % en volume, après 1,8 % en 2004 (p. 164). Les dépenses d'électroménager ont au contraire diminué de 3 % en volume et de 2,1 % en prix. Au total, la part du logement dans les dépenses des ménages a atteint en 2005 un maximum historique : 24,7 %.

Les dépenses de transports ont progressé...

Les ménages ont consacré aux transports 11,4 % de leurs dépenses de consommation effective (voir définition dans le tableau p. 358) en 2005. La tendance positive de 2004 (qui faisait suite à la baisse de 2003) s'est poursuivie : 2,6 %, après 3,1 %. L'accroissement des acquisitions de voitures neuves a surtout profité aux marques étrangères ; leur part a atteint 44 %, un niveau proche du record historique de 1997. Les immatriculations de voitures françaises ont en revanche diminué de 1 %. Les modèles diesel ont représenté 69 % des achats. Ceux de voitures d'occasion vendues par les concessionnaires ont été pénalisés par les remises importantes pratiquées par les marques sur les voitures neuves.

Si la part de l'automobile dans les déplacements reste largement prépondérante (p. 179), le recours aux services de transports collectifs poursuit sa progression : 5,3 % en volume en 2005, après 7 % en 2004. La hausse a été particulièrement forte pour le transport aérien (6,9 %), avec des prix en diminution pour la deuxième année consécutive malgré la flambée de ceux du kérosène. Les transports ferroviaires ont aussi connu une croissance sensible (3,7 % en volume), principalement due au réseau TGV. La hausse de la fréquentation des transports urbains de bus a été de 2,1 %, contre 4,8 % en 2004.

Enfin, les achats de bicyclettes ont progressé de plus de 10 % pour la quatrième année consécutive : 13,5 % en volume en 2005, après 11,1 % en 2004. Le phénomène profite aux importations (+ 40 %), notamment en provenance de Chine et du Vietnam.

... et celles de communication ont poursuivi leur croissance.

Les biens et services des technologies de l'information et de la communication (TIC) représentaient 2,1 % des dépenses de consommation effective des ménages en 2005 (voir définition dans le tableau p. 358). La croissance annuelle en volume dépasse 10 % depuis 1997. Elle était de 11,4 % en 2005, après 12,9 % en 2004. Bien que leur part dans le budget soit faible, ces dépenses ont contribué pour un quart à la hausse du volume des dépenses au cours de l'année. Les achats d'appareils de réception, de reproduction et d'enregistrement de l'image et du son ont poursuivi leur forte progression (19,5 % en volume). Les innovations technologiques (téléviseurs à écran plat, enregistreurs DVD...) se diffusent à un rythme rapide.

La moitié des ménages sont équipés de micro-ordinateurs (p. 430) et leurs achats se déplacent vers les modèles portables. En téléphonie, la progression a atteint 24,6 % en 2005 (20,7 % en 2004). Les dépenses de services de télécommunications (opérateurs de téléphonie ou Internet) ont connu une augmentation plus modérée : 5,3 % après 4,4 % en 2004 (18,6 % en moyenne sur la période 1998-2002). La croissance de la consommation en TIC est favorisée par la baisse continue des prix des biens et services correspondants (6 % en 2005, 5,5 % en 2004).

Les dépenses de loisirs augmentent plus en volume qu'en valeur.

Les dépenses de loisirs et de culture, telles qu'elles sont prises en compte par la comptabilité nationale, ont représenté 7,1 % de la consommation effective des ménages en 2005 (voir définition dans le tableau p. 358). Elles regroupent à la fois les biens d'équipement (télévision, radio, hi-fi, photo, sport, etc.) et les dépenses de spectacles, livres et journaux. Leur part est plutôt stable en valeur depuis une vingtaine d'années, mais elle augmente fortement en volume : 4,2 % en 2005, du fait de la baisse continue des prix des biens d'équipement électronique, au fur et à mesure de leur diffusion. Les achats de biens et services informatiques ont connu une forte progression (ci-dessus). Les achats de DVD ont progressé à un rythme plus modéré (119 millions d'unités en 2005 contre 111 en 2004), du fait de la part croissante des téléchargements illégaux de films sur Internet. Les achats de CD musicaux ont, eux, baissé en valeur, mais les titres chargés légalement ont connu une progression sensible (p. 415).

Les achats de jouets ont fortement progressé en 2005 (7,5 % en volume, après une quasi stagnation en 2004). Les jouets traditionnels tendent à reculer sous l'impact des jeux vidéo, qui profitent de la sortie de nouveautés et de nouvelles consoles. Les achats de livres ont connu une croissance limitée (p. 426), grâce notamment à quelques ouvrages à grand succès, tels la série des « Harry Potter ». La fréquentation des salles de cinéma a diminué (p. 405), à 174 millions d'entrées, retrouvant le niveau de 2003. Pour la première fois, plus de la moitié des entrées ont été réalisées dans les multiplexes.

Le budget loisirs des ménages est en réalité très supérieur à celui indiqué comme tel par la comptabilité nationale. Il faudrait en effet lui ajouter de nombreuses autres dépenses, comme l'alimentation de loisir (réceptions à domicile, restaurants), les frais d'hôtel, une partie des frais de transports et communications ou les dépenses effectuées auprès des agences de voyage, qui sont comptabilisées dans d'autres postes (p. 385). Leur poids est difficile à estimer, mais il représente au moins le double du seul poste loisirs. Le budget total des ménages dans ce domaine est donc probablement supérieur à 20 %.

40 % des dépenses sont effectuées dans les grandes surfaces...

Depuis l'ouverture du premier hypermarché (le Carrefour de Sainte-Geneviève-des-Bois, près de Paris, en 1963), les grandes surfaces ont connu un développement spectaculaire. En 2005, les Français ont effectué 68 % de leurs dépenses alimentaires (hors tabac), à part égale dans les 1 300 hypermarchés et les 8 500 supermarchés existants. Ce sont les supermarchés qui ont connu le plus fort développement au cours des années passées, avec notamment la multiplication des magasins de maxidiscompte, qui représentent aujourd'hui la moitié des supermarchés. Mais ce circuit a enregistré une stagnation en 2005, pour la première fois depuis le début de son implantation en France (p. 362).

En ce qui concerne les dépenses non alimentaires (entretien de la maison, hygiène-beauté, habillement, articles de sport, bricolage, ameublement...), la part des grandes surfaces d'alimentation était de 19 % en 2005. Leur progression, forte jusqu'en 2000, est aujourd'hui freinée par le développement des grandes surfaces spécialisées (42 % des achats) : électrodomestique (télé, hi-fi, électroménager, vidéo, informatique...), bricolage, jardinage, meubles, fournitures et matériaux, décoration, cuisine et salle de bains... Les spécialistes de l'équipement du foyer, et à un moindre degré, de culture, sport et loisirs, sont particulièrement dynamiques.

Au total, la grande distribution alimentaire capte plus de 40 % des dépenses de détail des ménages. Les produits non alimentaires représentent près de la moitié des ventes des hypermarchés, contre un tiers à la fin des années 60. Les magasins réalisent ainsi plus de la moitié des ventes d'hygiène-beauté, mais ils sont distancés par les grandes surfaces spécialisées en matière d'habillement, de chaussures et d'articles de sport. Ces dernières ont connu une forte croissance au cours des années passées dans les domaines du bricolage, du jardinage, de l'équipement de sport et de l'ameublement.

... mais on note un regain d'intérêt pour certains commerces de proximité.

La part des petits commerces, spécialisés ou non, s'est très fortement érodée au cours des décennies passées. Entre 1966 et 1998, le nombre des petites épiceries a ainsi diminué de 84 %, avec l'apparition et le développement des grandes surfaces, d'abord alimentaires puis spécialisées dans les secteurs non alimentaires. La chute du nombre de magasins avait été de 76 % pour les crémeries, 71 % pour les boucheries, 55 % pour les poissonneries, 52 % pour les magasins de chaussures, 50 % pour les charcuteries, 42 % pour les commerces de vêtements. Cette érosion s'est fortement ralentie depuis le début des années 2000.

Le commerce traditionnel ne représente plus que 8,5 % des achats de produits alimentaires des ménages, mais sa part s'est stabilisée depuis plusieurs années. L'artisanat commercial (boulangeries et métiers de bouche) résiste mieux à la concurrence des grandes surfaces. Le petit commerce spécialisé a réussi à maintenir une position dominante dans certains secteurs comme l'optique-photographie, la maroquinerie ou l'horlogerie-bijouterie. Les pharmacies et les autres commerces d'articles médicaux ont connu quant à eux une croissance continue et forte : plus de 4 % par an depuis 1998 (7,4 % en volume en 2004 et 3,4 % en 2005).

Le retour des hypers

Évolution de la répartition des dépenses des ménages entre les différents types de commerce (en % des achats de détail)

	Produits alimentaires (hors tabac)			Produits non alimentaires*		
	1999	2004	2005	1999	2004	2005
– Alimentation spécialisée et artisanat commercial	17,7	17,0	16,8			
dont : boulangeries-pâtisseries	*6,7*	*6,3*	*6,3*			
boucheries-charcuteries	*6,3*	*5,7*	*5,5*	1,1	1,0	0,8
– Petites surfaces d'alimentation générale et magasins de produits surgelés	8,6	8,4	8,5			
– Grandes surfaces d'alimentation générale	67,1	68,1	67,8	19,9	18,6	18,6
dont : supermarchés	*30,8*	*33,3*	*33,1*	*6,1*	*4,8*	*4,8*
hypermarchés	*35,4*	*33,3*	*33,1*	*13,4*	*13,4*	*13,5*
– Grands magasins et autres magasins non alimentaires non spécialisés				2,2	2,0	1,9
– Pharmacies et commerces d'articles médicaux	0,7	0,8	0,9	9,4	10,4	10,3
– Magasins non alimentaires spécialisés				41,1	42,3	42,1
– Vente par correspondance				3,2	3,2	3,2
– Autres hors magasins (marchés, réparation domestique...)	3,7	3,2	3,2	2,2	1,8	1,7
Ensemble commerce de détail et artisanat	**97,9**	**97,4**	**97,2**	**79,0**	**79,1**	**78,7**
– Ventes au détail du commerce automobile	0,2	0,4	0,4	14,1	14,5	14,9
– Autres ventes au détail**	1,9	2,2	2,4	6,9	6,4	6,5
Ensemble des ventes au détail	**100,0**	**100,0**	**100,0**	**100,0**	**100,0**	**100,0**

* *Y compris les ventes et réparations de motocycles, les produits liés à l'automobile, mais à l'exclusion des ventes et réparations de véhicules automobiles.*
** *Ventes au détail d'autres secteurs : cafés-tabac, grossistes, ventes directes de producteurs.*

INSEE

On assiste à une certaine redynamisation des magasins de centre-ville au détriment des grandes surfaces de périphérie. Les Français ne sont pas indifférents aux services proposés par les commerces traditionnels : proximité ; services ; conseils ; qualité des produits... Ils attachent aussi une importance croissante à la relation avec les vendeurs. La résistance à la consommation, le vieillissement de la population et la tendance au « petisme » en réaction au gigantisme sont de nature à favoriser le retour du petit commerce. À la condition qu'il réalise les efforts nécessaires d'adaptation.

L'érosion de la part des hypermarchés a été enrayée en 2005...

Après quatre décennies de croissance ininterrompue, les hypermarchés ont subi à partir de 2000 une baisse de leur part dans les achats des ménages, au profit des supermarchés (notamment des maxidiscomptes) et des grandes surfaces spécialisées (bricolage, jardinage, équipement de sport, ameublement). Cette relative désaffection s'explique par l'usure du concept : le libre-service s'est généralisé, les prix se sont rapprochés de ceux des autres

formats de distribution (l'écart avec les supermarchés a été réduit de moitié en quelques années) ; l'avantage du « tout sous le même toit » est devenu moins déterminant pour des acheteurs qui fuient le stress et recherchent plus de convivialité. Surtout, les consommateurs attachent une importance croissante à la proximité et au plaisir de l'acte d'achat. Le travail des femmes et la semaine de 35 heures ont aussi modifié les comportements de consommation.

L'hémorragie a été enrayée en 2005, avec un léger gain de part de marché au détriment des magasins de maxidiscompte (ci-après). Les enseignes d'hypermarchés tentent de retrouver leur avantage en matière de prix, en jouant sur les produits « premier prix » et sur les marques de distributeur. Elles s'efforcent de mieux intégrer la logique du client. C'est ainsi par exemple qu'ont été créés des « univers de consommation », regroupant les biens d'équipement et les consommables : les pellicules avec les appareils photo ; les disquettes avec les ordinateurs... Les hypermarchés développent aussi les services, améliorent le cadre et l'ambiance des magasins, développent les gammes de produits non alimentaires.

... et la progression du maxidiscompte s'est interrompue.

La formule du maxidiscompte (ou *hard discount*) est née en Allemagne, et son implantation en France date de 1988, avec des enseignes germaniques comme Aldi ou Lidl, suivies d'enseignes françaises comme Leader Price, Ed ou Netto. Le concept de base de ces magasins repose sur quatre éléments principaux : prix cassés ; absence de grandes marques ; nombre de références limité ; magasins minimalistes, souvent en forme d'entrepôt. Outre l'économie, la fonctionnalité et la proximité sont les principales motivations de leurs clients. La plupart de ces magasins se rangent dans la catégorie des supermarchés, avec des surfaces inférieures à 2 000 m². Ils ont représenté la grande majorité des ouvertures de magasins depuis des années, compte tenu de la réglementation limitant la création de grandes surfaces (loi Raffarin). On comptait au total 3 900 magasins de maxidiscompte au début 2006, qui représentaient 13,3 % des dépenses alimentaires contre 13,2 % en 2004. Cependant, à nombre de magasins constants, leur chiffre d'affaires était

pour la première fois à la baisse (1 %). Celle-ci peut s'expliquer en partie par les efforts des hypermarchés pour réduire les écarts de prix et l'augmentation du nombre de références (3 500 en moyenne), qui a pu brouiller l'image des maxidiscomptes.

67 % des foyers fréquentent ce type de magasin (55 % en 2000) et ils s'y rendent en moyenne 19 fois dans l'année ; un sur quatre (28 %) y effectue au moins la moitié de ses dépenses. Il ne s'agit pas seulement de ménages modestes ayant des fins de mois difficiles : la part des foyers aisés est pratiquement identique à celle qui fréquente les grandes surfaces traditionnelles. La plupart des clients sont motivés par la perspective de faire leurs courses rapidement et de réaliser des économies qu'ils pourront « réinvestir » ailleurs. Ils ont aussi une vision critique du « système marchand », qui force selon eux le consommateur à la dépense. Le débat sur la qualité nutritionnelle des produits alimentaires bon marché (dans lesquels les ingrédients comme le sucre ou les graisses sont souvent remplacés par d'autres, plus « pauvres ») pourrait modifier les comportements des acheteurs.

Les achats sur Internet connaissent une très forte croissance.

Les Français ont acheté pour 8,7 milliards d'euros sur Internet en 2005, contre 5,7 en 2004, soit une croissance de 53 % (Fevad, KPMG ; le montant atteint environ 10 milliards d'euros si on ajoute les achats effectués sur les sites de vente aux enchères tels qu'eBay). Les personnes de 25 à 34 ans représentent 33 % des cyberacheteurs pour 18 % de la population. À l'inverse, ceux de 50 ans et plus représentent 17 % des acheteurs, alors qu'ils comptent pour 40 % de la population. Lors de la seule période de

Noël, les ménages ont dépensé plus de 1 milliard d'euros.

Les achats les plus fréquents concernent, par ordre décroissant, les produits culturels (DVD, CD, livres...), les vêtements, les billets de train, les produits de beauté, les appareils électroniques, les jeux vidéo et logiciels, les billets d'avion, les fleurs et les voyages. Les marques bénéficiant d'une notoriété antérieure et d'une existence dans le « monde réel » *(brick and click)* sont les plus recherchées, car elles rassurent les internautes. De nombreux sites sont consultés par les internautes pour obtenir des informations sur les offres, s'adresser aux marques, échanger leurs expériences avec d'autres internautes avant de choisir et d'acheter les produits (dans les magasins de vente traditionnels ou directement sur Internet). Les achats d'occasion et les ventes aux enchères connaissent un engouement croissant, comme les ventes privées de marques de luxe.

Internet est à la fois un média et un canal de distribution...

Le succès des achats en ligne s'explique d'abord par l'évolution du taux d'équipement et de connexion des ménages, qui a atteint la moitié de la population fin 2005. En outre, les deux tiers d'entre eux disposent d'une connexion à haut débit. La peur de donner son numéro de Carte bleue, qui avait freiné les achats, est aujourd'hui beaucoup moins présente, et les sites ont mis en place des accès sécurisés.

L'atout essentiel d'Internet est la liberté qu'il confère aux utilisateurs. Il répond à une revendication croissante d'autonomie de la part des consommateurs, qui refusent de dépendre du bon vouloir des commerçants, de la compétence des vendeurs ou des heures d'ouverture des magasins. Chacun sou-

Cyberacheteurs

Parmi les avantages de l'achat en ligne, 51 % des internautes concernés (ayant acheté au moins une fois sur Internet) citent d'abord le gain de temps. Les plus jeunes y sont les plus sensibles : 56 % des 18-24 ans, contre 48 % à partir de 45 ans. La perspective de payer moins cher arrive en deuxième position (39 %), à égalité avec la facilité des recherches et l'obtention des informations sur les offres. Elles devancent de peu la possibilité de comparer les produits d'un seul coup d'œil (36 %). Ces motivations varient largement avec l'âge : les jeunes privilégient le prix bas (62 % contre 29 % des 55 ans et plus), de même que la possibilité de comparer (41 % contre 34 %) ou le fait de ne pas être obligé d'avoir affaire aux vendeurs dans les magasins (19 % contre 11 % des 45 ans et plus). Ils font partie de la cybergénération.

51 % des internautes déclarent passer une à deux heures par semaine dans les magasins traditionnels, soit entre 10 et 20 minutes par jour. Les écarts entre les sexes sont faibles, ce qui indiquerait que les femmes achetant sur Internet sont moins concernées par le shopping traditionnel que les autres femmes. Les sites de comparaison de prix sont très fréquemment utilisés. Seuls 13 % des internautes acheteurs disent ne jamais y recourir (15 % des femmes contre 11 % des hommes). 39 % les utilisent pour prendre leurs décisions d'achat en toute connaissance de cause, sans distinction sensible selon l'âge, le sexe ou le revenu.

La confiance dans le prestataire est un critère déterminant : 39 % sont sensibles à l'assurance de recevoir l'article commandé en temps et en heure. Ce critère est sans doute plus important encore dans le monde du commerce virtuel que dans le monde « réel » ; la notoriété et l'image d'une marque constituent ainsi une garantie particulièrement appréciée. Les femmes y sont plus sensibles que les hommes (45 % contre 34 %), les jeunes plus que les personnes âgées : 56 % contre 34 % des 55 ans et plus.

Shopping.com/Lightspeed, novembre 2005

tion la plus ancienne : le bouche-à-oreille.

... et son développement va se poursuivre dans les prochaines années.

La part d'Internet dans les dépenses totales des ménages est encore faible ; elle n'était que de 1 % en 2005. Mais elle devrait continuer de s'accroître rapidement au cours des prochaines années, en même temps que l'équipement des ménages va se généraliser. La convergence numérique entre informatique, télévision, téléphonie, photo et vidéo est un autre facteur important du développement à venir. Des progrès devraient également être réalisés en matière de sécurisation des paiements, d'ergonomie des matériels, des logiciels et des sites, de lutte contre les virus, *spywares* (logiciels espions), spams (courriels indésirables) et autres désagréments.

Dans ces conditions, Internet pourrait représenter à terme 10 % à 15 % des dépenses consacrées au commerce de détail. Il devrait prendre une place particulièrement importante dans certains secteurs comme le tourisme ou les achats de produits culturels. Il jouera aussi un rôle dans les autres domaines, en permettant au consommateur de préparer ses achats, de comparer les offres des différents prestataires et les prix.

On ne devrait pas cependant assister à une substitution systématique entre le commerce électronique et les circuits de distribution traditionnels (magasins, boutiques...). Le « multicanal » sera la règle. Les lieux physiques resteront privilégiés dans des domaines où les consommateurs éprouvent le besoin de voir, toucher, sentir les produits (habillement, biens d'équipement domestiques...) et de se promener dans le monde « réel ». Cer-

haite pouvoir décider de ses actes sans subir les pressions liées au « système marchand », dont les règles sont édictées par la grande distribution et dans lequel les consommateurs se sentent parfois pris au piège. Internet leur permet de reprendre l'initiative dans la relation commerciale. Ce canal est aussi pour eux un moyen de faire des économies, grâce aux comparateurs de prix et aux promotions de dernière minute.

Enfin, on ne saurait oublier qu'Internet est un moyen de communication interactif extrêmement puissant, qui permet la relation d'individu à individu en même temps que celle d'un individu à une masse d'autres. Il permet de s'informer sur les produits, de comparer leurs prix, mais aussi de s'adresser aux marques et aux entreprises à travers leurs sites. Il favorise plus que tout autre média les échanges sur les bonnes et les mauvaises expériences de consommation, les recommandations, critiques ou condamnations des produits et des prestataires. Le plus grand magasin du monde est aussi celui où l'on pratique la forme de communica-

● *La proportion d'articles non alimentaires identiques vendus en grandes surfaces dans plus de deux pays européens est de 10 % à 15 %.*

L'ère de la « nouvelle consommation »

Les Français ont découvert la consommation dans les années 50, avec un plaisir décuplé par le besoin de reconstruction matérielle et mentale au sortir de la guerre. Le phénomène a été accéléré par la forte croissance économique des Trente Glorieuses. C'est dans les années 60 qu'on a baptisé « société de consommation » ce nouveau mode de vie, qui est notamment à l'origine de la création des « classes moyennes ».

Mais les excès ou les dérives possibles de ce système sont vite apparus ; ils ont été dénoncés par des intellectuels comme Baudrillard ou Debord (des années après Barthes, mais dans une tonalité plus critique que descriptive). Les mouvements de mai 68 furent une première et forte manifestation de ces craintes. Sans que l'on en ait vraiment conscience, elles ont été mises entre parenthèses dans les années 70, marquées par les chocs pétroliers, la crise économique et la forte montée du chômage qui en est résultée.

Avec un peu de recul, les années 80 apparaissent comme une sorte de chant du cygne, avec une consommation souvent boulimique et ostensible, qui s'est interrompue un peu brusquement avec la guerre du Golfe, en 1991. Les années 90 furent pour certains groupes sociaux celles de la mise en question progressive du « système de la consommation ». Les signes qui témoignent de cette lassitude sont nombreux : moindre confiance dans les entreprises, les marques, les enseignes ou les produits ; croissance du maxidiscompte et d'autres solutions « alternatives » comme les centres de magasins d'usines ou le troc ; habitude de négocier les prix ; poids croissant des soldes dans les achats ; « commandos antipub » ; préférence pour la location plutôt que l'achat…

La société de consommation a ainsi vécu sa première phase, celle de la découverte joyeuse et de l'arrivée des biens d'équipement dans les foyers : petit et gros électroménager, voiture, téléviseur, magnétoscope et autres outils d'accession au loisir. Aujourd'hui, la grande majorité des foyers sont dotés de ces équipements considérés comme indispensables. Ils s'interrogent sur l'intérêt de continuer à accumuler des biens dont l'apport en termes de confort ou de plaisir est devenu moins apparent, plus marginal.

D'autant que les nouveaux objets de la modernité (informatique, équipements de loisir, téléphonie portable…) sont de plus en plus complexes. Leur usage engendre des frustrations, tandis que leur prix de revient apparaît élevé (notamment les consommables et les services), alors que leur obsolescence est de plus en plus rapide.

La consommation est donc entrée dans une nouvelle phase de son évolution, avec l'apparition de la « société de consolation » (p. 344). Si la grande majorité des Français sont encore dans une attitude traditionnelle (« je consomme, donc je suis »), certains choisissent de s'en détacher. Ils s'investissent moins dans leur travail, déménagent et réduisent éventuellement leur niveau de vie. Beaucoup cherchent à adapter leur vie en fuyant le stress, la compétition et en relativisant les dimensions matérielles du bien-être. Ce sont souvent des personnes éduquées, âgées de 30 à 40 ans, à la recherche d'un cadre de vie plus agréable et de modes de vie plus harmonieux. Les néoruraux sont emblématiques de cette démarche (p. 156). Après le temps de la consommation et de l'hyperconsommation vient celui de la consommation maîtrisée.

---

tains ressembleront davantage à des showrooms qu'à des magasins destinés à la vente. Les sites virtuels trouveront en priorité leur développement avec les produits immatériels (réservations de vacances, transport, hôtellerie, assurances, services bancaires, placements…). Internet permettra en outre aux entreprises de pratiquer un marketing relationnel, individualisé et interactif. Mais elles devront veiller à ne pas être intrusives en constituant et en utilisant des bases de données.

Les ménages recourent de plus en plus au crédit à la consommation.

Les montants des prêts distribués par les établissements de crédit à la consommation ont progressé de 9 % en 2005 (ASF). Cette hausse est la plus forte constatée depuis 1999 ; elle atteint près du double de celle de 2004. Le montant global des prêts à la consommation de 41 milliards d'euros comprenait 17 milliards de crédits renouvelables (en hausse de 6 % par rapport à 2004), 12 milliards d'euros de financements affectés (dont 12 pour les prêts personnels, en hausse de 17 %, et 4 pour le financement d'automobiles neuves, en hausse de 6 %) ; le solde concernait les opérations de location avec option d'achat (+ 13 %).

Pour un nombre croissant de ménages, le recours au crédit à la consommation est devenu le moyen d'obtenir la satisfaction immédiate de leurs besoins et d'anticiper sur leurs revenus futurs. La réserve psychologique et morale qui a longtemps prévalu (hors crédit immobilier) s'est largement atténuée, et le comportement des Français se rapproche de celui des habitants des pays anglo-saxons. L'accroissement de l'offre (établissements spécialisés, agences bancaires, concessionnaires automobiles, grandes surfaces, vépécistes...) est une autre cause de cette évolution. Les crédits liés aux cartes privatives proposées par les distributeurs connaissent aujourd'hui une forte croissance. Le crédit renouvelable ou permanent (revolving) est de plus en plus utilisé.

L'endettement des ménages représentait 62 % de leur revenu disponible en 2005, 3 points de plus qu'en 2003 et 13 points de plus qu'en 1995. Il reste cependant inférieur à celui des autres grands pays européens : 200 % aux Pays-Bas ; 130 % au Royaume-Uni ; 195 % en Allemagne ; 92 % en Espagne (mais 36 % en Italie). La France ne représente que 8 % de l'encours total des crédits à long terme des douze principaux pays d'Europe, soit nettement moins que son poids dans le PIB des pays concernés (18 %).

... mais seul un ménage sur deux est endetté.

52,6 % des ménages avaient au moins un crédit en cours (tous types confondus) début 2006. La proportion était de 51,8 % en 2000. Entre 2001 et 2003, elle avait baissé de 52,9 % à 49,7 % dans un climat de dégradation de l'environnement économique et d'incertitude. Elle a retrouvé le niveau de 2001, du fait de l'accroissement de l'endettement immobilier.

L'encours global était de 633 milliards d'euros début 2005, dont 432 milliards pour l'habitat et 119 pour la trésorerie. 29 % des ménages

avaient au moins un crédit immobilier en cours, 33 % au moins un crédit de trésorerie (contre 35,4 % en 2001). Ces crédits sont utilisés pour l'achat d'un bien d'équipement (voiture, électroménager, loisirs...) ou pour d'autres raisons (études des enfants, paiement des impôts...). Par ailleurs, environ 5 % des ménages étaient endettés dans le cadre de leur activité professionnelle : agriculteurs, commerçants et autres professions indépendantes. Plus d'un quart des ménages cumulaient un crédit de trésorerie et un découvert bancaire. Le taux d'endettement a fortement progressé entre 2003 et 2005 auprès des ménages de moins de 30 ans : 58 % contre 51 % en 2002. Il n'était que de 25 % chez les plus de 65 ans.

L'encours des crédits immobiliers représentait 46 % du revenu disponible des ménages en 2005 contre 34 % en 2001. L'encours des crédits de consommation et de trésorerie est resté en revanche quasiment stable, à 11 % du revenu disponible, après avoir connu une forte hausse depuis 1985. L'endettement moyen des ménages endettés représentait 120 % du revenu disponible brut moyen en 2005, ce qui signifie qu'ils doivent rembourser l'équivalent d'un peu plus d'une année de revenu.

4 % des ménages sont en situation de fragilité financière.

51 % des ménages endettés estiment leur charge de remboursement supportable ou très supportable, mais 10 % la trouvent trop élevée. 4 % l'estiment même beaucoup trop élevée et sont considérés comme fragiles. Le recours plus intense au crédit au cours des dernières années ne s'est cependant pas traduit par une augmentation de la part de ces ménages fragiles, qui reste stable

L'endettement conduit de plus en plus fréquemment au surendettement. Environ 500 000 ménages se trouvent en situation de procédure amiable ou judiciaire. Le nombre de dossiers acceptés par les commissions créées par la loi Neiertz de 1990 avait stagné jusqu'en 1995 aux environs de 60 000. Il était passé de 56 000 en 1995 à 107 000 en 1999 (sur 142 000 déposés) puis à 148 265 en 2000. Il a atteint 182 000 en 2005. Cet accroissement est lié à une situation économique et sociale dégradée, propice aux « accidents de la vie ». Près des deux tiers des ménages surendettés le sont en effet devenus à la suite d'une perte

La vie à crédit

Évolution de la proportion de ménages endettés selon le type d'endettement (en %)

	1990	2002	2005
Ensemble des ménages endettés	51,9	51,3	52,6
dont :			
– crédit immobilier seulement	22,6	17,2	18,1
– crédit immobilier et autres crédits	11,1	12,0	12,0
– autres crédits seulement	18,2	22,1	22,1
Fréquence d'utilisation du découvert bancaire	22,6	22,8	24,4

Observatoire de l'endettement des ménages

Les Français encore peu endettés

Endettement dans quelques pays de l'Union européenne (en euros par habitant en 2004 et en % du revenu disponible brut par ménage en 2003)

	Endettement par habitant (2004)	Endettement des ménages (2003)
Danemark	39 794	–
Pays-Bas	32 812	200,7
Royaume-Uni	25 951	129,2
Luxembourg	24 083	–
Irlande	22 684	–
Suède	19 661	–
Allemagne	18 838	104,5
Autriche	14 478	75,1
Espagne	12 370	92,4
Finlande	11 771	67,7
FRANCE	11 147	60,2
Belgique	10 942	63,5
Portugal	10 307	111,3
Italie	6 598	36,4
Grèce	4 659	–
Europe des 15	16 337	90,8

Banques centrales nationales, Eurostat (calculs OEE)

Les modes de consommation se rapprochent en Europe...

On observe une convergence croissante des comportements d'achat et de consommation dans les pays de l'Union européenne (comme d'ailleurs dans l'ensemble des pays développés). Ainsi, le budget des ménages a partout évolué de façon semblable (tableau). La part consacrée à la santé, au logement ou aux loisirs s'accroît au fur et à mesure de l'augmentation du pouvoir d'achat des ménages, tandis que celle de l'alimentation ou de l'habillement diminue. Les attitudes des consommateurs tendent aussi à se ressembler. Partout, ils sont devenus méfiants, exigeants et plus compétents en matière de compréhension et de comparaison des offres. Ils sont en apparence infidèles et « zappeurs », mais font en réalité preuve d'éclectisme et d'opportunisme. Ils sont plus autonomes, achètent « malin » et cherchent à reprendre le pouvoir dans le traditionnel rapport de force entre l'offre et la demande.

Les comportements de consommation sont de plus en plus semblables dans les grandes agglomérations. Le rapprochement concerne en premier lieu les jeunes. Beaucoup se reconnaissent dans une même culture mondiale, fondée sur une musique commune, des goûts semblables en matière d'habillement ou de pratique sportive et un engouement pour les produits « globaux », le plus souvent d'origine américaine.

... dans un contexte de globalisation.

Le rapprochement continu des comportements de consommation s'explique par celui des modes de vie et des systèmes de valeurs. Il est favo-

d'emploi, d'un divorce, d'une séparation ou d'une maladie.

Près des deux tiers des personnes concernées sont célibataires, divorcées ou veuves : 64 % en 2004 contre 58 % en 2001 (Banque de France). La proportion de personnes seules a plus que doublé depuis les années 1990, mais 53 % des ménages comprennent au moins une personne à charge. La majorité continuent à se situer dans la tranche d'âge de 35 à 54 ans, mais la part des 55 ans et plus s'est accrue de cinq points entre 2001 et 2004, tandis que celle des moins de 35 ans régres-

sait de 6 points. 55 % des ménages sont ouvriers ou employés. La part des chômeurs et inactifs est proche d'un tiers (34 %). 70 % des surendettés perçoivent des revenus inférieurs ou égaux à 1 500 € par mois et, dans 45 % des cas, inférieurs ou égaux au SMIC. La très grande majorité (78 %) sont des locataires ; seuls 10 % sont propriétaires de biens immobiliers, contre 15 % en 2001. 5 % disposent d'une épargne, le plus souvent inférieure ou égale à 7 000 €. La moitié sont cependant propriétaires d'un véhicule, mais sa valeur est généralement faible.

Eurobudgets

Structure du budget des ménages dans l'Union européenne (2004, en %)

	Alimentation, boissons	Alcool, tabac	Habillement	Logement	Ameublement	Santé	Transports	Communications	Loisirs, culture	Enseignement	Hôtels, cafés, restaurants	Autres biens, services
Allemagne	11,7	3,6	5,4	23,8	7,1	4,7	13,8	2,9	9,4	0,7	5,2	11,8
Autriche	10,6	2,8	6,7	18,9	8,2	3,2	12,7	2,4	11,7	0,7	12,2	9,8
Belgique	13,6	3,9	5,3	22,9	5,4	4,4	14,6	2,3	9,2	0,6	5,2	12,5
Chypre	–	–	–	–	–	–	–	–	–	–	–	–
Danemark	11,4	4,1	5,0	27,3	5,9	2,6	12,5	2,3	10,6	0,8	4,5	12,8
Espagne	16,0	3,2	5,9	14,4	5,8	3,5	12,2	2,5	8,4	1,6	19,6	7,0
Estonie	20,5	9,8	5,9	21,9	5,0	2,6	11,6	3,0	6,6	1,0	5,6	6,4
Finlande	12,4	5,8	4,7	25,7	5,0	4,1	13,0	3,3	11,1	0,4	6,5	7,5
FRANCE	14,4	3,3	4,5	24,1	5,9	3,7	14,7	2,4	9,0	0,6	7,6	9,7
Grèce	15,0	4,6	10,1	15,4	6,2	6,0	8,5	2,4	6,0	1,6	18,4	5,9
Hongrie	17,7	8,1	4,0	19,4	7,4	3,7	15,6	4,6	7,9	1,3	5,1	5,2
Irlande	9,3	5,6	4,8	20,7	7,1	3,5	10,6	3,4	7,3	1,3	14,2	12,3
Italie	14,5	2,4	8,9	20,5	8,8	2,9	12,1	3,2	7,4	1,0	9,6	8,7
Lettonie	22,2	7,4	7,8	21,0	3,4	4,4	9,7	4,1	7,1	2,7	3,9	5,1
Lituanie	29,7	7,2	6,1	13,6	5,0	3,3	14,4	3,1	6,7	0,7	3,2	3,7
Luxembourg	9,7	11,7	3,9	21,0	8,0	1,4	18,5	1,6	8,1	0,3	6,8	9,0
Malte	17,3	3,6	6,2	8,6	9,2	2,4	13,5	5,1	11,1	1,2	13,3	8,5
Pays-Bas	11,0	3,1	5,4	21,6	6,4	5,3	11,4	4,7	10,3	0,6	5,2	15,1
Pologne	19,4	2,8	4,4	24,8	4,5	4,7	10,5	3,2	7,2	1,7	2,9	10,0
Portugal	17,0	4,7	7,9	13,5	7,1	4,9	13,7	2,8	6,6	1,2	10,8	10,7
Rép. tchèque	17,2	8,5	5,0	21,8	5,2	1,6	10,7	3,5	11,8	0,6	6,8	7,3
Royaume-Uni	12,3	3,9	6,1	18,7	6,4	1,8	15,0	2,3	12,7	1,4	11,4	11,4
Slovaquie	19,7	5,4	3,4	25,7	4,9	2,7	9,2	3,9	8,4	1,1	7,2	6,6
Slovénie	15,8	4,4	6,2	19,3	6,0	3,2	15,0	3,1	9,9	1,0	7,1	9,1
Suède	12,3	3,7	5,2	28,6	5,0	2,7	12,9	3,2	11,9	0,3	5,0	9,1
Europe à 25	12,7	3,6	6,0	21,4	6,6	3,5	13,4	2,8	9,6	1,0	9,0	10,3

Eurostat

risé par une ouverture croissante aux produits étrangers, la multiplication des déplacements et voyages (professionnels ou privés), l'information diffusée par les médias, dans un contexte global de mondialisation. De leur côté, les entreprises cherchent à élargir leur marché national. De nombreuses marques sont internationales, de même que les produits qu'elles recouvrent. C'est le cas aussi des enseignes de distribution, qui proposent des assortiments semblables dans les pays où elles opèrent. Les sociétés de services (banques, assurances...) sont également de moins en moins différenciées. Cette convergence européenne n'est pas contradictoire avec la tendance générale à l'individualisation de la consommation. L'éventail des modes de vie, des attitudes et des comportements s'est déjà élargi au fil des années ; il s'est accompagné d'une diversification de l'offre, qui en était aussi bien la cause que la conséquence. Le mouvement de convergence est également à l'œuvre dans les dix nouveaux pays de l'Est dans l'Union européenne, porteurs de cultures différentes et situés à des niveaux de développement économique moins élevés.

Des singularités nationales et régionales subsistent...

Si les mouvements de convergence dans les attitudes et les comportements des consommateurs européens sont de plus en plus apparents, certaines singularités nationales demeurent. Les Polonais, les Slovaques, mais aussi les Grecs ou les Portugais, consacrent une part plus grande de leur budget à la nourriture que les Britanniques ou les Danois. Les comportements dans les pays du Nord (Allemagne, Pays-Bas, Scandinavie...) restent influencés par la culture protestante. Le travail y joue un rôle moins important que par

PAIEMENTS : EXCEPTIONS FRANÇAISES

L'usage des cartes bancaires est une singularité française. Longtemps limité aux retraits d'argent dans les billetteries, il s'est étendu aux paiements en même temps que se développait le réseau des commerçants qui les acceptent et l'interbancarité. Fin 2005, on comptait 51,2 millions de Cartes bleues en circulation et plus de 1 million de terminaux acceptant ces cartes (commerçants, automates de parkings, distributeurs de tickets de transport...). 6,3 milliards de transactions ont été effectuées, pour un montant de 325 milliards d'euros (41 % de l'ensemble). Chaque porteur de carte a effectué 103 paiements par carte dans l'année et 25 retraits dans les 46 151 distributeurs automatiques de billets. La plupart des ménages disposent en outre de cartes privatives fournies par les grandes surfaces, les grands magasins, les organismes de crédit, les sociétés de vente par correspondance, les hôtels, les compagnies aériennes...

L'autre exception française concerne l'utilisation encore massive des chèques, bien qu'en diminution régulière.

le passé, et la relation à la consommation fait davantage débat. Les revendications environnementalistes sont plus affirmées.

Les pays du Sud (Espagne, Italie, Portugal, Grèce) apparaissent, eux, un peu plus sensibles à certains aspects qualitatifs. Le besoin de confort, de relations humaines, d'épanouissement et de réalisation de soi par la consommation y est plus fort qu'au Nord. L'épicurisme du Sud se différencie de l'hédonisme du Nord par l'importance attachée à l'affectivité, aux rapports de séduction. Si

Ils représentaient encore 27 % du nombre de paiements en 2005 (contre 42 % en 1998). Ce mode de paiement est jugé plutôt archaïque ailleurs ; il ne compte par exemple que pour 5 % en Allemagne. On comptabilise chaque année environ 6 millions de chèques impayés, dont un peu plus de 3 millions sont ensuite régularisés. La Corse-du-Sud est le département où l'on compte le plus d'impayés, devant les Alpes-Maritimes, le Var, les Bouches-du-Rhône, l'Hérault, la région parisienne, la Martinique, la Guadeloupe et la Guyane.

Les Français règlent en revanche moins souvent leurs dépenses en argent liquide ; la masse monétaire en circulation ne représente ainsi que 3 % du PIB contre 11 % en Espagne ou 7 % en Allemagne. Le chèque représente la moitié des moyens de paiement scripturaux (hors argent liquide), contre 20 % pour les cartes bancaires et 17 % pour les virements. Les prélèvements directs sur des comptes bancaires sont aussi en augmentation. 2,4 millions de personnes sont interdites bancaires, contre 1 million en 1993. Les trois quarts (77 %) le sont depuis plus de trois ans, la moitié depuis plus d'un an.

la motivation culturelle ou esthétique est plutôt plus marquée au Sud, l'ouverture aux autres cultures est en revanche moins apparente. Les habitants y sont particulièrement attachés à leur passé et fiers de leurs traditions. La sensibilité aux marques étrangères est également plus forte au Sud.

... mais elles tendent à s'estomper.

Cependant, les différences nationales ou Nord-Sud tendent à s'estomper. On observe qu'elles sont aujourd'hui plus grandes entre les catégories sociales d'un même pays qu'entre les pays pour une catégorie sociale donnée. Les traditions et particularismes régionaux sont en revanche vivaces. On observe dans tous les pays riches une interrogation grandissante quant au modèle libéral-planétaire fondateur de la société de consommation. La montée de l'« altermondialisation » en est une illustration. Face aux *Mutants*, apôtres de la modernité, de la technologie, de l'ouverture et de la convergence, les *Mutins* s'organisent pour demander une pause dans le changement et une meilleure prise en compte du long

terme. Géographiquement et culturellement, la France se situe au centre de l'Europe. Les attitudes et les comportements des Français en matière de consommation empruntent donc traditionnellement aux deux types de culture. On peut observer dans certains domaines une « protestantisation », avec la montée des valeurs de simplicité, d'austérité, d'éthique, de libre arbitre et d'écologie. Mais les valeurs « latines » n'ont pas disparu : méfiance à l'égard de l'argent et des prestataires ; consommation ostentatoire ; goût pour les marques ; intérêt pour la tradition, les produits du terroir, etc.

● *Chaque Français produit en moyenne 360 kg de déchets par an. 80 % vont encore dans les décharges ou sont incinérés, 20 % seulement sont recyclés (50 % en Allemagne).*
● *Un sac plastique est fabriqué en une seconde, sert en moyenne 20 minutes et met entre 100 et 400 ans pour se désagréger.*
● *Les Français passent en moyenne 148 minutes par semaine à faire leurs courses, dans 4,6 circuits de distribution différents.*
● *Le nombre moyen de références dans un hypermarché est passé de 7 800 en 1994 à 13 000 en 2005.*
● *La part des soldes et des promotions dans les achats d'habillement est de 29 % en 2004, contre 23 % en 2002 et 21 % en 1998.*

LE PATRIMOINE

ÉPARGNE

Le taux d'épargne français reste le plus élevé d'Europe.

Le taux d'épargne des ménages représente le solde entre les revenus et les dépenses de consommation. Il mesure la part du revenu disponible brut consacrée à l'épargne ou à l'investissement. À l'épargne financière (livrets de caisse d'épargne, placements en obligations, actions, bons à terme, liquidités...) s'ajoute l'endettement à moyen et à long terme, contracté en vue de l'achat et de l'amélioration d'un logement (qui a pour effet d'accroître le capital) ou, dans le cas des entrepreneurs individuels, de l'investissement en biens professionnels.

Pendant les Trente Glorieuses (1945-1974), le taux d'épargne était passé de 12 % à 20 % du revenu disponible brut des ménages, dans un contexte de forte croissance du pouvoir d'achat. Au cours des années 60, cette épargne fut principalement utilisée pour l'acquisition d'un logement, avec un endettement assez faible. Entre 1978 et 1987, le taux a diminué de moitié, passant de 20 % à moins de 11 %. Cette baisse s'expliquait principalement par celle de l'inflation (les deux facteurs variant généralement dans le même sens) et par la boulimie de consommation caractéristique des années 80.

Entre 1988 et 1993, les Français ont retrouvé le chemin de l'épargne. Leur taux d'épargne s'est stabilisé vers 15 % depuis 1994 ; ce niveau élevé a été favorisé par la croissance du pou-

voir d'achat et par l'inquiétude face au chômage et aux menaces pesant sur le financement des retraites. Il faut préciser qu'un changement de mode de calcul a eu lieu en 1995 : les transferts sociaux en nature comme les remboursements de Sécurité sociale et les allocations logement sont désormais déduits des revenus des ménages. Cela a eu pour effet d'augmenter artificiellement le taux d'épargne d'un peu plus de 1 point depuis cette date.

Bien que les comparaisons soient délicates, du fait de modes de calcul parfois différents, les Français sont les « fourmis » de l'Europe, devant les Italiens et les Allemands (environ 15 %). Les Danois et les Britanniques sont les « cigales » (environ 4 %). Le taux japonais a sensiblement diminué depuis quelques années, à environ 7 %. Celui des États-Unis et du Canada est le plus faible (2 %).

Les ménages épargnent 15 % de leur revenu disponible.

Après avoir connu un sommet en 2002 (16,9 %), le taux d'épargne a diminué de 1,7 point en trois ans, à 14,9 % en 2005. Cette baisse a permis aux Français de maintenir leur niveau de consommation dans un contexte de progression modérée du pouvoir d'achat (p. 329). Près de deux ménages sur trois déclarent mettre de l'argent de côté. Leur principale motivation est de faire face à l'imprévu, en particulier la perte d'un emploi. La constitution d'un complément de retraite représente une motivation croissante, mais, pour la majorité, elle arrive après la volonté d'assurer l'avenir de ses proches.

Le taux d'épargne varie dans de fortes proportions selon la catégorie socioprofessionnelle : il atteint environ le quart du revenu disponible brut des professions libérales, des artisans, commerçants et chefs d'entreprise, près de 20 % de celui des cadres, mais à peine plus de 10 % de celui des agriculteurs et des professions intermédiaires. L'épargne des professions disposant d'un capital professionnel est proportionnellement plus élevée (agriculteurs, professions libérales, commerçants...) que celle des salariés.

Les comportements d'épargne et de consommation varient selon les âges de la vie. Les ménages de 30-44 ans consomment une partie de leur épargne financière en prélevant régulièrement de l'argent pour subvenir à leurs besoins. Les 45-59 ans consacrent près de la moitié de leur capacité d'épargne au remboursement d'emprunts. Les 60 ans et plus, qui représentent moins d'un tiers de la population, effectuent près des trois quarts de l'ensemble des placements des Français. Les plus de 75 ans ont un taux d'épargne deux fois plus élevé que la moyenne.

L'épargne financière a récemment reculé au profit de l'immobilier.

L'un des changements les plus significatifs de ces trente dernières années a été la diminution de la part de l'épargne liquide (espèces, livrets d'épargne, comptes de dépôt, bons de capitalisation, comptes à terme) au profit des placements financiers, mieux rémunérés : valeurs mobilières, épargne monétaire, assurance-vie. Au début des

Le bas de laine national

Évolution du taux d'épargne des ménages (en % de leur revenu disponible brut*)

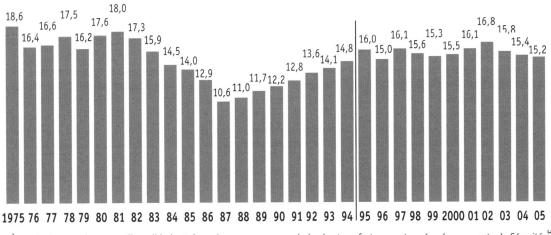

* À partir de 1995, le revenu disponible brut des ménages ne comprend plus les transferts en nature (remboursements de Sécurité sociale et allocation logement). De ce fait, le taux d'épargne est relevé d'environ 1 point.

INSEE

---

années 70, les livrets constituaient l'essentiel (80 %) de l'épargne nette. Dès le début des années 80, on a assisté à une substitution en faveur des obligations, puis des OPCVM (organismes de placements collectifs en valeurs mobilières).

À partir de 1987, la reprise économique et la conviction que la hausse des prix était maîtrisée ont accéléré le transfert entre les liquidités et les placements. Celui-ci a été en outre favorisé par des taux d'intérêt réels élevés. Le taux d'épargne financière des ménages (rapport de leur capacité de financement à leur revenu disponible brut) était ainsi passé de 3 % en 1990 à 7 % en 1992, retrouvant le niveau élevé des années 70. Il avait fortement progressé entre 1999 et 2002, atteignant 8,5 % en 2002. Depuis le milieu des années 90, il fluctue à un niveau comparable à celui de l'investissement immobilier, alors qu'il était de moitié inférieur en 1980. Il a cependant sensiblement

diminué en 2003 et il n'était plus que de 4,8 % en 2005 contre 5,9 % en 2004 et 6,7 % en 2003. Si l'épargne financière des ménages a diminué en valeur relative, l'écart a été en partie compensé par l'augmentation des investissements immobiliers (p. 158).

Neuf ménages sur dix possèdent un patrimoine financier.

Le livret d'épargne reste le produit financier le plus fréquemment détenu par les ménages : 83 % en 2004 (date de la dernière enquête INSEE). L'assurance-vie a pris au fil des années une place importante : près d'un ménage sur deux détient un produit de ce type (44 %), et l'assurance-vie représente la moitié des placements annuels. Un ménage sur quatre (24 %) détient des valeurs mobilières ; cette progression a été encouragée par les privatisations et les performances de la Bourse au cours

des années 90. Globalement, la part de l'épargne liquide (livrets, comptes de dépôt, bons, comptes à terme) a beaucoup diminué au profit de l'épargne investie, que ce soit à la Bourse ou dans des contrats d'assurance-vie.

Par ailleurs, plus de la moitié des ménages disposent d'un patrimoine immobilier. 61 % sont propriétaires de leur résidence principale, 18 % d'une résidence secondaire et/ou d'un bien immobilier de rapport (ces chiffres ne s'additionnant pas). Seul un ménage sur dix (mais 6 % des Français contre 10 % en 1986) ne dispose d'aucun patrimoine financier ou immobilier. Il s'agit de ménages à faible revenu, dont la personne de référence est souvent un ouvrier non qualifié. À l'inverse, 10 % des ménages possèdent un patrimoine complet, comportant à la fois de l'immobilier et les principaux actifs financiers : livrets d'épargne, assurance-vie, épargne logement et valeurs mobilières. Leur part dans la population

ÉPARGNER POUR DEMAIN OU CONSOMMER AUJOURD'HUI ?

Les comportements en matière d'épargne s'expliquent par des facteurs objectifs tels que l'évolution du pouvoir d'achat, le niveau d'inflation, le coût du crédit, la rentabilité des placements ou la croissance du chômage, qui pèsent sur les revenus et le rendement des sommes placées. Mais ils sont aussi de plus en plus conditionnés par des facteurs subjectifs, qui touchent aux modes de vie, aux systèmes de valeurs collectifs et aux perceptions individuelles de l'avenir. Ainsi, au cours des années 80, la plus grande instabilité familiale et sociale avait renforcé le goût pour le court terme, donc favorisé la consommation au détriment de l'épargne. La multiplication et la banalisation des crédits à la consommation avaient aussi largement participé à ce changement des mentalités, même si elles ne l'avaient pas créé. Le résultat avait été une baisse continue et spectaculaire du taux d'épargne, jusqu'en 1986.

Les années 90 ont été au contraire marquées par la montée des craintes concernant l'avenir et une défiance croissante à l'égard des institutions. Ces changements de mentalité ont incité les Français à se prémunir contre les aléas de la vie (chômage, maladie) et la baisse inéluctable des pensions de retraite. C'est ce qui explique la remontée du taux entre 1988 et 1995. Il s'est ensuite stabilisé, à un niveau qui reste élevé et reflète celui de l'inquiétude des ménages. Beaucoup disposent aujourd'hui d'un « bas de laine » important, qu'ils peuvent mobiliser pour consommer (et favoriser par contrecoup la croissance économique), comme cela a été le cas au cours des dernières années. L'épargne, lorsqu'elle est « placée » peut être cependant considérée comme une consommation ; ses motivations (plaisir, satisfaction, jouissance…) sont seulement différées dans le temps.

L'ÉPARGNE PROTÉGÉE depuis plus de VINGT ANS

La possibilité de protéger son capital avec des placements sans risque rapportant plus que l'inflation est une situation avantageuse pour les épargnants, mais qui fut longtemps considérée comme exceptionnelle. C'est pourtant celle qui prévaut depuis vingt ans. Elle a été rendue possible par la maîtrise de l'inflation engagée dans les années 80 ; entre 1980 et 1986, la hausse des prix était passée de 13,4 % à 2,6 %. Les taux d'intérêt n'ont pas baissé dans les mêmes proportions, de sorte que même ceux des livrets de caisse d'épargne sont supérieurs à l'inflation depuis 1984. La baisse des taux, amorcée à la fin de 1993, a atteint son terme fin 1999 ; elle a été suivie d'une hausse en 2000 et 2001. Les performances des sicav monétaires avaient alors diminué de moitié en quelques années et s'étaient rapprochées de celle du livret A de la Caisse d'épargne : 3 % en moyenne entre 1994 et 2001, contre 6,6 % entre 1988 et 1993.

Entre 2002 et 2004, les taux d'intérêt ont de nouveau baissé, ce qui a permis aux Français de s'endetter dans de bonnes conditions, notamment pour effectuer des achats immobiliers (p. 158). Ils ont remonté depuis 2005, sous l'effet des décisions de la Banque centrale européenne. Parallèlement, les taux nets des placements sans risques ont diminué, mais ils sont restés positifs. Il faut remonter au début du XXᵉ siècle pour retrouver une période aussi faste. En 1900, l'inflation était proche de zéro et les placements en obligations rapportaient plus de 4 % net. La Bourse de Paris était avec celle de Londres la première du monde ; de surcroît, les impôts sur le travail et sur les plus-values n'existaient pas.

---

a augmenté ; elle n'était que de 4 % en 1986. Ce sont surtout des ménages aisés constitués d'indépendants ou de cadres âgés de 40 à 70 ans qui en sont bénéficiaires.

Les placements des Français sont plus diversifiés.

Les Français n'aiment guère risquer leur argent. Cette attitude prudente a longtemps conditionné la gestion de leur épargne. Elle explique la priorité qu'ils ont accordée aux placements sûrs comme le livret A, le plan d'épargne logement, mais aussi l'assurance-vie à rendement stable (sans oublier les matelas et les bas de laine). Il s'y est ajouté l'or et la pierre, longtemps considérés comme des « valeurs refuges ». Les Français ont en revanche longtemps boudé les actions et les obligations, dont ils connaissaient assez mal le fonctionnement.

À l'aversion nationale pour le risque s'est ajouté le goût pour la liquidité. C'est pourquoi les livrets de caisse d'épargne ou les Codevi (comptes pour le développement industriel) sont restés populaires, malgré leur faible rentabilité. Huit ménages sur dix possèdent un produit d'épargne liquide (livret, compte ou plan d'épargne…). Beaucoup utilisent également la possibilité d'obtenir des avances dans les contrats d'assurance-vie avant le terme des huit années de versement.

Depuis les années 80, les Français cherchent des moyens plus efficaces

Les actifs des actifs

Taux de détention d'actifs de patrimoine selon la catégorie socioprofessionnelle (2004, en %)

	Livrets d'épargne	Épargne logement	Valeurs mobilières	Assurance-vie, PEP, retraite	Épargne salariale	Résidence principale	Autres logements
Agriculteur	91,6	72,7	42,3	65,3	7,7	84,3	33,2
Artisan, commerçant, industriel	74,7	50,5	42,0	60,9	12,8	63,0	31,3
Profession libérale	82,9	67,9	61,2	82,0	14,8	73,0	42,4
Cadre	90,6	65,7	50,3	58,2	39,2	65,8	28,5
Profession intermédiaire	88,2	53,2	25,2	48,5	31,5	59,2	15,7
Employé	84,7	38,6	14,4	39,5	16,7	35,9	10,0
Ouvrier qualifié	81,7	40,3	12,4	38,0	27,0	51,5	8,6
Ouvrier non qualifié	78,3	28,0	7,4	34,6	14,4	31,4	7,4
Agriculteur retraité	85,9	34,9	26,4	39,8	1,1	68,7	21,4
Indépendant retraité	81,4	31,1	40,4	49,7	1,2	76,5	33,8
Salarié retraité	83,1	32,9	23,8	42,3	3,9	64,6	20,2
Autre inactif	70,1	19,6	8,8	17,0	2,7	28,1	9,8
ENSEMBLE	83,2	41,3	24,2	43,7	16,7	55,7	17,7

INSEE

de protéger leurs patrimoines. Il faut dire que ceux-ci avaient été sérieusement érodés au cours des années 70 par une inflation persistante ; une somme placée en 1970 sur un livret A de la Caisse d'épargne avait perdu un quart de sa valeur en francs constants en 1983, avant que les taux réels ne deviennent positifs. Les épargnants ont alors découvert la Bourse, ainsi que l'assurance-vie (voir ci-après). Entre 1992 et 2005, la proportion d'actionnaires « en direct » a doublé ; elle reste cependant inférieure à celle d'autres pays, notamment d'Europe du Nord, et très faible par rapport à celle des États-Unis.

L'intérêt actuel pour des placements plus risqués ne traduit pas seulement le souhait des Français de mieux pré-server leur capital ; il marque aussi leur volonté et la nécessité de prendre davantage en charge leur avenir, en s'assurant notamment de compléments de revenus pour la retraite. Les attentes et les motivations des épargnants ont changé en même temps, et dans le même sens, que celles des consommateurs. Ceux-ci sont devenus plus compétents, plus rationnels et plus mobiles. C'est ce qui explique qu'ils soient aujourd'hui plus exigeants quant à la rentabilité de leurs placements.

Huit ménages sur dix ont un livret d'épargne...

En 2004, 85 % des ménages dans lesquels la personne de référence avait moins de 30 ans possédaient des livrets défiscalisés (livret A, livret Bleu, livret Jeunes). L'autorisation qui a été accordée aux banques de proposer des produits défiscalisés leur a permis de drainer une partie importante de l'épargne nouvelle. Les livrets A ou Bleu sont plus diffusés chez les retraités : 61 % des 70 ans et plus, contre 55 % des moins de 30 ans. Ils connaissent une certaine désaffection, au profit de placements jugés plus rentables, et ne sont plus détenus que par 57 % des ménages contre 64 % en 1998 et 62 % en 2000. Le taux de possession d'un livret Jeunes est stable, à 17 %.

Lancé fin 1989, le PEP (plan d'épargne populaire) avait connu très vite un succès supérieur à celui du PER (plan d'épargne retraite), qu'il remplaçait. Il est cependant en perte de vitesse régulière, avec seulement 9 % de ménages détenteurs en 2004 (notamment des agriculteurs), contre 15 % en 1998 et 11 % en 2000. Le Codevi est détenu par 42 % des ménages contre 38 % en 1998 ; il concerne surtout les indépendants, les professions libérales et les cadres. Le LEP (livret d'épargne populaire) est quant à lui soumis à des conditions de ressources ; il est surtout détenu par des retraités et des agriculteurs ; son taux de possession s'est accru au cours des dernières années (24 % en 2004 contre 14 % en 1998).

... et plus d'un sur trois une assurance-vie.

On observe un intérêt des Français pour les placements longs, afin de constituer une épargne de précaution, face aux risques de chômage et aux difficultés de financement des régimes de retraite. En 1992, l'assurance-vie était ainsi devenue le premier placement des Français. Près de quatre ménages sur dix possédaient au moins un contrat en 2004 (35 %). Ils versent un peu moins de 60 milliards d'euros par an, soit près de la moitié de leurs placements. Jusqu'au milieu des années 90, ce sont surtout les fonds en euros, avec un capital garanti et un rendement régulier, qui en ont bénéficié. Depuis la fin de la décennie, les supports en unités de compte (investis au moins partiellement en actions, plus risqués mais plus rentables) ont pris la relève : ils représentaient 9 % des contrats en 2004 contre 2 % en 2000. Cependant, la majorité des contrats souscrits le sont en euros, les « multisupports » en représentent un tiers.

Le taux de possession atteint 68 % chez les professions libérales, 46 % chez les artisans et commerçants. Ces deux catégories cherchent à se pro-

Le boom de l'épargne salariale

L'épargne salariale est constituée de la participation, versée obligatoirement par les entreprises de plus de 50 salariés et bloquée pendant cinq ans, et de l'intéressement aux résultats, facultatif et versé sous la forme de primes pouvant être placées sur un PEE (plan d'épargne entreprise, créé en 1967). Les sommes sont exonérées d'impôt pour les salariés et les entreprises, ainsi que de charges sociales pour ces dernières.

Cette forme d'épargne a connu un fort développement au cours des années passées. 17 % des ménages en bénéficiaient en 2004, contre 13 % en 1998 et 15 % en 2000. La proportion atteint 39 % parmi les ménages de cadres, 27 % parmi ceux d'ouvriers qualifiés, contre seulement 14 % pour ceux d'ouvriers non qualifiés et 17 % pour ceux d'employés. Au total, plus de 4,5 millions de salariés sont concernés. Pour la moitié d'entre eux (53 %), l'épargne est composée de valeurs mobilières (titres de leur propre entreprise ou parts de fonds communs de placements et sicav). 63 % sont salariés dans des entreprises qui mettent à leur disposition un PEE ou un autre type de plan d'épargne salariale. 30 % d'entre eux effectuent des versements volontaires avec abondement du plan par l'entreprise.

curer de futurs compléments de retraite et souhaitent bénéficier des avantages fiscaux de ces contrats, notamment en matière de succession. Les détenteurs de produits d'épargne retraite (10 % des ménages contre 12 % en 2000) sont souvent des travailleurs indépendants (qui peuvent bénéficier de la loi Madelin) et, dans une moindre mesure, des cadres.

L'engouement des Français pour le PERP (plan d'épargne retraite populaire) lors de son lancement en 2004 n'a pas été confirmé en 2005. Ses caractéristiques principales sont un blocage des fonds jusqu'à la date de la retraite et une sortie obligatoire en rente, assortis d'avantages fiscaux. Il concerne surtout des ménages âgés d'environ 40 ans, qui ont des encours moyens d'environ 500 €.

Les prix de l'immobilier ont très fortement augmenté depuis 1998.

L'immobilier avait connu une grave crise à partir du début des années 90, conséquence de l'explosion de la bulle spéculative qui s'était accumulée. Entre 1990 et 1997, la baisse des prix des logements avait été spectaculaire et générale. Elle avait atteint 29 % en moyenne à Paris ; le prix d'un cinq-pièces était ainsi revenu à 3 millions de francs (460 000 €), contre 5,4 millions en 1990 (820 000 €). La chute avait été moins brutale pour les petites surfaces (studios et deux-pièces) et en province. Le patrimoine immobilier des ménages propriétaires avait donc fondu (avec des pertes estimées à 45 milliards d'euros au niveau national) alors que celui des valeurs mobilières avait connu une forte croissance (ci-après).

La construction de nouveaux logements a redémarré au premier trimestre 1998, tandis que l'on constatait une reprise sensible des transactions de logements anciens. Elle s'est traduite par un raccourcissement des délais de vente et une forte hausse des prix, qui a concerné la plupart des régions, en particulier celles qui avaient subi les plus fortes baisses lors de la crise. La hausse des prix a été rapide et ininterrompue depuis 1998. Elle a profité de la baisse historique des taux de crédit et de l'allongement de la durée des prêts. Elle a été favorisée par l'instauration de prêts à taux zéro pour les jeunes ménages primo-accédants et le déficit persistant entre l'offre et la demande de logements. Depuis 1997, la hausse des prix de l'immobilier a été presque quatre fois plus forte que celle du pouvoir d'achat des revenus. La baisse constante du nombre de personnes par foyer, résultat de divorces ou de la multiplication des parents isolés, constitue une pression supplémentaire sur les prix.

À Paris, le prix moyen du mètre carré dans l'ancien avait atteint 5 650 € à la fin du premier trimestre 2006, après des hausses annuelles supérieures à 10 % depuis plusieurs années. Il a retrouvé en monnaie constante celui du début des années 90. La tendance était cependant au ralentissement en 2006, et les experts prévoyaient un « atterrissage en douceur », sans craindre l'éclatement d'une bulle spéculative comparable à celle du début des années 90. Dans la France entière, le prix moyen à l'achat a augmenté de 10,3 % en 2005, contre 15,5 % en 2004, 14,3 % en 2003 et 11,9 % en 2002. Celui des appartements a plus augmenté, chaque année, que celui des maisons individuelles : 70 % contre 49 % entre 2001 et 2005.

... et le profil des acquéreurs a changé.

La proportion de ménages propriétaires a progressé au cours des dernières années, après une période de stagnation (p. 158). Le « taux d'effort », part des remboursements dans le revenu, est passé en moyenne de 21 % en 1998 à 31 % en 2005 (Crédit agricole). Il est beaucoup plus élevé pour les acquéreurs d'Île-de-France et des grandes métropoles régionales. La part des primo-accédants, qui ne possèdent pas de bien à revendre, est

passée dans le même temps de 76 % à 62 %. Elle était de 56 % en Île-de-France et de 55 % sur la Côte d'Azur. Le montant des acquisitions représente en moyenne 3,5 années de revenu des ménages. 43 % des ménages acheteurs gagnent plus de 4 900 € mensuels, contre 32 % en 2001. La part de ceux gagnant moins de 3 600 euros par mois, qui représentait 45 % des acheteurs en 2001, a chuté de plus de 10 points en trois ans.

On observe parallèlement, et de façon apparemment paradoxale, un rajeunissement des acquéreurs. L'âge moyen à l'accession, qui était de 40 ans entre 1989 et 2001, est passé à 36 ans en 2005 (Observatoire du financement du logement). En Île-de-France, la part des 30 ans et moins s'est accrue, de 20 % en 1997 à 27 % en 2005 (Chambre des notaires). Mais, dans le même temps, celle des 31-40 ans est passée de 25 % à 32 % Cette évolution s'explique par le fait que le locatif est cher et très peu accessible et que certains ménages n'ont d'autre choix que d'acheter. Elle est favorisée par l'allongement de la durée des crédits. Entre 2001 et 2005, elle est ainsi passée de 14,9 ans à

La flambée du logement

Évolution des prix de l'immobilier ancien (en % annuel, France entière)

	Maisons	Appartements
2001	+ 7,8	+ 8,3
2002	+ 9,1	+ 11,2
2003	+ 11,2	+ 14,0
2004	+ 14,4	+ 17,6
2005	+ 12,1	+ 12,6
2000-2005	+ 67,8	+ 81,8

INSEE-Notaires

18 ans en moyenne, et certains organismes proposent des prêts à 30 ans. Dans le même temps, les prix de l'immobilier ont progressé de 63 %.

Un ménage sur quatre détient des valeurs mobilières.

Les Français avaient découvert la Bourse au cours des années 80. Les efforts des pouvoirs publics pour diriger l'épargne des particuliers vers les valeurs mobilières avaient été favorisés par la forte hausse des actions en 1983, 1984, 1985 et 1986 (respectivement 56 %, 16 %, 46 % et 50 %). Ce climat euphorique et les privatisations réalisées en 1986 et en 1987 avaient décidé un grand nombre de Français à devenir actionnaires ; 20 % des ménages étaient concernés à la fin de 1987, contre la moitié trois ans plus tôt. Le séisme d'octobre 1987, avec une baisse de 30 % de la Bourse de Paris, avait remis en question cet engouement, de même que l'effondrement des cours en août 1990, entraînant une baisse de 29 % sur l'année.

Malgré les crises (notamment en Russie au mois d'août 1998), la décennie 90 avait été particulièrement bénéfique pour les actionnaires. Le CAC 40 avait plus que triplé en dix ans ; il avait été multiplié par cinq par rapport à fin 1987. 2001 a marqué une nouvelle rupture, avec l'effondrement des valeurs technologiques de la « nouvelle économie (baisse de 22 %). La chute qui a suivi les attentats de septembre avait été rapidement enrayée, mais la tendance baissière s'était poursuivie en 2002 (24 %). 2003 s'était terminée sur une reprise de 16 %. La Bourse a depuis connu une forte hausse : 7 % en 2004 et, surtout, 23 % en 2005.

Malgré la forte augmentation globale des actions au cours des années passées, la proportion des ménages détenteurs de valeurs mobilières n'évolue guère. Elle était même en légère diminution en 2004, à 24 % contre 25 % en 2000 (mais 22 % en 1998). Depuis le retournement boursier de la fin 2000, les Français ont limité leurs souscriptions de titres en direct, notamment pour les plus âgés, dont beaucoup ont vendu leurs actions. Le PEA (plan d'épargne en actions, créé en 1992) a en revanche de nombreux adeptes, grâce à ses avantages fiscaux : 15 % des ménages en ont au moins un, contre 5 % en 1996. Le taux de détention de valeurs mobilières varie très sensiblement selon la profession : de 7 % parmi les ouvriers non qualifiés à 61 % parmi les professions libérales (14 % chez les employés, 50 % chez les cadres).

L'or et l'art ont connu de fortes hausses dans les dernières années.

L'or, traditionnellement thésaurisé par les Français, n'était plus depuis des années considéré comme un placement. Le cours du lingot avait baissé de façon spectaculaire à partir de 1984. En 2001, il valait presque le même prix, en monnaie courante, qu'à la fin des années 70. Par rapport au début des années 50, les quelque 5 000 tonnes d'or détenues par les ménages avait perdu au moins la moitié de leur valeur ; à titre de comparaison, un portefeuille d'obligations valait sept fois plus, un portefeuille d'actions cinquante fois plus. Depuis 2002, le cours de l'once d'or a fortement progressé ; la hausse a été de 20 % en 2005. Il était proche de 600 dollars en avril 2006, contre 250 à la fin des années 90. Ce retour en grâce s'explique par l'engagement massif des investisseurs en prévision d'un retournement des marchés d'actions, d'une reprise de l'inflation ou d'une chute du dollar, ainsi que par l'importance des besoins industriels.

BONNES ACTIONS

La hiérarchie des placements a sensiblement évolué dans le temps. Au cours des années 60, les placements les plus rémunérateurs étaient les terres louées, les obligations et le logement. L'or, les livrets d'épargne et les bons, largement présents dans les patrimoines des ménages, avaient une rentabilité réelle négative (tableau). Dans les années 70, le placement le plus rentable était l'or, suivi des terres louées, du logement et des obligations. Les produits d'épargne logement, livrets et bons avaient un rendement négatif, et les actions (françaises, notamment) réalisaient des performances modestes. La décennie 80 a été particulièrement favorable aux actions françaises, devant les obligations et le logement de rapport. L'or et les terres louées furent les placements les moins avantageux.

Les années 90 resteront aussi comme une période très favorable aux détenteurs de valeurs mobilières, alors que les placements immobiliers subirent une grave crise. L'accroissement récent du nombre des actionnaires s'explique en partie par les perspectives de gain espérées au vu des performances passées. Entre fin 1982 et fin 2000, les cours des actions françaises ont bénéficié d'une hausse à peine interrompue par le krach de 1987, la guerre du Golfe en 1991 et la mauvaise année 1994. Leur croissance a atteint 17 % par an en moyenne sur cette période de 18 ans, ce qui relativise la forte baisse des années 2000 à 2002 (46 % entre fin août 2000 et fin août 2002), qui n'avait fait qu'annuler les gains obtenus entre fin 1998 et août 2000. Cette baisse a été compensée par les hausses de 2003 à 2005.

Entre 1913 et 2000, les actions ont été plus performantes que l'or ou les obligations, avec une augmentation moyenne de 4 % du pouvoir d'achat de l'épargne investie, contre une stabilité pour l'or et une baisse de 1 % pour les obligations. Les possesseurs de ces dernières avaient d'ailleurs été presque ruinés pendant la première moitié du XXe siècle. Sur le court terme, les actions et l'or apparaissent cependant plus risqués que les obligations. Selon la date à laquelle il avait acheté des actions, avec un horizon de dix ans, un actionnaire avait deux chances sur trois d'être gagnant sur l'ensemble de la période.

Malgré les krachs boursiers de 1981, 1987, 1990 et 1998, les actionnaires ont vu leur capital multiplié par plus de trente entre 1950 et 2000. Pendant ce demi-siècle, les obligations ont à peine doublé, tandis que les placements sans risque ont tout juste conservé leur valeur, grâce aux taux réels positifs des quinze dernières années.

Le marché de l'art a connu, lui aussi, quelques vicissitudes. À la fin des années 80, les prix (en particulier ceux de la peinture) avaient atteint des sommets, reflétant au moins autant les modes que la valeur intrinsèque des œuvres. La forte médiatisation, le besoin grandissant de culture et d'esthétique, joints aux perspectives de plus-values importantes, avaient amené une petite minorité de Français à s'intéresser à ce type de placement. Mais la bulle spéculative s'était dégonflée au début des années 90, en même temps que celle de l'immobilier et pour les mêmes raisons : fin de la spéculation, assainissement, reprise économique. Le marché a retrouvé depuis 1996 un nouveau dynamisme, avec le retour de l'intérêt pour l'art moderne.

Le capital plus rentable que le travail ?

Évolutions moyennes par décennie des revenus des ménages et de ceux du capital investi en actions, en obligations ou en or (en % moyen annuel)

	Salaires	PIB par habitant	Actions	Obliga-tions	Or
Décembre 1950 - déc. 1959	5	3	21	3	- 4
Décembre 1959 - déc. 1969	4	5	1	2	- 2
Décembre 1969 - déc. 1979	3	3	0	2	14
Décembre 1979 - déc. 1989	1	2	16	9	- 4
Décembre 1989 - déc. 1999	1	1	13	7	- 5
Décembre 1950 - déc. 2000	3	3	9	5	0

FORTUNE

Le patrimoine brut des Français a doublé entre 1995 et 2005...

La valeur du patrimoine global des Français (résidant en France) ne peut être définie avec la même précision que leurs revenus. Il est en effet impossible de connaître le détail des biens possédés et surtout leur valeur réelle, souvent très fluctuante. Un actif (mobilier ou immobilier) soumis à un marché n'a en effet de valeur que lorsqu'il est vendu. Les droits à la retraite accumulés par les ménages ne sont pas pris en compte, car ils ne sont pas cessibles (ils sont cependant transmissibles en partie au conjoint survivant) ; ils seraient en tout état de cause difficiles à évaluer.

D'après les données de la Comptabilité nationale, le patrimoine net des ménages (après prise en compte de l'endettement) s'élevait à 6 350 milliards d'euros fin 2003 ; il représentait les trois quarts (77 %) du patrimoine national. Il était composé pour plus des deux tiers (69 %) d'actifs non financiers : logements (34 %) et terrains (30 %). Le patrimoine financier était constitué pour l'essentiel d'actions détenues directement ou indirectement (415 milliards d'euros), de titres d'OPCVM (fonds communs de placement et sicav, pour 262 milliards) et, surtout, de provisions techniques d'assurances (906 milliards investis en partie en actions). Les ménages possédaient également des montants importants d'épargne sous forme de dépôts et de numéraire : 918 milliards, dont 350 dans des comptes sur livret et 220 sur des comptes courants. Leur endettement, pris en compte dans le montant indiqué, était estimé à 753 milliards d'euros, dont 386 de crédits immobiliers.

Il faut ajouter à ces chiffres, qui concernent l'année 2003, l'épargne accumulée en 2004 et 2005 sous forme de placements divers, soit 215 milliards d'euros, ce qui conduit à un patrimoine brut de 6 565 milliards d'euros début 2006. Il faut également tenir compte de la hausse de la valeur des biens patrimoniaux pendant les deux dernières années, qui a été particulière-

ment forte, tant pour les valeurs mobilières que pour l'immobilier (p. 374). Ainsi, les prix de l'immobilier ont augmenté en moyenne de 27 % entre 2003 et 2005, et celui-ci représente plus de la moitié du patrimoine des ménages. Les actions ont aussi fortement progressé (32 % pour celles du CAC 40). En pondérant les parts respectives de ces biens, on peut estimer le patrimoine à fin 2005 à 7 300 milliards d'euros. Il faut enfin ajouter la valeur des biens d'équipement (véhicules, meubles, appareils ménagers...) ainsi que les objets de collection et œuvres d'art détenus par les ménages. D'après certaines estimations (anciennes et actualisées de façon approximative), il serait d'environ 550 milliards d'euros. Le patrimoine des Français peut ainsi être évalué au total à 7 850 milliards d'euros. Il a doublé en monnaie courante entre 1995 et 2005.

... et le patrimoine net moyen par ménage est d'environ 300 000 €.

Sachant que l'on comptait 25,8 millions de ménages début 2006, le montant moyen du patrimoine par ménage s'établirait donc à 304 000 € par ménage. L'accroissement constaté pour les ménages est encore plus spectaculaire si on le calcule par habitant, car le nombre des ménages s'accroît en effet plus vite que la population (p. 161) : 129 000 €. Notons que ces chiffres n'incluent pas la fortune des Français résidant à l'étranger. Bien qu'elle ne puisse être précisément évaluée, il semble qu'une fuite de capitaux se soit produite depuis quelques années, vers des destinations fiscales plus attrayantes (Belgique, Suisse, Royaume-Uni, Luxembourg...).

Il faut insister sur le caractère estimatif de ce chiffre, pour les raisons indiquées ci-dessus. Ainsi, les don-

La fortune des Français

Évolution du patrimoine moyen net par ménage (en euros courants) et de son pouvoir d'achat en indice (base 100 en 1949)

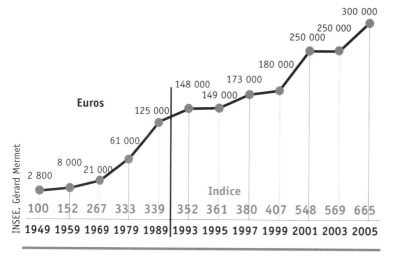

INSEE, Gérard Mermet

Euros												
2 800	8 000	21 000	61 000	125 000	148 000	149 000	173 000	180 000	250 000	250 000	300 000	

Indice

100	152	267	333	339	352	361	380	407	548	569	665
1949	**1959**	**1969**	**1979**	**1989**	**1993**	**1995**	**1997**	**1999**	**2001**	**2003**	**2005**

nées issues de l'enquête INSEE de 2004 aboutissent à un patrimoine moyen de 167 000 € par ménage, soit à peine plus de la moitié de celui calculé à partir des données de la comptabilité nationale. Mais le premier est obtenu à partir des déclarations d'un échantillon de ménages qui tendent à minimiser leur patrimoine (pour des raisons volontaires ou involontaires). De plus, l'échantillon est sous-représenté en ce qui concerne les patrimoines très élevés, difficiles à intégrer dans l'enquête pour leur part réelle. C'est pourquoi le chiffre de la comptabilité nationale est sans doute plus proche de la réalité.

Il est important de noter par ailleurs que la moyenne des patrimoines est presque deux fois plus élevée que la médiane (montant tel que la moitié des ménages a un patrimoine supérieur, l'autre moitié un patrimoine inférieur, voir tableau). Le rapport entre les deux était de 1,7 en 2004, ce qui signifie que le patrimoine médian était seu-

lement de 180 000 € (98 000 € selon l'enquête INSEE). La différence entre les deux chiffres s'explique par le poids important des ménages les plus fortunés par rapport aux plus pauvres ; les premiers possèdent l'essentiel du patrimoine total (p. 381) et « tirent » la moyenne vers le haut.

La valeur du patrimoine des ménages représente plus de six années de revenu disponible brut, contre 4,5 années vers 1996. La valeur des actions a triplé, tandis que les prix de l'immobilier ont doublé. La hausse des prix de l'habitat a cependant une incidence plus forte que celle des valeurs mobilières sur l'enrichissement des ménages, compte tenu du poids de l'immobilier dans leur patrimoine.

Les patrimoines ont beaucoup plus progressé que les revenus...

Le revenu des Français a pratiquement été multiplié par cinq depuis 1950 en

pouvoir d'achat (après prise en compte de l'augmentation des prix). Mais leur patrimoine avait bénéficié d'une croissance encore plus forte pendant la seconde moitié du XXe siècle. Entre 1949 et 1959, le patrimoine moyen des ménages avait augmenté en moyenne de 4,4 % par an en monnaie constante, un rythme de croissance très proche de celui du revenu (4,5 %). La croissance a été encore plus spectaculaire entre 1959 et 1969 : 5,9 % par an, contre seulement 5,5 % pour les revenus. Elle s'expliquait par les très fortes plus-values réalisées dans l'immobilier, l'augmentation des revenus et de l'épargne, ainsi que l'accroissement du recours au crédit.

Les années 70 ont été moins favorables, compte tenu du fort accroissement de l'inflation, de la mauvaise tenue des valeurs mobilières (les actions françaises ont stagné pendant la période) et des livrets d'épargne. Au total, le patrimoine moyen s'est tout de même accru d'un quart en francs constants pendant la décennie. Sur la période 1970-1985, patrimoines et revenus se sont développés au même rythme. La décennie 90 a été particulièrement faste pour les premiers (encadré). De sorte qu'entre 1983 et 2000 le patrimoine net des ménages (après déduction de l'endettement) s'est accru en moyenne de 3,2 % par an, alors que leur revenu disponible augmentait de 2,5 %. L'écart s'est de nouveau accru au cours des cinq premières années, compte tenu de la forte revalorisation des biens patrimoniaux mobiliers et immobiliers, dans un contexte d'augmentation réduite du pouvoir d'achat.

... et les écarts existants sont nettement plus élevés.

Le rapport entre le montant du patrimoine et celui du revenu augmente avec le niveau de ce dernier. Cela signifie que les écarts de richesse entre les ménages sont plus élevés que ceux existant entre les revenus. Ce phénomène s'explique en partie par le fait que le patrimoine est l'accumulation de revenus épargnés au fil du temps. On observe ainsi une augmentation régulière et forte du patrimoine avec l'âge, avec, cependant, une décroissance après 60 ans.

Parmi les salariés, le patrimoine médian des cadres est vingt fois supérieur à celui des ouvriers non qualifiés. Cet écart s'explique par le revenu ou le diplôme, fortement liés à la catégorie sociale. Il est aussi induit par un effet d'âge, qui détermine les déroulements de carrière ; la proportion des cadres et des professions intermédiaires est ainsi moins forte chez les jeunes. Les héritages renforcent aussi les écarts de patrimoine entre les professions, car ceux perçus par les personnes disposant des revenus les plus élevés sont aussi les plus gros (p. 380).

Les enquêtes effectuées par l'INSEE (auxquelles il est nécessaire de recourir, dès lors que l'on s'intéresse à la répartition statistique des patrimoines dans la population) montrent qu'entre 1992 et 2004 la plupart des indicateurs de dispersion et de concentration sont restés stables dans la plupart des tranches d'âge, sauf chez les 30 à 50 ans, où ils augmentent. Les plus de 50 ans possédaient en 2004 un patrimoine plus élevé qu'en 1992 en termes relatifs, alors que les moins de 30 ans ont vu le leur diminuer. Cette situation peut s'expliquer à la fois par le vieillissement de la génération des baby-boomers et par l'arrivée de jeunes générations ayant vécu des situations économiques moins favorables. Parmi le quart des ménages ayant les revenus les plus faibles, les 10 % les moins pauvres possédaient 55 % du patrimoine de ce groupe en 2004, contre 48 % en 1992.

Les patrimoines des indépendants sont supérieurs à ceux des salariés.

Entre les « gros indépendants » et les ouvriers non qualifiés, le rapport des patrimoines médians est de 50 ; il n'est plus que de 6,5 par rapport aux ouvriers qualifiés. Il est beaucoup plus élevé qu'entre les revenus de ces mêmes catégories. D'une façon plus globale, le rapport entre les patrimoines des ménages du neuvième décile (10 % les plus élevés) et le premier (10 % les moins

LA « REPRODUCTION » DES INÉGALITÉS

Comme en matière de scolarité, le système de « reproduction sociale » est apparent dans les écarts de patrimoine. La mobilité professionnelle et sociale entre les générations reste peu développée, de sorte que les enfants de familles aisées sont ainsi plus nombreux que les autres à occuper des postes salariés à revenus élevés ou à exercer des activités non salariées impliquant la constitution d'un capital professionnel. L'importance des écarts entre les héritages perçus par les différentes catégories sociales tend également à accroître ces inégalités. Enfin, les patrimoines les plus élevés obtiennent des rendements et des plus-values supérieurs à ceux des patrimoines plus faibles. Leurs propriétaires bénéficient en effet d'une meilleure information sur les occasions existantes, d'un meilleur service de la part des intermédiaires financiers et de frais réduits (en proportion des investissements) sur les opérations effectuées. Chacun de ces facteurs va dans le sens d'un renforcement des inégalités.

élevés) est supérieur à 400, alors que celui existant entre les revenus n'est que de 4. Le ratio entre le premier et le troisième quartile (quart des patrimoines les plus élevés et quart des patrimoines les moins élevés) est de 27.

Dans le cas des non-salariés (entrepreneurs, commerçants, artisans ou agriculteurs), les écarts sont dus à l'existence d'un capital professionnel, qui n'existe pas chez les salariés. Il représente 34 % du patrimoine total des indépendants. Si on soustrait la valeur de ces biens professionnels, on constate que les écarts de patrimoines sont moins spectaculaires. La deuxième explication est que le taux d'épargne des ménages à hauts revenus est plus élevé, de sorte que le patrimoine accumulé s'accroît chaque année plus rapidement que celui des ménages aux revenus modestes. De plus, ceux-ci épargnent davantage que les salariés pour leur patrimoine privé, notamment afin de compenser des droits à la retraite et une couverture sociale plus faibles.

Les actifs immobiliers représentent 60 % du patrimoine.

Au début des années 50, le patrimoine des ménages était composé pour les trois quarts d'actifs non financiers. L'immobilier et surtout les terres (notamment agricoles) occupaient une place prépondérante. Le patrimoine financier était alors essentiellement constitué de dépôts bancaires et de livrets, l'assurance-vie représentant seulement 3 ou 4 % de la richesse des ménages. Depuis 1995, la part du patrimoine immobilier des ménages a toujours été supérieure à celle du patrimoine financier. Elle avait baissé entre 1997 et 2000 au-dessous de la moitié, du fait de la forte valorisation des actifs financiers au cours de cette période, marquée par une forte hausse des cours boursiers.

Entre 2001 et 2005, la très forte reprise de l'immobilier a fait que la part des actifs non financiers est redevenue largement supérieure à celle des actifs financiers : elle a atteint 61 % du patrimoine brut en 2004. La part du patrimoine domestique (hors capital professionnel), dont l'essentiel est la résidence principale (plus de 80 % du total), a peu varié ; elle représentait un tiers de l'ensemble (30 %), y compris les résidences secondaires. Les biens fonciers (terrains) représentaient 27 %. Le reste (numéraire, dépôts, titres et valeurs mobilières, provisions techniques d'assurances) comptait pour 38 %. Le patrimoine des ménages s'est diversifié au cours de ces trente dernières années. Dans les portefeuilles financiers, les valeurs mobilières, l'assurance-vie, l'épargne logement occupent une place croissante.

La part des actifs immobiliers dans le patrimoine des ménages est également importante dans d'autres pays européens comme l'Allemagne, les Pays-Bas ou le Royaume-Uni. Malgré l'importance des fonds de pension aux Pays-Bas et au Royaume-Uni, la part de l'immobilier dans le patrimoine des ménages néerlandais et britanniques s'est sensiblement renforcée sur la période, pour atteindre ou dépasser la moitié. Elle a légèrement diminué en Allemagne.

Les héritages et donations sont plus fréquents...

Jusque dans les années 50, la plupart des ménages étaient contraints de « consommer » en grande partie le capital dont ils disposaient, une fois arrivés à la retraite. L'augmentation sensible des pensions au cours des années 60 et 70 a progressivement transformé les comportements ; elle a même permis aux retraités de continuer

Le palmarès des patrimoines

Patrimoine médian* des ménages (en milliers d'euros), indicateur de dispersion et ratio moyenne/médiane

	Patrimoine médian	Rapport D9/D5**	Moyenne/ médiane
ENSEMBLE DES MÉNAGES	98	3,9	1,7
Âge			
Moins de 30 ans	5	23,2	6,9
30 à 40 ans	70	3,7	1,6
40 à 50 ans	123	3,3	1,5
50 à 60 ans	155	3,3	1,6
60 à 70 ans	139	3,1	1,5
Plus de 70 ans	92	4,2	1,7
Catégorie sociale du ménage			
Agriculteurs	168	4,3	1,8
Petits indépendants	165	3,9	1,8
Gros indépendants	481	4,2	1,7
Professions libérales	332	3,1	1,4
Cadres	200	2,9	1,3
Professions intermédiaires	123	2,7	1,3
Employés	27	8,0	3,0
Ouvriers qualifiés	73	3,0	1,3
Ouvriers non qualifiés	10	17,1	5,9
Type de commune			
Commune rurale	126	3,2	1,6
Moins de 20 000 habitants	123	3,0	1,4
De 20 000 à 100 000 habitants	69	5,0	2,0
Plus de 100 000 habitants	63	5,4	2,1
Agglo. parisienne hors Paris	70	5,7	2,3
Ville de Paris	51	12,2	5,0

* Tel qu'il y a autant de ménages situés au-dessus de la médiane qu'au-dessous (différent de la moyenne, qui est la somme des patrimoines divisée par le nombre de ménages).
** Rapport entre le neuvième décile (montant au-dessus duquel se situent 10 % des ménages) et le cinquième décile (montant au-dessous duquel se situent 50 % des ménages).

TNCEF

LE PATRIMOINE, SOURCE DE REVENU

Les revenus du patrimoine s'ajoutent à ceux du travail des actifs et aux pensions des retraités. Ils les complètent dans la majorité des cas, et les remplacent dans d'autres, beaucoup plus rares (rentiers). Le patrimoine peut être personnel ou professionnel (dans le cas des indépendants et des professions libérales). La part des revenus financiers représentait ainsi 9 % du revenu disponible brut des ménages en 2004. Après avoir connu une baisse entre 1993 et 2003, liée à la dégradation de la conjoncture économique et de celle des placements, elle s'est stabilisée depuis 2004, profitant notamment de la revalorisation des valeurs mobilières.

Les revenus du patrimoine peuvent être à l'origine d'écarts significatifs entre les ménages, surtout parmi les inactifs, qui tirent en moyenne un quart de leurs revenus de leur patrimoine. Le montant de celui-ci diffère largement entre les catégories de retraités, selon leur capacité d'épargne antérieure, l'efficacité des placements effectués et les héritages reçus. Elles expliquent que les écarts entre les revenus disponibles des retraités sont plus élevés que ceux qui existaient entre leurs salaires lorsqu'ils étaient en activité. Compte tenu des difficultés de financement des retraites, les inégalités de revenus des retraités pourraient s'accroître à l'avenir, entre ceux qui disposeront d'un patrimoine important et pourront prélever des revenus complémentaires, voire transformer leur capital en rente, alors que les autres ne disposeront que des revenus de leur retraite.

à épargner. La conséquence est que les patrimoines transmis aux enfants ont régulièrement augmenté. Les donations et les successions représentent aujourd'hui plus de 100 milliards d'euros par an (dont environ 60 % pour les successions). Depuis les années 80, l'augmentation des patrimoines est supérieure à celle des revenus, du fait des taux d'épargne élevés et de la valorisation des actifs (ci-dessus). Elle a été également favorisée par la quasi-disparition de l'inflation. À l'inverse, la pression fiscale sur les revenus du travail (p. 322) a rendu plus difficile l'accumulation de richesses, de même que l'imposition des fortunes.

Aujourd'hui, plus de 1 million de Français héritent au cours d'une année (pour 700 000 donataires). Sur longue période, l'héritage concerne donc une proportion importante des ménages. L'âge moyen des bénéficiaires s'accroît régulièrement, du fait de l'allongement de l'espérance de vie : 53 ans aujourd'hui, contre 48 ans en 1984 et 51 ans en 1994. Les donations sont également de plus en plus fréquentes, du fait notamment des avantages fiscaux dont elles bénéficient depuis 1992 et des franchises (permanentes ou temporaires) plus récentes. Elles ont lieu plus tôt, à partir de 40 ans. En 2004, 20 % des ménages de moins de 30 ans ont reçu un héritage ou une donation, contre 40 % de ceux qui avaient entre 40 et 50 ans et 51 % des plus de 50 ans.

... mais aussi très inégaux.

On peut estimer le patrimoine moyen transmis par héritage à 40 000 € par héritier. Parmi les biens légués, les logements comptent pour la moitié, les actifs financiers pour l'autre moitié, ce qui est conforme à la composition actuelle des patrimoines. Les sommes en jeu sont très variables : environ 10 % des successions dépassent 200 000 €. Les inégalités entre les catégories sociales restent très marquées : le mon-

tant des héritages reçus par les enfants d'ouvriers (nets de droits de succession) est en moyenne trois fois moins élevé que celui des enfants d'agriculteurs et cinq fois moins que ceux des enfants de cadres supérieurs. Au total, six ménages sur dix reçoivent des héritages ou des donations au cours de leur vie, pour un montant moyen d'environ 80 000 €. Des études montrent cependant que les écarts se sont réduits au cours du XXe siècle, du fait notamment d'un accroissement des taux d'imposition sur les successions : le taux maximal en ligne directe était de 2,5 % en 1901, contre 40 % en 1983.

L'héritage est donc à la fois plus fréquent et important. Sa part dans les patrimoines est loin d'être négligeable. Bien qu'il soit très difficile de la mesurer (il faut distinguer entre les revenus produits par les biens hérités et ceux du patrimoine accumulé en propre), on estime que les héritages et donations représentent 40 % du patrimoine global moyen. Leur part tend cependant à diminuer au fil des années, du fait de l'accroissement de la richesse accumulée en propre par les ménages. Cette évolution est aussi due à l'allongement de la durée de la vie, qui fait que l'on hérite de plus en plus tard, mais que l'on accumule un patrimoine pendant un temps plus long.

10 % des ménages possèdent la moitié de la richesse totale.

Les patrimoines des Français sont très concentrés. En 2004, les ménages situés dans le premier décile (10 % les plus riches) possédaient 46 % de l'ensemble de la richesse totale, alors que les 50 % les moins riches en possédaient moins de 10 % (INSEE). La proportion était identique à celle mesurée en 2000. La moitié la plus riche des Français possède 93 % de la valeur totale (91 % en

2000). Le phénomène de concentration est particulièrement marqué à Paris, où 10 % des ménages les plus aisés se partagent les trois quarts du total, contre la moitié en province. Comme indiqué ci-dessus (p. 378), ces chiffres sont basés en partie sur des données déclaratives mesurées par l'INSEE et sont probablement sous-estimés, du fait de la difficulté de mesurer les patrimoines les plus élevés.

La structure des patrimoines est également très étirée à l'intérieur de chaque catégorie sociale. La concentration est plus forte chez les agriculteurs et les membres des professions libérales que chez les ouvriers ou les employés. L'âge est un autre facteur important : le patrimoine médian des 40-60 ans (tranche d'âge où il est maximal) est dix fois plus élevé que celui des moins de 30 ans. À l'inverse, les 10 % de ménages les moins aisés possèdent une part infime du patrimoine (0,1 %). On n'arrive qu'à 1 % en considérant les 20 % les plus pauvres et à 7 % avec la moitié. La concentration des patrimoines est plus forte chez ceux qui ne possèdent pas leur résidence que chez ceux qui en sont propriétaires. Parmi ces derniers, les 10 % de ménages les plus riches représentaient 37 % du patrimoine total en 2004, contre une part presque deux fois plus élevée chez les non-propriétaires (72 %).

5 % des ménages détiennent la moitié des actifs financiers.

La concentration des actifs financiers est encore plus marquée que celle des patrimoines globaux. La moitié sont détenus par 5 % des ménages, alors que la moitié des ménages se partagent 5 % des actifs. Ce phénomène s'explique par le fait que plus on est riche et plus on possède d'actifs financiers. C'est en effet la part relative de l'immobilier et des valeurs mobilières qui différencie le plus les fortunes. On observe que les petits patrimoines contiennent proportionnellement plus d'immobilier, les gros plus de valeurs mobilières. Dans beaucoup de cas, celles-ci sont en fait des biens professionnels détenus par des industriels.

Les portefeuilles boursiers sont un facteur important. Ils représentent au moins la moitié des grosses fortunes. Près des deux tiers des ménages ayant un patrimoine supérieur à 1 million d'euros sont des indépendants (actifs ou retraités) dont un tiers de chefs d'entreprise et de professions libérales ; près du tiers de leur patrimoine est de nature professionnelle. L'ensemble des valeurs mobilières et de l'assurance-vie représente les deux tiers du patrimoine non professionnel et les trois quarts du patrimoine de rapport pour les ménages disposant de plus de 1 million d'euros. Les actifs non professionnels sont à peu près également répartis entre les biens immobiliers, les valeurs mobilières et les liquidités. Les immeubles de rapport constituent environ la moitié du parc immobilier en valeur, les résidences principales en représentent un peu moins du quart, tandis que les résidences secondaires comptent pour un dixième.

Un ménage sur cent paye l'impôt sur la fortune.

La création, en 1981 (puis en 1988), de l'ISF (impôt de solidarité sur la fortune) a permis de connaître un peu mieux le montant et la composition des grandes fortunes. Le seuil retenu pour 2005 était de 732 000 € (hors dettes et biens exonérés tels que l'outil de travail ou les œuvres d'art). 350 000 foyers fiscaux étaient concernés en 2005, sur un total de 33 millions, soit un peu plus de 1 %. Ils n'étaient que 100 000 entre 1982 et 1986, 140 000 en 1990, 175 000 en 1995 ; leur nombre a doublé entre 1997 et 2005. 90 % des assujettis se situent dans la première tranche du barème. Parmi ces redevables, le patrimoine des 10 % les plus riches était trois fois et demie supérieur à ce seuil ; celui des 1 % les plus aisés était douze fois supérieur.

Le montant moyen des 3 000 patrimoines les plus élevés représentait environ 25 millions d'euros en 2005, contre 12 millions en 1990 et 20 millions en 2000, du fait de la forte hausse des marchés financiers et immobiliers au cours des dernières années. Les sommes versées par les contribuables concernés ont augmenté encore plus rapidement ; elles avaient atteint 2,7 milliards d'euros en 2004, mais elles ne représentaient que 1 % des recettes fiscales totales de l'État. Près des trois quarts des foyers concernés par l'ISF se situent dans quatre des vingt-deux Régions. L'Île-de-France compte pour plus de la moitié, devant les Régions Rhône-Alpes et Provence-Alpes-Côte d'Azur (7 % chacune) et Nord-Pas-de-Calais (4 %). Trois arrondissements de Paris représentent à eux seuls un cinquième des contribuables concernés par l'impôt sur la fortune : VIIe, XVe et XVIe.

Le débat se poursuit sur la pertinence de cet impôt. Il est considéré par la majorité des Français comme un élément de justice sociale. D'autres estiment qu'il représente une taxe confiscatoire injuste, dans la mesure où les contribuables concernés ont déjà payé des impôts élevés sur les revenus (ou les héritages) qui sont à l'origine de la constitution de leur patrimoine. Entre ces positions tranchées, certains proposent d'exonérer la résidence principale (15 % de l'actif net imposable), ce qui diviserait par près de deux le nombre des assujettis. L'ISF reste en tout cas chargé d'une forte dimension symbolique.

LOISIRS

LE TEMPS LIBRE

Temps et budget

L'accroissement régulier du temps libre est une donnée sociologique majeure. Il est la conséquence directe de la réduction du temps de travail (sur la journée, la semaine, l'année et la vie) et de l'allongement de l'espérance de vie. En 1900, la durée du travail représentait en moyenne 12 années sur une durée de vie de 46 ans pour un homme, soit un quart (p. 93). Elle ne représente plus aujourd'hui que 6 années sur une espérance de vie de 78 ans, soit 8 % seulement du capital temps disponible à la naissance et 12 % du temps « éveillé » (hors sommeil).

La conséquence est que le temps libre, celui qui reste à chacun après le travail, le temps physiologique (sommeil, alimentation, soins du corps), le temps d'enfance-scolarité et celui de transport, a connu une croissance spectaculaire. Il peut être évalué à 15 années sur une vie d'homme, soit plus du double du temps de travail, contre 3 années en 1900. Il représente donc un cinquième du temps de vie. Si l'on raisonne en « temps éveillé » (en enlevant à la durée de vie totale le temps consacré au sommeil, estimé en moyenne à 7 h 30 par jour), le temps libre représente alors 28 % du temps disponible, soit 5 heures par jour. Il est en réalité supérieur si l'on intègre notamment le temps de l'alimentation à caractère festif et celui des transports liés aux loisirs et aux vacances (ci-après).

La dernière enquête sur l'emploi du temps réalisée par l'INSEE (1999) indiquait un temps de loisir moyen de 3 h 35 par jour (3 h 55 pour les hommes, 3 h 17 pour les femmes), comprenant celui consacré à la télévision, à la lecture, à la promenade, aux jeux et au sport. On peut lui ajouter le temps de sociabilité (conversations, téléphone, courrier, visites et réceptions), qui représente près de 1 heure quotidienne (56 minutes, une durée égale pour les hommes et les femmes). On peut aussi prendre en compte le temps consacré aux repas (hors préparation, soit 2 h 14), au bricolage (18 minutes), au jardinage et aux soins des animaux (20 minutes). Enfin, le temps de transport (hors trajets domicile-travail) est souvent destiné au loisir (35 minutes). On arrive alors à un temps libre total de 7 h 20 par jour. Il est supérieur au temps libre calculé ci-dessus à l'échelle de la vie (5 heures), qui n'intègre pas le temps de l'alimentation ni celui des transports.

Si l'on considère que le temps libre ou de loisir ne comprend pas l'ensemble des repas quotidiens (mais ceux par exemple pris avec des amis ou en famille), que le bricolage et le jardinage ont parfois un caractère obligatoire, de même que certains transports quotidiens (courses, transport des enfants...), on arrive alors à environ 6 heures par jour. Mais ces chiffres ne prennent pas en compte la réduction du temps de travail à 35 heures hebdomadaires, ayant eu lieu après la date de l'enquête. Son effet sur le temps de loisir est très important pour les actifs, qui disposent de 48 minutes de plus par jour au cours d'une semaine de travail de cinq jours (soit 21 % de plus) ou de 34 minutes sur l'ensemble de la semaine (sept jours). Pour les cadres qui ont obtenu une compensation sous forme de congés supplémentaires (généralement deux semaines par an), la durée des vacances a augmenté de 40 % (sept semaines au lieu de cinq). L'effet des 35 heures de travail est donc d'abord un effet de levier sur le temps libre. Au total, le temps libre quotidien est en moyenne proche de 7 heures, soit une durée équivalente à celle du travail.

Les Français (15 ans et plus) sont exposés aux médias en moyenne près de 5 heures et demie par jour (moyenne semaine-week-end), dont 3 h 12 pour la télévision, 1 h 25 pour la radio et 26 minutes pour la presse écrite (Média-métrie, 2004). Il s'y ajoute 18 minutes consacrées à Internet et 4 au cinéma. Ces durées moyennes concernent les personnes de 16 à 60 ans seulement ; elles seraient supérieures si l'on prenait en compte les plus de 60 ans, pour la plupart retraités, qui passent davantage de temps devant les médias, notamment la télévision. Il s'agit ici de temps *exclusifs*, c'est-à-dire sans partage d'un même temps entre plusieurs médias. Dans la réalité, l'interpénétration est fréquente : on peut par exemple feuilleter un magazine en regardant la télévision.

La télévision représente ainsi 59 % du temps quotidien consacré aux médias. Elle reste le loisir le plus communément pratiqué, indépendamment des critères sociodémographiques (âge, sexe, revenu...). Près de la moitié des Français déclarent d'ailleurs tenir compte des programmes non seulement dans la planification de leurs sorties et de leurs loisirs, mais également dans l'organisation de leur vie quotidienne (*Pèlerin Magazine/Sofres*, 2003). On observe cependant une moindre influence de la télévision sur l'ensemble des loisirs. Entre 1986 et 1999, les Français avaient gagné une demi-heure de temps libre, et la télévision en avait été le principal bénéficiaire, du fait notamment du développement de l'offre de programmes. Depuis, la montée en puissance d'Internet (parmi les foyers qui en disposent) tend à amoindrir le rôle central de la télévision.

Les loisirs constituent le premier poste de dépenses des ménages.

Plus encore que le temps, l'argent consacré aux loisirs est difficile à évaluer, car il concerne des dépenses multiples, parfois mal identifiées. D'après la comptabilité nationale, les dépenses de loisir-culture représentaient 7,1 % du budget disponible des ménages en 2005 (consommation effective des ménages, comprenant les dépenses effectuées par l'État pour les ménages, comme la santé ou l'éducation). Cette part est stable depuis 1980 (elle était de 6 % en 1960), mais elle ne prend pas en compte un certain nombre de dépenses liées aux loisirs qui figurent dans d'autres rubriques du budget des ménages (p. 359).

La télé d'abord

Répartition du temps quotidien consacré aux différents médias (2004, population de 16 à 60 ans, moyenne semaine-week-end, en % et en minutes)

	Temps en %	Durée en minutes
Télévision	59	192
Radio	26	85
Presse	8	26
Internet	5	18
Cinéma	1	4

Médiamétrie

Ainsi, le poste transport (11,4 %) concerne en partie des activités de loisir (utilisation de la voiture en week-end ou en vacances). C'est le cas aussi des dépenses de communication (téléphone, Minitel, Internet), soit 2,1 %, consacrées à la famille ou aux amis. Il en est de même de certaines dépenses d'alimentation : réceptions à domicile de la famille et des amis, etc. Le poste « hôtels-cafés-restaurants » (4,7 %) pourrait quant à lui être affecté pour l'essentiel aux loisirs. Le poste habillement (3,7 %) comprend des achats de vêtements destinés à des activités ludiques et de détente, notamment sportives. Enfin, la rubrique « autres biens et services » (8,6 %) comprend des dépenses d'assurance pour les loisirs.

En ajoutant ces différentes composantes, on arrive à une dépense totale très supérieure à celle du seul poste loisirs-culture. Il est difficile de la mesurer avec précision, car on ne connaît pas pour l'ensemble des ménages la part de chacune d'elles qui est véritablement affectée aux loisirs. On peut cependant l'estimer à plus de 20 % de la consommation effective des ménages au sens de l'INSEE. De sorte que les loi-

sirs représentent le premier poste de dépense des ménages, devant le logement (19 %, hors équipement).

Les ménages dépensent en moyenne 100 € par mois pour la culture.

Les Français ont dépensé en moyenne 1 250 € en 2004 pour les achats de produits et services culturels, soit environ 5 % de leur consommation effective, une part assez stable dans le temps. Les trois plus importantes concernent les équipements pour l'image et le son (19 %), les journaux et magazines (19 %) et les services de télévision (redevances, abonnements, 18 %). Les acquisitions de biens d'équipement technologiques ont connu une très forte croissance au cours des dernières décennies : 12 % en volume annuel entre 1960 et 2000. Cette évolution s'est encore accélérée depuis, avec l'apparition de nouveaux équipements : lecteurs de DVD ; baladeurs vidéo ; téléphones portables nouvelle génération... Elle s'accompagne d'une baisse continue des prix en monnaie constante : 16 % par an pour le matériel informatique depuis le début des années 90. Les dépenses de communication (téléphone fixe ou mobile, ordinateur, Internet) ont augmenté de 9 % par an en volume (3 % en valeur) depuis 1960, mais leur part en valeur dans le budget des ménages est restée pratiquement inchangée, du fait de la baisse des prix. Un magnétoscope vendu 8 500 francs à son apparition en 1977 (soit 1 300 €) est proposé aujourd'hui à partir de 100 € avec des fonctionnalités très supérieures ; il est en passe d'être remplacé par le lecteur-enregistreur de DVD à disque dur, dont les performances ne sont plus comparables.

Ainsi, les dépenses liées à la télévision et à l'audio-vidéo ont augmenté en volume de 25 % entre 1990 et 2005, et

385

L'audiovisuel d'abord

L'image et le son occupent aujourd'hui une place centrale dans les loisirs des Français : télévision, vidéo, radio, disques, cassettes, CD-Rom, DVD, photo, cinéma. Le taux d'équipement audiovisuel s'est considérablement accru, ainsi que la fréquence et la durée d'utilisation des différents appareils. Début 2006, pratiquement tous les ménages possédaient au moins un téléviseur, près de la moitié en avaient au moins deux. Huit sur dix disposaient d'un magnétoscope, les trois quarts d'une chaîne hi-fi, un sur quatre d'un Caméscope. Deux sur trois étaient équipés d'un lecteur de DVD, alors que les premiers appareils n'ont été commercialisés qu'à partir de 2000.

Les dépenses liées à l'accès aux seuls programmes audiovisuels (redevance, abonnements de télévision, achats et locations de vidéocassettes, cinéma) ont plus que triplé depuis 1980. Ce sont celles qui ont le plus augmenté dans le budget des ménages avec celles de santé ; elles ont représenté plus de 8 milliards d'euros en 2005. La redevance ne compte plus que pour 20 %, contre 45 % en 1980, alors que la part des abonnements (câble, satellite, Canal +) approche 40 % ; elle était inexistante il y a vingt-cinq ans. Celle de la vidéo atteint 20 %, contre 8 % en 1980. Dans le même temps, la part du cinéma a beaucoup diminué ; elle ne représentait plus que 15 % des dépenses de programmes audiovisuels en 2005, contre 46 % en 1980. L'évolution de la nature des dépenses a été particulièrement forte à partir de 1997 avec l'arrivée de la télévision numérique par satellite. Elle a été suivie par l'apparition des écrans 16/9 et, plus récemment, des écrans plats et du home cinéma.

baissé en valeur de 40 %. Celles consacrées au matériel informatique ont été multipliées par quinze en volume (elles étaient presque inexistantes au début des années 90), et elles ont triplé seulement en valeur. Le budget multimédia moyen d'une famille (téléphone, télévision payante, Internet) se montait à environ 700 € pour l'année 2005. Mais les disparités sont très fortes entre les foyers, en fonction de leurs niveaux d'équipement et de l'usage qu'ils font des différents appareils.

Vidéoculture

Évolution des dépenses des ménages en programmes audiovisuels (en euros courants par ménage)

	2005	2000
Redevance (part « audiovisuel »)	67	64
Abonnements*	116	105
Vidéo**	73	43
Cinéma	40	37
Total	296	249

* Canal +, câble et satellite.
** Achat et location de vidéogrammes pré enregistrés.

Mentalités

La société actuelle est caractérisée par l'hédonisme.

L'un des principaux changements apparus dans les modes de vie et les systèmes de valeurs au cours des dernières années est l'affirmation de la primauté du principe de plaisir sur celui de réalité. Même si ce principe était présent depuis longtemps dans la mentalité nationale, il n'était pas revendiqué comme il l'est aujourd'hui au niveau individuel. Un nombre croissant de Français se sont ainsi approprié la devise d'Horace : *carpe diem* (« profite du jour présent »). Elle pose en principe que, tout homme étant mortel, il lui faut chercher à s'épanouir au cours de son existence terrestre, *ici et maintenant*. La promesse d'un bonheur qui se situerait « ailleurs » et « plus tard » est devenue moins crédible dans une société devenue laïque.

Le déclin des valeurs spirituelles (en tout cas de la pratique religieuse, p. 253) n'est en effet pas étranger aux évolutions des dernières décennies. Au cours des années 80, les Français ont redécouvert l'existence de leur corps (p. 16) et cédé aux pulsions naturelles pour le jeu, les loisirs et la liberté. Des notions comme l'esprit de sacrifice ou la recherche d'un paradis post mortem ont pris de moins en moins de place dans la vie quotidienne, car elles n'étaient plus sous-tendues par un système de valeurs d'essence religieuse. Si les anciens organisaient leur vie autour de leurs obligations et devoirs, les plus jeunes souhaitent aujourd'hui l'organiser autour de leurs passions et de leurs envies.

Le loisir est devenu un droit essentiel...

La société judéo-chrétienne mettait en exergue l'obligation de chacun de « gagner sa vie à la sueur de son front » pour avoir droit ensuite au repos, forme première du loisir. L'individu se devait d'abord à sa famille, à son métier, à son pays, après quoi il pouvait penser à lui-même. Les générations les plus âgées sont encore marquées par cette notion de mérite, pour elles indissociable de celle de loisir. Mais les plus jeunes considèrent le loisir comme un droit fondamental. Plus encore, peut-être, que le droit au travail, puisqu'il représente des aspirations plus profondes et personnelles. Il n'y a donc pour eux aucune raison de se cacher ni d'attendre pour s'amuser, « s'éclater » et profiter de la vie.

On peut d'ailleurs observer que le droit de se détendre et de se divertir est beaucoup mieux respecté que celui de travailler, dans la mesure où plusieurs millions de Français ne disposent pas d'un emploi. Le loisir occupe aujourd'hui une place d'autant plus grande dans la société contemporaine qu'il a bénéficié au cours des décennies passées du très fort accroissement du temps libre (p. 94) et de celui du pouvoir d'achat (p. 328). De tous les peuples développés, les Français sont sans doute celui qui accorde la plus grande place aux loisirs. Dans une société devenue laïque, c'est le loisir qui constitue le temps sacré des individus.

La fête occupe donc une place croissante dans l'esprit des Français et notamment des jeunes (p. 136). Les discothèques, concerts, festivals, *rave parties, free parties* ou *home parties* sont quelques-unes de ses appellations et manifestations contemporaines. Ce besoin individuel et collectif révèle une forte attente de convivialité, de communion, de sensorialité et d'ivresse. Comme à tout moment dans l'histoire sociale, la fête constitue un moyen de libérer des énergies ou des désirs refoulés par les règles de la vie sociale et par les tabous. Pour les adeptes de la fête permanente, vivre ce n'est pas penser, mais ressentir ; il est moins important de raisonner que de *résonner*, c'est-à-dire entrer en résonance avec son environnement, utiliser ses sens pour vibrer à l'unisson.

Depuis le début des années 80, la France a ainsi multiplié les initiatives en matière de manifestations festives : Fête de la musique ; Fête du cinéma ; Technoparade ; Immeubles en fête ; Nuit blanche parisienne... On a vu apparaître plus récemment la Fête de l'entreprise et celle des secrétaires. Elles s'ajoutent aux multiples festivals (musique, théâtre, danse...) organisés un peu partout dans le pays, ainsi qu'aux fêtes religieuses traditionnelles (Noël, Pâques, Ascension...). Elles témoignent d'un goût particulier pour le loisir, mais aussi de la nécessité de recréer du lien social. La France est le premier importateur mondial de touristes (p. 482) ; elle pourrait devenir le premier exportateur de fêtes.

... et constitue un moyen de fuir la réalité.

Les Français ressentent une insatisfaction croissante par rapport au monde actuel et une angoisse à l'égard de son avenir. C'est sans doute pourquoi ils recherchent dans leurs loisirs des occasions de substituer le rêve à la réalité. Il en est ainsi de l'engouement croissant pour la fiction, sous toutes ses formes : films ; séries télévisées ; jeux vidéo... Les images virtuelles se multiplient sur les écrans de téléviseur ou d'ordinateur. Le « réalisme » est remplacé par l'onirisme et la virtualité. La télé-réalité n'est en fait qu'une construction largement artificielle du fait de la contrainte d'un monde clos (appartement, maison, ferme, bateau, île...), de la présence de caméras, du scénario écrit à l'avance et de la sélection préalable des candidats.

L'art est comme toujours un révélateur du changement social. Les romanciers contemporains inventent des personnages sans chair dans des histoires sans lieux. La peinture moderne est de moins en moins descriptive ou figura-

tive, de plus en plus intériorisée. Les sculpteurs ne reproduisent pas des formes réelles ; ils donnent du volume et du poids à des images abstraites. La photographie, la bande dessinée ou les clips musicaux mettent en scène des héros symboliques qui évoluent dans des univers virtuels et oniriques. La musique utilise des synthétiseurs et d'autres instruments électroniques pour créer des sonorités propres à favoriser l'« évasion ».

La publicité, qui participe de toutes ces disciplines artistiques, cherche aussi de plus en plus souvent à transcender la réalité des produits qu'elle vante : décors, acteurs, éclairages, angles de prise de vue et montage contribuent à inscrire les images publicitaires dans un « autre monde ». Au prétexte de montrer de « vraies gens », elle met en scène des personnages atypiques, auxquels chacun va se comparer et, parfois, se trouver « anormal ».

Les temps et les activités de la vie se mélangent.

Dans une société où la relation au temps a été bouleversée, le système social continue de s'articuler autour du même découpage temporel, caractérisé par un rythme ternaire : études, vie active, retraite. La représentation collective de la société est toujours fondée sur le travail, alors que le loisir joue un rôle largement dominant, tant en matière de temps que d'argent ou de motivation. Il existe donc un décalage entre le temps social et le temps réel. La difficulté vient de ce que le temps libre est très inégalement réparti tout au long de la vie. Le découpage traditionnel ne correspond pas aux souhaits des individus. Il n'est pas non plus porteur du maximum d'efficacité économique. Un nouvel ordre social, fondé sur une répartition plus harmonieuse du temps professionnel et du temps personnel, devra donc progressivement être mis en place, afin de mieux coller à la réalité.

Cette « révolution du temps » a déjà commencé. Les frontières entre les vies personnelle, familiale, professionnelle et sociale sont de plus en plus floues. D'abord parce que le travail demande une flexibilité croissante. Beaucoup de salariés (notamment les cadres) emportent du travail chez eux le week-end ou le soir ; ils peuvent être joints à tout moment et en tout lieu. Ils consacrent aussi une part croissante de leur temps personnel à s'informer et à se former pour être plus efficaces dans leur activité professionnelle. À l'inverse, ils s'efforcent pendant leurs heures de travail de rester en relation avec leur famille et leurs amis pour organiser les moments de vie commune dans un contexte de mobilité croissante et d'emplois du temps de plus en plus chargés (un para-

doxe dans une société où le temps libre s'accroît).

Ce mélange entre les différents temps de la vie devrait se poursuivre et même s'accélérer avec le développement du travail indépendant et du télétravail (p. 289). Il est favorisé par la disposition d'outils de mise en réseau comme le téléphone portable ou l'ordinateur connecté à Internet. Cette révolution s'inscrit dans un mouvement général de « métissage ». Elle aura des répercussions considérables sur le fonctionnement social, sur les modes de vie individuels, la consommation, le rôle des institutions et celui des entreprises.

Le loisir remplit des fonctions individuelles...

Le temps libre permet de faire ce que l'on aime, ce qui n'est pas toujours possible dans le cadre de l'activité professionnelle. Le développement personnel constitue ainsi une motivation croissante, à la fois pour les actifs et les inactifs. La pratique du sport s'inscrit dans cette démarche. L'objectif poursuivi n'est pas de réaliser des performances, mais de rester en forme, de vivre mieux et de vieillir moins vite. Il est aussi de supporter le stress engendré par la vie contemporaine, de trouver l'équilibre et l'harmonie entre le physique et le mental. La proximité avec la nature est une autre quête d'importance croissante en matière de loisir. Les activités de plein air se développent, manifestations apparentes et souvent inconscientes des préoccupations écologiques (menaces sur l'environnement et sur les espèces vivantes) en réaction avec les contraintes de la vie urbaine. L'engouement pour le camping ou la « néoruralité » témoignent de ce besoin de « naturalité ».

On constate aussi une volonté de plus en plus apparente de rendre le

temps libre productif, à travers par exemple les activités de bricolage et de jardinage (p. 460) ou les pratiques culturelles amateurs (musique, peinture, danse, théâtre..., p. 465). Ces comportements ont souvent une finalité économique ; en se rendant des services à eux-mêmes, les ménages économisent de l'argent. Mais ils donnent surtout du sens à leurs loisirs et à leur vie.

... mais aussi collectives.

La vocation des loisirs n'est pas seulement individuelle. Beaucoup sont porteurs de convivialité et de solidarité. Ainsi, le temps consacré à la famille et aux amis s'est accru avec la mise en place de la réduction du temps de travail. La participation aux associations s'inscrit souvent dans une démarche aussi solidaire que solitaire, les deux notions étant d'ailleurs peu dissociables (p. 206). On observe depuis plusieurs années un accroissement du nombre des associations caritatives et de leur rôle dans le fonctionnement social.

Le loisir se confond donc de moins en moins avec l'oisiveté. Il n'est pas seulement un temps « égoïste », destiné à la construction ou à la préservation de son identité. Il est de moins en moins vécu comme un « temps mort » mais comme un « temps fort », car il permet un enrichissement permanent. La société laïque avance sur la voie d'une réconciliation entre une démarche individualiste, souhaitée ou parfois subie (chacun devient responsable de son propre destin) et une préoccupation de solidarité à l'égard de ceux qui ne peuvent s'assumer seuls. Cette double dimension, que l'on peut baptiser *égologie* (p. 242), représente l'une des caractéristiques et l'un des défis majeurs de la nouvelle civilisation en préparation.

Télé, musique, lecture

Parmi les choses suivantes, quelles sont celles que vous aimez le plus faire ?
(15 ans et plus, en %)*

	Mars 2006	Oct. 1979
Regarder la télévision	59	54
Écouter de la musique	57	41
Lire des livres	49	49
Lire des journaux, des magazines, des revues	49	42
Aller au cinéma	33	27
Surfer sur Internet	26	-
Aller au théâtre	9	11
Sans opinion	1	2

* Total supérieur à 100, plusieurs réponses étant possibles.

Groupe Casino/L'Hémicycle/Sofres, mars 2006

Pratiques

L'évolution des mentalités à l'égard des loisirs a accompagné l'accroissement de la part du temps libre dans la vie. Elle s'est traduite par une explosion de l'offre de produits ou de services de loisir et une augmentation de la part du budget des ménages consacrée à ces activités (p. 359). Dans ce contexte, les loisirs à domicile ont connu un très fort développement. Les Français sont de plus en plus attachés à leur foyer, lieu abrité des « agressions » du monde extérieur. D'autant qu'ils peuvent rester « connectés » à distance par des équipements de communication de plus en plus nombreux et efficaces : télévision, radio, téléphone, Internet, etc.

L'offre de biens d'équipement et de services de loisir domestiques s'est ainsi considérablement enrichie. On peut retrouver chez soi la qualité d'image et de son des salles de cinéma ou de concert grâce aux systèmes audiovisuels numériques : lecteurs-enregistreurs de CD et de DVD de salon ; téléviseurs LCD ou plasma à écran plat et géant recevant des programmes en haute définition ; ordinateurs connectés à Internet à haut débit, etc. D'autant que les prix de ces appareils baissent régulièrement, tandis que leurs performances augmentent. Il n'est donc plus obligatoire de se rendre dans une salle de cinéma pour voir un film ou dans un cybercafé pour envoyer un mail ou surfer sur Internet. On n'est même plus obligé d'aller dans un café traditionnel pour y déguster un expresso, puisque des machines permettent de le fabriquer chez soi en quelques secondes et pour moins cher.

On peut même se passer de fréquenter les restaurants en se faisant livrer à domicile des plats préparés signés de grands chefs, vendus dans les grandes surfaces. De même, on peut faire l'économie d'une inscription dans une salle de gymnastique puisque des appareils individuels sophistiqués peuvent être installés à domicile.

D'une manière générale, le foyer est devenu un centre de loisirs individuels : lecture, informatique, bricolage, jardinage, couture, pratiques artistiques amateurs (dessin, peinture, écriture...). Les loisirs familiaux ont aussi progressé : repas de fête, discussions, jeux de société, écoute individuelle ou en commun de musique ou de programmes de télévision, etc.

Pendant les années 80 et 90, on avait noté un accroissement des activités de loisir extérieures malgré l'accroissement des pratiques domestiques, notamment audiovisuelles : 39 % des Français disaient sortir au moins une fois par semaine en 1997, contre 31 % en 1973. Depuis le début des années 2000, on observe au contraire un certain repli sur le foyer, favorisé par les craintes à l'égard du monde extérieur, un sentiment général de baisse du pouvoir d'achat (p. 329), dans un contexte économique et social morose. Certains loisirs extérieurs en ont été affectés, comme les sorties au restaurant ou les séjours en hôtel. De même, on constate un léger tassement de la fréquentation des théâtres et concerts et de celle des musées et monuments (p. 465).

L'accroissement du temps libre lié à la mise en place de la semaine de travail de 35 heures a donc eu des effets sensibles sur la pratique des loisirs domestiques. La tendance au transfert de certaines activités autre-

fois extérieures vers le foyer explique notamment que les Français passent en moyenne 17 h 50 par jour à leur domicile (p. 160). Ce chiffre relativise le « nomadisme » et la mobilité qui sont souvent évoqués comme des tendances lourdes de la vie sociale. Plus le monde leur paraît « dur dehors », plus les Français cherchent à le rendre « doux dedans ».

Cette tendance à réinvestir le foyer n'est cependant pas antinomique avec le goût de l'extérieur. Le temps disponible n'a cessé de s'accroître, et il permet de multiplier et diversifier les activités. On observe notamment des comportements de loisir plus mobiles aux deux extrémités de la pyramide des âges. Les jeunes adultes, qui arrivent plus tard dans la vie active, sortent beaucoup plus fréquemment que leurs parents au même âge. Les aînés ont aussi plus d'activités extérieures que les générations qui les ont précédés. Ils se promènent, voyagent, assistent à des spectacles, participent à des associations, etc.

L'audiovisuel occupe une place prépondérante dans les loisirs des Français. La télévision et la radio absorbent ensemble environ cinq heures par jour de leur temps, même s'il ne s'agit pas toujours d'un temps d'attention exclusif, notamment dans le cas de la radio. Elles constituent, dans cet ordre, les deux principales activités de loisir de la journée ; la moitié des téléspectateurs sont devant leur écran à 13 h, les trois quarts à 21 h. Il faudrait ajouter le temps consacré à l'écoute des disques et cassettes, aux jeux vidéo et aux autres activités audiovisuelles, dont l'importance n'a cessé de s'accroître. L'augmentation de l'offre audiovisuelle, avec les bouquets de chaînes numériques, a accentué l'emprise des loisirs audiovisuels domestiques. Elle a été renforcée en 2005 par l'arrivée des chaînes numériques terrestres (TNT). Elle est également transformée par l'accès aux chaînes de télévision sur Internet.

L'arrivée de l'ordinateur multimédia a représenté un autre bouleversement dans les pratiques de loisir. Début 2006, un foyer sur deux en était équipé (48 % fin 2005). Parmi eux, les deux tiers disposaient d'une connexion à Internet, soit au total 35 % des Français. La moitié des foyers connectés bénéficiaient du haut débit. La disponibilité d'Internet et sa facilité d'utilisation sont donc en progression rapide, ce qui explique l'accroissement du temps que les Français lui consacrent chaque semaine. Si le réseau est aujourd'hui surtout utilisé pour la communication (échanges de messages, participation à des forums, recherche d'informations, préparation des achats...), il joue un rôle croissant en matière de loisirs audiovisuels : écoute de musique ; réception de chaînes de télévision, visionnage de films en paiement à la séance, échanges de photos et de vidéos numériques...

Les activités culturelles se sont accrues avec l'offre.

L'accroissement continu du niveau moyen d'instruction a facilité l'accès à la culture en donnant au plus grand nombre des références de base. L'évolution a concerné en particulier les femmes, dont la situation scolaire a été transformée en une génération (p. 69). Les Français sont ainsi dans leur ensemble plus nombreux à pratiquer la musique ou la peinture (p. 466), à se rendre aux grandes expositions ou dans les festivals, à lire des livres d'histoire ou de philosophie, à consacrer

L'âge des loisirs

Proportion de personnes ayant pratiqué au moins une fois dans l'année écoulée certaines activités de loisir selon leur âge (2004, en % de chaque tranche d'âge)

	Lecture de livres	Cinéma	Musée, exposition, monument	Théâtre ou concert	Écoute de la radio	Écoute de disques ou cassettes
15-29 ans	70	85	47	45	89	95
30-39 ans	61	64	49	34	92	87
40-49 ans	60	58	48	33	89	78
50-59 ans	59	39	51	31	88	69
60-69 ans	59	36	50	34	87	67
70-79 ans	52	20	34	20	76	48
80 ans et +	50	8	19	10	69	32
Ensemble	61	53	46	33	87	75

une partie de leurs vacances à visiter des monuments ou à s'intéresser à la science. Ils recherchent dans l'art et dans la culture une émotion et une compréhension du monde qui leur apparaissent nécessaires dans une société où les repères tendent à disparaître (p. 238). On constate cependant que la durée et la nature du parcours scolaire conditionnent toujours l'intérêt pour les activités culturelles au cours de la vie adulte.

L'amélioration de l'offre de services culturels par l'intermédiaire des équipements collectifs a joué un rôle dans cette évolution ; plus de 80 % des Français ont accès dans leur commune à une bibliothèque municipale ou départementale (95 % dans les communes de 10 000 habitants et plus), 75 % à une école de musique, 70 % à une école de danse, 60 % à une troupe de théâtre, 50 % à une salle de spectacle ou à un centre culturel. Par ailleurs, la notion de « tout culturel », qui était apparue dans les années 80, a valorisé dans l'opinion des activités autrefois considérées comme mineures, telles

que la bande dessinée, la cuisine, la couture, la publicité ou la musique rock... Des formes d'expression plus récentes comme le *rap* ou le *tag* ont aussi bénéficié de cette évolution des mentalités et de la conception de la culture (p. 197).

L'influence de l'âge reste déterminante...

Parmi les très nombreuses activités de loisir pratiquées, deux seulement augmentent avec l'âge : la lecture des journaux et le temps passé devant la télévision. Toutes les autres (sports, spectacles, activités de plein air, activités culturelles, etc.) diminuent. Les écarts sont plus liés à des effets de génération qu'à l'âge proprement dit. On constate ainsi que la plupart des personnes de plus de 70 ans appartiennent à une génération pour laquelle l'idée de loisir est une invention récente, qui ne les a guère concernées. Nées avant la Seconde Guerre mondiale, elles ont dû consacrer l'essentiel de leur temps au travail, pour des raisons souvent matérielles, mais aussi religieuses ou « philosophiques ». Certaines activités considérées comme normales aujourd'hui leur paraissent un peu futiles, et beaucoup considèrent en tout cas qu'il est trop tard pour les pratiquer.

Les écarts de comportement en matière de loisirs en fonction de l'âge tendent cependant à diminuer avec l'arrivée à la retraite d'une génération ayant un état d'esprit très différent. À 58 ans, âge moyen actuel de cessation d'activité, les nouveaux retraités ont encore de nombreuses années devant eux (28 ans en moyenne pour les femmes, 23 ans pour les hommes), et le « troisième âge » peut être une seconde vie. Beaucoup manifestent ainsi un intérêt croissant pour les voyages, les activités culturelles, les jeux et, à un bien moindre degré, les sports (p. 448).

Le pouvoir d'achat accru et l'amélioration continue de l'état de santé sont d'autres causes objectives de cette évolution des modes de vie des aînés. Mais l'évolution des mœurs est sans doute la principale. Il est aujourd'hui « socialement correct » pour un retraité de sortir, de voyager ou d'avoir des activités ludiques lorsqu'il en a la capacité physique et financière. Cette métamorphose a été accompagnée et accélérée par les entreprises, qui ont pris conscience du poids économique des « seniors » et développé pour eux des offres spécifiques.

... de même que le niveau d'éducation.

La plupart des activités de loisir, à l'exception de celles dites « de masse » (radio, télévision) et des jeux d'argent du type Loto ou PMU, sont beaucoup plus fréquemment pratiquées par des personnes ayant au moins le baccalauréat ou un diplôme équivalent.

Les activités à caractère culturel (lecture, pratique de la musique, théâtre, musées, etc.) sont celles qui sont le plus corrélées au niveau d'instruction. Ainsi, 45 % des 15-29 ans vont au théâtre ou à un concert au moins une fois dans l'année, contre seulement 10 % des 80 ans et plus. La fréquentation des musées-expositions-monuments historiques est aussi différenciée : 47 % des premiers contre 19 % des seconds.

Les disparités qui existaient entre les zones urbaines et rurales ont diminué avec l'accroissement général des équipements culturels et des moyens de déplacement. Mais la fréquentation reste très supérieure à Paris, du fait d'une offre particulièrement riche et d'un profil sociodémographique des habitants plus favorable en termes de formation initiale.

Si les écarts entre les groupes sociaux restent sensibles, c'est que la progression des pratiques de loisir s'explique davantage par un intérêt croissant de la part des catégories a priori les plus concernées (cadres, professions intellectuelles supérieures et professions intermédiaires, étudiants) que par un élargissement des publics. C'est le cas notamment pour la fréquentation des musées et des concerts de musique classique, qui restent des activités relativement élitistes. La fréquentation du cinéma (61 % des 6 ans et plus en 2005) est aussi très inégale selon l'âge : elle dépasse 90 % pour les moins de 15 ans et n'est que de 8 % à partir de 80 ans. Elle est la résultante de plusieurs évolutions distinctes : désintérêt relatif des milieux populaires, notamment des ouvriers, pour le cinéma en salle ; concurrence de la télévision (chaînes hertziennes, câble, satellite) ; part croissante des jeunes dans le public.

Les écarts entre les sexes se réduisent.

Actives ou non, les femmes disposent en moyenne de moins de temps libre que les hommes : 4 h 12 par jour contre 4 h 52 en 1999 (activités de loisir et de sociabilité, INSEE). C'est l'une des explications des écarts constatés dans certaines pratiques de loisir, mais les causes essentielles restent culturelles. Ainsi, le sport demeure plus une occupation d'hommes : ainsi, 64 % des femmes déclaraient en 2004 avoir une activité sportive, contre 79 % des hommes. Moins d'une femme sur quatre

Le sexe des loisirs

Proportion de personnes ayant pratiqué au moins une fois dans l'année écoulée certaines activités de loisir selon le sexe (2004, en % des 15 ans et plus)

	Femme	Homme	Ensemble
Lecture de livre	71	50	61
Cinéma	53	53	53
Musée, exposition ou monument historique	48	44	46
Théâtre ou concert	35	30	33
Écoute de la radio	85	88	87
Écoute de disque ou cassette	77	74	75

INSEE

assiste à des manifestations sportives au cours d'une année, contre quatre hommes sur dix. Mais les femmes s'intéressent de plus en plus au sport, comme en témoigne leur engouement pour certaines activités telles que la gymnastique, la natation, l'équitation ou la randonnée.

Dans le domaine des médias, les femmes inactives constituent la cible privilégiée des radios, mais elles regardent moins la télévision et sont moins souvent lectrices des quotidiens (surtout nationaux) que les hommes (p. 418). Elles lisent en revanche davantage de livres et de magazines qu'eux (p. 425), et constituent la clientèle majoritaire du théâtre. La participation aux associations reste en revanche une activité plus masculine ; elle concerne un homme sur deux contre deux femmes sur cinq. L'intérêt croissant des femmes pour les loisirs est en grande partie responsable du développement de certaines activités au cours des années passées. C'est le cas notamment du sport, comme du bricolage, du jardinage ou des pratiques créatives.

La civilisation actuelle est celle des loisirs

L'évolution considérable qui s'est produite au cours des dernières décennies dans les pratiques de loisir témoigne des changements de tous ordres apparus dans les mentalités. Les Français consacrent un temps croissant aux activités non professionnelles ; ils sont d'ailleurs dans le monde ceux qui disposent du temps libre le plus abondant, compte tenu d'une durée du travail plus faible qu'ailleurs et d'une durée de vie élevée (en particulier pour les femmes). Les ménages consacrent aussi aux loisirs une part croissante de leur budget, notamment pour se procurer les biens et services destinés à être utilisés au foyer (p. 160).

Le chemin parcouru illustre la participation croissante des femmes dans la vie sociale. Par ailleurs, la césure apparente entre les plus de 70 ans et les plus jeunes est le signe concret et spectaculaire du passage, en plusieurs générations, d'une société centrée sur le travail à une forme nouvelle, dans laquelle les loisirs occupent une place essentielle. On observe que la césure de l'âge se déplace chaque année ; les générations arrivant à l'âge de la retraite sont en effet issues de la société des loisirs et pratiquent des activités de plus en plus diversifiées et de plus en plus longtemps. De sorte que, d'ici quelques années, la civilisation des loisirs sera une réalité pour l'ensemble des Français. Cette révolution des modes de vie et des systèmes de valeurs ne sera pas sans conséquences sur le fonctionnement social. Elle obligera à repenser les rythmes sociaux, le rôle du travail, celui de l'État, les relations entre les générations à partir de nouveaux critères.

LES MÉDIAS

Télévision

Sauf indication contraire, les chiffres qui suivent émanent de Médiamétrie et correspondent à l'année 2005.

Le taux d'équipement des ménages en téléviseurs déclaré et mesuré est de 97 %. On peut considérer qu'il est en réalité très proche de 100 %, du fait que certains ménages ne déclarent pas leur achat afin de ne pas payer la redevance annuelle. Les rares foyers non équipés sont surtout constitués de jeunes de 25 à 34 ans, de personnes vivant seules, de cadres et de diplômés de l'enseignement supérieur qui n'ont pas le temps ou l'envie de regarder la télévision et préfèrent consacrer leur temps libre à d'autres types de loisirs.

Le taux d'équipement a connu sa plus forte croissance dans les années 60. Depuis les années 70, c'est surtout le multiéquipement (au moins deux téléviseurs) qui a progressé. Près d'un ménage sur deux est aujourd'hui concerné (43 %), contre 32 % en 1993, 24 % en 1989, 10 % en 1981. Fin 2005, 29,7 % des ménages disposaient de deux récepteurs, 9,6 % de trois, 3,5 % de quatre et plus. Les téléviseurs noir et blanc ont disparu, la télécommande est généralisée, alors qu'elle n'équipait que 24 % des appareils en 1983 (84 % en 1993).

L'équipement des ménages a connu de nouveaux développements avec les écrans plats (LCD ou plasma), les systèmes de home cinéma, les lecteurs et enregistreurs de DVD, la TNT (télévision numérique terrestre), la réception par ADSL (connexion Internet à haut débit), les débuts de la haute définition et de la télévision sur le téléphone mobile. Plusieurs centaines de chaînes sont ainsi disponibles par le câble, le satellite ou Internet.

La progression du multiéquipement traduit l'existence de deux façons distinctes de consommer la télévision. Les émissions fédératrices (sport, variétés, films...) restent le plus souvent visionnées en famille. Les émissions liées à des centres d'intérêt particuliers sont au contraire regardées de façon individuelle ; c'est le cas notamment des chaînes thématiques du câble, du satellite et de la TNT. Si la grande majorité des téléviseurs uniques ou principaux (neuf sur dix) sont placés dans le séjour, le salon ou la salle à manger, les récepteurs supplémentaires sont de plus en plus nombreux dans les cuisines, les chambres des parents ou des enfants, les bureaux. Les enfants sont ainsi nombreux à disposer d'un téléviseur personnel dans leur chambre (39 % des 6-10 ans).

Les Français ont acheté 3,3 millions de téléviseurs à tube cathodique en 2005, soit 15 % de moins qu'en 2004 ; la baisse prévue en 2006 est de 25 % (GfK). Elle se fait au profit

Loisirs en images

Évolution des taux d'équipement des ménages en téléviseurs, magnétoscopes et lecteurs de DVD de salon (en %)

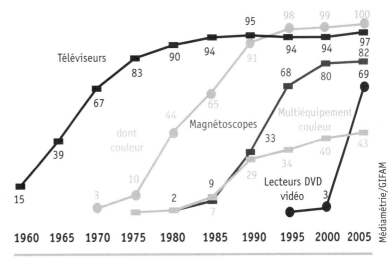

Médiamétrie/GIFAM

des écrans LCD : 1,1 million achetés en 2005, contre 420 000 l'année précédente ; leur nombre devrait presque doubler en 2006, à 2,1 millions. Les écrans plasma, réservés aux grands formats et plus coûteux que les LCD, arrivent loin derrière : 300 000 en 2005 (deux fois plus qu'en 2004). Le format 82 centimètres (32 pouces) représente désormais près de 20 % des ventes de LCD, contre 9 % en 2004. Les écrans plats (LCD et plasma) devraient représenter environ la moitié des achats en 2006 (2,5 millions sur 5,2 millions), du fait notamment de la Coupe du monde de football et des débuts de la haute définition. La moitié concerneraient des appareils *HD ready* (prêts pour la réception d'images en haute définition), contre un tiers en 2005. 2 % des foyers en étaient équipés fin 2005, 8 % attendus fin 2006.

Les Français sont ainsi de plus en plus tentés par le « cinéma à la maison », qui permet de visionner des émissions ou des films dans des conditions de grande qualité grâce aux technologies numériques. 10 % des ménages en étaient équipés fin 2005. Il faut ajouter que près d'un ménage sur quatre (37 % fin 2005) dispose d'une console de jeux vidéo (un sur deux parmi ceux qui comptent des enfants de moins de 20 ans), ce qui renforce l'usage individuel du téléviseur.

Huit ménages sur dix ont un magnétoscope et trois sur quatre un lecteur de DVD.

Le magnétoscope est apparu véritablement dans les années 80 (seuls 7 000 foyers en disposaient en 1977). Le taux d'équipement des ménages est passé de 2 % en 1981 à 82 % début 2006. Il augmente régulièrement avec l'âge jusqu'à 50 ans et décline ensuite rapidement. Les ménages avec enfants sont les plus concernés, à l'inverse de

ceux d'agriculteurs et de retraités. Le taux de possession d'un magnétoscope à cassette diminue, au fur et à mesure que les foyers s'équipent en lecteurs de DVD : 69 % début 2006, contre 50 % seulement en 2004 ; on arrive à 75 % si l'on prend en compte les appareils installés sur les ordinateurs ou portables. Il a fallu moins de huit ans au DVD pour atteindre ce taux d'équipement, contre vingt ans pour le magnétoscope à cassettes.

Le lecteur-graveur de salon est de plus en plus présent : les Français en ont acheté 1,2 million en 2005, soit le double de 2004 (GfK). 400 000 intégraient un disque dur (permettant un stockage sans support physique et un suivi des programmes en « direct-différé » en cas d'interruption momentanée du visionnage par le téléspectateur) contre 100 000 en 2004. Le chiffre pourrait atteindre 2 millions en 2006, grâce notamment à l'effet Coupe du monde de football. Les lecteurs de DVD portables connaissent aussi un fort développement : 350 000 achats en 2005, contre 100 000 en 2004 ; leur nombre devrait doubler en 2006. Enfin, 50 000 lecteurs DVD ont été installés dans des voitures.

De tous les équipements électroniques apparus sur le marché, le lecteur de DVD est, avec le téléphone portable, celui qui s'est développé le plus rapidement. Cet engouement s'explique par les services qu'il rend aux familles ; il permet de ne pas être dépendant des heures de diffusion et de se constituer une vidéothèque personnelle. La multiplication des chaînes et la baisse régulière des prix ont largement favorisé ce phénomène.

Un foyer sur cinq est abonné à Canal +...

Après des débuts difficiles, la chaîne cryptée née en novembre 1984 avait

réussi son pari, dépassant 4 millions d'abonnés, soit plus d'un foyer sur cinq (21 %). Fondée à l'origine sur le cinéma et le sport, elle s'était dotée d'une image anticonformiste grâce à des émissions de divertissement et d'humour diffusées en clair comme *Nulle Part ailleurs* et *les Guignols de l'info*. Mais elle avait ensuite perdu de son originalité et connu des difficultés financières, tant en France que dans son développement à l'étranger. Les efforts réalisés par la chaîne depuis 2003 ont porté leurs fruits : l'audience était remontée à 3,8 % en 2004, mais elle a diminué en 2005, à 3,6 %. Fin 2005, elle comptait 5,1 millions d'abonnés en France métropolitaine.

Les records de la chaîne concernent toujours les émissions comiques diffusées en clair : *les Guignols de l'info* du 28 novembre 2005 ont obtenu 5,6 % d'audience moyenne (1 point représente 550 400 personnes de 4 ans et plus, 481 400 de 15 ans et plus et 104 700 « ménagères de 15 à 49 ans »). Mais le record 2005 a été obtenu avec la 30e Nuit des Césars, qui a recueilli 6,1 % d'audience. La chaîne a réalisé quatre scores supérieurs à 4 % au cours de l'année, avec des parts d'audience comprises entre 9 % et 16 % (part de l'audience totale obtenue par la chaîne à l'heure de diffusion d'une émission).

... et un sur quatre à une offre élargie.

En une décennie, le paysage télévisuel français s'est considérablement transformé. Environ 200 chaînes étaient disponibles sur le câble ou le satellite début 2006, contre 86 en 2004 et 21 en 1990. Fin 2005, 15,7 millions de personnes de 4 ans et plus étaient concernées (6,1 millions au câble, 6,9 millions à Canal Satellite et 3,7 millions à TPS). Au total, un quart des ménages (24,9 %) disposaient d'une offre élargie à plus de 15 chaînes. Dans les trois quarts des ménages abonnés, la personne de référence avait moins de 50 ans.

Depuis 1998, le satellite a fait l'objet d'un véritable engouement, alors que le nombre d'abonnés au câble connaissait une progression plus faible. La part croissante du satellite est plus liée au taux d'équipement individuel qu'à la réception collective. Contrairement aux chaînes traditionnelles gratuites et à celles du câble, les chaînes thématiques du satellite sont davantage regardées par les hommes. Une fusion Canal + TPS a été engagée en 2006. Le câble a connu récemment un renouveau, avec l'offre combinée télévision-Internet. La pénétration du câble et du satellite dans les foyers français reste cependant inférieure à celle mesurée dans d'autres pays d'Europe ; elle atteint 80 % au Benelux, en Allemagne et en Autriche, un tiers au Royaume-Uni, mais elle est très peu présente en Italie et en Grèce.

Il s'ajoute à ces offres celles proposées par les fournisseurs d'accès Internet, avec les boîtiers *« triple-play »* ADSL (Internet, téléphonie, télévision). Début 2006, un peu plus de 900 000 foyers étaient abonnés à une offre de télévision par ADSL, soit 3,7 % des foyers ; mais seuls 25 % d'entre eux avaient raccordé leur téléviseur à leur « box ». Enfin, les offres de télévision en téléphonie mobile se développent avec les terminaux de troisième génération.

Plus de 2,5 millions de foyers recevaient la TNT en avril 2006.

À partir de mars 2005, les Français ont pu accéder gratuitement à des chaînes de télévision numérique terrestre (TNT), moyennant l'acquisition d'un adaptateur. La moitié de la population était couverte en octobre 2005. Début 2006, 6 % des foyers (soit 3,3 millions de personnes âgées de 4 ans et plus) étaient équipés d'au moins un adaptateur, permettant de recevoir 18 chaînes. 2,5 millions de foyers disposaient d'un mode de réception de la TNT fin mars 2006 (GfK). Parmi eux, on comptait 2 millions d'appareils achetés en magasin, dont : 1,4 million d'adaptateurs, 175 000 téléviseurs avec tuner TNT intégré, 375 000 ordinateurs équipés et 18 000 récepteurs portables TNT. Il fallait ajouter 530 000 boîtiers mis à disposition par les fournisseurs d'accès à Internet (Canal +, Alice, France Télécom, MaLigne TV). Jamais, dans l'histoire de la télévision, l'offre télévisuelle n'avait connu une progression aussi rapide. La couverture territoriale devait être de 66 % en octobre 2006 et concerner ensuite progressivement l'ensemble de la population.

Sur l'ensemble des individus vivant dans un foyer équipé de la TNT en mars 2006, c'est la chaîne TMC qui réalisait la meilleure audience (4,3 %), ce qui la plaçait juste derrière M6. Elle devançait Gulli (4,1 %), W9 et NT1 (3,1 % chacune). Les chaînes d'information BFM TV et I-Télé n'obtenaient que 0,5 % de part d'audience.

L'arrivée de ces nouvelles chaînes a bouleversé les habitudes d'écoute et favorisé le zapping télévisuel. Les grandes chaînes hertziennes généralistes ont subi une érosion de leur audience (ci-après), réduite pour TF1, plus forte pour celles de France Télévisions. Les chaînes thématiques du câble et du satellite ont elles aussi vu leur audience et leur part de marché diminuer (p. 397). Le phénomène a été accentué par la disponibilité de nombreuses chaînes sur Internet, via certains fournisseurs d'accès comme Free ou Neuf Télécom (devenu Neuf Cegetel).

La durée d'écoute moyenne augmente...

Les téléviseurs sont restés allumés 5 h 39 par jour dans les foyers en 2005, une durée en progression de 39 minutes en huit ans (5 heures en 1997). La durée moyenne quotidienne d'écoute de la télévision était de 3 h 26 en 2005, en augmentation de deux minutes par rapport à 2004, de quatre par rapport à 2003, de 13 minutes par rapport à 2000. Cet accroissement régulier de la durée d'écoute s'explique par celui de l'offre. Ainsi, les premiers résultats d'audience des chaînes de la TNT (premier trimestre 2006) ont fait apparaître une consommation de la télévision supérieure de 17 minutes à celle de la population française dans son ensemble, à 4 h 02 contre 3 h 45.

Les personnes bénéficiant d'une offre élargie (bouquet satellite ou au moins 15 chaînes sur le câble) regardent la télévision près d'un quart d'heure de plus par jour que celles qui ne disposent que des chaînes hertziennes gratuites. On remarque en revanche que l'arrivée d'un téléviseur supplémentaire dans un foyer n'entraîne pas de modification sensible des habitudes d'écoute et de la durée totale. La disposition d'un magnétoscope ou d'un ordinateur a une incidence plus forte sur la durée d'écoute moyenne.

... mais elle reste très inégalement répartie.

La durée d'écoute moyenne varie peu chez les enfants et les jeunes : 2 h 10 pour les 4-10 ans, 2 h 05 pour les 15-24 ans. Elle atteint 3 h 30 chez les 25-59 ans, soit près d'une heure et demie de plus. On observe que la durée reste stable pour les jeunes (de 4 à 24 ans), mais qu'elle augmente chez les 25-59 ans. L'écart est également sensible entre les sexes : 3 h 50 pour les femmes contre 3 h 27 pour les hommes ; il tend cependant à se réduire (23 minutes contre 24 en 2003 et 28 en 2002).

L'écoute varie fortement au cours de la journée, avec des pointes vers 13 h (environ 25 % d'audience moyenne en semaine chez les 4 ans et plus, mais 27 % le samedi) et surtout 21 h (45 % en semaine et le dimanche, mais 39 % le samedi). Elle est maximale en début de matinée le vendredi (7 % à 8 h), à la mi-journée le samedi (27 % à 13 h) et en soirée le lundi (45 %) ; elle passe au-dessous de 5 % après 1 h du matin. Elle varie aussi selon la période de l'année ; l'écart était d'une heure entre février 2005 (3 h 52) et août (2 h 54).

Les 20 % de Français les plus « télé-phages » représentent à eux seuls près de la moitié de l'audience totale ; les 10 % les moins assidus ne regardent en moyenne qu'une dizaine de minutes par jour. Avec plus de 3 h 30 d'écoute quotidienne, les Britanniques, les Italiens et les Grecs sont ceux qui regardent le plus la télévision. Les Suédois, Néerlandais, Danois et Autrichiens sont les moins concernés (moins de 3 heures par jour).

La « consommation » de programmes diffère de l'offre.

Les Français de 4 ans et plus ont passé en moyenne 1 058 heures et 13 minutes devant les six chaînes hertziennes gratuites en 2005. Ils en ont consacré 260 aux émissions de fiction, 207 aux magazines et documentaires, 158 aux journaux télévisés, 103 aux jeux, 92 à la publicité, 69 aux films, 43 au sport, 48 aux variétés, 34 aux émissions pour la jeunesse, 44 à d'autres types de programmes. La hiérarchie reste assez stable. On observe depuis plusieurs années un accroissement de l'intérêt pour les émissions liées à l'actualité : magazines, documentaires et, selon l'importance de celle-ci, les journaux télévisés. Après avoir diminué entre 2002 et 2003, le temps consacré à la fiction a augmenté au cours des deux dernières années. Il faut noter que les émissions enregistrées ne sont pas comptabilisés dans ces chiffres.

Dans le classement par genre des émissions consommées sur les grandes chaînes hertziennes en 2005, la fiction occupe la première place, avec 25 % du temps de consommation, devant les magazines (15 %) et les journaux télévisés (15 %). L'offre de programmes n'est évidemment pas indépendante de la demande, mais il existe un écart parfois important entre les deux (tableau). Le sport représente

L'offre et la demande télévisuelle

Répartition de l'offre et de l'audience des différents types de programmes (six chaînes hertziennes gratuites, en %)

	TV offerte	TV consommée
Films	4,8	6,5
Fictions TV	19,3	24,6
Jeux	6,0	9,7
Variétés	7,2	4,5
Journaux télévisés	6,2	14,9
Magazines	19,0	15,3
Documentaires	12,4	4,3
Sport	2,5	4,1
Émissions pour la jeunesse	8,3	3,2
Publicité	7,1	8,7
Divers	7,2	4,2

Médiamétrie

4 % de la consommation, pour seulement 2,5 % du temps de programmation. La publicité, décriée par le public (p. 353), est paradoxalement « sur-consommée », avec 8,7 % du temps d'écoute à la publicité, alors qu'elle ne représente que 7,1 % de l'offre de programmes. Au contraire, les variétés, les magazines documentaires et surtout les émissions pour la jeunesse font l'objet d'une « sous-consommation ». Ces écarts, que l'on observe depuis des années, s'expliquent en partie par les heures de diffusion des différents types d'émissions. Une émission en prime time est beaucoup plus regardée qu'une autre placée en fin de soirée. Elle bénéficie donc d'une demande apparente beaucoup plus forte.

L'offre de programmes des chaînes thématiques du câble et du satellite diffère de celle des chaînes hertziennes. Elle fait une place plus large au sport, aux émissions pour la jeunesse et à la musique. Elle est en revanche plus réduite en ce qui concerne l'information, les variétés et la fiction.

L'audience de TF1 reste dominante.

Après avoir diminué au cours des années 90, la part de l'audience détenue par TF1 était remontée à 35,1 % en 1999 (contre 40,7 % en 1992). Elle était redescendue à 31,5 % en 2003, mais elle a progressé au cours des deux dernières années, atteignant 32,3 % en 2005. Comme les années précédentes, TF1 a réalisé en 2003 la grande majorité des meilleurs scores d'audience de la télévision (tableau). C'est la rencontre éliminatoire de la Coupe du monde de football France-Chypre diffusée le 12 octobre 2005 sur TF1 qui a obtenu le record d'audience de l'année, avec 13,3 millions de téléspectateurs. Mais il reste inférieur de moitié à celui du 2 juillet 2000, lors de la retransmis-

TF1 à la une

Évolution des parts d'audience des six chaînes hertziennes (4 ans et plus, en %)

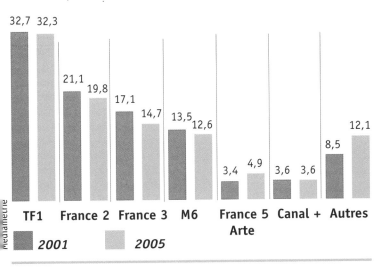

2001   **2005**

sion de la finale France-Italie de l'Euro 2000 de football : plus de 21 millions de téléspectateurs (24,8 millions lors de la prolongation) et une part d'audience de près de 80 %. Un record égalé lors des demi-finale et finale de la Coupe du monde de 2006.

TF1 conserve une avance confortable sur les chaînes du service public : 32,3 % de part d'audience en 2005 contre 19,8 % pour France 2 et 14,7 % pour France 3, qui ont connu toutes deux une érosion en 2005, de même que le cinquième réseau (France 5 et Arte) qui obtient 4,9 %. Ce résultat mélange des évolutions de sens contraire : croissance pour France 5 et recul pour Arte.

L'audience de M6 a progressé de 0,1 point en 2005, à 12,6 %. La baisse de Canal + a été enrayée en 2005, avec une audience de 3,6 %. TF1, France 2 et M6 ont une répartition similaire de leur audience entre les grandes tranches horaires : environ un tiers entre 12 h et 18 h et un quart entre 18 h et 20 h 30.

Canal + et surtout France 3 se caractérisent par une plus forte concentration de leur public en fin d'après-midi. Il faut enfin noter la progression de l'audience des « autres télévisions » (ci-après), à 12,1 % en 2005 contre 11,2 % un an plus tôt.

Les chaînes thématiques captent plus d'un tiers de l'audience.

Début 2006, les chaînes thématiques comptaient pour 36 % de l'audience totale parmi les 15,7 millions de personnes de 4 ans et plus disposant de l'offre élargie (câble, satellite). Après une croissance ininterrompue (31 % en 2001), elle a connu une baisse de 0,8 point en un an, probablement due en partie à l'arrivée des chaînes gratuites de la TNT. La part d'audience dépassait 50 % parmi les 4-10 ans, compte tenu de la présence de chaînes destinées à la jeunesse (Canal J, Tiji, Disney Channel, Teletoon, Cartoon

Network, Jetix...), mais certaines ont subi la concurrence des chaînes jeunesse de la TNT (Gulli, NRJ12).

Seules sept chaînes thématiques atteignaient ou dépassaient 1 point de part d'audience auprès des foyers abonnés à l'offre élargie. Par ordre décroissant : Eurosport (1,9 %), RTL9 (1,8), TV Breizh (1,3), Canal J (1,2), TMC (1,1), Canal + Sport et Paris Première (1). Parmi elles, on comptait deux chaînes de la TNT nouvellement arrivées : RTL9, TMC. Il faut noter que les taux de couverture (initialisation) des chaînes thématiques varient de 30 à 95 % selon les chaînes. Les abonnés de Canalsat sont les plus friands des chaînes thématiques (38,7 % début 2006), mais celles-ci ont connu une érosion importante (42,6 % lors du précédent sondage).

Enfin, si l'audience des chaînes généralistes est de plus en plus grignotée par celle de ces chaînes thématiques, elle l'est aussi par les écrans d'ordinateurs présents dans près de la moitié des foyers (p. 430). Ainsi, parmi les cadres, la durée d'écoute moyenne de la télévision hertzienne diminue chez ceux qui sont équipés d'un ordinateur ; elle est encore inférieure pour ceux qui sont en outre connectés à Internet.

Plus de la moitié des téléspectateurs sont insatisfaits de la télévision...

En juillet 2005, seuls 5 % des Français se disaient très satisfaits des programmes de télévision et 41 % plutôt satisfaits (*Télérama*/Sofres). 39 % étaient plutôt insatisfaits et 14 % pas du tout satisfaits, soit au total 53 % d'insatisfaits. La baisse par rapport à 2004 est spectaculaire : 5 % de satisfaits en moins. Elle confirme un mouvement mesuré depuis 2001. On observe une correspondance avec les débuts de

Les thématiques en perte d'audience

*Part d'audience des chaînes du câble et du satellite (septembre 2005 - février 2006,
en % des personnes de 4 ans et plus, foyers disposant d'une offre élargie*)*

Eurosport	1,9	Disney Chanel	0,5
RTL 9	1,8	Sport +	0,5
TV Breizh	1,3	Canal + cinéma	0,5
Canal J	1,2	Boomerang	0,4
TMC	1,1	Comédie	0,4
Canal + sport	1,0	L'Équipe TV	0,4
Paris Première	1,0	Télétoon	0,4
TiJi	0,9	CinéCinéma frisson	0,4
TF6	0,9	CinéCinéma premier	0,4
LCI	0,9	Planète	0,4
13e Rue	0,9	TV5 Monde	0,4
Canal + décalé	0,7	MCM	0,4
Téva	0,6	Série Club	0,4
TPS Star	0,6	Jetix	0,4
I-Télé	0,5	TOTAL	36,0

Médiamétrie

* *Au moins 15 chaînes reçues par le câble ou le satellite.*

la téléréalité, qui pourrait ainsi jouer un rôle dans cette désaffection. Mais on peut imaginer d'autres causes : climat général de mécontentement ; lassitude du public à l'égard des pratiques des chaînes anciennes ou plus récentes (câble, satellite, TNT)... Ces chiffres sont en tout cas préoccupants pour un média qui tient une place essentielle dans la vie collective et individuelle, tant en matière d'information que de divertissement.

L'insatisfaction concerne l'ensemble des groupes sociaux. Elle est nourrie par le sentiment que le niveau actuel de la télévision est moins bon qu'avant (pour 59 % des Français). Les catégories socioprofessionnelles supérieures sont les plus insatisfaites (60 %) et les plus déçues de l'évolution du niveau de la télévision (63 % l'estiment moins bon qu'avant). La tranche d'âge 25-34 ans est la plus critique (60 % d'insatisfaits, 70 % de convaincus d'une baisse du niveau). 58 % des personnes bénéficiant d'un accès Internet sont insatisfaites de la télévision telle qu'elle est aujourd'hui, et 61 % estiment que son niveau se dégrade.

... et souhaitent davantage de contenu et de qualité.

Les exigences et les attentes à l'égard de la télévision se situent désormais au niveau du contenu. Les Français attendent d'elle qu'elle soit une fenêtre ouverte sur le monde et qu'elle les aide davantage à le comprendre. 90 % considèrent que la télévision doit permettre de découvrir des choses inconnues (*Télérama*/Sofres, juillet 2005). C'est le cas en particulier des personnes âgées, peu instruites, habitant en milieu rural et ne disposant pas d'Internet. Le désir est ainsi clairement exprimé que la télévision redevienne un média culturel et pas seulement un outil de divertissement. Ainsi, les chaînes publiques recueillent plus l'adhésion en 2005 (55 %) qu'en 2004 (47 %). Elles sont perçues comme différentes des autres chaînes par 60 % des Français ; pour ceux-ci, les différences reposent d'abord sur les programmes (54 %), plus que sur le mode de financement (13 %) et le volume publicitaire (22 %).

C'est donc au niveau du contenu et de la qualité des programmes que se situent aujourd'hui les exigences des Français envers la télévision. Cette analyse est confirmée par le fait que la satisfaction envers la télévision diminue plus encore auprès des personnes abonnées à une offre de télévision payante. On n'est donc guère étonné de constater que l'intérêt pour la TNT est relativement modéré (53 %), malgré le succès des taux d'équipement. La valeur ajoutée des chaînes disponibles n'est en effet pas jugée enthousiasmante par les téléspectateurs.

La moitié des Français n'ont pas confiance dans l'information.

76 % des Français disent éprouver un intérêt (très ou assez grand) pour les informations fournies par les médias, 23 % un intérêt assez ou très faible (*Le Point-La Croix*/Sofres, janvier 2006). Le taux d'intérêt a sensiblement remonté depuis 2001, année où il avait atteint le niveau minimal depuis 1988 (66 %).

Palmarès 2005

Meilleurs résultats d'audience par genre (2005, personnes de 4 ans et plus, en % et chaîne)

Films

Le Dîner de cons	20,9	TF1
SpiderMan	20,1	TF1
Hors d'atteinte	18,9	TF1
Le Journal de Bridget Jones	18,2	TF1
Les Rivières pourpres	17,7	TF1
Une journée en enfer	17,5	TF1
La Mémoire dans la peau	17,5	TF1
Taxi 3	17,0	TF1
Le Transporteur	16,5	TF1
Bienvenue chez les Rozes	16,4	TF1

Téléfilms

Dans la tête du tueur	18,7	TF1
Mes deux maris	17,7	TF1
Désiré Landru	17,2	TF1
D'Artagnan et les trois mousquetaires (1re partie)	16,6	TF1
Dénonciation calomnieuse	15,9	TF1
À la poursuite de l'amour	15,1	TF1

Fictions (séries et feuilletons)

Dolmen (6e épisode)	23,4	TF1
Les Cordier juge et flic/Délit de fuite	20,0	TF1
Julie Lescaut/Double vie	19,9	TF1
Une femme d'honneur/Un homme peut en cacher un autre	19,0	TF1
Commissaire Moulin/Kidnapping	17,8	TF1

Documentaires

Homo sapiens	14,9	France 3
Hiroshima – Paul Wilmshurst	12,6	TF1
Super Nanny/Christelle et Denis	9,8	M6
La Véritable Histoire de Barbe Noire	9,5	France 2
Histoires d'aujourd'hui/Douaniers	9,4	France 3
Les Secrets du trésor de Saqqara	9,3	France 3

Jeux

Mon incroyable fiancé	16,2	TF1
Qui veut gagner des millions/Spéciale couple *(prime time)*	16,0	TF1
Star Academy/la finale *(prime time)*	15,9	TF1
Les Aventuriers de Koh-Lanta/Pacifique – la finale	15,4	TF1

Variétés

Le Train des Enfoirés/Les Restos du cœur 2005	20,3	TF1
Les Enfoirés jouent le jeu/15 ans d'Enfoirés	17,2	TF1
Élection de Miss France/Édition 2006	16,9	TF1

Magazines

Intervention du Premier ministre : Dominique de Villepin	24,1	TF1
Déclaration du président de la République Jacques Chirac	17,2	TF1
Solidarité Asie	16,0	TF1
Reportages deux trois... six bébés à la fois	15,7	TF1
Intervention du Premier ministre : Jean-Pierre Raffarin	15,5	TF1
Les 40 Arnaques les plus incroyables	15,0	TF1

Matchs de football

Coupe du monde éliminatoires : France-Chypre	24,2	TF1
Coupe du monde éliminatoires : Eire-France	21,0	TF1
Coupe du monde éliminatoires : Suisse-France	18,6	TF1
Coupe du monde élim. Israël-France	17,9	TF1

Retransmissions sportives (hors matchs de football)

Rugby tournoi des Six Nations – Angleterre-France	11,8	France 2
Cyclisme Tour de France : Lézat-sur-Lèze – Saint-Lary-Soulan	11,5	France 2
Formule 1 Grand Prix du Brésil	11,0	TF1

Magazines sportifs

Les Marches du Tour/Édition 2005	9,7	France 2
F1 à la une	9,2	TF1
Stade 2	8,0	France 2
Tout le sport	7,0	France 3
Le journal du tour/édition 2005	6,7	France 3
Sport 6	6,7	M6

Émissions après 22 heures

Mon incroyable fiancé	16,2	TF1
La Battante (4e épisode)	13,9	TF1
Les Experts : Miami/En plein vol	13,7	TF1
Lost, les disparus/Le nouveau départ	12,8	TF1
Le grand Bêtisier de Noël	10,6	TF1
Éd. spéciale : décès de Jean-Paul II	9,7	TF1

Meilleurs taux d'enregistrement magnétoscope

Le Train des Enfoirés/Les Restos du cœur 2005	6,8	TF1
Star Wars/L'Attaque des clones	5,7	M6
Dolmen (6e épisode)	5,2	TF1

Médiamétrie

Bonne audience, mauvaise conscience

Un certain nombre d'enquêtes font apparaître depuis des années un décalage important entre les images des grandes chaînes hertziennes et leur audience. Celle de *Télérama*/Sofres, de juillet 2005, montre que c'est Arte qui correspond le plus pour les Français à ce qu'ils attendent de la télévision (20 %), à égalité avec TF1 (20 %). Or, l'audience de la première est dix fois inférieure à celle de la seconde.

Il semble qu'il existe à l'égard des chaînes privées (TF1, M6, Canal +) une sorte de mauvaise conscience des téléspectateurs. Beaucoup s'en veulent de regarder des émissions qu'ils considèrent comme « racoleuses » sur des chaînes qui placent chaque année la barre un peu plus « bas » pour faire de l'audience, avec le plus souvent un incontestable succès. Les émissions de téléréalité ont sans doute eu un impact négatif sur l'image des chaînes concernées (essentiellement TF1 et M6), même si elles leur ont permis de réaliser des scores élevés. Cette explication vaut également pour certaines émissions de plateau qui, sous prétexte de débattre sans tabou de questions intimes, jouent sur le ressort du voyeurisme ou offrent à des points de vue très marginaux de vastes tribunes. Enfin, les téléspectateurs ont souvent le sentiment que la télévision ne remplit que partiellement sa mission d'information, avec une tendance à dramatiser l'actualité et à nourrir ainsi le climat général de mécontentement.

Globalement, les Français jugent sévèrement les chaînes et, plus encore, les programmes. Pourtant, force est de constater qu'ils les regardent, sans y être évidemment obligés. On a donc sans doute la télévision qu'on mérite, en tout cas celle qu'on regarde, même si l'on n'en est pas très fier.

Il a retrouvé le niveau qu'il avait en 1995.

Le manque de confiance dans la fiabilité des informations apparaît en revanche préoccupant. Seuls 6 % des Français de 18 ans et plus estimaient en 2006 que « les choses se sont passées vraiment comme la télévision les montre » et 38 % « à peu près comme elle les montre ». 48 % estimaient en revanche qu'« il y a sans doute pas mal de différences entre la façon dont les choses se sont passées et la façon dont la télévision les montre » et 6 % que « les choses ne se sont vraisemblablement pas passées du tout comme la télévision les montre ». 54 % des Français ne font donc pas confiance à la télévision dans sa fonction d'information, contre 44 % de confiants. La proportion de méfiants est inférieure pour la presse (47 %) et, surtout, pour la radio (40 %). Les avis n'étaient pas tranchés en ce qui concerne Internet (54 % de sans opinion), compte tenu d'un taux de connexion non généralisé et d'un usage limité de ce canal pour s'informer.

Le manque de crédit des médias en général et de la télévision en particulier explique que les Français se sont sentis plutôt mal informés en 2005 sur la baisse du chômage (62 % contre 29 % « plutôt bien »), les violences dans les banlieues (52 % contre 42 %), le référendum européen (46 % contre 42 %) ou la grippe aviaire (47 % contre 46 %).

La télévision influence les attitudes...

La place majeure qu'occupe la télévision dans la vie des Français et sa nature même (des images fortes propices à déclencher l'émotion) expliquent l'influence qu'elle exerce sur les attitudes, les opinions et les valeurs. Une influence d'autant plus forte que, pour accroître son audience, la télévision s'est affranchie progressivement des tabous : violence, mort, sexualité, formes multiples de l'intimité...

Les médias parlent des médias

Face au double problème de l'insatisfaction du public à l'égard des contenus des médias et au manque de confiance dans les informations qu'ils délivrent, les médias tentent de réagir. Ils instruisent régulièrement leur propre procès, mais sans laisser beaucoup de place à ceux qui pourraient y participer utilement de l'extérieur : publics ; experts ; intellectuels... Ils se dotent parfois de règles déontologiques, de façon plus individuelle que collective. Ces efforts leur ont par exemple permis de couvrir dans de bien meilleures conditions la seconde guerre en Irak que la première.

Cette pratique de l'introspection s'accompagne d'une tendance « anthropophage ». En même temps qu'ils tirent leur substance de la vie du monde (information, documentaires, reportages, variétés...), les médias se nourrissent de plus en plus d'eux-mêmes. Ils ne sont plus des médiateurs, mais des acteurs importants de la vie publique (p. 404). La télévision est au centre de tous les regards ; les radios et la presse lui consacrent une place croissante. Elle se regarde aussi de plus en plus dans son propre miroir, recourt aux images d'archives sous prétexte de proposer des commémorations, des rétrospectives ou des bêtisiers. Elle consacre un temps croissant aux rediffusions et aux best of, qui lui permettent de faire des économies, mais finissent par lasser les téléspectateurs.

Les Français moins confiants dans l'information à la télé

« En général, à propos des nouvelles [que vous lisez dans un journal, que vous voyez à la télévision, que vous entendez à la radio, que vous voyez sur Internet], est-ce que vous vous dites... » (2006, en %).

	Journal	Télévision	Radio	Internet
Les choses se sont vraiment passées comme cela	5	6	6	3
Les choses se sont à peu près passées comme cela	43	38	48	21
Sous-total OUI	48	44	54	24
Il y a sans doute pas mal de différences entre la façon dont les choses se sont passées et la façon dont elles sont montrées	42	48	36	19
Les choses ne se sont vraisem-blablement pas passées du tout comme cela	5	6	4	3
Sous-total NON	47	54	40	22
Sans opinion	5	2	6	54

Sous le prétexte, légitime, de la liberté d'expression et du devoir d'information, elle a aussi favorisé le voyeurisme. Certaines émissions cherchent ainsi plus à satisfaire le besoin de voir que celui de savoir. Elles montrent et remontrent avec délectation tout ce qui est « incroyable mais vrai » : poursuites automobiles ; accidents ; situations extrêmes de toutes sortes. Ce voyeurisme télévisuel s'appuie sur une volonté croissante d'exhibitionnisme. Pour beaucoup d'individus, il est aussi important et jubilatoire d'être vu que de voir. Consciente de cette évolution et, comme toujours, révélatrice et amplificatrice des mouvements qu'elle décrit, la télévision fournit aux individus des occasions de se montrer. Les modes traditionnels d'influence en sont bouleversés. Ils s'exercent moins aujourd'hui par le haut (l'« élite ») et par la « normalité », davantage par la base (les « vraies gens ») et par la marginalité.

La télévision joue aussi un rôle dans l'évolution des représentations collectives. En montrant, parfois en banalisant les « différences » individuelles ou communautaires en matière de race, de culture, de croyances, de sexualité et de modes de vie, elle les rend souvent plus acceptables. Elle a ainsi largement contribué au fil des années à la diffusion des valeurs féminines, à l'acceptation de l'homosexualité et, dans une moindre mesure, à l'ouverture aux minorités ethniques, raciales ou religieuses (même si l'intolérance resurgit régulièrement dans ces domaines). Depuis quelques années, les chaînes de télévision ont ainsi fortement accru leur programmation d'émissions évoquant l'homosexualité ; on en dénombrait environ 800 en 2005, dont plus des deux tiers sur les chaînes du câble et du satellite (Media-G). Les bouquets de chaînes consacrées au cinéma diffusent pour leur part un nombre croissant de programmes à thématique homosexuelle.

Il apparaît probable que la télévision nourrit le climat d'inquiétude et d'insécurité en le décrivant et qu'elle accélère le changement social en le montrant. Elle développe aussi le sentiment que tous les modes de vie, même les plus marginaux, sont acceptables, du simple fait qu'ils existent. Si la société y gagne parfois collectivement en tolérance, les individus qui la composent y perdent en certitude et en confort.

... et les comportements.

La plupart des études existantes indiquent que la violence diffusée dans les émissions d'information ou mise en scène dans les programmes de fiction n'est pas sans conséquence sur les comportements individuels, même si elle est très inégale selon les personnes. Elle sert parfois de référence ou de modèle à des délinquants, voire à des meurtriers, qui les reproduisent de façon consciente ou inconsciente, comme en témoignent régulièrement les faits divers.

Caisse de résonance sans équivalent (jusqu'à l'arrivée d'Internet), la télévision incite aussi à des comportements spectaculaires ou même violents de la part de tous ceux qui veulent se faire entendre : syndicats, groupes constitués ponctuellement ou individus à la recherche de notoriété. La démonstration n'est plus à faire de l'efficacité de ces démonstrations dans les conflits qui opposent les salariés aux entreprises privées, les fonctionnaires aux administrations ou les citoyens aux institutions.

Les journaux d'information diffusés par les chaînes, qui bénéficient d'une très forte audience, sont souvent perçus comme une souffrance par les téléspectateurs. L'une des trop rares enquêtes sur le sujet (*Le Monde*/Observatoire du débat public, novembre 2001) montrait que beaucoup ressentent une sorte de vertige lié à la quantité, à la diversité et au contenu des images. Prisonniers du flux d'informations qui leur parvient, ils se sentent abattus par la violence et la complexité du monde tel qu'il est ou, en tout cas, tel qu'il est présenté. Ils dénoncent aussi la « mise en scène » de l'information qui leur est proposée, mais sont conscients de la fascination qu'elle exerce sur eux. Face à la violence quotidienne et planétaire, ils ont besoin d'être rassurés par la diffusion de sujets « positifs » et apprécient qu'on leur parle des gens comme eux. Mais la téléréalité ne semble pas être une véritable réponse à cette attente, notamment dans sa tendance à remplacer les simples citoyens par des « célébrités ».

L'influence de l'image est d'autant plus forte et inquiétante que celle-ci peut aujourd'hui très facilement être manipulée. Elle l'est par les professionnels de la fiction (cinéastes, réalisateurs de télévision, photographes), lorsqu'ils l'utilisent pour des raisons artistiques. Elle peut l'être de façon beaucoup moins acceptable par ceux qui ont une obligation de vérité (journalistes, politiques, responsables de toutes sortes). Les simples particuliers peuvent aussi « retoucher » les images, à l'aide d'un ordinateur et d'un logiciel. Chacun peut donc jouer avec la vérité, ce qui la rend de plus en plus inaccessible et renforce la méfiance commune.

Les jeunes sont à la fois avertis et vulnérables.

Les enfants consacrent sur l'ensemble de l'année moins de temps à l'école qu'à la télévision. Cette dernière les mobi-

lise 2 h 10 par jour pour les 4-10 ans, 2 h 14 pour les 11-14 ans, 2 h 05 pour les 15-24 ans. Il faut noter que la durée a diminué de quelques minutes depuis 2003, au profit de l'écran d'ordinateur (Internet, vidéo). Un enfant de 8 à 12 ans sur quatre et six de 13-19 ans sur dix disposent de leur propre téléviseur. Il est donc difficile aux parents de choisir les programmes qu'ils regardent. Les enfants sont ainsi largement présents devant le poste aux heures où les chaînes ne présentent que des programmes pour adultes.

S'ils sont de plus en plus habiles dans le décodage des images qui leur sont montrées, les jeunes sont influencés par les informations, les films et les documentaires, la publicité, voire les images pornographiques auxquelles ils ont accès. Car on ne peut posséder à 10 ou 15 ans les points de repère nécessaires pour comprendre et relativiser les choses. La vision de la société qui leur est proposée n'est pas toujours flatteuse, même si elle n'est pas fausse. Les « vraies gens » des émissions de téléréalité se déchirent, se dénoncent et s'éliminent à seule fin de gagner de l'argent. On est loin des contes de fées que l'on racontait autrefois aux enfants pour leur faire croire que le monde était beau et magique...

Physique ou verbale, la violence est omniprésente à la télévision, et elle déborde très largement le seul domaine de la fiction. Des études montrent qu'elle tend davantage à la banaliser qu'à la canaliser ou à l'expliquer ; tous les comportements deviennent alors acceptables, donc imitables. Il faut ajouter que la télévision fait une très large place aux images d'origine américaine et qu'elles imprègnent obligatoirement les enfants. On peut s'en réjouir si l'on pense que cela les aidera à devenir des citoyens d'un monde qui est déjà largement américanisé. On peut au contraire s'en inquiéter si l'on se

demande quelle sera alors la place de la culture nationale.

La télévision impose de nouveaux héros et de nouvelles « élites »...

Les héros de l'histoire étaient des guerriers, des saints ou des individus considérés comme « supérieurs » par leur position sociale, leur intelligence ou leur courage. La plupart étaient des hommes. Ceux d'aujourd'hui sont des sportifs, des chanteurs ou des acteurs, et on y trouve de plus en plus de femmes. Le fossé entre les citoyens et les élites (politiques, économiques, scientifiques, culturelles...) explique sans doute la place croissante de ces nouvelles stars dans l'imaginaire collectif. Les paroles d'un Zinedine Zidane, d'un Yannick Noah, voire d'une Loana, sont plus entendues (peut-être écoutées) que celles des politiques, des savants ou des experts. Les premiers l'ont d'ailleurs compris, qui cherchent à recruter ces personnages et à les utiliser comme cautions ou « produits d'appel ». C'est le cas aussi des entreprises et des marques, qui font appel à eux pour leur communication.

La conjonction de cette dimension émotionnelle et anti-intellectuelle avec la vocation ludique, hédoniste et transgressive de la télévision contemporaine est à l'origine de nouveaux genres d'émissions. On a vu ainsi se développer une tendance qualifiée de « crétinisme » avec des animateurs comme Michaël Youn, Cauet, Dechavanne ou, à un moindre degré, Arthur. Elle constitue l'équivalent français des émissions trash de la télévision américaine, où prédomine un humour de cour de récréation. Une autre tendance est celle du « déballage » de l'intime, fonds de commerce des émissions de Thierry Ardisson, Marc-Olivier Fogiel ou, mais de façon moins directement racoleuse, Mireille Dumas.

... tout en s'efforçant de montrer les « vraies gens ».

Depuis déjà quelques années, des personnes ordinaires viennent raconter leur vie sur les plateaux de télévision ou figurent dans les spots de publicité. Mais elles ne sont pas représentatives de la « vraie » société. Elles sont souvent choisies pour témoigner de leurs modes de vie particuliers et de leur situation marginale. Elles offrent alors un miroir déformant aux spectateurs qui cherchent à se situer par rapport aux autres, afin de trouver leur propre identité.

Le succès des émissions de téléréalité, dont *Loft Story* a été le précurseur largement suivi depuis sous des formes multiples, est à cet égard révélateur. Leur principe réside d'abord dans une sélection rigoureuse des candidats (casting), qui doivent être en principe extravertis, ambitieux et télégéniques. Ils doivent aussi constituer un groupe dans lequel émergeront des tensions, des conflits susceptibles de créer le spectacle et le suspense. Ces acteurs jouent sans en être toujours conscients un scénario écrit à l'avance, reconstitué par un habile montage destiné à maintenir l'intérêt des téléspectateurs. Ces nouveaux héros perpétuent l'idée généreuse, mais difficile à réaliser, que chacun peut accéder à la célébrité, ainsi qu'à la fortune qui l'accompagne généralement. Deux motivations fortes à une époque qui déteste à la fois l'anonymat et la pauvreté.

En confondant marginalité, réalité et représentativité, ces pratiques donnent une image peu fidèle de la vie sociale. Elles renforcent les téléspectateurs dans l'idée que la société est devenue folle, que les jeunes sont seulement motivés par la fête et l'argent

Téléréalité, télévérité, téléthérapie

La télévision permet désormais à chacun d'étaler sa vie privée et de dévoiler ses problèmes les plus intimes. Autrefois réservée aux anonymes, cette forme de télévision concerne aujourd'hui les « célébrités ». Certaines viennent révéler sur la place publique télévisuelle leur enfance difficile, leur alcoolisme, leur homosexualité pour se libérer ou faire avancer la cause qu'elles défendent. D'autres ne se contentent pas de « déballer » leur vie privée ; elles « balancent » sur des personnages qu'elles ont croisés dans leur vie.

Pour les pratiquants de cette télévérité, qui tend à se substituer à la téléréalité, la motivation (consciente ou inconsciente) est de se débarrasser du poids de difficultés existentielles, de s'en « absoudre » en les portant à la connaissance des autres par la voie médiatique. Elle peut être aussi tout simplement de faire parler de soi et de cultiver son image. Ce n'est pas par hasard que l'on retrouve dans ces

comportements et ces motivations des mots à connotation religieuse : pratique de la confession ; recherche de l'absolution. À une époque où la religion ne pèse plus guère, ce n'est plus à Dieu que l'on s'adresse pour évoquer ses soucis ou révéler ses « péchés » : c'est aux autres humains, dans le cadre d'un acte public qui permet de les prendre à témoin, de se justifier auprès d'eux, de se faire comprendre et pardonner.

À la thérapie personnelle (pratiquée avec un psy) et à la thérapie de groupe (du type *Weight Watchers* ou les *Alcooliques anonymes*) s'ajoute désormais la téléthérapie, dans laquelle le « patient » s'exprime par écran interposé devant ses concitoyens. Le confessionnal traditionnel est ici remplacé par un studio de télévision, et le rôle du prêtre est tenu par un animateur. La présence d'un public qui manifeste sa compréhension ou sa compassion, ainsi que celle de quelques « experts » qui tentent d'expliquer l'origine des difficultés énoncées, donne à l'ensemble le caractère de sérieux indispensable. La télévision est ici un substitut laïque à la confession.

facile. Elles incitent aussi tous ceux qui sont mal dans leur peau et perméables aux phénomènes de mode à imiter les « modèles » qui leur sont ainsi proposés, plutôt que de chercher ailleurs et autrement leur propre identité.

La télévision fabrique pour ces émissions des sortes de zoos humains, dans lesquels elle enferme des individus pour les livrer au voyeurisme de leurs pairs. Mais, à la différence des personnes que l'on montrait autrefois dans des cirques et qui étaient exceptionnelles par leurs caractéristiques physiques ou mentales, celles montrées aujourd'hui sont censées être « ordinaires ».

La télévision favorise l'émotion, au détriment de la raison.

De nombreux exemples démontrent la place croissante de l'affect dans le débat social. On pourrait citer la campagne du référendum sur la Constitution européenne (et l'épouvantail agité du « plombier polonais ») ou les réactions d'hostilité a priori à la plupart des projets de réforme, des retraites à la santé, en passant par l'éducation ou les contrats de travail. Le primat de l'émotion dans la constitution de l'opinion publique est de plus en plus appa-

La télévision, acteur plus que médiateur

Il faut rappeler au préalable que le système médiatique est un élément essentiel de la démocratie ; le « quatrième pouvoir » est né de la nécessité de faire contrepoids aux trois autres. Mais cela n'interdit pas de chercher à comprendre les processus de formation de l'opinion individuelle et collective auxquels les médias participent largement. Et de constater qu'ils ne sont pas, comme leur nom le laisse supposer, de simples « intermédiaires » entre les acteurs de la société et le public ; ils sont devenus à leur tour des acteurs. La mission qu'ils s'assignent (de façon consciente ou non) n'est pas en effet de donner de la société une représentation exacte, mais d'attirer le public et de le retenir.

Une analyse du contenu des programmes de télévision montre sans ambiguïté la place prise par l'émotion. Les journaux télévisés sont pleins d'images montrant tout l'éventail qu'elle couvre, entre la joie et la détresse, avec une présence plus fréquente de cette dernière. Les plateaux de télévision sont occupés (parfois « squattés ») par des artistes, politiques et autres acteurs de la société qui parlent la main sur le cœur. Ce sont ceux que les animateurs appellent les « bons clients » : des invités qui vont dire à coup sûr des choses fortes, propres à déclencher le rire, la compassion, en tout cas l'adhésion des auditeurs et spectateurs… et faire monter l'audience. Peut-être même, avec un peu de chance, provoquer par une déclaration ou un comportement l'un de ces scandales qui vont être repris dès le lendemain par toute la presse et rediffusés dans les « bêtisiers ».

Dans les émissions de télévision enregistrées devant des publics (toujours prompts à manifester dès qu'on leur en donne l'occasion… ou l'ordre), ceux qui se font le plus applaudir sont ceux qui parlent avec leurs « tripes », plus qu'avec leur « tête ». Ou qui font semblant de le faire, car la démagogie n'est pas toujours absente de ces façons d'être. Elle l'est d'autant moins que les invités sont généralement des professionnels de la parole ou de la scène. Dans la société contemporaine, l'apparence de la vérité est ainsi souvent plus importante que la vérité elle-même. L'important est de convaincre, et les spécialistes de la communication savent bien que l'*affectif* est pour cela le plus « effectif », c'est-à-dire efficace. Le registre de l'*objectif* est plus difficile à pratiquer et finalement moins convaincant. D'autant qu'il est aujourd'hui suspect, car le public ne peut vérifier les informations qui lui sont assénées ; il doit donc faire confiance, et il n'est guère enclin à le faire. Il est en tout cas plus sensible à la dimension ludique, émotionnelle, sensorielle, onirique des discours qui s'adressent au « cœur » plutôt qu'au cerveau.

rent : ceux qui s'adressent « au cœur » sont plus écoutés que ceux qui cherchent à décrire les faits le plus objectivement possible. Au point que l'on peut se demander si le pays de Descartes n'a pas « perdu la raison ». Ce phénomène est inquiétant. En se situant sur le registre émotionnel et en occultant la réalité, il est en effet possible de faire basculer de son côté les indécis, de mettre dans sa poche ceux qui pensent que le monde va mal, de fédérer ceux qui se sentent victimes des inégalités ou laissés pour compte du progrès. Et séduire au total un nombre suffisant de Français pour décider du résultat d'un scrutin ou de l'avenir du pays.

Les médias jouent sans aucun doute un rôle important dans cette évolution et la télévision plus que les autres. Elle est le média de la vie et des images, mais aussi des émotions, à travers les discours qu'elle délivre ou qu'elle laisse délivrer par les experts en émotion. L'admiration, l'identification et la projection engendrés par la présence de ces « célébrités » produisent davantage d'audience que la légitimité politique (conférée par l'élection démocratique) ou intellectuelle (conséquence d'un travail d'investigation et de réflexion). Les professionnels de l'émotion simplifient souvent la réalité ; ils ne s'embarrassent pas de « détails » et ne cherchent pas à faire la part des choses. Une affirmation péremptoire, même erronée, est ainsi beaucoup plus efficace qu'un discours tempéré, dans lequel on s'efforce de faire la pédagogie du réel, avec ses inévitables contradictions.

Cinéma

La fréquentation des cinémas s'est redressée à partir de 1993.

Depuis la fin de la Seconde Guerre mondiale, la fréquentation des cinémas a connu en France plusieurs phases. La chute a d'abord été brutale jusqu'au début des années 70. On avait recensé 424 millions de spectateurs dans les salles en 1947 ; ils n'étaient plus que 400 millions en 1957. Leur nombre

Des salles mieux remplies

Évolution de la fréquentation des salles de cinéma (en millions de spectateurs)

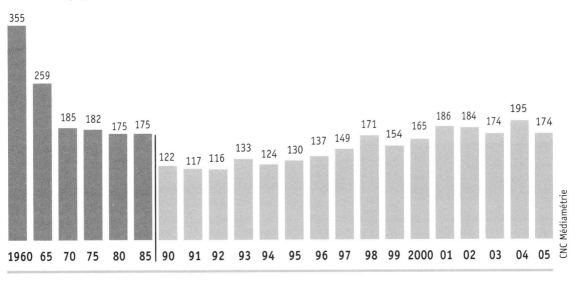

CNC Médiamétrie

avait encore baissé de moitié en 1968 (203 millions) alors que la population s'était accrue de 9 millions en quarante ans. Entre 1975 et 1982, la création de complexes multisalles proposant un choix plus vaste dans des salles plus petites n'a pas permis d'enrayer durablement ce déclin, qui a concerné l'ensemble de l'Europe. La fréquentation a atteint un minimum en 1992, à 116 millions.

Le redressement s'est produit à partir de 1993, avec le triomphe des *Visiteurs* (14 millions de spectateurs) et de deux autres « poids lourds » : *Jurassic Park* et *Germinal*. Ce retournement s'expliquait aussi par une plus grande diversification de la programmation, une baisse des tarifs, la construction de salles plus agréables avec des écrans plus grands et l'amélioration de l'accueil. Entre 1988 et 1998, le nombre de salles de cinéma est ainsi passé de 4 819 à 4 764, tandis que le nombre de spectateurs moyen par salle augmentait de 26 000 à 36 000.

La baisse constatée en 1999 s'expliquait essentiellement par le fait que l'année 1998 avait été exceptionnelle (+ 14 %), avec la sortie de *Titanic*, qui réalisait plus de 20 millions d'entrées. Un nouveau record de fréquentation (sur vingt ans) était battu en 2001, avec 186 millions d'entrées. Il était dû pour une part au triomphe du *Fabuleux Destin d'Amélie Poulain* (9 millions d'entrées).

2005 a été moins favorable, après une année 2004 exceptionnelle.

Un nouveau point haut a été atteint en 2004, avec 195 millions d'entrées, en hausse de 12 % sur 2003, soit un chiffre proche de celui du début des années 80. L'année 2005 a été moins brillante pour les entrées en salles, avec seulement 174 millions de billets achetés, en baisse de 11 % sur le chiffre exceptionnel de l'année précédente. Elle était cependant identique à celle

de 2003 (174,5 millions). Cette moindre performance relative s'explique essentiellement par l'absence de très gros succès : 46 films ont enregistré plus de 1 million d'entrées, soit 3 de moins qu'en 2004. Le premier film français, *Brice de Nice*, a réalisé la moitié du nombre d'entrées des *Choristes* en 2004 (4,4 millions contre 8,6 millions). Les 20 premiers films de 2005 ont obtenu 13 millions d'entrées de moins que les 20 premiers de 2004.

On peut penser que le climat économique morose a eu une incidence sur la fréquentation des salles comme elle en a eu dans d'autres activités de loisir et de culture. Par ailleurs, les conditions météorologiques anormalement clémentes, notamment au cours de l'automne, ont détourné le public des salles à des périodes normalement propices à la fréquentation. Enfin, le succès du DVD, disponible seulement six mois après la sortie des films en salle, a également favorisé le visionnage à domicile ; il en est de même du piratage des films par téléchargement sur Internet.

La plupart des pays occidentaux ont connu des baisses de fréquentation en 2005, principalement dues aux performances décevantes des films américains, à l'exception du Royaume-Uni, où la fréquentation était comparable à celle de 2004. La baisse a été de 17 % en Allemagne, 10 % en Espagne, 4 % en Italie. Elle était de 5 % aux États-Unis.

Les films français représentent plus du tiers de la fréquentation.

Les performances du cinéma national varient au fil des années et du succès rencontré par les films sortis en salle. Sa part n'était que de 28 % en 1998 (année de sortie de *Titanic*). Elle avait atteint 41,5 % en 2001 grâce à *Amélie Poulain*, un niveau inconnu depuis 1986. En 2005, la part du cinéma national était encore de 37 % (contre 39 % en 2004 mais 35 % en 2003). Ses 65 millions d'entrées représentaient une baisse de 14 % par rapport à 2004, mais la troisième meilleure performance des dix dernières années, après 2001 (77 millions) et 2004 (75 millions). En moyenne sur les dix dernières années, les films français réalisent 59 millions d'entrées annuelles.

18 films ont dépassé 2 millions d'entrées, contre 21 ; le nombre de films américains est resté identique, tandis que celui des films français est passé de 7 à 4. Le nombre de films français ayant dépassé 1 million d'entrées (16) est resté stable par rapport à 2004. En revanche, 38 films français ont réalisé plus de 500 000 entrées, la meilleure performance depuis plus de dix ans. Seuls 37 films américains ont dépassé 500 000 entrées, l'un des niveaux les plus bas des dix dernières années. Au total, les films américains ont cumulé

81 millions d'entrées en 2005, en baisse de 12,2 % par rapport à 2004 et le plus faible niveau depuis 1998. Leur score est sensiblement inférieur à la moyenne des dix dernières années (89 millions). La part de marché du cinéma américain était de 46 % en 2005, contre 48 % en 2004 et 52 % en 2003. La part des films non français et non américains était en progression en 2005 : 17 % des entrées totales, contre 14 % en 2004 et 13 % en 2003.

Le cinéma français est le premier d'Europe.

La France demeure le pays européen où le cinéma américain est le moins dominant. Outre le talent des réalisateurs et le flair des producteurs, le système de financement et d'aide au cinéma, partie de l'« exception culturelle » nationale, n'y est sans doute pas étranger.

La production cinématographique française reste également la plus importante en Europe, avec 240 films de long métrage ayant obtenu l'agrément au cours de l'année 2005, soit 37 de plus qu'en 2002 et un nouveau record historique. 187 films étaient d'initiative française, c'est-à-dire produits et financés intégralement ou majoritairement par des partenaires français. 126 ont été tournés en langue française. 61 ont été coproduits avec au moins un partenaire étranger. La progression de la production nationale constatée est imputable aux coproductions majoritaires françaises, les coproductions minoritaires étant en diminution.

Chaque Français est allé en moyenne 3 fois au cinéma en 2005 et chaque spectateur 5,2 fois (4,6 en 1996). Ce taux de fréquentation place la France en deuxième position dans l'Union européenne, devant l'Espagne (2,9 en 2005) et le Royaume-Uni (2,7). Le taux est plus élevé aux États-Unis (4,7) ou en Australie (4) ; il est de 1,3 seule-

ment au Japon. La France est en Europe l'un des rares pays (avec la Grande-Bretagne et plus récemment l'Espagne) ayant réussi à enrayer l'érosion de la fréquentation des salles.

Les 50 ans et plus représentent une part croissante des entrées.

Malgré le fléchissement de la fréquentation des salles en 2005, la « population cinématographique » française s'est de nouveau élargie. 59,9 % des personnes âgées de 6 ans et plus sont allées au cinéma au moins une fois dans l'année, contre 59,6 % en 2004. Le public du cinéma a compté 33,2 millions d'individus, soit 140 000 spectateurs de plus que l'année précédente. En dix ans, il a progressé de 12,1 % tandis que la fréquentation augmentait de 27,4 %.

Le cinéma touche surtout le jeune public, mais beaucoup moins exclusivement que par le passé. Les moins de 25 ans ont représenté 36,9 % des spectateurs et 38,5 % des entrées en 2005, contre respectivement 36,1 % et 38,9 % en 2004 (41,7 % et 42,9 % en 1996). Les 15-24 ans sont allés, en moyenne, 7,1 fois au cinéma dans l'année (7,9 fois en 2004). Mais la sortie au cinéma n'est pas seulement réservée aux plus jeunes. Les plus de 35 ans concentrent 47,7 % du public et 46,5 % des entrées. Ces parts ont sensiblement progressé au cours des dix dernières années : 41,1 % des spectateurs de cinéma et 37,6 % des entrées en 1996. En 2005, les 50 ans et plus, qui composent 37,4 % de la population française, représentaient 25,3 % du public du cinéma contre 17,5 % en 1996 et 27,4 % des entrées en salle (16,7 % en 1996).

En 2004, on trouvait davantage de personnes ayant été au cinéma au moins une fois au cours des sept der-

Les césars du public

Les plus grands succès de 1945 à 2005 (en millions d'entrées)

Titanic (États-Unis)	20,64	Le Monde de Nemo (États-Unis)	9,19
La Grande Vadrouille (France, G.-B.)	17,27	L'Ours (France)	9,14
Autant en emporte le vent (États-Unis)	16,72	Emmanuelle (France)	8,89
Le Livre de la jungle (États-Unis)	15,29	La Vache et le Prisonnier (Fr., It.)	8,84
Il était une fois dans l'Ouest (États-Unis)	14,86	Harry Potter et la chambre des secrets (É.-U.)	8,79
Les 101 Dalmatiens (États-Unis)	14,66	Astérix et Obélix contre César (Fr., All., It.)	8,77
Astérix et Obélix : mission Cléopâtre (Fr.)	14,37	La Grande Évasion (États-Unis)	8,76
Les Dix Commandements (États-Unis)	14,23	West Side Story (États-Unis)	8,72
Ben-Hur (États-Unis)	13,83	Bataillon du ciel (France)	8,65
Les Visiteurs (France)	13,78	Le Fabuleux Destin d'Amélie Poulain (Fr., All.)	8,52
Le Pont de la rivière Kwaï (G.-B.)	13,48	Les Choristes (France, Suisse)	8,45
Cendrillon (États-Unis)	13,20	Le Dictateur (États-Unis)	8,28
Le Petit Monde de Don Camillo (It., Fr.)	12,79	Pour qui sonne le glas ? (États-Unis)	8,27
Les Aristochats (États-Unis)	12,48	Violettes impériales (France, Espagne)	8,13
Le Jour le plus long (États-Unis)	11,91	Les Couloirs du temps – les Visiteurs 2 (France)	8,04
Le Corniaud (France, Italie)	11,74	Un Indien dans la ville (France)	7,88
La Belle et le Clochard (États-Unis)	11,18	Pinocchio (États-Unis)	7,84
Bambi (États-Unis)	10,68	Le Gendarme de Saint-Tropez (France, Italie)	7,81
Taxi 2 (France)	10,30	Tarzan (États-Unis)	7,78
Trois Hommes et un couffin (France)	10,25	Le Comte de Monte-Cristo (France, Italie)	7,74
Les Canons de Navarone (États-Unis)	10,20	Sixième Sens (États-Unis)	7,70
Le Roi Lion (États-Unis)	10,12	Le Cinquième Élément (France)	7,60
La Guerre des boutons (France)	9,94	Orange mécanique (Grande-Bretagne)	7,46
Les Misérables (France, Italie)	9,94	Les Bidasses en folie (France)	7,43
Docteur Jivago (États-Unis)	9,82	Le Retour de Don Camillo (Italie, France)	7,40
Vingt Mille Lieues sous les mers (États-Unis)	9,62	La vérité si je mens 2 (France)	7,36
Sous le plus grand chapiteau du monde (É.-U.)	9,49	Le Seigneur des anneaux – le Retour du roi (N.-Z.)	7,31
E.T. l'extra-terrestre (États-Unis)	9,41	Aladdin (États-Unis)	7,30
Harry Potter à l'école des sorciers (États-Unis)	9,38	Les Aventures de Rabbi Jacob (France, Italie)	7,28
Le Dîner de cons (France)	9,25	Danse avec les loups (États-Unis)	7,26
Le Grand Bleu (France)	9,19	Les Aventures de Peter Pan (États-Unis)	7,22

CNC Médiamétrie

Cinéparade 2005

Films ayant été vus en salle par plus de 2 millions de spectateurs en 2005 (en millions)

Star Wars : épisode 3 – la Revanche des Sith (États-Unis)	7,16
Harry Potter et la coupe de feu (États-Unis)	6,73
Brice de Nice (France)	4,40
Charlie et la chocolaterie (Grande-Bretagne)	4,14
La Guerre des mondes (États-Unis)	3,86
Madagascar (États-Unis)	3,14
Million Dollar Baby (États-Unis)	3,08
Mr & Mrs Smith (États-Unis)	2,93
Les Poupées russes (Fr., G.-B.)	2,81
Le Monde de Narnia – chapitre 1 (États-Unis)	2,66
King Kong (États-Unis)	2,64
Iznogoud (France)	2,51
Palais royal ! (France, Grande-Bretagne)	2,24
Les 4 Fantastiques (États-Unis)	2,19
Wallace et Gromit – le Mystère du lapin-garou	2,17
La Légende de Zorro (États-Unis)	2,08
Hitch expert en séduction (États-Unis)	2,00

CNC Médiamétrie

niers jours parmi les 50 ans et plus que dans toutes les autres tranches d'âge, y compris les 15-24 ans.

L'intérêt pour le cinéma apparaît fortement corrélé au niveau social : 71 % des « CSP+ » (personnes appartenant aux catégories les plus aisées) sont allées au cinéma au moins une fois en 2005. La proportion atteint 76 % chez les diplômés de l'enseignement supérieur. Ils représentent un tiers du public et près de la moitié des entrées. Globalement, les hommes voient un peu plus de films que les femmes (près de six en moyenne, contre cinq), mais ces dernières ont constitué 52 % des spectateurs. Les trois quarts des entrées sont le fait des « habitués » (au moins une fois par mois), un quart proviennent des « occasionnels ».

Le public est essentiellement urbain.

Le cinéma constitue pour les citadins un moyen d'évasion, d'autant que la densité des salles est plus élevée dans les villes. Le poids des entrées dans les grandes agglomérations demeure prépondérant, mais il tend à se stabiliser. Ce phénomène s'explique par le ralentissement des ouvertures de nouveaux multiplexes. Le taux de pénétration du cinéma reste sensiblement plus élevé dans les grandes villes, de même que le nombre d'entrées par habitant.

La fréquentation est traditionnellement beaucoup plus élevée à Paris : 14 entrées par habitant contre 4 dans les communes de 100 000 habitants et plus, et 1,5 dans les communes de taille inférieure). L'écart s'explique aussi par le fait que Paris intra-muros draine un grand nombre de spectateurs de la périphérie. On observe que Paris et la région parisienne bénéficient d'un public cinéphile, qui atténue les écarts d'une année sur l'autre, à la hausse comme à la baisse. Ainsi, le recul de 2005 a été moins prononcé qu'au niveau national (7 % contre 10 %) ; à l'inverse, la croissance de 2004 n'avait été que de 7 % à Paris-Région parisienne, contre 12 % pour la France entière.

Indépendamment des phénomènes liés aux dates de sortie des films, le cinéma demeure un loisir hivernal : en moyenne, environ 12 % des entrées ont lieu en décembre, contre la moitié en août. Le cinéma est aussi un loisir de week-end : une entrée sur quatre a lieu le samedi. Près de six sur dix s'effectuent entre le vendredi et le dimanche. Le mardi et le jeudi sont particulièrement peu prisés par les spectateurs, qui privilégient davantage les séances du mercredi, jour de sortie des nouveaux films.

Les goûts sont de plus en plus éclectiques.

Beaucoup de films figurant aux premières places du hit-parade cinématographique sont produits spécialement pour un public jeune, amateur d'aventures, de fantastique et d'effets spéciaux ; la plupart sont américains. Mais, si les jeunes aiment les films qui font peur, ils apprécient aussi, comme leurs aînés, ceux qui font rire. C'est ce qui explique le succès des grands films comiques, qui ont souvent occupé les premières places des palmarès au cours des dernières années, de *la Grande Vadrouille* à *Astérix*, en passant par *les Visiteurs*. La tradition comique du cinéma français est ancienne : Louis de Funès avait su faire oublier la disparition de Fernandel, et plusieurs de ses films (dont les « Gendarme ») figurent dans la liste des plus gros succès de tous les temps. Il a été remplacé par la génération du Splendide (Christian Clavier, Michel Blanc, Thierry Lhermitte, Marie-Anne Chazel...), dont le troisième avatar des « Bronzés » a triomphé début 2006 (10 millions d'entrées en deux mois).

Outre les films à grand spectacle, la production s'est orientée dans plusieurs directions au cours des dernières années : films d'horreur reprenant les grands thèmes et héros *(King Kong...)* ; films engagés dénonçant les grands problèmes du monde (trafics de drogues, d'armes, pratiques douteuses de certaines entreprises multinationales...) où se mêlent l'argent et la politique. On observe toujours un intérêt pour les films romantiques, positifs et « gentils », en contrepoint aux films violents, cyniques et « méchants ». Le phénomène, lancé par *Pretty Woman* (1990), s'est manifesté avec une ampleur exceptionnelle en 2001 avec *le Fabuleux Destin d'Amélie Poulain* (Jean-Pierre Jeunet). Il s'est poursuivi avec *les Choristes* en 2004 (Christophe Barratier) ou *Je vous trouve très beau* (Isabelle Mergault) en 2005.

Les spectateurs se déplacent moins aujourd'hui pour une star consacrée que

● *3 millions de Français auraient déjà téléchargé des films sur Internet.*
● *Les Français ont acheté 1,5 million de DVD des **Choristes** et plus de 1 million de CD de la musique du film.*

pour une histoire dont ils ont entendu dire du bien par les médias ou, surtout, par leur entourage. C'est en effet principalement le « bouche-à-oreille » qui décide du succès d'un film.

Les Français regardent des films surtout à la télévision.

Les Français regardent beaucoup plus de films chez eux que dans les salles. En 2005, ils ont consacré en moyenne 69 heures à ceux diffusés par les six chaînes de télévision hertzienne et 260 heures aux émissions de fiction. 1 465 films ont été programmés, dont 70 % par les cinq chaînes en clair. Un tiers des films diffusés par ces chaînes (300) l'étaient pour la première fois ; la proportion était de 79 % sur Canal + (345 films). Les chaînes en clair ont programmé 120 films français en première diffusion, soit 12 % de leur offre totale, et 79 films inédits américains. Sur les quatre principales chaînes (TF1, France 2, France 3 et M6), 395 films français ont été diffusés, dont 22 % étaient inédits.

On observe une tendance à la baisse de la programmation de films en début de soirée (444 en 2005 contre 518 en 1996) au profit d'autres types d'émissions comme les variétés ou la téléréalité. Elle est en partie la conséquence de la baisse de l'audience moyenne des films sur les chaînes hertziennes, engagée depuis 1991. Celle-ci s'est cependant stabilisée depuis 2003.

Les 100 meilleures audiences cinématographiques de 2005 comptaient autant de films français que de films américains (46). Sept films ont obtenu plus de 40 % de part de marché. Le palmarès comprenait 39 films inédits dont 6 parmi les 10 premiers. Parmi eux figuraient trois films français : *Taxi 3, Le Transporteur, Bienvenue chez les Rozes*. Pour sa troisième diffusion à la télévi-

sion, *le Dîner de cons* de Francis Veber a rassemblé 11,5 millions de téléspectateurs. Les films français ont représenté 8 des 20 meilleures audiences de l'année, contre 14 en 2004.

Les films occupent toujours une place essentielle dans le palmarès des enregistrements (p. 399) ; leur temps de visionnage s'ajoute à celui des films regardés « en direct ».

Les nouvelles technologies favorisent le cinéma à la maison.

Depuis quelques années, la télévision s'est dotée de nouveaux atouts pour mettre en valeur le cinéma : écrans larges et plats ; sytèmes de rétroprojection ou vidéoprojection ; image haute définition ; chaînes numériques accessibles par le câble, le satellite ou Internet ; TNT ; son hi-fi stéréo, Dolby, 5.1 ; lecteurs-enregistreurs de DVD à disque dur... Ces développements ont donné naissance au « cinéma à domicile » disponible sur un écran de télévision ou d'ordinateur (fixe ou portable).

Le DVD, commercialisé depuis 1997, a connu un développement très rapide. Les Français en ont acheté 142 millions en 2005, pour 1,8 milliard d'euros (CNC-GfK). Dans le même temps, les achats de cassettes VHS se sont effondrés : 3 millions. Le parc de lecteurs de DVD a continué à croître fortement, avec près de 4 millions de ménages nouvellement équipés, mais le nombre de DVD achetés par lecteur se réduit. Pour la première fois depuis 1986, les dépenses de supports vidéo ont diminué, du fait de la baisse des prix moyens. Le téléchargement illégal de films sur Internet est une autre cause probable, bien que très difficile à estimer. La part des films de long métrage est de 74 %. Celle des films français continue d'augmenter : 23 % en 2005 contre 22 % en 2004

(19 % en 2003). Hors films, la part des séries TV progresse à 10 %, contre 7 % en 2004. La part des séries françaises a doublé, à 20 %. Les locations de supports vidéo ont représenté 6 % des dépenses contre 5 % en 2004.

Au cours des prochaines années, la place des supports physiques devrait diminuer, avec le développement de la location de films à la demande sur Internet, d'autant que les internautes sont plus cinéphiles que la moyenne ; 80 % se rendent au moins une fois par an au cinéma, contre la moitié de la population totale. L'accès au très haut débit permettra de télécharger rapidement des films entiers, de les visionner sur ordinateur, de les copier sur des DVD ou de transférer les fichiers numériques vers les équipements de salon.

Radio

Sauf indication contraire, les chiffres qui suivent émanent de Médiamétrie et correspondent à la situation de l'année 2005.

Les foyers possèdent en moyenne six récepteurs de radio.

La quasi-totalité des ménages (99 %) disposent d'au moins un appareil de radio : transistor, radiocassette, baladeur, tuner, radio-réveil, autoradio. Le multiéquipement est la règle, avec un nombre moyen de récepteurs (en état de marche) par foyer un peu inférieur à six (fin 2002, dernière enquête Médiamétrie). Il tend cependant à diminuer, puisqu'il était de 6,3 en 2001 et de 5,9 en 1994. Cette évolution s'explique par la baisse de la taille moyenne des ménages, qui ne justifie plus une aussi grande diversité. Elle est aussi

Radioscopie

Équipement des ménages en récepteurs de radio (en %) et nombre moyen d'appareils (2002)

Au moins :	%	Nombre
Une radio	99,1	5,6
Un autoradio	81,8	1,2
Une chaîne hi-fi, minichaîne ou un poste de radio fixe	81,4	1,4
Un radio-réveil	75,2	1,3
Une radiocassette ou radio lecteur de CD	58,1	1,0
Un transistor	29,5	0,4
Un baladeur recevant la radio	28,0	0,4

Médiamétrie

la conséquence de l'accès à la radio par d'autres équipements : ordinateur connecté à Internet, téléviseur, téléphone mobile... Huit ménages sur dix disposent d'au moins un appareil préprogrammable, Deux sur trois ont au moins un appareil avec télécommande (ou commande au volant pour les autoradios). Les trois quarts sont équipés d'au moins un appareil avec RDS (système de transmission de données par les stations), une proportion qui a plus que doublé depuis 2003.

La multiplication des stations nationales et surtout locales émettant en FM (modulation de fréquence) a largement contribué au développement de la radio. La possibilité d'écouter la FM ne différencie plus les catégories sociales, car la baisse des prix des appareils les a rendus accessibles à tous. Les plus jeunes, les plus aisés et les plus urbains restent cependant les mieux équipés. Ils sont séduits par la qualité croissante de l'écoute, liée à l'évolution spectacu-

laire des matériels : enceintes, amplis, égaliseurs, affichage digital des fréquences, recherche automatique des stations, lecture des disques compacts, etc.

Les lieux et moyens d'écoute se sont diversifiés.

La radio accompagne les Français dans la plupart des circonstances de leur vie quotidienne. 81 % l'écoutent au moins une fois dans la journée à leur domicile (audience cumulée, 13 ans et plus, sur 15 jours, du lundi au vendredi). Près des trois quarts (71 %) l'écoutent au moins une fois en voiture. Pratiquement tous les ménages disposant d'un véhicule (82 %) sont en effet équipés d'un autoradio, contre un quart en 1971 (24 %) ; les deux tiers disposent de stations programmables, plus de la moitié d'un système RDS (contre 23 % en 2001), un sur quatre d'une commande au volant (26 %). La présence de la radio sur les lieux de travail est aussi en progression constante : près de la moitié des actifs y ont accès. 19 % des Français l'écoutent ainsi au moins une fois par jour dans le cadre de leur vie professionnelle.

Les usages « nomades » se sont multipliés, avec les baladeurs et téléphones permettant d'écouter la radio. On voit par ailleurs se développer de nouveaux moyens d'accès aux stations. Un Français sur dix écoute la radio de façon régulière sur le câble ou le satellite, dont la moitié au moins une fois par semaine. Ils sont également de plus en plus nombreux (3 %) à le faire sur des sites Internet. Début 2006, chaque auditeur écoutait en moyenne 4,3 stations différentes, contre 3,9 un an auparavant. Au total, l'audience cumulée de la radio est effectuée pour 53 % seulement à domicile, 25 % en voiture, 17 % au travail, 4 % dans d'autres circonstances.

Des radios libres au podcasting

L'autorisation, en 1982, des « radios libres » (officiellement radios locales privées) fut une date importante dans l'histoire des médias. Elle a inauguré un nouveau type de relation entre les stations et leurs auditeurs, fondé notamment sur le partage d'un centre d'intérêt ou l'interactivité. La musique est devenue la motivation principale de l'écoute de ces radios. Mais la spécialisation constitue une autre différence déterminante par rapport à leurs grandes sœurs généralistes. Cette caractéristique a d'abord été régionale ou locale, du fait de zones d'écoute géographiquement limitées, avant de devenir véritablement thématique (genre musical, tranche d'âge, ethnie, religion...).

Les radios nationales ont réagi à cette concurrence nouvelle en créant elles aussi des stations thématiques. Radio France a inventé le concept de radio d'information continue (France Info). Europe 1 a hissé Europe 2 dans le groupe de tête des stations musicales, de même que RTL avec RTL2. Entre radios périphériques et radios locales, la concurrence s'est accrue. Les contraintes de rentabilité de ces dernières les ont incitées à faire une place croissante à la publicité et à afficher des ambitions nationales, à travers les regroupements de stations dans des réseaux. Elles ont ainsi perdu une partie de leur spécificité. La France est le seul pays européen à posséder à la fois des réseaux nationaux et de fortes antennes régionales.

L'évolution s'est poursuivie avec l'accès aux radios aussi bien locales que mondiales via Internet, avec un choix considérable de stations et de thèmes. On a vu aussi apparaître en 2005 le *podcasting* (audio ou vidéo), qui permet de recevoir sur ordinateur les fichiers des émissions préférées (en audio ou même en vidéo), puis de les écouter sur un appareil compatible, fixe ou nomade.

devant les commerçants (4 heures). Les instituteurs et les cadres de la fonction publique sont les moins concernés. La durée d'écoute la plus longue a lieu le mercredi (3 h), la plus courte le dimanche (2 h 19). Les Français écoutent en moyenne 1,8 station au cours d'une journée de semaine. Les hommes sont un peu plus « zappeurs » que les femmes (1,9 station contre 1,7). La fidélité augmente régulièrement avec l'âge : 1,9 station pour les 13-34 ans, 1,8 pour les 35-59 ans, 1,6 pour les 60 ans et plus.

92 % des Français écoutent la radio au cours d'une semaine.

La radio rassemble un peu plus de 42 millions d'auditeurs de 13 ans et plus en moyenne chaque jour de semaine. L'audience cumulée (proportion de personnes différentes ayant écouté une station de radio au moins une fois dans la journée au cours de la semaine complète, de 5 h à 24 h) était de 92 % au cours du premier trimestre 2006. Elle était de 91 % entre le lundi et le vendredi, l'audience étant légèrement supérieure au cours du week-end. Sur l'ensemble d'une semaine, 75 % des Français ont écouté la radio à leur domicile, 63 % en voiture, 14 % sur leur lieu de travail. 83 % se sont branchés sur des radios privées commerciales (locales, régionales ou nationales), 41 % sur des radios de service public (stations de Radio France et RFI), 6 % sur des radios privées associatives (dans lesquelles la publicité représente moins de 20 % des recettes).

Globalement, l'audience de la radio a diminué de 1,1 point sur la période janvier-mars 2006, par rapport à janvier-mars 2005 et de 0,5 point par rapport à novembre-décembre 2005. Les stations musicales (NRJ, Europe 2, Nostalgie, Fun Radio, Chérie FM...) ont obtenu

La durée d'écoute moyenne est de 2 h 54 par jour.

Un Français sur trois écoute la radio au moins une fois par jour. La durée moyenne par auditeur de 13 ans et plus était de 2 h 54 en semaine (lundi à vendredi) au premier trimestre 2006 (en baisse de 1 minute sur un an). Elle est inférieure au cours du week-end : 2 h 36 (en hausse de 6 minutes sur un an). Le temps d'écoute de la radio tend à diminuer sur plusieurs années, compte tenu d'une plus grande dispersion sur l'ensemble des médias disponibles. La comparaison avec les années antérieures à 2002 n'est cependant pas possible, compte tenu d'un changement de méthode de mesure (les enquêtes concernaient auparavant les 15 ans et plus). De même, la durée d'écoute de la télévision (3 h 26 en 2005) concerne la population de 4 ans et plus.

Contrairement à ce que l'on imagine parfois, les hommes sont plus nombreux à écouter la radio et lui consacrent 20 minutes de plus par jour : 3 h 04 contre 2 h 48). La durée d'écoute augmente régulièrement avec l'âge : elle varie de 2 h 12 pour les 13-24 ans à 3 h 18 pour les personnes de 60 ans et plus. Les personnes modestes l'écoutent plus que celles appartenant aux milieux aisés. Les artisans sont les plus assidus (plus de 5 heures par jour),

LA MOITIÉ POUR LA MUSIQUE, UN QUART POUR L'INFO

Comme pour la télévision (p. 396), la répartition de l'écoute de la radio n'est pas identique à celle des types de programmes. Ainsi, la musique représente 48 % du temps d'écoute, mais 53 % du temps d'antenne des stations (Observatoire de la radio, 2005). L'écart le plus spectaculaire concerne l'information, qui compte pour 25 % de l'écoute (en baisse de 5 points par rapport à 2001) et seulement 16 % de la diffusion. Les émissions de divertissement recueillent exactement la même part d'écoute et de diffusion : 17 %. Les programmes de culture-loisirs « pèsent » 7 % de l'écoute, pour 6 % de l'offre. Le sport ne recueille que 2 % du temps des auditeurs pour 3 % de celui des programmes. Le temps restant est occupé par les émissions de conseils : 2 % de la consommation, 3 % de l'offre.

La structure de l'audience varie évidemment selon le type de station. Les stations généralistes consacrent 32 % de leur temps d'antenne à l'information, mais celle-ci occupe 46 % du temps d'écoute. Parmi les stations musicales, la part des magazines culture-loisirs est passée en trois ans de 9 % à 19 % du temps de programmation (et 17 % de celui d'écoute).

une audience cumulée de 65 % sur l'ensemble de la semaine, soit 11 points de plus que les stations généralistes comme RTL ou France Inter (54 %, dont 37 % pour les stations privées). Les programmes thématiques (France Culture, France Info, BFM...) ont réalisé un score de 24 %, un peu inférieur à celui des programmes locaux (FIP, radios locales non affiliées à un réseau national) : 31 %.

Si l'on raisonne en part d'audience (rapport entre la proportion d'auditeurs d'un type de station durant un quart d'heure moyen et le nombre d'auditeurs d'un quart d'heure moyen de la radio en général), la hiérarchie est un peu différente. Les programmes généralistes devancent légèrement les programmes musicaux, et largement les programmes locaux, thématiques ou les autres programmes comme RFI ou les radios étrangères. L'écart de classement s'explique par la durée différente d'écoute des divers types de stations.

NRJ est la première radio en audience cumulée.

Depuis fin 2002, la radio musicale NRJ devance RTL en audience cumulée (profitant notamment du fait que l'enquête Médiamétrie porte désormais sur les 13 ans et plus au lieu des 15 ans et plus). Elle avait atteint 12,1 % au premier trimestre 2006, en baisse de 0,4 point sur un an. La durée moyenne d'écoute était en revanche en hausse de 2 minutes, à 87 minutes. RTL obtenait 11,3 % (soit une perte de 0,8 point sur 1 an) à durée d'écoute pratiquement inchangée (139 minutes). La troisième place était occupée par France Inter, avec 9,6 %, en baisse de 0,6 point sur un an. Elle était suivie par France Info, avec 9,5 % (9,6 % début 2005), et par Europe 1 (9,3 %, contre 9,2 % un an plus tôt).

En part d'audience (tenant compte à la fois de l'audience et de la durée d'écoute, voir définition dans le tableau), RTL restait en tête (10,8 %), malgré une baisse de 0,7 point en un an. Elle devançait France Inter (8,6 %, en repli de 0,4 point sur un an) et Europe 1 (7,9 %, en baisse de 0,2 point). NRJ était quatrième avec 7,3 % (+ 0,1 point sur un an), devant Nostalgie (5,6 %, – 0,1 point), France Bleu (5,5 %, – 0,4 point), Sky-

rock (4,7 %, + 0,2 point), RMC (4,1 %, en forte hausse de 0,8 point) France Info (4 %, + 0,2 point) et Chérie FM (3,8 %, - 0,1 point). Europe 2 perdait 0,1 point par rapport à la dernière vague (à 2,8 %) et se retrouvait à égalité avec RTL2, derrière RFM (3,7 %) et Fun Radio (3,4 %). Enfin, la baisse de Rire et Chansons depuis plus d'un an était confirmée, à 1,5 %, avec une diminution de 8 minutes de la durée d'écoute.

Ces chiffres témoignent d'une baisse globale d'audience de la radio, à quelques exceptions près, comme RMC, qui connaît une hausse continue de son audience, grâce à un mélange d'information, de sport et de talk-show. Il est probable qu'une part de l'audience perdue a été transférée sur les nouveaux modes d'accès à la radio : *podcasts*, blogs, téléchargement, écoute sur un téléphone mobile...

La radio redéfinit sa place dans le paysage médiatique.

L'accroissement du nombre de chaînes de télévision au cours des dernières années n'avait pas eu d'effet sensible sur l'écoute de la radio. L'arrivée de la TNT et, surtout, le développement de l'accès à Internet représentent de nouveaux bouleversements, avec notamment de nouvelles habitudes d'accès à l'information générale, thématique et à la musique. Mais la radio résiste grâce à ses qualités propres : souplesse, pouvoir d'évocation, capacité d'analyse et de commentaire de l'information en direct, impertinence, interactivité. Elle est aussi en train de tirer profit de ces nouvelles technologies.

La distinction établie par McLuhan dans les années 60 entre les médias « chauds » et les médias « froids » garde toute sa pertinence. Contrairement à ce que beaucoup imaginent, la radio fait partie des médias « chauds »,

Radio parade

Part d'audience* (en %), part d'audience cumulée** (en %) et durée d'écoute par auditeur*** (en minutes) sur une semaine (lundi-vendredi, janvier-mars 2006, population de 13 ans et plus)

	Audience %	Part %	Durée (min)
Programmes généralistes	36,0	37,8	152
dont :			
Europe 1	9,3	7,9	124
France Bleu	6,5	5,5	124
France Inter	9,6	8,6	131
RMC	4,8	4,1	123
RTL	11,3	10,8	139
Sud Radio	1,0	0,8	124
Programmes musicaux	44,0	36,5	121
dont :			
Chérie FM	5,9	3,8	94
Europe 2	5,2	2,8	77
Fun Radio	6,2	3,4	79
MFM	1,6	1,0	101
Nostalgie	7,8	5,6	104
NRJ	12,1	7,3	87
RFM	5,1	3,7	105
Rire et Chansons	3,4	1,5	62
RTL2	4,5	2,8	91
Skyrock	8,1	4,7	84
Programmes thématiques	12,9	7,3	82
dont :			
France Culture	1,4	0,9	89
France Info	9,5	4,0	62
France Musique	1,5	1,1	106
Radio classique	1,4	1,0	106
Programmes locaux	19,9	14,5	106
dont :			
Le Mouv'	1,1	0,6	77
Groupement Les Indépendants (112 stations)	14,7	10,5	104
RADIO EN GÉNÉRAL	83,2	100,0	174

* La part d'audience est celle du volume d'écoute d'une station dans le volume d'écoute total de la radio.
** L'audience cumulée est le nombre de personnes de 13 ans et plus ayant écouté la station au moins une fois au cours de la journée (5 h-24 h) du lundi au vendredi.
***Durée d'écoute par auditeur en minutes.

La télévision « impose » au contraire des images fortes au téléspectateur, mais reste plus éloignée de lui. C'est sans doute l'une des raisons pour lesquelles la radio est le média jugé le plus crédible (ou le moins suspect…) par le public en matière d'information (p. 400).

Les stations généralistes ont été davantage concurrencées par les radios musicales que par la télévision. Elles se sont efforcées de regagner l'audience perdue en privilégiant les émissions de proximité, notamment dans les tranches matinales. Mais les stations musicales ont régulièrement progressé au fil des années. Elles subissent parfois les effets d'une actualité particulière, qui peut amener les auditeurs à privilégier pendant une période les stations d'information ou la télévision.

MUSIQUE

La musique tient une place croissante dans la vie quotidienne…

L'écoute de la musique est le loisir qui a le plus progressé au cours des trois dernières décennies. La proportion de Français qui écoutaient des disques ou cassettes au moins un jour sur deux avait doublé entre 1973 et 1989, passant de 15 % à 33 % (enquêtes du ministère de la Culture). Elle a poursuivi ensuite sa progression, avec notamment l'apparition du disque compact. En 1997, 27 % des personnes de 15 ans et plus écoutaient des disques ou cassettes tous les jours ou presque ; ils étaient 34 % en 2004. L'écoute de la musique s'est encore accrue depuis, avec le développement de nouveaux modes d'accès : Internet, lecteurs MP3, téléphones mobiles (ci-après). Au total, les

alors que la télévision est « froide ». La première établit en effet une plus grande relation de proximité avec l'auditeur ; elle lui laisse la possibilité de s'approprier les informations, et son pouvoir d'évocation est élevé.

Français déclarent écouter en moyenne deux heures de musique par jour.

Tous les genres musicaux ont bénéficié de cet engouement, du jazz au rock en passant par la musique classique et l'opéra. Mais ce sont les musiques contemporaines qui en ont le plus profité. La pénétration de la musique classique a été moins spectaculaire ; elle est aujourd'hui moins écoutée par les jeunes. À la radio, la musique représente la moitié du temps d'écoute, soit le double de l'information. Il faut dire que l'offre de musique est devenue très abondante, depuis l'autorisation des « radios libres », au début des années 80 (p. 411). Par ailleurs, les sorties liées à la musique (concerts, discothèques) sont celles qui ont le plus progressé depuis une vingtaine d'années. Enfin, la pratique du chant et des instruments concerne un nombre croissant de Français (p. 468). Dans un monde de plus en plus hédoniste et sensoriel, la musique apparaît comme un moyen d'enjoliver le quotidien. Dans une société de plus en plus dure, elle a pour vocation d'adoucir les mœurs.

... et elle est omniprésente chez les jeunes.

L'augmentation de l'écoute de la musique a touché toutes les catégories d'âge, à l'exception des personnes de 80 ans et plus (voir tableau). Le phénomène est particulièrement marqué chez les jeunes : la quasi-totalité des 15-24 ans (97 %) déclaraient écouter des disques et des cassettes de musique en 2004 ; 72 % tous les jours, 11 % plusieurs fois par jour.

La musique fait partie intégrante de l'univers des jeunes. Elle est présente dans tous les moments de leur vie quotidienne et en tout lieu, sur des supports physiques (disques, cassettes, DVD), mais aussi de plus en plus sous forme de fichiers disponibles sur

De la musique avant toute chose

La musique est considérée comme un loisir « très fort » pour 25 % des Français : 16 % déclarent même qu'elle est « vitale » pour eux et 9 % qu'elle est l'objet d'une véritable « passion ». Pour 40 %, elle est « un plaisir parmi d'autres ». Pour un autre quart, elle représente « une façon de se détendre ».

Pour 74 % des Français, la musique est la forme d'art dont ils pourraient le moins facilement se passer. Elle arrive bien avant la littérature (56 %) et le cinéma (48 %). L'attachement à la musique est particulièrement fort chez les jeunes : 30 % des 15-24 ans (34 % des filles et 25 % des garçons) déclarent qu'elle est vitale pour eux, alors que ce n'est le cas que de 7 % des 65 ans et plus. L'attachement varie en revanche peu selon les catégories sociales ou le niveau d'instruction, contrairement à la littérature, au cinéma et aux autres arts.

83 % des Français disent chanter fréquemment ou occasionnellement, et cette pratique s'inscrit dans tous les moments de la vie quotidienne : 19 % le font dans leur voiture, 13 % dans leur salle de bains. 10 % chantent lorsqu'ils sont de bonne humeur, 9 % aux réunions de famille et 6 % lors de fêtes entre amis. 28 % des agriculteurs et 16 % des ouvriers fredonnent lorsqu'ils sont au travail, 15 % des femmes en faisant le ménage.

55 % d'entre eux déclarent avoir des souvenirs liés à la musique. La plupart sont rattachés à la vie personnelle, voire sentimentale : rencontre amoureuse, mariage... La musique est le plus fréquemment associée à des souvenirs heureux, ou à des moments initiatiques (les « premières fois »).

SACEM/Sofres, juin 2005

L'âge de la musique

Évolution de la proportion de personnes écoutant des disques ou des cassettes de musique tous les jours, selon l'âge et le sexe (en %)

	1999	2004
15-29 ans	67	95
30-39 ans	39	87
40-49 ans	31	78
50-59 ans	23	69
60-69 ans	14	67
70-79 ans	11	48
80 ans et +	7	32
Hommes	36	74
Femmes	35	77
Ensemble	36	75

INSEE

ordinateur, Internet, baladeurs MP3 ou clés USB. Les équipements disponibles favorisent largement le « nomadisme musical ». 88 % des jeunes de 15 à 24 ans considèrent que, parmi les différentes formes d'art, celui dont ils pourraient le moins se passer est la musique, contre 61 % des 65 ans et plus (SACEM/Sofres, juin 2005). Elle arrive ainsi très loin devant le cinéma (63 % des 15-24 ans), la littérature (37 %), la danse (17 %), la peinture (12 %), le théâtre (6 %) et la sculpture (2 %).

La musique constitue pour eux à la fois une distraction, un signe de reconnaissance et d'appartenance à un groupe, un moyen de différenciation par rapport aux autres. Elle sert de prétexte et de support à la sociabilité et représente l'une des dimensions majeures (avec le sport et le cinéma) de la culture planétaire à laquelle adhèrent des jeunes de nombreux pays.

Les modes d'accès se sont diversifiés.

La radio, les disques et les cassettes traditionnels ne constituent plus les seuls moyens d'écouter de la musique. Les chaînes de télévision musicales se sont multipliées sur le câble, le satellite ou la TNT. Internet permet de se connecter aux radios du monde entier et de télécharger de la musique. Les appareils « nomades » se sont généralisés : baladeurs, lecteurs MP3, iPod, téléphones mobiles. Leur utilisation est très fréquente chez les jeunes : 28 % des 15-24 ans. Elle l'est également dans la tranche d'âge supérieure, qui a grandi avec le Walkman : 12 % des hommes de 25-34 ans.

16 % des Français déclarent avoir déjà téléchargé (légalement ou non) de la musique sur Internet ; c'est le cas de 39 % des 15-24 ans. Les plus

concernés sont souvent des passionnés de musique ou des personnes qui la pratiquent. Ce sont souvent des personnes qui l'écoutent sur une chaîne hi-fi (66 %), assistent à des concerts (28 %) ou utilisent des supports nomades (8 %). Leur approche de la musique est sélective. À l'inverse, ceux qui écoutent la musique à la radio (61 %) ou à la télévision (27 %) ont un rapport plus distant. Leur approche est principalement réceptive.

33 % des Français déclarent être allés au moins à un concert au cours des 12 derniers mois. La moitié d'entre eux (48 %) sont allés dans des concerts de chanson française, 27 % ont choisi des concerts de rock ou de pop, 20 % de musique classique, 11 % de jazz.

Les achats de disques sont en forte baisse depuis 2003.

En 1999 et 2000, les achats de disques avaient respectivement baissé de 2,5 % en volume et de 1 % en valeur.

Ils avaient au contraire progressé de 11 % en volume en 2001, puis de 4 % en 2002. La France faisait alors figure d'exception parmi les pays développés, qui étaient pratiquement tous touchés par une crise des achats de disques. La résistance nationale ne s'est pas confirmée en 2003, avec une baisse des achats en magasin de 12 % en volume et 15 % en valeur. Elle s'est poursuivie en 2004, avec une chute de 8 % en volume, de 11 % en valeur. Les quantités achetées se sont stabilisées en 2005, mais leur valeur a encore chuté de 9 %. 2006 s'annonçait également sous de mauvais auspices, avec une baisse de 12 % en valeur au cours du premier trimestre pour les disques et 8 % pour l'ensemble des supports.

En 2005, les Français ont acheté 108 millions d'unités de supports audio (disques vinyle, cassettes, livres pour enfants et ventes kiosques, disques compacts, DVD audio et minidisques), un nombre identique à celui de 2004, 138 en 2003 et 159 en 2002. Il s'y ajoutait 6,9 millions de vidéos musicales (CD-Rom musicaux, vidéocassettes et DVD), contre 6,3 en 2004 et une dépense de 139 millions d'euros (10 % de l'ensemble en valeur et 6,5 % en volume).

Le piratage serait en partie responsable de la baisse...

Les professionnels attribuent la forte baisse constatée depuis 2003 à l'importance du piratage et de la copie privée. Les achats de CD vierges sont ainsi trois fois plus nombreux que ceux de CD musicaux ; une grande partie seraient utilisés pour copier des CD prêtés par des amis ou des titres téléchargés sur Internet. Les échanges de fichiers musicaux entre particuliers sur Internet *(peer to peer)* se sont aussi multipliés. Au total, les Français auraient téléchargé un mil-

MUSIQUE TECHNO

Le prodigieux développement de la technologie a bouleversé la relation des Français à la musique. Depuis les années 60, ils accumulent de la musique enregistrée. Ils ont commencé avec les disques vinyle, puis les cassettes. L'arrivée du disque compact, à partir de 1983, a représenté une innovation considérable. Après un démarrage assez lent (25 000 lecteurs achetés en 1983, 40 000 en 1984, mais plus de 3 millions en 1991), la progression des achats d'albums CD a été spectaculaire ; ils ont dépassé ceux des 33 T vinyle en 1992. Le disque compact s'est d'abord appuyé sur la musique classique et sur les personnes de 30

à 50 ans, plus aisées que les jeunes. Il s'est ensuite installé dans tous les genres musicaux, et les Français ont reconstitué leur discothèque avec une qualité supérieure.

La numérisation de la musique, qui avait donné naissance au disque compact dans les années 80, s'est étendue ensuite à d'autres supports comme la vidéocassette et le DVD musical. Ces formats ont connu une croissance très rapide depuis leur apparition en 2000 et concurrencé les disques compacts. Mais les supports physiques ne sont aujourd'hui plus nécessaires avec les fichiers musicaux numériques (MP3) téléchargés depuis un ordinateur ou un téléphone mobile et lus sur des équipements adaptés.

Le crépuscule du CD ?

Achats de disques en volume (millions d'unités) et en valeur (millions d'euros) en 2003 et 2005 et évolution (en %)

	2003	2005	Évolution 2005/2003
Total des ventes au détail en volume	116,3	107,6	− 7 %
– dont singles	30,8	24,7	− 6 %
– dont albums	85,5	82,9	− 3 %
Total des ventes au détail en valeur	1 641	1 320	− 19 %
– dont singles	165	101	− 39 %
– dont albums	1 476	1 219	− 17 %

SNEP

liard de chansons en 2005. Certaines études estiment que, pour cinq titres écoutés, quatre seraient téléchargés illégalement et un seul acheté (Idate, université du Texas). D'autres indiquent au contraire que les téléchargements illégaux n'ont que des effets limités sur les achats, car la plupart des individus concernés n'auraient pas acheté les albums correspondant aux titres téléchargés (universités Harvard et North Carolina-Chapel Hill).

Parmi les autres raisons invoquées, le prix trop élevé des disques en France est souvent cité, du fait d'un taux de TVA supérieur à celui d'autres pays (et à celui des autres biens culturels) et de marges confortables des producteurs. Des baisses de prix significatives ont cependant eu lieu entre 2003 et 2005 : 23 % sur le single et 15 % sur les albums. Une autre explication de cette situation est que le CD, après 20 ans d'existence, est un support en bout de course, condamné par l'émergence du téléchargement de fichiers. Enfin, la politique éditoriale des maisons de disques est souvent mise en cause, car elle parie davantage sur le marketing et le court terme, avec des productions « formatées » et des artistes « jetables », que sur la création, la fidélité et le long terme.

... mais le téléchargement légal progresse.

18,6 millions de titres ont été téléchargés légalement en 2005, soit cinq fois plus qu'en 2004, pour une dépense de 16 millions d'euros (1,2 % des achats de musique). 8,4 millions de titres ont été achetés en ligne à l'unité, contre 24,7 millions de singles en magasin, soit un titre sur quatre. 700 000 albums ont été téléchargés, contre 83 millions achetés en magasin, soit un album sur cent. La très forte croissance des achats en téléchargement n'a cependant pas compensé la perte des achats de supports physiques (138 millions d'euros). Les achats réels de téléchargement s'élevaient cependant à 32 millions d'euros en prenant en compte ceux effectués à partir de téléphones mobiles (essentiellement des sonneries).

Le développement d'Internet a une incidence considérable sur l'accès à la musique. Il permet d'abord un très vaste choix, alors que le poids croissant de la grande distribution avait réduit le nombre de titres disponibles et entraîné la disparition des disquaires indépendants (il en reste une centaine, contre 3 000 en 1972.

L'offre de titres en téléchargement a ainsi doublé entre fin 2004 et fin 2005, avec 760 000 titres disponibles sur les plates-formes, dont 650 000 titres pour le catalogue des majors et 110 000 pour celui des producteurs indépendants. Internet permet ainsi aux éditeurs de musique de faire connaître leur production et découvrir de nouveaux talents. Les jeunes compositeurs et interprètes peuvent aussi trouver directement un public. Le domaine de la musique, comme celui de la vidéo, vit une nouvelle révolution.

Les albums francophones représentent un tiers des achats...

La variété francophone reste prédominante dans les dépenses (33 %), devant la variété internationale (26 %) et les compilations (22 %). Le classique arrive loin derrière (5 %), suivi du world reggae et du jazz (3 % chacun). Les bandes originales de films comptent pour 2 %. La grande majorité des achats (57 % en volume et 81 % des formats courts) sont effectués dans les rayons disques des grandes surfaces alimentaires ; 43 % le sont dans les grandes surfaces spécialisées (Fnac, Virgin...). Ces dernières captent en revanche la majorité des dépenses (54 %).

La part de la variété nationale est plus élevée en France que dans les autres pays d'Europe. Cette résistance peut être rapprochée de celle du cinéma (p. 406). Elle témoigne dans les deux cas d'un attachement des Français à leur culture nationale et aux paroles des chansons (encadré).

On retrouve en matière musicale la tendance générale au métissage culturel. L'intérêt pour le classique connaît une certaine stagnation depuis que les Français ont reconstitué leur discothèque avec les CD : 5 % des achats en 2005. Contrairement à la musique contemporaine, le répertoire ne se renouvelle pas, et les achats ne concernent que de nouvelles interprétations de morceaux anciens.

... mais leur part tend à diminuer.

Malgré la préférence affichée par les Français pour la chanson nationale (encadré), le nombre d'artistes français situés parmi les cent meilleures ventes a chuté de 27 % en 2005, à 32

Préférence française

66 **% des Français disent préférer la chanson française, devant la pop et le rock (29 %), la musique classique (22 %) et la variété étrangère (22 %). Les préférences varient selon les groupes sociaux. Les jeunes hommes de 15 à 24 ans apprécient surtout la pop, le rock et le rap (43 %) ainsi que le reggae (38 %). Les filles du même âge préfèrent la chanson française (57 %), le rock et la pop (39 %) ainsi que la variété étrangère (28 %).**

La musique classique est appréciée par les plus âgés (32 % des 50-64 ans et 36 % des 65 ans et plus), les plus instruits (29 % des cadres, 31 % des plus diplômés) ainsi que les plus aisés (36 %). Le jazz a un statut comparable ; il est préféré par 29 % des foyers aisés, 23 % des diplômés du supérieur, 21 % des 50-64 ans. Dans l'appréciation de la qualité d'une chanson, le critère « mélodie et composition » est le plus important pour 47 % des Français. Les paroles arrivent en second (34 %) ; l'interprète et les instruments sont très loin derrière, avec 11 % et 6 % des réponses.

SACEM/Sofres, juin 2005

contre 44 en 2004. La part de diffusion de chansons francophones à la radio est globalement en baisse : elle s'est élevée à 36 %, contre 38 % en 2004, soit 45 % de l'audience contre 46 % un an plus tôt (Yacast). Le taux de rotation hebdomadaire moyen d'un titre sur les stations musicales est stable : 4,4 pour un titre international et 6,6 pour un titre francophone. La station ayant diffusé le plus de titres parmi les 40 meilleures ventes reste Skyrock avec 73,1 % de sa programmation.

La meilleure vente de l'année 2005 pour les singles a concerné Ilona Mitrecey *(Un monde parfait)* ; celle des albums a consacré le Français Raphaël, avec *Caravane*. La compilation la plus vendue a été celle de Céline Dion *(On ne change pas)*. À la radio, le titre *Bad Day* (Daniel Powter) a été diffusé 20 115 fois. Enfin, le solde des nouvelles signatures d'artistes par les maisons de disques a de nouveau progressé en 2005, à 46 contre 10 en 2004 et 18 en 2003. Mais on comptait deux fois moins de nouveaux talents dans le top 100 des diffusions (18 contre 34 en 2004).

Presse

La lecture de la presse quotidienne a connu une forte érosion...

En 1914, la presse française était la première du monde. Avec une diffusion de 250 exemplaires pour 1 000 habitants ; elle se situait au même niveau que la presse américaine et largement devant la presse anglaise ou allemande. Elle a ensuite connu une stagnation dans l'entre-deux-guerres, puis un déclin continu à partir de la Libération. Entre 1970 et 1990, le nombre

des lecteurs de la presse quotidienne en général avait diminué de moitié (plus d'un quart entre 1980 et 1990, soit une perte de 2 millions de lecteurs). Les quotidiens nationaux ont été les plus touchés. L'érosion s'est poursuivie depuis les années 90, de façon plus modérée. En 2005, la diffusion payée de la PQN a encore diminué de 2 % (OJD). Cependant, le nombre des quotidiens français est passé de 203 à 86 entre 1946 et 2005.

La baisse constatée au fil des décennies a concerné toutes les catégories de population, à l'exception des agriculteurs, fidèles aux quotidiens régionaux. Seuls des événements marquants en matière nationale ou internationale entraînent un accroissement notable, mais éphémère, de l'audience. Les jeunes sont de moins en moins concernés (un sur cinq parmi les 15-24 ans contre 36 % en 1973) alors que la proportion de lecteurs atteint encore un sur deux chez les 60 ans et plus (68 % en 1973). Les quotidiens se heurtent donc à un problème de renouvellement de leur lectorat (encadré).

... et la France se situe au 31ᵉ rang mondial.

Avec 167 quotidiens (nationaux et régionaux) diffusés pour 1 000 habitants adultes, la France arrive en trente et unième position dans le monde (Association mondiale des journaux, 2003). Elle est reléguée très loin derrière le Japon (650 quotidiens pour 1 000 habitants), le Royaume-Uni (393), l'Allemagne (322) ou les États-Unis (263), juste devant l'Italie (158) et l'Espagne (122). La situation de la France est aussi défavorable si l'on utilise les indicateurs d'audience.

Fin 2005, on comptait 23,2 millions de Français de 15 ans et plus ayant déclaré avoir lu, parcouru ou consulté un « numéro moyen » de quotidien

Exception Française

La baisse de l'audience des quotidiens en France ne peut s'expliquer par la concurrence de la télévision. Les pays où l'offre télévisuelle est la plus importante sont en effet ceux où l'audience des quotidiens est la plus forte. Le développement des nouveaux médias comme Internet ou des nouveaux supports comme le CD-Rom ou le DVD n'explique pas non plus la situation française si on la compare à celle des autres pays développés. La comparaison des chiffres de lectorat de la France, de l'Italie et de l'Espagne avec ceux de la Grande-Bretagne, des pays scandinaves ou de l'Allemagne incite à penser que la culture latine fait une place moins importante à ce type de lecture que la culture anglo-saxonne. Une autre explication, spécifiquement nationale, réside dans la forte consommation française de magazines (p. 421). Mais l'une des causes probables est le prix élevé des quotidiens en France. Ce handicap explique (en partie seulement) le développement de la presse quotidienne gratuite depuis son apparition en 2002 (ci-après).

On peut par ailleurs s'interroger sur l'adéquation et l'adaptation des quotidiens français aux attentes du public. Le protectionnisme étatique, le conservatisme de certains éditeurs, la résistance des syndicats à l'innovation ont sans doute constitué des freins qui n'ont pas existé dans d'autres pays. Des efforts ont cependant été accomplis au cours des dernières années, avec des succès variables. On constate cependant que la plupart des lancements effectués depuis une quinzaine d'années (à l'exception notable de la presse gratuite) se sont soldés par des échecs : après vingt-deux jours pour *Paris ce soir* (1985), huit mois pour *le Jour* (1993), un mois pour *Paris 24 heures* (1994), deux ans pour *InfoMatin* (1996), deux jours pour *le Quotidien de la République* (1998). Les péripéties plus récentes de *France Soir* témoignent aussi de ces difficultés. Le *Matin de Paris* et le *Quotidien de Paris* ont disparu, respectivement en 1987 et 1996, après des durées de vie plus longues.

que les femmes : 21,4 % contre 11,8 %. Les cadres, chefs d'entreprise et professions libérales sont les plus concernés : 32,8 %, de même que les habitants de l'agglomération parisienne (30,3 %) et les diplômés de l'enseignement supérieur (24,1 %).

52 % des lecteurs achètent leur journal du jour, 19 % le reçoivent en tant qu'abonnés, 10 % le trouvent sur leur lieu de travail, 26 % l'ont trouvé dans un autre lieu (salle d'attente...) ou emprunté à quelqu'un. Au total, plus d'un sur trois dispose d'une lecture gratuite. La lecture a surtout lieu le matin : 11 % ont terminé avant 8 h, 33 % avant 10 h, 55 % avant midi, 69 % avant 14 h ; seuls 14 % lisent entre 14 h et 18 h, 14 % après 18 h. 58 % lisent le journal chez eux, 16 % sur leur lieu de travail, 9 % dans une salle d'attente, 17 % ailleurs. La durée moyenne de lecture est de 36 minutes (mais 10 % mettent moins de 10 minutes). Après lecture, 46 % conservent le journal, 26 % le laissent à l'endroit où ils l'ont trouvé, 19 % le donnent ou le prêtent, 17 % le jettent ou le détruisent.

(national ou régional, payant ou gratuit) parmi les cinq ou six numéros parus au cours des sept derniers jours, soit 47,4 % (Epiq). Le nombre de lecteurs « dernière période » (personnes ayant déclaré avoir lu, parcouru ou consulté un quotidien la veille) était un peu inférieur : 20,8 millions, soit 42,6 % des 15 ans et plus. Le nombre de lecteurs « réguliers » (personnes déclarant lire, parcourir ou consulter un quotidien tous les jours ou trois à cinq fois par semaine) était de 22,8 millions, soit 46,6 % de la population. Ces chiffres ne peuvent être comparés à ceux des années précédentes, la méthodologie de l'enquête ayant été modifiée en 2005.

La presse quotidienne nationale payante est lue par un Français sur six.

8,1 millions de Français de 15 ans et plus déclaraient fin 2005 avoir lu, parcouru ou consulté un « numéro moyen » de quotidien national payant parmi les cinq ou six numéros parus au cours des sept derniers jours, soit 16,6 % (Epiq). Le nombre de lecteurs « dernière période » (la veille) était de 6,5 millions, soit 13,2 %. Le nombre de lecteurs réguliers (au moins trois fois par semaine) était de 7,3 millions, soit 14,8 % de la population. Les hommes sont presque deux fois plus nombreux

La baisse de la diffusion globale des quotidiens payants se poursuit...

En 2005, c'est encore l'*Équipe* qui occupait la première place en nombre de lecteurs d'un numéro moyen, avec 2,4 millions. Depuis plusieurs années, le quotidien sportif profite de l'engouement des Français pour le sport et des résultats obtenus par les compétiteurs nationaux dans certaines disciplines, malgré des contre-performances notoires (Coupe du monde de football 2002 et Euro 2004). Il précédait le *Monde* (1,9 millions) et le *Parisien* (1,8 million, mais 2,2 avec *Aujourd'hui en France*). Le *Figaro* devançait largement *Libération* (1,2 million contre 880 000). La presse du septième jour est plutôt en progres-

La gratuité paye

*Nombre de lecteurs des quotidiens
nationaux payants et gratuits (2005,
lecteurs d'un numéro moyen en milliers)
et pénétration (en % de la population de
15 ans et plus)*

	Lec-teurs	Péné-tra-tion
L'Équipe	2 422	5,0
Le Parisien/ Aujourd'hui en France	2 194	4,5
Le Monde	1 899	3,9
20 Minutes*	1 885	3,9
Le Parisien	1 771	4,5
Metro*	1 330	2,7
Le Figaro	1 225	2,5
Libération	879	1,8
Les Échos	553	1,1
Aujourd'hui en France	484	1,0
L'Humanité	393	0,8
La Croix	381	0,8
La Tribune	372	0,8
France Soir	344	0,7

* Journaux gratuits.

sion. L'édition dominicale de *l'Équipe* a atteint 2,1 millions de lecteurs (dernière période) et *le Parisien* 750 000. Le *Journal du dimanche* compte, lui, 1,2 million de lecteurs.

La hiérarchie des titres est semblable en considérant le nombre de « lecteurs dernière période » (veille de l'enquête). Elle change en revanche en ce qui concerne la diffusion, du fait des nombres de lecteurs différents d'un même exemplaire de journal selon les titres. En 2005, *l'Équipe* a vu sa diffu-

sion diminuer de 4 %, à 314 000 exemplaires (OJD). Celle du *Monde* était en baisse de 3 % (321 000), celle de *Libération* de 1,8 % (137 000), celle du *Figaro* de 1,3 % (325 000). France Soir a poursuivi sa descente aux enfers, avec une baisse de 18,6 % (51 000). Les seules progressions ont concerné *Aujourd'hui en France* (3,5 %), *la Croix* (1,3 %) et *l'Humanité* (5,8 %).

... tandis que les quotidiens gratuits s'imposent.

La presse d'information gratuite avait fait son apparition dans le métro parisien avec l'hebdomadaire *À nous Paris*. Plusieurs quotidiens gratuits sont apparus successivement au cours du premier trimestre 2002, malgré l'opposition du Syndicat du livre-CGT : *Metro*, *Marseille Plus*, *20 Minutes*. Fin

2005, les deux principaux titres étaient diffusés à 805 000 exemplaires pour *20 Minutes* (toutes éditions confondues) et 720 000 exemplaires pour *Metro* (source éditeurs). *20 Minutes* obtenait 1,9 million de lecteurs d'un numéro moyen (Epiq), ce qui le situait au même niveau que *le Monde*. *Metro* comptait 1,3 million de lecteurs et arrivait devant *le Figaro*. Après Paris, Lyon et Marseille, le nombre des éditions s'est élargi pour couvrir les plus grandes villes françaises. Plusieurs projets étaient à l'étude pour 2006.

2,7 million de Français de 15 ans et plus déclaraient fin 2005 avoir lu, parcouru ou consulté un « numéro moyen » de quotidien national payant parmi les cinq ou six numéros parus au cours des sept derniers jours, soit 5,5 % de la population concernée (Epiq). Le nombre de lecteurs « dernière période »

UNE NOUVELLE FAÇON DE S'INFORMER

La réussite de la presse quotidienne urbaine gratuite (PQUG) ne tient pas seulement à sa gratuité (le financement étant assuré totalement par la publicité), dans un contexte économique et social où le prix des choses est une préoccupation croissante (p. 355). Des enquêtes montrent qu'elle repose plus largement sur son accessibilité et qu'elle s'est imposée en inversant la démarche traditionnelle de distribution : ce n'est pas le lecteur qui va vers le journal, mais celui-ci qui va vers le lecteur (au moyen de présentoirs ou de colporteurs). Les quotidiens gratuits sont en outre présents sur les lieux de mobilité et de vie hors foyer : transports en commun ; centres commerciaux ; lieux publics... Le lecteur pressé n'a pas à se détourner de

son chemin pour trouver un point de vente, à faire éventuellement la queue, à payer et attendre la monnaie.

Surtout, cette nouvelle presse répond aux nouvelles habitudes de consommation et aux nouveaux modes de lecture, notamment induits par l'émergence d'Internet (p. 433). Les informations proposées sont synthétiques, faciles à lire et à intégrer. Elles comportent aussi de nombreuses informations pratiques et favorisent l'interactivité avec les lecteurs. Les Français les considèrent donc comme des journaux à part entière, qui allient gratuité, clarté, diversité, objectivité, proximité et utilité. Si la PQUG représente pour certains un substitut à la presse traditionnelle, on constate aussi qu'elle a séduit de nombreuses personnes qui ne lisaient pas auparavant de journaux.

(la veille) était de 2,1 millions, soit 4,3 %. Le nombre de lecteurs réguliers (au moins trois fois par semaine) était de 2,8 millions, soit 5,8 % de la population. La pénétration atteignait 19 % dans l'agglomération parisienne, 10 % parmi les 15-24 ans.

La durée moyenne de lecture est de 25 minutes, soit 11 de moins que la presse quotidienne payante. La lecture est également plus matinale : 59 % avant 10 h, 78 % avant 14 h. Elle est pratiquée pour 36 % dans les transports en commun, 28 % sur le lieu de travail, 19 % seulement à domicile, 18 % dans d'autres lieux. 38 % des exemplaires sont pris sur des présentoirs, 23 % de la main à la main par des colporteurs, 22 % trouvés sur le lieu de travail, 27 % empruntés ou reçus dans d'autres lieux. Dans près de la moitié des cas (43 %), le journal lu est prêté, donné ou laissé sur place ; dans 36 % des cas, il est jeté, dans 26 % conservé.

La presse quotidienne régionale est lue par quatre Français sur dix...

18 millions de Français de 15 ans et plus déclaraient fin 2005 avoir lu, parcouru ou consulté un « numéro moyen » de quotidien régional (payant) parmi les cinq ou six numéros parus au cours des sept derniers jours, soit 36,9 % de la population concernée (Epiq). On observe une légère croissance en 2004 et 2005, à un niveau cependant inférieur à 2001 (18,5 millions). La pénétration de cette presse est très variable selon les régions : de 18,3 % en Île-de-France à 62 % en Bretagne, 53 % en Alsace, 50 % en Auvergne et en Pays de la Loire. Les variations en fonction des caractéristiques sociodémographiques sont nettement moins marquées que pour la presse quotidienne nationale. Le nombre de lecteurs « dernière

période » (la veille) était de 16,7 millions, soit 34,1 %. Le nombre de lecteurs réguliers (au moins trois fois par semaine) était de 18,1 millions, soit 37 % de la population.

35 % étaient abonnés à leur quotidien régional, 34 % l'avaient acheté dans un point de vente, 25 % l'avaient emprunté, reçu ou trouvé dans un lieu, 9 % en disposaient sur leur lieu de travail. Le taux de conservation après lecture était de 47 % ; 25 % le laissaient à l'endroit où ils l'avaient trouvé, 15 % le prêtaient ou le donnaient, 13 % le jetaient. Dans 70 % des cas, la lecture avait lieu à domicile, dans 12 % sur le lieu de travail, dans 18 % ailleurs. La durée de lecture moyenne était de 25 minutes, identique à celle des gratuits et inférieure de 11 minutes à celle des quotidiens nationaux payants. 77 % de la lecture a lieu avant 14 h.

... et s'adapte à son public.

Malgré sa réduction, le nombre de titres français (66) reste le plus élevé d'Europe ; il est ainsi deux fois moins élevé en Italie, quatre à six fois au Portugal, en Grande-Bretagne ou aux Pays-Bas, au moins dix fois en Espagne ou en Belgique. Avec une diffusion (stable) à 781 000 exemplaires, Ouest-France est le premier quotidien français (régionaux et nationaux confondus). Il devance très largement les autres quotidiens régionaux, avec une diffusion qui représente plus du double de celle du *Parisien* (340 000 exemplaires, hors *Aujourd'hui en France*) de *Sud-Ouest* (253 000) et de *la Voix du Nord* (301 000), qui connaissent tous une érosion. Quinze titres réalisent plus de 100 000 exemplaires.

Les hebdomadaires régionaux, nés pour beaucoup d'entre eux au XIXᵉ siècle, ont fait l'objet depuis quelques années d'un nouvel engouement ; on comptait 239 titres début 2003 contre 200 en

Ouest-France, premier quotidien français

Diffusion des principaux quotidiens régionaux (2005, diffusion France et étranger)

Ouest-France	781 033
Le Parisien/ Aujourd'hui en France	506 490
Sud Ouest	322 036
La Voix du Nord	301 156
Le Dauphiné libéré	252 928
Le Progrès + Tribunes/ Dépêches	239 201
La Nouvelle République de Centre-Ouest	231 411
La Montagne	206 007
Le Télégramme	203 689
L'Est républicain	201 955
La Dépêche du Midi	200 091
Dernières Nouvelles d'Alsace	191 743
La Provence	161 668
Midi libre	156 135
Le Républicain lorrain	151 753
Nice Matin	122 731
L'Union-l'Ardennais	115 935
L'Alsace-le Pays	111 057
Le Courrier de l'Ouest	100 814

2001. Ils sont lus au moins occasionnellement par 30 % des personnes de 15 ans et plus, soit 39 % de la population des zones couvertes par ces hebdomadaires. Leur lectorat est assez représentatif de la population globale, bien que plus rural, avec des revenus un peu inférieurs à la moyenne nationale.

Les Français sont plus lecteurs de magazines que de quotidiens.

46,8 millions de Français lisent au moins un magazine au cours de sa période de parution (lecture dernière période), soit 97 % de la population de 15 ans et plus. Ils sont 30 millions chaque jour à le faire (62 %). Ils en achètent 2,1 milliards par an (pour un prix moyen de 1,9 €), soit près de deux par semaine et par foyer et 150 € de dépenses.

En vingt ans, la diffusion totale de la presse magazine a progressé de 60 % (+ 2,6 % par an en moyenne). Près de 400 titres nouveaux ont été lancés au cours des cinq dernières années, portant le nombre total à 2 550. Il faudrait y ajouter les innombrables publications administratives et celles des groupements et associations, dont le nombre est estimé à 50 000. Par ailleurs, les titres existants connaissent régulièrement des changements : nouvelle formule, nouvelle maquette, nouveau format, nouvelle périodicité...

En 2005, l'audience globale est restée quasi stable : + 0,2 %. La progression se poursuit en ce qui concerne le nombre de titres lus : 7,3 titres (dernière période) contre 6,4 en 1999. Elle est maximale chez les femmes (7,8 titres), les 15-34 ans (8,4) et les revenus élevés (9 titres pour les foyers gagnant plus de 48 000 €). C'est dans les foyers les plus instruits et aisés qu'on lit le plus de magazines.

Les femmes et les personnes instruites sont les plus concernées.

Comme c'est le cas pour les livres (p. 425), les femmes sont plus nombreuses que les hommes à lire des magazines, du fait notamment de l'exis-

Des lecteurs impliqués et concentrés

Comme celle des quotidiens ou des livres, la lecture des magazines est assez concentrée : les 15 premiers titres concentrent 60 % des exemplaires achetés (AEPM, 2005). 10 % des Français représentent plus de la moitié de l'audience totale. Les habitants de la région parisienne lisent plus que les provinciaux, les bacheliers et diplômés de l'enseignement supérieur plus que les non-diplômés. Ces gros lecteurs sont plutôt féminins, jeunes et urbains. Ils sont plus souvent connectés à Internet, abonnés au câble ou au satellite que le reste de la population.

La lecture des magazines se fait essentiellement à domicile (85 %) et occasionnellement chez des parents ou des amis (7 %), sur le lieu de travail (3 %) ou dans une salle d'attente (2 %). 77 % des Français déclarent lire leurs magazines en plusieurs fois, à différents moments de la semaine et du week-end. C'est pourquoi les magazines sont repris en mains en moyenne près de cinq fois par leurs lecteurs réguliers ou occasionnels ; les hebdomadaires de télévision le sont neuf fois et les autres hebdomadaires un peu plus de deux fois. Les mensuels sont repris quatre fois et les bimestriels cinq fois.

Les motivations d'achat des magazines sont, par ordre décroissant d'importance : être au courant des nouveautés ; cultiver ses passions ; comprendre des questions complexes ; trouver des informations pratiques ; aborder des sujets originaux, inattendus ; cultiver son appartenance à un groupe ; connaître les opinions des gens ; être mieux informé que les autres (Simm, 2004).

tence de nombreuses publications qui leur sont destinées. Les femmes lisent aussi davantage de titres différents que les hommes : 7,8 en moyenne, contre 6,7. Les jeunes femmes (15-34 ans) en lisent même 8,9, soit 22 % de plus que la moyenne nationale.

Seize titres de la presse féminine dépassent ainsi les 2 millions de lectrices (tableau). Outre les titres généralistes *(Femme actuelle, Version Fémina, Modes et Travaux, Prima, Maxi, Elle...)*, elles sont nombreuses à lire des magazines thématiques : maison, décoration, jardin, santé, cuisine, people... Dans le tiercé de tête de l'audience des magazines en 2005, on trouvait deux titres féminins : *Version Femina* (10,3 millions de lecteurs dernière période) et *Femme actuelle* (7,4 millions). Parmi les plus fortes croissances de l'audience, plusieurs étaient le fait de titres tota-

lement ou plutôt féminins : *Maison et Travaux* (278 000 nouveaux lecteurs) ; *Psychologies Magazine* (+ 236 000) ; *Maison Création* (+ 233 000) ; *Santé Magazine* (+ 230 000) ; *Maison Magazine* (+ 180 000) ; *Enfant Magazine* (+ 153 000). Le succès croissant et spectaculaire de *Psychologies magazine*, relancé en 1998, traduit la quête actuelle pour le bien-être mental et l'harmonie dans la relation aux autres et à soi-même (2,7 millions de lecteurs). Dans le même esprit, on observe un fort engouement pour la décoration et

> ● *Les magazines sont diffusés dans plus de 30 000 points de vente. 90 % des acheteurs se rendent sur le point de vente plus d'une fois par semaine. 80 % savent à l'avance le titre qu'ils vont acheter.*

l'aménagement de la maison. En ce qui concerne la forme, les petits formats représentent désormais environ 15 % des achats de magazines féminins.

Les magazines de télévision souffrent de l'évolution des autres médias...

Née avec la télévision, la presse des programmes a grandi avec elle. En vingt ans, le nombre des titres a plus que triplé, en même temps que leur diffusion, qui dépasse 17 millions d'exemplaires chaque semaine et représente le quart des dépenses en kiosque des ménages. La plupart des quotidiens ont leur page télévision ; certains hebdomadaires fournissent des programmes complets. Il s'y ajoute les multiples journaux gratuits qui offrent à la fois des petites annonces et les programmes de la semaine.

Sur les dix hebdomadaires et bimensuels comptant le plus de lecteurs, on recensait sept magazines de télévision en 2005 : *TV Magazine* (14,2 mil-

Le club des 10

Magazines ayant le plus de lecteurs (2005, en milliers de lecteurs dernière période)

TV Magazine	14 179
Version Femina	10 348
Femme Actuelle	7 370
Télé 7 Jours	7 205
Télé Z	6 654
Télé 2 Semaines	6 294
Télé-Loisirs	5 938
Télé Star	5 866
TV Hebdo	5 820
Choc	4 839

AEPM

La nouvelle vague « people »

Parmi les lancements récents, les plus grands succès ont été ceux de *Public* (hebdomadaire, 1,9 million de lecteurs) et *Choc !* (bimensuel, 4,8 millions), qui vont plus loin dans le spectaculaire que d'autres magazines « people » comme *Voici* ou *Gala*. Les magazines anciens comme *Paris-Match* ou *VSD*, voire certains hebdomadaires d'information, consacrent aussi une place croissante à l'activité des « célébrités », aux indiscrétions et scandales. Le monde politique est désormais la cible de cette nouvelle vague de voyeurisme, au même titre que les vedettes du show-business. La frontière entre vie publique et vie privée est ainsi beaucoup moins étanche que dans le passé.

Les hommes sont de plus en plus sollicités. Les magazines qui leur sont destinés *(l'Automobile, FHM, Max, Entrevue...)* misent sur les territoires masculins traditionnels (automobile, sport, nouvelles technologies, sexualité), mais cherchent aussi à répondre à des demandes concernant la paternité, les relations amicales, l'apparence physique ou le rééquilibrage

lions), *Télé 7 Jours* (7,2), *Télé Z* (6,7), *Télé 2 Semaines* (6,3) *Télé Loisirs, Télé Star* (5,9), *TV Hebdo* (5,8). Mais ces magazines subissent depuis quelques années les conséquences de la mutation de l'univers audiovisuel : multiplication du nombre de chaînes ; affichage direct des programmes sur les téléviseurs ; informations disponibles gratuitement sur Internet... La naissance des « quinzomadaires », offrant les programmes de deux semaines, a permis à deux nouveaux titres de s'installer (*Télé 2 Semaines* et *TV Grandes*

entre vie professionnelle et vie personnelle. Cette nouvelle presse masculine ne se définit donc plus par des centres d'intérêt, mais par une volonté de traiter l'ensemble des thèmes de la vie des hommes, à l'image de la presse féminine. La plupart des titres masculins ont cependant connu une érosion depuis 2005.

Comme dans la presse quotidienne, les magazines gratuits se sont multipliés et connaissent des audiences importantes : *Sport* (distribué principalement dans les transports), *Femme en ville* et *Homme en ville* (salons de coiffure, grands magasins) dépassent ainsi les 500 000 lecteurs. Des magazines plus élitistes comme *Newzy* (restaurants, près de 200 000) ou *Économie Matin* trouvent aussi un écho favorable. Enfin, des secteurs traditionnels comme la télévision ou la maison-décoration ont trouvé aussi un développement important, fondé sur la place croissante du temps libre. La presse destinée aux jeunes, menacée par leur engouement pour Internet, peine à trouver un nouveau souffle. Il en est de même de la presse des « seniors », qui se reconnaissent de moins en moins dans ce terme et dont les centres d'intérêt se diversifient.

Chaînes), mais les autres titres en ont été affectés.

... de même que les magazines d'actualité.

La plupart des hebdomadaires d'information générale ont connu en 2005 une chute de leur audience. La plus forte a été celle de *la Vie* (8 %), devant *l'Express* (5 %), *VSD* (3 %), *le Figaro Magazine* et *Marianne* (3 %). Les autres (*le Nouvel Observateur*, *le Point*, *le Monde 2*) ont connu une baisse d'en-

Lectures pour tous

Nombre de lecteurs de 15 ans et plus des principaux magazines, par périodicité (2005, en milliers de lecteurs)

BIHEBDOMADAIRES		MENSUELS			
France Football	1 687	Plus, le Magazine de Canal+	10 460	Mon jardin et ma maison	1 585
HEBDOMADAIRES		Canal Sat Magazine	7 561	Le Monde diplomatique	1 584
TV Magazine	14 179	Santé Magazine	5 133	Famili	1 549
Version Femina	10 348	Entrevue	5 079	Science et Vie Junior	1 510
Femme actuelle	7 370	Top Santé	4 590	Top Famille	1 505
Télé 7 Jours	7205	Géo	4 577	FHM	1 459
Télé Z	6 654	Télé 7 Jeux	4 287	Système D	1 440
Télé-Loisirs	5 938	Notre temps	3 950	Première	1 436
Télé Star	5 866	Média Cuisine	3 920	Réponse à tout	1 382
TV Hebdo	5 820	Cuisine actuelle	3 626	Cosmopolitan	1 370
Voici	4 221	Science et Vie	3 542	La Pêche et les Poissons	1 224
Paris-Match	4 204	Modes et Travaux	3 511	BIMESTRIELS	
Télé Poche	4 057	Parents	3 472	Art et Décoration	5 330
L'Équipe Magazine	3 788	Pleine Vie	3 251	Maison et Travaux	4 208
Maxi	2 925	Marie-Claire	3 147	Elle Décoration	3 139
Télécâble Satellite Hebdo	2 662	Auto Moto	2 846	Marie-Claire Maison	2 764
Le Nouvel Observateur	2 584	Ça m'intéresse	2 766	Maison Bricolage	1 945
Télérama	2 569	Prima	2 730	Maxi Cuisine	1 903
Auto Plus	2 467	L'Automobile Magazine	2 710	Maisons côté sud	1 808
Gala	2 387	Le Chasseur français	2 671	Super GTI Mag	1 731
Elle	2 206	Psychologies Magazine	2 463	Cuisines et vins de France	1 763
Ici Paris	2 064	Capital	2 412	Fan 2	1 762
France Dimanche	2 059	Sciences et Avenir	2 411	Bébé puissance deux	1 696
Le Figaro Magazine	2 003	Avantages	2 275	Famille et Éducation	1 690
L'Express	1 994	Sélection du Reader's Digest	2 115	Maison Magazine	1 502
BIMENSUELS		Onze Mondial	2 075	Cuisine gourmande	1 496
Télé 2 Semaines	6 294	National Geographic	1 959	Maisons côté ouest	1 495
Choc	4 839	Enfant Magazine	1 867	Infobébés	1 374
TV Grandes Chaînes	2 763	Marie France	1 741	Maison créative	1 344
L'Auto Journal	1 442	Le Particulier	1 729	TRIMESTRIELS	
				Marie-Claire Idées	2 646

AEPM

viron 1 %. Seul *Paris-Match* a réussi à se maintenir (+ 0,5 %) à un haut niveau de lectorat (4,2 millions de lecteurs). Au cours des dernières années, c'est *Courrier international* qui a enregistré la plus forte hausse de son audience ; elle a connu une inflexion en 2005 (- 0,1 %, à 1,3 million de lecteurs).

Les magazines économiques ont en majorité mieux résisté, avec une hausse de 5 % pour *Challenges,* de 3 % pour *l'Entreprise*, de 2 % pour *Alternatives économiques* et *le Revenu. Enjeux-les Échos* et *Management* ont connu une quasi-stabilité (+ 0,4 %), tandis que *l'Expansion* perdait 4 % de ses lecteurs, *Mieux Vivre votre Argent* 3 %, *Capital* 1 %. Le contrecoup de la crise qui avait secoué les magazines économiques après le krach boursier de 2001 a donc été « digéré ».

LIVRES

La plupart des foyers possèdent des livres...

81 % des ménages possédaient des livres en 2001 (Eurostat), soit un peu moins que la moyenne des pays de l'Union européenne à quinze (87 %, avec un maximum de 98 % en Finlande et un minimum de 73 % en Belgique et en Irlande). Le nombre de livres possédés en 1997 (dernière enquête du ministère de la Culture) était élevé : 164 par ménage. Un sur quatre (24 %) en avait au moins 200. Les écarts entre les catégories socioprofessionnelles étaient importants : les cadres et professions intellectuelles supérieures en possédaient en moyenne trois fois plus que les ouvriers, agriculteurs ou employés. Les ménages habitant Paris détenaient le record absolu, avec une moyenne de 376 livres. On peut cepen-

dant estimer que les Français n'ont pas accumulé autant de livres depuis quelques années que dans le passé, compte tenu de la présence croissante des autres supports de la culture écrite ou audiovisuelle : CD, DVD, disques durs d'ordinateurs, cartes mémoire des appareils nomades (appareils photo, téléphones, lecteurs multimédias...), clés USB.

La progression de la diffusion constatée en France pendant des décennies s'expliquait en grande partie par la généralisation des dictionnaires, encyclopédies et livres pratiques dans les foyers. 80 % des ménages disposaient ainsi d'un dictionnaire sur format papier en 2001 (contre 70 % en 1989), 41 % d'une encyclopédie sur papier (56 % en moyenne européenne) ; plus de deux ménages sur trois, de livres de cuisine (68 %). Mais un sur deux seulement possédait des romans, essais, livres d'histoire, etc. La présence des livres dans les foyers concerne donc en priorité ceux qui sont à consulter dans le cadre de la vie quotidienne, par rapport à ceux qui sont à lire pour le loisir et le plaisir.

... et un sur deux en achète au cours de l'année.

La proportion d'acheteurs, qui était passée de 51 % à 62 % des ménages entre 1973 et 1989, tend depuis à diminuer. Elle n'était plus que de 52 % en 2005, en baisse de 3 points en un an (Salon du livre/Sofres, mars 2006). Les « petits acheteurs » (moins de 4 ouvrages par an) sont les plus nombreux, mais leur poids est en baisse : 49 % contre 52 % en 2004.

La baisse de la proportion d'acheteurs touche la plupart des genres : littérature, bande dessinée, dictionnaires, guides touristiques, sciences humaines. Le profil des acheteurs évolue peu : les femmes, les tranches

d'âge intermédiaires (25 à 49 ans) et les catégories socioprofessionnelles élevées restent les plus concernées. On observe cependant une progression de la part des jeunes de 15 à 19 ans, qui s'explique en partie par le succès des livres qui leur sont destinés et des mangas.

La part des « gros acheteurs » (plus de 12 livres par an) a cependant progressé en 2005, ainsi que la concentration des achats : six ouvrages sur dix et plus de la moitié des sommes dépensées (57 %) sont le fait d'un acheteur sur cinq (21 %).

En moyenne, les acheteurs ont acquis 8,4 ouvrages au cours de l'année (contre 7,8 en 2004). Cette progression s'est accompagnée d'une augmentation de la dépense moyenne, qui est passée à 94 € contre 87 € en 2004.

Le nombre de lecteurs se stabilise...

39 % des Français de 15 ans et plus déclaraient n'avoir lu aucun livre en 2004, contre 38 % en 2003, mais 42 % en 2000 (INSEE). La diminution du nombre de non-lecteurs constatée au cours des années précédentes semble donc s'interrompre. 30 % des 15-24 ans n'avaient pas lu de livres en 2004, contre 28 % en 2003 et 27 % en 2002. Ce taux reste cependant le plus faible de toutes les tranches d'âge ; il atteint 46 % chez les personnes de 60 ans et plus.

Par rapport à d'autres pratiques culturelles comme le théâtre, le cinéma, les concerts ou les expositions, la lecture est un loisir facile d'accès et peu onéreux. Près de 7 millions de Français sont inscrits à plus de 4 000 bibliothèques publiques, mais la proportion tend à stagner malgré l'accroissement du nombre d'établissements : 19 % de la population est desservie par les 3 000 bibliothèques municipales,

Petits et gros lecteurs

Évolution de la proportion de lecteurs en fonction du nombre de livres lus au cours des douze derniers mois (par âge, en %)

	1999				2002				2004			
	Aucun	− 1 par mois	1 ou 2 par mois	3 et + par mois	Aucun	− 1 par mois	1 ou 2 par mois	3 et + par mois	Aucun	− 1 par mois	1 ou 2 par mois	3 et + par mois
15-24 ans	30	32	26	12	27	43	22	8	30	38	23	10
25-39 ans	40	32	19	9	37	35	19	10	37	36	18	9
40-59 ans	42	31	17	10	38	33	17	11	40	31	17	12
60 ans et +	50	24	14	12	47	25	16	11	46	30	15	10
Hommes	51	27	14	7	46	32	14	8	50	29	13	7
Femmes	33	31	22	14	31	34	22	13	29	36	22	13

INSEE

contre 20 % en 1997. Par ailleurs, une personne sur deux emprunte ou prête des livres à son entourage. Enfin, plus d'une sur dix est inscrite à un club de lecture. Les occasions sont donc nombreuses d'être en contact avec le livre. On observe un certain rapprochement des comportements à l'égard de la lecture au sein des groupes sociaux. C'est le cas par exemple des habitants des communes rurales, qui sont moins éloignés de la moyenne nationale. Cependant, les écarts demeurent importants en ce qui concerne le niveau d'instruction. Son augmentation générale (p. 69) explique sans doute en partie la diminution de la proportion de non-lecteurs. Elle est aussi due à la disparition progressive des générations nées avant guerre, qui comptaient très peu de lecteurs, et par le fait que les personnes aujourd'hui âgées lisent davantage.

... de même que le nombre moyen de livres lus.

Si les Français sont plus nombreux à lire au moins un livre au cours de l'année, le nombre de livres lus par lecteur tend à diminuer. La proportion de « gros lecteurs » (au moins un livre par mois) est en effet restée quasi inchangée entre 2000 et 2004, à 28 %. Ceux qui lisent moins d'un livre par mois sont plus nombreux : 33 % en 2004, une proportion elle aussi stable depuis 2001 (elle était de 30 % en 2000).

Cette stagnation relative de l'intérêt pour la lecture se produit dans un contexte où le temps libre s'est considérablement accru (p. 94), notamment au cours des dernières années avec la mise en place de la semaine de 35 heures pour les salariés. Elle peut s'expliquer par la concurrence des autres formes de loisir, notamment audiovisuels. La télévision, qui occupe la plus grande partie de ce temps libre (p. 385), consacre en outre de moins en moins d'émissions au livre et les diffuse de plus en plus tard, alors qu'elle parle davantage de cinéma ou de sport. Les conseils de lecture sont aussi moins accessibles chez les libraires de quartier, dont beaucoup connaissent des difficultés à survivre, de même que certains éditeurs. Enfin, l'utilisation des supports électroniques physiques (CD, DVD...) et d'Internet représente un substitut croissant au support papier traditionnel.

Les femmes et les jeunes sont ceux qui lisent le plus.

Moins d'une femme sur trois (29 %) n'a lu aucun livre au cours de l'année 2004 (INSEE) contre la moitié des hommes (50 %). L'écart entre les sexes s'est accru sensiblement, à 21 points contre 16 en 2003 et 15 en 2002. Les femmes sont non seulement plus fréquemment lectrices que les hommes, mais elles lisent davantage : 35 % au moins un livre par mois, contre 20 %. Les femmes lectrices lisent en moyenne 23 livres par an, les hommes 19. Elles représentent les deux tiers des personnes lisant au moins un livre par mois et 60 % des achats de livres en volume. L'écart entre les sexes se vérifie à tous les âges. Les femmes sont aussi plus fréquemment inscrites dans des bibliothèques, adhérentes à des clubs de lecture. C'est dans le domaine de la fiction que la différence est la plus spectaculaire : 62 % lisent des livres de fiction, contre 37 % des hommes (mais ceux-ci restent majoritaires dans le public de la science-fiction et des romans policiers). En 2005, les femmes ont représenté 53 % des acheteurs de livres.

Contrairement à ce qui est parfois affirmé, les jeunes lisent davantage que les plus âgés. La proportion de non-lecteurs est ainsi deux fois moins élevée parmi les 15-19 ans que chez les 55-64 ans. Les premiers sont aussi quatre fois plus nombreux à fréquenter une bibliothèque municipale ou une médiathèque que les seconds. Trois étudiants sur quatre sont inscrits dans une bibliothèque universitaire. La baisse de la proportion de gros lecteurs est cependant plus apparente chez les jeunes que chez les personnes âgées (33 % des 15-24 ans ont lu plus d'un livre par mois en 2004, contre 36 % en 1999) mais elle s'est stabilisée sur un an. Les habitudes de lecture prises entre 8 et 12 ans ont une forte incidence sur les comportements ultérieurs. 65 % de ceux qui étaient à cet âge des lecteurs réguliers sont aujourd'hui de gros lecteurs, contre seulement 15 % de ceux qui ne lisaient pas.

Les dépenses approchent 5 milliards d'euros.

Les Français ont accru leurs dépenses de livres de 2 % en quantité, 1,8 % en valeur en 2005 (le chiffre d'affaires des éditeurs net de remises distributeurs a atteint 3 milliards d'euros). Cette hausse survient après une année 2004 très favorable (+ 4,7 % en valeur). Les achats ont porté sur 487 millions d'ouvrages, dont 26 millions dans les clubs (SNE).

La progression des achats en volume avait été très forte au cours des années 60 (8 % par an en moyenne). Elle s'était réduite pendant les années 70 (3,5 %) et la première moitié des années 80. L'évolution a été plus contrastée tout au long de la décennie 90. On observe depuis 1989

une déconnexion entre les quantités achetées et les dépenses effectuées. Elle s'explique notamment par la part plus ou moins importante des ouvrages « lourds » (dictionnaires, encyclopédies, livres d'art...).

La résistance relative du livre au cours des dernières années à la concurrence croissante des médias audiovisuels est liée en partie à la baisse des prix. La dépense moyenne s'établit à moins de 12 € (hors livres scolaires) contre 14 € en 1993. La dépense moyenne des Français (94 € par personne en 2005) reste cependant inférieure à celle des pays les plus consommateurs de livres de l'Union européenne ; elle est environ trois fois plus élevée en Allemagne ou en Belgique. Elle est en revanche comparable au Royaume-Uni ou en Suède.

Comme d'autres biens de consommation (p. 350), le livre est soumis à

Le livre après la télé et la musique

Lire des livres reste une des pratiques de loisir préférées des Français : avec 49 % elle arrive derrière la télévision (59 %) et la musique (57 %). Elle constitue l'activité favorite des cadres (67 %), des diplômés de l'enseignement supérieur et des foyers les plus aisés. Mais elle est en net recul depuis 1979 chez les jeunes (19 points chez les 18-24 ans, 14 points chez les 25-34 ans), dans les catégories moyennes et ouvrières (12 et 14 points), ainsi que chez les personnes les moins diplômées. Le goût pour les livres progresse à l'inverse chez les plus âgés et les retraités. Lire des livres a donc tendance à devenir une pratique pour personnes éduquées et âgées.

Casino / L'Hémicycle/Sofres, mars 2006

une tendance lourde qui favorise son usage plutôt que sa possession. Les lecteurs sont de plus en plus nombreux à emprunter des ouvrages en bibliothèque ou à des amis, voire à photocopier certains textes. D'autres se contentent de lire les « bonnes feuilles » ou les critiques dans la presse ou sur Internet. Ces pratiques ne correspondent pas seulement à un souci d'économie. Elles traduisent un nouveau rapport à la culture, qui privilégie la consommation immédiate et unique plutôt que la propriété et le stockage.

Près d'un livre acheté sur trois est un roman.

La littérature générale représentait 23 % des exemplaires achetés en 2005 (104 millions). Un peu plus de la moitié concernent des ouvrages contemporains. Le roman ne représente cependant que 18 % des dépenses consacrées aux livres, du fait de la part importante et croissante du format de poche dans cette catégorie, qui offre un prix de vente moins élevé. Les « livres de poche » représentent ainsi près d'un tiers des exemplaires achetés (28 % en 2005) pour 23 % des titres produits, mais seulement 13 % des dépenses totales.

On observe un engouement pour les récits exotiques, qui répondent à la quête identitaire et au besoin d'évasion contemporains. Le genre des romans « sentimentaux » (collections Harlequin, Duo, etc.) reste aussi apprécié. Au contraire, les ouvrages de science-fiction connaissent un recul régulier. Les essais et ouvrages d'actualité ont moins profité que les années précédentes de l'engouement pour les ouvrages de « révélation » (parfois de « déballage ») concernant des gens « ordinaires » ou, de préférence, des personnages publics. Un phénomène semblable à celui de la téléréalité, qui a envahi l'offre audiovisuelle.

Le secteur qui a connu la plus forte croissance en 2005 est celui des livres pour la jeunesse (15,6 % en valeur et 6,9 % en volume). Ce succès repose en partie sur la série des « Harry Potter ». L'engouement pour la bande dessinée, qui concerne aussi le plus souvent les jeunes, ne se dément pas. Les achats ont augmenté de 5,3 % en volume et 10,4 % en valeur en 2005 ; les mangas ont connu une croissance de 23 % en valeur et représentaient 22 % des dépenses dans ce secteur. Les baisses les plus fortes ont concerné les sciences humaines (2,1 % en valeur), les sciences, techniques et médecine (1,8 %), les beaux livres et livres pratiques (1,3 %).

L'inflation du nombre de titres s'accompagne d'une forte concentration.

66 728 nouveaux titres ont été produits en 2005, soit 2,1 % de plus qu'en 2004, dont 33 740 nouveautés et 32 988 réimpressions. La conséquence de cette inflation de titres est une baisse continue du tirage moyen, à 8 168 exemplaires, contre le double il y a vingt ans (14 000 en 1982). Celui des livres au format de poche est plus élevé, à 10 211 exemplaires ; il est aussi plus stable, malgré sa diminution tendancielle. Pour les nouveautés, le taux de retour (exemplaires renvoyés aux éditeurs par les libraires) a atteint 22 %.

Comme dans l'ensemble des domaines culturels (cinéma, musique, théâtre, expositions...), on observe une concentration croissante de la demande. La majeure partie des ventes porte sur un nombre restreint de titres très médiatisés. Les Français tendent à aller vers des ouvrages plus faciles, poussés sans doute par les habitudes

187 titres par jour

Nombre de titres publiés et d'exemplaires achetés par catégorie (2005, tous types)

	Titres	Exemplaires (millions)	% des exemplaires
Littérature	13 719	104,4	22,7
Livres pour la jeunesse	10 825	79,4	17,3
Livres pratiques, loisirs, atlas	10 247	66,9	14,5
Scolaires et parascolaires	8 857	55,6	12,1
Dictionnaires et encyclopédies	619	57,3	12,4
Bandes dessinées	4 055	46,0	10,0
Sciences*	12 929	24,7	5,3
Documents, actualités, essais	3 255	12,7	2,8
Beaux livres et livres d'art	1 787	5,2	1,1
Religion, ésotérisme, occultisme	1 842	7,4	1,6
Ouvrages de documentation	299	0,8	0,2
TOTAL	68 434	460,5	100,0

* Livres scientifiques, techniques, professionnels, sciences humaines et sociales.

SNE

prises en matière audiovisuelle. Ils sont aussi davantage influencés par les classements des meilleures ventes publiés par les hebdomadaires et repris par les grandes librairies dans leur mise en place des ouvrages. La contrepartie est que la publication de nouveaux auteurs ou d'ouvrages destinés à un public plus restreint est plus risquée pour les éditeurs.

On retrouve cette concentration au niveau de la production. Le nombre des

> ● *31 % des lecteurs sont inscrits dans une bibliothèque. C'est le cas de 14 % des « petits lecteurs » (qui lisent moins de 5 livres par an) et de 45 % des « gros lecteurs » (plus de 20). Le nombre moyen de livres empruntés par les personnes inscrites est de 4,6 par an.*

maisons d'édition diminue d'année en année (277 en 2005). Seule une sur six publie plus de 200 titres par an. Les éditeurs concernés comptent pour 80 % du nombre d'exemplaires total et appartiennent pour l'essentiel aux grands groupes d'édition existants.

Un livre sur quatre est acheté en grande surface.

Les grandes surfaces non spécialisées (hypermarchés, supermarchés, grands magasins et magasins populaires) représentent environ un cinquième des livres achetés (20 % en 2004), soit plus que les librairies spécialisées (19 %). Mais leur part a plutôt diminué au cours des dernières années ; elle était de 27 % en 1995. Ce circuit se caractérise par une part nettement plus petite en valeur (dépenses) qu'en

427

volume (nombre de livres achetés). Le constat est inverse pour les clubs et la vente par correspondance, qui représentent 23 % des dépenses et 18 % des volumes (contre 14 % en 1995). Ils sont désormais dépassés par les grandes surfaces spécialisées (Fnac, Virgin, Extrapole...) : 22 % en volume contre 12 % en 1995. La part des maisons de la presse et des librairies-papeteries est passée de 12 % à 7 %, celle du courtage est très faible (0,2 %). La VPC et les clubs (hors Internet) représentent 18 %. Les autres canaux (kiosques, grands magasins, soldeurs, comités d'entreprise, salons...) comptent pour un peu plus de 10 %.

Les achats effectués sur Internet connaissent une forte progression (5 % des dépenses). Ils devraient continuer à se développer, au fur et à mesure que s'accroissent le taux de connexion des ménages et l'accès au haut débit (p. 363). Ce canal permet d'accéder à un choix extrêmement vaste, et les internautes peuvent consulter des critiques sur les livres émanant de professionnels ou de particuliers. Les produits culturels figurent déjà en bonne place dans les achats des internautes. Leur progression profite également d'une meilleure sécurisation des transactions et d'une plus grande fiabilité de la logistique (livraisons). Le concurrent principal du support écrit devrait alors démontrer qu'il est aussi son allié.

L'évolution technologique a transformé la place de l'écrit...

Le développement de l'audiovisuel a modifié la relation à la connaissance et à l'information en privilégiant l'image par rapport aux textes et en favorisant les formats courts (clips vidéo, reportages d'actualité...). Malgré la pression parfois exercée par les parents pour inciter leurs enfants à lire et à prendre

du plaisir à la lecture, les jeunes trouvent à la télévision ou dans les jeux vidéo une satisfaction plus immédiate. Cette attitude est aussi de plus en plus apparente chez les adultes.

Cependant, les Français apprécient encore les livres. On constate d'ailleurs que ceux qui disposent du maximum d'équipement culturel (téléviseur, magnétoscope, micro-ordinateur...) sont aussi ceux qui lisent le plus. Mais beaucoup considèrent que la lecture nécessite un effort plus grand que les autres loisirs. La longueur des textes représente souvent un obstacle. Certains éditeurs ont pris en compte cette évolution en proposant des livres plus courts. Ce raccourcissement des textes et des formats est généralement associé à une baisse des prix, qui rencontre une autre demande forte de la part du public. La « littérature rapide » s'adresse à la fois aux jeunes rebutés par la lecture et aux adultes pressés.

... et l'accès à la culture.

Le développement des supports électroniques a modifié la façon dont les individus accèdent à l'information et à la connaissance. Alors qu'on lit un livre, qu'on parcourt un magazine et que l'on consulte un dictionnaire, on « navigue » sur Internet et dans les outils multimédias. Leur mode d'utilisation n'est plus linéaire. On peut passer instantanément d'un sujet à un autre ou obtenir la définition d'un mot grâce aux liens hypertextes. On peut élargir ou rétrécir le champ de vision (à l'aide d'une fonction zoom), on peut profiter des qualités du multimédia pour compléter la compréhension d'un sujet : texte, image fixe, séquences animées, son.

Surtout, l'itinéraire de la navigation est totalement personnalisé, ce qui fait du multimédia un outil pédagogique exceptionnel. Après avoir influencé

largement l'utilisation de l'audiovisuel, puis celle de la presse, la vague de fond du zapping concerne aussi le livre. Ces évolutions ne peuvent être sans incidence sur la production et la consommation des supports écrits. Elles en auront aussi sur la façon dont les nouvelles générations s'approprieront la culture, que ce soit pour s'informer, se former ou se divertir.

L'écran ne s'oppose pas à l'écrit...

Les questions récurrentes sur la place respective de l'écrit (le monde de Gutenberg) et de l'écran (le « village global » annoncé par McLuhan) reçoivent peu à peu des réponses. La principale est que les supports électroniques n'ont pas remplacé l'écrit. La quantité de papier utilisée s'est au contraire accrue avec la généralisation de l'ordinateur, et le « bureau sans papier » s'apparente à un mythe. Le CD-Rom, le vidéodisque, les cartouches de jeu ou, plus récemment, le DVD n'ont pas non plus remplacé le livre en général. Ils viennent cependant concurrencer le dictionnaire ou l'encyclopédie, qui sont de plus en plus souvent achetés par les Français dans leurs versions électroniques. Les bandes dessinées, les livres pour la jeunesse et les livres scolaires, les romans policiers, les « beaux livres », les documents et essais apparaissent moins menacés.

Le livre imprimé présente l'avantage d'un accès direct et immédiat au contenu. Il ne nécessite pas de brancher un appareil ni de rechercher un texte dans des répertoires. Il est son propre support et il ne contient que lui-même. Surtout, il constitue un objet matériel et polysensoriel : on peut le voir, le toucher, le sentir ou même entendre le bruit des pages que l'on tourne, tandis que l'on « déguste » son contenu. Il bénéficie à ces divers titres d'une complicité particulière avec le lecteur.

... mais le complète.

Les nouveaux supports électroniques constituent des concurrents à l'écrit traditionnel, mais ils l'ont aussi contraint à évoluer, en favorisant les formats courts, les possibilités de naviguer plus facilement à l'intérieur des textes, les dimensions ludiques, didactiques ou pratiques. La dématérialisation croissante des supports devrait dans certains cas diminuer la nécessité ou l'envie d'acheter et de posséder des livres traditionnels, en apportant une valeur ajoutée d'une autre nature.

On devrait cependant moins assister à une substitution qu'à une complémentarité entre ces deux mondes et ces deux modes. Elle concernera à la fois les supports (papier, électronique), les accès *(on line, off line)* et les équipements (téléviseur, ordinateur, téléphone...). Chacun d'eux correspond en effet à des usages et à des moments de consommation différents et non exclusifs. Selon ce que l'on fait, on peut avoir envie (ou besoin) de prendre un dictionnaire dans sa bibliothèque ou de le consulter sur son ordinateur, de chercher une information sur un CD-Rom ou sur Internet, de visionner un film sur un téléviseur ou sur un autre type d'écran.

On constate ainsi que l'achat sur Internet de livres imprimés classiques progresse. En revanche, l'e-book (ouvrage consultable sur écran après téléchargement numérique) n'a pas encore convaincu les Français. Mais les terminaux de lecture vont progresser, l'offre de livres à télécharger s'accroître et les prix baisser. En attendant, l'attachement au support papier reste fort chez de nombreux lecteurs, qui trouvent l'objet réel plus séduisant et plus pratique que son équivalent virtuel.

Quel que soit le support utilisé, l'essentiel restera le contenu, la façon de le rendre accessible et de le mettre en scène. Le texte numérique n'est donc pas seulement un concurrent du texte traditionnel. Il représente un extraordinaire moyen d'enrichissement de l'écrit, car il autorise un nouveau mode de transmission de la connaissance et de l'information.

● *En semaine, 20 % de la population de 13 ans et plus est touchée par la télévision à partir de 9 h. La proportion atteint 50 % à 13 h, 60 % à 18 h , 82 % à 21 h et 85 % en fin de journée.*
● *58 % des Français dînent avec la télévision allumée.*
● *Un point d'audience de la télévision représente 560 600 persones de 4 ans et plus, 481 400 personnes de 15 ans et plus et 104 700 « ménagères de 15 à 49 ans ».*
● *Les Français auraient téléchargé en 2005 sur Internet 160 millions de logiciels, 120 millions de films, 30 millions de jeux vidéo.*
● *Les achats de quotidiens et magazines dans les grandes et moyennes surfaces représentent 20 % des achats au numéro.*

LA COMMUNICATION

Ordinateur

Un ménage sur deux dispose d'un ordinateur.

52 % des ménages (un peu plus de 13 millions) étaient équipés d'un ordinateur début 2006 (GfK), contre 47 % début 2005, 31 % début 2001 (GfK) et 10 % début 1991 (INSEE). Une véritable « révolution informatique » s'est ainsi engagée depuis le début des années 90, avec des conséquences sur les modes de vie au moins aussi importantes que celles amenées par d'autres grandes innovations technologiques comme la télévision ou l'automobile (pour la première fois, en 1993, les Français avaient acheté plus d'ordinateurs qu'ils n'avaient acheté de voitures neuves).

Les ménages ont acheté 3,7 millions d'ordinateurs en 2005 (dont plus de la moitié de portables), un chiffre en augmentation de 9,5 % en un an (Gartner). Le nombre atteint 6,5 millions avec les achats des entreprises (43,5 % de l'ensemble). L'évolution est cependant moins forte en valeur, compte tenu de la baisse régulière des prix. Les achats de portables (36 % des ventes totales) poursuivent leur forte croissance, en même temps que les usages « nomades » des nouvelles technologies se développent. Les perspectives de croissance des achats paraissaient cependant moins fortes pour 2006. Début 2006, 89 % des foyers équipés de PC possédaient une imprimante, 69 % un graveur de CD-ROM et 58 % un scanner.

Malgré sa forte croissance, le taux d'équipement national reste inférieur à celui de certains pays développés, notamment du nord de l'Union européenne : environ 80 % en Suède, Danemark et aux Pays-Bas, 70 % en Allemagne et au Royaume-Uni (Eurostat 2005, ménages comptant un membre au moins âgé de 16 à 74 ans). Il est également inférieur à celui de l'Espagne (55 %), mais un peu supérieur à celui de l'Italie (46 %). Il atteint 80 % au Japon et en Corée du Sud, environ 70 % au Canada, en Australie et aux États-Unis. Dans le classement des pays les plus ouverts aux nouvelles technologies de l'information et de la communication (World Economic Forum), la France n'occupe que la 22e place, au même niveau que l'Estonie. Les États-Unis arrivent en tête et le Danemark, premier pays européen, se situe à la 3e place. Le classement est basé sur des critères variés tels que la disponibilité du capital-risque, le nombre de téléphones mobiles ou la qualité des instituts de recherche.

Le taux d'équipement reste lié à la catégorie sociale.

L'équipement des ménages varie en fonction de l'âge : les deux tiers des jeunes jusqu'à 34 ans sont équipés, contre 57 % des 34-49 ans, 49 % des 50-64 ans et seulement 12 % des 65 ans et plus (CSA, février 2005). Ces écarts sont la conséquence d'effets de génération. Beaucoup de septuagénaires n'ont pas eu l'occasion d'utiliser

Un foyer sur deux

Évolution du taux d'équipement des ménages en ordinateurs (en % du nombre de ménages)

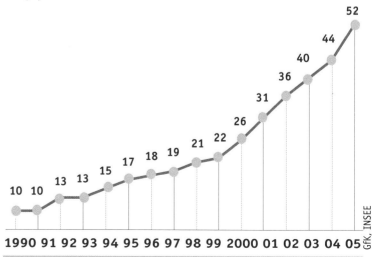

GfK, INSEE

1990 91 92 93 94 95 96 97 98 99 2000 01 02 03 04 05

Une fracture plus culturelle qu'économique

Les principaux freins cités par les ménages non équipés d'ordinateur (GfK, 2005) sont, par ordre décroissant : l'utilité non perçue (49 %), la complexité du choix et de l'utilisation (21 %), le prix (19 %). Ainsi, la « fracture numérique » apparaît aujourd'hui moins liée aux prix des équipements, compte tenu de leur baisse régulière et spectaculaire. Il faut cependant noter que le prix d'achat d'un ordinateur n'est que la partie apparente et immédiate de l'investissement. Le coût réel inclut en effet les dépenses liées à la connexion Internet et aux usages de la machine : abonnements aux fournisseurs d'accès ; coût des communications ; achats de produits consommables (CD, DVD, papier et cartouches pour imprimante...) ; achats d'accessoires, etc. Mais la cause la plus forte de la « fracture numérique » est d'ordre culturel. Malgré les progrès réalisés, l'ordinateur reste un outil difficile à choisir, à installer et à utiliser. C'est pourquoi sa généralisation dans tous les foyers nécessitera qu'il se rapproche encore des besoins et des capacités de chacun.

Face au stress engendré par les nouveaux produits *high-tech*, beaucoup de Français manifestent aujourd'hui un agacement, une frustration et un besoin de *« low-tech »*. Ils revendiquent une offre simplifiée, des produits plus fiables, plus conformes au bon sens des utilisateurs, susceptibles de les réconcilier avec la technologie. Dans les familles, la diffusion se fait souvent par l'intermédiaire des enfants, qui aident leurs parents ou grands-parents à choisir, acheter et utiliser un ordinateur. Cette inversion des rôles entre les générations est de nature à réduire le fossé qui les sépare. L'ordinateur est en outre un lien virtuel d'importance croissante entre parents ou amis éloignés.

traliens (31 h 11). Ils accordent une place prépondérante à Internet : 81 % des Français équipés à domicile s'en servent pour se connecter au réseau (GfK). La recherche d'informations est la fonction la plus courante (76 %) ; elle arrive devant la messagerie électronique (63 %) et les jeux électroniques (57 %). Classer les photos numériques, les retoucher et les imprimer constitue une nouvelle activité en forte progression (43 % à 52 %). 30 % des Français visionnent aussi des films sur leur ordinateur.

Le développement du multimédia (symbiose du texte, du son, des images fixes ou animées) a constitué une motivation majeure. L'ordinateur est ainsi devenu un instrument d'éducation et de communication, un Minitel, un fax ou un répondeur. Il est aussi un centre de loisirs avec les jeux vidéo, l'écoute de la musique ou le visionnage des photos ou des films de famille numérisés. L'arrivée du CD-ROM, en 1995, avait été l'un des principaux facteurs de la progression du taux d'équipement. Celle du DVD, au premier semestre 1999, a provoqué un transfert progressif vers ce nouveau support, plus propice à l'utilisation de la vidéo. Les usages se sont élargis depuis avec la téléphonie ou la réception de la télévision. La dimension « communicante » apportée par Internet a été décisive dans la diffusion de l'ordinateur. Avec la connexion au réseau planétaire, celui-ci est devenu un outil à usages multiples, plus puissant que tous ceux existant jusqu'ici. Son incidence sur les modes de vie peut être comparée à celle de l'automobile et de la télévision. L'ordinateur connecté peut en effet être utilisé dans le cadre des trois fonctions principales de la vie : information (et formation) ; travail ; loisir. C'est cet usage transversal qui explique son succès et qui préfigure le rôle considérable qu'il jouera

---

un ordinateur dans leur vie professionnelle. Ce n'est pas le cas des jeunes retraités, qui ont fait cet apprentissage au cours de leur vie active.

Le taux augmente également en fonction des revenus : il est plus élevé parmi les cadres (78 %) que parmi les ouvriers (38 %), mais il croît plus vite chez ces derniers : 7 points en 2005, contre 2 points pour les ménages de cadres. Les ménages les plus fréquemment équipés ont des enfants en âge scolaire, ce qui constitue une forte motivation à l'acquisition. Ils disposent en outre d'un pouvoir d'achat et, surtout, d'un niveau d'instruction élevés. On observe que le taux d'équipement d'autres groupes déjà « en avance » (jeunes, bacheliers ou diplômés du supérieur) continue de progresser fortement (6 à 7 points), de sorte que le fossé numérique ne se résorbe pas rapidement (Crédoc). Le taux d'équipement est également beaucoup plus élevé en Île-de-France (61 %) qu'en province (46 %). En moyenne, la diffusion du micro-ordinateur dans la population a progressé de 4 points par an depuis 1997, avec une accélération depuis 2003.

L'information, la communication et les loisirs sont les principaux usages.

Les internautes français passent en moyenne 29 heures et 43 minutes par mois devant leur ordinateur, ce qui les situe à la troisième place mondiale, derrière les Brésiliens (30 h 38) et les Aus-

à l'avenir dans la vie individuelle et collective.

La convergence entre les équipements électroniques est en marche.

Le micro-ordinateur a d'abord été un appareil distinct et complémentaire du téléviseur. Son usage était essentiellement individuel, alors que la télévision était regardée surtout en famille. C'est pourquoi on trouve aujourd'hui encore le premier plutôt dans le bureau ou dans la chambre à coucher, alors que le second, plus convivial, est généralement dans le salon. Puis la concurrence entre les deux objets s'est accrue avec, d'un côté, l'accroissement du nombre de chaînes de télévision accessibles et, de l'autre, la multiplication des fonctions et la possibilité de communiquer via Internet. Aujourd'hui, les différences entre les deux appareils s'estompent. L'ordinateur permet d'accéder aux chaînes de télévision grâce aux connexions à haut débit. De son côté, le téléviseur est numérique et propose l'interactivité, les services en ligne et le *home cinema* (grand écran, son stéréo...). Il intègre progressivement tout ou partie des fonctions de l'ordinateur, avec notamment l'accès à Internet. Les *media centers* sont des appareils hybrides.

La convergence est aussi en marche entre les autres équipements. Les téléphones portables de troisième génération (UMTS) ou de génération intermédiaire (Edge) peuvent se connecter à Internet. C'est le cas aussi des assistants personnels (PDA). Il est possible avec ces équipements de communiquer, de regarder la télévision, des films ou des photos, d'écouter la radio ou de la musique. La numérisation permet ainsi de réunir et de manipuler des informations émanant de tous les médias, sur tous les supports, sur tous les équipements.

L'ordinateur est à l'origine d'une révolution culturelle.

Il n'est pas exagéré d'affirmer que l'ordinateur et les nouveaux équipements électroniques de loisir représentent une véritable rupture culturelle. Ils ont d'abord transformé la relation aux médias. Ainsi, la « navigation » dans les supports électroniques (CD-ROM ou DVD) ou sur les sites Internet est très différente de la « lecture » des livres, des journaux et des magazines, ou de la « consultation » des dictionnaires ou encyclopédies. La linéarité a fait place à la circularité, rendue possible par la notion de « lien hypertexte ». On peut cliquer sur un mot pour trouver immédiatement sa définition ou les thèmes qui peuvent lui être associés. La dimension multimédia permet d'accéder à tous les types d'information : texte, image fixe, séquence animée, son. Enfin, le mode de navigation n'est pas fermé ou limité, mais totalement ouvert. Le nombre de combinaisons possibles des différents éléments est infini ; il varie au gré des besoins de chacun (et en fonction du temps dont il dispose), ce qui fait d'Internet un outil pédagogique sur mesure.

La contrepartie est que la culture générale ainsi constituée est fragmentée, parcellaire. Elle constitue une mosaïque plutôt qu'une image d'ensemble cohérente, telle que la fournit la culture « traditionnelle ». Elle est donc moins facile à mobiliser dans la vie quotidienne et permet moins facilement de se situer dans le monde et de comprendre son évolution. Mais elle est potentiellement plus riche et plus accessible.

L'une des caractéristiques des innovations technologiques majeures (qui est aussi l'un des freins actuels à leur généralisation) est qu'elles remettent en question les modes de vie et les références culturelles. L'imprimerie a modifié le rapport à la connaissance. Le téléphone a transformé les relations entre les individus. L'ordinateur, même s'il s'efforce de reproduire l'esprit humain et de se montrer « convivial », impose une logique et une culture différentes de celles qui prévalaient avant lui.

La « souris » est devenue la meilleure amie de l'homme.

On compte aujourd'hui dans les foyers plus de 15 millions de souris d'ordinateur, soit davantage que de chiens ou de chats (p. 186). Le parallèle avec les animaux familiers n'est pas anodin ; il est symbolique d'une révolution dans les modes de vie, la relation aux autres et aux objets. La souris est devenue la meilleure amie de l'homme, son indispensable alliée dans le rapport souvent conflictuel avec la machine informatique.

Cet étrange « animal » placé sur un tapis et relié à l'ordinateur autorise une utilisation en principe « conviviale » et « ergonomique ». Comme par magie, il transforme un mouvement effectué sur un support horizontal en un déplacement du curseur situé sur un écran vertical. Les deux « oreilles » de la souris permettent de cliquer pour commander des fonctions, dont certaines sont programmables. La « queue » de l'animal, initialement constituée par le fil le reliant à l'ordinateur, tend à disparaître au profit des modèles à infrarouge.

Les destins de la souris d'ordinateur et de la télécommande de télévision, familièrement baptisée *zapette*, sont parallèles. Toutes deux sont des extensions du corps qui obéissent, littéralement, au doigt et à l'œil. Elles sont au service d'une mobilité immobile, d'une réalité virtuelle, d'un temps transcendé, d'un espace dominé. Lors-

Dix innovations qui ont changé le monde

L e développement de l'ordinateur et des équipements technologiques repose sur une série d'innovations spécifiques, qui ont toutes des incidences sur la façon de penser ou d'agir des utilisateurs, leurs modes de vie et leur relation au monde :

La numérisation permet de reproduire, stocker et diffuser tout type d'information sans déperdition et à faible coût. Le multimédia (mélange de textes, sons, images fixes ou animées) en est l'une des conséquences.

Le réseau Internet constitue le développement majeur de l'informatique, en permettant de connecter les ordinateurs entre eux et d'accéder à toute l'information disponible dans le monde.

La duplication a été largement facilitée par la numérisation. Elle peut s'effectuer sur un support physique (CD, DVD, clé USB...) ou immatériel (fichier informatique), de façon peu onéreuse ou même gratuite, en une quantité illimitée d'exemplaires. Elle bouleverse les notions de prix, de diffusion, de propriété intellectuelle ou artistique.

L'hypertexte représente une façon nouvelle de « circuler » dans l'information, chaque composante pouvant mener à d'autres, qui permettent d'en approfondir la compréhension. Il est à la base d'un véritable changement culturel dans l'accès et la compréhension de l'information.

L'interactivité intègre l'utilisateur dans le processus et le rend acteur de sa relation avec les médias. Il peut ainsi réagir à l'information disponible, créer et diffuser la sienne. L'individu prend ainsi une place importante, voire prépondérante, dans la collectivité. Il existe aussi en tant que membre d'une ou plusieurs communautés virtuelles.

Le forum est le lieu privilégié où s'exerce l'interactivité. Il contribue à une nouvelle forme d'expression personnelle et de démocratie.

Le moteur de recherche donne accès à une bibliothèque planétaire dans laquelle chacun peut puiser à sa guise, souvent gratuitement.

Le *cookie*, introduit à distance dans un ordinateur, permet de surveiller son utilisation et de recueillir des données sur son utilisateur à des fins généralement commerciales.

Le *pop-up* (publicité surgissant lors de la consultation d'une page Web) et le spam (offre commerciale non sollicitée envoyée par mail) témoignent de l'importance de la publicité dans les modèles économiques Internet et du rapport de force éternel entre l'offre et la demande.

Le virus (mini-programme installé à l'insu de l'utilisateur et pouvant détruire des fichiers et programmes sur son ordinateur) est l'illustration d'une forme de délinquance invisible, pernicieuse et dangereuse. Le *phishing* (courriel demandant sous des prétextes fallacieux, par exemple en se faisant passer pour une banque, des informations confidentielles telles que le numéro de carte bleue) s'inscrit dans la même démarche.

---

qu'elles seront un jour intégrées au corps, ces deux prothèses (et d'autres encore) affirmeront un peu plus la domination de l'homme sur les objets qui l'entourent. Elles contribueront à la mutation de l'*Homo sapiens* en *Homo zappens*. Les systèmes de « passe sans contact » utilisés dans des stations de métro, aux péages d'autoroute ou pour

● *En 2005, les Européens se sont connectés à Internet 10 heures et 15 minutes par semaine, contre 8 heures 45 en 2004. La hausse a été de 17 % en 2005 et de 56 % par rapport à 2003. Sur la même période, l'audience de la télévision n'a gagné que 6 %, celle de la radio 14 %, et celle des quotidiens 13 %.*

ouvrir les portes des voitures en sont les premières illustrations.

INTERNET

Un Français sur deux dispose d'une connexion à Internet à domicile...

Au début de l'année 2006, 40 % des foyers pouvaient se connecter à Internet (Médiamétrie). La progression s'est accélérée en 2005 : 14 %, contre 10 % en 2004. Les internautes représentaient 48 % de la population de 15 ans et plus, soit 23,4 millions de personnes, et 50,5 % de celle de 11 ans et plus (26,1 millions, soit 2,4 millions de plus sur un an).

Le taux d'accès à Internet s'est accru au fur et à mesure que les prix des connexions a baissé, en particulier pour l'accès à haut débit (ci-dessous). Les usages se sont aussi diversifiés, de sorte que chacun peut trouver un intérêt personnel : information ; jeu ; communication ; travail ; préparation ou réalisation d'un achat, etc. Internet représente désormais la motivation principale de l'achat d'un ordinateur. Mais de nombreux Français, notamment âgés, jugent encore l'univers informatique trop complexe et se montrent réfractaires. Si les Français sont de plus en plus conscients que le

« réseau des réseaux » est un lieu extraordinaire de connaissance, d'échange et de culture, ils sont encore nombreux à ne jamais l'avoir expérimenté.

Malgré la forte croissance de ces dernières années, la France se situe encore en retrait par rapport à la moyenne européenne : la proportion d'internautes dans la population totale était de 43 % au début 2006, contre 50 % en moyenne dans les vingt-cinq pays de l'Union. Elle atteignait le record de 78 % à Malte, 75 % en Suède, 69 % au Danemark, 66 % aux Pays-Bas, 63 % au Royaume-Uni et en Finlande, 59 % en Allemagne. La France ne devançait que la Slovaquie, l'Espagne, la Lettonie, la Grèce, Chypre, la Hongrie, la Lituanie et la Pologne, dont les taux de connexion variaient (par ordre décroissant) de 28 % à 42 %.

... et quatre sur dix au travail.

37 % des actifs disposaient d'une connexion Internet sur leur lieu de travail fin 2005. Alors que l'informatique domestique se développe à un rythme soutenu, on observe que l'accès à Internet dans l'univers professionnel marque le pas ; la proportion était de 36 % en 2004 (Crédoc). Le taux est même en diminution dans le domaine scolaire et universitaire. Ainsi, 74 % des 12-17 ans avaient accès à Internet au collège ou au lycée, alors qu'ils étaient 79 % en 2004 (Crédoc). La proportion a baissé également parmi les étudiants : 56 % contre 64 %. Mais cette évolution peut s'expliquer par le fait que les jeunes disposent pour la grande majorité d'un équipement à domicile.

L'usage d'Internet entre aussi dans les habitudes dans les situations de mobilité. L'ordinateur portable peut être connecté à une ligne téléphonique (fixe ou mobile), hors du domi-

cile. Il peut aussi l'être au moyen d'une borne Wi-Fi située dans un lieu public ou privé. Le nombre d'utilisateurs de téléphones mobiles qui ont souscrit à une offre leur permettant d'accéder à Internet depuis leur téléphone s'est accru de 47 % entre juin et décembre 2005 et atteint 5,2 millions d'abonnés, soit 15 % des utilisateurs de téléphone mobile. Le temps de connexion à l'Internet mobile a également progressé, de 4 minutes 38 secondes au premier trimestre 2005 à 6 minutes 14 secondes au quatrième. Parmi les services Internet utilisés via les mobiles, le téléchargement de logos et de sonneries arrive en tête (60 %), devant la consultation de services d'information (38 %). 22 % des « mobinautes » ont consulté des services pratiques et 18 % leur compte bancaire au cours du mois de décembre 2005.

Le profil des internautes reste différent de celui de la population.

Malgré son augmentation rapide et sa part croissante dans la population globale, la population des internautes continue d'avoir un profil sociodémographique particulier. Les hommes sont plus nombreux que les femmes : ils comptent pour 54 %, pour seulement 48 % de la population de 15 ans et plus (Ipsos, février 2005). Ils passent également un peu plus de temps sur le réseau : 13,6 heures par semaine en 2005, contre 11,4 heures pour les femmes.

Les jeunes sont également plus concernés : 86 % des 13-24 ans sont connectés, 52 % des internautes ont moins de 35 ans (ils ne représentent que 28 % de la population). C'est pourquoi aussi on trouve 18 % d'étudiants (contre 11 %). Début 2005, on comptait 4,8 millions d'Internautes « seniors », âgés de 50 ans et plus, soit 24 % de la

Évolution de la proportion de Français disposant d'une connexion à Internet à domicile (en % de la population de 15 ans et plus, au 1ᵉʳ janvier)

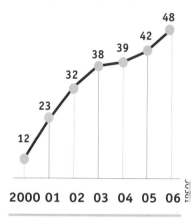

population concernée (Médiamétrie). 79 % d'entre eux avaient entre 50 et 64 ans, soit 3,8 millions. Depuis 2001, la proportion d'internautes a ainsi quadruplé chez les 50 ans et plus, alors qu'elle n'a que doublé chez les moins de 50 ans. Cette croissance plus rapide explique que leur part dans la population internaute atteint désormais 20 % contre 13 % en 2001. Cependant, la proportion de personnes âgées reste très inférieure à la moyenne nationale : seuls 7 % des 70 ans et plus disposaient d'une connexion et 15 % de l'ensemble des retraités.

Les écarts restent très marqués selon la profession : en février 2005, 75 % des cadres supérieurs disposaient d'une connexion à domicile contre 24 % des ouvriers (Crédoc). D'une manière générale, 40 % des internautes font partie des catégories professionnelles dites CSP+ (qui ne comptent que 22 % de la population de 15 ans et plus). Le niveau d'études est un autre facteur discriminant, très corrélé au précédent : 62 % des diplômés du supérieur sont connectés, contre 13 % des non-diplômés. Il en est de même du revenu : 68 % des ménages percevant plus de 3 100 € par mois de revenu, contre 18 % de ceux ayant entre 900 et 1 500 €. Enfin, la région Île-de-France reste sur-représentée : elle compte 23 % des internautes, pour 19 % de la population de 15 ans et plus.

Huit internautes sur dix disposent du haut débit.

Si la France ne figure pas dans le peloton de tête européen en ce qui concerne la proportion de ménages disposant d'une connexion à Internet, elle occupe la première place en ce qui concerne le débit. Début 2006, huit foyers connectés sur dix bénéficient du haut débit (au minimum 1 Mo/s), soit 7,5 millions de foyers (1,6 million de plus sur 1 an) ; la proportion n'était que de 55 % un an plus tôt. 84 % des foyers nouvellement équipés d'une connexion au cours de l'année 2005 ont opté pour le haut débit. 93 % des connexions se font via l'ADSL, le câble ne représentant que 5 % du marché haut débit.

L'essor du haut débit a fait progresser le téléchargement, légal ou non. Plus d'un internaute sur quatre (26 %) reconnaît avoir téléchargé illégalement des fichiers (GfK, octobre 2005). Les personnes connectées téléchargent en moyenne 34 fichiers audio par mois, soit un par jour. Viennent ensuite les films (6,9 fichiers téléchargés), les jeux vidéo, les logiciels et autres programmes. D'après les estimations, plus d'un milliard de fichiers audio auraient été téléchargés en 2005, soit deux fois plus qu'en 2004. Le téléchargement payant ne représenterait que 2 % du total des fichiers musicaux téléchargés. 38 % des Français déclarent qu'ils seraient prêts à payer 1 euro pour acheter une chanson en téléchargement, mais ils sont également 38 % à

refuser de payer pour télécharger légalement une chanson.

Le Nord plus connecté

Proportion de ménages disposant d'une connexion Internet dans quelques pays d'Europe (2005, en %)

Pays-Bas	78
Danemark	75
Suède	73
Allemagne	62
Royaume-Uni	60
Finlande	54
Belgique	50
Italie	39
FRANCE	38
Espagne	36

Eurostat

L'usage principal est la communication...

La communication est le premier usage d'Internet. Parmi les personnes disposant d'une connexion, 93 % s'en servent pour rechercher des informations, utilisant pour cela les moteurs de recherche ou se rendant directement sur des sites (Crédoc, octobre 2005). 82 % envoient et reçoivent des mails. 32 % fréquentent en outre des forums de discussion, qui représentent une forme de communication interactive de type communautaire. Par ailleurs, 8 % utilisent leur ordinateur pour téléphoner. Ainsi, la téléphonie sur IP se développe à grande vitesse : l'audience de Skype, principal fournisseur, a été multipliée par 2,5 en un an, avec 1,2 million d'utilisateurs.

Le nombre d'internautes qui utilisent une messagerie instantanée a progressé de 23 % au cours de l'année 2005, avec plus de 11,3 millions d'utilisateurs en décembre 2005, contre 9,1 millions un an plus tôt (Média-

métrie). Pour 56 % des 13-17 ans, la messagerie instantanée entre amis joue même un rôle plus important que le contact direct. Mais une autre forme de communication a connu une véritable explosion en 2005 : les *blogs*, journaux tenus par des individus désireux de faire connaître leur avis ou leur vie au plus grand nombre. Des milliers se créent chaque jour et 7,4 millions d'internautes, soit 29 % de la population connectée, déclaraient avoir consulté un *blog* au cours du mois précédent en décembre 2005, alors qu'ils n'étaient que 5,4 millions six mois auparavant (22 %). Les adolescents de 11-15 ans représentaient 35 % des « blogueurs », les 16-24 ans comptaient pour 47 %. L'utilisation d'Internet des jeunes est au total bien supérieure à celle des autres classes d'âge : 86 % des 13-24 ans déclaraient s'être connectés à Internet en décembre 2005.

On voit aussi se développer d'autres formes de communication informative et interactive, qui préfigurent ce que sera le « Web 2.0 ». Le site emblématique de cette nouvelle approche est l'encyclopédie collective *Wikipedia*, dont chaque article est rédigé par des internautes et peut être enrichi par tous ceux qui le consultent. Le nombre de visiteurs uniques était de 2,4 millions en décembre 2005.

... mais d'autres usages se développent.

Après la communication, le loisir arrive en bonne position des usages d'Internet : un tiers des internautes téléchargent de la musique, des logiciels ou des films, de façon légale ou non (ci-dessus). Ils sont également de plus en plus nombreux à jouer en ligne sur des sites dédiés. Mais les usages sont de plus en plus diversifiés : 40 % des internautes ont ainsi accompli des démarches administratives ou fiscales

435

Chacun son Internet

Usages d'Internet selon les caractéristiques sociodémographiques (octobre 2005, en % des 15 ans et plus ayant utilisé Internet au moins une fois)

	Utiliser la messagerie électronique	Communiquer par messagerie instantanée	Obtenir des informations administratives	Rechercher des information sur la santé	Accéder à son compte bancaire	Acheter des biens et services	Écouter, voir ou télécharger de la musique ou des films	Jouer ou télécharger des jeux	Télécharger des logiciels
Hommes	72	33	52	21	41	34	35	25	35
Femmes	74	33	52	35	36	34	27	14	15
15-19 ans	67	62	28	22	12	15	60	34	28
20-29 ans	76	47	61	30	46	41	42	27	33
30-39 ans	77	24	61	30	49	46	24	16	29
40-49 ans	73	19	55	27	40	35	18	14	21
50-59 ans	67	13	52	29	43	31	14	8	14
60-69 ans	86	16	60	27	41	26	11	12	22
70 ans et +	65	11	26	34	30	20	15	20	13
Études supérieures	85	26	65	31	50	45	22	13	28
Sans diplôme	59	40	32	25	20	15	48	32	21
ENSEMBLE	73	33	52	28	39	34	31	20	26

INSEE

par Internet en 2005 ; au total, environ 11 millions de personnes ont fréquenté en 2005 les services de l'administration électronique.

Internet offre aussi des opportunités nouvelles en matière de formation. Plus d'un actif sur quatre connecté à domicile a suivi des formations en ligne en 2005 ; la proportion s'élève à 43 % chez les internautes de 12-17 ans et à 56 % chez les internautes étudiants. Le *e-learning* devrait se développer au cours des prochaines années, car la connaissance et la culture générale constitueront des atouts essentiels dans la société de l'information. Il pourra compléter ou peut-être remplacer en partie l'étude dans des écoles traditionnelle qui apparaissent aujourd'hui en difficulté (p. 73). Il apportera aux élèves un soutien personnalisé et disponible à tout moment, il aidera les étudiants à préparer des concours. Il offrira des formations thématiques aux actifs soucieux d'enrichir leurs connaissances et d'évoluer dans leur vie professionnelle. Il permettra aux retraités de découvrir de nouveaux domaines (culture, loisirs...) ou d'accroître leurs connaissances. Tel un *coach*, il accompagnera chacun tout au long de sa vie dans son développement personnel.

Les usages du réseau vont se multiplier au fil des années. Pour la plus grande satisfaction du plus grand nombre. Les jeunes, les personnes les plus instruites et les *geeks* (individus dépendants de l'Internet et des nouvelles technologies) seront les plus concernés. Ils seront progressivement suivis de tous les autres groupes sociaux, au fur et à mesure de la diversification des offres et de l'amélioration de l'interface homme-machine.

Les exceptions françaises sont nombreuses.

Les internautes français se distinguent de ceux d'autres pays développés dans plusieurs domaines. D'abord, la proportion de personnes connectées à haut débit est la plus élevée (huit sur dix). Les internautes français sont aussi ceux qui ouvrent le plus de sessions Internet à domicile : en moyenne 36 par mois, contre 35 pour l'Australie et 33 pour les États-Unis, qui occupent les deuxième et troisième places du classement (Nielsen). Les Français se connectent donc plus d'une fois par jour en moyenne, ce qui montre qu'Internet est devenu pour eux une source incontournable d'information et de communication. Ce sont aussi eux qui consultent le plus de sites Web : 80 par mois

Flash mobs, RENCONTRES d'UN AUTRE TYPE

Forme d'action collective née avec les nouvelles technologies de communication, la *flash mob* est un rassemblement de personnes qui, a priori, ne se connaissent pas et n'ont d'autre point commun que de figurer sur des annuaires téléphoniques ou d'Internet. Les organisateurs leur donnent rendez-vous (le plus souvent par mail ou par SMS) dans un lieu donné, à un moment donné pour une action à durée très limitée, qui peut avoir des motivations diverses.

La plus courante est ludique, festive, elle est guidée par la recherche de l'absurde et du loufoque (un groupe de personnes se rend dans une librairie pour demander des livres qui n'existent pas, ou s'assoient quelques minutes au milieu d'une place...). Il existe aussi souvent une volonté esthétique, voire artistique : le rassemblement est une sorte d'« installation » au sens de l'art moderne (un groupe de personnes nues ou habillées de la même façon, ayant des gestes ou des comportements identiques et inattendus...). La troisième motivation (éloignée du concept initial) est celle de l'engagement, de la protestation ou de la revendication (des jeunes manifestent devant des entreprises employant des stagiaires sans les rémunérer...).

La *flash mob* est l'héritière des « actes urbains » des années 50, du *happening* et du *sitting* d'invention plus récente. Elle constitue un événement spatiotemporel d'un genre nouveau, révélateur des grandes tendances sociétales : poids des nouvelles technologies et du *buzz* (bouche à oreille) ; primat de l'improvisation sur la planification ; recherche de l'éphémère ; volonté des « vraies gens » de montrer leur existence et de se regrouper pour exister ; recherche de transgression et d'originalité. Elle montre que les moyens de communication virtuelle peuvent être au service de rencontres dans le « monde réel », que la foule n'est pas seulement solitaire et bornée, mais qu'elle peut être solidaire et « intelligente ».

Le commerce en ligne poursuit sa forte progression.

Les achats des Français sur Internet ont augmenté de 53 % en 2005, à 8,7 milliards d'euros (Fevad). Les cyberacheteurs ont dépensé en moyenne 666 € en 2005 contre 516 en 2004, soit une progression de 150 €. Les biens culturels restent en première position (un acheteur sur deux). Mais la vente de vêtements et de chaussures a fortement progressé, notamment en raison de la « féminisation » des clients (le nombre de cyberacheteuses a augmenté de 41 % entre 2004 et 2005) : 27 % des internautes en ont acheté en ligne en 2005, alors que la proportion n'était que de 25 % pour les produits de tourisme (avec cependant des dépenses très supérieures). La confiance apparaît en nette progression : 57 % des internautes se déclaraient confiants dans l'achat en ligne en 2005, contre 23 % en 2001. La quasi-totalité des cyberacheteurs se disent d'ailleurs satisfaits de leurs achats (96 %). Le principal motif d'insatisfaction concerne les délais de livraison.

En 2005, les 30 principaux sites de e-commerce ont enregistré plus de 43 millions de transactions, soit 100 000 commandes par jour. Le nombre de sites marchands a progressé de 30 %, à 10 900 en 2005 contre 7 500 un an plus tôt. Parmi eux, 59 % ont réalisé moins de 10 transactions par mois et moins de 1 % plus de 10 000 transactions. La fin d'année reste la période phare : en novembre et décembre 2005, les cyberacheteurs ont dépensé 1,7 milliard d'euros (contre 1 milliard en 2004) ; ils ont effectué en moyenne 3,4 achats pour un montant total de 258 €, soit une dépense moyenne par achat de 75 €.

Comme le commerce classique, Internet fait une place à toutes les

en moyenne depuis le domicile. Ils devancent les Japonais (76 sites) et les Allemands (75 sites). En revanche, les Français passent en moyenne plutôt moins de temps que les autres sur une page Internet : 36 secondes contre 43 secondes en moyenne mondiale. Les Australiens sont en tête avec 52 secondes, devant les Espagnols (50) et les Américains (49). Les Français occupent la 6e place ; s'ils consultent plus de sites que les autres, ils ont ainsi tendance à « zapper » plus rapidement.

Chaque semaine, les internautes français passent en moyenne 13 heures sur le réseau, ce qui constitue un record en Europe (EIAA). Ils devancent les Britanniques et les Espagnols, qui se connectent 11 heures chaque semaine. Les Allemands et les Italiens sont très en deçà, avec respectivement 9 heures et 8 heures. 32 % des Français passent plus de 16 heures de leur temps hebdomadaire en ligne, ce qui représente un autre record. Ils ne sont que 25 % au Royaume-Uni et en Allemagne, 24 % en Espagne et 15 % en Italie.

Enfin, la France dispose du troisième réseau Wi-Fi dans le monde (accès sans fil à Internet dans des lieux situés à proximité d'une borne), après les États-Unis et le Royaume-Uni. Il comprend 9 000 bornes réparties sur le territoire.

437

La fin du Minitel

Né dans les années 80, le Minitel avait été un précurseur d'Internet, utilisé par de très nombreux ménages. Au point qu'il a sans doute freiné la pénétration d'Internet. Mais le parc diminue de plus en plus vite. Il n'était plus que de 6,7 millions à la fin 2005, contre 7,8 millions en 2004 (France Télécom). La part des terminaux dédiés représente plus de la moitié (3,6 millions, dont les deux tiers sont utilisés par les ménages). Les autres (3,1 millions) sont des logiciels d'émulation Minitel sur PC, qui restent très présents dans les ménages, mais sont de moins en moins utilisés. En décembre 2005, 25 % de la population de 15 ans et plus avaient accès aux services Minitel : 20 % au domicile, 9 % au travail, 4 % sur le lieu d'études et 2 % dans un lieu public (Crédoc-ISL).

Les ménages dans la tranche d'âge 50-69 ans ont un taux d'équipement supérieur à la moyenne. La fidélité diminue nettement pour la tranche 40-49 ans. Les cadres, les professions libérales et les indépendants (mais aussi les agriculteurs) ont les taux d'équipement les plus élevés. Mais, comme d'autres inventions hexagonales, celle du Minitel n'a pas réussi à conquérir le monde.

formes de vente et d'échange. On note ainsi la place croissante des sites de ventes entre particuliers (tels eBay, sorte de vide-grenier planétaire), celle des soldes ou des ventes privées de produits de luxe à prix cassés. Certains internautes et sites vendent aussi des biens et des services virtuels : îles imaginaires, stations spatiales et morceaux de planètes, objets et armes magiques pour les jeux vidéo, monnaie virtuelle, avatars de personnages, clones et chimères électroniques, etc. La frontière entre le monde réel et le monde virtuel est de plus en plus floue (voir des sites comme *Second Life* ou *Project Entropia*). Elle pourrait disparaître avec la dématérialisation du premier et le « réalisme » croissant du second.

> **Internet représente une opportunité unique pour l'humanité...**

Internet constitue sans aucun doute un saut technologique considérable, aux conséquences innombrables et planétaires. Le « village mondial » prévu par MacLuhan au début des années 60 devient grâce à lui une réalité. La plupart des humains pourront à l'avenir échanger instantanément des textes, des sons et des images. Le réseau abolit (au moins dans son principe) les frontières spatiales (géographiques ou politiques) et temporelles. Il apporte à chaque personne « connectée » un supplément d'information, d'expression et de liberté. Certes, la convivialité proposée est virtuelle. Mais elle constitue une réponse possible à la solitude engendrée par une « société de communication » qui a souvent pour effet l'incommunication, voire l'« excommunication ».

Internet est potentiellement l'outil d'élaboration d'une société mondiale, capable d'influencer les États et les cultures, peut-être de se substituer à eux. Il donne à chaque individu la faculté d'exister pour tous les autres, d'appartenir à des tribus planétaires qui sont en fait de nouvelles « diasporas » constituées de personnes ayant des centres d'intérêt communs, mais séparées géographiquement. Il offre de nouvelles formes de communication, à travers notamment l'utilisation des services de messagerie. Il renforce l'autonomie et l'indépendance de chaque citoyen. Pour les curieux, Internet est un nouvel univers à explorer, un « septième continent », alors que le monde réel ne réserve plus de véritable *terra incognita*. Il constitue un moyen d'accès à une aventure moderne. Il est un labyrinthe dans lequel chacun peut s'engager, sans savoir ce qu'il trouvera en chemin ni dans quel monde il parviendra. Il permet de s'exprimer, d'échanger, de se montrer tel qu'on est ou au contraire de se cacher derrière des pseudonymes, des avatars et des chimères : être soi ; être un autre ou être plusieurs...

Le développement du réseau a déjà des incidences sur le fonctionnement des nations et sur celui de la planète. Il a transformé la notion de distance (le prix des services ou des communications est devenu indépendant de l'éloignement) et celle de temps, avec l'accès instantané à une multitude de services. Il autorise une interactivité totale, symbole de la naissance d'un « spectacteur », à la fois spectateur et acteur de la vie et du monde. Il se caractérise enfin par la diversité de ses utilisations : information ; divertissement ; jeu ; communication (à deux ou en groupe) ; achats ; relations avec les entreprises et les institutions...

> **... mais aussi un risque d'accroissement des inégalités...**

La contrepartie des avantages et des promesses d'Internet est le risque de dérives inhérent à un outil par nature difficile, voire impossible à contrôler. Internet est potentiellement porteur de nouvelles inégalités. Entre ceux qui sont connectés et ceux qui ne le sont pas (certains pays cherchent d'ailleurs à restreindre ou interdire l'accès au réseau). Entre ceux qui disposent des hauts débits (câble, ADSL, satellite...) et ceux qui se désespèrent devant la lenteur d'affichage des textes et des images. Entre les utilisateurs qui vont au plus simple (informations de base, jeux, distractions de toutes sortes...) et ceux qui en font un outil de réflexion et d'enrichissement pour développer leurs compétences, leurs réseaux relationnels ou leurs affaires. Entre ceux qui restent du côté sombre de la Toile (sites pornographiques, d'incitation à la violence ou au racisme...) et ceux qui cherchent avec le Web à rendre le monde meilleur, dans le respect et l'échange avec les autres. Internet pourrait donc être à l'origine de nouvelles fractures culturelles, sociales, philosophiques et morales.

Un autre risque est que la *cybersociété*, virtuelle et planétaire, se substitue demain aux sociétés réelles et nationales. Certains internautes trouvent en effet la première plus séduisante et sécurisante que les secondes, car les contacts y sont indirects, distanciés, aseptisés. Enfin, l'utilisation de l'ordinateur connecté est généralement solitaire (même si elle implique une relation virtuelle avec les autres), à l'inverse de celle de la télévision qui garde une dimension conviviale au sein du foyer (mais elle a par ailleurs affaibli des modes de communication plus anciens et plus riches). Le temps passé devant l'écran d'un ordinateur vient souvent en déduction de celui disponible pour l'entourage familial. De même, la possibilité de communiquer avec des personnes situées à l'autre bout du monde empêche parfois de parler à celles qui se trouvent dans le voisinage immédiat.

... et une menace sur les libertés.

Dans l'univers théoriquement protégé d'Internet, de nombreuses formes d'agression se développent. Les virus véhiculés par le réseau coûtent très cher aux entreprises et aux particu-

liers. Ils représentent une crainte et un stress permanents pour les utilisateurs, qui réduisent le plaisir de naviguer sur le réseau et engendrent parfois une attitude paranoïaque.

Les risques d'intrusion dans la vie privée sont également réels et inquiétants. Les *cookies* et les *spywares* introduits dans les ordinateurs via Internet sont autant de mouchards permettant de garder la trace des activités, des centres d'intérêt et des habitudes de chacun, et de surveiller à distance ses faits et gestes. Le développement du Wi-Fi permet aussi aux « curieux » de surveiller leurs voisins et de « squatter » le réseau. L'utilisation de données de plus en plus précises sur les foyers et les personnes à des fins commerciales est d'ailleurs le but avoué du « marketing relationnel » *(one to one)* mis en œuvre par de nombreuses entreprises. Cette pratique devrait entraîner une méfiance croissante de la part des internautes, qui pourrait les amener à boycotter certains sites trop curieux ou à fournir délibérément des informations erronées.

Enfin, Internet est souvent considéré comme une incitation à la sédentarité, qui serait contraire au mouvement actuel vers des activités extérieures ou « nomades ». Le risque existe sans doute pour les « accros » du Web, qui passent des heures devant leur écran, oubliant la vie extérieure. Mais on constate que les internautes ont envie de rencontrer leurs interlocuteurs dans le « vrai monde », ce qui les incite à se déplacer, à voyager, à avoir une vie sociale traditionnelle.

Les enjeux économiques sont considérables...

Le cybercommerce ou *e-business* connaît un développement très rapide (p. 363). Il représente déjà une part non négligeable de l'activité de cer-

tains secteurs comme les transports, l'hôtellerie, le tourisme ou les équipements électroniques. Il concernera de plus en plus d'autres secteurs comme les biens culturels (musique, cinéma, livres...), l'habillement, l'ameublement et même l'alimentation. Outre les entreprises spécifiquement créées pour opérer sur le réseau *(pure players)*, les entreprises traditionnelles peuvent faire connaître et commercialiser leurs produits par ce nouveau canal. Les « zones de chalandise » se sont aujourd'hui élargies à l'échelle de la planète. Il existe cependant une distinction entre les produits dématérialisés et les autres, car les premiers ne nécessitent pas de logistique coûteuse et de réseaux physiques. On peut ainsi vendre un billet d'avion ou une réservation d'hôtel sans avoir recours à une agence ou à un camion de livraison ; cela n'est pas possible avec des biens d'équipement du foyer ou de la personne.

Le consommateur peut en tout cas accéder de chez lui à une offre gigantesque. Il peut s'informer sur les produits en se rendant sur les sites des fabricants ou des distributeurs. Il a la possibilité d'obtenir des précisions en consultant les commentaires laissés par des acheteurs, ce qui n'est guère possible dans les magasins traditionnels. Il peut comparer les prix, un exercice qui est grandement facilité par des sites spécialisés. Il peut prendre sa décision à son rythme, à toute heure du jour ou de la nuit et tous les jours de l'année. Enfin, il peut commander directement sur Internet en utilisant des modes sécurisés ou se rendre dans un magasin proche de chez

● *86 % des 13-24 ans se connectent à Internet au moins une fois par mois, contre 51 % des Français.*

lui, dans lequel il pourra voir, toucher, obtenir des informations complémentaires dans le « monde réel ».

... de même que les risques.

Cette facilité d'accès à l'offre a une contrepartie pour le consommateur, sous la forme de risques divers. Même si elle est aujourd'hui moins répandue, la crainte d'utiliser les numéros de cartes bancaires ou de remplir des formulaires continue de freiner le développement des transactions commerciales. Les utilisations frauduleuses ne sont d'ailleurs pas exceptionnelles. Il s'y ajoute le risque de vol par effraction sur les comptes bancaires ou sur les portefeuilles de valeurs mobilières.

Les risques existent aussi du côté de l'offre. Le respect de la propriété intellectuelle des personnes et des entreprises n'est pas assuré sur le réseau, comme en témoigne la pratique massive du téléchargement gratuit (et illégal) de musique, textes, photos ou films (p. 415). Mais la plupart des internautes n'ont pas le sentiment de frauder en échangeant des fichiers sur les sites d'échange entre particuliers (P to P). Internet est pour eux un outil communautaire, une alternative au « système marchand » traditionnel.

Un autre risque important pour l'avenir est le développement d'actes terroristes de grande envergure sur le réseau. Ils pourraient provoquer des dégâts économiques considérables dans les services publics (santé, distribution d'eau ou d'électricité, téléphone, contrôle aérien, sécurité sociale...), dans les systèmes de défense nationaux (avec, par exemple, des déclenchements intempestifs de procédures d'urgence), comme dans les entreprises privées. On assistera par ailleurs à des tentatives de « cyberchantage » à l'encontre d'institutions, d'entreprises ou même de particuliers. Pour les délin-

Information, surinformation, désinformation

L'accès à l'information connaît avec Internet une évolution inédite ; le réseau est une « bibliothèque globale » contenant tout le savoir et l'intelligence du monde, et accessible à chacun. La contrepartie de cette richesse est la difficulté de trier et de valider les informations disponibles. Il existe en effet un risque de désinformation et de manipulation de l'opinion. La « rumeur électronique », propagée par des consommateurs insatisfaits, des concurrents peu scrupuleux ou des groupuscules terroristes, peut ternir l'image des individus, des marques, des produits ou des entreprises. Dans les boîtes à lettres électroniques, des courriers (anonymes ou non) peuvent jeter rapidement et sans risque le discrédit sur des personnes ou des institutions.

Par ailleurs, les tentatives d'influence idéologique et de manipulation mentale se multiplient déjà sur des sites au contenu immoral (nazisme, racisme, pédophilie, pornographie, incitation à la violence...). Comme les autres médias, Internet exercera une influence sur les esprits les plus malléables. Les sectes y trouveront un moyen facile de recrutement et d'endoctrinement. Sous couvert de la liberté d'expression, des idéologies douteuses chercheront à se frayer un passage. Le réseau ne pourra rester un outil de liberté totale ; comme tous les lieux publics, son usage devra être réglementé et surveillé.

quants en général, Internet constitue un formidable terrain d'action. Pour les terroristes, il représente un levier d'accès facile et d'une efficacité redoutable, permettant de déclencher des

paniques collectives et de déstabiliser les démocraties.

Enfin, le danger existe que la « mémoire de l'humanité » que représente Internet ne soit un jour effacée, volontairement ou non. Elle est en effet essentiellement numérisée et stockée sur des supports électroniques (disques durs, cartes, CD, DVD...) qui peuvent être facilement détruits et dont on ne connaît pas la durée de vie.

Internet transforme les modes de vie...

Le développement d'Internet aura de fortes incidences sur la vie des individus, des nations et du monde dans sa globalité. Le réseau constitue une mémoire vivante de l'humanité, accessible à tout moment et en tout lieu. Il est à l'origine d'une véritable révolution dans les modes d'acquisition de la connaissance, avec notamment l'invention de l'hypertexte et du multimédia (p. 433). Il est en même temps un hypermarché planétaire dans lequel toutes les marchandises peuvent être vendues, achetées, échangées.

Internet est l'un des outils majeurs de la création en cours d'une société planétaire multiculturelle, dans laquelle le virtuel prend une place croissante, même s'il ne se substitue pas au réel. On y trouve une transposition de la « vraie vie », avec des forums de discussion, des *webcams* branchées en permanence dans les lieux publics ou privés. La mort y est aussi présente, avec des sites consacrés à la mémoire de personnes disparues, célèbres ou inconnues (biographies, témoignages, souvenirs...).

L'une des particularités du réseau planétaire est qu'il place chaque individu au centre de la Toile et non pas sur l'un des fils qui partent d'un centre éloigné. Il crée ainsi des opportunités nouvelles en termes de liberté, d'autonomie, d'accession à l'information et à la connaissance, d'expression personnelle et de convivialité. Mais il fait aussi de l'utilisateur une cible facile pour tous ceux qui veulent s'adresser à lui pour le désinformer, le manipuler ou l'escroquer.

... et il est le vecteur d'une nouvelle civilisation.

La civilisation en préparation sera fondée sur le double principe de l'autonomie de chaque individu et de sa relation possible (et facile) avec tous les autres. Elle sera marquée par le passage du vertical à l'horizontal, avec la « mise en réseau » (volontaire ou involontaire) de la plupart des habitants de la planète. Elle traduira aussi le passage du longitudinal au transversal. Contrairement aux autres innovations technologiques, les applications d'Internet concernent en effet tous les domaines de la vie : personnelle, professionnelle, familiale, sociale. Il peut être associé en cela au téléphone portable, qui permet d'ailleurs aujourd'hui d'y accéder et en constituera peut-être demain le principal support.

Une autre caractéristique d'Internet est d'être dans son principe un média « pur ». Comme le téléphone, il est un « tuyau » mis à la disposition des usagers, qui peuvent y faire passer n'importe quel contenu, en plus de ceux proposés par des prestataires divers (entreprises, institutions, associations...). Ce contenu peut être gratuit ou payant, moral ou immoral, simple ou complexe, distrayant ou sérieux.

Internet est surtout un média interactif. Tout récepteur peut être émetteur, et réciproquement. Chacun peut participer à des forums, communiquer avec les interlocuteurs de son choix. Il peut créer son site personnel, sorte de carte d'identité électronique, proposer au monde entier son journal intime

Un outil de désintermédiation

Le développement des supports électroniques et d'Internet a des conséquences considérables sur la diffusion de l'information. Le coût de la copie et de la démultiplication est en effet nul (ou très bas, dans le cas d'utilisation de supports physiques), de sorte que chacun peut en bénéficier gratuitement. L'opération est en outre quasiment instantanée et ne dépend pratiquement pas du nombre de destinataires. Enfin, les copies ont une qualité identique à l'original, quel que soit leur nombre, car il n'y a pas de déperdition dans le processus. Le savoir et par conséquent le pouvoir, se trouvent ainsi (dans le principe) partagés comme ils ne l'ont jamais été, même si de nombreuses inégalités demeurent dans la réalité.

(blog). Ces caractéristiques font d'Internet un média beaucoup plus riche que les médias traditionnels (presse, radio, télévision...). La preuve en est d'ailleurs qu'il peut les contenir tous.

L'avenir du réseau dépendra de l'attitude des différentes parties prenantes. Les cyberacteurs, notamment les marchands, devront se montrer vertueux, et ne pas attenter à la morale ou à la liberté individuelle. Les internautes devront aussi accepter des règles qui seront définies (avec difficulté) à l'échelle planétaire. Contrairement à l'utopie initiale de ses fondateurs, le Web ne pourra pas en effet rester un non-lieu bénéficiant d'un non-droit, utilisé par des citoyens sans appartenance.

Le réel et le virtuel vont cohabiter.

Comme la plupart des innovations majeures (l'avion, la voiture, le

De plus, chaque récepteur d'information est aussi potentiellement émetteur, grâce à l'interactivité des nouveaux médias. Les relations de dépendance verticale sont donc remplacées par des relations horizontales, en réseau. Dans ce contexte, les intermédiaires tendent à disparaître et les relations sont de plus en plus directes entre les internautes et leurs interlocuteurs ou prestataires.

Cette « désintermédiation » permet à chacun d'être en relation directe, instantanée et quasiment gratuite avec tous les autres, pour échanger des informations, des idées ou des biens. Elle est de nature à transformer le fonctionnement et la hiérarchie des sociétés développées. Elle inaugure peut-être une nouvelle forme de démocratie.

nucléaire, la télévision...), Internet est ambivalent, porteur du meilleur et du pire, et suscite de nombreuses questions. Sera-t-il demain accessible à tous, y compris dans les pays pauvres et dans les dictatures ? Restera-t-il un moyen de communiquer et de s'informer pour les particuliers ou sera-t-il annexé par les marchands ? Réduira-t-il ou renforcera-t-il les inégalités entre les individus et entre les pays ? Sera-t-il un instrument de liberté ou de surveillance ? Les informations diffusées seront-elles objectives, fiables ou destinées à manipuler les opinions ?

L'avenir dira si les cyberphiles et les cyberoptimistes ont raison face aux cyberphobes et aux cyberpessimistes. Il permettra de savoir si la vie avec Internet est plus simple ou plus compliquée que sans, si la généralisation de l'accès au Web réduit les inégalités culturelles ou les renforce. On verra alors si cet outil magique crée de la convivialité ou de l'isolement, de la sédentarité ou du nomadisme, de la démocratie ou de l'asservissement. On saura s'il substitue la virtualité à la réalité. Il apparaît en tout cas peu probable que l'on puisse se passer de cet outil aux possibilités inédites.

Si le développement de l'informatique et d'Internet et la place considérable qu'ils vont prendre dans la vie professionnelle et personnelle ne font aucun doute, il apparaît probable qu'ils ne vont pas se substituer à l'ensemble des activités humaines. Ainsi, le « bureau sans papier » promis par les tenants du tout-électronique ne semble pas en voie de se réaliser : dans les entreprises, chaque poste de travail équipé génère en moyenne l'impression de 2 000 pages de papier par an. Internet ne contraint pas non plus à la sédentarité puisqu'il est de plus en plus disponible dans les situations de mobilité. Il ne réduit pas les individus à l'autorité et au bon vouloir d'un *big brother* ; il leur donne au contraire les moyens de s'en affranchir et d'être plus autonomes. Plutôt que de s'opposer, le monde réel et le monde virtuel devraient donc continuer de « cohabiter », en s'enrichissant mutuellement.

TéléPHONE

Huit Français sur dix utilisent un mobile...

80 % des Français étaient équipés d'un téléphone mobile en janvier 2006, soit 48 millions de personnes, une augmentation de 3,5 millions en un an. Ils n'étaient que 5,7 millions fin 1997 et moins de 2,5 millions fin 1996. La diffusion du portable a été plus rapide que celle de n'importe quel autre bien d'équipement (graphique) : il avait

fallu plusieurs décennies pour que le téléphone fixe se démocratise en France et concerne la majorité des ménages, alors que le téléphone mobile s'est généralisé en moins de dix ans.

Malgré cette forte progression, la France se situe encore derrière les autres grands pays de l'Union européenne, notamment ceux du Nord (Suède, Finlande, Danemark, Pays-Bas) dans lesquels le nombre d'abonnés est proche de 100 % des habitants ; il est même supérieur à 100 % en Italie, en Suède et au Royaume-Uni où certaines personnes ont plusieurs lignes mobiles. Il faut noter que le téléphone portable est moins répandu aux États-Unis (61 % début 2005) et au Japon (72 %).

Le taux de possession est maximal entre 18 et 30 ans, dépassant 90 %. Il diminue ensuite régulièrement, avec un fort décrochement à partir de 60 ans. Un peu plus de la moitié des personnes de 60 ans et plus disposent d'un téléphone mobile, moins d'un tiers à partir de 70 ans. De nombreux ménages possèdent au moins deux appareils. Les MVNO (opérateurs virtuels) ne comptent que pour un petit pourcentage des nouvelles souscriptions : 5 % en 2005, et 3,2 % des achats de cartes prépayées. Fin 2005, les abonnés aux MVNO représentaient 0,6 % du marché. Début janvier 2006, 2 millions de personnes disposaient d'un abonnement de troisième génération (avec accès à Internet à plus haut débit), soit 4 % des abonnés.

... au détriment de la téléphonie fixe traditionnelle.

La téléphonie fixe a commencé à perdre des abonnés et l'on assiste à un mouvement de substitution entre téléphone fixe et mobile. Entre 2000 et 2005, la proportion de ménages abonnés à une ligne fixe a diminué de 10 points,

de 92 % à 82 %. Les ménages disposant d'un revenu modeste sont les plus concernés, leur souci étant de réduire leur facture de communication.

Avec plus de 3,3 millions d'abonnements, la technologie VoIP (qui permet de téléphoner sur Internet) connaît un fort développement, avec une hausse de 250 % en un an. De plus en plus d'internautes sont également séduits par les offres *triple play* (Internet, télévision et téléphonie VoIP) des fournisseurs d'accès Internet (ADSL ou câble). Le dégroupage, partiel ou total, fait aussi de plus en plus d'adeptes : le nombre de lignes dégroupées a presque doublé en un an, passant de 1,5 million fin 2004 à 2,8 millions fin 2005. Au 31 décembre 2005, presque 600 000 lignes faisaient l'objet d'un dégroupage total et la barre du million était atteinte à la fin du premier trimestre 2006. 50 % des Français se disaient prêts à quitter France Télécom au début 2006, considérant que les fournisseurs d'accès Internet sont assez fiables pour s'affranchir de l'opérateur historique (GfK).

L'évolution en cours devrait être renforcée par le développement des offres multiservices *quadruple play* qui incluent depuis le printemps 2006 la téléphonie nomade et hybride (GSM/Wi-Fi).

Les Français dépensent en moyenne 69 € de téléphone par mois.

En 1998, les Français dépensaient en moyenne 45 € de téléphone par mois, dont 36 € pour le fixe et 9 € pour le mobile (ARCEP). En 2005, le montant était passé à 69 €, dont 39 € pour le mobile et 30 € pour le fixe. Au fil des années, le volume global des consommations a augmenté alors que la baisse des tarifs, notamment sur le fixe, ne s'est pas répercutée intégralement sur la facture totale, qui a augmenté de

Technodiffusion

Diffusion des nouvelles technologies (évolution du taux de ménages équipés en %)

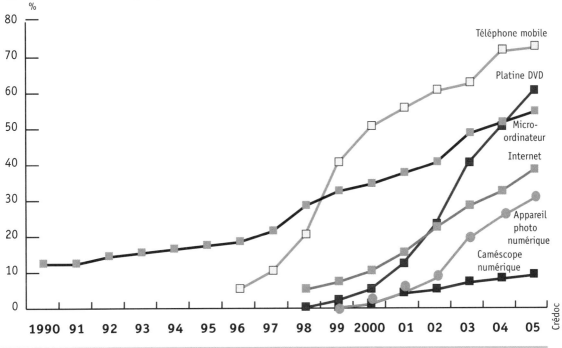

moitié en cinq ans. Sur les 48 millions d'utilisateurs, 29,7 millions ont souscrit des forfaits, 16,8 millions des formules de prépaiement. Parmi les personnes à bas revenus (moins de 900 € par mois), plus de deux sur trois disent dépenser moins de 60 € alors que chez les personnes ayant les plus hauts revenus (plus de 3 000 € par mois), deux sur trois déclarent dépenser plus de 100 €. Le montant annuel de la facture téléphonique des ménages correspond en moyenne à 9 jours de salaire.

La part des dépenses de télécommunication dans le budget des ménages s'est donc accrue, bien que le coût des forfaits mobiles en France soit l'un des moins élevés d'Europe. Mais la durée de communication progresse : elle était de 2 heures et 10 minutes par mois

en 2004. Les utilisateurs de portables ont en moyenne 65 numéros enregistrés dans leur répertoire ; 60 % ont plus de 50 numéros et 20 % plus de 100 (Observatoire sociétal du téléphone mobile, novembre 2005). La moitié d'entre eux les utilisent tous les jours. 92 % des portables ne sont quasiment jamais prêtés.

L'intérêt pour les nouveaux services s'accroît.

Outre l'utilisation de leur mobile pour... téléphoner, les Français privilégient les usages « basiques » (AFOM/Sofres, février 2005) : consultation de l'heure (76 %) ; utilisation comme répertoire (70 %) ; envoi de SMS (68 %) ; relecture de SMS déjà reçus (61 %) ; réveil

(55 %) ; changement de sonnerie (49 %) ; calculatrice (42 %) ; photographie (31 %) ; jeu (30 %). Il faut dire que 44 % des Français estiment ne maîtriser que quelques fonctions de leur mobile ou aucune (hors téléphoner).

Les messages écrits (textos ou SMS) sont surtout utilisés par les jeunes (encadré). En juin 2005, 64 % des Français déclaraient en envoyer régulièrement, à raison de 2 par jour en moyenne (Crédoc). Les adolescents sont particulièrement attachés à ce mode de communication : 97 % des 12-17 ans en envoient, à un rythme de 28 par semaine en moyenne (4 par jour). Les adolescents sont également de grands consommateurs de sonneries ou de jeux : 64 % des possesseurs de téléphone mobile de 12 à 17 ans

443

SOS SMS

Les Français ont envoyé 13,2 milliards de SMS en 2005, contre 11 milliards en 2004, 9,8 en 2003, 6,8 en 2002, 3,3 en 2001. Le record a été battu le 31 décembre 2005, avec 35 millions de SMS échangés entre minuit et une heure du matin. Début 2006, le nombre moyen était de 25 par client actif et par mois, un chiffre cependant inférieur de moitié à celui de l'Espagne (56), du Royaume-Uni (49), de l'Allemagne et de l'Italie (48). On compte 90 % d'utilisateurs du SMS parmi les 18-25 ans, 70 % parmi les 25-35 ans, 60 % parmi les 35-45 ans. Les envois de MMS (messages contenant des images ou des sons en plus du texte) nécessitent des terminaux adaptés, moins répandus : les Français en ont envoyé 272 millions en 2005, contre 80 millions en 2004. Ces messages sont aussi de plus en plus utilisés à des fins commerciales par les opérateurs et par les entreprises proposant des services diversifiés : agenda ; suivi des comptes en banque ; *coaching* (préparation d'examens…) ; informations sur le trafic, la météo, les sports, la Bourse ; horaires de spectacles ; alertes diverses ; informations locales… Les chaînes de télévision ont fait des SMS surtaxés une source de revenu non négligeable.

On peut s'interroger sur cette communication écrite appauvrie par rapport aux possibilités orales du téléphone. Elle peut s'expliquer par des raisons pratiques : coût inférieur ; temps de lecture limité ; possibilité de lire un texto lorsqu'on n'est pas en situation d'écouter un message audio ou de parler avec son correspondant. Mais les motivations véritables sont plus profondes. Le SMS est un outil de communication et de recrutement pour les « tribus » et les communautés de tout type. Il est une façon d'exister individuellement, de lutter contre la solitude, de rencontrer des personnes qui ne font pas partie de son environnement social. Le texto constitue un mode d'expression nouveau, partie prenante d'une culture contemporaine qui invente ses codes, ses signes de reconnaissance, son langage propre. Il autorise toutes les libertés avec la langue officielle (p. 85) et répond ainsi à un besoin de transgression très présent chez les jeunes. Quelques exemples : *a12c4 ; kekina ; kestudi ; MDR (mort de rire) ; savapa ; a2m1 ; a+ ; ab1to ; bap (bon après-midi) ; C2labal ; Cpa5pa ; tabitou…* La brièveté du message oblige à aller à l'essentiel, ce qui est moins facile sur Internet avec les courriels. Le texto permet aussi parfois, comme dans les forums Internet, de se cacher derrière un pseudo, de ne pas se dévoiler ou de jouer avec son identité. L'une des motivations des « textistes » est de parler de soi en s'adressant aux autres, de raconter son histoire à coups de phrases télégraphiques. L'usage du SMS rappelle en cela celui du télégramme.

ont téléchargé ce type de fichiers au cours de l'année (contre 3 à 4 % chez les seniors équipés d'un mobile). Les SMS + (messages surtaxés) et les MMS (messages multimédias contenant des images ou du son) sont aussi de plus en plus utilisés. Les *pagers*, instruments de radiomessagerie (émission et réception de messages sur un écran) sont en revanche en voie de disparition ; ils concernaient surtout les jeunes enfants.

L'accès à Internet via un téléphone mobile se développe. La technologie WAP apparue au début des années 2000 a été remplacée depuis fin 2003 par la 3G (troisième génération ou UMTS), qui autorise la transmission de tous les types de données à plus haut débit (y compris la télévision) ; une technologie intermédiaire (Edge) est accessible sur un plus grand nombre de terminaux et offre une meilleure couverture géographique, tandis que la « 3,5 G » devrait se développer. 10 % des possesseurs de téléphone portable s'en sont servis en 2005 pour naviguer sur Internet, 7 % pour consulter leurs *mails ;* les chiffres ont doublé depuis 2003. Le téléphone portable est considéré par les jeunes comme le deuxième meilleur moyen de se connecter à Internet, après l'ordinateur. Les jeunes sont aussi les plus concernés par les jeux vidéo disponibles sur les portables. La plupart des 12-17 ans équipés déclarent y jouer, contre un tiers seulement des plus âgés.

L'arrivée de terminaux multimédias avec appareil photo numérique intégré, lecteur et enregistreur vidéo, lecteur de MP3, baladeur ou GPS (encadré) est l'occasion d'un renouvellement des équipements. Le téléphone portable devrait continuer de s'enrichir de nouvelles fonctions et de nouveaux services, et assurer la convergence totale avec les autres équipements électroniques.

L'usage du portable a modifié la relation à l'espace et au temps…

Plus peut-être que l'ordinateur et Internet, le téléphone portable est l'outil symbolique de la civilisation en préparation et des nouveaux modes de vie qui l'accompagnent. Il a d'abord bouleversé pour de nombreux utilisateurs la façon de gérer le temps, en

Près de 50 millions de Français

Évolution de l'équipement en téléphonie mobile (en millions et en % de la population totale)

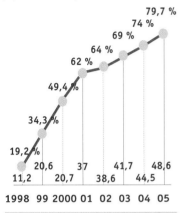

1998	99	2000	01	02	03	04	05

19,2 % · 34,3 % · 49,4 % · 62 % · 64 % · 69 % · 74 % · 79,7 %

11,2 · 20,6 · 20,7 · 37 · 38,6 · 41,7 · 44,5 · 48,6

---

par la « joignabilité », mais accroissement de la « corvéabilité » et de la « traçabilité ».

... ainsi qu'aux autres et à soi-même.

Le nouveau rapport au temps et à l'espace créé par le téléphone mobile n'est pas sans incidence sur la relation aux autres. La caractéristique première de l'outil est la « joignabilité », capacité de joindre et d'être joint en principe à tout moment et en tout lieu. Avec lui, les membres des « tribus » deviennent vraiment nomades. Mais ils n'ont plus besoin d'être réunis dans un même lieu pour échanger et forment ensemble une sorte de diaspora (p. 194). Le portable

est aussi l'outil de la multi-appartenance, qui permet de se « brancher » sur des réseaux distincts et complémentaires (famille, amis, relations, collègues de travail, groupes divers...), de façon souvent éphémère. S'il est un moyen efficace pour chacun de garder le contact avec les membres de son univers, il constitue parfois une façon de les tenir à distance, de transformer le contact réel en une relation virtuelle et aseptisée.

Une autre caractéristique du portable est qu'il n'est pas, le plus souvent, l'outil d'une simple relation entre deux interlocuteurs, compte tenu de la présence d'autres personnes. Il favorise ainsi l'« écoutisme » (volontaire ou involontaire) de la part des per-

---

permettant de modifier l'organisation des activités et des tâches. La notion de planification tend à disparaître au profit d'une gestion de la vie « en temps réel » faite d'improvisations, d'ajustements et de changements successifs. Ainsi, la possibilité d'appeler pour dire que l'on va être en retard à un rendez-vous n'incite guère à la ponctualité. Cette évolution est particulièrement sensible dans le comportement des jeunes, qui ont souvent une vision à très court terme de leur emploi du temps et lui font subir des transformations jusqu'au tout dernier moment.

Le portable modifie aussi le rapport à l'espace, en réalisant le vieux rêve d'ubiquité : on peut grâce à lui être présent, au moins virtuellement, à plusieurs endroits en même temps. Il illustre et amplifie le mouvement récent et de plus en plus apparent vers un mélange de la vie personnelle, familiale, professionnelle, sociale. Avec les avantages et les inconvénients que cela implique : amélioration de l'efficacité

De l'Homo sapiens à l'Homo zappens

La mobilité est une tendance lourde de l'évolution sociale. Mais c'est surtout le désir d'utiliser de façon agréable les temps de mobilité qui constitue le changement majeur. Il s'agit de transformer les « temps morts » en « temps forts ». Ainsi, en 2005, les Français ont acheté 4,7 millions de baladeurs MP3 et 350 000 lecteurs de DVD portables contre 75 000 en 2004 (GfK). Ils s'intéressent aussi de plus en plus aux possibilités offertes par la géolocalisation. En 2005, les achats de navigateurs GPS ont quintuplé, à plus de 500 000 appareils, et on estime qu'ils devraient atteindre un million en 2006. Ce succès s'explique d'abord par l'évolution des appareils, devenus mobiles et autonomes. Les modèles qui se vendent le mieux sont ceux qui peuvent être fixés dans une voiture le temps d'un trajet et transportés ensuite dans sa poche.

Le budget des ménages n'étant pas extensible, cet engouement pour les produits nomades a des conséquences sur certains équipements fixes. Pour la première fois, les dépenses consacrées à l'audio portable a ainsi dépassé celui de la hi-fi (chaînes, mini, micro, et même le *home cinema*). Pour la première fois aussi, les ventes de lecteurs DVD de salon (qui ne prennent pas en compte les enregistreurs) ont diminué, à 5 millions, contre 5,8 millions en 2004. Cette concurrence est une forte incitation pour les fabricants à proposer sans cesse des nouveautés. Ainsi, les lecteurs DVD sont désormais équipés d'une connectique USB (permettant un branchement sur un ordinateur) et Wi-Fi (permettant des connexions sans fil). Les chaînes hi-fi diffusent ainsi de la musique en réseau dans toutes les pièces de la maison. Mais la vraie révolution est celle qui concerne la télévision : 2006 est l'année de l'apparition de la haute définition.

sonnes présentes. Il se heurte aussi au fait que les « usages » et les « codes » (notamment de politesse) ne sont pas encore établis, contrairement aux activités plus anciennes. Chacun improvise donc en fonction de sa personnalité et de la situation, ce qui peut entraîner des tensions.

Enfin, le portable transforme le rapport que l'on a avec soi-même. La « joignabilité » donne la sensation grisante d'être important, ou tout simplement d'exister. L'outil donne une contenance et permet de se mettre en scène : modèle choisi ; sonnerie et fond d'écran personnalisés ; façon de parler, etc. Il permet de ne pas être seul, à la condition, bien sûr, d'appeler ou d'être appelé. Mais il implique le plus souvent d'être en « état de veille », c'est-à-dire prêt à décrocher et à répondre à un interlocuteur. Comme pour les machines, le maintien de cet état entraîne chez les humains une consommation d'énergie ; il engendre de la fatigue et du stress.

Outil de la modernité et de l'efficacité, le portable est le nouveau « couteau suisse » de la vie quotidienne ; il permet de communiquer, travailler, jouer, s'informer, consommer, organiser son temps... Il est placé au carrefour de la vie personnelle, familiale, professionnelle et sociale et mélange toutes les composantes, de la plus intime à la plus « extime ». Il peut aussi entraîner une fuite en avant, une dépendance à l'égard des autres qui traduit souvent une incapacité à se retrouver seul face à soi-même. L'imbrication croissante des différents compartiments de la vie peut être regardée comme un progrès ou comme une contrainte. La volonté de rationaliser l'emploi de son temps peut parfois amener à le perdre et à le faire perdre aux autres. S'ils ont la volonté d'être libres, les Français manifestent surtout le besoin d'être occupés. Or,

Les peuples nomades

Taux de pénétration du téléphone mobile dans des pays d'Europe (début 2005, en abonnés pour 100 habitants)

Italie	109
Suède	109
Royaume-Uni	103
Finlande	96
Danemark	96
Espagne	94
Pays-Bas	91
Allemagne	86
FRANCE	74

UIT

ces deux états sont en principe exclusifs l'un de l'autre.

La communication mobile apporte satisfaction et frustration.

Avec l'ordinateur, Internet, le téléphone (fixe et mobile), le fax, les répondeurs et les messageries, les Français sont de mieux en mieux équipés pour communiquer entre eux, de façon orale ou écrite. Cette avalanche de communications est souvent une source de stress dans la vie professionnelle et personnelle. Elle est aussi très *chronophage*, car il faut de plus en plus de temps pour lire les messages, répondre à ceux qui le réclament et alimenter les réseaux internes et externes avec ses propres envois.

La « société de l'information » tend à devenir celle de la surinformation, parfois de la désinformation. L'usage des moteurs de recherche sur Internet est à cet égard révélateur. La plupart des questions posées sous forme de mots-clés engendrent des milliers de réponses, parfois des millions. Le

résultat produit souvent plus de frustration que de satisfaction, car il est humainement impossible de trier les réponses, de les valider, puis de choisir les plus pertinentes et fiables. Le risque est alors de se noyer parmi elles et de perdre du temps au lieu d'en gagner. La fascination pour les prouesses et les promesses de la technologie doit donc s'accompagner d'une réflexion sur son utilisation. Il est important de s'interroger sur les risques de désinformation et de manipulation des opinions et des esprits, mais aussi d'aggravation des inégalités entre les individus.

On observe que les Français sont aujourd'hui moins intéressés par les contenus qui leur sont proposés par les différents médias, car ils se trouvent en situation de surabondance et d'hyperchoix. Ils sont au contraire fascinés par la possibilité de créer leurs propres contenus. C'est pourquoi les services de messagerie et les forums sont les plus utilisés sur Internet. Il s'agit moins de trouver de l'information sur le réseau que de pouvoir y faire circuler la sienne.

Le besoin de communiquer est devenu aujourd'hui plus important que celui de s'informer. « Nous ne sommes hommes et ne nous tenons les uns aux autres que par la parole », écrivait Montaigne. L'affirmation peut s'appliquer à l'ensemble des moyens et des supports de communication.

● 43 % des Français estiment que le mobile est un instrument de contrôle entre parents et enfants.
● 73 % des Français pensent que le téléphone mobile est un objet utile dont on ne peut se passer.
● 72 % des 15-17 ans occupent les « temps morts » en manipulant leur téléphone mobile.
● Entre 2004 et 2005, les abonnements Internet ADSL ont progressé de 45 %, contre 23 % pour le câble.

LES ACTIVITÉS

Sports

La relation au corps s'est transformée...

Après l'avoir longtemps considéré comme une simple enveloppe charnelle, les Français ont « redécouvert » leur corps (p. 16). Au fil des décennies, sa fonction d'*outil* permettant d'effectuer les tâches quotidiennes (marcher, manger, travailler...) est devenue moins essentielle, avec la mécanisation des tâches professionnelles, la généralisation de l'automobile et l'équipement des foyers en appareils électroménagers. On a vu en revanche se développer à partir des années 80 une fonction de *vitrine* ; le corps permet d'offrir aux autres une image de soi, que l'on veut valorisante et séduisante. À partir des années 90, la vitrine s'est de plus en plus tournée vers l'intérieur et elle est devenue *miroir*. Le corps joue ainsi auprès de son propriétaire un rôle de révélateur de sa propre identité.

Plus récemment, on a pu observer un retour en grâce de fonctions un peu oubliées : le corps est redevenu un *capteur* sensoriel servant d'interface entre le dedans et le dehors, entre soi et les autres. C'est à travers lui que l'on prend connaissance du monde et que l'on peut entrer en résonance avec son environnement. À défaut de toujours pouvoir trouver *du* sens à la vie en général, on cherche à activer *les* sens au cours de sa vie personnelle, en recherchant les plaisirs minuscules ou majuscules.

Dans le même temps, le corps est devenu une « marchandise » que chacun doit « vendre » en permanence dans ses relations avec les autres. C'est le cas notamment dans la vie professionnelle, où l'on est en partie recruté, jugé, évalué, sélectionné ou éliminé en fonction de son apparence. C'est le cas également dans les relations sentimentales, familiales et sociales dans lesquelles le corps compte au même titre (parfois davantage) que le reste de la personnalité. Comme le montrent de façon caricaturale les émissions de téléréalité (p. 194), la société contemporaine est celle du *casting*.

... et la pratique sportive est de plus en plus fréquente.

Cette importance croissante du corps implique de le maintenir en état, de l'entretenir. On assiste ainsi depuis une vingtaine d'années à une massification de la pratique sportive. En 2004, 47 % des personnes de 15 ans et plus déclaraient avoir une activité sportive au moins occasionnelle contre 42 % en 1999 (INSEE), 32 % « régulièrement tout au long de l'année » contre 27 % en 1999. L'enquête européenne de fin 2004 indiquait que 53 % des Français pratiquaient un sport ou une activité physique au moins une fois par mois, 43 % au moins une fois par semaine (Eurobaromètre/Sofres).

Si l'on s'en tient à la pratique au moins hebdomadaire, la France arrive un peu au-dessus de la moyenne de l'Union européenne à quinze (38 %) à la septième position, derrière les pays du Nord : 76 % en Finlande, 72 % en Suède, 60 % au Danemark, 53 % en Irlande, 52 % aux Pays-Bas, 45 % au Royaume-Uni. Parmi les nouveaux États membres, la proportion de sportifs la plus élevée se trouve à Chypre (43 %), en Slovénie (43 %) et à Malte (42 %). Elle est peu élevée dans certains pays du Sud et dans plusieurs nouveaux États membres : seuls 20 % des Hongrois, 22 % des Portugais et 24 % des Slovaques déclarent faire du sport au moins une fois par semaine.

En plus d'attirer de nombreux pratiquants, le sport tient une place croissante dans la société. Le spectacle sportif est très présent dans les médias

L'Europe sportive

Proportion de personnes pratiquant un sport ou une activité physique au moins une fois par semaine dans l'Europe à quinze (novembre 2004, en % des 15 ans et plus)

Allemagne	39
Autriche	34
Belgique	43
Danemark	60
Espagne	37
Finlande	76
FRANCE	43
Grèce	26
Irlande	53
Italie	27
Luxembourg	43
Pays-Bas	52
Portugal	22
Royaume-Uni	45
Suède	72
EUROPE	38

Eurobaromètre/Sofres

et la télévision réalise quelques-unes de ses meilleures audiences avec les retransmissions de compétitions nationales ou internationales. *L'Équipe* est le premier quotidien français (p. 418). Les champions de football, de tennis, de rugby ou de formule 1 sont les héros de l'époque. Le sport inspire de nombreux jeux vidéo. Le « sport-business » joue un rôle considérable dans l'économie et les entreprises sont de plus en plus nombreuses à y participer sous la forme de parrainage, dans l'espoir d'en obtenir des retombées en termes de notoriété et d'image. La mode s'inspire largement de l'univers sportif, notamment des disciplines de glisse (surf, snowboard, skate...). Les marques plébiscitées par les jeunes (Adidas, Reebok, Nike, Fila, Caterpillar, New Balance, Aigle, Timberland, Quicksilver, Oxbow...) incarnent pour la plupart des modes de vie dans lesquels le sport est très présent.

Les jeunes restent les plus concernés.

90 % des 15-24 ans ont pratiqué une activité physique ou sportive en 2003. Les enfants sont également de plus en plus attirés par le sport. Outre les obligations dans le cadre scolaire, ils sont influencés par les médias, les marques de vêtements et d'équipement et l'aura des grands champions. Ils sont souvent encouragés par leurs parents, qui voient dans la pratique sportive une habitude de vie saine, ainsi qu'une forme d'apprentissage utile. Contrairement aux adultes dont la motivation principale est de rester en forme, elle a pour eux un caractère ludique et permet de dépenser le trop-plein d'énergie.

C'est pourquoi le sport est aujourd'hui partie intégrante de la culture des jeunes, avec la musique, le cinéma ou les jeux vidéo. Comme ces autres activités, il a une dimension planétaire qui

Sport senior

On observe depuis quelques années une volonté de poursuivre, parfois de reprendre à partir de 45 ou 50 ans, une discipline abandonnée. Le sport est alors avant tout un moyen efficace d'entretenir sa forme physique, de retarder le vieillissement et les inconvénients qui lui sont liés : difficulté de déplacement ; douleurs ; handicaps... Les aînés privilégient les activités qui leur sont le plus accessibles comme la randonnée, la gymnastique, la natation ou le vélo. Ils apprécient aussi celles qui leur permettent de rencontrer d'autres personnes et de rompre leur solitude.

Cet accroissement général de l'intérêt pour le sport à tout âge ne doit cependant pas masquer les écarts qui demeurent. On pratique dix fois moins fréquemment le football ou la danse entre 40 et 60 ans qu'entre 15 et 20 ans, cinq fois moins le tennis, trois fois moins la natation ou la gymnastique. En dehors du golf ou des boules, les taux décroissent régulièrement avec l'âge. La césure se fait le plus souvent entre 40 et 50 ans, mais elle est régulièrement repoussée dans le temps, car les générations de « jeunes seniors » sont de plus en plus convaincues de l'intérêt ou de la nécessité de faire du sport.

les séduit. Il favorise aussi l'intégration à des groupes qui partagent les mêmes intérêts, admirent les mêmes héros. Il est un moyen privilégié de construire son identité en se confrontant à celle des autres. Les moins de 25 ans se sont en outre approprié certains sports, notamment ceux dits « de glisse » qui font partie de leur univers quotidien (roller, skate, patinage, hockey...) et nourrissent leur imaginaire. Ils ont

aussi la quasi exclusivité de la pratique des sports collectifs (football, volley, basket, handball, rugby) et des sports de combat. Les pratiquants sont un peu moins nombreux parmi les 25-44 ans (83 %). Après 65 ans, la proportion n'est plus que de 24 %.

L'écart entre les sexes tend à se réduire...

Depuis une vingtaine d'années, les femmes sont de plus en plus concernées par le sport. Elles ne sont cependant que 64 % à déclarer une pratique même occasionnelle, contre 79 % des hommes. Entre 15 et 24 ans, filles et garçons sont aussi nombreux à pratiquer, bien que des écarts persistent dans les milieux les moins favorisés. Mais les jeunes femmes sont nombreuses à « décrocher » à partir de 25 ans : entre 25 et 34 ans, moins de 80 % font du sport, contre 90 % des garçons. L'écart est surtout marqué chez les plus âgés : le sport ne faisait pas partie des habitudes des femmes des générations plus anciennes. Cependant, elles sont de plus en plus nombreuses au-delà de 50 ans à pratiquer des activités de maintien en forme comme la gymnastique, la natation ou la randonnée.

Mais les femmes représentaient 47 % des personnes ayant pratiqué une activité (au moins occasionnellement ou en vacances). La parité des sexes n'est cependant pas encore réalisée ; si 17 % des femmes sont licenciées des fédérations multisports contre 16 % des hommes, elles ne sont que 13 % contre 35 % dans les fédérations unisport olympiques, 5 % contre 14 % dans les fédérations unisport non olympiques (2004). Plus les diplômes et les revenus sont élevés, plus les écarts entre les sexes sont réduits.

Pour des raisons culturelles et/ou naturelles, les femmes délaissent les sports d'équipe (à l'exception du basket et du handball) ; elles ne représentent que 2 % des licenciés de football. Elles sont en revanche attirées par les sports individuels, surtout ceux dont l'image est la plus féminine ; 98 % des licenciés des fédérations de danse sont des femmes ; 79 % de ceux de gymnastique, mais aussi 76 % de ceux d'équitation. Elles sont également plus représentées dans les fédérations de natation (56 %). Les femmes sont enfin trois fois moins nombreuses que les hommes à participer à des compétitions.

... mais celui lié à l'éducation et au revenu persiste.

88 % des diplômés de l'enseignement supérieur ont pratiqué une activité physique ou sportive en 2003, contre 60 % des personnes ayant un diplôme inférieur au baccalauréat ou pas de diplôme. Le nombre de pratiquants est également proportionnel au niveau de revenu (largement corrélé à celui de l'éducation) : 82 % des personnes appartenant au quart des ménages les plus aisés contre 59 % dans le quart des plus modestes. Les écarts sont sensibles dès l'école, en fonction du milieu familial. Les enfants issus des catégories sociales les moins favorisées font moins fréquemment de sport que ceux des milieux aisés, notamment parmi les filles. Le niveau de diplôme des parents est le principal facteur explicatif des écarts existants. Il intervient aussi dans le choix des parcours scolaires, qui conditionnent en partie la pratique sportive après 15 ans : les élèves des formations professionnelles sont ainsi moins sportifs que les autres jeunes du même âge.

Les écarts entre les catégories sociales tendent cependant à diminuer en ce qui concerne certains sports.

Le tennis a perdu son caractère un peu « snob ». La démocratisation du golf progresse lentement : il comptait 345 000 licenciés en 2004 contre 292 000 en 2000, mais son statut dans l'opinion reste beaucoup plus élitiste que dans les pays anglo-saxons. Les écarts sont encore très apparents dans des activités comme la voile, l'équitation ou certains sports mécaniques, qui sont souvent coûteuses et se pratiquent dans des clubs qui ne sont pas accessibles à tous les budgets. Les écarts entre les personnes âgées et les plus jeunes s'expliquent en partie par le fait que les premières sont en moyenne moins diplômées que les seconds.

La pratique de certains sports répond parfois à la volonté d'afficher un standing individuel et de montrer son appartenance « naturelle » à un groupe social. Dans certains cas, il représente un moyen de valorisation personnelle, et permet d'accéder à un groupe social plus élevé dans la hiérarchie implicite. Le plus souvent, on observe que, même lorsque les contraintes matérielles ont disparu, les obstacles culturels initiaux demeurent.

Le vélo est le sport le plus pratiqué.

Les sports les plus pratiqués sont, par ordre décroissant : le vélo (38 % des Français de 15 ans et plus en 2003), la natation (30 %), la randonnée pédestre (22 %) et la pétanque (22 % avec le billard). Plus de 10 millions de Français adhèrent à des clubs ou associations sportifs et la moitié d'entre eux participent à des compétitions. Les sports individuels ont plus d'adeptes que ceux d'équipe.

L' évolution a été facilitée par l'accroissement spectaculaire du temps libre (p. 94), celui du pouvoir d'achat (p. 328), ainsi que la création d'équi-pements publics ou privés (gymnases, piscines, courts de tennis, terrains de plein air, golfs, pistes de rollers...) et les investissements privés (golfs). Elle a été aussi favorisée par la technologie, qui a permis d'inventer de nouvelles activités ou de renouveler les anciennes : surf, planche à voile, deltaplane, parapente, windsurf, Jet-Ski, roller...

La régularité des pratiques est très variable selon les disciplines. La gymnastique, le vélo, la natation, le jogging ou le roller sont des activités plus fréquentes que l'athlétisme, la musculation ou le tennis. Certaines ont aussi un caractère très saisonnier : randonnée, ski, surf, boules, badminton, voile, etc. On trouve aussi dans le sport la traduction du mouvement général du *zapping*. Les Français ont tendance à changer plus souvent de discipline tout au long de leur vie, par lassitude ou parce qu'ils souhaitent multiplier et diversifier les expériences. Ce comportement est surtout apparent chez les jeunes, qui aiment découvrir de nouvelles activités ou en pratiquer plusieurs en même temps, quitte à revenir plus tard à un sport unique, choisi en connaissance de cause. Cette tendance a été favorisée par la multiplication des disciplines, notamment dans le domaine de la glisse : roller, skateboard, snowboard (lui-même divisé en *free ride* et *free style*), ULM, Jet-Ski, wakeboard ; kite-surf... Mais il implique chaque fois un apprentissage, ce qui décourage un certain nombre d'adeptes en cours de route. Il entraîne aussi des dépenses accrues, car les équipements sont de plus en plus sophistiqués et coûteux.

● *Parmi les adolescents de 12 à 17 ans, 77 % des garçons et 60 % des filles pratiquent une activité physique ou sportive en dehors de l'école.*

À bicyclette

Taux de pratique des activités physiques et sportives par tranche d'âge et part des femmes (2003, en % des 15 ans et plus)

	15-29 ans	30-49 ans	50 ans et +	Ensem-ble	Fem-mes
Vélo	50	45	25	38	48
Natation, plongée	44	36	16	30	57
Pétanque, billard	33	26	12	22	38
Randonnée pédestre	18	27	20	22	56
Course à pied, footing, athlétisme	31	21	5	17	41
Ski, surf	24	20	6	15	44
Gymnastique	14	15	11	13	78
Randonnée en montagne	14	15	8	12	48
Pêche	11	14	8	11	23
Tennis de table, badminton, squash	22	10	2	10	37
Football	25	8	1	9	14
Musculation	19	9	3	9	40
Moto, kart, automobile	14	10	1	8	28
Tennis	16	8	2	8	39
Basket-ball, volley-ball, handball	21	3	0	6	35
Danse	9	5	3	5	79
Roller, skate	13	5	1	5	47
Canoë, aviron, ski nautique	8	6	1	5	41
Chasse	2	3	4	3	7
Patinage, hockey	8	3	0	3	56
Voile, planche à voile	4	4	2	3	40
Équitation	6	3	1	3	64
Golf	3	2	1	2	39
Arts martiaux	3	2	0	2	32
Rugby	4	0	0	1	16
Sports de combat	2	1	0	1	24

INSEE

Un Français sur quatre est membre d'une fédération sportive...

Le nombre des licenciés des fédérations sportives avait triplé entre 1967 et 1986, passant de 4 à 12 millions, avant de se stabiliser. Il a de nouveau régulièrement augmenté au cours des dernières années, atteignant un effectif de 15,2 millions en 2004 (licences et autres types de participation, hors groupements nationaux). Parmi les sports olympiques, le football arrive toujours largement en tête avec 2,1 millions de licenciés, près de deux fois plus que le tennis (1,1 million). Viennent ensuite le judo (540 000) et l'équitation, qui connaît un intérêt croissant (491 000) et devance le basket (436 000). La fédération de ski a perdu près des trois quarts de ses licenciés entre 1994 et 2002 (161 000 contre 530 000), du fait de la part croissante des pratiquants de snowboard, qui n'en sont pas membres.

Les licenciés de sports collectifs (football, rugby, basket, handball, volley) sont plus nombreux que ceux des sports de plein air (randonnée, cyclotourisme, sports sous-marins, escalade, tennis, équitation, voile, golf) et des sports de combat (boxe, judo, karaté, autres arts martiaux, escrime...). Parmi les sports non olympiques, la pétanque arrive largement en tête avec 395 000 licenciés (en baisse), auxquels s'ajoutent 161 000 autres pour les sports de boules. Elle devance encore largement le rugby (241 000), mais celui-ci connaît un engouement croissant depuis quelques années, qui dépasse largement le sud-ouest de la France. Moins universel que le football, il apparaît plus spectaculaire et davantage porteur de valeurs : solidarité, convivialité, effort, sacrifice...

Le nombre des adhérents aux associations sportives a aussi beaucoup progressé au cours des vingt dernières années : fin 2004, 15 % des femmes et 22 % des hommes appartenaient au moins à une association sportive. Un Français sur deux fréquente de façon régulière ou occasionnelle un équipement sportif au cours de l'année. La France est donc en train de réduire le retard qu'elle avait sur d'autres pays, en particulier ceux du nord de l'Union européenne.

... mais beaucoup pratiquent en dehors d'un cadre institutionnel.

L'évolution du nombre des licenciés et des adhérents des associations sportives ne donne qu'une idée partielle de l'accroissement récent des pratiques. Si les sports de combat, l'athlétisme, les sports d'équipe ou la gymnastique sont le plus souvent pratiqués dans le cadre d'une institution, beaucoup d'autres activités sportives le sont en dehors. On peut estimer qu'un quart des jeunes de 14 à 17 ans et la moitié des 18-65 ans pratiquent ainsi un sport de façon informelle.

L'inscription à une fédération, l'entraînement hebdomadaire et les compétitions sont souvent considérés comme des contraintes et des facteurs de stress inutiles par des personnes qui préfèrent suivre leur propre rythme et s'essayer successivement à plusieurs disciplines. Les activités les plus concernées sont le patinage, le ski, la randonnée, le cyclisme, la marche, la natation, les sports nautiques de glisse, le jogging, la course à pied, les sports de raquette et la plongée sous-marine.

Les lieux et les moments de pratique sont diversifiés. De nombreuses activités sportives se déroulent dans la nature (c'est le cas notamment de la randonnée) ou dans des espaces amé-

Fous de foot

Évolution du nombre de licenciés des principales fédérations sportives unisport (en milliers)

	1980	2000	2002	2004
Football	1 154	2 150	2 066	2 147
Tennis	787	1 048	1 068	1 066
Judo-jujitsu et disciplines associées	352	530	577	540
Équitation	134	428	453	491
Basket-ball	304	437	427	436
Pétanque	426	416	420	395
Golf	39	292	325	359
Handball	149	240	319	338
Rugby	209	264	253	241
Natation	–	200	214	228
Karaté et arts martiaux affinitaires	–	190	210	205
Tennis de table	–	176	186	181
Ski	544	183	152	161
Randonnée pédestre	–	140	152	170

Ministère de la Jeunesse et des Sports

nagés (stades) ; d'autres ont lieu dans la rue (roller, skate...). Si la majorité d'entre elles peuvent être pratiquées toute l'année, certaines sont essentiellement réservées aux périodes de vacances : activités nautiques ; sports d'hiver...

Les dépenses ont triplé en monnaie constante en vingt ans.

Les Français ont consacré au sport 15 milliards d'euros en 2005 (1,6 % de leurs dépenses totales de biens et services), soit près de 600 € par ménage. Depuis 1980, les dépenses ont plus que triplé en monnaie constante ; la croissance moyenne en monnaie cou-

rante a été de 5 % depuis 1997. La plus grande partie (41 %) concerne l'achat de services sportifs (cotisations, entrées...) ; c'est elle qui a le plus progressé au cours des dernières années. Les Français dépensent aussi 4 milliards d'euros dans les vêtements de sport et les chaussures, répartis à peu près pour moitié dans les deux catégories, mais ce sont les dépenses de vêtements de sport qui ont le plus progressé depuis une dizaine d'années (30 % en volume entre 1995 et 2005). Sur les 41 millions de paires de chaussures achetées (2005), une sur deux l'est par un jeune de moins de 18 ans. Mais seule une sur trois est véritablement utilisée pour la pratique sportive (une sur quatre pour les 12-17 ans).

Les achats d'articles de sport (équipements et consommables) représentent un peu plus de 2 milliards d'euros. 6 milliards sont consacrés aux achats de services (abonnements, adhésions, licences...).

Aux dépenses des particuliers pour le sport s'ajoutent celles des collectivités locales (8 milliards d'euros), de l'État (3,2 milliards) et des entreprises (2,3 milliards, dont les deux tiers pour des actions de parrainage). Au total, 100 000 salariés sont en charge de la gestion des installations sportives, dans plus de 20 000 établissements.

L'engouement pour les sports de plein air se confirme.

Le vélo concerne 18 millions de Français (dont 24 % au moins une fois par semaine). Il est pratiqué par 50 % des 15-29 ans, 45 % des 30-49 ans et 25 % des 50 ans et plus. Parmi eux, certains l'utilisent comme un moyen de déplacement urbain pratique (p. 185), mais avec le souci d'entretenir leur forme physique. En milieu rural, il représente le deuxième mode de locomotion, après la voiture mais devant la marche à pied seule et les transports en commun.

La marche est une autre activité de plein air très pratiquée, avec 13 millions de personnes de 15 ans et plus déclarant s'y adonner, dont 25 % au moins une fois par semaine (INSEE, 2004). Son succès est la conséquence d'un intérêt croissant pour la nature (paysages, flore, faune). La randonnée présente aussi l'avantage de pouvoir être pratiquée individuellement, en famille ou en groupe, sans souci de performance. Les femmes sont à parité avec les hommes, les personnes d'âge mûr sont plus nombreuses que les 15-24 ans, qui préfèrent souvent des activités plus urbaines et dynamiques. Les

Individualisme de groupe

La grande lame de fond de l'individualisme n'a pas épargné le sport. Dès les années 80, l'engouement pour le jogging, puis pour l'aérobic, en a été la spectaculaire illustration. On peut y ajouter le tennis, l'équitation, le ski, le squash, le golf et bien d'autres activités individuelles. Même la voile, autrefois surtout pratiquée en équipage, a acquis ses lettres de noblesse avec les courses transatlantiques en solitaire. On observe aussi que la pratique de la culture physique (*fitness*, musculation...) se développe à domicile, au détriment des salles. Elle est favorisée par le développement de nouvelles machines d'appartement.

S'il reste le premier en nombre de licenciés, le football n'arrive ainsi qu'à la septième place des sports les plus pratiqués, derrière des sports individuels comme la randonnée, la gymnastique ou la natation. De même, on

compte beaucoup plus de licenciés de tennis, de ski ou de judo que de rugby ou de handball. Les licenciés de karaté, de tir ou de golf sont beaucoup plus nombreux que ceux de volley-ball. Les règles des sports collectifs sont souvent ressenties comme des contraintes qui s'ajoutent à celles du quotidien. Aujourd'hui, plus d'un Français sur trois pratique un sport individuel, contre un sur quatre en 1973 ; un sur quinze seulement pratique un sport collectif.

Cependant, beaucoup s'adonnent en groupe à des activités individuelles ; c'est le cas notamment de la randonnée, de la gymnastique, du vélo ou du roller. Ils profitent ainsi de la convivialité sans subir les contraintes des sports d'équipe, qui impliquent des entraînements et des compétitions. Car ce n'est pas la solitude qui est recherchée dans le sport, mais la liberté et l'autonomie, en même temps que le partage avec des personnes ayant les mêmes centres d'intérêt.

150 000 km de sentiers aménagés de métropole se sont enrichis de parcours à thème (personnalités, métiers, événements historiques...) mais aussi d'itinéraires urbains. La randonnée équestre connaît également un fort développement, notamment chez les jeunes (un tiers des pratiquants ont moins de 16 ans). Les femmes sont largement majoritaires : 70 % des pratiquants.

Mais c'est le roller qui a connu depuis quelques années la plus forte croissance parmi les activités extérieures. Le nombre de pratiquants est de 2,5 millions, dont 13 % au moins une fois par semaine. À Paris, les randonnées du vendredi soir attirent souvent plus de 10 000 participants. Plus qu'un phénomène de mode, la pratique du roller

s'apparente à un mode de vie : la *roller attitude*. Son succès repose sur le développement conjoint du tribalisme et du nomadisme. Elle touche de plus en plus les adultes, chez qui elle satisfait une volonté régressive (le patin à roulettes est une façon de revenir en enfance). Pour les urbains, le roller répond à un besoin d'entretien physique et à des préoccupations écologiques face à la pollution et aux encombrements engendrés par l'usage de la voiture.

Le sport est un moyen de développement personnel.

Les années 60 et 70 avaient introduit en France des pratiques sportives nouvelles, avec notamment la diffusion de nouvelles formes de gymnastique venues d'outre-Atlantique *(aerobic, fitness...)*. Le sport prenait peu à peu une dimension culturelle, conséquence de l'évolution sociale marquée par la libération sexuelle, la maîtrise de la fécondité des femmes et la place croissante faite aux jeunes. C'est dans les années 70 que le sport a commencé à s'installer dans l'ensemble des groupes sociaux aisés, qui l'avaient longtemps ignoré, voire méprisé, considérant que l'exercice physique était réservé aux classes inférieures, au même titre que les travaux manuels.

Les années 80 ont été marquées par le culte de la performance. Les aventuriers, les champions, les chefs d'entreprise conquérants, les cadres efficaces et autres représentants de l'« excellence » sociale étaient célébrés comme des héros. La volonté de gagner impliquait pour chacun de cultiver sa forme et son apparence *(look)*, de développer ses capacités physiques et mentales. Le jogging, le bodybuilding ou le saut à l'élastique étaient à l'honneur, comme autant de moyens au service de la compétitivité et du dépassement de soi.

Les attitudes ont changé depuis les années 90. Le sport est devenu un outil permettant d'être mieux dans son corps, mais aussi dans sa tête. L'accroissement de la pratique répond aujourd'hui à un désir, souvent inconscient, de mieux supporter les agressions de la vie moderne par une meilleure résistance physique. Il traduit aussi la place prise par l'apparence dans une société qui valorise de plus

● *41 % des Français déclarent avoir déjà eu l'occasion de pêcher en eau douce.*
● *L'ULM regroupait 10 500 pratiquants en 2004, contre 4 500 en 1998.*

en plus la « forme », notamment physique. Le sport est ainsi devenu un instrument de développement personnel et une réponse aux contraintes engendrées par la vie en société.

La motivation est ludique, hédoniste...

Dans une société hédoniste, la décision de faire du sport est d'abord dictée par la recherche du plaisir, loin devant l'exemple donné par les parents ou celui de l'école. Pour ceux qui le pratiquent, le sport est davantage considéré comme un loisir que comme un moyen de compétition. Il est de plus en plus lié aux notions de santé, d'équilibre et de bien-être. Depuis les années 90, le sport-plaisir a pris progressivement le pas sur le sport-souffrance. L'objectif n'est pas d'aller jusqu'au bout de soi-même, mais de se procurer des sensations agréables. C'est pourquoi les pratiques informelles, en dehors des clubs et des fédérations, se sont développées. Les femmes et les personnes âgées sont ainsi de plus en plus nombreuses à s'intéresser à des activités sportives plus douces.

Les équipements ostentatoires et la « frime », caractéristiques des années 80, sont aujourd'hui en perte de vitesse. La randonnée, le cyclotourisme ou l'escalade ont plus d'adeptes que la planche à voile ou le golf. On observe cependant dans certaines catégories sociales un développement des sports extrêmes : ski hors piste, saut à l'élastique, expéditions... Il ne s'agit plus alors d'entretenir son corps, mais de le mettre en danger afin de ressentir des émotions particulières. Ces choix relèvent autant d'un besoin de dépassement de soi que de la volonté de transgresser les pratiques qui sont celles du plus grand nombre. Le sport est alors un moyen de différenciation. Mais il participe aussi à la découverte

et à l'expression de sa propre identité.

... et utilitariste.

Le sport permet d'être plus efficace dans sa vie professionnelle et personnelle. Pour les inconditionnels de la forme physique, la motivation est aussi « hygiéniste ». Il s'agit d'entretenir la machine corporelle afin qu'elle soit en mesure d'effectuer correctement le travail qu'elle doit accomplir. Beaucoup de sportifs ont en même temps le souci de leur apparence. Cette motivation esthétique peut être dirigée vers les autres, à qui on souhaite montrer une image dynamique et séduisante de soi. Elle est de plus en plus souvent narcissique, destinée à renforcer ou retrouver une estime de soi.

L'objectif poursuivi est dans tous les cas utilitaire, car les caractéristiques physiques et la « beauté » jouent un rôle essentiel dans les vies individuelles, l'harmonie du corps étant l'un des ingrédients de la réussite sociale (p. 19). En même temps que l'accroissement de l'intérêt pour la fonction utilitariste du sport, on observe une montée des valeurs de plaisir, de jeunesse, de liberté et de pragmatisme (Observatoire Sports et Valeurs, 2004). À l'inverse, les valeurs de virilité et d'exploit sont en déclin.

Outre les activités physiques, d'autres pratiques viennent renforcer le dispositif d'entretien du corps. C'est le cas notamment de l'attention portée à l'alimentation. Les comportements sont alors focalisés sur le contrôle du poids et de la silhouette. Ils sont souvent associés aux soins esthétiques, parfois à la chirurgie qui permet de remodeler le corps et d'en corriger les défauts, réels ou supposés. Ils complètent les efforts déployés en matière de santé : prévention, suivi médical, soins, compléments alimentaires...

Le spectacle sportif est un moyen d'appartenance et de communion...

Plus de 200 000 supporteurs se déplacent chaque semaine dans les stades de football pour assister aux rencontres du championnat de France ; la très grande majorité (90 %) sont des hommes, bien que les femmes soient de plus en plus nombreuses à les accompagner. Environ quatre sur dix sont ouvriers ou employés, une proportion un peu supérieure à celle qu'ils représentent dans la population totale, dont plus de la moitié est inactive. Les inactifs sont moins nombreux dans les gradins ; l'âge moyen est en efet d'environ 30 ans, contre 39 ans en moyenne nationale.

La motivation de ces *aficionados* n'est pas tant de voir gagner « leur » équipe que d'être membres d'un groupe, constitué ou spontané, et de jouir de ce sentiment d'appartenance. Celle-ci se traduit par des signes concrets et « ostensibles » : vêtements, accessoires et objets aux couleurs de l'équipe ; emplacements réservés aux différents clubs de supporteurs dans le stade ; pratiques et « rituels » propres à chacun d'eux ; réunions d'avant- et d'après-match... Le statut de spectateur dans un stade est étroitement associé à cette forme de convivialité que l'on ne trouve pas dans d'autres lieux publics où les personnes présentes n'ont rien en commun. Elle permet de vibrer, de ressentir des sensations fortes, de s'exprimer et de se défouler.

Ainsi, les supporteurs ne se sentent pas seulement spectateurs (même devant un écran de télévision), mais aussi acteurs. Les grandes compétitions constituent en particulier des temps forts de la vie collective. Si la réussite d'un champion est un évé-nement, l'exploit d'une équipe nationale revêt un caractère unique. Ainsi, les titres obtenus par les Bleus à la Coupe du monde de football en 1998 et à l'Euro 2000, puis leur qualification en finale de la Coupe du monde de 2006 (malgré le comportement répréhensible de Zinédine Zidane) resteront des moments exceptionnels pour l'ensemble des Français, même chez les plus réfractaires au sport.

... qui engendre parfois des frustrations et des dérives.

À l'inverse des exemples précédents, l'échec à la Coupe du monde de football de 2002, avait été vécue comme un traumatisme par beaucoup de Français. Il en a été de même en 2005 de la candidature manquée de Paris aux jeux Olympiques de 2012. Ces réactions mettent en évidence le besoin d'émotion, mais aussi d'adhésion des Français à un événement fort, qui les dépasse et les transcende. Ces revers sportifs ont une incidence sur le climat social, surtout dans un contexte où il est déjà déprimé. Le projet des JO de Paris, « survendu » par les politiques et les médias, avait mobilisé les Français comme s'il s'agissait du « grand projet » national qui manque au pays et qui aurait été susceptible de résoudre les grands problèmes, en évitant au passage les grandes réformes nécessaires et les efforts qu'elles impliquent. Lorsque le miracle ne se produit pas, le rêve se transforme en frustration. Si la victoire engendre la fête, la défaite produit la « défête ».

Le besoin de défoulement individuel et collectif conduit par ailleurs les sportifs comme les spectateurs à des comportements parfois regrettables : insultes ; gestes déplacés ; violences... Chez les supporteurs, ils sont dirigés contre les boucs émis-saires naturels que sont les supporteurs de l'équipe adverse, les arbitres ou certains joueurs (par exemple de couleur). Ils s'expriment aussi parfois à l'encontre des joueurs de l'équipe locale, lorsqu'ils ne sont pas à la hauteur des attentes ou des enjeux. Ce n'est pas seulement l'équipe qui perd, mais l'ensemble de ceux qui ont investi en elle une partie de leurs espoirs, parfois de leur vie, qu'ils vivent alors par procuration.

Les médias incitent à certaines pratiques sportives...

Les médias furent à l'origine du succès du tennis dans les années 80. La simple diffusion à la télévision d'une série de dessins animés japonais sur le volley-ball eut aussi un effet sensible sur le nombre de licenciés. En 1995, le succès de l'équipe des « Barjots » au Championnat du monde de handball s'était traduit par un engouement pour ce sport. Mais la croissance la plus spectaculaire a sans doute été celle du basket, favorisée par la médiatisation des champions américains (Magic Johnson, Michael Jordan...) et de la *Dream Team* lors des jeux Olympiques de Barcelone, aujourd'hui les exploits du Français Tony Parker dans l'équipe des Spurs de San Antonio. Les images de surf (en mer ou sur la neige), de planche à voile ou d'escalade diffusées par la télévision ont déclenché aussi de nombreuses vocations chez les jeunes. C'est le cas aussi de celles, plus récentes, de *kite-surf* (planche à voile tirée par une aile de parapente), *base jump* (saut en parapente au-dessus du vide), roller *free style* (avec saut d'obstacles) ou ski extrême (sur des parois quasi verticales et accidentées). Le rugby a pu aussi, grâce à la télévision et aux résultats de certaines équipes (locales et nationale), élargir récem-

DÉRIVES

Le sport est censé véhiculer des valeurs morales éternelles : effort ; perfectionnisme ; respect des règles ; dépassement de soi ; esprit d'équipe ; intégration ; fair-play, « esprit sain dans un corps sain »... Il a une dimension universaliste et constitue l'un des rares moyens d'échange entre les peuples puisqu'il s'affranchit en principe des barrières linguistiques et culturelles. Les champions sont ainsi supposés être des modèles pour les jeunes, dans un monde où il est difficile d'en trouver. Pourtant, la réalité est souvent éloignée de l'idéal sportif qui prévaut encore dans l'imaginaire collectif et dans les discours. La professionnalisation a transformé l'état d'esprit des sportifs en les plaçant dans un environnement où il ne s'agit plus de « jouer » pour se faire plaisir et progresser, mais de « travailler » pour gagner sa vie. La médiatisation a fait des champions de véritables stars, parfois des demi-dieux.

Le règne de l'argent a entraîné des dérives nombreuses. Les enjeux financiers et économiques sont devenus considérables pour les sportifs, les sponsors et les médias, et tous ceux qui gravitent autour des champions et des équipes. Les salaires et les sommes en jeu dans les « transferts » ou l'achat des droits de retransmission ont atteint des niveaux que beaucoup jugent indécents. Les contrats passés avec les marques ont connu la même évolution, transformant les sportifs en hommes d'affaires. Au point que certains passent plus de temps accrochés à leur portable, à tourner des spots publicitaires et à faire de la figuration dans les conventions des entreprises qu'à l'entraînement.

La pression est donc très forte pour obtenir des résultats, réaliser des « performances », gagner. Tous les moyens sont parfois bons pour y parvenir, y compris ceux que la morale réprouve et que les règlements interdisent. Le dopage a ainsi pris des proportions inquiétantes dans certains sports comme le cyclisme, l'athlétisme, et même le football ou le tennis. Au point de mettre la vie des sportifs en danger et de faire perdre tout sens aux exploits réalisés. Au point aussi de donner des idées à tous ceux (cadres, étudiants...) qui veulent améliorer leurs performances dans d'autres domaines.

Les comportements des joueurs sur les terrains sont souvent exempts de fair-play, comme en témoignent les sanctions prises par les arbitres ou les fédérations. Les ralentis proposés par la télévision lors de certains matchs montrent sans ambiguïté des pratiques détestables : gestes d'antijeu ; agressions physiques ou verbales dans le dos de l'arbitre ; tentatives de déstabilisation des adversaires ; trucages... Comment s'étonner alors que les jeunes aient des comportements semblables à ceux de leurs idoles ? Les commentateurs portent parfois une responsabilité dans ce processus ; plutôt que de dénoncer avec la plus grande fermeté les tricheries et les attitudes antisportives, ils se contentent d'évoquer l'« expérience » ou le « métier » de ceux qui les commettent.

En bafouant l'idéal sportif et en oubliant le rôle éducatif du sport, les champions ne sont pas les modèles qu'ils devraient être, notamment pour les jeunes. Ils servent au contraire d'alibis à des comportements inciviques et immoraux.

---

ment son public, de même que l'athlétisme

Le temps d'antenne des programmes sportifs à la télévision a plus que triplé en quinze ans ; les téléspectateurs de 4 ans et plus lui ont consacré en moyenne 43 heures en 2005, soit 4 % de l'audience totale des six grandes chaînes hertziennes gratuites. Le temps de diffusion du football est passé de 285 heures en 1991 à plus de 500 heures en 2005 ; il explose au cours des années de grandes compétitions : coupes d'Europe des nations ; coupes du monde de 1998, 2002 et 2006... Mais l'écart s'est creusé entre les sports très médiatisés (football, formule 1, tennis, cyclisme, patinage...) et ceux qui le sont moins ou pas du tout (équitation, tir à l'arc, marche à pied, canoë ou golf...). En revanche, l'écart de temps d'antenne entre les sports masculins et féminins s'est réduit, notamment dans le cas du tennis.

... mais constituent aussi un substitut.

Beaucoup de Français vivent le sport par procuration, à travers les retransmissions de la télévision ou la lecture des résultats des compétitions dans la presse. Il n'est alors qu'un spectacle, dont l'intérêt repose sur l'esthétique des gestes, la dramaturgie des affrontements, l'intervention du hasard. La confrontation entre des professionnels ayant des niveaux proches procure un plaisir accru par l'incertitude ; contrairement à n'importe quel autre spectacle, le déroulement et l'issue ne peuvent en effet être connus à l'avance.

L'engouement pour le spectacle sportif s'explique aussi par une certaine résurgence du nationalisme et du régionalisme. C'est en partie aux performances de ses athlètes que l'on juge un pays, une ville ou une région. Les

Le sport, miroir social

Les pratiques sportives constituent un révélateur du changement social. On y retrouve les grandes tendances contemporaines comme la montée de l'individualisme (gymnastique, tennis), le goût de la vitesse (motonautisme), l'engouement pour les activités permettant de se rapprocher de la nature (randonnée, escalade, équitation, spéléologie) et le *zapping*, propension à expérimenter et abandonner des activités successives.

L'influence des médias est apparente sur le succès de certaines disciplines et de certains champions, devenus des héros contemporains. Celle de la fiction (cinéma, séries télévisées, dessins animés) est également visible, par exemple sur le développement des sports de combat. On observe aussi l'influence américaine sur les modes de vie ; elle a entraîné par exemple il y a quelques années le développement du basket, du patin en ligne ou du snowboard. Le poids de la technologie est également spectaculaire. Si la plupart des sports de masse ont été développés entre la fin du XIXe siècle et le début du XXe, on a assisté en quelques décennies à la naissance et au développement de nouvelles activités comme les sports mécaniques, le parapente, le surf ou l'ULM (11 000 appareils, contre 400 il y a vingt ans). La technologie a par ailleurs permis un renouvellement d'activités plus anciennes comme le cerf-volant, l'escalade ou la plongée sous-marine (environ 500 000 pratiquants en apnée ou bouteilles, dont 151 000 sont licenciés de la Fédération française d'études et de sports sous-marins).

pris l'importance du rêve ludique et elles multiplient les occasions offertes aux téléspectateurs de « gagner » ; les émissions de jeu sur les six chaînes généralistes gratuites ont représenté 10 % de l'audience globale en 2005 (103 heures), contre seulement 7,5 % en 1999, sans compter les jeux et concours organisés pendant ou après certaines émissions. Comme le sport, le jeu est « surconsommé » par les téléspectateurs, c'est-à-dire que sa part de l'audience est supérieure à celle qu'il a dans les programmes.

Il répond à des motivations individuelles...

La dimension du jeu est présente dans la nature humaine. Au point que l'*Homo ludens* a peut-être préexisté à l'*Homo sapiens*. « L'homme n'est pleinement l'homme que lorsqu'il joue », affirmait Schiller à la fin du XVIIIe siècle. On trouve des traces de jeu 3 000 ans avant J.-C. à Our, cité de Mésopotamie. Le *keno* chinois remonte à 2 300 ans. Les jeux se sont développés tout au long de l'histoire, fruits de la créativité des hommes et de leur besoin de jouer.

Le jeu est d'abord un loisir, une façon d'occuper son temps. Surtout, il permet de ressentir des émotions fortes, qui peuvent être facilement renouvelées. Les jeux d'argent ajoutent d'autres dimensions : ils fournissent aux gagnants le moyen d'accéder à une forme de pouvoir liée à la possession, ainsi qu'à la liberté qui est censée en découler. Beaucoup de Français ont le sentiment qu'il n'est plus possible aujourd'hui de changer *la* vie. Chacun cherche alors plus modestement à changer *sa* vie, en jouant au Loto, au PMU ou à *Qui veut gagner des millions ?* On observe chez les joueurs une volonté commune de s'évader de la réalité, de vivre dans un monde magique où tout est possible. Jouer, c'est entrer dans

champions sont les invités privilégiés des plateaux de télévision et les héros de nombreux spots publicitaires. S'ils déclenchent chez beaucoup de jeunes des vocations sportives, ils véhiculent aussi l'idée que le sport est une façon de s'enrichir et de devenir célèbre, ce qui peut entraîner à la fois des dérives et des frustrations. Enfin, le sport-spectacle est parfois davantage une incitation à la sédentarité et à la passivité qu'à l'effort physique. Le profil du spectateur est ainsi souvent éloigné de celui de l'acteur.

JEUX

Le jeu est très présent dans les modes de vie.

Comme le sport, auquel il est apparenté, le jeu répond à un désir très ancien, souvent inconscient, de rêver sa vie ou de la transformer. Les jeux de société sont des supports de convivialité en famille ou entre amis. Les jeux vidéo sont pour des millions de jeunes le moyen d'échapper à un quotidien qu'ils jugent fade ou peu accueillant. Les jeux d'argent sont pour d'autres les seuls moyens susceptibles d'enjoliver leur existence ou simplement de la rendre supportable. Les dépenses consacrées aux jeux représentent un peu moins de 20 milliards d'euros. Elles seraient très supérieures si l'on pouvait prendre en compte les jeux clandestins, qui se développent dans les cafés mais aussi dans d'autres lieux (cercles non autorisés, jeux de rue du type bonneteau...), ainsi que les jeux d'argent privés (poker, bridge...).

Les fabricants de produits de grande consommation utilisent régulièrement les jeux et les concours pour attirer ou fidéliser les consommateurs. Les chaînes de télévision ont bien com-

un autre univers ; gagner, c'est avoir la possibilité de devenir un autre. Le jeu est pour les enfants un mode d'apprentissage de la vie ; il est pour les adultes un moyen de retour à l'enfance.

... et collectives.

Outre ses fonctions individuelles, le jeu remplit des fonctions sociales. Impôt indolore et accepté par tous, il permet à l'État de récupérer chaque année environ 5 milliards d'euros sur les 18 milliards joués par les Français (plus de 700 € par ménage), soit près du dixième de ce que rapporte l'impôt sur le revenu. Il constitue aussi une compensation (partielle) à l'absence d'un grand projet collectif (politique, idéologique, philosophique...). Lorsqu'il est pratiqué à plusieurs ou dans des lieux de convivialité (cafés, maisons de jeu...), il constitue un moyen d'intégration et produit du lien social. Il est aussi un réducteur potentiel d'inégalités et donc un outil de régulation et d'ordre. Il est enfin un indicateur de l'anxiété ambiante, car le goût du jeu traduit souvent une désaffection pour la réalité, une difficulté à accepter son sort dans une société théoriquement ouverte et égalitaire, mais qui apparaît à beaucoup de Français de plus en plus fermée ou bloquée. Il est plus difficile d'entrer dans l'ascenseur social et plus encore de monter aux étages supérieurs (p. 193).

Depuis toujours, le jeu d'argent est l'objet de débats. La culture judéo-chrétienne confronte traditionnellement le jeu à la morale, de même qu'elle oppose l'argent au bonheur. Le jeu est en tout cas le prétexte à s'interroger sur la distinction entre la chance et le hasard. Il repose tout entier sur la différence entre l'espérance *mathématique* (probabilité objective de gagner) et l'espérance *psychologique* (probabilité subjective perçue par le joueur).

Il pose aussi la question de la liberté et de la dépendance, car il est parfois à l'origine d'une véritable addiction. S'il est un outil de récréation (loisir), le jeu est aussi un moyen de « recréation » ; il offre au joueur la possibilité de se reconstruire, de se « refaire », comme disent d'ailleurs ceux qui ont tout perdu en jouant.

Les Français ont dépensé près de 9 milliards d'euros en 2005 à la Française des Jeux...

Les dépenses consacrées aux diverses formules de jeux proposées par l'opérateur national progressent à un rythme accéléré : elles sont passées de 6,5 milliards d'euros en 2000 à 8,9 milliards en 2005. 39 % sont allés aux jeux de grattage *(Millionnaire, Banco, Black Jack, Solitaire...)* pour un montant de 3,5 milliards d'euros ; leur évolution annuelle dépend de la conjoncture économique et sociale. Le *Loto*, qui a fêté

ses trente ans en 2006, a représenté 1,5 milliard d'euros. Depuis sa création, il a permis de redistribuer plus de 23 milliards d'euros à ses gagnants, dont un peu plus de 15 000 ont reçu plus de 1 million d'euros. L'État a prélevé 2,5 milliards d'euros en 2005 sur les montants dépensés à la Française des Jeux. Celle-ci redistribue 60 % du montant des sommes jouées aux gagnants, contre 72 % pour le PMU et 86 % au minimum pour les casinos.

Euro Millions, le nouveau jeu de tirage lancé en 2003 avec l'Angleterre et l'Espagne, a connu un succès immédiat : 10 millions de joueurs dès le premier tirage. Il a compté pour 78 % de l'accroissement des dépenses en 2005. Les jeux de pronostics sportifs ont enregistré une forte croissance : 283 millions d'euros contre 221 millions en 2004. Elle s'explique par le succès de *Loto Foot 7&15* et par les évolutions apportées à *Cote & Match*. Depuis leur lancement en 2004, les jeux en ligne disponibles sur Internet (*Loto, Euro Mil-*

LE MIRACLE LAÏQUE

S i les Français regrettent les dérives morales de l'argent dans le sport, les médias, le show-business, parfois la politique ou l'entreprise, la plupart trouvent aujourd'hui acceptable de s'enrichir par le jeu. Ils savent que la possibilité de faire fortune avec leur seul salaire est faible. C'est pourquoi ils sont nombreux à s'en remettre à la chance, appellation optimiste du hasard. Le jeu leur apporte aussi la part de rêve dont ils ont besoin pour mieux vivre le quotidien, en imaginant sans trop y croire des lendemains dorés.

Le jeu est ainsi, selon la formule de Paul Guth, « la forme laïque du miracle ». Mais cette pratique païenne a une dimension spirituelle. On peut y

observer des superstitions et des rites : habitude d'acheter au même endroit ses tickets, de procéder de la même façon pour remplir ses grilles de *Loto* ou de préparer son tiercé... Le fait de jouer peut être interprété comme une prière adressée à la Providence. L'irrationnel laïc remplace l'irrationnel religieux ; les joueurs misent sur leur date de naissance, tiennent compte de leur horoscope ou consultent un voyant. Le miracle tient ici à la possibilité de transformer la faible somme misée en fortune. On pourrait aussi parler de transmutation, avec l'objectif de transformer l'argent en or. Les joueurs de *Loto* et d'autres jeux à fort gain potentiel sont au fond les alchimistes de l'ère moderne.

lions, jeux de grattage et pronostics sportifs) commencent à s'installer : 68 millions d'euros en 2005, contre 29 l'année précédente. Mais ils représentent encore à peine 1 % des dépenses totales. La mise moyenne hebdomadaire est un peu inférieure à 6 €.

Un peu moins de deux Français sur trois de 18 ans et plus jouent au moins une fois à l'un de ces jeux au cours de l'année (encadré), soit 28 millions de personnes (contre 12 millions seulement en 1990). Le profil sociologique des joueurs est assez proche de celui de l'ensemble de la population, avec une légère surreprésentation des femmes au foyer, des ouvriers, des employés et une sous-représentation des retraités. On compte 53 % de femmes, 37 % de moins de 35 ans. Les jeux préférés sont, par ordre décroissant, le *Loto*, le *Millionnaire*, le *Morpion*, l'*Astro*, le *Banco*, le *Solitaire* et l'*Euro Millions*. Les joueurs apprécient les nouveautés et sont séduits par les opérations liées à des événements calendaires (Saint-Valentin, fête des Mères...) ou festifs (Noël, an 2000...). Un tiers des joueurs de la Française des Jeux ne joue ni aux courses hippiques ni dans les casinos.

... 8 milliards d'euros au PMU...

Les dépenses des Français aux paris du PMU avaient connu une lente érosion entre 1992 et 1995. Après quelques hésitations en 1996 et 1997, elles connaissent depuis une croissance continue, atteignant 8 milliards d'euros en 2005 (en hausse de 6 % sur un an). En trois ans, le PMU a attiré 500 000 parieurs supplémentaires. Cette forte hausse s'explique notamment par l'évolution technologique, qui permet de jouer jusqu'au départ de chaque course, ainsi que par un enrichissement de l'offre et un accroissement du nombre de courses. Les enjeux sur

GRATTEURS ET TIREURS

58 % des Français de 18 ans et plus déclaraient jouer à des jeux de grattage ou de tirage en janvier 2006 : 61 % des hommes et 55 % des femmes. 43 % ne le font que dans certaines occasions comme Noël, un anniversaire, ou un vendredi 13. 6 % jouent tous les mois, 8 % toutes les semaines et 1 % tous les jours. Les 35-49 ans jouent plus que la moyenne (70 %, dont 15 % toutes les semaines), de même que les ouvriers (77 %) et les employés (72 %), et dans une moindre mesure les artisans et commerçants (65 %). Les cadres supérieurs sont moins concernés (40 %), de même que les retraités (43 %). Les joueurs sont plus nombreux dans les communes rurales (64 %) que dans l'agglomération parisienne (51 %).

Pour 74 % des joueurs, le hasard et la chance sont les principaux éléments susceptibles de faire gagner. 11 % comptent sur leur bonne étoile ou le destin, 7 % sur leur intuition, 5 % sur leur persévérance à jouer, et 1 % sur les prières ou sur Dieu.

Parmi les personnes qui ne jouent pas aux jeux de grattage ou de tirage, 54 % indiquent que ces jeux ne les intéressent pas. 30 % considèrent que la probabilité de gagner est trop faible. 8 % estiment que l'argent des jeux profite à l'État ; c'est le cas notamment de 17 % des employés et 16 % des ouvriers, de 10 % des sympathisants de gauche contre seulement 5 % de ceux de droite. 6 % pensent que ce n'est pas une façon honorable de gagner de l'argent et 2 % que le prix des jeux est trop élevé.

Sélection du Reader's Digest/Ifop, janvier 2006

le *Nouveau Quinté+*, lancé en 2005 (qui permet une fréquence de gain plus élevée), ont dépassé les 2 milliards d'euros fin 2005, en hausse de 13 %. Le réseau de points de vente Pariez sp0t, implanté dans des établissements diversifiés ou des lieux à fort trafic, séduit une clientèle jeune et urbaine (390 millions d'euros dépensés en 2005). Les paris en ligne sur Internet ont connu une progression de 75 % en un an, à 250 millions d'euros. Après le téléphone fixe, le Minitel, la télévision interactive (chaîne Equidia) et Internet, 2006 a été l'année du lancement des paris accessibles depuis un téléphone mobile connecté à Internet. Au total, 117 parieurs ont gagné plus de 150 000 € au cours de l'année.

Le nombre de parieurs, au moins occasionnels, est estimé à 6,5 millions, soit 13 % de la population de 18 ans et plus. Un sur quatre parie depuis moins de trois ans et 29 % le font au moins

une fois par semaine. Les hommes sont largement majoritaires (60 %) et parient plus souvent que les femmes. Les 18-34 ans représentent un tiers de l'ensemble. Les 65 ans et plus sont sous-représentés (14 % des parieurs pour 20 % de la population adulte), à l'inverse des ouvriers (23 % pour 16 %). Les « turfistes », qui s'intéressent d'abord aux chevaux, ne représentent plus que 10 % des parieurs. La dépense moyenne est de 9 € par occasion de jeu. 8 % des parieurs du MPU ne jouent pas à d'autres jeux d'argent, 51 % jouent aussi aux jeux de la Française des Jeux et 41 % jouent à la fois au PMU, à la Française des Jeux et aux jeux de casino.

En 2005, le *Quinté+* a représenté 26 % des mises, devant le *Simple* et le *Report* (25 %), le *Couplé* (24 %). Les autres paris arrivent loin derrière : *Multi* (7 %), *Trio* (6 %), *Quarté+* (5 %), *Tiercé* (5 %), *2 sur 4*

(3 %). 5,8 milliards d'euros de gains ont été versés aux gagnants (sur 6 497 courses, dont 95 étrangères), soit 73 % des mises. 1,1 milliard a été prélevé par l'État.

... et 2,7 milliards dans les casinos.

Les dépenses des Français dans les 190 casinos de l'Hexagone se sont élevées à 2,7 milliards d'euros au cours de la saison 2004-2005, en progression de 3 % sur un an (mais en baisse de 0,4 % à périmètre constant). Ce montant représente le produit brut, c'est-à-dire la différence entre les mises et les gains ; le taux de redistribution moyen est de 86 %, mais les gains sont la plupart du temps réinvestis par les joueurs. C'est pourquoi le chiffre d'affaires total ne peut être directement comparé aux sommes jouées à la Française des Jeux et au PMU, qui offrent des taux de redistribution très inférieurs (respectivement 60 % et 72 %). Calculées de la même façon que pour les casinos, celles-ci seraient en effet environ trois fois moins élevées, c'est-à-dire beaucoup plus proches des sommes jouées dans les casinos.

6,1 millions de Français de 18 ans et plus ont joué au moins une fois dans un casino en 2005. Les 25-34 ans, les hommes, les artisans et les retraités sont surreprésentés. Les personnes âgées sont proportionnellement plus nombreuses pendant la semaine que pendant le week-end et hors périodes de vacances. 35 % des adeptes des machines à sous jouent plusieurs fois par jour, 6 % tous les jours. La mise moyenne est de l'ordre de 30 € par visite et de 60 € par semaine. 59 % des Français disent avoir plutôt une mauvaise image des casinos, contre seulement 24 % pour le PMU et 15 % pour la Française des Jeux (FDJ/Ipsos, novembre 2005). Près de 30 000 per-

20 milliards pour les jeux

Évolution des dépenses des Français pour les jeux d'argent (en milliards d'euros)

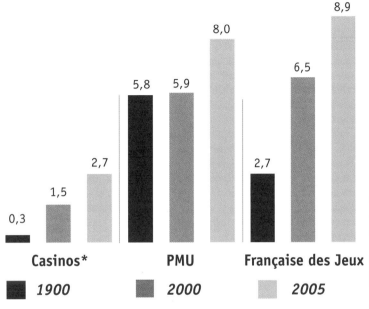

* Produit brut, après redistribution (en moyenne 86 % des sommes misées)

Casinos, PMU, Française des Jeux

sonnes sont inscrites dans le fichier des personnes interdites de jeu.

La clientèle traditionnelle des casinos s'est raréfiée depuis les années de crise économique. Les jeux de table n'ont représenté que 173 millions d'euros de produit brut pour les casinos en 2005 (en baisse de 1 %, après 5 % en 2004 et 12 % en 2003). Ils souffrent depuis des années de la diminution de la clientèle étrangère fortunée. Elle a commencé à réapparaître avec la reprise économique dans certains pays et l'accroissement du nombre des « nouveaux riches » en Europe de l'Est ou en Asie. Mais elle a été perturbée par la crise du tourisme international, depuis la fin 2001. Comme dans les autres jeux légaux, l'État est le principal gagnant, avec un prélèvement annuel d'environ un milliard d'euros.

Les jeux vidéo occupent une place de choix dans les loisirs des jeunes.

L'histoire des jeux vidéo a connu plusieurs phases distinctes, depuis leur apparition dans les années 80. Les achats de consoles avaient beaucoup progressé jusqu'au début des années 90 (2,1 millions en 1992), puis connu une désaffection (980 000 en 1996), jusqu'à la fin des années 90. L'arrivée de nouveaux modèles proposés par les fabricants (Nintendo, Sony, puis Microsoft) les a relancés. Près d'un foyer sur trois dispose aujourd'hui d'une console de jeu ; la proportion dépasse les deux tiers dans les ménages avec enfants de 10 à 15 ans. La durée moyenne d'utili-

459

Des bandits manchots à Internet

L'autorisation des machines à sous, en 1987, a permis à tous les casinos concernés de séduire une nouvelle clientèle, plus jeune et moins fortunée. Le chiffre d'affaires global a alors connu une progression spectaculaire, avec une multiplication par douze entre 1990 et 2001. Aujourd'hui les 20 000 machines à sous existantes en représentent l'essentiel (93,5 % en 2005). Cette évolution s'explique par l'absence ou le montant limité du droit d'entrée dans les salles concernées, contrairement aux jeux de table. Elle est aussi liée à la faiblesse de la mise minimale et au taux élevé de redistribution (minimum légal de 85 %).

De profonds changements sont à venir dans la législation sur les casinos, avec la mise en place d'un contrôle à l'entrée des salles de machines à sous (au plus tard le 1er novembre 2006) et une suppression du droit de timbre à l'entrée des salles de jeux de table, qui permettra la mixité des espaces de jeux. Surtout, les opérateurs français demandent l'autorisation des casinos virtuels sur Internet, aujourd'hui interdits. On comptait environ 2 000 sites de cybercasinos dans les « paradis fiscaux » fin 2005, qui ont rapporté 12 milliards de dollars (10 milliards d'euros, en hausse de 45 % sur un an).

Le plus important casino de France, celui d'Enghien-les-Bains (groupe Lucien Barrière), comporte 322 machines à sous qui représentent 74 % du produit brut global des jeux de l'établissement (135 millions d'euros). Le produit des jeux de table traditionnels demeure, de très loin, le plus important des casinos français avec 35 millions d'euros.

Plus largement, 54 % des foyers sont dotés d'équipements (ordinateurs ou consoles de jeu) permettant de pratiquer les loisirs interactifs : jeux vidéo, multimédia...). Leurs dépenses ont atteint 1,5 milliard d'euros en 2005. Elles dépassent celles consacrées à la musique, après celles de cinéma en 2004. Les loisirs interactifs constituent aujourd'hui une activité culturelle majeure des Français. Les 15-35 ans sont les plus concernés.

Bricolage et jardinage

Plus de deux Français sur trois bricolent.

sation des jeux vidéo est de 7 heures par semaine.

Les Français ont acheté quelque 35 millions de jeux en 2005, soit près de deux par ménage ; les trois quarts des joueurs sur console en achètent entre un et cinq par an, pour un prix unitaire d'environ 30 €. Après les ordinateurs et les consoles de salon, les consoles portables connaissent un fort engouement. La nouvelle étape concerne l'utilisation des téléphones mobiles pour les jeux vidéo téléchargés. La part des jeux vidéo en ligne est encore très minoritaire, mais le succès récent de *World of Warcraft* (plusieurs millions d'abonnés dans le monde pour un montant de 10 à 12 € par mois) a montré le potentiel du jeu en réseau, tant sur ordinateur que sur les consoles de nouvelle génération. Il pourrait représenter un quart des dépenses d'ici 2010.

Le jeu vidéo est partie intégrante des modes de vie des adolescents et des jeunes (pour la plupart des garçons), mais aussi de certains adultes. Il est porteur d'un univers fantasmatique qui leur permet de s'évader de la réalité. Le risque souvent dénoncé par les parents et certains observateurs est l'addiction, qui peut conduire à des attitudes d'éloignement de la vie réelle et des comportements pathologiques. L'autre danger, plus difficile à mettre en évidence, est l'influence des situations de violence, particulièrement fréquentes dans les jeux : les jeux dits d'action-combat-stratégie-simulation, qui représentent environ 40 % des achats. Le succès de ces jeux s'explique par l'interactivité qu'ils autorisent et le sentiment de puissance qu'ils procurent. S'ils permettent de simuler les différentes activités de la « vraie vie », ils en représentent parfois un moyen de substitution.

Le bricolage connaît une progression régulière et forte depuis quatre décennies. 70 % des adultes déclarent avoir été impliqués dans des travaux d'amélioration ou de réparation de leur logement (Fediyma, novembre 2005). Les bricoleurs considérés comme « réguliers » représentent 13 millions de personnes, contre seulement 3 millions au début des années 60 ; seul un Français sur dix se déclare réfractaire à cette activité.

Les hommes et les femmes sont désormais presque concernés à parité : 71 % contre 69 %. Ce sont ces dernières qui ont assuré la croissance du bricolage au cours des quinze dernières années (encadré). Les personnes de 30 à 50 ans, mariées et habitant une maison, sont les plus assidues. On constate cependant un regain d'intérêt pour le bricolage aux alentours de l'âge de la retraite, période au cours de laquelle on réaménage son logement.

FEMMES À TOUT FAIRE

80 % des femmes de 18 à 64 ans réalisant au moins de temps en temps des activités liées au bricolage et au jardinage ont eu l'occasion d'exercer leurs talents au cours de l'année 2004. Celles habitant le Nord et les 23-27 ans sont les plus concernées : respectivement 88 % et 89 %. Plus d'une femme sur deux parmi elles s'estime capable de « faire seule quasiment tout ou avec l'assistance d'une autre personne ». Les travaux de peinture et papiers peints font désormais partie de leurs « acquis » et 77 % disent se lancer aujourd'hui dans les gros travaux de bricolage, contre 53 % en 2003. 29 % affirment pouvoir s'engager dans des travaux comme le carrelage ou la pose de revêtements de sol, 27 % dans la maçonnerie, 21 % dans le sanitaire ou la plomberie, des proportions en hausse sensible depuis quelques années. Près d'une femme sur dix est impliquée dans la rénovation ou la transformation d'une maison.

Si le bricolage reste pour ces femmes une nécessité économique, il est aussi une source de plaisir pour 73 %. 22 % sont poussées à la tâche par le fait que leur mari n'est pas bricoleur (36 % en région parisienne). On observe cependant un accroissement des pratiques de bricolage en couple, qui favorisent le dialogue et créent de la complicité. D'autant que la parité semble atteinte dans ce domaine : 81 % des femmes s'estiment « aussi compétentes que les hommes », contre 73 % en 2003.

Castorama/Ifop, avril 2004

Les parents retraités aident aussi de plus en plus souvent leurs enfants à s'installer. Les propriétaires sont plus motivés que les locataires pour investir leur temps et leur argent dans l'amélioration de leur logement.

Les travaux effectués dépendent à la fois des besoins et des compétences, mais tendent à se diversifier. Un ménage sur trois a déjà réalisé la pose d'un carrelage (contre un sur cinq en 1970), près de six sur dix celle d'une moquette (contre un sur cinq). Plus d'un sur quatre a déjà installé ou modifié un système électrique, la même proportion a construit un mur de parpaings ou monté des cloisons. Un sur cinq a même déjà créé de ses mains une pièce supplémentaire, un sur cinq également a refait la plomberie d'une cuisine ou d'une salle de bains, plus d'un sur dix a réparé une toiture.

La motivation du bricolage ne concerne plus seulement l'amélioration du confort du logement, mais l'aménagement de l'espace et la décoration, qui intéresse notamment les femmes et les jeunes. Outre son intérêt en matière d'aménagement du logement, le bricolage est un facteur d'équilibre et de satisfaction personnelle pour ceux qui le pratiquent : expression de soi ; possibilité de créer ; fierté du résultat obtenu ; possibilité de personnaliser son cadre de vie. Il a aussi des vertus par rapport à la vie familiale car il favorise le dialogue, permet de définir des projets en commun et de les réaliser ensemble.

Les ménages dépensent en moyenne près de 700 € par an.

Les ménages ont dépensé 17,6 milliards d'euros en équipements et produits de bricolage en 2005 (19,2 milliards en incluant le rayon jardinage des grandes surfaces de bricolage), en croissance de 4,4 % en un an (Unibal). Avec 680 € de dépenses annuelles par foyer, ce poste est devenu le premier secteur d'équipement domestique, devant les achats de meubles (341, Cetelem), d'équipements de sport (341), de TV-hi-fi (264),

d'électroménager (261) et de jardinage (233). Les Français arrivent en troisième position en Europe, derrière l'Allemagne (900 € de dépenses par ménage) et la Grande-Bretagne (880). Ils sont quasiment à égalité avec les Belges et largement devant les pays du Sud : Portugal (560 €), Italie (460), Espagne (310).

Les deux tiers des achats en valeur (65 %) sont réalisés dans les grandes surfaces spécialisées (Leroy Merlin, Castorama, Mr Bricolage...), qui ont gagné 20 points en une décennie (45 % en 1992). Les négoces assurent 22 % des achats des particuliers, contre 20 % en 1992. La part des grandes surfaces alimentaires a connu une forte baisse : 8 % contre 20 %. Il en est de même du commerce traditionnel : 5 % contre 15 %. La vente par camion ou lors de foires à l'outillage a aujourd'hui disparu. Les achats sur Internet sont encore marginaux (5 % des internautes acheteurs), mais 32 % des bricoleurs utilisent le Web pour choisir un magasin de bricolage (deuxième source d'information après les brochures reçues à domicile). 70 % des acheteurs des magasins de bricolage se disent satisfaits ; la principale difficulté évoquée est le choix entre les produits (Fediyma, juillet 2005). Dans 32 % des cas, le dernier produit acheté était un produit à marque de fabricant, dans 24 % un produit à marque de distributeur. 50 % se disent prêts à payer plus cher pour un produit à condition de comprendre ses avantages.

49 % des dépenses concernent le bricolage lourd (sanitaires, plomberie, bâti et matériaux, bois), 30 % le bricolage léger (outillage, quincaillerie, électricité-luminaires) et 22 % la décoration et les revêtements pour murs et sols. Le bricolage automobile connaît aussi un développement régulier ; il concerne près d'un automobiliste sur trois et représente environ 8 milliards

461

d'euros de dépenses par an (soit environ 400 € par ménage motorisé). L'équipement des foyers bricoleurs progresse régulièrement, notamment parmi ceux qui habitent une maison : huit sur dix possèdent une perceuse électrique, six sur dix un établi, deux sur trois un jeu de clés polygonales.

L'évolution de l'offre a favorisé les activités de bricolage.

Pour plus de huit Français sur dix, le bricolage est une activité agréable ; il est même un plaisir pour la moitié. Les jeunes sont moins concernés, peut-être par manque d'expérience : près d'un tiers des 18-24 ans considèrent que le bricolage n'est pas une activité agréable. Six Français sur dix considèrent aussi qu'il constitue un moyen de faire des économies, car il revient généralement moins cher de se rendre à soi-même des services que de les acheter à une entreprise ou à un artisan ; la proportion est plus élevée parmi les femmes et chez les 50-64 ans.

L'amélioration constante de l'offre de produits, équipements et services est pour partie responsable de l'engouement pour le bricolage. Elle a rendu les travaux moins durs physiquement et plus faciles à effectuer sans connaissance préalable. Les outils sans fil sont devenus plus fiables, les outils multifonctions se sont multipliés, l'entretien et le rangement ont été facilités. L'usage des peintures, lasures et colles est plus simple, plus universel, le séchage plus rapide. Le développement des grandes surfaces spécialisées a largement contribué à la féminisation qui s'est produite (encadré), en proposant aux clientes (mais aussi aux hommes) des conseils, des fiches techniques, des démonstrations, des cassettes vidéo et aussi des stages pratiques. Les magasins suscitent l'envie

en montrant les résultats, en proposant des idées et des solutions, en rassurant les hésitants sur leur capacité à réussir. Les sites Internet renforcent la dimension pédagogique et ludique du bricolage.

Le bricolage est un moyen de retrouver des activités manuelles et de lutter contre les tendances à l'abstraction, à la dématérialisation et à la « virtualisation » qui se sont installées dans les modes de vie. Il répond aussi à la parcellisation des tâches qui s'est produite dans la vie professionnelle ; la plupart des salariés (ouvriers, employés, mais aussi cadres) ne sont concernés que par une partie des processus concourant à l'activité de leur entreprise. Cela entraîne une certaine frustration, car il est plus difficile de se prévaloir à titre personnel d'un résultat tangible, identifiable. Le bricolage permet aussi de développer des compétences dans de nouveaux domaines et d'en retirer des satisfactions en se valorisant, tant à ses propres yeux qu'à ceux des autres.

L'intérêt pour le jardinage s'accroît.

Comme le bricolage, et pour des raisons semblables, le jardinage est une activité de loisir de plus en plus pratiquée. Plus de la moitié des Français disent jardiner souvent ou de temps en temps. 13 millions de ménages entretiennent un jardin qui leur appartient, partie intégrante d'une résidence principale ou secondaire ; 3 millions disposent d'une parcelle dont ils sont locataires ou allocataires (jardins ouvriers ou familiaux). Il faut y ajouter les ménages habitant en appartement et possédant un balcon ou une terrasse (environ la moitié de ceux qui n'ont pas de jardin), qui s'efforcent de créer des jardins intérieurs au moyen de fleurs et de plantes vertes. 79 % des Français déclarent posséder

des plantes d'intérieur, 66 % un jardin fleuri et/ou arboré, 60 % des plantes de balcon ou terrasse, 60 % un gazon, 36 % un jardin potager (UPJ/CSA, avril 2006).

La proportion de jardiniers est très logiquement semblable à celle des ménages possédant un jardin (58 % en 2004). Elle est comparable à celle de l'Allemagne (60 %), supérieure à celle des pays d'Europe du Sud (30 % en Italie, 15 % en Espagne), mais très inférieure à celle des pays du Nord (90 % en Irlande, 82 % en Belgique, 70 % au Royaume-Uni), où la part de l'habitat individuel est plus élevée. Au total, 83 % des ménages français disposent d'un espace de jardinage dans leur habitation principale. Depuis le début des années 80, la taille des jardins tend à se réduire (un peu moins de 800 m^2 en moyenne) ; près de la moitié font moins de 250 m^2.

66 % des femmes réalisent au moins une activité de jardinage dans l'année (Castorama/Ifop, 2004). Ce sont principalement les femmes en couple (sept sur dix) et celles qui habitent l'Ouest et le Sud-Ouest (huit sur dix). L'engouement pour le jardinage commence souvent après 30 ans. Deux tiers des personnes ont entre 50 et 64 ans. 72 % des femmes déclaraient jardiner en 2003, contre 65 % en 1998 ; elles sont 79 % à partir de 40 ans et 80 % parmi celles vivant en couple. Neuf femmes sur dix concernées disent aimer cette activité.

La répartition des tâches entre les sexes reflète encore la tradition ; les femmes sont plus nombreuses que les hommes à s'occuper d'un jardin d'agrément, alors que les jardins potagers sont en majorité entretenus par les hommes. Le temps passé au jardinage est de 6 heures par semaine en moyenne. Il a été favorisé par la mise en place des 35 heures, qui permet aux salariés de passer plus de temps chez eux.

Les Français ont dépensé 6 milliards d'euros pour le jardinage en 2005, soit 240 € par ménage (Cetelem). Les deux tiers des achats concernent les jardins ; le reste est destiné aux balcons et terrasses. Les végétaux (d'intérieur et d'extérieur) représentent un peu plus du quart du budget global (28 %), de même que les contenants et consommables (27 %), devant l'outillage (21 %). Le reste comprend les aménagements et les clôtures (14 %), ainsi que le mobilier de jardin (10 %).

22 % des achats sont effectués dans les grandes surfaces de bricolage, 20 % dans les jardineries (une part en croissance soutenue), 13 % dans les libres-services agricoles (Lisa) et chez les autres types de spécialistes, 12 % dans les hyper- et supermarchés, 11 % chez les spécialistes (motoculture, électriciens), 9 % dans la vente directe et par correspondance, 8 % dans les magasins de détail (Promojardin). Les propriétaires dépensent en moyenne quatre fois plus que les locataires. En 30 ans, les dépenses de graines, outils de jardinage, plantes et arbustes ont été multipliées par cinq en monnaie constante. Les achats d'arbres fruitiers progressent, comme ceux de plantes d'intérieur (environ 2 milliards d'euros par an).

Outre les dépenses destinées au jardin proprement dit, celles consacrées au mobilier de jardin (tables, sièges, parasols, tentes, balancelles...) ont connu une forte progression : 20 % entre 1996 et 2005, en tenant compte du développement des achats de barbe-

Plus d'un million de piscines

On comptait en France près de 1,2 million de piscines fin 2005, dont 762 000 enterrées et 392 000 hors sol (FPP). Leur nombre a doublé en dix ans ; la France est l'un des pays les plus équipés au monde et le premier en Europe, devant l'Espagne (700 000). La progression au cours des dernières années a été considérable : le parc a doublé en dix ans. Le rythme actuel de construction est d'environ 60 000 piscines par an. En 2005, les Français ont dépensé un peu moins de 750 millions d'euros pour les achats de piscines, les équipements, accessoires et produits de traitement. Les dépenses représentent 12 % de celles de jardinage.

La piscine est pour beaucoup de Français un rêve, associé à la symbolique de l'eau, à l'idée de plaisir, de bien-être, de vacance et de jeu. Elle est à la fois un espace à usage individuel où l'on prend soin de soi en évacuant le stress de la vie quotidienne, et un prétexte au partage de loisirs familiaux. C'est pourquoi elle concerne en particulier les familles avec enfants. L'engouement pour la piscine a été favorisé par l'accroissement du temps passé au foyer (lui-même induit par la semaine de 35 heures des actifs et le vieillissement démographique) ainsi que par l'attachement à la vie domestique (p. 160). Il a aussi profité de la perspective du réchauffement climatique et de l'expérience de la canicule au cours de l'été 2003.

cues. On observe une tendance à faire de la terrasse un espace à vivre, un prolongement de la maison, mais aussi une transition entre l'intérieur et l'extérieur. Cette moindre différenciation entre le dedans et le dehors explique que le mobilier intérieur, notamment de salon, s'inspire de celui du jardin, alors que l'on n'hésite pas à installer dehors des meubles de salon. Le style méridional, symbole de soleil, de couleur et de vacances, est toujours à la mode. Le bois est de plus en plus présent (notamment le tek), évocateur d'authenticité, d'esthétique et de qualité. Les fontaines ont fait leur apparition, tant dans les jardins qu'à l'intérieur des appartements ; on observe un intérêt pour les jardins aquatiques. L'éclairage est de plus en plus l'un des éléments de la décoration extérieure.

Le jardin tend à ressembler au jardinier ou, en tout cas, à l'image qu'il a envie de projeter de lui. Mais ce souhait n'exclut pas un certain mimétisme entre voisins, qui conduit parfois à la

surenchère. On observe quelques tendances générales, comme l'intérêt pour les plantes et les fleurs exotiques et l'importance accrue des contenants (poterie). Le confort et la facilité sont davantage recherchés, notamment pour les tâches les plus ingrates comme la tonte du gazon, l'élagage ou l'abattage des arbres, qui sont confiées à des personnes ou à des entreprises extérieures. Les nouveaux jardiniers sont plus impatients que ceux des générations précédentes et souhaitent que les plantes poussent plus vite. Ils recherchent des produits et des équipements simples à utiliser, hésitent moins à acheter des outils et des machines plus sophistiqués qui leur font économiser du temps et de la fatigue : tondeuses plus larges et moins bruyantes, plaques de gazon, etc. La culture du jardin est aussi celle du résultat.

Le goût du jardinage témoigne d'un besoin de nature.

Les préoccupations concernant l'environnement s'accroissent en même temps que l'information se diffuse sur les menaces qui pèsent sur lui. Le jardinage apparaît comme un moyen de retrouver une relation plus harmonieuse avec la nature. D'une manière générale, le végétal joue un rôle croissant dans la société, comme on peut le constater par exemple dans le domaine alimentaire (p. 170). Le jardinage s'inscrit aussi dans l'idée plus générale de développement durable ; les jardiniers recourent ainsi plus fréquemment aux engrais biologiques. Mais leurs motivations sont principalement d'ordre esthétique : la beauté du cadre de vie prend une place croissante dans les attentes des Français, ce qui explique leur intérêt pour les jardins « paysagés » et plus largement pour les paysages. Le jardinage est par ailleurs une activité polysensorielle ; il permet de voir, de sentir, de toucher, de goûter, d'écouter la nature. Les travaux les moins appréciés sont la tonte du gazon, le traitement et le soin des plantes, le binage et la fertilisation.

L'engouement pour le jardinage a été favorisé par l'accroissement du temps libre, mais aussi par un besoin d'activités antistress. À l'inverse de nombreux loisirs, il peut se pratiquer au moment de son choix, en tenant compte cependant des contraintes saisonnières. Il est un moyen de liberté, de ressourcement et de valorisation personnelle. La satisfaction de pratiquer une activité manuelle et décorative est une motivation importante. Elle est renforcée par le sentiment de

progresser et d'observer les résultats de ses actions. Les jardiniers amateurs lisent la presse spécialisée, demandent conseil aux plus compétents, visitent les expositions d'arbres et de plantes (on en dénombre plus de 500, contre une quarantaine il y a vingt ans) et passent du temps dans les jardineries.

Bricolage et jardinage sont des moyens de valorisation de soi...

L'une des principales motivations des jardiniers et des bricoleurs est la décoration et l'aménagement du cadre de vie, dans le but de créer un univers agréable et personnalisé. L'engouement pour ces deux activités s'explique aussi par le fait qu'elles valorisent ceux qui les pratiquent. Avec le développement de la société industrielle et le découpage du travail, le sentiment de satisfaction lié à la fabrication complète d'un objet par un même individu est plus rare. Conscients de cette frustration liée à l'évolution de la vie professionnelle, les actifs ont recherché des activités de compensation ; beaucoup les ont trouvées dans la pratique de loisirs artistiques (p. 465), mais aussi manuels avec le bricolage et le jardinage.

L'attachement au logement traduit aussi une volonté croissante d'autonomie de la part des individus et des ménages. Face à une société dure et génératrice de stress, à des institutions défaillantes, à des prestataires de services coûteux, il est utile de pouvoir se débrouiller seul, en réparant un robinet, en cultivant des légumes, voire en élevant des lapins. Ce souci d'indépendance s'accompagne d'une volonté de personnalisation du logement, un souhait de le rendre plus confortable, de renforcer la sécurité des biens et des personnes qui l'habitent, de favoriser la convivialité entre les membres

de la famille ou avec les personnes que l'on accueille.

... et d'économie.

Les ménages tendent aujourd'hui à se comporter comme des entreprises ; ils cherchent à « gérer » leur vie quotidienne en optimisant leurs recettes et, surtout, leurs dépenses. Ils se rendent donc de plus en plus souvent des services à eux-mêmes (ou entre eux), parce que cela revient moins cher et que c'est plus rapide.

La moitié des bricoleurs déclarent ainsi être motivés par des soucis d'économie. Les ouvriers sont les plus attachés à cette dimension utilitaire. Une part importante de l'activité domestique est liée au bricolage : montage de meubles en kit ; travaux de construction, de réparation ou d'entretien ; fabrication d'objets divers... Au cours des années 80 et 90, la crise a favorisé le développement du petit bricolage, au détriment du recours aux professionnels. Mais le « faire faire » a aussi une place croissante, notamment dans le cas de travaux difficiles ou peu agréables.

La motivation économique est moins présente en matière de jardinage. La proportion de jardins à usage strictement utilitaire (potager, verger) a en effet globalement diminué ; elle n'est plus que de 1 % contre 7 % en 1988. 35 % sont à usage mixte (agrément-utilitaire) contre 57 % en 1988. Les deux tiers sont donc des jardins d'agrément. La part de l'autoproduction dans la consommation à domicile de fruits et de légumes n'est cependant pas négligeable ; elle est par exemple estimée à 15 % pour les œufs et les volailles. Mais la majorité des ménages concernés cultivent leur jardin au moins autant pour le plaisir de consommer leurs propres produits que par souci d'économie.

Activités culturelles

> **Les dépenses dites culturelles représentent un peu plus de 100 € par mois par ménage.**

Dans le cadre d'une définition assez large de la culture (encadré), la dépense moyenne des ménages s'établissait à 1 215 € en 2004 selon le ministère de la Culture (tableau). Les parts les plus importantes concernent les équipements pour l'image et le son (19 %), la presse (19 %) et les services de télévision (redevances, abonnements, 18 %). Les dépenses de livres arrivent derrière celles de spectacles (10 % contre 13 %). La part de la culture audiovisuelle (son, vidéo, télévision, cinéma) est ainsi majoritaire (51 %) et dépasse largement celle de l'écrit (presse, livres) qui ne représente que 29 %.

Selon les chiffres de l'INSEE, qui utilisent une autre nomenclature, le principal poste concerne les achats de spectacles, cinéma, voyages (18 %), devant la presse et les livres (15 %) et le jardinage (12 % avec les dépenses concernant les animaux de compagnie) et les services culturels (y compris la redevance télévision, 11 %). La liste présente un caractère parfois hétéroclite, mélangeant loisirs et pratiques amateur, biens d'équipement et consommables, produits et services.

Dans tous les cas, la seule dimension économique ne saurait refléter la réalité des habitudes culturelles. D'abord parce qu'elle ne prend pas en compte ou imparfaitement certaines dépenses, liées par exemple aux pratiques amateur (peinture, sculpture,

Flou artistique

La distinction entre les activités de loisirs diverses et celles qui ont une vocation plus spécifiquement « culturelle » est difficile à établir de façon objective. Elle dépend de la définition que l'on adopte de la culture, donc des pratiques qui lui sont associées. Le débat entre la culture « majuscule » et celle qui serait « minuscule » reste ouvert (p. 80). Ainsi, la lecture d'un livre de cuisine ou l'écoute d'émissions de divertissement pur à la télévision sont-ils à ranger dans la même catégorie que la pratique personnelle de la peinture, de la danse, de la sculpture ou d'autres activités artistiques ? La fréquentation du cinéma ou même des spectacles vivants (théâtre, concerts, cirque...) peut aussi prêter à discussion, chacune de ces activités pouvant avoir une vocation plus ou moins « populaire » ou « élitiste ». Mais ce critère a-t-il aujourd'hui une pertinence ?

D'une manière générale, faut-il séparer la fonction de spectateur de celle d'acteur ? On peut considérer que la visite d'un musée ou d'un monument est un acte culturel, au même titre que les « pratiques amateur » : musique, peinture, dessin, sculpture, danse, théâtre, chant, écriture, artisanat... Mais peut-on ajouter à celles-ci la cuisine ou les collections de timbres-poste ? Faut-il inclure la photographie, lorsqu'elle se limite à immortaliser les naissances, les anniversaires ou les vacances ? La question se pose aussi en ce qui concerne la fréquentation des bals et discothèques, la visite des manèges forains ou des parcs d'attractions.

Devant l'impossibilité (et la vanité) d'une tentative de classification, ce sont ici les activités considérées comme « culturelles » en termes de dépenses par la Comptabilité nationale qui ont été prises en compte ; elles témoignent d'une conception large de la culture, qui tend à prévaloir depuis les années 80. Seules les activités sportives, les jeux de hasard, le jardinage et le bricolage ont été abordés séparément dans les pages précédentes, en tant qu'activités ressortissant principalement au loisir.

danse, théâtre, musique...) qui nécessitent l'achat de matériels, de produits consommables ou de cours. Mais aussi parce que certaines activités sont gratuites ou peu onéreuses (télévision hertzienne ou par ADSL, presse gratuite, randonnée pédestre...) ou forfaitaires (abonnements à la télévision par câble, au satellite, adhésions à des associations...). Il est donc important d'examiner les taux de pratique plutôt que les seules dépenses mesurées.

● *Les Français consacrent en moyenne 8 h 15 par mois aux activités créatives, 8 h 15 au sport, 9 h à la lecture, 9 h 30 à l'informatique (ordinateur, Internet).*

> **Les Français sont plus souvent spectateurs ou auditeurs...**

La comparaison de la dernière enquête effectuée par l'INSEE sur les pratiques culturelles (2003) avec celles réalisées antérieurement par le ministère de la Culture montre que les Français sont de plus en plus nombreux à se rendre au théâtre, au cirque, à des concerts (musique classique, rock, jazz...) ou à d'autres types de spectacles (tableau). Un sur deux (âgé de 15 ans et plus) va au cinéma, visite au moins une fois dans l'année un musée, une exposition ou un monument historique. Un sur trois

100 € par mois pour la culture

Répartition des principales dépenses culturelles et de loisirs des ménages (2004, en euros par ménage)

Appareils son et image	231
Presse	229
Activités de télévision	213
Spectacles	154
Livres	125
Vidéos	122
Disques	62
Cinéma	43
Musées, monuments historiques, bibliothèques	20
Instruments de musique	16

INSEE

On observe un parallèle entre les activités sportives et culturelles : les personnes qui pratiquent le plus les premières sont aussi les plus concernées par les secondes. Ce sont les jeunes, les étudiants, les cadres et les plus diplômés. Les personnes peu diplômées ou inactives sont plus en retrait de la vie culturelle comme de la vie sportive (p. 449).

... mais aussi plus souvent acteurs de leur propre culture.

La proportion de Français pratiquant pour leur plaisir des activités artistiques (peinture, dessin, musique, chant, théâtre, photographie, vidéo...) avait doublé entre 1973 et 1997 (date de la dernière enquête effectuée par le ministère de la Culture). L'enquête INSEE de 2003 indiquait que 33 % des Français de 15 ans et plus pratiquaient au moins une « activité culturelle en amateur ».

Parmi les personnes de 15 ans et plus, le taux de pratique mesuré en 2003 était de 13 % pour la peinture, le dessin, l'artisanat d'art, 12 % pour la photographie (et 3 % pour la vidéo, hors événements particuliers comme les fêtes et les vacances), 9 % pour la pratique d'un instrument de musique, 8 % pour le théâtre, la danse et le chant, 6 % pour l'écriture. Toutes ces activités rencontrent un engouement croissant depuis le début des années 70, mais les taux et les rythmes de diffusion sont différents selon les personnes et les groupes sociaux (ci-après).

Ce phénomène est d'autant plus difficile à appréhender qu'il se développe le plus souvent en dehors des institutions culturelles, le plus souvent dans le cadre privé, même si les Français sont de plus en plus nombreux à s'inscrire à des cours collectifs de sculpture, de dessin ou à une chorale municipale. Il est en résonance avec la montée des pratiques individuelles, l'accroisse-

va au théâtre ou au concert. Trois sur quatre écoutent des disques ou cassettes, neuf sur dix la radio.

La fréquentation des lieux de spectacle est fortement liée au niveau d'instruction. La relation est particulièrement apparente en ce qui concerne la danse, le théâtre, l'opéra, les concerts de jazz ou de musique classique. Ce sont souvent les mêmes catégories de personnes qui sont concernées par les différentes activités. Ainsi, 19 % des Français ont pratiqué au moins quatre des cinq activités principales (lecture de livres, cinéma, musées, théâtre et concert, pratiques amateur) en 2003. Une proportion semblable (21 %) n'en a pratiqué aucune. La proportion de personnes qui n'ont jamais assisté à un spectacle vivant diminue régulièrement, mais elle reste élevée dans certains domaines : elle est de l'ordre de 80 % pour l'opéra, de 70 % pour les concerts de musique classique, de 40 % pour le théâtre professionnel.

LES VISITEURS

Plus de trois Français sur quatre ont déjà visité au cours de leur vie l'un au moins des 1 188 musées de France, dont 33 musées nationaux. La fréquentation de ces derniers avait connu une baisse au début des années 90, mais elle s'est stabilisée depuis 1995 : on a comptabilisé 13 millions d'entrées en 2004, dont 68 % payantes (71 % en 2002). Le Louvre reste de loin le plus visité, avec 5,7 millions d'entrées, devant Versailles (2,9) et Orsay (1,8). La Cité des sciences et de l'industrie a accueilli 2,9 millions de visiteurs, dont 2,3 millions payants. Six musées réalisent entre 200 000 et 450 000 entrées annuelles : Picasso ; Fontainebleau ; Arts asiatiques-Guimet ; Arts

d'Afrique et d'Océanie, Moyen Âge-Thermes de Cluny ; Message biblique-Marc Chagall.

2 400 monuments historiques sont ouverts à la visite. La tour Eiffel arrive largement en tête, avec 6,1 millions de visiteurs (record mondial) en 2004, devant l'abbaye du Mont-St-Michel (1,1 million) et l'Arc de Triomphe (1,0). Viennent ensuite, parmi les monuments appartenant à l'État, la Sainte-Chapelle (645 000), le château de Chambord (638 000), la château du Haut-Kœnigsbourg (522 000), le Panthéon (315 000) et la Cité de Carcassonne (301 000). Il faut noter qu'une part importante des visiteurs des musées et monuments sont des touristes étrangers et que l'évolution de la fréquentation dépend de la conjoncture touristique.

ment du temps libre et le rôle décroissant du travail en tant que facteur d'identité sociale. Il a été favorisé par les progrès de la scolarisation, qui ont accru les bases culturelles et les occasions d'apprendre et de pratiquer. Les difficultés d'intégration qui ont touché notamment les jeunes ont aussi eu pour conséquence un besoin accru d'expression personnelle. Enfin, les pratiques culturelles ont profité du développement de l'enseignement artistique et du mouvement associatif, ainsi que de l'enrichissement de l'offre de matériels et de produits spécialisés de la part des fabricants et des distributeurs.

L'accroissement des pratiques concerne toutes les générations...

Depuis vingt-cinq ans, toutes les générations ont connu un accroissement de la pratique des activités artistiques. Il a été cependant plus sensible chez les jeunes et chez les plus de 50 ans. Ainsi, beaucoup d'adultes ayant dépassé la cinquantaine ou atteint l'âge de la retraite ont découvert (ou redécouvert) le chant, la danse, l'écriture et surtout la peinture à un moment où ils se sentaient disponibles. Mais, quelle que soit l'activité considérée, on constate qu'elle touche aujourd'hui plus de jeunes qu'au cours des précédentes enquêtes réalisées par le ministère de la Culture (1973, 1981 et 1989) ; c'est le cas notamment pour les adolescents.

L'apprentissage d'une activité dès l'enfance devrait donner lieu à une augmentation des taux de pratique à l'âge adulte dans les prochaines années, au fur et à mesure que les générations anciennes, moins concernées par ces activités, seront remplacées. L'apprentissage de la musique ou de la danse devrait aussi profiter aux autres activités artistiques, dont on sait qu'elles

Artistes amateurs

Pratiques d'activités culturelles en amateur au cours des douze derniers mois (2004, en % des 15 ans et plus).

Journal intime, poèmes, romans	6
Dessin, peinture, sculpture, gravure	12
Poterie, céramique, autre artisanat d'art	2
Théâtre en amateur	1
Chant ou chorale	3
Instrument de musique	9
Vidéo*	3
Photographie*	12

INSEE

* en dehors d'événements particuliers comme les voyages ou les fêtes.

sont de plus en plus souvent « multi-pratiquées ».

On observe aussi que les jeunes générations sont plus éclectiques (ou plus volatiles) que les précédentes ; elles passent plus facilement d'une activité à une autre et le nombre des multipratiquants s'accroît. Ce phénomène est révélateur d'une tendance générale au *zapping*. L'offre d'activités de loisirs et de culture étant de plus en plus large, la tentation est grande d'en essayer successivement le plus possible. Par ailleurs, les jeunes sont souvent moins patients que les aînés et acceptent moins facilement des périodes d'apprentissage nécessaires à chaque activité pour acquérir une certaine maîtrise. La lassitude intervient plus rapidement et avec elle l'envie d'essayer autre chose.

L'accès des jeunes à la culture progresse au fil des générations. On mesure aussi une forte diminution de la proportion de personnes n'ayant pratiqué

aucune activité dans leur enfance et un fort accroissement de la proportion de celles qui en ont pratiqué plusieurs (souvent quatre ou plus). Cette évolution a concerné aussi bien les femmes que les hommes, mais elle s'est effectuée à un rythme plus élevé pour les premières.

... mais les activités restent différenciées selon le sexe.

L'engagement des femmes dans le domaine des pratiques amateur est supérieur à celui des hommes : 34 % contre 32 %. Écrire, faire du chant, du théâtre ou de la danse sont des activités très majoritairement féminines. Le dessin, la peinture et l'artisanat d'art le sont aussi, à un moindre degré. Au contraire, la pratique d'un instrument de musique est plutôt masculine. La photographie, et plus encore la vidéo, concernent surtout les hommes en raison notamment de leur dimension technique, qui reste masculine. Il en est de même lorsque les activités impliquent l'utilisation d'outils plus simples, comme les instruments de musique. On constate en revanche que les activités essentiellement corporelles, sans intermédiation matérielle (chant, danse, écriture, théâtre...) sont plutôt l'apanage des femmes. Une autre distinction apparente entre les sexes est la place de l'apprentissage : les femmes qui pratiquent ont plus souvent recours à des cours, ce qui explique par exemple qu'elles sont majoritaires dans les conservatoires et les écoles de musique, alors qu'elles sont moins nombreuses que les hommes à jouer d'un instrument.

Les différences entre les sexes varient en fonction de l'âge. L'intérêt pour l'art et la culture apparaît plus fort chez les jeunes filles que chez les jeunes garçons. La diversité de leurs activités est plus grande, la fréquence

467

Art, sexe et âge

Pratiques culturelles amateur par sexe et par âge au cours des douze derniers mois (2003, en % des 15 ans et plus)

	Écriture		Théâtre, danse, chant		Dessin, peinture, artisanat d'art		Instrument de musique		Vidéo*		Photographie*	
	H	F	H	F	H	F	H	F	H	F	H	F
15-24 ans	6	23	9	28	23	23	18	14	8	2	13	12
25-39 ans	6	5	5	11	13	19	16	7	4	3	16	13
40-59 ans	3	6	4	11	9	13	8	6	3	1	13	12
60 ans et +	3	3	4	6	5	6	5	3	2	–	9	6
ENSEMBLE	4	7	5	12	12	14	11	6	4	1	13	10

INSEE

*en dehors d'événements particuliers comme les vacances ou les fêtes.

de leur pratique plus élevée, avec des taux d'abandon plus faibles. Par la suite, les différences s'atténuent, notamment lors de la mise en couple et de la constitution d'une famille. Les loisirs culturels sont alors plus centrés sur le domicile. Les écarts demeurent cependant dans la fréquentation des théâtres, des spectacles et des lieux d'exposition. Le rôle prédominant des femmes dans l'éducation des enfants les incite cependant à poursuivre plus souvent que les hommes les pratiques culturelles amateur.

Les activités liées à la musique sont les plus pratiquées.

La musique a pris une place croissante dans la société (p. 413) et dans les médias. En 2003, 9 % des Français de 15 ans et plus déclaraient avoir joué d'un instrument de musique au cours des douze derniers mois. Par ailleurs, le chant fait de plus en plus d'adeptes, tant auprès des jeunes que des retraités. Le succès des *Choristes*, en 2004, en est une illustration, tel celui des émissions de télévision comme *Star Academy*. La danse, autre activité liée à la musique,

est pratiquée au moins de façon occasionnelle par une femme sur dix et un homme sur vingt (8 % des Français lors de la dernière enquête détaillée du ministère de la Culture de 1997, contre 6 % en 1989).

Le théâtre amateur concerne une faible minorité, de l'ordre de 2 % des 15 ans et plus. Il concerne autant les hommes que les femmes, les Parisiens environ trois fois plus que les provinciaux (7 % contre 2 %). L'écriture est une activité plus spécifiquement féminine : 11 % des femmes de 15 ans et plus déclaraient avoir tenu un journal intime au cours des douze derniers mois en 1997 (contre 6 % des hommes). 7 % avaient écrit des poèmes, nouvelles ou romans (contre 5 % des hommes). À l'ère de l'audiovisuel, l'écriture reste un mode d'expression personnelle important, partie intégrante de la culture française. Le développement d'Internet a entraîné l'apparition de nouveaux diaristes, qui créent leur site personnel ou leur *blog*, interviennent dans des forums.

La pratique des arts plastiques a peu évolué. 13 % des Français de 15 ans et plus déclaraient avoir dessiné, peint ou réalisé des travaux d'artisanat

d'art en 2003 contre 14 % en 1989. Comme pour l'écriture, ces pratiques restent plus féminines, à l'exception du dessin où existe une parité. Toutes diminuent avec l'âge, mais les abandons au moment de l'adolescence sont plutôt moins fréquents que dans les autres disciplines. L'engouement pour les arts picturaux traduit à la fois l'attachement à la culture en tant que source d'émotion esthétique et le besoin de réaliser quelque chose de ses mains, de façon souvent solitaire.

La photographie et la vidéo sont transformées par la révolution numérique.

La quasi-totalité des foyers possèdent un appareil photo et un quart un Caméscope (26 % fin 2005). Dans la majorité des cas, ils sont utilisés pour conserver le souvenir d'événements familiaux ou de circonstances particulières (naissances, mariages, vacances...). C'est pourquoi la présence d'enfants accroît sensiblement la fréquence et le nombre des utilisations. Les Français faisaient jusqu'ici en moyenne environ deux fois moins de photos que les Américains et deux fois et demi moins que les Japonais.

Le développement de la photo et de la vidéo numériques a entraîné un véritable bouleversement dans les pratiques. Ces nouvelles technologies permettent en effet de prendre davantage de photos ou de films, de les retoucher ou de les monter, puis de les partager avec d'autres personnes par Internet ou à l'aide de supports électroniques. Les Français ont ainsi dépensé 2,2 milliards d'euros en 2005 (+ 21 %) pour la photographie numérique, contre 950 millions pour l'argentique (en baisse de 38 %). 56 % des dépenses pour le numérique ont concerné les appareils (4,6 millions d'appareils ont été achetés), 28 % les tirages de photos (sur des imprimantes à domicile ou par l'intermédiaire de professionnels), 16 % les cartes mémoire. 36 % des ménages étaient équipés d'un appareil numérique fin 2005. Un tiers d'entre eux ne développent plus les photos et les gardent en stock sur les ordinateurs ou des supports (CD ou DVD), un tiers les confient à des professionnels, les autres les tirent eux-mêmes. 15 % des tirages sont réalisés via Internet. La numérisation des images, fixes ou animées, ouvre la voie d'un renouveau de la création artistique.

L'art remplit des fonctions identitaires.

L'engouement pour les activités artistiques témoigne de la volonté d'épanouissement personnel qui prévaut aujourd'hui. Beaucoup de Français ne se satisfont pas de leur activité professionnelle, caractérisée par une obligation croissante d'efficacité. Ils ressentent la frustration de n'être qu'un élément d'un projet collectif qui n'est d'ailleurs pas toujours clairement exprimé. Ils souhaitent trouver un équilibre grâce à des activités permettant de mettre en évidence les autres facettes de leur personnalité. C'est pourquoi ils sont nombreux à pratiquer la musique,

s'essayer à la peinture ou à la sculpture, s'adonner aux joies de l'écriture ou de la photographie. Ils le font d'autant plus que l'école les y a préparés et qu'ils disposent du temps nécessaire.

S'ils tendent à s'estomper, les clivages socio-démographiques demeurent. Les pratiques artistiques concernent davantage les cadres et les professions intellectuelles supérieures que les ouvriers ou les commerçants. Le niveau d'instruction, sanctionné par un diplôme, apparaît plus important que celui du revenu, même s'il existe un lien entre les deux. Ce sont moins les difficultés financières qui empêchent les pratiques artistiques que les obstacles culturels et symboliques.

Les changements d'activité sont plus fréquents.

Les pratiques artistiques en amateur sont souvent abandonnées au moment de l'entrée dans la vie professionnelle et de l'installation dans la vie familiale. Ainsi, parmi la génération née entre 1965 et 1973, dont 52 % pratiquaient une activité artistique (non musicale) en 1989, seuls 37 % étaient encore dans ce cas en 1997. La tendance au zapping qui prévaut depuis n'a fait qu'accroître l'infidélité. Les abandons sont moins nombreux dans les générations précédentes, qui n'ont pas connu des ruptures aussi importantes dans leur vie personnelle, familiale et sociale. La photographie et la vidéo font exception à cette évolution. La mise en couple ou la venue au monde des enfants sont des incitations fortes à pratiquer ces activités, en achetant ou en se faisant offrir les équipements nécessaires (appareils photo, Caméscopes...). Ces deux activités nécessitaient moins de temps et d'apprentissage que les autres, mais la situation a changé avec la part croissante du numérique. Elles restent en revanche

CUISINE ET CULTURE

Comme l'alimentation, à laquelle elle est attachée, la cuisine a une dimension culturelle et symbolique forte. Elle est aussi un révélateur du changement social. Ainsi, la cuisine festive est plus variée et « métissée » que par le passé, mélangeant les traditions régionales les plus anciennes (pot-au-feu, cassoulet, choucroute, etc.) et la recherche d'exotisme (Chine, Japon, Afrique, Mexique, Antilles...).

Opposée à la cuisine-devoir du quotidien, la cuisine-loisir est moins contrainte par le temps, dans sa préparation comme dans sa consommation. Elle est marquée par la recherche du « polysensualisme ». Le goût, l'odorat, la vue et le toucher sont sollicités ; c'est le cas aussi de l'ouïe avec la présence fréquente de la musique, qui se mêle aux conversations. La composante diététique est ainsi moins présente. Les accessoires apportent une touche finale : bougies, décoration de la table et des plats, etc. Outre la satisfaction des sens, la convivialité est une motivation essentielle. Ainsi, rien n'est gratuit dans les « rites » qui président à la cuisine, surtout dans un pays où la tradition gastronomique reste forte.

compatibles avec la vie familiale et constituent une façon simple de garder la trace (visuelle ou audiovisuelle) des événements heureux de la vie.

On constate enfin une polyvalence et un éclectisme croissants dans les pratiques, avec un passage plus fréquent d'une activité à une autre ainsi qu'une augmentation de la pluriactivité. Ainsi, près de la moitié des pratiquants amateurs de théâtre ont joué, au cours des douze derniers mois, d'un instrument de musique ; quatre instrumentistes sur dix ont dessiné.

LES VACANCES

Départs

À l'instar du bonheur selon Saint-Simon, les vacances sont une idée neuve en Europe ou en tout cas récente ; les deux notions ne sont d'ailleurs pas indépendantes dans l'esprit des Français. C'est en 1936, pendant le Front populaire, que l'ensemble des salariés eut droit aux premiers « congés payés » (certains fonctionnaires et employés en bénéficiaient déjà, et une douzaine de pays européens les avaient instaurés auparavant, ainsi que le Chili, le Pérou et le Brésil). Cependant, la mesure ne figurait pas, à une époque de crise économique et de chômage, parmi les principales revendications syndicales ; elle n'arrivait ainsi qu'en onzième position chez Renault, derrière la disposition d'un garage à vélos. Elle fut ajoutée en dernier ressort lors des accords de Matignon et imposée par la loi, en même temps que les augmentations de salaires, la semaine de 40 heures et l'instauration de conventions collectives. La disposition de 15 jours annuels de liberté rémunérée (pour les salariés ayant un an d'ancienneté) allait pourtant être le signal d'une véritable révolution dans les modes de vie, avec la généralisation des « vacances ». On n'avait connu jusqu'alors que les « voyages », qui concernaient essentiellement les membres des catégories sociales aisées, lesquels n'étaient pas obligés de travailler pour vivre.

Record du monde des congés payés

En France, les salariés bénéficient en moyenne de 39 journées payées par an (dont 8 au titre de la RTT), soit près de 7 semaines, auxquelles s'ajoutent parfois des journées supplémentaires de toute nature (mariage, maternité, paternité, déménagement, enfant malade...). Ils arrivent très largement en tête de ceux de tous les pays développés, puisque les salariés ne disposent par exemple que de 27 jours en Allemagne, 25 aux Pays-Bas, 23 en Grande-Bretagne, 19 au Canada, 17 en Australie et seulement 12 aux États-Unis (Expedia/Harris interactive-Novatris, mai 2005). En outre, un Français

sur cinq est retraité (une proportion élevée, due à un départ à la retraite précoce). Au total, quatre sur dix sont inactifs et disponibles pour des congés, même s'ils ne sont pas rémunérés.

Seul un actif sur dix dispose aujourd'hui de moins de quatre semaines de congés par an ; ce sont essentiellement des indépendants (agriculteurs, commerçants, artisans, professions libérales), qui sont les grands oubliés de la réduction de la durée du travail avec seulement 18 jours de vacances par an en moyenne. Près d'un sur dix déclare ne pas avoir ou ne pas prendre de congés. Les vacances représentent donc un enjeu croissant dans une société hédoniste, qui n'est plus centrée sur le travail mais sur le temps libre (p. 94).

Vingt ans après, en 1956, les salariés bénéficièrent d'une troisième semaine, puis d'une quatrième en 1969 et d'une cinquième en 1982. Par le jeu de l'ancienneté ou de conventions particulières, un actif sur dix disposait en 2000 de plus de cinq semaines de congés annuels. Depuis cette date, la mise en place des 35 heures a encore accru la durée des vacances pour certaines catégories, notamment les cadres ; beaucoup bénéficient de deux semaines de congés supplémentaires en compensation des dépassements d'horaires hebdomadaires. La RTT porte ainsi fréquemment le total annuel à huit semaines, parfois dix dans certains secteurs comme la banque. La semaine de 35 heures a amplifié et accéléré un processus engagé depuis plus d'un siècle ; elle a parachevé le

passage amorcé auparavant à la « civilisation des loisirs ».

Le taux de départ en vacances diffère selon la définition qu'on adopte. En 2005, trois Français de 15 ans et plus sur quatre (74 %) ont passé au moins une nuit hors de leur domicile pour des raisons personnelles : vacances, manifestations sportives ou culturelles, stages, cures, visites à la famille ou à des amis (ministère du Tourisme). Si l'on considère que les vacances commencent à partir de quatre nuits passées hors de chez soi (définition du « long séjour »), la proportion de départs n'est que de 60 %

pour 2005. Sont exclus de ces chiffres tous les déplacements pour raison professionnelle : réunions, rendez-vous, stages de formation, congrès... Le taux mesuré par l'INSEE est un peu plus élevé : 65 % pour les départs d'au moins quatre nuits des 15 ans et plus en 2004, dernière année disponible (il exclut certains types de séjours personnels pour maladie ou décès d'un proche, ceux passés dans des établissements de santé).

Les taux de départ sont plus élevés dans les villes et augmentent avec la taille de celles-ci : un peu plus de huit habitants de l'agglomération parisienne sur dix effectuent des voyages personnels, contre deux sur trois parmi les ruraux. Les taux sont au contraire plus faibles dans les régions touristiques, comme la côte méditerranéenne et le Sud-Ouest. Ce sont cependant les habitants du Nord-Pas-de-Calais qui partent le moins en vacances. Le taux de départ s'accroît régulièrement avec le revenu. Il varie de 40 % pour les ménages percevant un SMIC à 85 % pour ceux disposant d'un revenu mensuel supérieur à 1 500 €. Les écarts sont assez peu marqués en fonction de l'âge, jusqu'à 70 ans. Le taux diminue fortement au-delà, à 42 %. Celui des jeunes de 20 à 24 ans est également réduit et il varie peu : 59 % en 2004, contre 58 % en 1989. Les jeunes concernés effectuent des stages d'été, des travaux divers pendant les périodes de vacances scolaires ; d'autres commencent leur vie active et ne disposent pas encore de droits à congés payés complets.

Les personnes qui sont parties en vacances en 2004 ont effectué en moyenne 4,2 séjours. 24 % des Français se sont rendus au moins une fois à l'étranger (ou dans les DOM-TOM) ; ils y ont effectué en moyenne 1,4 séjour. Environ quatre séjours sur dix (toutes durées) sont des vacances d'agrément

hors famille, une proportion semblable des visites à la famille. Un sur dix a lieu chez des amis, et le reste concerne d'autres causes (séjours linguistiques, cures, thalassothérapie...). Un quart des adultes partent moins d'une fois par an, pour des raisons économiques, familiales ou professionnelles. Ce sont pour la plupart des retraités, inactifs, salariés aux revenus modestes, mais aussi des jeunes (étudiants et lycéens). Les familles nombreuses (plus de trois enfants) et les familles monoparentales sont particulièrement concernées.

... mais le taux de départ stagne depuis le début des années 80...

Les chiffres du ministère du Tourisme font apparaître une quasi-stabilité du taux de départ en vacances (séjours personnels d'au moins quatre nuitées, voir définition ci-dessus) depuis le milieu des années 90 : 60 % en 2005, contre 61 % en 1997. Ceux publiés par l'INSEE montrent en revanche une augmentation entre 1999 et 2004, à 65 % contre 62 %. Sur longue durée, ils avaient enregistré une forte hausse à partir des années 50, notamment en 1969 (45 %) et 1976. L'évolution mesurée jusqu'à la fin des années 80 avait surtout profité aux catégories sociales qui partaient le moins (indépendants, ouvriers, inactifs et surtout agriculteurs), de sorte que les écarts s'étaient resserrés.

La démocratisation des congés connaît donc une certaine stagnation depuis le début des années 80. En 2004, les taux de départ des agriculteurs (38 %), des ouvriers (48 %) et des retraités (53 %) restaient les plus faibles (INSEE). Les agriculteurs et les retraités ont cependant rattrapé une partie de leur retard dans la seconde moitié des années 90, alors

que le taux de départ des ouvriers a peu évolué. Celui des artisans, commerçants et chefs d'entreprise s'est en revanche accru de 10 points en dix ans (de 57 % à 67 % entre 1994 et 2004), alors que ceux des professions intermédiaires et des cadres et professions intellectuelles supérieures ont encore progressé de 4 points, à 90 % contre 86 %.

Les inégalités devant les départs en vacances se retrouvent tout au long de l'année. Les différents types de départ ne prennent pas la place l'un de l'autre, mais tendent au contraire à se cumuler. Ainsi, les deux tiers des personnes qui ne sont pas parties en vacances n'effectuent aucun voyage d'au moins une nuit hors du domicile au cours de l'année. Ce sont les catégories dont le taux de départ est le plus élevé qui partent le plus à la fois en longs séjours, courts séjours, week-ends ou excursions à la journée. Ce phénomène s'explique également par le fait que les ménages aisés sont aussi ceux qui bénéficient le plus souvent d'un hébergement gratuit chez des parents ou des amis.

Parmi les non-partants, plus d'un tiers invoque des raisons financières, un sur cinq un choix personnel, un sur cinq des raisons familiales. Viennent ensuite les raisons de santé et les contraintes professionnelles. Début 2006, 81 % des Français indiquaient devoir s'imposer des restrictions en matière de dépenses de vacances et de loisir), une proportion stable depuis quelques années (Crédoc). On sous-estime souvent les freins culturels au départ en vacances de même que leur caractère anxiogène. Certaines personnes craignent de se trouver mal à l'aise hors de leur univers quotidien, dans des situations nouvelles qu'elles craignent de ne savoir gérer. Si elles constituent a priori une promesse de bonheur, les vacances sont aussi un facteur de stress.

471

La démocratisation en panne ?

Évolution du taux de départ en vacances selon la profession (séjours personnels des 15 ans et plus)

	1994	1999	2004
Agriculteurs	24	33	38
Ouvriers	48	45	48
Artisans, commerçants, chefs d'entreprise	57	60	67
Employés	65	63	63
Professions intermédiaires	80	79	78
Cadres et professions intellectuelles supérieures	86	87	90
Retraités	48	49	53
Autres inactifs	60	62	66
Enfants de moins de 15 ans, élèves, étudiants	71	71	73
ENSEMBLE	62	62	65

INSEE

... malgré l'accroissement du temps libre.

La mise en place des 35 heures n'a pas en apparence accru le taux de départ des Français en vacances, mais elle a cependant accru le nombre moyen de séjours. Or une proportion croissante de ces séjours a une durée inférieure à quatre jours, de sorte qu'ils n'apparaissent pas dans les statistiques en tant que « vacances ». La situation économique peu favorable et la montée de la précarité sont d'autres causes évoquées pour expliquer la stagnation du taux de départ. On observe pourtant que celui-ci n'avait guère profité de l'embellie qui s'est produite entre 1998 et 2001, ce qui rend l'argument peu convaincant.

Une autre explication, plus probable, est liée à la diversité et à la fréquence des « accidents de la vie » qui peuvent toucher les ménages et les inciter à annuler ou reporter des départs en vacances : maladie, accident, divorce, licenciement, décès d'un proche... Il s'y ajoute un climat social qui favorise l'envie de rester chez soi. Une tendance accrue par le niveau croissant de confort et la possibilité de pratiquer au foyer des activités de loisir autrefois réservées à l'extérieur (p. 161).

Enfin, il faut souligner que les occasions de dépense pour les ménages sont diversifiées et qu'elles donnent lieu à des arbitrages croissants. Toutes sont en concurrence, dans la mesure où elles sont prélevées sur un même budget, peu extensible et dans un contexte où les ménages sont convaincus d'une baisse de leur pouvoir d'achat (p. 329). Certains décident ainsi de ne pas partir en vacances au cours d'une année pour compenser un investissement important (logement, voiture, aménagement de la maison), pour privilégier des loisirs plus réguliers ou pour s'offrir un voyage plus coûteux l'année suivante.

Les critères de « non-partance » ont évolué depuis une dizaine d'années. Les personnes concernées sont aujourd'hui plus souvent des urbains et des jeunes de 15 à 25 ans qui ne sont pas totalement intégrés dans la société, notamment parce qu'ils ne disposent pas d'un emploi ou parce que celui qu'ils ont est précaire. Si le revenu demeure un fort facteur discriminant, l'appartenance aux catégories « âgées » et « agricoles » n'est plus aussi déterminante.

Le temps de vacances est plus fractionné.

On a assisté à partir des années 60 à un accroissement du nombre de séjours de vacances supérieur à celui du taux de départ, ce qui signifie que les Français partaient plus souvent au cours d'une même année. Cette tendance s'expliquait par la volonté de diversifier les expériences, de profiter de l'accroissement général du pouvoir d'achat, de l'abaissement des coûts de transport et de l'amélioration du réseau routier. À partir des années 80, le fractionnement des vacances a profité de la réduction du temps de travail et de la cinquième semaine de congés payés (1982), ainsi que de l'incitation (parfois l'obligation) de nombreux salariés à prendre leurs congés en plusieurs fois. Le développement de formules de week-ends prolongés et de courts séjours proposés par les hôtels, les résidences et les parcs de loisirs a aussi contribué à cette évolution.

Le nombre moyen de séjours par personne s'est accru jusque vers le milieu des années 90. Il a ensuite stagné, puis de nouveau progressé depuis 2001, avec les effets induits par la semaine de 35 heures (ci-après). Les Français ont effectué 4,2 séjours personnels d'au

Un Français sur six n'est jamais parti en vacances

Au cours d'une année, un Français sur trois ne part pas en vacances (au moins quatre nuitées) : 34 % en 2004. Mais ce ne sont pas toujours les mêmes personnes qui sont concernées. Ainsi, sur trois années consécutives (entre 1999 et 2001), les trois quarts des personnes de 15 ans et plus étaient parties au moins une fois pendant un été, mais une sur quatre n'était pas partie du tout. En 2002, 16 % des personnes âgées de 18 ans et plus n'étaient jamais parties en vacances au cours de leur vie ; un tiers d'entre elles (6 %) l'expliquaient par un manque d'intérêt pour les vacances. En tout, chaque année, pour des raisons diverses, plus d'un Français sur trois ne part pas en vacances, au sens le plus habituel de ce terme.

Plusieurs systèmes ont été mis en place pour favoriser les départs. Le chèque-vacances, créé en 1982, est un titre de paiement qui comporte une participation financière des prescripteurs (employeurs, comités d'entreprise, mutuelles des fonctions publiques, organismes sociaux) ; il peut être utilisé pour des dépenses d'hébergement, de transport, de restauration ou de loisir. Il a concerné 1,8 million de bénéficiaires directs en 2004, soit environ 6,5 millions de personnes avec leurs familles. L'Agence nationale pour les chèques-vacances attribue en outre depuis 1987 des bourses-vacances à plus de 20 000 personnes par an.

La Caisse nationale d'allocations familiales distribue des bons pour financer des séjours en village ou en centre de vacances (pour un montant de 150 millions d'euros en 2002). La bourse solidarité-vacances, créée en 1999, permet à des associations humanitaires, caritatives ou de chômeurs de distribuer des places d'hébergement ou de transport à des tarifs préférentiels ; 12 000 personnes en ont bénéficié en 2005. Chaque année, près de 30 % des bons de vacances distribués ne sont pas utilisés par les bénéficiaires.

On a recensé 97 millions de courts séjours en 2004 (France et étranger), soit 54,4 % de l'ensemble (mais 18,3 % seulement du nombre des nuitées). Lors de l'été 2005, les courts séjours ont représenté 52 % de l'ensemble, pour 16,4 % des nuitées. On constate depuis 2001 un allongement des week-ends, avec un report du trafic ferroviaire et aérien du vendredi soir vers le jeudi soir. Mais ces week-ends prolongés sont souvent passés au domicile et ne sont donc pas comptabilisés comme des séjours de vacances.

La très grande majorité des courts séjours (95 %) se déroulent en France ; plus de la moitié sont effectués par des personnes de 35 à 49 ans. Mais l'une des principales tendances des dernières années (depuis 2002) est la forte croissance des déplacements de courte durée à l'étranger : près de 5 % se déroulent en Europe. Depuis 1997, l'augmentation du nombre de déplacements de courte durée est supérieure à celle des déplacements de longue durée. Cependant, la réduction de la durée des séjours peut aussi être la conséquence d'une substitution de séjours avec nuitées à des déplacements sans nuitée, qui ne sont pas pris en compte dans les statistiques.

On observe à l'inverse un intérêt pour les très longs séjours (un mois ou plus) de la part notamment de retraités disposant d'un certain pouvoir d'achat, qui vont passer tout ou partie de l'hiver dans des destinations agréables mais abordables. Au trio classique des destinations (Tunisie, Maroc, Canaries) s'ajoutent l'Espagne, l'Égypte, les Caraïbes, voire la Malaisie.

moins une nuit en 2004 et 3,3 séjours d'au moins quatre nuits (2,4 pour ceux de moins de quatre nuits). Comme le taux de départ, la fréquence augmente régulièrement avec le niveau de revenu et la taille de l'agglomération. Près de six vacanciers sur dix partent au moins deux fois au cours de l'année, un sur cinq au moins trois fois (6 % au moins cinq fois). La durée moyenne des séjours est en baisse : 5,4 nuitées en 2004 contre 5,9 en 1996. Au sein des pays de l'Union européenne, la France est l'un de ceux où le nombre moyen de séjours est le plus élevé, derrière la Suède (3,1) et à égalité avec la Finlande ; le nombre minimal est celui mesuré en Grèce et au Luxembourg (un seul départ dans l'année).

La part des courts séjours s'est accrue.

Le nombre des courts séjours personnels (moins de quatre nuits hors du domicile) était passé de 88 millions en 1996 à 80 millions en 2001, soit 143 millions de nuitées contre 160 millions. Cette baisse s'expliquait par le fractionnement des vacances ; les Français partaient plus souvent deux fois (parfois davantage) pour des durées supérieures à quatre jours, ce qui leur laissait moins de temps (et d'argent) pour d'autres départs de plus courte durée. La mise en place des 35 heures pour les salariés ayant eu lieu depuis a inversé cette tendance : on a ainsi

Un Français sur deux part au moins une fois en week-end dans l'année.

En 2004, les Français sont partis en moyenne 5,4 week-ends et ils

473

Un milliard de nuits hors domicile

Part, durée et nombre des différents types de déplacements pour motif personnel (2004)

	Séjours	Nuitées	Durée du séjour (nuitées)	Nombre de voyages
– en France métropolitaine	89,2 %	84,1 %	5,1	4,0
– à l'étranger et en France d'outre-mer	10,8 %	15,9 %	7,9	1,4
– courts séjours (– de 4 nuits)	54,4 %	18,3 %	1,8	2,4
– longs séjours (4 nuits et +)	45,6 %	81,7 %	9,6	3,3
Ensemble	177,7 millions	953,5 millions	5,4	4,2

Direction du Tourisme/Sofres

ont séjourné 1,6 nuit par week-end (INSEE). Plus d'un week-end sur deux commence le vendredi et s'achève le dimanche, soit deux nuitées. 35 % de ces nuitées ont lieu le vendredi, 42 % le samedi et 23 % le dimanche. Les weekends comportant une seule nuit représentent 32 % des nuitées, ceux de deux nuits 41 % et ceux de trois nuits 27 %. Lorsque le week-end ne compte qu'une seule nuit, il s'agit dans la moitié des cas de celle du samedi. Depuis la mise en place des 35 heures, les Français partent plus fréquemment en weekend prolongé. C'est le cas, notamment, des habitants de Paris et des grandes villes. La diminution du temps de travail et la flexibilité des horaires ont pour conséquence générale une interpénétration croissante des différents temps de la vie (p. 98). Le printemps est la saison préférée pour les séjours de fin de semaine : 9 % des nuitées ont lieu en avril, 13 % en mai, 9 % en juin. Les trois quarts des nuitées de fin de semaine sont effectuées en hébergement non marchand : 54 % chez un membre de la famille, 14 % chez des

amis et 10 % dans une résidence secondaire. Dans le cas des hébergements marchands, l'hôtellerie occupe la première place (10 % des nuitées), devant les campings (4 %) et les gîtes et chambres d'hôte (3 %).

La région Rhône-Alpes est la première région d'accueil pour les weekends (10 % des nuitées), devant l'Île-de-France (9 %) et les régions Pays de la Loire et Centre, du fait de l'attrait des châteaux de la Loire (respectivement 8 % et 7 %). Le fait d'habiter une grande ville constitue une forte incitation à rechercher l'air pur ; quatre Franciliens sur cinq sont ainsi concernés. Les week-ends à l'étranger tendent à prendre une part croissante, bien que faible. Les principales destinations sont celles du sud de l'Europe (Italie, Espagne, Portugal), devant le Royaume-Uni, l'Irlande, le Benelux, l'Allemagne, la Suisse et l'Autriche. Les capitales européennes sont de plus en plus visitées, notamment lorsqu'elles sont le lieu de grandes manifestations ou de grands événements : expositions de peinture ; concerts ; compétitions

sportives ; fêtes nationales ; carnavals... On observe également un intérêt pour les week-ends à thème (culture, sport, gastronomie...).

Les « grandes vacances » restent concentrées sur juillet-août.

La concentration traditionnelle des vacances estivales s'explique d'abord par des raisons climatiques ; la grande majorité des Français recherchent le soleil et la chaleur, que ce soit pour des vacances balnéaires, à la campagne ou à la montagne. Pour les familles avec enfants, elle est aussi justifiée par les dates des vacances scolaires. Elle est enfin favorisée par le fait que de nombreuses entreprises ferment pendant cette période, considérant que l'activité générale est trop réduite.

Le resserrement de la saison touristique estivale est apparent pour les séjours de « grandes vacances » effectués en France métropolitaine. 48,3 % des séjours personnels de la saison d'été 2005 (1er avril au 30 septembre) ont eu lieu en juillet ou en août, contre 46,1 % en 2004 et 47,2 % en 2003. La part de ceux effectués en avril est en forte diminution. La première quinzaine d'août est traditionnellement la plus chargée ; elle représente près de 30 % de l'ensemble des départs estivaux. La concentration est moins marquée pour les séjours à l'étranger : 40,4 % ont été effectués en juillet ou août 2005 : on observe une augmentation assez sensible de ceux ayant lieu en juillet et une diminution en avril.

Le fractionnement des vacances a cependant contribué à un certain étalement sur l'ensemble de l'année, à travers les courts séjours. Conscients des écarts de prix importants entre la haute et la basse saison, un certain nombre de Français préfèrent aussi attendre

PARCS ET PARCOURS

Le fractionnement des vacances et l'envie de profiter des week-ends prolongés ont encouragé la création de nombreux parcs de loisirs (280 en France). Ils reçoivent chaque année près de 70 millions de visites, dont près d'un tiers pour les parcs d'attractions (30 % en 2004), presque autant pour les parcs animaliers (29 %) ; le reste se répartit entre les aquariums (16 %) ou parcs aquatiques (14 %) et les parcs à vocation culturelle (11 %). Ils attirent en majorité une clientèle de proximité, mais aussi 15 % d'étrangers. Après une quinzaine d'années de développement, certains connaissent un essoufflement, comme Disneyland Paris (12,4 millions de visiteurs en 2005). La fréquentation du parc Astérix a progressé après quelques années difficiles (1,8 million). Le Futuroscope a interrompu la forte érosion qu'il a connue depuis 1998 en renouvelant son offre : 1,4 million de visiteurs en 2005 contre 1,3 en 2003 (mais 2,6 en 1997). Le Puy-du-Fou a reçu aussi plus de 1 million de visiteurs (1,2) et investit dans de nouveaux spectacles. La dépense moyenne par personne dans ces parcs est d'environ 40 €.

On a assisté plus récemment à la création de « parcours d'aventure » ou « Accrobranche », espaces de lianes, câbles et échelles tendus entre des arbres. Les amateurs, équipés de combinaisons et soigneusement harnachés, peuvent ressentir le frisson en toute sécurité. Ces parcours constituent un substitut au parc de loisirs dans lequel on est plus spectateur qu'acteur de ses propres sensations. Ce nouveau type de loisir se développe aussi en montagne, avec la via ferrata, voie balisée et préparée dans la roche, destinée aux grimpeurs amateurs. D'autres formules profitent du développement des courts séjours, comme Center Parcs, qui attire notamment les familles avec de jeunes enfants. Dans le même esprit « nature », on peut citer les cabanes-chambres d'hôtel construites dans des arbres. Il faut aussi ajouter à la liste de ces lieux dédiés aux loisirs et payants les animations gratuites proposées par les villes : expositions, ventes aux enchères, brocantes, marchés de Noël, festivals de rue, centres commerciaux, événements particuliers comme Paris-Plage…

Le succès de ces divers espaces de loisir s'explique par le besoin de rêve, d'aventure, de divertissement, mais aussi de sécurité. La possibilité de s'y rendre en famille est une autre motivation importante, à la condition que chacun puisse garder une certaine autonomie.

de leur domicile au cours de l'hiver 2004-2005 (entre le 1er octobre et le 31 mars) pour des séjours personnels. La proportion de Français partant en vacances d'hiver avait presque doublé entre le milieu des années 70 et celui des années 80 : 28 % en 1986, contre 17 % en 1974 (INSEE, séjours de quatre nuits et plus). Le fractionnement des congés des salariés avait été favorisé par l'augmentation du pouvoir d'achat, la diminution du temps de travail puis la cinquième semaine de congés payés (1982). Au cours de la première moitié des années 90, le taux de départ s'était globalement stabilisé, avec des variations annuelles fréquentes.

On avait ensuite constaté une diminution dans la seconde moitié des années 90. Selon les chiffres du ministère du Tourisme (séjours personnels comptabilisés à partir d'une nuit), 36,7 % des Français étaient partis au cours de l'hiver 2000-2001, contre 40,7 % au cours de celui de 1995-1996. Cette baisse s'expliquait par le fait que certaines catégories aisées (patrons de l'industrie et du commerce, Parisiens) étaient moins nombreuses à partir. À l'inverse, les familles de cadres moyens étaient davantage concernées, mais sans qu'il y ait eu compensation. Le chiffre relatif à l'hiver 2005-2006 devrait confirmer la tendance à la baisse, au-dessous de 40 %.

Le taux de départ en vacances d'hiver est notablement plus élevé en milieu urbain ; il est proportionnel à la taille des villes. Il est ainsi presque trois fois plus élevé à Paris que dans les communes rurales. Il est également proportionnel au revenu des ménages, ce qui explique que quatre cadres et membres des professions libérales sur cinq partent, contre seulement un ouvrier ou un agriculteur sur cinq. L'âge est un facteur moins déterminant, mais on constate une diminution à partir de 50 ans, bien que les jeunes retraités

les périodes favorables pour partir. Au total, les mois de juillet et août représentent un peu moins de 30 % des séjours de l'année. Contrairement à ce que l'on imagine souvent, leur part est supérieure dans l'ensemble des pays de l'Union européenne : environ 40 %.

Les vacances de juillet et août sont davantage consacrées au repos en famille, et l'hébergement se fait plus souvent dans une résidence secondaire (personnelle ou appartenant à un parent ou ami). Les départs à l'étranger, les circuits et les séjours à l'hôtel sont proportionnellement plus fréquents pendant les autres mois d'été.

Quatre Français sur dix partent en vacances d'hiver…

38,3 % des Français de 15 ans et plus ont passé au moins quatre nuits hors

L'été 2006 des Européens

▨ **Départs.** 66 % des Français prévoyaient de partir en vacances au cours de l'été 2006 (juin à septembre inclus, plus de quatre nuits consécutives hors du foyer) : 54 % une seule fois et 12 % plusieurs fois. La proportion n'était que de 51 % en Espagne (11 % plusieurs fois), 54 % en Allemagne (14 % plusieurs fois), 55 % en Belgique (8 % plusieurs fois), 59 % en Italie (15 % plusieurs fois), 60 % en Autriche (15 % plusieurs fois). Elle atteignait 68 % en Grande-Bretagne (33 % plusieurs fois).

▨ **Durée.** Dans 45 % des cas (45 %), la durée prévue pour ces vacances était de deux semaines (57 % des Allemands). Elle était d'une semaine pour 31 % des personnes interrogées (40 % des Italiens et des Autrichiens, 39 % des Britanniques). On observait un changement dans les comportements des Français : 22 % envisageaient de partir une seule semaine, contre 31 % en 2005, et 42 % deux semaines (contre 37 % en 2005). La proportion de Belges désirant prendre des vacances longues (trois semaines) augmentait notablement : 16 % en 2006 contre 7 % en 2005. La principale motivation exprimée était la recherche de repos (61 %), assez loin devant la notion de découverte (37 %). Elle est globalement commune à l'ensemble des pays européens, mais les Britanniques se distinguent par un désir plus grand de découverte (47 %).

▨ **Destinations.** 47 % des Européens interrogés prévoyaient de rester dans leur propre pays : c'était le cas notamment de 70 % des Espagnols, 68 % des Italiens, 65 % des Français (chiffre sensiblement inférieur à celui mesuré chaque année). 81 % de ceux qui pensaient partir pour l'étranger devaient rester en Europe, avec trois destinations privilégiées presque à égalité : France (19 %), Italie (19 %), Espagne (18 %).

▨ **Motivations.** Le besoin de repos et de détente explique que 20 % des touristes européens envisageaient de se rendre dans leur résidence secondaire ou chez des amis, 31 % de louer une maison, une chambre d'hôtel ou une chambre d'hôte, 11 % d'opter pour le camping-caravaning. 25 % devaient acheter un forfait tout compris avec transport et hébergement ; 26 % pensaient organiser eux-mêmes leur voyage, en achetant des prestations séparées (transport, logement).

▨ **Organisation.** Les deux tiers des personnes concernées (68 %) disaient préparer leurs vacances longtemps à l'avance, 31 % décider à la dernière minute de leur destination (38 % des Espagnols et des Italiens). 35 % déclaraient utiliser Internet pour effectuer leurs réservations (contre 28 % en 2005) : 50 % des Britanniques, mais seulement 19 % des Italiens.

(Europ Assistance/Ipsos, avril 2006)

---

soient de plus en plus nombreux à prendre des vacances d'hiver.

La part de la montagne est moins importante en hiver qu'en été, avec seulement 38 % des séjours (hiver 2004-2005). La très grande majorité d'entre eux ont lieu en France (83 %, contre 89 % en été). Parmi les destinations de montagne à l'étranger, la Suisse arrive très largement en tête. On observe que la clientèle de vacances en montagne est plus diversifiée en hiver qu'en été.

... et la durée des séjours d'hiver a diminué.

La durée moyenne des vacances d'hiver avait atteint un maximum de 15,4 jours en 1976-1977. Elle s'est stabilisée aujourd'hui aux environs de 14 jours. Cette baisse est due à l'accroissement de la part des courts séjours (de une à trois nuits), conséquence du fractionnement des congés. Ils représentent aujourd'hui une part plus importante des congés d'hiver que les séjours de quatre nuits et plus. La baisse est aussi liée à celle de la durée des séjours aux sports d'hiver.

69 % des séjours « affinitaires » (visites à la famille ou à des amis) ont une durée de une à trois nuitées (hiver 2004-2005). Les visites aux amis sont encore plus courtes que celles à la famille. Les séjours d'agrément sont plus diversifiés : 35 % durent une ou deux nuitées et 38 % s'étendent sur au moins sept nuitées. La durée des vacances d'hiver varie en fonction de la catégorie socioprofessionnelle ; elle est en moyenne de 9 jours pour les ouvriers et les agriculteurs, 14 pour les cadres et professions libérales, 20 pour les retraités. Les jeunes et, surtout, les plus de 60 ans sont ceux qui effectuent les plus longs séjours. C'est le cas aussi des Parisiens, qui partent presque deux fois plus longtemps que les habitants des communes rurales. La répartition des séjours est à peu près homogène entre octobre et mars, chaque mois représentant 5 % à 6 % des séjours de vacances de l'année, mais seulement 4 % à 5 % des nuitées, compte tenu de leur durée moins longue que les séjours d'été.

Les vacanciers sont hébergés gratuitement dans les trois quarts des séjours d'hiver (72 % en 2004-2005), le plus souvent par des membres de leur famille ou des amis (62 %), mais aussi dans leur propre résidence secondaire (12 %). La part des hébergements gratuits dans le nombre de nuitées est un peu inférieure (66 %), du fait que la durée moyenne des séjours correspondants est inférieure à celle des séjours avec hébergement payant. Parmi ces derniers, l'hôtel arrive en tête (13 %), devant les locations. Les gîtes et les chambres d'hôte représentent une faible part des séjours et des nuitées (2 %), de même que les résidences de tourisme (1 %). Le camping est peu utilisé en hiver (1 % des séjours et des nuitées).

Le taux de départ en vacances d'été est stable...

Deux Français sur trois partent en vacances. Au cours de la période estivale 2005 (avril à septembre, au moins une nuit hors du domicile), 68,6 % des personnes de 15 ans et plus sont parties au moins une fois en voyage pour motif personnel (tout type). Ces chiffres concernent les voyages d'agrément, visites à la famille ou à des amis, manifestations sportives ou culturelles, stages, cures... Ils excluent les déplacements à caractère professionnel. Au cours des dernières années, le taux de départ en vacances d'été pour les longs séjours (au moins quatre nuits) a été quasi stable : 59,7 % en 2005, contre 59,2 % en 2000. Il s'est en revanche accru pour les courts séjours : 37 % en 2005 contre 34 % en 2000 (mais 38,3 % en 2004). On constate également un net accroissement du taux de départ en vacances d'été pour l'étranger : 18 % en 2005 (comme en 2004), contre 15,8 % en 2001.

On observe une stabilité des écarts entre les catégories sociales. L'augmentation du taux de départ des ménages les plus modestes s'explique essentiellement par la diminution dans cette catégorie de la proportion de personnes âgées, généralement moins habituées aux vacances. Le niveau de vie reste le principal facteur explicatif des écarts entre les groupes sociaux. 70 % des cadres supérieurs et membres des professions libérales sont partis en long séjour au cours de l'été 2003 (quatre jours et plus), contre seulement 47 % des employés, 44 % des ouvriers, 34 % des inactifs et 30 % des agriculteurs. Le lieu d'habitation est un autre critère important : 64 % des Parisiens sont partis, contre seulement 38 % des habitants des communes rurales. Le taux de départ des indépendants (agriculteurs, commerçants, artisans, chefs d'entreprise) s'est accru. En revanche, les employés et ouvriers partent moins qu'il y a dix ans. Enfin, les inégalités selon l'âge se sont réduites, car les retraités récents étaient habitués à partir en vacances et continuent à le faire.

... et la durée moyenne des séjours d'été diminue.

L'accroissement du nombre moyen de séjours effectués par les vacanciers au cours de l'année (fractionnement) explique que chacun d'entre eux tend à raccourcir. La durée des longs séjours personnels d'été (quatre nuits et plus) est ainsi passée de 17 nuitées en 1989 à 10,2 en 2005. À l'inverse, celle des longs séjours à l'étranger est passée de 10,1 nuits en 2003 à 10,4 nuits en 2005. La durée des courts séjours (toutes destinations) était de 1,8 nuit contre 1,9 en 2003, mais celle des courts séjours à l'étranger est passée de 2,2 à 2,1. Il apparaît donc que les courts séjours sont de plus en plus courts, qu'ils soient effectués en France ou à l'étranger, tandis que les longs séjours

sont plus courts en France et plus longs à l'étranger.

La durée globale des séjours d'été a ainsi fortement diminué depuis 2001 (0,4 nuitée de moins sur cinq ans), mais elle semble se stabiliser autour de 5,6 nuits pour les séjours en France métropolitaine et 8 nuits pour les séjours à l'étranger (ou en France d'outre-mer). Entre 2004 et 2005, la durée de séjour est restée stable, la part un peu plus importante des longs séjours ayant compensé le raccourcissement des courts séjours.

La diminution de la durée des séjours de vacances principales est compensée par la fréquence croissante des vacances secondaires, ainsi que des courts séjours (une à trois nuits), notamment à l'occasion des weekends (p. 473). La tendance au fractionnement s'explique par l'accroissement du temps libre, mais aussi par la volonté des Français d'alterner les périodes de vacances et de travail et de vivre des expériences différentes au cours d'une même année. Elle est également la conséquence d'une tendance croissante à l'improvisation, liée à une vision à plus court terme de la vie et des projets personnels ou familiaux.

Aux inégalités concernant les taux de départ et la durée de séjour s'ajoutent les différences sur le type de vacances choisi : destination ; durée ; mode d'hébergement ; activité ; nombre de séjours. Les personnes ayant le niveau de vie le plus élevé sont beaucoup plus nombreuses à choisir les circuits que les personnes les plus modestes. Elles fractionnent aussi davantage leurs vacances. La part des séjours à l'étranger est comparable aux deux extrémités de l'échelle des revenus, mais les ménages les plus modestes, souvent étrangers ou naturalisés français, partent principalement retrouver leur famille et leurs amis dans leur pays d'origine, à la différence des plus aisés.

477

Un été 2005

Caractéristiques principales des séjours d'été 2005

	Séjours		Nuitées	
	France	Étranger	France	Étranger
Durée				
– courts séjours	52,9 %	24,7 %	16,4 %	6,1 %
– longs séjours	47,1 %	75,3 %	83,6 %	93,9 %
– durée moyenne (en nuits)	5,8	8,3	5,8	8,3
Motif				
– agrément	45,7 %	79,2 %	61,3 %	79,3 %
– famille	37,4 %	11,0 %	25,7 %	13,5 %
– amis	10,4 %	4,2 %	5,8 %	3,2 %
– autres raisons personnelles	6,5 %	5,6 %	7,2 %	4,0 %
Effectif total (en millions)	100,9	12,9	582,1	107,3

Direction du tourisme/Sofres

Les décisions sont de plus en plus tardives.

La majorité des Français organisent encore leurs vacances à l'avance, notamment les couples, les familles et les personnes âgées. Mais beaucoup attendent plus longtemps que par le passé pour choisir leur destination, leur hébergement ou leur moyen de transport. En juin 2004, un vacancier sur trois (31 %) déclarait se décider au dernier moment (Europ Assistance/Ifop) ; le rôle croissant d'Internet en matière de réservation de séjours et de transports (ci-après) a renforcé cette tendance, mais elle était sensible bien avant. Près de la moitié des personnes qui réservent leurs voyages par ce canal le font moins d'un mois à l'avance.

Ce comportement est la conséquence d'une instabilité générale et de la difficulté à se projeter dans l'avenir, même proche, compte tenu des changements qui peuvent avoir lieu sur le plan professionnel, familial ou personnel. Ceux qui envisagent de partir à l'étranger redoutent en outre les risques géopolitiques, naturels ou sanitaires dans certains pays ou régions du monde, tels qu'ils les perçoivent à travers les médias. Les destinations délaissées bénéficient en revanche plus rapidement d'un regain d'intérêt lorsque le calme semble y être revenu.

L'autre grande motivation des vacanciers « improvisateurs » est d'obtenir de meilleurs prix en se décidant tardivement ou en faisant appel aux soldeurs. Ils y sont encouragés par le développement des promotions de dernière minute, plus nombreuses en période d'instabilité. Les inactifs et les retraités, qui ne sont pas contraints par des dates de vacances fixes et décidées longtemps à l'avance, sont aussi de plus en plus nombreux à profiter des occasions qui se présentent, sous la forme d'invendus ; cela leur permet de partir plus souvent que la moyenne des Français. L'accroissement de la part des ventes de dernière minute (VDM) fait qu'il est plus difficile de prévoir les comportements des vacanciers avant le début de la saison touristique. Ainsi, le niveau des réservations avant l'été 2006 apparaissait relativement faible, notamment sur les destinations long-courriers.

Un séjour d'été sur deux est réservé.

43,5 % des séjours effectués au cours de l'été 2005 ont fait l'objet d'une réservation. Les prestations concernées sont principalement l'hébergement et le transport (respectivement 50 % et 48 % des cas). Près de la moitié de ces séjours (42 %) ont été réservés directement auprès des prestataires. Le recours aux agences de voyages a concerné 23 % des séjours, principalement pour les voyages à l'étranger. 6 % ont été retenus auprès d'offices du tourisme, 16 % auprès d'associations. Parmi les autres canaux (23 %), Internet connaît une très forte croissance (ci-après). Les activités sur le lieu de séjour sont réservées dans 12 % des cas ; un transport sur place est prévu dans la même proportion.

Le fait que les Français passent le plus souvent leurs vacances en France et qu'ils utilisent souvent des moyens d'hébergement gratuits et leur propre voiture explique le faible recours à des intermédiaires pour les organiser (agences de voyages, comités d'entreprise, associations...). La proportion de personnes concernées (environ une sur cinq) est ainsi très inférieure à celle mesurée en Suède (deux sur trois), mais elle reste très supérieure à celle de la Grèce (2 %) ou du Portugal (15 %). Elle varie entre 20 % et 45 % dans les autres pays européens. Le recours aux agences de voyages est beaucoup plus fréquent pour les vacances à l'étranger (48 % des séjours en 2004) qu'en France (8 %) ; il se rapproche alors de la moyenne européenne. La proportion atteint les trois quarts lorsque le voyage est effectué en avion. L'organisation des courts séjours n'est en revanche confiée à des professionnels que dans un cas sur dix. Ce sont principalement les jeunes, les cadres et surtout les retraités qui achètent des produits de vacances forfaitaires ; un sur quatre habite en région parisienne.

Les agences de voyages ont connu depuis 2001 des années difficiles, avec la succession d'événements défavorables à la réservation de voyages, notamment à l'étranger : attentats, guerre en Irak, risques géopolitiques, catastrophes naturelles, épidémies, accidents de charters, ralentissement de la croissance économique, hausse du prix du pétrole... Par ailleurs, la part des grandes surfaces dans la vente de voyages est en augmentation, avec des produits simples d'un bon rapport qualité/prix (Leclerc est le premier vendeur national). Mais c'est surtout l'utilisation d'Internet qui transforme la distribution de voyages.

6 millions de Français ont réservé sur Internet en 2005.

En 2005, l'achat de voyages sur Internet a progressé de 46 %, représentant une dépense de 3,1 milliards d'euros, soit la moitié (45 %) des achats totaux sur Internet. 37 % des français partis au cours de l'année ont utilisé le réseau au moins pour la préparation de leur séjour, soit 11,5 millions (Opodo/Raffour Interactif). Parmi eux, 5,7 millions ont effectué une réservation en ligne, soit un doublement par rapport à 2004. Le taux de conversion de la recherche en réservation pour au moins une prestation liée au séjour a donc été de 49 %. La part des voyages à l'étranger achetés en France sur le réseau est passée de 16 % en 2001 à près d'un tiers en 2005. De façon générale, les internautes sont

plus aisés que la population globale, plus jeunes et plus consommateurs de voyages. Ils sont ainsi en moyenne plus nombreux à partir en vacances que les autres : 72 % contre 52 % en 2005. Ils partent en outre plus fréquemment à l'étranger ou dans les DOM-TOM : 36 % contre 28 % des non-internautes.

Cette croissance spectaculaire s'explique d'abord par celle du taux d'équipement informatique et par le développement des connexions à haut débit, très sensible depuis 2003 (p. 435). Elle traduit aussi une plus grande confiance dans la fiabilité et la sécurité du système de paiement par carte bancaire. Surtout, les Français peuvent trouver sur Internet des informations détaillées et multimédias (textes, images, vidéos, sons) sur les destinations, comparer les prix et effectuer des réservations à tout moment de la journée ou de la semaine. Le système, qui peut proposer en temps réel les invendus, favorise ainsi les ventes de dernière minute.

La proportion de Français ayant recours à Internet pour leurs voyages est supérieure à celle des pays du sud de l'Europe, mais elle reste moins élevée que celle observée dans ceux du nord. L'achat en ligne devrait connaître une progression rapide dans les prochaines années. 69 % des internautes estiment qu'internet constituera dans les prochaines années le principal moyen de préparation et de réservation de séjours. La généralisation de l'équipement dans la population et celle de son usage commercial devraient avoir des incidences sur les autres canaux de

distribution de voyages ou de billetterie.

DESTINATIONS

Neuf séjours sur dix se déroulent en France...

89 % des déplacements personnels (toutes causes, dates et durées confondues) ont eu lieu sur le territoire français en 2005 (métropole et DOM-TOM). Ces déplacements sont en moyenne plus courts que ceux effectués à l'étranger (5,1 nuits contre 7,9), de sorte que leur part dans l'ensemble des nuitées est un peu plus faible ; elle atteint cependant 84 %. La proportion des longs séjours (quatre nuits ou plus) effectués en France n'est que de 82 %. Le nombre des courts séjours à l'étranger tend à s'accroître, notamment vers les destinations européennes proches. On observe une assez grande stabilité dans les choix des vacanciers. Six sur dix choisissent chaque année la même destination, dont un tiers le même endroit de séjour précis. Deux sur trois gardent le même lieu de résidence pendant tout leur séjour. Cette fidélité est souvent liée à la disposition d'une résidence secondaire ou à la possibilité d'être hébergé gratuitement.

La place prépondérante des séjours effectués en France explique l'usage généralisé de la voiture : elle était le moyen de transport utilisé dans 76 % de l'ensemble des séjours de l'année 2005 (France et étranger) contre moins de 50 % pour les Danois ou les Britanniques (qui sont cependant nombreux à se rendre dans d'autres pays du Sud en voiture). Pour les séjours effectués en France, la voiture était utilisée dans 81 % des cas par les vacanciers, notamment pour les séjours d'été.

● *Plus de 33,5 millions de nuitées ont été réservées dans les hôtels à Paris en 2005, soit 18 % de l'ensemble de l'hôtellerie française.*
● *35 % des actifs affirment avoir du mal à se remettre au travail en rentrant de vacances.*

479

... y compris en été.

La proportion des séjours d'été passés en France est pratiquement la même que celle de l'ensemble de l'année : 88 % pour l'été 2005. Les Français sortent moins des frontières que les habitants des autres pays européens, notamment ceux du Nord ; Belges, Danois, Allemands, Irlandais, Luxembourgeois, Néerlandais et Autrichiens effectuent en effet davantage de séjours à l'étranger que dans leur propre pays.

La richesse et la variété des sites touristiques expliquent cet engouement des vacanciers français pour l'Hexagone. Il est d'ailleurs partagé par de nombreux étrangers, puisque la France reste la première destination mondiale en nombre de visiteurs (p. 482). Le palmarès des régions qui connaissent les plus fortes fréquentations estivales est assez stable, avec une prime pour les zones ensoleillées, balnéaires et disposant d'équipements touristiques. C'est la région Rhône-Alpes qui arrive en tête (8,8 % des séjours France et étranger), devant Provence-Alpes-Côte d'Azur (8,4 %, mais le Var est le premier département d'accueil national, avec plus de 1,5 million de vacanciers entre juin et septembre), Bretagne (7,6 %), Pays de la Loire (7,3 %) et Languedoc-Roussillon (7,1 %). La hiérarchie diffère si l'on prend en compte la durée des séjours : la région Provence-Alpes-Côte d'Azur arrive en tête (10,4 % de l'ensemble des nuitées France et étranger). Elle précède le Languedoc-Roussillon (9 %), la Bretagne (8,3 %), Rhône-Alpes et Aquitaine (7,8 % chacune).

Un Français sur cinq part pour l'étranger au cours de l'année.

23 % des Français de 15 ans et plus sont partis au moins une fois pour l'étranger ou les DOM-TOM en 2004 pour une nuit et plus. Les séjours à l'étranger, moins fréquents que ceux effectués en France, n'ont représenté cependant que 11 % de l'ensemble des voyages personnels, mais 16 % des nuitées du fait que leur durée moyenne est plus longue (la moitié comportent quatre nuits au minimum). Cette proportion de déplacements à l'étranger est très faible par rapport à celle constatée dans d'autres pays développés : plus de la moitié aux Pays-Bas, en Suisse, en Allemagne, en Autriche ou en Belgique, plus d'un tiers en Grande-Bretagne ou au Canada, plus d'un quart en Irlande (mais moins de 5 % aux États-Unis et au Japon).

Les principales destinations des Français hors de l'Hexagone se situent en Europe (66 % des séjours et 55 % des nuitées en 2004). L'Espagne arrive en tête (15 % des séjours et des nuitées), devant l'Italie (10 % et 9 %). Hors Europe, les deux destinations les plus prisées sont le Maroc et la Tunisie (5 % chacune). Les voyages outre-mer représentent 4,5 % des séjours et 8 % des nuitées. La durée moyenne des séjours à l'étranger est souvent proportionnelle à la distance ; pour une moyenne de 6,6 jours en Europe (en baisse), elle atteignait 7,9 en Espagne, 6,8 en Italie, 5,3 en Grande-Bretagne, 4,7 en Allemagne. Elle était de 11,9 jours en Océanie, 11 en Amérique, 9 jours en Afrique, mais de 14,6 jours outre-mer.

La mise en place de l'euro (avec la disparition des frais de change et la plus grande transparence des prix) favorise les séjours dans les onze autres pays concernés, de même que le développement des compagnies *low cost* sur les moyen-courriers. Il en est de même de l'élargissement de l'Union européenne à dix pays de l'Est. D'une façon générale, l'intérêt des Français pour les vacances à l'étranger devrait s'accroître au cours des prochaines années, du fait notamment de l'accroissement de l'offre de séjours et de forfaits, dans un contexte de mondialisation et de développement d'Internet. À condition cependant que les risques de nature diverse qui apparaissent sur les destinations de vacances ne dissuadent pas les Français, comme l'envolée du prix des carburants.

De nouvelles destinations apparaissent.

Au cours de l'année 2005, les voyagistes (CETO) ont enregistré une hausse de 5,5 % du nombre de clients (6,5 % sur le nombre des forfaits achetés) et de 2,5 % sur celui de vols secs. Les destinations étrangères ayant connu les plus fortes croissances étaient la Turquie (39 % pour les voyages à forfait) et les États-Unis (28 %), le Maroc (21 %) et la Tunisie (17 %). À l'inverse, les Antilles et la République dominicaine ont subi des baisses de fréquentation (respectivement 8 % et 3 %). La progression globale enregistrée en 2005 a été essentiellement due au premier semestre, la situation s'est ensuite rapidement dégradée.

La conjoncture économique et sociale en France influe sur l'envie et sur la possibilité financière de voyager à l'étranger. Les destinations sont en outre de plus en plus soumises à des aléas de toute nature : risques géopolitiques, catastrophes naturelles, attentats, accidents d'avion, risques sanitaires et autres menaces réelles ou supposées. Ainsi, l'île de La Réunion a subi de plein fouet les effets du chikungunya (moustique porteur de maladie) et de sa forte médiatisation, alors que l'île Maurice a été plus épargnée. Les Antilles françaises ont aussi perdu de nombreux visiteurs, du fait d'une image dégradée de l'accueil ; les efforts entrepris récemment semblent commencer à porter leurs fruits.

Les Français casaniers ?

18 % des Français ont effectué des séjours à l'étranger au cours de l'été 2005. Bien qu'en croissance, cette proportion reste faible par rapport à celle d'autres pays de l'Union européenne (plus de 60 % aux Pays-Bas, en Allemagne ou en Belgique). Un Français sur quatre n'est jamais sorti de l'Hexagone, un sur deux ne s'est jamais rendu dans d'autres pays que ceux qui ont une frontière commune avec la France (Belgique, Luxembourg, Allemagne, Suisse, Italie, Espagne). La durée moyenne des séjours d'été à l'étranger est supérieure à celle des séjours intérieurs (8,3 jours contre 5,8 jours) de sorte que la part des nuitées passées à l'étranger est plus élevée : 16 %, pour 11 % des séjours.

Ce sont les jeunes qui partent le plus (un quart des séjours des 14-24 ans ont lieu hors des frontières) ainsi que les Parisiens, les cadres, les patrons et les retraités. La proportion est aussi parti-culièrement élevée parmi les ouvriers non qualifiés : environ 30 %. Elle est due au nombre important de travailleurs d'origine étrangère qui se rendent dans leur pays d'origine à l'occasion des vacances : 14 % des ouvriers partis en vacances au cours de l'été 2004 se sont rendus à l'étranger pour visiter leur famille proche, contre 7 % de l'ensemble des vacanciers. La moitié des séjours hors frontières ont ainsi pour but une visite à des membres de la famille ; plus de la moitié des vacanciers concernés sont eux-mêmes étrangers ou français par acquisition. 93 % d'entre eux résident dans le logement de leur famille ou chez des amis pour une durée moyenne de 19 jours.

Les principales destinations sont le Maghreb (surtout Algérie et Tunisie) et le Portugal. Les séjours à l'étranger hors d'un contexte familial concernent en priorité les catégories aisées. Près de six vacanciers sur dix concernés sont alors logés à l'hôtel ou en location. La proportion de départs à l'étranger (et DOM-TOM) en hiver est faible : un Français sur vingt (15 ans et plus). Ce type de vacances représente néanmoins près de 10 % des séjours d'hiver. Il concerne surtout les Parisiens et les familles aisées. Comme pendant les autres saisons, les destinations de proximité sont privilégiées. L'Europe concentre ainsi près de six séjours sur dix. On observe un accroissement des voyages en Afrique du Nord, principalement au Maroc et en Tunisie, où les prix sont souvent compétitifs par rapport à ceux pratiqués en France, malgré le coût du transport. Le développement des offres de thalassothérapie (p. 484) contribue à cet engouement. Un séjour à l'étranger sur trois se déroule dans la famille proche, dont la moitié dans les pays de l'Union européenne. Les séjours d'hiver à l'étranger sont en moyenne plus longs que ceux effectués en France, notamment pour les pays éloignés. La moitié durent au moins une semaine (7 nuitées), un tiers moins de 4 nuitées (courts séjours).

Certaines destinations sont au contraire « à la mode », du fait d'un bouche-à-oreille favorable. Il est généralement fondé sur la beauté des sites et le rapport qualité/prix des offres. Il a profité à des pays comme la Tunisie, le Maroc, la Turquie, l'Égypte, Cuba, la République dominicaine ou, plus récemment, la Croatie et la Chine. L'élargissement de l'Union européenne à l'Est est aussi l'occasion pour les Français de découvrir des pays comme les républiques baltes, la Slovénie ou la Pologne. Les destinations qui se détachent sont celles qui sont en mesure de nourrir l'imaginaire des voyageurs par leur caractère « exotique », tout en offrant une qualité satisfaisante en termes d'infrastructures, de confort, d'accueil et de sécurité.

> **Quatre séjours sur dix ont lieu en ville, une nuit sur trois à la mer.**

Un quart des séjours de vacances des Français au cours de l'année (toutes durées, toutes saisons) se déroulent sur le littoral (26 % en 2004), mais ils représentent un tiers des nuitées (35 %), du fait de leur durée moyenne supérieure à celle des autres séjours. Ceux effectués en ville (39 % des séjours) sont au contraire plus courts et ne comptent que pour 29 % des nuitées. 19 % des séjours se déroulent à la campagne, mais leur durée est plus longue (28 % des nuitées). Enfin, la montagne, lieu de courts séjours (notamment en hiver), repré-sente 15 % des séjours pour seulement 8 % des nuitées. Certains séjours sont des circuits itinérants, qui peuvent mélanger plusieurs espaces de vacances : mer, campagne, lacs, villes. De nombreux ménages effectuent plusieurs types de séjours au cours d'une même année.

L'héliotropisme, propension à rechercher les destinations ensoleillées, reste la motivation première des Français en vacances. Le besoin de chaleur, évident en été, l'est aussi de plus en plus en hiver. Il explique l'accroissement du nombre des séjours effectués dans les pays bénéficiant d'un climat maritime : Espagne, Italie, Tunisie, Maroc, Antilles, Turquie...

L'héliotropisme s'accompagne de plus en plus d'un « phytotropisme »,

Un séjour d'été sur dix hors de France

Répartition des séjours personnels par destination au cours de l'été 2005 (en %)

Part de l'ensemble des séjours personnels

France	**88,9**
dont :	
France métropolitaine	88,6
DOM-TOM	0,3
Étranger	**11,1**

Part des séjours personnels à l'étranger

Europe	**73,9**
dont :	
Grande-Bretagne	4,5
Irlande	1,8
Allemagne	5,4
Belgique, Luxembourg	5,4
Pays-Bas	1,8
Espagne	17,1
Portugal	3,6
Italie	10,8
Suisse	1,8
Autriche	1,8
Scandinavie	1,8
Grèce	2,7
Autre Europe	15,4
Amérique	**6,3**
dont États-Unis	2,7
Afrique	**13,5**
dont :	
Maroc	3,6
Tunisie	4,5
Égypte	1,8
Autre Afrique	3,6
Asie, Océanie	**3,6**
Autre	**2,7**

Direction du tourisme/Sofres

intérêt pour la nature et, singulièrement, pour la campagne. Afin de faire face à la demande croissante de « vacances vertes », l'offre d'hébergement s'est développée ; entre 2000 et 2005, le nombre de lits en résidences de loisir a augmenté de 43 % (455 000), contre seulement 4 % dans l'hôtellerie. Si le nombre d'emplacements de camping a été globalement stable, celui des emplacements loués à l'année a augmenté de 38 % et celui des emplacements équipés (bungalow, mobile home…) a doublé. Le nombre des gîtes s'est stabilisé au-dessous de 45 000, tandis que celui des chambres d'hôte

Première destination mondiale…

La France détient toujours le titre de première destination touristique mondiale, avec 75 millions de touristes étrangers enregistrés aux frontières en 2005. Leur nombre avait atteint 77 millions en 2002, mais il n'était que de 52 millions en 1990. La légère baisse globale de la clientèle européenne, notamment des Allemands, des Néerlandais et, dans une moindre mesure, des Italiens, a été compensée par l'afflux des touristes espagnols, scandinaves et en provenance de pays plus éloignés : américains, canadiens, japonais et chinois (plus de 500 000, mais moins que prévu et avec une dépense moyenne plus réduite). La moitié des touristes étrangers disent être motivés par la dimension culturelle de leur séjour en France. Ils dépensent davantage et restent plus longtemps que les autres ; un tiers des entrées dans les musées (34 %) provenait ainsi des touristes étrangers en 2005.

Si la France devance l'Espagne et les États-Unis en termes de fréquentation, elle est dépassée par ces deux pays en ce qui concerne les recettes touristiques, qui constituent un indicateur plus important pour l'économie. Lieu de passage obligé (en tout cas en voiture) entre le nord et le sud de l'Europe, la France ne parvient guère à retenir les touristes qui la traversent. L'une des raisons en est sans doute son image nuancée. L'enquête Maison de la France/Ipsos de 2004 dans douze pays d'Europe, d'Asie, d'Australie, du Moyen-Orient et d'Amérique a montré qu'elle bénéficie globalement d'une bonne image auprès de 75 % des voyageurs de ces pays (25 % seulement la jugent très bonne). Avec 15 % des suffrages, la France n'arrivait qu'en quatrième position des destinations où les voyageurs souhaitent le plus se rendre, derrière l'Italie (27 %), l'Espagne et la Grande-Bretagne (17 % chacune).

L'image de la France se caractérise principalement, aux yeux du grand public, par sa richesse culturelle (88 % des voyageurs), la qualité de sa nourriture (82 %) et celle de l'environnement (75 %). Elle est souvent bien perçue pour son « sens de la fête », mais jugée plus sévèrement en matière d'hébergement. L'accueil n'est en revanche jugé de bonne qualité que par 58 % des voyageurs, et la perception du rapport qualité/prix des séjours demande également à être améliorée, ainsi que l'information sur la destination. Au total, 81 % des personnes qui avaient déjà visité la France se disaient susceptibles de la recommander à leurs proches (dont 43 % tout à fait). La proportion n'était que de 68 % parmi les Américains et de 70 % parmi les Néerlandais. Les difficultés plus récentes (émeutes dans les banlieues en novembre 2005, manifestations contre le CPE début 2006…) n'ont sans doute pas favorisé l'image du pays en tant que destination touristique paisible et accueillante.

Plus souvent en ville, plus longtemps à la mer

Évolution de la répartition de séjours personnels selon le type de destination
(en %)*

	Séjours		Nuitées	
	1995	2005	1995	2005
Mer	25,3	33,9	37,4	46,1
Montagne	15,0	13,7	19,8	17,8
Campagne	37,4	35,4	32,4	32,1
Lac	4,1	5,0	5,7	6,1
Ville	32,1	31,5	26,2	25,2

* Le total est supérieur à 100 %, plusieurs espaces pouvant être fréquentés au cours d'un même séjour.

a triplé depuis 1990 (à 30 000). De même, l'offre d'activités liées à ce type de vacances s'est développée : randonnées à cheval, canotage, stages d'artisanat, etc.

En été, une nuit sur deux est passée en bord de mer...

Un peu plus du tiers des séjours de l'été 2005 (34 %) se sont déroulés au bord de la mer ; ils ont représenté près de la moitié des nuitées (46 %). La grande migration annuelle vers le Sud est peut-être en majeure partie instinctive ; elle peut être comparée à celle des espèces animales. Matrice de l'humanité, la mer exerce un attrait très fort sur des individus qui cherchent à rompre le cours de leur vie quotidienne, à retrouver des repères, à communier avec la nature. Ils sont aussi à la recherche du soleil, symbole de l'harmonie avec l'univers ; les traces qu'il laisse sur la peau prolongent le souvenir des vacances (mais elles augmentent le nombre des mélanomes, qui a doublé en vingt ans). Il faut noter que, si un quart des vacances ont lieu au bord de la mer, la moitié

des vacanciers concernés ne se baignent pas.

Plus de 40 % des journées de vacances d'été passées en France se déroulent sur la côte atlantique ou méditerranéenne. Ce sont les zones balnéaires et les lacs qui ont connu récemment les plus forts taux de croissance. Les fidèles de la mer sont surtout les jeunes (moins de 35 ans), ceux qui ont des enfants à charge et des personnes issues de milieux modestes (ouvriers, employés, chômeurs). Les circuits représentent un peu moins de 10 % des séjours d'été ; ils concernent surtout les ménages à hauts revenus et les personnes de plus de 50 ans, en particulier les retraités.

... et une sur trois à la campagne.

Les séjours à la campagne ont représenté 35 % des séjours et 32 % des nuitées au cours de l'été 2005, confirmant l'engouement pour les vacances rurales. Celui-ci est la conséquence d'une volonté de retrouver des racines disparues avec l'exode rural et l'urbanisation. Ce mouvement s'accom-

pagne d'une recherche d'authenticité et de calme afin de lutter contre le stress de la vie quotidienne propre aux grandes villes.

Le développement s'est fait surtout dans les régions centrales du pays, qui ont été plus récemment ouvertes au tourisme. 70 % des séjours se concentrent sur 20 % du territoire, alors que la campagne en couvre 80 %. Les fidèles du tourisme rural sont plus souvent des personnes âgées, des Parisiens et des ménages disposant de résidences secondaires. La vogue des sports de plein air comme le VTT, l'escalade, le rafting et surtout la randonnée a donné une nouvelle dimension à ce type de vacances. La volonté de réduire les dépenses est une autre incitation des vacanciers à se rendre dans des sites où les prix sont moins élevés. On observe aussi que les vacanciers de bord de mer font de plus en plus souvent des incursions dans l'arrière-pays.

La ville est un très sérieux concurrent pour la mer et la campagne, puisqu'elle compte pour un tiers des séjours d'été (31 %) et un quart des nuitées (25 %). La montagne a représenté 14 % des séjours et 18 % des nuitées des vacanciers au cours de l'été 2005. Enfin, à mi-chemin du séjour à la campagne et de celui à la mer, la fréquentation des lacs reste minoritaire, compte tenu d'un espace touristique plus restreint que les autres : 5 % des séjours et 6 % des nuitées.

En hiver, la montagne reste une destination élitaire.

La montagne n'est pas la principale destination des Français au cours de leurs séjours personnels en hiver (du 1er octobre au 30 mars). Les espaces les plus fréquentés sont la ville et la campagne, qui concentrent au total les trois quarts des séjours. La mer et la montagne représentent chacune moins d'un

483

sur cinq. Après un doublement entre 1965 et le début des années 80 (avec un maximum de 10 % en 1982-83), le taux de départ à la montagne a diminué. Il est stable depuis une douzaine d'années au-dessus de 8 %, avec un creux à 7,1 % en 1989-90 et un autre à 7,6 % en 1996-97. Les séjours dans les stations de sports d'hiver (avec ou sans pratique de ski) ont concerné 8,5 % des Français au cours de l'hiver 2004-2005. Ce sont les moins de 45 ans et les catégories aisées de la population qui partent le plus. L'âge et la présence d'enfants sont des déterminants majeurs de ce type de séjour. Les enfants partent le plus souvent avec leur famille tandis que la fréquentation des centres de vacances est en diminution régulière depuis plusieurs années. Le recours à la location est le mode d'hébergement dominant (24 % des nuitées en France). L'hôtel est utilisé plus fréquemment lors des séjours à l'étranger : 56 % des nuitées à l'étranger.

Le ski alpin est l'activité la plus pratiquée. Les « nouvelles glisses » se développent, en particulier le surf ; le nombre de leurs adeptes a doublé entre 1995 et 2000. La pratique du ski de fond est en baisse, au contraire de celle de la raquette à neige, qui séduit un nombre croissant de vacanciers. Les destinations de montagne des Français se situent pour l'essentiel dans les stations françaises (87 % des nuitées pour la saison 2004-2005 à la montagne et 96 % pour les skieurs). Lorsqu'ils se rendent à l'étranger, les Français vont surtout en Suisse. Les Alpes concentrent 78 % des nuitées de sports d'hiver mais 48 % seulement de celles hors sports d'hiver. Elles devancent largement les Pyrénées (respectivement 12 % et 20 % des nuitées) et les autres massifs (Jura, Massif central, Vosges et Corse). Les Britanniques, les Belges, les Luxembourgeois et les Néerlandais constituent la majeure partie

de la clientèle étrangère, plutôt stable. L'émergence des clientèles d'Europe de l'Est, notamment russe, et du Nord s'est confirmée. En revanche, la clientèle allemande est en net retrait.

Le tourisme thermal connaît une érosion...

L'eau ne procure pas seulement le plaisir de la baignade. Elle possède aussi des vertus curatives, réelles ou supposées, depuis des siècles. Elle joue un rôle rassurant et maternant, qui satisfait en outre un besoin de régression au stade fœtal.

La France compte 105 stations thermales, pour 1 200 sources d'eaux minérales, soit 20 % de celles recensées en Europe. Les deux tiers sont concentrées dans cinq régions (Rhône-Alpes, Aquitaine, Languedoc-Roussillon, Midi-Pyrénées et Auvergne), qui accueillent à elles seules les trois quarts des curistes. La rhumatologie est l'orientation thérapeutique la plus pratiquée (60 % des cures), suivie par le traitement des voies respiratoires (25 %) et de l'appareil urinaire/appareil digestif (8 %).

Seules 15 stations reçoivent plus de 10 000 curistes par an. Leur nombre total a sensiblement diminué depuis 1992, passant de 650 000 en 1992 à 530 000 en 2005. L'érosion constatée s'explique par la plus grande difficulté à obtenir une prise en charge par la Sécurité sociale. Seuls un quart des curistes sont remboursés en totalité de leurs soins, dans le cadre de pathologies lourdes, pour un coût global de 380 millions d'euros, soit un peu moins de 700 € par cure. 80 % ont plus de 50 ans et 50 % au moins 65 ans. 58 % sont des femmes. Cependant, la moyenne d'âge tend à diminuer et la proportion d'hommes à augmenter. Un curiste sur trois vient de la région Île-de-France, contre près de la moitié en

1995. La durée moyenne des séjours diminue ; elle était passée de 6,2 jours en 1995 à 4,2 en 2000, du fait notamment de l'offre de courts séjours de remise en forme. La clientèle est française à 99 %, ce qui s'explique par le statut très médicalisé du thermalisme.

Aujourd'hui, la plupart des établissements thermaux proposent des forfaits libres axés sur différentes promesses : séjours de santé, remise en forme, détente et bien-être, antistress, détente du dos, minceur, souffle/voies respiratoires, beauté, jambes lourdes, post-maternité ou antitabac. Mais ces forfaits représentent encore moins de 10 % des journées de cure.

... au contraire de la thalassothérapie.

Alors que le nombre de curistes dans les établissements thermaux est globalement en régression depuis plus de dix ans, ceux de thalassothérapie connaissent un développement continu. La France compte une cinquantaine d'instituts, ce qui en fait le leader mondial. Le nombre de curistes était de 350 000 en 2002 ; il a été multiplié par dix en dix ans. Il est composé à 70 % de femmes, à 50 % de Franciliens, à 85 % de personnes appartenant aux CSP+ (ménages aisés). Comme pour le thermalisme, la durée des cures tend à diminuer : 4,6 jours contre 6,2 jours en 1995.

Le stress, le surmenage et le désir de mincir sont les principales motivations des curistes. Les Français profitent de leur temps libre pour entretenir leur santé et leur condition physique. Beaucoup recherchent aussi une prise en charge physique et psychologique leur permettant d'échapper le temps d'un séjour aux responsabilités qu'ils doivent assumer dans leur vie quotidienne. En associant les traitements aquatiques et les activités sportives et culturelles, les centres attirent une clientèle plus large et plus jeune, et offrent la possibilité de diversifier ses vacances. La thalassothérapie est ainsi devenue solution de remplacement aux vacances classiques en bord de mer.

Pour répondre aux demandes nouvelles, les stations ont diversifié leur offre (cures antitabac ou d'amaigrissement…) et proposent des activités de toute nature. De curatifs, les séjours ont tendance à devenir préventifs. La fréquentation hors saison (printemps et automne) tend à s'accroître, de même que la part des cures effectuées en hébergement. Celles qui se déroulent à l'étranger (bassin méditerranéen, Europe de l'Est) attirent de plus en plus de Français. La Tunisie devient notamment une destination recherchée, du fait de tarifs plus avantageux que ceux pratiqués dans les établissements nationaux et de la touche supplémentaire d'exotisme qu'elle offre.

D'une manière générale, le tourisme de santé et de bien-être se développe, comme en témoigne la multiplication des spas. On voit même apparaître un « tourisme médical », qui concerne des personnes profitant de leurs vacances pour faire effectuer certaines interventions chirurgicales : pose d'une prothèse mammaire ou d'implants capillaires, soins dentaires, ophtalmologie ou autres opérations pas ou peu remboursées en France. Les pays les plus concernés sont la Tunisie, l'Inde, Cuba ou l'Île Maurice.

L'hébergement est gratuit dans deux séjours sur trois…

68 % des séjours personnels et 64 % des nuitées se sont déroulés dans des formes d'hébergement gratuites en 2004 (15 ans et plus, métropole). Les visites à la famille ou (dans une moindre mesure) aux amis représen-

La croisière à vitesse réduite

La croisière avait connu une forte croissance dans les années 90. Le nombre des passagers, qui était de 45 000 en 1986, était passé à 100 000 en 1993 ; il avait atteint 200 000 en 1998 et 266 000 en 2000, soit un triplement en dix ans. On a assisté à un retournement de tendance entre 2001 et 2004, dans un contexte économique et touristique défavorable. Le nombre des croisiéristes a cependant progressé de 5 % en 2005, à 233 000. La France reste très en retard sur ce type de vacances par rapport à ses voisins, notamment la Grande-Bretagne (1,1 million de passagers, + 4 %), l'Allemagne (639 000, + 10 %), l'Italie (514 000, + 26 %) et l'Espagne (379 000, + 26 %). L'attirance des Français pour la mer, liée à son image symbolique, est cependant forte : le tourisme balnéaire concerne aujourd'hui quatre vacanciers sur dix, contre un sur quarante lors de l'institution des congés payés en 1936 et un sur quatre cents au début du siècle. Le retard national s'explique en partie par le moindre intérêt des voyagistes pour la croisière.

La Méditerranée reste de loin la première zone, avec un peu plus de la moitié des passagers (65 % si on

ajoute les Îles de l'Atlantique), mais elle a perdu un peu de son attrait. Elle devance les Caraïbes (environ 30 %), puis le Nord et la Baltique, et les îles de l'Atlantique (Baléares, Canaries, Açores). La durée la plus fréquente est de sept jours, mais les mini-croisières connaissent un engouement croissant, au détriment des plus longues (deux passagers sur trois restent moins de sept jours). Les achats à bord représentent de 15 % à 20 % des dépenses des croisiéristes (hors pourboires). La moyenne d'âge des croisiéristes est de 45 ans.

Le tourisme fluvial (bateaux de promenade, bateaux-hôtels, péniches-hôtels, paquebots fluviaux, location de coches de plaisance) a concerné en 2005 près de 9 millions de passagers, dont l'essentiel pour les bateaux de promenade (6,2 millions en Île-de-France, avec une part importante de touristes étrangers). L'activité fluviale est répartie sur trois secteurs : le canal du Midi, les canaux du Centre et de Bourgogne et le bassin de l'Ouest (Bretagne et Pays de la Loire). Il faut ajouter à ces activités nautiques la plaisance privée, particulièrement développée en France. Le parc de bateaux privés est estimé à 800 000 unités, dont 530 000 réellement utilisées.

taient 55 % des séjours, l'utilisation d'une résidence secondaire possédée ou empruntée 9 %. Leur durée moyenne (4,7 jours) est plus courte que celle des séjours effectués dans les modes d'hébergement payants (5,8 jours). Les séjours en location sont les plus longs (9,8 jours), devant ceux effectués au camping (8) et à l'hôtel (2,6).

Depuis 2001, le mouvement de progression du secteur marchand par rapport à l'hébergement gratuit s'est inversé. Cette évolution concerne

essentiellement les résidences secondaires, dont l'utilisation est plus fréquente et concerne des périodes plus longues. Les jeunes et les célibataires (ce sont souvent les mêmes) sont les plus nombreux à bénéficier de la gratuité de l'hébergement : près des deux tiers sont logés dans la famille ou chez des amis. Les vacances en France passées chez des proches représentent près de six séjours sur dix, contre seulement un sur trois à l'étranger. Ils sont plus fréquents l'hiver que l'été.

Parmi les formes d'hébergement payantes, seules les résidences de tourisme ont progressé en 2004 ; elles représentaient 1,7 % des séjours et 2,5 % des nuitées. Les hôtels (et pensions de famille) comptent pour environ 15 % des séjours (mais moins de 10 % des nuitées), le camping respectivement 6 % et 9 %, la location 5 % et 9 %. La part des autres modes payants (gîtes, chambres d'hôte, villages de vacances, auberges de jeunesse...) était en légère diminution.

... et dans un séjour estival sur deux.

La part des vacances passées dans la famille ou chez des amis est moins importante en été qu'en hiver. Un peu moins de la moitié des séjours (48 % en 2005) et 38 % des nuitées sont effectués dans ces conditions, contre près des deux tiers l'hiver. 9 % des séjours et 16 % des nuitées ont lieu dans une résidence secondaire appartenant aux vacanciers ou mise à leur disposition. Ce taux élevé d'hébergement gratuit est plus élevé en France que dans les autres pays développés.

Le mode d'hébergement varie selon le type de vacances. Les résidences principales des parents et amis sont les plus utilisées dans le cas de séjours d'été à la campagne ou à la montagne. Le camping et les locations sont plus fréquents à la mer et, pour les locations, en ville. L'hôtel est le mode d'hébergement le plus courant dans les circuits ; sa part tend à s'accroître globalement (16 % des séjours d'été 2005 et 11 % des nuitées). Tous les types d'hébergement, à l'exception de l'hôtellerie, ont connu une diminution du nombre de nuitées au cours des dernières années, du fait de la baisse de la durée moyenne des vacances.

Le choix de l'hébergement varie selon les catégories sociales. Les

Le gîte gratuit deux fois sur trois

Part des différents modes d'hébergement dans les déplacements personnels (2005, France métropolitaine, en %)

	Séjours	Nuitées
Hôtel	15,5	10,8
Gîte rural, chambre d'hôte	4,2	3,9
Auberge de jeunesse, refuge, gîte d'étape	1,0	0,8
Camping	9,1	12,0
Location	5,1	9,0
Club et village de vacances (associatif et commercial)	2,8	3,8
Autres	5,1	6,0
Total hébergement marchand	42,8	46,3
Résidence secondaire	8,7	15,6
Famille	37,1	30,7
Amis	11,4	7,4
Total hébergement non marchand	57,2	53,7
TOTAL HÉBERGEMENT	100,0	100,0

Direction du tourisme /Sofres

ménages aisés disposent plus souvent d'une résidence secondaire, mais logent aussi plus volontiers à l'hôtel. Les ménages plus modestes sont plus nombreux à utiliser les chambres d'hôte ou le camping. Le recours à l'hôtel et à la location est beaucoup plus fréquent dans le cas de circuits (c'est le cas aussi de la caravane).

Après une année 2004 médiocre, la fréquentation des hôtels de tourisme a progressé de 2 % en 2005. Le taux d'occupation toutes catégories confondues s'est établi à 59,1 %, en progression de 0,7 points. Le retour de la clientèle étrangère dans les hôtels quatre étoiles, amorcé lors de la saison 2004, s'est confirmé en 2005, avec un taux d'occupation en hausse de 2 points à 62,5 %. Celui des hôtels sans étoile et une étoile a progressé

de 0,5 points (respectivement 65 % et 54 %), ceux des deux et trois étoiles de 0,4 et 0,1 point à 57 % et 60 %. 37 % des nuitées ont été réservées par des étrangers (27 % en provenance de pays européens). La clientèle américaine, japonaise, moyen-orientale et surtout chinoise était en nette progression.

Le troc, qui permet d'échanger à peu de frais des logements entre particuliers, tend à se développer. Il est favorisé par l'usage d'Internet et organisé par des agences qui servent d'intermédiaires. Il tend aussi à se « communautariser », avec des échanges entre personnes ayant la même profession (notamment celle d'enseignant), le même âge (jeunes ou aînés) ou le même centre d'intérêt (qui permet de se rencontrer sur Internet). Le *time-share*

Du camping à l'hôtellerie de plein air

Le camping a bénéficié d'une croissance de plus de 3 % en 2005 (après une saison 2004 moins favorable). Il représente 6 % des séjours de vacances et 10 % des nuitées (pour 16 % de l'offre nationale d'hébergement, soit 2,8 millions de lits). L'intérêt qu'il suscite (dont le film *Camping* témoigne, avec plus de 5 millions de spectateurs en 2006) est le révélateur d'évolutions fortes dans les attentes, les attitudes et les comportements des vacanciers. La première est le « naturotropisme » : tout se passe comme si les Français, conscients des menaces qui pèsent sur l'environnement, cherchaient à se rapprocher de la nature, à communier avec elle... pendant qu'il est encore temps.

Mais les vacanciers sont aussi de plus en plus sensibles au confort, et l'évolution du camping vers « l'hôtellerie de plein air » permet de mieux satisfaire cette attente. Les bungalows et les mobile-homes tendent ainsi à remplacer les tentes, dans un contexte général de « montée en gamme ».

Le « plein air » offre aussi une réponse à la demande de « polysensorialité » qui s'exprime aujourd'hui (p. 343). Les individus en général et les vacanciers en particulier veulent voir, entendre, sentir, toucher, goûter, expérimenter. Cette attitude hédoniste est prise en compte par la diversité des activités proposées, qu'elles soient sportives, culturelles, ludiques, relationnelles ou alimentaires. Le goût pour le camping traduit enfin une autre tendance contemporaine : la moindre séparation entre le « dehors » et le « dedans », illustrée par l'intérêt des Français pour la terrasse (ou le balcon pour les résidents d'habitations collectives), transition entre ces deux univers.

Dans sa dimension symbolique, le camping peut être ainsi considéré (ou rêvé) par ses pratiquants comme un succédané de jardin d'Éden. Il propose un retour rassurant et provisoire au « premier matin du monde ».

Outre son avantage économique sur les autres moyens de transport (dans le cas de plusieurs personnes voyageant ensemble), la voiture permet une plus grande autonomie. Elle est en particulier bien adaptée aux formules itinérantes et donne la possibilité d'improviser ses vacances au jour le jour. Les immatriculations de camping-cars ont par ailleurs fortement augmenté au cours des dernières années, conséquence de la réduction du temps de travail et du fractionnement croissant des vacances. L'usage fréquent de la voiture est l'une des causes du faible recours global aux agences de voyage pour les vacances en France (p. 478).

Parmi les transports collectifs, le train arrivait largement en tête en 2004 (tous séjours France et étranger) : 12 %, soit la moitié des déplacements « hors automobile ». L'avion n'a été utilisé que dans 7 % des séjours : 2 % en France, mais 32 % en Europe et 92 % sur les autres destinations. Les autres modes de déplacement (autocar, bateau...) représentaient 5 % des séjours (l'autocar 12 % de ceux effectués dans les autres pays d'Europe). S'il se poursuit, le fort accroissement du prix des carburants aura une incidence sur les choix des vacanciers en termes de destinations, de modes de transport, de fréquence de départ et de distances parcourues.

(vacances en temps partagé) concerne en France moins de 100 000 ménages (5 millions dans le monde), propriétaires d'une ou plusieurs semaines dans des résidences de loisir, qu'ils peuvent échanger pour une autre résidence, à un autre moment par l'intermédiaire d'une bourse d'échange. Son image a été ternie par les pratiques commerciales de certains promoteurs, notamment en Espagne.

Huit vacanciers sur dix utilisent leur voiture.

Pour l'ensemble des séjours effectués au cours de l'année 2004, 76 % des Français ont utilisé la voiture. La proportion était de 81 % pour les séjours effectués en France, qui en représentent l'essentiel (ci-dessus). L'usage de la voiture est encore plus fréquent dans le cas des séjours de courte durée. Il se vérifie aussi pour une part importante des séjours à l'étranger, qui se déroulent dans les pays limitrophes comme l'Espagne ou l'Italie. En moyenne, les ménages en long séjour d'été effectuent 880 km en voiture. Parmi les 5,2 % de Français ayant loué une voiture en 2005, 56 % l'ont fait pour raisons personnelles (en moyenne trois fois dans l'année), notamment pour des vacances. 25 % ont loué en week-end, 18 % après un trajet en avion et 16 % après un trajet en train.

Les prix sont l'objet d'une attention croissante.

Les dépenses de vacances tendent globalement à augmenter, du fait de l'accroissement du nombre de séjours sur une année. Leur montant augmente également avec le pouvoir d'achat des ménages. On observe cependant que les ménages qui partent choisissent souvent des types de vacances différents d'une année à l'autre ou, plus fréquemment, au cours d'une même

Voiture et vacances

Part des différents moyens de transport dans les déplacements personnels (2005, en %)

	Séjours	Nuitées
Voiture	78,3	76,2
Train	10,8	10,0
Avion	6,9	10,4
Autocar	2,2	1,6
Bateau	0,6	0,9
Autres	1,2	0,9
Total	100,0	100,0

Direction du tourisme/Sofres

année, ce qui leur permet de moduler le montant global de leurs dépenses. En consommateurs avertis, les vacanciers ne dépensent pas de manière inconsidérée. La gratuité fréquente de l'hébergement (p. 485) est une façon de réduire le budget ; il représente en effet 7 € par jour en moyenne, soit 16 % des dépenses totales.

Ceux qui le peuvent profitent des conditions avantageuses des départs hors saison. Ils sont de plus en plus nombreux à rechercher des offres *low cost* : voyages en avion à prix réduit ; promotions ou offres de dernière minute sur certaines destinations. Une part croissante des recherches et des réservations s'effectue ainsi sur Internet (p. 479), outil de comparaison des prix pour les consommateurs et de gestion des invendus pour les opérateurs. La gestion du budget des vacances est donc plutôt rationnelle. Elle laisse place à des « extras », mais ils s'inscrivent le plus souvent dans le cadre d'une enveloppe globale définie à l'avance. Dans le cas d'une baisse ou d'une stagnation du pouvoir d'achat, les arbitrages sont rarement favorables aux vacances, dans la mesure où

il existe des solutions moins coûteuses aux achats de forfaits et aux déplacements lointains. Près d'un actif sur cinq (18 %) envisageait cependant d'augmenter son budget vacances d'été en 2006 (Expedia/Harris interactive-Novatris, mai 2006). Les jeunes se montraient les plus enclins à dépenser plus : 30 % des moins de 25 ans. 52 % des Français considèrent que « les vacances peuvent justifier des sacrifices budgétaires » (48 % de l'avis contraire).

La dépense moyenne est de 45 € par jour.

En 2004, les Français ont dépensé en moyenne 1 100 € par personne pour l'ensemble de leurs voyages personnels en France (tous types). La dépense quotidienne était presque deux fois plus élevée pour les courts séjours (moins de quatre nuitées) que pour les séjours plus longs : 72 € contre 39 €. Celle de transport est en effet proportionnellement beaucoup plus importante (près de 30 %) pour les courts séjours. C'est le cas aussi du budget de restauration et d'achats divers.

C'est à la campagne que les Français dépensent le moins : 160 € par personne pour un séjour d'une durée moyenne de 4,8 jours. En bord de mer, la dépense moyenne est de 310 € pour 7,9 jours ; ces séjours sont aussi les plus longs. C'est aux sports d'hiver que les Français dépensent le plus : 500 € par personne pour une durée moyenne de 7 jours. Les séjours en ville sont les plus courts (4,5 jours) et coûtent en moyenne 285 € par personne, dont une partie est consacrée au shopping.

Si les Français sont beaucoup moins nombreux à voyager à l'étranger qu'en France, leurs séjours sont plus longs (7,3 jours contre 5 jours), et le budget correspondant est sensiblement plus élevé. En 2004, les Français qui sont partis en vacances à l'étranger ont

effectué en moyenne 1,5 voyage, pour une dépense de 1 700 €. Une part importante était consacrée au transport.

Toutes destinations confondues, les Français ont dépensé en moyenne 850 € pour leurs vacances d'été en 2004. Les quatre mois de juin à septembre ont concentré plus de la moitié des dépenses de vacances de l'année (57 %). 85 % des séjours de vacances ont été effectués en France, pour une dépense moyenne de 650 € par personne. Pour ceux qui sont allés en vacances à l'étranger, le budget moyen s'est élevé à 1 400 € par personne.

MOTIVATIONS

Les vacances ont un très fort contenu symbolique...

Le temps des vacances est celui de l'évasion et de la magie. Les personnes concernées rêvent d'être « ailleurs », dans un cadre magique et enchanteur, et d'échapper ainsi aux soucis de la « vraie vie ». C'est pourquoi les lieux de vacances ont tous une forte valeur imaginaire et symbolique. La mer représente le retour aux sources, l'origine de l'humanité. La montagne rapproche du ciel, de la vérité et du sens. La campagne permet de retrouver la nature, l'authenticité, le jardin d'Éden et le bonheur, que l'on dit être « dans le pré ». Elle est aussi un lieu de « régression » a priori préservé des effets nocifs de la civilisation (pollution, encombrements, délinquance...) où l'on peut retrouver la pureté originelle des premiers moments de l'humanité. La plage est un lieu de transition entre la terre et la mer, entre la société et l'individu, entre le dépouillement (notam-

Vacances à tout prix

Structure des dépenses des Français lors de leurs séjours personnels (2004, en euros par nuitée)

	Héberge-ment	Restau-ration	Loisirs	Achats divers	Alimen-tation	Trans-port	Autres dépenses	Total
COURTS SÉJOURS	6,80	10,60	5,20	19,71	7,05	19,95	2,27	71,58
– Littoral	8,23	12,49	4,47	15,35	6,67	18,15	1,53	67,09
– Montagne sans ski	11,74	16,86	17,79	15,60	7,92	16,75	1,33	87,99
– Montagne avec ski	14,39	18,12	52,27	15,57	7,09	16,18	1,33	124,95
– Campagne	3,32	5,85	1,74	11,26	6,82	15,29	1,99	46,27
– Urbain	7,75	12,85	4,80	32,04	7,24	26,68	3,17	94,33
LONGS SÉJOURS	6,90	4,51	3,11	9,38	6,77	6,79	1,11	38,57
– Littoral	5,88	3,98	1,71	6,99	5,70	10,82	0,75	35,83
– Montagne sans ski	11,37	6,47	6,17	8,98	7,34	6,11	0,75	47,19
– Montagne avec ski	15,67	7,02	21,49	9,15	7,01	5,78	0,70	66,82
– Campagne	3,71	2,94	0,95	6,56	6,55	5,61	1,37	27,69
– Urbain	5,46	4,57	2,28	16,55	7,40	9,80	1,63	47,69
ENSEMBLE DES SÉJOURS	6,88	5,75	3,53	11,49	6,83	9,47	1,35	45,30

Direction du tourisme

ment vestimentaire) et la sophistication.

Dans l'imaginaire collectif des vacances, l'île joue un rôle particulier. Elle évoque le paradis, l'endroit particulier où se rejoignent la mer, la terre et le ciel. C'est dans les îles que l'on voit le soleil, symbole de la puissance paternelle, réchauffer la mer, évocatrice de la douceur maternelle et de la vie. Passer des vacances sur une île, c'est donc s'évader du monde réel pour entrer dans celui du rêve. Dans l'imaginaire des « déclinistes » contemporains, c'est passer de l'enfer au paradis.

... et représentent un moyen d'accéder au bonheur.

Les vacances constituent des moments privilégiés de la vie personnelle, familiale ou amicale. Elles sont l'occasion de recréer une convivialité et un lien social qui sont souvent laminés par les contraintes du quotidien. Elles sont rêvées et, le plus souvent, vécues comme des temps forts, au cours desquels les notions d'efficacité individuelle ou de compétition entre les individus s'estompent ou disparaissent. La convivialité est la motivation principale : les Français apprécient de se retrouver en famille pendant les vacances, de retrouver des amis ou de faire des rencontres. Mais la recherche d'intimité et de calme est également forte ; elle concerne en premier lieu les 40-60 ans, qui ont besoin d'un peu de tranquillité, avant de rechercher au contraire la compagnie lorsqu'ils seront à la retraite. La quête commune est celle de bien-être intérieur et d'harmonie avec les autres.

Ceux qui partent cherchent à « voyager », au sens de transporter leur corps, leur esprit et, pour certains, leur âme. La « vacance » dont il s'agit a des dimensions à la fois philosophiques, pratiques, symboliques et oniriques. Les vacanciers cherchent ainsi un « usage du monde », comme le suggérait Nicolas Bouvier, écrivain de référence de tous les amoureux du voyage. Mais celui-ci est par nature anxiogène, car il cumule des éléments de risque, de gêne, parfois de malaise : une destination inconnue, donc potentiellement hostile ; des déplacements fatigants et potentiellement dangereux ; des situations inhabituelles ; des différences linguistiques, culturelles, religieuses, culinaires ; des modes de relation à instaurer avec les autres ; le risque de laisser une maison sans surveillance... Si les attentes sont fortes et diverses,

LES NOUVEAUX VACANCIERS (SYNTHÈSE)

▨ **Qui ?** Malgré le fort accroissement du temps libre et de la durée des congés payés, le taux de départ en vacances (74 % des 15 ans et plus pour des séjours d'au moins une nuit, 60 % pour des séjours d'au moins quatre nuits) n'augmente plus depuis une dizaine d'années. Les inégalités restent marquées entre les catégories sociales, avec un taux de départ de 48 % pour les ouvriers contre 90 % pour les cadres et professions intellectuelles supérieures. Cette pause (ou panne) dans la démocratisation des congés peut s'expliquer par plusieurs raisons : sentiment d'une baisse du pouvoir d'achat ; arbitrages des dépenses au profit d'autres postes ; souhait de rester chez soi ; caractère anxiogène des vacances entretenu par un climat général de refus du risque ; offre insuffisamment adaptée à la demande…

▨ **Quand ?** La très grande majorité des vacanciers partent en été, mais beaucoup le font à plusieurs reprises au cours d'une année : 4,2 séjours de plus d'une nuit en moyenne parmi les partants et 3,3 d'au moins quatre nuits. La durée moyenne des séjours est de 5,1 jours en France et de 7,9 à l'étranger. On observe un raccourcissement des longs séjours et un fractionnement des congés, qui profite de plus en plus aux courts séjours (54 % de l'ensemble sur une année). Avec la généralisation de la RTT, les « ponts » ne sont plus les seules occasions de départ, et on assiste à un étalement des départs tout au long de l'année. Les « grandes vacances » restent concentrées sur la période du 15 juillet au 15 août. Un Français sur deux part en vacances d'hiver.

▨ **Où ?** La plupart des vacanciers restent en France : 89 % des séjours, 84 % des nuitées. Une part croissante se déplace hors des frontières, principalement en Europe (deux séjours à l'étranger sur trois), avec une prédilection pour l'Espagne, l'Italie et la Grande-Bretagne. En France, la destination principale est le littoral (26 % des séjours, 35 % des nuitées), devant la ville (39 % et 29 %), la campagne (19 % et 28 %) et la montagne (15 % et 8 %). On part donc plus souvent à la ville et plus longtemps sur le littoral, notamment en été. À la montagne, la pratique des sports d'hiver reste élitiste.

▨ **Quoi ?** Les activités pratiquées sont de plus en plus diversifiées et associent la découverte, le repos, le sport, la convivialité. À la montagne, la pratique des sports d'hiver reste élitiste. Le tourisme de santé se développe, surtout à travers la thalassothérapie (le thermalisme connaît une érosion), en France comme à l'étranger (Maghreb). La part des croisières (233 000 passagers en 2005) reste faible par rapport aux autres grands pays européens.

▨ **Comment ?** Le moyen de transport le plus utilisé est de loin la voiture (81 % des séjours en France, 76 % de l'ensemble des séjours), devant le train (12 % des séjours) ; l'avion ne représente que 7 % de l'ensemble des déplacements (1,5 % en France). La voiture procure l'autonomie et (dans une moindre mesure avec l'augmentation des prix des carburants) l'économie que souhaitent les Français.

Les décisions concernant les dates et les destinations sont de plus en plus tardives. Un séjour d'été sur deux fait l'objet d'une réservation (principalement l'hébergement et le transport). L'organisation des vacances reste majoritairement individuelle, mais le recours aux agences de voyages a concerné 23 % des séjours, principalement pour les voyages à l'étranger. L'achat de voyages sur Internet a progressé de 46 % en 2005, représentant 3,1 milliards d'euros, soit 45 % des achats totaux sur Internet. 37 % des Français partis au cours de l'année ont utilisé le réseau au moins pour la préparation de leur séjour, soit 11,5 millions. Parmi eux, 5,7 millions ont effectué une réservation en ligne, soit deux fois plus qu'en 2004.

L'hébergement est « non marchand » dans 68 % des séjours et 64 % des nuitées (résidences secondaires, prêts de logement par la famille ou les amis…), qui représentent 68 % des séjours et 64 % des nuitées.

▨ **Pourquoi ?** Les motivations des Français qui partent en vacances sont multiples : se reposer, se « déstresser » ; s'évader ; se retrouver en famille ; découvrir les paysages et les gens… Les vacances constituent de plus en plus un moment privilégié qu'il faut « remplir » avec des activités de toutes sortes : sportives ; culturelles ; ludiques ; relationnelles… Le partage de ces moments privilégiés en famille ou avec des amis est de plus en plus recherché, de même que la « communion » avec la nature et la découverte des autres. Mais les vacanciers attendent un niveau croissant de confort ; c'est l'une des raisons du renouveau du camping, devenu « hôtellerie de plein air ».

▨ **Combien ?** En 2004, les Français ont dépensé en moyenne 1 100 € par personne pour l'ensemble de leurs voyages personnels en France (tous types). La dépense quotidienne était presque deux fois plus élevée pour les courts séjours (moins de quatre nuitées) que pour les séjours plus longs : 72 € contre 39 €. Elle varie de 160 € par séjour et par personne à la campagne (pour 4,8 jours) à 500 € aux sports d'hiver (pour 4,5 jours). Les vacanciers sont de plus en plus attentifs aux prix et effectuent des arbitrages tout au long de l'année.

VACANCES EN COULEURS

On peut distinguer les principaux lieux et les moments de vacances en leur attribuant une couleur symbolique de ce que chaque type évoque dans l'imaginaire du vacancier.

Le tourisme *vert*, encore appelé rural, de campagne ou agritourisme, est motivé par la recherche de la nature (phytotropisme) et du calme. Il se caractérise par une durée de séjour plus courte que pour les autres destinations, le temps de se ressourcer à la vue des arbres, des fleurs ou de l'eau des rivières.

Le tourisme *bleu* est orienté vers la mer, mais aussi plus largement vers l'eau, sous toutes ses formes : lacs, rivières, torrents... Il est aussi à l'origine de l'intérêt pour la thalassothérapie, la croisière ou le tourisme fluvial.

Le tourisme *blanc* est celui qui conduit vers la pureté et la froideur des montagnes enneigées en hiver, parfois aussi en été si l'on recherche les neiges éternelles, qui forment un contraste saisissant et rassurant avec le monde de l'éphémère.

Le tourisme *gris* est celui pratiqué dans les villes. Il est plus sensible à l'artificiel qu'à l'authentique, à la culture qu'à la nature.

On peut ajouter à la palette le tourisme *jaune*, qui conduit le voyageur dans le sable des déserts, avec sa solitude habitée par une nature peu visible mais présente.

Enfin, le tourisme *multicolore* est celui des circuits, qui permettent de mélanger quelques-unes des couleurs offertes au voyageur : bleu aquatique, vert campagnard, blanc montagnard, jaune désertique, gris urbain. Un arc-en-ciel de sensations.

amène les vacanciers à rechercher des activités de toute nature. Un sur deux profite de ces périodes pour pratiquer un sport, en vue d'une initiation ou d'un perfectionnement. En bord de mer, les sports de glisse (Jet-Ski, funboard, *speed-sail*...) font de plus en plus d'adeptes et offrent de nouvelles sensations par rapport aux sports plus traditionnels comme le ski nautique ou la planche à voile. La location de bateaux connaît aussi un fort engouement ; environ 40 % du chiffre d'affaires des chantiers de construction proviennent aujourd'hui de la vente à des sociétés de location aux particuliers.

La sécurité est une revendication prioritaire.

Dans leur vie quotidienne, les Français sont demandeurs de sécurité. Cette attitude est encore plus apparente en vacances, car le risque est peu compatible avec les motivations de vacanciers à la recherche du « paradis perdu ». La faible probabilité statistique d'occurrence d'un problème ne justifie pas à leurs yeux son acceptation. Car le voyage a ses raisons que la raison ne connaît pas. On observe ainsi une volonté croissante de fuir les grands rassemblements touristiques, qui sont générateurs de nuisances (bruit, énervement) et de danger (attentats).

Ainsi, le choix des destinations est très influencé par les risques qui leur sont associés. 41 % des habitants de sept pays européens interrogés en avril 2006 (Europ Assistance/Ifop) indiquaient que les risques d'attentat jouent un rôle essentiel dans le choix de la destination, de même que les risques sanitaires (40 %). Ces deux facteurs se situaient pratiquement au même niveau que des éléments tels que le climat (44 %) ou le budget disponible (42 %). Le risque de catastrophe naturelle était considéré

les craintes et les causes de stress ne le sont pas moins.

Les vacanciers recherchent à la fois le repos et l'activité.

Les motivations des vacanciers sont de plus en plus diversifiées et, au moins en apparence, contradictoires. La principale reste le repos et son corollaire, le ressourcement. Dans le langage populaire, les congés sont l'occasion de se « changer les idées », de se « dépayser », c'est-à-dire de rompre avec le quotidien. Ils permettent à la fois une plus grande convivialité avec les autres (famille, amis, relations de vacances) et une plus grande proximité avec soi-même. Seuls 18 % des Français disent consulter leurs messageries électroniques et/ou vocale durant leurs congés (43 % des travailleurs indépen-

dants). 15 % seulement des femmes restent connectées, contre 22 % des hommes (Expedia/Harris interactive-Novatris, mai 2006).

Mais les vacances et les voyages sont aussi de plus en plus utilisés pour agir, consciemment ou non, sur son propre développement, tant mental que physique, intellectuel ou culturel. De nombreux Français éprouvent ainsi le besoin de progresser sur le plan professionnel et personnel (ci-après). Ils y sont poussés par leur propre ambition et par leur souci de bien faire, mais aussi par la concurrence au sein des entreprises, qui accroît la nécessité d'être « performant » dans une société du casting qui sélectionne et élimine les candidats avec de moins en moins de scrupules (p. 194), comme dans les jeux de téléréalité.

Au-delà de la motivation de repos, l'évolution de l'environnement social

Un « vide » à combler

Étymologiquement, le mot *vacances* vient du latin *vacare*, qui signifie « être vide ». Et c'est bien ce que semblent rechercher bon nombre de vacanciers : faire le vide dans leur tête en se laissant dorer au soleil, les doigts de pied en éventail. Car ils savent qu'ils retrouveront dès leur retour les soucis de la vie quotidienne. Alors, en attendant, ils rechargent symboliquement et effectivement leurs batteries (solaires) et emmagasinent de l'énergie pour les mois à venir.

Mais cette vision des vacances est sans doute un peu simpliste. La nature humaine, comme la nature en général, a horreur du vide, synonyme d'ennui et porteur de l'idée même de la mort. C'est pourquoi elle s'efforce de le remplir par tous les moyens ; le succès des biens d'équipement comme la voiture, la télévision ou le téléphone portable témoigne de cette peur d'être face à soi-même et de s'interroger sur le sens de sa vie.

Si les vacanciers cherchent à chasser de leur tête les soucis, tracas et tourments, ce n'est donc pas pour y faire le vide, mais pour les remplacer par d'autres idées, activités et expériences agréables ou même, idéalement, inoubliables. C'est aussi pour retrouver une vie plus proche de la nature, dans un mouvement de régression qui montre que la modernité n'est pas obligatoirement vécue comme un progrès par tous les Français (p. 249).

Les vacances sont aussi une occasion de transgression. Tout ce que l'on s'interdit habituellement devient possible, dans les limites de la loi collective et de la morale personnelle. On recherche des activités différentes de l'ordinaire. On s'efforce d'aller à sa propre rencontre dans un souci d'identité, mais on peut aussi s'amuser à être quelqu'un d'autre. Les vacances remplissent un vide à la fois spirituel, existentiel. Elles remplissent aussi certaines fonctions symboliques, physiques et psychiques. Si elles n'existaient pas, il faudrait les inventer.

confort, tant en matière de prestations hôtelières qu'en ce qui concerne les activités. C'est pourquoi, parallèlement à la recherche de prix bas, on note un intérêt croissant pour le haut de gamme et les produits touristiques de luxe. Cette évolution traduit aussi bien l'accroissement du pouvoir d'achat des vacanciers que leur volonté de se faire plaisir, de se valoriser (à leurs propres yeux comme à ceux des autres) et d'oublier les contraintes qui pèsent habituellement sur eux. On observe que l'envie de luxe ne concerne plus seulement aujourd'hui les personnes qui disposent de revenus élevés ; chacun souhaite pouvoir accéder à des privilèges au moins à certains moments de sa vie, quitte à économiser pour se les offrir (p. 347). Les voyages font partie des moments d'exception pour lesquels beaucoup sont prêts à investir, même si c'est à titre exceptionnel.

Depuis le début des années 90, on observe parallèlement un intérêt croissant pour le tourisme d'aventure, qui propose essentiellement des randonnées dans des sites peu fréquentés avec logement en bivouac et découverte de paysages et de cultures. Son rythme de croissance annuelle (de l'ordre de 10 %) est au moins deux fois plus élevé que celui du tourisme traditionnel. Les vacanciers concernés sont le plus souvent des personnes sportives qui cherchent à sortir des sentiers battus, à vivre des expériences et à ressentir des émotions nouvelles. Ils sont prêts pour cela à sacrifier un peu de leur confort habituel, sans pour autant prendre de risques. Le Maroc, la Tunisie, le Népal, l'Égypte, la Jordanie, mais aussi les Alpes françaises, sont les destinations les plus demandées. Contrairement au tourisme traditionnel, de plus en plus individuel, ces voyages sont souvent effectués en groupe.

Toutefois, l'aventure offerte par les vacances a souvent une dimen-

comme un facteur « essentiel » pour près d'un Européen sur trois (28 %). La hiérarchie des facteurs de décision variait très fortement en fonction des pays : dans trois des sept pays étudiés, les risques d'attentat étaient le critère le plus important (Allemagne, Grande-Bretagne, Autriche) ; seuls les Français et les Italiens n'intégraient pas ce facteur dans les trois premiers critères, peut-être parce qu'ils restent pour la plupart dans leur pays. Les risques sanitaires étaient également largement évoqués. 41 % des Européens indiquaient que celui de la grippe aviaire avait une influence sur le choix de leur lieu de vacances (« essentielle » pour 21 %). 34 % considéraient que le chikungunya aurait une influence (dont 19 % « essentielle »), malgré

une information sur la maladie très disparate selon les pays.

C'est notamment pour ces raisons que les vacanciers ne souhaitent pas s'engager à l'avance et privilégient les achats de dernière minute (p. 478). Le développement des transports *low cost* encourage aussi les vacanciers à ne réserver que le vol et à improviser sur place, ce qui est aussi une façon de garder sa liberté de choix, parfois au prix d'un stress supplémentaire.

> **Le besoin de confort n'exclut pas le goût de l'aventure.**

Les vacances ont pour première fonction de permettre le repos et le ressourcement. Cela implique d'abord le

sion initiatique et intérieure. L'utopie y est souvent présente, avec le rêve d'un monde meilleur et l'accès, même éphémère, au « paradis ». Le vacancier souhaite donner du sens à ses vacances et, plus largement, à sa vie.

Les motivations culturelles sont croissantes.

La culture occupe une place croissante dans les activités des vacanciers. Ils sont ainsi de plus en plus nombreux à visiter des monuments, des expositions, des festivals ou même des usines. Un quart de ceux qui se rendent dans des villes vont à la découverte des musées. Le souci de se cultiver se manifeste aussi par la volonté de rencontre et d'échange avec les autres afin de mieux connaître et comprendre leurs modes de vie, tant dans les régions françaises qu'à l'étranger.

La motivation artistique est aussi de plus en plus apparente. Les stages d'initiation ou de perfectionnement à des pratiques culturelles amateurs se multiplient : sculpture, poterie, peinture, musique... Il s'y ajoute des activités plus festives comme la gastronomie. Enfin, le tourisme industriel et technique connaît depuis quelques années un développement spectaculaire ; en dix ans, le nombre de visiteurs est passé de 5 à 10 millions.

La motivation culturelle du voyage devrait être de plus en plus forte, dans tous les types de vacances : à la campagne comme à la mer (étude des modes de vie, du milieu, de l'histoire...). Elle sera particulièrement affirmée dans le cadre des courts séjours urbains (visites de musées, expositions, événements divers). Les vacances sont des occasions uniques d'un enrichissement personnel dans tous les domaines et d'une communion avec la nature, comme avec les autres êtres humains. Les vacanciers seront de plus en plus

Rêves de vacances

Les Français rêvent surtout de tranquillité et d'exotisme. « L'hôtel cinq étoiles sur une île du Pacifique » arrive en tête de leurs préférences (48 %), juste devant les vacances « bien-être » (46 %) et celles « en amoureux sur une plage de sable fin » (42 %). La solitude, en revanche, ne fait pas rêver : l'idée de « partir seul dans un monastère pour apprécier le silence et se retrouver avec soi-même » ne recueille que 4 % des suffrages. Seuls 5 % sont motivés par l'idée de « rester dans sa ville pour mieux la découvrir », 6 % de « rester seul chez soi sans voir personne (regarder la télé, lire...) ». Les perceptions diffèrent selon le sexe. Les hommes sont plus enclins à privilégier la « plage de sable fin en amoureux » (45 %), et les femmes rêvent d'abord de séjour « bien-être » (59 %). Autre différence : 33 % des hommes rêvent de vacances improvisées contre seulement 27 % des femmes. À l'inverse, les voyages organisés en « club » plaisent à 30 % des femmes contre 23 % des hommes. Enfin, un voyage « shopping et culture dans une grande capitale » attire 25 % des femmes contre seulement 15 % des hommes.

Expedia/Harris interactive-Novatris, mai 2006

intéressés par la perspective de vivre des expériences fortes et uniques, qui leur laisseront des souvenirs impérissables.

Les vacances constituent un moyen de découvrir les autres...

Les vacances sont une occasion privilégiée de se plonger dans un environnement différent, d'élargir son champ de vision. Paul Morand, lui-même grand voyageur, affirmait que « partir, c'est gagner son procès contre l'habitude ». La plupart des écrivains ont d'ailleurs été des voyageurs impénitents : Montaigne, Chateaubriand, Rousseau, Rimbaud, Voltaire, Loti, Casanova, Nerval, Gautier, Sand, Lamartine, Byron, Claudel, Saint-John Perse, Bernanos, Tocqueville...

Le temps des vacances est celui du changement. On part pour oublier ou pour découvrir quelque chose de nouveau. Le voyage est un moyen de rencontrer les autres et de s'enrichir de ce que l'on voit. Les autochtones des pays visités sont souvent regardés comme des « bons sauvages » vivant selon des rites ancestraux, en harmonie avec la nature et l'univers. On peut ainsi opposer les touristes aux voyageurs. Les premiers se déplacent en groupes et se contentent des activités, rencontres et visites qui ont été spécialement préparées pour eux. Les seconds sont souvent solitaires et recherchent l'authenticité des peuples et des pays dans lesquels ils se rendent. Après le développement spectaculaire de l'offre destinée aux touristes, on en voit aujourd'hui apparaître une autre, qui s'adresse plutôt aux voyageurs. Elle leur propose des sites encore inviolés, des découvertes humaines, des aventures physiques, des émotions rares et vraies... à saisir avant l'arrivée des touristes.

... et de se connaître soi-même.

Les vacances sont aussi l'occasion de mieux se connaître, en « allant voir ailleurs si on y est ». Paul Morand disait également que « voyager, c'est distancer son ombre, semer son double ». Il y a dans chaque vacancier un individu en quête de sens, qui s'interroge sur lui-même, sur sa vie, qui éprouve le besoin

DES 3 S AUX 3 D

Pendant longtemps, l'activité des vacanciers se résumait aux fameux « 3 S » (soleil, sable et sexe), qui avait fait par exemple la fortune de la formule du Club Méditerranée. Aujourd'hui, les attentes sont plus variées, et on pourrait plutôt parler des « 3 D » : détente, divertissement, développement. Si les Français cherchent évidemment à se reposer et à se faire plaisir, beaucoup profitent en effet des vacances pour développer leurs connaissances et leurs capacités physiques ou intellectuelles, leurs compétences professionnelles. Car la frontière est de plus en plus floue entre la vie personnelle et le travail (un phénomène largement favorisé par les outils technologiques comme l'ordinateur, Internet ou le téléphone portable).

Les vacances ne sont plus une simple parenthèse entre deux moments de travail dans la « vraie vie ». Elles constituent un moment essentiel, par le temps que les Français leur consacrent et par l'importance qu'ils leur attachent. Ils ne se définissent plus seulement aujourd'hui par ce qu'ils sont professionnellement, mais par ce qu'ils font hors du travail, pendant leurs loisirs ou en vacances. On se valorise à ses yeux et à ceux des autres en vivant des moments riches et originaux. Les vacances sont ainsi de plus en plus porteuses d'une « identité sociale », qui permet une réflexion sur soi et sur sa relation au monde.

Cette très forte attente explique l'importance du vécu des vacances et l'exigence qui l'accompagne. Elle implique un travail de recherche préalable, afin de ne pas se tromper dans les choix. Elle engendre aussi une angoisse qui est à la hauteur des enjeux. Le plaisir peut donc être extrême, lorsque les vacances sont réussies. Mais, dans le cas contraire, la déception et la frustration sont considérables.

Néanmoins la recherche d'identité n'a pas seulement une dimension personnelle et sociale, elle est aussi familiale. Les vacances sont importantes dans la relation au sein du couple ou entre les parents et les enfants, qui est souvent incomplète pendant le reste de l'année. Si les conditions sont généralement favorables au partage et à l'expression de l'affection réciproque, elles peuvent aussi favoriser les disputes, accroître les distances, faire apparaître les incompatibilités. Les vacances peuvent donc être, selon les cas, une thérapie ou une occasion de mettre en évidence et d'aggraver les relations familiales.

Le caractère hautement symbolique des vacances et la recherche du « paradis perdu » expliquent que les attentes sont particulièrement fortes de la part des vacanciers. Ceux-ci recherchent de plus en plus la qualité, apprécient la diversité et le changement. Ils souhaitent faire l'objet d'une véritable considération de la part des prestataires et s'attendent à vivre des expériences inoubliables. Les taux de satisfaction par rapport aux professionnels du tourisme sont globalement élevés (environ 80 %), mais les incidents qui surviennent sont en général largement médiatisés. Une part importante des vacanciers déclare avoir fait au moins une fois une mauvaise expérience (79 % en 2003, Europ Assistance/Ifop).

D'une manière générale, les vacanciers cherchent à réconcilier des types d'attentes qui peuvent paraître contradictoires : repos et activité ; autonomie et convivialité ; confort et aventure ; sécurité et variété ; rapidité et lenteur ; nouveauté et tradition. Ils souhaitent donner un sens particulier à ces moments privilégiés et satisfaire un besoin implicite de perfection. C'est la raison du succès du « forfait à la carte » ou du « packaging dynamique » proposés notamment sur Internet, qui permettent à l'acheteur de personnaliser les vacances qu'il achète.

La flexibilité est une autre demande importante ; chaque vacancier souhaite choisir ses activités sur place et éventuellement en changer au gré de son humeur et des circonstances. Pour ces raisons, les hôtels impersonnels et standardisés sont moins appréciés, de même que les formules trop rigides. Dans un environnement social où chacun considère qu'il a droit aux égards et aux privilèges, les produits

de souffler et de « faire le point ». Il est possible également en ces moments particuliers de changer de personnalité ou d'identité. Car les vacances permettent de brouiller les codes et les statuts sociaux. Nus sur la plage, le PDG et le salarié se ressemblent davantage que dans les bureaux des entreprises ou les rues des villes. L'un des ressorts principaux du voyageur est la volonté d'être pour un temps quelqu'un d'autre, de quitter sa carapace sociale, de se laisser aller aux plaisirs de la découverte et de la transgression.

Le voyage a donc une dimension au moins aussi onirique et virtuelle que réelle ; il est un rêve qui ne saurait se limiter à sa réalisation. C'est pourquoi il est essentiel d'en rapporter des photographies, des cartes postales, des objets et des sensations qui viendront enrichir une collection de souvenirs qui seront peu à peu idéalisés. Si, comme le pensait Proust, « la vie est un voyage », celui-ci est différent pour chacun. Il ne consiste pas seulement à sortir de chez soi, mais aussi de soi.

exclusifs, authentiques et rares sont de plus en plus recherchés.

Le luxe prend de nouvelles dimensions.

Les vacances de luxe ne sont plus seulement liées au prix payé pour y accéder. Ainsi, l'accès à des sites, des paysages, des monuments ou à des gens « authentiques » sera considéré comme un luxe, un sentiment accru par la crainte de leur disparition prochaine. Le temps sera aussi une dimension prioritaire du luxe ; à cet égard, les « temps morts » devront disparaître au profit des « temps forts ». Les services devront être disponibles à tout moment de la journée et de la nuit. La préparation des voyages devra aussi être simplifiée, avec de préférence un interlocuteur professionnel unique auprès de qui on pourra réserver les transports, les hôtels, les activités, obtenir les informations et les documents (passeports, visas...) nécessaires au voyage. Certains actifs, notamment les cadres et professions « supérieures », souhaiteront aussi inclure des parties touristiques personnelles ou familiales dans le cadre de leurs déplacements professionnels.

Le luxe sera aussi de plus en plus associé à la rareté de certaines expériences ; nombre de lieux ne pourront en effet plus être visités « en masse », compte tenu des risques de dégradation. Il faudra alors réserver longtemps à l'avance pour pouvoir y accéder. Le coût en sera d'autant plus élevé. Dans un environnement de plus en plus concurrentiel où le prix affiché est un critère de choix important, la part des séjours avec options (service à bord des avions, activités et services sur place...) pourrait ainsi s'accroître par rapport à celle du « tout compris ».

La transparence avant le prix

62 **% des voyageurs recherchent en priorité « des prix clairs et bien détaillés » (18 ans et plus disposant d'une connexion Internet à domicile ou au bureau). Ce critère devance le « bon rapport qualité/prix », jugé essentiel par 51 %. L'attente de transparence concerne également les « descriptifs détaillés des produits », critère jugé essentiel par 47 %. Les tarifs compétitifs, jusqu'alors fortement discriminants, n'arrivent qu'en quatrième position (43 %).**

Dans le cadre de l'achat d'un séjour, « le détail de la prestation aérienne » et « la description détaillée des types de séjours proposés » sont les deux premiers critères de différenciation ; ils sont jugés essentiels par respectivement 39 % et 34 %. En ce qui concerne l'achat de « vols secs », le côté pratique l'emporte avec « la description des horaires de vols », essentielle pour 48 %, devant la « description du type de vol emprunté » (36 %) et la « présentation de la compagnie aérienne » (31 %). Quant aux offres « hébergement seul », la « description détaillée » est revendiquée par 38 %. Pour les voyageurs, les sites de réservation en ligne de voyages sont des agences comme les autres. Qu'ils soient acheteurs *online* (sur Internet) ou *offline* (en agences traditionnelles), ils ont des attentes et des exigences de plus en plus semblables.

Expedia/Harris interactive-Novatris, mai 2006

Les Français sont plus sensibles au tourisme responsable.

Le tourisme de masse permet aux visiteurs de découvrir la planète et ses habitants. Il contribue aussi au développement de nombreux pays dépourvus d'autres ressources. Mais il induit certaines pratiques dommageables, comme le recours à la prostitution ou la dégradation des sites naturels. Il favorise le mercantilisme dans les pays d'accueil et renforce les inégalités au sein des populations. Il est parfois à l'origine d'une perte d'identité et d'authenticité, conséquence de la disparition de certaines pratiques culturelles ou de leur transformation en attractions touristiques.

Les touristes sont de plus en plus conscients des dégâts qu'ils occasionnent et constatent ceux réalisés par leurs prédécesseurs. L'émergence récente du tourisme responsable, encore appelé éthique, solidaire, alternatif, équitable ou durable, a été favorisée par le tsunami de début 2005. Elle témoigne de la volonté de réduire ces pratiques, d'aider à réparer leurs conséquences, de favoriser les conditions de vie locales. Elle s'inscrit de façon naturelle et nécessaire dans l'idée générale d'un développement durable. Mais cet état d'esprit ne concerne encore qu'une faible minorité de voyageurs (estimée à 1 %), plutôt aisés et éduqués, avec une sensibilité « associative », qui se considèrent plus comme des « ethnologues » que comme des touristes. Cela dit, il devrait se répandre à l'avenir et influer sur les choix des destinations ou des activités, ainsi que sur les comportements. La dimension responsable du tourisme sera considérée par les vacanciers comme un « plus » qui donnera du sens au voyage et les déculpabilisera. Elle constitue en tout cas la condition de la survie de certaines destinations. Chiffre encourageant : 66 % des Français ayant voyagé à l'étranger au cours des deux dernières années se disent intéressés par la formule du « voyage solidaire », et 52 % se disent prêts à payer plus cher (Unat/Sofres, mars 2005).

Quel tourisme, demain ?

L'évolution des comportements des Français en matière de tourisme dépendra très largement de l'environnement général, notamment démographique, économique et technologique. La prospective démographique est la plus aisée, car les mouvements sont souvent de longue durée. Les autres dimensions (économie, technologie, climat, risques...) sont plus difficiles à appréhender, même à l'horizon de quelques années. L'évolution de la demande en matière de tourisme, très dépendante de cet environnement, peut cependant être esquissée à travers un certain nombre de tendances susceptibles de la structurer, proposées ci-dessous.

Fractionnement. La part des Français choisissant un lieu unique de villégiature pour les vacances diminue. Il faut s'attendre à ce que le fractionnement et la diversification des types de vacances s'accroisse. Ce devrait aussi être le cas pour un même individu ou ménage, au gré de ses envies, des occasions... et de son budget global.

Singularisation. L'augmentation du nombre de ménages constitués de « solos » (célibataires, veufs, divorcés, séparés...) devrait se poursuivre. Elle sera complétée par les demandes de personnes vivant en couple mais voyageant parfois seules, pour des raisons choisies ou subies.

Seniorisation. Du fait du vieillissement en cours, les aînés (notamment les jeunes retraités) seront de plus en plus nombreux à prendre des vacances et à voyager. Mais ils ne constitueront pas un groupe homogène. Certains voyageront en groupe, d'autres emmèneront leurs petits-enfants. Les jeunes retraités chercheront à se différencier des plus âgés.

Sur-mesure. La demande d'offres personnalisées devrait s'accroître fortement. Elles seront construites directement par le client ou en relation étroite avec lui, grâce au « packaging dynamique », au « forfait à la carte » ou au « voyage en kit » disponibles sur Internet ou proposés par des agences traditionnelles. S'ils partent ensemble pour une même destination, les différents membres d'un ménage ou d'une famille souhaiteront pouvoir pratiquer des activités très différentes.

Sécurité. La diversité des risques apparaît croissante : écologiques ; climatiques ; géopolitiques ; terroristes ; sanitaires... Il en est de même de la médiatisation des accidents et catastrophes d'origine humaine ou naturelle. Cette évolution entraînera une demande croissante de garanties, assurances, labels, engagements, ainsi qu'une augmentation du nombre de plaintes et de procédures judiciaires.

Improvisation. La planification des vacances est peu compatible avec une perception floue de l'avenir, une aversion des risques et une volonté de payer moins cher. La part des ventes de dernière minute devrait donc continuer de s'accroître.

Flexibilité. Les vacanciers souhaiteront pouvoir conserver le contrôle de leurs vacances sans être engagés dans un programme défini à l'avance et figé. Ils attendront donc une souplesse croissante dans les formules qui leur seront proposées. Les prestations devront non seulement être personnalisées, mais modifiables à tout moment, y compris sur place.

Motivations multiples. Les vacanciers seront mus par des envies d'« être » (développement personnel, introspection) et de « bien-être » (repos, confort, convivialité, activités de « remise en forme », tourisme médical...). Mais ils seront aussi motivés par l'envie de « faire », d'apprendre et d'éprouver du plaisir, en pratiquant des activités diversifiées (culturelles, sportives, ludiques, relationnelles...). On devrait observer également une demande d'animations sur les lieux de vacances, afin de renouveler l'intérêt et favoriser la convivialité.

Internet. La place d'Internet dans le tourisme comme outil d'information, de comparaison, de réservation et de paiement devrait poursuivre sa forte croissance, du fait de ses avantages déterminants : rapidité d'accès ; usage du multimédia pour découvrir les prestations ; avis des clients sur les forums...

Opportunisme. La destination ne sera plus le critère prépondérant dans le choix des vacances. Celui-ci sera guidé par d'autres critères comme le prix (promotions, dernière minute...), les activités proposées, les contraintes (passeport, visas, vaccins...) ou les risques. Il faut s'attendre à une mobilité croissante entre les destinations, selon les circonstances, avec un retour plus rapide à la « normale » après une période de désaffection.

Low cost. Le développement des transports et autres prestations à bas prix témoigne à la fois d'une volonté des voyageurs de payer moins cher et de leur désir de reprendre l'initiative dans la relation avec l'offre. Le développement d'Internet est un puissant levier à la poursuite de cette évolution, qui devrait être favorisée par la part croissante des prix de transport liée à l'augmentation des prix des carburants. Elle n'est cependant pas incompatible avec la recherche, à certains moments, de prestations de luxe.

Saisonnalité. Avec la RTT, beaucoup de salariés (notamment des cadres) disposent désormais de six, voire dix semaines de congés annuels. L'abon-

Quel tourisme, demain ? (fin)

dance de ce temps de vacances potentiel devrait profiter aux saisons intermédiaires (printemps, automne). Les retraités apprécieront aussi de partir hors saison, au cours de ces périodes de transition dans le calendrier social et biologique.

▨ **Urbanisation.** Le tourisme urbain devrait prendre une place croissante, notamment à travers les courts séjours. Il sera centré sur le patrimoine culturel et sur l'assistance (ou la participation) à des événements de toutes sortes : spectacles ; compétitions sportives ; expositions...

▨ **Nouveau luxe.** Le prix des prestations traditionnelles (transport, hôtellerie, services, activités...) ne sera plus l'unique indicateur de « standing » des vacances. Le luxe consistera demain à pouvoir accéder à des sites, des paysages, des monuments ou à des gens d'« exception », par leur intérêt culturel, esthétique, leur rareté, ou la possibilité de leur disparition prochaine. Le temps sera aussi une dimension prioritaire du luxe ; les « temps morts » devront disparaître au profit des « temps forts ». Les services devront être disponibles à tout moment de la journée et de la nuit.

▨ **Environnementalisme.** La prise en compte de la dimension écologique devrait progresser dans les critères de choix des destinations ou des activités. Le tourisme éthique, responsable ou durable devrait se développer, d'abord parmi une population éduquée et sensibilisée à ces questions, puis plus largement auprès des autres catégories de voyageurs.

● *Dans la clientèle des campings, plus de 80 % des clients étrangers sont allemands, néerlandais, belges ou britanniques.*
● *Le nombre de personnes prenant l'avion pour voyager devrait doubler entre 2005 et 2020.*
● *Baisse de la part des hébergements marchands : en 2005 16,8 millions de Français de 15 ans et plus sont partis en long séjour non marchand (contre 16 en 2004) ; 16,5 millions sont partis en long séjour marchand (contre 17,6 en 2004).*
● *35 % des séjours personnels des Français en France métropolitaine et 84 % des séjours personnels des Français à l'étranger ou dans les collectivités d'outre-mer ont fait l'objet d'une réservation en 2005.*
● *Les Britanniques, les Belges et les Néerlandais sont dans cet ordre les trois premières nationalités étrangères présentes dans les domaines skiables français.*

INDEX